刑事检察法律文书系列丛书

陈国庆 总主编

优秀刑事检察法律文书点评

（上册）

王文利 主编

YOUXIU XINGSHI JIANCHA
FALÜ WENSHU DIANPING

中国检察出版社

图书在版编目（CIP）数据

优秀刑事检察法律文书点评：上下册／王文利主编． -- 北京：中国检察出版社，2024.10． -- ISBN 978-7-5102-3119-3

Ⅰ．D926.13

中国国家版本馆 CIP 数据核字第 2024R73M09 号

优秀刑事检察法律文书点评（上下册）

王文利　主编

责任编辑：杜英琴
技术编辑：王英英
封面设计：徐嘉武

出版发行：中国检察出版社
社　　址：北京市石景山区香山南路 109 号（100144）
网　　址：中国检察出版社（www.zgjccbs.com）
编辑电话：（010）86423766
发行电话：（010）86423726　86423727　86423728
　　　　　　（010）86423730　86423732
经　　销：新华书店
印　　刷：北京联兴盛业印刷股份有限公司
开　　本：710 mm×960 mm　16 开
印　　张：76.75
字　　数：1134 千字
版　　次：2024 年 10 月第一版　2024 年 10 月第一次印刷
书　　号：ISBN 978-7-5102-3119-3
定　　价：248.00 元（上下册）

检察版图书，版权所有，侵权必究
如遇图书印装质量问题本社负责调换

"刑事检察法律文书系列丛书"
编辑委员会

总主编：陈国庆

副主编：罗庆东　周惠永　张建忠
　　　　李聪明　王文利

委　员：刘中琦　李　方　肖先华
　　　　杨鹏飞　侯若英　白　洁

《优秀刑事检察法律文书点评》

主　　编：王文利

副 主 编：侯若英　白　洁

编　　辑：何楚仪　张翠松　张艳丽　郑静颀
　　　　　李延奎　康　赞　李　扬　郝季路

编务人员：陈　浩　崔诗曼　李　想　孙佩青
　　　　　叶矣菲　张　舒　郝丽萍

第一届全国检察机关优秀刑事检察文书评选评审专家[1]

江　帆	第十四届全国人民代表大会代表
陈　灿	第十四届全国人民代表大会代表
车　浩	北京大学法学院副院长、教授、博士生导师
阴建峰	北京师范大学法学院副院长、教授、博士生导师
程　雷	中国人民大学法学院副院长、教授、博士生导师
郭　烁	中国政法大学诉讼法研究院教授、博士生导师
苗鸣宇	中国科学院大学法学院副院长、教授、博士生导师、中国法学会法律文书学研究会副会长
赵朝琴（女）	河南财经政法大学教授、中国法学会法律文书学研究会副会长
张未民	新华社国内部副主编
苏大为	中央广播电视总台社教中心副主任
吴春妹（女）	北京市人民检察院第三分院副检察长、全国模范检察官

---

[1] 此处职务身份均以2023年12月担任文书评选评审专家时的职务身份为准。

王　勇　江苏省苏州工业园区人民检察院检察长、全国检察业务专家

罗庆东　最高人民检察院普通犯罪检察厅副厅长、一级高级检察官

林建江　最高人民检察院重大犯罪检察厅二级高级检察官

韩晓峰　最高人民检察院职务犯罪检察厅副厅长、一级高级检察官

胡春健　最高人民检察院经济犯罪检察厅副厅长、二级高级检察官

文书点评专家名单

周光权　清华大学法学院院长、教授、博士生导师
黎　宏　清华大学法学院教授、博士生导师
王　新　北京大学法学院副院长、教授、博士生导师，
　　　　最高人民检察院经济犯罪检察厅副厅长（挂职）
程　雷　中国人民大学法学院副院长、教授、博士生导师
时延安　中国人民大学法学院教授、博士生导师
施鹏鹏　中国政法大学纪检监察学院副院长、教授、
　　　　博士生导师
郭　烁　中国政法大学诉讼法学研究院教授、博士生导师
孙道萃　中国政法大学国家法律援助研究院副教授
卢建平　北京师范大学法学院教授、博士生导师
刘志伟　北京师范大学法学院教授、博士生导师
王志祥　北京师范大学法学院教授、博士生导师
阴建峰　北京师范大学法学院副院长、教授、博士生导师
商浩文　北京师范大学法学院副教授、博士生导师
张　磊　北京师范大学法学院教授、博士生导师
陈志军　中国人民公安大学法学院副院长、教授、
　　　　博士生导师

冀　莹	对外经济贸易大学法学院副教授
安柯颖	北京外国语大学法学院副教授
苗鸣宇	中国科学院大学法学院副院长、教授、博士生导师
赵朝琴	河南财经政法大学教授、中国法学会法律文书学研究会副会长
李　翔	华东政法大学教授、博士生导师
陈　灿	第十四届全国人民代表大会代表、律师
刘　辰	最高人民检察院普通犯罪检察厅三级高级检察官、全国检察业务专家
林建江	最高人民检察院重大犯罪检察厅二级高级检察官
郭竹梅	最高人民检察院重大犯罪检察厅二级高级检察官、全国检察业务专家
胡春健	上海市人民检察院党组成员、副检察长、全国检察业务专家
张寒玉	最高人民检察院未成年人检察厅二级高级检察官、全国检察业务专家
王　佳	最高人民检察院法律政策研究室法律专题研究处处长
杜　邈	北京市人民检察院第四检察部主任、全国检察业务专家、全国公诉标兵
陈禹橦	北京市人民检察院第四检察部副主任、全国十佳公诉人

庄　伟　北京市人民检察院第一分院副检察长、全国检察业务专家、全国十佳公诉人

李华伟　北京市东城区人民检察院党组书记、检察长、全国检察业务专家

汪珮琳　北京市东城区人民检察院第三检察部副主任、一级检察官、全国优秀公诉人

姜淑珍　北京市海淀区人民检察院党组书记、代检察长、全国模范检察官、全国十佳公诉人

吴春妹　北京市顺义区人民检察院党组书记、代检察长、全国模范检察官

李　辰　北京市通州区人民检察院党组书记、检察长、全国检察业务专家

周媛媛　北京市丰台区人民检察院副检察长、全国公诉标兵

刘家卿　天津市河西区人民检察院党组书记、检察长、全国检察业务专家、全国十佳公诉人

马玮玮　上海市人民检察院第四检察部主任、全国模范检察官

陈　晨　上海市人民检察院第四检察部三级高级检察官、全国检察业务专家

顾晓军　上海市人民检察院第二分院副检察长

陆　锋　上海市黄埔区人民检察院副检察长、全国检察业务专家

吕　梅　江苏省人民检察院第二检察部主任、三级高级
　　　　检察官

孙　勇　江苏省人民检察院第四检察部主任、三级高级
　　　　检察官

李　勇　江苏省南京市人民检察院法律政策研究室主任、
　　　　全国检察业务专家

王　勇　江苏省苏州市人民检察院党组副书记、副检察长、
　　　　全国模范检察官、全国十佳公诉人、全国检察
　　　　业务专家

于坤祥　江苏省苏州市人民检察院检察委员会委员、第三
　　　　检察部主任

赵宝琦　浙江省人民检察院第七检察部主任、三级高级
　　　　检察官

鲍　键　浙江省杭州市余杭区人民检察院党组书记、
　　　　检察长、全国十佳公诉人、全国检察业务专家

从鑫莎　浙江省杭州市西湖区人民检察院一级检察官、
　　　　全国十佳公诉人

赵　慧　湖北省武汉市武昌区人民检察院党组书记、
　　　　检察长

高　尚　湖北省武汉市汉阳区人民检察院第二检察部主任、
　　　　全国十佳公诉人

李光林　重庆市人民检察院第三检察部主任、全国十佳
　　　　公诉人

李佑琪　重庆市人民检察院第一分院第二检察部三级高级检察官、全国十佳公诉人

王　岭　重庆市人民检察院第一分院第二检察部副主任、全国十佳公诉人

袁家鹏　山东省高唐县人民检察院副检察长、全国公诉标兵

杨晓颖　山东省青岛市人民检察院第三检察部副主任、全国公诉标兵

詹文成　江西省人民检察院第一检察部一级检察官助理、全国公诉标兵

任　婕　安徽省芜湖市人民检察院第一检察部副主任、全国十佳公诉人

张茂林　四川省人民检察院第四检察部主任、全国公诉标兵

张　瑜　广东省广州市花都区人民检察院一级检察官、全国十佳公诉人

郑明玮　辽宁省人民检察院第四检察部副主任、全国检察业务专家

总　序

最高人民检察院二级大检察官
全国政协社会和法制委员会副主任　陈国庆

习近平总书记反复强调,"努力让人民群众在每一个司法案件中感受到公平正义",要求"所有司法机关都要紧紧围绕这个目标来改进工作"。最高检党组提出,要让"高质效办好每一个案件"成为新时代新征程检察履职办案的基本价值追求,在实体上确保实现公平正义,在程序上让公平正义更好更快实现,在效果上让人民群众可感受、能感受、感受到公平正义,做到检察办案质量、效率、效果有机统一于公平正义。刑事检察是检察机关的基本业务,承担着追诉犯罪、诉讼监督等重要职能,在维护国家安全和社会秩序、保障人民群众安居乐业、维护社会公平正义等方面发挥着重要作用。刑事检察文书作为国家法律规范实践应用的书面载体,是检察机关办理刑事案件和履行法律监督职责的重要方式,更是折射我国司法制度和依法治国理念的法治产品、检察产品。

刑事检察文书既是刑事检察办案履职过程和结果的客观记录,也是向社会公众释法说理、传播法治理念的生动教材,更是学思践悟习近平法治思想、以"三个善于"做实高质效办好每一个案件的重要载体。"高质效办好每一个案件"必然要求高质量的检察文书。检察文书的制作应该依法有据、内容清晰、释法说理扎实,做到在事实阐释部分打牢案件事实基础、建构证据体系，在法律依据部分准确适用实体法和程序法条款，在格式上规范严谨精当，才能达到高质量的标准，才能真正体现检察官对"三个善于"的深刻领悟，体现检察机关为大局服务、为人民司法、为法治担当的履职要求。

为贯彻落实《中共中央关于加强新时代检察机关法律监督工作的意见》中关于"加强法律文书说理和以案释法"的要求，充分发挥法律文书的多元价值和特殊功用，整体提升刑事检察文书制作水平，我们组织最高人民检察院普通犯罪检察厅、重大犯罪检察厅、职务犯罪检察厅和经济犯罪检察厅及地方检察机关的有关同志，并邀请在法律文书写作方面有专门研究和丰富经验的专家学者、法官、律师共同编写了这套刑事检察法律文书系列丛书。

丛书的编写工作坚持以习近平新时代中国特色社会主义思想为指导，深入贯彻习近平法治思想，遵循理论与实践相统一、案件办理与文书制作相结合的思路，努力体现以下特点：一是权威规范。丛书依据最新刑事检察文书格式样本及最高检相关要求撰写，作者绝大多数都是刑事检察文书格式样本的制定者、具体案件的办理者和文书的起草人，选取的优秀文书范例皆为最高检指导性案例文书、具有典型意义的案件文书及在全国范围内评选出的优秀文书，确保内容权威准确、格式规范统一。二是内容全面。丛书全面覆盖刑事检察业务各领域全流程的所有文书。文书样本既包括法律文书，也包括工作文书；填充式文书按照办案流程进行梳理，重在规范准确、不重不漏；叙述式文书着墨于撰写技巧、要点及优秀范例评述，重在写作要义指导。三是实用管用。丛书各分册从不同角度详述如何撰写高质量刑事检察文书，写作重点放在点明制作要点、总结实用技巧、分享办案思路，在公开优秀文书原文的基础上剖析说理方法、说透思维逻辑。整套丛书旨在帮助检察人员掌握文书写作本领，提高文书制作能力，提升文书运用效果。

总序

丛书共有四个分册。《刑事检察文书写作规范与指导》以刑事检察办案流程为纲，以文书制作基本规范为基础，围绕各流程所适用文书的写作要求和方法展开，辅以优秀文书范例，系统、全面介绍刑事检察文书的通用内容，可作为刑事检察文书基础性教材、刑事检察文书格式大全和刑事检察文书写作一本通。《刑事检察重点文书撰写技巧及范例》选取办案中常用、具有释法说理性的十六类叙述式文书，采用专题式写作，透彻分析此类文书的撰写重点难点、注意事项、如何释法说理及办案重点问题等，是资深检察官们有关如何撰写重点文书的经验总结，突出问题导向，具有针对性、实务性、指导性，可作为快速提升刑事检察文书写作能力和水平的教科书。《刑事名案优秀检察法律文书评述》聚焦近年来广受关注的刑事名案要案，选取其中优秀说理性检察文书，邀请知名学者、法官、检察官、律师等从不同角度进行评述。读者在重温这些跌宕起伏的影响性案件的同时，可以感受到法律文书的独特魅力，是集可读性、思想性、应用性于一体的创新之作。《优秀刑事检察法律文书点评》精选自最高人民检察院组织的第一届全国检察机关优秀刑事检察文书评选获奖文书，由承办检察官剖析文书撰写思路，并请司法界、法学界人士进行点评。本书充分展示了刑事检察文书制作的较高水准，从中看到其何以成为优秀以及还存在哪些不足，可以作为刑事检察文书写作的范式。

希望本丛书能够对大家写作检察法律文书、工作文书，加强相关研究工作有所裨益，敬请批评指正。

是以为序。

目 录

一、刑事起诉书 ………………………………………………………… 1
1. 杜某平、罗某忠故意杀人案起诉书 …………………………………… 3
2. 某公司、崔某祥等 6 人污染环境案起诉书 …………………………… 27
3. 黄某仁等 8 人重大责任事故、谎报安全事故案起诉书 ……………… 39
4. 韩某受贿案起诉书 ……………………………………………………… 51
5. 杨某发等人虚开增值税专用发票案起诉书 …………………………… 65
6. 石某奇民事枉法裁判案起诉书 ………………………………………… 81
7. 李某军国有公司人员滥用职权、挪用公款、受贿案起诉书 ………… 87
8. 高某某受贿案起诉书 …………………………………………………… 100
9. 李某民等人职务侵占、非国家工作人员受贿案起诉书 ……………… 106
10. 宋某栋等人提供侵入计算机信息系统程序案起诉书 ………………… 121
11. "12.4"重庆市永川区甲煤矿重大责任事故案起诉书 ………………… 130

二、不起诉决定书 ……………………………………………………… 147
12. 重庆市某联办白石厂非法储存爆炸物案不起诉决定书 ……………… 149
13. 谢某华故意杀人案不起诉决定书 ……………………………………… 158
14. 董某翠盗窃案不起诉决定书 …………………………………………… 165

三、不起诉理由说明书 ………………………………………………… 171
15. 张某亮敲诈勒索案不起诉理由说明书 ………………………………… 173
16. 霍某蒙非法经营案不起诉理由说明书 ………………………………… 179

四、公诉意见书 ……………………………………………………… 185

17. 高某新等人恶势力犯罪集团寻衅滋事案公诉意见书 ………… 187
18. 林某鹏等人侵犯著作权案公诉意见书 ………………………… 213
19. 麻某钢故意杀人、强奸案公诉意见书 ………………………… 228
20. 某公司、赵某强等人强迫交易案公诉意见书 ………………… 236
21. 於某麒高空抛物案公诉意见书 ………………………………… 245
22. 郭某林故意杀人案公诉意见书 ………………………………… 254
23. "3.28"特大跨境电信网络诈骗案公诉意见书 ……………… 267
24. 仇某明侵害英雄烈士名誉、荣誉案公诉意见书 ……………… 292
25. 白某青等34人集资诈骗、非法吸收公众存款案公诉意见书 …… 300
26. 曹某受贿案公诉意见书 ………………………………………… 312
27. 吕某亮、张某文抢劫、强制猥亵案公诉意见书 ……………… 322
28. 张某刚等5人污染环境案公诉意见书 ………………………… 335
29. 谭某仲受贿案公诉意见书 ……………………………………… 347
30. 宫某农受贿案公诉意见书 ……………………………………… 358
31. 熊某华虚开增值税专用发票案公诉意见书 …………………… 369
32. 王某、李某内幕交易案公诉意见书 …………………………… 383
33. 洪某振等人骗取出口退税案公诉意见书 ……………………… 392
34. 吴某铭等33人诈骗案公诉意见书 ……………………………… 404
35. 宁某等2人内幕交易案公诉意见书 …………………………… 416

五、抗诉（上诉）案件出庭意见书 …………………………………… 427

36. 许某利故意杀人案出庭意见书 ………………………………… 429
37. 某某公司、金某悦等2人走私普通货物案出庭意见书 ……… 442
38. 段某桂职务侵占案出庭意见书 ………………………………… 450
39. 吴某江、陈某挪用资金、职务侵占案出庭意见书 …………… 461
40. 陈某锋等2人集资诈骗、偷越国境、运送他人偷越国境案出庭意见书 ……………………………………………………… 486
41. 谢某峰、罗某生抢劫案出庭意见书 …………………………… 495
42. 张某超诈骗、侵犯公民个人信息案出庭意见书 ……………… 506

43. 陈某、蔡某平贪污案出庭意见书 …………………………………… 514
44. 罗某庆抢劫案出庭意见书 …………………………………………… 526
45. 胡某然运输毒品案出庭意见书 ……………………………………… 537

六、刑事抗诉书 ……………………………………………………………… 545
46. 邹某勇危险驾驶案刑事抗诉书 ……………………………………… 547
47. 顾某合同诈骗、伪造金融票证案刑事抗诉书 ……………………… 556
48. 陈某永故意伤害案刑事抗诉书 ……………………………………… 565
49. 王某诈骗案刑事抗诉书 ……………………………………………… 580
50. 黄某挪用资金案刑事抗诉书 ………………………………………… 588
51. 范某国抢劫案刑事抗诉书 …………………………………………… 594

七、支持刑事抗诉意见书 …………………………………………………… 603
52. 嵇某飞强奸、猥亵儿童案支持刑事抗诉意见书 …………………… 605
53. 陈某仁、蔡某贵等7人污染环境案支持刑事抗诉意见书 ………… 612
54. 杨某修等4人贪污、受贿案支持刑事抗诉意见书 ………………… 620

八、不抗诉理由说明书 ……………………………………………………… 629
55. 石某云故意杀人、石某山包庇案不支持抗诉理由说明书 ………… 631
56. 朱某彪故意毁坏财物案不抗诉理由说明书 ………………………… 641

九、再审检察建议书 ………………………………………………………… 649
57. 沈某华诈骗案再审检察建议书 ……………………………………… 651
58. 潘某南过失致人死亡案再审检察建议书 …………………………… 659

十、不批准逮捕理由说明书 ………………………………………………… 665
59. 王某正当防卫案不批准逮捕理由说明书 …………………………… 667
60. 李某峰、陈某莲、任某等20人非法经营案不批准逮捕
    理由说明书 …………………………………………………………… 674
61. 卢某诈骗案不批准逮捕理由说明书 ………………………………… 684

3

62. 王某豪背信损害上市公司利益案不批准逮捕理由说明书 ……… 693
63. 李某慧敲诈勒索案不批准逮捕理由说明书 …………………… 702
64. 陈某章骗取贷款案不批准逮捕理由说明书 …………………… 707

十一、提前介入侦查（审查）意见书 ……………………………… 715

65. 金某、刘某声等人合同诈骗案提前介入侦查意见书 ………… 717
66. 徐某、宋某雪等人非法控制计算机信息系统案提前介入
    侦查意见书 …………………………………………………… 725
67. 陈某林贩卖毒品、洗钱案提前介入侦查意见书 ……………… 732
68. 张某强受贿案提前介入审查意见书 …………………………… 742
69. 刘某伟受贿案提前介入审查意见书 …………………………… 770
70. 韩某来故意杀人案提前介入侦查意见书 ……………………… 788

十二、继续侦查提纲 ………………………………………………… 795

71. 范某胜、高某胜等17人寻衅滋事、聚众斗殴、敲诈
    勒索等案继续侦查提纲 ………………………………………… 797
72. 谢某光等人生产、销售伪劣产品案继续侦查提纲 …………… 815
73. 任某涛、刘某等4人聚众斗殴案继续侦查提纲 ……………… 824

十三、退回补充侦查提纲 …………………………………………… 833

74. 程某武等人组织、领导、参加黑社会性质组织犯罪案退回
    补充侦查提纲 …………………………………………………… 835
75. 戚某增等人贩卖、运输、制造毒品案退回补充侦查提纲 …… 872
76. 卢某昌等人集资诈骗、组织、领导传销活动案退回补充
    侦查提纲 ………………………………………………………… 896
77. 安某华贩卖、运输毒品案退回补充侦查提纲 ………………… 908
78. 杨某贩卖毒品案退回补充侦查提纲 …………………………… 919
79. 王某宇、陈某故意杀人、抢劫、盗窃案退回补充侦查提纲 … 934
80. 年某广等人侵犯著作权案退回补充侦查提纲 ………………… 951
81. 张某活等人虚开增值税专用发票案退回补充侦查提纲 ……… 969

82. 李某吉走私普通货物案退回补充侦查提纲 ………………… 980

十四、补充调查提纲 ………………………………………… 989
  83. 戴某甲受贿案补充调查提纲 ………………………………… 991

十五、通知撤销案件通知书 ………………………………… 1007
  84. 孟某彬危险驾驶案通知撤销案件书 ………………………… 1009

十六、没收违法所得申请书 ………………………………… 1019
  85. 李某某贪污案没收违法所得申请书 ………………………… 1021

十七、刑事申诉结果通知书 ………………………………… 1029
  86. 王某东职务侵占案刑事申诉结果通知书 …………………… 1031
  87. 孙某过失致人重伤案刑事申诉结果通知书 ………………… 1044
  88. 司某某合同诈骗案刑事申诉结果通知书 …………………… 1053

十八、检察建议 ……………………………………………… 1063
  89. 高某龙等46人贩卖毒品案检察建议书 ……………………… 1065
  90. 李某某等人贷款诈骗、丁某某等人贷款诈骗案检察
      建议书 ………………………………………………………… 1073
  91. 汪某某强奸案检察建议书 …………………………………… 1085
  92. 阮某飞故意杀人案检察建议书 ……………………………… 1094
  93. 陈某某故意杀人案检察建议书 ……………………………… 1102
  94. 詹某某帮助信息网络犯罪活动案检察建议书 ……………… 1108
  95. 王某危害珍贵、濒危野生动物案检察建议书 ……………… 1118
  96. 山西省人民检察院关于粮食领域职务犯罪检察建议书 …… 1127
  97. 广西壮族自治区人民检察院关于加强金融监管检察
      建议书 ………………………………………………………… 1134
  98. 侯某某、董某某等4人过失致人死亡案检察建议书 ……… 1145
  99. 巩某某故意伤害案检察建议书 ……………………………… 1153

100. 长兴新××环保科技有限公司、夏某某等4人污染环境案检察建议书 ·················· 1159

101. 蒋某某、黄某某等15人重大劳动安全事故、非法采矿案检察建议书 ·················· 1167

102. 湖南省娄底市人民检察院关于加强防范打击治理电诈犯罪检察建议书 ······················ 1179

后　记 ··· 1191

刑事起诉书

1. 杜某平、罗某忠故意杀人案起诉书

【简要案情】

被告人杜某平，男，1962年4月7日出生，汉族，中专文化，无职业，湖南省××侗族自治县人。

被告人罗某忠，男，1962年11月22日出生，侗族，初中文化，务农，湖南省××县人。

江某军等其他12名被告人基本情况略。

2001年12月31日，被告人杜某平承揽了××县××中学（以下简称"××一中"）400米田径场开挖工程，并请被告人罗某忠等人参与工程管理。××一中将女生宿舍楼三楼的一套房间作为工程项目部办公场地，并指派总务处工作人员姚某甲（已故）、被害人邓某某代表校方监督工程质量和安全。杜某平在施工过程中与邓某某产生矛盾，遂多次向罗某忠等人提出要想办法"搞"邓某某，并安排罗某忠寻找"迷药"害邓某某及对邓某某"下蛊"，均未果。

2003年1月中旬，杜某平准备了数片三唑仑。同月21日，杜某平告知罗某忠已找到迷药，二人商量决定次日杀死邓某某，要罗某忠到时借机先支走姚某甲。

2003年1月22日12时许，杜某平见项目部办公室只剩下邓某某和姚某甲，将事先准备的三唑仑粉末倒入一瓶饮料递给邓某某饮用。邓某某喝下部分饮料后，杜某平即电话通知罗某忠，罗某忠按照事先约定将姚某甲骗出项目部办公室，随后二人又一道阻止姚某甲返回项目部。待姚某甲离开后，杜某平返回项目部，发现邓某某昏睡在长凳上发出鼾声，遂用胶带粘贴邓某某口鼻处，并在嘴部缠绕数圈。午饭后，杜某平与罗某忠回到项目部，二人用塑料袋套住邓某某的头部并用胶带反复缠绕，

又用胶带捆住邓某某的双脚、双手,杜某平持一把橡胶锤击打邓某某头部右侧,致邓某某当场死亡,二人又将邓某某的尸体移至厨房藏匿。当晚,杜某平、罗某忠待××一中的学生宿舍熄灯后,将邓某某的尸体抬至××一中400米田径场工地事先挖好的土坑内用石头和泥土掩盖,将作案工具和邓某某的随身物品带离项目部丢弃。次日早上,杜某平、罗某忠指挥施工机械用石头和泥土将埋尸的土坑填平。同年2月中旬的一天,杜某平在其舅舅黄某某的追问下告诉黄其杀害了邓某某并埋尸操场。

被告人杜某平、罗某忠被抓获归案后,先后对埋尸地点进行了指认。2019年6月19日在××一中田径场(现称足球场)西南面挖掘出一具人体尸骸。经DNA鉴定,该尸骸系被害人邓某某;经尸体检验鉴定,该尸骸头骨的右颞骨有一不规则孔洞性骨折缺损,碎骨片凹陷入颅内,经碎骨片复原后,查见有一5.0×4.5cm类圆形骨折区及5.0×4.0cm类圆形孔状缺损区,符合钝器(如锤类)打击头部,导致重度颅脑损伤死亡;经毒化鉴定,从挖掘出的人体肋骨、人体胸椎骨、无袖毛线衣、长袖T恤、衣服和尸骸上身躯干部位泥土等中检验出三唑仑。

2008年以来,以杜某平为首要分子,江某军、姚某林、杨甲、杨乙、宋某霖、王甲、成某、杨某豪、王乙、杨丙、张某杰、杨某勇为成员的13人形成的恶势力犯罪集团,以暴力、威胁等手段催收高利贷本息、插手民间纠纷,从中谋取不法利益,共同故意实施了寻衅滋事、非法拘禁、聚众斗殴、强迫交易等13起犯罪活动。此外,2005年4月,杜某平还伙同他人故意伤害致一人轻伤。

【诉讼过程】

2019年10月9日,怀化市人民检察院受理杜某平等14名犯罪嫌疑人分别涉嫌故意杀人罪、故意伤害罪、寻衅滋事罪、非法拘禁罪、聚众斗殴罪、强迫交易罪一案,经审查,于11月22日对杜某平、罗某忠故意杀人案及其恶势力犯罪集团案件共14名被告人提起公诉。12月17日至18日,怀化市中级人民法院公开开庭审理并当庭宣判,以故意杀人罪、故意伤害罪、寻衅滋事罪、非法拘禁罪、聚众斗殴罪、强迫交易罪数罪并罚,依法判处杜某平死刑,剥夺政治权利终身,并处罚金50万元;判处罗某忠死刑，缓期二年执行，剥夺政治权利终身；恶势力犯罪集团的其他 12 名成员分别被判处 1 年至 8 年不等的有期徒刑。部分被告人上诉后，湖南省高级人民法院经二审审理，全案维持原判。

【文书全文】

湖南省怀化市人民检察院

起 诉 书

湘怀检刑诉〔20××〕××号

被告人杜某平（绰号"少爷"），男，1962 年×月×日出生，公民身份号码 4330261962××××××××，汉族，中专文化，无职业，湖南省××侗族自治县（以下简称××县）人，户籍地××县××镇×路××号，住××县××镇×小区××栋××单元××室。因涉嫌非法拘禁罪，2019 年 4 月 9 日被××县公安局刑事拘留，因涉嫌非法拘禁罪、聚众斗殴罪，同年 5 月 13 日经××县人民检察院批准，同日由××县公安局执行逮捕。

被告人罗某忠（曾用名罗某光、罗某中），男，1962 年×月×日出生，公民身份号码 433026196××××××××，侗族，初中文化，务农，湖南省××县人，户籍及居住地××县××镇××村××街组。因涉嫌故意杀人罪，2019 年 5 月 31 日被××县公安局刑事拘留，同年 7 月 5 日经××县人民检察院批准，次日由××县公安局执行逮捕。

被告人姚某林（绰号"草上飞"），男，1975 年×月×日出生，公民身份号码 4330261975××××××××，侗族，初中文化，无职业，湖南省××县人，户籍及居住地××县××镇××村××路×号。因犯敲诈勒索罪，1998 年 12 月 21 日被贵州省某县人民法院判处有期徒刑一年，缓刑二年；因犯敲诈勒索罪，2002 年 7 月 15 日被某县人民法院判处有期徒刑一年六个月，2003 年 6 月 27 日刑满释放。因涉嫌非法拘禁罪，2019

年 4 月 9 日被××县公安局刑事拘留，同年 5 月 13 日被××县公安局取保候审；因涉嫌强迫交易罪，同年 6 月 29 日被××县公安局刑事拘留，因涉嫌寻衅滋事罪，同年 7 月 9 日经××县人民检察院批准，同日由××县公安局执行逮捕。

被告人杨甲（曾用名杨×），男，1988 年×月×日出生，公民身份号码 4312271988××××××××，侗族，初中文化，经商，湖南省××县人，户籍地××县××镇××村××街组，住××县××镇××村××宿舍。因犯盗窃罪，2013 年 7 月 15 日被××县人民法院判处有期徒刑六个月，同年 7 月 21 日刑满释放。因涉嫌非法拘禁罪，2019 年 6 月 28 日被××县公安局刑事拘留，因涉嫌寻衅滋事罪，同年 8 月 4 日经××县人民检察院批准，同日由××县公安局执行逮捕。

被告人杨乙，男，1989 年×月×日出生，公民身份号码 5222231989××××××××，侗族，初中文化，无职业，贵州省玉屏侗族自治县人，户籍及居住地玉屏侗族自治县××镇××村××组。因犯盗窃罪，2013 年 7 月 15 日被××县人民法院判处有期徒刑一年，2014 年 1 月 21 日刑满释放。因涉嫌非法拘禁罪，2019 年 4 月 8 日被××县公安局刑事拘留，同年 5 月 13 日被××县公安局监视居住；因涉嫌寻衅滋事罪，同年 7 月 9 日经××县人民检察院批准，同日由××县公安局执行逮捕。

被告人江某军，男，1972 年×月×日出生，公民身份号码 4330261972××××××××，侗族，高中文化，经商，湖南省××县人，户籍地××县××镇×街×号，住××县××镇街××房。因涉嫌聚众斗殴罪，2019 年 4 月 9 日被××县公安局刑事拘留，同年 5 月 13 日经××县人民检察院批准，同日由××县公安局执行逮捕。

被告人王甲，男，1968 年×月×日出生，公民身份号码 4330261968××××××××，汉族，初中文化，无职业，贵州省××县人，户籍地××县××镇××路××号，住××县××镇××东路××号。因犯贩卖毒品罪，2007 年 3 月 1 日被××县人民法院判处有期徒刑三年，2009 年 1 月 20 日减刑释放。因涉嫌聚众斗殴罪，2019 年 9 月 4 日被××县公安局刑事拘留，因涉嫌寻衅滋事罪，同年 10 月 1 日经××县人民检察院批准，同日由××县公安局执行逮捕。

一、刑事起诉书

被告人杨丙，男，1980年×月×日出生，公民身份号码4330261980××××××××，侗族，大学专科文化，经商，湖南省××县人，户籍及居住地××县××镇××村××路××号。因涉嫌非法拘禁罪，2019年4月9日被××县公安局刑事拘留，同年5月13日被××县公安局监视居住；因涉嫌寻衅滋事罪，同年7月9日经××县人民检察院批准，同日由××县公安局执行逮捕。

被告人宋某霖（曾用名宋某明，绰号"毛猪"），男，1974年×月×日出生，公民身份号码4330261974××××××××，汉族，初中文化，无职业，湖南省××县人，户籍及居住地××县××镇××路××号。因犯盗窃罪，1994年11月18日被××县人民法院判处有期徒刑四年；因犯故意伤害罪、抢劫罪，2006年12月14日被福建省漳州市某区人民法院判处有期徒刑十二年六个月，2014年11月15日减刑释放；因犯容留他人吸毒罪，2018年8月28日被××县人民法院判处有期徒刑七个月，2019年4月14日刑满释放。因涉嫌聚众斗殴罪，2019年4月14日被××县公安局刑事拘留，同年5月13日经××县人民检察院批准，同日由××县公安局执行逮捕。

被告人成某（绰号"胖子"），男，1993年×月×日出生，公民身份号码4312271993××××××××，侗族，初中文化，无职业，湖南省××县人，户籍地××县××镇××村××组，住××县××镇××街××栋××单元××室。因涉嫌聚众斗殴罪，2019年4月21日被××县公安局刑事拘留，同年5月13日经××县人民检察院批准，同日由××县公安局执行逮捕。

被告人王乙，男，1986年×月×日出生，公民身份号码4312271986××××××××，侗族，高中文化，无职业，湖南省××县人，户籍及居住地××县××镇××路××号。因犯贩卖毒品罪，2007年7月19日被××县人民法院判处有期徒刑一年六个月，2008年9月13日刑满释放；因犯贩卖毒品罪，2010年11月19日被××县人民法院判处有期徒刑一年，2011年9月20日刑满释放；因犯贩卖毒品罪，2012年8月3日被××县人民法院判处拘役五个月，同年10月20日刑满释放；因犯贩卖毒品罪，2014年6月25日被××县人民法院判处有期徒刑七个月，同年

11月27日刑满释放；因犯盗窃罪，2016年8月17日被××县人民法院判处拘役四个月，同年11月3日刑满释放；因犯盗窃罪，2018年3月16日被××县人民法院判处有期徒刑六个月，同年7月11日刑满释放。因涉嫌非法拘禁罪，2019年4月26日被××县公安局刑事拘留，同年5月13日经××县人民检察院批准，同日由××县公安局执行逮捕。

被告人杨某勇（别名杨某），男，1987年×月×日出生，公民身份号码4312271987××××××，侗族，初中文化，无职业，湖南省××县人，户籍及居住地××县××镇××村××组。因涉嫌非法拘禁罪，2019年6月28日被××县公安局刑事拘留，因涉嫌寻衅滋事罪，同年8月4日经××县人民检察院批准，同日由××县公安局执行逮捕。

被告人杨某豪，男，1999年×月×日出生，公民身份号码4312271999××××××，侗族，初中文化，无职业，湖南省××县人，户籍及居住地××县××镇××村××组。因涉嫌聚众斗殴罪，2019年8月2日被××县公安局刑事拘留，同年9月7日经××县人民检察院批准，次日由××县公安局执行逮捕。

被告人张某杰（绰号"小冰棒"），男，2001年×月×日出生，公民身份号码4312272001××××××，汉族，初中文化，无职业，湖南省××县人，户籍及居住地××县××镇××村××组。因涉嫌聚众斗殴罪，2019年8月2日被××县公安局刑事拘留，同年9月7日经××县人民检察院批准，次日由××县公安局执行逮捕。

本案由××县公安局侦查终结，以被告人杜某平涉嫌故意杀人罪、故意伤害罪、寻衅滋事罪、非法拘禁罪、聚众斗殴罪、强迫交易罪，被告人罗某忠涉嫌故意杀人罪，被告人姚某林、杨甲、杨乙涉嫌寻衅滋事罪、非法拘禁罪，被告人江某军、王甲、成某、杨某豪涉嫌寻衅滋事罪、聚众斗殴罪，被告人杨丙涉嫌寻衅滋事罪，被告人宋某霖涉嫌聚众斗殴罪，被告人王乙、杨某勇涉嫌非法拘禁罪，被告人张某杰涉嫌聚众斗殴罪，于2019年10月8日移送××县人民检察院审查起诉。该院于同年10月9日将本案报送本院审查起诉，本院受理后，于次日已告知各被告人有权委托辩护人，被害人、被害人近亲属有权委托诉讼代理人，依法讯问了被告人，听取了被害人、被害人近亲属、诉讼代理人、辩护人的意见，审阅了全部案件材料。期间，延长审查起诉期限一次，自 2019 年 11 月 9 日至 11 月 23 日。

经依法审查查明：

一、故意杀人罪

2001 年 12 月 31 日，被告人杜某平承揽了××县第一中学（以下简称"××一中"）400 米田径场开挖工程，并请被告人罗某忠等人参与工程管理。××一中将女生宿舍楼三楼的一套房间作为工程项目部办公场地，并指派总务处工作人员姚某甲（已故）、被害人邓某某代表校方监督工程质量和安全。杜某平在施工过程中与邓某某产生矛盾，遂多次向罗某忠等人提出要想办法"搞"邓某某，并安排罗某忠寻找"迷药"害邓某某及对邓某某"下蛊"，均未果。

2003 年 1 月中旬，杜某平准备了数片三唑仑。同月 21 日，杜某平告知罗某忠已找到迷药，二人商量决定次日杀死邓某某，要罗某忠到时借机先支走姚某甲。

2003 年 1 月 22 日 12 时许，杜某平见项目部办公室只剩下邓某某和姚某甲，将事先准备的三唑仑粉末倒入一瓶饮料递给邓某某饮用。邓某某喝下部分饮料后，杜某平即电话通知罗某忠，罗某忠按照事先约定将姚某甲骗出项目部办公室，随后二人又一道阻止姚某甲返回项目部。待姚某甲离开后，杜某平返回项目部，发现邓某某昏睡在长凳上发出鼾声，遂用胶带粘贴邓某某口鼻处，并在嘴部缠绕数圈。午饭后，杜某平与罗某忠回到项目部，二人用塑料袋套住邓某某的头部并用胶带反复缠绕，又用胶带捆住邓某某的双脚、双手，杜某平持一把橡胶锤击打邓某某头部右侧，致邓某某当场死亡，二人又将邓某某的尸体移至厨房藏匿。当晚，杜某平、罗某忠待××一中的学生宿舍熄灯后，将邓某某的尸体抬至××一中 400 米田径场工地事先挖好的土坑内用石头和泥土掩盖，将作案工具和邓某某的随身物品带离项目部丢弃。次日早上，杜某平、罗某忠指挥施工机械用石头和泥土将埋尸的土坑填平。同年 2 月中旬的一天，杜某平在其舅舅黄某某的追问下告诉黄其杀害了邓某某并埋尸操场。

被告人杜某平、罗某忠被抓获归案后，先后对埋尸地点进行了指认。2019 年 6 月 19 日在××一中田径场（现称足球场）西南面挖掘出一具人体尸骸。经 DNA 鉴定，该尸骸系被害人邓某某；经尸体检验鉴定，该尸骸头骨的右颞骨有一不规则孔洞性骨折缺损，碎骨片凹陷入颅内，经碎骨片复原后，查见有一 5.0×4.5cm 类圆形骨折区及 5.0×4.0cm 类圆形孔状缺损区，符合钝器（如锤类）打击头部，导致重度颅脑损伤死亡；经毒化鉴定，从挖掘出的人体肋骨、人体胸椎骨、无袖毛线衣、长袖 T 恤、衣服和尸骸上身躯干部位泥土等中检验出三唑仑。

认定上述事实的证据如下：

1. 现场提取的塑料袋、胶带、衣物等物证；2. 施工协议书、会议记录、调解协议等书证；3. 尸体检验鉴定书、检验报告等鉴定意见；4. 现场指认、现场勘验、提取、辨认等笔录；5. 指认视频、挖掘视频等视听资料；6. 证人姚某乙、杨丁、田某等的证言；7. 被告人杜某平、罗某忠的供述和辩解。

二、故意伤害罪

2005 年 4 月，被告人杜某平因本人经营的 ×× 县夜郎谷 KTV 大堂经理、被害人曹某跳槽龙辰 KTV 影响其生意，遂怀恨在心，经与夜郎谷 KTV 员工宋某霖（因本案已判刑）商议后决定对曹某泼硫酸予以报复。同年 4 月 17 日，宋某霖准备了一瓶硫酸，纠集贵州籍男子安某某、涂某某、周某某、潘某某等人（均另案处理）到龙辰 KTV 附近进行蹲守。当晚 23 时许，经宋某霖指认，由安某某在旁望风，涂某某、周某某使用硫酸泼中曹某的左侧颈面部，潘某某驾驶摩托车接应二人离开现场。经鉴定，曹某的损伤为轻伤。案发后，杜某平、宋某霖于 2006 年 3 月共赔偿曹某医疗费人民币 1.6 万元。

认定上述事实的证据如下：

1. 现场提取手机的物证照片；2. 病历资料、手机短信、调解协议、收条、刑事判决书等书证；3. 法医临床学鉴定书、毒物鉴定书等鉴定意见；4. 现场勘验、辨认等笔录；5. 证人吴某甲、吴某乙、杨某甲等的证言；6. 被害人曹某的陈述；7. 被告人杜某平及同案人宋某霖的供述和辩解。

三、杜某平恶势力犯罪集团实施的犯罪

2008 年以来，以被告人杜某平为首要分子，重要成员被告人姚某林、杨甲、杨乙、江某军及刘某明（已死亡）等较为固定，经常纠集在一起，非法高利放贷，暴力讨债，插手民间纠纷，为非作恶，欺压百姓，共同故意实施了寻衅滋事、非法拘禁、聚众斗殴、强迫交易等犯罪活动，形成恶势力犯罪集团。具体事实如下：

(一) 寻衅滋事罪

1.2007年下半年，被告人杜某平根据江某军的请求协助处理姚某乙猥亵其干女儿杜某某一事，在姚某乙已赔偿江某军并被××县人民法院依法判处刑罚后，杜某平又向姚某乙索要人民币1200元，遭拒绝。2008年2月26日，杜某平纠集数人到××县××镇街上被害人姚某乙经营的药店再次索钱未果，将姚某乙打伤，后被姚某乙持斧头赶出药店。杜某平于当晚再次纠集被告人姚某林与刘某明等人，持钢管、刀具在姚某乙药店门前叫骂、威胁、打砸药店卷闸门。经诊断，姚某乙的伤情为左眼球、多处软组织挫伤。

认定上述事实的证据如下：

(1) 欠条、协议、病历资料等书证；(2) 现场勘验、辨认、提取等笔录；(3) 证人田某某、廖某某、彭某某等的证言；(4) 被害人姚某乙的陈述；(5) 被告人杜某平、姚某林的供述和辩解。

2.2008年上半年，被告人杜某平得知被害人杨某乙在追求其女友杨戌后，纠集戴某震（另案处理）等人打了杨某乙一耳光。同年5月15日，杜某平又纠集刘某明、戴某震、张某（另案处理）等人驾车赶至××县交通规费征稽所，指使刘某明、戴某震、张某等人冲进征稽所宿舍，持事先准备的一把汽车方向盘锁殴打杨某乙，致杨某乙头部、手臂多处受伤。期间杜某平还与被告人姚某林商议，由姚某林采取威胁、恐吓手段向杨某乙索要了人民币1万元转给了杜某平。经鉴定，杨某乙的损伤为轻微伤。

认定上述事实的证据如下：

(1) 物证汽车方向盘锁照片；(2) 病历资料、行政处罚决定书等书证；(3) 法医学人体损伤程度鉴定书；(4) 现场勘验、提取、辨认等笔录；(5) 证人顿某某、唐某某、姚某丙等的证言；(6) 被害人杨某乙的陈述；(7) 被告人杜某平、姚某林等的供述和辩解。

3.2009年3月3日，××县××镇村民江某甲（别名江××）的父亲江某乙在××县××镇卫生院住院治疗时死亡，经协商××镇卫生愿意赔偿人民币1.8万元。为索要更高赔偿，江某甲联系其小叔被告人江某军找人帮忙。随后，江某军联系被告人杜某平，杜某平与江某甲约定增加的赔偿款由二人平分。同日18时许，杜某平纠集被告人姚某林、杨某莱（另案处理），与江某军对院方代表威胁、辱骂、恐吓，在卫生院内哄闹、聚众造势，索要数十万元高额赔偿，卫生院被迫同意赔偿江某甲人民币3.6万元，杜某平分得赃款人民币9000元。

认定上述事实的证据如下：

（1）调解协议书、领据、病历资料等书证；（2）现场勘验、辨认等笔录；（3）证人江某甲、杨某丙、江某丙等的证言；（4）被告人杜某平、姚某林、江某军等的供述和辩解。

4. 2012年下半年，被告人杜某平单独或纠集被告人杨甲、杨乙等人，先后5次在××县凯里牛杂王饭店、××县造纸厂附近的高速公路高架桥下、其驾驶的汽车内、××县××镇班车乘车点、××县××镇××村，分别采取辱骂、殴打、持刀捅刺、拦截、恐吓等手段向被害人吴某甲索要高利贷欠款。2012年11月前后的一天，吴某甲被迫将自己位于××村工地上的木架子低价变卖，还款给杜某平人民币3万元。

认定上述事实的证据如下：

（1）银行流水账单、报警记录等书证；（2）现场勘验、辨认、检查等笔录；（3）证人杨某丁、胡某某、杨某戊等的证言；（4）被害人吴某甲的陈述；（5）被告人杜某平、杨甲、杨乙等的供述和辩解。

5. 2012年11月的一天晚上，被告人杜某平因为与女朋友姚某丙的感情问题而怪罪于蒲某某，打了与姚某丙一起宵夜的蒲某某一耳光，在现场的蒲某某之兄蒲甲（本案被害人）与杜某平发生扭打。杜某平被打后，纠集被告人姚某林、杨甲、杨乙、王甲、杨丙等人实施报复，并准备多根木棒。经杜某平安排，杨甲、杨乙蹲守、跟踪，于同年12月1日前后发现蒲甲夫妇从××县××乡乘坐中巴车前往××县城，杜某平与王甲、姚某林、杨丙等人驾车在××县××镇××村××组（现为××镇××村××组）晃凉公路段一弯道处将该中巴车截停。杨甲、杨乙等人强行将蒲甲夫妇拉下车，数人围住蒲甲威胁、辱骂，将蒲甲带至原××镇××山庄。期间，杜某平等人对蒲甲威胁、恐吓并索要赔偿，后经朋友说情、协调，蒲甲被迫向杜某平赔礼道歉并赔偿人民币1000余元才得以离开。

认定上述事实的证据如下：

（1）手机开户资料、病历资料等书证；（2）现场勘验、辨认等笔录；（3）证人蒲某某、向某某、秦某某等的证言；（4）被害人蒲甲的陈述；（5）被告人杜某平、姚某林、杨甲、杨乙、王甲、杨丙的供述和辩解。

6.2014年上半年，被告人杜某平得知欠其高利贷的张某甲在××县××镇××村××山泉水厂有股金，便要求水厂老板杨某己（本案被害人）将股金退给自己。同年4月的一天，杜某平纠集被告人姚某林等人分别驾驶湘N××××捷豹轿车及一辆越野车将张某甲、潘某甲夫妇带至龙坡山泉水厂。杜某平、姚某林带张某甲夫妇找到杨某己，得知杨某己已将股金退还给潘某甲，杜某平便当众辱骂张某甲，并向杨某己索要加油、吃饭等费用，杨某己被迫付给杜某平人民币3000元。

认定上述事实的证据如下：

（1）收条、病历资料等书证；（2）现场勘验、辨认等笔录；（3）证人张某甲、潘某甲、吴某乙等的证言；（4）被害人杨某己的陈述；（5）被告人杜某平、姚某林等的供述和辩解。

7.2018年11月，因被害人石某欠被告人江某军21.7262万元的建材款未及时支付，江某军便请被告人杜某平帮忙催收。2019年1月，江某军在××县××镇经营的钢材店内伙同杜某平向石某索要货款，以提高建材单价的方式迫使石某重新出具了货款人民币23.1589万元的欠条。此后，因江某军、杜某平多次辱骂、威胁，石某于2019年1月31日向江某军微信转款人民币2万元，但江某军并未从总货款中扣除该2万元。同年2月初的一天晚上，杜某平、江某军纠集被告人杨丙、成某、杨某豪等人，在××县步行街××茶楼内对石某辱骂、威胁、恐吓，逼迫还钱。同年2月4日，江某军在自己的钢材店内采取提高总货款20%的方式，迫使石某再次重新出具了欠货款人民币27.7212万元的欠条。

认定上述事实的证据如下：

（1）欠条、转账记录、销售货单等书证；（2）现场勘验笔录；（3）证人吴某丙、吴某丁等的证言；（4）被害人石某的陈述；（5）被告人杜某平、江某军、杨丙、成某、杨某豪的供述和辩解。

(二) 非法拘禁罪

1. 2008年10月,被告人杜某平为催收高利贷欠款,纠集被告人姚某林与刘某明、姚某丁(已死亡)等人将被害人吴某戊控制在××县××大酒店洗浴中心房间内约5、6个小时,后经人担保,杜某平才准许吴某戊离开。数日后的一天中午,杜某平、姚某林、刘某明、姚某丁等人再次将吴某戊带至该洗浴中心房间内,对吴某戊威胁、殴打。次日下午18时许,吴某戊的父亲吴某己向杜某平承诺偿还部分欠款,杜某平等人才准许吴某戊离开。

认定上述事实的证据如下:

(1) 借条、还款协议、授权委托书等书证;(2) 现场勘验、辨认等笔录;(3) 证人吴某己、杨某珍、吴某庚等的证言;(4) 被害人吴某戊的陈述;(5) 被告人杜某平、姚某林的供述和辩解。

2. 2012年10月前后,被告人杜某平为催收高利贷欠款,纠集被告人杨甲、杨乙将被害人吴某甲先后带至××县××大酒店、××云宾馆房间内拘禁,逼迫还款。期间,杜某平与杨乙两次逼迫吴某甲洗冷水澡。之后几天,杨甲、杨乙于白天胁迫吴某甲外出借款,晚上带回房间由杨乙继续看守。直至第五日,吴某甲向杜某平偿还了数万元高利贷,杜某平才准许吴某甲离开。

认定上述事实的证据如下:

(1) 现场勘验、辨认等笔录;(2) 证人尹某某、杨己、杨某刚等的证言;(3) 被害人吴某甲的陈述;(4) 被告人杜某平、杨甲、杨乙的供述和辩解。

3. 2014年4月的一天中午,被告人杜某平为向被害人张某甲催收高利贷欠款,纠集被告人姚某林将张某甲、潘某甲夫妇从××县中医院带上湘N××××捷豹轿车,又纠集被告人王乙、杨某勇、张某高(另案处理)先后前往××山泉水厂、××县××乡白岩湾村(现为××镇××村)河边,采取辱骂、威胁、殴打、强迫洗冷水澡等手段逼迫张某甲还款。次日凌晨,张某甲夫妇才得以离开。

认定上述事实的证据如下:

(1) 收条、病历资料等书证;(2) 现场勘验、辨认等笔录;(3) 证人潘某甲、杨某己、张某妃等的证言；（4）被害人张某甲的陈述；（5）被告人杜某平、姚某林、王乙、杨某勇等的供述和辩解。

4.2012年下半年，被害人吴某己因需治疗费用先后数次向被告人杜某平借高利贷共计人民币8500元，吴某己偿还了人民币1万余元高额利息后便无力再支付。2014年3月至6月，杜某平为索取高利贷欠款，纠集多人先后数次将吴某己拘禁在××县夜郎谷KTV房间内逼迫还款，每次长达数小时。其中6月的一天，被告人杨甲在房间内对吴某己威胁、殴打。吴某己被迫通过他人调解向杜某平一次性偿还高利贷本息共人民币3万元。

认定上述事实的证据如下：

（1）病历资料、记账本等书证；（2）现场勘验、辨认等笔录；（3）证人吴某辛、姚某戊、张某乙等的证言；（4）被害人吴某己的陈述；（5）被告人杜某平、杨甲的供述和辩解。

（三）聚众斗殴罪

2017年8月17日上午，被告人江某军在××县××镇因纠纷被杨某壬女婿周某打了两耳光，便联系被告人杜某平帮忙报复。杜某平纠集被告人王甲、宋某霖、成某、杨某豪、张某杰等人，携带木棒、砍刀乘坐湘N××××捷豹轿车等车辆先后赶至××镇。杜某平安排成某、杨某豪、张某杰将木棒取出，由江某军带领宋某霖、成某、杨某豪、张某杰等人前往杨某壬经营的××门业店面寻找周某，宋某霖与杨某壬发生口角，继而打斗，宋某霖持砍刀捅向杨某壬并扭打在一起，成某持花盆砸中杨某壬头部。公安人员接警到达时，宋某霖、成某等人逃离现场。经鉴定，杨某壬的损伤为轻微伤。2017年9月29日，江某军赔偿杨某壬人民币1.2万元。

认定上述事实的证据如下：

（1）手机通话详单、病历资料等书证；（2）法医学人体损伤程度鉴定书；（3）现场勘验、辨认等笔录；（4）证人周某、杨某庚、杨某辛等的证言；（5）被害人杨某壬的陈述；（6）被告人杜某平、江某军、王甲、宋某霖、成某、杨某豪、张某杰的供述和辩解。

（四）强迫交易罪

2014年4月，被告人杜某平因被害人张某甲无力偿还高利贷欠款，逼迫张某甲用××夜郎汽车客运公司的股份抵扣张某甲所欠杜某平和姚某军的债务。因其他债权人起诉张某甲，××县人民法院于2013年9月冻结了该股份，杜某平、姚某军各出资人民币6万元替张某甲偿还他人债务，该股份得以解除冻结。为避免股份再次被冻结，杜某平出资人民币2万元、姚某军出资人民币3万元又替张某甲偿还了他人债务。通过威胁、恐吓等手段，杜某平迫使张某甲于2014年4月25日签订了转让该公司12.25%的股权给杜某平的协议。2016年上半年，杜某平将持有的该股份转让，从中非法获利人民币16.5万元。

认定上述事实的证据如下：

（1）股权转让协议、车辆登记信息等书证；（2）辨认笔录；（3）证人姚某军、姚某华、陈某某等的证言；（4）被害人张某甲的陈述；（5）被告人杜某平等的供述和辩解。

2019年4月8日，被告人姚某林主动向公安机关投案，被告人杨某豪、张某杰分别于同年4月22日、8月2日经公安机关电话通知归案，其余各被告人于同年4月至9月先后被抓获归案。在案扣押被告人杜某平涉案财物现金人民币1万元、湘N××××捷豹轿车1辆、湘N×××××别克商务车1辆等，冻结杜某平银行存款人民币5003.69元及位于怀化市××路××商城的门面1套、怀化市碧桂园××处房产1套、××县××镇××路××步行街的房产1套。

本院认为，被告人杜某平伙同罗某忠故意杀害他人，致一人死亡；采取泼硫酸的方式故意伤害他人身体，致一人轻伤；组织、领导恶势力犯罪集团，实施寻衅滋事7起，非法拘禁4起，聚众斗殴1起，强迫交易1起，其行为严重侵犯他人人身权利，破坏社会经济秩序，分别触犯《中华人民共和国刑法》第二百三十二条、第二百三十四条第一款、第二百九十三条第一款第（一）、（二）、（三）项、第二款、第二百三十八条第一款、第三款、第二百九十二条第一款第（四）项、第二百二十六条第（四）项，犯罪事实清楚，证据确实、充分，应当以故意杀人罪、故意伤害罪、寻衅滋事罪、非法拘禁罪、聚众斗殴罪、强迫交易罪追究其刑事责任。在故意杀人、故意伤害共同犯罪中，被告人杜某平均起主要作用，系主犯，适用《中华人民共和国刑法》第二十五条第一款、第二十六条第一款、第四款。被告人杜某平系恶势力犯罪集团的首要分子，应当按照集团所犯的全部罪行处罚，适用《中华人民共和国刑法》第二十五条第一款、第二十六条第一款、第二款、第三款。

被告人罗某忠伙同杜某平故意杀害他人，致一人死亡，其行为已触犯《中华人民共和国刑法》第二百三十二条，犯罪事实清楚，证据确实、充分，应当以故意杀人罪追究其刑事责任。在共同犯罪中起主要作用，系主犯，适用《中华人民共和国刑法》第二十五条第一款、第二十六条第一款、第四款。

被告人姚某林伙同他人实施寻衅滋事 5 起；非法拘禁 2 起，其行为分别触犯《中华人民共和国刑法》第二百九十三条第一款第（二）、（三）项、第二百三十八条第一款、第三款，犯罪事实清楚，证据确实、充分，应当以寻衅滋事罪、非法拘禁罪追究其刑事责任。被告人姚某林系恶势力犯罪集团重要成员，在第 2 起寻衅滋事、第 3 起非法拘禁共同犯罪中均起主要作用，系主犯，适用《中华人民共和国刑法》第二十五条第一款、第二十六条第一款、第二款、第四款；在第 1 起、第 3 起、第 5 起、第 6 起寻衅滋事和第 1 起非法拘禁共同犯罪中均起次要作用，系从犯，适用《中华人民共和国刑法》第二十五条第一款、第二十六条第二款、第二十七条。

被告人杨甲伙同他人实施寻衅滋事 2 起；非法拘禁 2 起，其行为分别触犯《中华人民共和国刑法》第二百九十三条第一款第（二）、（三）项、第二百三十八条第一款、第三款，犯罪事实清楚、证据确实、充分，应当以寻衅滋事罪、非法拘禁罪追究其刑事责任。被告人杨甲系恶势力犯罪集团重要成员，在第 5 起寻衅滋事、第 4 起非法拘禁共同犯罪中均起主要作用，系主犯，适用《中华人民共和国刑法》第二十五条第一款、第二十六条第一款、第二款、第四款；在第 4 起寻衅滋事、第 2 起非法拘禁共同犯罪中均起次要作用，系从犯，适用《中华人民共和国刑法》第二十五条第一款、第二十六条第二款、第二十七条。

被告人杨乙伙同他人实施寻衅滋事 2 起；非法拘禁 1 起，其行为分别触犯《中华人民共和国刑法》第二百九十三条第一款第（二）、（三）项、第二百三十八条第一款、第三款，犯罪事实清楚、证据确实、充分，应当以寻衅滋事罪、非法拘禁罪追究其刑事责任。被告人杨乙系恶势力犯罪集团重要成员，在第5起寻衅滋事、第2起非法拘禁共同犯罪中均起主要作用，系主犯，适用《中华人民共和国刑法》第二十五条第一款、第二十六条第一款、第二款、第四款；在第4起寻衅滋事共同犯罪中起次要作用，系从犯，适用《中华人民共和国刑法》第二十五条第一款、第二十六条第二款、第二十七条。

被告人江某军伙同他人实施寻衅滋事2起；纠集他人持械聚众斗殴1起且系首要分子，其行为分别触犯《中华人民共和国刑法》第二百九十三条第一款第（三）项、第二百九十二条第一款第（四）项，犯罪事实清楚，证据确实、充分，应当以寻衅滋事罪、聚众斗殴罪追究其刑事责任。被告人江某军系恶势力犯罪集团重要成员，在寻衅滋事共同犯罪中均起主要作用，系主犯，适用《中华人民共和国刑法》第二十五条第一款、第二十六条第一款、第二款、第四款。

被告人王甲伙同他人实施寻衅滋事1起；持械聚众斗殴1起且系积极参加者，其行为分别触犯《中华人民共和国刑法》第二百九十三条第一款第（二）、（三）项、第二百九十二条第一款第（四）项，犯罪事实清楚，证据确实、充分，应当以寻衅滋事罪、聚众斗殴罪追究其刑事责任。被告人王甲系恶势力犯罪集团成员，在寻衅滋事共同犯罪中起次要作用，系从犯，适用《中华人民共和国刑法》第二十五条第一款、第二十六条第二款、第二十七条。

被告人杨丙伙同他人实施寻衅滋事2起，其行为已触犯《中华人民共和国刑法》第二百九十三条第一款第（二）、（三）项，犯罪事实清楚，证据确实、充分，应当以寻衅滋事罪追究其刑事责任。被告人杨丙系恶势力犯罪集团成员，在共同犯罪中均起次要作用，系从犯，适用《中华人民共和国刑法》第二十五条第一款、第二十六条第二款、第二十七条。

被告人宋某霖纠集他人持械聚众斗殴且系首要分子，其行为已触犯《中华人民共和国刑法》第二百九十二条第一款第（四）项，犯罪事实清楚，证据确实、充分，应当以聚众斗殴罪追究其刑事责任。被告人宋某霖系恶势力犯罪集团成员，适用《中华人民共和国刑法》第二十五条第一款、第二十六条第二款。

被告人成某伙同他人实施寻衅滋事1起；持械聚众斗殴1起且系积极参加者，其行为分别触犯《中华人民共和国刑法》第二百九十三条第一款第（三）项、第二百九十二条第一款第（四）项，犯罪事实清楚，证据确实、充分，应当以寻衅滋事罪、聚众斗殴罪追究其刑事责任。被告人成某系恶势力犯罪集团成员，在寻衅滋事共同犯罪中起次要作用，系从犯，适用《中华人民共和国刑法》第二十五条第一款、第二十六条第二款、第二十七条。

被告人王乙伙同他人实施非法拘禁1起，其行为已触犯《中华人民共和国刑法》第二百三十八条第一款、第三款，犯罪事实清楚，证据确实、充分，应当以非法拘禁罪追究其刑事责任。被告人王乙系恶势力犯罪集团成员，在共同犯罪中起主要作用，系主犯，适用《中华人民共和国刑法》第二十五条第一款、第二十六条第一款、第二款、第四款。

被告人杨某勇伙同他人实施非法拘禁1起，其行为已触犯《中华人民共和国刑法》第二百三十八条第一款、第三款，犯罪事实清楚，证据确实、充分，应当以非法拘禁罪追究其刑事责任。被告人杨某勇系恶势力犯罪集团成员，在共同犯罪中起主要作用，系主犯，适用《中华人民共和国刑法》第二十五条第一款、第二十六条第一款、第二款、第四款。

被告人杨某豪伙同他人实施寻衅滋事1起；持械聚众斗殴1起且系积极参加者，其行为分别触犯《中华人民共和国刑法》第二百九十三条第一款第（三）项、第二百九十二条第一款第（四）项，犯罪事实清楚，证据确实、充分，应当以寻衅滋事罪、聚众斗殴罪追究其刑事责任。被告人杨某豪系恶势力犯罪集团成员，在寻衅滋事共同犯罪中起次要作用，系从犯，适用《中华人民共和国刑法》第二十五条第一款、第二十六条第二款、第二十七条。

被告人张某杰伙同他人持械聚众斗殴且系积极参加者，其行为已触犯《中华人民共和国刑法》第二百九十二条第一款第（四）项，犯罪事实清楚，证据确实、充分，应当以聚众斗殴罪追究其刑事责任。被告人张某杰系恶势力犯罪集团成员，适用《中华人民共和国刑法》第二十五条第一款、第二十六条第二款；作案时系已满十六周岁未满十八周岁的未成年人，适用《中华人民共和国刑法》第十七条第一款、第三款。

被告人姚某林、杨甲、王甲、宋某霖、王乙系累犯,适用《中华人民共和国刑法》第六十五条第一款。被告人杜某平、姚某林、杨甲、杨乙、江某军、王甲、成某、杨某豪犯有数罪,适用《中华人民共和国刑法》第六十九条。

依据《中华人民共和国刑事诉讼法》第一百七十六条第一款之规定,提起公诉,请依法判处。

此致

湖南省怀化市中级人民法院

20××年×月×日

附注:

1. 被告人杜某平、罗某忠、杨乙、杨丙现羁押于××市看守所;被告人江某军、姚某林、成某现羁押于××县看守所;被告人宋某霖、王甲、王乙现羁押于××市看守所;被告人杨甲、杨某勇现羁押于××县看守所;被告人杨某豪、张某杰现羁押于××区看守所。
2. 案卷材料和证据67册,涉案账本2册。
3. 光碟50张、移动硬盘2个。
4. 证人、鉴定人名单1份。
5. 移送物品清单1份。
6. 刑事附带民事诉状3份。

【承办检察官心得体会】

(一)关口前置,打牢证据基础

本案系时隔16年的陈年旧案,证据收集以及事实认定的难度很大,检察机关及时、全面地提前介入,引导公安机关不断补充、完善证据,取得了良好成效,为审查起诉阶段赢得了时间,为案件顺利提起公诉打下了坚实基础。同时,在司法实践中应摒弃"一退了之"的"二传手"思想,应勇于、善于自行补充侦查,或有效引导公安机关补充侦查,确保文书质量有证据基础,提高办理重大疑难复杂案件的质效。

(二)强化证据审查,精准表述事实

依法审查证据的形式,确保证明起诉书事实的每一份证据都符合法律的规定,越是重大敏感案件越要坚持程序规则,对于非法获取的证据或存在瑕疵的证据应细致甄别,严格按照非法证据排除规则的规定谨慎采信证据,对全案证据的合法性审查应贯穿始终,做到心中有数。

(三)紧紧围绕定罪量刑的关键事实和情节,建构完整、严密的起诉体系

此案件由于时过境迁,完全还原客观事实难度极大,应点面结合,通过精准、简洁的文字表述将主观犯意、作案手段、作案过程、犯罪后果等要素表述清晰,坚持客观公正立场,坚持证据采信原则,依法、准确认定案件事实,使所办案件、所写文书经得起法律和历史检验。

(四)高度重视文书质量

对于疑难复杂的重大案件,应高度重视起诉书的制作,且按照高标准不断修改、完善。对于事实部分,要坚持客观真实原则,使文书符合法定要求。同时,应坚持条理清晰、繁简得当、重点突出,对于关注度高的主要案件事实进行详细阐明。同步预测辩方观点,填补文书漏洞,为后续指控工作奠定基础。

【专家点评】

法律文书是法律人的名片,更是人民群众直接感知公平正义的重要途径。轰动全国的湖南怀化市新晃县"操场埋尸"案,在被害教师邓某某遇害16年10个月后,被提起公诉,检察机关的指控内容自然备受各界关注。真相深埋地下16年,但罪恶无法掩盖,正义不会沉默。正义不仅要实现,而且要以看得见的方式实现,这就需要有具体的、群众可感知的场景。起诉书作为检察机关指控犯罪的核心文书,以最直接的方式为被害人伸张正义,是人民群众可感知、能感受到公正的最重要、最直观载体。

该案的起诉书,要素完备、指控确实、事实严密、文字规范,用客观呈现出的犯罪事实,回应了社会各界关注的焦点问题,释放了司法机关的立场,实现了起诉书在大要案中应有的价值。具体有以下几个方面

值得借鉴学习：

（一）起诉书的要素完备

一份格式规范、说理透彻、逻辑清晰的法律文书，"公平正义"就会如同水印一般，成为这份法律文书甚至办案机关的鲜明底色。换句话说，格式规范、要素齐全，是起诉书质量的基本要求。该份文书从被告人的基本情况开始，身份、籍贯、强制措施等要素无一遗漏。诉讼过程描述清楚，告权、讯问以及审查等核心办案活动均能简要点明。到案过程一目了然，仅用三句话就将"主动投案""通知到案""抓获归案"的情形描述清晰。交代涉案款物的扣押和冻结情况，为审判阶段依法处置涉案款物提供依据。在起诉意见部分，鉴于本案系多人多罪名，文书采取了总分的模式，先论述首要分子个人以及犯罪集团的犯罪事实，再对各个成员逐一表述，并且对参与人员在每一起犯罪中的具体作用予以认定，法条引用精准到条、款、项，体现了文书撰写者良好的法律功底。

（二）指控依据确实、充分

检察机关办案要以法为据、以理服人、以情感人。前提是要有牢固的证据基础。起诉书的事实建构必须有充分的证据依托，一份优秀的起诉书甚至要做到每个字、每个标点符号都有证据支撑。本案的起诉书集中体现了这一点。为了及时收集固定证据，完整勾勒案情全貌，检察机关全面提前介入，引导公安机关侦查以及自行补充侦查，从当年知情人士的证人证言等言词证据，到多年前的记账本、病历资料、借条等书证，再到从现场提取的塑料袋、胶带、衣物等物证，均能及时收集到位，证据链条完整且充实。对于一起时隔16年的陈年旧案，坚持证据采信原则，提高案件办理质效，为起诉书的质量打下牢固的证据基础，更让这起被全国媒体聚焦的案件，经得起法律和历史检验。

（三）事实叙写严密、完整

案件事实是起诉书的核心，更是审判的对象。因此，在以审判为中心的诉讼制度改革中，应进一步规范、明确起诉指控的犯罪事实，让定罪量刑情节都能在法庭上呈现，确保庭审焦点突出。一般起诉书的叙述案件事实要按照合理的顺序进行，可按照先单位犯罪后自然人犯罪、先共同犯罪后单独犯罪，表述上按照时间先后顺序。一人多罪的，也可按照重罪在前，轻罪在后的顺序；多人多罪的，应按主犯、从犯或重罪、轻罪的顺序叙述，突出主犯、重罪。一般而言，事实表述中的常规做法是按照时间顺序一罪一表述；先总后分；主犯、重罪在前，从犯、轻罪在后。涉黑涉恶案件则有所不同。一是此类有犯罪集团的犯罪事实，也有个案事实。二是本身事实多、罪名杂，具体各罪又涉及多笔犯罪事实，每笔事实都有不同的行为特点。

因此，对涉黑涉恶案件的起诉书，为了更清晰描述案情全貌同时又不遗漏具体细节，一般可按照"总—分—总—分"的结构叙写事实。具体而言，对于整体案情，先总括性描述黑恶势力犯罪集团实施的总体犯罪情况，再分述各相关具体罪名；对于各具体罪名，先总括作案次数、犯罪金额、犯罪后果等，然后再逐一叙述每一笔犯罪事实的具体细节。在表述顺序方面，一般先表述参与人数最多的主罪、重罪，再表述参与人数少的轻罪，最后表述个人参与的个罪。如此，则能起到纲举目张之效，不被细节所困，实现"一览众山小"的效果。但是，实践中兵无常势，水无常形。检察官面对具体的案件时，不能被类型化、套路化的表达所束缚，而要根据具体的案件，寻找最精准的事实归纳方式。该案的起诉书就很好地体现了这一点。

以被告人杜某平为首的恶势力犯罪集团最恶劣也最受关注的案件就是操场埋尸案。同时，该案也是杜某平坐大成势的重要原因。因此，该份起诉书因案件没有完全囿于"总—分"的框架结构，而是结合个案进行了必要调整：先叙写被告人杜某平个人于2003年和2005年期间实施的故意杀人和故意伤害的犯罪事实，然后再描述2008年以来，以被告人杜某平为首要分子的恶势力犯罪集团所实施的全部犯罪。这种叙写方式更为灵活，展现了恶势力犯罪集团形成的客观历程，不仅逻辑更为清晰，也更为简洁明了，便于宣读。

值得一提的是，针对各界最为关注的操场埋尸相关事实，该份起诉书以短短几百字的篇幅，不仅叙述了被告人的起意、预谋、准备工具和迷药、杀人、埋尸的整个过程，还详细介绍了尸体的起获及提取证据情况。这一事实，先声夺人，将认定被告人杀人埋尸的事实和关键证据进行了全面展示,回应了社会关切。

在指控理念方面,该份起诉书坚持了客观公正的检察立场。不仅描述有罪和罪重的情节,也叙写了罪轻的量刑情节。比如,在强迫交易犯罪的事实中,不仅叙写了被告人强迫被害人转让股权一节,同时也描述了被告人出资帮助被害人股权解冻以及代为偿还债务的情形,对于与定罪量刑有关的情节均无遗漏,增强了起诉书的效果。

(四)语言文字规范、准确

起诉书是检察机关的门面担当。人民群众主要通过这些文书感受办案人的责任意识和责任感。疑难复杂的重大案件,应更加重视起诉书表述的规范性。该份文书不仅注重证据的完整和事实的严密,更为难能可贵的是,在遣词造句方面也处处体现着法律文书的严谨性。比如,实践中常见起诉书混用"期间"与"其间"。该份文书注意到了该问题,在非法拘禁的第4笔犯罪事实描述中,正确使用"其中6月的一天",而没有误用为"期间",遣词造句的严谨作风值得借鉴。又如,对标点符号的使用规范,如起诉的理由和根据部分,对于"证据确实、充分"的表述,使用顿号隔开"确实"与"充分",不仅与刑事诉讼法的表述一致,而且明确二者不同的诉讼意义,起到了同时强调"确实"与"充分"的效果。再如,文书注意到了汉字大小写的规范使用。在延长审查起诉期限的次数方面使用的是"一次",在实施犯罪事实的次数方面使用的是"1起",遵循了汉语的基本使用规则。

该案成功指控后,操场埋尸案终于尘埃落定,违法者终被法律制裁,含冤者真正入土为安。需要检察官重视的是,类似的刑事案件社会关注度高,复杂敏感,稍有不慎便容易陷入舆论旋涡与风暴之中。这就要求日常起诉书的制作,要坚持全面和规范的要求,从而形成"肌肉记忆"。办案人在法律文书写作中,必须秉持如履薄冰的审慎态度。一是要字斟句酌、反复推敲,避免语病、歧义的出现,确保表述精准无误;二是要全面准确归纳事实,不要让人留下疑问,更不要遗漏量刑情节,特别是酌定量刑情节;三是要在理性、中立、全面、准确的基础上,体现司法机关的价值导向,传导正确的价值观。唯如此,方能凸显起诉书的权威性和严肃性;唯如此,才能让检察官更加重视起诉书的制作,让法律文书成为人民群众"感受到"公平正义的最重要载体。

(点评人：王勇，江苏省苏州市人民检察院党组副书记、副检察长，全国模范检察官、全国十佳公诉人、全国检察业务专家)

【专家点评】

在检察文书写作中，起诉书写作的重点和难点在于叙事。杜某平一案涉及14名被告人，触犯6个罪名，且以杜某平为首组成犯罪集团，或一人犯数罪，或数人共犯一罪或数罪，犯罪活动历时近20年，头绪繁杂，形成的案卷材料卷帙浩繁。要吃透案情、厘清脉络、形诸文字，对办案人员来说是一项艰巨的任务，非有高超的文字驾驭能力不能济其事、成其功。本篇起诉书巧为布局、精心结撰、叙事清晰、详略得当、定性准确，彰显了司法公正。其值得肯定之处，至少有以下几点：

(一) 结构安排匠心独运

本篇起诉书采用一罪一证的安排，在叙明犯罪事实之后，即列出相关证据，事实与证据之间扣合紧密。尤其是在杜某平、罗某忠故意杀人一案中，叙述犯罪手段、犯罪过程准确、具体，所使用的三唑仑和橡胶锤，一一为证据中的毒化鉴定和钝器伤所证实，证据与事实之间若合符节，则认定事实绝无质疑之余地。另外，本案中杜某平除故意杀人罪，在寻衅滋事罪、非法拘禁罪和强迫交易罪等多罪中均有涉及，同一人分列多处，各叙各事，但彼此牵系，共同服务于指控犯罪之主旨，这是史家常用的互见笔法，在多人多事的叙事中颇能奏效。

(二) 条理清楚，详略得当

同样是在杜某平、罗某忠故意杀人罪的叙事部分，以时间为经，以情节片段为纬，起意、谋划、实施，各占一段。"谋划"事简，两句话即已足够，无需繁言赘语；"实施"事繁，不吝笔墨，叙写详尽，使被告人实施犯罪的一举一动清晰呈现。事实既明，后面在本院认为部分得出结论即可毫无障碍。

(三) 叙事清晰，注重细节

法律文书的最高境界，就是使对案情一无所知的在读过文书之后，对案情了然于胸。本篇起诉书善用动词、善用具体词，叙事纤毫毕现，交代案情全面准确、清晰明白。此外，本篇起诉书还十分注重细微之处。如在"寻衅滋事罪"第6小节中，在叙及"水厂老板杨某己"时，紧接着在括号中注明"本案被害人"，明白交代在本案中的身份，不至于因无交代说明而令人产生疑问。

综上，本篇起诉书事实认定客观、公正、准确、清晰，适用法律依法准确、细致严密、令人信服。本篇起诉书语言文字精练流畅、用词准确、格式规范、内容要素齐全，事实认定完整、清楚，说理论证缜密，逻辑严谨，层次清晰，是一篇优秀的刑事检察文书。

优秀的刑事检察文书与办理的优秀案件是相辅相成的，案件办得好才能产生优秀文书。本篇起诉书论证充分，重点突出，体现了检察机关"以人民为中心"的司法价值取向。

（点评人：陈灿，第十四届全国人民代表大会代表、律师）

2. 某公司、崔某祥等6人污染环境案起诉书

【简要案情】

被告单位上海某环保有限公司（以下简称"某公司"）于1999年取得上海市危险废物经营许可证，核准收集、贮存、焚烧处置危险废物。2008年之前，许可证核准经营规模为1500吨/年。2009年至2017年核准经营规模为7500吨/年，其中2012年为6000吨/年。

2006年至2009年期间，因某公司危废处置能力难以满足客户快速增长的危废处置需求，时任公司总经理的被告人崔某祥与时任某镇环保办主任兼公司法定代表人的被告人钱某琴共同决定，委托何某兴（另案处理）在嘉定区园大路以西－大众试车场东北侧－园际路以南区域（现为大众试车场，以下简称"试车场"）坑内底部和侧面浇筑钢筋混凝土，后违反国家危废处置等相关规定安排员工将公司收集的危险废物等固体废物非法倾倒、填埋至上述坑内，并且在填埋物表面进行覆土，但未采用防渗膜。2020年10月19日，上海市环境科学研究院出具《上海大众试车场东北角固废堆填区域南侧小坑环境污染状况调查说明》，结论为小坑内4个填埋物样本浸出毒性超出了GB 5085.3－2007限值要求，主要超标污染物为甲苯、乙苯、二甲苯和苯酚；2个填埋物样本累计毒性超出了GB 5085.6－2007的限值要求，检出的主要污染物为重金属、氟化物和石油溶剂。小坑内填埋层上覆素填土层及填埋层底部土层土壤样品所有检测指标均未超过GB 36600－2018第二类用地风险筛选值；小坑周边非填埋区域4个土壤监测点所采集20个土壤样品中有1个表层土壤样品存在超标情况，超标污染物为氯仿；小坑周边非填埋区域地下水所有检测指标均未超过GB/T 14848－2017 IV类标准限值情况。

2009年1月，基于上述同样原因，崔某祥与钱某琴共同决定，由

崔某祥代表某公司向本市嘉定区某镇某村村民委员会租赁位于嘉定区墨玉北路东－鸡鸣塘南－前杨路西－G1503北的废弃鱼塘（以下简称"废弃鱼塘"）。签约后，某公司同样委托何某兴用水泥加固基底及四壁，并于2009年下半年起倾倒、填埋危险废物等固体废物，过程中同样进行了覆土，但也未采用防渗膜。2020年10月，经上海市环境科学研究院鉴定评估，环境损害确认结论：非法固废填埋行为对本地块周边土壤及水泥构筑层侧壁和底部下方表层土壤未造成环境损害，根据现有土壤检测结果，本案所填固体废物中的特征污染物对填埋体水泥构筑层下的土壤环境已造成一定影响。环境损害量化结论：2020年1月至8月，某公司委托具备相关资质的企业开展了现场填埋固废清理挖掘工作，被告单位及六名被告人的行为已造成公私财产损失人民币（以下币种均为人民币）241852541元。

2009年9月，被告人孙某接任某公司法定代表人，崔某祥改任公司顾问，钱某琴改任公司总经理，三人共同负责经营管理某公司。孙某从崔某祥、钱某琴二人处获知公司租赁废弃鱼塘用于倾倒、填埋危险废物等固体废物后，放任、默许该违法行为继续实施。2014年3月，崔某祥、钱某琴二人退休。2014年4月，曾任公司办公室主任的被告人朱某接任公司法定代表人及总经理，与孙某共同经营管理公司，但仍以孙某管理为主，公司继续实施非法倾倒、填埋行为。2016年上半年，孙某因故不再参与某公司事务，由朱某直接管理公司，某公司非法倾倒、填埋持续至2016年末。

2010年至2016年期间，公司安排先后两任生产科长被告人朱某其、被告人刘某强具体负责运输、倾倒危险废物等固体废物，班组长曹某华（另案处理）协助，将污染物交由公司多名驾驶员运输至上述废弃鱼塘。

经上海沪港金茂会计师事务所有限公司司法审计，2006年至2016年，某公司对外销售发票载明的危险废物处置量分别为13723.73吨、18850.52吨、19741.21吨、12855.25吨、22047.48吨、24399.19吨、18521.89吨、14556.89吨、16567.12吨、12505.58吨、9627.28吨，均超过当年公司被核准经营收集、贮存、焚烧处置危险废物的吨数。

2018年，朱某主动向某镇政府汇报上述情况，镇政府遂向嘉定区生态环境局通报。2020年3月，某公司与上海天汉环境资源有限公司（以下简称"天汉公司"）、上海天成环境保护有限公司（以下简称"天成公司"）等签订合同，开展应急清理及处置，开挖现场及附近有强烈刺鼻异味，水泥构筑层有明显接缝，填埋坑底部存在破损。同年5月，崔某祥、钱某琴、孙某、朱某、朱某其、刘某强主动至公安机关投案自首，到案后均如实供述了自己的罪行。

【诉讼过程】

2018年，朱某向某镇主动汇报了某公司尚有固废被填埋于涉案场地无法处理。后某镇将该情况通报嘉定区生态环境局，由生态环境局联系了上海天汉环境资源有限公司对填埋物品进行处置。2020年3月20日，嘉定区生态环境局向该区公安分局移送本案线索。

2020年3月23日，上海市公安局嘉定分局对某公司污染环境案立案侦查。2020年11月10日，本案由上海市公安局嘉定分局侦查终结，以被告单位上海某环保有限公司、被告人崔某祥、钱某琴、孙某、朱某、朱某其、刘某强涉嫌污染环境罪向上海铁路运输检察院移送起诉。

上海铁路运输检察院依法审查后，于2020年11月30日以某公司、崔某祥等六人犯污染环境罪向上海铁路运输法院提起公诉。2021年3月30日，上海铁路运输法院判处被告单位某公司犯污染环境罪，判处罚金500万元；被告人崔某祥犯污染环境罪，判处有期徒刑2年6个月，缓刑2年6个月，并处罚金人民币20万元；被告人钱某琴犯污染环境罪，判处有期徒刑4年，并处罚金人民币20万元；被告人孙某犯污染环境罪，判处有期徒刑3年6个月，并处罚金人民币15万元；被告人朱某犯污染环境罪，判处有期徒刑2年，缓刑2年，并处罚金人民币8万元；被告人朱某其犯污染环境罪，判处有期徒刑1年6个月，缓刑1年6个月，并处罚金人民币5万元；被告人刘某强犯污染环境罪，判处有期徒刑1年6个月，缓刑1年6个月，并处罚金人民币5万元。被告单位及被告人均未上诉。

【文书全文】

上海铁路运输检察院
起 诉 书

沪铁检三部刑诉〔20××〕××号

被告单位上海某环保有限公司（以下简称"某公司"），组织机构代码：91310114133642×××，住所地上海市嘉定区某镇园区路×号，法定代表人朱某，某公司总经理。

诉讼代表人王某某，女，1978年×月×日生，某公司副总经理。

被告人崔某祥，男，1938年×月×日生，公民身份号码：3102221938×××××××，汉族，初中文化，曾任某公司总经理、顾问，住上海市嘉定区×镇×路×弄×号×室。2020年5月9日因涉嫌污染环境罪，由上海市公安局嘉定分局取保候审。

被告人钱某琴，女，1959年×月×日生，公民身份号码：3102221959×××××××，汉族，大专文化，曾任某公司法定代表人、总经理，户籍在上海市嘉定区×镇×路×弄×号×室，暂住江苏省昆山市×镇×路×号×栋×室。2020年5月9日因涉嫌污染环境罪，由上海市公安局嘉定分局刑事拘留，5月11日延长刑事拘留期限至三十天，6月15日由上海市公安局嘉定分局取保候审。

被告人孙某，女，1976年×月×日生，公民身份号码：3102221976×××××××，汉族，本科文化，曾任某公司法定代表人，户籍在上海市嘉定区×镇×街道×村×号×室，暂住上海市嘉定区×路×弄×号。2020年5月9日因涉嫌污染环境罪，由上海市公安局嘉定分局刑事拘留，5月11日延长刑事拘留期限至三十天，6月15日经本院批准，同日由上海市公安局嘉定分局执行逮捕。同年8月6日，经上海市人民检察院第三分院批准，由上海市公安局嘉定分局延长侦查羁押期限一个月。

9月15日，经上海市人民检察院批准，由上海市公安局嘉定分局延长侦查羁押期限二个月。

被告人朱某，女，1968年×月×日生，公民身份号码：3102221968××××××××，汉族，大专文化，某公司法定代表人及总经理，户籍在上海市嘉定区×镇×村×号，暂住上海市嘉定区×镇×路×弄×号。2020年5月9日因涉嫌污染环境罪，由上海市公安局嘉定分局刑事拘留，5月11日延长刑事拘留期限至三十天，6月15日由上海市公安局嘉定分局取保候审。

被告人朱某其（曾用名：朱某弟），男，1950年×月×日生，公民身份号码：3102221950××××××××，汉族，文盲，曾任某公司生产科长，住上海市嘉定区×镇×路×弄×号。2020年5月9日因涉嫌污染环境罪，由上海市公安局嘉定分局取保候审。

被告人刘某强，男，1969年×月×日生，公民身份号码：3703021969××××××××，汉族，大专文化，某公司生产科长，住上海市嘉定区×镇×路×弄×号×室。2020年5月9日因涉嫌污染环境罪，由上海市公安局嘉定分局刑事拘留，5月11日延长刑事拘留期限至三十天，6月15日经本院批准，同日由上海市公安局嘉定分局执行逮捕。同年8月6日，经上海市人民检察院第三分院批准，由上海市公安局嘉定分局延长侦查羁押期限一个月。9月15日，经上海市人民检察院批准，由上海市公安局嘉定分局延长侦查羁押期限二个月。

本案由上海市公安局嘉定分局侦查终结，以被告单位上海某环保有限公司、被告人崔某祥、钱某琴、孙某、朱某、朱某其、刘某强涉嫌污染环境罪，于2020年11月10日向本院移送起诉。本院受理后，于同月11日至13日已分别告知被告单位、被告人有权委托辩护人，依法讯问了各被告人，听取了被告人的辩护人的意见，审查了全部案件材料。被告单位、被告人同意本案适用简易程序审理。

经依法审查查明：

被告单位某公司于1999年取得上海市危险废物经营许可证，核准收集、贮存、焚烧处置危险废物。2008年之前，许可证核准经营规模为1500吨/年。2009年至2017年核准经营规模为7500吨/年，其中2012年为 6000 吨/年。

2006 年至 2009 年期间，因某公司危废处置能力难以满足客户快速增长的危废处置需求，时任公司总经理的被告人崔某祥与时任某镇环保办主任兼公司法定代表人的被告人钱某琴共同决定，委托何某兴（另案处理）在嘉定区某路以西－大众试车场东北侧－某路以南区域（现为大众试车场，以下简称"试车场"）坑内底部和侧面浇筑钢筋混凝土，后违反国家危废处置等相关规定安排员工将公司收集的危险废物等固体废物非法倾倒、填埋至上述坑内，并且在填埋物表面进行覆土，但未采用防渗膜。2020 年 10 月 19 日，上海市环境科学研究院出具《上海大众试车场东北角固废堆填区域南侧小坑环境污染状况调查说明》，结论为小坑内 4 个填埋物样本浸出毒性超出了 GB 5085.3－2007 限值要求，主要超标污染物为甲苯、乙苯、二甲苯和苯酚；2 个填埋物样本累计毒性超出了 GB 5085.6－2007 的限值要求，检出的主要污染物为重金属、氟化物和石油溶剂。小坑内填埋层上覆素填土层及填埋层底部土层土壤样品所有检测指标均未超过 GB 36600－2018 第二类用地风险筛选值；小坑周边非填埋区域 4 个土壤监测点所采集 20 个土壤样品中有 1 个表层土壤样品存在超标情况，超标污染物为氯仿；小坑周边非填埋区域地下水所有检测指标均未超过 GB/T 14848－2017Ⅳ类标准限值情况。该地块目前尚未开展修复，公私财产损失尚未确定。

2009 年 1 月，基于上述同样原因，崔某祥与钱某琴共同决定，由崔某祥代表某公司向本市嘉定区某镇某村村民委员会租赁位于嘉定区墨玉北路东－鸡鸣塘南－前杨路西－G1503 北的废弃鱼塘（以下简称"废弃鱼塘"）。签约后，某公司同样委托何某兴用水泥加固基底及四壁，并于 2009 年下半年起倾倒、填埋危险废物等固体废物，过程中同样进行了覆土，但也未采用防渗膜。2020 年 10 月，经上海市环境科学研究院鉴定评估，环境损害确认结论：非法固废填埋行为对本地块周边土壤及水泥构筑层侧壁和底部下方表层土壤未造成环境损害，根据现有土壤检测结果，本案所填固体废物中的特征污染物对填埋体水泥构筑层下的土壤环境已造成一定影响。环境损害量化结论：2020 年 1 月至 8 月，某公司委托具备相关资质的企业开展了现场填埋固废清理挖掘工作，被告单位及六名被告人的行为已造成公私财产损失人民币（以下币种均为人民币）241852541 元。

2009 年 9 月，被告人孙某接任某公司法定代表人，崔某祥改任公司顾问，钱某琴改任公司总经理，三人共同负责经营管理某公司。孙某从崔某祥、钱某琴二人处获知公司租赁废弃鱼塘用于倾倒、填埋危险废物等固体废物后，放任、默许该违法行为继续实施。2014 年 3 月，崔某祥、钱某琴二人退休。2014 年 4 月，曾任公司办公室主任的被告人朱某接任公司法定代表人及总经理，与孙某共同经营管理公司，但仍以孙某管理为主，公司继续实施非法倾倒、填埋行为。2016 年上半年，孙某因故不再参与某公司事务，由朱某直接管理公司，某公司非法倾倒、填埋持续至 2016 年末。

2010 年至 2016 年期间，公司安排先后两任生产科长被告人朱某其、被告人刘某强具体负责运输、倾倒危险废物等固体废物，班组长曹某华（另案处理）协助，将污染物交由公司多名驾驶员运输至上述废弃鱼塘。

经上海沪港金茂会计师事务所有限公司司法审计，2006 年至 2016 年，某公司对外销售发票载明的危险废物处置量分别为 13723.73 吨、18850.52 吨、19741.21 吨、12855.25 吨、22047.48 吨、24399.19 吨、18521.89 吨、14556.89 吨、16567.12 吨、12505.58 吨、9627.28 吨，均超过当年公司被核准经营收集、贮存、焚烧处置危险废物的吨数。

2018 年，朱某主动向某镇政府汇报上述情况，镇政府遂向嘉定区生态环境局通报。2020 年 3 月，某公司与上海天汉环境资源有限公司（以下简称"天汉公司"）、上海天成环境保护有限公司（以下简称"天成公司"）等签订合同，开展应急清理及处置，开挖现场及附近有强烈刺鼻异味，水泥构筑层有明显接缝，填埋坑底部存在破损。同年 5 月，崔某祥、钱某琴、孙某、朱某、朱某其、刘某强主动至公安机关投案自首，到案后均如实供述了自己的罪行。

认定上述事实的证据如下：

1. 书证：涉嫌犯罪案件移送书、调查情况说明等生态环境部门移送材料、到案经过，证实本案的案发经过及六名被告人的到案经过。

2. 书证：租地协议、记账凭证，证实某公司向嘉定区某镇某村民委员会租赁场地用于填埋危险废物等固体废物的事实。

3. 证人证言：证人王某某、曹某华、陈某甲、何某兴、驾驶员孙某某、朱某某、叶某某、施某某、吴某某、张某某、陈某、钱某某等人的证言，证实2010年至2016年期间，某公司陆续向废弃鱼塘非法倾倒危险废物等固体废物，崔某祥、钱某琴、孙某、朱某系直接负责的主管人员，朱某其、刘某强系其他直接责任人员的事实。

4. 现场检查笔录、勘验笔录；书证：检测报告、测试报告、情况说明、采样说明、调查说明、现场照片等，证实涉案废弃鱼塘及试车场地块的部分指标超过限值。

5. 书证：上海市固体废物管理中心出具的危险废物鉴别意见、通标标准技术服务（上海）有限公司出具的危险特性鉴别报告，证实开挖的固体废物属于危险废物。

6. 书证：上海市环境科学研究院出具的环境损害鉴定评估、会计鉴定意见书及补充意见书，证实被告单位及几名被告人的行为造成公私财产损失共计241852541元。

7. 书证：固废应急清理处置商务合同、合同条款、某镇固废应急清理处置工程的废水装运记录、称重单、汇总表、物料交接单、情况说明等，证实某公司与天汉公司、天成公司等签订应急处置合同，积极处置涉案固废、废液等。

8. 书证：营业执照、上海市危险废物经营许可证、工商登记材料、嘉定区生态环境局、上海市固体废物管理中心出具的书面材料等，证实某公司的相关注册信息、获得危险废物经营许可证、历年监管等情况。

9. 书证：不动产权证书、上海某环保有限公司固体废物无害化处理处置建设项目环境影响评价公示、上海某环保有限公司固体废物无害化处理处置迁建项目环境影响报告书、关于上海某环保有限公司停止迁建项目的说明，证实2017年某公司购得位于某镇泰众路98、100号土地拟用于建造新焚烧炉，计划新焚烧炉建成后将已填埋危险废物等固体废物开挖并焚烧，但因在环境影响评价过程中周边居民反对而未能建成。

10. 书证：某公司出具的员工培训记录、培训证书、会议记录等，证实被告人朱某、钱某琴等人均分别参加过上海市危险废物经营单位环境管理培训。

11. 书证：某公司出具的转移接收量汇总、相关补充材料、2012年主要客户收入汇总表等，证实某公司的业务情况及主要负责人员信息。

12. 书证：行政处罚决定书，证实某公司曾受过行政处罚的事实。

13. 书证：常住人口居民身份证申领登记表，分别证实被告人崔某祥、钱某琴、孙某、朱某、朱某其、刘某强的主体身份情况。

14. 被告人供述：被告人崔某祥、钱某琴、孙某、朱某、朱某其、刘某强的供述，分别证实其犯罪动机、目的、过程及认罪态度。

上述证据收集程序合法，内容客观真实，足以认定指控事实。被告单位某公司、被告人崔某祥、钱某琴、孙某、朱某、朱某其、刘某强对基本犯罪事实无异议。

本院认为，被告单位上海某环保有限公司及其直接负责的主管人员被告人崔某祥、钱某琴、孙某、朱某，其他直接责任人员被告人朱某其、刘某强违反国家规定，非法倾倒、填埋危险废物等固体废物，致使公私财产损失100万元以上，后果特别严重，其行为均触犯了《中华人民共和国刑法》第二十五条第一款、第三十条、第三十一条、第三百三十八条、第三百四十六条，犯罪事实清楚，证据确实、充分，应以污染环境罪追究其刑事责任。在单位犯罪中，被告人崔某祥、钱某琴、孙某起主要作用，根据《中华人民共和国刑法》第二十六条第一款、第四款的规定，均系主犯，按照其所组织的全部犯罪处罚；被告人朱某、朱某其、刘某强起次要作用，根据《中华人民共和国刑法》第二十七条的规定，均系从犯，应当从轻或者减轻处罚。被告人崔某祥已满七十五周岁，根据《中华人民共和国刑法》第十七条之一的规定，可以从轻或者减轻处罚。被告单位上海某环保有限公司、被告人崔某祥、钱某琴、孙某、朱某、朱某其、刘某强犯罪以后自动投案，如实供述自己的罪行，根据《中华人民共和国刑法》第六十七条第一款的规定，系自首，可以从轻或者减轻处罚。根据《中华人民共和国刑事诉讼法》

第一百七十六条第一款的规定,提起公诉,请依法审判。

此致
上海铁路运输法院

20××年×月×日

【承办检察官心得体会】

本案系近年来上海非法处置危险废物吨数最多、造成公私财产损失金额最大、犯罪行为时间持续最长,且在立案初期罪与非罪争议最大的一起污染环境案件。

(一)文书撰写难点一:构罪要件特殊,需要准确描述本案对环境已经造成实际损害及其造成的损害程度

根据《关于办理环境污染刑事案件适用法律若干问题的解释》(以下简称"司法解释")《关于办理环境污染刑事案件有关问题座谈会纪要》等,非法处置危险废物污染环境的刑事案件需坚持对环境法益的实质考量。本案立案初期的最大分歧就是在已经采取了有一定效果的防护措施情况下,环境法益是否已受损。因此,承办人对该核心要点进行重点撰写。

在事实部分,采用"防护措施+行政违法+数据异常+环境异常"的四段式撰写逻辑。一是客观描述填埋坑的坑底和侧面采取浇筑钢筋混凝土的防护措施,不规避有一定防护措施的事实;二是点明后续填埋处置属于违规行为,且没有采用防止污染必备的防渗膜,仅靠水泥防护无法有效防止污染结果发生;三是罗列主要超标数据,而非只写已经造成污染的结论,让损害结果及程度更为直观和量化;四是描述案发后开挖过程中出现刺鼻异味和水泥构筑层已开裂。

在"本院认为"部分,采用"非法倾倒、填埋危险废物"的表述方式,而非"非法处置危险废物",进一步阐明本案系对危险废物终局性处理,不是以利用为目的的处置行为。

(二)文书撰写难点二:入罪客观标准较难认定

根据司法解释,本案构成污染环境罪的客观标准有且只有两条路径,

一是非法填埋危险废物的吨数，二是致使公私财产损失的金额。本案中，前者无法查清准确吨数，仅能进行估算；后者为十年污染行为的整体评估数，无法切割历任负责人、从犯应负责的金额。

撰写文书时，以能确定的公私财产金额为入罪路径，以能估算每年非法填埋的吨数为辅助，明确各被告人应负责的损失金额远超第二档的100万元。

在事实部分，对某公司每年核准处置量、审计的实际处置量，按年予以陈述。对各被告人参与犯罪行为的具体时间也进行详细陈述。

在证据部分，对应分组罗列证实各被告人权责、危险废物历年处置情况的证据。

在"本院认为"部分，明确本案系通过金额入罪，且已达到司法解释规定的"后果特别严重"。

（三）文书撰写难点三：生态环境修复情况作为量刑情节不易确定

根据司法解释，污染环境犯罪应当将生态环境修复情况作为量刑的重要考量因素，但是绝大多数案件刑事判决前修复工作尚未终结，本案亦是如此。同时，本案在对环境的损害、起因等方面均有一定特殊性。因此，需要通过起诉书起到说理作用，阐明本案量刑时充分考虑本案被告单位及被告人的动机、目的、参与修复情况等因素，从而彰显案件处理的罪刑罚一致。

撰写文书时，考虑到生态环境修复工作是持续变化的过程，承办人在事实部分未予以陈述，而在证据和"本院认为"部分予以体现，阐明已作为酌定量刑情节，并将本案的犯罪目的、动机、各被告人的主观明知在证据部分予以一定篇幅的详细展开。

【专家点评】

起诉书是人民检察院提起公诉、指控犯罪并要求追究被告人刑事责任的法律文书，也是庭审中公诉人发表公诉意见、参加法庭调查与辩论的基础依据。从其在起诉指控中的基础性地位与作用出发，起诉书应当既具有严谨规范的格式体例，又集中体现检察机关对案件事实证据的法律判断，进而在此基础上提出明确的指控意见。

本案起诉书的撰写，充分聚焦环境污染类犯罪案件中可能影响案件定罪量刑的重点、难点，事实叙写部分逻辑连贯、详略得当，证据罗列部分重点突出。起诉的理由、根据和意见部分，法律评价精准、全面，法律依据表述规范，是一篇较为优秀的法律文书。

在案件事实与证据的叙写方面，起诉书客观描述了被告人所实施的、与案件定罪量刑相关的事实、情节。基于相关司法解释对环境污染犯罪的入罪和升档标准均作出了明确规定，起诉书结合本案时间跨度长、前后牵涉责任人员众多的实际情况，创新性地采取了以"造成公私财产损失金额"标准为主，以"非法排放、倾倒废物吨数"标准为辅的思路，以不同角度结合论证说明本案已远超司法解释规定的相关定罪升档标准，避免了仅以单一标准入罪可能导致的共同犯罪人责任难以划分、证明责任过高的难题，有助于更好地指控追诉犯罪。

同时，由于是否造成了对环境法益的实际侵犯是认定犯罪的实质要件，起诉书围绕这一核心关键，对行为人倾倒、填埋危险废物的具体方式、造成环境污染状况的专业评估情况、应急清理处置过程中的现场情况等进行了客观全面的表述，充分体现了犯罪损害结果及程度，从而使法益遭受侵害的事实既可被直观感知，亦有专业意见予以佐证，充分体现了检察机关认定事实的严谨、全面。同时，鉴于本案的起因、动机、案发经过有一定特殊性，可能对量刑产生一定影响，起诉书对该部分内容也予以完整表述和评价，充分体现了起诉指控的客观与公正。

在起诉的理由、根据和意见部分，起诉书结合事实阐述，紧紧围绕犯罪构成要件予以准确概括，对涉案行为构成污染环境罪、且系单位犯罪进行了精准评价。同时，在准确认定单位犯罪责任人员的基础上，进一步对相关人员在共同犯罪中所处的地位、作用进行了明确区分。该部分内容引用法条全面完整，语言表述精练规范，指控意见准确明晰，文书制作质量较高，值得学习借鉴。

（点评人：李佑琪，重庆市人民检察院第一分院第二检察部三级高级检察官、全国十佳公诉人）

3. 黄某仁等8人重大责任事故、谎报安全事故案起诉书

【简要案情】

被告人黄某仁，男，1958年×月×日出生，原系某石油化工实业有限公司法定代表人兼执行董事。

被告人雷某华，男，1955年×月×日出生，原系某石油化工实业有限公司副总经理。

被告人陈某芳，男，1976年×月×日出生，原系某石油化工实业有限公司常务副总经理兼HSE管理委员会主任。

被告人陈某山，男，1968年×月×日出生，原系某石油化工实业有限公司码头操作工。

被告人刘某山，男，1983年×月×日出生，原系某石油化工实业有限公司码头操作班长。

被告人林某定，男，1964年×月×日出生，原系某船务有限公司"天桐1"船舶水手。

被告人叶某彪，男，1966年×月×日出生，原系某船务有限公司"天桐1"船舶水手长。

被告人徐某清，男，1962年×月×日出生，原系某石油化工实业有限公司安全环保部经理。

某石油化工实业有限公司（以下简称"某公司"）成立于2005年1月25日，经营范围为3万吨、2000吨级液体化工公用码头及配套仓储设施建设、经营，先后取得港口经营许可证、港口危险货物作业附证。被告人黄某仁担任某公司法定代表人兼执行董事，系某公司主要负责人；被告人陈某芳系某公司常务副总经理、HSE管理委员会（安全生产管理

委员会）主任，负责安全生产；被告人雷某华为某公司副总经理，分管安全生产；被告人徐某清为某公司安全环保部经理，系案发当日负责值班的管理人员。被告人黄某仁明知2000吨级码头吊机自2018年起发生故障，但对该设施设备维修维护不及时，致使码头吊机一直处于故障状态。被告人黄某仁、陈某芳、雷某华、徐某清未发现2000吨级码头可燃气体报警仪的安装不符合设计规范，致使报警仪未起到应有的报警作用，且未发现和纠正码头操作工人违规拖拽输油软管的行为。四被告人均未在各自责任范围内履行日常隐患排查、治理职责，致使企业在生产、作业过程中存在重大事故隐患。

2018年3月22日，甲材料科技有限公司（以下简称"甲公司"）与某公司签订货品仓储租赁合同，租用某公司3005#、3006#储罐用于存储其向福建乙石油化工有限公司购买的工业用裂解碳九（以下简称"碳九"）。同年，舟山某船务有限公司与甲公司签订船舶运输合同，委派"天桐1"船舶到某公司码头装载约2050吨碳九。2018年11月3日16时许，"天桐1"船舶靠泊在某公司2000吨级码头，准备接运某公司3005#储罐内的碳九至浙江省宁波市。"天桐1"船舶靠泊后，泉州某港口服务发展有限公司根据分别与某公司及"天桐1"船舶签订的协议，派员在"天桐1"船舶船体外侧布设围油栏与在码头一侧的围油栏连接。当日18时30分许，被告人刘某山、陈某山分别作为某公司2000吨级码头的当班操作班长、操作工，开始进行碳九装船作业。因码头吊机自2018年以来一直处于故障状态，便违规操作，人工拖拽输油软管，并通过输油软管将岸上输送碳九的管道终端阀门和船舶货油总阀门连接起来。陈某山用绳索把输油软管固定在岸上操作平台的固定支脚上，船上值班人员周某某则将船上的输油软管固定在船舶的右舷护栏上。19时许，刘某山、陈某山打开码头输油阀门，开始从3005#储罐向"天桐1"船舶输送碳九。在输油过程中，徐某清作为值班经理，刘某山、陈某山作为现场操作班长及操作工，叶某彪、林某定作为"天桐1"船舶的值班水手长及水手，均未按规定在各自职责范围内对装船情况进行认真巡查。11月4日凌晨，输油软管因两端被绳索固定致下拉长度受限而破裂，致约69.1吨碳九泄漏，造成某公司码头附近海域水体、空气等受到污染及周边69名居民因身体不适接受治疗（其中留院观察11名）。泄漏的碳九随着海水越过围油栏扩散至肖厝村网箱养殖区，部分网箱泡沫浮体被碳九溶解，浮力不足导致网箱下沉。

事故发生后，雷某华、陈某芳等人先后到达事故现场处置。期间，雷某华先向某公司生产运行部副经理卢某某和计量员庄某甲核实碳九泄漏量，在知道实际泄漏量有大几十吨后，于当日凌晨4时许前往"天桐1"船舶，要求船方对外宣称事故原因系法兰垫片老化以及碳九泄漏量为六七吨。当日上午，黄某仁、雷某华、陈某芳等人经商议，在明知碳九泄漏量约69吨的情况下，决定谎报事故发生的原因是法兰垫片老化、碳九泄漏量为6.97吨，并于当日下午对外通报和向相关部门书面报告。在黄某仁、雷某华、陈某芳等人的串通下，某公司没有及时、如实将碳九泄漏量告知某港口服务公司以及有关部门，未按照海上溢油事故专项应急预案等有关规定启动一级应急响应程序，导致不能及时有效地组织应急处置人员开展事故抢救工作，直接贻误事故抢救时机，使事故危害后果进一步扩大，并造成不良的社会影响。2018年12月30日，经泉州名城有限责任会计师事务所审计，认定本事故造成直接经济损失计人民币672.73万元。

经泉州市人民政府成立事故调查组认定，该事故为企业生产管理责任不落实引发的化学品泄漏事故。其中，被告人黄某仁对事故的发生负有主要责任，被告人雷某华、陈某芳对事故的发生负有重要责任，被告人徐某清、刘某山、陈某山、叶某彪、林某定对事故的发生负有直接责任。黄某仁主导、决策瞒报、谎报碳九实际泄漏量及事故发生原因，雷某华在事故发生后第一时间指使、串通相关人员瞒报碳九实际泄漏量及事故发生原因，因而失去最佳抢救时机，致使不能及时有效开展事故抢救，情节严重，二人对事故造成的不良后果负有主要责任。陈某芳支持、参与策划瞒报、谎报碳九实际泄漏量及事故发生原因，因而失去最佳抢救时机，致使不能及时有效开展事故抢救，情节严重，对事故造成的不良后果负有重要责任。

【诉讼过程】

"碳九"案件发生后，泉港区检察院高度重视，由检察长直接办理。2018年12月11日区院就案件捕后诉前的侦查工作进行具体、充分的会商，对一些重要事实的证据标准达成共识，包括尽快明确涉案碳九来源及购销情况、涉案碳九属性、造成公私财产损失等证据，全面核实各犯罪嫌疑人的具体到案经过，为案件顺利起诉打下坚实基础。本案移送审查起诉后，经审查符合起诉条件，案件未经退回补充侦查，于2019年6月6日提起公诉。

泉州市泉港区人民法院于2019年10月11日作出一审判决，采纳检察机关指控的事实、罪名及量刑建议，判处黄某仁等9人4年6个月至1年6个月不等有期徒刑，并禁止黄某仁、雷某华在判决规定期限内从事与安全生产相关的职业。部分被告人不服一审判决，提出上诉。泉州市中级人民法院于2019年12月2日裁定驳回上诉，维持原判。

【文书全文】

福建省泉州市泉港区人民检察院
起 诉 书

泉港检公刑诉〔20××〕××号

被告人黄某仁，男，1958年×月×日出生于福建省泉州市泉港区，公民身份号码3505211958××××××××，汉族，初中文化，案发前系福建某石油化工实业有限公司法定代表人兼执行董事，住福建省泉州市泉港区某街道庄园华都国际×梯×室（户籍所在地福建省泉州市泉港区某镇某村山面×号）。因涉嫌重大责任事故罪，于2018年11月22日被泉州市公安局泉港分局刑事拘留，2018年11月24日经本院批准，次日由泉州市公安局泉港分局执行逮捕。

一、刑事起诉书

被告人雷某华，男，1955年×月×日出生于甘肃省玉门市，公民身份号码4306031955×××××××，汉族，大专文化，案发前系福建某石油化工实业有限公司副总经理（分管负责安全生产），住福建省泉州市丰泽区某街×号滨海华庭×幢×单元×室。因涉嫌重大责任事故罪，于2018年11月20日被泉州市公安局泉港分局刑事拘留，次日变更为监视居住，2019年5月6日由本院决定继续监视居住。

被告人陈某芳，男，1976年×月×日出生于福建省晋江市，公民身份号码3505221976×××××××，汉族，硕士研究生，案发前系福建某石油化工实业有限公司常务副总经理兼HSE管理委员会主任，住福建省晋江市某镇某村某路×号。因涉嫌重大责任事故罪，于2018年11月22日被泉州市公安局泉港分局刑事拘留，2018年11月24日经本院批准，次日由泉州市公安局泉港分局执行逮捕。

被告人徐某清，男，1962年×月×日出生于湖南省某县，公民身份号码4306031962×××××××，汉族，大专文化，案发前系福建某石油化工实业有限公司安全环保部经理，住福建省泉州市泉港区某花园×栋×室（户籍所在地湖南省岳阳市某区某派出所某村居委会某村×栋×号）。因涉嫌重大责任事故罪，于2018年11月12日被泉州市公安局泉港分局刑事拘留，2018年11月24日经本院批准，次日由泉州市公安局泉港分局执行逮捕。

被告人刘某山，男，1983年×月×日出生于福建省某县，公民身份号码3505211983×××××××，汉族，中专文化，案发前系福建某石油化工实业有限公司码头2000吨级泊位值班长（第四班），住福建省某县某镇某村×号。因涉嫌重大责任事故罪，于2018年11月11日被泉州市公安局泉港分局刑事拘留，2018年11月24日经本院批准，次日由泉州市公安局泉港分局执行逮捕。

被告人陈某山，男，1968年×月×日出生于福建省泉州市泉港区，公民身份号码3505211968×××××××，汉族，初中文化，案发前系福建某石油化工实业有限公司码头2000吨级泊位操作员（第四班），住福建省泉州市泉港区某镇某村×号。因涉嫌重大责任事故罪，于2018年11月11日被泉州市公安局泉港分局刑事拘留，2018年11月24日经本院批准，次日由泉州市公安局泉港分局执行逮捕。

被告人叶某彪（曾用名叶某某），男，1966年×月×日出生于浙江省某县，公民身份号码3309211966××××××××，汉族，小学文化，案发前系舟山某船务有限公司"天桐1"船舶水手长，住浙江省舟山市某区某街道某路×号×幢×单元×室。因涉嫌重大责任事故罪，于2018年11月12日被泉州市公安局泉港分局刑事拘留，2018年11月24日经本院批准，次日由泉州市公安局泉港分局执行逮捕。

被告人林某定，男，1964年×月×日出生于浙江省舟山市某区，公民身份号码3309031964××××××××，汉族，小学文化，案发前系"天桐1"船舶水手，住浙江省舟山市某区某镇某村×区×号。因涉嫌重大责任事故罪，于2018年11月12日被泉州市公安局泉港分局刑事拘留，2018年11月24日经本院批准，次日由泉州市公安局泉港分局执行逮捕。

上述被告人黄某仁、陈某芳、徐某清、刘某山、陈某山、叶某彪、林某定被逮捕后，于2019年1月22日经泉州市人民检察院批准，由泉州市公安局泉港分局延长侦查羁押期限一个月；于2019年2月22日经福建省人民检察院批准，由泉州市公安局泉港分局延长侦查羁押期限二个月。

本案由泉州市公安局泉港分局侦查终结，以被告人黄某仁、雷某华、陈某芳涉嫌重大责任事故罪、谎报安全事故罪以及被告人徐某清、刘某山、陈某山、叶某彪、林某定涉嫌重大责任事故罪，于2019年4月24日向本院移送审查起诉。本院受理后，分别于2019年4月25日告知被告人黄某仁、陈某芳、徐某清、刘某山、陈某山、叶某彪、林某定，于2019年4月26日告知被告人雷某华有权委托辩护人，依法讯问了被告人，听取了辩护人的意见，审查了全部案件材料。因案情重大、复杂，本院决定延长审查起诉期限至2019年6月8日。

经依法审查查明：

福建某石油化工实业有限公司（以下简称"某公司"）位于泉州市泉港石化园洋屿片区，自2005年1月成立以来先后取得港口经营许可证、港口危险货物作业附证（含碳九作业品种）。案发前，被告人黄某仁、雷某华、陈某芳作为某公司高层管理人员，未在各自责任范围内有效履行安全生产管理职责，未及时发现和纠正、制止企业日常经营中的违规操作行为等，致使企业在生产、作业过程中存在重大事故隐患。

2018年间，宁波甲材料科技有限公司（以下简称"甲公司"）与某公司签订货品仓储租赁合同，租用某公司3005#、3006#储罐用于存储其向福建乙石油化工有限公司购买的工业用裂解碳九（以下简称"碳九"）。后甲公司与舟山某船务有限公司签订化工船运输合同，委派"天桐1"船舶（具备海船适航、危险化学品适装等资质以及船员符合适任条件）到某公司码头装载碳九运到浙江省宁波市镇海卸货。

2018年11月3日16时许，"天桐1"船舶靠泊在某公司码头2000吨级泊位，准备接运某公司3005#储罐内的碳九。靠泊后，泉州某港口服务发展有限公司（以下简称"某港口服务公司"）作为海上溢油应急处置协议单位，在"天桐1"船舶船体外侧布设围油栏与在码头一侧的围油栏连接。18时30分许，被告人刘某山、陈某山伙同"天桐1"船舶当班水手周某某（另案处理）等人，违规拖拽输油复合软管进行船岸连接，并用绳索在两端固定。19时许，被告人刘某山、陈某山开启输油阀门，开始向"天桐1"船舶输送碳九。在输油过程中，被告人徐某清、刘某山、陈某山、叶某彪、林某定等码头及船舶上的值班人员，未按规定在各自职责范围内对碳九装船情况进行认真巡查，致使输油软管因两端被绳索固定致下拉长度受限而破裂，因而发生69.1吨碳九泄漏的事故，导致某公司码头附近海域水体、空气等受到污染、周边69名居民因身体不适入院治疗（其中留院观察11名）。经统计，该事故造成直接经济损失计人民币672.73万元。

2018年11月4日凌晨，被告人雷某华、陈某芳等人先后到达事故现场处置。其间，被告人雷某华让某公司生产运行部副经理卢某某和计量员庄某甲核实碳九泄漏量，并在得知实际泄漏量有大几十吨后，要求船方对外统一宣称事故原因系法兰垫片老化以及碳九泄漏量为六七吨。当日上午，被告人黄某仁、雷某华、陈某芳等人召集公司相关人员商议，决定谎报碳九泄漏量为6.97吨、事故发生的原因是法兰垫片老化，并以此对外通报和向政府有关部门报告。在被告人黄某仁、雷某华、陈某芳等人的串通下，某公司没有及时、如实将碳九泄漏量告知某港口服务公司以及政府有关部门，亦未能按照海上溢油事故专项应急预案等有关规定启动一级应急响应程序，导致不能及时有效地组织应急处置人员开展事故抢救活动，直接贻误事故抢救时机，使事故后果进一步扩大，并造成不良的社会影响。

另查明，事故发生后，泉州市政府成立事故乙调查组进行调查，认定该事故为企业生产管理责任不落实引发的化学品泄漏事故。被告人黄某仁、陈某芳于 2018 年 11 月 21 日，被告人叶某彪、林某定于 2018 年 11 月 11 日在泉港大酒店配合事故调查组调查后，被民警从泉港大酒店带至泉州市公安局泉港分局接受调查。被告人雷某华经民警电话通知于 2018 年 11 月 19 日到泉州市公安局泉港分局接受调查。被告人徐某清于 2018 年 11 月 11 日，被告人刘某山、陈某山于 2018 年 11 月 10 日在某公司被民警带至泉州市公安局泉港分局接受调查。

认定上述事实的证据如下：

1. 户籍证明、到案经过、油船油码头安全作业规程、化学品安全技术说明书、泉州市人民政府关于某公司化学品泄漏事故调查报告的批复以及某公司组织机构、岗位职责、海上溢油事故专项应急预案、C9 泄漏量计算说明等书证；

2. 证人庄某乙、陈某某、肖某甲、肖某乙、黄某某、周某某、宋某某、庄某甲、卢某某等人的证言；

3. 被告人黄某仁、雷某华、陈某芳、徐某清、刘某山、陈某山、叶某彪、林某定的供述和辩解；

4. 泉州名城有限责任会计师事务所出具的泉州市安全生产监督管理局审计报告、福建省特种设备检验研究院出具的关于某公司 3# 固定式起重机运行功能技术鉴定报告等鉴定意见；

5. 泉州市公安局泉港分局制作的辨认笔录、提取笔录、扣押笔录、现场照片等；

6. 事故现场监控视频及截图照片。

本院认为，被告人黄某仁作为生产经营单位的主要负责人，被告人雷某华、陈某芳作为对生产、作业负有管理职责的管理人员，其三人均未依法履行安全生产管理职责，生产安全隐患排查不到位，因而发生安全事故，造成严重后果；同时，在安全事故发生后又共同决定谎报事故情况，负有报告职责却不及时、如实报告，因而失去抢救时机，致使不能及时有效开展事故抢救，情节严重，其行为均已触犯了《中华人民共和国刑法》第一百三十四条第一款、第一百三十九条之一和第二十五条第一款，犯罪事实清楚，证据确实、充分，应当以重大责任事故罪、谎报安全事故罪追究其刑事责任。被告人徐某清、刘某山、陈某山、叶某彪、林某定作为直接从事生产、作业的人员，违反有关安全管理的规定，因而发生安全事故，造成严重后果，其行为均已触犯了《中华人民共和国刑法》第一百三十四条第一款，犯罪事实清楚，证据确实、充分，应当以重大责任事故罪追究其刑事责任。被告人黄某仁、雷某华、陈某芳在判决宣告前一人犯数罪，根据《中华人民共和国刑法》第六十九条的规定，应当实行数罪并罚。根据《中华人民共和国刑事诉讼法》第一百七十六条第一款的规定，提起公诉，请依法判处。

此致
泉州市泉港区人民法院

20××年×月×日

附注：

1. 被告人黄某仁、陈某芳、徐某清、刘某山、陈某山、叶某彪、林某定现羁押于泉州市看守所；被告人雷某华现监视居住于居住地，联系电话是135××××××××。
2. 案卷材料和证据十二册。
3. 证人（鉴定人）名单一份。
4. 本案适用的主要法律条文。

【承办检察官心得体会】

随着我国经济社会的不断发展，新闻传播速度空前加快，尤其是自媒体数量爆炸式增长，涉及民生、环保等热点领域的刑事案件极易引发网络舆情。检察机关处理此类案件既要迅速反应，又要审慎得当。

2018年11月10日泉港公安分局成立专案组正式刑事立案后，根据重大案情通报机制立即向泉港区检察院通报了立案案由、犯罪嫌疑人及初步讯问、询问等情况，泉港区检察院提出应尽快固定现场证据，并调取能体现涉案人员违规操作及在责任范围内未履行日常隐患排查和治理职责的船舶安全管理文件、复合软管使用操作规程、油船油码头安全作业规程、某公司操作规程等证据材料。2018年11月11日晚，泉州市公安局泉港分局就案件立案案由、拟采取刑事强制措施的人员范围等与泉港区检察院会商，检察院建议对黄某仁等8人采取刑事拘留强制措施。在案件侦查过程中，泉港区检察院主动派员或受泉港公安分局邀请多次提前介入，了解案件办理进展情况，检察机关就证据收集、事实认定、办案程序完善等工作进一步提出意见、建议，主要包括：应按照案件定性，加强对犯罪现场的勘验，强化现场对言词证据的印证，提高证据的准确性；要注重客观证据的收集，全面调取监控视频、语音通话、短信、聊天记录等电子证据。

泉港区检察院的提前介入，及时解决了案件定性、强制措施等争议焦点，引导公安机关及时固定可能灭失的现场关键证据，为案件的快速高效办理、及时回应社会关注发挥了关键作用。

本案造成码头附近海域及海上鱼排养殖被严重污染，案发时泉港部分区域空气出现刺鼻气味，泉港区医院陆续接治事故附近沿海接触泄漏裂解碳九的群众69名，其中留院观察11名。泄漏碳九直接影响海域面积约0.6平方公里，养殖受损集中在肖厝网箱养殖区约300亩，经济损失达数百万元以上，社会舆论高度关注。鉴于本案的重大敏感性，泉港区检察院为确保案件办理取得良好的法律效果、政治效果和社会效果，及时制定了"三同步"工作方案。各内设机构通力合作，圆满完成了各诉讼程序。

【专家点评】

起诉书是人民检察院依照法定的诉讼程序，代表国家对被告人提起公诉的法律文书。起诉书是追究被告人刑事责任、法院审理活动的合法依据，也是被告人准备出庭受审进行辩护的基本材料。起诉书的格式比较固定，除首尾部外，主体主要是"犯罪事实和证据"部分。本篇起诉书，形式规范、逻辑清晰、论证有力，准确区分相关人员罪责、适用法律准确。

(一) 功夫下在"起诉书"外

夯实案件证据基础、准确查明事实，是写好一篇起诉书的前提。一些重大案件发生后，要依法尽早介入、充分发挥捕后引导侦查作用，通过提前介入阶段高效履职，提升审查起诉质效。本案"碳九"泄漏事故发生后，社会反响强烈，泉港区检察院高度重视，检察长亲自挂帅办理，充分发挥检察一体优势，主动向上级检察院汇报案件侦查的具体情况和面临的问题、困难，争取支持。同时，检察机关就案件捕后诉前的侦查工作与公安等相关部门进行充分会商，及时解决了案件定性、采取何种强制措施等争议问题，引导公安机关及时固定可能灭失的现场关键证据，为案件的快速高效办理、及时回应社会关切奠定基础。在前期充分工作的基础上，本案移送审查起诉后，未经退回补充侦查即移送法院起诉，实现了高质高效办理。

(二) 准确区分相关人员罪责

安全生产事故往往多因一果，多人行为相互叠加作用共同导致危害后果的发生。起诉书应当准确认定不同人员的行为及责任。本案涉及人员较多，既有对单位生产作业负有组织、指挥或者管理职责的人员，也有直接从事生产、作业的人员，上述人员在共同犯罪中的地位、作用不同，需要准确区分。起诉书指出，案发前，被告人黄某仁、雷某华、陈某芳作为某公司高层管理人员，未在各自责任范围内有效履行安全生产管理职责，未及时发现和纠正、制止企业日常经营中的违规操作行为等，致使企业在生产、作业过程中存在重大事故隐患，这些行为的准确描述，为认定公司管理人员构成重大责任事故罪奠定了基础。此外，起诉书对于一线的操作工人的行为也进行了准确描述，被告人刘某山、陈某山伙同"天桐1"船舶当班水手周某某（另案处理）等人，违规拖拽输油复合软管进行船岸连接；徐某清、刘某山、陈某山、叶某彪、林某定等码头及船舶上的值班人员，在输油过程中，未按规定在各自职责范围内对"碳九"装船情况进行认真巡查，致使输油软管因两端被绳索固定致下拉长度受限而破裂。上述公司管理人员不履行安全管理职责及操作工人违规作业的行为,共同导致本起事故的发生,均涉嫌构成重大责任事故罪。

(三) 充分论证相关人员构成谎报安全事故罪

司法实践中,谎报安全事故罪的认定难点是谎报行为与事故后果扩大或者导致不能及时有效开展救助之间是否有因果关系,而能否充分论证这对因果关系,是起诉书质量过硬的关键。起诉书对于管理层黄某仁、雷某华、陈某芳三人的谎报行为与危害结果之间的因果关系进行了深入论证,有理有据。本案被告人雷某华、陈某芳等人先后到达事故现场处置,在得知实际泄漏量有大几十吨后,被告人黄某仁、雷某华、陈某芳等人召集公司相关人员商议,决定谎报碳九泄漏量为6.97吨、事故发生的原因是法兰垫片老化,并以此对外通报和向政府有关部门报告。在被告人黄某仁、雷某华、陈某芳等人的串通下,该公司没有及时、如实将碳九泄漏量告知某港口服务公司以及政府有关部门,亦未能按照海上溢油事故专项应急预案等有关规定启动一级应急响应程序,导致不能及时有效地组织应急处置人员开展事故抢救活动,直接贻误了事故抢救时机,使事故后果进一步扩大,并造成不良的社会影响,涉嫌构成谎报安全事故罪。

(点评人:郭竹梅,最高人民检察院重大犯罪检察厅二级高级检察官、全国检察业务专家)

4. 韩某受贿案起诉书

【简要案情】

1998年至2022年，被告人韩某利用任工商银行某市分行党委书记、行长，省金融办副主任，省联社党委副书记、主任、副理事长、省联社党委书记、理事长，省贸促会党组副书记、会长，省贸促会党组书记、会长，省政协港澳台侨（外事）委员会副主任等职务上的便利以及职权或者地位形成的便利条件，直接或通过其他国家工作人员职务上的行为，为辽宁某置业有限公司董事长孙某某以及刘某某、李某某等52人在办理银行贷款、承揽工程、职务调整、工作录用等方面谋取利益，非法收受上述个人5683.993064万元人民币（以下未标明币种均为人民币）、265.5万美元、40万港元、黄金1000克（价值27.454万元），折合共计7601.667164万元。

【诉讼过程】

本案由辽宁省监察委员会调查终结，以被告人韩某涉嫌受贿罪，于2023年1月17日向沈阳市人民检察院移送审查起诉。2023年3月6日，沈阳市人民检察院以韩某犯受贿罪向沈阳市中级人民法院提起公诉。2023年8月8日，沈阳市中级人民法院以被告人韩某犯受贿罪判处有期徒刑15年，并处罚金人民币400万元。

【文书全文】

辽宁省沈阳市人民检察院
起　诉　书

沈检刑诉〔20××〕××号

被告人韩某，男，1959年×月×日出生，公民身份号码2103041959××××××××，汉族，硕士研究生文化，某省政协港澳台侨（外事）委员会原副主任，曾任中国工商银行（以下简称工商行）某市分行副行长，中国工商银行某市分行党委书记、行长，某省政府金融工作办公室（以下简称省金融办）副主任，某省农村信用社联合社（以下简称省联社）党委副书记、主任、副理事长、省联社党委书记、理事长，中国国际贸易促进委员会某省分会（以下简称省贸促会）党组副书记、会长，某省贸促会党组书记、会长。户籍所在地及经常居住地某省某市某区某路×号。被告人韩某因涉嫌职务违法犯罪，于2022年7月28日被辽宁省监察委员会采取留置措施。因涉嫌受贿罪，经辽宁省沈阳市人民检察院决定，于2023年1月17日被沈阳市公安局执行刑事拘留，同年1月19日被沈阳市公安局执行逮捕。

本案由辽宁省监察委员会调查终结，以被告人韩某涉嫌受贿罪，于2023年1月17日向本院移送起诉。本院受理后，于2023年1月18日已告知被告人有权委托辩护人，依法讯问了被告人，审查了全部案件材料。本院于2023年2月19日延长审查起诉期限15日。

经依法审查查明：

1998年至2022年，被告人韩某利用任工商行某市分行党委书记、行长，省金融办副主任，省联社党委副书记、主任、副理事长、省联社党委书记、理事长，省贸促会党组副书记、会长，省贸促会党组书记、会长，省政协港澳台侨（外事）委员会副主任等职务上的便利以及职权或者地位形成的便利条件，直接或通过其他国家工作人员职务上的行为，为辽宁某置业有限公司董事长孙某某以及刘某某、李某某等52人在办理银行贷款、承揽工程、职务调整、工作录用等方面谋取利益，非法收受上述个人5683.993064万元人民币（以下未标明币种均为人民币）、265.5万美元、40万港元、黄金1000克（价值27.454万元），折合共计7601.667164万元。具体事实如下：

1. 2013年11月至2014年1月，韩某弟弟韩甲（已去世）及其妻子陆某在时任省联社理事长韩某帮助下，以他人名义向某市国信村镇银行申请贷款2100万元。贷款发放后，韩甲与陆某使用其中大部分资金购买沈阳市铁西区某小区的2处房产商铺，贷款到期后韩甲和陆某未予归还。

2018年11月，为偿还韩甲与陆某该笔2100万元贷款，韩某利用任省贸促会党组书记、会长职权形成的便利条件，通过向时任某市农商银行党委书记、董事长马某甲示意并与陆某商定，以及经陆某与辽宁某置业有限公司董事长孙某某形成合意：辽宁某置业公司向某市农商银行申请贷款2亿元，韩某负责沟通协调银行，贷款发放后孙某某负责代韩甲和陆某偿还2100万元银行欠款本息作为支付韩某帮助贷款的酬谢，同时再给予韩某130万元"疏通关系"费。同年12月，在韩某帮助下，某市农商银行先期向辽宁某置业公司发放贷款1亿元，其中2603.993064万元孙某某通过胡某某名下账户为韩甲和陆某偿还欠某市国信村镇银行2100万元贷款本息，另外130万元孙某某以现金和银行转账方式支付陆某，由陆某替韩某保管。

2019年，孙某某多次催促陆某通过韩某帮助协调某市农商银行为辽宁某置业公司发放后期1亿元贷款。同年11月，韩某在沈阳师范大学附近再次收受孙某某通过陆某给予30万美元后承诺继续通过马某甲帮助协调后续贷款事项，但因省联社贷款政策变化等原因，辽宁某置业公司未能获得某市农商银行后续1亿元贷款。2020年1月、5月，因未协调贷款成功及惧怕孙某某报案威胁，韩某通过陆某先后两次分别退还孙某某20万美元、70万元。

2. 2006年6月至2008年7月，韩某利用任省联社主任、副理事长等职务上的便利，接受辽宁某集团有限公司原董事长刘某某请托，为该集团企业在某联社先后两次获得3.4亿元、5亿元，共计8.4亿元贷款提供帮助。2005年12月至2012年1月，韩某先后9次在沈阳市和平区"河畔花园"小区附近某饭店收受刘某某给予共计140万元、130万美元、黄金1000克，折合共计1120.5580万元。

3. 2013年2月至同年12月，韩某利用任省联社党委书记、理事长职务上的便利，接受王某请托，为李某某实际控制的某国际酒店有限公司获得省联社社团贷款1.484亿元提供帮助。2014年1月至2014年9月，韩某先后10次在沈阳市和平区文安路路边等地通过王某收受李某某给予现金和银行转账方式给予共计725万元。

4. 2007年8月至2013年底，韩某利用任省联社主任、副理事长、理事长等职务上的便利，接受鞍山市某装饰装修工程有限公司实际控制人刘某甲请托，为其承揽某市、某县、某市农信社等单位的装修改造工程提供帮助。2008年2月至2020年9月，韩某先后10次在沈阳市和平区某公寓家中等地收受刘某甲给予共计300万元。

5. 2007年底至2012年10月，韩某利用任省联社主任、副理事长等职务上的便利，接受其亲属刘某乙请托，为实际控制人潘某某的辽宁某通信技术有限公司、某通信技术服务有限公司承揽省联社设备采购项目提供帮助。2008年5月至2013年5月，韩某先后11次通过刘某乙在鞍山市府广场附近等地收受潘某某通过张某某给予共计300万元。

6. 2011年1月至同年8月，韩某利用任省联社主任、副理事长、理事长职务上的便利，接受海城市某高新材料制造有限公司法定代表人白某某请托，为该企业在某市某区农信社获得5500万元贷款提供帮助，韩某先后4次在沈阳市和平区中山公园附近等处收受白某某给予共计100万元、20万美元，折合共计228.5320万元。

7. 2008年1月至2010年4月，韩某利用任省联社主任、副理事长、理事长等职务上的便利，接受辽阳某集团有限公司法定代表人钱某某请托，为该企业在某县农信社取得贷款4000万元后多次续贷提供帮助。2008年1月至2013年8月，韩某先后7次在鞍山市铁东区其岳父母住宅等地收受钱某某给予共计175万元、2万美元，折合共计187.3336万元。

8. 2011年1月至2013年2月，韩某利用任省联社主任、副理事长、理事长职务上的便利，接受辽阳某设施加工有限公司实际控制人王某甲请托，为该公司在某县农信社贷款3.5亿元事项提供帮助。2011年1月至2014年9月，韩某先后6次在鞍山市铁东区其岳父母住宅等地收受王某甲给予共计75万元、15万美元，折合共计166.3950万元。

9. 2006年3月，韩某利用任工商行某市分行行长、省联社主任、副理事长等职务上的便利，接受辽宁某装饰工程有限公司法定代表人王某乙请托，为其公司中标承揽省联社综合业务网络"金信工程"等事项提供帮助。2002年2月至2010年2月，韩某先后6次在鞍山市铁东区其父母住宅楼下等地收受王某乙给予共计162万元。

10. 2006年1月至2012年8月，韩某利用任省联社主任、副理事长、理事长等职务上的便利，为时任某市农信社副主任白某甲提任理事长予以支持，并接受白某甲请托，为其提任某农村商业银行股份有限公司副行长等事项提供帮助，韩某先后10次在沈阳市和平区某公寓家中等地收受白某甲给予共计150万元。

11. 2007年2月至2014年1月，韩某利用任省联社主任、副理事长、理事长等职务上的便利，接受原辽宁某汽车销售服务有限公司（后更名为辽宁某某汽车销售服务有限公司）法定代表人李某甲请托，为该公司在某市某区农业合作银行办理贷款1800万元以及贷款展期等事项提供帮助，韩某先后5次在沈阳市和平区某公寓住宅楼下等地收受李某甲给予共计150万元。

12. 2007年2月至2011年1月，韩某利用任省联社党委副书记、主任、副理事长职务上的便利，接受原某市农信社主任、副理事长、理事长任某某请托，为其职务晋升等事项提供帮助，韩某先后6次在省联社办公室等地收受任某某共计20万美元，折合共计139.6804万元。

13. 2010年5月，韩某利用任省联社主任、副理事长等职务上的便利，接受时任省联社某办事处主任白某乙请托，为孙某乙实际控制的大石桥市某农副产品贸易有限公司名下"某大厦"出售给某市某农信社提供帮助，韩某在其沈阳市和平区某公寓家中收受白某乙给予100万元；2017年10月，韩某再次在其家中收受孙某乙给予10万元；共计110万元。

14.2007 年 2 月至 2013 年 12 月，韩某利用任省联社主任、副理事长、理事长等职务便利，接受时任某市某农信社副主任、后任职某城区农信社理事长赵某某请托，为其顺利从农信社系统离职等事项提供帮助，韩某先后 9 次在沈阳市和平区某公寓家中等地收受赵某某给予共计 40 万元、30 万港币，折合共计 66.4471 万元。

15.2009 年至 2012 年，韩某利用任省联社主任、党委书记、理事长等职务便利，接受某市某区农信社原理事长杨某某请托，承诺为其工作进步等事项予以关照，韩某先后 5 次在沈阳市和平区文化路立交桥附近某茶楼等地收受杨某某给予共计 10 万美元，折合共计 65.9709 万元。

16.2007 年 2 月至 2017 年 10 月，韩某利用任省联社党委副书记、主任、副理事长，党委书记、理事长，省贸促会会长职务上的便利，接受原某县农信社理事长、后任某农商行董事长孟某某请托，承诺为其工作开展等事项予以关照，韩某先后 15 次在鞍山市铁东区其岳父母家等地收受孟某某共计 30 万元、5 万美元，折合共计 63.7813 万元。

17.2007 年 2 月至 2010 年 7 月，韩某利用任省联社党委副书记、主任、副理事长职务上的便利，接受原某市某区农信社理事长姜某某请托，承诺为其个人进步等事项予以关照，韩某先后 5 次在沈阳市和平区其居处附近某茶楼等地收受姜某某共计 8 万美元、5 万元，折合共计 62.1780 万元。

18.2013 年 3 月至 7 月，韩某利用任省联社理事长、某市农村商业银行股份有限公司董事长职务上的便利，接受某能源科技有限公司实际控制人姜某甲请托，为该公司在某农村商业银行股份有限公司东陵支行贷款 3000 万元事项提供帮助，韩某先后 2 次在省联社办公室收受姜某甲通过时任某农商银行总行副行长霍某某所送每次 30 万元，共计 60 万元。

19.2004 年 4 月至 2013 年 3 月间，韩某利用任省金融办副主任、省联社主任、副理事长、理事长等职务上的便利，接受辽宁国际某拍卖有限公司法定代表人杜某某请托，承诺帮助该公司承接其主管范围内不良资产拍卖业务等事项，并为杜某某亲友闫某某经营的辽宁某智能工程有限公司承揽某市农村信用合作联社安保工程提供帮助，韩某先后 5 次在省联社办公室等地收受杜某某给予共计 50 万元。

20. 2005年10月至2013年2月，韩某利用任省联社党委副书记、主任、副理事长，党委书记、理事长职务上的便利，接受某市某区农信社原主任、副理事长李某乙请托，为其职务晋升等事项提供帮助，韩某先后7次在省联社办公楼附近路边等地收受李某乙给予共计39万元。

21. 2012年8月，韩某利用任省联社党委书记、理事长职务上的便利，接受辽宁某集团牧业有限公司实际控制人周某某请托，为该公司在某县农信社继续获得贷款提供帮助，韩某在沈阳市和平区某饭店收受周某某给予5万美元，折合共计31.6525万元。

22. 2011年11月，韩某利用任省联社党委书记、理事长职务上的便利，接受时任中国石油辽宁某销售分公司经理刘某乙请托，为时任某市农信社副主任陈某某（已故）提任某县农信社副理事长、主任提供帮助。2012年6月，韩某在省联社办公室收受陈某某5万美元，折合31.5020万元。

23. 2012年初至2013年6月，韩某利用任省联社党委书记、理事长职务上的便利，接受时任某市某区农信社主任肖某某请托，为其职务调整为某农商行某支行行长提供帮助，韩某先后3次在省联社办公室收受肖某某给予共计5万美元，折合共计31.1895万元。

24. 1997年10月，韩某利用任中国工商银行某市分行行长职务上的便利，接受工商行某市分行某支行原行长李某丙请托，为李某丙职务晋升为工商行某市分行行长助理提供帮助。按约定，李某丙于2003年1月在韩某位于沈阳市和平区某公寓小区家中给予韩某30万元。

25. 2008年5月至2010年2月，韩某利用任省联社主任、副理事长职务上的便利，接受海城某钢管防腐有限公司原法定代表人房某某请托，为加快该公司在某市农信社华银信用社500万元贷款审批进度提供帮助。2008年6月、2010年2月，韩某先后两次在鞍山市铁东区其岳父母家楼下收受房某某20万元、10万元，共计30万元。2010年8月，韩某因惧怕组织调查在海城北方钢管公司门口退还房某某10万元。

26. 2007年2月至2012年1月，韩某利用任省联社党委副书记、主任、副理事长，党委书记、理事长职务上的便利，接受某市农信社副理事长、主任、理事长的姜某乙请托，承诺为其职务晋升等事项提供帮助，韩某先后6次在沈阳市和平区中山公园北侧路口等地收受姜某乙给予共计 26 万元。

27.2008 年 8 月，韩某利用任省联社党委副书记、主任、副理事长职务上的便利，接受时任某市交通局局长侯某甲请托，为其女儿侯某乙入职沈阳市某区农信社提供帮助，韩某在省联社办公室收受侯某甲给予 20 万元。

28.2010 年 12 月，韩某利用任省联社党委副书记、主任、副理事长职务上的便利，以承诺为时任营口某市农信社党委副书记、副理事长、主任的徐某某职务晋升提供帮助为由，在辽宁省委附近某茶楼收受徐某某给予 20 万元。

29.2012 年 3 月，韩某利用任省联社党委书记、理事长职务上的便利，接受工商行某市某支行员工王某丙请托，为王某丙之子王某丁入职某农商行提供帮助，韩某在省联社办公室收受王某丙给予 20 万元。

30.2011 年 3 月至 2012 年 2 月，韩某利用任省联社党委书记、理事长职务上的便利，接受省联社某市办事处主任刘某丙请托，为其提前退出一线工作岗位等事项提供帮助。2011 年 3 月、2012 年 2 月，韩某先后 2 次在省联社办公室收受刘某丙每次给予 10 万元，共计 20 万元。

31.2012 年 5 月，韩某利用任省联社理事长职务上的便利，接受某集团有限公司法定代表人韩某甲请托，为维持该公司在省联社系统贷款额度提供帮助。2012 年 5 月、2013 年 8 月，韩某先后 2 次分别在沈大高速大连高速口、省联社办公室收受韩某甲每次给予 10 万元，共计 20 万元。

32.2007 年 7 月，韩某利用任省联社主任、副理事长职务上的便利，接受沈阳某房地产开发有限公司实际控制人孔某某请托，承诺为其公司办理贷款等事项提供帮助，韩某在沈阳市内某茶楼收受孔某某给予 20 万元。

33.2010 年 1 月至 2013 年 2 月，韩某利用任省联社主任、党委书记、理事长等职务上的便利，接受某市农信社原主任赵某甲请托，为其职务晋升为某市农信社理事长等事项提供帮助，韩某先后 4 次在某市某饭店、省联社办公室等地收受赵某甲给予 2 万美元、3 万元，折合共计 16.6538 万元。

34.2013 年 7 月，韩某利用任省联社党委书记、理事长职务上的便利，接受某农商行副行长霍某某请托，承诺为其朋友于某甲女儿于某乙入职某农商行工作提供帮助，韩某在省联社办公室收受于某甲通过霍某某给予15万元。

35. 2012年6月,韩某利用任省联社党委书记、理事长、兼沈阳农商行董事长职务上的便利,接受辽宁某地产发展有限公司法定代表人赵某乙请托,为该公司在某农商行获得贷款提供帮助,韩某在省联社办公室收受赵某乙给予15万元。

36. 2009年4月至同年12月,韩某利用任省联社主任、副理事长职务上的便利,接受深圳市某建筑装饰集团有限公司某分公司经理张某甲请托,为该公司中标、承揽省联社营业办公楼装修装饰工程项目提供帮助。2009年12月,韩某在沈阳市和平区某饭店外收受张某甲给予15万元。

37. 2008年8月,韩某利用任省联社党组副书记、主任、副理事长职务上的便利,接受原某市农信社理事长刘某丁请托,为其继续留任某市农信社工作提供帮助,韩某在省联社办公室收受刘某丁给予2万美元,折合共计13.6652万元。

38. 2007年2月至2012年12月,韩某利用任省联社党委副书记、主任、副理事长,党委书记、理事长职务上的便利,接受原省联社某办事处主任、某村镇银行董事长巴某甲请托,承诺为其职务晋升、其子巴某乙入职省联社等事项提供帮助,韩某先后4次在沈阳市和平区中山公园附近收受巴某甲给予共计6万元、1万美元,折合共计12.2855万元。

39. 2009年至2014年,韩某利用任省联社党委书记、理事长等职务上的便利,接受某市某县农信社原主任、副理事长、理事长马某乙请托,承诺为其职务晋升等事项提供帮助。2009年3月至2014年春节前,韩某先后6次在沈阳市和平区某公寓家中收受马某乙给予共计12万元。

40. 2007年11月至2011年1月,韩某利用任省联社主任、副理事长职务上的便利,接受大连某开发有限公司董事长董某某请托,为其公司在某市农信社办理贷款600万元等事项提供帮助。韩某先后6次在沈阳市和平区某公寓住宅等地收受董某某共计5万元、1万美元,折合共计11.8268万元。

41. 2012年4月、2013年7月,韩某利用任省联社党委书记、理事长职务上的便利,接受时任某县农信社建设分社主任毛某某请托,为其工作调动等事项提供帮助,韩某先后6次在鞍山市其亲属墓地收受毛某某给予共计11万元。

42. 2008年至2012年，韩某利用任省联社主任、副理事长、理事长等职务上的便利，接受某市某区农信社原理事长高某甲请托，为其女儿高某乙工作调动等事项提供帮助。2008年1月、2011年5月，韩某先后2次在省联社办公室收受高某甲给予2万元、港币10万元，折合共计10.3353万元。

43. 2006年1月至2012年1月，韩某利用任职省联社主任、副理事长、理事长职务上的便利，接受省联社信贷管理部原总经理、某农商行行长王某丁请托，承诺为其职务晋升等事项提供帮助，韩某先后8次在省联社办公室等地收受王某丁给予7万元、5000美元，折合共计10.2213万元。

44. 2007年2月至2010年2月，韩某利用任省联社党委副书记、主任、副理事长职务上的便利，接受原某市农信社党委副书记、主任、副理事长王某戊请托，承诺为其工作开展等事项予以关照，韩某先后5次在省联社办公室等地收受王某戊给予共计10万元。

45. 2013年1月，韩某利用任省联社党委书记、理事长职务上的便利，接受某农商行某支行原党委书记、行长王某己请托，承诺为其工作调整提供帮助，韩某在沈阳某饭店收受王某己给予10万元。

46. 2014年7月至同年11月，韩某利用任省贸促会党组书记、会长职权形成的便利条件，接受辽宁某房屋开发有限公司董事长王某庚（已故）请托，通过向时任某农商行党委组织部长、人力资源部总经理朱某某打招呼后，为王某庚亲属马某丙的女儿陈某乙入职某农商行工作提供帮助。期间韩某通过妻子刘某戊在沈阳市和平区某公寓家中收受马某丙给予10万元。

47. 2012年4月，韩某利用任省联社党委书记、理事长职务上的便利，为时任某县农信社党委副书记、主任王某庚职务晋升为某县农信社党委书记、理事长提供帮助。2012年9月、2013年11月，韩某先后2次在省联社办公室收受王某庚给予1万美元、2万元，折合共计8.3295万元。

48. 2010年6月，韩某利用任省联社党委副书记、主任、副理事长职务上的便利，接受某县农信社原党委书记、理事长杨某乙请托，为其在朝阳地区留任等事项提供帮助，韩某在朝阳市某酒店收受杨某乙1万美元，折合6.789万元。

49. 2013年2月，韩某利用任省联社党委书记、理事长职务上的便利，接受某农商行某支行原副行长林某某请托，为其职务晋升事项提供帮助，韩某在其省联社办公室收受林某某给予1万美元，折合6.2793万元。

50. 2013年1月，韩某利用任省联社理事长等职务上的便利，接受锦州某建设集团有限公司投资人徐某某请托，承诺为该公司向省联社系统申请贷款事项提供帮助，韩某在沈阳友谊宾馆人大代表驻地房间收受徐某某给予1万美元，折合6.2691万元。

51. 2009年7月，韩某利用任省联社党委副书记、主任、副理事长职务上的便利，接受某村镇银行原董事长王某辛请托，为该银行加入省联社综合业务网络系统提供帮助，韩某在其省联社办公室收受王某辛给予5万元。

52. 2008年12月至2009年2月，韩某利用任省联社主任、副理事长职务上的便利，接受吕某某请托，为某市富东实业有限公司中标、承揽某市某县农信社装修改造工程事项提供帮助。2009年2月，韩某在沈阳市和平区某茶社收受吕某某给予5万元。

认定上述事实的证据如下：

1. 扣押涉案房产、黄金、现金、银行卡等物证；2. 干部任免审批表、会议记录、职务任免文件、企业贷款合同、工程项目承揽合同、商品房买卖合同、银行交易明细、出入境记录、汇率折算表、省监察委情况说明等书证；3. 证人孙某某、刘某某、李某某等证人证言；4. 被告人韩某的供述和辩解；5. 辽宁光辉资产评估有限公司资产评估报告、辽宁雅鉴珠宝玉器鉴定评估有限公司评估报告书鉴定意见等证据。

本院认为，被告人韩某身为国家工作人员，利用职务上的便利，为他人谋取利益，或利用职权、地位形成的便利条件，通过其他国家工作人员职务上的行为，为他人谋取不正当利益，收受他人财物，数额特别巨大，其行为触犯了《中华人民共和国刑法》第三百八十五条第一款、

第三百八十六条、第三百八十八条、第三百八十三条第一款第（三）项，犯罪事实清楚，证据确实、充分，应当以受贿罪追究其刑事责任。根据《中华人民共和国刑事诉讼法》第一百七十六条的规定，提起公诉，请依法判处。

此致
沈阳市中级人民法院

20××年×月×日

附注：
1. 被告人韩某现羁押于沈阳市第一看守所。
2. 案卷材料和证据130册。
3. 随案移送查封、扣押、冻结涉案款物清单。

【承办检察官心得体会】

起诉书是审查起诉的终点，同时也是法院开庭审理的起点。只有写好一份详尽且符合规格的起诉书，才能做到事实清楚、证据确实充分，指控犯罪有理有据。在撰写起诉书的过程中，既要符合制式标准，又不能冗繁累赘，既要简洁概括，又要细致全面，特别是对事实的描述，要做到客观、真实，语言力求精练准确。本案被告人虽然仅是构成受贿罪，但犯罪数额特别巨大，涉嫌几十起犯罪事实，因此在顺序安排上按照罪行轻重和数额大小先重罪后轻罪，先犯罪数额大后数额小排列。此外，在分别描述每一起犯罪事实前，就犯罪嫌疑人犯罪手段的相似，先总体概括，针对一个时间跨度内，犯罪嫌疑人利用先后的职务身份和便利，使用相似的受贿手段进行概括描述，使指控的犯罪事实清晰准确，层次分明。

【专家点评】

韩某受贿一案的起诉书格式规范、叙事清晰、适用法律准确，可以说是职务犯罪案件起诉书的优秀范本。党的十八大以来，随着反腐败斗争持续发力、纵深推进，职务犯罪案件大多呈现出持续时间长、犯罪数额大、案情疑难复杂的特点。如何在起诉书中清晰表述犯罪事实，准确描述犯罪构成，客观呈现犯罪危害，对公诉人而言是极大的挑战。韩某受贿案起诉书有三个特点：

（一）表述规范，指控有力

通篇保持体例一致、要素齐全、严谨规范。本案起诉书对每一起受贿犯罪事实都分为谋取利益和收受贿赂两部分，谋利部分明确所利用的职务、接收何人请托以及提供帮助的具体事项，受贿部分突出犯罪时间、地点、次数以及所收物品的种类、价值。同时，本案涉及受贿和斡旋受贿两种犯罪，其中受贿事实又有实际谋取利益和承诺谋取利益等不同情形，在起诉书中也都得到准确体现。这种行文方式让起诉书看得懂、看得明白，使起诉书叙述犯罪事实清晰、认定紧扣受贿罪构成，指控有力。让法官、被告人、辩护人能直观地了解起诉书对每一起犯罪事实具体情节和行为性质的认定，这是起诉书的重要作用之一，但实践中容易被忽视。

（二）叙事清晰，详略得当

起诉书按照犯罪事实由重到轻的顺序排列，且对第一起较为复杂的事实经过进行了展开，突出了重点。特别是通过写明被告人为行贿人协调贷款变相偿还个人债务，因未协调成功及惧怕行贿人报案威胁而退还部分款项等情节，精准展示了其以权谋私的恶性和退赃的主观动机，不仅体现了起诉书对量刑情节的关注，更为法庭调查和辩论打下了坚实基础。

（三）注重细节，突出精准

比如在请托人和具体获利人不是同一人时，都进一步交代了两者之间"亲属或朋友"的关系。再如对长期多次收受贿赂使用了"某年某月至某年某月"的时间段表述，而对次数较少的事实则直接指明了受贿时间；第24起事实谋利和受贿时间间隔较长，起诉书使用了"按约定"的表述，直接表明了受贿和谋利的关联，明确了二者具有刑法上的因果关系。这些细节看似简单，但实际上韩某受贿犯罪持续20余年，历任多个职务，52 起事实犯罪情形复杂多样，起诉书想要达到准确无误，必得经过详细审查、反复核对，需要下真功夫。

需要商榷的是，起诉书总括段认定犯罪时间段中起始时间与具体犯罪事实表述上未能做到完全一致，存在瑕疵，可见在犯罪时间认定和起诉书的详细核对上还需要再细致一些，这也是此类职务犯罪案件起诉书制作需要关注的地方。

（**点评人**：刘家卿，天津市河西区人民检察院党组书记、检察长，全国检察业务专家、全国十佳公诉人）

5. 杨某发等人虚开增值税专用发票案起诉书

【简要案情】

2013年11月至2014年12月，被告人杨某发在没有真实货物交易的情况下，以其注册成立的霍山县甲纺织有限公司、霍山县乙纺织有限公司的名义为被告单位常熟市某服饰有限公司等31家公司虚开增值税专用发票共计384份，税额共计6463012.86元，价税合计44480738.5元，杨某发以收取开票费的方式非法获利80余万元。其中，通过被告人李某伟介绍为他人虚开增值税专用发票255份，税额共计4299998.21元，价税合计29594108元，并伙同李某伟虚构资金流，逃避查处，李某伟非法获利60余万元；向被告人周某华经营的常熟市某服饰有限公司虚开增值税专用发票68份，实际申报抵扣税款63份，税额共计1068484.85元，价税合计7353691元；向被告人周某珍经营的象山丙服饰有限公司（已注销）、象山丁针织有限公司（已注销）虚开增值税专用发票共计44份，税额共计745537.02元，价税合计5131049元，均已申报抵扣税款。

【诉讼过程】

本案由霍山县公安局侦查终结，以被告人杨某发、李某伟、周某华涉嫌虚开增值税专用发票罪，于2022年10月20日向霍山县人民检察院移送起诉，以被告人周某珍涉嫌虚开增值税专用发票罪，于2023年2月20日向霍山县人民检察院补充移送起诉。霍山县人民检察院于2023年3月20日向霍山县人民法院提起公诉。霍山县人民法院于2023年6月12日作出一审判决。

【文书全文】

安徽省霍山县人民检察院
起 诉 书

霍检刑诉〔20××〕××号

被告人杨某发，男，1961年×月×日出生，公民身份号码3424211961××××××××，汉族，小学文化，务工，住安徽省六安市。被告人杨某发因犯破坏电力设备罪、盗窃罪，于1989年3月15日被六安县人民法院判处有期徒刑四年。被告人杨某发因涉嫌虚开增值税专用发票罪，于2022年1月11日被霍山县公安局取保候审，同年6月17日被霍山县公安局刑事拘留，同年7月21日经本院批准逮捕，次日由霍山县公安局执行逮捕，2022年9月16日经六安市人民检察院批准延长侦查羁押期限一个月。

被告人李某伟，曾用名李某军，男，1976年×月×日出生，公民身份号码4102231976××××××××，汉族，中专文化，住河南省某县。被告人李某伟因犯虚开增值税专用发票罪，于2020年5月18日被寿县人民法院判处有期徒刑八个月，缓刑一年；因涉嫌虚开增值税专用发票罪，于2022年8月9日被霍山县公安局刑事拘留，同年9月12日经本院批准逮捕，当日由霍山县公安局执行逮捕。

被告人周某华，男，1965年×月×日出生，公民身份号码3205201965××××××××，汉族，初中文化，常熟市某服饰有限公司法定代表人，住江苏省常熟市某街道某村×宅基×号。被告人周某华因涉嫌虚开增值税专用发票罪，于2022年7月9日被霍山县公安局取保候审。

被告人周某珍，女，1955年×月×日出生，公民身份号码3302251955××××××××，汉族，小学文化，象山某服饰有限公司法定代表人，住浙江省象山县。被告人周某珍因涉嫌虚开增值税专用发票罪，于2023年1月31日被霍山县公安局决定监视居住。

被告单位常熟市某服饰有限公司，统一社会信用代码9132058173××××××××，住所地：常熟市虞山镇某路×号×幢，法定代表人周某华。

诉讼代表人曾某，男，1969年×月×日出生，常熟市某服饰有限公司员工。

本案由霍山县公安局侦查终结，以被告人杨某发、李某伟、周某华涉嫌虚开增值税专用发票罪，于2022年10月20日向本院移送起诉，以被告人周某珍涉嫌虚开增值税专用发票罪，于2023年2月20日向本院补充移送起诉。本院受理后，于三日内已告知被告人有权委托辩护人和认罪认罚可能导致的法律后果，依法讯问了被告人，听取了辩护人、值班律师的意见，审查了全部案件材料。本案分别于2022年11月20日、2023年1月20日退回霍山县公安局补充侦查，该局分别于2022年12月20日、2023年2月20日补查重报。

经依法审查查明：

2013年11月至2014年12月，被告人杨某发在没有真实货物交易的情况下，以其注册成立的霍山县甲纺织有限公司、霍山县乙纺织有限公司的名义为被告单位常熟市某服饰有限公司等31家公司虚开增值税专用发票共计384份，税额共计6463012.86元，价税合计44480738.5元，杨某发以收取开票费的方式非法获利80余万元。其中，通过被告人李某伟介绍为他人虚开增值税专用发票255份，税额共计4299998.21元，价税合计29594108元，并伙同李某伟虚构资金流，逃避查处，李某伟非法获利60余万元；向被告人周某华经营的常熟市某服饰有限公司虚开增值税专用发票68份，实际申报抵扣税款63份，税额共计1068484.85元，价税合计7353691元；向被告人周某珍经营的象山丙服饰有限公司（已注销）、象山丁针织有限公司（已注销）虚开增值税专用发票共计44份，税额共计745537.02元，价税合计5131049元，均已申报抵扣税款。具体事实如下：

1. 2014年2月至2014年10月，被告人杨某发通过被告人李某伟介绍，在没有真实货物交易的情况下，以霍山县甲纺织有限公司、霍山县乙纺织有限公司的名义向被告人周某华经营的被告单位常熟市某服饰有限公司虚开增值税专用发票68份（发票号码：00392349—00392352、01178209—01178215、02458211—02458220、02459519—02459524、00387339—00387348、01115358—01115370、01947365—01947370、01956434—01956439、00444360—00444365），税额共计1153397.65元，价税合计7938091元，常熟市某服饰有限公司实际申报抵扣税款63份（发票号码：00392349—00392352、01178209—01178215、02458213—02458220、02459519、02459522—02459524、00387339—00387348、01115359—01115370、01947365—01947370、01956434—01956439、00444360—00444365），税额共计1068484.85元，价税合计7353691元。

2. 2014年1月15日、2月22日，被告人杨某发在没有真实货物交易的情况下，以霍山县甲纺织有限公司的名义为被告人周某珍经营的象山丙服饰有限公司虚开增值税专用发票9份（发票号码：01943027—01943030、01947360—01947364），税额共计152424.77元，价税合计1049041元。2014年6月18日、9月16日、10月25日，被告人杨某发通过被告人李某伟介绍，在没有真实货物交易的情况下，以霍山县甲纺织有限公司、霍山县乙纺织有限公司的名义为被告人周某珍经营的象山丙服饰有限公司虚开增值税专用发票21份（发票号码：00444375—00444382、00392343—00392348、01115371—01115377），税额共计355448.17元，价税合计2446320元。以上虚开的30份增值税专用发票税额共计507872.94元，价税合计3495361元，均已申报抵扣税款。

3. 2014年1月15日、17日、9月16日，被告人杨某发在没有真实货物交易的情况下，以霍山县甲纺织有限公司、霍山县乙纺织有限公司的名义为被告人周某珍经营的象山丁针织有限公司虚开增值税专用发票14份（发票号码：01943036—01943043、00392337—00392342），税额共计237664.08元，价税合计1635688元，均已申报抵扣税款。

4. 2014年12月12日，被告人杨某发通过被告人李某伟介绍，在没有真实货物交易的情况下，以霍山县乙纺织有限公司的名义为上海某制衣有限公司虚开增值税专用发票5份（发票号码：01380656—01380660），税额共计72882.05元，价税合计501600元。

5. 2014年12月18日，被告人杨某发通过被告人李某伟介绍，在没有真实货物交易的情况下，以霍山县乙纺织有限公司的名义为无锡市某针织制衣有限公司虚开增值税专用发票6份（发票号码：01380661—01380666），税额共计100692.3元，价税合计693000元。

6. 2014年12月18日，被告人杨某发通过被告人李某伟介绍，在没有真实货物交易的情况下，以霍山县乙纺织有限公司的名义为江阴市某染色有限公司虚开增值税专用发票6份（发票号码：01380667—01380672），税额共计101302.57元，价税合计697200元。

7. 2014年7月22日，被告人杨某发通过被告人李某伟介绍，在没有真实货物交易的情况下，以霍山县乙纺织有限公司的名义为昆山市陆家镇某针织厂虚开增值税专用发票3份（发票号码：02459525—02459527），税额共计50843.07元，价税合计349920元。

8. 2014年9月19日，被告人杨某发通过被告人李某伟介绍，在没有真实货物交易的情况下，以霍山县乙纺织有限公司的名义为昆山某服饰有限公司虚开增值税专用发票4份（发票号码：00392353—00392356），税额共计67790.76元，价税合计466560元。

9. 2013年11月23日，被告人杨某发通过被告人李某伟介绍，在没有真实货物交易的情况下，以霍山县甲纺织有限公司的名义为张家港市某针纺织品有限公司虚开增值税专用发票6份（发票号码：00024569—00024574），税额共计100855.07元，价税合计694120元。

10. 2014年5月23日、7月23日，被告人杨某发通过被告人李某伟介绍，在没有真实货物交易的情况下，以霍山县甲纺织有限公司的名义为宁波某科针织品有限公司虚开增值税专用发票5份（发票号码：00444366—00444368、00444395、00444396），税额共计84768.97元，价税合计583410元。

11. 2014年2月22日，被告人杨某发在没有真实货物交易的情况下，以霍山县甲纺织有限公司的名义为宁波某宏针织有限公司虚开增值税专用发票12份（发票号码：01947335—01947346），税额共计203219.9元，价税合计1398631元。2014年5月23日，被告人杨某发通过被告人李某伟介绍，在没有真实货物交易的情况下，以霍山县甲纺织有限公司的名义为宁波某宏针织有限公司虚开增值税专用发票3份（发票号码：01956463、00444358、00444359），税额共计50947.68元，价税合计350640元。以上虚开的15份增值税专用发票税额共计254167.58元，价税合计1749271元。

12.2014年1月20日，被告人杨某发在没有真实货物交易的情况下，以霍山县甲纺织有限公司的名义为宁波某茂服饰有限公司虚开增值税专用发票7份（发票号码：01943045—01943051），税额共计118521.97元，价税合计815710元。2014年3月27日，被告人杨某发通过被告人李某伟介绍，在没有真实货物交易的情况下，以霍山县甲纺织有限公司的名义为宁波某茂服饰有限公司虚开增值税专用发票6份（发票号码：01952153—01952158），税额共计101721.01元，价税合计700080元。以上虚开的13份增值税专用发票税额共计220242.98元，价税合计1515790元。

13.2013年11月24日，被告人杨某发通过被告人李某伟介绍，在没有真实货物交易的情况下，以霍山县甲纺织有限公司的名义为宁波某闰制衣有限公司虚开增值税专用发票8份（发票号码：00024579—00024586），税额共计135778元，价税合计934472元。

14.2014年5月29日、8月21日，被告人杨某发通过被告人李某伟介绍，在没有真实货物交易的情况下，以霍山县甲纺织有限公司、霍山县乙纺织有限公司的名义为象山某意针织厂虚开增值税专用发票11份（发票号码：00444369—00444374、00387349—00387353），税额共计186808.16元，价税合计1285680元。2014年12月12日，被告人杨某发在没有真实货物交易的情况下，以霍山县乙纺织有限公司的名义为象山某意针织厂虚开增值税专用发票3份（发票号码01380653—01380655），税额共计50505.98元，价税合计347600元。以上虚开的14份增值税专用发票税额共计237314.14元，价税合计1633280元。

15.2014年6月18日，被告人杨某发通过被告人李某伟介绍，在没有真实货物交易的情况下，以霍山县甲纺织有限公司的名义为象山某卡尼制衣有限公司虚开增值税专用发票12份（发票号码：00444383—00444394），税额共计203407.15元，价税合计1399920元。2014年11月

20 日，被告人杨某发在没有真实货物交易的情况下，以霍山县乙纺织有限公司的名义为象山某卡尼制衣有限公司虚开增值税专用发票 6 份（发票号码：01119986—01119991），税额共计 100895.7 元，价税合计 694400 元。以上虚开的 18 份增值税专用发票税额共计 304302.85 元，价税合计 2094320 元。

16. 2014 年 6 月 25 日，被告人杨某发通过被告人李某伟介绍，在没有真实货物交易的情况下，以霍山县乙纺织有限公司的名义为象山某振针织有限公司虚开增值税专用发票 2 份（发票号码：01178207、01178208），税额共计 33895.38 元，价税合计 233280 元。

17. 2014 年 1 月 15 日、3 月 22 日，被告人杨某发在没有真实货物交易的情况下，以霍山县甲纺织有限公司的名义为象山某贤针织有限公司虚开增值税专用发票 14 份（发票号码：01943031—01943035、01952144—01952152），税额共计 237419.53 元，价税合计 1634005 元。2014 年 2 月 24 日、11 月 20 日，被告人杨某发通过被告人李某伟介绍，在没有真实货物交易的情况下，以霍山县甲纺织有限公司、霍山县乙纺织有限公司的名义为象山某贤针织有限公司虚开增值税专用发票 12 份（发票号码：01947371—01947374、01119978—01119985），税额共计 202836.27 元，价税合计 1395991 元。以上虚开的 26 份增值税专用发票税额共计 440255.8 元，价税合计 3029996 元。

18. 2014 年 5 月 20 日、11 月 20 日，被告人杨某发通过被告人李某伟介绍，在没有真实货物交易的情况下，以霍山县甲纺织有限公司、霍山县乙纺织有限公司的名义为象山某楠制衣有限公司虚开增值税专用发票 19 份（发票号码：01956450—01956462、01119972—01119977），税额共计 321180.8 元，价税合计 2210480 元。

19. 2014 年 2 月 22 日、3 月 22 日，被告人杨某发通过被告人李某伟介绍，在没有真实货物交易的情况下，以霍山县甲纺织有限公司的名义为象山某仁制衣有限公司虚开增值税专用发票 21 份（发票号码：01947347—01947359、01952130—01952137），税额共计 355768 元，价税合计 2448521 元。

20. 2014 年 1 月 20 日，被告人杨某发通过被告人李某伟介绍，在没有真实货物交易的情况下，以霍山县甲纺织有限公司的名义为象山某骏针织制衣有限公司虚开增值税专用发票2份（发票号码：01943052、01943053），税额共计33863.42元，价税合计233060元。2014年3月22日，被告人杨某发在没有真实货物交易的情况下，以霍山县甲纺织有限公司的名义为象山某骏针织制衣有限公司虚开增值税专用发票6份（发票号码：01952138—01952143），税额共计101721.01元，价税合计700080元。以上虚开的8份增值税专用发票税额共计135584.43元，价税合计933140元。

21. 2014年1月20日，被告人杨某发通过被告人李某伟介绍，在没有真实货物交易的情况下，以霍山县甲纺织有限公司的名义为象山某洲针织有限公司虚开增值税专用发票2份（发票号码：01943054、01943055），税额共计33863.42元，价税合计233060元。

22. 2014年1月15日，被告人杨某发在没有真实货物交易的情况下，以霍山县甲纺织有限公司的名义为象山某迪制衣有限公司虚开增值税专用发票3份（发票号码：01943024—01943026），税额共计50982.57元，价税合计350880元。2014年4月23日，被告人杨某发通过被告人李某伟介绍，在没有真实货物交易的情况下，以霍山县甲纺织有限公司的名义为象山某迪制衣有限公司虚开增值税专用发票10份（发票号码：01956424—01956433），税额共计169476.9元，价税合计1166400元。以上虚开的13份增值税专用发票税额共计220459.47元，价税合计1517280元。

23. 2013年12月24日、25日，被告人杨某发通过被告人李某伟介绍，在没有真实货物交易的情况下，以霍山县甲纺织有限公司的名义为象山某海制衣有限公司虚开增值税专用发票13份（发票号码：00030842—00030854），税额共计212748.91元，价税合计1464213元。

24. 2013年11月24日，被告人杨某发通过被告人李某伟介绍，在没有真实货物交易的情况下，以霍山县甲纺织有限公司的名义为象山某日针织有限公司虚开增值税专用发票10份（发票号码：00024587—00024596），税额共计169722.5元，价税合计1168090元。

25. 2013年11月24日，12月16日、19日，被告人杨某发在没有真实货物交易的情况下，以霍山县甲纺织有限公司的名义为宁波某龙服饰有限公司虚开增值税专用发票14份（发票号码：00024575—00024578、00024601—00024603、00030819—00030825），税额共计235767.63元，价税合计1622636元。

26. 2014年1月20日、8月21日，被告人杨某发在没有真实货物交易的情况下，以霍山县甲纺织有限公司、霍山县乙纺织有限公司的名义为象山某旺服饰有限公司虚开增值税专用发票6份（发票号码：01943044、00387354—00387358），税额共计101757.36元，价税合计700330元。

27. 2014年7月23日，被告人杨某发在没有真实货物交易的情况下，以霍山县甲纺织有限公司的名义为象山某万泰针织有限公司虚开增值税专用发票3份（发票号码：01177734—01177736），税额共计50947.68元，价税合计350640元。

28. 2014年1月20日，被告人杨某发在没有真实货物交易的情况下，以霍山县甲纺织有限公司的名义为象山某叶针织服装有限公司虚开增值税专用发票7份（发票号码：01943056—01943062），税额共计118521.97元，价税合计815710元。

29. 2013年11月29日，被告人杨某发在没有真实货物交易的情况下，以霍山县甲纺织有限公司的名义为象山某狮纱业有限公司虚开增值税专用发票4份（发票号码：00024597—00024600），税额共计67476.92元，价税合计464400元。

30. 2014年4月9日、30日，被告人杨某发在没有真实货物交易的情况下，以霍山县甲纺织有限公司的名义为佛山市某扬服装有限公司虚开增值税专用发票20份（发票号码：01952160—01952169、01956440—01956449），税额共计331002.96元，价税合计2278079.5元。

31. 2014年3月31日，被告人杨某发在没有真实货物交易的情况下，以霍山县甲纺织有限公司的名义为六安市某润纺织有限公司虚开增值税专用发票1份（发票号码为：01952159），税额共计4184.62元，价税合计28800元。

另查明，为抵扣以霍山县甲纺织有限公司的名义对外虚开增值税专用发票所产生的销项税额，被告人杨某发于 2013 年 10 月至 2014 年 7 月接受徐州某丰棉业有限公司、鄢陵县某和棉业有限公司、许昌某鼎棉业有限公司、天门市某方棉花有限公司、天门市某福棉花有限公司、天门市某劲棉花有限公司、汉川市某盛棉花有限责任公司、岳阳市某志棉业有限公司、大荔某祥棉纺有限公司等九家公司向霍山县甲纺织有限公司虚开的增值税专用发票共计 333 份，税额共计 4276066.26 元，价税合计 37168885.3 元。被告人李某伟通过其个人银行账户及控制的他人银行账户，帮助杨某发在接受徐州某丰棉业有限公司、鄢陵县某和棉业有限公司、许昌某鼎棉业有限公司、天门市某方棉花有限公司、天门市某福棉花有限公司、天门市某劲棉花有限公司等 6 家公司虚开的 129 份增值税专用发票（税额共计 1656281.47 元，价税合计 14396907.85 元）时虚构资金流，逃避查处。

2022 年 1 月 10 日，被告人杨某发被公安机关抓获；2022 年 7 月 8 日，被告人周某华经民警电话通知到案；2022 年 8 月 7 日，被告人李某伟经民警电话通知到案；2023 年 1 月 30 日，被告人周某珍经民警电话通知到案。案发后，杨某发退缴违法获得 12 万元；周某华退缴涉案税款 1068484.85 元，周某珍退缴涉案税款 745537.02 元。

认定上述事实的证据如下：

1. 银行账户交易流水等书证；
2. 证人吴某某等人的证言；
3. 被告人杨某发、李某伟、周某华、周某珍的供述和辩解；
4. 搜查笔录、辨认笔录。

上述证据收集程序合法，内容客观真实，足以认定指控事实。被告人杨某发、李某伟、周某华、周某珍、被告单位常熟市某服饰有限公司对指控的犯罪事实和证据没有异议，并自愿认罪认罚。

本院认为，被告人杨某发为他人虚开增值税专用发票，虚开的税款数额巨大；被告人李某伟介绍他人虚开增值税专用发票，虚开的税款数额巨大；被告单位常熟市某服饰有限公司让他人为自己虚开增值税专用发票，被告人周某华系该公司直接负责的主管人员，虚开的税款数额较大；被告人周某珍身为公司主管人员，让他人为其公司虚开增值税专用发票，虚开的税款数额较大，其行为均触犯了《中华人民共和国刑法》第二百零五条，犯罪事实清楚，证据确实、充分，均应当以虚开增值税专用发票罪追究其刑事责任。被告人杨某发、李某伟、周某华、周某珍及被告单位常熟市某服饰有限公司认罪认罚，依据《中华人民共和国刑事诉讼法》第十五条的规定，可以从宽处理。根据《中华人民共和国刑事诉讼法》第一百七十六条的规定，提起公诉，请依法判处。

此致

安徽省霍山县人民法院

20××年×月×日

附注：

1. 被告人杨某发现羁押于舒城县看守所，被告人李某伟现羁押于金寨县看守所，被告人周某华现取保候审在其居住地，被告人周某珍现监视居住在其住所。
2. 侦查卷宗10册，补充证据材料17页。
3. 《认罪认罚具结书》5份，量刑建议书6份。

【承办检察官心得体会】

（一）认真审查全案证据，准确认定犯罪金额

第一，侦查机关移送认定杨某发、李某伟让他人为自己虚开的增值税专用发票共计333份，税额共计4276066.26元，价税合计37168885.3元，并与两人对外虚开的增值税专用发票税额累加计算认定两人虚开增值税专用发票的税额。检察机关经审查认为，两人让他人为其虚开增值税专用发票系为了作为进项税额抵扣对外虚开增值税专用发票产生的销项税额，本案中虚开的销项税额比虚开的进项税额大，故对于杨某发、李某伟应当按其对外虚开增值税专用发票的税额作为犯罪金额进行认定，不应把虚开的进项税额和销项税额累计计算，但两人让他人为其虚开增值税专用发票的事实可以作为犯罪情节，在起诉书中予以表述。

第二,本案侦查机关移送认定杨某发以霍山县甲纺织有限公司、霍山县乙纺织有限公司对外虚开增值税专用发票387份,税额6513956.19元,价税合计44831348.5元。该案虚开增值税专用发票三百余份,且未经税务机关稽查,检察机关在审查过程中仔细核对该案虚开的增值税专用发票金额,经审查发现公安机关重复计算3份增值税专用发票,应予以核减,起诉认定杨某发虚开增值税专用发票共计384份,税额共计6463012.86元,价税合计共计44480738.5元。

第三,关于李某伟虚开增值税专用发票金额的认定。虽然杨某发供述其对外虚开的增值税专用发票除了一家接受虚开发票企业外,其他的都是与李某伟合作,由李某伟联系介绍提供开票信息给其并虚构资金流水。但李某伟对外虚开的增值税专用发票有其账户走账的其承认系其联系介绍虚开的,杨某发让别人虚开的发票其账户部分参与走账可能系张某昂操作的,经审查全案证据,目前下游接受虚开的企业以及上游开票企业,绝大部分均已经注销或走逃,经两次退查,除了周某华、周某珍公安机关未能找到更多的证人证实虚开的增值税专用发票具体是通过谁联系介绍的,因时间久远,周某华、周某珍也未能准确提供出通过谁联系开票的,故按照存疑有利于被告人的原则,以虚开的增值税专用发票中有李某伟及其控制的田某和账户参与虚构资金流的发票金额予以认定。

第四,关于李某伟的违法所得金额的认定。侦查机关移送的根据李某伟供述其按照虚构资金流水金额的0.1%获利,只有不到2万元。检察机关经审查认为,杨某发供述其和李某伟合作对外虚开增值税专用发票,李某伟负责联系介绍受票企业和虚构资金流水,其负责开票,李某伟按照票面金额的3%给其返点,又供述是按照1.9%—3%收取开票费用,平均下来也就达到了2%,大概有80多万元;李某伟供述其在2013年至2014年期间将需要开票的企业介绍给杨某发,由杨某发虚开增值税专用发票,其提供银行卡账户为企业和杨某发用于走账,承认通过其和田某池名下账户走账的发票系其介绍虚开。公司买票的时候是按照票面金额的5.3%支付费用,辩解其中包括给开票公司的,也有给中间人的介绍费,其按照票面金额的0.1%收取介绍费,受票人周某华供述是按照开票金额的5%给的费用,周某珍供述是按照开票金额的5%—6%给的费用,结合在案银行流水等在案证据，其辩解是按照0.1%收取费用，仅为2万余元，与其实施的犯罪事实、作用明显不符，且与在案证据相矛盾。起诉认定李某伟获取开票费用至少约在开票金额的2%，其参与虚开增值税专用发票的金额价税合计为29594108元，李某伟非法获利约60万元，法院判决予以了采纳。

（二）依法追诉漏犯，挽回国家税款损失

该案犯罪行为发生在2013年至2014年，对于接受虚开增值税专用发票涉案税额在50万元以上的受票企业，仍在追诉时效内。本案接受杨某发对外虚开增值税专用发票的企业有31家，除常熟某有服饰有限公司接受虚开增值税专用发票的税额超过50万元，周某珍经营的象山丙服饰有限公司接受虚开增值税专用发票税额也达到了50万余元，侦查机关在移送审查起诉时只对受票企业常熟市某服饰有限公司企业负责人周某华移送起诉，对周某珍涉嫌犯罪事实未侦查一并移送起诉，检察机关退回补充侦查要求侦查机关查明周某珍涉嫌虚开增值税专用发票事实，补充移送起诉。公安机关补充侦查查明周某珍在案发期间同时经营象山丙服饰有限公司（已注销）、象山丁针织有限公司（已注销），两公司接受虚开增值税专用发票共计44份，税额共计745537.02元，价税合计5131049元，均已申报抵扣税款，周某珍到案后在侦查机关和检察机关将涉案税款745537.02元全部退缴。另经审查，本案周某华系常熟某公司法定代表人，为了公司抵扣税款而让杨某发为其公司虚开发票，常熟某公司构成单位犯罪，检察机关起诉时依法追加常熟某公司为犯罪单位。

（三）准确适用法律，依法认定量刑情节

在审查起诉时，李某伟及其辩护人提出李某伟是从犯、构成自首等辩解、辩护意见。经审查认为，李某伟介绍他人虚开增值税专用发票，依照法律规定，已构成虚开增值税专用发票罪，且虚开的税款数额巨大。《刑法》第205条规定，虚开增值税专用发票或者虚开用于骗取出口退税、抵扣税款的其他发票，是指有为他人虚开、为自己虚开、让他人为自己虚开、介绍他人虚开行为之一的。因此，行为人有上述行为之一即可单独构成犯罪，不宜认定为从犯。李某伟虽系在被网上追逃情况下，经民警电话通知后主动在约定地点等候，但其到案后在首次讯问时未能如实供述其主要犯罪事实,其行为不构成自首。综上,检察机关起诉时依法未认定李某伟构成从犯、自首。审查起诉过程中,检察机关坚持宽严相济刑事政策,对于杨某发、李某伟两被告人加强释法说理,积极与辩护人加强沟通,促使两被告人认罪认罚,分别建议判处有期徒刑 10 年 3 个月,并处罚金 25 万元;有期徒刑 10 年,并处罚金 20 万元,法院予以采纳;对于周某华、周某珍两名涉案企业负责人认定具有自首、退缴全部涉案税款、认罪认罚等从轻或减轻处罚情节,依法建议减轻处罚,并适用缓刑,法院对检察机关起诉认定的情节及量刑建议均予以采纳。

【专家点评】

对于经济犯罪案件来说,一篇好的起诉书叙述犯罪事实要简明清晰,归纳犯罪构成要逻辑严谨,认定被告人地位作用、犯罪后果要全面、准确、客观,才能起到应有的指控作用和效果。本篇起诉书紧紧围绕虚开增值税专用发票罪的构成要件叙述犯罪事实,在认定被告人地位作用、犯罪危害后果方面具有特色。

(一)准确认定被告人的地位作用

虚开增值税专用发票罪客观情形复杂多样,准确认定主从犯是实现罪责刑相适应的前提和基础。本篇起诉书依据刑法和行政法规规定的虚开增值税专用发票的四种行为方式,认定介绍虚开的行为也属于实行犯。《发票管理办法》第 21 条第 1 款规定,开具发票应当按照规定的时限、顺序、栏目,全部联次一次性如实开具,开具纸质发票应当加盖发票专用章。该条第 2 款规定,任何单位和个人不得有下列虚开发票行为:(1)为他人、为自己开具与实际经营业务情况不符的发票;(2)让他人为自己开具与实际经营业务情况不符的发票;(3)介绍他人开具与实际经营业务情况不符的发票。可见,虚开的本意就是指开具与实际经营业务不符的发票的行为。《刑法》第 205 条第 3 款规定了虚开增值税专用发票行为的四种表现,包括为他人虚开、为自己虚开、让他人为自己虚开和介绍他人虚开。因此,虚开的含义及其表现形式是相对明确和统一的,有上述四种行为之一的,便成立虚开行为。其中,介绍虚开的行为并不属于直观理解上的帮助犯,而是虚开的实行犯,属于正犯。本案中,李某伟实施了介绍虚开的行为，同时帮助杨某发进行资金回流，在共同犯罪中和杨某发所起的作用相当，不宜区分主从犯。因此，检察机关在起诉书中依法未予认定李某伟构成从犯。

（二）从税收利益角度阐明虚开增值税专用发票罪的本质

实践中，通常认为构成虚开增值税专用发票罪的行为人主观上要具有骗取国家税款的目的，客观上要造成国家增值税款损失的结果或现实危险。国家税收利益是本罪保护的法益。税收利益，一方面是指国家税款征缴的及时性和完整性，另一方面也可以理解为根据我国税法相关规定形成的可以免除或减轻特定纳税义务人应纳税额的经济利益，如增值税链条中的进项税，可以直接抵扣税款，对取得进项税的纳税人来说属于一项经济利益，又因其基于税法的规定形成，所以称为税收利益。虚开增值税专用发票的违法性实质在于将本不存在或者本来只能由特定纳税人使用的进项税税收利益，通过虚开链条转移给其他人享有，从而破坏税收征管秩序，造成国家税款流失。从税收利益的角度，我们可以发现，本案中虽然杨某发、李某伟的行为同时包含接受虚开和为他人虚开两种形式，但是二人的行为所指向的是虚开链条中发生转移的唯一一个税收利益，即下游受票企业的进项税额，也就是二人虚开的销项税额，因此只能以销项税额认定其虚开的犯罪数额，而不应把虚开的进项税额和销项税额累计计算。同理，从税收利益的角度看，虚开链条上的虚开人、介绍人、受票人通过收取开票费、介绍费或者获得进项税并支付买票费的方式，分享了被转移的税收利益。因此，李某伟对其违法所得的辩解明显不成立。

（三）强化追捕追诉、认罪认罚和追赃挽损工作，实现高质效办好每一个案件的价值追求

追捕追诉是检察机关履行刑事诉讼法律监督职能的重要内容之一，也是依法履职、高质效办好每一个案件的基本价值追求。虚开增值税专用发票罪具有明显的多环节、上下游犯罪的特点，检察机关通过深挖犯罪，做到"案不漏人""人不漏罪"，实现全链条打击，对于依法惩治犯罪行为，全面提升法律监督的质量和效果具有重要意义。本案中，检察机关通过实质审查，一方面追加认定单位犯罪，另一方面发现遗漏犯罪

事实和犯罪嫌疑人,引导公安机关补充侦查,及时补充移送起诉。犯罪嫌疑人到案后,检察机关积极开展认罪认罚工作,将退赃退赔作为认定犯罪嫌疑人实质"认罚"的重要考量,促使其认罪认罚并退缴全部税款,实现了案件办理法律效果和社会效果的有机统一。

此外,本案起诉书对于在复杂事实案件中,如何运用简明规范的语言,条分缕析地将案件事实表述清楚作出了较好示范,对于涉及多名犯罪嫌疑人或多起犯罪事实的案件具有一定的借鉴作用。

(**点评人**:吴春妹,北京市顺义区人民检察院党组书记、代检察长、全国模范检察官)

6. 石某奇民事枉法裁判案起诉书

【简要案情】

2020年4月至2021年12月，被告人石某奇任本溪某县人民法院党组成员、副院长期间，伙同南京鼎某房产经纪有限公司经营者蔡某某、张某甲、陈某、辽宁某东律师事务所律师张某乙、辽宁某义律师事务所律师李某甲（均另案处理）等人，伪造诉讼证据，建立虚假中介法律关系，枉法裁判，规避南京市政府的房产调控政策，实现涉案房屋所有权变更登记目的。被告人石某奇明知是伪造的诉讼证据，案件无实质纠纷且该院无管辖权的情况下，利用职务便利，故意违背事实和法律规定，在分别以本溪某县小市镇某通房产中介店、南京鼎某房产经纪有限公司本溪县分公司、本溪某县某家房产信息中介中心为被告的59件合同纠纷案件办理过程中，以调解方式认可涉案房屋所有权变更的诉讼请求，出具法律文书，并前往南京地区不动产交易中心，违规为56户涉案房屋所有权变更登记。其间，被告人石某奇收受蔡某某等人给予的好处费共计人民币13万元及书法作品一幅。

【诉讼过程】

2022年10月31日，石某奇因涉嫌民事枉法裁判罪被本溪市人民检察院指定居所监视居住，同年11月25日被本溪市人民检察院批准逮捕，同日由本溪市公安局平山分局执行逮捕。2023年1月12日经辽宁省人民检察院批准，延长羁押期限一个月（自2023年1月26日至2月25日），2023年2月21日经辽宁省人民检察院批准，延长羁押期限二个月（自2023年2月26日至4月25日）。本案由本溪市人民检察院侦查终结，经指定管辖，以被告人石某奇涉嫌民事枉法裁判罪，于2023年4月3日向本溪市南芬区人民检察院移送审查起诉。本溪市南芬区人民检察院于2023年4月7日以被告人石某奇涉嫌民事枉法裁判罪向本溪市南芬区人民法院提起公诉。本溪市南芬区人民法院于2023年4月20日以被告人石某奇犯民事枉法裁判罪，判处有期徒刑3年。

【文书全文】

辽宁省本溪市南芬区人民检察院

起 诉 书

南检刑诉〔20××〕××号

被告人石某奇，男，1962年×月×日出生，公民身份号码2105211962×××××××，满族，大学文化，原系本溪某自治县人民法院党组成员、副院长，中共党员，户籍所在地：本溪某自治县，住本溪某自治县×镇×花园×号楼×单元。2022年10月31日因涉嫌民事枉法裁判罪被本溪市人民检察院指定居所监视居住，同年11月25日被本溪市人民检察院批准逮捕，同日由本溪市公安局平山分局执行逮捕。2023年1月12日经辽宁省人民检察院批准，延长羁押期限一个月（自2023年1月26日至2月25日），2023年2月21日经辽宁省人民检察院批准，延长羁押期限二个月（自2023年2月26日至4月25日）。

本案由本溪市人民检察院侦查终结，经指定管辖，以被告人石某奇涉嫌民事枉法裁判罪，于2023年4月3日向本院移送审查起诉。本院受理后，已告知被告人有权委托辩护人和认罪认罚可能导致的法律后果，依法讯问了被告人，审查了全部案件材料，被告人石某奇同意本案适用简易程序审理。

经依法审查查明：

2020年4月至2021年12月，被告人石某奇任本溪某自治县人民法院党组成员、副院长期间，伙同南京鼎某房产经纪有限公司经营者蔡某某、张某甲、陈某、辽宁某东律师事务所律师张某乙、辽宁某义律师事务所律师李某甲（均另案处理）等人，伪造诉讼证据，建立虚假中介法律关系，枉法裁判，规避南京市政府的房产调控政策，实现涉案房屋所有权变更登记目的。被告人石某奇明知是伪造的诉讼证据，案件无实质纠纷且该院无管辖权的情况下，利用职务便利，故意违背事实和法律规定，在分别以本溪某自治县小市镇某通房产中介店、南京鼎某房产经纪有限公司本溪县分公司、本溪满族自治县某家房产信息中介中心为被告的59件合同纠纷案件办理过程中，以调解方式认可涉案房屋所有权变更的诉讼请求，出具法律文书，并前往南京地区不动产交易中心，违规为56户涉案房屋所有权变更登记。其间，被告人石某奇收受蔡某某等人给予的好处费共计人民币13万元及书法作品一幅。

2022年10月31日，被告人石某奇被传唤到案。相关款物被依法扣押。

认定上述事实的证据如下：

1. 物证：书法作品一幅等；

2. 书证：干部任免审批表、辽宁省员额制法官审批表、干部履历表、南京市人民政府办公厅关于进一步加强房地产市场调控的通知、关于明确住房限购政策有关事项的通知、企业登记档案、民事调解书、不动产权证、房地产中介买卖合同、民事一审卷宗等；

3. 证人蔡某某、张某甲、陈某、张某乙、李某甲、李某乙、南某、朱某某、吴某某、崔某某等人的证言；

4. 被告人石某奇的供述与辩解；

5. 鉴定意见：辽宁省人民检察院辽检技鉴字（2023）Z2号电子证据检验报告；

6. 电子数据：微信聊天记录等。

上述证据收集程序合法，内容客观真实，足以认定指控事实。被告人石某奇对指控的犯罪事实和证据没有异议，并自愿认罪认罚。

本院认为，被告人石某奇在民事审判活动中故意违背事实和法律作枉法裁判，情节严重，其行为触犯了《中华人民共和国刑法》第三百九十九条第二款之规定，应当以民事枉法裁判罪追究其刑事责任。被告人石某奇伙同他人共同实施故意犯罪，根据《中华人民共和国刑法》第二十五条之规定，是共同犯罪。被告人石某奇在共同犯罪中起主要作用，根据《中华人民共和国刑法》第二十六条第一款之规定，是主犯。被告人石某奇认罪认罚，依据《中华人民共和国刑事诉讼法》第十五条的规定，可以从宽处理。被告人石某奇犯罪事实清楚，证据确实、充分，根据《中华人民共和国刑事诉讼法》第一百七十六条的规定，提起公诉，请依法判处。

此致

本溪市南芬区人民法院

20××年×月×日

附注：

1. 被告人石某奇现羁押于本溪市看守所。
2. 案卷材料和证据33册、光盘10张、手机1部、书法作品1幅。
3. 《认罪认罚具结书》一份。
4. 《量刑建议书》一份。

【承办检察官心得体会】

本案系司法工作人员相关职务犯罪侦查的系列案件。检察机关依法做好提前介入、审查起诉、庭审阶段工作。2023年4月20日，石某奇民事枉法裁判一案宣判，被告人石某奇犯民事枉法裁判罪，判处有期徒刑3年。

（一）提前介入，确保案件审查起诉质量

本案各方关注度高，社会影响较大，经检察长亲自部署，迅速成立以分管副检察长带队的5人专案组，对案件进行提前介入。专案组阅卷33册，对案件事实、证据、程序等进行全面审查，并多次组织研讨会对事实认定、证据调取等情况汇报、交流。在审查卷宗、集体研讨的基础上，对证据采信、事实认定、法律适用、涉案财物处理、同案犯处理、是否涉嫌其他犯罪等问题提出意见，一周时间内完成了梳理案件证据、明确认定思路、总结沟通汇报等工作，为后期案件高质量审查起诉工作奠定坚实基础，确保了案件的质量、效率和效果。

（二）快审快诉，提升刑事案件办理质效

案件正式受理后，专案组分工协作，倒排工期，审查卷宗、梳理证据，形成了15万余字的审查报告并快速推进犯罪嫌疑人认罪认罚工作。在认罪认罚过程中，承办检察官坚持释法说理、教育感化，最终石某奇等10人认罪认罚并对检察机关的量刑建议表示同意。

（三）文书规范，提高检察履职能力

该份起诉书在制作过程中重点把握以下几点：一是起诉书整体形式要件完备，叙写规范。二是案件事实部分与定罪量刑相关的事实描述完整，关于被告人石某奇与同案其他被告人先后共谋，在实施枉法裁判的过程中分工协作、相互配合，通过伪造证据制造管辖，提起诉讼，枉法裁判，以规避住房限购政策，实现涉案房屋所有权变更登记的目的叙述完整，指控犯罪事实的必备要素明晰、准确。三是起诉的理由和根据部分，罪状、量刑情节表述完整、规范，语言精练、准确。

该案庭审中，公诉人围绕被告人之间的犯意联络、分工协作、各自作用、利益分配进行了讯问及举证。在发表公诉意见时，公诉人结合被告人的任职履历和犯罪过程深入剖析了社会危害性。在公诉人有理、有据、有节的指控下，被告人石某奇当庭认罪悔罪，南芬区人民法院依法当庭宣判。

【专家点评】

根据刑事诉讼法的规定，民事枉法裁判罪是由检察机关立案侦查的司法工作人员利用职权实施的犯罪之一。此类案件查办难度大，对犯罪行为性质的分析论证难度高，案件审查的功力集中体现在起诉书的撰写上。石某奇民事枉法裁判案的起诉书具有以下三个特点：

（一）规范严谨

本案起诉书通篇体现了起诉书应当具备的规范性和严谨性。被告人基本情况、职务、住址、被采取的强制措施等各要素齐备；诉讼过程交代清楚，审查起诉期限有明确的起止时间；证据列举全面详细，附注中被告人羁押情况、随案移送的案卷、光盘、物证以及相关文书逐一列明。

实践中，有的办案人忽视在附注中详细列明随案移送的材料，特别是光盘数量、补充材料份数等，一旦出现遗失或数量核对不上等问题，容易陷入被动。

（二）事实认定部分突出叙事性

对石某奇伙同他人共谋，通过伪造证据、违背管辖等行为对虚假诉讼进行枉法裁判，改变房屋所有权的一系列行为进行了完整、连贯的叙述，揭示了虚假诉讼—主观明知—枉法裁判之间的关联，完整构建了民事枉法裁判罪的构成要件。本案的起诉书如能在事实描述过程中进一步细化行为动机、具体违法事项等实质要素内容，效果会更好。如开头可增加叙述蔡某某等人虚假诉讼变更房屋产权所要达到的目的，与石某奇收受其财物相互呼应；再增加概括叙述上述人员伪造了何种证据，规避市政府关于房产的哪项调控政策，让犯罪事实更加具象化，对关键情节交代会更加清晰明了。总之，对较为复杂的犯罪事实，起诉书在简明精练的前提下，注重犯罪主客观因素和逻辑的完整性，可能会更好地揭示犯罪本质，提升指控质效。

（三）起诉书中适用法律全面、准确

起诉书适用法律部分除对行为性质的指控外，对共同犯罪、主犯、认罪认罚等主要量刑情节均予以表述，并引用相应法条，与认定的事实前后呼应，适用法律全面准确。也有观点认为在起诉书中可不表述量刑情节，而是留在庭审公诉意见中发表相应意见。笔者认为，起诉书应当全面体现检察机关指控的犯罪事实和认定的量刑情节，为量刑建议提供充分的事实和法律依据。同时，对主要犯罪情节的认定也是被告人、辩护人的关注重点，特别是对到案经过、主从犯等情节的认定，更能体现检察机关的客观义务，更有利于被告人接受指控，促进其认罪悔罪。

（点评人：刘家卿，天津市河西区人民检察院党组书记、检察长，全国检察业务专家、全国十佳公诉人）

7. 李某军国有公司人员滥用职权、挪用公款、受贿案起诉书

【简要案情】

1. 国有公司人员滥用职权罪

2018 年至 2019 年 2 月，被告人李某军在担任某投资集团有限责任公司总经理期间，在收购河南某文化旅游发展有限公司过程中，滥用职权，明知该目标公司资不抵债，不符合收购条件，仅以实物资产评估价作为收购价，故意规避确认其资产净值，且在收购未完成的情况下，擅自决定使用国有资金代目标公司偿还融资本息 3.08499 亿元，截至案发未追回，致使国家利益遭受特别重大损失。

2. 挪用公款罪

2017 年，被告人李某军与情人孟某某同居期间，孟某某提出需要资金进行投资。其间，河南某誉鼎新置业有限公司实际控制人牛某某也向其表达了资金需求。2018 年 2 月，某市人民政府有关领导安排李某军对 L 县某茶叶有限责任公司给予资金支持，李某军考虑可以借此机会帮助孟某某、牛某某贷款，遂安排将华信集团资金 1 亿元存入民生银行某分行，办理 3 笔金额分别为 5500 万元、2300 万元、2200 万元的大额存单，分别为 L 县某茶叶有限公司质押贷款 2000 万元，为孟某某的河南某鑫安防科技有限公司质押贷款 4990 万元、为牛某某的河南某誉鼎新置业有限公司质押贷款 2000 万元。2019 年 2 月，三家公司将贷款全部归还，质押解除。其间，李某军先后 4 次收受牛某某好处费 9 万元、3 万元美元，折合人民币共计 27.57 万元。

3. 受贿罪

2004 年至 2022 年，被告人李某军利用其担任某县人民政府副县长、

某市工商联主席、某市政协副主席、某市人民政府副市长、某市人民政府副市长兼投资集团有限责任公司总经理等职务上的便利，为某市鑫森源建材有限公司法定代表人李某甲、某新政源房地产开发有限公司董事长郭某某等20人在公司经营、工程承揽、协调贷款、资金拨付、职务调整等方面谋取利益，非法收受财物共计人民币1196.2849万元。

【诉讼过程】

本案由河南省监察委员会调查终结，以被告人李某军涉嫌国有公司人员滥用职权、挪用公款、受贿罪，于2022年12月14日向河南省人民检察院移送审查起诉。经河南省人民检察院指定，于同日交由周口市人民检察院审查起诉。周口市人民检察院受理后，依法告知被告人有权委托辩护人和认罪认罚的法律规定，讯问了被告人，听取了辩护人的意见，审查了全部案件材料。其间，依法延长审查起诉期限15日。周口市人民检察院于2023年2月3日向周口市中级人民法院提起公诉，周口市中级人民法院于2023年7月13日作出判决，认定被告人李某军犯国有公司人员滥用职权罪，判处有期徒刑5年；犯挪用公款罪，判处有期徒刑6年；犯受贿罪，判处有期徒刑8年，并处罚金人民币100万元。决定执行有期徒刑15年，并处罚金人民币100万元。

【文书全文】

河南省周口市人民检察院

起 诉 书

周检刑诉〔20××〕××号

被告人李某军，男，1966年×月×日出生，身份证号码4130231966××××××××，汉族，大学文化，中国民主同盟成员，2001年12月至2022年9月，历任某县人民政府副县长、某市工商联（总商会）会长、某市工商联主席、某市政协副主席、某市人民政府副市长；2017年11月至2019年6月任某市人民政府副市长兼某华信投资集团有限责任公司总经理。住某市某区前进办事处某村某和花园×区×栋×号。因涉嫌职务违法犯罪，于2022年6月28日被河南省监察委员会采取留置措施，2022年9月19日，经国家监察委员会批准，延长留置时间3个月。因涉嫌国有公司人员滥用职权、挪用公款、受贿罪，经本院决定，于2022年12月14日被周口市公安局执行刑事拘留，2022年12月22日被周口市公安局执行逮捕。

本案由河南省监察委员会调查终结，以被告人李某军涉嫌国有公司人员滥用职权、挪用公款、受贿罪，于2022年12月14日向河南省人民检察院移送审查起诉。经河南省人民检察院指定，于同日交由本院审查起诉。本院受理后，依法告知被告人有权委托辩护人和认罪认罚的法律规定，讯问了被告人，听取了辩护人的意见，审查了全部案件材料。其间，依法延长审查起诉期限十五日。

经依法审查查明：

一、国有公司人员滥用职权罪

2018年至2019年2月，被告人李某军在担任某华信投资集团有限责任公司（以下简称"华信集团"）总经理期间，在收购河南某文化旅游发展有限公司过程中，滥用职权，明知该目标公司资不抵债，不符合收购条件，仅以实物资产评估价作为收购价，故意规避确认其资产净值，且在收购未完成的情况下，擅自决定使用国有资金代目标公司偿还融资本息3.08499亿元，截至案发未追回，致使国家利益遭受特别重大损失。具体事实如下：

2012年5月，某新泰阳置业有限公司与某市A区管理委员会签订合同，约定投建A区国际温泉度假村项目。2014年11月，某新泰阳置业有限公司全资成立河南某文化旅游发展有限公司（2017年更名为新太阳文化旅游集团有限公司，以下简称"新太阳公司"）成为项目投建主体。

2015年8月，因某公司资金短缺，急需贷款融资，经该公司实际控制人姜某立（另案处理）提议，时任A区管委会主任赵某某（另案处理）同意，由 A 区管委会国有独资企业某市 A 区大龙袍建设发展有限公司（以下简称"大龙袍公司"）代持新太阳公司 51% 的股权，但不实际出资、不参与经营，仅以大龙袍公司的名义在工商股东登记中具名登记，将某公司由民营企业包装为国有控股公司，为其从银行贷款融资提供帮助。

2016 年初，因工商登记信息显示新太阳公司系国有控股公司，Z 银行某分行与某公司初步拟定合作融资意向，但要求 A 区管委会、某市财政局分别出具差额补足承诺。为此，姜某立与赵某某商议后，以伪造合同的方式，虚构 A 区管委会欠新太阳公司 4.3 亿元工程款的事实，A 区管委会财政局出具《债务承继说明》《应收账款确认函》。赵某某隐瞒真实情况，向某市政府汇报 A 区管委会确实应付新太阳公司 4.3 亿元工程款，某市财政局据此向银行出具《承诺函》，承诺当新太阳公司无力偿还融资本息时，由地方政府以上述"工程款"支付。同年 8 月，新太阳公司从 Z 银行券商方获得 3.4 亿元融资款，姜某立将其中 1000 万余元用于 A 区国际温泉度假村项目建设，剩余资金用于归还贷款、偿还债务、个人消费等事项。

2018 年下半年，新太阳公司无力偿还贷款本息，Z 银行某分行要求 A 区管委会和某市政府按前期承诺代新太阳公司还款。为避免对某市人民政府产生负面影响，Z 银行某分行与时任华信集团总经理李某军商定，以 Z 银行某分行对华信集团增加专项授信方式，由华信集团偿还某公司融资本息。

2018 年底，被告人李某军主持召开协调会，要求先由大龙袍公司收购某公司全部股份，将新太阳公司变为国有独资企业后，再由华信集团收购并偿还融资本息。李某军明知新太阳公司已严重负债，故意规避确认该公司资产净值，未委托会计师事务所对其债权债务情况全面审计，仅安排评估机构评估实物资产价值，并在姜某立提出评估价过低的意见后，直接让评估机构在原评估价基础上又增加 5000 万元，评估某公司实物资产价值 5.5 亿余元。

2019 年 2 月 1 日，被告人李某军未经股东会、董事会集体研究，未经尽职调查、上报审批等程序，且在大龙袍公司未完成全部收购新太阳公司的先决条件下,直接与大龙袍公司签订股权收购协议,约定以5.5亿余元的价格收购新太阳公司股权。同日,在华信集团财务部负责人以不符合大额资金支出条件为由拒绝签字的情况下,李某军直接在付款申请单上签署"原法人已调任市人防办主任且人大已任命,新法人已到岗但未进行法人变更,为保证市相关重点项目正常运转,该投资未出具股东决议,若造成投资损失,责任由我本人承担"的意见。据此,华信集团将3.08499亿元款项直接转给Z银行券商方,用以归还新太阳公司融资本息。

2021年7月,赵某某安排大龙袍公司将持有的51%的股权退还给新太阳公司,新太阳公司以收购价款未完全支付为由拒不向华信集团移交股权。案发后,经评估,新太阳公司2019年1月31日净资产值为负数,不具备还款条件,华信集团代为偿还的3.08499亿元未能追回,致使国家利益遭受特别重大损失。

认定上述事实的证据如下:

1. 李某军任华信集团总经理任职文件、华信集团收购新太阳公司股权协议、新太阳公司价值评估报告等书证;2. 证人赵某某、姜某立、李某某等人的证言;3. 被告人李某军的供述与辩解。

二、挪用公款罪

2017年,被告人李某军与情人孟某某同居期间,孟某某提出需要资金进行投资,并保证能投资盈利。其间,河南某誉鼎新置业有限公司实际控制人牛某某也向其表达了资金需求,并承诺给予好处费。

2018年2月,某市人民政府有关领导安排李某军对L县某茶叶有限责任公司给予资金支持,李某军考虑可以借此机会帮助孟某某、牛某某贷款,遂安排将华信集团资金1亿元存入民生银行某分行,办理3笔金额分别为5500万元、2300万元、2200万元的大额存单。李某军利用担任华信集团总经理职务上的便利,个人决定挪用以上存单用于质押,除给予L县某茶叶有限公司2000万元贷款支持以外,还借机分别为孟某某的河南某鑫安防科技有限公司质押贷款4990万元、为牛某某的河南某誉鼎新置业有限公司质押贷款2000万元,以上共计8990万元均被用于投资经营。2019年2月,三家公司将贷款全部归还,质押解除。

其间，李某军先后4次收受牛某某好处费9万元、3万元美元，折合人民币共计27.57万元；孟某某将贷款用于投资，获利1419万元（含14套写字楼折抵价款420万元）。

认定上述事实的证据如下：

1. 华信集团记账凭证、存单明细表、民生银行贷款业务档案和还款明细等书证；2. 证人孟某某、钱某某、牛某某等人的证言；3. 被告人李某军的供述与辩解；4. 虎某某与李某军微信聊天等电子数据。

三、受贿罪

2004年至2022年，被告人李某军利用其担任某县人民政府副县长、某市工商联主席、某市政协副主席、某市人民政府副市长、某市人民政府副市长兼华信集团总经理等职务上的便利，为某市鑫森源建材有限公司法定代表人李某甲、某新政源房地产开发有限公司董事长郭某某等20人在公司经营、工程承揽、协调贷款、资金拨付、职务调整等方面谋取利益，非法收受财物共计人民币1196.2849万元。

1. 2004年至2022年，李某军利用担任某县人民政府副县长、某市工商联主席、某市人民政府副市长等职务上的便利，为某市森鑫源建材有限公司法定代表人李某甲在承揽建筑工程项目、介绍建筑材料供应业务、协调银行贷款等方面提供帮助。2015年至2020年下半年，先后8次在某市羊山新区政和花园小区附近等地收受李某甲钱款共计人民币497万元。

2. 2004年至2019年，李某军利用担任某县人民政府副县长、某市工商联主席、某市政协副主席、某市人民政府副市长等职务上的便利，为某新政源房地产开发有限公司董事长郭某某在协调矿山收购、推进开发的印象欧洲房地产项目拆迁进度和返还垫付款等方面提供帮助。2007年下半年至2017年9月，先后8次在某市羊山新区等地收受郭某某钱款共计人民币170万元。

3. 2011年至2022年，李某军利用担任某市政协副主席、某市人民政府副市长等职务上的便利，为某市福建商会会长、某晟和房地产开发有限公司董事长陈某甲在成立商会、返还土地出让金、协调其公司开发的博士名城项目回购保障房、结算工程款等方面提供帮助。2011年5月至2022年3月，在某市人民政府办公室收受陈某甲现金共计

106.8万元。

4.2015年2月、7月，李某军利用其担任某市政协副主席、某市人民政府副市长等职务上的便利，为某万国置业有限公司法定代表人李某甲在增加《时空之旅》剧场项目政府回购款、返还鸡公山万国小镇项目垫付款等方面提供帮助。2013年3月至2022年春节前，先后5次在某万国置业有限公司等地收受李某甲共计90万元、1万美元，折合人民币共计96.0905万元。

5.2012年初至2022年5月，李某军利用担任某市政协副主席、某市人民政府副市长等职务上的便利，实际或承诺为某荣泰置业有限公司实际控制人孙某甲当选某市政协委员、推进其公司开发的某城花园小区项目建设、为孙某甲的儿子孙某乙就业等方面提供帮助，先后3次在某市百花园东门等地收受孙某甲现金共计48万元。

6.2018年4月至2019年12月，李某军利用其担任某市人民政府副市长兼华信集团总经理职务上的便利，为某市金瑞工程管理咨询有限公司法定代表人周某某在参与某市羊山森林植物园PPP项目建设方面提供帮助。2019年2月至2021年1月，先后3次通过其儿子李某乙在某市金瑞工程管理咨询有限公司等地收受周某某现金共计40万元。

7.2020年6月，李某军利用其担任某市人民政府副市长职务上的便利，为河南某服饰实业有限公司实际控制人侯某某在向中国银行某分行贷款方面提供帮助。2020年11月至2022年6月，先后19次以给其儿子李某乙发工资的名义收受侯某某钱款共计人民币35.9996万元。

8.2021年8月，李某军利用其担任某市人民政府副市长职务上的便利，为某昌房地产开发有限责任公司总经理陈某乙在协调涉诉土地暂缓执行方面提供帮助，在某市百花园东门附近通过某荣泰置业有限公司实际控制人孙某某收受陈某乙现金30万元。

9.2018年9月，李某军利用担任某市人民政府副市长兼华信集团总经理职务上的便利，为河南某元光电科技有限公司法定代表人张某甲在公司获取华信集团资金支持方面提供帮助。2018年11月至2022年春节，先后7次在某市百花会展中心展台等地收受张某甲现金共计25万元。

10.2021年，李某军利用其担任某市人民政府副市长职务上的便利，为推动某源环保（集团）有限公司与某控水务集团有限公司达成合作方面提供帮助。2013年春节至2022年春节，先后10次在某市人民政府办公室收受某源环保（集团）有限公司董事长杨某某现金共计24万元。

11.2017年至2018年，李某军利用其担任某市人民政府副市长兼华信集团总经理职务上的便利，为推进某中重特种机器人有限公司与华信集团签约出售防爆消防灭火机器人、加快货款支付方面提供帮助。2018年3月，在某市人民政府办公室收受某中重特种机器人有限公司实际控制人郑某某现金20万元。

12.2020年7、8月和2021年11月，李某军利用其担任某市人民政府副市长职务上的便利，为某中德美客实业有限公司实际控制人李某丙先后承揽G县委新党校宿舍家具和餐厅桌椅采购项目、某市中心医院某分院办公和医疗家具采购项目等方面提供帮助。2021年春节前至2022年春节前，先后4次在某市人民政府办公室收受李某丙现金共计19万元。

13.2018年2月，李某军利用其担任某市人民政府副市长兼华信集团总经理职务上的便利，为某市十里岗林产品开发有限公司实际控制人阚某某在获取华信集团资金支持及加快资金拨付方面提供帮助。2018年4月，在某市人民政府办公室收受阚某某现金2万美元，折合人民币12.3948万元。

14.2020年2月，李某军利用其担任某市人民政府副市长职务上的便利，为河南某阳智慧能源有限公司在新冠疫情期间复工复产方面提供帮助。2019年春节前至2022年春节前，先后4次在某市人民政府办公室收受河南某阳智慧能源有限公司总经理李某丁现金共计12万元。

15.2021年10月，李某军利用其担任某市人民政府副市长职务上的便利，为韩某某由S区双井街道办事处主任调整为区乡村振兴局局长提供帮助。2018年春节前至2022年春节前，先后5次在某市人民政府办公室收受韩某某现金共计10万元。

16.2020年5月，李某军利用其担任某市人民政府副市长职务上的便利，为某颐和非织布有限责任公司法定代表人刘某某在办理医疗器械生产许可证方面提供帮助。2021年2月，在某市财政局南门东侧附近停车场收受刘某某现金 10 万元。

17. 2022 年 1 月，李某军利用其担任某市人民政府副市长职务上的便利，承诺为某市某县公安局交警大队大队长张某乙职务提拔提供帮助。2022 年 1 月，在某市人民政府办公室通过河南某谷春股份有限公司原总经理张某丙收受张某乙现金 10 万元。

18. 2022 年 4 月，李某军利用其担任某市人民政府副市长职务上的便利，为陈某丙由某县产业集聚区工会主任调整为某湾试验区招商办主任提供帮助。2021 年中秋节前，在某市新十一大道和新十四街交叉口附近停车场收受陈某丙现金 10 万元。

19. 2019 年 3 月，李某军利用其担任某市人民政府副市长职务上的便利，为某热力有限公司与某市人民政府签订集中供暖特许经营协议方面提供帮助。2020 年春节前，在某市人民政府办公室收受某热力有限公司执行董事程某某现金 10 万元。

20. 2022 年 3 月，李某军利用其担任某市人民政府副市长职务上的便利，为河南省某商纺织有限公司法定代表人华某某在向某珠江村镇银行申请贷款展期方面提供帮助。2019 年 10 月，在浙江省人民会堂附近收受华某某 20 张丹尼斯购物卡，价值 10 万元。

认定上述事实的证据如下：

1. 任职文件、银行交易明细、工程承包合同等书证；2. 证人李某甲、郭某某、陈某甲等人的证言；3. 被告人李某军的供述与辩解。

被告人李某军到案后，如实供述监察机关已经掌握的国有公司人员滥用职权罪的事实，如实交代监察机关不掌握的挪用公款罪、受贿罪的犯罪事实，并自愿认罪认罚。

本院认为，被告人李某军身为国有公司人员，滥用职权，违规使用华信集团资金代他人偿还融资款 3.08499 亿元，致使国家利益遭受特别重大损失，其行为触犯了《中华人民共和国刑法》第一百六十八条第一款，犯罪事实清楚，证据确实、充分，应当以国有公司人员滥用职权罪追究其刑事责任。被告人李某军利用职务上的便利，挪用公款 8990 万元归个人使用，进行营利活动，情节严重，其行为触犯了《中华人民共和国刑法》第三百八十四条第一款，犯罪事实清楚，证据确实、充分，应当以挪用公款罪追究其刑事责任。被告人李某军利用职务上的便利，为他人谋取利益，非法收受他人财物共计人民币1196.2849万元，数额特别巨大，其行为触犯了《中华人民共和国刑法》第三百八十五条第一款、第三百八十六条、第三百八十三条第一款第三项、第二款、第三款，犯罪事实清楚，证据确实、充分，应当以受贿罪追究其刑事责任。被告人李某军判决宣告前一人犯数罪，根据《中华人民共和国刑法》第六十九条的规定，应数罪并罚。被告人李某军认罪认罚，根据《中华人民共和国刑事诉讼法》第十五条的规定，可以依法从宽处理。根据《中华人民共和国刑事诉讼法》第一百七十六条的规定，提起公诉，请依法判处。

此致
周口市中级人民法院

20××年×月×日

附注：

1. 被告人李某军现羁押于××市看守所。
2. 案卷证据材料60册。
3. 《认罪认罚具结书》一份。
4. 《量刑建议书》一份。

【承办检察官心得体会】

（一）充分发挥提前介入作用，确保案件质效

由于该案系重大复杂疑难案件，省监委会商请检察机关提前介入。省市两级检察机关在提前介入过程中，查阅了全部案卷材料，与调查人员充分沟通，并对某投资集团有限责任公司的公司性质、股权结构、人员构成、运营模式、重大事项决议流程多次进行分析研判。由于该案定性存在分歧，即是认定为滥用职权罪还是国有公司人员滥用职权罪，挪用公款数额认定上也存在分歧，在挪用公款过程中谋取个人利益的行为是一罪还是数罪的问题，即单独评价为受贿罪还是将其作为挪用公款罪

的从重处罚情节。承办人在办理该案过程中注重全面审查，在案件事实认定上反复论证观点，做到于法有据、有理可依，认真梳理介入意见，向省监委办案组提出书面法律意见均被采纳，监察机关据此完善相关证据，确保案件在调查结束后顺利移送审查起诉。由于此案的成功办理，在全省监察系统案件评比中被评为"2022年度十大精品案件"。

（二）厘清本案争议焦点，解决事实认定的难点

该案因被告人李某军具有双重身份，既是某市副市长，又兼任某投资集团有限责任公司总经理，其滥用职权的行为，到底是利用了何种职务，违反了集团的何种运行机制，需要就具体案情仔细甄别，厘清滥用职权罪与国有公司人员滥用职权罪的法律适用差别，为省监委明确调查方向和案件性质起到至关重要的作用。该案在犯罪事实的描述上需要不断雕琢打磨法律用语，以求表述犯罪事实更加精准，做到打击犯罪精准、有力。

（三）全面审查犯罪事实，准确适用法律

该案系重大疑难复杂案件，涉及人员、公司、单位较多，关系复杂，在表述犯罪事实时具有很大的难度，经过认真准确审查后，简明扼要陈述犯罪事实，承办人不厌其烦，一遍遍修改、反复斟酌用语，确保陈述的事实和证据的真实性和合法性，避免使用猜测、推断和主观臆断等措辞，使用客观、不带任何感情色彩的中性词。承办人对起诉书中涉及的法律条款反复核对数次，引用法律条款时精准引用至"第×条第×款第×项"，对于被告人具有的全部犯罪情节，无一遗漏，全部引用法条对应说明。

（四）充分尊重和保障辩护权，依法适用认罪认罚从宽制度

审查起诉阶段，承办人在准确认定事实、合理计算量刑的基础上，与辩护人开诚布公协商，取得共识，多次向被告人进行客观、充分的释法说理，最终达成认罪认罚协议，提高了庭审效率。在庭审中，被告人对指控事实全部认可并真诚接受处罚，宣读了真诚悔罪写下的"忏悔书"，实现了"三个效果"有机统一。

【专家点评】

本篇起诉书是针对国家工作人员职务犯罪案件，其特点之一是被告人具有双重身份，既担任某市副市长，又兼任某投资集团有限责任公司总经理。被告人分别利用两种职权，实施了三种罪名的22起犯罪，因此在起诉书中需要在每起指控犯罪事实中进行精准甄别、分类评价。该份起诉书在把握全案整体脉络的基础上，对于被告人的职务便利、作案手法、犯罪数额、量刑情节等进行准确表述，逻辑清晰、语言精练、指控有力，彰显检察机关积极参与反腐败斗争、高质效办好每一个职务犯罪案件的坚定决心。

（一）叙述犯罪事实逻辑清晰

本案被告人涉及国有公司人员滥用职权罪、挪用公款罪、受贿罪三个罪名22起犯罪事实，时间跨度较大。起诉书对被告人连续实施的犯罪，采取"先总后分"的表述方式，叙述事实层次分明、条理清晰。例如，在国有公司人员滥用职权犯罪事实中，先总体表述被告人担任某集团总经理滥用职权的整体事实，再以时间为脉络，详细表述被告人擅自代目标公司偿还融资本息的前因、被告人在其中发挥的作用、造成国家利益遭受损失的具体情况，依次递进，脉络清晰。再如，在受贿犯罪事实中，先整体概述被告人的受贿事实，再根据行贿对象不同，逐笔叙述被告人受贿时身份、利用的职务便利、为行贿人谋取利益的事项、收受款项的具体数额，将被告人20笔受贿事实依次展现出来。

（二）罪名适用准确，指控有力

根据2002年全国人民代表大会常务委员会《关于〈中华人民共和国刑法〉第三百八十四条第一款的解释》，将公款供本人、亲友或者其他自然人使用，或者以个人名义将公款供其他单位使用的，都属于挪用公款归个人使用，即公款私用。以上情形成立挪用公款罪不需要"谋取个人利益"。第三种情形，即个人决定以单位名义将公款供其他单位使用的情形，"谋取个人利益"系挪用公款罪的构成要件。本案中，被告人个人决定挪用某集团大额存单为他人质押贷款，收受好处费的行为，如果再以受贿罪定罪处罚，意味着收受财物行为一方面成为"挪用公款归个人使用"的评价依据,另一方面又是受贿罪的构成要件,系重复评价。因此,对于个人决定以单位名义供其他单位使用,后又收受贿赂的行为不宜数罪并罚,而应择一重罪处罚。起诉书关于挪用公款事实的表述和定性,法律依据充分,理由充足,起到了定性准确、指控有力的效果。

(三)证明事实运用证据得当,说服力强

该份起诉书采取"一事一证"的表述方式,即在每起犯罪事实后,将认定相关事实的证据进行分类列举。值得关注的是,该份起诉书以客观性证据为中心,在各类证据的排列顺序方面,采取"先客观性证据、后主观性证据"的逻辑顺序,特别强调"虎某某与李某军微信聊天等电子数据",使整个刑事指控证明体系更具说服力。

(**点评人**:杜邈,北京市人民检察院第四检察部主任、全国检察业务专家、全国公诉标兵)

8. 高某某受贿案起诉书

【简要案情】

2003年至2021年，被告人高某某利用担任某市某县人民政府县长、中共某省委省直机关工作委员会常务副书记、某省环境保护厅厅长、某省生态环境厅厅长职务上的便利，或者利用其职权、地位形成的便利条件，通过其他国家工作人员职务上的行为，为张某某、某食品有限公司（以下简称某甲公司）法定代表人刘某某、某贸易有限公司（以下简称某乙公司）在资金补偿、项目投资、申报项目资金等事项上提供帮助，索取或者非法收受上述单位和个人给予的财物，共计折合人民币391.85586万元。案发后，高某某自动投案，如实供述自己的罪行。

【诉讼过程】

本案由河北省监察委员会调查终结，以被告人高某某涉嫌受贿罪，向河北省人民检察院移送起诉，河北省人民检察院于2022年1月19日交由张家口市人民检察院审查起诉。张家口市人民检察院延长审查起诉期限一次，于2022年3月4日提起公诉，2022年5月20日出席法庭支持公诉。2022年9月9日，张家口市中级人民法院一审宣判，对起诉指控的全部事实予以认可，采纳检察机关量刑建议，判处被告人高某某有期徒刑4年6个月，并处罚金人民币35万元。被告人高某某未上诉，一审判决生效。

【文书全文】

河北省张家口市人民检察院
起 诉 书

某检三部刑诉〔20××〕××号

被告人高某某,男,1968年×月×日出生,公民身份号码1306031968××××××××,汉族,博士研究生学历,中国国际贸易促进委员会某省委员会(中国国际商会某商会)原党组书记、会长,曾任某省某市某县人民政府县长、中共某省委省直机关工作委员会常务副书记、某省环境保护厅厅长、某省生态环境厅厅长。户籍地北京市西城区,住某省某市。因涉嫌严重违纪违法,经河北省监察委员会决定,于2021年10月11日被采取留置措施,因涉嫌受贿罪,经河北省人民检察院决定,于2022年1月7日被河北省公安厅执行刑事拘留,同年1月18日被河北省公安厅执行逮捕。

本案由河北省监察委员会调查终结,以被告人高某某涉嫌受贿罪,向河北省人民检察院移送起诉,经依法指定管辖,于2022年1月19日交由本院审查起诉。本院受理后,已依法告知被告人有权委托辩护人和认罪认罚可能导致的法律后果,依法讯问了被告人,听取了被告人及其辩护人的意见,审查了全部案件材料。期间,本院于2022年2月18日延长审查起诉期限15日。被告人高某某同意本案适用普通程序审理。

经依法审查查明:

2003年至2021年,被告人高某某利用担任某市某县人民政府县长、中共某省委省直机关工作委员会常务副书记、某省环境保护厅厅长、某省生态环境厅厅长职务上的便利,或者利用其职权、地位形成的便利条件,通过其他国家工作人员职务上的行为,为张某某、某食品有限公司(以下简称某甲公司)法定代表人刘某某、某贸易有限公司(以下简称某乙公司)在资金补偿、项目投资、申报项目资金等事项上提供帮助,索取或者非法收受上述单位和个人给予的财物，共计折合人民币391.85586万元。具体事实如下：

一、2003年下半年，被告人高某某利用担任某市某县人民政府县长职务上的便利，为张某某获取其退出原某甲县氮肥厂（后改制为某甲县氮肥有限责任公司）经营补偿资金提供帮助。2004年至2015年，高某某先后多次收受张某某给予的现金共计人民币80万元。

二、2017年下半年至2019年上半年，被告人高某某利用担任某省环境保护厅厅长、某省生态环境厅厅长职务上的便利，为刘某某在某市某县投资建设食品工业园项目提供帮助。2019年下半年，高某某收受刘某某给予的人民币100万元。

三、2016年1月，被告人高某某利用担任中共某省委省直机关工作委员会常务副书记职权、地位形成的便利条件，为某乙公司申报农产品冷链物流配送中心暨交易平台建设项目专项建设基金提供帮助；2017年9月，高某某利用担任某省环境保护厅厅长职权、地位形成的便利条件，通过其他国家工作人员职务上的行为，为某乙公司申报中央财政支持冷链物流发展专项资金提供帮助。2010年至2021年，高某某先后多次收受或者索要某乙公司实际控制人伊某某给予的人民币、购物卡187.51万元、价值人民币24.34586万元的斯巴鲁森林人汽车1辆，共计折合人民币211.85586万元。

被告人高某某到案后如实供述了全部犯罪事实，认罪悔罪，涉案赃款大部分已被追缴。

认定上述事实的证据如下：

1. 书证：任免职通知、会议记录、项目协议书、申报材料、机动车销售统一发票、银行交易明细等书证；2. 证人证言：张某某、刘某某、韩某某、高某民、伊某某、邢某某等人证言；3. 价格认定结论书；4. 被告人高某某供述和辩解。

上述证据收集程序合法，内容客观真实，足以认定指控事实。被告人高某某对指控的犯罪事实和证据没有异议，并自愿认罪认罚。

本院认为，被告人高某某身为国家工作人员，利用职务上的便利，为他人谋取利益，或者利用本人职权、地位形成的便利条件，通过其他国家工作人员职务上的行为，为他人谋取不正当利益，索取或者非法收受他人财物共计折合人民币**391.85586**万元，数额特别巨大，其行为触犯了《中华人民共和国刑法》第三百八十五条第一款，第三百八十八条，第三百八十六条，第三百八十三条第一款第（三）项、第二款，犯罪事实清楚，证据确实、充分，应当以受贿罪追究其刑事责任。被告人高某某认罪认罚，依据《中华人民共和国刑事诉讼法》第十五条的规定，可以从宽处理。根据《中华人民共和国刑事诉讼法》第一百七十六条的规定，提起公诉，请依法判处。

此致
河北省张家口市中级人民法院

20××年×月×日

附注：

1. 被告人现羁押于某甲市看守所。
2. 案卷材料和证据12册。
3. 《认罪认罚具结书》1份。
4. 《量刑建议书》1份。
5. 证人名单1份。

【承办检察官心得体会】

（一）做好提前介入工作，确保案件诉得出、诉得准

提前介入阶段，办案组加班加点完成阅卷工作，从事实认定、证据体系、适用法律等方面进行全面、细致的审查，与省院、省监委充分沟通，提出补查提纲及意见25条，与调查人员面对面逐条解释说明，明确补查方向，提升提前介入效果。省监委针对补查提纲进一步对证据进行补充完善，为后续提起公诉、出庭支持公诉工作的顺利开展奠定了坚实基础。

（二）灵活运用自行补充侦查，夯实认定直接受贿的证据基础

案件移交本院审查起诉后，办案组通过详细阅卷发现某起谋利事实中，证明高某某具有职务便利的证据不足，认定直接受贿还是斡旋受贿

存在疑问，需要补充调取高某某任职的省环保厅厅长与其他国家工作人员任职的某乙县县长之间是否具有制约关系的相关证据。考虑到办案期限有限，时间紧任务重，为提高补证效率，确保事实认定清楚、起诉书表述准确，征得省院、省监委同意后，本院坚持依法履职，决定采取自行补充侦查方式，从某甲市环保局调取了《环保部关于加强"十三五"国家重点生态功能区县域生态环境质量监测评价与考核工作的通知》等文件，证明该县生态环境质量受环保厅考核，补强了高某某职务便利方面的相关书证，完善了案件的证据链条，实现监委补证与自行补证的有效互补。最终，起诉书中认定该起事实为直接受贿，高某某对受贿事实供认不讳，法院采信了自行补充侦查的证据，对高某某具有职务便利予以认可，取得了良好的法律效果。

（三）积极推动认罪认罚程序，准确适用认罪认罚起诉文书

在与高某某及其家属、辩护人接触过程中，办案组严格依法保障犯罪嫌疑人、辩护人的诉讼权利，主动关心高某某羁押后的生活状况，协调看守所代为购买药品等生活必需品，并为其购买了部分理论书籍，通过阅读和学习使其平复心情，对其进行改造，鼓励高某某保持良好的认罪态度。同时，注重保障辩护律师权利，加强与案件管理部门、看守所沟通，受理案件后第一时间与辩护人联系，确保其阅卷权、会见权，通过口头沟通、填写听取辩护人意见表等途径充分听取辩护人意见，保障其辩护权。最终，检察机关耐心的释法说理和感化教育，为之后高某某认罪认罚工作的顺利开展奠定了基础，辩护人的答疑也对高某某最终签署认罪认罚具结书发挥了至关重要的作用。认罪认罚具结书签署后，办案组按要求适用认罪认罚程序的起诉书模板，准确表述认罪认罚情节，并反复与书证、笔录核对，确保谋利时间、受财时间、所任职务、受贿金额准确无误。庭审中，检察长出庭支持公诉，有力指控犯罪，最终法院采纳了检察机关指控的全部事实和量刑建议，该案获评2022年某省职务犯罪检察优秀庭审。

【专家点评】

起诉书是人民检察院依法代表国家向人民法院提起公诉、指控犯罪并要求追究被告人刑事责任的重要法律文书，是庭审中公诉人出庭指控犯罪、

发表公诉意见、参加法庭调查和辩论以及被告人及其辩护人对指控的犯罪进行法庭辩护的基础。高某某受贿案的起诉书符合最高检关于起诉书制作的有关要求，制作规范，用语精准，条理清晰，是一份高质量的起诉书。

（一）起诉书制作规范

本篇起诉书能够按照《人民检察院刑事诉讼法律文书格式样本》的有关要求制作，按照各要素的顺序，叙写被告人基本情况，规范使用数字、人民币单位表述涉案数额，起诉的理由中，突出受贿罪的特征，语言规范准确。

（二）起诉书用语精准，犯罪事实表述清晰

高某某的受贿事实中，即有普通受贿又有斡旋受贿，部分事实认定为索贿，相对复杂。起诉书在概述部分，能够用简洁明了的语言，清楚地表述不同类型的受贿事实，让旁听者一目了然。在用语上，能够做到客观、理性、中立、平和，通过客观白描的方式，呈现案件事实。在用语上，有一处表述需要商榷：在"经依法审查查明"的内容最后一段，表述为"涉案赃款大部分已被追缴"，未表述已追缴的数额和需要继续追缴的数额，建议在此处准确表述数额。

（三）起诉书条理清晰

在诉讼过程部分，简要概括本院受理前的程序，重点表述受理案件后检察机关开展的工作。在审查认定的事实部分，按照受贿对象和犯罪事实的时间顺序叙写，时间存在交叉的事实，以最后一个受贿事实的时间排序，层次分明。

总体来看，高某某受贿案的办理过程体现了"高质效办好每一个案件"的要求。案件提前介入工作开展有效，明确了取证方向和法律适用。在审查起诉阶段，灵活运用自行补充侦查，夯实了证据基础。在提起公诉前，耐心释法说理，积极推动适用认罪认罚从宽制度。这些工作都为高质量的起诉奠定了基础。从高某某受贿案的办理过程可见，案件的"高质效"办理是撰写高质量起诉书的必要条件。

（点评人：袁家鹏，山东省高唐县人民检察院副检察长、全国公诉标兵）

9. 李某民等人职务侵占、非国家工作人员受贿案起诉书

【简要案情】

被告人李某民，男，上海市长宁区人，1945年×月×日出生，1994年10月至2000年2月任甲乡村俱乐部有限公司副总经理，2000年3月至今任甲乡村俱乐部有限公司法定代表人兼董事长，2000年12月至今任海南丁国际租赁有限公司法定代表人兼董事长，2001年9月至今任乙度假管理有限公司股东、执行董事。

被告人吕某青，女，广东省深圳市人，1958年×月×日出生，1995年至2000年10月在海南某格国际信托投资公司工作，历任人事部经理、副总经理，2000年11月至2001年11月任海南某格国际信托投资公司临时经营班子召集人。

1997年至2007年期间，被告人李某民和李某甲（在逃）、李某乙（在逃）等李氏家族成员经共谋，以非法占有为目的，利用掌控海南某格、甲以及海南某格关联公司经营管理权的职务之便，采取非法处置公司股权、恶意对账、虚假出资、虚假诉讼等手段侵吞公司巨额资产，将海南某格及其关联公司所有的甲100%股权非法占有。

被告人吕某青身为海南某格公司临时经营班子召集人、资产管理及公章管理的负责人，在未经临时经营班子讨论决定，未对股权进行评估，未上报董事会和省处置办审批的情况下，与李某乙、李某民等人私自商量，并擅自同意李某乙、李某民双方签订的涉及处置海南某格及其关联公司资产的协议，并同意在相关协议书上盖章，导致海南某格及其关联公司持有的甲88%的股权直接冲抵海南某格欠甲的虚假债务，最终该88%股权被李某甲、李某民、李某乙等李氏家族成员非法占为己有。事后，吕某青以工

资、监事费和借款的名义收受李某民给予的好处费共计232万元。

【诉讼过程】

本案由海南省公安厅侦查终结,以被告人李某民和李某甲、李某乙涉嫌职务侵占罪,被告人吕某青涉嫌职务侵占罪、非国家工作人员受贿罪,于2008年9月26日移送海口市人民检察院审查起诉,海口市人民检察院于2008年9月27日交海口市龙华区人民检察院审查起诉。2009年11月18日海口市龙华区人民检察院以事实不清、证据不足对李某民等四人作出不起诉决定。2017年11月13日海口市人民检察院决定撤销海口市龙华区人民检察院不起诉决定,并由海口市人民检察院提起公诉。2018年1月17日,海口市院以李某民犯职务侵占罪、吕某青犯非国家工作人员受贿罪向海口市中级人民法院提起公诉。2021年3月1日,海口市中级人民法院判决被告人李某民犯职务侵占罪,判处有期徒刑14年,并处没收财产人民币150万元;被告人吕某青犯非国家工作人员受贿罪,判处有期徒刑3年,并处没收财产人民币30万元。被告人上诉后,海南省人民法院裁定驳回上诉,维持原判,判决已生效。

【文书全文】

海南省海口市人民检察院
起 诉 书

海检公一刑诉〔20××〕××号

被告人李某民,男,1945年×月×日出生,公民身份号码3101011945×××××××,汉族,大学文化,上海市长宁区人,1994年10月至2000年2月任甲乡村俱乐部有限公司副总经理,2000年3月至今任甲乡村俱乐部有限公司法定代表人兼董事长,2000年12月至今任海南丁国际租赁有限公司法定代表人兼董事长,2001年9月至今任乙度假管理有限公司股东、执行董事。户籍及住所地上海市。2008年3月26日因涉嫌职务侵占罪被海南省公安厅刑事拘留，同年4月28日经本院批准被逮捕。2009年1月19日被海口市龙华区人民检察院取保候审，同年11月18日，被龙华区人民检察院决定不起诉。2017年11月23日被本院决定逮捕，同年12月4日被上海市公安局青浦分局民警抓获，12月5日被执行逮捕。

辩护人王某某，浙江某凡律师事务所律师。

被告人吕某青，女，1958年×月×日出生，公民身份号码4601001958××××××××，汉族，大专文化，广东省深圳市人，1995年至2000年10月在海南某格国际信托投资公司工作，历任人事部经理、副总经理，2000年11月至2001年11月任海南某格国际信托投资公司临时经营班子召集人。户籍地及住所地深圳市。2008年4月9日因涉嫌职务侵占罪被海南省公安厅刑事拘留，同年5月16日被监视居住，11月14日被取保候审。2009年11月18日被海口市龙华区人民检察院决定不起诉。2017年11月23日被本院决定逮捕，同年12月3日被广东省深圳市公安局南园派出所民警抓获，同日被执行逮捕。

辩护人张某甲、崔某某，海南某盾律师事务所律师。

本案由海南省公安厅侦查终结，以被告人李某民和李某甲（在逃）、李某乙（在逃）涉嫌职务侵占罪，被告人吕某青涉嫌职务侵占罪、非国家工作人员受贿罪，于2008年9月26日移送本院审查起诉，本院于2008年9月27日交龙华区人民检察院审查起诉。2009年11月18日龙华区人民检察院以事实不清，证据不足对李某民等4人作出不起诉决定。2017年11月13日本院决定撤销龙华区人民检察院不起诉决定，并由本院提起公诉。本院已依法告知被告人有权委托辩护人，依法讯问了被告人，听取了辩护人的意见，审查了全部案件材料。其间，本院于2018年1月3日延长审查起诉期限15天。

经依法审查查明：

一、相关公司情况

1. 海南某格国际信托投资公司（以下简称"海南某格"公司）：于1989年1月成立，注册资本金1亿元人民币，国有企业深圳某格集团是其大股东。该公司自成立之日起由李某甲任法定代表人、董事长兼总经理,1999年7月法定代表人变更为郑某某,2000年10月李某甲因擅自发行公司债券罪被刑事拘留,海南某格公司成立由其胞弟李某乙与该公司副总经理吕某青等人组成的临时经营班子对公司进行管理。2001年11月,该公司被中国人民银行公告停业整顿,派驻停业整顿工作组接管,2005年6月申请破产,2006年1月依法进入破产清算程序。

2. 甲乡村俱乐部有限公司（以下简称"甲"公司）:于1994年10月由海南某格发起设立,注册资本1亿元,注册资本金全部来源于海南某格,股东为海南某格占30%,海南某格全资子公司美国某格先锋通用数据技术有限公司占40%和某格（杭州）发展总公司占10%,控股公司海南某格实业股份有限公司占20%,主要经营杭州灵隐寺一带高尔夫球场及利用球场周边土地进行别墅等房地产开发。该公司自成立之日起由李某甲任法定代表人兼董事长、总经理,李某民任副总经理,至2000年2月法定代表人、董事长变更为李某民。

3. 乙度假管理有限公司（以下简称"乙"公司）:于2001年9月由李某民利用其女儿徐某身份设立,注册资本500万元,注册资本金全部来源于甲,成立时股东为徐某、李某民、朱某某,公司实际为李某民控制。2006年5月朱某某名下的30%股权过户给李某乙的妻子张某丙。

4. 丙实联经贸有限公司（以下简称"丙"公司）:于1994年4月由北京某格企业发展公司、北京某世达商贸有限责任公司和其他自然人股东出资成立,注册资本200万元,2000年8月股东变更为李某乙、北京某之星商贸有限公司和其他自然人。2001年2月增资扩股,变更注册资本为2400万元,增加上海某博投资管理有限公司、海南某润工贸有限公司为股东,李某乙任法定代表人兼董事长,董事为李某丙（李某乙的弟弟）、辛某（原海南某格总经理秘书）等人。

5. 海南丁国际租赁有限公司（以下简称"海南丁"公司）:于1992年8月成立,注册资本5000万元,注册资本金全部来源于海南某格,李某甲任公司法定代表人、董事长。1997年11月,股东变更为某浦天纪公司和北海世纪某胜公司,2001年12月法定代表人、董事长变更为李某民。

6. 某格（杭州）发展总公司（以下简称"杭州某格"公司）:1994

年2月由海南某格公司投资2000万元在杭州设立，注册资本2000万元，为海南某格公司的全资子公司，经营范围为工业、旅游、房地产项目开发、投资等。李某甲原任该公司法定代表人，1996年4月法定代表人变更为李某民。

7. 海南某格实业股份有限公司（以下简称"某格实业"公司）：1992年成立，注册资本1.8亿元，由海南某格公司、三亚某亚信托投资公司、海口某海工贸公司、海南某达房地产开发公司等四家公司发起成立，主要经营实业开发及投资，动产及不动产租赁等业务，法定代表人为李某甲。

8. 辛实业有限公司（以下简称"辛"公司）：1997年9月由某浦京大实业有限公司、海南某润工贸有限公司、海南某美佳技术有限公司等公司设立，注册资本人民币6000万元，法定代表人、董事长马某，董事辛某、张某乙。

9. 壬物业发展有限公司（以下简称"壬"公司）：1993年7月由北海世纪房地产开发公司和香港颖胜投资有限公司出资设立，注册资本3000万元人民币，董事长、总经理为阮某（李某甲妻子）。

10. 浙江西湖癸置业有限公司（以下简称"癸置业"公司）：2000年12月由甲公司和浙江某都房产集团有限公司出资成立，注册资本7668万元，法定代表人李某民。

11. 美国某格先锋通用数据技术有限公司（以下简称"某格先锋"公司）：1992年由海南某格公司在美国纽约注册成立，为海南某格公司的全资子公司。

12. GOLDEN SHUTTLE INTENATIONAL INC（以下简称"G.S"公司）：由海南某格公司在美国注册成立，为海南某格公司的全资子公司。

二、被告人李某民伙同李某甲、李某乙职务侵占犯罪事实

1997年至2007年期间，被告人李某民和李某甲（在逃）、李某乙（在逃）等李氏家族成员经共谋，以非法占有为目的，利用掌控海南某格、甲以及海南某格关联公司经营管理权的职务之便，采取非法处置公司股权、恶意对账、虚假出资、虚假诉讼等手段侵吞公司巨额资产，将海南某格及其关联公司所有的甲100%股权非法占有。

(一) 以虚假诉讼等方式非法侵占海南某格价值人民币 11093.19 万元的甲 12% 股权

1997 年，因海南某格欠温州国际信托投资公司（下称"温州国投"公司）1200 万元，温州国投将海南某格起诉至温州市中级人民法院，温州市中级人民法院于 1997 年 11 月 19 日冻结海南某格持有的甲 12% 的股权。被告人李某民和李某甲、李某乙等人为了非法占有被冻结的海南某格所有的甲 12% 的股权，采取虚假诉讼、虚假出资等方式将该 12% 的股权转给由李某乙担任法定代表人并实际控制的丙公司。具体过程如下：1999 年 9 月 22 日，海南某格与丙、温州国投签订《执行和解协议》，约定海南某格将其所有的甲 12% 的股权按原值 1200 万元抵偿所欠温州国投本息 1200 万元，并由当时既不具备股权受让资格，又没有收购资金的丙再受让该 12% 股权，受让价格为 1200 万元，支付方式为 500 万元现金和一套甲公司价值不低于 700 万元的别墅。根据《执行和解协议》，温州市中级人民法院于 2000 年 9 月裁定将该 12% 的股权过户至丙，并于 2000 年 10 月解除了对该 12% 股权的冻结。至此，海南某格所有的甲 12% 的股权被非法转至李某乙实际控制的丙公司。根据海中力信资评报字 (2008) 第 026-4 号《资产评估报告书》评估，至 2000 年 9 月甲 12% 股权价值为人民币 11093.19 万元。

《执行和解协议》签订后，因为丙没有资金用于支付股权转让款，李某甲等人经商定先从海南某格江西证券交易营业部转款 500 万元至丙，由丙转给温州市中级人民法院用于支付股权转让款。2000 年 12 月 22 日，李某民等人经商定从甲将 500 万元转给丙，由丙将该 500 万元归还给海南某格。2002 年 3 月，李某民将位于甲公司球场内的 1066 号别墅转让给杭州大自然房地产开发公司，由杭州大自然房地产开发公司用购买别墅的 700 万元代丙作为股权受让款付给温州国投，至此，《执行和解协议》执行完毕。

当时公司法规定，公司对外投资不能超过其注册资本的 50%。因为丙公司的注册资金为 200 万元，不符合受让甲 12% 股权的资格条件，所以在温州市中级人民法院裁定后，李某甲、李某民、李某乙等人经商定，由上海某博公司、海南某润公司于 2001 年 2 月份共同虚假出资 2200 万元对丙增资扩股，变更丙注册资本为 2400 万元，从而在形式上让丙符合受让甲 12% 股权的资格条件。

李某民、李某乙为将丙持有的甲12%的股权转移到李某民、李某乙二人实际控制的乙公司。2004年6月24日，丙与未名公司签订虚假的《借款协议》，李某民挪用甲1200万元给未名公司，由未名公司通过海南某尔夫贸易有限公司转给丙，丙再用这1200万元还给甲。通过上述资金流转，形成丙欠未名公司1200万元的假象。李某乙为了确保自己的利益，2006年5月，经与李某民商定，李某民同意采取签订虚假股权转让的方式，在李某乙分文未付的情况下，将未名公司朱某某名下30%的股权直接过户到李某乙的妻子张某丙名下，该30%股权实际为李某乙所有。

2007年7月，乙公司以丙公司到期未归还1200万元借款为由，采取虚假诉讼的方式向杭州市中级人民法院起诉丙。同年8月，双方签订"调解书"。同年10月，杭州市中级人民法院裁定将丙持有的甲12%股权过户给未名公司。

经司法会计鉴定：丙受让甲12%股权支付给温州国投的1200万元股权转让款最终由甲提供；乙借给丙的1200万元，该款由甲提供，丙将该借款用于归还给甲；2007年12月，丙用其持有的甲12%的股权抵偿了所欠乙1200万元的借款。

（二）利用非法转让股权、恶意对账、虚假资金流转等方式，逐步侵占海南某格及其关联公司持有的甲88%的股权

1. 将海南丁100%的股权过户给辛公司和壬公司。

1997年11月，李某甲等人采取签订虚假股权转让协议和虚假付款的方式，将海南某格投资2000万元并拥有海南丁的40%股权过户到其妻子阮某掌控的壬名下，同时将海南丁60%股权过户到其亲信徐某乙、马某掌控的辛名下，并挪用海南某格的资金为以上两家公司受让股权作了虚假的付款手续。1997年11月，海南丁股东变更为辛和壬。至此，辛和壬在分文未出的情况下，拥有了海南丁100%的股权。

2. 将海南某格及其关联公司持有的甲48%的股权过户给海南丁公司。

1997年，海南某格法定代表人、总经理李某甲利用职务之便，未经董事会批准同意，未经评估，以保护海南某格的资产为名，擅自决定将海南某格持有的甲18%的股权、海南某格控股公司某格实业持有的甲20%的股权、海南某格全资子公司杭州某格持有的甲10%的股权（合计

48%）以 4800 万元的价格转让给海南丁公司。1998 年，在海南丁未支付股权转让款的情况下，李某甲、李某民等人将以上三家公司持有甲共计 48% 的股权过户给海南丁。

为造成海南丁受让上述三家公司持有的甲 48% 股权已支付股权转让款的假象，2000 年 1 月，李某甲指示陈某某等人进行一系列的资金流转：挪用海南某格资金 7800 万元给海南某格国际大厦有限公司（以下简称某格大厦），通过某格大厦、壬将其中 4800 万元转给海南丁，海南丁作为收购该 48% 股权的收购款，最后再由海南丁通过甲将 4800 万元转给海南某格。4800 万元的股权转让款实际来自海南某格，海南丁在分文未出的情况下受让甲 48% 股权。

3. 在进行非法转让股权的同时，还通过恶意对账的方式形成海南某格欠高尔夫 107276290.82 元的虚假债务。

为了将海南某格及其关联公司持有的甲股权完全占有，1999 年 8 月，李某甲、李某民故意减少海南某格对甲的债权，增加海南某格对甲的债务，授意海南某格财务部经理陈某某和甲财务部经理周某某，按此要求进行债权债务对账。从 1999 年 8 月 9 日至 2000 年 6 月 16 日，李某甲、李某民分别代表海南某格和甲，先后签订《某格国投和甲乡村俱乐部有限公司账务核对情况》《杭州某格高尔夫公司与某格国际信托投资公司及其关联企业往来情况》、《协议书》、《某格国投和甲公司账务核对情况》、《甲同海南某格国际信托投资公司往来账明细表》、《确认书》等对账文件材料，最终形成海南某格欠高尔夫 107276290.82 元的虚假债务（以下简称 1.07 亿债务）。

恶意对账形成 1.07 亿虚假债务主要表现为：擅自决定按人民银行规定的法定利率计算海南某格在甲的投资收益；不完整、不全面对账，恶意减少甲债务、增加甲债权等情况。

4. 在恶意对账基础上，违反国家法律法规，违反海南某格董事会决议，非法处置并侵占海南某格及其关联公司持有的甲 88% 的股权。

2000 年 10 月 30 日，李某甲因涉嫌擅自发行公司债券罪被公安机关刑事拘留后，不能主持海南某格的日常工作，在此情况下，2000 年 11 月 17 日，海南某格在董事长郑某某的主持下，在深圳召开董事会并形成临时会议纪要，决定任命吕某青为召集人，成立由吕某青、张某丙、徐某乙、陈某某等8人组成临时经营班子。董事会决议明确规定临时经营班子一般情况下不得处置海南某格资产，特殊情况由临时经营班子集体讨论决定并报省处置办批准后执行。还规定临时经营班子要贯彻集体领导、集体决策、集体负责的原则，讨论研究业务时应有包括召集人在内的半数以上临时经营班子成员出席，并由出席人员多数表决形成决定。

2001年3月28日，海南某格董事长郑某某在深圳再次主持召开董事会议并形成会议纪要，此次董事会决定李某乙进入海南某格临时经营班子，并对临时经营班子成员进行了分工：吕某青为召集人，李某乙为副召集人；财务管理由吕某青负责，李某乙协助；资产管理由李某乙负责；人事、公章管理由吕某青负责；处置资产的原则方法不变。针对李某乙刚刚进入临时经营班子并负责资产处置管理的实际情况，在此次董事会上，董事长郑某某对处置资产的方法、原则、程序再次作了强调，并特别强调要加强对下属公司的资产管理，防止资产流失。

李某乙进入海南某格临时经营班子后，利用职务之便及掌控海南某格的有利条件，与李某民相互勾结，按其二人与李某甲原先预谋，利用陈某某和周某某通过恶意对账形成的海南某格欠甲1.07亿虚假债务的结果，继续实施将海南某格的全资子公司某格先锋拥有的甲40%的股权，以及李某甲等人在1997年过户给海南丁名下的甲48%的股权，通过抵债的方式转给甲。

2000年12月30日，李某乙、李某民经共谋，由李某民起草一份《协议书》，再次确定甲在海南某格账户上的存款1.07亿元。《协议书》规定作为乙方的海南某格"应积极努力安排现金兑付甲方（甲）的存款。如乙方不能如数向甲方兑付现金，乙方（海南某格）应用其合法拥有的股权、房产、地产和其他财产进行抵偿"。

因甲是中外合资企业，股东必须有外资企业，根据《公司法》有关规定，如将某格先锋持有甲40%的股权抵债给甲，还需要一个外资企业来承接。为此，李某乙、李某民与吕某青等人私自商定，将海南某格全资子公司G.S公司抵债给甲，再用G.S公司承接某格先锋持有甲40%的股权。2001年4月30日，海南某格与甲签订《协议书》。该协议约定：

将G.S公司作价132万美元冲抵海南某格欠甲的债务，按当时的汇率1∶8.275计算，共冲抵海南某格欠甲的10923000元债务，并再次明确作为乙方的海南某格应积极努力安排现金兑付甲方（甲）的存款。如乙方不能如数向甲方兑付现金，乙方（海南某格）应用其合法拥有的股权、房产、地产和其他财产进行抵偿。李某乙、李某民在吕某青等人的协助配合下，在未经海南某格临时经营班子集体讨论研究决定、未上报董事会和省处置办批准、未作资产评估的情况下，通过非法抵债的形式将海南某格全资子公司G.S公司收归甲所有。

G.S公司抵债给甲后，李某乙、李某民等人再次谋划，以达到非法侵占海南某格全资子公司某格先锋拥有甲40%的股权、海南丁名下甲48%的股权的目的。2001年10月8日，海南某格与甲签订《协议书》，该协议约定：海南某格以其全资子公司美国先锋持有的高尔夫40%股权作价4000万元直接冲抵海南某格欠甲的债务。该40%股权由G.S公司收购。海南某格欠高尔夫的剩余款项为60006184.95元，分别作为甲为海南丁归还壬欠款及甲收购海南丁100%的股权的购股款，并指定相关方所得款项全部作为壬归还海南某格大厦的欠款，然后由海南某格大厦归还给海南某格。其中：代为海南丁归还壬4800万元的欠款；用于收购辛所持海南丁60%的股权款7203710.97元；用于收购壬所持海南丁40%的股权款4802473.98元。通过以上操作，甲不仅拿走了某格先锋持有的甲40%的股权，而且拿走了海南丁100%的股权。甲实际只用12006184.95元便侵吞了海南某格掌控的海南丁100%的股权和海南丁持有甲48%的股权。经评估，至2001年10月，甲40%股权价值为人民币39137.50万元。

2006年4月，李某乙、李某民经共谋，采取股权转让的方式将海南丁名下的甲48%的股权转让给未名公司，并在股权转让之后让李某乙个人拥有未名公司30%的股权，以达到共同侵占高尔夫股权的目的：李某民、李某乙共同商议起草《股权转让协议》，该协议约定将海南丁名下的甲48%的股权作价5184万元转让未名公司。由于未名公司没有收购甲48%股权的资金，李某民便挪用甲5184万元，然后借给未名公司用于收购海南丁名下的甲48%的股权。2006年4月甲办理了股权变更登记手续。李某民、李某乙进行非法的股权转让，形成未名公司借用甲的资金收购甲的股权。

经司法会计鉴定，未名公司支付的 5184 万元股权转让款所涉及的资金最终由甲予以提供。经评估，2006 年 4 月甲 48% 的股权价值为 100323.19 万元。

至此，甲的股东只有乙公司（占 60%）和 G.S 公司（占 40%），而乙公司系李某民和李某乙个人控制的公司，G.S 公司所占的 40% 股权为甲自己持有，因此，海南某格及关联公司持有的甲 100% 的股权已完全被李某民和李某甲、李某乙非法占有。

2005 年 12 月，李某甲刑满释放，到甲找李某民要求在甲任职，李某民不同意。经协商，李某民同意无偿给李某甲一栋甲的别墅。2006 年 5 月，李某民私自决定将甲的 1068 栋别墅给李某甲。李某甲让其弟李某丙出面办理有关手续。之后李某丙又根据李某甲的指示将该别墅出售，得款 850 万元，其中 50 万元被李某丙使用，800 万元被李某甲占有。

认定上述事实的证据如下：

1. 户籍资料、到案经过、合同协议、银行凭证、财务资料等书证；
2. 证人张某戊、李某丙、郑某某等人的证言；
3. 被告人李某民、吕某青的供述与辩解；
4. 同案人李某甲、李某乙的供述与辩解；
5. 司法会计鉴定报告、资产评估报告书；
6. 搜查、扣押等笔录。

三、被告人吕某青受贿犯罪事实

被告人吕某青身为海南某格公司临时经营班子召集人、资产管理及公章管理的负责人，在未经临时经营班子讨论决定，未对股权进行评估，未上报董事会和省处置办审批的情况下，与李某乙、李某民等人私自商量，并擅自同意李某乙、李某民双方签订的涉及处置海南某格及其关联公司资产的协议，并同意在相关协议书上盖章，导致海南某格及其关联公司持有的甲 88% 的股权直接冲抵海南某格欠甲的虚假债务，最终该 88% 股权被李某甲、李某民、李某乙等李氏家族成员非法占为己有。事后，吕某青以工资、监事费和借款的名义收受李某民给予的好处费共计 232 万元。

认定上述事实的证据如下：

1. 户籍资料、银行凭证、财务资料等书证；

2. 证人郑某某、沙某某、王某某等人的证言;

3. 被告人吕某青、李某民的供述与辩解;

4. 同案人李某甲、李某乙的供述与辩解。

被告人李某民以非法占有为目的,利用职务之便,伙同李某甲、李某乙等人共同非法占有海南某格及关联公司、甲公司价值15亿余元的资产,其行为触犯了《中华人民共和国刑法》第二百七十一条第一款,犯罪事实清楚,证据确实、充分,应当以职务侵占罪追究李某民的刑事责任。被告人吕某青利用其为海南某格公司临时经营班子召集人、资产管理和公章管理负责人的职务之便,协助配合李某甲、李某乙、李某民等人处置海南某格及其关联公司资产,为李某民等人谋取利益,后以多种名义收受李某民好处费共计232万元,其行为触犯了《中华人民共和国刑法》第一百六十三条第一款,犯罪事实清楚,证据确实、充分,应当以非国家工作人员受贿罪追究吕某青的刑事责任。根据《中华人民共和国刑事诉讼法》第一百七十二条之规定,提起公诉,请依法判处。

此致

海口市中级人民法院

20××年×月×日

附注:

1. 被告人现羁押于海南省看守所。
2. 随案移送案卷材料和证据60册。
3. 甲公司的股权、土地等现被查封冻结在案。

【承办检察官心得体会】

根据本案事实和证据的客观情况,本案审查及起诉书的撰写关键点集中在三个方面,一是如何审查清楚李某民等人复杂的职务侵占事实;二是如何审查清楚吕某青的行为性质是民间借贷还是非国家工作人员受贿;三是在案情十分复杂的情况下起诉书如何谋篇布局。

(一) 办理复杂案件要梳理脉络，抽丝剥茧，无限靠近法律事实

本案时间跨度很大、证据纷繁复杂、民法相关的专业操作层出不穷、被告人辩解振振有词，事实的各个环节都显得被告人处理专业且有理有据，但是被害方却控诉着自己巨大的亏损。那么问题到底出在哪里？损失又是怎么产生的？面对此类案件，承办人一定要静下心来抽丝剥茧，无限地去靠近法律事实，才能作出公平的决断。审查李某民等人职务侵占案时，承办人不是按照惯常的原因—行为—结果的顺序去审查，而是从结果—行为—原因的顺序去挖掘。从海南某格及其关联公司所有的甲100%股权出发，股权最先在哪，最终又在哪（结果）；期间经过了怎样的"风云变幻"（行为）；损失的是谁，受益的又是谁（原因）。首先，从起点到终点，梳理出一条完整的脉络。发现股权最先属于海南某格及其关联公司，最终属于未名公司持有60%，甲以G.S公司自行持有40%的事实。也发现梳理出来的脉络不仅有"一条线"，还有"一个圈"。其次，再回到中间的"风云变幻"，找到推动"一条线"和"一个圈"出现的每一次的原因。发现这些原因有诉讼、有股权转让、有对账、有资金流转等。看起来处理专业且有理有据，那么诉讼、股权转让、对账、资金流转等这每一个原因的原因又是什么呢？承办人没有放弃，在眼前的真相中挖掘更深的真相，终于发现所谓的诉讼、股权转让、对账、资金流转竟是虚假诉讼、非法转让股权、恶意对账、虚假资金流转。最后，去分析"一条线"和"一个圈"跟被告人和被害人之间的关系。终究发现"一条线"的尽头未名公司是李某民及其家族人员为股东注册成立，未名公司获得60%甲股权，受益人当然是李某民及其家族成员。而"一个圈"更为神奇，经过无数次"烧脑"的操作，甲40%的股权被甲以G.S公司自行持有，一家公司自己持有了自己的股权，这"一个圈"的受益人是谁，当然还是真正的实际控制人李某民及其家族成员。最终通过从结果出发，厘清行为，挖掘动因的路径，整个事实合理地呈现在承办人眼前。

(二) 面对被告人的辩解，立足犯罪构成，从证据、常理去判断

吕某青非国家工作人员受贿事实中，行贿人和受贿人均不认罪，且一致咬定双方之间是借贷关系，鉴于行贿人与受贿人认识多年、牵连较

深，双方的辩解看起来也有一定合理性，对承办人的审查提出了考验。但是承办人紧紧围绕犯罪构成，从吕某青签字盖章的文件、会议纪要等书证及证人证言等证据出发，梳理出吕某青任职、接受请托利用职务之便帮李某民等人谋利，收受贿赂的事实，同时也结合被告人的辩解——从证据、从常理去回应，反向论证。

（三）复杂案件的起诉书撰写要谋篇布局、简明扼要，使人看得懂、不重复

本案涉及的公司几十家，需要在起诉书中重点出现的有12家。为了使人一目了然地了解公司股东、管理人员情况，避免在表述事实过程中又去强调公司情况，显得重复拖沓，将12家公司情况列在起诉书第一部分。第二部分表述的职务侵占事实，承办人本着越是事实经过复杂，越要脉络清晰，越是专业术语多，越要语言简洁的原则，先总后分地将几部分股权被侵占的经过讲得清清楚楚。第三部分完全按照非国家工作人员受贿事实的犯罪构成，一目了然地表述了吕某青的犯罪事实。

【专家点评】

本案是一起历时久远、案情复杂、影响重大的经济犯罪案件，需要细致耐心、深厚功底、层层挖掘才能查明法律事实，并形成指控犯罪的逻辑体系。起诉书形式要件完备、事实描述清晰、语言精练准确、详略安排得当、逻辑结构合理，起诉书指控的事实、罪名均得到法院判决的认定，是一份值得借鉴参考、细细品味的优秀的复杂经济犯罪案件起诉书。

（一）起诉书格式规范精练

本案涉案公司繁多，起诉书在涉及众多公司时，在首部使用全称，在正文部分统一使用简称，既规范又简洁。该案系重大复杂案件，起诉书依照时间发展顺序逐一对犯罪手段、经过、损失情况等与定罪量刑相关的事实描述完整，对指控犯罪事实的必备要素叙述清晰、准确。同时，起诉书还做到了详略得当。作为主要犯罪事实的职务侵占，起诉书花费较多笔墨予以重点阐述，而作为相对简单的非国家工作人员受贿事实，简明扼要阐明指控事实，显示出制作者对起诉书谋篇布局的较高把控能力。

（二）起诉书结构安排颇具匠心

一是将指控事实中会反复出现的 12 家重点公司的法人、股权变更以及实际控制人情况等，使用精练语言单独率先阐明，避免后续重复出现且分散杂乱的问题，使后续指控事实更加一目了然。二是在职务侵占事实部分，采用先总后分写法，开门见山地使用简练的语言将被告人的职务侵占事实予以阐述，并明确列举了职务侵占的手段以及侵占的标的，便于更好地理解把握后续具体的犯罪行为。同时，在具体阐述时，按照被告人职务侵占的手段作为区分标准，即以虚假诉讼等方式侵占和利用非法转让股权、恶意对账、虚假资金流转等方式侵占两种方式，明确揭示被告人的犯罪行为特征。值得肯定的是，在每部分侵占事实阐述时，起诉书又采用时间先后顺序，将被告人精心设计的职务侵占行为予以揭露，展现出对案件事实和指控逻辑的精准把握。

（点评人：胡春健，上海市人民检察院党组成员、副检察长，全国检察业务专家）

10. 宋某栋等人提供侵入计算机信息系统程序案起诉书

【简要案情】

2018年9月至2020年8月间,乙网络科技有限公司实控人张某伙同马某某等人(均另案处理)研发"牛莱策略""牛领策略"等股票分仓交易软件,通过接入在被告人宋某宇处购买的"TradeX"非法接口,实现证券行情获取、委托交易、证券结算等证券交易功能。另由王某某等人(均另案处理)组成"牛满堂"配资业务团伙,在未取得中国证监会批准的证券业务经营资质情况下,在上海、安徽两地通过互联网、电话宣传等方式招揽配资客户,并使用上述股票分仓交易软件,以1:3至1:10不等的杠杆比例向客户提供配资服务,非法从事证券经纪业务,共向2013名客户收取保证金9115万元,证券交易额21.3亿元,非法获利937万元。

2016年12月至案发,被告人宋某栋(原某讯公司工程师)、宋某宇为谋取不法利益,合谋组建"TradeX"黑客团伙。由宋某栋利用"通达信"(系多功能证券信息技术系统服务机构,承接建设并维护国内主流证券公司网上交易系统)版本升级期间个别证券公司数据传输未加密的漏洞,截获底层通信协议,劫持软件登录流程,完成对"通达信"软件客户端交易主程序的"脱壳"、破解,并在各证券公司使用的"通达信"软件对客户终端完整性进行安全检测时,通过对客户端核心通讯模块文件进行篡改,以镜像欺骗以及伪造动态防御代码的方式,将非法的程序化交易接口伪装成证券公司许可的客户接口,并将上述破解代码包装成"TradeX"非法交易接口,侵入由"通达信"承建、维护的广发证券、国泰君安、华泰证券等84家证券公司交易系统,从而实现股票分仓交易软件调用市场实时行情数据及证券交易的功能。由宋某宇负责编写接口使用说明，组建"X技术""谈股"等QQ群对外大肆招揽场外配资公司、股票分仓交易软件开发方和违规量化交易客户，并根据客户提供的证券账户信息为其开通接口授权及绑定证券账户。2018年11月至案发，二人共计向全国10余省市的1240个非法场外配资公司、分仓软件开发商等出售"TradeX"交易接口2506个，非法获利902万余元。

【诉讼过程】

本案由上海市公安局侦查终结，以被告人宋某栋、宋某宇涉嫌提供侵入计算机信息系统程序罪，于2021年4月2日移送上海市人民检察院第二分院审查起诉。2021年4月29日，上海市人民检察院第二分院移交上海市普陀区人民检察院审查起诉。2021年5月28日，普陀区人民检察院依法对被告人宋某栋等人以提供侵入计算机信息系统程序罪向普陀区人民法院提起公诉。2021年8月12日，普陀区人民法院以提供侵入计算机信息系统程序罪分别判处被告人宋某栋有期徒刑3年9个月，并处罚金人民币125万元；宋某宇有期徒刑2年3个月，并处罚金人民币55万元。判决已生效。

【文书全文】

上海市普陀区人民检察院

起 诉 书

沪普检刑诉〔20××〕××号

被告人宋某栋，男，1975年×月×日生，公民身份号码4101211975××××××××，汉族，本科文化，程序员，户籍在广东省广州市，暂住广东省广州市。2020年12月31日因涉嫌提供侵入、非法控制计算机信息系统程序、工具罪及帮助信息网络犯罪活动罪被上海市公安局刑事拘留，同日延长刑事拘留期限至三十天，2021年2月5日，因涉嫌提供侵入计算机信息系统程序罪，经上海市人民检察院第二分院批准，同日由上海市公安局执行逮捕。

被告人宋某宇，男，1976年×月×日生，公民身份号码4101211976××××××××，汉族，本科文化，程序员，住广东省佛山市。2020年12月30日因涉嫌非法经营罪被上海市公安局刑事拘留，次日延长刑事拘留期限至三十天，2021年2月5日，因涉嫌提供侵入计算机信息系统程序罪，经上海市人民检察院第二分院批准，同日由上海市公安局执行逮捕。

本案由上海市公安局侦查终结，以被告人宋某栋、宋某宇涉嫌提供侵入计算机信息系统程序罪，于2021年4月2日移送上海市人民检察院第二分院审查起诉。上海市人民检察院第二分院经审查，于2021年4月29日移交本院审查起诉。本院受理后，于同日已告知被告人有权委托辩护人及认罪认罚可能导致的法律后果，依法讯问了被告人，听取了被告人及其辩护人的意见，审查了全部案件材料。被告人宋某栋、宋某宇均同意本案适用简易程序审理。

经依法审查查明：

2017年3月至2020年12月，被告人宋某栋、宋某宇为牟取非法利益，由被告人宋某栋负责对深圳甲科技股份有限公司（以下简称"甲"）为证券公司开发的"通达信"软件客户端中的通讯、控制模块进行脱壳、篡改，剥离其中静态防御措施后，使用其自行开发的外挂主程序接管控制与通讯模块，重新搭建对外接口，使其得以调用"通达信"软件客户端通讯模块功能，后再通过镜像欺骗以及篡改等手段破坏动态反外挂模组，并将上述程序代码封装成可以通过证券公司交易系统安全检测的"TradeX"交易接口，侵入由甲承建、维护的84家证券公司交易系统；并由被告人宋某宇负责编写接口使用说明、开通接口授权文件及绑定证券账户，通过互联网对外向乙网络科技有限公司（以下简称"乙"）等公司及个人出售"TradeX"交易接口。

经司法鉴定，"TradeX"具备自动化登录证券账号、查询证券账号信息、证券账号持仓数据、进行证券交易的功能。经司法审计鉴定，被告人宋某栋、宋某宇通过销售"通达信"平台的 API 接口并提供后续服务，共发展客户 1240 名，收取销售服务费人民币 902 万余元（以下币种同）。

2020 年 12 月 30 日，被告人宋某栋、宋某宇分别被公安机关抓获。上述二名被告人到案后均如实供述自己的罪行。

上述事实，有以下证据证明：

1. 深圳甲科技股份有限公司提供的情况说明、外挂程序分析报告等相关材料，证明被告人宋某栋、宋某宇对甲"通达信"客户端进行破解，并侵入证券公司交易系统的事实。

2. 建设银行、招商银行等提供的银行账户交易明细、支付宝（中国）网络技术有限公司提供的支付宝账户交易明细、上海政信会计事务所有限公司出具的审计报告，证明 2017 年 3 月 29 日起，被告人宋某栋、宋某宇通过销售"通达信"平台的 API 接口并提供后续服务，共发展客户 1240 名，收取销售服务费 9027219.01 元。截至目前，宋某栋和宋某宇共计非法获利 5831263.53 元，其中宋某栋 4117795.77 元，宋某宇 1713467.76 元。

3. 上海弘连网络科技有限公司计算机司法鉴定所出具的鉴定报告，证明"TradeX"具备自动化登录证券账号、查询证券账号信息、证券账号持仓数据、进行证券交易的功能。

4. 证人曾某某、阮某某、罗某某、文某某、马某某等人的证言、QQ 聊天记录，证明被告人宋某栋、宋某宇对外出售非法交易接口"TradeX"外挂程序并牟利的事实。

5. 搜查证、搜查笔录，证明 2020 年 12 月 30 日，公安机关依法分别对被告人宋某栋、宋某宇办公场所进行搜查，当场查获涉案手机、硬盘、电脑等物品的事实。

6. 扣押决定书、扣押清单、扣押笔录，证明公安机关从被告人宋某栋、宋某宇处查获扣押涉案赃证物品的事实。

7. 公安机关出具的抓获经过、户籍信息，证明被告人宋某栋、宋某宇的到案过程以及身份信息，其均无前科。

8. 被告人宋某栋、宋某宇的供述，证明被告人宋某栋、宋某宇均对其对外出售非法交易接口"TradeX"外挂程序并牟利的犯罪事实供认不讳。

　　上述证据收集程序合法，内容客观真实，足以认定指控事实。被告人宋某栋、宋某宇对指控的犯罪事实和证据均没有异议，并自愿认罪认罚。

　　本院认为，被告人宋某栋、宋某宇对外出售"TradeX"交易接口牟利，情节特别严重，其行为均已触犯《中华人民共和国刑法》第二百八十五条第三款、第二款、第二十五条第一款之规定，犯罪事实清楚，证据确实、充分，应当以提供侵入计算机信息系统程序罪追究其刑事责任。被告人宋某栋、宋某宇自愿认罪认罚，依据《中华人民共和国刑事诉讼法》第十五条的规定，可以从宽处理。被告人宋某栋起主要作用，根据《中华人民共和国刑法》第二十六条第一款的规定，系主犯；被告人宋某宇起次要作用，根据《中华人民共和国刑法》第二十七条的规定，系从犯，应当从轻或减轻处罚。被告人宋某栋、宋某宇如实供述自己的罪行，根据《中华人民共和国刑法》第六十七条第三款的规定，可以从轻处罚。建议对被告人宋某栋判处有期徒刑四年，并处罚金；对被告人宋某宇判处有期徒刑二年六个月，并处罚金。根据《中华人民共和国刑事诉讼法》第一百七十六条的规定，提起公诉，请依法审判。

　　此致
上海市普陀区人民法院

20××年×月×日

附注：

　　1. 被告人宋某栋现被羁押于××市第三看守所，被告人宋某宇现被羁押于××市第二看守所。

　　2. 侦查卷宗五册，司法鉴定三册。

　　3.《认罪认罚具结书》二份，法律意见书二份。

　　4.《适用简易程序建议书》一份。

　　5. 宋某栋辩护人（沈某某，138××××1200）；宋某宇辩护人（艾某某，1881×××881）。

【承办检察官心得体会】

本案法律文书的撰写过程中，如何做到起诉书对案件事实表述和证据把握的精准和专业，是文书制作的重点和难点。

（一）关于"TradeX"程序属性的表述

本案"TradeX"具备接入券商股票交易系统实现委托、交易，获取行情的功能，该程序主要攻击的是客户端的交易模块，通过黑客技术劫持和利用客户端局部模块与交易服务器进行通讯。证券领域的交易外挂程序从技术分类上而言，主要可包括模拟操纵类（不损害客户端完整性）、注入类（基本不损害客户端完整性，但可能对部分系统"API"进行拦截以躲避追查）、篡改类（严重损害客户端完整性）、脱机挂（完全依赖于协议代码破解或者协议代码泄露）。根据"TradeX.dll"特征码信息可以得知，"TradeX"程序属于注入式外挂程序，该外挂程序可以非法接入证券公司交易系统，绕过证券公司风控和合规，逃避监管，被用于场外配资等非法业务。因此，起诉书对"TradeX"程序属性的表述明确了该程序具有避开或者突破计算机信息系统安全保护措施，未经授权侵入计算机，获取计算机系统数据的功能，符合最高人民法院、最高人民检察院《关于办理危害计算机信息系统安全刑事案件应用法律若干问题的解释》第2条的规定，属于专门用于侵入计算机信息系统的程序。

（二）关于"TradeX"程序运行模式的阐述

本案"TradeX"接口通过对"通达信"软件客户端交易主程序进行脱壳并破解，截获底层通信协议，劫持软件登录流程，后通过注入的方式对客户端核心通讯模块反非法接口措施文件进行篡改，并在各证券公司使用的"通达信"软件对客户终端完整性及云端限制进行安全检测时，以镜像欺骗以及伪造动态防御代码的方式，将非法的程序化交易接口伪装成证券公司许可的客户接口，侵入证券公司交易系统，实现非法获取行情数据及证券交易功能。但由于该交易系统非法接口具有相当的隐蔽性以及灵活性，起诉书关于"TradeX"程序运行模式的专业性描述难度较大。承办人通过深入揭示该程序运行模式，阐述"TradeX"接口系通过对"通达信"软件客户端交易主程序进行"脱壳"并破解，在各证券公司使用的"通达信"软件对客户终端进行安全检测时,以镜像欺骗及伪造动态防御代码的方式,非法接入证券公司交易系统,揭示了该非法交易接口具有侵入性。

(三)关于案件的定性

关于本案中被侵害客体,"通达信"通讯协议与证券公司服务器已构成完整运行的计算机信息系统,能够帮助客户实现交易指令的传输以及证券行情的获取,具备自动处理数据功能,符合"两高"《关于办理危害计算机信息系统安全刑事案件应用法律若干问题的解释》对于计算机信息系统的认定。在起诉书撰写过程中,承办人通过审查黑客团伙的破解、销售行为,准确认定本案涉嫌提供侵入计算机信息系统的程序罪。

(四)关于法律适用

被告人宋某栋、宋某宇的行为已触犯《中华人民共和国刑法》第二百八十五条第三款的规定,构成提供侵入计算机信息系统程序罪。同时,涉案软件专门用于攻击"通达信"服务的券商交易模块,使非法配资、分仓软件实现证券交易,属于提供专门用于违法犯罪的程序、技术支持,符合《刑法》第二百八十七条之二的规定,涉嫌构成帮助信息网络犯罪活动罪。由于提供侵入计算机信息系统程序罪的法定刑最高可到7年有期徒刑,帮助信息网络犯罪活动罪的法定刑最高为3年。同一行为触犯两个罪名,想象竞合择一重处,起诉书对两名被告人以提供侵入计算机信息系统程序罪提起公诉,做到法律适用的准确性。

【专家点评】

被告人宋某栋等人提供侵入计算机信息系统程序案适用的是简易程序,二被告人自愿认罪认罚,但起诉书制作并不简单。该案系全国首例通过破解第三方股票交易软件("通达信")通信协议及安全检验技术,非法侵入数十家证券公司交易系统,为千余个场外配资等非法股票分仓交易软件提供接口的黑客案件,因而在全国范围内尤其是证券领域引起广泛关注,也必然给该案起诉书制作提出更高要求。从结构理性的角度看,该案起诉书共性表达有优势、个性表达有特色,是高质量展示起诉书共性、个性及其关系的优秀法律文书。

(一) 文书结构逻辑清晰、严谨

该案起诉书格式规范、要素完备，完整展示了被告人宋某栋等人提供侵入计算机信息系统程序罪，起诉书由事而理、依理而断的结构逻辑。如起诉理由部分，以"对外出售'TradeX'交易接口牟利，情节特别严重"的认定为基础，依次从六个方面展开说理：(1) 紧扣法律规定的起诉条件，说明被告人宋某栋等人的"犯罪事实清楚，证据确实、充分，应当以提供侵入计算机信息系统程序罪追究其刑事责任"。(2) 写明被告人宋某栋等人因自愿认罪认罚，依法"可以从宽处理"。(3) 以区分主、从犯为切入点，依法提出对从犯"应当从轻或减轻处罚"。(4) 针对被告人宋某栋等人如实供述自己的罪行，依法提出"可以从轻处罚"。(5) 对被告人宋某栋等人分别提出量刑建议。(6) 依法提起公诉的决定。六个层次的理由包含事理、法理，事实理由精当、法律援引具体，结构层次清晰、逻辑严谨。

(二) 事实证据写作清楚、到位

在事实部分，该起诉书分别叙述了被告人宋某栋等人的犯罪事实、经司法鉴定和司法审计鉴定确认的事项、被告人被抓获和如实供述自己罪行的情况等内容，事实叙述的要素齐全、思路明确、脉络清晰，关键情节表述精准、深刻。具体来说，本案关键情节"TradeX"程序属性及其运行模式的表述，属于事实叙述的范畴，起诉书既能反映案件法律特征，又用符合法律文书叙述规律的方式（即间接反映本案犯罪构成）展开叙述，具有很强的问题意识和写作能力。在证据部分，该起诉书用8组证据分别列明证据名称、说明证明目的，具有很强的针对性。当然，并非所有案件起诉书的证据部分都需要说明证明目的，但本案通过写明证明目的来展现证据与事实部分的对应关系，既必要、也到位。言其必要，是因为出售"TradeX"交易接口的证据在案件中至关重要，属于重点写作的部分；言其到位，是因为列明证据名称、种类，就已经符合起诉书证据写作的基本要求，而该起诉书在每组证据中接着写明具体的证明目的，则是对该案复杂性、行业乃至社会广泛关注度的充分回应。

(三) 表述方法恰当、语言精准

该起诉书恰当运用表述方法，如"经依法审查查明"部分，对被告人宋某栋等人的犯罪事实，用的是"叙述"方法，客观叙写犯罪行为的各个要素和行为过程；而在"本院认为"部分，对被告人宋某栋等人犯罪行为的性质、危害程度、情节轻重，用的是"说理"方法，依次阐明事理、法理；对证明事实的证据，用的是"说明"方法，文末还附有刑法、刑事诉讼法的相关法律条文；等等。特别要指出的是，该起诉书对被告人宋某栋等人对外出售"TradeX"交易接口的事实叙述，兼顾反映案件法律特征和计算机专业性，语言准确、精练、有力，为起诉理由的阐述奠定了坚实基础。

（四）繁简分寸把握适度、娴熟

该起诉书既有概括反映二被告人的行为符合起诉条件、应当依法提起公诉的实体、程序内容，也有重点针对"TradeX"非法交易接口侵入性及侵害客体、如何定性的详细表述。如对"TradeX"程序属性及其运行模式的事实、证据部分的写作相对详细，包括犯罪事实、证据和量刑情节、证据；而对起诉理由中定罪、量刑理由的写作，则相对概括、简练。这样的繁简安排，分寸适当，张弛有度。

（**点评人**：赵朝琴，河南财经政法大学教授、中国法学会法律文书学研究会副会长）

11. "12.4"重庆市永川区甲煤矿重大责任事故案起诉书

【简要案情】

重庆市永川区甲煤业有限公司（以下简称"甲煤矿"）成立于2011年2月21日，坐落于重庆市永川区茶山竹海办事处安溪村，经营范围为煤炭开采及销售。股东刘某全、赵某明、刘某洪分别担任该公司的董事长、副董事长和总经理，负责甲煤矿日常生产经营管理工作。

2020年10月20日，甲煤矿全面停工停产，并向重庆市永川区能源局申请关闭煤矿，煤矿三名股东商定将煤矿设备以回撤外包的方式整体出售。陈某等人获知上述情况赶至甲煤矿下井查看设备后，与刘某全、赵某明等商定：陈某方以人民币286万元的价格收购甲煤矿全部设备并负责设备的拆除；甲煤矿安排人员下井监督、配合。同年11月4日，刘某全之妻赵某某代表甲煤矿同陈某以及重庆市乙再生资源回收有限公司（以下简称"乙回收公司"）按照上述商定的内容签订了收购合同，违规让不具备井下作业条件的乙回收公司组织井下设备回撤作业。同年11月15日，甲煤矿在未经行政主管部门同意的情况下，即通知乙回收公司组织工人进场回撤煤矿井下设备。在设备回撤期间，甲煤矿股东对行政主管部门隐瞒了已将回撤作业外包的事实。甲煤矿管理人员雷某云等人收受乙回收公司财物，放松对井下回撤工作的安全管理且未按回撤方案及措施进行设备回撤。乙回收公司在不具备煤矿井下回撤作业的条件下，组织工人违规在井下动火作业，井下设备回撤作业现场管理混乱。

同年12月4日16时许，甲煤矿井下发生重大火灾事故，造成23人死亡、1人重伤，直接经济损失2632万元。经鉴定，23人死亡、1人重伤的原因为一氧化碳中毒。经重庆市永川区甲煤业有限公司"12.4"重大事故调查组认定，该重大火灾事故是一起生产安全责任事故，甲煤矿、乙回收公司对事故的发生都负有责任，都是责任主体。事故直接原因：乙回收公司在甲煤矿井下回撤作业时，回撤人员在－85M水泵硐室内违规使用氧气/液化石油气切割水泵吸水管时，掉落的高温熔渣引燃了水仓吸水井内沉积的油垢，油垢和岩层渗出油燃烧产生大量有毒有害烟气，在火风压作用下蔓延至进风巷，造成人员伤亡。

【诉讼过程】

本案由重庆市永川区公安局侦查终结，以被告人刘某全等涉嫌重大责任事故罪，于2021年6月11日向重庆市永川区人民检察院移送起诉，重庆市永川区人民检察院于同年9月10向永川区人民法院提起公诉。永川区人民法院于2022年2月23日依法作出判决，对刘某全等人以重大责任事故罪判处有期徒刑不等。

【文书全文】

重庆市永川区人民检察院

起 诉 书

渝永检刑诉〔20××〕××号

被告人刘某全，男，1963年×月×日出生，公民身份号码5102291963××××××××，汉族，初中文化程度，重庆市永川区甲煤业有限公司董事长，重庆市永川区人，住重庆市永川区。因涉嫌重大责任事故罪，于2020年12月5日被重庆市永川区公安局刑事拘留，2021年1月11日，经本院批准，次日由重庆市永川区公安局执行逮捕。

被告人陈某，男，1986年×月×日出生，公民身份号码5108241986××××××××，汉族，大学本科文化程度，四川省×县人，住重庆市。因涉嫌重大责任事故罪，于 2020 年 12 月 5 日被重庆市永川区公安局刑事拘留，2021 年 1 月 11 日，经本院批准，次日由重庆市永川区公安局执行逮捕。

被告人雷某云，男，1968 年 × 月 × 日出生，公民身份号码 5102291968××××××××，汉族，初中文化程度，重庆市永川区甲煤业有限公司矿长，重庆市永川区人，住重庆市永川区。因涉嫌重大责任事故罪，于 2020 年 12 月 5 日被重庆市永川区公安局刑事拘留，2021 年 1 月 11 日，经本院批准，次日由重庆市永川区公安局执行逮捕。

被告人赵某明，男，1966 年 × 月 × 日出生，公民身份号码 5102291966××××××××，汉族，初中文化程度，重庆市永川区甲煤业有限公司副董事长，重庆市永川区人，住重庆市永川区。因涉嫌重大责任事故罪，于 2020 年 12 月 5 日被重庆市永川区公安局刑事拘留，于 2021 年 1 月 11 日被永川区公安局监视居住。2021 年 9 月 9 日，经本院决定，同日由重庆市永川区公安局执行逮捕。

被告人刘某洪，男，1984 年 × 月 × 日出生，公民身份号码 5003831984××××××××，汉族，大专文化程度，重庆市永川区甲煤业有限公司总经理，重庆市永川区人，住重庆市永川区。因涉嫌重大责任事故罪，于 2020 年 12 月 6 日被重庆市永川区公安局刑事拘留，2021 年 1 月 11 日，经本院批准，次日由重庆市永川区公安局执行逮捕。

被告人邓某电，男，1971 年 × 月 × 日出生，公民身份号码 5102241971××××××××，汉族，初中文化程度，重庆市乙再生资源回收有限公司法定代表人，重庆市渝北区人，住重庆市渝北区。因涉嫌重大责任事故罪，于 2020 年 12 月 5 日被重庆市永川区公安局刑事拘留，2021 年 1 月 11 日，经本院批准，次日由重庆市永川区公安局执行逮捕。

被告人蒋某正，男，1971 年 × 月 × 日出生，公民身份号码 5102291971××××××××，汉族，中专文化程度，重庆市永川区甲煤业有限公司安全副矿长，住重庆市永川区。因涉嫌重大责任事故罪，于 2020 年 12 月 7 日被重庆市永川区公安局刑事拘留，2021 年 1 月 11 日，经本院批准，次日由重庆市永川区公安局执行逮捕。

一、刑事起诉书

被告人刘某六，男，1971年×月×日出生，公民身份号码5102291971×××××××，汉族，中专文化程度，重庆市永川区甲煤业有限公司生产副总经理，重庆市永川区人，住重庆市永川区。因涉嫌重大责任事故罪，于2020年12月6日被重庆市永川区公安局刑事拘留，2021年1月11日，经本院批准，次日由重庆市永川区公安局执行逮捕。

被告人黄某东，男，1971年×月×日出生，公民身份号码5102291971×××××××，汉族，大专文化程度，重庆市永川区甲煤业有限公司常务副矿长兼技术副矿长，重庆市永川区人，住重庆市永川区。因涉嫌重大责任事故罪，于2020年12月6日被重庆市永川区公安局刑事拘留，于2021年1月11日被重庆市永川区公安局监视居住。2021年9月9日，经本院决定，同日由重庆市永川区公安局执行逮捕。

被告人唐某宽，男，1970年×月×日出生，公民身份号码513031197×××××××，汉族，初中文化程度，四川省邻水县人，住重庆市渝北区（户籍所在地：四川省广安市）。因涉嫌重大责任事故罪，于2020年12月17日被重庆市永川区公安局刑事拘留，于2021年1月11日被重庆市永川区公安局监视居住，于2021年6月23日，被本院决定监视居住。

被告人袁某新，男，1969年×月×日出生，公民身份号码5102291969×××××××，汉族，初中文化程度，重庆市永川区甲煤业有限公司机电副矿长，重庆市永川区人，住重庆市永川区。因涉嫌重大责任事故罪，于2020年12月9日被重庆市永川区公安局监视居住，于2021年6月9日被重庆市永川区公安局取保候审，于2023年6月23日被本院决定取保候审。

本案由重庆市永川区公安局侦查终结，以被告人刘某全、陈某、雷某云、赵某明、刘某洪、邓某电、蒋某正、刘某六、黄某东、唐某宽、袁某新涉嫌重大责任事故罪，于2021年6月11日向本院移送起诉。本院受理后，于同日已告知被告人有权委托辩护人和认罪认罚可能导致的法律后果，于同日已告知被害人及其近亲属有权委托诉讼代理人。依法讯问了被告人，听取了辩护人、值班律师、被害人的意见，审查了全部案件材料。因案件部分事实不清，证据不足，于同年7月11日退回重庆市永川区公安局补充侦查，该局于同年8月11日补充侦查完毕移送审查起诉。

经依法审查查明：

重庆市永川区甲煤业有限公司（以下简称甲煤矿）成立于2011年2月21日，经营范围：煤炭开采、煤炭销售，股东：被告人刘某全（占股50%）、被告人赵某明（占股35%）、被告人刘某洪（占股15%）。刘某全为董事长，负责甲煤矿所有日常生产管理工作，组织重大隐患排查治理并督促落实，建立安全生产组织领导和管理机构，配备安全生产管理人员等。赵某明为副董事长，负责甲煤矿的日常生产管理工作以及煤矿销售工作等。刘某洪为总经理，负责甲煤矿的日常生产管理工作，督促、检查安全生产，及时消除生产安全事故隐患，落实安全生产管理机构设置及人员配备等。被告人雷某云为矿长，负责管理煤矿的井下及地面生产活动，督促、检查安全生产，及时消除生产安全事故隐患，制订并实施安全生产培训计划，落实安全生产规章制度和安全技术措施，对安全生产工作全面负责等。被告人黄某东为常务副矿长兼技术副矿长，负责煤矿"一通三防"（注：通风、防尘、防瓦斯、防火）工作，制定、审批、督促落实重大隐患治理方案及安全技术措施等。被告人蒋某正为安全副矿长，负责管理煤矿生产过程中的所有安全问题，及时排查生产安全事故隐患，检查煤矿作业规程、安全技术措施落实情况，员工安全培训等。被告人袁某新为机电副矿长，负责煤矿机器设备、监控系统的安装、维护，矿井提升、运输、通风、排水、发电等设备安全运行等。被告人刘某六为生产副总经理，负责井下掘进以及资料收集整理等。

重庆市乙再生资源回收有限公司（以下简称乙回收公司）为自然人独资公司，成立于2018年2月1日，法定代表人为被告人邓某电，营业范围包括再生资源回收、废旧金属回收、废旧物资回收。该公司无员工，无营业场所。邓某电与被告人陈某、被告人唐某宽等人长期合伙收购关闭煤矿的设备。

2020年10月20日，甲煤矿全面停工停产，并向重庆市永川区能源局（以下简称区能源局）申请关闭煤矿。经被告人赵某明提议，三名股东决定将煤矿设备以回撤外包的方式整体出售。同年 11 月 3 日，被告人陈某、被告人唐某宽与被告人刘某全、赵某明、赵某某（另案处理）商定：以 286 万元价格收购甲煤矿设备，井下设备自行拆除，甲煤矿安排人员下井监督、配合。陈某、唐某宽又邀约了邓某电、杜某甲、杜某乙合伙收购。次日，唐某宽前往甲煤矿看管设备，被告人邓某电、陈某与赵某某签订收购合同，甲方为甲煤矿，乙方为陈某、乙回收公司。

合同签订后，被告人刘某全因其母亲生病需要照顾，便安排矿上需要股东出面的事情由赵某明来解决。刘某全还安排黄某某（另案处理）制作《重庆市永川区甲煤业有限公司关于撤出井下设备相关工作事项的报告》，于 11 月 12 日报送区能源局及重庆市永川区茶山竹海街道办事处（以下简称区茶山竹海办事处）。该报告载明：1. 成立工作领导小组：被告人雷某云任组长，负责组织协调指导监管撤出井下设备期间的各项安全工作。成员被告人刘某洪、黄某某、被告人蒋某正、被告人黄某东、被告人刘某六、被告人袁某新、吴某某（已死亡）负责矿井设备设施撤出期间的日常安全和稳定工作。2. 下设设备撤出工作组：雷某云任组长，正常上班，负责各项安全工作，督促安全技术措施落实。黄某东任副组长，正常上班协助矿长工作，负责编制井下设备撤出的各项安全技术措施。成员蒋某正、吴某某、刘某六正常上班，负责带班工作和现场安全管理。

甲煤矿的报告未经行政主管部门批复同意，即通知被告人陈某进场回撤煤矿井下设备。股东被告人刘某全、被告人赵某明、被告人刘某洪未组织人员对煤矿井下进行全面安全检查，未配备检身员、未督促执行入井检身制度，也未对乙公司是否具备回撤作业资质条件等问题进行审查。被告人雷某云、被告人蒋某正未全面排查煤矿井下安全隐患，未落实入井检身制度。甲煤矿矿区煤层底板岩石裂隙长期在渗出一种油类液体（以下简称岩层渗出油），岩层渗出油沿巷道水沟流入 -85M 水仓，至事故发生时水仓内积存的岩层渗出油约 2 吨，被告人黄某东、被告人刘某六未对 -85M 水仓积油的安全隐患进行处置。黄某东未编制事故发生地 -85M 井巷装备回撤的安全技术措施。雷某云、蒋某正、黄某东、吴某某、被告人袁某新、刘某六收受陈某 5 万元现金并平分，为乙公司回撤井下设备提供方便，放松对井下回撤作业安全的监管。

甲煤矿设备的回撤工作由被告人陈某、被告人邓某电、被告人唐某宽、杜某丙、杜某乙合伙承担，每人出资40万元。陈某负责现场设施设备的回收工作，邓某电负责地面吊装货运，唐某宽、杜某丙、杜某乙负责出售回撤的设施设备。陈某、邓某电、唐某宽明知乙回收公司未建立健全安全生产责任制和安全生产规章制度，未配备安全生产管理人员，未组建安全生产管理机构，没有满足煤矿井下设备回撤作业需要的煤矿专业技术人员和技能熟练的员工队伍，仍然组织开展甲煤矿井下设备回撤工作。陈某将设备拆除工作的劳务又以400元/吨的价格发包给吕某某（已死亡），由吕某某组织带领30余名工人违规下井回撤设备，唐某宽、邓某电未反对。乙回收公司未与工人签订书面劳动合同，也未给工人购买保险。

2020年11月15日，甲煤矿对乙回收公司大多数回撤作业人员没有进行安全培训就允许下井作业，被告人雷某云、被告人蒋某正、被告人黄某东、吴某某、被告人刘某六作为带班矿长轮流带队下井对回撤作业进行监管。被告人邓某电多次购买气焊切割所需的氧气和液化石油气，回撤作业人员史某某、王某某（焊工操作证已过期）、吕某某（无焊工操作证）在煤矿井下频繁违规动火，用气焊切割方式拆除设备。被告人陈某及雷某云等带班矿长对回撤作业人员下井未经检身、未携带自救器等违规行为以及井下违规动火行为未予以制止。

2020年11月19日，区能源局召开研究甲煤矿关闭退出专题会，会后即通知被告人刘某洪重新编制关闭矿井工作方案，并要求危险性较高设备不予撤出，井下撤出设备相关工作不允许外包，要列出撤出设备清单、不撤出设备清单。同年11月23日，区能源局和区茶山竹海办事处到甲煤矿召开会议，要求煤矿回撤设备不能外包，不允许动火，危险性大的设备不许撤出。被告人赵某明参加了该会议。被告人刘某洪安排人员按区能源局要求编制《重庆市甲煤业有限公司关于关闭方案及关闭安全措施的报告》（包含撤出设备清单、不撤出设备清单），经赵某明、刘某洪审核修改后，于同年11月25日报送区茶山竹海办事处并抄送区能源局。甲煤矿股东隐瞒了已将设备回撤外包的事实，未按两个清单确定的范围组织设备回撤工作，亦未按行政主管部门要求整改存在的安全问题。

2020年12月4日早上，被告人刘某六作为早班带班矿长带队下井拆除设备，未落实好班前培训和入井检身制度，未对回撤作业人员下井未携带自救器以及违规动火的行为进行制止。当日14时许，其与中班带班矿长吴某某交接后，出井离开。当日16时许，事故发生，造成23人死亡、1人重伤，直接经济损失2632万元。经鉴定，23人死亡、1人重伤的原因为一氧化碳中毒。

经重庆市永川区甲煤业有限公司"12·4"重大事故调查组认定，甲煤矿"12·4"重大火灾事故是一起生产安全责任事故，甲煤矿、乙回收公司对事故的发生都负有责任，都是责任主体。事故直接原因：乙回收公司在甲煤矿井下回撤作业时，回撤人员在−85M水泵硐室内违规使用氧气/液化石油气切割水泵吸水管时，掉落的高温熔渣引燃了水仓吸水井内沉积的油垢，油垢和岩层渗出油燃烧产生大量有毒有害烟气，在火风压作用下蔓延至进风巷，造成人员伤亡。

2020年12月4日事故发生当日，被告人刘某全、被告人陈某、被告人雷某云、被告人赵某明、被告人刘某洪、被告人黄某东、被告人袁某新在事故现场参与救援。民警当场将刘某全、陈某、雷某云、赵某明控制并依法传唤至重庆市永川区公安局接受调查，待救援工作结束后，分别于2020年12月5日、6日、8日将黄某东、刘某洪、袁某新传唤至该局接受调查。同年12月5日，民警在两江新区某都宾馆将被告人邓某电抓获，在永川区某小区×幢将被告人刘某六抓获。同年12月6日，在永川区某江南小区×幢将被告人蒋某正抓获。前述十名被告人到案后对犯罪事实供认不讳。同年12月16日，被告人唐某宽接民警电话通知到重庆市永川区公安局接受调查时未如实供述，其被刑事拘留后如实供述了自己的犯罪事实。

认定上述事实的证据如下：

1. 受案登记表、立案决定书、破案经过、事故调查报告；

2. 常住人口信息、营业执照、岗位责任清单、合同书、甲煤矿文件、安全技术措施、会议记录等书证；

3. 证人黄某某、赵某某、文某某、范某某、尹某、欧某某、吴某乙等人的证言；

4. 被害人谢某某的陈述;

5. 被告人刘某全、陈某、雷某云、赵某明、刘某洪、邓某电、蒋某正、刘某六、黄某东、唐某宽、袁某新的供述和辩解;

6. 重庆法医验伤所司法鉴定意见书、重庆市公安局物证鉴定中心检验报告等鉴定意见;

7. 勘验、搜查、查封、扣押、辨认等笔录;

8. 手机及电脑内提取的电子数据。

上述证据收集程序合法,内容客观真实,足以认定指控事实。被告人刘某全、被告人陈某、被告人雷某云、被告人刘某洪、被告人邓某电、被告人蒋某正、被告人刘某六、被告人唐某宽、被告人袁某新对指控的犯罪事实和证据没有异议,并自愿认罪认罚。

本院认为,被告人刘某全在组织、指挥、管理甲煤矿井下设备回撤作业过程中,违反有关安全管理的规定,造成23人死亡、1人重伤的严重后果,且负事故主要责任,情节特别恶劣,其行为触犯《中华人民共和国刑法》第一百三十四条第一款之规定,犯罪事实清楚,证据确实、充分,应以重大责任事故罪追究其刑事责任。刘某全自愿认罪认罚,处罚时应适用《中华人民共和国刑事诉讼法》第十五条之规定,可以依法从宽处理;刘某全犯罪以后自动投案,如实供述自己的罪行,系自首,根据《中华人民共和国刑法》第六十七条第一款之规定,可以从轻或者减轻处罚。

被告人陈某在组织、指挥、管理甲煤矿井下设备回撤作业过程中,违反有关安全管理的规定,造成23人死亡、1人重伤的严重后果,且负事故主要责任,情节特别恶劣,其行为触犯《中华人民共和国刑法》第一百三十四条第一款之规定,犯罪事实清楚,证据确实、充分,应以重大责任事故罪追究其刑事责任。陈某自愿认罪认罚,处罚时应适用《中华人民共和国刑事诉讼法》第十五条之规定,可以依法从宽处理;陈某犯罪以后自动投案,如实供述自己的罪行,系自首,根据《中华人民共和国刑法》第六十七条第一款之规定,可以从轻或者减轻处罚。

被告人雷某云在指挥、管理甲煤矿井下设备回撤作业过程中,违反有关安全管理的规定,造成23人死亡、1人重伤的严重后果,且负事故主要责任，情节特别恶劣，其行为触犯《中华人民共和国刑法》第一百三十四条第一款之规定，犯罪事实清楚，证据确实、充分，应以重大责任事故罪追究其刑事责任。雷某云自愿认罪认罚，处罚时应适用《中华人民共和国刑事诉讼法》第十五条之规定，可以依法从宽处理；雷某云犯罪以后自动投案，如实供述自己的罪行，系自首，根据《中华人民共和国刑法》第六十七条第一款之规定，可以从轻或者减轻处罚。

被告人赵某明在组织、指挥、管理甲煤矿井下设备回撤作业过程中，违反有关安全管理的规定，造成23人死亡、1人重伤的严重后果，且负事故主要责任，情节特别恶劣，其行为触犯《中华人民共和国刑法》第一百三十四条第一款之规定，犯罪事实清楚，证据确实、充分，应以重大责任事故罪追究其刑事责任。赵某明犯罪以后自动投案，如实供述自己的罪行，系自首，根据《中华人民共和国刑法》第六十七条第一款之规定，可以从轻或者减轻处罚。

被告人刘某洪在组织、指挥、管理甲煤矿井下设备回撤作业过程中，违反有关安全管理的规定，造成23人死亡、1人重伤的严重后果，且负事故主要责任，情节特别恶劣，其行为触犯《中华人民共和国刑法》第一百三十四条第一款之规定，犯罪事实清楚，证据确实、充分，应以重大责任事故罪追究其刑事责任。刘某洪自愿认罪认罚，处罚时应适用《中华人民共和国刑事诉讼法》第十五条之规定，可以依法从宽处理；刘某洪犯罪以后自动投案，如实供述自己的罪行，系自首，根据《中华人民共和国刑法》第六十七条第一款之规定，可以从轻或者减轻处罚。

被告人邓某电在组织、管理甲煤矿井下设备回撤作业过程中，违反有关安全管理的规定，造成23人死亡、1人重伤的严重后果，且负事故主要责任，情节特别恶劣，其行为触犯《中华人民共和国刑法》第一百三十四条第一款之规定，犯罪事实清楚，证据确实、充分，应以重大责任事故罪追究其刑事责任。邓某电自愿认罪认罚，处罚时应适用《中华人民共和国刑事诉讼法》第十五条之规定，可以依法从宽处理；邓某电到案后如实供述自己的罪行，系坦白，根据《中华人民共和国刑法》第六十七条第三款之规定，可从轻处罚。

被告人蒋某正在指挥、管理甲煤矿井下设备回撤作业过程中，违反有关安全管理的规定，造成23人死亡、1人重伤的严重后果，且负事故主要责任，情节特别恶劣，其行为触犯《中华人民共和国刑法》第一百三十四条第一款之规定，犯罪事实清楚，证据确实、充分，应以重大责任事故罪追究其刑事责任。蒋某正自愿认罪认罚，处罚时应适用《中华人民共和国刑事诉讼法》第十五条之规定，可以依法从宽处理；蒋某正到案后如实供述自己的罪行，系坦白，根据《中华人民共和国刑法》第六十七条第三款之规定，可从轻处罚。

被告人刘某六在指挥、管理甲煤矿井下设备回撤作业过程中，违反有关安全管理的规定，造成23人死亡、1人重伤的严重后果，且负事故主要责任，情节特别恶劣，其行为触犯《中华人民共和国刑法》第一百三十四条第一款之规定，犯罪事实清楚，证据确实、充分，应以重大责任事故罪追究其刑事责任。刘某六自愿认罪认罚，处罚时应适用《中华人民共和国刑事诉讼法》第十五条之规定，可以依法从宽处理；刘某六到案后如实供述自己的罪行，系坦白，根据《中华人民共和国刑法》第六十七条第三款之规定，可从轻处罚。

被告人黄某东在指挥、管理甲煤矿井下设备回撤作业过程中，违反有关安全管理的规定，造成23人死亡、1人重伤的严重后果，且负事故主要责任，情节特别恶劣，其行为触犯《中华人民共和国刑法》第一百三十四条第一款之规定，犯罪事实清楚，证据确实、充分，应以重大责任事故罪追究其刑事责任。黄某东犯罪以后自动投案，如实供述自己的罪行，系自首，根据《中华人民共和国刑法》第六十七条第一款之规定，可以从轻或者减轻处罚。

被告人唐某宽在组织、管理甲煤矿井下设备回撤作业过程中，违反有关安全管理的规定，造成23人死亡、1人重伤的严重后果，其行为触犯《中华人民共和国刑法》第一百三十四条第一款之规定，犯罪事实清楚，证据确实、充分，应以重大责任事故罪追究其刑事责任。唐某宽自愿认罪认罚，处罚时应适用《中华人民共和国刑事诉讼法》第十五条之规定，可以依法从宽处理；唐某宽到案后如实供述自己的罪行，系坦白，根据《中华人民共和国刑法》第六十七条第三款之规定，可从轻处罚。

被告人袁某新在管理甲煤矿井下设备回撤作业过程中，违反有关安全管理的规定，造成23人死亡、1人重伤的严重后果，其行为触犯《中华人民共和国刑法》第一百三十四条第一款之规定，犯罪事实清楚，证据确实、充分，应以重大责任事故罪追究其刑事责任。袁某新自愿认罪认罚，处罚时应适用《中华人民共和国刑事诉讼法》第十五条之规定，可以依法从宽处理；袁某新犯罪以后自动投案，如实供述自己的罪行，系自首，根据《中华人民共和国刑法》第六十七条第一款之规定，可以从轻或者减轻处罚。

根据《中华人民共和国刑事诉讼法》第一百七十六条的规定，将被告人刘某全、被告人陈某、被告人雷某云、被告人赵某明、被告人刘某洪、被告人邓某电、被告人蒋某正、被告人刘某六、被告人黄某东、被告人唐某宽、被告人袁某新提起公诉，请依法判处。

此致
重庆市永川区人民法院

20××年×月×日

附注：

1. 被告人刘某全、陈某、雷某云、赵某明、刘某洪、邓某电、蒋某正、刘某六、黄某东羁押于重庆市××区看守所；被告人唐某宽监视居住于原住所，联系电话：136×××3664；被告人袁某新取保候审于原住所，联系电话：158×××2533。

2. 案卷材料和证据84册。

3. 《认罪认罚具结书》9份。

【承办检察官心得体会】

与本人办理的其他刑事案件相比，本案具有两个突出特点：

首先，本案犯罪结果的发生系多因一果，涉及的犯罪人员分别为煤矿股东、煤矿矿长等管理人员、矿井设备回收方人员、井下作业人员四个层面，涉及人员达十余人，如何界定各个层面人员的责任以及其违规行为与犯罪结果发生的原因力大小是案件办理的难题。但当时法律法规针对煤矿关闭期间进行设备回撤的安全作业规定存在一定的空白，各个犯罪人员在煤矿关闭期间进行井下设备回撤作业时的职责相较于煤矿正常开采作业期间已经发生变化，承办人多次走访并听取市区两级煤矿主管部门、监督部门、国务院事故调查组专家等意见，富有成效地对涉案的煤矿股东、对回撤设备行为直接进行监管的煤矿领导、直接从事作业的回撤方人员、设备回收方相关人员四方主体的责任进行认定，准确查明四方人员依照法律法规和公司在回撤期间规定的职责有哪些，上述人员实施了哪些履职行为，上述行为有哪些是违法违规行为，上述违法违规行为和犯罪结果发生的原因力大小又是多少。在审查清楚上述问题后，认定三名股东存在违规将设备回撤作业外包给第三方回收公司并向政府相关职能部门隐瞒上述事实的行为；认定对回撤设备行为直接进行监管的煤矿领导存在对井下工人培训、监管不力等违规行为；认定第三方回收公司主要管理人员存在不具备资质的情况下组织工人违规动火作业等违法行为，上述行为对犯罪结果的发生具有直接的因果关系，进而确定对其中 11 名人员应当追究刑事责任。

其次，在上述 11 名人员中，因每个人在案件中职责、行为、过错等因素的差异性，将对其责任确定产生不同的影响。为更好地做到罪责刑相一致，在对各个人员的责任进行逐一分析的基础上，对其责任大小进行划分：刘某全等 9 名犯罪嫌疑人应负事故主要责任；唐某宽、袁某新应负事故次要责任。

根据以上两点，在撰写起诉书时，总体按照事件发生的时间顺序，采用总分总的框架，叙述事情的起因、经过，并在此过程中分述各个人员在各环节的违法违规行为，最后叙写犯罪结果的发生。以此准确、全面地完成起诉书的制作。

本案是国内首起在煤矿关闭后设备回撤过程中发生的重大事故，《安全生产法》《煤矿安全规程》等法律规章对煤矿回撤期间的安全作业的规定少而笼统，不少地方存在规定空白，国内无任何类似案件可供参考。办案组通过准确认定犯罪事实，以因果关系的调查为主线，查明各责任人员的违规、失职行为与事故发生之间存在刑法上的因果关系，明确各方在事故发生中的原因力大小，准确界定应当承担刑事责任的人员范围，为以后办理类似案件提供参考，被最高人民检察院评为典型案例。

【专家点评】

起诉书是检察机关依照法定的诉讼程序，代表国家向人民法院对刑事案件被告人提起公诉，请求法院对被告人进行依法审判的正式法律文书。起诉书是法院审理活动的基础和合法依据，也是被告人、辩护人进行辩护的基本材料。一份好的起诉书，要做到事实认定准确、法律适用恰当，逻辑清晰、论证缜密、语言精练。本案是一起涉案人员众多、后果特别严重、影响特别重大的重大责任事故案件。准确厘清涉案人员的范围、界定各层级人员的责任以及违法违规行为与犯罪结果的因果关系是该案的重点和难点。本案起诉书具有以下特点：

（一）准确认定涉案人员类型及范围，体现了起诉书清晰的逻辑基础

危害生产安全类犯罪往往涉案人员较多，犯罪主体复杂，既包括直接从事生产、作业的人员，也包括对生产、作业负有组织、指挥或者管理职责的负责人、管理人员、实际控制人、投资人等，有的还涉及国家机关工作人员渎职犯罪。本案将涉案人员分为煤矿股东等矿井的实际控制人、投资人，对回撤设备作业进行监管的煤矿领导等对生产、作业负有组织、指挥或者管理职责的管理人员，直接从事井下作业的直接生产作业人员，矿井设备回收方人员四类。在责任事故类案件中，划分各层面人员职责类型是确定其履职行为违法性的前提和基础。特别是在涉及人员众多、各方责任交织的重特大责任事故类案件中，准确划定涉案人员范围，防止各涉案人员互相推诿责任或随意扩大涉案人员范围，才能

做到不枉不纵、不遗不漏。本案起诉书采用对相关人员进行分类的方法值得借鉴。同时，为避免实际控制人、投资人等管理人员疏于对企业生产安全的管理监督，对员工的生命健康不负责任，根据监督过失理论，股东等投资人也属于本罪的犯罪主体。同时，"两高"在《关于办理危害生产安全刑事案件适用法律若干问题的解释》中对此作出了明确规定，《刑法》第134条第1款规定的犯罪主体，包括对生产、作业负有组织、指挥或者管理职责的负责人、管理人员、实际控制人、投资人等人员，以及直接从事生产、作业的人员。故本案的几名股东应当承担监督责任。

（二）合理确定各涉案人员责任，确保罪责刑相一致，体现了起诉书清晰的逻辑论证

起诉书在分类确定涉案人员范围的基础上，对四类主体的责任进行认定，对上述人员实施了哪些履职行为，各行为违反了哪些法律法规，违法违规行为和犯罪造成的严重后果之间的因果力大小等关键事实阐述清晰、逻辑缜密。起诉书认定三名股东存在违规将设备回撤作业外包给第三方回收公司并向政府相关职能部门隐瞒上述事实的行为；认定对回撤设备行为直接进行监管的煤矿领导存在对井下工人培训、监管不力等违规行为；认定第三方回收公司主要管理人员存在不具备资质的情况下组织工人违规动火作业等违法行为。各相关人员是否违反有关安全管理规定，违反了何种何类规定，具体行为在引发事故中所起作用的大小，都是起诉书应当论证的重要内容。该起诉书清晰地论述了各行为人具体违法行为以及该行为与造成的严重后果之间的关系，既遵循了事件的整体顺序，又遵循了事故发生的时间顺序，条理清晰，语言凝练，主要原因与次要原因，主要责任和次要责任一目了然。根据事故原因、危害后果、主体职责、过错大小等因素，综合考虑全案，正确划分责任，做到罪责刑相适应。

（三）对缺乏明确法规规范的情形做到合理分析，积极体现法律的逻辑经验

该起诉书的优秀示范意义不仅表现在归纳事实、辨析因果上全面、准确，而且表现在公正司法、完善细化法律规则方面。法律规则往往是抽象、凝练的，如何具体适用于纷繁多样的社会生活，是司法人员常常

要面临的现实问题。本案中，煤矿已经关闭，是在设备回撤过程中发生的重大事故，情形并不多见，相关法律法规也较少，甚至一些地方存在规范空白，相关案例也极难查询。本案起诉书结合业务经验、通常做法、行业规则、逻辑法则，明确各方在事故发生中的地位、作用，进而准确界定各方应当承担的刑事责任。这一过程就是严密的论证和认定的过程，既经得起法庭的论辩，又经得住行业规则和时间的检验。

该起诉书层次分明、重点突出、逻辑严密、语言精练、说理清晰，对于办理责任事故类案件具有示范、指导作用。

（点评人：刘辰，最高人民检察院普通犯罪检察厅主办检察官、三级高级检察官、全国检察业务专家）

二

不起诉决定书

12. 重庆市某联办白石厂非法储存爆炸物案不起诉决定书

【简要案情】

被不起诉人重庆市永川区某联办白石厂（以下简称某石厂）在重庆市永川区永荣镇云谷村有矿区，具有建筑石料用灰岩的矿产开采权，并经审批后建有炸药库用于保管矿区使用的炸药等物品。

2019年7月18日，某石厂向重庆市规划和自然资源局提交了将采矿权转让变更至重庆某建材有限公司的信息公示申请资料。同年8月20日，重庆市规划和自然资源局在公众信息网发布该转让变更采矿权的公示，公示期为10个工作日。经公示期满、公示期间无异议，某石厂遂于同年9月18日向重庆市永川区规划和自然资源局提交了采矿权转让变更登记、延续登记申请资料。重庆市永川区规划和自然资源局受理申请后，于2019年9月30日颁发采矿许可证，该采矿许可证有效期限为2019年8月21日至2020年10月27日。

2019年8月期间，某石厂正在修建一条水泥路连接外面的道路，在自有矿区内使用炸药爆破等方式生产碎石用于修路。某石厂采矿许可证将于2019年8月21日到期，但采矿权转让变更、延续手续尚未办理完毕。2019年8月20日，某石厂实际控制人董某某与企业责任人、炸药库库管员谭某甲商量此事，二人考虑到采矿许可证即将到期、炸药库即将被封，决定在炸药库封库前将部分炸药和雷管取出来后存放到其他地方，以便日后用于爆破碎石修路。2019年8月21日，重庆市永川区规划和自然资源局通知该厂停止采矿活动，谭某甲于重庆市永川区公安局永荣派出所封库前发放了276千克炸药和190发雷管，后谭某甲与爆破员朱某某、安全员谭某丙将当日发放的炸药和雷管运到矿区进行爆破作业，爆破作业完成后，谭某甲将剩余的48千克炸药和50发雷管未按规定退库，而是运到炸药库外值班室存放，并将炸药与雷管分开存放。后因之前储备的碎石不足以修完剩余道路，谭某甲同朱某某、谭某丙于当月25日将值班室存放的48千克炸药和50发雷管用于爆破碎石，并将碎石用于修建100米左右的剩余道路及为周边村民无偿修建300米左右的道路。

2019年9月10日19时许，董某某、谭某甲接民警电话通知，于当日20时许主动到永川区公安局永荣派出所接受调查，如实供述了上述犯罪事实。

【诉讼过程】

本案由重庆市永川区公安局侦查终结，以犯罪嫌疑人董某某、谭某甲涉嫌非法储存爆炸物罪，于2020年8月20日向永川区人民检察院移送审查起诉，后补充移送单位主体重庆市永川区某联办白石厂。2020年8月24日永川区人民检察院全面审查后对全案作不起诉决定。

【文书全文】

重庆市永川区人民检察院
不起诉决定书

渝永检刑不诉〔20××〕××号

被不起诉人重庆市永川区某联办白石厂，成立于1987年12月26日，负责人：谭某甲，住所地：重庆市永川区，经营范围：建筑石料用灰岩开采。

诉讼代表人：谭某乙，男，1969年×月×日出生，公民身份号码5102291969×××××××，汉族，初中文化程度，重庆市永川区某联办白石厂员工，住重庆市永川区。

本案由重庆市永川区公安局侦查终结，以被不起诉人涉嫌非法储存爆炸物罪，于2020年8月20日向本院移送审查起诉。

二、不起诉决定书

经本院依法审查查明：

被不起诉人重庆市永川区某联办白石厂（以下简称某石厂）在重庆市永川区永荣镇云谷村有矿区，具有建筑石料用灰岩的矿产开采权，并经审批后建有炸药库用于保管矿区使用的炸药等物品。

2019年7月18日，某石厂向重庆市规划和自然资源局提交了将采矿权转让变更至重庆某建材有限公司的信息公示申请资料。同年8月20日，重庆市规划和自然资源局在公众信息网发布该转让变更采矿权的公示，公示期为10个工作日。经公示期满、公示期间无异议，某石厂遂于同年9月18日向重庆市永川区规划和自然资源局提交了采矿权转让变更登记、延续登记申请资料。重庆市永川区规划和自然资源局受理申请后，于2019年9月30日颁发采矿许可证，该采矿许可证有效期限为2019年8月21日至2020年10月27日。

2019年8月期间，某石厂正在修建一条水泥路连接外面的道路，在自有矿区内使用炸药爆破等方式生产碎石用于修路。某石厂采矿许可证将于2019年8月21日到期，但采矿权转让变更、延续手续尚未办理完毕。2019年8月20日，某石厂实际控制人董某某与企业责任人、炸药库库管员谭某甲商量此事，二人考虑到采矿许可证即将到期、炸药库即将被封，决定在炸药库封库前将部分炸药和雷管取出来后存放到其他地方，以便日后用于爆破碎石修路。2019年8月21日，重庆市永川区规划和自然资源局通知该厂停止采矿活动，谭某甲于重庆市永川区公安局永荣派出所封库前发放了276千克炸药和190发雷管，后谭某甲与爆破员朱某某、安全员谭某丙将当日发放的炸药和雷管运到矿区进行爆破作业，爆破作业完成后，谭某甲将剩余的48千克炸药和50发雷管未按规定退库，而是运到炸药库外值班室存放，并将炸药与雷管分开存放。后因之前储备的碎石不足以修完剩余道路，谭某甲同朱某某、谭某丙于当月25日将值班室存放的48千克炸药和50发雷管用于爆破碎石，并将碎石用于修建100米左右的剩余道路及为周边村民无偿修建300米左右的道路。

2019年9月10日19时许，董某某、谭某甲接民警电话通知，于当日20时许主动到永川区公安局永荣派出所接受调查，如实供述了上述犯罪事实。

认定上述事实的证据如下：

1. 民用炸药领用登记表等书证；
2. 证人谭某丙等人的证言；
3. 董某某、谭某甲的供述和辩解。

本院认为，被不起诉人重庆市永川区某联办白石厂实施了《中华人民共和国刑法》第一百二十五条规定的行为，但犯罪情节轻微，依法不需要判处刑罚。理由如下：

1. 被不起诉人重庆市永川区某联办白石厂的行为已构成非法储存爆炸物罪

被不起诉人重庆市永川区某联办白石厂的实际控制人董某某与企业责任人、炸药库库管员谭某甲为单位利益，共谋违反国务院《民用爆炸物品安全管理条例》第四十条"民用爆炸物品应当储存在专用仓库内，并按照国家规定设置技术防范设施"之规定，将应当在企业专用库房保存的爆炸物，在封库前转移至库房外进行非法存放，根据《中华人民共和国刑法》第一百二十五条之规定，已构成非法储存爆炸物罪。

2. 本案不属于刑法第一百二十五条规定的"情节严重"情形

《中华人民共和国刑法》第一百二十五条第一款规定："非法制造、买卖、运输、邮寄、储存枪支、弹药、爆炸物的，处三年以上十年以下有期徒刑；情节严重的，处十年以上有期徒刑、无期徒刑或者死刑。"最高人民法院《关于审理非法制造、买卖、运输枪支、弹药、爆炸物等刑事案件具体应用法律若干问题的解释》（以下简称司法解释）第二条规定，非法储存爆炸物5千克以上属于"情节严重"情形。本案涉案炸药共计48千克，从数量上来看已经达到"情节严重"的标准。但该司法解释第九条第一款、第二款又规定："因筑路、建房、打井、整修宅基地和土地等正常生产、生活需要，或者因从事合法的生产经营活动而非法储存爆炸物……数量虽达到本解释第二条规定标准的，也可以不认定为刑法第一百二十五条第一款规定的'情节严重'"。本案中，涉案炸药虽已达到48千克，但董某某、谭某甲、朱某某、谭某丙等人均能够证实涉案炸药用于修建道路，且案发时从炸药库中剩余的1吨多炸药中仅取出其中的48千克炸药用于非法存放，从数量来看，也能够印证其非法存放爆炸物是为了将剩余道路按期修建完毕而非其他目的。因此，某石厂确因筑路的正常生产、生活需要，在采矿许可证未能按期延续办理、即将封库时将专用仓库内的爆炸物放于库外非法存放，周边无人员集中区域，未造成现实危害后果，符合该司法解释第九条第二款的规定，不属于"情节严重"的情形。

3. 被不起诉人重庆市永川区某联办白石厂犯罪情节轻微、其行为不需要判处刑罚

本案中，重庆市永川区某联办白石厂之所以非法储存爆炸物，在于修建道路过程中出现了阻碍事由，即企业采矿许可证到期但变更、延续登记手续尚未办理完毕，导致企业炸药库被封后将无法使用炸药库内的炸药，因此以库外存放的方式来进行规避此问题，该问题的产生本身与行政许可事项未能得到及时审批有一定关联。某石厂将爆炸物与雷管分开存放，客观上没有造成现实危害结果，系初犯，具有自首、认罪认罚的法定从轻、减轻处罚情节，认罪悔罪态度较好。某石厂所修建道路中有部分系为周边村民无偿修建，体现出企业在社会公益事业上作出的贡献。综合考虑前述情况，可以认定重庆市永川区某联办白石厂的犯罪情节轻微，根据司法解释第九条第一款"因筑路、建房、打井、整修宅基地和土地等正常生产、生活需要，或者因从事合法的生产经营活动而非法储存爆炸物，没有造成严重社会危害，并确有悔改表现的，可依法从轻处罚，情节轻微的，可以免除处罚"的规定，本案符合不起诉条件。

2020年8月24日，本院对本案进行公开审查听证。参与听证的人大代表、政协委员、人民监督员均认为，重庆市永川区某联办白石厂的犯罪情节轻微，在当地作出了一定贡献，具有自首、认罪认罚等情节，同意对其作不起诉处理。本院采纳听证人员意见，依据《中华人民共和国刑事诉讼法》第一百七十七条第二款的规定，决定对重庆市永川区某联办白石厂不起诉。

被不起诉人如不服本决定，可以自收到本决定书后七日内向本院申诉。

重庆市永川区人民检察院

20××年×月×日

【承办检察官心得体会】

（一）准确认定"情节严重"

本案认定的一个难点在于是否属于"情节严重"的认定问题。本案涉及炸药 48 千克、雷管 50 发，最高人民法院《关于审理非法制造、买卖、运输枪支、弹药、爆炸物等刑事案件具体应用法律若干问题的解释》第 1 条、第 2 条规定，非法储存爆炸物 5 千克即属于"情节严重"，法定刑为有期徒刑 10 年以上、无期徒刑或死刑。同时，根据该解释第 9 条第 1 款、第 2 款之规定，因筑路、建房、打井、整修宅基地和土地等正常生产、生活需要，或者因从事合法的生产经营活动而非法制造、买卖、运输、邮寄、储存爆炸物，数量达到本解释第一条规定标准，没有造成严重社会危害，并确有悔改表现的，可依法从轻处罚；情节轻微的，可以免除处罚。具有前款情形，数量虽达到本解释第二条规定标准的，也可以不认定为刑法第一百二十五条第一款规定的"情节严重"。经审查，本案中涉案企业系因预计到炸药库封库后修建道路所需碎石不够用，而在封库最后一日提前多取出一部分炸药而未按规定退库，并在库外存放 4 天后用于爆破碎石，并将碎石用于道路修建，其中有 100 米左右自用道路及无偿为周边村民修建的 300 米左右的道路，并未造成实际危害后果。因此，可不认定为"情节严重"。对此，不起诉决定书进行了充分的阐述。

（二）充分论述"犯罪情节轻微"

在案件处理方面，有观点认为既然是重罪案件，向人民法院提起公诉更为适宜。但经审查认为，本案企业本身有合法的炸药专用保管仓库，案发起因与行政许可事项有一定牵连，犯罪情节相对轻微，符合司法解释第 9 条第 1 款"因筑路、建房、打井、整修宅基地和土地等正常生产、生活需要，或者因从事合法的生产经营活动而非法储存爆炸物，没有造成严重社会危害，并确有悔改表现的，可依法从轻处罚，情节轻微的，可以免除处罚"的规定。经调查评估，涉案企业为当地经济、就业、公益等方面也作出了一定贡献，对其作出不起诉决定，更符合宽严相济刑事政策的要求，更符合"保市场主体、护民营经济"专项行动的要求。

因此，在不起诉决定书论述时，结合开展公开听证的情况着重对"犯罪情节轻微"进行了论证。

【专家点评】

努力让人民群众在每一个司法案件中感受到公平正义，既要通过履职办案实现公平正义，也要让公平正义更好更快实现，还要让人民群众真正、切实感受到公平正义。公平正义不仅体现在案件的处置结果上，还体现于检察机关的履职过程。刑事检察文书作为检察机关刑事案件办理质效的集中体现，是高质效办好每一个刑事案件的有机组成部分，更是人民群众感受公平正义的直接途径。该不起诉决定书全面践行"三个善于"的要求，在阐明事理、释明法理、讲明情理方面都有可圈可点之处，值得学习借鉴。

（一）树牢证据裁判原则，确保事实认定全面准确

一份优秀的检察文书背后一定有一个高质量案件。办好案件的基础在于证据的收集、审查和运用。证据是支撑案件质量的"骨骼"，司法办案靠的是证据、核心是证据，只有在证据框架下准确认定犯罪构成事实，才能在证据的骨骼上量体裁衣，进而探讨法律适用的问题，实现案件的客观公正处理。

本案是一起基础事实较为清楚的案件，从构成要件上分析，只需证实涉案单位明知是危险物质仍违反法律规定或者国家有关管理制度而非法储存即可，但承办检察官并未简单化处理，而是落实全程实质化审查的要求，深入调查案件细节，对可能影响定罪量刑的案件关联事实、边际事实进行了全面查证。一方面，"向前一步"调查案件起因。经调查发现，涉案企业本身具备合法的炸药专用保管条件。之所以非法储存爆炸物是由于修建道路过程中出现了阻碍事由，而该阻碍事由的产生与行政许可事项未能得到及时审批有一定的关联。另一方面，"往后一步"核查行为目的和危害后果。经核查发现，因预计到炸药库封库后修建道路所需碎石不够用，涉案企业在封库最后一日才多取出部分炸药，且在库外存放4日后即用于爆破碎石，碎石均用于道路修建，且大部分用于为周边村民无偿修建道路。在事实认定上，检察机关以时间为轴完整还原案

件经过,清晰地反映出该企业涉案的原因和产生的后果,为准确认定行为性质、适用法律奠定了基础。

(二)践行检察为民宗旨,实现法理情融合统一

"法施于人,虽小必慎。"为民是检察工作的根本宗旨。应勇检察长多次提出要"高质效办好每一个案件"。作为"阅卷人",人民群众的切身感受是判断一起案件是否"高质效"的重要参考。司法办案既要对照具体条文研判法律适用是否正确,又要根据法律精神研判内在价值是否存在冲突,还要站在人民群众的立场,综合考虑国法、天理、人情,从纷繁复杂的案件事实中把握实质法律关系,确保案件处理结果与法律内在精神一致、确保政治效果、法律效果和社会效果相统一。

该篇不起诉决定书立足于案件事实和证据,充分运用刑法解释方法,结合对法益侵害、主观恶性、犯罪后果等方面的判断,确保了司法判断与朴素正义的契合。从形式上看,涉案企业非法储存爆炸物数量达48千克,根据最高人民法院《关于审理非法制造、买卖、运输枪支、弹药、爆炸物等刑事案件具体应用法律若干问题的解释》(以下简称《解释》)第2条第(1)项和《刑法》第125条的规定,属"情节严重"。但从实质上分析,涉案企业本身具备储存爆炸物的资质且设有专用仓库进行存储,在采矿许可证到期前已依法申请延续登记。其存储炸药时间较短,炸药正常用于爆破碎石,其中大部分碎石无偿用于为周边村民修建300余米的道路,该企业非法储存爆炸物的行为并未造成实际危害后果。此外,检察机关还进一步了解到,涉案企业为当地经济、就业、公益事业等作出一定的贡献。综合上述情况,检察官对涉案企业犯罪行为的"可罚性"进行了考量,认为应当审慎追诉犯罪。在准确认定事实的基础上,检察官充分运用法律解释方法,对蕴含于法律条文中的法理、情理进行充分的解读,认为本案符合《解释》第9条的规定,属于"情节轻微,可以免除处罚"的情形,最终作出不起诉处理决定。这一决定践行了宽严相济刑事政策,兼顾了对企业的保护,处理结果亦符合人民群众朴质的法律情感,体现了法治精神与人文关怀的有机统一。

(三)依法积极履职,探寻案件处理最优解

新时代新发展阶段,为适应经济社会高质量发展的新要求,满足人

民群众对美好生活的新期待，检察机关依法主动融入大局、服务大局，促进国家治理和社会治理，在更高层面发挥检察职能作用。具体到刑事案件办理过程中，就是摒弃就案办案、坐堂办案、机械办案的错误观念和做法，着力提升以调查侦查能力、证据审查判断能力、事实认定能力等为主要内容的案件审查能力。检察官办案要走出卷宗、走出办公室、走向案发地，变"静态"审查为亲历性"动态"审查，变"在卷"证据审查为"在案"证据审查，寻找办案"最优解"。

永川区检察院的检察官在办理该案的过程中，积极履职，将书面审查与调查复核、实地走访相结合，全面调取与案件相关的证据材料，提升事实认定的准确性和内心确信度。同时，以公开听证、调查走访等方式，及时了解、充分回应群众关切，并在检察文书中进行释法说理，落实"谁执法，谁普法"的履职要求。本案文书不仅向当事人以及社会公众阐明了检察机关作出决定的法律依据，也传达了为民司法的价值目标，充分发挥检察文书润法治于民心的指引功能，是"高质效办好每一个案件"的有力体现，为今后办理该类案件提供可资借鉴的有益参考。

（点评人：赵慧，湖北省武汉市武昌区人民检察院党组书记、检察长）

13. 谢某华故意杀人案不起诉决定书

【简要案情】

犯罪嫌疑人谢某华与被害人谢某某系亲兄弟关系。2018年6月9日,谢某华、谢某某共同参加在重庆市大足区×街道×村×组灵仙庙举行的庙会活动并饮酒。当日19时许,谢某某因认为谢某华说话冒犯了自己等,心怀不满,返回家中拿了一根铁錾(长约30cm)到灵仙庙,扬言要捅死谢某华,被他人劝阻,铁錾也被夺下。不久,谢某某从家中拿了一根叉子(总长2.1m,顶部为双头铁叉),先是站在灵仙庙下公路辱骂并扬言要杀死谢某华,后又进入灵仙庙持叉子捅刺谢某华,谢某华用左手抓住了叉子,但头部仍被叉子刺伤。两人紧接着在庙堂内和阶檐下争夺叉子并进行打斗,期间叉子在阶檐处被谢某华夺走并扔至灵仙庙外的杂草地,谢某某又先后就地捡拾一根圆形木桩(长50cm,周长56cm,重9.6kg)及两个啤酒瓶砸向谢某华,但被谢某华躲过。之后,双方继续在灵仙庙院坝徒手进行扭打,并在扭打过程中一同跌落至坝子下面的杂草地中。二人在杂草地中继续扭打,最后谢某华用腿压住谢某某身体,双手掐谢某某脖子,导致谢某某窒息死亡。经鉴定,谢某某系颈部遭受扼压作用致机械性死亡;谢某华损伤程度为轻微伤;谢某华、谢某某案发时血液中酒精含量分别为123.6mg/100ml、300.5mg/100ml。作案后,犯罪嫌疑人谢某华主动向公安机关投案,但其投案后并未如实供述犯罪事实。

【诉讼过程】

2018年8月29日,重庆市大足区公安局以谢某华涉嫌故意杀人罪将案件移送重庆市大足区人民检察院审查起诉,因谢某华可能判处无期徒刑以上刑罚,后该案转至重庆市人民检察院第一分院审查起诉。2019年

3月13日，重庆市人民检察院第一分院以谢某华的行为属于正当防卫，不负刑事责任，决定对谢某华不起诉。不起诉决定书宣布后，谢某华和被害人近亲属均未提出申诉。

【文书全文】

重庆市人民检察院第一分院
不起诉决定书

渝检一分院刑不诉〔20××〕××号

被不起诉人谢某华，男，1956年×月×日出生，身份证号码5102301956××××××××，汉族，小学肄业，务农，重庆市大足区人，户籍所在地重庆市大足区×街道×村×组×号，住址同户籍所在地。因涉嫌故意伤害罪，于2018年6月10日被重庆市大足区公安局刑事拘留；同年6月22日经重庆市大足区人民检察院批准，于同日被重庆市大足区公安局逮捕。

辩护人刘某某，重庆×律师事务所律师。

本案由重庆市大足区公安局侦查终结，以被不起诉人谢某华涉嫌故意杀人罪，于2018年8月20日移送重庆市大足区人民检察院审查起诉，该院于2018年8月29日转至本院审查起诉。本院于2018年10月14日、2018年12月27日退回侦查机关补充侦查，侦查机关于2018年11月13日、2019年1月26日重新移送审查起诉。因案情重大、复杂，本院于2018年9月30日、2018年12月14日、2019年2月27日延长审查起诉期限15日。

经本院依法审查查明：

被不起诉人谢某华与谢某某（殁年64岁）系兄弟关系。2018年6月9日，谢某华、谢某某共同参加在重庆市大足区×街道×村×组灵仙庙举行的庙会活动并饮酒。当日19时许，谢某某因认为谢某华说话冒犯了自己等,心怀不满,返回家中拿了一根铁錾(长约30cm)到灵仙庙,扬言要捅死谢某华,被他人劝阻,铁錾也被夺下。不久,谢某某从家中拿了一根叉子(总长2.1m,顶部为双头铁叉),先是站在灵仙庙下公路辱骂并扬言要杀死谢某华,后又进入灵仙庙持叉子捅刺谢某华,谢某华用左手抓住了叉子,但头部仍被叉子刺伤。两人紧接着在庙堂内和阶檐下争夺叉子并进行打斗,期间叉子在阶檐处被谢某华夺走并扔至灵仙庙外的杂草地,谢某某又先后就地捡拾一根圆形木桩(长50cm,周长56cm,重9.6kg)及两个啤酒瓶砸向谢某华,但被谢某华躲过。之后,双方继续在灵仙庙院坝徒手进行扭打,并在扭打过程中一同跌落至坝子下面的杂草地中。二人在杂草地中继续扭打,最后谢某华用腿压住谢某某身体,双手掐谢某某脖子,导致谢某某窒息死亡。经鉴定,谢某某系颈部遭受扼压作用致机械性死亡;谢某华损伤程度为轻微伤;谢某华、谢某某案发时血液中酒精含量分别为123.6mg/100ml、300.5mg/100ml。

本院认为,被不起诉人谢某华虽然实施了故意杀害他人的行为,但属于正当防卫,不负刑事责任。理由如下:

1. 谢某某的行为属于"行凶"。谢某某扬言要杀死被不起诉人谢某华,并且也实施了持铁叉捅刺谢某华头部的行为,致谢某华头顶部受伤,谢某华的人身安全已处于现实的、急迫的、严重的危险之下,谢某某的行为符合"行凶"的认定标准。

2. 被不起诉人谢某华的防卫行为适时。判断防卫行为是否适时,关键要看不法侵害行为是否正在进行。谢某某在被夺走铁叉后,仍就地捡拾木桩、酒瓶对谢某华继续进行攻击,可见谢某某在被夺去铁叉后并未放弃攻击行为,其人身危险性一直未消除,其行凶目的只是因为意志以外的原因未得逞,不能认定其不法侵害行为已经停止。

3. 被不起诉人谢某华的行为属于特殊正当防卫,没有超过必要限度。《中华人民共和国刑法》第二十条第三款规定:"对正在进行行凶、杀人、抢劫、强奸、绑架以及其他严重危及人身安全的暴力犯罪,采取防卫行为,造成不法侵害人伤亡的,不属于防卫过当,不负刑事责任。"本案中,谢某某酒后滋事,继而持凶器刺向谢某华要害部位,在其行为具有现实危险性而属于"行凶"的前提下,谢某华具有实施特殊防卫的权利,其实施防卫行为致谢某某死亡，不属于防卫过当，不负刑事责任。谢某华是否受伤以及伤势轻重，对正当防卫的认定没有影响。

综上所述，被不起诉人谢某华的行为属于正当防卫，不负刑事责任，依据《中华人民共和国刑事诉讼法》第一百七十七条第一款的规定，决定对谢某华不起诉。

被不起诉人如不服本决定，可以自收到本决定书后七日内向本院申诉。

被害人近亲属如不服本决定，可以自收到本决定书后七日以内向重庆市人民检察院申诉，请求提起公诉；也可以不经申诉，直接向重庆市第一中级人民法院提起自诉。

重庆市人民检察院第一分院

20××年×月×日

【承办检察官心得体会】

（一）引导侦查与自行侦查相结合，重构证据体系，还原事实真相

本案案发现场系无人居住的小庙，没有监控，没有目击证人，系典型"密室杀人案"。公安机关移送审查起诉时，卷宗仅有4册，除犯罪嫌疑人的供述，主要证据材料仅现场勘验检查记录、尸体检验鉴定书、DNA鉴定书、犯罪嫌疑人的人身检查记录和2份证言。检察官通过认真阅卷，并实地走访现场认为本案事实不清、证据不足，遂出具详细的补充侦查提纲，引导公安机关立足于客观性证据所反映的案件线索，多角度开展补充侦查。同时，亲自实地走访村干部、村民了解犯罪嫌疑人及被害人日常表现，并复核关键证人的证言等，积极开展自行补充侦查。最终查明，本案是一起被害人酒后率先并持续持凶器对犯罪嫌疑人实施攻击，后因醉酒等原因不敌犯罪嫌疑人，在搏斗中被犯罪嫌疑人反杀的案件。

（二）专业判断与朴素认知相结合，充分论证，果断认定正当防卫

本案属于发生在亲属之间的刑事案件，与不法与合法对立非常明显的正当防卫案件有较大的不同。重庆市人民检察院第一分院在处理本案

时十分审慎,不仅多次组织专家论证,并以书面方式请示上级检察机关。经上下级检察机关的共同研究,认为本案中,谢某某酒后滋事,继而持凶器刺向谢某华要害部位,在谢某某行为具有现实危险性而属于"行凶"的前提下,谢某华具有实施特殊防卫的权利,其实施防卫行为致谢某某死亡,不属于防卫过当,不负刑事责任,遂决定对其不起诉。

(三)司法说理与精准救助相结合,有效化解矛盾,促进社会治理

本案的不起诉决定书经多方反复推敲方才出炉,文书紧扣特殊正当防卫的法定条件,以案件事实为基础,从案件发生的起因、双方的关系、特殊的时空环境、双方行为的动态变化等方面进行分析论证,叙事清晰、表述准确、说理透彻、层次分明、用语流畅,使不起诉决定既符合法律规定,又符合常情常理。在案件宣布不起诉当天,重庆市人民检察院第一分院组织召开由办案单位代表、地方政府代表、犯罪嫌疑人所在村社居民代表等参加的座谈会,从情理法的角度详细解读了本案案件审查的过程及不起诉的理由。与会代表表示,直观了解了检察机关办案程序,对检察机关的公正司法点赞。同时,因在办案过程中,承办检察官了解到被害人家境困难,被害人妻子系无自理能力的精神病患者,死者的两个女儿刚成年,收入较低,无力承担被害人妻子养老费用,遂积极协调当地政府和村委会等单位,为被害人妻子办理了低保,申请了司法救助金2万元,并协调福利院免除被害人妻子超出低保和救助金之外的日常住院费用,最终案件取得较好的法律效果和社会效果。

【专家点评】

故意杀人案件具有社会影响大、矛盾突出、案情复杂敏感等特点,需要检察机关慎重对待。与此相对应,该类案件对相关法律文书提出了更高要求。本案不起诉决定书具有事实描述准确、释法说理透彻、语言准确有力等特点,最大限度还原了案件事实真相,体现了检察机关在打击犯罪与保障人权之间的平衡,是一篇较为优秀的检察文书。

(一)事实描述准确有据

本案的事实较为复杂,从谢某华与谢某某参加庙会、发生矛盾,到两人发生打斗直到谢某某倒地身亡,这一过程环节众多、事态发展错综

复杂,唯有将这一过程全面展现出来,方能实现对案件的准确定性。该篇不起诉书在依据确实充分的主客观证据查明案件事实的基础上,运用客观平实的语言,较为全面系统地还原了案件整个过程,尤其是谢某某多次辱骂、威胁谢某华,持械对谢某华进行持续性、致命性伤害,导致谢某华人身安全处于极大威胁之中,为后续案件定性、是非曲直的判断,奠定了坚实基础。其中对于若干凶器的描写尤为必要,也在文书中得到了充分体现。在该篇不起诉决定书中,多处对谢某某使用的凶器质量、长度、特征等进行描述,以看似白描的手法突出了谢某华遭受不法侵害的严重性、非同寻常性和紧迫性,进而凸显了其后续防卫的正当性。这种整体描述与细节把握相结合的文书写作手法,值得肯定与借鉴。

(二) 释法说理透彻

作为一份法律文书,不起诉决定书的关键在于查清事实、准确实现法律定性,最终得出令社会各界信服的结论。该篇不起诉决定书层次鲜明、环环相扣,紧紧围绕正当防卫尤其是特殊防卫的构成要件,充分论证谢某华的行为属于特殊防卫,依法不承担刑事责任。整个法律适用的说理共分为三个层次——首先是论证谢某某的行为属于行凶,突出特殊防卫的核心构成要件,直击要害,抓住案件的关键之处,增强释法说理的力度;其次是论证谢某华防卫行为适时,暂时从特殊防卫中跳脱出来,回到正当防卫一般构成要件,从时效性方面回应可能存在的质疑,增强论证的周密性;最后是提升总结,对于前述两个论点进行系统复盘,回到法律依据,得出谢某华不承担刑事责任的结论。

(三) 语言准确有力

语言是法律义书的重要载体。严谨规范、准确有力的语言能充分展现检察履职的过程,从而达到事半功倍的效果。该篇不起诉决定书的用语较好地契合了法律文书的应有特点,既做到准确客观,又彰显法律的力度和作用,可谓恰到好处。一方面,通过准确的白描手法还原案件事实。本案涉及的地点和凶器众多,其描述具有相当的专业性,不起诉决定书的起草者没有满足于"差不多",而是通过多方求证,准确使用专业词汇,充分体现了检察机关扎实认真的工作作风。另一方面,通过语词使用彰显法律温度。针对谢某某的不法侵害行为，连续使用一系列准确得当的形容性词汇，突出其行为的社会危害性，实现了惩恶扬善、捍卫正义的应有之义。

（**点评人**：王勇，江苏省苏州市人民检察院党组副书记、副检察长，全国模范检察官、全国十佳公诉人、全国检察业务专家）

14. 董某翠盗窃案不起诉决定书

【简要案情】

2021年4月30日、5月1日、5月5日，被不起诉人董某翠先后三次至金山区板桥东路×弄×号商业楼1层的某超市购物时，通过将物品藏匿在手提包内的方式，窃得超市内的小南瓜一个（未予鉴定）、散装糯米小圆子一袋（未予鉴定）、香菜一把、香葱一把、豆腐一块（合计价值人民币5.6元）。2021年5月5日，被不起诉人董某翠被抓获到案，到案后如实供述了上述盗窃事实。本案审查起诉阶段，被不起诉人董某翠向该超市赔偿人民币500元并取得谅解。

【诉讼过程】

本案由上海市公安局金山分局侦查终结，以被不起诉人董某翠涉嫌盗窃罪，于2021年8月24日向金山区人民检察院移送起诉，经审查，金山区人民检察院于2022年8月9日作出绝对不起诉决定。

【文书全文】

上海市金山区人民检察院
不起诉决定书

沪金检刑不诉〔20××〕××号

被不起诉人董某翠，女，1963年×月×日生，公民身份号码：

3209111963×××××××，汉族，文盲，无业，户籍在江苏省盐城市，住上海市金山区。2021年5月6日因涉嫌盗窃罪由上海市公安局金山分局取保候审，2022年4月2日由本院决定继续取保候审。

本案由上海市公安局金山分局侦查终结，以被不起诉人董某翠涉嫌盗窃罪，于2021年8月24日向本院移送起诉。本院受理后，于同日已告知被不起诉人董某翠有权委托辩护人和认罪认罚可能导致的法律后果，告知被害单位依法享有的诉讼权利，依法讯问了被不起诉人董某翠，听取了被不起诉人及被害单位的意见，审查了全部案件材料。

上海市公安局金山分局移送审查起诉认定：2021年4月至5月期间，被不起诉人董某翠至本区山阳镇板桥东路上的某超市购物，乘周边无人之际，先后5次将蔬菜等物品（合计价值人民币50元）藏匿至随身携带的包内，未予结账即离开。2021年5月5日12时许，被不起诉人董某翠至上述地址某超市，乘周边无人之际，将称重好的一袋香葱、一袋香菜、一袋豆腐（合计价值人民币5.6元）藏匿至随身携带的包内，未予结账离开超市后被工作人员发现。被不起诉人董某翠的行为触犯了《中华人民共和国刑法》第二百六十四条的规定，应当以盗窃罪追究刑事责任。

经本院依法审查查明：

2021年4月30日、5月1日、5月5日，被不起诉人董某翠三次至本区板桥东路×弄×号商业楼1层的某超市购物时，通过将物品藏匿在手提包内的方式，窃得超市内的小南瓜一个（未予鉴定）、散装糯米小圆子一袋（未予鉴定）、香菜一把、香葱一把、豆腐一块（合计价值人民币5.6元）。

2021年5月5日，被不起诉人董某翠被抓获到案，到案后如实供述了上述盗窃事实。本案审查起诉阶段，被不起诉人董某翠向某超市赔偿人民币500元并取得谅解。

上述事实，有以下证据证明：

1. 证人金某的证言及出具的谅解书，证实2021年4月至5月期间，其工作的某超市多次被盗事实以及被不起诉人董某翠案发后退赔并获得谅解的情况。

2. 上海市公安局金山分局调取证据通知书、调取证据清单、出具的视听资料说明书、调取的光盘等，证实2021年4月至5月期间，被不起诉人董某翠在本区板桥东路某超市内三次盗窃的情况。

3. 上海市金山区价格认证中心出具的价格认定结论书，证实2021年5月5日被盗物品的价值为人民币5.6元。

4. 公安机关出具的侦破经过、工作情况，证实本案案发及被不起诉人董某翠到案情况。

5. 被不起诉人董某翠供述、辨认笔录及辨认照片，对上述盗窃事实供认不讳。

6. 公安机关调取的人口信息表，证实被不起诉人董某翠年龄等身份情况。

本院认为，被不起诉人董某翠为贪图小利，多次盗窃他人财物，但其盗窃的对象仅为超市内少量食品，价值低廉，对财产的侵害极为轻微。且被不起诉人董某翠无前科劣迹，案发后积极退赔，弥补了被害单位的损失并获得谅解。被不起诉人董某翠的上述行为，情节显著轻微，危害不大，不构成犯罪。依照《中华人民共和国刑事诉讼法》第十六条第（一）项和第一百七十七条第一款的规定，决定对董某翠不起诉。

被害人如果不服本决定，可以自收到本决定书后七日以内向上海市人民检察院第一分院申诉，请求提起公诉；也可以不经申诉，直接向上海市金山区人民法院提起自诉。

上海市金山区人民检察院

20××年×月×日

【承办检察官心得体会】

（一）严把证据审查关，准确认定犯罪事实

公安机关移送审查起诉认定，2021年4月至5月期间，犯罪嫌疑人董某翠在金山区板桥东路某超市，5次盗窃蔬菜等物品，合计价值人民币约50元。承办人经审查，发现犯罪嫌疑人在侦查阶段关于4月中旬两次盗窃行为的供述，盗窃时间模糊，且盗窃物品不详。为查证该两次盗窃事实，承办人询问了被害单位，并要求公安机关调取案发时段的监控视频印证指控，被害单位证实通过超市内监控只能确定犯罪嫌疑人于4月底至5月初实施盗窃，公安机关亦未在监控视频中发现嫌疑人4月中旬有盗窃行为。故根据在案证据认定犯罪嫌疑人实施了3次盗窃行为。

（二）注重听取双方意见，合理评估财产价值

因物品灭失，具体信息不详，小南瓜及散装糯米圆子无法进行价值鉴定。为准确评估上述物品价值，承办人询问了被害单位，被害单位根据盗窃时监控，通过被窃物品的具体特征，出具意见表示南瓜、小圆子实际售价均为十几元；承办人亦听取犯罪嫌疑人关于涉案财物的价值说明，与被害单位的价值认定一致，且符合上述生活用品的一般市场价值。综合评判南瓜、小圆子合计价值20余元，据此认定3次盗窃的物品总价值极少。

（三）全面分析主观恶性，准确评估社会危险性

审查起诉阶段针对犯罪嫌疑人实施盗窃原因着重进行审查，以准确衡量社会危险性及主观恶性，并注重询问犯罪嫌疑人家属，了解犯罪嫌疑人日常生活情况。审查认为犯罪嫌疑人年近60岁，日常主要负责照看孙子女，因经常至该超市购买东西，贪小便宜盗窃了上述物品，盗窃所得用于日常家庭伙食，审查起诉阶段亦主动退赔了被害单位人民币500元，获得谅解，社会危险性及主观恶性均较小。

（四）善于运用检察听证，实现履职办案高质效

本案虽然形式上符合多次盗窃的认定标准，但是否具有刑事可罚性是审查的重点。承办人认为犯罪嫌疑人为贪图小利，虽然多次盗窃他人财物，但其盗窃的对象仅为超市内少量食品，价值低廉，对财产的侵害极为轻微，且没有违法犯罪的前科，对被害单位进行了积极赔偿并获得了谅解，属于情节显著轻微，危害不大，不应当认定为犯罪。针对案件是否可作出绝对不起诉处理，积极运用检察听证方式，听取侦查机关、人民监督员、人民参检员意见，并听取犯罪嫌疑人董某翠及家属的当场表态，通过播放监控视频、展示盗窃物品图片等方式向听证参与人员展示案件详情，听证员一致认为犯罪嫌疑人的行为属于情节显著轻微，危害不大，不宜认定为犯罪，同时建议司法机关建立畅通的行刑衔接机制，

加大普法宣传。

（五）做好不起诉意见反馈，真正做到案结事了

不起诉决定公开宣告后，积极联系被害单位听取对绝对不起诉意见，同时注重了解被不起诉人及家属对不起诉决定的想法。被害单位表示无异议，被不起诉人表示今后遵纪守法，不再为一时贪欲触犯法律，被不起诉人家属也消除了害怕母亲被刑事处罚的担忧。同时针对侦查机关提出的不起诉后的行政处罚必要性，进行了说理，认为被不起诉人情节特别轻微，且主动消除违法后果，取得了被害单位的谅解，不再建议对其行政处罚。

【专家点评】

（一）检察机关作出绝对不起诉的决定，符合刑法规定，体现了案件办理的法律效果

被不起诉人3次分别盗窃超市的小南瓜一个（未予鉴定）、散装糯米小圆子一袋（未予鉴定）、香菜一把、香葱一把、豆腐一块（合计价值人民币5.6元）。根据《〈关于办理盗窃刑事案件适用法律若干问题的解释〉的理解与适用》中关于"多次盗窃"等的认定：实施"多次盗窃""入户盗窃""携带凶器盗窃""扒窃"行为，构成犯罪不需要盗窃数额达到一定标准。但根据《刑法》第13条的规定，对于情节显著轻微、危害不大的上述行为，不认为是犯罪。虽然"多次盗窃"不要求数额达到一定标准，但盗窃犯罪是侵财性犯罪，犯罪的社会危害性主要通过窃取财物的数额体现出来。本案中，被不起诉人3次盗窃总金额远远未达到盗窃罪"数额较大"标准，且犯罪嫌疑人无前科劣迹、案发后赔偿被害人损失并取得被害人谅解，可以认定为《刑法》第13条规定的"情节显著轻微危害不大"。因此，检察机关对被不起诉人董某翠作出绝对不起诉的决定。

（二）检察机关作出绝对不起诉的决定，体现了检察官客观公正的立场

检察官恪守客观公正立场是习近平法治思想在检察工作中的具体体现。检察官客观公正立场，是对检察官超越当事人角色，客观公正地执

行职务的伦理要求和法律责任。长期以来,部分检察官存在"重打击,轻保护""重实体,轻程序"的办案理念,与侦查机关配合过多而监督不足。本案中,侦查机关移送审查起诉认定被不起诉人盗窃次数为 5 次,主要依据被不起诉人的供述。但是其中 4 月中旬的两次盗窃无具体时间、无具体盗窃物品、无监控录像印证。按照刑事诉讼法的规定,只有被告人供述,没有其他证据的,不能认定被告人有罪和处以刑罚,因此检察官根据在案证据客观认定盗窃次数为 3 次。检察机关构建以证据为核心的刑事指控体系,一切诉讼活动都围绕着证据的收集、运用等展开和推进,以确保案件质量,实现司法公正。

(三)检察机关积极延伸办案职能,让人民群众在"小案"中感受到公平正义

对于基层检察院的检察官来说,我们办理的案件大部分都是像这样的"小案"。但正是这样一个个的"小案"连着民生,民生无小事。无数关乎群众切身利益的"小案",背后都蕴含着以民为本的大道理。本案中,检察机关针对案件是否作出绝对不起诉的处理,运用检察听证方式听取各方意见;不起诉决定公开宣告后,听取被害单位意见;结合案件实际情况,建议侦查机关不再对被不起诉人进行行政处罚。检察机关从"大"处着眼,从"小"处着手,通过办理这样的案件传递法治的温度和力量,彰显公平正义就在身边。

(点评人:张瑜,广东省广州市花都区人民检察院一级检察官、全国十佳公诉人)

三

不起诉理由说明书

15. 张某亮敲诈勒索案不起诉理由说明书

【简要案情】

2021年3月左右，被不起诉人张某亮至淮安市清江浦区某工地务工，其塔吊证也备案在该工地上。2021年5月1日，该项目方通知被不起诉人张某亮以及其介绍的工人管某某等人离职。随后，该项目方一直未结清工人工资，也未为被不起诉人张某亮等人办理退场手续。同年5月17日，被不起诉人张某亮与管某某等人一同至该工地索要工资。期间，管某某爬上塔吊、并通过跳塔吊的威胁方式索要工资。后被不起诉人张某亮爬上塔吊，将项目方支付给管某某的工资5700元现金交给管某某后，又以管某某的名义向项目方索要9000元现金。

【诉讼过程】

淮安市公安局清江浦分局于2022年6月22日，以张某亮涉嫌敲诈勒索罪移送清江浦区人民检察院审查起诉。清江浦区人民检察院于同年7月22日决定对张某亮绝对不起诉。

【文书全文】

江苏省淮安市清江浦区人民检察院
不起诉理由说明书

清检刑不诉〔20××〕××号

张某亮涉嫌敲诈勒索罪一案，本院于2022年7月22日以清检刑不诉

〔20××〕××号不起诉决定书,对张某亮作出不起诉决定,主要理由如下:

一、张某亮的行为不构成敲诈勒索罪

(一)被不起诉人权益被侵在先,诉求有合理事实基础

首先,张某亮与项目方之间存在实际用工关系。其次,一个塔吊资格证只能备案一台塔吊机,如项目方不办理退场手续,该塔吊资格证就一直被该项目占用。根据正规程序,塔吊工人无法再去其他工地从事正式的塔吊工作。2021年5月1日,张某亮被辞退后,该工地一直没有为张某亮等人办理退场手续,直接导致其无法到其他工地从事塔吊工作。且2021年5月1日至17日,项目方一直占用张某亮的塔吊证并使用,却未支付相应的报酬。项目方上述行为直接侵犯了张某亮的合法权益。根据区劳动监察部门意见以及相关工人证言,在该种情况下,工人有权提出劳动仲裁或民事诉讼向项目方索要赔偿。即张某亮与项目方之间存在经济纠纷,张某亮主张要9000元存在权利基础。

(二)主观上被不起诉人张某亮不具有非法占有故意

敲诈勒索罪是指以非法占有为目的,对被害人实施威胁或者要挟的方法,强行索取数额较大的公私财物的行为。非法占有的目的是指没有合法根据永久性剥夺他人财物或者财产上利益。敲诈勒索案中,只有行为人明知财产不属于自己而故意以法律禁止的方式将该财产占为己有的,才能认定具有非法占有的目的。判断张某亮主观上是否具有非法占有的目的,归根到底还是判断权利基础和权利范围。张某亮和项目方之间存在经济纠纷,案发后,张某亮又向劳动部门举报项目方欠薪,客观印证了张某亮主观上是为了获取自己认为应该享有的财物,阻断了其非法占有的故意。同时,不论张某亮主观认为索要的9000元是何性质,客观上其与项目方存在经济纠纷,其有权索要赔偿。结合张某亮在该工地的工资情况,9000元的数额并未明显超出正常合理范围。因此,虽然张某亮以不当的方式向项目方索要9000元,但不能就此认定其具有非法占有的故意。

(三)为实现合理诉求,采取一般性应激要挟手段,不宜评价为刑法意义上的暴力胁迫

行为人为了行使自己的权利而使用胁迫手段的,如果没有超出权利

的范围，具有使用实力（如胁迫）的必要性，而且其手段行为本身不构成刑法规定的其他犯罪，就应认为没有达到刑法意义上的暴力胁迫程度，本案也未造成对方财产上的损害，不宜认定为犯罪。本案中，张某亮实施了要挟这一不当的行为，但使用的手段行为暴力程度一般，系用个人生命代价去争取被侵害的权益，针对的对象是其劳动纠纷的工地项目方，其手段行为未构成刑法规定的其他犯罪，且未造成实际严重后果，该手段行为虽然不当，但不宜认定其构成犯罪。

二、如果认定张某亮的行为构成犯罪，将背离刑事司法应有的价值观

（一）与司法为民的价值观相悖

综观全案事实，呈现四个基本点：

一是项目方未在未提前通知的情况下，要求张某亮及其介绍的工人立即离职，且未发放部分工人工资；

二是从被辞退到案发的近20天内，张某亮带领被辞退的工人多次至工地讨要工资未果；

三是项目方虽辞退了张某亮，但一直未为张某亮办理清场手续，并继续占用张某亮的塔吊资格证从事塔吊活动；

四是因塔吊资格证被项目方占用，导致张某亮无法去其他项目工地从事塔吊工作，失去收入来源。

刑事司法的价值取向表现为人权保障与社会保护两个方面。法制建设也必须要以保障人民的根本权益为出发点和落脚点。张某亮的行为虽然在一定程度上扰乱工地及社会秩序。在多次讨薪未果的情况下，工人以自身生命安全作为要挟，实属无奈之举。如将张某亮索要赔偿金，且未造成严重危害后果的行为认定为犯罪，显然有悖司法为民的价值观。

（二）与刑罚谦抑性原则相悖

刑罚谦抑性原则要求司法者将刑法作为调整社会关系的最后的手段、不得已才运用的手段。私权虽应受到限制，刑法对民事权利纠纷的介入应是有限度的，否则会造成社会矛盾激化。本案中的问题可以通过行政的方法来处理，如对张某亮的行为运用刑法评价并轻易动用刑事手段，必然会激化劳资双方矛盾，影响社会稳定。

综上，张某亮客观上与项目方间存在经济纠纷，主观上无非法占有的目的，且其索要金额未明显超出合理范围。私权虽应受到限制，但是刑法对民事权利纠纷的介入应是有限度的，否则会造成社会矛盾激化。因此，张某亮的行为不构成敲诈勒索罪。

20××年×月×日

【承办检察官心得体会】

该案公安机关以敲诈勒索罪移送审查起诉，公安机关认为张某亮趁其他塔吊工通过爬塔吊的方式索要项目方所欠工资款后，又额外提出9000元诉求，项目方迫于工地安全的压力同意支付（后被公安机关控制已当场退还），属于敲诈勒索行为。但张某亮在侦查阶段和审查起诉阶段多次提出自己索要9000元有合理依据的辩解。承办人经审查后，认为该案的主要焦点在于：一是张某亮索要9000元是否有权利基础；二是张某亮有无非法占有的故意。因而承办人经汇报讨论后，围绕焦点问题进行了补证论证。

（一）围绕劳资双方对索要9000元的权利基础是否存在开展自行侦查

针对本案中项目方认为已结清张某亮的工资，双方无任何经济纠纷，以及张某亮认为自己有权索要9000元之间的矛盾，检察机关调取了劳务发放表等书证，劳动监察部门、应急管理部门和相关塔吊工人的证言，证实项目方虽已结清张某亮的工资，但一直未为其办理退场手续。根据正规程序，张某亮无法再去其他工地从事正式的塔吊工作。根据劳动监察部门意见以及相关工人证言，在该种情况下，张某亮有权提出劳动仲裁或民事诉讼向项目方索要赔偿。据此，检察机关认为张某亮与项目方之间存在经济纠纷，张某亮主张索要9000元存在权利基础。

（二）围绕主观犯意争议焦点，判断索要的9000元是否具有非法占有的故意

在存在经济纠纷的情形下，如何认定行为人是否具有非法占有目的，检察机关通过查阅大量刑法理论文献、指导性案例，明确了敲诈勒索案

中，只有行为人明知财产不属于自己而故意以法律禁止的方式将该财产占为己有的，才能认定具有非法占有的目的。本案中，张某亮主观上认为9000元系自己应享有的财物，并提出了详细的计算方式，且该数额并未明显超出正常合理范围，其主观上不具有非法占有的故意。因此检察机关认为张某亮的行为不构成敲诈勒索罪。

（三）从法理、情理角度综合评析，强化说法释理效果

检察机关经自行侦查查明案情后，邀请公安机关、工商联、律师、劳动监察部门代表作为列席嘉宾共同参与到案件讨论中。参会人员就事实、证据向公安机关和检察机关承办人提问，并就案件争议焦点和处理建议发表意见。同时，各列席嘉宾还从各自专业角度对案件进行了评析，认定张某亮不构成敲诈勒索罪。后承办人围绕敲诈勒索犯罪行为，从正反两方面论述了张某亮的行为不构成犯罪的原因；以刑法的原则和宗旨为切入点，对比论述了不起诉的理由；从法、理、情角度，进行了说法释理。最终，不起诉意见被当事双方所接受，有效化解了社会矛盾。

【专家点评】

文书阐明事实清晰，紧扣焦点重点，法理分析精准，且围绕敲诈勒索罪的构成要件，从司法为民价值取向和刑法谦抑原则两方面开展释法说理，法治宣传效果较好。同时，文书讲明情理生动，表达规范又通俗易懂，是一份优秀的不起诉理由说明文书。

（一）紧扣焦点重点

文书不仅从正面论证了张某亮不构成敲诈勒索罪的理由，而且也从反面论证了若认定其行为构成犯罪则违背司法理念的理由。两方面的论证相互支撑，形成较为全面完整的不起诉理由。

（二）释法说理准确

围绕敲诈勒索罪的犯罪构成要件，从维权有基础、无非法占有目的、客观行为没有达到刑法意义上的暴力胁迫程度三个方面，分层次论证，针对性地释法说理。同时，回归刑法所追求的价值观，从司法为民价值取向和刑法谦抑性原则两个方面，阐述行为虽然在一定程度上扰乱了社会及工地秩序，但未造成严重危害后果，可通过行政处罚方式处理，否

则易激化劳资双方的矛盾,影响社会稳定。在分析被不起诉人张某亮非法占有目的时,明确阐明刑法上的"非法占有目的是指没有合法根据永久性剥夺他人财物或者财产上利益""敲诈勒索案中,只有行为人明知财产不属于自己而故意以法律禁止的方式将该财产占为己有的,才能认定具有非法占有的目的",用简明扼要的语言为判断被不起诉人的主观目的奠定基础,且符合法理精神。另外,文书对非法占有目的,尤其是具有权利基础的敲诈勒索罪的非法占有目的,指出要重点关注权利基础和权利范围,系抓住了重点和关键。

(三)用语规范精练

文书在分析若定罪将违背司法为民的价值观时,用四句话概括了本案的四个基本点,语言精练,又恰如其分地概括了案件的重点事实,一目了然,又句句要害关键。

整篇文书虽然篇幅不长,但简明扼要地论证了行为人不构成敲诈勒索罪的理由,又从办案效果上开展释法说理,体现了文书制作者以事实为依据、以法律为准绳的依法办案要求,是当下为大局服务、为人民司法、为法治担当,实现"高质效办好每一个案件"的切实体现。

(点评人:胡春健,上海市人民检察院党组成员、副检察长,全国检察业务专家)

16. 霍某蒙非法经营案不起诉理由说明书

【简要案情】

被不起诉人霍某蒙经过工商登记注册成立某交通运输有限公司的蒙阴分公司，经营范围为普通货物运输、代办车辆上牌等，公司成立后霍某蒙并未以该公司名义开展业务，而是以具有机动车安全统筹服务经营范围的济南分公司的名义为20余家运输有限公司名下的车辆出具了58份机动车辆统筹单，经营数额521536.8元，获利11381元。

【诉讼过程】

本案由蒙阴县公安局侦查终结，以被不起诉人霍某蒙涉嫌非法经营罪，于2021年6月25日向蒙阴县人民检察院移送审查起诉，2021年11月26日，蒙阴县检察院以霍某蒙的行为不符合《中华人民共和国刑法》第二百二十五条第三项之规定，不构成非法经营罪，决定对霍某蒙不起诉。

【文书全文】

山东省蒙阴县人民检察院

不起诉理由说明书

蒙检二部刑不诉〔20××〕××号

霍某蒙涉嫌非法经营罪一案，本院于2021年11月26日以蒙检二部刑不诉〔20××〕××号不起诉决定书，对霍某蒙作出不起诉决定，主要理由如下：

一、机动车安全统筹服务不是保险业务，而是一种具有风险补偿功能的行业互助机制

2012年，国务院下发《关于加强道路交通安全工作的意见》，鼓励运输企业采用交通安全统筹形式，加强行业互助，提高企业抗风险能力。2013年河北省政府下发《关于进一步加强道路交通安全工作的实施意见》（〔2013〕4号）明确指出鼓励运输企业采用交通安全统筹等形式，但是机动车安全统筹作为近年兴起的新事物，政府对其鼓励的同时并未明确对其进行规范和引导。实践中开展机动车辆安全统筹业务的多是汽车服务公司、运输公司，将交通安全统筹作为交通运输行业的内控机制，加强行业互助，相关法律法规未对"安全统筹"这一概念的具体内涵进行界定，安全统筹相关业务尚未明确纳入银保监会监管，不属于保险法管辖范畴。

二、实务中司法判例对机动车辆统筹单的认定存在争议

机动车统筹单文本表述内容类似商业保险合同，通过查询司法判例，在当事人诉某公司纠纷案民事判决中，法院多认定机动车辆统筹单有效，但是否认定为保险合同法院认识不一。有的法院认定某交通运输有限公司不具有保险业务经营资质，并非保险法调整的民事法律主体，机动车辆统筹单并非保险单，应为一般合同纠纷；有的法院认定某公司对外开展的机动车统筹业务实际上是一种变相的保险行为，对外销售机动车辆统筹单违反保险法第六十七条的规定，某公司明知自己不具备保险人的资质而开展机动车统筹业务应承担由此产生的全部法律后果。

因而从机动车统筹单的性质角度也不宜直接认定机动车安全统筹服务为保险业务。

三、仅因机动车安全统筹服务的购买、理赔流程、文本内容类似保险业务而认定为非法经营保险，违反罪刑法定原则

非法经营罪的成立以违反国家规定为前提，而刑法上的违反国家规定是指违反全国人民代表大会及其常务委员会制定的法律和规定，国务院制定的行政法规、规定的行政措施、发布的决定和命令。根据《中华人民共和国保险法》第六条"保险业务由依照本法设立的保险公司以及法律、行政法规规定的其他保险组织经营,其他单位和个人不得经营保险业务"。第九条"国务院保险监督管理机构依法对保险业实施监督管理"。并且《中华人民共和国保险法》第七章法律责任部分明确规定了保险监督管理机构对非法经营保险业务行为的处罚措施,但相关条款并未对经营机动车安全统筹服务的行为认定为非法经营保险业务。

在有关法律、司法解释未对经营机动车统筹服务是非法经营保险行为进行明确规定的情况下,根据罪刑法定原则,基于刑法的保守和谦抑不宜直接认定为刑事犯罪。

20××年×月×日

【承办检察官心得体会】

(一) 多角度分析论证,准确把握案件定性

在本案的办理中,检察机关与公安机关在案件的认定上存在分歧,公安机关认定霍某蒙名义上是经营机动车安全统筹业务,但机动车安全统筹服务的购买、理赔流程、文本内容类似保险业务,实质上为非法经营保险业务。检察机关通过审查证据认定霍某蒙虽注册成立某交通运输有限公司总公司的蒙阴分公司,但成立后所经营的统筹单均以具有机动车安全统筹服务经营范围的济南分公司的名义出具,其在依法经过登记的公司经营范围内从事经营活动,不应认定为非法经营罪,并从三个角度进行了全面分析论证。

第一,非法经营保险行为的界定。非法经营罪的成立以违反国家规定为前提,而刑法上的违反国家规定是指违反全国人民代表大会及其常务委员会制定的法律和规定,国务院制定的行政法规、规定的行政措施、发布的决定和命令。根据《保险法》相关条款等并未对经营机动车安全统筹服务的行为认定为非法经营保险业务。在有关法律、司法解释未对经营机动车统筹服务是非法经营保险行为进行明确规定的情况下,仅因机动车安全统筹服务的购买、理赔流程、文本内容类似保险业务而认定

为非法经营保险，违反罪刑法定原则。

第二，交通安全统筹业务的性质界定。机动车安全统筹服务不是保险业务，而是一种具有风险补偿功能的行业互助机制。2012年，国务院下发《关于加强道路交通安全工作的意见》，鼓励运输企业采用交通安全统筹形式，加强行业互助，提高企业抗风险能力。2013年河北省政府下发《关于进一步加强道路交通安全工作的实施意见》（〔2013〕4号）明确指出鼓励运输企业采用交通安全统筹等形式，但是机动车安全统筹作为近年兴起的新事物，政府对其鼓励的同时并未明确对其进行规范和引导。实践中开展机动车辆安全统筹业务的多是汽车服务公司、运输公司，将交通安全统筹作为交通运输行业的内控机制，加强行业互助，相关法律法规未对"安全统筹"这一概念的具体内涵进行界定，安全统筹相关业务尚未明确纳入银保监会监管，不属于保险法管辖范畴。

第三，民事方面对机动车辆统筹单的认定。实务中司法判例对机动车辆统筹单的认定存在争议。机动车统筹单文本表述内容类似商业保险合同，通过查询司法判例，在当事人诉某公司纠纷案民事判决中，法院多认定机动车辆统筹单有效，但是否认定为保险合同法院认识不一、是否以保险法的内容对统筹单及条款进行调整认定不一，因而从机动车统筹单的性质角度也不宜直接认定机动车安全统筹服务为保险业务。

（二）主动沟通交流，充分听取各方意见

第一，联系线索推送单位，了解类案办理情况。本案是由蒙阴县公安局在对辽宁省公安机关非法经营案云端线索核查过程中发现的。承办人在案件办理过程中主动向线索推送单位的侦查人员了解其办理案件的定性依据、案件处理结果等情况，了解类案处理情况。

第二，召集相关部门座谈，落实解决专业问题。邀请县银保监办、人保公司、市场监管部门、行政审批局、交通运输局、公安局相关职能部门工作人员，召开专题案件研讨会，围绕机动车安全统筹服务相关问题展开座谈充分探讨，明确需要向每个部门沟通了解的具体问题，最终明确相关法律法规未对"安全统筹"这一概念的具体内涵进行界定，"安全统筹"产品未经监管部门审批或备案，相关业务未纳入金融监管，统筹不是保险，不属于保险法管辖范畴，不受保险法约束。

【专家点评】

本案是一起涉嫌非法经营但最终以不构成犯罪而作法定不起诉处理的案件。这份优秀文书具有以下三个特点：

（一）准确把握行政犯入罪前提，合理划定刑行界限

非法经营罪属于典型的行政犯。行政犯是以违反行政法的前置性规定为前提，没有行政法依据的，不能认定为犯罪。本案中，承办检察官首先从行政法规、政府规章的视角肯定了机动车辆安全统筹服务属于一种行业互助机制，而非保险法规制的一种保险服务。继而从民事审判实践尚未对"机动车统筹单"是否属于商业保险合同得出统一性认识进行审慎判断，得出不宜直接认定机动车辆安全统筹服务为保险业务的结论。最终认定提供机动车辆安全统筹服务并不属于"未经国家有关主管部门批准非法经营保险业务"。在行政法尚未对该行为进行明确规制的前提下，刑法应当保持其谦抑性，不得轻易将行政法尚属空白的行为直接适用刑法处理。

（二）坚持罪刑法定原则，准确适用法律

我国刑法总则第 3 条中明确规定"法律没有明文规定为犯罪行为的，不得定罪处刑"，进而确立了禁止类推、不得滥用自由裁量权等规则。非法经营罪的成立以违反国家规定为前提，本案中承办检察官认为，当前刑法意义上的"国家规定"尚未对机动车辆安全统筹服务作出明确规定，更未明确将其划入保险业务，故而不能仅因该服务的购买、理赔流程、文本内容与保险业务类似而予以入罪。此外，霍某蒙提供机动车辆安全统筹服务系以具有资质的公司名义实施、在经营范围内从事正常经营活动，因此，在当前法律规范下不构成非法经营罪。

（三）重视法律文书价值，传导司法办案理念

刑事检察法律文书是检察机关依法履行刑事检察职能的重要载体，是刑事案件办理质效的集中体现，也是人民群众感受公平正义最重要、最直观的载体。机动车辆安全统筹属于一种政府鼓励发展的新兴业态，然而由于监管部门、行业协会等缺乏相应的规范和引导，使得实践中出现了无序发展、管理混乱等问题。本案不起诉理由说明书制作规范、释

法说理清晰、表述逻辑严谨，着重从非法经营保险行为的界定、机动车辆安全统筹业务的性质界定、民事审判领域的司法认定等三方面对霍某蒙的行为进行充分、翔实地论证，最终得出机动车辆安全统筹业务未纳入金融监管，不属于保险法管辖范畴，此种行为不构成非法经营罪的结论，对于今后司法实践中办理同类案件具有较强的参考意义。

值得注意的是，2022年8月29日，中国保险行业协会发布了《关于机动车辆安全统筹的风险提示》，明确了"机动车辆安全统筹业务并非保险业务""安全统筹业务合同不是保险合同"等重要事项，并提示车主全面客观认识购买机动车辆安全统筹的风险，引导其向具有合法经营车险业务资格的保险机构投保机动车辆交强险及商业保险。《关于机动车辆安全统筹的风险提示》的出台，一方面，肯定了检察机关对此类行为作出的准确判断；另一方面，也在提醒检察机关要紧跟时代步伐，更多关注民生热点，以更深更实的检察履职讲好检察故事、彰显法治价值、引领社会风尚。

（点评人：姜淑珍，北京市海淀区人民检察院党组书记、代检察长，全国模范检察官、全国十佳公诉人）

四

公诉意见书

17. 高某新等人恶势力犯罪集团寻衅滋事案公诉意见书

【简要案情】

2001年至2019年间，被告人高某新先后以其实际控制的北京××商贸有限公司（以下简称"××商贸公司"）、北京××开发有限公司（以下简称"××公司"）等公司的名义，在开发本市密云县××镇××村、××村、××村旧城改造等工程项目过程中，以亲友关系、经济利益为纽带，形成以××商贸公司、××公司为依托，以高某新为首，以被告人李某军、高某刚、赵某富、张某强及汪某明（已提起公诉）、张某（另案处理）、贾某荣（已死亡）为重要成员，以郝某云、张某、利某涛、王某斌、王某雨、柏某华、利某、李某贺（均已提起公诉）及被告人苍某良、刘某林、高某龙、刘某霞等人为其他成员的恶势力犯罪集团，该恶势力犯罪集团有组织地实施多次违法犯罪活动。其中，多次采取随意殴打、强拆房屋、威胁恐吓等手段，实施侵犯公民人身、财产权利、妨害社会管理秩序的违法犯罪行为，致使8名被害人轻伤、4名被害人轻微伤，多名被害人遭受财产损失；勾结并利用国家工作人员、基层组织工作人员职务便利，骗取巨额国有财产；多次采取虚构事实、隐瞒真相的手段，骗取或意图骗取巨额国有财产。该恶势力犯罪集团为非作恶，欺压百姓，扰乱经济、社会生活秩序，造成较为恶劣的社会影响。

【诉讼过程】

本案由北京市公安局通州分局侦查终结并移送至北京市通州区人民检察院，北京市通州区人民检察院受理后报送至北京市人民检察院第三分院审查起诉。检察机关经审查后,最终以高某新等人涉嫌诈骗罪、贪污罪、寻衅滋事罪、窝藏罪、包庇罪、故意伤害罪、故意毁坏财物罪、行贿罪、对非国家工作人员行贿罪9项罪名17起事实提起公诉,法院对指控的罪名及犯罪数额、量刑建议均予以采纳并依法作出判决。

【文书全文】

<h2 style="text-align:center">北京市人民检察院第三分院
公诉意见书</h2>

审判长、审判员:

根据《中华人民共和国刑事诉讼法》第一百八十九条、第一百九十八条和第二百零九条的规定,我们受北京市人民检察院第三分院的指派,代表本院,以国家公诉人身份,对被告人高某新等9人犯寻衅滋事罪、故意毁坏财物罪、诈骗罪、贪污罪、行贿罪、对非国家工作人员行贿罪、窝藏罪一案,出席法庭支持公诉,并依法进行法律监督。通过法庭调查,公诉人针对起诉书指控九名被告人的犯罪事实,逐项进行了举证、示证,所有证据都已经控辩双方当庭质证,在案证据形式合法、内容客观、真实,相互印证,已形成完整证据体系,起诉书指控高某新等人犯罪事实清楚,证据确实、充分。现发表如下意见,请合议庭考虑。

一、认定被告人高某新、李某军、高某刚、赵某富、张某强、苍某良、刘某林、高某龙、刘某霞为恶势力犯罪集团,事实清楚,证据确实、充分

全案相关书证、证人证言,被害人陈某某、田某某等人陈述,被告人高某新、李某军、张某强等供述,鉴定意见、辨认笔录等证据,能够充分证明在时间跨度近20年的时间里,被告人高某新先后以其实际控制的北京××商贸有限公司(以下简称"××商贸公司")、北京××开发有限公司(以下简称"××公司")等公司名义,在开发本市某县××镇××村、××村、××村旧城改造等工程项目过程中,纠集被告人李某军、高某刚、赵某富、张某强、苍某良、刘某林及张某、汪某明等人,或者指使被告人李某军、高某龙、刘某霞及贾某荣等人，有组织地多次实施违法犯罪活动，为非作恶，欺压百姓，扰乱经济、社会生活秩序，造成恶劣的社会影响，首要分子明确，成员较为固定，系恶势力犯罪集团。具体表现在：

（一）高某新犯罪团伙以高某新为首要分子，重要成员较为固定且团伙成员经常纠集在一起，具有恶势力犯罪集团的组织特征

一是高某新犯罪团伙具有一定规模，且有明确的首要分子，团伙成员基于自身地位、作用大小处于不同层级。在案证据证实，自2001年起，高某新犯罪团伙成员在××镇××村、××村、××村等旧城改造工程项目期间，或以亲友关系或以参与拆迁项目而产生的经济利益为纽带，以××商贸公司、××公司为攫取非法经济利益工具，经常纠集在一起，逐渐形成了以高某新为首，以多次参与违法犯罪活动或在共同犯罪中起到纠集他人等重要作用的李某军、高某刚、赵某富、张某强、汪某明及张某、贾某荣为重要成员，以被告人苍某良、刘某林、高某龙、刘某霞及郝某云、张某、利某涛、王某斌、王某雨、柏某华、利某、李某贺等人为其他成员、长期存续的恶势力犯罪团伙。

二是高某新犯罪团伙存续时间长，从2000年开始直至案发，该团伙的首要分子、重要成员都较为稳定。虽然该犯罪团伙的下级和外围成员存在一定的流动性，但该团伙所依托的××公司长期存续，该团伙的组织、领导者高某新、重要成员李某军、张某强、高某刚、贾某荣等人则较为稳定，故该犯罪团伙具有较为固定的重要成员。

三是高某新等人对该犯罪团伙存在管理、控制行为。现有证据证实，团伙成员基于亲友关系或因希望从高某新负责的拆迁项目中获取经济利益而听命于高某新。同时，高某新对于手下人员之间的矛盾冲突也曾积极介入解决。例如，已决犯张某武证实，在赵某富团伙与汪某明团伙之间发生冲突后高某新就曾积极介入，强令双方和解。此外，虽然高某新通常不直接出面实施恶势力性质的暴力违法、犯罪行为，但是其手下直接指挥、控制的人员均参与了相关恶势力性质犯罪活动，且在团伙成员实施了违法、犯罪活动后，通常由高某新或团伙重要成员李某军、高某刚等出面完成赔偿等善后工作。如××镇××村陈某某等5人被打、×

××镇××村田某某被打后,均由高某新等人进行了赔偿,这也从侧面证实了高某新、李某军、高某刚等人对于相关违法、犯罪活动的发生具有主观明知,且相关危害结果的发生并不违背其主观意愿。

(二)高某新犯罪团伙及其成员在房地产拆迁、开发领域多次共同采用暴力、威胁或其他手段实施违法、犯罪活动,符合恶势力犯罪集团的行为特征

高某新犯罪团伙所实施的行为具有"软、硬暴力结合""违法、犯罪兼具"的特点。在前期拆迁过程中,该团伙既实施了多起寻衅滋事、故意毁坏财物等暴力行为,还实施了大量的威胁、恐吓、扰序等"软暴力"行为,在某县的相关区域内产生了恶劣影响,使群众普遍产生恐慌心理,从而被迫配合拆迁行为。例如,被害人刘某某陈述:"我们被打的事发生之后,一街拆迁的速度明显快了,因为村民都开始怕他们了,不拆就强拆,村民们不敢惹事,就都听他们的开始拆了。"证人项某某证实"××庄大北地(东北地块)拆迁一个月就完成了;当时高某新、李某军把村里的水电断了,并找一些打手在村里晃悠示威,还听说之前××区拆迁的时候他们把村民打了,我们大北地块村民都怕他们。"被告人张某证实:"××村开发商是高某新,打人是为了顺利把钉子户清走。"

同时,上述暴力和"软暴力"行为的实施也为该团伙 2010 年以后转型为主要从事诈骗和贪污犯罪攫取巨额经济利益打下了基础。例如,在××村项目中,高某新犯罪团伙前期使用暴力手段加快拆迁速度,而后则在一级土地开发成本补偿环节通过勾结国家工作人员共同贪污来攫取巨额公共财物。而这一转变又与高某新犯罪团伙和村、镇、区部分公职人员相勾结密不可分,从而使利用公权力为己谋利成为了高某新犯罪团伙后期实施犯罪的主要手段。从查证属实的犯罪事实来看,2001 年至 2018 年近 20 年间,高某新犯罪团伙实施的犯罪行为包括了妨害社会管理秩序罪、侵犯财产罪、职务犯罪等多种类型的罪名,犯罪次数多,持续时间长,危害程度严重。

在共同多次实施恶势力性质犯罪的同时,该团伙及其成员还在拆迁过程中实施了暴力强拆他人房屋的违法行为。百余名××村村民在案证

实，高某新组织社会闲散人员在拆迁过程中多次实施打砸玻璃、断水断电、挖沟堵门、强拆大棚等滋扰被拆迁村民正常生产、生活秩序的违法行为。

（三）高某新犯罪团伙通过有组织多次实施的违法、犯罪活动，为非作恶，欺压百姓，严重侵犯他人人身和财产权利，严重侵犯了国家财产权利，扰乱了经济、社会生活秩序，造成较为恶劣的社会影响，符合恶势力犯罪集团的危害性特征

现有证据证实，高某新、高某刚、李某军、赵某富等人在××村等旧城改造项目的拆迁过程中，组织、雇佣着统一服饰、纹身的社会闲散人员，有组织、有目的地对被拆迁村民实施威胁、恐吓，打砸玻璃、断水断电、断土断路等"软暴力"行为，多数群众敢怒不敢言，被迫接受拆迁协议，在碰到拒不配合的被拆迁户例如陈某某等人时，该团伙则借故制造事端，对被害人实施暴力殴打，高某新犯罪团伙及其成员通过暴力伤害被拆迁人、故意毁坏被拆迁人财物的方式扫除拆迁障碍，在2006年、2007年尤为突出，连续实施暴力违法犯罪行为致使8名被害人轻伤、4名被害人轻微伤，造成被害人财产损失10万余元的后果。上述违法、犯罪行为造成了拆迁区域大量群众的合法利益遭受严重侵害，群众普遍产生恐慌，在当地引发了广泛的民愤，严重损害到当地的工作、生活、社会秩序，造成恶劣影响。

该团伙在不断发展壮大过程中，为牟取巨额不法利益，积极拉拢、勾结王某双、王某春等多名不同级别、不同领域国家公职人员、农村基层组织负责人，建立"关系网""保护伞"，利用公职人员的自身职权，官商勾结，为其站台撑腰、助其作大成势，取得某县核心地区多个地块开发权，采取多种手段，骗取、侵吞巨额国有资产，高某新则以暴力等违法犯罪手段为公职人员提供非法拆迁"政绩"，造成了国家、集体的巨额经济损失，严重损害了政府的公信力。

综上所述，根据最高法、最高检、公安部、司法部2018年《关于办理黑恶势力犯罪案件若干问题的指导意见》第15条、2019年《关于办理恶势力刑事案件若干问题的意见》第11条之规定，高某新犯罪团伙符合恶势力认定条件，同时又符合犯罪集团法定条件，系恶势力犯罪集团。

（四）本案中各被告人在恶势力犯罪集团中的地位与作用

1. 被告人高某新系恶势力犯罪集团首要分子。其在恶势力犯罪集团中发挥了重要的组织、指挥作用，且是××公司的实际控制人，通过违法犯罪活动攫取的大量非法经济利益均被其实际控制、占有，故应当被认定为恶势力犯罪集团的首要分子，对犯罪集团所实施的全部犯罪行为承担刑事责任。

2. 被告人李某军系恶势力犯罪集团重要成员。其与高某新长期交往密切，二人基于朋友、经济利益形成了稳定关系。例如，张某证实"高某新所有开发的项目拆迁工作都由李某军负责，李某军从××街拆迁开始跟着高某新干"。张某武证实"××新村总开发商是高某新，李某军负责拆迁，有事也得听高某新的"。证人康某某证实"李某军曾对其说过'如果没有高某新，我现在还在村里拿这点儿死工资呢'"。李某军在高某新的组织、指挥下，多次参与恶势力犯罪集团有组织实施的违法犯罪活动，起到了重要作用。同时，在案证据证明在2001年高某新、高某刚强拆××大院事件时，李某军作为村委会委员在现场维持秩序，其对于高某新、高某刚的犯罪行为就已经具有明确认知，却仍然积极参与了××新村殴打田某某事件，且其手下人员王某彬还在本起事实中直接持刀对被害人实施了加害行为。在2010年至2019年间，李某军参与实施贪污犯罪1起，诈骗犯罪2起。

3. 被告人高某刚系恶势力犯罪集团重要成员。高某刚系高某新胞弟，从××商贸公司、××公司成立之初即跟随高某新长期从事拆迁、拆除，且案发前系××公司监事。其间，高某新、高某刚为暴力推动拆除进度于2001年纠集多人暴力强拆刘某某等人房屋，并将刘某某等人打伤，造成当地被拆迁户心理恐慌；高某刚参与纠集他人持械殴打被害人陈某某等人，再次造成多人受伤严重后果。

4. 被告人赵某富系恶势力犯罪集团重要成员。赵某富的铲车被高某新雇佣清理××庄和××新村的拆迁工地而听从高某新的指示，二人关系密切。张某武证实："如拆迁有人不搬等情况，高某新有时给赵某富打电话，让他带些人过去吓唬一下，如对方不听话，动手就打。"李某军证实"汪某明和赵某富都听高某新的，平时高某新给他们点活干，高某新有事这些人替高某新打打杀杀,这些人在当地很嚣张,因为他们惹事了,高某新能给他们把事情摆平。"赵某富本人亦供述:"我和张某有铲车,高某新给我们一点××村拆除的活,也是为了拉拢我们。"赵某富在高某新的指挥下先后两次纠集、伙同他人实施了恶势力性质犯罪活动,起到了重要作用。

5. 被告人张某强系恶势力犯罪集团重要成员。在案证据证实,张某强与高某新关系紧密。对此,张某证实:"张某强给高某新大大小小的事出谋划策,包括拆迁、打架,私事公事都由张某强指派人手处理,××一街及××新村拆迁打架都是高某新和张某强决定,张某强组织汪某明和他们手下的人去打的。"李某军也证实:"高某新手下有像赵某富、张某强、汪某明等很多人,是跟着高某新干活的,一方面垄断市场,另一方面势力大了也就没有人能跟高某新竞争了。之后需要打架、平事高某新就交给二某、张某强、汪某明等人。不光是××村还有××新村、××庄等地方因为拆迁工作受阻影响了高某新的利益所以才出的强拆、打架等事情。××村是最开始的事情,当时高某新的势力还不是很大,所以他当时自己去打的架,后来势力越来越大,高某新就不需要自己动手了,就交给手下张某强、汪某明、二某等人去做。"同时,张某强在殴打田某某、故意损坏田某某车辆这一严重犯罪行为中也起到了纠集作用,且所纠集人员直接实施了持刀加害被害人的行为。

6. 被告人苍某良、刘某林、高某龙、刘某霞系恶势力犯罪集团其他成员。在主观方面,上述四人均明知高某新等人系违法犯罪团伙,经常纠集在一起实施违法犯罪活动,而仍然积极参加、自愿接受指挥并共同参与有组织的犯罪活动。在客观方面,上述四人被纠集后均积极参与实施了有组织的犯罪活动。其中,苍某良积极实施了针对田某、戴某某的寻衅滋事犯罪;刘某林积极实施了针对田某某的寻衅滋事犯罪,并持刀实施了加害行为;高某龙作为高某新堂弟,在高某新控制的××公司工作长期任职,并积极参与诈骗犯罪3起;刘某霞长期在××公司任职,并积极参与贪污犯罪1起,诈骗犯罪2起,后期成为公司的管理人员,协助高某新管理××公司。

二、认定被告人高某新、高某刚、李某军、赵某富、张某强、苍某良、刘某林犯寻衅滋事罪的事实清楚，证据确实、充分

（一）被告人高某新、高某刚于2001年纠集、指挥多人在强拆××大院过程中共同对被害人刘某某等人实施了寻衅滋事行为

现有被告人高某新、李某军、张某、王某双的供述，被害人刘某某等陈述，刘某某、彭某某等证人证言及有关书证、法医科学技术鉴定书等证据，可以证明2001年12月17日上午，高某新、高某刚组织多名社会人员，在未和刘某国、刘某荣、刘某某三人达成拆迁协议的情况下，利用钩机等设备对刘家三人的住宅实施强拆。在拆除房屋过程中公然对刘某某、刘某荣、刘某国、李某敏实施殴打，导致两人轻伤二级，两人轻微伤的严重后果。

其中，高某新在现场有组织、纠集和指挥等行为。对此，四名被害人一致证明，是高某新组织、纠集人员进行强拆，先是言语威胁，后指挥人员使用砖头、瓦片打砸被害人。被害人刘某荣指认其被从房上拽下来后还遭到高某新本人的殴打。同时，李某军、张某的供述，以及刘某、刘某涛等多名证人的证言也可以证明高某新实施了组织、纠集多名人员强拆房屋并殴打被害人的行为。

此外，被害人刘某荣、李某敏证实，高某刚在现场也有指挥行为，刘某荣则证实是高某刚带头上房殴打自己。证人彭某某、刘某某、李某、聂某某证实高某刚在现场，彭某某、张某则均证实高某刚有上房殴打被害人的行为。

被告人高某新、高某刚纠集、指使社会人员随意殴打他人，造成2人轻伤、2人轻微伤的严重后果，同时导致案发现场大批群众聚集、围观，严重影响了社会公共秩序，造成了恶劣的社会影响，情节恶劣，二被告人的行为触犯了《刑法》第二百九十三条第一款第（一）项，已构成寻衅滋事罪，应当共同追究其刑事责任。

（二）被告人高某新、高某刚、赵某富及李某静于2006年在××村拆迁过程中共同对被害人陈某某等人实施了寻衅滋事行为

现有被害人陈某某的陈述及辨认笔录、被害人陈某、侯某志、陈某贤的陈述及证人郭某东的证言能够相互印证，证明高某新之弟高某刚在

与被拆迁村民陈某某发生口角后，纠集李某静，并由李某静纠集赵某富，赵某富再纠集多人持械对陈某某等五名被害人实施了殴打。对此，同案李某静本人供认不讳；同案张某及李某静的供述一致、相互印证，均证明系高某新授意并指挥恶势力犯罪集团成员实施该起犯罪事实。而高某新、高某刚、赵某富、李某静、苍某良等人在案发期间的通话记录也能够与上述事实相互印证。

被告人高某新、高某刚、赵某富因在拆迁过程中与被害人陈某某等人产生偶发矛盾，逞强耍横，遂纠集多人随意殴打被害人，致四人轻伤二级、一人轻微伤，严重扰乱社会公共秩序，三被告人的行为触犯了《中华人民共和国刑法》第二百九十三条第一款第（一）项，已构成寻衅滋事罪，应当共同追究其刑事责任。

（三）被告人高某新、苍某良于2007年在××新村拆迁过程中共同对被害人田某、戴某某实施了寻衅滋事行为

现有被害人田某、戴某某的陈述、证人齐某某、田某某的证言、受案登记、立案决定书、鉴定意见、拆迁安置补偿协议书等证据，与被告人苍某良的有罪供述相互印证，证明2007年5月30日14时许，在某县××镇××新村旧城改造项目开发过程中，作为受高某新指派参与拆迁工作的被告人苍某良等人在尚未达成拆迁补偿协议的被害人田某、戴某某夫妇位于该村的住宅门前，借故与田某发生争执，并将田某、戴某某打伤。

被告人高某新、苍某良伙同他人随意殴打二被害人，造成一人轻伤、一人轻微伤的严重后果，二被告人的行为触犯了《中华人民共和国刑法》第二百九十三条第一款第（一）项，已构成寻衅滋事罪，应当共同追究刑事责任。

（四）被告人高某新、李某军、张某强、刘某林等人于2007年在××新村拆迁过程中纠集、指挥多人共同持械对田某某实施了寻衅滋事行为

现有被害人田某某陈述、证人田某、戴某某、齐某某、宋某某等人的证言、受案登记、立案决定书、鉴定意见、价格认定意见、辨认笔录、拆迁安置补偿协议书等证据，与赵某富、汪某明、张某、利某涛、王某雨等人的有罪供述、已决犯张某、张某武有罪供述等证据能够相互印证，

共同证明2007年5月31日19时许,被害人田某某因其父母于前日被受高某新指派参与××新村旧城改造项目拆迁工作的苍某良等人打伤一事,而驾驶黑色现代牌索纳塔轿车(车牌号:京GP××××)前往××新村拆迁办公室,砍砸拆迁办公室及工地内的铲车。高某新得知此事后,纠集张某强、李某军、赵某富、张某、刘某林,张某强纠集汪某明,李某军纠集王某斌,汪某明纠集郝某云、张某,赵某富、张某分别纠集张某武、杨某良、靳某明、李某超、王某军、利某涛、王某雨、柏某华、利某、李某贺等人到达拆迁办公室。后刘某林、郝某云、王某斌、张某、利某涛等人持砍刀、镐把对田某某实施殴打并毁坏了田某某驾驶的索纳塔轿车,致田某某急性开放性颅脑损伤、左颞枕部急性硬膜下血肿等构成轻伤一级。当晚,高某新给予赵某富、张某现金分发给参与殴打田某某的人员,后高某新向田某某支付了赔偿金。

需要指出的是,本案中被害人田某某的先行行为并非无理取闹行为,而是源于前一日其年迈父母被拆迁方人员苍某良等人无故殴打致一人轻伤、一人轻微伤,却在事后无人出面解决问题,才导致其情绪失控。故若推究本起事实的起因,还是源自高某新等人为了实现个人经济利益,加快拆迁速度而针对未达成协议的被拆迁人所实施的暴力行为。对此,另案被告人张某证实,纠集他们去现场时,对他们说的就是"有钉子户耍赖,来了就凑他。"因此,导致本起事实发生的真实原因还是为了要清除钉子户,防止其影响拆迁工作的进度。

被告人高某新、李某军、张某强、刘某林随意殴打他人,情节恶劣,任意毁损他人财物,情节严重,四被告人的行为触犯了《中华人民共和国刑法》第二百九十三条第一款第(一)项、第(三)项,已构成寻衅滋事罪,应当共同追究刑事责任。

(五)被告人高某新、李某军采用"软暴力"手段,在××村东南、东北地块拆迁过程中实施了多起寻衅滋事违法行为

现有148名被拆迁村民的证言、张某5等人的辨认笔录可以证实,2006年4月至2009年10月间,被告人高某新、李某军等人在××村东南、东北地块××村改造拆迁过程中,为加快拆迁速度,采用统一着装聚众摆场架势、打砸玻璃、深夜砸门滋扰、断水断电破坏生活设施、在村民房屋周边挖沟设置生活障碍和趁家中无人拆除房屋等"软暴力"手段,树威立霸、形成非法影响,迫使当地群众因无法正常生活、害怕被恶意滋扰、伤害而被迫同意拆迁条件。被告人高某新作为××公司实际负责人和恶势力犯罪集团首要分子,拆迁能否顺利推进,直接关系其经济收益的实现,故其应对发生在东南、东北地块上的寻衅滋事违法事实负责。被告人李某军作为受高某新指派的东南、东北地块拆迁负责人,在拆迁过程中组织开展具体拆迁工作、积极追求快速拆迁效果,且在案证据证明李某军曾经实施了入户谈判、谈判不成指挥挖沟干扰被拆迁人正常生活等行为,故其也应对发生的违法事实负责。被告人高某新、李某军为非作恶、欺压百姓,扰乱了当地经济、社会生活秩序,造成了较为恶劣的社会影响。

三、认定被告人高某新犯故意毁坏财物罪的事实清楚,证据确实、充分

现有证人彭某某、刘某某等人的证言,被害人陈某某、贾某某、项某某的陈述,能够与高某新关于曾经私自拆除村民房屋的供述相互印证,共同证明在××村东南地块旧城改造项目开发过程中,在未达成拆迁补偿协议或取得被害人同意的情况下,高某新××公司的负责人指使他人将贾某某、陈某某夫妇及项某某的房屋拆毁,被拆毁的房屋价值共计人民币14.6622万元。

被告人高某新故意毁坏他人财物,数额特别巨大,其行为触犯了《中华人民共和国刑法》第二百七十五条,已构成故意毁坏财物罪,应当依法追究其刑事责任。

同时,现有证据还可以证实,在××村东南地块旧城改造项目拆迁过程中,高某新作为××公司负责人,李某军、高某刚作为直接受高某新领导负责拆迁工作的人员,在未达成拆迁补偿协议或取得被害人同意的情况下,实施了非法拆毁项某某、袁某、陈某某等被拆迁村民房屋的违法行为。

四、认定被告人高某新、李某军、刘某霞、高某龙犯诈骗罪的事实清楚,证据确实、充分

(一)被告人高某新在××村农民住宅楼建设及该村东南土地一级开发过程中实施了骗取××村东南居住及配套项目土地开发建设补偿费人民币4000余万元的行为

现有被告人高某新、另案犯罪嫌疑人项某星的供述,××村委会工作人员证人项某某，公安机关核实的项某1等351名村民等证人的证言，北京方某会计师事务所提供的某县××村东南地块一级开发项目支出专项审计报告、所附支出凭单、拆迁安置协议、拆迁补偿明细表、周转费明细表、地上物补偿领款单等书证，北京天某会计师事务所司法鉴定意见书等证据能够相互印证，足以证实高某新在申报东南地块土地一级开发成本期间，以非法占有为目的，指使时任××公司会计的恶势力犯罪集团成员贾某荣，通过采取制作虚假的支出凭单、拆迁安置协议等材料，虚增被拆迁户名单，将非××庄东南地块的村民列入领取补偿款人员范围等手段，虚增拆迁成本，骗取××庄东南居住及配套项目土地开发建设补偿费4000余万元。

被告人高某新以非法占有为目的，伙同他人，虚构事实、隐瞒真相，骗取公共财物，数额特别巨大，其行为触犯了《中华人民共和国刑法》第二百六十六条，已构成诈骗罪，应当依法追究其刑事责任。

（二）被告人高某新、李某军、高某龙、刘某霞在××村东北地块土地一级开发拆迁成本申报过程中，共同实施意图诈骗拆迁费用补偿款3亿余元的行为

现有107名申报拆迁户的证人证言、××镇政府相关证人、××村委会相关证人的证言、银行个人业务凭证、银行转账明细、司法鉴定意见书，以及被告人高某新的供述可以证实，高某新为实现非法占有目的，指使恶势力犯罪集团成员贾某荣、李某军、高某龙、刘某霞采取伪造并提交虚假拆迁补偿证明材料的手段，意图骗取拆迁费用人民币3亿余元（371824877.65元）。其间，高某新作为犯罪集团首要分子和××公司实际控制人，组织、指挥了诈骗犯罪活动；李某军作为高某新恶势力犯罪集团重要成员，案发期间负责与被拆迁户入户谈判并签订拆迁安置协议，2014年××庄东北地块回迁改为货币补偿后，李某军负责将真实的回迁安置协议收走并进行销毁，以此毁灭证据材料，并在虚假的回迁安置协议上签名，帮助伪造虚假的回迁安置协议；高某龙作为恶势力犯罪集团其他成员，案发期间负责向他人借用身份证，并要求上述人员在虚假的空白协议上签字，帮助伪造虚假的回迁安置协议及相关材料；刘某霞作为恶势力犯罪集团其他成员，案发期间负责××公司的全部申报手续和

业务办理工作，其具体负责将伪造的拆迁补偿材料提交给审计机构用于××庄东北地块一级开发已发生拆迁费用的专项审计，帮助实施诈骗犯罪。

被告人高某新、李某军、高某龙、刘某霞，以非法占有为目的，虚构事实、隐瞒真相，骗取公共财物，数额特别巨大，四被告人的行为触犯了《中华人民共和国刑法》第二百六十六条，已构成诈骗罪，应当共同追究刑事责任。被告人高某新、李某军、高某龙、刘某霞已着手实施诈骗犯罪行为，但因意志以外原因未得逞，依据《刑法》第二十三条，系犯罪未遂，可以依法比照既遂犯从轻或减轻处罚。李某军、高某龙、刘某霞在本起犯罪事实中起次要、辅助作用，依据《刑法》第二十七条，系从犯，依法应当对其从轻或减轻处罚。

（三）被告人高某新、刘某霞、高某龙在××小区东地块拆迁安置成本补偿申报过程中，共同实施了意图骗取拆迁安置成本补偿款人民币3000余万元的行为

现有高某新供述、王某、戴某某、肖某某、刘某某等人的证言、有关书证、相关银行账户流水、交易凭证等证据可以充分证实，在××小区东地块拆迁安置成本申报过程中，被告人高某新指使被告人刘某霞、贾某荣、高某龙等人通过借用他人身份证、户口本等证明材料，虚构了××小区东地块外存在19名一次性货币补偿被拆迁户的事实，采取虚假走账、伪造拆迁协议等虚假证明材料，而后将其予以提交的手段，意图骗取××小区东区地块拆迁成本补偿款人民币3614.6万元。同时，通过与刘某恒签订虚假的地上物补偿协议、虚假走账的方式，意图骗取商业用途房屋地上附属物补偿款人民币230.672万元。上述款项共计人民币3845.272万元。其间，刘某霞作为恶势力犯罪集团成员和××公司管理人员，多次出席区审计局、东方会计师事务所的工作会议，签订了××公司与××公司的委托协议，并负责提交虚假的审计资料。同时，根据××公司的用印记录显示，刘某霞曾将××公司公章用于签订与××小区东地块有关的虚假拆迁协议上。高某龙作为恶势力犯罪集团成员和××公司管理人员，多次借用他人身份证用于制作虚假证明材料。同时，××公司其他工作人员证实，刘某霞、高某龙曾经要求员工复印大量空

白的拆迁协议等材料。上述行为足以证实刘某霞、高某龙在主观明知的情况下,积极帮助实施了诈骗犯罪活动。

被告人高某新、高某龙、刘某霞,以非法占有为目的,虚构事实、隐瞒真相,骗取公共财物,数额特别巨大,三被告人的行为触犯了《中华人民共和国刑法》第二百六十六条,已构成诈骗罪,应当共同追究刑事责任。被告人高某新、高某龙、刘某霞已着手实施诈骗犯罪行为,但因意志以外原因未得逞,依据《刑法》第二十三条,系犯罪未遂,可以依法比照既遂犯从轻或减轻处罚。高某龙、刘某霞在本起犯罪事实中起次要、辅助作用,依据《刑法》第二十七条,系从犯,依法应当对其从轻或减轻处罚。

(四)被告人高某新指使被告人李某军、高某龙及贾某荣,在某县××路北侧××村和××园××旧城改造项目开发过程中,共同实施了骗取房屋征收拆迁补偿款人民币3000余万元的行为

现有首某评估公司提供的房屋估价勘查表、房屋条件调查表及附属物登记表、《原××村转让集体房屋土地实施细则》(非宅补偿方案)、征收指挥部会议纪要、《房屋基本情况核实表》、《原××村转让集体房屋土地情况说明》及会议记录等书证、被借用身份证人员、高某新之父高某春,以及拆迁指挥部人员的证言,被告人高某新、李某军、高某龙的供述可以证实,在某县××路北侧××村和××园××旧城改造项目开发过程中,高某新针对其未依法取得土地使用权的F104、F107院落,为非法获取高额补偿款,指使恶势力犯罪集团成员李某军、高某龙通过借用他人身份证、虚构上述院落存在分户情况的事实,伪造并提交了相关虚假证明材料,骗取补偿款共计人民币3000余万元,上述款项最终由高某新实际控制。其中,李某军、高某龙全程参与了本起犯罪,高某龙积极向他人借用身份证用于制作虚假协议,李某军则负责收取、提交虚假证明材料,且没有认真开展入户调查工作,也未向征收指挥部如实反映存在虚假分户情况。

被告人高某新、李某军、高某龙以非法占有为目的,虚构事实、隐瞒真相,骗取公共财物,数额特别巨大,三被告人的行为触犯了《中华人民共和国刑法》第二百六十六条,已构成诈骗罪,应当共同追究刑事

责任。李某军、高某龙在本起犯罪事实中起次要、辅助作用，依据《刑法》第二十七条，系从犯，依法应当对其从轻或减轻处罚。

五、认定被告人高某新、李某军、刘某霞犯贪污罪的事实清楚，证据确实、充分

（一）被告人高某新伙同并利用任某信的职务便利，在××村农民住宅楼建设及该村东南土地一级开发过程中，实施了骗取××庄东南居住及配套项目土地开发建设补偿费人民币5000余万元的事实

现有被告人高某新、另案犯罪嫌疑人任某信、项某星的供述，证人项某某、范某某等人的证言，密云土储中心岗位分工与工作职责、干部任免审批表、北京方某会计师事务所提供的密云县××村东南地块一级开发项目支出专项审计报告、某规划和自然资源委员会某分局提供的××庄东南地块一级开发成本相关账务凭证、××村委会提供的收据、银行流水等书证，北京天某会计师事务所出具的司法鉴定意见书等证据可以证实，被告人高某新伙同并利用时任某县土地整理储备中心主任任某信负责××庄东南地块土地一级开发工作的职务便利，采取虚报拆迁成本的方式，骗取土地开发建设补偿费人民币5000余万元。任某信作为时任北京市土地整理储备中心密云县分中心主任，在××庄东南地块土地一级开发过程中，负有监督管理××公司的土地征收拆迁等各项工作、控制土地一级开发项目成本的责任，具备主管、管理××公司申报的东南地块土地一级开发成本补偿费的职务便利。其在明知××村委会已将5000万元征地费回流至××公司的情况下，仍帮助高某新将申报的未实际支出的5000万元征地费，作为土地开发建设补偿费进行审计、补偿。被告人高某新与任某信相互勾结，合谋由××村委会将本该支付给××村被征地村民及村委会使用的5000万元，回流给××公司。在××公司未实际支付5000万元征地费的情况下，在审计一级开发成本时虚假申报，利用任某信的主管职务便利，共同骗取了5000万元征地费及由此带来的8%一级开发投资回报利润。

被告人高某新伙同并利用国家工作人员的职务便利，骗取公共财物，数额特别巨大，其行为触犯了《中华人民共和国刑法》第三百八十二条、第三百八十三条第一款第（三）项、第二款，已构成贪污罪，应当依法

追究其刑事责任。

（二）被告人高某新、李某军、刘某霞伙同并利用任某信、曹某利、王某春的职务便利，在××大学××中学西侧地块土地一级开发过程中，共同实施了骗取××大学××中学西侧地块土地开发建设补偿费人民币1亿余元的行为

现有被告人高某新以及任某信、曹某利、王某春等人供述，证人吕某某、穆某某、康某某、魏某某等人证言，土地一级开发委托协议、土地补偿协议、记账凭证、拆迁补偿费支出凭证、拆迁补偿协议、拆迁附属物补偿及奖励补助表等书证可以证实，2009年至2013年间，在某县××镇××大学××中学西侧地块土地一级开发过程中，高某新伙同并利用时任某县土地整理储备中心主任任某信、某县××镇镇长曹某利、北京××经济合作社社长王某春在土地一级开发中的职务便利，指使恶势力犯罪集团成员李某军、刘某霞及贾某荣，以××公司名义，采取伪造拆迁补偿材料等手段，骗取土地开发建设补偿费人民币1亿余元。在高某新的指使下，李某军、刘某霞均为共同贪污犯罪活动提供了帮助。其中，李某军实施了借用他人身份证复印件，并在虚假的迁补材料上签字，参与商议××村委会为高某新虚假的土地补偿款走手续事宜的行为；刘某霞作为公司管理人员，参与了该项目的实施方案编制、招投标、对接土储中心密云分中心、审计、评估公司等并提供虚假证明材料等一级开发手续的办理。

被告人高某新、李某军、刘某霞伙同国家工作人员，利用国家工作人员职务上的便利，骗取公共财物，数额特别巨大，三被告人的行为触犯了《中华人民共和国刑法》第三百八十二条、第三百八十三条第一款第（三）项、第二款，已构成贪污罪，应当依法共同追究其刑事责任。李某军、刘某霞在本起犯罪事实中起次要、辅助作用，依据《刑法》第二十七条，系从犯，依法应当对其从轻或减轻处罚。

（三）被告人高某新伙同并利用王某双、曹某利、邓某职务上的便利，共同实施了侵吞依法被罚没的××家园项目的行为

认定上述事实的证据包括书证、证人证言、价格认定结论书等，同案犯王某双、曹某利、邓某对此亦供认不讳，可以证实：

第一，高某新等人非法侵吞的××家园项目系公共财产。2003年起，高某新以××公司的名义开发××家园项目，过程中未办理国有土地使用权证即违法占地建设。2007年4月25日，国土局依法下达行政处罚决定书，"责令××公司退还非法占用的土地，由某县政府没收非法占有的土地上所建的联体别墅楼和会馆"。根据1996年《中华人民共和国行政处罚法》第53条、2004年《中华人民共和国土地管理法》第76条和《中华人民共和国土地管理法实施条例》第42条的相关规定，该项目被没收后，即成为公共财产，具体而言，即归某县政府所有，××公司不再具有占有该项目的合法理由。某县政府将该项目以折抵债务的名义转移至××镇属企业××公司，不改变该项目的性质，其仍为公共财产。

第二，高某新客观上分别伙同王某双、曹某利、邓某，并利用三人的职务便利，实施了侵吞××家园项目的行为。高某新具体实施了贯穿犯罪过程始终的以下行为：一是提起犯意。高某新、王某双的供述均显示，高某新早在2006年××家园项目因违法占地被调查时，就与王某双共谋，在项目被罚没后通过××镇转回××公司。二是多次共谋。高某新在侵吞过程中多次分别与王某双、曹某利、邓某共谋，商议项目转移的具体流程。相关供述和曹某利笔记本等书证均显示，高某新曾多次与王某双协商、参与曹某利组织的××镇层面会议、多次联系邓某要求在转让协议上盖章和办理后续手续。高某新的行为贯穿侵吞行为的始终。三是实际获利。××家园项目被侵吞后，全部利益均归高某新控制。四是利用了国家工作人员的职务便利。高某新正是基于王某双、曹某利、邓某三人在密云县、××镇、××公司层面所具有的职务上的便利，才与三人共谋，并利用三人管理和负责××家园项目流转事宜的便利实施的侵吞行为。五是侵吞行为已既遂。2008年10月××公司盖章后，高某新已实际重新获得该项目的控制权，公共财物的损失也已形成，贪污行为已经既遂，此时该项目价值2.7亿余元，即为贪污的数额。

第三，高某新主观上自始具有侵吞公共财产的故意。高某新早在该项目尚处于违法调查阶段时就意识到罚没后会被收归国有，××公司无法继续合法占有，仍通过××公司非法侵吞该项目，其非法占有的故意是非常明显的。前述《行政处罚法》《土地管理法》《土地管理法实施条例》和卷中国土局对于没收财产处置的操作办法均规定,被罚没的项目应当通过正当的拍卖等手段处置,所得价款收归国有。高某新在明知不应由自己无偿取得的情况下,积极协商、周旋、安排公司人员草拟协议,促成自己无偿取得该项目,其非法侵吞公共财产的目的已十分明显。

综上,被告人高某新伙同并利用国家工作人员职务上的便利,侵吞公共财产,数额特别巨大,其行为触犯了《中华人民共和国刑法》第三百八十二条、第三百八十三条第一款第(三)项、第二款,已构成贪污罪,应当依法追究其刑事责任。高某新在本起共同犯罪中起主要作用,系主犯。

(四)认定高某新犯行贿罪、对非国家工作人员行贿罪的事实清楚、证据确实、充分

现有书证、证人证言和王某双、王某春的供述均证实,被告人高某新主观上具有给予王某双、王某春财物以获取不正当利益的主观故意。客观上,高某新在2003—2018年间,为请托王某双、王某春在承接××镇××旧村改造项目等多个事项上为其谋取不正当经济利益或不正当竞争优势,而多次给予时任中共××镇党委书记、××县人民政府副县长、××办公室主任王某双和××镇××村党支部书记、××合作社社长的王某春人民币现金、房产、汽车等各种财物,高某新本人对于给予国家工作人员财物一事亦供认不讳。需要指出的是,高某新给予王某双、王某春的部分现金、车辆、房产,虽然冠以出借、出售的名义,但实际上高某新与王某双、王某春均没有借用、买卖的意思表示,也未实际支付借用费、购买费等费用,双方之间并没有形成实质性的借用、买卖关系。相反,高某新恰是因为看中了王某双、王某春手中的职权,才以借款、借车、购房之名,行利益输送和权钱交易之实,其行为符合行贿类犯罪的构成要件。

高某新所谋取的不正当利益主要涉及两个方面,一是不正当经济利益,二是不正当的竞争优势。具体而言,高某新在承接××村旧城改造项目中,在同期还有其他竞争者的情况下,在王某双、王某春的帮助下谋取了不正当竞争优势,足以认定其谋取了不正当利益;在承接××研究院家属院回迁项目中,为谋取非法经济利益,在王某双的帮助下违规加建3A号楼,以弥补擅自出售6号楼造成的研究院经济损失和群众上访等恶劣社会影响,足以认定其谋取了不正当利益;在开发××家园项目过程中,在王某双的帮助下以回迁楼名义虚假通过规划和开工审批、减免人防费用,足以认定其谋取了不正当利益;在获取××大学××中学西侧地块土地一级开发成本过程中,高某新明知该成本证明材料大部分系其伪造、仍处于政府审批环节,仍向王某双请托,通过王某东职务上的行为帮助其取得拨款,可以认定谋取了不正当利益;在获得××镇××村河南河滩地土地征地补偿款过程中,高某新在2002年合同未正式签订且未足额缴纳土地出让款的情况下,为获得巨额经济利益向王某春请托,将本应由××村获得的该地块征地补偿款全部据为己有,足以认定谋取了不正当利益。

需要指出的是,高某新为谋取不正当利益,向王某春给付财物的过程中,由于王某春的主体身份发生了变化,考虑到高某新对王某春的具体职务、职权的明知程度,基于主客观相一致的原则,对高某新的行为性质应该分阶段认定,即在2006年以前王某春为非国家工作人员时,高某新的行为应当认定为对非国家工作人员行贿罪,2006年后当王某春具有国家工作人员后,高某新的行为则应当定性为行贿罪。

综上所述,被告人高某新的行为分别构成行贿罪和对非国家工作人员行贿罪,应当依法追究其刑事责任。

六、认定被告人李某军单独犯寻衅滋事罪的事实清楚,证据确实、充分

现有被害人常某全、常某鹏、李某伶陈述、证人吴某广、尹某付等人的证言、鉴定意见、辨认笔录、拆迁安置协议书等书证等证据可以证实,2007年8月21日,在某县××镇鼓楼东区旧城改造项目开发过程中,被告人李某军纠集多人在被拆迁村民被害人常某全家中,持械对常某全、常某鹏、李某伶实施殴打,致常某全额顶部纵行缝合创、后枕部局限性头皮血肿,右肩、双肘部、右手背侧、双膝散在片状皮肤挫伤构成轻微伤;致李某伶左肩、背侧大片状皮肤青紫肿胀,左腕部肿胀,左髋部软组织损伤构成轻微伤;致常某鹏右顶部缝合创、左颞及后枕部头皮血肿、胸背部散在挫伤,双前臂、右踝部散在挫伤、右肘部肿胀构成轻微伤。并致常某全家中花盆、玻璃、自行车损坏，价值人民币 155 元。

被告人李某军伙同他人，无故殴打他人，情节恶劣，其行为触犯了《中华人民共和国刑法》第二百九十三条第一款第（一）项、第（三）项，已构成寻衅滋事罪，依法应当追究其刑事责任。

七、认定被告人刘某霞犯窝藏罪的事实清楚，证据确实、充分

现有证人冯某平、韩某、王某容等人的证言、鉴定意见、辨认笔录、通话记录等书证、被告人刘某霞、高某新、刘某滨、张某良的供述与辩解相互印证，证明 2019 年 11 月至 12 月间，刘某霞明知高某新系犯罪在逃人员，仍联系刘某滨为高某新在福建省某市藏匿期间提供居住、饮食等帮助，且在公安机关向其询问高某新下落时，故意予以隐瞒。

被告人刘某霞的行为触犯了《中华人民共和国刑法》第三百一十条，已构成窝藏罪，应当依法追究其刑事责任。

八、各被告人的量刑建议

被告人高某新、李某军、刘某霞基于不同的犯罪故意，实施了两个或两个以上独立的犯罪行为，应当依据《中华人民共和国刑法》第六十九条之规定予以数罪并罚。被告人赵某富在判决宣告以后，刑罚执行完毕以前，发现漏罪，应当依据《中华人民共和国刑法》第七十条之规定予以数罪并罚。

同时，通过全面审查本案事实、证据，被告人高某新等人具有以下量刑情节，请合议庭在对其决定刑罚时予以注意：

1. 被告人高某新所实施的两起诈骗犯罪系未遂，依据《刑法》第二十三条之规定，可以依法比照既遂犯从轻或减轻处罚，但鉴于其曾因故意犯罪受到过刑罚处罚，却不思悔改，继续长时间实施故意犯罪，主观恶性、人身危险性较大，且高某新系恶势力犯罪集团首要分子，依法应予从严惩处，故建议对未遂部分的犯罪事实对其不予从宽处罚。

2. 被告人李某军所实施的一起诈骗犯罪系未遂，依据《刑法》第二十三条之规定，可以依法比照既遂犯从轻或减轻处罚；在诈骗犯罪和贪污犯罪中系从犯，依据《刑法》第二十七条之规定，应当对其从轻或减轻处罚。但是鉴于李某军系恶势力犯罪集团重要成员，依法应予从严惩处，故建议对于未遂犯罪事实对其不予从宽，对于系从犯的犯罪事实予以从轻处罚。

3. 被告人赵某富曾因故意犯罪受到过刑罚处罚，却不思悔改，继续实施故意犯罪，主观恶性、人身危险性较大，且系恶势力犯罪集团重要成员，依法应予从严惩处。鉴于该人能够自愿如实供述罪行、承认指控的犯罪事实，愿意接受处罚，同意适用认罪认罚从宽制度，故根据《刑事诉讼法》第十五条之规定，可以依法对其予以从宽处理，在本院提出的量刑建议幅度内予以从宽处理。

4. 被告人高某刚、张某强系恶势力犯罪集团重要成员，依法对二人应予从严惩处。鉴于二人能够自愿如实供述罪行、承认指控的犯罪事实，愿意接受处罚，同意适用认罪认罚从宽制度，故根据《刑事诉讼法》第十五条之规定，可以依法对其予以从宽处理，在本院提出的量刑建议幅度内予以从宽处理。

5. 被告人高某龙、刘某霞系恶势力犯罪集团其他人员，依法对二人应当予以从严惩处。鉴于二人所实施的两起诈骗犯罪系未遂，依据《刑法》第二十三条之规定，可以依法比照既遂犯从轻或减轻处罚；在诈骗犯罪和贪污犯罪中系从犯，依据《刑法》第二十七条之规定，应当对其从轻或减轻处罚；能够自愿如实供述罪行、承认指控的犯罪事实，愿意接受处罚，同意适用认罪认罚从宽制度，故根据《刑事诉讼法》第十五条之规定，可以依法对二人予以从宽处理，建议在本院提出的量刑建议幅度内予以从宽处理。

6. 被告人苍某良、刘某林系恶势力犯罪集团其他人员，依法对二人应当予以从严惩处，鉴于二人能够自愿如实供述罪行、承认指控的犯罪事实，愿意接受处罚，同意适用认罪认罚从宽制度，故根据《刑事诉讼法》第十五条之规定，可以依法对二人予以从宽处理，建议在本院提出的量刑建议幅度内予以从宽处理。

九、关于高某新恶势力犯罪集团及其成员的涉案财产处理意见

1. 建议对高某新个人财产予以没收。在案证据证明××公司、××房地产公司、张家口××公司均为被告人高某新一人实际控制，系恶势力犯罪集团谋取经济利益的依托，且公司账户与高某新控制的相关个人账户间频繁发生资金流转，公司财产与高某新个人财产存在混同，故上述公司财产均可视为高某新个人财产。同时韩某珠、周某芬名下房产及韩某平名下车辆均为高某新实际购买,且韩某珠无业,其名下存款均由高某新给付。因此在案查封、扣押、冻结上述公司及高某新、韩某珠、周某芬、韩某平等个人名下的房产、车辆、银行存款、基金理财、股权等财产均按照高某新的个人财产处理,建议予以没收。

2. 被告人李某军名下银行存款,建议先折抵罚金刑,剩余部分予以返还。

3. 被告人高某龙名下银行账户(12030301××××××××××)内有人民币3200余万元,为高某新诈骗犯罪所得,建议予以追缴,对于剩余款项建议予以没收。对于高某龙名下其余账户款项,建议先折抵罚金刑,剩余部分予以返还。

4. 被告人刘某霞名下农业银行账户62284900×××××、62284800××××××及北京银行账户62146892×××××××均为高某新实际控制,建议对账户内款项予以没收。对于刘某霞其他银行账户存款及名下房产建议先折抵罚金刑,剩余部分予以返还。

5. 王某仙明知被告人高某新诈骗犯罪所得的赃款私自侵吞并用于归还个人债务,因王某仙拒不退还赃款,建议对其名下房产予以追缴。

6. 对于依法扣押的高某新名下车辆、住宅及抓捕高某新后在现场所依法扣押的相关物品、现金,建议作为高某新个人财产予以没收。

十、法庭教育

旧城改造工作的初衷本应是改善城市环境和百姓的居住环境,提高百姓的生活质量,是一项惠民、利民的工作,但是由于高某新恶势力犯罪集团介入拆迁领域,为追逐经济利益而在拆迁过程中针对被拆迁村民大量实施摆队造势、挖沟堵门、断水断电、伤人毁财等寻衅滋事行为,已经严重扰乱了村民正常的生产、生活秩序,严重损害了群众的安全感,并使部分被拆迁村民基于恐惧心理而被迫搬离家园。拆迁工作的确实存在难度和复杂性,开发商追求正当的经济利益也无可厚非,但是这决不能成为恶势力犯罪集团实施扰序行为、损害人民群众合法利益的借口,更不能因此将伪造材料、虚报冒领骗取公共财产变成土地开发补偿中的灰色"产业链"。

　　高某新恶势力犯罪集团之所以能存续长达近20年，高某新等人之所以能骗取数亿元之巨的国有财产，根源在于其勾结、腐蚀了一批国家工作人员和基层组织人员。在部分官员错误的政绩观下，高某新肆意暴力拆迁的行为表面上看似快速推进了某县的旧城改造工作，眼看着一座座高楼平地而起，部分国家工作人员竟然将高某新视为旧城改造的"功臣"和"干将"，却没看到这背后的代价是巨额国有资产的流失、政府公信力的下降、当地政治生态的恶化等一系列积重难返的问题。但是，部分公职人员失职、渎职甚至共同参与实施犯罪的行为绝不是高某新等人免责的理由和借口。2000年后，中国的房地产业飞速发展，这一过程中不可避免地存在行业"顽疾"和改革"阵痛"，其中诸多问题的根源正是部分开发商将拜金主义和个人利益至上作为人生的信条，在追逐利益的过程中迷失了方向。被告人高某新正是其中的典型，高某新自2001年开始介入拆迁、开发领域，在其后的多年中，逐渐积累了原始资金，在这一过程中其为达拆迁目的不择手段、肆意妄为，为追求自身利益最大化弄虚作假、欺上瞒下，不断突破一个商人的道德底线、职业底线，直至法律底线。伪造材料虚假申报所付出的成本很低，虚报冒领拆迁费用、开发补偿款所获得收益却很高，此类行为在房地产开发行业中也许是许多人心照不宣的"秘密"，也许是许多人快速致富的"捷径"，不仅是今天在庭审中的9名被告人，在庭审外的许多房地产开发商甚至政府工作人员可能都会有同样的想法和侥幸心理。通过今天的庭审，公诉人要警示被告人和其他即将触犯法律之人，无论是房地产行业还是任何行业，无论是基层组织人员还是政府高官，都不是法外之地，都没有法外之人，任何获利、任何劳动成果，都应当在法律允许的范围内依法取得，概莫能外，没有任何特例。

　　正如今天庭审所展现的，高某新恶势力犯罪集团在拆迁领域的违法犯罪活动已然成为了一个犯罪链条，在这个链条之上的，有嗜血般逐利的商人，有被拉拢腐蚀的官员，有被裹挟而沉沦的基层工作人员，也有为蝇头小利而参与犯罪的所谓亲朋好友。相信今天的庭审及其后对高某新等人依法判决的结果一定会给许多仍心存侥幸的人以深刻警示：无论从事什么行业，无论是什么身份，任何无视法律规定、以身试法的行为必将依法受到严惩。

以上是公诉人的公诉意见，请合议庭综合全案犯罪事实、证据、犯罪情节、社会危害性以及各被告人的认罪、悔罪态度，在充分考虑我院提出之量刑建议的基础上，对被告人依法作出判决。

审判长、审判员，公诉意见暂时发表到此。

20××年×月×日

【承办检察官心得体会】

为有效实现"除恶务尽"工作目标，确保庭审效果，承办案件的检察官在以"求极致"的精神开展认罪认罚工作的基础上，全面细致做好庭审准备，充分运用事实、法律和刑事司法政策，坚持理性平和、客观公正的原则撰写了公诉意见书。

一是高度重视用语规范的准确、严谨、统一。反复揣度遣词造句，使每一句话都符合客观事实、符合法律规定、符合一般常理，避免发言不当引起庭审争议或不良舆情。

二是坚持有理、有力、有节，以精练、平和、充满法理性、逻辑性的语言，分别从恶势力犯罪集团的认定、各被告人的犯罪事实认定、量刑情节及建议、涉案财产处置情况等方面展开充分论证。

三是强化法庭教育效果，充分揭露了高某新恶势力犯罪集团的社会危害性极深，阐述了高某新等人将密云区旧城改造这项本应惠民、利民的工程，异化为暴力拆迁下的恶势力犯罪行为，本质源于被告人高某新等人不择手段、以经济利益最大化为唯一追求的错误心态。

听取公诉人的公诉意见后，辩护人在当庭发表的辩护意见中，首先充分肯定了公诉人所发表指控意见的客观、公正性。一审判决作出后数十名被告人无一人提起上诉，取得了很好的庭审效果。

【专家点评】

该案作为检察机关提起公诉的恶势力犯罪集团刑事案件,具有典型的涉案人员多、违法犯罪事实多、涉嫌罪名多、证据多等特点,这对公诉人撰写公诉意见书提出了更高要求,尤其是面对纷繁复杂的证据和事实,更加考验公诉人进一步去粗取精、化繁为简的能力,需要公诉人用最有效的组证强化指控,用最精练的语言亮明观点,用最朴实的表达增强说理。该份优秀公诉意见书体现出了公诉人在办理涉黑涉恶犯罪案件中"啃下硬骨头"的能力,具有很强的代表性。具体而言,该份文书具有以下四个特点:

(一)严格依法

严格依法是撰写优秀公诉意见书的前提和基础,公诉意见书中的任何一句话都应当经得起法律和事实的检验。该公诉意见书在语言表达上首先就具有鲜明的法律特征,用词造句均是法言法语,引用法律条文准确、规范,看得出是经过了认真推敲、仔细琢磨,进而确保了严谨无漏洞,同时与起诉书遥相呼应,体现出了公诉意见书的规范性和客观性。

(二)逻辑清晰

该公诉意见书按照证据意见、组织架构意见、罪名意见、量刑情节意见、涉案财物处置意见、法庭教育意见依次展开,层层递进,语言表达严格依据证据、事实和法律,证据归纳得当、法律适用准确,全案的指控逻辑一目了然,既有层次感又有体系感,体现了公诉人对办理该案的全面而深度思考。

(三)论证有力

对于涉案人员涉及的每一笔犯罪事实、每一个罪名,都做到了充分有力的论证,确保客观公正的发表公诉意见。通过有力的论证也能够让听者快速吃透案情以及检察机关的指控逻辑,在每一笔犯罪事实论证中都表达清楚了"是什么""为什么",尤其是在论证中直接援引了部分关键的言词证据内容,使得论证过程更加形象生动,更能让听者深入案件之中分辨曲直。

(四)充满正气

面对恶势力犯罪集团被告人的嚣张气焰,该公诉意见书更是旗帜鲜明地表明了公诉立场,通过进一步的法庭教育、释法说理对犯罪成因进行分析,对警示意义进行揭示。该份公诉意见书在最后的法庭教育部分找准了切入点,并结合案情进行适度的展开,既没有就案说案,也没有脱离案情刻意拔高,而是用最朴素的语言引发听者对案件的思考,尤其是对相关社会现象的反思,充满了正能量,强化了法庭教育,这也是该公诉意见书的"点睛之笔"。

(点评人: 李光林,重庆市人民检察院第三检察部主任、全国十佳公诉人)

18. 林某鹏等人侵犯著作权案公诉意见书

【简要案情】

2016年11月至2019年11月间,林某鹏伙同林某程、林某航、××××公司(中国)有限公司(住所为北京市××区××街×号)的授权许可,通过"通富教育专营店""940教育旗舰店"等淘宝天猫店铺,销售××公司Office、Windows等软件密钥、账号等,并提供软件下载链接、帮助安装,或直接销售软件密钥、账号等,销售金额共计人民币3000余万元。

【诉讼过程】

本案由北京市公安局海淀分局侦查终结,北京市海淀区人民检察院于2019年12月31日对林某鹏、林某程、林某航、罗某浩四人以侵犯著作权罪批准逮捕,于2020年8月13日向海淀区法院提起公诉。2021年5月21日,海淀区法院作出一审判决,以侵犯著作权罪判处林某鹏有期徒刑4年6个月,罚金人民币300万元,对林某程、林某航、罗某浩均判处有期徒刑2年6个月,罚金人民币50万元至100万元不等。后林某航、罗某浩提出上诉。2021年9月10日,北京市第一中级人民法院裁定驳回上诉、维持原判。

【文书全文】

北京市海淀区人民检察院
公诉意见书

审判长、人民陪审员：

根据《中华人民共和国刑事诉讼法》第一百八十九条、第一百九十八条和第二百零九条等规定，我受北京市海淀区人民检察院的指派，代表本院，以国家公诉人的身份，出席法庭支持公诉，并依法对刑事诉讼实行法律监督。现对本案证据和案件情况发表如下意见，请法庭注意。

一、关于本案的证据情况

在刚才的法庭调查中，公诉人出示了相关的证据，本案所有认定案件事实的单个证据均来自案件发展本身，符合客观性、关联性、合法性要求，形成完整的证据链条，足以证实被告人林某鹏、林某程、林某航、罗某浩未经著作权人许可，发行计算机软件，情节特别严重。

（一）涉案软件系××公司享有著作权的作品，激活码、序列号、密钥等系××公司销售软件许可的方式

根据在案证据，××公司系根据美国法律设立并存在的公司，××公司的 Microsoft Windows 系列操作软件和 Microsoft Office 系列计算机软件等已在美国进行版权注册，版权注册号为 TX×-×××-×××等。根据注册证书记载，上述软件版权主张人为××公司。××公司系美国公司，依据我国《著作权法》及《计算机软件保护条例》关于中外作品著作权的保护规定，外国人、无国籍人的软件，依照其开发者所属国或者经常居住地国同中国签订的协议或者依照中国参加的国际条约享有的著作权，受该条例保护。我国与美国均系《伯尔尼公约》的成员国，成员国作者的作品应依照我国《著作权法》和《计算机软件保护条例》的规定给予保护，因此××公司对涉案软件享有的著作权受我国法律保护。

根据××公司出具的证明，××公司开发并发行了Microsoft Windows系列、Microsoft Office系列、Microsoft Server系列等多种软件并享有完整的知识产权，根据软件业通行惯例，××公司销售的每套/份软件产品均配有对应数量的授权许可，授权许可是证明客户合法使用××公司软件产品的依据。

（二）现有证据足以证明被告人实施了未经著作权人许可复制发行他人作品的行为

根据在案证据，××公司并未授权涉案被告人及公司（除Microsoft新锐远景专卖店期限2019年5月15日至2019年12月31日）销售××公司产品，被告人亦对未经许可予以供认。

根据被告人的供述、权利公司授权人证言、××公司购买涉案网店销售侵权产品的购买过程公证以及公安机关提取淘宝网店后台交易记录，可以认定被告人林某鹏、林某程、林某航、罗某浩等人实施了以营利为目的，未经××公司的授权许可，通过"通富教育专营店""940教育旗舰店"等淘宝天猫店铺，销售××公司Office、Windows等软件密钥、账号等，并提供软件下载链接、帮助安装，或直接销售软件密钥、账号等行为。

（三）关于每个被告人的证据分析

综合全案证据，足以证明被告人林某鹏、林某程、林某航、罗某浩实施了未经著作权人许可，发行他人作品的侵犯著作权犯罪行为。

1. 关于林某鹏的证据分析。

（1）主观方面，现有证据足以认定林某鹏对未经授权销售××公司产品激活码等侵犯著作权行为具有主观明知。

①林某鹏供认2016年底在未获得××公司授权的情况下，开始经营××公司产品激活码的事实，进货渠道为QQ或淘宝等网络渠道，且在销售过程中教过员工话术，来应对客户询问激活码是否是正版的问题。

②其他被告人及海丰××公司员工指认林某鹏为公司负责人，安排员工进行××公司产品激活码的销售工作，过程中由于知识产权问题，曾有多家店铺被天猫平台处罚，后被告人林某鹏等人又通过购入新的淘宝网店的方法来继续销售××公司产品激活码。

③林某鹏手机鉴定聊天记录中有低价购买××公司激活码的情况。

（2）客观方面，现有证据足以认定林某鹏未经著作权人许可，实施了销售××公司Office、Windows等软件密钥、账号等，并提供软件下载链接、帮助安装，或直接销售软件密钥、账号等行为。

①在案证据显示，2016年至案发林某鹏参与控制的天猫网店达22家，公安机关调取的销售××公司产品激活码的店铺的交易明细记录显示，涉案店铺均存在大量销售××公司产品激活码的事实。

②林某鹏手机鉴定意见显示2016年12月17日—2018年6月聊天记录中有大量对外销售××公司激活码的情况，同林某鹏本人供述从2016年底开始对外销售××公司激活码相符。

③根据××公司提供的对涉案部分天猫网店的购买公证，涉案的天猫网店存在销售××公司Office和Windows等产品激活码的事实，同公安机关调取涉案天猫后台交易记录可以互相印证。

2. 关于林某程的证据分析

（1）主观方面，现有证据足以认定林某程对未经授权销售××公司产品激活码等侵犯著作权行为具有主观明知。

①林某程多堂供述存在反复，在其第一堂供述中供认与林某鹏二人商量在淘宝上对外销售激活码，在淘宝上收购了多家店铺来销售××公司产品激活码，期间因××公司投诉而被淘宝平台多次处罚，今天庭审也予以认可。

②林某程手机鉴定意见中有大量关于"激活码被搞掉""被扣分罚款"等聊天内容。

（2）客观方面，现有证据足以认定林某程未经著作权人许可，实施了购买更换店铺、联系店铺处罚事宜、沟通销售、提供银行卡等行为。

①林某程第一堂供述较为详细地介绍了其与林某鹏一同销售××公司激活码的事实，以及其与林某航等人打电话申请××公司激活码的事实，并供认直到2019年××公司和天猫开始加大处罚力度后才减少销售激活码的业务。

②根据涉案天猫店铺的工商登记信息，涉案22家店铺中有8家公司法定代表人为林某程，9家公司的股东为林某程，而上述店铺均存在销售

××公司产品激活码的行为，林某鹏也曾指认与林某程一起购买公司办理相应的手续，频繁更换公司的原因之一是被阿里公司处罚需要更换店铺等。

③林某程手机鉴定显示该人有销售××公司Office软件的聊天记录，有旋申数码、颂胜盛、玫瑰红了等店铺直通车充值信息等，也有与他人沟通翼鹏翔店铺被处罚的相关聊天内容。

④根据林某程尾号43××的上海银行卡交易明细，该张银行卡负责支付涉案人员工资，且该张银行卡和多家涉案天猫店铺存在资金往来。

3. 关于林某航的证据分析

（1）主观方面，现有证据足以认定林某航对未经授权销售××公司产品激活码等侵犯著作权行为具有主观明知。

①被告人林某鹏供称其公司员工知道××公司产品软件激活码不是正版，因为被××公司投诉过，商品就会下架，而且公司销售的价格比正版价格便宜很多。

②证人黄某津证言证明客户在天猫上拍下来后，其把付款截图通过QQ发给林某航，林给的激活码贵的Office365卖300多元，便宜的Office2016就卖20元，均明显低于市场价。

③林某航手机鉴定显示该人与QQ好友就激活码发货进行沟通，同林某鹏就购买××公司激活码和销售情况进行沟通。

（2）客观方面，现有证据足以认定林某航未经著作权人许可，实施了购买、保管、发放激活码、行政等工作。

①根据被告人供述，林某航负责管理××公司产品激活码，在林某鹏将激活码发给林某航保管后，再由其将激活码发给客服。林某鹏不在公司时，林某航负责管理公司的行政事务。

②涉案天猫店铺工商登记信息显示，林某航为中非常心意旗舰店、核新时代数码专营店、谦成办公专营店等多家店铺的法定代表人或股东，上述店铺均未经授权销售××公司激活码。

③林某航手机鉴定显示，该人手机中提取到不重复的激活码数量3万余个。QQ聊天数据中有大量购买××公司激活码的记录，且有与林某鹏沟通购买激活码相关情况的记录。

4. 关于罗某浩的证据分析

（1）主观方面，现有证据足以认定罗某浩对未经授权销售××公司产品激活码等侵犯著作权行为具有主观明知。

①被告人林某鹏称其公司员工知道××公司产品软件激活码不是正版，因为被××公司投诉过，商品就会下架，而且公司销售的价格比正版价格便宜很多。

②罗某浩手机鉴定中，该人与林某鹏有关于系统、Office 激活码、店铺降权、教其他人 Office 及系统激活码和系统安装接待等；结合该人有计算机专业相关背景，足以认定该人具有主观明知。

（2）客观方面，现有证据足以认定罗某浩未经著作权人许可，实施了销售软件、系统安装、部分公司运营等工作。

①海丰××公司人员结构表显示罗某浩 2016 年 11 月加入公司，案发时为公司系统软件主管，涉案天猫店铺运营期间其均在公司工作。

②证人欧某龙证言证明罗某浩为软件系统部主管；吕某强证明罗某浩面试其入职。

③罗某浩手机鉴定中提取到不重复的××公司激活码 143 个。

④罗某浩手机鉴定中多处聊天记录提到激活码销售、刷单、店铺降权的情况、向林某鹏汇报店铺业绩情况等。

（四）关于销售侵权软件产品金额的认定问题

经对公安机关调取的涉案 22 家店铺的交易数据进行审查，在被告人林某鹏等人经营时间段内，对外销售侵权××公司产品金额合计人民币 46836849.07 元，经过审查，对部分不符合证据条件、存在合理怀疑的内容进行扣除，最终认定金额为 31336324.98 元。

认定金额过程：

1. 由于被告人林某鹏等人经营的 Microsoft 新锐远景专卖店在 2019 年 5 月 15 日获得××公司授权，故对该店铺销售侵权××公司产品的统计时间截止到 2019 年 5 月 14 日。

2. 针对涉案淘宝店铺筛选金额的方法，公诉人针对公安机关调取的支付宝后台原始交易数据，选择交易成功，并根据公安机关调取涉案淘宝店的基本情况和工商信息，选择被告人林某鹏等人实际控制的时间段，订单选择为××公司Office、Windows、Visio/Project等条件后，筛选金额合计人民币46836849.07元。

3. 针对被告人称订单为维修重装电脑安装苹果双系统及Win7/8/10mac在线指导视频安装的，为客户自己寻找激活码激活的情况，被告人所控制的网店仅负责远程安装的辩解。经公诉人对在案多份公证购买材料核实，相关订单在购买过程中均为涉案淘宝店铺客服将××公司软件激活码和密钥提供给客户，同时提供××公司软件下载链接地址，因为被告人林某鹏等人控制的淘宝店铺曾多次因销售盗版××公司软件而被淘宝平台所处罚，订单名称的变化为规避淘宝平台监控的需要，故而对订单中名称中出现××公司软件密钥、激活码、系统重装双系统等均予以认定。

4. 对销售记录进行特定关键词筛选，对其中涉案人员下单、金额明显异常（小于5元，大于1万元）涉嫌"刷单"的数据进行扣除，最终认定金额人民币31336324.98元。

需要说明的是，关于刷单的认定，最高法指导案例87号郭某升、郭某锋、孙某标假冒注册商标案裁判要点明确关于金额认定的方法和"刷单"的证明问题：假冒注册商标犯罪的非法经营数额、违法所得数额，应当综合被告人供述、证人证言、被害人陈述、网络销售电子数据、被告人银行账户往来记录、送货单、快递公司电脑系统记录、被告人等所作记账等证据认定。被告人辩解称网络销售记录存在刷信誉的不真实交易，但无证据证实的，对其辩解不予采纳。虽然该指导案例是假冒注册商标案件，但对同为侵犯知识产权类罪的侵犯著作权罪的认定同样具有指导意义。本案对于"刷单"的认定符合上述指导精神。

综上所述，公诉机关认为现有证据足以认定四名被告人实施了未经著作权人许可发行他人作品的侵犯著作权的行为。

二、关于本案行为定性

根据《刑法》第217条规定，以营利为目的，未经著作权人许可，复制发行其计算机软件等作品的，是侵犯著作权罪。根据2011年《关于办理侵犯知识产权刑事案件适用法律若干问题的意见》第12条规定，侵犯著作权犯罪中的"发行"行为包括零售等活动。非法出版、复制、发行他人作品,侵犯著作权构成犯罪的,按照侵犯著作权罪定罪处罚;第13条规定,以营利为目的,未经著作权人许可,通过信息网络向公众传播他人文字作品、音乐、电影、电视、美术、摄影、录音录像制品、计算机软件及其他作品,具有下列情形之一的,属于《刑法》第217条规定"其他严重情节":(1)非法经营数额在5万元以上的;(2)传播他人作品数量合计在500件(部)以上的。实施前款规定的行为,数额或者数量达到5倍以上,属于"其他特别严重情节"。对于本案中林某鹏等人行为认定,涉及"激活码"性质的认定、刑法意义上的"发行"的认定,具体分析如下:

(一)关于"激活码"的性质

软件激活码是一种通过计算机加密程序按照一定算法生成的,用以获取正版软件下载或使用权限的权利象征符号组合。从技术属性上,其不属于计算机软件作品,但在办理案件过程中亦应重视其功能属性。从实现法律效果的功能上看,用户在没有使用激活码的情况下无法将软件安装成功或无法正常运行使用软件,因此软件激活码保护方法属于"接触控制措施",激活码这种以版权认证形式进行的加密式技术措施,是法律意义上的获得正版软件"通行证"。

(二)本案销售软件激活码等方式应属于刑法意义上"发行"

刑法保护作品的复制发行权,包括复制、发行(总发行、批发、零售、通过信息网络传播以及出租、展销等)等,从法益保护的角度看,刑法保护作品复制发行权及相应市场经济秩序。

传统软件销售模式往往采用实体光盘载体的方式,销售光盘本身就是刑法意义上的发行行为,但互联网的普及颠覆了传统的作品传播方式和流通途径,作品以数字化的方式传播甚至上传至公开网络免费向公众开放,并通过销售序列号、激活码等许可授权的方式实现实质发行目的。根据××公司出具的说明,××公司目前普遍采用的销售模式是单独分配用户软件产品密钥,并在官网上提供一定条件或前提的安装文件的下载途径,本质上××公司是通过销售激活码、序列号等形式实现销售软件的目的,且对于激活码等未经许可不得对外销售,即使在不同授权许可模式下获得的产品密钥,未经许可也不允许在市场上再公开出售、转售。这也是目前软件行业普遍采取的销售模式。

从销售有形载体到销售软件保护措施——例如加密锁、序列号等的社会事实变迁出发，对侵犯著作权罪中"发行"应结合行为模式和法益进行实质理解，将销售激活码理解为刑法意义上的"发行"应属于合理的扩大解释，不超出用语含义，亦不超出国民预测可能性。提供下载安装包的行为认定为侵犯著作权罪没有争议，但对于通过销售激活码并导向官方免费网站地址的模式，本质上与直接提供软件安装包无异，均能实现销售以获利的目的，均侵犯了软件权利人未经许可不得复制发行的权利和相应的市场秩序。无论是提供网盘链接，还是导向官方网站，都只是具体形式、手段的不同，但在目的、结果、获利上均具有一致性，对法益造成的侵害也具有一致性，因此应将销售激活码的行为认定为实质发行行为。行为人未经著作权人许可，销售激活码等行为的实质是变相销售软件，侵犯了软件的著作权，属于"发行"行为，应当以侵犯著作权罪论处。

（三）结合本案进行分析，林某鹏等人既有直接销售激活码等的行为，也有销售的同时提供软件下载链接、帮助安装等行为，均应认定为侵犯著作权罪的实行行为

根据在案证据，林某鹏等人经营的网店，既存在销售××公司Office、Windows等软件密钥、账号等并提供软件下载链接、帮助安装的行为，包括通过百度网盘提供软件、远程帮助安装等；也有直接销售软件密钥、账号等行为。

对于第一种行为，林某鹏等人未经许可通过信息网络传播他人软件，客观上复制发行了他人计算机软件作品，构成侵犯著作权罪。

对于第二种行为，林某鹏等人直接销售激活码的行为，结合上述分析，亦应认定为侵犯著作权罪。一是销售激活码的行为本质上是一种变相销售即变相发行的行为；二是林某鹏等人在经营中并未区分两种方式，对于是否提供链接并不区分收费，有些客户无法下载的情况下林某鹏等人亦帮助下载，因此从行为人的角度而言，两种行为并无本质区分，其行为目的、结果、获利上均具有一致性，对法益造成的侵害也具有一致性。

涉案淘宝店铺销售未经授权的××公司软件产品激活码，经统计，金额达3133万余元，属于"情节特别严重"。

综上，本案林某鹏等人既有直接销售激活码等的行为，也有销售的同时提供软件下载链接、帮助安装等行为，均应认定为构成《刑法》第217条规定的侵犯著作权罪。

三、关于本案的量刑情节

（一）关于被告人林某鹏

1. 该人负责购买激活码、开设店铺、经营管理等工作，在共同犯罪中起主要作用，是主犯，应当对所有店铺销售金额负责，金额为31336324.98元，依法应处三年以上七年以下有期徒刑，并处罚金。

2. 该人系电话传唤到案，到案后能够如实供述犯罪事实，是自首，根据《刑法》第六十七条第三款规定，可以从轻处罚。

3. 认罪认罚并签署具结书，建议判处有期徒刑四年至六年，并处罚金。

（二）关于被告人林某程

1. 综合全案证据，本案激活码的购买、组织销售行为由林某鹏负责管理，林某程参与注册店铺、提供账户等行为，并未参与具体人员、运营管理，所起作用可以认定为辅助作用，可以认定为从犯，应当从轻或减轻处罚。

2. 如实供述，可以从轻处罚。

3. 认罪认罚并签署具结书，建议判处有期徒刑二年六个月至三年六个月，并处罚金。

（三）关于被告人林某航

1. 该人负责保管激活码等工作，在犯罪中起辅助作用，可以认定为从犯，应当从轻处罚。

2. 如实供述，可以从轻处罚。

3. 认罪认罚并签署具结书，建议判处有期徒刑二年六个月至三年六个月，并处罚金。

（四）关于被告人罗某浩

1. 该人系被招聘入职，负责系统安装等工作，领取固定工资，在犯罪中起辅助作用，可以认定为从犯，应当从轻处罚。

2. 如实供述，可以从轻处罚。

3. 认罪认罚并签署具结书，建议判处有期徒刑二年六个月至三年六个月，并处罚金。

四名被告人未赔偿被害单位损失未取得谅解，建议法庭考虑相关情节综合全案证据依法裁判。

四、法庭教育

庭审至此，案件事实已基本清晰。在侦查、审查起诉、今天的庭审过程中，四名被告人总体上对其销售盗版软件的行为均能予以供认，希望通过今天的庭审活动，被告人能够彻底认罪悔罪，深刻认识和反省自己行为的社会危害性。

从四个人关系来看，林某鹏与林某程是双胞胎兄弟、林某航是二人的姐夫，罗某浩在公司成立早期即加入，四个人非亲即友，本应在彼此的扶持帮助下共同创业发展，却无视法律规定，甚至在明知××公司向平台多次举报、店铺多次受到处罚后仍不知悔改，想方设法逃避打击继续侵权，不只是侥幸心理，更多的是恶意侵权。

计算机软件是知识产权保护的重要对象，凝结了开发人员、经营人员的大量投入，具有重要的财产价值，而像被告人林某鹏等人这种出于投入成本少、收益回报高的贪利心理，未经著作权人许可，大量销售××公司盗版软件及激活码的行为，危害了正版软件的合法经营，为用户带来潜在的使用风险，损害了我国的国际形象。希望你们四人通过国家的公诉、审理活动，深刻反省自己的行为，能够直面人生的错误，坦白所犯的罪行，在接受相关改造重新进入社会后能够合法经营，尊重他人知识产权成果，做遵纪的公民、守法的经营者。

审判长、人民陪审员，公诉意见暂时发表到此。

20××年×月×日当庭发表

【承办检察官心得体会】

本案是一起侵犯数字化版权的典型案例，被告人采用销售密钥（"激活码"）不销售软件本身的新型销售模式，且经营20余家店铺销售金额上千万元，存在法律定性和证据审查多重难题。检察机关认真论证"销售软件密钥"的行为性质，审查海量销售数据准确认定犯罪金额，实现了有力指控；同时，注重知识产权权利人诉讼权利义务保护，充分听取诉讼代理人的意见，并邀请权利人旁听庭审，真正做到国内外企业平等保护，营造公平有序的法治营商环境。该案获评中国外商投资企业协会优质品牌保护委员会"2021—2022年度知识产权保护十佳案例"。

（一）适应数字化版权发展趋势，实质认定刑法意义上的"发行"行为

伴随着科技和经济的发展，软件的销售模式逐渐由销售光盘实物等转变为通过信息网络进行销售，再到单独销售产品密钥，并在官网上提供免费安装文件的模式，与此版权数字化发展相伴，相关的侵权行为也在不断升级变化。本案中，被告人并未直接销售软件本身，而是采取销售软件密钥等方式获利，是否构成侵犯著作权罪存在争议。检察机关研究认为，软件密钥系对软件的技术保护措施，其法律属性系对软件使用的"许可"，未经授权销售软件密钥实质上相当于对软件著作权的侵犯，对软件密钥的销售本质上等同于对软件本体的销售，属于变相"发行"软件的行为，应认定为侵犯著作权的行为。

（二）突破海量销售数据审查难题，准确认定犯罪金额

本案中被告人先后成立20余家店铺，涉案店铺的销售产品涉及10余个类型、型号、版本，销售数据数十万条，数据量大且存在一定的"刷单"情况，带来海量数据审查难、筛选难、鉴真难等问题。检察机关积极引导侦查，加强与电商平台的沟通，充分收集店铺的销售记录及被平台处罚的记录，固定基本证据。在海量数据的审查上，检察机关利用电子数据审查室进行定向筛选、特征筛选等方式，结合几名被告人对于"刷单"的辩解细节，剔除了虚假交易情况。对于被告人无法提供线索的交易情况，参考指导性案例的裁判原则，依法认定本案犯罪数额。

（三）充分告知权利义务、听取意见并邀请旁听庭审，切实保障知识产权权利人的各项权益

检察机关积极落实知识产权权利人权利义务告知试点工作要求，在审查逮捕期间即与权利人充分沟通，并在审查起诉期间开展权利义务书面告知工作，确保权利人对权利义务内容清晰明确。办理案件过程中，检察机关充分听取权利人及其委托的诉讼代理人就案件定性、证据采信等问题的意见，切实保障其参与诉讼的权利。在庭审环节，邀请权利人旁听庭审，公诉机关讯问逻辑清晰、举证示证充分、公诉意见鲜明、法庭教育深刻，充分展现了检察机关依法打击犯罪与保护知识产权的决心。

【专家点评】

被告人林某鹏等侵犯著作权案公诉意见书，是一份高质量展示说理内在逻辑与鲜明特色的优秀法律文书。

被告人林某鹏等侵犯著作权案的典型意义，不仅体现在该案是一起侵犯数字化版权的典型案例，获评中国外商投资企业协会优质品牌保护委员会"2021—2022年度知识产权保护十佳案例"；还体现在该案引述最高人民法院指导案例进行说理方面，该案公诉意见书中，认定被告人采用销售密钥等新型销售模式且销售金额达3000余万元的行为，符合最高法指导案例87号（郭某升、郭某锋、孙某标假冒注册商标案）裁判要点明确的关于"刷单"认定的指导精神，公诉意见书据此进行针对性说理，认为该指导性案例作为假冒注册商标案件，"对同为侵犯知识产权类罪的侵犯著作权罪的认定同样具有指导意义"，检察机关在该案中对"刷单"的认定符合上述案例的指导精神。

从功能定位的角度看，公诉意见书的属性、功能，决定了充分说理是其鲜明特征。公诉意见书系公诉人在法庭上对证据和案件情况集中发表意见时使用的具有很强说理性的法律文书，其主体部分即正文，只有一个要素即"公诉意见"。最高人民检察院刑事诉讼法律文书格式样本明确要求，公诉意见书应结合案情重点阐述事实证据、定罪量刑、社会危害性分析与法制宣传教育方面的公诉意见。实践中，案情千差

万别，公诉意见书具有各自不同的说理个性色彩。就本案而言，公诉意见书说理围绕的主题，是论证被告人的行为是否侵犯了著作权、如何定罪和量刑。需要重点论证的问题，是被告人采用销售软件密钥即"激活码"、不销售软件本身的新型销售模式该如何认定？有哪些具体理由？以此为基础，才能论证上述行为是否侵犯了著作权。由此可以理解，为何公诉意见书把认定"销售软件密钥"的行为性质作为重点内容，为何在论证过程中把认定"刷单"行为作为关键情节，进行浓墨重彩的论证。

从说理的基本逻辑看，该公诉意见书精彩展现了说理的基本逻辑公式——三段论。如该案定罪部分，三段论的大、小前提和推论在文书中都有到位的表述。其一，认定被告人林某鹏等人的行为构成犯罪的大前提是相关法律规定，即《刑法》第217条规定的侵犯著作权罪；其二，小前提是案件事实，即被告人"林某鹏等人既有直接销售激活码等的行为，也有销售的同时提供软件下载链接、帮助安装等行为"；其三，推论是罪名的认定，即被告人林某鹏等人的行为"构成《刑法》第217条规定的侵犯著作权罪"。三段论是公诉意见书乃至所有法律文书说理的基本逻辑公式，没有三段论则无从体现说理的逻辑性。该公诉意见书以充分说理的方法，论证了大、小前提为何成立，进而得出有罪认定的推论，具有很强的逻辑性。

从说理的实际效果看，在运用三段论构建说理基本结构的同时，还需要综合运用包括三段论在内的多种说理方法，以实现最佳的说理效果。"一个案例胜过一打文件"。公诉意见书围绕"刷单"这一细节，引述最高人民法院指导案例展开充分论证，既是"销售软件密钥"性质认定的重要理由，也彰显了案例指导制度在检察司法实践中的指导功能，是统一法律适用在个案中生动、具体的反映，展示出说理的深度、广度与力度。正如最高人民检察院《关于加强检察法律文书说理工作的意见》所言，"说理应当根据案件的性质特点、复杂程度、社会关注度等，针对说理对象的实际需求进行。"该公诉意见书引述最高人民法院指导性案例进行"销售侵权软件产品金额的认定"，就是通过这样的说理方法，论证说理三段论中的小前提，彰显指导性案例在法律条文与司法实践中重要的桥梁作用，成就了该公诉意见书的另一个显著特色。作为近年来北京市案值最大的侵犯数字化版权刑事案件之一，公诉意见书在"法庭教育"部分，以分析被告人林某鹏等人行为的社会危害性为基础，阐明保护计算机软件的知识产权、维护我国国际形象的重要意义，充分表达了检察机关依法打击犯罪与保护知识产权的决心。

（**点评人**：赵朝琴，河南财经政法大学教授、中国法学会法律文书学研究会副会长）

19. 麻某钢故意杀人、强奸案公诉意见书

【简要案情】

1992年3月20日22时许，麻某钢在南京市××路××号××学院（现××大学）校园内，发现被害人林某（女，殁年22岁）独自在××楼××教室自习，遂持铁棍将林某胁迫至该教学楼天井南侧东面门厅外口处强行发生性关系，期间因遭到反抗，用铁棍多次击打林某头部。后因担心罪行败露，麻某钢将林某拖至该天井北侧教学楼窗户下方，将林某头朝下投入一窨井后盖上井盖，又将林某的书本、衣物等随身物品投入旁边另一窨井内。作案后，麻某钢因形迹可疑被校卫队员盘查时逃离现场。同年3月24日，林某的尸体被发现。经鉴定，林某系被他人用钝器击打头部致颅脑损伤合并溺水引起机械性窒息而死亡。

【诉讼过程】

本案发生于1992年3月20日，南京市公安局于2020年2月23日侦破案件并抓获被告人麻某钢，同年2月28日向南京市人民检察院提请批准逮捕。南京市人民检察院于2020年3月6日批准逮捕麻某钢，并于当月20日层报最高人民检察院核准追诉。2020年5月8日，最高人民检察院对本案核准追诉。同年6月6日，南京市公安局侦查终结，以被告人麻某钢涉嫌故意杀人罪、强奸罪，向南京市人民检察院移送起诉。南京市院经审查于2020年7月6日向南京市中级人民法院提起公诉。2020年10月14日南京市中级人民法院作出一审判决，判处麻某钢死刑，剥夺政治权利终身；判处麻某钢赔偿附带民事诉讼原告人朱某敏丧葬费人民币43295元，交通费10000元，合计人民币53295元。麻某钢提出上诉，2021年1月14日，江苏省高级人民法院二审裁定维持原判。2021年6月

10 日，麻某钢被执行死刑。

【文书全文】

江苏省南京市人民检察院
公诉意见书

审判长、审判员、人民陪审员：

今天，江苏省南京市中级人民法院在这里依法不公开开庭审理被告人麻某钢强奸、故意杀人一案。根据《中华人民共和国刑事诉讼法》第一百八十九条、第一百九十一条、第二百零九条的规定，我们代表江苏省南京市人民检察院，以国家公诉人身份，出庭支持公诉，并依法对刑事诉讼实行法律监督，现对本案案件情况发表如下意见，请合议庭参考。

一、本院起诉书指控被告人麻某钢犯故意杀人罪、强奸罪的犯罪事实清楚、证据确实、充分，足以认定

法庭调查查明：被告人麻某钢于1992年3月20日晚，窜至原××学院校园内手持铁棍，对正独自在×楼××教室上自习的被害人林某殴打、胁迫至该教学楼天井南侧东面门厅，强行发生性关系。后因担心罪行暴露，麻某钢将林某拖至该天井北侧教学楼窗户下方，头朝下扔进一窨井并盖上井盖。经鉴定，林某系被他人用钝器击打头部致颅脑损伤合并溺水引起机械性窒息而死亡。

为证明上述犯罪事实，公诉人出示了大量证据，一是被告人麻某钢供述承认强奸杀人的具体情节，及案发后对作案现场的辨认；二是当年现场勘验、检查笔录；三是其他相关证据。从上述证据可以看出，第一，被告人的供述与现场勘验笔录、法医学鉴定书完全吻合，如被告人供述并指认的强奸被害人的地点与现场勘验笔录记载的发现被害人血迹、钥匙的地点一致；被告人供述及指认的抛弃林某及其随身物品的两个窨井与现场勘验笔录记载的发现被害人尸体和随身物品的具体细节、位置均能印证；被告人供述用铁棍击打被害人的次数和部位与尸体检验情况完全吻合;第二,被害人体内遗留的精液经DNA鉴定与被告人麻某钢的DNA基因型完全一致;第三,其他证据亦能证明案发时的相关情况,如证人季某全、张某生两名校卫队队员证实当年在校园厕所与被告人擦肩而过,二人描述的犯罪嫌疑人面部与行为特征与被告人主要特征相互吻合,描述的嫌疑人的逃跑路线与麻某钢供述的逃跑路线完全一致。以上证据相互印证,已形成完整的证据锁链,充分证实了被告人实施了强奸、杀人的犯罪行为。公诉机关对被告人麻某钢强奸、杀害被害人林某的指控,事实清楚、证据充分,铁证如山!

对于庭审中被告人麻某钢否认故意杀人,提出的将被害人投入窨井时不明知被害人还未死亡的辩解,公诉人认为:

第一,客观上被害人林某被投入窨井时并未死亡。法医学鉴定意见证实,被害人被发现时头部倒置于有污水的窨井,消化道及呼吸道有污水淤泥,反映出被害人被铁棍击打后、被投入窨井前并没有死亡,因吸入污水淤泥,导致合并溺水引起机械性窒息而死亡。

第二,麻某钢以往多次供述在将被害人林某投入窨井时并不确定其已死亡。被害人抛入窨井前,麻某钢经试探,发现被害人有微弱的鼻息和心跳,在将被害人搬动的过程中,发现被害人喉咙里有"呼噜呼噜"的声音,其当时并不能确定被害人是否死亡,之后看到公安机关的通报才确定被害人死亡。

第三,麻某钢的客观行为与其供述的主观认知矛盾。按照其供述,因为林某已经死亡所以需要藏尸,但是麻某钢同时供述实施强奸后,并未立即离开,也没有立即将林某投入窨井,而是在现场附近观察被害人林某的情况,希望林某能够离开,说明其主观上并不认为林某已经死亡,是在观察、蹲守了很长时间后,发现林某无法自行离开时,因为害怕罪行败露,才将林某投入窨井。

综上,对于被告人麻某钢提出在将被害人投入窨井时不明知被害人还未死亡的辩解不能成立。同时,这一辩解也并不影响对其故意杀人犯罪事实的认定。

二、被告人麻某钢犯罪情节恶劣、后果极其严重,社会危害性极大

今天的庭审,通过法庭讯问、示证、质证,时光再次倒流到28年前。那时候本案的被害人林某年仅22岁,是××学院大学四年级的学生，在家人、同学、老师的眼里，她刻苦努力、品学兼优，大学几年成绩一直名列前茅。正因为对医学理想的热爱追求，在那个寒雨霏霏的春夜，在周末的教室，她仍然在埋头苦读。如果没有被告人麻某钢的出现，再过一年她就可以成为一名医生，假以时日她可能成为医学专家，悬壶济世，救死扶伤，为医学的发展做出更多的贡献！然而没有如果，麻某钢为了满足自己的欲望，暴力相向强奸了林某。为了掩盖罪行，用冰冷的井盖关闭了林某生的希望！一个优秀的女大学生奋斗的青春还未来得及结出硕果就被麻某钢残忍地毁灭了！

这是一个家庭的悲剧，本来完整的幸福家庭，瞬间破碎。林某的亲人为此遭受了巨大的精神伤害与心灵创伤！父亲因为极度悲伤，忧郁成疾英年早逝；奶奶去世之前还惦念着挚爱的孙女；林某的母亲承受着与亲人阴阳相隔的悲痛和对亲人的思念，28年来每年到南京祭扫，即便是年近八十，也坚持在每年三月到女儿最后被发现的地方，寄托哀思，除了清明节，家里再没有其他节日！

这是一起发生在校园里的恶性案件。校园是最安全、最阳光的地方，麻某刚的行为给校园安全、社会安宁造成严重危害。案发后，全校师生乃至南京地区高校师生人人自危、担惊受怕；××学院被迫停课排查，教学秩序受到严重影响；他的恶劣行径更让善良与正义的普通群众义愤填膺、为之愤怒！该案不仅在28年前震惊全城，即便时隔28年，案件告破后，在本市乃至全国仍引发强烈影响，本案侦破后不到两天的时间内，微博话题累计阅读量10.3亿次，讨论数12万余条。麻某钢的犯罪行为给社会造成重大的负面影响！

天网恢恢，疏而不漏！二十八年来，公安机关始终锲而不舍、努力追查！在DNA技术不断发展的过程中，他们坚持不懈地将当年提取的物证一次又一次地进行检验、比对。二十八年后案件破获，检察机关立即提前介入引导侦查，全面细致审查卷宗，最高人民检察院依法决定对麻某钢核准追诉，更是彰显了检察机关维护公平正义的决心！正义可能会迟到，但绝对不会缺席！今天，终将迎来了对被告人麻某钢庄严的审判，这一刻也必将被历史所铭记。

"努力让人民群众在每一个司法案件中都感受到公平正义"，是司法机关努力的方向。正义在 28 年前就应当彰显，但公诉人相信，正义的尺度绝不会因为时间流逝有丝毫的降低。通过法庭审理，一定会对被告人麻某钢作出公正的判决。但是，死者长已矣，生者当自励。希望今天的庭审后，林某的老母亲和家人能真正走出悲伤，在未来的生活中，老人心无所牵，安享晚年，这也是对死者最好的告慰。

三、被告人应负的法律责任

被告人麻某钢强奸妇女、故意杀人并致一人死亡，其行为触犯了 1979 年《中华人民共和国刑法》第一百三十二条、第一百三十九条的规定，应当以故意杀人罪、强奸罪追究其刑事责任。

结合本案事实、证据，被告人麻某钢具有以下量刑情节：

1. 被告人麻某钢一人犯数罪，应当适用《刑法》第六十四条的规定，数罪并罚。

2. 被告人麻某钢强奸妇女，其后将被害人投入窨井故意杀人，造成了被害人死亡特别严重的后果。其行为属于犯罪手段残忍、犯罪情节恶劣，犯罪后果特别严重，应当从重处罚。

3. 被告人被抓获归案后，如实供述主要犯罪事实，今天庭审中对于主要犯罪过程也能客观供述，根据《刑法》第六十七条第三款规定，可以认定构成坦白。

4. 本案发生在 1992 年，经最高人民检察院核准追诉，对被告人麻某钢以强奸罪、故意杀人罪予以追诉。该案造成广泛、持久、深刻的社会影响。即使经过 28 年，因该案给被害人、案发学校以及社会造成的重大影响也没有消失，希望合议庭量刑时一并考量。

综上，被告人麻某钢犯故意杀人罪、强奸罪，罪行极其严重，应当判处死刑，请合议庭结合本案事实、证据、情节、被告人认罪悔罪态度依法公正判决。

公诉意见发表完毕！

20××年×月×日当庭发表

【承办检察官心得体会】

该份《公诉意见书》在法庭调查的基础上进一步构建了证据体系、认定了事实全貌、阐释了法律依据、揭示了社会危害性，充分展现了其程序价值和功能定位。

（一）层次分明，全面分析论证犯罪事实

在法庭调查的基础上，《公诉意见书》总结归纳了法庭调查的内容，通过分组归纳证据、分析证据间的印证关系，构建了清晰完整的证据体系，有力论证了本案犯罪事实清楚，证据确实、充分。同时，正面回应被告人对主观故意的辩解和辩护人的辩护观点，坚持从客观到主观的论证思路，提示法庭注意被告人主观恶性的行为细节，并在细节描述和分析中有力驳斥了被告人的辩解，也厘清了定性分歧。

（二）情理交融，深刻揭示社会危害性

注重法理与情理相融合，以事实证据为基础，通过倒叙的写法和公诉人充满真情的语言，再现了品学兼优的被害人在埋头苦读的深夜，在大学校园里被残忍强奸杀害的场景，引起法庭情感共鸣；通过强烈的反差揭露被告人的残忍与卑劣，突出对被告人罪行的控诉和谴责；通过对被害人家庭境况的写实，体现出本案后果极其严重；通过描述案发至今社会各界的反应、公安机关锲而不舍的精神和检察机关维护公平正义的决心，切实回应社会关注的问题，以朴实的情感积极引导和教育民众崇法向善。

（三）逻辑清晰，准确阐释法律适用

以事实、证据为基础，全面客观评价被告人的法定、酌定、从重、从轻量刑情节，论证该案给被害人、案发学校以及社会造成的重大影响并未消失，综合全案，慎重、准确地提出被告人麻某钢犯故意杀人罪、强奸罪，罪行极其严重，应当判处死刑的量刑建议。最终，南京市中级人民法院全部采纳检察机关指控的犯罪事实和量刑建议，取得较好的政治效果、法律效果和社会效果。

【专家点评】

本案是一起尘封了28年方告破继而追诉强奸、杀人的恶性刑事案件。公诉人通过在法庭辩论阶段对案件事实的集中表述、对在案证据的严密排布以及对社会恶果的酣畅控诉,不仅织牢织密了锁定被告人的证据网链,实现了犯罪的证明与指控,也在揭露被告人恶劣行径、严重后果的同时,对被告人潜逃多年而麻木的良知进行了有力鞭笞,告慰了无辜被害人及家属多年的悲痛,更宣示了检察机关追求正义、司法为民的决心,充分实现了作为一篇优秀公诉意见书应有的程序价值和功能定位。就此而言,本篇公诉意见书堪称法理情交融的典范,具体体现在以下三点:

(一)立足犯罪指控,严密构筑证明体系

公诉意见发表于法庭调查之后,是起诉书指控犯罪的有力补充。对于一个案发于近三十年前的案件,如何确保时至今日追诉仍能达到事实清楚、证据确实充分的标准是庭审应对的关键。对此,公诉人首先通过高度归纳法庭调查查明的事实,夯实了犯罪指控阵地;其次将被告人有罪供述中的细节一一提取,与在案客观证据分组对照,通过言词证据与实物证据的相互印证、直接证据与间接证据的叠加组合以及借助原始证据的充分佐证,进一步构筑以证据为核心的指控体系,牢牢锁定被告人系当年滔天罪行的唯一实施者,向法庭做了全景式的展示,凝炼清晰,也向被告人充分释明证据链条环环相扣,牢不可破。

(二)抓牢争议焦点,有力击破主观辩解

公诉意见的发表意味着激烈的法庭辩论拉开帷幕。本案公诉人在第一轮意见发表中,主动回应被告人在庭审中提出的将人投入窨井时不明知被害人还未死亡的辩解,通过深入剖析和熟练运用证据,充分占据主导优势:坚持从客观到主观的论证思路,立足于被害人消化道、呼吸道留有污水淤泥的法医鉴定意见,从正反两方面分析了被告人到案后所做被害人在被投入窨井前尚有生命迹象的多份供述具有真实、合理性,而当庭所做死后藏尸的辩解与客观证据严重不符,显系狡辩。由此,既有力驳斥了被告人的辩解,更通过抽丝剥茧的分析揭露出被告人实施强奸、杀人的严重罪行后,潜逃28年直到庭审仍不知悔悟的面目,展现了扎实的庭前准备、预测能力以及极强的庭审应变能力,牢固捍卫了起诉指控。

(三)着眼社会危害,分层阐释严重后果

一份优秀的公诉意见书,不仅能作为指控犯罪的利器,也能化身抚慰悲伤的良药，更是公众情感合理宣泄的窗口、普法宣传的有力载体。逃匿近三十载，当屈死少女的面容透过回忆都不再清晰，曾经泣血悲鸣的亲属只剩下年迈八十的老母，如何重新揭示本案犯罪情节之恶劣、后果之严重、危害之深远是公诉人面对的课题。公诉人先是通过饱含情感的语言，跨越时空当庭再现了一个富有朝气、前景美好的女医学生形象，点出了一个完整、美好家庭，一个充满阳光、安全校园应有的状态，随后笔锋一转，道出了一切美好却因被告人一时的私欲而惨遭破灭。对比如今，逝者已矣，令听者唏嘘不已，而那句"除了清明节，家里再没有其他节日！"更是令人动容。从个人、家庭到校园、公众，从案发当年的全城震动、人人自危到如今再次引发全国网络热议，公诉人于细微处传递真情，分层次彰显负面影响之大，每一句铿锵有力的发言都是对无辜逝者的告慰、对麻木罪恶的鞭挞以及对正义不懈的追求。由此，这份情理交融的意见，已不仅是法定程序的必要，更是正义实现的宣言。正如公诉人所说，最高检对被告人的核准追诉，彰显了检察机关维护公平正义的决心。正义决不能够缺席！

公诉意见书的遣词造句需要兼顾情理法，非常考验公诉人的语言表达水平，本文若从用词的精准度而言，值得商榷的是，对于客观事实的描述是否尽量避免使用"窜"等此类带有明显情感色彩的词语，更能彰显新时代公诉人客观公正的立场。

透过这篇公诉意见书，我们可以看到，它凝结着公诉人对于案件的细致打磨和深思熟虑、对于庭审的精心准备和准确预判，展现的是经年累月职业训练后的严密逻辑和深厚法律功底，除此之外，更体现了公诉人对被害人及家庭的深切悲悯，及身为检察官对维护社会公平正义的坚定决心与担当。最终，法院采纳检察机关指控的全部犯罪事实和量刑建议，判处被告人死刑，实现了"三个效果"的有机统一，便是对这篇优秀公诉意见书的最佳褒奖。

（点评人：马玮玮，上海市人民检察院第四检察部主任、全国模范检察官）

20. 某公司、赵某强等人强迫交易案公诉意见书

【简要案情】

被告单位北京××有限公司于2019年7月至2020年7月期间，为攫取非法利益，其法定代表人、实际控制人赵某强通过电话与客户约定搬运费用并达成口头协议，后指使被告人徐某江、任某红、豆某飞、豆某丰、文某强等人在搬运过程中，单方提高搬运费用，并以停止搬运、言语威胁等方式强迫客户接受服务并支付钱款，涉及强迫交易事实40余起，非法获利人民币10万余元，严重扰乱市场经济秩序。

【诉讼过程】

本案由北京市公安局朝阳分局侦查终结，以被告人赵某强、徐某江、任某红、豆某飞、豆某丰、文某强涉嫌强迫交易罪，于2020年11月17日向朝阳区人民检察院移送审查起诉。朝阳区人民检察院于2021年2月26日以被告单位北京××有限公司、被告人赵某强、徐某江、任某红、豆某飞、豆某丰、文某强犯强迫交易罪向北京市朝阳区人民法院提起公诉，北京市朝阳区人民法院于2021年8月12日判处被告单位北京××有限公司犯强迫交易罪，判处罚金人民币50万元，被告人赵某强、徐某江、任某红、豆某飞、豆某丰、文某强犯强迫交易罪，判处有期徒刑1年6个月至4年，并处罚金。

【文书全文】

北京市朝阳区人民检察院
公诉意见书

审判长、审判员：

根据《中华人民共和国刑事诉讼法》第一百八十九条、第一百九十八条和第二百零九条的规定，我们受北京市朝阳区人民检察院的指派，代表本院，以国家公诉人的身份，出席法庭支持公诉，并依法对刑事诉讼实行法律监督。现对本案证据和案件情况发表如下意见，请法庭注意。

一、证据方面：现有证据已形成确实、充分并且排除合理怀疑的证据体系，能够形成完整的证据链条

通过法庭调查，公诉人当庭讯问了被告人赵某强、徐某江、任某红、豆某飞、豆某丰、文某强，宣读了赵某强、徐某江、任某红、豆某飞、豆某丰、文某强等人的口供，李某某等人证言，出示了工商登记材料、员工协议、行政处罚决定书等书证材料，并进行了质证。本案证据系公安机关合法取得，相关证据具有合法性、客观性和关联性，且能够相互印证，形成了确实充分且排除合理怀疑的证据体系，能够形成完整的证据链条，足以证实被告单位北京××有限公司，被告人赵某强、徐某江、任某红、豆某飞、豆某丰、文某强强迫交易的事实，证实被告单位北京××有限公司于2019年7月至2020年7月期间，为攫取非法利益，其法定代表人、实际控制人赵某强通过电话与客户约定搬运费用并达成口头协议，后指使被告人徐某江、任某红、豆某飞、豆某丰、文某强等人在搬运过程中，多次单方提高搬运费用，并以停止搬运、言语威胁等方式强迫客户接受服务并支付钱款，严重扰乱市场经济秩序。

二、定性方面：被告单位北京××有限公司，被告人赵某强、徐某江、任某红、豆某飞、豆某丰、文某强已构成强迫交易罪

强迫交易罪，从客观行为上来看，本罪以暴力、威胁为手段，包括但不限于轻微暴力或轻微暴力威胁、非暴力威胁、软暴力威胁等手段，本罪的强迫主要包括以下几种情况：一是他人不愿意从事某种活动时，强迫他人从事某种活动；二是他人不愿意以某种方式从事某种活动时，强迫他人以某种方式从事某种活动；三是他人不愿意以某种价格从事活动时，强迫他人以某种价格从事活动。

本案中，赵某强等人通过百度、58同城等平台获取客户，赵某强通过电话与客户沟通价格，双方达成初步合意后，安排搬家小组上门提供搬家服务。搬家小组到达现场后，由车某长与客户沟通并签署××公司的制式合同，其中并未明确告知客户每人每小时300元的收费标准。在搬家过程中或搬家结束后，车某长按照合同约定向客户收取费用，远远高于客户与赵某强在电话中约定的搬家费用，客户在不愿意支付的情况下，强迫被害人接受赵某强、车某长提出的所谓合同约定的价格。被告单位北京××公司、被告人赵某强等人的行为系强迫他人以某种价格从事交易活动情况，构成强迫交易罪。理由如下：

1. 被告单位、被告人赵某强等人实施了强迫交易的威胁行为。

"两高两部"《关于办理实施"软暴力"的刑事案件若干问题的意见》（以下简称《意见》）规定，"软暴力"是指行为人为谋取不法利益或形成非法影响，对他人或者有关场所进行滋扰、纠缠、哄闹、聚众造势等，足以使他人产生恐惧、恐慌进而形成心理强制，或者足以影响、限制人身自由、危及人身财产安全，影响正常生活、工作、生产、经营的违法犯罪手段。《意见》中规定，采用软暴力手段，使他人产生心理恐惧或者形成心理强制，属于《刑法》第二百二十六条规定的"威胁"。

搬家小组在搬家过程中或搬家结束后，车某长按照合同约定向客户收取费用，远远高于客户与赵某强在电话中约定的搬家费用，搬家小组（一般为3人）通过停止搬运、堵在家门口不走的形式索要钱款，被害人林某家属患有高血压，当时情绪极其激动；被害人姚某利、苏某、董某俊等人老人小孩均在家中，扰乱了被害人的正常生活，足以使他人产生恐慌心理进而形成心理强制，系软暴力手段，符合强迫交易中的"威胁"。

2. 被告单位、被告人赵某强等人有强迫交易的主观故意。

强迫交易的主观要件是故意，包括直接故意和间接故意。本案中，赵某强等人具有强迫交易的主观故意，理由如下：

第一，从公司业务流水和业务量来看。根据赵某强、徐某江、任某红等被告人供述，以赵某强为实际控制人的北京××公司共7个搬家小组，每组的日业务量为2至3单，且被告人经常因人工费用问题与客户发生纠纷，应推定被告人对强迫交易的业务模式应为直接或间接明知。第二，从公司员工协议和行为来看。根据北京××公司的《员工协议》、被害人陈述、微信聊天记录等证实，赵某强强行规定不允许现场搬家小组在搬家之前与客户商讨价格，仅签订协议即可，否则跑空车会被罚款100元，被告人徐某江等搬家人员到达现场后严格遵守该条款，并未明确告知客户300元每人每小时的搬家费用，并在搬家过程中或结束后，以停止搬运、堵在家门口不走等方式强迫客户接受服务并支付钱款。第三，从工资的发放模式来看。××公司按照提成比例发放，即搬运工10%、车某长20%，剩余归公司所有。员工提成比例基数按照每笔搬运业务实际成交价格为基础，搬家小组索要钱款越多则提成越多，车某长为获取更高的报酬则实施积极索要高额搬家费用或默示在场提供心理帮助等行为，积极或放任强迫交易行为的发生。

三、量刑情节及被告人赵某强、徐某江、任某红、豆某飞、豆某丰、文某强量刑建议

（一）应认定"情节特别严重"

最高人民检察院、公安部《关于公安机关管辖的刑事案件立案追诉标准的规定（一）的补充规定》第5条规定，"情节特别严重"应当综合考虑强迫交易的交易金额、经济损失、交易次数、对象数量、持续时间、社会影响等多方面予以综合考量。本案中，被告人赵某强、徐某江等人实施强迫交易的行为应认定为情节特别严重：理由如下：

第一，从强迫交易的时间跨度和对象数量来看。现经查证属实，被告人赵某强在2019年7月至2020年7月，长达一年的时间内，依托搬家业务实施强迫交易犯罪事实40余起，严重扰乱了市场经济秩序。第二，从实施强迫交易的区域范围和社会影响来看。被告人赵某强实施强迫交易犯罪的范围包括××区、××区、××区、××区、××区等，涉案领域为人民群众经常会遇到的搬家服务，被告人实施的强迫交易的犯罪行为大大降低了首都人民群众的生活安全感,社会影响恶劣。

(二)被告人赵某强、徐某江、任某红、豆某飞、豆某丰、文某强的具体作用及量刑建议

本案中,北京××有限公司系依法成立的,其从事的业务既有合法业务也有非法业务,应认定为强迫交易的单位犯罪。被告人赵某强、徐某江等人应认定为共同犯罪。赵某强系主犯,对全部强迫交易的犯罪金额承担责任,车某长系从犯,对明确参与的事实承担责任。

1. 被告人赵某强系北京××公司实际控制人,被告人徐某江、豆某丰等人按照赵某强的指示实施强迫交易的行为。被告人赵某强作为公司直接负责的主管人员,在共同犯罪中起到了组织、领导作用,其行为触犯了《刑法》第二百六十六条之规定,构成强迫交易罪。鉴于赵某强认罪认罚,认罪、悔罪态度较好,请合议庭酌情予以从轻处罚。赵某强涉案犯罪事实43起金额134410元,建议判处有期徒刑四年,并处罚金。

2. 被告人徐某江、任某红、豆某飞、豆某丰、文某强系车某长,管理整个搬运组,负责开车、与客户沟通、向客户出示书面合同、向客户索要钱款、收取钱款等事项。几名车某长听取赵某强的指示,在搬家现场,现场指挥搬运工人的行动,掌控决定着搬家的进度、流程,钱款收取的时间、多少,负责具体实施强迫交易的行为,且车某长收取搬家费用的20%作为提成。根据罪责刑相一致的原则,徐某江、任某红等五名车某长属于单位犯罪中的直接责任人员,应承担刑事责任。徐某江、任某红、豆某飞、豆某丰、文某强的行为触犯了《刑法》第二百六十六条之规定,构成强迫交易罪。鉴于徐某江、任某红、豆某飞、豆某丰、文某强系从犯,认罪认罚,认罪、悔罪态度较好,请合议庭酌情予以减轻处罚。

徐某江涉案犯罪事实9起金额41380元,建议判处有期徒刑一年七个月,并处罚金。

任某红涉案犯罪事实7起金额16600元,建议判处有期徒刑一年二个月,并处罚金。

豆某飞涉案犯罪事实7起金额19700元,建议判处有期徒刑一年三个月,并处罚金。

文某强涉案犯罪事实 8 起金额 25230 元，建议判处有期徒刑一年四个月，并处罚金。

豆某丰涉案犯罪事实 7 起金额 24590 元，建议判处有期徒刑一年四个月，并处罚金。

四、法庭教育

连着民心的事，都是天大的事。习近平总书记在十九大报告中明确指出，新时代我国必须坚持以人民为中心的发展理念，把人民对美好生活的向往作为奋斗目标，多谋民生之利、多解民生之忧，保证人民在共建共享发展中有更多的获得感。在司法实践中，各级人民法院、人民检察院、公安机关和司法行政机关应重点打击发生在群众身边、关乎老百姓衣食住行的案件，切实保障民生，彰显司法温度和力量，提升人民群众安全感幸福感。本案被告人赵某强、徐某江、任某红、豆某飞、豆某丰、文某强在搬家过程中，向客户索要远高于事先约定的价格，在客户家中言语威胁、滋扰纠缠，利用在私密空间人多势众产生的优势地位，强迫客户达成交易，严重扰乱了市场公平竞争秩序，损害了人民群众生活安全感和幸福感。

在今天的庭审中，被告人赵某强、徐某江、任某红、豆某飞、豆某丰、文某强能够自愿认罪认罚，希望被告人通过今天的庭审，能够切实认识到自身行为的社会危害性，真诚反省，换位思考，认真悔罪，真正承担其自身该负的责任。被告人赵某强、徐某江、任某红、豆某飞、豆某丰、文某强，财富应当需要靠自己踏踏实实用双手创造，而不是靠威逼利诱强迫他人，请你们牢记企图通过所谓的"捷径""高招"赚取不义之财，风险极大，一分耕耘一分收获，天道只会酬勤，这是亘古不变的真理。

希望你能通过今天的庭审，发自内心地反省自己之前的行为，吸取教训，接受审判和改造，争取早日回归社会，做一个对家庭、对社会、对国家都有用的人。

20××年×月×日当庭发表

【承办检察官心得体会】

公诉意见书的撰写是对整个案件办理过程的回顾与提炼，是梳理全案事实、明确论证指控思路、把握争议焦点的又一次总结和提升。本案在办理过程中，承办检察官第一时间提前介入，引导侦查，聚焦民生，严厉惩治犯罪。

（一）攻坚克难，提高审查引导侦查质量，准确认定案件具体事实证据

一是充分发挥审前主导作用，依托提前介入侦查、审查引导侦查机制，制发侦查提纲四份，严把事实关和证据关。二是自行取证全面固定客观证据，调取书面合同、银行转账、电话通讯等客观证据，抓住取证"黄金期"。三是精准梳理言词证据。以被害人陈述为基础，对43件犯罪事实、58名被害人，逐案逐人开展案发地点、搬家车辆和涉案人员的辨认工作，确保在案证据形成完整证据链条。四是立足法益保护，精准认定犯罪数额。在取证完全的基础上，基于强迫交易罪保护的是市场自由竞争秩序，本案强迫交易系"强迫他人提供或者接受服务"，犯罪金额应为服务的实际成交价格，不应扣除成本。

（二）严密论证，针对争议焦点严把法律适用关，准确行使指控犯罪公诉权

一是准确把握行为"威胁"性。在部分事实中，赵某强等人并未实施明显暴力，但其停止搬运、滞留客户家中行为足以形成心理强制，系"软暴力"手段，根据"两高两部"《关于办理实施"软暴力"的刑事案件若干问题的意见》规定，属于"威胁"行为。二是详细论证被告人"主观故意"性。被告人徐某江等人虽仅从事搬运工作，但从公司业务流水和业务量、公司员工协议和工资发放模式来看，徐某江等人明知公司强迫交易的业务模式，并为获得更高报酬积极索要搬家费或在场提供心理帮助，具有主观故意。三是精准认定犯罪情节"特别严重"性。在法条没有明确规定的情况下，综合考虑强迫交易的交易金额、经济损失、交易次数、对象数量、持续时间、社会影响等因素，结合本案事实，将被告人行为认定为"情节特别严重"。

【专家点评】

公诉意见书是公诉人在法庭上发表公诉主张、支持指控观点的重要法律文书。公诉意见既体现检察官履行刑事检察职能，高质效办好每一个刑事案件，也凸显检察机关强化刑事指控能力、构建刑事指控体系的重要载体，更是人民群众感受公平正义的直接途径。本案公诉意见书重点突出、层次清晰、情理交融，体现了检察机关以人民为中心的司法价值取向。

（一）强化释法说理，明晰案件定性争议

《中共中央关于加强新时代检察机关法律监督工作的意见》提出，要落实普法责任制，加强法律文书说理和以案释法。当一些案件在定性等适用问题上存在争议时，通过公诉意见书对起诉书的指控观点进一步展开论证就显得尤为重要。

本案的争议焦点在于被告人的行为是否构成强迫交易罪，为了更好地释法说理，公诉意见书围绕强迫交易罪的构成要件，结合被告人的行为特征进行了较为详细的论证。一是准确把握被告人行为的威胁特征。通过分析"两高两部"《关于办理实施"软暴力"的刑事案件若干问题的意见》中关于"软暴力"符合《刑法》第226条中的"威胁"的规定，阐明本案被告人的行为虽然表面上看没有实施明显暴力，但实质上通过心理强制的手段使人产生了恐惧，符合"软暴力"的行为特征。二是有效论证被告人的主观故意。主观见之于客观，司法实践中主要通过行为人客观方面的表现来论证其主观故意。公诉意见书围绕被告人所在公司的业务流水和业务量、公司员工协议以及工资发放模式等客观事实，具象化地论证了被告人的主观故意。三是精准认定犯罪情节"特别严重"性。本案关于"情节特别严重"的认定，虽然没有法条明确规定，但公诉意见书通过综合考虑强迫交易的交易金额、经济损失、交易次数、对象数量、持续时间、社会影响等因素，结合本案事实，将被告人行为认定为"情节特别严重"，符合人民群众的一般认知。

（二）注重讲明情理，让法治可见可感受

最高检党组强调，既要通过履职办案实现公平正义，也要让公平正义更好更快实现，还要让人民群众真正、切实感受到公平正义。公诉意见书不但要指控犯罪，还要揭示犯罪的社会危害性以及遵守法律的重要性，倡导正确积极的价值观。

本案系发生在搬家公司与客户之间，貌似是发生在群众身边的"小案"，但案件无小事，件件系民心。公诉意见书在法庭教育中指出，"连着民心的事，都是天大的事""各级司法机关应重点打击发生在群众身边、关乎老百姓衣食住行的案件，切实保障民生，彰显司法温度和力量，提升人民群众安全感幸福感"。这些内容充分体现了检察机关着力践行司法为民，用法治守护人民美好生活的初心使命。同时，公诉意见书还讲到"财富应当需要靠自己踏踏实实用双手创造，而不是靠威逼利诱强迫他人""一分耕耘一分收获，天道只会酬勤，这是亘古不变的真理"，这些言简意赅的道理，有效地激发了旁听者的内心共鸣，积极倡导全民守法。

当然，本篇公诉意见书也存在不足之处：一是在证据分析部分，如能用夹叙夹议方式，将事实与证据结合起来，尤其是对本案各被告人的犯罪次数和犯罪数额进行进一步阐明，则会让整个事实认定显得更加全面完整、有理有据。二是在量刑建议部分，除了量刑建议的结论以外，还可以进一步将量刑建议提出的依据和计算过程予以说明，以体现检察机关宽严相济的司法理念。三是部分标题需进一步明确，如对第三部分"（一）应认定'情节特别严重'"这一标题内容，应予以明确及规范。

(**点评人**：鲍键，浙江省杭州市余杭区人民检察院党组书记、检察长，全国十佳公诉人、全国检察业务专家)

21. 於某麒高空抛物案公诉意见书

【简要案情】

2021年2月10日9时许，犯罪嫌疑人於某麒在上海市××区××路××弄×号××室将一包装有陶瓷碎片的垃圾通过厨房窗口扔出，砸中正在楼下人行道处的被害人蒋某芳头部，致蒋某芳右侧眼角出血。经鉴定：被害人蒋某芳的损伤程度构成轻微伤。

【诉讼过程】

2021年2月10日9时许，报警人蒋某芳在上海市××区××路××弄×号楼下的人行道旁被高空落下的一个白色垃圾袋砸中右眼部位受伤流血，杨浦公安分局于3月2日对此案立案侦查，并于3月3日对犯罪嫌疑人於某麒执行刑事拘留。经杨浦区人民检察院批准，于2021年3月5日被上海市公安局杨浦分局执行逮捕，于2021年3月11日移送审查起诉，于3月16日移送法院，并建议对被告人判处有期徒刑8个月，并处罚金人民币5000元的刑罚。

【文书全文】

上海市杨浦区人民检察院
公诉意见书

审判长、审判员、人民陪审员：

根据《中华人民共和国刑事诉讼法》第189条、第198条和第209条的规定,我们受上海市杨浦区人民检察院的指派,代表本院,以国家公诉人的身份出席法庭支持公诉,并依法对刑事诉讼实行法律监督。

通过今天的法庭调查,公诉人依法讯问了被告人,宣读和出示了本案相关证据,并予以质证,能够排除合理怀疑,被告人於某麒犯高空抛物罪事实清楚,证据确实充分,足以认定。现围绕本案事实认定、定罪量刑以及应当受到的启示,发表如下公诉意见,请合议庭予以采纳。

一、本案事实清楚,证据确实充分

通过刚才的举证,公诉人从认定高空抛物罪的五个具体要素进行了充分证明:

一是高空抛物的实际物品被依法收集固定。犯罪行为发生以后,被害人立即保留并报警,公安机关接受报案后,第一时间赶赴现场收集证据予以固定,高空抛物的物品特别是其中包含有尖锐的陶瓷碎片等物证的原始客观性被充分证实。破碎呈现为尖锐形状的陶瓷碎片,即使是在平地上对人抛掷或者与身体接触都可能造成人身伤害,更何况是从高空抛掷而下,其可能造成伤害的程度更大是毋庸置疑的,该部分证据证明的事实回答了抛的是可能造成人身伤害和财物损失的物品的问题。

二是高空抛物的关联位置被严谨甄别确认。犯罪行为发生以后,公安机关、社区人员、楼栋住户都积极开展了排摸工作,除被告人居住的××室外其余住户均积极配合说明没有抛物的情况;公安机关依法调取的监控录像证实了物品被抛出的具体窗口位置和具体遮雨棚特征与××室的实际情况吻合一致;现场勘验检查证实抛物的室内具体位置系××室厨房,所抛物品窗外落地位置系×号楼人员出入的人行横道的事实。回答了物品具体从距离地面十余米高空的哪一家住户抛出,结合厨房使用功能只能是人为抛出和抛出落地位置将实际造成人身、财产现实危险性的问题。

三是高空抛物的实施人员被仔细排查锁定。犯罪行为发生以后,社区内参与排摸的证人、××室内其余住户也是本案被告人的父母均一致证实该室内居住人员为三口,案发当时被告人父母已经外出购物,家中只留有被告人一人在家,证人证言得到了小区监控的印证,案发前的2月×日×时许被告人父母已经离家至当日近×时许返回,案发的当日的×时许仅被告人一人在家并在案发后离家的事实。回答了本案具体作案人是应当承担刑事责任的成年人，以及具体抛物时间正是窗口下人员可能频繁进出楼道时间的问题。

四是高空抛物的危害后果被鉴定证明严重。在举证环节出示第一、第二组证据时，公诉人已经详细说明了抛掷的尖锐物品的物理伤害可能，抛掷的高度的物理敲击危害，落地地点的人员经常性出入的现实危险。而在本案中，这种危险性还演变成了现实，被害人被抛掷的物品击中，当即鲜血直流，经紧急赴医院救治，仍然造成右前额部和右眼角外侧受伤，缝合六针，已经构成轻微伤的严重后果。回答了本案的抛物行为应当属于情节严重的问题。

五是高空抛物的具体过程。经与被告人进行常情常识常理的沟通后，被告人供述从避重就轻、推诿罪责，最终还是回到了供述基本犯罪事实的正确态度上。被告人在审查逮捕阶段之后的相关供述，证实了自己为图省事，抱有可能砸不到人的侥幸心理，打开厨房窗户，向外抛掷物品的事实经过。

上述五个方面的证据，充分证实了被告人在距离地面10余米高的三楼，通过自己厨房窗口抛掷含有尖锐可致人受伤的陶瓷碎片等物品，砸中楼下人行通道经过的被害人致其受伤的高空抛物犯罪事实。

二、本案中被告人的行为应当依法认定为构成高空抛物罪

高空抛物的行为，并不是通过《刑法修正案（十一）》施行，高空抛物罪设立以后才是可以定罪处罚的，在此罪设立之前高空抛物行为也可以按照其行为性质、情节后果可能分别以危险方法危害公共安全罪或寻衅滋事罪、故意伤害罪等罪名依法处理。2019年10月21日，最高人民法院印发《关于依法妥善审理高空抛物、坠物案件的意见》，明确提出对于故意高空抛物的，根据具体情形，按照以危险方法危害公共安全罪或故意伤害罪、故意杀人罪定罪处罚，特定情形从重处罚。2021年3月1日生效实施的《刑法修正案（十一）》新增高空抛物罪，明确规定从建筑物或者其他高空抛掷物品，情节严重的，处一年以下有期徒刑、拘役或者管制，并处或者单处罚金，同时构成其他犯罪的，依照处罚较重的规定定罪处罚。通过比较可以得知，新增高空抛物罪名对于高空抛物行为做了更加严谨的区分界定，对没有严重危害公共安全、严重破坏社会秩序或者造成轻伤以上后果的行为，将原来可能在三年或者三年以上有

期徒刑的刑期选择中，从轻限定在一年有期徒刑以内定罪处罚。

本案中被告人的行为虽然发生在《刑法修正案（十一）》生效施行之前，依照原刑法相关规定和最高人民法院意见的处理原则，被告人的行为可能涉及以危险方法危害公共安全罪等其他罪名，其量刑可能为三年有期徒刑以上刑罚，《刑法修正案（十一）》生效以后，检察机关根据本案的事实情节，依照"从旧兼从轻"的原则，认定本案构成高空抛物罪，既保证了本案的罪责刑相适应，也充分保护了被告人的合法权益。同时，公诉人需要说明的是，高空抛物罪犯罪构成中的高空、物品、情节严重均应当结合案件中其他关联条件来准确认定，进行综合把握，不能将高空、物品、情节严重割裂开来理解适用。本案中的尖锐物品、建筑物高度、落地为人员经常性出入位置和被害人实际受伤的结果，充分证明了本案事实符合罪名各要素的要求，且属于本罪第一款规定的情形中最严重的情形之一，否则可能要依照第二款的规定，同时构成其他犯罪的，依照处罚较重的规定定罪处罚。

因此，结合上述分析和本罪刑罚的具体规定，公诉人充分考虑本案情节、被害人伤情、赔偿谅解情况、被告人认罪悔罪态度以及在案件处理全过程中的表现，建议对被告人判处有期徒刑八个月，并处罚金人民币五千元的刑罚，该量刑建议已经在本案辩护律师见证下与被告人具结，并请合议庭依法采纳。

三、高空抛物之乱，希望以本案为鉴；飞来横祸之灾，希望由本案而止

近年来，高空抛物的乱象屡见不鲜，随着经济社会的发展，我们常常会说，一个城市的快速发展往往是伴随着一栋栋高楼的拔地而起和谐共生的，但是如果随之而来的还有不可预知的随时随地可能从高空抛掷而下的物品，那么越多的城市高楼带给人们的不仅是工作生活的宽敞便利，更有人身安全、财产安全时刻处于有隐患状态的不安全担忧。要消除这种被称为"悬在城市上空的痛"，我想我们人人有责，只有共同遵守规则，共同维护安全，才能除疼止痛。

通过本案的处理，更加明确的告诉我们大家，高空抛掷物品的行为不是像我们日常想象的，仅仅是民事责任，受到的是道德谴责。你的随手一抛，带来的很有可能是对他人的伤害，以及自身面临的牢狱之灾。那我们还有什么理由去做这种一定会后悔，肯定不值得的害人害己之事呢。

坐在被告人席上的於某麒感受肯定更为真切，正值37岁的大好年华，本有一份收入稳定的工作，在父母的宠爱照顾下本还过着无忧无虑的生活，今天却变成了要接受刑罚处罚的被告人。其本人的落差之大不言而喻，其父母的担心焦虑可想而知。那我们更要问，为什么会有今天的结果，什么原因造成的结果。

通过公诉人在提审中与被告人的交流，被告人供述中描述的自身生活习惯和思想状态中我们可以发现一些值得我们警醒和思考的启示。一是成年人的自立自理意识培养不容忽视，被告人作为一名身体健康、四肢健全的成年人，连提垃圾下楼这样的小事都不愿做不想做，平时凡事依靠父母，这与一名成年人应有的能力似乎差距太远，父母的溺爱显得过重。二是健康有序的生活态度的养成不容忽视。被告人每天长时间在自己的房间内看电脑玩游戏，生活垃圾可以长达几天不处理不收拾，最后一抛了事，这说明日积月累的是不良生活习惯。三是规矩意识的培育不可忽视。我们每一个人从小开始都会时时接受垃圾不乱扔的教育，上海还专门就垃圾分类制定了管理条例，而这些规范教育和条例规定在被告人身上没有看见约束的效果。四是责任意识的树立不容忽视。每一个人都要为自己的行为负责并承担后果，任何侥幸最后都可能演变成不幸，被告人也是如此，在本案中有多次可以避免、防止、救助等机会摆在他面前，都因为其心存侥幸，意图逃脱罪责，而在往最坏的结果上一去不返。前人之鉴，后事之师。我想本案带给我们的启示，值得我们每一个人深思。

最后，让人民群众在每一起案件中感受到公平正义是包括检察机关在内的司法机关的不懈追求，不论大案小案，我们都一定会秉持"以公心评判是非；以细心探索真相"的理念，为稳定的社会环境、公正的司法环境、优质的服务环境做出检察贡献，努力提升人民群众的获得感、幸福感、安全感。

公诉意见发表完毕！

20××年×月×日当庭发表

【承办检察官心得体会】

高空抛物的乱象屡见不鲜，随着经济社会的发展、城市快速发展，伴随一栋栋高楼的拔地而起，但是如果随之而来的还有不可预知的随时随地可能从高空抛掷而下的物品，人身安全、财产安全时刻处于安全隐患中。要消除这种被称为"悬在城市上空的痛"，只有共同遵守规则，共同维护安全，才能除疼止痛。作为上海市首例高空抛物案件，本案受到广泛关注，本案的审理对高空抛物案件事实证据的采纳认定也具有参考性。此外，通过案件审理，如何起到宣传作用，让群众认识到高空抛物的危害性，也是承办人需要考虑的一点。故此，承办人在书写公诉意见书时，明确了主要着眼于事实证据罗列及论证、法律宣传与教育两个方面的内容。

首先，对认定高空抛物罪的五个具体要素进行了充分证明：一是高空抛物的实际物品被及时收集固定。公安机关接受报案后，第一时间赶赴现场收集证据予以固定，高空抛物的物品特别是其中包含有尖锐的陶瓷碎片等物证的原始客观性被充分证实。二是高空抛物的关联位置被细致甄别确认。犯罪行为发生以后，除被告人居住的××室外，其余住户均积极配合说明没有抛物的情况；监控录像证实了物品被抛出的具体窗口位置和具体遮雨棚特征与××室的实际情况吻合一致；现场勘验检查证实抛物的室内具体位置系××室厨房，所抛物品窗外落地位置系×号楼人员出入的人行横道的事实。三是高空抛物的实施人员被仔细排查锁定。回答了本案具体作案人是应当承担刑事责任的成年人，以及具体抛物时间正是窗口下人员可能频繁进出楼道时间的问题。四是高空抛物的危害后果被客观鉴定证明。被害人被抛掷的物品击中，当即鲜血直流，经紧急赴医院救治，仍然造成右前额部和右眼角外侧受伤，缝合六针，已经构成轻微伤的严重后果。回答了本案的抛物行为应当属于情节严重的问题。五是高空抛物的具体过程被详细叙明。被告人在审查逮捕阶段之后的相关供述，证实了自己为图省事，抱有可能砸不到人的侥幸心理，打开厨房窗户，向外抛掷物品的事实经过。上述五个方面的证据，充分证实了被告人高空抛物的犯罪事实。

其次，发挥本案的宣传教育作用。通过本案的处理，更加明确地告诉我们大家，高空抛掷行为不是像我们日常想象的，仅仅是民事责任，受到的是道德谴责。你的随手一抛，带来的很有可能是对他人的伤害，以及自身面临的牢狱之灾。

【专家点评】

公诉意见书是法庭辩论阶段公诉人的首轮发言，它的定位应该是对整个法庭调查活动中的公诉行为做一个完整的补充和补强，要以"立论"为主。这一定位特点决定了公诉意见书的内容与案件及庭审的情况的结合要更为紧密，说理也要更为突出、针对。於某麒高空抛物案发生在《刑法修正案（十一）》生效之前，审判则在生效之后，为该地区首例以高空抛物罪提起公诉的案件。因此在庭审中，公诉人的公诉意见书，不仅要清晰地梳理在案证据、还原案件事实，而且要结合刑法修订过程中新罪名的适用展开说理和论证；不仅要在本案个案中让被告人准确认识到自己行为的性质和危害，而且要让旁听人员了解新罪名适用的原因和背景。可以说，这份公诉意见书圆满地完成了上述任务。

（一）证据总结归纳完整，证据分析逻辑严密

证据分析部分是公诉意见书的基石，也是构建以证据为核心的刑事指控体系最直接的体现。不同罪名、不同案件分析的方式不尽相同，需要以灵活、顺畅、逻辑的方式呈现在案证据情况，对指控事实提供坚实的证据支撑。在这方面，本篇公诉意见书完成得非常出色。公诉人将高空抛物罪的证据分为五个要素分别论述，即"物品""位置""人员""后果""过程"，充分体现了从事实到法律的证据审查逻辑。整个论证过程从"物"到"人"，清晰地展现了刑事案件的侦查思路，也是对案件事实还原逻辑的具象化。在证明案件事实后，公诉意见书又从后果、过程着手，从构成要件、因果关系等方面对证据进行分析，证明被告人行为已达到被高空抛物罪评价的证明标准。五要素的逻辑关系清晰，特别是考虑到该案为本地区首例的背景，文书不仅在庭审中全面、流畅地呈现了案件证据及证明事实，也为类案的后续办理提供了参考。

（二）法律适用分析说理透彻

定性分析是公诉意见书的栋梁，也是体现公诉人法学素养最集中部

分,需要运用充分、有效的说理为指控罪名提供坚实的规范、逻辑以及理论支撑。本案中,被告人行为被认定为高空抛物罪存在两个最为关键的问题:一是罪与非罪、此罪与彼罪;二是刑法的溯及力。该公诉意见书先是对高空抛物行为入罪的规范进行了体系性说明,列明《刑法修正案(十一)》生效前后的适用罪名区别(包括构成要件、刑罚等方面),为溯及力分析做好了铺垫。在刑法溯及力分析的过程中,公诉人比较了《刑法修正案(十一)》生效前后的适用罪名及刑罚,得出可适用刑法溯及"从旧兼从轻"原则中的"从轻",即生效前行为以生效后罪名认定。"既保证了本案的罪责刑相适应,也充分保护了被告人的合法权益"。非常切中主题地说明了适用"从轻"原则的法理基础和应用效果。这部分法律适用的分析繁简适度、说理充分。但也存在一点不足,该部分对于此罪与彼罪的分析还可以进一步展开,特别是在论证溯及力问题时谈到适用"旧法"时可能构成的罪名,在此基础上比较了法定刑才确定的"从轻"原则的适用,若适用"旧法"不构成以危险方法危害公共安全罪等其他罪名,无论"从旧"还是"从轻"都不应适用新法的"高空抛物罪"。所以在认定被告人行为构成高空抛物罪且不涉及《刑法》第291条之二第2款法条竞合按其他处罚较重的规定定罪处罚时,需厘清《刑法修正案(十一)》生效后以危险方法危害公共安全罪等其他罪名适用空间的变化,可以使得逻辑关系更为自洽。

(三)寓情于法,法宣、劝诫作用充分

社会危害性的阐述,可以视为公诉意见书中对案件事实、法律部分的升华,也可以将其比喻为公诉意见书的"装潢"。加一些"装潢",会让公诉意见书更加完整,也更具说服力。社会危害性的阐述作用主要有三:一是对指控内容进行强化,提供感性、情理层面的支撑;二是对被告人进行劝诫,让其认识到自身错误,认罪伏法;三是以案释法开展宣传工作。这部分内容并不重在"多",而是要重在"准"和"通"。所谓"准"就是要抓"准"被告人的内心想法,切中要害,说到他的心里去;所谓"通",就是要做到共情,让被告人、旁听人员深有所感,对指控内容由内及外的认同。该公诉意见书在此部分先是让群众体会高空抛物行为的危害,加深大家对高空抛物罪的入刑以及本案以高空抛物罪判决的认可度，再从自立自理意识、生活态度、规矩意识、责任意识四个方面剖析，既完成了对被告人的教育劝诫，也对旁听人员进行了警醒提示，从形式及内容上让该公诉意见书更为完整，质效更为突出。如说瑕不掩瑜的"瑕"，这部分文字精简一些，更为适当。

（**点评人**：庄伟，北京市人民检察院第一分院副检察长、全国检察业务专家、全国十佳公诉人）

22. 郭某林故意杀人案公诉意见书

【简要案情】

2012年下半年，被告人郭某林妻子高某到郭某国开发的××县××乡××家园售楼部工作，与郭某国发展成情人关系。2017年6月，被告人郭某林得知高某与郭某国存在不正当男女关系后，怀恨在心，意图报复，并曾与郭某国在电话中对骂。2018年1月11日下午17时左右，被告人郭某林驾驶豫×××××马自达车回××县××乡其父母家中给其母亲送病历，然后到王某涛家看装修工程，后驾车离开王某涛家，在××浴池门口调头，停在××浴池对面王某杰家大门口。其间被告人郭某林发现郭某国出现在郭某国母亲家门口，郭某林驾车撞击由南往北行走的郭某国，致其死亡。郭某林于18时6分、18时10分拨打110报警。后被告人郭某林回其父母家后被公安民警抓获。经法医鉴定死者郭某国符合道路交通事故所致颅脑并心脏损伤而死亡。

【诉讼过程】

被告人郭某林因涉嫌交通肇事于2018年1月12日被商水公安局刑事拘留。因涉嫌交通肇事罪于2018年1月25日经商水县人民检察院批准逮捕，2018年1月27日被商水县公安局执行逮捕。2019年1月25日，周口市公安局以被告人郭某林涉嫌故意杀人罪移送周口市人民检察院审查起诉。2019年6月5日，周口市人民检察院以故意杀人罪将该案起诉至周口市中级人民法院。2019年8月27日，河南省周口市中级人民法院以被告人郭某林犯故意杀人罪，判处无期徒刑，剥夺政治权利终身。2019年11月8日，河南省高级人民法院二审裁定驳回上诉，维持原判。

【文书全文】

河南省周口市人民检察院
公诉意见书

审判长、审判员：

2018年1月11日傍晚，在省道S××上，伴随着汽车急速的轰鸣声和一连串紧促的刹车声，一个鲜活的生命骤然惨死于车轮之下。本应是两个幸福的家庭，却因奸情引发惨案，造成了不可挽回的严重后果，这就是今日在此开庭的备受全市瞩目的郭某林驾车撞人案。案件发生后，公诉人依法履职，深入了解案发背景、有效指导补充侦查、亲临实地模拟现场，尽力还原了证明诉讼的案件事实真相，做了一系列大量有效的工作，从实体及程序上确保案件的公正。

根据《中华人民共和国刑事诉讼法》第一百八十九条、第一百九十八条和第二百零九条等规定，我们受周口市人民检察院的指派，代表本院，以国家公诉人的身份，出席法庭支持公诉，并依法对刑事诉讼实行法律监督。现对本案证据和案件情况发表如下意见，请法庭注意。

一、本案事实清楚，证据确实充分，起诉书对被告人郭某林犯罪事实的指控足以认定

在刚才的法庭调查和示证过程中，公诉人依法讯问了被告人，认真听取了被告人的当庭供述和辩解，并在审判长的主持下经过了充分的示证、质证和论证，在案证据相互印证，已经形成完整的证据体系，完全能够证实这样的事实：第一，被告人郭某林从预谋行凶到驾车撞击被害人郭某国，事实清楚，证据确实充分。通过刚才的法庭调查，能够证实被告人郭某林驾车撞击被害人郭某国的犯罪事实客观存在，其本人供认不讳，并在案发后拨打110报警，刚才当庭播放了郭某林的报警录音，且有证人证实看到撞人后从车上下来的司机就是郭某林。认定郭某林驾车撞击郭某国，犯罪事实清楚，证据确实充分。第二，被告人郭某林驾驶车辆时状态、车辆性能正常。通过出示的证据来看，被告人郭某林是一名2010年就取得B2驾驶证的司机，驾龄已经八年，其日常驾驶习惯正常，视力正常，案发当天未饮酒，经鉴定其驾驶的豫×××××马自达汽车照明、信号装置、转向系、制动系及轮胎正常、性能正常。

二、被告人郭某林驾车撞击被害人郭某国的行为已构成故意杀人罪

故意杀人罪是指故意非法剥夺他人生命的行为。本罪的客体是他人的生命权利，客观方面表现为非法剥夺他人生命的行为，主体为一般主体，主观方面要求行为人具有非法剥夺他人生命的故意。本案是一起特殊的利用车辆撞击他人实施故意杀人的犯罪，根据以下证据分析能够证实被告人郭某林构成了故意杀人罪。

（一）从受害者到行凶者，被告人郭某林的心路历程

关于被告人郭某林的心路历程，我们通过微信聊天记录等可以获得更直观的感受。被告人郭某林妻子高某2012年下半年到被害人郭某国开发的××家园售楼部上班，与郭某国发展成情人关系，2012年12月18日，高某曾在许昌市因郭某国而流产。2017年6月，被告人郭某林得知郭某国与高某存在不正当男女关系后，怀恨在心，意图报复，曾对高某发语音说想怼死郭某国，并在电话中和郭某国对骂。2017年6月3日郭某国带着史某行到郭某林店里准备教训郭某林，未碰到郭某林，未果。从郭某林与高某的微信聊天记录可以看出：2017年6月6日郭某林已经产生了想怼死郭某国、找他拼命的想法，7月9日、9月21日、10月31日多次表示要杀郭某国。郭某林从2017年6月5日至2018年1月6日对高某的态度有一个漫长的煎熬、反复过程，从愤恨—原谅—愤恨之间来回波动。郭某林从2017年6月开始产生杀死郭某国的念头，一直到作案时止，都存在故意杀人的预谋情况。本次从行为上看虽是临时实施故意杀人行为，但主观上并不是临时起意，而是在故意杀人的预谋支配下实施的犯罪行为。

通过再现案件发生的前因，我们可以感受到被告人郭某林内心的挣扎与不甘。面对妻子婚内出轨被害人郭某国并为其打胎流产的事实、看着妻子与郭某国露骨的聊天记录、承受着妻子一次又一次背叛带来的心理压力，被告人郭某林本应是受人同情的无辜受害者，或许他可以选择

结束这段失败的婚姻，但是内心的冲动致使他犯下了弥天大错，选择了极为恶劣的手段将被害人，也就是其妻子婚内出轨的对象残忍杀害。

(二) 交通肇事还是故意杀人？六项"异常"情节引领我们找到案件的真相

在案件办理之初，对于本案的定性问题存在着分歧。起初，基层检察院以涉嫌交通肇事罪对被告人批准逮捕，且被告人对自己故意杀人的行为拒不承认。公诉人面对此种困境，从一条异常的刹车痕迹入手，抽丝剥茧，发现本案存在的六项"异常"情节，从而还原了案件事实真相，准确对该案性质进行了认定。

一是被告人郭某林驾车撞击被害人郭某国的路面位置异常。被告人郭某林在正常驾车从南往北行驶的情况下，不可能撞击到被害人郭某国。(1) 证人王某英、郭某平证实：当时郭某国从其母亲家出来时，从南往北靠路东边走，沿着柏油路东边的白线走的，非常靠近白线。(2) 现场勘查证实：案发路段由南向北的车行道为3.6米，车道两侧各有宽0.7米的人行道，人行道与车行道之间划有一白色宽0.14米的实线。本案制动印痕起点位于由南向北车行道内、距路面东边缘0.84米处。说明撞击被害人郭某国时被告人郭某林所驾驶车辆的右前部已经越过人行道界线。(3) 侦查实验证实正常行驶的车辆在不往右的情况下，无法撞击到贴着白实线行走的行人。(4) 被告人郭某林供述撞击郭某国之前车往右打方向，不然撞击不到郭某国。

二是被告人郭某林在驾车行驶至撞击位置时的车速之高异常。天津市津实司法鉴定中心出具鉴定意见：豫×××××号小型普通客车采取制动措施前的行驶速度为60—68km/h之间。从表面上看这个速度，似乎不是很高，但这个速度是在什么样的距离内产生的呢？仅仅只有105米的距离。从证据来看，被告人郭某林在七次供述中对于撞击郭某国的起点位置，均供认不讳，称是在浴池调头后，停在浴池对面，故该地点能够确定为王某杰家门口。郭某国被撞击时的位置，从现场勘查来看：豫×××××号小型普通客车制动印痕起点南侧、垂直距离2.9米、距路面东边缘1.3米处有一只左脚棕色带方格图案的棉绒高跟拖鞋，该拖鞋鞋口朝上，鞋尖朝东，距豫×××××号车右后轮轴垂直距离25米，从王某杰家门口到遗落鞋子位置为 105 米。从鉴定意见来看：豫××××小型普通客车与行人郭某国的路面接触位置位于道路事故现场豫××××小型普通客车制动印痕起点及行人左脚鞋遗落位置南侧、车行道与硬路肩之间白色实线近部范围内。鉴定意见确定的撞击点为拖鞋南侧，撞击郭某国的真正地点，无法准确确定，但能够确定以下事实：1.撞击点在制动印痕以南；2.由于撞击郭某国之后，郭某国被车由南向北带行，可以确定撞击点应该为遗落拖鞋位置以南。在 105 米的距离内，郭某林驾车从 0 加速到 60—68 千米每小时之间。侦查实验证实驾驶同类型车辆从距离被撞位置 100 米处加速至被撞位置时瞬时时速为 61—65km/h，所需时间仅为 8 秒 08—8 秒 70。

　　需要强调的是，因真实的撞击位置无法准确确定，故确定车速的方法为计算制动印痕长度，即以制动印痕的起点到终点的距离来测算速度，所以计算出的速度为采取制动措施前的行驶速度，这一速度要低于撞击时的瞬时速度。

　　三是案发现场路况异常。从案发现场路况来看，决定了在正常情况下，驾驶人从驻车地点行驶至撞击位置时不可能出现此种驾驶速度。被告人郭某林驾车撞击被害人郭某国的起始点为王某杰家大门口，该位置到被害人遗落鞋子的距离为 105 米，在这短短的 105 米之间，从南往北有四个胡同，宽度分别为：3.15 米、5.02 米、2.98 米、6.47 米，最后一个胡同为出入村内主要干道，鞋子脱落点往北 51 米有一弯道路口。这四个胡同内均居住有村民，胡同内随时会有车辆、人员出入。该地点距郭某林家、郭某国家均不远，被告人郭某林长期生活在××村，对于××省道此段路况应该非常熟悉，但从现场勘查来看，其驾驶的车辆从起始位置至制动痕迹之前，无任何刹车印痕，说明被告人郭某林驾车状态为一直加速行驶，完全没有考虑这几个胡同随时会出现车辆、人员的情况。而被告人郭某林是从驻车状态到加速至 60km/h—68km/h。被告人郭某林供述案发当天下午回老家是办两个事情：一是到化河派出所拿身份证，二是给其母亲送病历。这两个事情处理完之后又到王某涛家指挥工人干活。从郭某林的供述来看，所有的事情都处理完毕，还有什么紧急的事情需要争分夺秒去处理呢？还有什么急迫的异常因素需要采取这样极端的驾车方式呢？

四是案发时间段光线异常。通过方才播放的案发时段的监控录像，大家可以看出，案发时间为下午18时左右，当时光照已经不足，视线受限，过往车辆大多已经打开车灯，缓慢通行。在案发现场的实际路况、案发时段的实际光线情况下，是否有加速行驶的前提条件呢？在这种路况、光线情况下，在郭某林供述自己没有开车灯的情况下，被告人郭某林又是如何准确锁定、撞击被害人郭某国的呢？这一点，从被告人郭某林的供述中可以找到答案。被告人郭某林供述：当时没有开车灯，因为当时天还不是很黑，能够看清，我是从浴池那个地方转弯的时间看见的郭某国，之后他站着说话哩，我就一直看着他哩。他穿的是一套睡衣，深色的，没有戴帽子，穿的啥样的鞋我没有看见。从证据显示，在郭某林从王某涛家出来上车之后，一直到撞击郭某国时，有8分钟的时间，郭某林一直在车上观察着郭某国，精力高度集中，这样才能保证郭某林能在这样的光线条件下撞击到郭某国。

五是刹车印痕异常。现场勘查笔录显示：豫×××××号小型客车南方路面有一条由东南向西北、再折向东北走向的制动印痕，制动印痕长22.7米，制动印痕起点位于由南向北车行道内、距路面东边缘0.84米处、终点位于豫×××××号小型客车右后轮，制动印痕向东北方向折返弧顶处距路面东边缘2.28米处。该制动印痕为前窄后宽，呈南轻北重状，制动印痕起点处印痕宽0.09米，接近向东北折点处印痕宽0.16米。制动印痕起点至豫×××××号小型客车右后轮垂直距离22.1米，制动印痕折返弧顶处至制动印痕终点垂直距离为6.96米。豫×××××号小型客车制动印痕起点南侧、垂直距离2.9米，距路面东边缘1.3米处有一只左脚棕色带方格图案的棉绒高跟拖鞋，该拖鞋鞋口朝上，鞋尖朝东，距豫×××××号车右后轮轴垂直距离25米，在鞋子东南5.36米的省道东侧有一根电线杆。左脚棉鞋向南到对应郭某国母亲家大门中缝处省道垂直距离为39米。该制动印痕为前窄后宽，呈南轻北重状，制动印痕起点处印痕宽0.09米，接近向东北折点处印痕宽0.16米。说明被告人郭某林踩刹车时为轻踩—重踩。一般情况下出现撞人情况时，驾驶人的第一反应为猛踩刹车，多数情形下是一脚踩死刹车，在此种情况下留下的制动印痕应为：前宽后窄，本案被告人郭某林从南往北行驶，如果是正常的交通事故，刹车制动痕迹应该为南重北轻。应该留下由重到轻、由宽到窄的刹车制动痕迹。从本案制动痕迹看，制动印痕没有中断，刹车一直生效，故被告人行为性质与通常的交通肇事不符。天津津实司法鉴定中心针对制动印痕做出如下说明（以下为鉴定书内容）：事故现场道路平直，路面未有积水、结冰。检材1（豫××××汽车）制动性能合格，转向系统、行驶系统未见异常改变。检材1在沿道路由南向北行驶中，向右侧方向变向未越过道路东侧路面路缘线，发生事故后向左侧方向未越过道路中心线，并且未与其他车辆、物体发生碰撞，制动印痕连续，制动印痕宽度未超出轮胎与路面正常接触宽度。综上分析，发生事故前后过程中，检材1视觉角度、行驶速度、行驶方向、制动措施均在驾驶员有效操控范围之内。

本案能够得出以下结论：本案驾驶员在本次驾驶过程中精神高度集中，所有驾驶行为均在其掌控之中。如果稍有走神，在第一次采取制动措施时，车极大可能会冲出路肩，不可能形成现在的S型制动印痕。如果是突然走神时撞击到被害人，车辆反映出来的驾驶方式就是车辆失控。

六是驾车至撞击点附近时车辆声音异常。1.证人王某庆（家住××浴池对面路东的胡同内）证实其出胡同后由北向南行走，有一辆白色的车从身边飞快的开过去了，开的快的很，听见那辆车发动机嗡嗡叫的声音，车贴我贴的特别近。2.侦查实验证实：实验车辆（马自达CX-5）距离被撞位置100米处加速至瞬时时速61—65千米每小时，发动机噪声分贝为68.9—72.7dPA。3.被害人郭某国被撞击前有一左后方向转体动作。天津津实鉴定意见中分析说明部分：行人发生事故时所穿的鞋的鞋底处摩擦痕呈纵向，且堆积物位于摩擦痕的后方，其形态特征符合人体受到后方外力时，鞋底与路面摩擦形成。行人郭某国尸检报告中记载其损伤部位主要分布于身体左后侧。根据检材1（车辆）与人体的接触部位、检材1发生事故时的行驶方向，以及行人发生事故时所穿衣服、鞋的痕迹部位、形态特征并结合人体的损伤部位综合分析，发生事故时行人位于检材1前方右侧、道路由南向北行走，临近发生事故时有一向左后方向转体动作。以上分析可以证实：由于被告人郭某林驾车在100米的距离之内，从0加速到60—68km/h，导致发动机转速过快，出现巨大的噪声，导致郭某国向左后方转体一看究竟，尚未来得及完全转身即被撞。

从被告人郭某林驾车时的驾驶过程、行为力度、危害后果、生活常理判断，对郭某国带来的必然是致命的后果，足以说明其具有刑法意义上的杀人故意，依据刑法第232条的规定，郭某林构成故意杀人罪。

三、公诉人建议法庭根据被告人的犯罪性质、主观恶性、社会危害性以及从轻、从重处罚情节，对被告人郭某林判处相应的刑罚

我国刑法第232条规定，故意杀人的，处死刑、无期徒刑或者10年以上有期徒刑。公诉人建议法庭对郭某林量刑时考虑以下因素：

1. 被害人郭某国与被告人妻子高某存在不正当男女关系，存在一定过错。

2. 被告人郭某林案发后拨打110报警，但不承认故意杀人的犯罪事实，当庭辩解其属于交通肇事罪，依法不能认定为自首。

3. 被告人郭某林采取驾车撞人的方法剥夺他人生命，依法应当予以严惩。

4. 目前被告人郭某林一方尚未对被害人郭某国一方进行赔偿，未取得被害人家属谅解。

审理至此，被告人郭某林故意杀人一案的犯罪事实已经全部呈现于法庭，案件事实、全部证据、法律根据，公诉人也已经在上述意见中全面进行了阐述。公诉人结合本案借助于今天的庭审，再次警醒在场的各位听众：

第一，审视良知，严守底线。本案的被告人郭某林原是一名婚姻生活中的受害者，在面对婚姻的背叛时，本可以采取正当的途径去结束这段婚姻，解决夫妻之间的矛盾。却采用了极端的剥夺他人生命的方式，造成了两个家庭的悲剧，也产生了极其恶劣的社会后果。道德是法律的基础，法律是道德的底线，被告人郭某林正是因为逾越了法律的界限，才得到了法律的严惩。

第二，法网恢恢，疏而不漏。法律是惩罚犯罪的最后一道防线，所有违法犯罪行为都会受到应有的惩罚。对于所有违法犯罪的犯罪分子,都不可能侥幸逃脱法律的惩罚。本案中,被告人郭某林的行为看似是一起简单的交通肇事,但经过大量的分析论证,事实证明被告人郭某林有明确的故意杀人动机,并实施了相应的行为。法律固然保护每个人的合法权益,但对于违法犯罪行为,也绝不会放纵。

第三,积极沟通,营造和谐家庭氛围。本案属于因婚内出轨引发的故意杀人案件,这也给我们如何营造和谐的家庭氛围带来了一定的启发。在物欲横流的现代社会中,人们面临着太多的诱惑,往往为了寻求刺激或是更好的生活条件而做违背伦理道德之事。本案中,被告人郭某林及妻子高某拥有一双儿女,做着还不错的买卖,本应是幸福的一家人,但由于高某与老板郭某国的不正当关系,引发了一系列后续的惨况。对每个家庭来说,夫妻双方都应严守道德底线,营造和谐的家庭氛围。

第四,和谐社会,合力共建。现代社会是法治社会,弘扬民主法治、公平正义的精神是构建法治社会之必要。通过本次案件,希望在座各位及社会大众再次认识到,遇到问题要用合法手段解决,切忌冲动做违法犯罪之事。被害人郭某国尽管存在过错,但他的生命权利同其他公民一样,也应受到法律的保护。被告人郭某林故意杀人的犯罪行为,既剥夺了他人的生命,也葬送了自己的前程。每个公民都应深刻认识到懂法、守法的意义,只有这样才能营造出安宁、充满活力的和谐社会。

审判长、审判员,起诉书认定本案被告人郭某林犯故意杀人罪的犯罪事实清楚,证据确实充分,依法应当认定被告人有罪。请合议庭以事实为根据,以法律为准绳,结合被告人的认罪、悔罪态度和犯罪情节等,对被告人依法作出公正的判决。

20××年×月×日当庭发表

【承办检察官心得体会】

本案是一起被告人驾车撞击被害人致死的案件,被告人案发后拨打120抢救死者,主动拨打110投案,称自己系交通肇事,被告人以涉嫌交通肇事罪被公安机关立案侦查，以交通肇事罪被县检察院批准逮捕。被害人亲属对案件以交通肇事罪定性强烈不满，称被害人因与被告人妻子有不正当男女关系，引发被告人实施了故意杀人行为。被告人及其亲属则坚称本案就是一起普通的交通肇事案件，不愿意对被害人进行赔偿，双方对立情绪严重，案件办理陷入困局，承办检察官按照院领导指派提前介入、引导侦查。

（一）发现疑点

承办检察官认真审阅案件卷宗，深入分析案情，认为本案被告人驾车撞击被害人的犯罪事实客观存在，在定性上存在重大争议、被告人拒不供述犯罪主观故意的情况下，需要从案件的细节入手，不放过任何一个疑点，进行亲历性审查，从而使间接证据形成完整的证据链条。经过反复阅卷，现场勘查笔录中的一段文字记载引起承办检察官的注意："该制动印痕为前窄后宽，呈南轻北重状，制动印痕起点处印痕宽0.09米，接近向东北折点处印痕宽0.16米"。这说明被告人踩刹车时为先轻踩而后重踩。在一般情况下出现交通事故时，驾驶人的第一反应为猛踩刹车，多数情况下是一脚踩死刹车，在此种情况下留下的制动印痕应为前宽后窄、南重北轻。从本案的制动痕迹来看，制动印痕没有中断，刹车一直生效，所以被告人的行为性质与通常的交通肇事不符。承办检察官认真研读《道路交通事故痕迹鉴定》《道路交通事故痕迹物证勘验》等专业规定，并与天津津实司法鉴定中心人员进行交流，坚定了突破疑点的信心。

（二）改变定性

承办检察官发现本案存在的疑点后，认为本案应当进行侦查实验，实地感受被告人的驾驶行为是否异常。承办检察官按照被告人的驾驶方式、留下的制动印痕轨迹，冒着随时可能翻车的风险，和公安人员一起驾驶同型号马自达车辆进行了多次侦查实验。实验结果为：在100米的距离内驾驶到60千米小时以上，需要在启动车辆后，猛踩油门至撞击位置。同时，驾驶人必须在精力高度集中的情况下，对下一步的驾驶行为、后果有一定预判，才能出现本案的车辆制动印痕（向右未超出路肩、向左未越过道路中心黄色实线），才能完全实现被告人的驾驶行为。经过侦查实验,更加确认了本案应认定为故意杀人罪的信心,向院领导汇报后,建议公安机关以故意杀人罪将该案侦查终结。

承办检察官为避免被告人出现关于车辆失控、视力存在问题的辩解,要求公安机关对涉案车辆、被告人视力、驾驶资质进行鉴定、检查、查询,经鉴定照明、信号装置、转向系、制动系及轮胎工作正常,符合GB 7258(《机动车运行安全技术条件》)标准规定的要求;经检查被告人视力为1.0;经查询被告人于2010年2月取得B2驾驶证。同时,承办检察官认为需要找到本案存在的异常情节,从而反向论证被告人作案时具有故意杀人的主观心态。承办检察官指导公安机关调取、固定了被害人与被告人夫妻之间的微信、短信、通话。多次和公安人员一起到案发现场实地勘查,与侦查人员、勘查人员、鉴定人员进行座谈,聚焦本案定性,确认本案存在区别于交通肇事犯罪的六项异常情节:一是被告人郭某林驾车撞击被害人郭某国的路面位置异常;二是被告人郭某林在驾车行驶至撞击位置时的车速之高异常;三是案发现场路况异常;四是案发时间段光线异常;五是刹车印痕异常;六是驾车至撞击点附近时车辆声音异常。经向省院进行汇报,决定对被告人以故意杀人罪提起公诉。

(三)履职亮点

本案是一起定性存在重大争议的疑难复杂案件,承办检察官坚持亲历性原则核实证据,运用间接证据形成完整证据链条,充分体现检察依法履职。公诉意见书围绕本案系交通肇事还是故意杀人这一焦点问题,构筑完整的证据体系,通过分析论证该案存在的六项异常情节,还原案发现场真实情况,反向证实被告人系故意杀人的犯罪事实,层层论证,逻辑严密,释法说理透彻,说服力强。由于公诉意见书说理严谨、有理有据,被告人亲属在旁听庭审后由开庭前对指控罪名强烈抵触到判前主动对被害人亲属赔偿50万元,被害人亲属从扬言进京上访到服判息诉。

【专家点评】

郭某林故意杀人案是一起因情感纠纷引起的悲剧案件。郭某林由一个在婚姻内的受害者最终变为故意杀人案的施害者,既令人震惊,又令人遗憾,这就要求在本案的办理过程中须把握好情、理、法之关系。对此,公诉意见书的撰写不仅需要将案件事实、公诉人的观点呈现于法官,还要将本案的情、理、法呈现于旁人,通过充分的释法说理,更好地发挥法律的引导、教育、评价作用,"润物细无声"地培养社会大众尊法、守法的意识以及公平正义之感,从而推动法治社会、法治国家的进一步发展。本篇公诉意见书无疑很好地满足了上述要求,在论证郭某林构成故意杀人罪上说理充分,文字之间情理交融、铿锵有力,实属一篇佳作。

公诉意见书第一部分和第二部分内容为总分形式,行文逻辑严谨、流畅。在公诉意见书的第一部分,公诉人总括性地指出郭某林构成故意杀人罪,犯罪事实清楚、证据确实、充分。公诉人的观点清晰、明确。在公诉意见书的第二部分,公诉人分为两大点,即通过对郭某林的心路历程以及行为性质的分析,充分论证了郭某林构成故意杀人罪的理由,对第一部分的内容进行了详细的展开。在这部分内容中,我们能够看到公诉人的论证动之以情、晓之以理。在撰写郭某林故意杀人的心路历程中,公诉人详细、有力地呈现出郭某林是如何从一名受害者最终沦为行凶者的过程。通过微信聊天记录,公诉人总结出案件发生的前因,深深感受到被告人心里的痛苦与不甘,同时为被告人感到十分惋惜。正如公诉意见书所指出,"被告人郭某林本应是受同情的无辜受害者,或许他可以选择结束这段失败的婚姻,但是内心的冲动使他犯下弥天大错……"。

在辨明郭某林行为性质的过程中,公诉人详细说明了郭某林的行为应当构成故意杀人罪,而非交通肇事罪。在实践中,故意杀人罪和交通肇事罪进行具体区分时往往存在着一定的困难,不仅在于二者同样会造成死亡结果,更为困难的是需要对复杂的现场情况进行判断。同时,两罪定罪量刑差异非常之大,一旦认定有误不仅对案件的判决影响非常之大,更会对整个社会的公平正义产生巨大影响。而本案做到了准确区分二者,非常值得肯定。公诉人通过一条异常的刹车痕迹,最终发现了案件存在的六项异常情节,即路面位置异常、撞击的车速异常、案发现场路况异常、案发时间段光线异常、刹车印痕异常、驾车至撞击点时车辆声音异常,充分还原了案件事实。值得一提的是,虽然本案缺乏被告人对故意杀人罪的供述,但是能够认定被告人构成故意杀人罪的证据确实、充分,公诉人认定被告人构成故意杀人罪并无不妥。应当说,公诉人对被告人的行为性质进行了准确的判断。

在公诉意见书的第三部分也是最后一部分中,公诉人对犯罪人的行为进行了总结、评价,并且用极具感染力的语言警醒法庭在场人员,十分打动人心。公诉人指出被告人构成故意杀人罪,同时建议法庭在量刑层面全面考虑案件的从轻、从重情节,既要考虑本案被害人的过错,同时也要考虑被告人犯罪后的态度。虽然被告人构成故意杀人罪,但是公诉人并没有一味地只考虑从重情节,也对被害人的过错予以说明,这有助于法庭更加全面地对被告人的行为进行判断,从而做出全面评价,值得肯定。

随后,公诉人借助庭审发出肺腑之言,通过四点警示提醒大家要知法、守法,共同营造和谐社会。公诉人强调,无论遇到何事,每位公民都应当守住内心的良知。同时,公诉人也指出,在应对婚姻问题上,夫妻双方应当积极进行沟通,不要采取极端的做法解决问题,最终酿成追悔莫及的大错。通过本篇公诉意见书,我们能够感受到公诉人说理之真切、详实,论证周延。既有运用专业知识分析案件的精准目光,也有法律人身上所具备的温暖情怀,字里行间流露出对被告人行为的惋惜以及对公众尊法、守法的呼吁,充分实现了情、理、法的有机统一。因此,本篇公诉意见书确实是同类法律文书中的典范。

(点评人:郭烁,中国政法大学诉讼法学研究院教授、博士生导师)

23."3.28"特大跨境电信网络诈骗案公诉意见书

【简要案情】

2019年2月至2020年10月,被告人曾某、钟某华偷越国境至缅甸联邦共和国××县,租用专门场所,购买电脑、手机、收款银行账户、QQ、微信等社交软件及可在后台修改数据操作开奖结果的"腾讯×竞技"等恶意程序,通过引诱、欺骗、招募等各种手段吸纳被告人王某、苏某铮、李某辉等53人组建"财神国际"电信网络诈骗犯罪集团,针对国内公民实施电信诈骗犯罪活动。

该电信网络诈骗犯罪集团层级分明、分工明确、管理严密,内部分设"老板—总监—客服—代理—组长—业务员"六个等级,成员彼此以化名相称,先后成立"冲锋队""野狼队""年少有为队"等10个诈骗小组,在陌陌、探探、Soul聊天工具中伪装成"高富帅""炒币专家""刷单助理""股民大咖",结交国内不特定地区女性被害人为好友,并将其引流至微信、QQ添加为好友,后以找对象、谈恋爱等为切入点与被害人聊天,逐步骗取被害人信任。期间,诈骗成员相互配合,以搞副业、做投资赚钱为诱饵,向被害人推送"腾讯×竞技""腾讯×理财""腾讯×掌上宝"等恶意程序,又以提供行情、带领操作、保证赚钱为名,诱骗被害人向该犯罪集团提供的银行账户充值,由诈骗犯罪集团"客服"在诈骗软件中对应"上分"。初期,先让被害人小幅赢利,"客服"随之以"财神小表妹"的账号或通过诈骗平台上自带的对话功能与被害人联系,以情侣充值活动、隔夜金、充值搞买赠活动、提现流水不够需要刷流水、提现需缴纳个人所得税、保证金等方式诱骗被害人充值追加投资,后诈骗犯罪集团"业务员"或"组长"通过反向引导行情或"客服"控制开奖结果，人为造成被害人账户亏损的假象，进而关闭后台、拉黑被害人联系方式，达到侵吞被害人钱款的目的。通过上述手段，以被告人曾某为首的诈骗犯罪集团从 2019 年 4 月至 2020 年 8 月共骗得 200 余名被害人钱款 2700 余万元，被害群众遍及全国 27 个省 102 个市县。

【诉讼过程】

西吉县公安局于 2020 年 3 月 28 日对该案立案侦查。2020 年 9 月 4 日，宁夏公安厅正式指定由西吉县公安局对该案管辖侦查，并报公安部指定由西吉县公安局管辖该诈骗犯罪组织在全国各地其他犯罪案件。2020 年 8 月，经西吉县公安局邀请，西吉县人民检察院派员介入该案。

自 2020 年 9 月 16 日至 2021 年 6 月 22 日，西吉县公安局分 8 次提请批捕"3.28"特大跨境电信网络诈骗案犯罪嫌疑人 54 人，西吉县人民检察院审查后决定批准逮捕 54 人。

2021 年 2 月 23 日、4 月 18 日、6 月 18 日共移送审查起诉犯罪嫌疑人 67 人。2021 年 7 月 26 日，西吉县人民检察院以涉嫌诈骗罪、掩饰、隐瞒犯罪所得罪、帮助信息网络犯罪活动罪、偷越国境罪、引诱他人吸毒罪对 63 名被告人向西吉县人民法院提起公诉，法定不起诉 2 人，证据不足不起诉 2 人。2021 年 11 月 3 日、12 月 14 日以诈骗罪、偷越国境罪追加起诉 4 名被告人。2022 年 3 月 25 日西吉县人民法院作出一审判决，部分被告人上诉后，2022 年 7 月 7 日固原市中级人民法院作出二审判决，维持原判决。

【文书全文】

宁夏回族自治区西吉县人民检察院
公诉意见书

审判长、审判员、人民陪审员：

根据《中华人民共和国刑事诉讼法》第一百八十九条、第一百九十八条和第二百零九条的规定，我们受西吉县人民检察院的指派，代表本院,以国家公诉人的身份,出席法庭支持公诉,并依法对刑事诉讼实行法律监督。下面,公诉人就本案犯罪集团的认定及各被告人涉嫌诈骗罪、掩饰、隐瞒犯罪所得罪、帮助信息网络犯罪活动罪、引诱、教唆他人吸毒罪、偷越国(边)境罪的犯罪构成、法律适用、应负的法律责任和社会危害性,发表如下公诉意见,请法庭注意。

一、本案犯罪事实清楚,证据确实、充分

在刚才的法庭调查中,公诉人及审判长、审判员就曾某等67名被告人涉嫌诈骗罪、掩饰、隐瞒犯罪所得罪、帮助信息网络犯罪活动罪、引诱、教唆他人吸毒罪、偷越国境罪的犯罪事实进行了详细的讯问和发问,曾某等67名被告人就其参与的犯罪事实作了供述。在举证阶段,公诉人围绕案发的时间、地点及犯罪手段、犯罪经过、犯罪结果、犯罪性质等,向法庭出示了全部证据。这些证据经法庭质证,内容客观真实,收集程序合法,与案件具有关联性,可以作为定案的根据。同时,上述证据能够充分地证明公诉机关指控各被告人的犯罪事实清楚,证据确实、充分,足以认定。

二、本案曾某等56名被告人为共同实施诈骗犯罪,以"财神国际"公司为纽带,组成较为固定的犯罪组织,应认定为诈骗犯罪集团

《中华人民共和国刑法》第二十六条第二款规定:"三人以上为共同实施犯罪而组成的较为固定的犯罪组织,是犯罪集团"。最高人民法院、最高人民检察院、公安部《关于办理电信网络诈骗等刑事案件适用法律若干问题的意见》第四条第(一)项规定:"三人以上为实施电信网络诈骗犯罪而组成的较为固定的犯罪组织,应依法认定为诈骗犯罪集团"。

本案中,第一,曾某、钟某华等被告人为实施诈骗犯罪,成立所谓"财神国际公司"。公司成立后,曾某、钟某华等被告人遂以公司名义租用场地,统一配备用于诈骗的桌椅、电脑、手机等硬件设备,联系购买安装诈骗软件,统一编配诈骗话术,统一对新进成员进行业务培训,统一向成员分发用于诈骗的QQ、微信、探探、陌陌等社交软件账号,统一提供食宿,组织实施电信网络诈骗犯罪活动。期间,曾某、钟某华等被告人为对组织成员进行有效的控制和管理,又对组织成员进行划分,成立若干小组,冠以不同的名称,其目的是更好的鼓动组织成员实施诈骗犯罪，实现犯罪利益的最大化。从中我们可以看出，曾某与钟某华等被告人成立"财神国际公司"，是完全按照公司管理模式运作的组织严密、结构完整、较为固定犯罪组织，依法应当认定为犯罪集团。第二，在以曾某为首的诈骗犯罪组织中，扮演不同角色的被告人在主观上受共同诈骗故意支配，客观上互相配合实施了共同诈骗行为。在实施诈骗犯罪过程中，"财神国际公司"各组成员在犯罪组织的部署下各自实施诈骗犯罪的过程中，又存在穿插配合实施诈骗的情形。比如2020年3月26日，精英队朵拉在实施诈骗过程中将其与某被害人的聊天记录截图发至精英队群内，问"有人来辅助我一下吗"，要求群内成员协助。被告人郭某明供述公司多个组员共同使用"陈宇泽"的包装身份实施诈骗。从人员分工上，组员负责引流、加人、聊天；组长负责管理各组组员，辅助督促业绩，做决策切死被害人等；代理负责从国内招募人员加入诈骗集团，管理各条线；客服负责后期在诈骗平台上继续诈骗被害人、在业务群内报单、统计组员业绩等；财务负责与洗钱公司对接，及时转出犯罪所得，洗钱以后及时现取回金或将赃款回流国内；行政主管高某丽负责安排成员的食宿，对接偷渡公司接人、预定机票等；行政辅助人员如吴某博等专门负责刷机、安装软件、维修手机等后勤保障；公司总监对公司日常业务进行管理，制定规章制度，对新到组员进行业务培训等；老板统筹负责诈骗集团的各项事宜。上述事实可以清楚地反映出，以曾某为首的诈骗犯罪组织中，各工种之间相互协助，体现了公司行动的整体性和目标的一致性。第三，也是最为关键的，该诈骗犯罪组织中的成员根据组织制定的分配制度，共享诈骗利益。具体表现在，其一，负责引流、聊天的组员级被告人无论诈骗是否成功，无论是否创造业绩，无论是否给犯罪组织带来利润，每人每月基本保底工资5000元；其二，该犯罪组织统一负责所有成员的食宿，统一吃住，统一行动；其三，该犯罪组织有明确的分红制度，曾某提成诈骗资金总额的35%，总监提成公司诈骗总额的15%，代理提成本组诈骗总额的50%，组长提成本组诈骗业绩的5%。组员根据业绩情况有阶梯式的提成制度，1万—5万提成5%，5万—10万提成8%，10万—20万提成10%，20万—30万提成13%，30万—50万提成15%，50万—100万提成18%，单笔诈骗30万元以上发放奖金6666

元等，通过上述阶梯式提成制度鼓动组成成员提高诈骗业绩；第四，该犯罪组织对诈骗集团成员实施严格的人身控制，一是统一提供犯罪及住宿地点，场地门口有保安管理出入，非经曾某同意，持"公司"有效门禁卡，并经代理或组长带领，不得擅自离开；二是组织内部层级分明，根据刘某等人的证言，曾某的办公室只有代理及组长才能进入；三是组织成员未干满六个月提前离职，需要给组织缴纳高额赔付金。

本案公诉机关起诉书认定被害人196名，依据被害人被骗金额，指控该诈骗集团的犯罪金额28073912.15元，其中包括150起收集到被害人陈述的犯罪事实，及从被告人唐某波的"易游科技"软件通过后台数据反查出的46名被害人。上述196名被害人之所以能够在众多的杀猪盘诈骗案件中认定为本案被害人，其理由如下：

一是收集到报案记录、被害人陈述的被害人，均陈述其被诈骗时对方引导其投资、充值的平台为"腾讯×竞技""腾讯掌上宝""腾讯理财"，或者通过添加过昵称为"财神小表妹"的微信号、QQ号等与对方进行联系。根据被告人叶某真的供述，其给曾某贩卖的"柒云""易游科技""飞鸟科技"及陈某成处购买的未命名软件，曾某定制的房间名称均为"腾讯×竞技""腾讯掌上宝""腾讯理财"，同时罗某、钟某华、苏某铮、冀某秋等人的供述也证实了财神国际诈骗集团使用以上平台进行诈骗的事实。根据被告人罗某的供述，其明确指出"财神小表妹"是财神国际公司里专门用来诈骗的QQ和微信的一个昵称，这个号一直公司客服（后台）使用；财神国际公司的工作群中也出现了客服号码更换的关键性电子数据信息。关联上述两个特征，该部分被害人被骗金额按照有利于被告人原则，扣除犯罪成本即诈骗集团给被害人的返利后进行认定。

二是没有收集到被害人陈述的被害人的认定，系从唐某波登录"易游科技"存储信息数据库中检索到相关被害人信息及银行卡信息198条。唐某波提取电子数据的依据，是房间号60117和80245为同一个用户，房间名称均为"腾讯×竞技"，使用的客服QQ都为3567××××，故可以认定上述两个"房间"中的被害人系财神国际诈骗公司对应的被害人。根据"两高一部"《关于办理电信网络诈骗等刑事案件适用法律若干问题的意见》第六条第（一）项的规定，办理电信网络诈骗案件，确因被害人人数众多等客观条件的限制，无法逐一收集被害人陈述的，可以结合已收集的被害人陈述，以及经查证属实的银行账户交易记录、第三方支付结算账户交易记录、通话记录、电子数据等证据，综合认定被害人人数及诈骗资金数额等犯罪事实。

三、各被告人犯罪金额的认定方法及量刑依据

本案系犯罪集团实施的跨境电信诈骗案件，被告人在境外利用微信、QQ等社交软件，使用虚拟的包装身份，通过诈骗平台对国内被害人实施诈骗，诈骗环节复杂，且被害人与行为人经常通过社交软件建立联系，二者之间又有组长、客服、洗钱公司等多个环节，因此将每个被害人的具体被骗事实与诈骗集团成员实施的具体诈骗行为一一对应，是比较困难的，这是客观事实。因此，对各被告人犯罪数额的认定，应根据"两高一部"《关于办理电信网络诈骗等刑事案件适用法律若干问题的意见》第四条第（二）项"多人共同实施电信网络诈骗，被告人应对其参与期间该诈骗团伙实施的全部诈骗行为承担责任"的规定来进行认定。上述规定的"参与期间"，是指从犯罪嫌疑人、被告人着手实施诈骗行为开始起算。具体如下：

（一）诈骗集团成员分工协作，共享犯罪利益，均应对其参与期间集团全部诈骗数额承担责任

被告人曾某等人组建起比较稳固的犯罪集团实施诈骗，该诈骗集团采用公司化运作模式，各被告人参与流水线诈骗作业，诈骗所得按公司制定的分配比例分给扮演不同角色的成员，且组员按照业绩有阶梯式的提成比例。被告人曾某系财神国际公司的创办人，其犯罪行为在诈骗集团中具有总体性、组织性，故应当对全案犯罪数额负责。其他诈骗集团成员对其参与期间诈骗集团全部的犯罪金额进行认定。具体着手实施犯罪的时间，为组员加入诈骗集团的时间，扣除公司为期一周的统一业务培训后的犯罪事实为起点，截止其离开诈骗集团的时间内，全部被害人被骗的金额（按照有利于被告人原则，被告人未加入时某被害人已经在充值，被告人加入后持续充值的金额，不计算为该被告人的犯罪金额；被告人离职前某被害人在充值，离职后充值的金额也不计算在该被告人的犯罪金额内）。而组员加入或离开诈骗集团的时间，一般以其非法出境

或入境到达云南边境的民航离港记录能够证实的客观时间为准,确有证据能够证实其在云南滞留一段时间后才偷渡至缅甸(如陈某威),或者离职后在境外滞留一段时间才偷渡至国内(如蒋某),以能够查证的时间为准。

(二) 综合考虑职务等因素认定公司化运作犯罪集团中的主从犯

如前所述,本案中所有被告人均应当对其参与期间诈骗集团的全部犯罪金额承担责任,只有准确认定各被告人在共同犯罪中的地位、层级作用,合理运用相关量刑情节,才能实现对每一个被告人量刑适当。诈骗流水线中,被害人从组员引流聊天到交给组长(或代理)带业务引诱充值,到客服在诈骗平台上以各种理由赶尽杀绝,各角色环环相扣,越接近链条末端的角色对诈骗技巧要求越高,对被害人施加的影响越大,诈骗金额也越多。从组员到组长到代理到公司高管,一定程度上行为人的诈骗技巧、内部影响力、贡献力也都是越来越高的。

根据"两高一部"《关于办理电信网络诈骗等刑事案件适用法律若干问题的意见》第四条第(一)项的规定,对组织、领导犯罪集团的首要分子,按照集团所犯的全部罪行处罚。对犯罪集团中组织、指挥、策划者和骨干分子依法从严惩处。在犯罪集团中起次要、辅助作用的从犯,特别是在规定期限内投案自首、积极协助抓获主犯、积极协助追赃的,依法从轻或减轻处罚。对犯罪集团首要分子以外的主犯,应当按照其所参与的或者组织、指挥的全部犯罪处罚。所以公诉机关在综合考虑各被告人的任职时间、在公司的地位、具体实施的诈骗业绩、获利情况、退赃情况、认罪态度、悔罪表现等进行综合判定,对各被告人提出量刑建议。

曾某系财神国际公司的创办者、实际管理者,应当认定为诈骗集团的首要分子;钟某华与曾某形成犯罪合意,共同合伙创办财神国际公司,在其参与期间与曾某起到同样的管理、控制作用,应当认定为主犯;王某、苏某铮、李某辉、魏某华、曾某甲系公司的代理,各自发展、管理各自的诈骗条线,与曾某按比例结算诈骗金额,应当认定为主犯;罗某、高某丽、熊某是公司的行政管理人员,对维持公司运转起到重要作用,应当认定为主犯;被告人李某宇系公司业绩最高、贡献最大的组员,因业务能力突出被提拔为圆梦队组长,应当认定为主犯。其余45人均属具体犯罪事实的实行犯,在共同犯罪中起次要作用,根据易信、蝙蝠电子数据中反映的各被告人的业绩情况能够客观地区分业绩多少和作用大小,其中叶某铭、梁某鹏、屈某佳、陈某鹏、苏某文、杨某贵、张某科、马某龙、罗某林、黄某花、熊某辉、钟某东、郭某雄、龙某、吕某栋参与时间短,参与程度较低,获利较少、犯罪情节较轻,适用缓刑确实不致再危害社会,故依法可以对其宣告缓刑。

(三)区别对待,宽严并用,充分贯彻宽严相济的刑事政策

张某博、苏某铮等代理招募组员时,以高薪出国务工、在赌场上干擦边球的事情等为诱饵,向一些急于找工作的人谎称境外到处是商机、待遇优越、人间天堂,并允诺给予报销机票、专人接送等条件,从而达到诱骗他人偷渡至缅甸参加违法犯罪活动的目的。故从违法性认识和作案动机上,该犯罪集团中组员一级的大部分人在加入该诈骗集团接受业务培训前,是不知道其被招募从事杀猪盘电信诈骗犯罪的。到公司以后,该诈骗集团有严格的管理制度,成员的人身受到一定的控制,部分被告人的诈骗犯意是消极的、被动的,故对这部分被告人而言,其本身既是犯罪行为的施行者,同时也是受害者。因此,公诉机关对其中的初犯、偶犯、未成年人、在校学生,综合考虑其在共同犯罪中的地位作用、社会危害程度、主观恶性、人身危险性、认罪悔罪表现等情节,依法提出从轻、减轻处罚的量刑建议。而对于犯罪团伙的组织者、策划者、指挥者和骨干分子,以及招募未成年人、在校学生实施电信网络诈骗的代理等被告人,依法提出从严惩处的量刑建议。

四、各被告人偷越国边境的犯罪行为应当数罪并罚

云南地处祖国西南,与缅甸、老挝、越南接壤,边境线长4060公里。除了正式的口岸,通外小路、便道、渡口不计其数,由于大部分边境地段无天然屏障,非法出入境现象屡禁不止。本案中,曾某、苏某铮等部分被告人虽持有合法护照,但未经出入境口岸、边防站等合法地点出入境;部分被告人既未持有合法出入境证件,又未经出入境口岸、边防站等合法地点出入境。各被告人非法出入境时,经境外"蛇头"接引,徒步或乘坐交通工具;非法出入境的地点大部分是乘坐飞机从国内到达云南澜沧景迈机场或西双版纳景洪机场,后从云南××县等地非法出入

境。根据最高人民法院、最高人民检察院《关于办理妨害国边境管理刑事案件应用法律若干问题的解释》第五条第（二）项的规定，偷越国边境三次以上或者三人以上结伙偷越国边境的，属于情节严重，依法应当追究刑事责任。

在境外实施电信网络诈骗，既可以通过合法途径到达境外，也可以通过非法途径到达境外。同样，非法出境的动机既可能是从事电信诈骗、开设赌场等，也可能是出国务工、探亲等，故偷越国边境与诈骗之间没有必然的牵连。如果无论合法或非法途径出境进行电信诈骗，而均评价为诈骗罪一罪处罚，显然是没有对偷越国边境的行为作出法律评价，不符合罪责刑相适应的原则。综上，非法出入境，情节严重，且在境外实施诈骗等违法犯罪活动的，应当进行数罪并罚。

五、诈骗集团各被告人应负的刑事责任

1. 被告人曾某，归案后认罪态度极差，直到今天的庭审阶段依然毫无认罪悔罪之心，犯罪情节恶劣，应以诈骗罪、偷越国（边）境罪数罪并罚，建议判处十五年六个月有期徒刑，并处没收个人全部财产。

2. 被告人钟某华，与曾某合伙创办财神国际公司，因分赃不均等原因离开财神国际公司，自行创办刷单公司，后又将刷单公司打包卖给曾某后回国，系主犯，其应当对2019年4月至7月期间财神国际公司的诈骗金额及刷单公司全部的诈骗金额依法承担法律责任。在侦查阶段，被告人钟某华能够如实供述自己的罪行，但在审查起诉阶段及今天的庭审中又翻供，应以诈骗罪、偷越国（边）境罪数罪并罚，建议判处十二年六个月有期徒刑，并处罚金。

3. 被告人王某，侦查阶段能如实供述其作为冲锋队代理的主要犯罪事实，扪不承认其担任过公司总监的事实，审查起诉阶段及庭审阶段翻供，应以诈骗罪、偷越国（边）境罪数罪并罚，建议对其在十年以上十二年以下判处有期徒刑，并处罚金。

4. 被告人苏某铮，侦查阶段能够如实供述自己的罪行，但在法庭上翻供，不能认定为自首。对于其偷越国边境的犯罪事实，归案后如实供述，根据《中华人民共和国刑法》第六十七条第三款的规定，系坦白。对于其引诱他人吸食毒品的犯罪行为不能如实供述，根据"两高三部"

《关于适用认罪认罚从宽制度的指导意见》第十六条的规定，不适用认罪认罚从宽制度的规定，但对其如实供述的部分，可以从宽处罚。被告人苏某铮对案件侦破起到一定作用，依法应认定为有立功表现，且案发后积极退缴违法所得，应以诈骗罪、偷越国（边）境罪、引诱、欺骗他人吸食毒罪数罪并罚，故建议判处十年以上十二年以下有期徒刑，并处罚金。

5. 被告人曾某甲，经抓获归案，能够如实供述自己的主要犯罪事实，有坦白情节，积极退缴犯罪所得，具有法定、酌定从轻处罚情节，应以诈骗罪、偷越国（边）境罪数罪并罚，建议在十年以上十二年以下对其判处有期徒刑，并处罚金。

6. 被告人李某辉，虽自动投案但不能如实供述自己的罪行，侦查阶段认罪悔罪态度非常差，法庭上的认罪态度有所好转，但依旧避重就轻，不能彻底如实供述，应以诈骗罪、偷越国（边）境罪数罪并罚，建议判处十年以上十二年以下有期徒刑，并处罚金。

7. 被告人魏某华，自动投案并且能如实供述自己的主要犯罪事实，但在审查起诉及庭审阶段翻供，依法不能认定为自首。被告人魏某华退缴部分违法所得，可以酌定从轻处罚。被告人魏某华签署《认罪认罚具结书》，但是在法庭上又否认其代理身份，不属于如实供述，违背诚实信用，依法不予从宽处理，故应以诈骗罪、偷越国（边）境罪数罪并罚，建议在十年以上十一年以下对其判处有期徒刑，并处罚金。

8. 被告人罗某经抓获归案，能如实供述自己的罪行，有坦白情节，且认罪认罚，依法可以从轻、从宽处罚。被告人罗某系累犯，依法应当从重处罚，应以诈骗罪、偷越国（边）境罪数罪并罚，建议判处有期徒刑十年，并处罚金。

9. 被告人高某丽经抓获归案，避重就轻，拒不承认自己的犯罪事实，认罪悔罪态度差，应以诈骗罪、偷越国（边）境罪数罪并罚，建议在十年以上十二年以下对其判处有期徒刑，并处罚金。

10. 被告人李某宇有自动投案的自首情节，通过法庭审理查明的事实，其并没有规劝吴某博、熊某辉投案的立功情节，其积极退缴违法所得，且认罪认罚，具有法定、酌定从轻、减轻处罚情节，应以诈骗罪、偷越国（边）境罪数罪并罚，建议判处九年有期徒刑，并处罚金。

11. 被告人雷某华担任财神国际诈骗犯罪集团客服，明知他人实施电信诈骗犯罪，伙同他人利用多卡宝设备为其提供通信传输，认定为诈骗罪的共犯，但在共同犯罪中系从犯。被告人雷某华有自动投案的自首情节，依法应从轻处罚，建议判处五年六个月有期徒刑，并处罚金。

12. 被告人吴某博在共同犯罪中系从犯，有自动投案的自首情节，自愿认罪认罚，且积极退缴部分违法所得，具有法定、酌定从轻处罚情节，以诈骗罪建议判处二年六个月有期徒刑，并处罚金。

13. 被告人胡某翔在共同犯罪中系从犯，归案后如实供述自己的罪行，积极退缴违法所得，具有法定、酌定从轻处罚情节。被告人胡某翔系累犯，依法应当从重处罚，应以诈骗罪、偷越国（边）境罪数罪并罚，建议在六年以上八年以下对其判处有期徒刑，并处罚金。

14. 被告人韩某荣在共同犯罪中系从犯，但身份系组长，个人诈骗业绩好，在犯罪活动中作用相对较大，归案后能够如实供述自己的罪行，签署《认罪认罚具结书》后，在法庭上又否认诈骗杭某的主要犯罪事实，不能享受从宽量刑，应以诈骗罪、偷越国（边）境罪数罪并罚，建议判处五年以上六年以下有期徒刑，并处罚金。

15. 被告人马某康在共同犯罪中系从犯，身份系组长，但任职时间较短，期间雄鹰队的业绩较差，有自首情节且自愿认罪认罚，积极退缴违法所得，具有法定、酌定从轻处罚情节，应以诈骗罪、偷越国（边）境罪数罪并罚，建议判处有期徒刑三年，并处罚金。

16. 被告人谭某在共同犯罪中系从犯，系参与时间长、业绩较高、作用较大的组员，归案不如实供述自己的主要犯罪事实，应以诈骗罪、偷越国（边）境罪数罪并罚，建议在六年以上八年以下对其判处有期徒刑，并处罚金。

17. 被告人冀某秋在共同犯罪中系从犯，有坦白情节，经法庭审理查明，冀某秋归案后规劝吴某博、熊某辉投案自首，认定立功情节，但应从严掌握从宽幅度。其自愿认罪认罚，积极退缴部分违法所得，具有从轻、减轻处罚情节，应以诈骗罪、偷越国（边）境罪数罪并罚，建议判处三年有期徒刑，并处罚金，可以适用缓刑。

18. 被告人曾某乙在共同犯罪中系从犯，自动投案且如实供述自己的罪行，依法应当认定为自首（起诉书遗漏，补充认定），被告人曾某乙自愿认罪认罚，供述彻底，认罪态度好，依法应当从宽处理，应以诈骗罪、偷越国（边）境罪数罪并罚，建议判处三年六个月有期徒刑，并处罚金。

19. 被告人黄某辉在共同犯罪中系从犯，如实供述自己的罪行且自愿认罪认罚，积极退缴部分违法所得。其明知实施电信诈骗还招募其姐姐、姐夫参与，酌情从重处罚，应以诈骗罪、偷越国（边）境罪数罪并罚，建议判处四年有期徒刑，并处罚金。

20. 被告人曾某嵘在共同犯罪中系从犯，是业绩较好、作用较大的组员，虽自动投案但不如实供述自己的主要犯罪事实，依法不能认定为自首。被告人曾某嵘退缴部分犯罪所得，可以酌定从轻处罚，应以诈骗罪、偷越国（边）境罪数罪并罚，建议在五年以上七年以下判处有期徒刑，并处罚金。

21. 被告人罗某明在共同犯罪中系从犯，是参与时间较长、业绩较好、作用较大的组员，有多次行政处罚前科，应酌定从重处罚。被告人罗某明虽能够认罪认罚，签署《认罪认罚具结书》，但在法庭审理中仍旧避重就轻，供述不彻底，不能享受从宽量刑。被告人罗某明退缴3.6万元犯罪所得，可以从轻处罚，应以诈骗罪、偷越国（边）境罪数罪并罚，建议在六年以上八年以下判处有期徒刑，并处罚金。

22. 被告人周某在共同犯罪中系从犯，系未成年人，且自愿认罪认罚，应以诈骗罪、偷越国（边）境罪数罪并罚，建议判处有期徒刑二年，并处罚金。

23. 被告人陈某威在共同犯罪中系从犯，电话投案后在家等待抓捕，无拒捕行为，具有自首情节且自愿认罪认罚，通过其供述的包装身份能够对应到本案被害人，供述彻底，认罪态度好，且积极退缴违法所得，具有法定、酌定从轻、减轻处罚情节，应以诈骗罪、偷越国（边）境罪数罪并罚，建议判处三年有期徒刑，并处罚金。

24. 被告人韩某在共同犯罪中系从犯，归案后如实供述自己的罪行且自愿认罪认罚，积极退缴部分犯罪所得，依法可以从轻、从宽处罚，以诈骗罪建议判处有期徒刑三年，并处罚金。

25. 被告人赵某晴在共同犯罪中系从犯，归案后如实供述自己的主要罪行，应以诈骗罪、偷越国（边）境罪数罪并罚，建议判处有期徒刑三年，并处罚金。

26. 被告人李某龙在共同犯罪中系从犯，犯罪时系未成年人，归案后如实供述自己的罪行且自愿认罪认罚，依法应当从轻、从宽处罚，应以诈骗罪、偷越国（边）境罪数罪并罚，建议判处有期徒刑二年，并处罚金。

27. 被告人蒋某在共同犯罪中系从犯，经传唤归案，能如实供述，具有自首情节且自愿认罪认罚，依法应当减轻处罚。被告人蒋某积极退缴违法所得，可以酌情从轻处罚。被告人姜某系累犯，依法应当从重处罚，应以诈骗罪、偷越国（边）境罪数罪并罚，建议判处有期徒刑三年六个月，并处罚金。

28. 被告人刘某芹在共同犯罪中系从犯，犯罪时系未成年人，有自动投案的自首情节且自愿认罪认罚，依法应当减轻处罚。被告人刘某芹退缴部分违法所得，可以酌情从轻处罚，应以诈骗罪、偷越国（边）境罪数罪并罚，建议判处有期徒刑一年六个月，并处罚金。

29. 被告人王某平在共同犯罪中系从犯，归案后如实供述自己的罪行，退缴违法所得，自愿认罪认罚，具有法定从轻处罚情节，以诈骗罪建议判处有期徒刑三年，并处罚金，可以适用缓刑。

30. 被告人冶某郝在共同犯罪中系从犯，有自首情节且自愿认罪认罚，依法可以从轻、从宽处罚。被告人冶某郝积极退缴违法所得，可以酌定从轻处罚。被告人冶某郝系累犯，依法应当从重处罚，应以诈骗罪、偷越国（边）境罪数罪并罚，建议判处有期徒刑三年六个月，并处罚金。

31. 被告人撒某星在共同犯罪中系从犯，有自首情节且自愿认罪认罚，依法可以从轻、从宽处罚。被告人撒某星积极退缴违法所得，可以酌定从轻处罚。应以诈骗罪、偷越国（边）境罪数罪并罚，建议判处有期徒刑一年六个月，并处罚金。

32. 被告人马某在共同犯罪中系从犯，经传唤归案，归案后如实供述自己的罪行，认定自首情节，且其自愿认罪认罚，依法可以从轻、从宽处罚。被告人马某积极退缴违法所得，可以酌定从轻处罚，应以诈骗罪、偷越国（边）境罪数罪并罚，建议判处有期徒刑一年六个月，并处罚金。

33. 被告人杨某荣在共同犯罪中系从犯，经传唤归案并如实供述自己的罪行，认定自首情节，且其自愿认罪认罚，依法可以从轻、从宽处罚。被告人杨某荣积极退缴违法所得，可以酌定从轻处罚，故应以诈骗罪、偷越国（边）境罪数罪并罚，建议判处有期徒刑一年六个月，并处罚金。

34. 被告人刘某登在共同犯罪中系从犯，经传唤归案并如实供述自己的罪行，认定自首情节，自愿认罪认罚，依法可以从轻、从宽处罚。被告人刘某登积极退缴违法所得，可以酌定从轻处罚。被告人刘某登明知是电信诈骗还招募姬某明参与，酌情从重处罚，应以诈骗罪、偷越国（边）境罪数罪并罚，建议判处有期徒刑一年六个月，并处罚金。

35. 被告人姬某明在共同犯罪中系从犯，犯罪时系未成年人，有自首情节，自愿认罪认罚，依法可以从轻、从宽处罚。被告人姬某明积极退缴违法所得，可以酌定从轻处罚。故以诈骗罪建议判处有期徒刑六个月，并处罚金。

36. 被告人刘某峰在共同犯罪中系从犯，有自首情节，自愿认罪认罚，依法可以从轻、从宽处罚。被告人刘某峰积极退缴违法所得，可以酌定从轻处罚。应以诈骗罪、偷越国（边）境罪数罪并罚，建议判处有期徒刑一年，并处罚金。

37. 被告人叶某华在共同犯罪中系从犯，归案能如实供述自己的罪行，自愿认罪认罚，依法可以从轻、从宽处罚。被告人叶某华积极退缴违法所得，可以酌定从轻处罚。被告人叶某华系累犯，依法应当从重处罚，以诈骗罪建议判处有期徒刑三年，并处罚金。

38. 被告人陈某鹏在共同犯罪中系从犯，经传唤归案并如实供述自己的罪行，认定自首情节，且其自愿认罪认罚，依法可以从轻、从宽处罚。被告人陈某鹏积极退缴违法所得，可以酌定从轻处罚。以诈骗罪建议判处有期徒刑二年，并处罚金，可以适用缓刑。

39. 被告人苏某文在共同犯罪中系从犯，犯罪时系未成年人，经传唤归案并如实供述自己的罪行，认定自首情节，且其自愿认罪认罚，依法可以从轻处罚。被告人苏某文积极退缴违法所得，可以酌定从轻处罚，建议判处有期徒刑一年六个月，并处罚金，可以适用缓刑。

40.41. 被告人罗某林、黄某花在共同犯罪中系从犯，经传唤归案并如实供述自己的罪行，认定自首情节，自愿认罪认罚，依法可以从轻处罚。被告人罗某林、黄某花积极退缴犯罪所得，可以酌定从轻处罚。应以诈骗罪、偷越国（边）境罪数罪并罚，建议判处有期徒刑二年，并处罚金，可以适用缓刑。

42. 被告人熊某辉在共同犯罪中系从犯，有自首情节，自愿认罪认罚，依法可以从轻、从宽处罚。被告人熊某辉积极退缴违法所得，可以酌定从轻处罚，以诈骗罪建议判处有期徒刑一年六个月，并处罚金，可以适用缓刑。

43. 被告人杨某宇在共同犯罪中系从犯，有自首情节，自愿认罪认罚，依法可以从轻、从宽处罚。被告人杨某宇积极退缴违法所得，可以酌定从轻处罚。应以诈骗罪、偷越国（边）境罪数罪并罚，建议判处有期徒刑十个月，并处罚金。

44. 被告人叶某铭在共同犯罪中系从犯，归案后如实供述自己的罪行，自愿认罪认罚，依法可以从轻、从宽处罚。被告人叶某铭积极退缴违法所得，可以酌定从轻处罚。以诈骗罪建议判处有期徒刑三年，并处罚金，可以适用缓刑。

45. 被告人梁某鹏在共同犯罪中系从犯，有自首情节，自愿认罪认罚，依法可以从轻、从宽处罚。被告人梁某鹏积极退缴违法所得，可以酌定从轻处罚。以诈骗罪建议判处有期徒刑二年，并处罚金，可以适用缓刑。

46.47.48. 被告人马某龙、张某科、杨某贵在共同犯罪中系从犯，经传唤归案并如实供述自己的罪行，认定自首情节，自愿认罪认罚，依法可以从轻、从宽处罚。被告人马某龙、张某科、杨某贵积极退缴违法所得，可以酌定从轻处罚。应以诈骗罪、偷越国（边）境罪数罪并罚，建议判处有期徒刑一年六个月，并处罚金，可以适用缓刑。

49. 被告人屈某佳在共同犯罪中系从犯，有自首情节，自愿认罪认罚，依法可以从轻、从宽处罚。被告人屈某佳积极退缴违法所得，可以酌定从轻处罚，以诈骗罪建议判处有期徒刑二年，并处罚金，可以适用缓刑。

50. 被告人钟某东在共同犯罪中系从犯，经传唤归案并如实供述自己的罪行，认定自首情节，自愿认罪认罚，依法可以从轻、从宽处罚。被告人钟某东积极退缴违法所得，可以酌定从轻处罚。应以诈骗罪、偷越国（边）境罪数罪并罚，建议判处有期徒刑一年六个月，并处罚金，可以适用缓刑。

51. 被告人郭某雄在共同犯罪中系从犯，经传唤归案并如实供述自己的罪行，认定自首情节，自愿认罪认罚，依法可以从轻、从宽处罚。被告人郭某雄积极退缴违法所得，可以酌定从轻处罚。应以诈骗罪、偷越国（边）境罪数罪并罚，建议判处有期徒刑三年，并处罚金，可以适用缓刑。

52. 被告人龙某在共同犯罪中系从犯，有自首情节，自愿认罪认罚，依法可以从轻、从宽处罚。被告人龙某积极退缴违法所得，可以酌定从轻处罚。应以诈骗罪建议判处有期徒刑一年六个月，并处罚金，可以适用缓刑。

53. 被告人冯某明在共同犯罪中系从犯，有主动投案的自首情节，自愿认罪认罚，依法可以从轻、从宽处罚，应以诈骗罪、偷越国（边）境罪数罪并罚，建议判处有期徒刑三年，并处罚金。

54. 被告人郭某明在共同犯罪中系从犯，归案后能够如实供述自己的罪行，自愿认罪认罚，依法可以从轻、从宽处罚。被告人郭某明积极退缴违法所得，可以酌定从轻处罚，以诈骗罪建议判处有期徒刑三年，并处罚金，可以适用缓刑。

55. 被告人吕某栋在共同犯罪中系从犯，经传唤归案并如实供述自己的罪行，认定自首情节，自愿认罪认罚，依法可以从轻、从宽处罚。被告人吕某栋积极退缴违法所得，应以诈骗罪、偷越国（边）境罪数罪并罚，建议判处二年六个月有期徒刑，并处罚金，可以适用缓刑。

56. 被告人熊某在共同犯罪中系主犯，有自动投案的自首情节，依法可以减轻处罚。应以诈骗罪、偷越国（边）境罪数罪并罚，建议在九年以上十年以下判处有期徒刑，并处罚金。

六、方某、曾某丁、彭某、叶某真认定诈骗罪共犯的理由及量刑意见

对于方某、曾某丁、彭某、叶某真等提供帮助的被告人，能否以诈骗罪的共犯认定，关键要从在案证据所能体现出的其明知程度、共谋深度、非法所得的来源等方面综合加以认定。一种情形是存在共谋，彭某就是典型的心知肚明并且与曾某等被告人达成默契一致，形成较长时间、

稳定的"销售"配合模式；被告人方某对曾某在缅甸"干不正经的事"是明知的，方某的取款行为与曾某的诈骗实行行为呈现交替重叠、循环往复的状态，应当认定为"事先通谋"；叶某真与曾某的聊天记录中有"我给你一个前台你去套路人家"的共谋。另一种情形是虽无共谋但是系明知他人实施犯罪的内容，对于帮助者明知的内容和程度，一般只要有证据能够印证其认识到对方可能实施诈骗犯罪行为即可，并不要求其认识到对方实施犯罪的具体情况。在案证据表明，曾某丁与曾某的聊天记录中甚至出现"江西反诈中心"这样的直接的涉诈词汇，综合考虑其认知能力、既往经历、行为次数和手段以及其与曾某的关系、获利情况、是否故意规避调查等，应当认定为诈骗罪的共犯。

综合被告人方某的认罪态度及犯罪事实、犯罪情节，建议对其以诈骗罪在十年以上十一年以下判处有期徒刑，并处罚金。

被告人曾某丁归案后不能如实供述自己的罪行，不能认定为坦白。被告人曾某丁案发后积极退缴赃款，可以酌定从轻处罚，建议对其以诈骗罪在五年以上七年以下判处有期徒刑，并处罚金。

被告人彭某归案后能够如实供述自己的罪行，自愿认罪认罚，依法可以从轻、从宽处罚。被告人彭某案发后积极退缴赃款，可以酌情从轻处罚。建议对其以诈骗罪判处四年有期徒刑，并处罚金。

被告人叶某真如实供述自己的罪行，依法可以从轻处罚。被告人叶某真案发后积极退缴犯罪所得，建议对其以诈骗罪判处三年以上四年以下有期徒刑，并处罚金。

七、唐某波、屠某远、王某锋、陈某成、张某雯等人帮助信息网络犯罪活动罪的认定及量刑意见

帮助信息网络犯罪活动罪是将网络犯罪的帮助行为入罪，以帮助行为正犯化的理念进行规制，即本罪的成立仅限于片面帮助犯的范围。对帮助信息网络犯罪活动罪主观明知的认定，应当结合一般人的认知水平和行为人的认知能力、相关行为是否违反法律的禁止性规定、行为人是否履行管理职责、是否逃避监管或者规避调查、是否因同类行为受过处罚，以及行为人的供述和辩解等情况进行综合判断。对于明知的程度把握问题，明知应当包括应知，即推定的明知，没有证据能够直接证明，

但是根据一定的证据可以推定行为人具有某种故意，行为人如果否认自己具有此种故意，就必须提出反证。

根据司法实践的情况，"两高"《关于办理非法利用信息网络、帮助信息网络犯罪活动等刑事案件适用法律若干问题的解释》第十一条总结了为他人实施犯罪提供技术支持或者帮助的主观明知的推定情形，其中与本案相关的是该条第（4）项的规定，既提供专门用于违法犯罪的程序、工具或者其他技术支持、帮助的。本案中，被告人唐某波、屠某远租用服务器，非法架设、运维"易游科技""柒云"赌博网站，其表面上看似是用于玩极速飞车、重庆时时彩等游戏、博彩平台，但内核是根据诈骗分子的需求，每个房间都可以更改名称、游戏界面等；在交易环节，可以被诈骗集团随时修改后台数据，以达到诈骗目的的诈骗软件。这些软件已经成为投资理财、杀猪盘等电信网络诈骗中不可或缺的链接，成为电信网络诈骗的重要帮凶。被告人陈某成、王某锋明知是用于诈骗犯罪的小程序进行层层倒卖。这些程序、工具并非社会正常活动所需，而系为违法犯罪活动提供帮助的专门服务，故相关从业人员对其服务对象系可能涉嫌犯罪主观上实际是明知的，故将此种情形推定为主观明知。此外，被告人唐某波、屠某远、王某锋等人与他人结算费用时不使用自己实名注册的支付宝、微信账户，而是使用购买的他人支付宝用于费用结算，也是出于规避调查和逃避监管的目的，也能推定其主观明知。

被告人唐某波案发后能够如实供述自己的罪行，自愿认罪认罚，从其运行的易游科技软件中提取相关电子数据，对案件侦办起到重要作用，有立功情节，依法应当从轻处罚，建议对其以帮助信息网络犯罪活动罪判处有期徒刑一年六个月，并处罚金。

被告人屠某远系在校学生，认罪认罚，依法可以从宽处理。被告人屠某远积极退缴违法所得，可以酌定从轻处罚，建议对其以帮助信息网络犯罪活动罪判处有期徒刑二年，并处罚金，可以适用缓刑。

被告人王某锋、陈某成能够如实供述犯罪行为，认定坦白情节，能够自愿认罪认罚，依法可以从轻处罚，建议对其以帮助信息网络犯罪活动罪判处一年十个月有期徒刑，并处罚金。

"两高"《关于办理非法利用信息网络、帮助信息网络犯罪活动等刑事案件适用法律若干问题的解释》第十二条第（二）项规定，明知他人利用信息网络实施犯罪，为其犯罪提供帮助，支付结算金额二十万元以上的，应当认定为刑法第二百八十七条之二第一款规定的"情节严重"；"两高一部"《关于办理电信网络诈骗等刑事案件适用法律若干问题的意见（二）》第九条第（一）项规定，明知他人利用信息网络实施犯罪，收购、出售、出租信用卡、银行账户、非银行支付账户、具有支付结算功能的互联网账号密码、网络支付接口、网上银行数字证书5张（个）以上的，可以认定为最高人民法院、最高人民检察院《关于办理非法利用信息网络、帮助信息网络犯罪活动等刑事案件适用法律若干问题的解释》第十二条第一款第（七）项规定的"其他情节严重的情形"。

从客观行为上，被告人张某雯实施了一系列行为，首先是为他人解封被冻结的微信账户，这种程序并非正常社会活动所需，而系为违法犯罪活动提供帮助的专门服务，且每做成一单都可以获得110元至150元的高额报酬，属于明显异常的交易方式。后又帮助蔡老板在其学校收购了7张电话卡，并通过快递形式邮寄到了云南边境某虚假姓名的地址，获得2000元高额报酬；后又帮助蔡老板介绍的微信昵称"情绪"的人提供银行账户，支付结算金额达到64万余元，出租了七个支付宝账号；基于一般人所应遵守的注意义务范围，被告人张某雯作为一名在校大学生，结合其连续的行为样态分析，其与王某龙、蔡老板、"情绪"均系网络交往关系，不具有信赖他人合理利用银行账户的基础，且银行账户、支付宝账户等受到特殊法律规范调整，其应知道自己的行为处于法律特别规制的领域，但无视规则实施了不合乎法则的作为，进而与犯罪行为相结合发生了本罪构成要件的结果。被告人张某雯法治观念淡薄，在利益的诱惑面前，收卡、卖卡，成为潜伏在校园中的"卡商"，沦为电信网络诈骗犯罪活动的"工具人"，依法应当被追究刑事责任，建议对其以帮助信息网络犯罪活动罪判处二年有期徒刑，并处罚金，可以适用缓刑。

八、被告人方某甲、郭某根掩饰、隐瞒犯罪所得罪的认定及量刑意见

被告人郭某根去过缅甸，参观过曾某的"财神国际"公司，明知该公司从事电信诈骗，明知曾某的钱来路不正，多次向曾某借款7万元、帮助曾某转交 2 万元给康某母亲用于安抚平息,案发后拒不退缴赃款。

认定被告人方某甲的主观明知,主要依据如下:其一是被告人方某两次作出对方某甲不利的有罪供述,称其将 45 万元交给方某甲保管,可以用于买房或投资;其二方某甲在曾某案发后,在方某被抓后翻动处理方某藏匿在家中的 182 万元现金的行为,足以认定其对曾某从事违法犯罪、方某交给其的钱来源不明的主观明知。

根据最高人民法院《关于审理掩饰、隐瞒犯罪所得、犯罪所得收益刑事案件适用法律若干问题的解释》第一条、第十条的规定,方某、郭某根的行为属于明知是犯罪所得而持有、使用的行为,构成掩饰、隐瞒犯罪所得罪。

被告人方某拒不认罪,依法不能认定为坦白,建议对其以掩饰、隐瞒犯罪所得罪在三年以上五年以下判处有期徒刑,并处罚金。被告人郭某根在法庭审理阶段自愿认罪认罚,依法可以从宽处理,能够退缴赃款,可以酌定从轻处罚,建议对其以掩饰、隐瞒犯罪所得罪判处有期徒刑一年,并处罚金,可以适用缓刑。

九、被告人苏某铮构成引诱、教唆他人吸毒罪的认定

被告人苏某铮为拉拢人心,诱使雄鹰队组员继续跟着其做诈骗,向他人宣扬吸毒后的体验,示范吸毒方法,通过劝说、怂恿,对他人进行鼓动,使他人产生吸毒的意图并进而吸食毒品氯胺酮,其行为构成引诱、教唆他人吸毒罪。根据最高人民法院《关于审理毒品犯罪案件适用法律若干问题的解释》第十一条的规定,引诱、教唆、欺骗多人或多次引诱、教唆、欺骗他人吸食毒品的,应当认定为刑法第三百五十三条第一款规定的情节严重,应当在三年以上七年以下判处有期徒刑,并处罚金。

十、涉案财物处置意见

对于侦查机关查扣的涉案账户内资金、从方某、曾某丁、彭某等人处查扣的资金、各被告人退缴违法犯罪所得等财物,依法应当优先返还被害人,不足以全额返还的,应当按照比例返还。对于被告人曾某除应当没收其个人全部财产外,对其在南昌市的公寓、新余市的房产一套,应当依法拍卖后返还被害人。

十一、电信诈骗案件的警示教育意义

2021年4月，习近平总书记对打击治理电信网络诈骗犯罪工作作出重要指示，指出近年来，各地区各部门贯彻党中央决策部署，持续开展电信网络诈骗犯罪打击治理，取得了初步成效。要坚持以人民为中心，统筹发展和安全，强化系统观念、法治思维，注重源头治理、综合治理，坚持齐抓共管、群防群治，全面落实打防管控各项措施和金融、通信、互联网等行业监管主体责任，加强法律制度建设，加强社会宣传教育防范，推进国际执法合作，坚决遏制此类犯罪多发高发态势，为建设更高水平的平安中国、法治中国作出新的更大的贡献。习近平总书记的重要指示为做好当前和今后一个时期的打击治理电信网络诈骗犯罪工作指明了方向，提供了根本遵循。电信网络诈骗犯罪分子利用新型电信网络技术手段，钻管理上的漏洞，利用非法获取个人信息、网络黑灰产交易等实施精准诈骗，组织化、链条化运作，跨境跨地域实施，已经成为当前发案最高、损失最大、群众反映最强烈的突出犯罪，多发高发态势难以有效遏制。2021年10月19日，反电信网络诈骗法草案提请十三届全国人大常委会第三十一次会议审议，彰显了党和国家坚持以人民为中心，坚决捍卫民生福祉的坚定意志和决心。

本案中，通过公诉人的举证，证实了一场场疑似发生过的爱情背后，实则是空手套白狼，骗人钱财的阴谋。证据是聊天记录上嘘寒问暖的甜言蜜语，是早就精心设计好的陷阱。骗子多深谙心理学，锁定的目标是事业稳定、手头多金、感情空虚、三十岁左右的女性，利用人性中缺爱、好赌、贪利的弱点，化身高富帅，以小额返利为诱饵，一步步将被害人引向欲望的深渊。证据是一个个被害人无声的控诉，对她们而言，金钱和爱人一起离去了，很多人背负上了巨额债务，心灵受到创伤，正常的生活从此脱轨。很多"猪仔"们甚至需要花很长时间才能明白自己到底经历了什么，以后还能不能相信爱情。证据是金额巨大的账户流水，本案中仅涉案一级卡账户的资金流水多达两亿余元，其中能够认定为被曾某的犯罪集团掌控的金额为2000万余元，个人命运被淹没在庞大的数据中，而对于每一个被害人来说，这都是一场隐秘的难于启齿的灾难。证据是"易信""蝙蝠"电子数据中客服通报"恭喜某某队某某客户充值多少万"，其他人一呼百应的"6666"式的弹冠相庆，正是这样的激励和洗脑，犯罪集团的成员们在犯罪得逞后的成就感爆棚，更加积极主动地分享诈骗心得，更加激情澎湃的投入战斗。

有句话说："你很难逃开为你而设的骗局"。事实真相真是如此吗？确实，即使是在全民反诈战斗的汪洋大海中，无论骗局如何粗糙，都有人深陷其中。在我们旁观者的认知中，及时止损是在遭受骗局后的一种策略，但事实上，在"杀猪盘"的骗局中，止损异常奢侈，被揭开的骗局设计，有着不同的榨干方式，小额返利、充值送彩金、隔夜金、刷流水、提现需交纳保证金等都是循循善诱的借口，怂恿猪仔们在各种网贷平台借款、刷信用卡、甚至于卖房卖车。骗局之外还有骗局，本案就有被害人在报案后几个月，又被对方以老平台转换新平台为由骗取十万余元。

电信诈骗犯罪活动猖獗，严重败坏了社会诚信，严重危害人民群众财产安全。如何预防呢？于我们司法机关，要认真落实习近平法治思想，按照总书记批示要求，坚持惩防并举、预防为先，加大以案释法力度，着力提升全社会防范电信网络诈骗的意识和能力，落实好"谁执法、谁普法"的普法责任制，定期发布电信网络诈骗犯罪典型案例以及各地结合所办理典型案件制作的反诈宣传作品，揭示此类犯罪的新手段新特点，针对重点群体和高发领域，有针对性地提出防范建议，持续掀起反电信网络诈骗的社会宣传声势，构建"全民反诈"社会氛围。对于银行、电信部门等职能机构，要严格落实银行卡、电话卡、物流卡等的实名制办理规定，加大力度清理一人多卡的情况，加大通信基站的管控力度，切断"黑灰产业"犯罪链条，彻底铲除电信网络诈骗赖以滋生的土壤。于我们普通老百姓，最重要的就是切莫贪图小便宜，牢记天上不会掉馅饼的道理，下载并安装国家反诈App，擦亮双眼，甄别骗局，捂好自己的钱袋子。我们相信，通过广大群众、法律工作者、各级司法机关、职能部门与舆论宣传媒体等的共同努力，公众对电信诈骗的防范意识和对法治的信仰将会不断提高，天下无诈不会是一个遥远的理想。

审判长，公诉人第一轮公诉意见发表完毕。

20××年×月×日当庭发表

【承办检察官心得体会】

"3.28"特大跨境电信网络诈骗案犯罪窝点隐藏在缅甸北部,无法通过国际警务合作机制收集境外的证据材料;犯罪嫌疑人利用电信网络进行非接触式诈骗,突破传统诈骗的时空和地域限制,被害人遍布全国各地;该犯罪集团组织结构严密,互相用代号相称,工作手机与生活手机分离,对电子证据取证进行了物理阻断,反侦查意识极强;犯罪分子针对30岁左右的女性精心设计骗术,诈骗手法隐蔽,具有很强的迷惑性、欺骗性,被害人损失大,最高单笔被骗达200余万元;该案涉及电信网络诈骗业已形成的成熟黑灰色产业链条的所有上下游犯罪,从贩卖诈骗使用的微信、QQ等社交软件账户、支付宝账户,到批量贩卖他人身份证、银行卡、电话卡等,从提供微信账号解封、诈骗使用的赌博平台、外汇买卖平台等技术支持,到专业化负责偷渡的"蛇头"对诈骗团伙成员提供国境出入服务,再到诈骗得手后专业化洗钱团伙对赃款进行瞬间"跑分"转移等,上述种种情形造成该案取证异常困难。因此,在提前介入阶段,在详细了解该案初期侦查取证的情况下,承办检察官肩负使命、克服自身困难,引导侦查人员全面梳理案件面临的疑点和难点,疏通侦查瓶颈,逐步理出了这个跨国电信网络诈骗集团的组织框架、犯罪手段和基本犯罪事实,明确了侦查方向和取证要点。根据刑法及"两高一部"相关司法解释,向公安机关提出120条侦查取证意见,为公安机关在法定期限内及时提请逮捕第一批犯罪嫌疑人打下坚实基础,也为后续审查起诉工作奠定了基础。

该案的成功办理不仅仅依靠的是装订成卷的290余册卷宗,更多依赖的是电子数据。上亿条的聊天记录、银行流水、民航出入境记录对各犯罪嫌疑人加入犯罪集团的时间、诈骗手段和方式、犯罪集团内部框架、洗钱模式等都进行了极为客观的反映,对于承办人更快的梳理案情、厘清证据提供了重要的价值。检察人员审查的电子数据达到2个T,从这些海量的电子数据中抽丝剥茧,最终把握了案件的全貌。同时,对于检察官撰写起诉书、公诉意见书都起到了极大的推动作用。

【专家点评】

公诉意见书是在起诉书的基础上，在法庭辩论阶段进一步全面地揭露和证实被告人犯罪行为，分析犯罪行为的性质、后果和对社会的危害，阐明为什么追究被告人的刑事责任的法律文书，具有补充起诉书的指控、总结归纳法庭调查内容、启动法庭辩论程序、引领社会价值观等功能。

本案是一起跨越国境的电信诈骗案，被告人 67 人，被害人 196 人，涉案金额特别巨大，案件事实纷繁复杂。而且，电信诈骗案件是当前社会关注的热点问题，对于民众的生活具有广泛影响，具有较高的舆论关注度，这对于公诉意见书的撰写提出了很高的要求。本案公诉意见书不仅全面揭露了被告人的犯罪事实，而且是一篇良好的法律宣传，具有很强的警示教育作用。具体来说本篇公诉意见书具有以下特点：

（一）立场鲜明，案件事实清楚、证据确实充分

本篇公诉意见书首先秉持客观公正立场，对于法庭调查情况进行了高度归纳，指出公诉人在举证阶段所出示的证据经法庭质证，内容客观真实，收集程序合法，与案件具有关联性，能够充分证明检察机关指控各被告人的犯罪事实清楚，证据确实充分，足以认定。

（二）重点突出，繁简得当

本篇公诉意见书虽然将近两万字，但是结构完善，条理清晰，重点突出，繁简得当，说理深入。公诉人在开篇明确自己的观点以后，针对 67 名被告人的刑事责任分三个部分进行分析。首先对于案件中的疑难问题和诈骗集团成员的刑事责任予以重点分析。电信诈骗案件被告人和被害人众多，犯罪事实极为复杂。本案中，诈骗犯罪集团的认定、被害人的数量、各被告人犯罪金额以及各自的刑事责任是重点和疑难问题，公诉人对此进行了详细分析。特别是关于诈骗犯罪集团的认定中，公诉人依据刑法及相关司法解释中对于犯罪集团的界定，对照案件事实进行分析，明确涉案的"财神国际公司"依法应当认定为犯罪集团；再如，针对本案的被害人数量较大的情况，公诉人明确了认定被害人的两个标准等。其次对于被告人所涉相关犯罪的认定分别进行分析。电信诈骗案件中，行为人可能还涉及相关犯罪，公诉人分别对其简要分析，如方某等 4

人是否应认定为诈骗罪共犯,唐某波等5人是否构成帮助信息网络犯罪活动罪,方某等2人还构成掩饰、隐瞒犯罪所得罪等。最后对于被告人所涉嫌的偷越国边境的犯罪行为的认定。本案几乎所有被告人都涉及偷越国边境的问题,公诉人对此专门进行分析,强调应当数罪并罚。通过以上三个层次分析,展现了案件全貌,厘清了所有被告人的刑事责任。

(三)充分贯彻宽严相济刑事政策,对从宽的理由进行充分说理

本案众多被告人在犯罪集团中具有不同的地位和作用,公诉人综合考虑各被告人的任职时间、在公司中的地位、诈骗业绩、获利情况、退赃情况、认罪态度、悔罪表现等,综合判定其刑事责任。电信诈骗被害人众多,民众对于被告人深恶痛绝,所以对于部分情节较轻的被告人的从宽处罚一定要说理充分,才能得到社会的充分理解。本案中,针对犯罪集团部分组员在加入该集团前并不知道要从事电信诈骗,在进入集团后人身又被控制的情况,公诉人阐明他们本身同时也是受害者的状况,进而对其从宽处罚。又如,关于各被告人诈骗金额的认定,由于诈骗集团成员是参与流水线诈骗作业,所以公诉人提出对各成员就其参与期间诈骗集团全部的犯罪金额进行认定,在具体认定中采取对于被告人有利的认定方式。

(四)依法进行法治宣传和教育,用语兼顾严谨与生动

公诉意见书在指控犯罪、促使被告人认罪悔罪的同时,还要发挥对公众的宣传教育作用。本篇公诉意见书从习近平总书记对打击治理电信网络诈骗犯罪工作的重要指示入手,结合案情进行了一场预防电信诈骗犯罪的法治宣传和教育的宣讲,提示公众以此为戒,提升防范意识。在宣传用语上生动形象,如提醒民众切莫贪图小便宜,牢记天上不会掉馅饼的道理,下载并安装国家反诈App,擦亮双眼,捂好自己的钱袋子,让民众听懂听清,入情入理,使人印象深刻,深受教育。

(点评人:张磊,北京师范大学法学院教授、博士生导师)

24. 仇某明侵害英雄烈士名誉、荣誉案公诉意见书

【简要案情】

被告人仇某明，男，1982年出生，南京某投资管理有限公司法定代表人。

2020年6月，印度军队公然违背与我方达成的共识，悍然越线挑衅。在与之交涉和激烈斗争中，团长祁某宝身先士卒，身负重伤；营长陈某军、战士陈某榕突入重围营救，奋力反击，英勇牺牲；战士肖某远突围后义无反顾返回营救战友，战斗至生命最后一刻；战士王某冉在渡河支援途中，拼力救助被冲散的战友脱险，自己却淹没在冰河中。边防官兵誓死捍卫祖国领土，彰显了新时代卫国戍边官兵的昂扬风貌。同年6月，陈某军、陈某榕、肖某远、王某冉被评定为烈士；2021年2月，中央军委追授陈某军"卫国戍边英雄"荣誉称号，追记陈某榕、肖某远、王某冉一等功，授予祁某宝"卫国戍边英雄团长"荣誉称号。

2021年2月19日上午，仇某明在卫国戍边官兵英雄事迹宣传报道后，为博取眼球，获得更多关注，在住处使用其新浪微博账号"辣笔小球"（粉丝数250余万），先后发布2条微博，歪曲卫国戍边官兵祁某宝、陈某军、陈某榕、肖某远、王某冉等人的英雄事迹，诋毁、贬损卫国戍边官兵的英雄精神。

上述微博在网络上迅速扩散，引起公众强烈愤慨，造成恶劣社会影响。截至当日15时30分，仇某明删除微博时，上述2条微博共计被阅读202569次、转发122次、评论280次。

【诉讼过程】

2021年2月20日,江苏省南京市公安局建邺分局对仇某明以涉嫌寻衅滋事罪立案侦查并刑事拘留。2021年3月1日,南京市建邺区人民检察院以涉嫌侵害英雄烈士名誉、荣誉罪批准逮捕仇某明,并于同年4月26日提起公诉和附带民事公益诉讼。2021年5月31日,南京市建邺区人民法院以侵害英雄烈士名誉、荣誉罪判处被告人仇某明有期徒刑八个月,并责令仇某明自判决生效之日起十日内通过国内主要门户网站及全国性媒体公开赔礼道歉,消除影响。判决宣告后,仇某明未提出上诉,判决已生效。2021年6月25日,仇某明在《法治日报》及法制网发布道歉声明。

【文书全文】

南京市建邺区人民检察院
公诉意见书

审判长、审判员(人民陪审员):

根据《刑事诉讼法》第一百八十九条、第一百九十八条和第二百零九条等规定,我们受南京市建邺区人民检察院的指派,代表本院,以国家公诉人的身份,出席法庭支持公诉。现就本案发表如下意见。

一、本案事实清楚、证据确实充分

首先,被告人仇某明使用"辣笔小球"的新浪微博账号,发布侵害英雄烈士名誉、荣誉的内容,由刚才出示的第一、第二组的证据予以证明,包括电子数据、被告人仇某明的供述和辩解等相互印证,该事实足以认定。

其次,被告人仇某明在国家弘扬英雄烈士精神和事迹这一特定的时间节点,通过网络实施上述行为,在网络上迅速扩散、蔓延,给网络传播真实、正能量信息的有序状态造成严重损害,造成网络公共秩序严重混乱。刚才公诉人出示的第二、三组的证据，包括电子数据、大量的证人证言等足以证明。

最后，被告人发布的涉案微博，歪曲事实，诋毁贬损英雄烈士的行为，侵害英雄烈士的名誉荣誉，损害社会公共利益，情节严重的事实，刚才公诉人出示的第二、三组证据，包括电子数据、证人证言等足以证明。

二、应当以侵害英雄烈士名誉、荣誉罪追究仇某明刑事责任

（一）仇某明的行为符合刑法第二百九十三条寻衅滋事罪的规定

仇某明的行为发生在2021年2月19日，按照行为时的刑法，其行为符合寻衅滋事罪的规定。仇某明发布的微博，歪曲事实，诋毁贬损英雄烈士的名誉荣誉，煽动群众对国家、军队的不信任，伤害民族感情，触及国家核心利益，超越了言论自由的底线。仇某明在其拥有250余万粉丝的微博上，公然侮辱、诋毁英雄烈士，在网络上迅速扩散、蔓延。微博属于开放性的自媒体平台，是具有"公共属性"的网络空间，在这样的公共网络空间里，编造虚假信息、发表不当言论，给网络传播真实、正能量信息的有序状态造成严重损害，情节恶劣。网络空间不是法外之地，现代社会已经形成了线上与线下的二元结构，网络秩序是社会公共秩序不可分割的一部分。根据"两高"《关于办理利用信息网络实施诽谤等刑事案件适用法律若干问题的解释》第五条的规定，利用信息网络辱骂、恐吓他人，情节恶劣，破坏社会秩序的；编造虚假信息，在信息网络上散布，起哄闹事，造成公共秩序严重混乱的，以寻衅滋事罪定罪处罚。仇某明利用信息网络辱骂英雄烈士，情节恶劣，破坏社会秩序；编造虚假信息，造成公共秩序严重混乱，其行为符合刑法第二百九十三条第（二）、（四）项的规定。

（二）仇某明的行为符合刑法第二百九十九条之一侵害英雄烈士名誉、荣誉罪的规定

首先，从本罪的保护客体看。本罪保护的客体是英雄烈士的名誉和荣誉。英雄烈士的名誉和荣誉具有双重属性，一方面具有个人法益的属性；另一方面由于英雄烈士的名誉和荣誉是事迹和精神的象征，是整个国家和民族宝贵的精神财富，也是社会主义核心价值观的重要内

容,具有公共法益的属性。侵害英雄烈士的名誉和荣誉必然侵害社会公共利益。因此,该罪名本质上不同于刑法第二百四十六条的侮辱、诽谤罪,这也是侵害英雄烈士名誉、荣誉罪归入刑法第六章第一节"扰乱公共秩序罪"的重要原因。被告人仇某明在国家公开发布戍边官兵被授予英雄等荣誉称号及事迹后不久,就在网络上发文歪曲英雄烈士的战斗行为、诋毁英雄烈士的战斗精神、贬损英雄烈士的牺牲价值,通过网络迅速扩散,引发恶劣社会影响,其行为不仅侵害了英雄烈士个人的名誉和荣誉,更重要的是侵害贬损这个战斗群体的战斗行为和牺牲价值,触及国家核心利益和价值观的底线,损害社会公共利益,侵害了本罪的双重客体。

其次,从客观行为上看。刑法第二百九十九条之一的侵害英雄烈士名誉、荣誉罪的客观行为方式为"侮辱、诽谤或者以其他方式"。这里的"侮辱"是指以暴力、语言、文字等方式对英雄烈士的名誉、荣誉进行贬低、损害,予以轻蔑的价值判断;"诽谤"是指散布捏造的事实,诋毁、贬损英雄烈士的名誉、荣誉;"其他方式"是除侮辱、诽谤之外的行为方式。英雄烈士及其名誉、荣誉不是空泛的概念,而是民族精神和价值的载体。本案中,仇某明通过在微博上发表文字公然对戍边英雄官兵这一特殊群体的战斗行为和牺牲精神价值进行贬损和轻蔑的价值判断,符合侵害英雄烈士名誉、荣誉罪的行为特征。

最后,从情节上看。被告人仇某明利用信息网络实施本罪,而网络具有易扩散性和不可控性,加剧了侵害英雄烈士名誉、荣誉的程度,造成了恶劣社会影响;被告人仇某明在国家弘扬英雄官兵事迹这一特定的时间节点,实施上述行为,涉及军事、外交等国家重大利益;仇某明的行为触及价值观的底线,容易对群众尤其是年轻人的价值取向造成恶劣影响和冲击。因此,仇某明的行为符合本罪情节严重的要求。

(三)按照从旧兼从轻的原则应当以侵害英雄烈士名誉、荣誉罪追究其刑事责任

在《刑法修正案(十一)》实施前,类似的网络上侮辱、诋毁英雄烈士的案件,多以寻衅滋事罪定罪处罚,按照"两高"《关于办理利用信息网络实施诽谤等刑事案件适用法律若干问题的解释》,仇某明的行为是

符合寻衅滋事罪的犯罪构成。《刑法修正案（十一）》将侮辱、诽谤等侵害英雄烈士名誉、荣誉的行为独立规定为侵害英雄烈士名誉、荣誉罪，实现对英雄烈士的特殊保护。由于侵害英雄烈士名誉、荣誉罪的法定最高刑为有期徒刑三年，而寻衅滋事罪的法定最高刑为有期徒刑五年，根据刑法第十二条的规定，依照从旧兼从轻的原则，仇某明的行为应当以侵害英雄烈士名誉、荣誉罪追究其刑事责任。

三、量刑情节及量刑建议

侵害英雄烈士名誉、荣誉罪的法定刑为三年以下有期徒刑、拘役、管制、剥夺政治权利。按照一般的量刑规则，法定最高刑为有期徒刑三年的，量刑起点一般为有期徒刑一年。被告人具有以下从轻情节：被告人到案后如实供述，具有坦白情节，可以减少10%；自侦查阶段开始认罪认罚，可以减少20%；愿意公开赔礼道歉、消除影响，可以酌情减少10%；发布微博后5小时自行删除、多次发布道歉声明因被处置未能发出，可以酌情减少10%。

被告人仇某明具有以下酌情从重情节：在全网弘扬戍边官兵英雄事迹时，侵害五名英雄烈士的名誉、荣誉，酌情增加10%；利用信息网络手段，造成恶劣社会影响，酌情增加10%。

综合上述情节，建议对被告人仇某明判处有期徒刑八个月。

四、本案引发的思考

被告人仇某明走到今天这个地步，公诉人希望你从内心深处去反思，你的性格、你的个性、你与他人交流的方式以及你在网络标新立异的言语风格，都需要自省。当这些停留在你个人自由范围之内时，法律并不会介入，但是当你的言论伤害别人时，特别是触碰民族大义、民族情感、核心价值底线的时候，法律必将严惩。现代社会是法治社会，没有人可以挑衅法律！现代社会是网络社会，网络不是法外之地！

在审查起诉阶段，公诉人多次提审被告人，仇某明表示自愿认罪认罚，也表达愿意公开道歉，表示在出狱后做一些公益工作进行自我救赎。公诉人希望这些意愿是发自你内心的、来自你灵魂深处的。案发时，你的妻子怀孕，在审查起诉期间，你儿子出生了，如果没有你的犯罪行为，一切都是那么美好。

可是，我们的英雄烈士呢？陈某军烈士，还有四个月就要做爸爸了，他没有机会跟妻儿团聚了；肖某远烈士一直憧憬着娶上他心爱的姑娘；王某冉烈士也曾想给父母养老送终，但是他们没有能够等到这一天，而是把生命和青春永远地留在了高原；陈某榕烈士牺牲时尚不满19岁，他在日记里写到"清澈的爱，只为中国"；英雄团长祁某宝，身负重伤，多年的戍边岁月中，10余次与死神擦肩而过。祖国万里河山无恙，离不开戍边官兵的鲜血浸染。我们所享有的岁月静好，是因为像他们一样的英雄在默默为我们守护，每一位英雄烈士都值得我们怀念，值得我们尊敬，值得我们永远铭记！

"一个有希望的民族不能没有英雄，一个有前途的国家不能没有先锋"，英雄烈士的事迹和精神是我们这个民族共同的记忆和精神财富，是中华民族的精神内核之一，也是社会主义核心价值观的重要内容。侮辱、诋毁英雄烈士，是对民族感情的伤害，是对良知底线的突破，是对核心价值观的侵犯。英雄不容诋毁，法律不容挑衅！

20××年×月×日当庭发表

【承办检察官心得体会】

此案为全国首例侵害英雄烈士名誉、荣誉案。对于如何认定犯罪事实和适用法律，如对仇某明发布的微博内容应如何评价认定，在《刑法修正案（十一）》实施后对其行为应适用何罪等，在司法机关到刑法理论界，乃至整个社会都引发热烈的讨论，出现了不同的观点。对检察机关而言，公诉意见书是公开向被告人和社会讲清楚我们指控内容和法律依据的最佳载体。同时，针对仇某明的行为及类似戏谑英烈、调侃英烈的情况，检察机关有义务通过起诉意见书开展严肃的法庭教育，并引导正确的社会舆论和价值观。

围绕以上考量，本案的起诉意见书以事实和证据为基准，从法理情出发，层层推进。一是遵循格式规范要求，要素齐全，结构完整。二是叙述层次力求分明。此案涉及新旧刑法，既要兼顾旧法中的寻衅滋事罪，又要围绕新法中的侵害英雄烈士名誉、荣誉罪,从两罪的构成要件出发,再到从旧兼从轻的原则,层层推进,抽丝剥茧。三是注重法理论证,努力追求说理透彻。对侵害英雄烈士名誉、荣誉罪,从保护法益到客观行为再到情节论证,与后来发布的指导性案例一脉相承。同时,提出精准量刑建议并全面说明依据。四是开展法庭教育入情入理。该公诉意见书的法庭教育部分是亮点之一,入情入理,令人动容,没有空洞的说教也没有先入为主地把被告人当罪犯进行训斥,而是一方面通过引用被告人自己的话,另一方面通过英雄烈士的牺牲精神,来触动被告人,感染他人,实现指控的说理和法庭的宣传法治功能。

【专家点评】

英雄烈士为国家、民族和人民做出了巨大贡献和牺牲,承载着社会主义核心价值观和人民对国家的认同感和向心力;英雄烈士的荣誉、名誉是社会情感、社会公共利益的重要组成部分。为此,应将其名誉、荣誉纳入刑法保护范围。《刑法修正案(十一)》增设了侵害英雄烈士名誉、荣誉罪,行为人侮辱、诽谤或者以其他方式侵害英雄烈士的名誉、荣誉,损害社会公共利益,情节严重的,处三年以下有期徒刑、拘役、管制或者剥夺政治权利。本罪在实务中的适用率并不高,如何理解本罪中的"英雄烈士",如何认定"情节严重"等,在理论和实务上均存在一定争议。

仇某明侵害英雄烈士名誉、荣誉案引发社会广泛关注,如何准确指控犯罪,使得庭审指控精准、公诉书内容实在,对出庭检察官是一个巨大考验。本篇公诉意见书充分聚焦本案焦点,积极回应争议,总体上非常出色,尤其在以下方面值得赞许:

(一)认真思考"英雄烈士"范围

认真思考将健在的英雄作为本罪保护对象是否符合文义解释的要求,通过论证最终认为本罪中的"英雄烈士"仅指已经牺牲、逝世的英雄烈士。如果行为人以侮辱、诽谤或者其他方式侵害健在的英雄模范人物的名誉、荣誉,构成犯罪的,可以适用侮辱罪、诽谤罪追究刑事责任,突显了本罪本质上不同于《刑法》第246条的侮辱、诽谤罪,归入刑法第六章第一节"扰乱公共秩序罪"的立法考量。

（二）充分顾及了前置法的取向

本案公诉意见认为，由于《民法典》第185条和《英雄烈士保护法》都对英雄烈士的保护范围作出了明确规定，并将其限定为已牺牲者，刑法就应该对标这两部法律，否则《英雄烈士保护法》及《民法典》对英雄烈士的保护规定就会失去对刑法的制约作用。对于犯罪的认定，不能不顾及民法领域的通说已将英雄烈士限定为"故去的英烈"这一点，不能绕开法定犯的认定必须从属于前置法这一前提。由于行政法、民法、刑法一体化地建立了英雄烈士名誉保护条款，因此，应该立足于法秩序统一性原理，限定地理解"英雄烈士"的范围。这种分析进路有一定道理。

（三）注重释法说理，以理服人

从本罪的保护法益开始，推进到构成要件行为，再论证情节是否严重，最后对量刑提出较为精当的建议，分析有理有据，一气呵成。公诉意见书的法庭教育紧扣案情，融天理、国法、人情于一炉，把控诉犯罪的说理和庭审中的法治宣传教育有机结合，让被告人也能够心悦诚服地接受公诉意见，从而达到极佳的庭审效果。本篇公诉意见书对于社会高度关注案件如何做好出庭指控工作提供了有力指导。

（**点评人**：周光权，清华大学法学院院长、教授、博士生导师）

25. 白某青等 34 人集资诈骗、非法吸收公众存款案公诉意见书

【简要案情】

2013年9月至2017年6月，被告人白某青等人为非法集资，租赁北京市××区××大厦写字楼作为集资场所，先后成立××投资担保有限公司、××资产管理有限公司等数十家公司，并以××集团名义开展活动。白某青依托上述公司建立集资团队，未经有关部门批准，借用销售债权、私募基金、转让股权等形式，采用散发传单、借助网络媒体、召开客户答谢会等手段向社会公开进行虚假宣传，夸大个人经营能力，谎报公司实力，隐瞒自融资、自担保真实情况，虚构项目有担保、资金有保障的事实，通过线下、线上两种途径，诱使集资人签订《出借与咨询服务协议》《基金合伙人协议》《股权认购协议》等，承诺还本付息和高额回报，先后吸收6万余名集资参与人资金共计95亿余元。白某青收到集资款后，仅将少量资金用于挥霍性投资，大量资金用于还本付息、员工工资及提成等不能产生利润的非法集资成本支出，同时还存在转移、隐匿资产的行为，案发前致使3万余名集资参与人共计48亿余元的集资款不能返还。

【诉讼过程】

本案由北京市公安局东城分局侦查终结，2018年1月4日至6月29日，分别以被告人白某青等34人涉嫌非法吸收公众存款罪向北京市东城区人民检察院移送审查起诉。同年7月15日，北京市东城区人民检察院以白某青涉嫌集资诈骗罪将全案报送北京市人民检察院第二分院审查起诉。同年8月30日，北京市人民检察院第二分院以被告人白某青涉嫌集资诈骗

罪、被告人王某振等33人涉嫌非法吸收公众存款罪向北京市第二中级人民法院提起公诉。北京市第二中级人民法院于同年12月4日组织庭前会议，于2019年1月22日公开开庭审理案件。同年8月27日，北京市第二中级人民法院公开宣判，以集资诈骗罪判处白某青无期徒刑，并处没收个人全部财产，以非法吸收公众存款罪判处王某振等33人有期徒刑三年至十年，并处罚金。一审判决后白某青等人上诉。同年12月27日，北京市高级人民法院裁定驳回上诉，维持原判。

【文书全文】

北京市人民检察院第二分院
公诉意见书

审判长、审判员、人民陪审员：

根据《中华人民共和国刑事诉讼法》第一百八十九条、第一百九十八条和第二百零九条的规定，我们受北京市人民检察院第二分院的指派，代表本院，以国家公诉人的身份，出席法庭支持公诉，并依法对刑事诉讼实行法律监督。在刚刚结束的法庭调查中，公诉人结合讯问被告人，集中、系统出示了五大部分、涵盖两千余册卷宗的证据材料，经当庭质证，证据均来源合法，形成了完整的证明体系，充分证实起诉书指控事实清楚，证据确实充分。

为进一步揭露犯罪、指控犯罪，现对本案事实、证据发表如下意见：

一、在案证据充分证明各被告人实施的非法集资行为，分别构成集资诈骗罪或非法吸收公众存款罪

根据《刑法》第一百七十六条、第一百九十二条以及最高法2010年《关于审理非法集资刑事案件具体应用法律若干问题的解释》，违反法律、公开宣传、以承诺还本付息进行利诱、对社会不特定公众吸收资金的，是非法吸收公众存款或者变相吸收公众存款，数额较大的构成非法吸收公众存款罪；以非法占有为目的，使用诈骗方法非法集资，数额较大的构成集资诈骗罪。

(一) 被告人白某青等人实施了变相吸收公众存款的非法集资行为

主要表现在以下4个方面:

一是集资行为具有非法性。《商业银行法》规定:"未经国务院银行业监督管理机构批准,任何单位和个人不得从事吸收公众存款等商业银行业务"。无论是完全仿照银行吸储、以确定的存款利率和期限的形式面向社会吸收存款,还是以投资、借款、消费返利等其他各种名义,变相向社会公众吸收资金,承诺定期返本付息,都属于非法集资。公诉人出示的营业执照、工商资料等书证,证实了本案吸资公司均未取得相关许可,故白某青等人通过线下、线上平台,以多种名义向社会公众吸收资金并承诺返本付息的行为,明显违反《商业银行法》的规定,具有非法性。

二是实施了公开宣传的行为。公诉人出示的传单、媒体广告、社区宣传、客户答谢会等材料,与被告人供述、证人证言相互印证,证实了白某青等人通过媒体、传单、电话、答谢会、论坛等多种途径,向社会公众广泛宣传××集团理财、基金等产品,集资行为具有公开性。

三是通过承诺返本付息对投资人进行利诱。公诉人出示的出借与服务协议、基金合伙协议、股权认购协议等书证,与投资人证言、交易数据等相互印证,证实无论是债权转让、私募基金、出售原始股,还是线上理财,××集团均承诺"到期还本",年化率从6%、12%到最高50%不等,集资行为具有利诱性。

四是集资对象不特定。白某青等人共向多达6.48万余人吸收资金,公诉人出示的理财产品宣传材料、××集团员工证言、投资人证言,均证实吸资业务对投资人的范围毫无限制,对投资人的资格亦不进行审查,集资对象具有公众性和不特定性。

(二) 被告人白某青以非法占有为目的,使用诈骗方法非法集资,符合集资诈骗罪的构成要件

1. 在客观方面,白某青在非法集资过程中,采取了虚构事实、隐瞒真相的诈骗手段

一是隐瞒自融资、自担保,并虚构优质债权和担保进行集资。公诉

人出示的理财产品宣传材料、理财合同及担保函等,证实白某青等人对外宣称公司具有优质的债权来源和实力雄厚的第三方担保机构。而真实情况是,白某青对所有项目并不存在合法、有效的债权。所谓的债权项目均系白某青自己的项目,项目投资均未完成,有的甚至尚未开始,以项目名义吸收的资金全部进入白某青控制的个人账户进行支配,上述行为属于自融资自用款,而非享有真实权力的债权转让。

关于白某青宣称的实力雄厚的第三方担保机构,包括××投资担保公司、资产管理公司、所谓××集团公司也均是白某青自己的公司,上述公司非但无担保实力,××集团公司更是仅有公司几份内部文件显示为香港公司,依法不能在大陆从事经营活动。可见,上述担保属于自担保和无效担保,当××集团丧失偿还能力时,上述公司也根本无法履行担保责任。

二是隐瞒地方项目真实情况,虚构公司实力进行集资。公司宣传材料、项目材料、投资人证言等,证实白某青隐瞒自身无经济实力及对地方项目的商业投资性质,在签下巨额投资、借款合同后,便对外宣称对项目享有债权,打着PPP、P2C等旗号,误导投资人相信其宣传的地方项目有国家保障、政府背书,无任何风险。同时,白某青在集资过程中,隐瞒地方项目的实际投入及进展情况,对外虚构公司实力,谎称"集团即将完成5000亿工程量""中建联涉及建设资金600亿",甚至编造虚假项目,诱骗投资人投入资金,并在多个项目停止后,继续利用项目吸收资金。

三是在巴铁项目中隐瞒真实情况,虚构研发进展、项目价值和上市信息等进行集资。巴铁项目相关书证、证人证言均证实,白某青在巴铁技术研发仅3个多月后即停止研发投资,根本不具备车辆生产、试验、上路、配套建设等条件和后续环节。而白某青却进行了大量虚假宣传,谎称巴铁技术研发多年、具备了落地、生产样车、设计线路、建设等条件,并将"模型车"对外宣称为"试验车",误导公众。尤其在集团出现资金兑付困难后,继续使用不具有法律效力的估值报告对外宣传巴铁价值、虚构巴铁公司即将上市、发行300亿股本金等消息,并设计出最高达50%的超高回报继续诱骗投资人进行投资。

2. 白某青在主观上以非法占有为目的。"2010年解释"第四条第二款明确规定：具有"集资后不用于生产经营活动或者用于生产经营活动与筹集资金规模明显不成比例，致使集资款不能返还的；肆意挥霍集资款，致使集资款不能返还的；抽逃、转移资金、隐匿财产，逃避返还资金"等情形之一的，可以认定为"以非法占有为目的"。具体体现在以下六个方面：

一是大部分资金未用于生产经营活动。白某青非法集资数额95.97亿，用于投资项目的支出仅13亿余元，不足集资总额的14%，可见，白某青非法吸收的绝大部分资金均未用于生产经营活动，投资项目的资金与集资总额明显不成比例。

二是资金使用成本过高，而生产经营的盈利能力不具有支付全部本息的现实可能性。一方面，白某青在非法集资过程中，需要支付巨额吸资成本和运营成本，包括吸收资金的到期本息、庞大业务员团队的高额工资提成、租赁高档写字楼及物业、装修等费用。在案银行流水、审计报告等证实，本案的返本付息、人工运营支出高达73亿，占集资总额的77%，而上述高额的资金使用成本仅能够促进吸资，不能产生任何利润。另一方面，证据证实，白某青投资的所有项目均无盈利，根本无法支付本息。需要进一步指出的是，公诉人并非仅根据案件结果判定其偿还能力。本案中，由于资金使用成本过高、投资项目与集资额明显不成比例，白某青通过本案中极其有限的投资，无法获得偿还95亿本金及支付利息的现实可能性。

三是对资金使用的决策极度不负责任。本案所有投资决策均由白某青一人决定。在案的项目材料、集团人员及项目合作方证言，均证实白某青肆意使用资金的情况：首先，缺失投前考察、草率决定投资。在地方项目中，风险防控部门形同虚设，白某青或者未经尽职考察草率投资，或者不听劝阻执意投资，或者不顾规模随意投资，最终导致资金被骗，或者项目烂尾、资金搁置。在巴铁项目中，白某青不顾各方反对停止研发、执意投入2400万生产一辆仅有展示意义的模型车。在农业餐饮等项目中，白某青没有相关从业经验，也未雇佣专业人员，随意投资，导致上亿资金血本无归。在购买牌照过程中，白某青未经考察草率付款，导致数千万资金损失，另有上亿资金去向不明。其次，随意终止合作、导致项目搁置、资金损失。在河北××、湖北××、山东××等大部分工程借款项目中，白某青随意终止合同、停止投资，因违约致项目搁置，导致投资的预期利益无法实现，前期投资也收回困难。再次，事后未能尽职、放任损失扩大。在大多数地方项目中，白某青中途停止投资后，没有及时与合作方协商前期投资权益问题，而是采取放任、搁置的态度，致使损失进一步扩大。在借款、购买牌照资金出现问题后，白某青也未采取报案或有效追索行为，对广大投资人的巨额资金损失持放任态度。

四是归还本息主要通过借新还旧来实现。由于白某青自身无经济实力，其投资的所有项目又均无盈利，根本无法实现向投资人承诺的投资回报，本案用于归还投资人本息的55亿资金，只能通过使用投资人自己的钱款实现借新还旧。资金链的断裂实属必然。

五是明知没有归还能力仍大量骗取资金。公诉人出示的项目材料、合同、审计报告及被告人供述、证人证言等，证实2016年8月，白某青在集团已经开始出现资金兑付困难、所有投资项目早已停止、员工陆续离职、办公地退租，集团已经不能正常运转的情况下，仍通过虚假宣传、提高利率等方式骗取投资人资金。自2016年8月至2017年7月，非法集资数额仍高达8亿元。而对于这最后的8亿元，白某青也不再要求集团员工制作返息表，可见，其既没有还款能力，也没有还款意愿。

六是转移资金、隐匿财产，逃避资金返还。公诉人出示的大额提现、购买牌照等证据，证实白某青控制的银行账户存在1亿元的现金支出，均去向不明，其中包括2016年8月出现资金兑付困难后提现的1500万元。另证实白某青支付7000万元购买深圳某公司股权后，通过虚假转让方式隐匿公司，逃避资金返还。

可见，白某青集资后，用于生产经营活动的资金与集资规模明显不成比例，且在有限的项目投资中，由于其草率投资、随意毁约、放任损失等肆意使用资金的行为，致使所有项目无任何盈利，对投资人的返本付息只能通过借新还旧来实现，最终必然导致资金链断裂。资金链断裂后，白某青一方面在明知没有归还能力的情况下继续骗取资金，一方面通过转移资金、隐匿财产，逃避返还资金。上述行为均证实了白某青的非法占有目的。

综上所述，白某青主观上具有非法占有目的，客观上使用了诈骗手段进行非法集资，集资数额95亿余元，损失数额48亿余元，数额特别巨大，构成集资诈骗罪。

（三）被告人王某振、孔某霞、甘某峰等33人的行为构成非法吸收公众存款罪

被告人王某振作为主管吸资业务的副总裁，全面搭建了集团的线下吸资模式，同时分管集团核心吸资部门财富中心等部门的工作。被告人孔某霞作为集团总裁，参与部分集团管理工作，并曾阶段性地负责集团全面工作。被告人甘某峰作为行政副总裁，全面主管集团行政工作，包括吸资业务宣传的审核工作等。被告人林某宝作为财富中心行政总经理，主管财富中心的吸资业务。被告人王某松作为集团财务总监，负责集团财务管理工作。被告人雒某作为集团人力总监，负责集团人事管理工作。被告人万某媛作为集团企划总监，负责集团的宣传工作。被告人黄某峰作为财富中心行政副总经理，负责财富中心的培训工作。被告人龚某伟作为财富中心培训部讲师，负责向吸资业务员和投资人授课。被告人王某强、衡某、时某良作为财富中心总经理，分别负责下辖多家分公司的吸资业务管理工作，主要包括传达公司通知，领取、分发、督促完成吸资指标，并对外销售理财产品。被告人林某明、张某启、刘某伟、张某、刘某雨、宋某豹、晏某敏、耿某作为财富中心副总经理，分别负责各分公司的吸资业务管理工作，包括传达通知，领取并督促完成吸资指标，并对外销售理财产品。被告人张某梅、韩某梁、苏某胜、张某兰、庞某、付某豪、庞某、郎某艳、杨某、胡某强、陈某平、苗某忠分别作为财富中心下辖分公司的业务总监、高级团队经理和团队经理，负责各自团队的吸资业务管理工作，并对外销售理财产品。被告人郭某作为分公司理财顾问，负责对外销售理财产品。

综上，被告人王某振等33人，无论是集团核心管理层、各部门高管还是财富中心各层级吸资人员及培训人员，均在客观上共同参与实施了本案的非法吸收公众存款犯罪行为，主观上亦均明知集团未经批准，采用公开宣传方式向社会非法集资。根据主客观相一致的原则，上述33名被告人的行为构成非法吸收公众存款罪。

二、各被告人的行为具有严重的社会危害性

（一）被告人的行为破坏了国家金融管理秩序

金融安全是国家安全的重要组成部分，是经济平稳健康发展的重要基础。国家之所以对吸收公众存款业务实行特许经营，并通过一系列法规进行管理，一方面是运用金融手段，进行经济调控；另一方面由于不合格的吸存主体往往缺乏正规的资金运作和监管措施，其自身经济实力和承担风险能力均不具备面向社会公众吸收资金所要求的安全保障，无法保证广大投资人的资金安全和利益。本案中，以白某青为首的各被告人，公然违反国家金融管理法规，未经许可，打着响应国家政策、金融创新等旗号，以高额回报为诱饵，甚至隐瞒公司经营的真实情况，虚构经济实力、安全保障，披着PPP、P2C、私募基金、股权出售等貌似合法的外衣，骗取广大投资者信任，实施非法集资活动。三年多的时间，非法吸收公众资金高达95亿，涉及全国多个省市的投资人6万余人，最终，给3万余人造成高达48亿元的损失。上述数字，足以说明各被告人的行为破坏了国家的金融管理秩序，为国家金融安全埋下隐患，具有严重的社会危害性。

（二）被告人的行为给众多投资者造成了巨额财产损失，也影响了社会和谐稳定

本案大量的虚假宣传诱使全国多个省市的6万余名投资人深陷白某青等人的非法集资陷阱。而白某青本身既无经济实力，亦无有效担保，其在吸收资金后，仅将极少比例资金投入项目，根本不具有还本付息的可能性，使得整个非法集资成为一场"庞氏骗局"。这场骗局，使得3万余名投资人损失惨重，其中，有些投资人因此家庭失和、亲友反目，还有投资人因为不堪打击，病重离世。更有一部分投资者，至今仍被白某青等人的虚假宣传所洗脑和蒙蔽，甚至到处为被告人鸣冤叫屈，幻想白某青还能兑现承诺，还本付息。可见，被告人的犯罪行为，不仅给众多投资者造成了巨额财产损失，也影响了他们身后的千万个家庭，影响了社会和谐稳定，具有严重的社会危害性。

三、被告人应承担的法律责任

根据《中华人民共和国刑法》第一百九十二条、第一百七十六条、第二十五条之规定，应对被告人白某青以集资诈骗罪追究刑事责任，对被告人王某振等33人以非法吸收公众存款罪追究刑事责任。关于被告人的各项法定及酌定量刑情节：

被告人王某振、孔某霞、甘某峰在非法吸收公众存款犯罪中起主要作用，应系主犯；被告人林某宝、王某松等30名被告人在非法吸收公众存款犯罪中起次要、辅助作用，系从犯。

被告人黄某峰、雒某、晏某敏、刘某雨、宋某豹系主动投案，且能如实供述自己的犯罪事实，依照《刑法》第六十七条第一款规定应认定为自首。除王某振外，其余被告人截至目前，基本都能够如实供述自己的犯罪事实，可以认定具有"如实供述"情节。

被告人郭某曾被判处有期徒刑以上刑罚，刑罚执行完毕后五年内，再犯应当判处有期徒刑以上刑罚之罪，系累犯。

被告人胡某强、耿某、郭某、万某媛、林某明、雒某、甘某峰、张某、宋某豹、晏某敏、张某启、龚某伟、韩某梁、王某强、衡某、苗某忠具有退赃情节。其中，被告人胡某强是在公安侦查阶段，即主动提交个人房产退赔，建议法庭在量刑时综合考虑上述被告人的具体退赃情节、数额及时间。

被告人王某振，作为本案吸资模式的设计者和集团核心吸资业务部门的领导管理者，自到案后，不仅拒不认罪，而且在大量证据面前，对自己实施的客观行为始终不作如实供述，反映出其对自己的罪行没有悔罪态度，建议合议庭在量刑时充分考虑其在共同犯罪中的地位、作用、认罪悔罪态度、人身危险性及再犯罪可能性。

审判长、审判员、人民陪审员，起诉书认定本案34名被告人的犯罪事实清楚，证据确实充分，请合议庭综合全案的事实、情节，以及各被告人的地位、作用及态度，对被告人作出公正判决。

公诉意见暂时发表到此。

20××年×月×日当庭发表

【承办检察官心得体会】

本案系重大疑难复杂的金融犯罪案件，社会影响大。一是案件规模大。案件吸资数额95亿，涉及全国6万余名投资人，证据卷宗2500余册，是首都近年办理的"线下"集资规模最大的案件。二是案件情况复杂。集资手段包括债权转让、私募基金、原始股出售、线上P2P等多种方式，资金去向涉及工程、借款及中外闻名的高科技项目"巴铁"等20余个项目。三是法律适用争议焦点突出。非法吸收的95亿资金中有13亿用于投资，对类似投资数额大、投资项目多的情形，以往司法实践对认定诈骗故意持保守态度。四是群众工作难度大。很多不明真相的投资人被白某青等人的虚假宣传所蒙蔽，司法机关面临较大信访压力。

(一) 充分发挥检察职能，为全面、准确认定案件事实夯实证据基础

一是三级检察机关同步提前介入，引导侦查从组织架构、集资方式、资金去向、投资项目等方面取证，全面查明集资情况。二是与检察技术、司法审计人员密切配合，通过"专业化审查+专业化辅助"办案机制，精准调取电子数据、确认审计检材并提出鉴定、审计思路，综合查明资金去向。三是赴河北、山东、云南、国家知识产权局等多地自行侦查，彻底查明项目投资、资金使用真实情况，为论证非法占有目的奠定事实基础。以上，经补充侦查和自行侦查形成补充证据卷宗800余册、鉴定意见13份，为公诉意见书准确认定、清晰阐明法律事实夯实证据基础。

(二) 准确、规范释明法理，针对类案认定焦点问题"非法占有目的"进行充分阐释

一是对非法集资"四性"、诈骗手段、犯罪故意、社会危害性和被告人罪责等阐释和论证客观规范、繁简得当、针对性强。二是对此类"投资大、项目多"非法集资案件中的非法占有故意，按照主客观相一致的原则，在充分揭露其诈骗手段的基础上，通过整体分析案件集资与投资比，剖析项目投资决策程序、资金使用真实情况，结合资金链断裂后继续诈骗、隐匿资产等行为，综合其还款能力、履行行为进行了充分的论证，对类案具有示范作用。

（三）创新庭审指控模式，充分释法说理，实现了良好的法律效果和社会效果

针对案件证据量大、事实庞杂、定性争议大、群众工作压力大等特点，积极创新庭审指控模式，将释法说理贯穿其中，通过精心准备公诉意见书等庭审预案和多媒体示证系统，将打包示证与综合阐述事实相结合，将阐述事实与证明犯罪相融合，辅以PPT生动的图表、图示，环环相扣、清晰透彻地阐明案件事实、准确释明法理、生动讲明非法集资的社会危害性，实现了向合议庭指控犯罪、对被告人进行法治教育、对旁听投资人开展法治宣传三个效果的统一，高质效地完成了该重大案件的出庭支持公诉工作，并取得了投资人对检察机关履职行为的支持和肯定。

【专家点评】

本篇公诉意见书不仅论证了涉案人员构成集资诈骗罪、非法吸收公众存款罪以及各被告人应承担的法律责任，而且对集资诈骗罪、非法吸收公众存款罪的社会危害进行了揭示和论述，论述全面，有理有据，既解决了定罪量刑问题，又通过释理说法发挥了法治宣传教育作用。特别是，公诉意见能紧紧抓住决定本案定性的关键问题，即被告人白某青是否具有非法占有集资款的目的进行详细、充分的论证。本案虽然非法集资款达95亿元，用于生产经营活动仅13亿余元，似乎属于2010年最高人民法院《关于审理非法集资刑事案件具体应用法律若干问题的解释》第4条第2款（为2022年最高人民法院《关于审理非法集资刑事案件具体应用法律若干问题的解释》第7条第2款）规定的"用于生产经营活动与筹集资金规模明显不成比例"，可以认定白某青具有非法占有的目的，但考虑到白某青等人的非法集资活动持续近四年的时间，且有多达73亿元的集资款用于还本付息及人工运营，因而不好说有13亿余元用于生产经营活动，就是与筹集资金规模"明显"不成比例，这也正是司法实践中对类似投资数额大、投资项目多的情形认定诈骗故意持保守态度的原因。正因如此，本篇公诉意见书对白某青具有非法占有集资款目的，运用客观证据进行了详细、深入的分析和论证。本篇公诉意见书除了列举证据认定白某青具备2022年最高人民法院《关于审理非法集资刑事案件具体应用法律若干问题的解释》第 7 条第 2 款第 1 项规定的"用于生产经营活动与筹集资金规模明显不成比例"和第 6 项规定的"转移资金、隐匿财产"外,还通过列举证据从"资金使用成本过高,而生产经营的盈利能力不具有支付全部本息的现实可能性""对资金使用的决策极度不负责任""归还本息主要通过借新还旧来实现""明知没有归还能力仍大量骗取资金"等四个方面来论证被告人白某青不仅客观上不具有支付全部集资款本息的现实可能性,而且主观上也对此具有认识,进而充分论证了白某青具有非法占有集资款的目的。可以说,本篇公诉意见书是一份内容全面、论证充分、详略得当、重点突出的优秀法律文书。

当然,本篇公诉意见书也有少许不足,如没有论证为何被告人王某振等 33 人不构成集资诈骗罪;在论述被告人的行为破坏了国家金融管理秩序的问题时,存在用论述给投资人造成损失代替破坏国家金融管理秩序的论证的问题;没有说明为何被告人王某振、孔某霞、甘某峰应认定为主犯。

(**点评人**:刘志伟,北京师范大学法学院教授、博士生导师)

26. 曹某受贿案公诉意见书

【简要案情】

××养生项目（位于苏州工业园区）由××保险（集团）公司（国有公司，以下简称××集团公司）出资建设。2014年9月，××集团公司全资子公司××投资公司（以下简称××投资公司）与××China Limited共同出资成立××养老养生管理有限公司（以下简称××公司）负责××养生项目开发建设及后期运营等工作。

2016年至2018年期间，被告人曹某担任××投资公司养老养生投资部运营管理处负责人，兼任××公司董事，负责××养生项目的工程建设监督、现场进度管理及人民币3000万元以上重大事项审批上报等工作。陈某鸣（另案处理）担任××公司总经理，负责××养生项目的具体运营、管理工作。周某（另案处理）担任××养生项目监理，负责该项目的监理工作。

1. **共同受贿行为**

2015年底，××养生项目招投标启动前，被告人曹某伙同陈某鸣、周某，利用各自职务上的便利，为工程建设方在招投标方面谋取利益。三人约定，由周某出面收受财物后，按照曹某40%、陈某鸣40%、周某20%的比例进行分配。被告人曹某伙同陈某鸣、周某，采用上述手段，先后多次非法收受工程建设方刘某鑫、连某友（均另案处理）财物共计人民币770万元。

2. **受贿行为**

2016年1月至2018年9月期间，被告人曹某利用担任××投资公司养老养生投资部运营管理处负责人、××公司董事，负责××养生项目的工程建设监督、现场进度管理、××养生项目人民币3000万元以上重大事项审批上报等职务便利,为他人在××养生项目工程招投标等方面谋取利益,收受刘某鑫、连某友、张某阳等6人(均另案处理)给予的财物共计人民币337万元。

【诉讼过程】

2021年9月,苏州市监察委将关于曹某的有关问题线索指定常熟市监察委管辖。同年11月17日,常熟市监察委决定对曹某立案调查,并于11月25日决定对曹某采取留置措施。

2022年4月12日,常熟市监察委书面商请苏州工业园区人民检察院对曹某受贿案提前介入。在提前介入阶段,检察机关改变监察委认定单独受贿的思路,认为曹某与陈某鸣、周某事前通谋并通过周某共同收受财物,构成共同受贿。

2022年4月18日,常熟市监察委将本案移送苏州工业园区人民检察院审查起诉。苏州工业园区人民检察院于同年5月1日对曹某决定逮捕,于同年6月以曹某犯受贿罪向苏州工业园区人民法院提起公诉。

2022年11月30日,工业园区人民法院开庭审理本案,并于2023年3月31日作出一审判决,以曹某犯受贿罪判处有期徒刑10年3个月,并处罚金人民币70万元,责令退出违法所得。被告人未提出上诉,一审判决生效。

【文书全文】

江苏省苏州工业园区人民检察院
公诉意见书

审判长、人民陪审员:

根据《中华人民共和国刑事诉讼法》第一百八十九条、第一百九十八条和第二百零九条等规定,我们受江苏省苏州工业园区人民检察院的指派,代表本院,以国家公诉人的身份,出席法庭支持公诉,并依法对刑事诉讼实行法律监督。现对本案证据和案件情况发表如下意见，请法庭注意。

一、本案事实清楚，证据确实充分，足以认定曹某构成受贿罪

在刚才的法庭调查中，公诉人讯问了被告人曹某，出示了本案的全部证据。上述证据收集程序合法，内容客观真实，与案件事实具有关联性，形成完整的证据锁链，且经过今天的当庭质证，均合法有效，能够作为本案定罪量刑的依据。

本案证据证实，曹某与陈某鸣、周某存在明显通谋，三人受贿团体固定，由周某介绍曹某、陈某鸣与行贿人见面，并共同约定好处费数额，三人均供述事先约定4∶4∶2的分配比例，均利用各自的职权，相互配合，为行贿人谋取利益。三人共同受贿770万元的犯罪事实清楚，证据确实、充分。此外，曹某单独受贿337万元的犯罪事实，有曹某本人供述及证人证言、银行流水等书证予以证实，足以认定。

在本案事实方面，针对刚才庭审过程中曹某及其辩护人提出的观点，公诉人重点阐明以下几个问题：

（一）曹某系国家工作人员

首先，本案证据能够证实曹某具有双重身份：第一重身份是国有独资公司××投资公司养老养生运营管理处的高级经理，第二重身份是××公司的董事。一方面，曹某作为国有公司运营管理处的负责人，管理该部门的全面工作，包含了对××养生项目在内的3000万元以上重大事项审核上报的权力，3000万元以上的项目需要经过曹某的审批流转。曹某尽管对上述事项没有最终的决定权，但是具有程序性权力。职权范围有非常多种类，有实体的决定处理权，也有程序的发起权，还有程序的流转权。比如在刑事诉讼中，没有经过人民法院判决不能认定有罪，最终有处分权限的是人民法院。但不能因此认为检察机关在刑事诉讼中没有任何职权。检察机关有量刑建议权，有对证据的采信建议权，有对事实认定的建议权等。再比如无论在中国的体制内还是体制外，部门副职往往只有建议进入下一个环节的权力，比如银行工作人员，对贷款是否能够发放，从一开始的经手人到部门负责人再到信贷委员会，这个过程中，最终作出决定之前，下面每个经手人都是一种程序上的权力，这是职权中最重要的表现形式。曹某辩解称自己没有职权,认为职权只有最终的决定权,这个理解是不全面的。

其次,曹某负有对国有资产保值增值的义务。2003年《全国法院审理经济案件工作座谈会纪要》指出,从事公务是国家工作人员的核心要件。从事公务表现为两种形式:第一种形式是公共管理事务,一般表现为国家机关工作人员代表国家机关依照法律、法规行使职权;第二种形式一般表现为对国有资产保值增值义务,往往涉及受国有公司委派从事公务的人员。××公司中,曹某是受国有公司委派的董事,如果他本人对国有资产没有保值增值的义务,那就意味着国有控股公司没有人去承担国有资产保值增值的职责,这显然与事实不符。

因此,曹某一方面行使对国有资产保值增值的董事职权,另一方面在国有公司中担任运营管理处的负责人,有程序上的审批审核流转职权,符合国家工作人员的形式要件和实质要件,属于国家工作人员。

(二)关于收受连某友财物的数额认定问题

刚才公诉人在法庭举证阶段已经阐述案件细节,曹某及其辩护人对共同受贿不持异议。共同受贿中的具体分赃数额认定不影响其共同犯罪的认定以及认定其在共同犯罪中的地位作用,仅仅影响曹某的退款义务。关于这一问题,公诉人重点强调一下,曹某、陈某鸣、周某三人共同收受连某友的贿赂,整个事实就是"七清一不清",七个点是清楚的,不清楚的只有一个点,就是具体的分赃数额方面证据稍微微弱一些。

七个点是清楚的,分别是:第一,曹某、陈某鸣、周某共同约定了收受连某友的贿赂;第二,连某友给了周某570万元,连某友的供述和周某的供述在细节处相互印证,主要的金额也得到了连某友的关联银行卡取款数额的佐证,连某友实实在在送给了周某570万元;第三,周某收到了570万元,将部分钱款转赠给曹某、陈某鸣;第四,曹某、陈某鸣、周某三人受贿总额和计算比例是清楚的,按照工程总包量的3%左右比例,三个多亿的工程总包量当时约定了1000万左右好处费,行受贿双方供证一致,所以连某友中标以后大概能给出多少总金额,包含曹某在内的所有人都是清楚的;第五,三人收受连某友的贿赂款发生在收受刘某鑫的贿赂款之后,收受刘某鑫贿赂款时三人明确约定过按照4:4:2

的比例进行分配且实际也是按照这一比例执行的，供证一致，且得到其他证据印证。此前已经按照4∶4∶2的比例分配了刘某鑫所送的贿赂款，之后才发生连某友行贿事实，因此4∶4∶2分配比例是惯例，得到了此前受贿事实的印证；第六，三人共同收受连某友贿赂过程中，陈某鸣给过曹某150万元，曹某对此供认不讳，陈某鸣显然不可能在事先三人达成共同受贿约定、连某友已经确实支付了行贿款、周某确实将部分款项交给陈某鸣的情况下，再自掏腰包给曹某150万元，不符合情理，也与事实证据不符，也就是说陈某鸣分配给曹某贿赂款事实清楚；第七，连某友的大部分行贿款是有记录的，客观书证、言词证据相互印证。唯一证据有所欠缺的，是共同受贿犯罪中每个人的具体分赃数额。

在这笔事实中，可以按照4∶4∶2这一比例从曹某处追赃，主要有以下几个理由：第一，刑事诉讼中定罪量刑的证明标准，对于定罪方面的证明标准要达到事实清楚，排除合理怀疑，得出唯一结论的标准，这一点在案证据已经达到，三人共同收受连某友贿赂款570万元。第二，对于量刑情节中的酌定量刑情节证明标准，不可能和定罪部分证明标准完全一致，在此处可以按照4∶4∶2的比例向曹某及陈某鸣、周某分别予以追缴。三人此前已经按照4∶4∶2比例收受贿赂，周某出面收受行贿人的财物总额清楚，且认罪态度较好。在刑事诉讼中不能"坦白从宽，牢底坐穿；抗拒从严，回家过年"，不能因为周某认罪态度好，供述比较清楚，追赃的重点就放在周某身上。在共同犯罪中，周某起到的作用较小，在分赃中获得的金额较少，在职权方面权重最少，把追赃重点放在周某身上不符合基本的公平正义原则。第三，在共同受贿中，曹某、陈某鸣罪责重，而周某罪责轻，追赃数额的认定应当按照罪责刑相一致的原则责令三人退出赃款。

二、涉案财产处置

《中华人民共和国刑法》第六十四条规定，犯罪分子违法所得的一切财物，应当予以追缴或者责令退赔。因此应当追缴被告人曹某受贿违法所得，包含单独受贿部分和共同受贿40%部分308万元，共计645万元。曹某此前供述，违法所得100万元用于房屋还贷、70万元用于购买宝马汽车、20万元用于购买保时捷汽车，应当追缴上述财产中流入的违法所得及孳息。但如果曹某能够在宣判前全额退出上述违法所得 645 万元，可对其查封、扣押、冻结的房产、车辆解除强制措施。

三、量刑建议

2016 年"两高"《关于办理贪污贿赂刑事案件适用法律若干问题的解释》第三条第一款规定："贪污或者受贿数额在三百万元以上的，应当认定为刑法第三百八十三条第一款规定的'数额特别巨大'，依法判处十年以上有期徒刑、无期徒刑或者死刑，并处罚金或者没收财产。"曹某受贿数额超过三百万元，法定刑为十年以上有期徒刑，并处罚金。

曹某在共同犯罪中起主要作用，根据《中华人民共和国刑法》第二十五条第一款、第二十六条第一款、第四款的规定，系主犯；曹某到案后如实供述自己的罪行，根据《中华人民共和国刑法》第六十七条第三款的规定，可以从轻处罚；积极退赃，根据《中华人民共和国刑法》第三百八十六条、第三百八十三条第三款的规定，可以从轻处罚；曹某自愿认罪认罚，根据《中华人民共和国刑事诉讼法》第十五条的规定，可以从宽处理。

综上所述，起诉书认定本案被告人曹某的犯罪事实清楚，证据确实、充分，依法应当认定被告人曹某构成受贿罪，建议对被告人曹某判处十年以上十年三个月以下有期徒刑，并处罚金。

四、曹某受贿案的警示

被告人曹某出生于浙江××一个普通家庭，曹某本人说，父母收入不高，省吃俭用攒下钱供自己出国留学。曹某也通过自己的努力获得了英国斯旺西大学硕士学位，毕业就加入了××投资公司。作为一名"80后"，曹某在××集团的工作可谓顺风顺水，入职四年成为高级主管，此后几年内又一路被提拔为运营管理处经理、高级经理、魅力花园公司董事，前途一片光明。不仅事业顺利，曹某的家庭生活原本也十分美满，曹某在英国求学期间与妻子结识，后结婚、生子，在北京有着非常不错的收入和较高的生活水平。如果没有刑事犯罪，曹某原本会是很多人羡慕的对象。

贪如水，不遏则滔天；欲如火，不遏则燎原。贪欲如猛兽一般，只要冲破道德和法律的底线，即使遇到警告和危险也无法被召回。是曹某自己亲手毁掉了自己幸福、光明的人生，亲手将自己送上了今天的被告席。曹某2009年加入中国共产党，曾经也有理想、有情怀。但随着职位的一步步高升，曹某手中的职权也一点点变大，内心也发生了变化，觉得帮人办事，收感谢费是应该的，是行业的"潜规则"。渐渐地，曹某手中的权力成了他捞钱的工具，甚至把施工方给钱当成了理所当然。曹某作为国寿委派至项目公司的董事，原本应当作为一名监督者、管理者，监督国有资产在该项目中的使用，但曹某不仅没有履行好国有资产保值、增值的相应义务，反而和被监督对象一起抱团，甚至约定"好处费"的分成比例，相互分工，在各个时间节点给施工方打电话暗示，一次拿钱动辄几十上百万，甚至还要用行李箱装，最终达到了起诉书中上千万元、令人触目惊心的数额，也最终将自己送入了十年铁窗。

纪律和规矩是行为底线，理想和信念是道德高线。只有抬高底线，追求高线，才能提升境界。但如突破法律底线后，再在犯罪情节轻重上划分所谓"底线"，无异于掩耳盗铃。曹某的案件告诫党员干部，要加强政治修养和党性锻炼，敬畏权力，坚守底线，防微杜渐，只有守住法律底线、纪律底线、政策底线、道德底线，才能防微杜渐，才能直面糖衣炮弹的诱惑。

古语有云：亡羊补牢，为时未晚，公诉人希望今天的庭审，能够让曹某真诚悔罪，让旁听人员警钟长鸣。被告人曹某，希望你通过今天的庭审，真正认识到自己的错误，在今后的人生道路上，认真学法守法，努力发挥自己的聪明才干，重新成为一名对社会有所贡献的人。

请法庭综合全案的犯罪事实、情节和对社会的危害程度，对被告人曹某依法作出判决。

审判长，公诉意见发表完毕。

20××年×月×日当庭发表

【承办检察官心得体会】

本案系养老工程领域的系列职务犯罪案件，除曹某受贿案外，本案还涉及行贿、单位行贿、非国家工作人员受贿、对非国家工作人员行贿、串通投标等多个罪名，涉及犯罪嫌疑人（单位）50余人，经济犯罪和职务犯罪、共同犯罪和个人犯罪交织，数额特别巨大、涉案人数众多、案情复杂。

该系列案件的调查、侦查分别由常熟市监察委、苏州工业园区公安分局等不同单位进行，为统一案件处理，加强各单位证据互通，准确认定各涉案人员的犯罪行为、情节、数额，苏州工业园区检察院积极协调沟通，推进该系列案件统一移送工业园区检察院审查起诉。本案认定主要有以下重点：

（一）共同受贿认定

常熟市监察委在调查曹某受贿案件过程中，认为曹某虽然与陈某鸣、周某约定了"好处费"分成比例，但三人职务存在独立性，且没有共同占有财物，应分别认定为单独受贿，曹某受贿金额为387万元。工业园区检察院审查后认为，曹某、陈某鸣、周某构成共同犯罪，三人存在明显通谋，事前约定4∶4∶2的分成比例，均利用各自职权，放弃对国有财物保值增值及各自工作职责要求的监管责任，相互配合，为行贿人谋取利益。后均由周某出面收受贿赂款后进行分配，收受财物的方式和分配比例具有延续性，应当认定为共同受贿，曹某共同受贿数额为770万元，单独受贿数额为337万元。因此，将曹某的受贿数额从监察委移送认定的387万元提升至1107万元。由于庭审期间被告人、辩护人对共同犯罪均无异议，因此公诉意见未对该问题展开论述。

（二）退赃数额认定

曹某及其辩护人虽然对检察机关认定共同犯罪不持异议，但对其中收受连某友财物的数额认定存在异议，要求明确该笔事实中每个受贿人实际收到的具体数额。对此，公诉人在发表公诉意见时，通过"七清一不清"，从证据印证以及逻辑悖论等角度，阐明曹某等三人收受连某友570万元的事实清楚，证据确实充分，只是各自实得数额证据有所欠缺；从共同犯罪的认定、定罪证明标准和酌定量刑情节证明标准的区别，阐明曹某具体分赃数额不影响共同收受事实的认定。针对辩护人提出的退赃问题，公诉人亦从三人事先约定的分赃比例以及罪责刑相适应角度，明确按照分赃比例退出违法所得。此外,针对曹某关心的房屋、车辆能否解除强制措施的问题,公诉人亦在公诉意见中提出了明确的涉案财产处置意见。

(三) 释法说理,追赃挽损

本案检察机关释法说理贯穿于案件审查及提起公诉全流程。在案件审查环节,由于涉案金额特别巨大,检察机关在审查起诉过程中多次提审,在讯问过程中积极向曹某及该系列案件其他涉案人员释法说理,运用"在提起公诉前积极退赃"这一法定从轻情节以及认罪认罚从宽制度,督促曹某等犯罪嫌疑人积极退出违法所得。在该系列案件中,检察机关追回违法所得现金共计900万余元。在庭审环节,曹某提出自己不是国家工作人员、没有从事公务的辩解。针对该法律性质的辩解,公诉人在发表公诉意见时讲明曹某身份的双重性,其既是国有公司的处室负责人,又是国有公司委派到出资企业的董事,双重身份均符合国家工作人员的形式要件。而在"从事公务"的实质层面,公诉人通过举例的方式,向曹某阐明职权既包括最终决定权,也包括程序性权力。

该案法院判决全部采纳检察机关意见,曹某自愿认罪认罚,并退出违法所得。检察机关向××投资公司制发检察建议,提示公司管理体制中存在的风险,提出强化源头防范、治理公司内部腐败的相关建议,得到公司采纳、整改。××投资公司专程赴工业园区检察院赠送锦旗,对检察机关在办理该案过程中主动作为、严惩腐败的做法表示感谢,并专门针对该案制作警示教育片,由承办检察官释法说理,提升公司员工廉洁守法意识。

【专家点评】

这是一起认定共同受贿的典型案例。本案公诉意见书叙事清晰、重点突出、说理透彻、定性准确,具体而言在以下几个方面具有可圈可点之处:

(一) 结构安排合理,重点突出

本案的一大亮点是从认定单独受贿转变为认定曹某与陈某鸣、周某三人共同受贿。其中一大难点在于准确认定三被告人的事后分赃数额,以妥当设置追赃比例。对此，本篇公诉意见书开篇即着重写明本案系共同受贿之性质，简短而清晰地阐明了三名被告人事前通谋的具体约定内容及受贿数额。紧接着，对曹某的国家工作人员身份认定与三人间具体的受贿数额两个在控辩过程中存在争议的问题展开释法说理，尤其是针对三人间的分赃数额证明文书着墨颇多，用证据事实上的"七清一不清"分点列明了数额认定上的薄弱环节和审查重点，详略安排得当，审查重点清晰，使人一目了然。

（二）说理严谨细致，善用修辞

本篇文书在曹某国家工作人员身份及数额认定的论证上，能够妥当结合法理、情理，缜密运用逻辑推理，就庭审过程中的争议点叙明事实原委，阐明控方立场，能够清晰辨明不同事实要素之间的规范意义。例如，文书中强调不能因为周某事后态度较好，供述清楚就将追赃重点聚焦于其身上，而必须严格依照其在共同犯罪中所起作用的大小、证据证实的分赃数额予以准确认定。另外，在回应被告人曹某对项目招投标没有最终决定权，故不具有相应职权的辩解上，该文书巧妙列举在刑事诉讼中法院具有最终定罪量刑权，但检察机关仍然身负诸项重要程序性权力的例子，予以反驳论证，从形式和实质两个方面认定曹某具有审批审核流转职权，属于国家工作人员，令人印象深刻。

（三）案件警示深刻，富有温度

本篇文书在最后的警示部分也颇有亮点。文书中没有一味地指责被告人，而是先回顾了被告人学习成长中的苦难与辉煌，描述了其原本温馨美满的家庭幸福生活。而后笔锋一转，直指贪腐之后带给被告人人生的巨大转变。这样的巨大反差更加容易引起被告人和社会公众的共鸣，鲜明地体现贪腐所造成的巨大危害，给人以更加强烈、深刻的印象。最后，对被告人发出语重心长的呼唤，希望其认真吸取教训，重新成为一名对社会有贡献的人，充分彰显了司法的温度和检察文书的教育功能。

（点评人：黎宏，清华大学法学院教授、博士生导师）

27. 吕某亮、张某文抢劫、强制猥亵案公诉意见书

【简要案情】

2022年7月，吕某亮与张某文预谋抢劫，并准备电棍、胶带、毛巾、酒精等作案工具。2022年8月2日上午9时许，吕某亮、张某文驾驶牌照号为津×××××××的大众朗逸牌汽车行驶至本市河东区××东路××园区附近物色抢劫目标。发现途经该处的被害人赵某后，吕某亮使用喷洒酒精的毛巾捂其口鼻，与张某文相互配合，将赵某强行劫持至汽车内，并使用电棍电击、胶带捆绑四肢、言语恐吓等方式控制赵某，后驾车将赵某带至空港某偏僻地点。期间，吕某亮操控被害人赵某手机，通过微信零钱转账、理财赎回、信用卡套现等方式强行劫取赵某账户内52060元。通过手机贷款、刷单套现等方式欲获取赵某账户内122725.9元，因验证失败等原因未得逞。后为防止赵某报警，吕某亮、张某文通过言语威胁迫使赵某自行脱光衣服，由张某文拍摄全裸照片多张。期间，吕某亮用手触摸赵某大腿部位。当日17时许，吕某亮、张某文将赵某送回本市河东区××东路××园区附近，后驾车离开。经天津市公安局物证鉴定中心鉴定：（一）送检的方向盘拭子中检出的STR分型，与张某文的血样在D3S1358等22个基因座基因相同，其似然率为$2.3433*10^{30}$。（二）送检的毛巾粘取滤膜中检出的STR分型，与赵某的血样在D3S1358等23个基因座基因相同，其似然率为$1.8929*10^{29}$。（三）送检的汽车左后座拭子中检出混合基因型，包含赵某、张某文的DNA分型。经天津市法医学鉴定中心鉴定：被鉴定人赵某胸部、右肘、双腕部及双手的损伤，未达到轻微伤标准。

【诉讼过程】

吕某亮、张某文抢劫、强制猥亵一案，由报案人邓某某于 2022 年 8 月 2 日报案至天津市公安局河东分局。天津市公安局河东分局经审查，于同年 8 月 3 日立案侦查，并于当日先后将吕某亮、张某文抓获归案。同年 9 月 1 日，天津市公安局河东分局以吕某亮、张某文涉嫌抢劫罪商请河东区人民检察院介入。河东区人民检察院介入后，向天津市公安局河东分局制发《要求说明不立案理由通知书》，要求公安机关说明吕某亮、张某文涉嫌强制猥亵罪的不立案理由。后公安机关就吕某亮、张某文涉嫌强制猥亵罪主动立案侦查。2022 年 9 月 12 日，天津市公安局河东分局以吕某亮、张某文涉嫌抢劫罪、强制猥亵罪提请河东区人民检察院批准逮捕，同年 9 月 16 日，河东区人民检察院作出批准逮捕决定。同年 11 月 4 日，天津市公安局河东分局以吕某亮、张某文涉嫌抢劫罪、强制猥亵罪移送河东区人民检察院审查起诉。河东区人民检察院经审查，于 2022 年 11 月 29 日向天津市河东区人民法院提起公诉。2022 年 12 月 12 日天津市河东区人民法院依法不公开审理此案，河东区人民检察院派员出庭支持公诉。

同年 12 月 16 日，天津市河东区人民法院以抢劫罪判处吕某亮有期徒刑 8 年，并处罚金人民币 2 万元；以强制猥亵罪判处有期徒刑 1 年 2 个月，数罪并罚，决定执行有期徒刑 8 年 8 个月，并处罚金人民币 2 万元。以抢劫罪判处张某文有期徒刑 7 年，并处罚金人民币 2 万元；以强制猥亵罪判处有期徒刑 1 年，数罪并罚，决定执行有期徒刑 7 年 6 个月，并处罚金人民币 2 万元。

【文书全文】

天津市河东区人民检察院
公诉意见书

审判长、审判员、人民陪审员：

根据《中华人民共和国刑事诉讼法》第一百八十九条、第一百九十八条和第二百零九条等规定，我们受天津市河东区人民检察院的指派，代表本院，以国家公诉人的身份，出席法庭支持公诉，并依法对刑事诉讼实行法律监督。现对本案事实证据、法律适用以及量刑建议发表如下意见。

一、本案犯罪事实清楚，证据确实、充分

本院起诉书全面、客观、公正地指控了被告人吕某亮、张某文的犯罪事实。在法庭调查阶段，公诉人针对起诉书指控的被告人吕某亮、张某文构成抢劫罪、强制猥亵罪的犯罪事实，依法讯问了被告人吕某亮、张某文，宣读了被害人赵某的陈述、证人董某飞、邓某超、马某等人的证言，出示了犯罪工具电棒、胶带、毛巾等物证照片，天津市第三中心医院病历记录、110接警记录单、赵某银行账单流水等书证，被害人赵某伤情照片、裸照照片等视听资料以及现场勘验笔录、鉴定意见等证据。这些证据经过当庭举证、质证，证据来源合法，内容客观真实，与待证事实之间具备关联性，而且在案证据相互印证，形成了完整的证明体系，足以证实我院起诉书所指控的被告人吕某亮、张某文所实施的抢劫、强制猥亵的犯罪事实清楚，证据确实、充分。

（一）关于抢劫罪的事实认定与证据分析

1. 被告人当场劫取被害人账户内钱财，具有非法占有目的。

本案现有证据证实，被告人控制赵某后，由吕某亮控制赵某的手机并操作转账，通过赎回被害人银行理财、微信零钱提现、信用卡套现等方式，将被害人账户内的多笔资金统一汇入被害人中国银行账户，后一次性转账给计某明50500元，给被害人赵某造成了直接的财产损失。被告人吕某亮供认系用于偿还个人欠款，而计某明证实该50500元系出售游戏币的收入，虽然证人计某明的证言与被告人吕某亮的供述有所出入，但被告人劫取钱财后的具体用途并不影响对其非法占有目的的认定。

2. 被告人为劫取被害人财物而当场使用了暴力、胁迫方法。

本案现有证据足以证实被告人吕某亮、张某文相互配合，通过使用捂嘴、电棍电击、胶带捆绑四肢、言语威胁等暴力、胁迫手段，将被害人劫持在汽车内控制被害人，被害人因恐惧而不敢反抗、不能反抗，被告人的暴力、胁迫手段已达到足以压制被害人反抗的程度。

3. 关于本案抢劫数额的认定。

被告人吕某亮、张某文抢劫被害人财物既遂数额52060元，未遂数额122725.9元。

第一，关于既遂数额52060元的认定。本案现有证据可以证实被告人吕某亮使用被害人赵某的手机，赎回其中银理财21150.93元、微信零钱提现12310.59元、信用卡套现16998元（扣除1360元套现手续费后，返现入账15638元），将赵某的上述多笔资金汇入赵某中国银行账户（赵某中国银行账户原有余额4176.16元），后一次性转给计某明50500元。另有通过微信支付方式向"农垦石油"转账200元。

需要说明的是，关于1360元的套现手续费也应作为抢劫数额一并计入既遂数额。鉴于信用卡的特殊性，吕某亮联系他人以刷单透支的方式获取被害人信用卡内的钱财。虽然刷单透支只获得返现15638元，未实际占有所支付的手续费1360元，但刷单透支的行为已使被害人信用卡产生消费账单16998元，由被害人承担还款义务，给被害人造成财产损失，因此该1360元手续费理应计入犯罪数额，此外被告人吕某亮明知信用卡套现会扣除手续费，为此1360元手续费也可以评价为被告人为获取信用卡内的钱财所支付的犯罪成本，不予扣除，一并计入抢劫既遂数额。被害人赵某实际遭受损失共计50500+16998-15638+200=52060元。因此本案抢劫罪既遂数额应认定为52060元。

第二，关于未遂数额122725.9元的认定。被告人通过赵某的微粒贷贷款22000元，该笔资金未转走。被告人欲通过赵某的支付宝交易18000元、17999元、15000元，通过京东商城交易19999元，上述四笔均交易失败；通过中国银行赎回的一笔理财20227.9元，8月4日才到账，该笔资金未转走；要求被害人借款9500元，但到账后被害人未领取。上述22000元、18000元、17999元、15000元、19999元、20227.9元以及9500元应认定为未遂数额，共计122725.9元。此外，关于被告人通过被害人中国银行e贷款获批7.7万元信用额度不宜认定为未遂数额，额度系贷款银行批准的贷款限额，但在案证据无法证实被告人在此额度内欲贷款或者申请贷款的实际数额，根据存疑有利于被告人的原则，该7.7万元贷款额度不宜认定为未遂数额。

第三,被告人张某文也应对上述数额承担责任。被告人吕某亮操作被害人赵某的手机,非法占有赵某账户内钱财用于偿还个人欠款,虽然被告人张某文未实际获得钱财,但二被告人系共同犯罪,根据部分实行全部责任的共同犯罪理论,被告人张某文需要对共同犯罪数额承担刑事责任。

(二)关于强制猥亵罪的事实认定与证据分析

1. 被告人使用"胁迫"方法猥亵他人,具有强制性。

一方面,现有证据可以证实被告人吕某亮、张某文在实施抢劫行为过程中对被害人赵某使用了暴力。在被告人要求被害人脱光衣服并拍裸照的过程中,虽未直接使用"暴力"方法,但被告人为实施抢劫行为而使用的暴力所造成的被害人不敢反抗、不能反抗状态仍在持续,被告人系对前述暴力行为造成的侵害状态的进一步利用,具有强制性。

另一方面,被告人威胁被害人脱光衣服并拍裸照之后才能离开,并以此威胁赵某不能报警,被害人系基于恐惧心理不敢反抗,为了尽早离开才被迫答应脱光衣服并拍裸照,据此可以认定被告人使用了胁迫方法,该威胁行为具有强制性,并且已达到足以压制被害人反抗的程度。

2. 被告人迫使被害人自行脱光衣服并拍摄裸照,期间被告人用手触摸被害人大腿,该行为当然应认定为猥亵他人的行为。

本案现有证据足以认定二被告人强行让被害人赵某自行脱光衣服并为其拍摄全裸照片,期间吕某亮用手触摸被害人赵某大腿部位,虽然与传统意义上的猥亵行为有所区别,但并无本质区别,当然应评价为猥亵行为。

一方面,虽然被害人的衣服系自行脱光,但系因二被告人的胁迫而不敢反抗,被告人的胁迫具有强制性,这与被告人强行扒光被害人衣服具有同质性,直接侵犯被害人的性羞耻心。

另一方面,被告人张某文为被害人拍摄全裸照片,被告人吕某亮用手触摸被害人大腿,清晰拍摄被害人隐私部位,更是对被害人性自主决定权和性羞耻心的直接侵犯,其危害性与传统的对被害人身体、性器官等实施的猥亵行为没有本质区别。

二、本案被告人的定罪及法律适用分析

被告人吕某亮、张某文系共同犯罪,均应以抢劫罪、强制猥亵罪追究刑事责任,数罪并罚。

(一) 应当以抢劫罪、强制猥亵罪追究被告人吕某亮、张某文的刑事责任

1. 被告人吕某亮、张某文以暴力、胁迫方法抢劫他人财物,其行为均已触犯《中华人民共和国刑法》第二百六十三条之规定,应以抢劫罪追究刑事责任,既遂数额52060元,未遂数额122725.9元。

抢劫既有既遂又有未遂,犯罪既遂部分与未遂部分分别对应不同法定刑幅度的,应当先决定对未遂部分是否减轻处罚,确定未遂部分对应的法定刑幅度,再与既遂部分对应的法定刑幅度进行比较,选择适用处罚较重的法定刑幅度,并酌情从重处罚。本案中,犯罪既遂数额与犯罪未遂数额分别对应不同的法定刑幅度,应分别量刑,依照处罚较重的规定处罚。本案应认定为犯罪既遂,既遂数额52060元,对于122725.9元数额巨大的犯罪未遂部分,作为量刑情节酌情从重处罚。

2. 被告人吕某亮、张某文使用胁迫方法强制猥亵他人,其行为均已触犯《中华人民共和国刑法》第二百三十七条第一款之规定,应以强制猥亵罪追究刑事责任。

(1) 二被告人"为防止被害人报警"的主观目的不影响强制猥亵罪的认定

其一,传统观点认为,成立本罪需要行为人主观上具有刺激或满足性欲的内心倾向或动机。但该观点具有一定的局限性,不符合司法实践的现实需要。如若将本罪的成立限定在"具有刺激或满足性欲"这一主观超过要素,那么对于实践中某些不具有该动机或内心倾向却严重侵犯他人性自主权的行为得不到应有的处罚,势必会不当缩小处罚范围,不利于法益保护。

其二,强制猥亵罪保护的法益是性自主权,其本质在于猥亵行为对他人性自主权的侵害。被害人性自主权是否受到侵犯与行为人的主观动机无关,而是取决于被告人实施的具有性指向性的强制行为。即使被告人实施猥亵行为时没有出于刺激或者满足性欲的内心倾向,其行为在客观上也对他人性自主权造成实质性的侵犯。本案中,无论出于何种目的,被告人吕某亮、张某文的行为在客观上已经对被害人赵某的性自主权造成了侵害。

其三,犯罪目的与犯罪动机虽然都是被告人的主观心理活动,但属

于两个不同的概念。犯罪目的是行为人希望通过实施犯罪行为以实现某种危害结果的心理状态或者心理愿望,而犯罪动机是推动行为人实施犯罪行为以达到犯罪目的的内在动力或内心冲动。具体到本案中,虽然被告人实施拍摄裸照行为时的犯罪目的是"防止被害人报警",但从实施的客观行为来看,直接认定其具有出于刺激或满足性欲的内心倾向或者犯罪动机也符合社会公众一般认知。

(2) 二被告人的行为不应认定为强制侮辱罪

规范意义上,强制猥亵行为和强制侮辱行为具有同一性,但这并不代表强制猥亵罪与强制侮辱罪保护的法益完全相同。一般认为强制侮辱罪中的"侮辱妇女",主要指对妇女实施猥亵行为以外的,损害妇女人格尊严的淫秽下流、伤风败俗的行为。例如,多次偷剪妇女发辫、衣服,向妇女身上泼洒腐蚀物、涂抹污物,故意向妇女显露生殖器,追逐、堵截妇女等手段侮辱妇女的行为。可见,从立法原意的角度看,强制侮辱罪与强制猥亵罪更多体现的是一种位阶的关系,强制侮辱罪对妇女性权利的侵犯的程度低于强制猥亵罪,行为人实施的淫秽下流、伤风败俗的行为更多侵犯的是妇女的人格尊严。因此,从法益保护角度而言,本案中被告人吕某亮、张某文的行为若评价为强制侮辱行为,则不能全面评价二人的行为性质、恶劣程度以及社会危害性。

(二) 本案系共同犯罪,应以抢劫罪、强制猥亵罪数罪并罚,二罪之间不具有牵连关系、吸收关系

1. 本案系共同犯罪,不区分主从犯。

本案系共同犯罪,应适用《中华人民共和国刑法》第二十五条第一款之规定。被告人吕某亮、张某文在实施抢劫、强制猥亵犯罪行为过程中,相互配合,分工不同,对危害结果发生、法益的侵害均具有实质促进作用,地位作用相当,不宜区分主从犯。

2. 抢劫罪、强制猥亵罪,二者之间不具有牵连关系。

被告人吕某亮、张某文实施的强制猥亵行为与抢劫行为不具有牵连关系。一方面,不是任何手段行为与目的行为结合起来就构成牵连犯,手段行为与目的行为的牵连关系应具有通常性的特征,而本案的强制猥亵行为并非抢劫罪通常性的手段行为。另一方面,在牵连犯中,行为人

所实施的手段行为对目的行为的实现具有直接、现实和实质的促进、帮助作用，在行为人的预想范围内，其实施的手段行为是实现目的行为的必要条件，离开手段行为，其目的行为就难以实现。本案中被告人所实施的强制猥亵行为不是为了更好或者更顺利地完成抢劫行为。在案证据可以证实被告人实施的强制猥亵行为是在抢劫行为完成之后，系出于防止被害人事后报警的目的，而不是为了获取财物，是在抢劫犯罪既遂之后实施。因此，本案中强制猥亵行为与抢劫行为不具有牵连关系。

3. 抢劫罪、强制猥亵罪，二者之间不具有吸收关系。

被告人吕某亮、张某文实施的强制猥亵行为与抢劫行为不具有吸收关系。吸收犯是指行为人的某个犯罪行为，是其他犯罪当然或者盖然性的经过过程或者结果，进而被其他犯罪行为吸收，不独立成罪的情况。吸收犯的主要类型：（1）必经阶段；（2）组成部分；（3）当然结果。吸收关系的主要类型：（1）重行为吸收轻行为；（2）实行行为吸收预备行为；（3）主行为吸收从行为。本案中，被告人吕某亮、张某文在抢劫罪既遂之后实施的强制猥亵行为，非抢劫行为的必经阶段、组成部分或者当然结果，猥亵行为非抢劫行为当然或者盖然性的经过过程或者结果，当然不应认定二者之间具有吸收关系。

综上，本案系共同犯罪，对被告人吕某亮、张某文应以抢劫罪、强制猥亵罪数罪并罚，适用《中华人民共和国刑法》第六十九条第一款之规定。

三、被告人行为的社会危害性分析

本案中，被告人吕某亮、张某文所实施的抢劫、强制猥亵行为，均是对公民人身、财产法益的直接侵犯，严重影响人民群众的安全感，二被告人犯罪情节恶劣，危害后果严重，具有严重的社会危害性。

一是被告人光天化日作案，触目惊心。本案案发于2022年8月2日上午9时许，地点为本市河东区××东路××园区附近。被告人在白天人流密集的时间和路段物色并随机选择抢劫目标，当被害人与吕某亮擦肩而过时，却被捂住口鼻，推至车内。被告人光天化日公然拦路劫持被害人，严重影响人民群众安全感。

二是犯罪持续时间长，犯罪手段恶劣。被告人将被害人劫持至车内，并使用胶带捆绑四肢，使用电棍电击，言语恐吓，时间从上午9时许持续至下午17时许，持续时间长久。而在抢劫行为既遂之后，又强迫被害人脱光衣服，为其拍摄裸照，触摸被害人大腿。被告人的犯罪手段之恶劣、犯罪持续时间之长，严重侵犯被害人的身心健康以及财产安全。

三是预谋作案在先，试探报警在后，无视法律权威。二被告人在今年七月份便预谋抢劫，并准备作案工具。在实施此次犯罪行为之前，曾两次前往×江附近物色抢劫目标。在本次案发当日实施抢劫行为之后，还将被害人送至派出所，以试探被害人是否报警，且被告人吕某亮跟随前往。可见，被告人主观恶性较深，无视法律权威。

四是被告人态度冷漠，推卸责任、避重就轻。被告人张某文、吕某亮虽然对抢劫的事实和过程予以认可，但对部分细节避重就轻、推卸责任。而对于胁迫被害人脱光衣物为其拍摄裸照的行为，二被告人态度冷漠，辩解系被害人自行脱光衣服，并未深刻认识到其行为对被害人的身心所造成的严重伤害。

四、对被告人的量刑意见

1. 被告人吕某亮、张某文构成抢劫罪，既遂数额52060元，法定刑为三年以上十年以下有期徒刑，并处罚金；未遂数额122725.9元是数额巨大的未遂，作为量刑情节酌情从重处罚。

2. 被告人吕某亮、张某文以胁迫方法强制猥亵他人，构成强制猥亵罪，法定刑为五年以下有期徒刑或者拘役。

3. 被告人吕某亮的家属已代为退赔被害人损失52060元，但被害人不予谅解，可酌情从轻处罚。被告人吕某亮曾因盗窃罪被判处刑罚，酌情从重处罚。

4. 被告人张某文未实际取得所劫取的财物，同案犯吕某亮的家属已退赔被害人遭受的损失，对张某文可酌情从轻处罚。

5. 被告人吕某亮、张某文自愿认罪认罚，并签署认罪认罚具结书，可以从宽处罚。

综上所述，根据被告人的犯罪性质、危害后果、地位作用、主观恶性以及认罪悔罪态度、退赔被害人损失等情节，建议判处被告人吕某亮抢劫罪有期徒刑八年，并处罚金；强制猥亵罪有期徒刑一年二个月；数罪并罚，执行有期徒刑八年八个月，并处罚金。建议判处被告人张某文抢劫罪有期徒刑七年,并处罚金;强制猥亵罪有期徒刑一年;数罪并罚,执行有期徒刑七年六个月,并处罚金。

五、庭审教育

尊敬的审判长、审判员、人民陪审员,今天,被害人赵某因无法面对两个穷凶极恶的歹徒而未到庭参加诉讼。我们无法让其当面说出那段时间的经历,无法听到其对二被告人的亲口控诉。但经过今天的庭审,我们可以感触到她在那漫长的八小时里所经历的痛苦、恐惧和绝望。荒凉的郊野、密闭的空间、紧紧的束缚、苦苦的哀求,一个女人在两个男人面前艰难求生。更让其无法接受的是,钱财损失之后又面临性的侵犯。随着时间的一点点流逝,赵某的无助让其只能选择配合脱光衣物,任由摆布。

这起案件不仅是对被害人人身、财产安全的严重侵犯,也是对人伦底线的漠视践踏,更是对法律和秩序的公然挑衅。在任何一个法治社会,我们都应对被告人施以刑罚,予以警示。同时,也希望通过庭审唤醒被告人的良知。

被告人吕某亮、张某文,你们原本也有一个幸福美满的家庭、收入颇丰的工作,能够在而立不惑间孝顺父母、体贴妻子、关爱孩子。在误入歧途、负债累累之后,你们想的不是通过自己的努力和辛勤劳动弥补过失,却要以身试法。因为你们的一时贪念,一段不堪回首的经历,给被害人留下了无尽的痛苦;因为你们的公然作案,光天化日掳人劫财,平和的公共秩序被肆意破坏,给我们最为强烈的冲击与震撼;因为你们的冷漠无情,抢劫后竟又强行拍摄裸照,朴素的伦理道德已荡然无存,让我们不得不再次直面人性中最阴暗的一面。

已经发生的事实无可挽回,已经破碎的关系无法粘合,希望通过本次庭审能够给你们以深刻的警醒:敬畏法律、恪守道德。希望你们在今后的日子里能够反躬自省、常思己过,深刻认识自己的行为给他人、社会造成的不良影响,真正反省罪错。

公诉意见发表完毕。

20××年×月×日当庭发表

【承办检察官心得体会】

该案系一起恶性案件。吕某亮、张某文预谋抢劫、物色目标、在公共场所公然实施。抢劫既遂后又另起犯意实施强制猥亵行为。吕某亮、张某文实施的抢劫、强制猥亵行为是对公民人身、财产法益的直接侵犯,严重影响人民群众安全感。作为诉讼活动过程与成果载体之一的公诉意见书,在指控吕某亮、张某文的犯罪行为时,不仅要做到事实认定清楚、表达严谨细致、法律适用正确、释法说理透彻,还要在有力揭示犯罪、传达检察机关依法办案理念的同时,兼顾天理、国法、人情,用真挚的情感唤醒被告人良知,力求达到法律效果和社会效果相统一。

(一)综合运用在案证据,围绕待证事实与犯罪构成要件,简明扼要、详略得当指控分析认定,有力把握准度

公诉意见书中的定性分析不同于案件审查报告。在发表公诉意见时,不能照抄照搬审查报告中的证据和定性分析,应根据庭审过程和实际状况,精准地向法庭和各诉讼参与人传递检察机关的定罪量刑依据。结合犯罪构成要件要素,没有争议的部分可以简明扼要叙述。对案件定性量刑有重要意义的部分要重点、详尽表述。最终目的就是要实现内容明了、逻辑清晰、证明有力,保证庭审效果。

(二)准确把握争议焦点,在坚持证据裁判的基础上,将理论与实践相结合,切实展示深度

吕某亮、张某文的行为是否构成强制猥亵罪,是本案最大的争议焦点。本案在处理过程中,存在着强制猥亵罪、强制侮辱罪以及强制猥亵、侮辱罪三种不同的处理意见。对此,检察机关综合运用在案证据,结合刑法理论,通过对强制猥亵罪法益、主观超过要素以及行为性意义的实质判断三方面的分析,准确认定吕某亮、张某文所实施的非典型强制猥亵行为构成强制猥亵罪。除此之外,检察机关在发表公诉意见时也充分考虑了本案涉及罪数关系问题,将理论与实践相结合,就抢劫罪与强制猥亵罪数罪并罚、牵连关系、吸收关系进行了详尽说明,切实做到了论理有据、判断正确。

(三) 深入分析行为的社会危害性，兼顾指控犯罪的严肃与人文色彩的关怀，充分彰显温度

发表公诉意见时，对行为社会危害性以及行为人主观恶性的分析不是重点内容，应根据被告人在庭审中的供述情况、认罪悔罪态度等综合考量，视情况在公诉意见中发表。本案中，吕某亮、张某文虽能如实供述抢劫的主要犯罪事实，但在部分细节上仍存在避重就轻、互相推诿的情况。对于强制猥亵行为，二被告人更是不能正视自己的行为，态度冷漠，未深刻认识到自己的行为给被害人身心造成的严重伤害。基于此，检察机关在发表公诉意见时，深入分析了行为的社会危害性和主观恶性，体现了指控犯罪的严肃性。但法律不是冷冰冰的纸面条款，司法行为也有温度。检察机关在指控犯罪时，也应充分考虑被告人的畏罪心理，通过对天理、国法、人情的运用，直面人性，晓之以理、动之以情，体现人文色彩，充分发挥刑罚特殊预防功能。

【专家点评】

公诉意见书是检察机关指派的公诉人在法庭辩论阶段对证据和案件情况集中发表意见时使用的法律文书。本案案情看似简单，实际涉及罪与非罪的区分、此罪与彼罪的区分、犯罪停止形态、共同犯罪形态、罪数形态等诸多复杂疑难问题。本篇公诉意见书很好地发挥了补充起诉书的指控、总结归纳法庭调查内容等功能。

(一) 很好地论证了强制猥亵罪的罪与非罪问题

一方面是性动机是否属于构成要素。中外刑法理论和司法实务中，对强制猥亵犯罪是否应以性动机为构成要素均存在争议。"否定说"已经成为日本刑法理论和实务的通说。公诉意见书基于"法益侵害说"的立场，对之进行了较为充分的分析论证。有助于促使我国刑法理论和实务在强制猥亵罪是否属于倾向犯的问题上进行与时俱进的深入思考。另一方面是是否存在强制行为。公诉意见书从被告人对先前抢劫的暴力行为造成的被害人不敢反抗、不能反抗侵害状态的进一步利用和以不自行脱光衣服让拍照就不让其离开的恶害通告两个角度，论证被告人存在胁迫型强制猥亵行为。

（二）有力地论证了共同犯罪问题

基于"部分实行全部责任"原则，有力地论证了被告人张某文虽然未实际获得钱财也构成抢劫罪的共同犯罪和虽然未触碰被害人身体但负责拍摄裸照也构成强制猥亵罪的共同犯罪的合理性。

（三）有力论证了罪数问题

正确处理二被告人所构成的抢劫罪和强制猥亵罪之间的罪数关系，即应当从一重罪处断还是数罪并罚，也是本案的关键。针对辩方可能提出的不应数罪并罚的意见，有针对性地进行了否定：一方面，坚持"在行为人的预想范围内，手段行为是实现目的行为的必要条件"是牵连犯的核心特征的立场，得出本案不构成牵连犯的结论；另一方面，坚持"一个犯罪是其他犯罪的必经阶段、组成部分或者当然结果"是吸收犯的核心特征的立场，得出本案不构成吸收犯的结论。进而得出本案应当按抢劫罪和强制猥亵罪进行并罚的结论。

（四）基于罪责刑相适应原则和宽严相济刑事政策有力论证了量刑中的关键问题

首先，对有犯罪前科、抢劫罪在按照既遂部分的量刑幅度处刑时还存在数额特别巨大的未遂、在白天人流密集的时间和路段作案、持续时间长、犯罪手段恶劣等从重量刑情节进行了列举和证明。其次，对已退赔被害人损失、自愿认罪认罚等从轻情节进行了列举和证明。再次，根据有关司法解释性文件，基于事实和证据，指明二被告人在共同犯罪中地位、作用相当，不宜区分主从犯。

（点评人：陈志军，中国人民公安大学法学院
副院长、教授、博士生导师）

28. 张某刚等 5 人污染环境案公诉意见书

【简要案情】

2013年6、7月间,被告人张某刚、史某宾、洪某(另案处理)、李某(另案处理)共同商议从××环保一公司拉出油泥进行销售谋利。后由洪某通过被告人敖某联系到××环保一公司经理刘某锋,敖某在刘某锋已告知其两高司法解释出台,洪某资质不合格的情况下,仍然给洪某说情,让刘某锋给其提供油泥。被告人刘某锋和刘某廷(原××环保一公司副经理)明知上述人员无危险废物经营许可证,不具备贮存、处置危险废物能力和条件的情况下,在2013年×月×日至×月×日期间让上述人员从××环保一公司2号坑中运出约6000吨油泥。

被告人张某刚、史某宾、洪某(另案处理)、李某(另案处理)在未采取任何防污措施的情况下,将油泥非法存放于不具备安全贮存条件的大洼××镇、××镇三处场地内,并陆续将其中部分油泥装入编织袋压干水分制成干油泥后对外出售,该处置行为致使含水油泥直接渗入无任何防渗漏措施的土壤内。经盘锦检验检测中心检测,存放油泥的清水场地内所采集的土壤样品内含石油烃,对环境造成严重污染。依据《国家危险废物名录》,油泥属于危险废物,危险废物名录为HW08。

【诉讼过程】

2020年7月27日盘锦市公安局大洼分局向盘锦市兴隆台区人民检察院移送审查起诉刘某锋、刘某廷、张某刚、史某宾污染环境案,2020年11月3日向该院移送敖某涉嫌污染环境案,后两案并案处理,于2021年1月21日向盘锦市兴隆台区人民法院提起公诉,盘锦市兴隆台区人民法院于2021年8月20日以(2021)辽1103刑初32号判决书判处五名被告人有期徒刑 5 年，罚金 10 万元，判决后，各被告人上诉，盘锦市中级人民法院于 2021 年 12 月 30 日裁定驳回上诉，维持原判。

【文书全文】

辽宁省盘锦市兴隆台区人民检察院

公诉意见书

审判长、审判员（人民陪审员）：

根据《中华人民共和国刑事诉讼法》第一百八十九条、第一百九十八条和第二百零九条等规定，我（们）受盘锦市兴隆台区人民检察院的指派，代表本院，以国家公诉人的身份，出席法庭支持公诉，并依法对刑事诉讼实行法律监督。现对本案证据和案件情况发表如下意见，请法庭注意。

本案的犯罪事实已经在起诉书中做了详尽的阐述，在刚才的法庭调查阶段，公诉人围绕起诉书指控的犯罪事实分别讯问了被告人、出示了各被告人的供述、证人证言、书证、鉴定意见、辨认笔录等相关证据材料，上述证据均系来源合法，内容客观真实，证据之间能够相互印证，已经形成了严密完整的证据体系，能够充分证实起诉书所认定的本案五名被告人的所有犯罪事实，为了更好的履行公诉人职责，进一步揭露犯罪，公诉人发表如下公诉意见，望合议庭在评议时能充分考虑，并予以采纳。

一、本案犯罪事实清楚，证据确实充分，足以认定五名被告人构成污染环境犯罪

刑法第 338 条规定，污染环境罪是指违反国家规定，排放、倾倒或者处置放射性的废物、含病原体的废物、有毒物质或者其他有害物质，严重污染环境的行为。

首先，从客观行为来讲，被告人洪某（另案处理）、张某刚、史某宾共同实施了处置危险废物的行为。

第一，根据《固定废物污染防治法》第 124 条第（九）项的规定，处置行为是指将固体废物焚烧和用其他改变固体废物的物理、化学、生物特性的方法达到减少已产生的固体废物数量、缩小固体废物的体积、减少或者消除其危险成分的活动或者将固体废物最终置于符合环境保护规定要求的填埋场的活动。

从李某供述和证人王某君的证言可知，洪某等被告人将油泥从××环保一公司运出后即堆放在××、××等场地，后采取将油泥装袋之后放置，并通过装袋之后的油泥一袋压一袋的方式，将油泥中的水分通过重力的作用挤出，通过这种方式压实水分，达到得到干油泥的目的，含油水分即渗入地下，后向外出售，这一行为系用物理的方法达到缩小固体废物体积、减少固体废物数量的行为，属于处置行为，而非贮存行为。

第二，对于处置行为的理解，2016年司法解释第一条第二项中规定了非法排放、倾倒、处置危险废物三吨以上即构成犯罪，而在第六条中又规定无危险废物经营许可证从事收集、贮存、利用、处置危险废物，严重污染环境的，因此两条都规定了处置危险废物，第一条处置3吨以上即构成犯罪，而第六条根据该司法解释的理解与适用要求对环境有实质性损害才能构成犯罪，两者存在什么区别，下面公诉人将向法庭示明。

处置行为根据上述的《固定废物污染防治法》可知处置的手段可以是物理的方法，也可以是化学的方法，根据《危险废物经营许可证管理办法》第三十一条第（四）项的规定，处置行为可以是焚烧、煅烧、烧结、裂解、中和、消毒、蒸馏、萃取、沉淀、过滤等方法，因此处置危险废物的情形多种多样，对污染物不同的处置方式，对环境的影响可能就会不同。在"丢弃""不再取回"等对污染物的"处置方式"中，原来的污染物只会发生形态的变化，地理位置的转移，其性质不会发生化学变化，污染物对环境的影响也只是原来的污染物本身对环境的影响，而在焚烧、消毒、利用等对污染物的处置方式中，并不是原来的污染物直接进入环境，而是在处置过程中导致原来的污染物化学性质发生变化产生了新的污染物，新的污染物进入环境，新的污染物对环境可能造成不同于原来污染物的影响，因此通过这种处置行为改变了原来污染物的化学性质的，需要对环境具有实质性损害的才能认定。而在排放、倾倒情形下，在污染物进入"不存在其他污染物"环境中的情况下，"排放、倾倒"污染物的行为不会使污染物的化学性质发生变化,此时污染物对环境的影响就是"排放、倾倒"污染物本身对环境的影响。而根据司法解释理解与适用的规定,即便是其他改变化学属性的方法,该实质性损害也采取相对宽泛的标准,即不一定要求达到司法解释规定的严重污染环境的情形,只要具有超标排放污染物、非法倾倒污染物或者其他违法造成污染的情况,就可以认定。

第三,本案中,洪某等各被告人采取的压实水分得到干油泥的行为,属于没有改变原来污染物的化学形态,只是改变了原来污染物的体积,且将油泥放置未做任何防渗措施的坑内,压实的油水混合物会渗入地下,其行为方式违反了国家规定和行业操作规定,且油泥露天堆放,直接和外环境进行了接触,会对土壤、大气以及水源产生影响。根据该案的证人证言可知,油泥当时在场地内到处扬散,清理时土壤里都是油泥,且根据环保局出具的检测报告显示,现今土壤中仍含有石油烃。因此综上所述,本案中的处置行为可以认定属于司法解释第一条第二项中的非法排放、倾倒、处置三吨以上,直接和外环境接触的处置行为,超过三吨就可以直接认定为严重污染环境的行为。

其次,本案中各被告人均具有污染环境罪的主观明知,分述如下:

第一,关于刘某锋、刘某廷的主观明知问题

根据《关于办理环境污染刑事案件有关问题座谈会纪要》的通知第三条关于主观过错的认定:"判断犯罪嫌疑人、被告人是否具有环境污染犯罪的故意,应当依据犯罪嫌疑人、被告人的任职情况、职业经历、专业背景、培训经历等结合其供述,进行综合分析判断。实践中,具有下列情形之一的,犯罪嫌疑人、被告人不能作出合理解释的,可以认定为其故意实施污染环境犯罪……(5)将危险废物委托第三方处置,没有尽到查验经营许可证的义务,或者委托处置费用明显低于市场价格或者处置成本的。"

本案中被告人刘某锋、刘某廷系原××环保公司的主要负责人,原××环保公司系国有专业危险废物处置单位,作为这样单位负责人员,其从业背景、职业经历,不可能不知道转移危险废物需要正规、专业的手续,处置危险废物唯一合法的手续即是《辽宁省危险废物经营许可证》。

根据《危险废物经营许可证管理办法》规定，许可证的申请主体必须是单位，个人无法申请。禁止挂靠、转让危险废物经营许可证，洪某当时所持的手续经在案证据证明系××油田公司内部市场准入证，法人代表为王某，处理油泥资质的范围为同意进入冷家从事储罐清污及油泥处理。由此可见洪某持有的所谓的手续并不是洪某本人的，经营范围也不是从事专业的油泥处理的手续，而刘某锋和刘某廷两人没有审慎审查洪某是否具有处置危险废物的资质，在明知他人未取得经营许可证的情况下，让他人处置危险废物，该他人接受危险废物后，由于其实际不具备相应的处置能力，往往将危险废物直接倾倒在土壤、河流中，严重污染环境，因此，刘某锋、刘某廷对严重污染环境的结果实际是持放任的心态。且《污染环境犯罪解释》第7条采取推定明知的证明方式，即只需要证明行为人明知对方无危险废物经营许可证或者超出经营许可范围即可，而无须证明行为人明知危险废物的接受方会实施后续的污染环境的行为。对于危险废物接受方实施的后续污染环境的行为，应当共同归属于危险废物提供方和接受方，以危险废物的共同犯罪论处。

第二，关于张某刚、史某宾的主观明知问题

在刚才的法庭调查中，被告人张某刚、史某兵辩称洪某给其看了××油田公司的手续，而且其相信××环保公司已经让运出来了，肯定是有合格的资质的，因此主张主观不明知，且其认为当时已经采取了防渗措施，买了塑料布铺在坑底，因此两被告人认为不能对环境造成污染。

首先，诚如被告人所言，其被洪某欺骗，认为洪某有资质，但是我们看到在后期处置油泥的过程中，在2013年×月×日拉油泥的现场，张某刚、李某、史某宾、洪某都在现场，对于如何拉走油泥，以及油泥被放置在××场地、××场地，以及对于油泥在现场是如何存放的都是清楚的。史某宾找来抓勾机，在现场挖了坑，挖坑之后油泥被放置在坑内，大洼县环保局出具的现场勘查显示，坑内未做任何防护措施，为三无措施的油坑。各被告人在对油泥在放置的过程中没有做任何特殊的防渗措施是明知的，被告人所辩解的坑内铺了塑料布，能够防止污染环境，根据刚才公诉人举证，张某刚供述称洪某当时买了红色条纹的毡布，铺在坑的底层，防止油向下渗，有的坑铺了，有的坑没有铺。另根据李某证言及当时向公安机关提供的笔记本证实买的布系彩条布,而不是两被告人所称的塑料布,本案也不可能买塑料布,因为本案之所以将油泥放置在坑内,是想通过压实水分,将水分渗入地下的方式获取干油泥,如果采取塑料布,则不利于水分下渗及蒸发,其垫布的目的是防止油下渗,即便今天被告人辩解在坑内做了防渗措施,买了塑料布铺在了油泥底下,也和《危险废物贮存污染控制标准》中要求的分类识别、分区暂存,室外场地应当设置封闭围堰,并采取防雨、防晒措施等要求相差甚远。按照社会的一般经验,对于危险废物的处理能是这样的处理方式吗?此种对环境的实质危害性和违法性是通常具有常识的人都是能认识到的。因此在该案中,张某刚、史某宾两人完全能够认识到其所实施行为的违法性,因此张某刚等人辩解称以为洪某手续合法的辩解及其采取了相应的措施,没有造成环境污染是不能成立的。

第三,关于敖某的主观明知问题

敖某构成污染环境罪的共犯,理由如下:

根据敖某2014年1月18日、2014年1月28日结合2015年8月5日的证言,三份证言证实了在刘某锋通知洪某停工之前刘某锋跟敖某说过十二运形势很严峻,而且现在司法解释下来了,再让洪某拉出油泥就是不合法的了,而在此种情况下,刘某锋仍然给洪某说情,再次到××岭和××公司拉出了6000吨油泥,根据刘某锋2015年7月30日证言证实2013年8月16日前两天,敖某带岳某安找我来求情,刘某锋没答应,他说有司法解释,洪某没有资质,法律不允许,碍于刘某锋的关系,又同意洪某拉出了两个地方的油泥,两者的陈述能够相互印证。敖某和刘某锋在此前作为证人身份时所作的证言,后期作为犯罪嫌疑人时向侦查机关所作的供述因其被告人的身份,往往存在避重就轻或者逃避打击的心理,较之两者,前者的证言的真实性更高,应当予以采信。

因此公诉人将敖某找刘某锋给洪某说情,将油泥拉出分为三个阶段,第一阶段系洪某通过敖某作为中间人,从××公司拉出油泥,此时敖某去问了刘某锋需要什么手续,刘某锋回复敖某称,需要清污手续还有油泥终端处理资质、无害化的手续(洪某污染环境卷一P23),后洪某提供了砖厂和××油田公司内部市场准入证,后刘某锋在没有严格审查洪某资质的情况下同意洪某拉出油泥，这是第一阶段。第二阶段，在刘某锋同意洪某进厂拉油泥之后，洪某私自在夜间拉油泥，把场地弄得很混乱，且在 2013 年 6 月 17 日以后两高的司法解释出台，洪某资质不合格，刘某锋就让刘某廷告诉洪某，不让洪某继续拉油泥了，在洪某停工之前刘某锋告诉敖某说过十二运形势很严峻，洪某资质不合格，不让他拉了，但是敖某继续找到刘某锋给洪某说情，为了补偿之前进场的损失，刘某锋安排洪某清理了××岭的两个油罐，此为第二阶段。第三阶段因洪某清理完××岭油泥之后还是赔钱，敖某再次让刘某锋安排洪某再干点清油泥的活，刘某锋这次才安排洪某在 2013 年 8 月 16 日至 19 日清理了 2 号坑的 6000 吨油泥。因此由以上三个阶段可知，在第一阶段，如敖某称不明知还有理由，但是在第二阶段中刘某锋明确告知洪某资质不合格的情况下，其又为洪某争取了拉××岭的油泥，第三次争取了 6000 吨油泥，其后两次拉油泥其主观明知是肯定的，在今天的庭审中敖某强调审查的义务及主体在于××公司的刘某锋，其就是一个介绍人的身份，试问，在刘某锋已经明确知道洪某资质不合法，已经不能再给他油泥的情况下，为什么刘某锋还要给呢，如果没有敖某在中间说情，刘某锋基于敖某的面子，洪某后两次能拉出油泥吗？敖某在洪某拉出油泥的过程中起到了举足轻重的作用，可以说没有敖某，洪某即拉不出油泥，也没有今天的污染环境的案件。因此通过在案证据能够证明在刘某锋告知敖某洪某资质不合法的情况下，敖某仍然向刘某锋求情要求其从××公司拉出油泥，且敖某当时为××公安分局政委，××环保一公司就在其所属辖区内，其明确知道××环保公司是危废处置公司，油泥是不允许随意倾倒的，一旦倾倒就会造成环境污染，那么在洪某没有资质的情况下，拉出来的就是危险废物，不可能有其他的东西。其就有可能认识到这种情况下洪某拉出油泥可能会造成污染环境的后果，因此属于间接故意，其在污染环境的共同犯罪中起到不可或缺的作用。

最后，被告人洪某、张某刚、史某宾等人的处置行为造成了严重污染环境的结果，且系后果特别严重。

在公诉人上面的论述中，已经论述了该案应当适用 2016 年司法解释中的第一条第二项规定的非法排放、倾倒、处置危险废物三吨以上即直接认定严重污染环境,这是因为《刑法修正案(八)》将"重大污染环境罪"调整为"污染环境罪"降低了破坏环境的入罪标准,因为大部分环境污染后果一般均由量变到质变,逐渐显现,具有滞后性,故以实际发生环境污染后果定罪的案件非常少,而以行为情节来推定严重污染环境结果发生的案件为主,解释第一条第一项至第五项列举了几种具体的行为类型,就是以此指导司法人员认定"是否严重污染环境"的标准,从解释的规定来看,造成实害结果不是构成污染环境罪的必须具备的条件。解释实现了由结果犯向行为犯的转变。因此只要实施了三种行为之一超过三吨即可直接认定为严重污染环境。

根据2016年司法解释第三条第二项之规定,非法排放、倾倒、处置危险废物100吨以上的,属于后果特别严重,该案危险废物的含量为6000吨,因此应当认定为后果特别严重。

二、本案的量刑建议

本院认为,被告人张某刚、史某宾未取得危险废物经营许可证,违反国家规定,非法处置危险废物约6000吨,严重污染环境,且系后果特别严重;被告人刘某锋、刘某廷明知他人无危险废物经营许可证,仍向其提供危险废物;被告人敖某明知××环保一公司为专业处置危险废物单位,仍让刘某锋向洪某等人提供危险废物,五名被告人的行为均触犯了《中华人民共和国刑法》第三百三十八条之规定,应当以污染环境罪追究其刑事责任。

被告人张某刚、史某宾、刘某锋、刘某廷的表现结合庭审活动评价,请法院在量刑时酌情考虑被告人的认罪态度。

综上所述,建议判处被告人刘某锋、刘某廷、张某刚、史某宾、敖某在有期徒刑三年以上七年以下判处刑罚,并处罚金。

三、法庭教育

长期以来,在我国工业迅猛发展的同时,污染环境事件时有发生,而相应的法律法规制度不够健全,导致环境污染违法犯罪的处理也不够规范,处理上存在疏漏,打击上存在滞后,党的十八大以来,习近平总书记将生态文明建设摆在了治国理政的突出位置,明确提出了加强生态文明建设的必要性和重大意义,随着《刑法修正案(八)》《环境污染解释》的出台在一定程度上改变了局面，尤其是在 2019 年环境污染会议纪要中更加突出了从严惩治环境污染犯罪的精神，要求坚持最严格的环保司法制度，最严密的环保法治理念，统一执法尺度，加大对环境污染犯罪的惩治力度，传递了国家依法惩处污染环境犯罪的信号。环境就是民生，惩罚就要痛到不敢再犯，则才能够警醒更多的人树立生态保护意识。

本案就是一起由被告人非法处置油泥导致污染环境的案件，被告人将大量的危险废物倾倒在土地上，此案中虽然现场已经被清理，但是无疑会造成土壤以及地下水源的污染，土壤污染具有隐秘性和滞后性，通常被污染后显现的结果也比较长，土壤污染具有累积性，和水体、大气相比，土壤污染更加不宜迁移和扩散，难以稀释和降解，而且系不可逆的过程。而本案多名被告人，仅为一己之私，无视法律法规，做出污染环境的行为，破坏生态环境，终将受到法律的制裁。

20××年×月×日当庭发表

【承办检察官心得体会】

该案的主要犯罪事实系张某刚等人从国有危废处理公司拉出油泥后，倾倒在无任何防渗措施的土地上，危险废物的重量多达 6000 吨。该案系辽宁省公安厅挂牌督办案件，之所以在全省范围内影响大、社会关注度高，一是该案的被告人系油田机关公职人员和人民警察，被告人均有一定的社会地位及影响力，社会关注度高，办案难度大；二是该案为案中案，该案的另一名被告人洪某（另案处理）原系关联诈骗案件的被害人，系多年上访案件，双方矛盾异常激化；三是该案同时涉及本市一名公安干警在办案中被诬告，同时省公安厅乃至公安部也对此案给予高度关注；四是该案中法律关系及法律适用复杂，检法两家对于法律适用问题存在分歧；五是该案发生时间距今已经八年，被告人对污染环境的法律后果认识不清，均认为自己无罪。

经承办人认真审查卷宗材料，查找矛盾点，通过细致提审，充分了解各被告人不认罪的辩解，带着争议问题，查阅了大量的判例和法律法规。在办理案件过程中，法院对该案的诉讼时效问题一直存在异议，认为该案应当适用2013年污染环境司法解释，不属于"情节严重"的情形，适用从旧兼从轻，所以该案已经经过诉讼时效。同时该案的辩护律师提出该案的危险废物无鉴定等问题。面对各方提出的问题，承办人在审查起诉期间积极引导公安机关补充侦查，详细列举了20余条补充侦查的方向，后公安机关在明确了侦查方向后，调取完善了本案定罪的关键性证据环评报告。针对法院认为诉讼时效经过的问题，承办人认真梳理法律条文，查阅相关判例，形成了近4万字的审查报告，释法说理透彻，后经过多次和法院沟通协调，法院认可并采纳了检察机关的意见。在审查起诉阶段，细致认真地做好被告人的思想工作，争取到大部分被告人认罪认罚。

在开庭前，承办人制作了周密的庭审预案，其已经预料到本案中部分被告人不认罪和个别被告人可能翻供的情况，在庭前制作了长达3万多字的庭审预案，在庭审中，被告人果然或不认罪，或对侦查阶段的供述提出辩解，面对突发状况，承办人迅速调整公诉策略，紧密围绕起诉书指控的犯罪事实，层层递进地向法庭出示了大量依法调查的证据，乘胜追击，综合全案证据发表两轮公诉意见，在公诉意见中承办人从立法原意出发，从司法解释的适用再到主观明知的理解，再到情节严重的认定，说理充分，论证严密，最后在有效指控犯罪的同时，对被告人进行了深刻的法庭教育，最终法院判决5名被告人环境污染犯罪成立，并均判处5年有期徒刑，并处罚金。该案系本市打击污染环境犯罪案件以来，法院判决的最高刑期，深入贯彻执行了国家治理污染的决心和力度。环境就是民生，惩罚就要痛到不敢再犯，才能够警醒更多的人树立生态保护意识。该案的成功办理取得了良好的法律效果和社会效果。

【专家点评】

一份好的公诉意见书，既是检察机关依法履职、积极引导侦查取证、确保证据链条完整的客观体现，也是承办人释法说理的直接展现。在案件办理中，由于部分案件社会影响重大或被告人、被害人是特殊群体而受到媒体和群众的持续关注，因此针对此类案件，检察机关在发表公诉意见时应当针对特殊性，强化指控主张，确保政治效果、法律效果与社会效果的有机统一。

本案是一起由被告人非法处置油泥导致污染环境的案件。本案办案过程中需要重点解决的难点在于：一是辩护人辩解该案的危险废物无鉴定意见；二是被告人系油田机关公职人员和人民警察，社会关注度高、办案难度大；三是检法两家对于法律适用问题存在严重分歧，法院认为该案诉讼时效已过；四是本案5名被告人均不认罪。

对于上述问题，公诉人在公诉意见中，从客观行为的认定、司法解释的适用、主观明知的解释、情节严重的认定等四步出发，环环相扣，逻辑严密地指控了犯罪。

（一）从客观行为来看，通过对法律、司法解释的阐释，论证了本案被告人实施了处置危险废物的行为

这里有三个关键点，其一，公诉意见书中引用《固体废物污染环境防治法》，对处置行为的概念进行分析，论证本案被告人的行为属于处置行为。其二，针对辩护人提出本案对危险废物无鉴定意见的辩护意见，审查起诉阶段，检察机关积极引导公安机关补充侦查，调取了关键性证据环评报告，报告中显示"现今土壤中仍含有石油烃"，该份关键证据与证人证言相互印证，共同证明了被告人的行为符合严重污染环境的行为。其三，详细论证本案应当适用2016年污染环境司法解释，而非法院主张的2013年司法解释，解决了本案的入罪标准问题，根据2016年司法解释，"非法排放、倾倒、处置危险废物三吨以上即构成犯罪"，因此本案达到入罪标准。

（二）公诉意见书根据各被告人不同的身份与行为特征，分情况单独论证各被告人均具有主观明知

不论是对于作为环保公司主要负责人的刘某锋与刘某廷，还是对于具体实施拉走和处置油泥的张某刚、史某宾，抑或是作为某公安分局政委的敖某，公诉意见书均能从客观事实出发，充分证明五名被告人的主观明知，驳斥了其不认罪的辩解。

(三) 公诉意见书从立法原意出发，论证了本案属于后果特别严重的情形，解决了诉讼时效问题

公诉意见书从立法原意出发，依托对《刑法修正案（八）》中将"重大污染环境罪"调整为"污染环境罪"的引用，论证当前破坏环境犯罪入罪标准的降低，因此应当引用2016年司法解释的规定，根据该规定，"非法排放、倾倒、处置危险废物100吨以上的，属于后果特别严重"，本案危险废物的含量为6000吨，因此应当认定为后果特别严重，也间接解决了诉讼时效问题，回应了检法两院的争议焦点。

（点评人：李华伟，北京市东城区人民检察院党组书记、检察长，全国检察业务专家）

29. 谭某仲受贿案公诉意见书

【简要案情】

谭某仲，男，汉族，中共党员，常德市××原副主任、××原书记，家住常德市××区××小区×栋别墅。案发前历任××副书记、县长；××副书记、××局长；××县委书记；××县委书记；常德市××副主任、××县委书记。

2008年至2020年，被告人谭某仲利用担任××县县长、常德市××副书记、××局长、××县委书记、××县委书记等职务便利，为他人在工程承揽及工程款拨付、医疗设备及药品采购、项目开发等事项上提供帮助，伙同王某林、徐某、冉某海、高某等人多次收受陈某锋、周某、左某苏、蔡某清、蔡某喜、甘某辉等人所送财物及单独收受王某、冉某海、徐某等人所送财物折合人民币共计9546.7678万元，其中既遂6217.2058万元，未遂3329.562万元。

【诉讼过程】

2020年5月16日，湖南省监察委决定对谭某仲涉嫌职务犯罪问题立案调查；同年5月26日，对谭某仲采取留置措施。11月24日，湖南省监察委调查终结向湖南省人民检察院移送起诉；经依法指定管辖，12月8日，湖南省人民检察院将本案移交湘潭市人民检察院审查起诉。湘潭市人民检察院依法于2021年1月15日向湘潭市中级人民法院提起公诉，指控谭某仲犯受贿罪。

经依法审理，2022年7月11日，湘潭市中级人民法院对谭某仲以受贿罪判处无期徒刑，剥夺政治权利终身，并处没收个人全部财产。2022年11月17日经湖南省高级人民法院裁定，维持原判。

【文书全文】

湖南省湘潭市人民检察院
公诉意见书

审判长、审判员：

根据《中华人民共和国刑事诉讼法》第一百八十九条、第一百九十八条和第二百零九条的规定，我们受湘潭市人民检察院的指派，代表本院，以国家公诉人的身份，对被告人谭某仲受贿一案，出席法庭支持公诉，并依法对刑事诉讼实行法律监督。现对本案证据和案件情况发表如下意见，请法庭注意。

一、被告人谭某仲受贿犯罪事实清楚，证据确实充分

在刚刚的法庭调查过程中，根据庭前会议确定的争议焦点，公诉人向法庭出示了大量证据，这些证据的来源合法有效，内容真实可信。经过法庭质证后，证据与证据之间能相互联系，彼此印证，形成了完整的证据体系，足以充分证明起诉书指控被告人谭某仲的犯罪事实。

二、本案定性及适用法律准确，指控罪名正确

根据刑法第三百八十五条第一款的规定，受贿罪是指国家工作人员利用职务上的便利，索取他人财物，或者非法收受他人财物，为他人谋取利益的行为。被告人谭某仲的行为完全符合受贿罪的构成要件。

首先，被告人谭某仲系国家工作人员。从2008年至2020年，被告人谭某仲先后担任××县县长、常德市××副书记、××局长、××县委书记、××县委书记，系国家工作人员，符合受贿罪的主体要件。

其次，被告人谭某仲实施了利用职务便利，为他人谋取利益，非法收受他人财物的行为，符合受贿犯罪的客观要件。被告人谭某仲利用了职务便利，为他人谋取利益。被告人谭某仲利用国家工作人员的职务便利，特别是作为党政一把手主政一方的大权，为他人或其公司在大量的工程承揽及工程款拨付、医疗设备及药品采购、项目开发等事项上提供帮助，谋取利益，所有的贿赂款都与谭某仲的职务便利直接关联。即使在辩护人提出异议的收受蔡某清455万元的认定问题上，4个××集团的4S店项目貌似与谭某仲的职务便利没有关联，但从2008年至2018年，谭某仲利用其职权分别为××公司实际控制人蒋某平的哥哥蒋某秋在××汽车经销店、蒋某平在石门县投资的××水厂水质不达标免除处罚、××公司在石门县投资建设××城、关照蒋某平一个金姓朋友做小工程项目等事项上给予谋利。蒋某平也正是基于谭某仲职权谋利行为，而欣然应允4S店建设项目给谭某仲指定的蔡某清承建，谭某仲并最终从蔡某清处实现了好处。谭某仲收受财物的行为仍然是与其职权直接对应和密切联系，其本质仍然是权钱交易。

被告人谭某仲受贿犯罪的客观表现有以下形式：一是单独受贿和共同受贿。被告人谭某仲利用职务便利单独收受了王某、冉某海、徐某的贿赂财物。被告人谭某仲还实施了伙同他人及特定关系人共同受贿的行为。其一，被告人谭某仲伙同非国家工作人员王某林、徐某、冉某海共同受贿。根据2003年11月13日最高人民法院《全国法院审理经济犯罪案件工作座谈会纪要》："非国家工作人员与国家工作人员勾结，伙同受贿的，应当以受贿罪的共犯追究刑事责任。国家工作人员近亲属以外的其他人与国家工作人员通谋，由国家工作人员利用职务上的便利为请托人谋取利益，收受请托人财物后双方共同占有的，构成受贿罪共犯。"被告人谭某仲与其连襟王某林（连襟不是法律意义上的近亲属）及徐某、冉某海，均在事前有利用谭某仲职权为请托人谋取工程项目从中共分利益的商量；事中谭某仲有对于共同受贿人从请托人处收受了财物的明知；事后谭某仲与共同受贿人有如何共同分配及保管贿赂财物的商议。国家工作人员谭某仲与非国家工作人员形成通谋，在通过谭某仲的职权为请托人谋利并以此收受请托人财物上有商量和合意，且事后共同占有财物，具有共同受贿的故意和行为，符合相关司法解释的规定。其二，被告人谭某仲伙同情人高某收受贿赂的行为构成共同受贿。相关司法解释早已明确国家工作人员的情妇（夫）为其"特定关系人"。根据《湖南省高级人民法院关于贪污贿赂案件审判适用法律若干问题的解答》："特定关系人向国家工作人员代为转达请托事项，收受请托人财物并告知该国家工作人员，对该特定关系人以受贿罪的共犯论处。"本案中，被告人谭某仲在情人高某提出希望帮他人承揽工程项目而从中获利的想法时，谭某仲欣然接受，二人共同受贿的故意已然产生。在高某收取了蔡某喜和甘某辉、赵某因承揽工程项目而给予的好处费后，谭某仲获告知并为高某能赚钱感到高兴，二人共同受贿故意更为明确。谭某仲明知情人高某作为一名普通公职人员，既无资金也无技术，其从工程老板处所收受的财物就是自己职权的对价，为了不亏待情人，而积极以职权为情人高某谋利。二人相互勾连的行为，完全符合《解答》中关于特定关系人和国家工作人员共同受贿的规定。

二是以借贷形式受贿。根据《湖南省高级人民法院关于贪污贿赂案件审判适用法律若干问题的解答》："以'借贷'名义收受贿赂数额认定，关键要把握'权钱交易'的本质特征，要判断国家工作人员是否利用了职务上的便利为他人谋取了利益。"同时规定："双方事先约定以向国家工作人员借钱支付利息的形式掩盖行贿受贿的真相，即使他人同期亦存在其他民间借款，他人给予国家工作人员的利息数额认定为受贿。"本案中，被告人谭某仲与湘北××公司实际控制人陈某锋之间的 2000 万元所谓"利息"，完全是基于谭某仲的职务行为给予湘北公司谋取工程项目及其利益的回报，在陈某锋主动提出要送 2000 万元贿赂时，谭某仲基于对法律惩戒的畏惧，但对这巨额诱惑又欲罢不能的心理，提出以"合理合规"的借款形式，这种借贷实质上就是以合法形式掩盖非法目的，这种借贷关系也因此缺乏合法的前提和基础，根据《解答》的规定，应全额认定为受贿。

三是指定行贿人将贿赂款给予特定关系人。根据 2007 年 7 月 8 日最高人民法院、最高人民检察院《关于办理受贿刑事案件适用法律若干问题的意见》："国家工作人员利用职务上的便利为请托人谋取利益，授意请托人将有关财物给予特定关系人的，以受贿论处。"被告人谭某仲因与情人郑某文之间的纠纷，授意冉某海将行贿款给予郑某文的行为即符合此情形。

被告人谭某仲收受了巨额财物。被告人多次收受他人贿赂财物达 9 千余万元，既遂达 6 千余万元。虽然这些既遂财物中有大部分是在共同受贿的中间人手中，谭某仲没有直接到手，但根据刑法的规定和处断原则，在共同受贿关系成立的前提下，财物实际占有状态不影响犯罪成立，即财物实际为哪个共同受贿人所占有支配，不影响受贿犯罪的认定。同时，对于辩护人提出异议的被告人王某所送贿赂款300万元的既未遂问题，被告人谭某仲是在项目已经启动，行贿人第二次确切地提出要给付300万元时，谭某仲同意收受并提出保管在行贿人处。这已然是谭某仲收受财物并予以处置的意思表示了，依法应认定为受贿既遂。

最后，被告人谭某仲具有收受贿赂的主观故意。

被告人谭某仲曾为纪检领导，比一般领导干部更懂受贿犯罪不可为，但却一次次沦为金钱的俘房。正如其在悔过书中写的："自己在市纪委工作过，本应通过特殊环境熏陶，受到教育洗礼，更加敬畏组织、敬畏法纪，不做违纪违法之事，但恰好相反，自己认为在纪委工作过，懂套路，防早防小，有意规避好就不会出事。"其行为严重损害了国家工作人员职务的廉洁性，受贿主观故意明显。

综上，本案被告人谭某仲八笔犯罪事实均触犯《中华人民共和国刑法》第三百八十五条第一款，应以受贿罪依法惩处。

三、本案特点及量刑情节

本案受贿犯罪具有以下特点：

1. 受贿犯罪金额巨大。这是十八大以来全省查办的省管党政领导干部犯罪金额最大的职务犯罪案件。被告人谭某仲在反腐大势下不收敛、不收手，还大肆利用职权谋取私利；在省委巡视和纪委调查期间不主动坦白，仍然串供串证、心存侥幸。

2. 贫困县里出的大贪官。被告人谭某仲任职所在的石门县是全国贫困县。谭某仲在扶贫摘帽的国家政策下，在贫困县的建设契机中，中饱私囊，成为"穷庙里的富方丈"。

3. 受贿犯罪领域集中。本案受贿犯罪频频染指工程建设领域，这些工程建设项目涉及公路、河堤、隧道、办公楼、厂房、园区、市场建设等等，上至几个亿，下至十几万几十万，项目大小几十个，涉及金额达几十亿。被告人谭某仲也因此被老百姓送"谭包头"绰号。

4. 受贿犯罪形式多样。如前所分析，被告人受贿犯罪并非传统的直接收取现金类型，几乎涵盖了近年来法律、司法解释规定的各种新受贿犯罪形式。其受贿款也是想尽办法但无论其如何花空心思、巧借名目，到头来仍然是难逃罪责。

同时，本案具有以下量刑情节：

（一）被告人谭某仲受贿犯罪金额人民币9539.2678万元，数额特别巨大，应当适用《中华人民共和国刑法》第三百八十五条第一款、第三百八十六条、第三百八十三条第一款第（三）项、第二款之规定，追究其刑事责任。

（二）在受贿共同犯罪中，被告人谭某仲起主要作用，系主犯，应当适用《中华人民共和国刑法》第二十五条第一款、第二十六条第一款、第四款之规定。

（三）被告人谭某仲受贿3154.362万元系未遂，适用《中华人民共和国刑法》第二十三条，可以从轻处罚。

（四）被告人谭某仲具有坦白情节。被告人谭某仲到案后如实供述了监察机关已掌握的部分受贿犯罪事实，主动交待了监察机关尚未掌握的伙同高某受贿的犯罪事实，适用《中华人民共和国刑法》第六十七条第三款的规定，可以从轻处罚。

（五）被告人谭某仲及家人积极退赔赃款，根据《中华人民共和国刑法》第三百八十三条第三款的规定，可以从轻处罚。

（六）被告人谭某仲为黑恶势力充当"保护伞"，应当酌情从重处罚。

（七）被告人谭某仲到案后如实供述自己罪行，真诚认罪悔罪，自愿接受处罚，根据《中华人民共和国刑事诉讼法》第十五条的规定，可以从宽处理。

四、本案的教训及启示

"堤溃蚁穴，气泄针芒""不矜细行，终累大德"。被告人谭某仲从无限风光到阶下囚，只不过是历史长河中的一个小浪花，只不过是反腐浪潮拍打下的匆匆过客。但本案留给我们的教训和启示却是极为深刻的。

一是欲壑难填，人要懂控制贪欲。谭某仲在悔过书中总结自己犯罪的原因有"四贪":"贪色、贪权、贪钱、贪玩",这是他对自己最生动的画像。其在悔过书中写道"贪欲是万恶之源,能毁掉人的一切。一个人如果不能驾驭控制住自己的贪婪之心就像脱缰的野马,终究会酿成大祸。"

二是知法守法,人要有敬畏之心。被告人谭某仲曾为纪检领导,比一般干部更知法、懂法,本应更有底线意识、规矩意识和法律意识,但不断突破道德和法律底线,失去敬畏之心,走上违法犯罪不归路。

三是慎独慎行,人要能耐得寂寞。被告人谭某仲在追求玩乐、享乐的过程中,一次次被不法商人围猎、俘虏,从而为他们所利用。正如谭某仲的悔过"通过打牌这种形式,我就被老板们围猎绑架、俘虏利用、心甘情愿地为他们跑腿站台,谋利服务,干出一桩桩违法乱纪的事。""对领导的每次谈话提醒当耳边风,仍然我行我素,和老板打得火热,如果当时把组织和领导的忠告听进去了,悬崖勒马,也不至于走到今天这一步"。

本案留给我们的深刻启示:

任何腐败行为都将被依法惩处。党的十八大以来,以零容忍的态度和决心严惩腐败,任何腐败行为、腐败分子都必将受到严惩,党员领导干部决不应有丝毫侥幸心理。被告人有纪检工作经历,有规避法律、反调查意识。采取了一系列自认为"安全""合法合规"的形式来收受财物,但无论何种形式掩盖下的权钱交易行为,都早已被党纪国法所明确,各种腐败行为无所遁形,正所谓是"莫伸手、伸手必被捉"。

一切权力都是党和人民所赋予。被告人从农家子弟成长至副厅级干部,先后任职两个县的县委书记,正所谓"郡县治,天下安",可说是位高权重。被告人在贫困县石门县脱贫攻坚一线,率先示范,做出了一番业绩,石门县曾被树为全省脱贫攻坚的样本,全国的先进。可以说被告人有权力,也曾有业绩。但党员领导干部应始终牢记权力是党和人民赋予的,更是党和人民的信任和重托。

党员领导干部应永葆初心本色。人生的幸福在于什么,不在于钱多、位高、权重,而在于理想、信念、追求,在于社会价值、家庭价值。于社会而言,你创造了什么、奉献了什么;于家庭而言,你是否承担起为人子女、父母、丈夫或妻子的责任。作为谭某仲，官位达到厅级干部，身边满是追捧讨好逢迎之人，受贿金额如此巨大，这些是使他飘飘然、迷失自我、丧失底线的客观原因，但这些并没有给他带来真正的快乐，并没有使他的人生幸福，正如他自己所说"以前的生活条件很差，物质上并不富有，但自己生活得很快乐、很满足""我只是一个国家的保管员，我收再多的钱也只能用一点，我有再多的房也只睡一张床""华屋万间，夜卧不过五尺；卧榻三千，只得一席安寝"。食知味、夜能寐、睡安寝才是人生最简单的幸福，而一旦沦为阶下囚，失去自由、丧失尊严，一切归零。更不用说对父母尽孝，对子女、妻子尽责。

公诉人也希望其他国家工作人员时刻牢记，一个人的腐化堕落往往是从思想开始的，任何时候都不能放弃对自己思想的改造，应不断修身、律己、慎独，永葆共产党员的初心、本色，时刻保持对法律的敬畏之心，对自己负责、对家人负责，更对社会与国家负责。

审判长，审判员，请综合全案事实和证据，根据被告人谭某仲的犯罪性质和情节，依据法律规定，对其作出公正判决！

20××年×月×日当庭发表

【承办检察官心得体会】

该案系湘潭市人民检察院办理的全省首例省管国家工作人员涉黑职务犯罪大要案。该案具有如下特点：

（一）充分介入，深入研判案情，监督履职

因该案犯罪金额特别巨大，达9500余万元，作案时间长达13年，涉及多个基建工程领域腐败问题，当时是十八大以来全省查办的省管党政领导干部犯罪金额最大的职务犯罪案件。涉案人数众多，共同受贿占比大，受贿犯罪形式多样，涵盖了近年来法律、司法解释规定的几乎所有受贿犯罪形式。鉴于本案特别复杂的案情，案件审查调查初期检察人员即受邀同步审查，检察人员通过和审查调查人员对各种受贿形式梳理分析，一一给出具体补充引导取证思路，制作了具体的补证提纲。指导侦查人员对涉案涉嫌共同受贿犯罪、行贿犯罪的相关人员共计7人的定性定罪,并指导统筹移送司法机关处理。

(二)把控全局,以案释法,促廉洁干部队伍建设

为保证办案质效,尤其是庭审效果,充分发挥庭前会议机制的作用,检、法、被告人、辩护人在庭前会议中对一审回避、排除非法证据等程序性问题和没有争议的犯罪事实达成共识。案件办理过程中,检察机关从提前介入之始,就深入了解被告人的学习工作经历、生活环境、犯罪动机等,全面把控被告人的主观心态和思想动态,受理案件后多次提讯谭某仲,宣讲法律,促其抛弃彷徨、犹豫、反复的心理,彻底悔罪认罪,稳定其情绪。2021年3月26日,谭某仲受贿罪一案作为全省政法队伍教育整顿观摩示范庭向全市党政机关干部公开开庭审理。庭审中,被告人当庭悔恨痛哭,旁听干部深受触动,取得了政治效果、法律效果、社会效果的高度统一。

该案公诉意见书充分释法说理,语言规范,法律适用准确。同时,内容贴合案情,逻辑清晰。在法律适用部分,公诉人对案件涉及的"借款生息"、行贿人转共同受贿人共同受贿、伙同情妇、"连襟"共同受贿、指定行贿人将贿赂款给予特定关系人等各种受贿犯罪形式梳理分析、严审细查,对于案件性质、各共同受贿人、关联行贿人的情节认定、法律适用,均作出了充分的释法说理;在教育与启示部分,公诉人结合案件的特点、情节,被告人的成长经历等对被告人走上犯罪道路的原因——深入剖析,充分发挥庭审对公职人员的警示作用,严厉指出被告人的犯罪行为严重损害了国家工作人员职务的廉洁性,损害了党的形象,对犯罪分子形成震慑,予以教育挽救,并在庭审中以此为稿,把庭审现场变为党员干部廉政警示教育授课,用反面典型案例为鉴,真正做到了以案示警、以案释法、以案明纪的良好教育效果,具有深刻的教育意义,推动党的干部队伍进一步纯洁巩固。

【专家点评】

本案被告人谭某仲利用国家工作人员的职务便利为他人谋取利益,非法收受他人财物,犯罪金额达9500余万元。湘潭市人民检察院所撰写

的公诉意见书释法说理层次分明，充分有力，积极回应反腐败重点领域的焦点问题，为今后类似案件的办理提供了重要的实践样本。

（一）指导司法实践运行理念，具有引导实务工作的典型意义

在司法实践中，行贿受贿的犯罪手段不断翻新，以看似合法的民商事活动掩饰犯罪行为的现象层出不穷。本案被告人受贿行为并非传统的直接收取现金类型，而是几乎涵盖了近年来法律、司法解释规定的各种新型受贿犯罪形式。被告人谭某仲受贿犯罪的客观表现形式包括：单独受贿和共同受贿、以借贷形式受贿、指定行贿人将贿赂款给予特定关系人。本篇公诉意见书紧扣"权钱交易"的本质特征，依据法律和相关司法解释对本案受贿罪涵盖的不同客观表现形式进行准确认定，在法律规则适用方面的理念、方法颇具典型意义和指导价值。

（二）立足民生热点，积极回应涉民生突出问题中反腐败斗争应注意的关键重点

本案受贿犯罪频频染指工程建设领域，这些工程建设项目涉及公路、河堤、隧道，办公楼、厂房、园区、市场建设等。被告人谭某仲的职务犯罪行为不仅严重侵害了人民群众的切身利益，而且对当地乡村振兴建设中的政治生态、法治环境和营商环境造成极大破坏。工程建设领域是反腐败重点领域之一，具有涉及面广、资金密集、权力集中、腐败问题易发多发等特点。检察机关以"零容忍"态度收集证据，在公诉意见书中准确把握工程建设领域职务犯罪的特点进行释法说理，斩断"围猎"与甘于被"围猎"利益链，有效防止权力寻租，推动构建公平竞争的市场秩序和风清气正的政治生态。

（三）巧用反面典型案例警示教育"关键少数"，聚焦重点岗位和重点环节的重要风险点

检察机关充分考量被告人的成长及工作经历，对其走上犯罪道路的原因进行了深入剖析。本案被告人谭某仲任职所在的石门县是全国贫困县。谭某仲在扶贫摘帽的国家政策下，在贫困县的建设契机中，利用党政一把手的职务便利，中饱私囊，受贿金额特别巨大，成为"穷庙里的富方丈"。此外，被告人曾担任纪检领导，本应通过特殊环境熏陶，受到教育洗礼，更加敬畏组织、敬畏法纪，不做违纪违法之事，但恰好相反，

被告人有规避法律、反调查的意识，采取了一系列自认为"安全"的形式收受财物。但无论其如何挖空心思、巧借名目，最终仍是难逃罪责。本篇公诉意见书以反面典型案例为鉴，充分发挥以案明纪、以案释法的警示教育作用，督促党员领导干部强化廉洁意识，筑牢拒腐防变的思想防线。

（点评人：施鹏鹏，中国政法大学纪检监察学院副院长、教授、博士生导师）

30. 宫某农受贿案公诉意见书

【简要案情】

被告人宫某农，男，1962年×月×日出生，案发前系贵州省××局副局长。

2002年初至2019年1月，被告人宫某农利用担任××县委副书记、县长、县委书记、××副专员、××委常委、××区委书记、××书记、主席的职务便利，为胡某贵、侯某明、陈某、张某等18人在招商引资、土地出让、煤矿经营、职务调整等事项谋取利益，直接或通过其驾驶员卢某江收受他人所送财物折合人民币共计382.870922万元。

【诉讼过程】

2019年10月25日，贵州省监察委员会以被告人宫某农涉嫌受贿罪移送贵州省人民检察院审查起诉，同年10月28日，贵州省人民检察院将该案指定六盘水市人民检察院审查起诉。同年12月16日，六盘水市人民检察院以受贿罪对宫某农依法提起公诉。2020年12月31日，六盘水市中级人民法院作出一审判决，认定被告人宫某农犯受贿罪，判处其有期徒刑10年6个月，并处罚金人民币60万元。被告人宫某农不服一审判决上诉，贵州省高级人民法院于2021年4月6日裁定驳回上诉，维持原判。

【文书全文】

贵州省六盘水市人民检察院
公诉意见书

审判长、审判员:

受贿犯罪是有严重危害性的犯罪。随着反腐败斗争的不断深入,社会经济发展水平的不断提高,受贿犯罪的手段不断翻新,远非传统受贿犯罪的样态所能涵盖。今天公开庭审的宫某农受贿案正是一种新类型的受贿犯罪。

为了充分的指控和证明犯罪,根据《中华人民共和国刑事诉讼法》第一百八十九条、第一百九十八条和第二百零九条的规定,我们受六盘水市人民检察院指派,代表本院以国家公诉人的身份出席法庭支持公诉,并依法履行法律监督职能。

在刚刚结束的法庭调查中,公诉人依法讯问了被告人宫某农,宣读出示了胡某贵、侯某明、卢某江等证人的证言、相关书证和被告人宫某农的供述等证据,以上证据均由省监察委员会依照法定程序收集,符合证据合法性的要求。虽然被告人宫某农当庭对绝大部分自己在监察机关调查时所作的供述予以否认,但公诉人认为,庭前会议报告已确认本案证据具有合法性,被告人关于其供述系指供诱供的理由不成立,且上述证据经过庭审举证质证,具有客观性、关联性,相互印证,全案证据形成了完整严密的证据体系,足以证明起诉书指控的宫某农受贿犯罪事实。下面,我就本案再发表几点公诉意见,请法庭注意。

一、被告人宫某农作为国家工作人员,利用职务上的便利,直接或者伙同特定关系人非法收受他人贿赂,为他人谋取利益,事实清楚,证据确实充分,足以认定

首先,被告人宫某农具有受贿罪所规定的主体身份。公诉人向法庭出示的关于宫某农的任免职文件、宫某农的干部任免审批表等书证证实:

2001年至2019年,被告人官某农担任××县委副书记、县长、县委书记、××专员、××委常委、××区委书记、××政协党组书记、主席等职务,并负有相应的工作职责,属于刑法第九十三条第一款规定的国家工作人员,符合受贿罪的主体要件。

其次,被告人官某农与特定关系人卢某江实施了2起共同受贿的行为。随着社会的不断发展,实践中大量存在请托人将财产直接归于近亲属之外的其他关系人的情形,因此,《最高人民法院、最高人民检察院关于办理受贿刑事案件适用法律若干问题的意见》(以下简称《意见》)便提出了"特定关系人"的概念,《意见》所称"特定关系人",是指与国家工作人员有近亲属、情妇(夫)以及其他共同利益关系的人。结合本案,卢某江系官某农的驾驶员,其不属于近亲属的范畴,也不属于情夫(妇),但根据特定关系人的概念,其范围是有兜底条款的,即其他共同利益关系的人,而所谓的"其他共同利益关系的人",是指以默契的形式形成的利益共同体,一方为谋取己方的利益,一定程度上必须顾及和维护另一方的利益。其主要是指共同经济利益关系,还包括了其他方面的利益,例如政治、情感等方面。卢某江作为官某农的驾驶员,长期为官某农服务,甚至官某农的家长里短都由卢某江打理。官某农证实:"在我的公事和家里的私事上卢某江都一直在给我帮忙处理、照顾,连我的父亲以前生病、回大连等很多时候都是卢某江代我照顾。长时间的在一起,我对卢某江也很信任,我们之间的感情和私交很好。"可以说,卢某江"投资"房产开发的收益、到煤矿上班配车的待遇均得益于官某农的关照,对此,卢某江也多次证实:自己只是官某农的驾驶员,他从胡某贵、候某明处得到的利益均是官某农打招呼或安排的。可见,老板商人们在让卢某江得到利益的同时,对应的官某农的利益也得到了保障,行贿方为谋求己方的利益,一定程度上也必须顾及和维护官某农的利益,因此,卢某江应属于特定关系人的范畴。从本案证据看,被告人官某农与特定关系人卢某江具有共同受贿的意思联络。二人各自的行为与受贿结果之间均有因果关系。虽然从表面上,官某农作为国家工作人员,本人并没有获得财物,但请托人的行贿指向是明确的,在官某农开口"拿几套房子给小卢卖,赚点钱"的要求后,胡某贵表示同意,并马上落实。在官某农要求侯某明买车给卢某江用时，虽然没有指明车的型号和品牌，但是侯某明曾经问过卢某江，宫某农喜欢什么车？卢某江告诉侯某明，宫某农喜欢丰田霸道越野车，于是侯某明才买的丰田霸道系列的越野车。在卢某江收受了房产和车辆后，告知了宫某农，宫某农知道后并未要求其退还，已经证明其存在受贿故意，在其明知胡某贵、侯某明有行贿意图的情况下，仍利用职务的便利，为胡某贵和侯某明谋取利益，并授意请托人向特定关系人提供财物，说到底，宫某农还是为了自己的利益才这样安排，因此财物不管给谁都完成了对国家工作人员职务行为的收买，应当认定宫某农构成受贿罪。

再次，被告人宫某农实施了利用职务便利为他人谋取利益并收受贿赂的其他行为，构成受贿罪。受贿罪身份犯罪的特点，加深了受贿犯罪的复杂性。我国现今的受贿犯罪形式，主要包括三种，第一种是谋利人和收财人系同一人；第二种是谋利人与收财人分开，但双方系同一家庭的，有共同的财产关系；第三种则是谋利人与收财人明显分离，而且不属于同一家庭，不具有共同财产关系。也正是源于此，本案中，被告人宫某农实施了多种形式的受贿犯罪。第一种情形：利用职务的便利为请托人谋取利益，授意请托人以交易型或权属未变更型的方式，将有关财物给予特定关系人。此情形刚才已作论述。第二种情形是承诺或直接给相关人员打招呼等，为请托人项目审批、职务调整等谋取利益。本案中，被告人宫某农利用职务便利，为胡某贵、侯某明、吉某刚、谭某兵、陈某、张某等十八人在招商引资、土地出让、煤矿经营、职务调整等事项谋取利益，直接或通过其驾驶员卢某江收受他人所送财物380余万元，其中收受茅台酒折合人民币90余万元。事实客观真实，被告人宫某农在监委调查环节亦对此供认不讳，虽然宫某农在审查起诉环节和今天的庭审中全面翻证，但其他在案证据已形成了完整的证据链条。

最后，本案被告人对权钱交易的事实主观明知。公诉人此前向法庭出示的被告人供述及其自书材料证实：胡某贵、侯某明、谭某兵等十八人给予宫某农财物，不仅是为了感谢宫某农利用职务便利为其谋取利益，同时也是希望通过宫某农的职务寻求长期的利益，这既是一种答谢谋利行为的筹码和对价，也是奔着其职务而来的感情投资和铺垫，对此宫某农有清醒的认识,也实际利用自己手中的权力为请托人谋取了利益。

综上,被告人官某农的行为符合我国刑法规定受贿罪的构成要件,官某农利用职务便利为他人谋取利益,收受他人巨额贿赂,数额达到了380余万元,其行为侵害了公职人员职务的廉洁性和职权的不可收买性,触犯了《中华人民共和国刑法》第三百八十五条、第三百八十六条、第三百八十三条第一款第(三)项、第九十三条、第二十五条第一款的规定,构成受贿罪,事实清楚、证据确实、充分,定罪证据合法有效。

二、关于部分问题的意见

1. 关于被告人官某农翻供理由不成立。被告人在庭前会议及本次庭审中,对起诉书指控的全部十八桩事实中的十六桩提出异议,认为2019年5月30日在被留置期间遭受诱供、指供,其供述不真实。公诉人认为,其辩解不成立,理由是:公诉人在法庭上所出示的被告人庭前供述均系监察机关调查人员在合法的留置场所依法审讯获取,具备证据的合法性,官某农在调查机关所作多份调查笔录供述内容稳定一致,与行贿人等证人证言、书证内容互相印证,调查笔录有官某农本人核对签字并捺手印,符合证据"客观性""关联性""真实性"三性规定,具有证据效力和证明能力,可以作为刑事诉讼证据使用,不存在《中华人民共和国刑事诉讼法》第五十六条及《解释》规定的"刑讯逼供、威胁、引诱等非法方法"取证及"迫使被告人违背意愿供述""严重影响司法公正"的情况,故不应将其作为非法证据排除。被告人、辩护人所质疑的5月30日前的供述材料检察机关经审查并不存在。被告人在被留置期间所作的供述具备证据合法性的条件,应予采信。根据《中华人民共和国监察法》第四十一条规定,监察机关调查人员进行讯问以及搜查、查封、扣押等重要取证工作,应当对全程进行录音录像,留存备查,同录材料并不随案移送司法机关。被告人官某农在长达近6个月的留置期间均未提出其受到诱供、骗供,其当庭提出的被诱供、骗供的理由不成立,监察机关取证合法,本案不存在非法证据。被告人官某农被监察机关留置后,监察机关依法有权决定在留置期间内对被调查对象进行讯问的时间和次数,何时开始讯问、讯问几次,并不影响调查笔录作为刑事诉讼证据的效力,监察机关对被告人官某农所取供述、对相关证人所取证言均系留置调查期间内取得,并均已移送司法机关,没有辩护人提出的需要补充调取的笔录材料。

首先宫某农作为一个成年人,精神正常,头脑清醒,意识清楚。对自己的所做所说都有明确的判断;其次,宫某农作为一名正厅级实职领导干部,有着极为丰富的人生阅历,对党纪法规、法律的规定有着明确的认识;再次,宫某农作为一名共产党员,对党忠诚、实事求是向组织说明自己的问题或者向组织说明不属实的事实是普通党员遵守的基本的原则,作为多年任职书记的一把手,对此规定应当是烂熟于胸,其应当明知自己乱说话所产生的危害后果,但是其仍然作出有罪供述,在长达近六个月的时间未翻供,说明其供述是经过深思熟虑的结果;最后,宫某农的供述得到了其他证据的证实。故宫某农关于其供述是受到诱骗的辩解不能成立,建议法庭不予采信。

2. 关于被告人宫某农过年春节期间收受礼金,均应认定为受贿。区别礼金与受贿的关键是是否属于"权钱交易",日常意义的礼金,通常分为两种情形:一种是与行为人当前职务无关的人情往来;另一种是与职务行为具有关联的所谓的"礼金"。对于后者,由于双方行为人在日常职务活动中的紧密关系,谋利事项要么通过具体的职务行为得以实现,要么可以直接推断出行为人有利用对方职务行为施加影响的图谋。在这种情形下,只要能排除正常的人情往来,即可以认定为受贿。本案中,宫某农大部分受贿行为发生在春节期间,以拜年名义所送,但并非正常的人情往来,现有证据证实,送"礼"的人均是管理服务对象和下属,送"礼"行为与宫某农的职务行为具有关联,其本质仍然是权钱交易。

3. 关于茅台酒真假及价值,现有证据足以认定。茅台酒是贵州省最具有地域特色的产品,具有特殊资源和"硬通货""准货币"的特征。领导干部利用茅台酒谋取私利,是我省政治生态的严重污染源。国家工作人员收受茅台酒涉嫌职务犯罪的,除有证据证明系假酒外,一般不进行真伪鉴定。对于收受茅台酒价值认定,应当以贵州茅台酒股份有限公司出具的受贿行为发生时的市场零售指导价格为基本依据,如有证据证明购买的茅台酒高于或低于市场零售指导价,则以购买价格为准。本案中,证实宫某农收受茅台酒涉嫌职务犯罪的事实均有具体的请托事项,有利用职权为他人谋取利益，收受茅台酒的具体过程，对收受茅台酒的时间、地点、特征、数量、请托事项均有被告人的供述、证人证言等相互印证，事实清楚、证据确实充分。虽然收受的茅台酒已灭失，被消费，但这属于宫某农个人对收受财物的处分行为，不影响对涉嫌犯罪的事实认定，其价值应当依照上述的指导价格来确定。

三、被告人宫某农受贿罪所具有的量刑情节

1. 宫某农受贿犯罪数额特别巨大。根据《最高人民法院、最高人民检察院关于办理贪污贿赂刑事案件适用法律若干问题的解释》第三条之规定"贪污或者受贿数额在三百万元以上的，应当认定为刑法第三百八十三条第一款第（三）项规定的数额特别巨大"，被告人宫某农受贿一案，经审查查明，从2002年至2019年，宫某农先后收受十八名行贿人所送财物折合人民币共计382.870922万元，该案数额特别巨大。应当按照刑法第三百八十三条第一款第（三）项之规定，应在"十年以上有期徒刑"定罪量刑。

2. 被告人宫某农在与卢某江的共同受贿犯罪中起主要作用，根据《中华人民共和国刑法》第二十六条第一款和第四款的规定，系主犯，应当按照其所参与的全部犯罪处罚。

3. 被告人宫某农具有法定从重处罚情节。被告人宫某农向请托人提出给卢某江配一台车的要求，其实质是索贿。根据《中华人民共和国刑法》第三百八十六条之规定，应当从重处罚。

4. 被告人宫某农不认罪不认罚，且涉案房款系由卢某江所退缴，涉案车辆系被办案机关依法扣缴，其并未将受贿所得全部退缴，请合议庭予以考虑。

综上，建议法庭判处被告人宫某农有期徒刑十一年，并处罚金人民币50万元。

四、宫某农受贿犯罪的警示

心无戒、必妄为。被告人宫某农是党的十九大以来，贵州查处的严重违反政治纪律、政治规矩，不收敛，不收手，甘于被"围猎"的典型。从担任××县委副书记、县长时开始，直至任××县县委书记、××专员、××委常委、××区委书记、××政协党组书记、主席等重要职务十多年的时间里,随着职务的升迁,官某农的世界观、人生观和价值观发生了扭曲,背离了初心使命,从突破底线收受小额贿赂,烟酒,到变着法子多次收受商人、个体老板、国家公职人员给予的现金、茅台酒、房屋、车辆等财物,大搞权钱交易。虽然官某农一再辩称其所作供述是被指供诱供,想当然地认为自己并没有实际占有房屋,只是打招呼给卢某江配台车,买车不是自己的意愿,不会追究到自己身上,其侥幸心理和不知悔改的心态一览无余。在权力的染指之下,茅台酒俨然成为官某农权力寻租的硬通货,大肆收受管理服务对象和下属所送茅台酒,其打着地方特产的幌子,大搞权钱交易的目的昭然若揭。殊不知,高压反腐之下,只要存在违法犯罪,即使隐藏得再深,终究会被调查清楚,受到法律的惩处。官某农让老板、商人拿房子给卢某江卖,买车给卢某江开的授意在当时看来似乎是对下属的关照,但也正是由于他的这些关照将卢某江推进了犯罪的深渊。官某农与党内同志、商人、管理服务对象之间"亲""清"不分,守不住红线、底线,挡不住围猎,输掉的不仅是金钱、前途,还有组织和群众的信任。在今天的庭审中,官某农更是口口声声辩称自己是被指供、诱供,才"编造"了受贿犯罪事实,作为一名组织培养多年的高级领导干部,被告人官某农辜负了组织的信任和关心,毫无纪律意识和规矩意识,也缺乏对法律的敬畏,表里不一,令人惋惜!

今天,对官某农受贿案的查处,是党和国家维护法律尊严,依法惩治腐败的具体体现。我们希望通过今天的庭审,被告人官某农能够深刻反思自己受贿犯罪的社会危害,真心悔过,认罪认罚。同时也希望此案的审判能够警醒国家工作人员。特别是领导干部要坚定理想信念、保持清醒头脑、时刻绷紧纪律规矩之弦,清清白白为官、干干净净做事、老老实实做人。

审判长,审判员,公诉意见发表完毕。请法庭综合全案的事实、证据和情节,对被告人官某农依法作出客观、公正的判决。

20××年×月×日当庭发表

【承办检察官心得体会】

本案被告人审查起诉环节全面翻供，不认罪不认罚，因此公诉意见书根据被告人的认罪态度以及庭前预测的争议焦点，围绕证据体系，重点揭示犯罪，做到指控有据，说理充分，为法庭辩论奠定基础。

公诉意见书开门见山指出受贿犯罪事实清楚，证据确实充分，足以认定。从主体身份、行为方式、主观明知三个方面论证，主客观一致，符合受贿罪的构成要件。同时，根据本案存在特定关系人共同受贿情况的特殊性，着重对利用"特定关系人"收受贿赂的法理和事实进行论述，对于为何要依法将被告人宫某农驾驶员卢某江认定为特定关系人，宫、卢二人为何成立共同犯罪结合证据、法律规定详细解读。既能进一步击溃被告人不予认罪的心理防线，又能让法庭和旁听人员透过被告人所狡辩的本人没有直接收受财物的表象看到案件权钱交易的本质。

在第二部分，承办人为了更加有力揭示犯罪实质，突破公诉意见书内容的模式化规定，针对庭前会议以及庭审举证质证环节已经明确的争议焦点予以论证，既是对质证意见的补充和强化，又能为辩论环节打下基础，达到先声夺人的效果。如针对宫某农从法庭调查环节开始就一直反复强调供述不真实，系遭受诱供、指供的问题，结合案件证据材料、宫某农的认知情况等指出其翻供的理由不能成立。对认定犯罪金额有争议的春节拜年礼金能否认定、茅台酒价值如何确定等问题，依据相关法律法规，结合案件实际情况，全面论述认定犯罪金额的理由。

在深刻揭示犯罪的基础上，最后一部分法庭警示教育，重在从情感上激发被告人认罪服法，引起旁听人员共鸣，以案为戒。承办人从宫某农的任职经历谈起，再剖析导致犯罪的原因根本在于价值观扭曲，再次提醒其放弃"掩耳盗铃"式的辩解，同时也警醒广大党员干部高压反腐之下，只要存在违法犯罪，即使隐藏得再深，终究会被调查清楚，受到法律的惩处。

【专家点评】

本案是一起权钱交易间接化、交易行为隐蔽化的新型受贿案件。被告人宫某农利用职务上的便利,直接或者伙同特定关系人非法收受他人贿赂,为他人谋取利益,且在审查起诉阶段全面翻供。如何在被告人全面翻供的情况下,结合在案证据搭建完整证据体系,精准指控犯罪,有力驳斥被告人的不合理辩解,是本案的重点和难点。本案公诉意见书围绕特定关系人共同受贿这一案件核心事实搭建论证体系,重点回应被告人翻供、受贿数额等争点问题,立足案件背景、犯罪原因深层次开展法庭教育,语言规范,逻辑清晰,论证充分,重点突出。

(一)抓住本质准确适用法律,指控犯罪有理有据

公诉意见书第一部分遵循从客观到主观的审查认定思路,在系统总结法庭调查内容的基础上,按照"主体身份—客观行为—主观故意"的路径构建指控被告人宫某农构成受贿罪的证据体系,并高度总结指控证据的合法性、客观性和关联性。同时,重点围绕案件所涉"特定关系人共同受贿"这一庭审焦点,进行证据重组、体系重构,采用证据展示与法理阐释相结合的方式,夹叙夹议,有理有据进行阐述。一是抓住概念核心要义,实质化认定"特定关系人"。公诉意见书从"特定关系人"的概念内核出发,提出卢某江虽然是宫某农的驾驶员,但结合卢某江与被告人宫某农在工作生活中的密切交往和关系、卢某江所得利益均由被告人宫某农打招呼或安排等因素,认定二人已通过默契的形式形成利益共同体,卢某江系"其他共同利益关系的人",属于"特定关系人"。二是由客观行为到主观共谋,层层推进、深入论证。公诉意见书立足全案证据材料,提出本案中客观上谋利人和收财人相分离,但主观上被告人宫某农安排请托人"拿几套房子给小卢卖,赚点钱",在被卢某江告知收受请托人房产和车辆后也未要求其退还,二人具有共同受贿的意思联络,行贿财物的实际归属并不影响被告人宫某农的行为性质认定,一语道破被告人宫某农借用"特定关系人"的外衣进行"权钱交易"的行为本质。

(二)总结争点重点突出,回应争点有的放矢

公诉意见书第二部分突破模式化的框架结构,围绕庭前会议及举证

质证内容系统梳理案件争点，结合被告人翻供内容及在案其他证据全面预测案件辩点，以近三分之一的篇幅重点对被告人宫某农翻供理由、犯罪金额等逐个予以回应，进一步补充强化质证意见、完善证据体系，同时为法庭辩论夯实基础。一是围绕核心争点阐明事理、释明法理。针对被告人宫某农翻供及反复强调遭受诱供、指供的问题，公诉意见书综合案件前期口供收集调取程序合法性、供述内容稳定性、在案其他证据印证性及被告人宫某农的知识水平、个人履历、认知能力等因素，结合现行法律法规对证据收集、审查、运用等规定，全面分析论证，有力驳斥被告人宫某农的不合理辩解。二是聚焦案件细节分析有力、论证有据。一方面，根据送礼对象系管理服务对象和下属，以及送礼行为与被告人宫某农职务行为的关联性，认定被告人宫某农过年春节期间收受礼金的行为本质仍是权钱交易；另一方面，详细阐明认定涉案茅台酒价值依据的证据基础及认定思路。

（三）追诉犯罪客观公正，法治教育理性平和

公诉意见书法治教育部分并没有进行泛泛的指责教育，而是用朴实平和的语言循循善诱、娓娓道来。该部分结合被告人宫某农的个人履历深入剖析其从收受小额烟酒到收受房屋、车辆，一步步走向犯罪深渊的根本原因，训诫其"辜负了组织的信任和关心，毫无纪律意识和规矩意识，缺乏对法律的敬畏，表里不一"的同时，也希望"通过今天的庭审，被告人宫某农能够深刻反思自己受贿犯罪的社会危害，真心悔过，认罪认罚"，更警示"领导干部要坚定理想信念、保持清醒头脑、时刻绷紧纪律规矩之弦，清清白白为官、干干净净做事、老老实实做人"。

（**点评人**：周媛媛，北京市丰台区人民检察院副检察长、全国公诉标兵）

31. 熊某华虚开增值税专用发票案公诉意见书

【简要案情】

2016年至2020年，被告人熊某华在担任湖南××集团有限公司广州办事处销售业务员期间，在没有实际货物交易的情况下，利用湖南××集团有限公司旗下湘潭××有限公司、邵阳××有限公司、湖南××纺织有限公司等公司的名义，为广州××科技股份有限公司及其关联的广州市××纺织品有限公司、广州××有限公司等12家公司虚开增值税专用发票，并介绍广州××纺织品有限公司、广州××染织有限公司等多家公司为上述受票公司虚开加工环节配套的增值税专用发票。被告人熊某华与广州××科技股份有限公司的王某雄、王某杰（均另案处理）具体对接开票事宜，由熊某华提供开票公司的对公账户用于接收开票金额等值的货款，在扣除开票金额4.5%至6%的税点和手续费后，再通过其中国农业银行的个人账户（账号：62284×××××××）将虚开发票的资金回流至王某雄等人指定的个人账户中，从中牟取非法利益。经司法审计，被告人熊某华于2016年10月至2020年11月期间，为广州××科技股份有限公司、广州市××纺织品有限公司等12家公司虚开增值税专用发票305份，发票金额合计人民币73117624.92元，发票税额合计人民币11813257.19元，发票价税合计人民币84930882.11元，已申报抵扣进项税额合计人民币11211681.20元。

2021年7月23日，被告人熊某华在广州市增城区××路×号×栋×房被广州市公安局天河区分局民警抓获归案。

【诉讼过程】

本案由广东省广州市公安局天河区分局侦查终结,以被告人熊某华涉嫌虚开增值税专用发票罪、用于骗取出口退税、抵扣税款发票罪向广东省广州市天河区人民检察院移送起诉,该院于 2021 年 11 月 25 日报送广东省广州市人民检察院审查起诉。经两次退回补充侦查,广东省广州市人民检察院于 2022 年 5 月 19 日以被告人熊某华犯虚开增值税专用发票罪向广东省广州市人民法院提起公诉。广东省广州市人民法院于 2023 年 3 月 13 日作出一审判决,认定被告人熊某华犯虚开增值税专用发票罪,判处有期徒刑十一年,并处罚金人民币二十万元。判决后被告人熊某华在法定期限内未提出上诉,判决生效。

【文书全文】

广东省广州市人民检察院
公诉意见书

审判长、审判员:

法庭今天依法公开审理被告人熊某华虚开增值税专用发票一案,根据《中华人民共和国刑事诉讼法》第一百八十九条、第一百九十八条和第二百零九条的规定,我受广州市人民检察院指派,代表本院,以国家公诉人的身份,出席法庭支持公诉,并依法对刑事诉讼实行法律监督。

被告人熊某华无视国家法律,在无实际货物交易的情况下,为他人虚开、介绍他人虚开增值税专用发票的犯罪事实,本院在起诉书中作了明确的认定。在法庭调查阶段,公诉人围绕起诉书指控的犯罪事实详细讯问了被告人,并以事实要素为逻辑主线,向法庭出示了相关证据。辩护人对讯问笔录、辨认笔录、电子数据检查工作记录、专项审计报告、审讯同步录音录像等提出的质疑,在之前的法庭调查阶段已通过质证,有针对性地对证据收集的合法性进行了说明,其中部分瑕疵证据也在本次开庭审理前由公安机关作出了合理解释，具备证据资格。因此，全案证据均经法庭质证，来源合法，内容客观、真实，彼此之间相互印证，可以作为定案的依据。

为更好地履行公诉职责，下面公诉人围绕庭审争议的焦点问题，结合事实、证据发表如下公诉意见，请合议庭评议时予以充分考虑并采纳。

一、本案认定被告人熊某华构成虚开增值税专用发票罪的事实清楚，证据确实、充分

本罪的核心行为为"虚开"，根据《刑法》第二百零五条第三款的规定，只要行为人实施了为他人虚开、为自己虚开、让他人为自己虚开、介绍他人虚开的行为之一，即具备了构成本罪的客观条件。目前本案的争议焦点在于被告人熊某华主观上是否具有骗取税款的目的，客观上是否给国家造成了税款损失，其行为是否属于刑法意义上的虚开增值税专用发票行为。针对上述问题，公诉人阐明观点如下：

（一）被告人熊某华具有虚开骗税的主观故意

被告人熊某华的辩护人认为，熊某华并非骗取税款的获益主体，也并不清楚受票单位会将发票用于抵扣税款或骗取出口退税，因而不具备虚开骗税的主观故意。须知刑法中的主观故意，既包括积极追求犯罪结果发生的直接故意，也包括对危害结果持放任态度的间接故意。本罪所要求的主观故意，不是指对骗取出口退税具备主观明知，而是指对自己为他人虚开、介绍他人虚开的行为可能造成国家税款流失具备主观明知。虽然被告人熊某华的直接目的是赚取开票手续费，但其作为一名从业多年的销售业务员，对于增值税专用发票可以用于抵扣进项税款的税收政策是明知的；对于同案人王某雄、王某杰所提供的受票单位与自己所在的××集团及自己所介绍开票的公司之间就所开出的发票没有对应的真实业务是明知的；对于开出的发票可能被受票单位用于抵扣税款，使国家税款处于流失的危险境地也是明知的，但为了谋取个人私利，仍置国家利益于不顾，持续为对方提供稳定的票源，在主观上具备放任国家税款流失的故意，符合虚开增值税专用发票罪的主观构成要件。

（二）被告人熊某华的行为客观上给国家造成了税款损失

被告人熊某华的辩护人强调，××集团及其下属企业在开出增值税专用发票之后,即向当地税务部门缴纳了相应的税款,因而并没有给国家造成税款损失。对这一问题的正确判断,还需了解增值税计税的原理和增值税抵扣的底层逻辑。增值税是国家对商品生产和流通中各个环节的新增价值或商品附加值进行征税的一个税种,属于流转税的范畴。我国增值税的纳税是采用销项减进项的方法来缴纳,所以增值税是可以被抵扣的,一般纳税人缴纳的增值税税额实际上是其销项税额减去进项税额的差额部分。本案中,被告人熊某华利用××集团及其下属企业在实际经营过程中产生的"富余发票"对外虚开,由于该业务本身有真实的进项发票可以抵扣,实际上并没有向国家多缴纳税款。而获得这些发票的下游企业,在没有发生真实交易的情况下,却取得了相应的抵扣额度,可以在后续的所谓销售环节中进行抵扣,导致本应上缴国家的税款并没有真正流入国库,从而造成了国家税款的大量流失。此外,本案同案人还有骗取出口退税的行为,那些向熊某华采购发票的公司,不仅没有缴纳增值税,还通过制作虚假发票、合同等方式骗取国家的出口退税款,进一步加剧了国家的税款损失,而这部分损失与被告人熊某华虚开增值税专用发票的行为是存在因果关系的。广州市税务局第三稽查局出具的税务处理决定书也证实被告人熊某华为广州××科技股份有限公司等12家公司虚开的这305份发票,价税合计人民币84930882.11元,已申报抵扣进项税额合计人民币11211681.20元,已申报抵扣的这部分税款,就是给国家造成的实实在在的税款损失。

(三)被告人熊某华的行为属于刑法意义上的虚开增值税专用发票行为

被告人熊某华的辩护人在质证中提到了"有货代开"的概念,认为既然被告人熊某华所在的公司有真实的货物销售,而买方企业或个人不需要开票,那么将这部分发票开给同案人王某雄、王某杰所提供的受票单位就不算"虚开"。有必要明确的是,刑法意义上的"虚开",既包括"暴力虚开",也包括利用"票货分离"的方式为他人虚开增值税专用发票,本案即属于后者。在案证据包括被告人熊某华的供述、证人王某雄的证言以及熊某华与王某雄、王某杰的微信聊天记录等,均证实双方商议、联络虚开的过程及具体实施虚开的方法;被告人熊某华的涉案中国农业银行个人账户流水清单证实所开出的发票金额均有相应的资金回流；证人余某坤的证言证实熊某华有虚开发票的行为，且2015年以后的销售增量明显超乎常规；湖南××集团有限公司广州办事处提供的销售合同、发货单和广东诚安信会计师事务所专项审计报告中资金流、票据流的对比差异证实本案存在"票货分离"的情况。被告人熊某华利用真实采购方不需要发票所形成的富余额度，将本应开给真实采购方的发票开给了王某雄等人提供的广州××科技股份有限公司及其关联的多家空壳纺织公司，双方之间就所开出的发票而言，并无对应的真实业务发生，受票单位仅以4.5%至6%的开票费用即获得了本应缴纳更多的抵扣税额，最终这些税额又被用于实际抵扣，给国家造成了巨额的税款损失。

就法律适用而言，本案的情形并不属于最高人民法院研究室《〈关于如何认定以"挂靠"有关公司名义实施经营活动并让有关公司为自己虚开增值税专用发票行为的性质〉征求意见的复函》（法研〔2015〕58号）中规定的不宜入罪的情形。该规定中所指的"有实际交易存在的代开行为"，其本质是指买方企业在真实购买了货物后，由于卖方企业或个人无法提供增值税专用发票，造成买方企业无法进行抵扣，从而由他方代开增值税专用发票，进行抵扣税款的行为，其目的不是骗取国家税款，在客观上也未给国家税款造成损失，而是为了抵扣在真实货物交易过程中应该抵扣的税款。这种行为表面上看似"虚开"，实质上却是符合税收抵扣政策的"实开"。2018年12月4日最高人民法院发布的6起保护产权和企业家合法权益典型案例中的"张某强虚开增值税专用发票案"即体现了这一原则，司法实践中把"有货代开"定性为不是虚开增值税专用发票罪的判例也大多为此种情况，与本案当中以开票费用换取抵扣额度的"虚开"行为并非同类行为。

综上所述，起诉书认定本案被告人熊某华的犯罪事实清楚，证据确实、充分，依法应当认定被告人有罪。

二、据以定案的证据均已向法庭展示，且来源合法，不存在需要排除的非法证据

在庭审过程中，辩护人多次提到非法证据排除的问题，公诉人在质证阶段也都一一作出了回应，但似乎并未消弭辩护人的疑虑，在此有必要厘清"非法证据"的概念，以期准确适用非法证据排除规则。

根据《中华人民共和国刑事诉讼法》《人民检察院刑事诉讼规则》和"两高三部"《关于办理刑事案件严格排除非法证据若干问题的规定》等法律、司法解释的规定，"非法证据"有其严格的内涵和外延，并非所有违反法律规定收集的证据都是非法证据，只有取证过程严重侵害了犯罪嫌疑人、被告人的宪法性权利，造成或可能造成严重影响司法公正后果的证据才属于刑法意义上的非法证据，才适用非法证据排除规则。否则只能称之为瑕疵证据，瑕疵证据可以通过补正或合理解释的方式获得证据资格，从而作为诉讼证据使用。司法实践中非法证据与瑕疵证据的把握界限在于：一是针对犯罪嫌疑人的供述和辩解、被害人陈述、证人证言等言词证据，以"是否违背自愿叙述原则"为标准，凡是有证据证明违背自愿叙述原则，如采用刑讯逼供等非法方法收集的犯罪嫌疑人、被告人供述和采用暴力、威胁等非法方法收集的证人证言、被害人陈述，应当予以排除。二是针对物证、书证等实物证据，则以"不符合法定程序且可能严重影响司法公正并不能补正或无法做出合理解释"为标准，即只有收集证据"不符合法定程序""可能严重影响司法公正""不能补正或无法作出合理解释"三个要件同时具备的证据，才适用非法证据排除规则。

下面，公诉人针对辩护人提出的几个关键问题重点回应如下：

（一）关于讯问笔录的合法性、有效性问题

庭审中，辩护人多次提到讯问笔录"尾页"没有侦查人员签名，违反了《公安机关执法细则》的规定，属于应当排除的非法证据。首先，辩护人所提到的《公安机关执法细则》是公安机关根据法律和国务院行政法规、决定、命令，在本部门的权限范围内制定的规章，目的是为完善公安机关执行制度，规范执法行为，从层级和效力上讲，既不属于法律，也不属于司法解释，仅及于公安机关内部，不能用作是否"非法证据"的认定标准。其次，讯问笔录是侦查人员在侦查活动中，为了查明犯罪事实，对犯罪嫌疑人进行讯问时如实记载讯问情况的文字记录。《刑事诉讼法》第一百二十二条关于讯问犯罪嫌疑人的规定，仅要求"侦查人员应当在笔录上签名"，并没有对签名的位置作出规定。《公安机关办理刑事案件程序规定》第二百零六条，也只是规定"侦查人员、翻译人员应当在讯问笔录上签名"，而没有规定必须在"尾页"上签名。第三，本案的所有讯问笔录，均由侦查人员或者检察人员在法定的办案场所内制作，讯问时讯问人员均不少于二人，并且均已在笔录上签名，符合《刑事诉讼法》第一百一十八条、第一百二十二条的规定，属于合法、有效的证据。

（二）关于电子数据的合法性、同一性问题

广州市公安局天河区分局刑事警察大队于2021年8月3日9∶00至8月5日18∶00对经济犯罪侦查大队送检的被告人熊某华的手机进行了电子数据检查，依法制作了电子物证检查笔录，并随案移送了一张名为"穗公天（刑技）勘电××号-检出数据"的光盘。《电子物证检查工作记录》反映的取证方法符合《公安机关办理刑事案件电子数据取证规则》的相关技术标准，内有电子数据完整性校验值可保证电子数据未经过增加、删除或修改，与原始存储介质里的数据具有同一性。《检查笔录》显示物证封存前后有被封存的原始介质的照片，能清晰反映提取介质的封口状态，且物证被扣押后就直接送交电子物证检查，检查所提取的资料也刻成光盘附卷，整个过程是在闭环状态下进行的，没有其他人员接触过，不存在增删修改的问题。故本案的电子数据提取检查程序合法，检查笔录内容客观真实，依法可采纳为定案的依据。

（三）关于是否存在隐匿证据的问题

所谓"隐匿证据"是指人为地将能够证实被告人有罪或者无罪、犯罪情节轻重的证据藏匿起来，足以影响法庭公正裁决。其前提一是这一证据客观存在，二是这一证据应当提交法庭。辩护人质疑公诉机关隐匿的证据包括审查逮捕阶段的讯问笔录、审查起诉阶段的讯问笔录和审讯同步录音录像，现逐一回应如下：

第一，审查逮捕阶段的讯问笔录。根据《刑事诉讼法》第八十八条的规定，人民检察院审查批准逮捕，可以讯问犯罪嫌疑人；只有存在"对是否符合逮捕条件有疑问""犯罪嫌疑人要求向检察人员当面陈述""侦查活动可能有重大违法行为"的情形之一时，才应当讯问犯罪嫌疑人。检察机关于2021年8月23日向熊某华送达《听取犯罪嫌疑人意见书》的时候,熊某华表示无意见,故天河区人民检察院在审查逮捕阶段并未对其进行讯问,辩护人所称的这份讯问笔录客观上并不存在。

第二,审查起诉阶段的讯问笔录。根据六部委《关于实施刑事诉讼法若干问题的规定》第二十四条,人民检察院向人民法院提起公诉时,应当将案卷材料和全部证据移送人民法院,包括犯罪嫌疑人、被告人翻供的材料,证人改变证言的材料,以及对犯罪嫌疑人、被告人有利的其他证据材料。公诉机关在审查起诉阶段对被告人熊某华进行过一次审讯,在审讯过程中,熊某华自愿认罪,态度诚恳,没有任何翻供迹象,其供述与辩解均在笔录中如实记载,并不是无罪或者罪轻的新证据,更不存在隐匿该份证据的必要性和可能性。

第三,审讯同步录音录像。审讯同步录音录像并非独立的证据种类,不能直接作为案件的证据使用,只有在有证据线索反映侦查人员可能存在刑讯逼供、非法取证等行为,需要核实侦查活动合法性的时候,才由人民法院根据最高人民法院《关于适用〈中华人民共和国刑事诉讼法〉的解释》第七十四条的规定依法调取。而本案无论是被告人自己的供述,还是根据已调取在案的2021年10月21日、2022年3月4日的审讯同步录音录像来看,熊某华在供述案情始末,包括与王某标、王某雄等人业务交往熟悉的过程,虚开的缘由、操作模式、细节及回款、获利点数等方面的供述都表现得流畅自然,神态平和,不存在刑讯逼供等非法取证的情形。对于2021年7月23日在冼村派出所的审讯录像有图像无声音的问题,公安机关也就该证据瑕疵作出了合理解释。在之前的法庭调查阶段,公诉人特地就侦查期间公安人员审讯过程是否存在殴打、威胁、引诱等非法取证情形,检察机关在提审时是否保障其合法权益等问题讯问了被告人熊某华,被告人均明确表示所有审讯合法依规,不存在《刑事诉讼法》第五十六条规定的采用刑讯逼供等非法方法收集被告人供述的情形,因此,被告人熊某华的8堂审讯笔录即便未完全附随同步录音录像,也不存在需要排除的理由。

(四)关于非适格见证人是否影响证据效力的问题

辩护人因辨认笔录、搜查笔录的见证人均为曾某宏,怀疑其与案件有利害关系,可能影响案件公正处理。经向公安机关核实,曾某宏为随队的非公安民警人员，因抓捕当时已是凌晨时分，现场没有合适的见证人，遂让随队的非公安民警曾某宏在搜查笔录的见证人处签名。当日凌晨2时许，办案人员依法将熊某华拘传至广州市公安局天河区分局冼村派出所进行讯问，因讯问场所属于公安机关内部执法场所，非公安工作人员不能进入办案区，现场没有合适的见证人，故让随队的非公安民警曾某宏在辨认笔录的见证人处签名。但无论抓捕过程、搜查过程还是审讯中对同案犯的辨认过程，都有全程录音录像，充分保障了被告人熊某华的合法权益。根据最高人民法院《关于适用〈中华人民共和国刑事诉讼法〉的解释》第八十条第三款规定，由于客观原因无法由符合条件的人员担任见证人的，应当在笔录中注明情况，并对相关活动进行全程录音录像。公安机关根据上述规定，在制作辨认笔录、搜查笔录时，让在场的非公安民警曾某宏作为见证人签名，并全程录音录像，是客观原因所致。录像反映过程中没有严重侵犯基本人权或者严重影响司法公正的情况出现，公安机关已对没有适格见证人的问题作出了合理解释。根据法律规定，经补正或合理解释后的瑕疵证据，可以作为诉讼证据使用。

三、被告人熊某华在本案中应承担的刑事责任

（一）本案并非单位犯罪

被告人熊某华辩称虚开增值税专用发票的行为在其公司内部普遍存在，系湖南××集团有限公司的单位行为。单位犯罪与个人犯罪的关键区别在于是否由单位的决策机构决定，是否为了单位利益而实施。在法庭讯问阶段，熊某华回答公诉人讯问时明确称××集团领导没有集体研究过，没有下达过虚开发票的指令，其本人也没有就该私账转公账的操作方法向领导请示或汇报过，相关开票手续费完全由其本人占有，公司并未因此获利。湖南××集团有限公司广州办事处提供的公司发票管理制度等证据，也证实该公司明确规定"禁止无货交易，虚开增值税发票行为；禁止不要开票客户的发票开给需要发票客户的串户开票行为"等。因此，现有证据不能证实虚开增值税专用发票的行为是湖南××集团有限公司的意志，所得经济利益也并非归属于单位，根据《最高人民法院关于审理单位犯罪案件具体应用法律有关问

题的解释》第三条规定，盗用单位名义实施犯罪，违法所得由实施犯罪的个人私分的，依照刑法有关自然人犯罪的规定定罪处罚。故本案应由被告人熊某华个人承担刑事责任。

（二）被告人熊某华不应认定为从犯

本案与另案起诉的王某雄等人骗取出口退税案是关联犯罪，根据主客观相一致的原则，被告人熊某华仅应对上游虚开增值税专用发票的行为负责。这一环节的核心行为是"虚开"，在案证据显示，被告人熊某华在得知王某雄等人有开票需求后，主动将其开展业务过程中产生的富余发票额度告知王某雄等人，双方由此洽谈并产生合意，然后由熊某华具体提供开票公司和开票额度，收取开票费用，操作资金回流，开票所得的手续费亦由其个人占有和支配。现有证据无法证明熊某华所在公司及公司其他业务员有参与共谋，更没有证据证明有其他同案犯存在，故在整个虚开过程中，被告人熊某华是具体行为的实施者、非法利益的获取者，对犯罪的实施和完成起主导作用，而非次要或者辅助作用，依法不能认定为从犯。

（三）被告人熊某华有坦白情节，可以从轻处罚

近年来，国家重拳打击虚开骗税违法犯罪，虚开的税款数额在1万元以上或者致使国家税款被骗数额在5000元以上的即可构成犯罪。被告人熊某华无视国家法律，在无实际货物交易的情况下，为他人虚开、介绍他人虚开增值税专用发票，累计税额达到人民币11813257.19元，价税合计人民币84930882.11元，造成国家税款损失合计人民币11211681.20元，数额巨大，依法应处十年以上有期徒刑或者无期徒刑，并处5万元以上50万元以下罚金或者没收财产。鉴于其归案后能如实供述自己的罪行，认罪态度较好，确有悔罪表现，根据《中华人民共和国刑法》第六十七条第三款的规定，可以从轻处罚。建议合议庭根据被告人实施犯罪的事实、情节、性质，对社会的危害程度，以及被告人的认罪态度，对其判处十年以上十一年以下有期徒刑，并处罚金。

四、本案的社会危害性及应当汲取的教训

被告人熊某华在广州打拼多年，有着稳定的经济收入、和谐的家庭环境和光明的事业前景，却因蝇头小利而身陷囹圄，教训是深刻的。湖

南××集团有限公司作为一家国内大型民营纺织工贸企业，财务制度却存在如此巨大的漏洞，未能发现销售业务员长达数年、高达数千万元的虚开增值税专用发票行为，也值得好好反思与警醒。

税收在国家治理体系中发挥着基础性、支柱性、保障性作用。增值税税款抵扣机制，能够进一步降低企业税负，增强市场主体活力，更好发挥税收对经济运行的调节功能。对国家而言，虚开增值税专用发票，会导致国家财政收入减少，不利于经济建设和社会发展，进而间接影响到消费者的生活质量；对企业而言，虚开增值税专用发票，会导致企业信誉受损，从而影响市场竞争力和市场竞争秩序；对个人而言，虚开增值税专用发票是一种违法犯罪行为，必将受到法律的严惩。被告人熊某华作为一名有着十多年销售经验的业务员，一直很清楚虚开增值税专用发票是违法行为，也知道自己的行为涉及逃税、骗税，但基于贪利动机和法不责众的侥幸心理，自认为社会上很多人都这样做，应该不会有什么事的，殊不知正是这种对法律缺乏敬畏的态度，终将使其付出沉重的代价。

当然，这件事情的背后，也暴露出企业合规治理的必要性，希望××集团能够举一反三，加强企业内部的监督管控，构建科学有效的企业合规管理体系，培育员工遵纪守法的意识，避免违规风险；希望被告人熊某华能汲取这次教训，对法律多一分敬畏，少一丝侥幸，让理性取代贪念，让守法成为底线，争取早日回归社会，做一名知法、懂法、守法的合格公民；也希望每一位旁听群众都能认识到这种行为的危害性，自觉抵制虚开增值税专用发票的行为，积极营造诚信纳税的良好氛围。

综上，请合议庭对公诉人刚才发表的公诉意见予以充分考虑，依法作出公正的判决！

公诉意见暂时发表到此。

20××年×月×日当庭发表

【承办检察官心得体会】

虚开增值税专用发票犯罪具有复杂性、多样性和隐蔽性等特点，在理论和实务界均有较多争议，如果仅从刑法抽象的规定对该罪名进行简单机械的套用，不仅无法使被告人信服，也容易给辩护人留下较多辩解空间，有必要通过发表公诉意见，让庭审人员和旁听群众明白被告人犯了什么罪、为什么犯罪、应受何种处罚。

开庭审理时，辩护人打破常规，以申请公诉人、合议庭全体回避开场，试图将公诉人、审判人员置于一种非常规的诉讼境地，再通过这种"以攻为守"的辩护方式，从"实体辩护"和"程序辩护"两个维度双向夹击，试图全盘推翻起诉书的指控。公诉人根据庭审情况，及时调整公诉策略，在法庭讯问时，从被告人的诉讼权利是否得到保障入手，让被告人亲口确认之前的供述并未违背自愿叙述原则；在举证质证时，着重强调取证主体、取证程序的合法性和证据内容的客观性、关联性；在发表公诉意见时，则围绕事理、法理、情理三个方面构筑论证逻辑，突显说理性。

（一）立足事理，说清事情的来龙去脉

本罪的核心事实是"虚开"，争议的焦点在于如何认定"虚开"，辩护人认为被告人熊某华所在的公司有真实的货物销售，但真实买家不需要开票，那么将这部分发票开给受票单位就不算"虚开"。公诉人从增值税的计税原理和增值税抵扣的底层逻辑出发，说明购得这些"富余发票"的企业在没有真实货物交易的情况下，却取得了相应的抵扣额度，可以在后续销售环节进行抵扣，使本应上缴国家的税款没有真正流入国库，属于刑法意义上的"虚开"行为。

（二）遵循法理，围绕争议焦点展开论证

在实体方面，抓住被告人主观上是否具有骗取税款的目的，客观上是否给国家造成了税款损失两大关键要点，结合本案的客观证据，阐明被告人的行为完全符合本罪的主客观构成要件。在程序方面，针对辩护人提出的多项非法证据排除问题，先总体概况非法证据排除规则的适用原则，再逐一回应辩护人提出的质疑，每一项回应均以法为据、以理服人，在加固证明体系的同时加深旁听群众对法律的认识和理解。

（三）运用情理，借助庭审开展法治教育

本案的发生既有被告人自身对法律缺乏敬畏的原因，也与公司发票管理制度形同虚设不无关系。公诉人针对上述情况，在公诉意见书的最后强化社会危害性认知教育，帮助被告人提高对犯罪的认识，促其自我反省；敦促企业加强合规治理，防范犯罪风险；呼吁旁听群众自觉抵制虚开增值税专用发票行为，积极营造诚信纳税的良好氛围。通过层层递进说通情理，达到法治教育的目的。

本案案情虽不复杂，但庭审过程较为激烈，涉及实体之辩、程序之辩，公诉意见书重在释明法理、澄清谬误，被告人在庭审后表示服判，公诉意见书的观点也被判决书全盘采纳，实现了良好的办案效果。

【专家点评】

为维护法治化营商环境，检察机关明确提出依法慎重处理企业涉税案件，对非骗税目的且没有造成税款损失的虚开行为不以虚开增值税专用发票罪定性处理。但不可否认，虚开增值税专用发票致使国家税款大量流失、危害国家增值税改革的犯罪形势依然严峻。这对司法机关办理虚开增值税专用发票案件提出了更高的要求，需仔细甄别、准确定性。

（一）在实体问题的说理方面

本篇公诉意见书重点针对虚开增值税专用发票案件定性的重点、难点、疑点，即行为人是否具有骗税目的，行为是否造成国家税款损失，是否属于刑法禁止的虚开增值税专用发票行为，依据事实、证据、法律、政策展开分析阐述和解释说明。

一是阐述了被告人具有虚开增值税专用发票的故意。本篇公诉意见书结合刑法规定的虚开增值税专用发票罪客观方面为自己虚开、为他人虚开、让他人为自己虚开、介绍他人虚开四种行为方式，论述了本罪主观方面包括以骗取税款为目的、积极追求结果发生的直接故意，也包括明知虚开行为可能为他人骗取税款创造条件，造成国家税款流失危险而放任的间接故意。进而论述了本案被告人"有货代开"这种为他人虚开行为，主观上具有放任他人违法抵扣税款，造成国家税款流失危险的间接故意。故被告人并非骗取税款获益主体，不具有结果发生认识可能的辩护意见不能成立。

二是严密论证了被告人虚开增值税专用发票客观行为与他人骗抵税款具有因果关系。本案被告人在前一交易环节存在真实的经营活动并依法缴纳税款，借由真实交易方不需要发票而产生的开票额度，为不具有真实经营活动的受票人开具增值税专用发票。这种客观行为表现涉及"有货代开"型虚开的认定问题。"有货代开"一般指违反税法规定的如实开票义务，票货分离，但受票人在实际经营活动中已经缴纳过进项税，具有退抵资格，故没有实质损害国家税收利益。受票人是凭借增值税专用发票申报认证抵扣的一方，是否具有实质的退抵资格应以受票人而非开票人为准。本案中辩护人混淆了这一概念，以开票人具有抵扣资格并实际缴纳税款，否定行为致使国家税款流失。公诉意见书准确指出本案不属于"有实际交易存在的代开行为"，抓住了此类案件法律适用的关键点。

三是公诉意见书单独就被告人的刑事责任问题展开了说理论证。明确被告人在本案中应承担自然人责任、正犯责任，具有坦白情节，认罪态度良好，提出从宽处罚的量刑建议。全面考察有罪与无罪、罪重与罪轻的事实证据，体现依法追究刑事责任与保护被告人诉讼权利并重。

（二）在程序和证据问题的说理方面

注重对程序合法性的说理、主动回应辩护方的程序性辩护意见是本篇公诉意见书的一大亮点。对"非法证据"的法定概念，本案中讯问笔录、电子数据是否具有证据资格，是否存在隐匿证据，见证人是否适格等程序争议问题，依据法律法规、事实证据作了重点说明。

本篇公诉意见书以案释法，教育被告人尊法守法，不要存在侥幸心理；向社会公众说明虚开增值税专用发票的危害性和责任追究的必然性；对被告人所在单位建议"加强企业内部的监督管控，构建科学有效的企业合规管理体系，培育员工遵纪守法的意识，避免违规风险"；注重法律效果和社会效果的有机统一，寻求刑事司法的积极治理效果，是一篇优秀的公诉意见书。

（点评人：卢建平，北京师范大学法学院教授、博士生导师）

32. 王某、李某内幕交易案公诉意见书

【简要案情】

被告人王某，系国家电网下属××有限公司（以下简称"××公司"）财务部主任；被告人李某，北京××投资顾问有限公司股东，系王某的前夫。

2014年间，王某受××公司总经理郭某指派，参与公司上市前期工作，并联系××证券公司（以下简称"××证券"）咨询上市方案。2015年间，经××公司与××证券多次研究，对重庆××电力实业股份有限公司（以下简称"××电力公司"）等四家上市公司进行重点考察，拟通过与上市公司资产重组借壳上市。王某参加了相关会议。2015年10月26日，××公司召开上市准备会，研究借壳××电力公司上市相关事宜。会后，郭某安排王某了解××电力公司的资产情况。2015年12月30日，经与××公司商定，××电力公司公告停牌筹划重大事项。

2016年2月25日，××电力公司发布有关其与××公司重大资产重组事项的《重大资产购买暨关联交易草案》，该公告所述事项系内幕信息，内幕信息敏感期为2015年10月26日至2016年2月25日，王某系内幕信息知情人。2016年3月10日，××电力公司股票复牌。

××公司筹划上市期间，王某、李某于2015年5月13日离婚，但二人仍以夫妻名义共同生活。在内幕信息敏感期内，李某两次买入××电力公司股票，累计成交金额412万余元，并分别于××电力公司股票停牌前、发布资产重组公告复牌后卖出全部股票，累计亏损9万余元。

【诉讼过程】

本案由北京市公安局侦查终结，于2019年4月16日以李某、王某涉

嫌内幕交易罪、泄露内幕信息罪移送北京市人民检察院第二分院审查起诉。2019年10月25日，北京市人民检察院第二分院以王某、李某犯内幕交易罪向北京市第二中级人民法院提起公诉。2019年12月23日，北京市第二中级人民法院经审理作出一审判决，认定王某、李某均犯内幕交易罪，各判处有期徒刑5年，各并处罚金人民币1万元。王某、李某提出上诉，北京市高级人民法院经审理于2020年10月30日作出终审裁定，驳回上诉，维持原判。

【文书全文】

北京市人民检察院第二分院

公诉意见书

审判长、审判员：

根据《中华人民共和国刑事诉讼法》第一百八十四条、第一百九十三条和第二百零三条的规定，我们受北京市人民检察院第二分院的指派，代表本院，以国家公诉人的身份，出席法庭支持公诉，并依法对刑事诉讼实行法律监督。

在刚刚结束的法庭调查中，针对王某、李某内幕交易的犯罪事实，公诉人依法讯问了被告人王某和李某，出示了二人在侦查阶段的讯问笔录，出示了证人证言、书证等证据。经当庭质证，均来源合法，形成了完整的证明体系，充分证实本院起诉书指控的被告人王某、李某犯内幕交易罪的事实清楚、证据确实、充分。现就全案证据和案件情况发表如下公诉意见：

一、被告人王某作为内幕信息知情人员，在内幕信息公开前，伙同被告人李某进行证券交易，依法构成内幕交易罪

第一，王某是法定内幕信息知情人，王某、李某符合内幕交易犯罪主体要件。《刑法》第一百八十条规定，内幕交易罪主体是证券、期货交易内幕信息的知情人员。根据《证券法》第七十四条规定，由于所任公司职务可以获取公司有关内幕信息的人员属于证券交易内幕信息的知情人。《证券法》第七十五条第二款及第六十七条第二款第二项规定，"公司的重大投资行为和重大的购置财产的决定"为内幕信息。本案中，××公司总经理郭某、总会计师夏某俊、办公室主任樊某成等人证言以及相关书证能够证实：被告人王某在案发期间系××公司财务资产部主任，其在履职过程中知悉××公司借壳××电力上市的内幕信息，为法定内幕信息知情人。被告人李某是与内幕信息知情人员关系密切的人员。

第二，在××公司与××电力重组的信息公开前，王某、李某大量买入××电力股票，二人的行为符合内幕交易罪客观要件。本案证据证实内幕信息敏感期为2015年10月26日至2016年2月25日。根据焦某证言、MAC地址、交易记录等书证及李某的供述证实：在内幕信息敏感期内，李某于2015年11月12日和12月29日两次使用"焦某"证券账户在本人电脑上操作购买"××电力"股票，买入金额累计412.4万余元（4124072元）。从账户操作信息、资金来源及去向综合分析，"焦某"账户实际控制人为李某。

第三，王某与李某分工协作、相互配合共同完成了内幕交易行为，对内幕交易结果具有直接故意。

首先，王某、李某虽然办理离婚手续，但并非感情破裂、财产也没有独立，仍然是利益共同体。根据调取的二人通话记录、王某银行账户交易记录等书证及二人的供述能够证实：王某、李某离婚后仍一起生活、共同抚养孩子、王某用本人工资卡为李某偿还信用卡欠款等。

其次，李某两次买入××电力股票的时间与王某获知内幕信息的时间高度吻合。

1. 根据李某的供述，其先后从王某、季某芳处获知××公司上市信息，但被季某芳否认，经查因李某向季某芳打探消息时，季某芳尚未获悉××公司与××电力重组，可以认定李某获悉××公司重组信息的来源系王某。2. 王某于11月6日从陈某口中获悉与××电力公司重组前需要征得××区政府同意，后与李某电话联系，并于11月11日晚上带李某与樊某成吃饭。在上述事件之后李某于11月12日早上股市开市后迅速买入××电力股票。3. 2015年12月29日8时20分，被告人王某在与夏某俊通话过程中得知郭某等人到重庆出差，8点21分给李某打电话，李某接到电话后在股市开市后迅速买入××电力股票。

最后，李某内幕交易行为明显异常。

1. 账户异常：李某为规避法律风险，用实际控制的焦某证券账户购入××电力股票。其分别使用本人和焦某股票账户买入×集团、×院等股票，但仅使用焦某账户买入××电力股票，说明李某刻意回避用本人账户购买涉案股票。

2. 动机异常：李某辩称借用焦某账户的目的是用于申购新股，但借用后一直未转入资金、未从事任何交易，直至2015年11月12日第一次交易即全仓买入××电力股票。

3. 资金异常：2015年11月9日，李某使用本人股票账户以321.11万元的价格买入×集团股票。11日，在×集团股价上涨阶段卖出部分股票，筹集资金203.7万元转入焦某账户用于购买××电力股票，到11月25日清仓×集团股票时，股价比买入时上涨15.8%。上述行为反映出李某在×集团股票大幅上涨阶段减仓，其目的就是筹集资金用于购买××电力股票。2015年12月29日，李某清仓所持有×集团股票，全仓买入××电力股票，余额不足以买入1手××电力股票的情况下，再次委托买入1手××集团股票，反映出李某清仓××集团股票并非不看好这只股票，而是筹集资金用于购买××电力股票。

综上，王某、李某在共同生活期间，王某与李某密切联系的时点、李某两次买入××电力股票的时点、资金变化的时点均与内幕信息形成、变化的时点高度一致，且李某交易行为明显异常又无合理辩解，可以认定王某、李某相互分工、相互配合共同完成内幕交易行为，系共同犯罪。

第四，王某、李某内幕交易行为破坏了证券交易的正常秩序，符合内幕交易罪客体要件。被告人王某因履职获取到资产重组这一利好消息，在内幕信息敏感期内伙同李某买入××电力股票，于内幕信息公开后全部卖出，是利用不对称的信息优势破坏证券交易市场公平秩序的行为，符合内幕交易罪客体要件。

第五，王某、李某的内幕交易行为情节特别严重。根据"两高"《关于办理内幕交易、泄露内幕信息刑事案件具体应用法律若干问题的解释》第七条、第八条规定：在内幕信息敏感期内从事证券交易，证券交易成交额在二百五十万元以上的应当认定为"情节特别严重"。2次以上实施内幕交易行为，应当对相关交易数额累计计算。本案的内幕交易成交金额为412.4万余元（4124072元），王某、李某的行为应当认定为"情节特别严重"。

二、王某、李某应承担的法律责任

根据我国刑法，结合本案具体情况，公诉人对被告人王某、李某应当承担的法律责任提出如下意见：

被告人王某作为内幕信息知情人员，在对证券交易价格有重大影响的信息公开前，伙同被告人李某买入该证券，情节特别严重，属于典型的内幕交易行为，根据《刑法》第一百八十条的规定，应当以内幕交易罪追究二被告人刑事责任，依法分别应处五年以上十年以下有期徒刑，并处违法所得一倍以上五倍以下罚金。

二人在实施内幕交易行为时，分工协作，相互配合，二人对犯罪行为的形成、发生及后果均具有主导作用，根据《刑法》第二十五条，系共同犯罪。根据《中华人民共和国刑法》第一百八十条的规定，建议判处被告人王某、李某有期徒刑五年至六年，并处罚金。

三、本案所具有的社会危害性及警示

证券交易应当遵循公开、公平和公正的基本原则。内幕信息知情人因身份、工作原因，比市场一般投资者优先获取信息资源，利用该类信息交易相关证券，严重破坏了证券市场交易秩序，侵犯了其他投资者的合法权益，从长远看会使中小投资者丧失对证券市场的信心，给国家金融安全带来巨大风险。因此，《证券法》《刑法》对内幕信息知情人的交易行为有明确的禁止性规定，在内幕信息公开前，不得买卖或建议他人买卖与该信息有关的证券。

近年来，我国资本市场快速发展，并购重组活动日趋增多。由于并购重组项目决策环节多，直接涉及的知情人员多，上市公司并购重组领域逐渐成为内幕交易的"重灾区"。被告人王某作为重组公司的管理人员，在重组并购过程中不可避免地知悉重组信息，了解重组进程，应当负有高度保密义务和禁止交易义务。被告人李某多年来一直从事证券行业工作，对法律法规、行业规范等十分熟悉，二人却为了一己私利罔顾法律规定，无视义务和责任，利用优势信息进行内幕交易，应当受到法律惩处。

今天的庭审给我们带来以下警示：

作为内幕信息知情人员，应切记"物必自腐，而后虫生"。内幕信息知情人员应从自身筑牢思想防线，不仅应保守秘密，还应时刻自警自省，绝不利用内幕信息谋取利益。

作为证券市场投资者，应牢记"不以规矩，不能成方圆"。只有每个投资者自觉抵制内幕交易等不法利益的侵蚀，才能共同维护证券市场公开、公平、公正的良好秩序，才能维护每名投资者的共同利益和长远利益。

作为法治社会中的一员，应深知"法网恢恢，疏而不漏"。虽然内幕交易犯罪呈现操作无纸化、手段隐蔽、专业性强等特点，但随着国家对打击证券犯罪、防控金融风险的高度重视，行政、司法机关查处证券犯罪能力逐步提升，内幕交易行为必将受到法律的制裁。

审判长、审判员，以上是我们的公诉意见，请合议庭综合全案的事实和证据，对被告人王某、李某依法作出公正判决。

20××年×月×日当庭发表

【承办检察官心得体会】

（一）深挖"碎片"证据关联性，全面呈现犯罪过程

在上市公司重大资产重组过程中，王某作为收购方公司财务部主任参与公司资产重组工作，利用联系券商提供咨询、分析壳公司资产情况、接待壳公司财务人员等便利，一定程度上知悉重组进程和计划。同期，李某控制他人账户两次异常交易壳公司股票。但二人自行政调查、刑事侦查到审查起诉阶段始终否认共同犯罪，且案发时间较久，难以获取信息传递、商议、合谋等直接证据，加之二人办理离婚手续，对见面和通话内容都作出了一致辩解，致使事实还原难度极大。检察机关利用捕后侦查和自行侦查工作多角度深挖证据敞口，以间接证据为基础，全面构

建王某知悉信息时间链、二人联系接触时间链和李某操作交易时间链，总结各条证据链契合特征，结合资金调集、交易动机、交易特点等异常表现，充分论证二人相互配合、共同完成内幕交易的犯罪过程。

（二）准确把握行为实质，形成司法定性标准

传递型内幕交易案件中因信息传递导致直接证据的查明困难，根据法律规定，可以综合全案证据推定构成内幕交易犯罪，但内幕信息知情人构成泄露内幕信息罪还是内幕交易罪共犯仍然是司法认定难点。本案中，检察机关以二人利益关联表现作为推翻二人供述的突破口，引导侦查机关调查二人资金往来、社会交往及家庭关系等证据，全面证实即使二人在资产重组筹划期间办理离婚登记手续，但仍在经济、生活上保持密切联系，属于利益共同体，不应认定为泄露信息、内幕交易的前后手关系。在该案基础上，提炼出以风险、收益是否共担为标准来区分内幕交易的共同犯罪与泄露内幕信息罪，对于内幕信息知情人将内幕信息泄露给他人，并对内幕交易共担风险、共享收益的，应认定为内幕交易的共同犯罪。

（三）严惩内幕交易犯罪，深刻警示犯罪危害

近年来，在金融强监管大趋势下，传递型内幕交易犯罪凭借科技手段也逐渐走向更为隐蔽的地带，且案发后往往因直接证据的缺失而建立"攻守同盟"联合对抗司法审查。本案中，王某、李某直至审判阶段仍矢口否认共同犯罪。为进一步促使被告人认识自身错误，检察机关从犯罪成因、立法初衷和实践形势深刻揭示了内幕交易犯罪的社会危害性，指出了二被告人行为违法性，并从内幕信息知情人、证券市场投资者以及普通社会公众的角度，再次警示被告人以此次犯罪为戒，共同维护证券市场法治秩序。

2022年9月，该案入选最高人民法院、最高人民检察院、公安部、中国证券监督管理委员会联合发布的从严打击证券犯罪典型案例。

【专家点评】

北京市人民检察院第二分院就王某、李某内幕交易案发表的公诉意见，体例规范，要素齐备，法律依据明确，释法说理充分。纵观本案公

诉意见书，具有以下突出特色和亮点：

（一）结合全部在案证据，综合认定主客观要件

根据《刑法》第180条，由于相关前置法及司法解释已对"内幕信息的知情人员"等内容予以明确规定，加之"内幕信息的知情人员"与"买入或卖出该证券"通常能够通过职务性质、证人证言、交易记录等予以充分证明，在司法认定上往往争议不大。实践中，内幕交易罪的认定难点在于，内幕交易行为人所实施的交易行为是否是在内幕信息的指引下进行的，即交易决定是基于交易人自身的专业知识还是获知的内幕信息。对这一内容的证明，既关乎内幕交易罪客观要件的成立，也关乎行为人犯罪故意的认定。本篇检察文书充分挖掘在案证据，结合王某与李某的私人关系（尽管离婚但感情并未破裂、财产并不独立），李某买入股票与王某获悉内幕信息的时间链的吻合程度（李某的两次交易均是在王某获知内幕信息的当日或次日），以及李某实施交易行为的异常性大小（账户异常性、动机异常性、资金异常性），充分论证了李某实施证券交易的行为正是在内幕信息的指引下实施的，确实充分地证明了主客观要件。此种综合认定模式，对于应对实践中内幕交易案件的证明问题具有启发意义。

（二）综合考虑案件情节，合理提出量刑建议

本案中，内幕交易累计成交金额412万余元。根据最高人民法院、最高人民检察院《关于办理内幕交易、泄露内幕信息刑事案件具体应用法律若干问题的解释》第7条规定，将二人内幕交易行为评价为"情节特别严重"，并适用第二档法定刑（5年以上10年以下有期徒刑）是准确的。不过，如何在这一法定刑幅度内进一步合理提出量刑建议，则考验着检察机关的专业素质与判断能力。从该司法解释的规定来看，证券交易型内幕交易罪的情节判定因素主要有三方面内容，一是证券交易成交额，二是证券交易获利或避免损失数额，三是内幕交易次数。尽管本案涉案行为人证券交易成交额超过该司法解释规定的"情节特别严重"对应数额，需在第二档法定刑内量刑，但鉴于内幕交易行为致其累计亏损9万余元，且内幕交易次数仅为两次，尚未达至司法解释规定之"情节严重"的次数标准。因此，综合考虑本案获利情况与交易次数等情节，

检察机关最终建议判处被告人王某、李某有期徒刑 5 年至 6 年并处罚金是合理的。从审理结果上看，法院最终对二人各判处有期徒刑 5 年，也印证了检察机关量刑建议的合理性。

（三）注重释法说理，适度开展法庭教育

从法律效果上看，刑事诉讼是揭示案件真相、准确适用法律的活动；从社会效果上看，刑事诉讼还进一步承担着与犯罪嫌疑人、被告人以及社会公众进行沟通的功能。在发表公诉意见过程中适度开展法庭教育，既有助于帮助被告人充分认识到自身行为的社会危害性，也有助于向社会公众、特别是旁听人员进行法治宣传与警示教育。本案中，检察机关在发表公诉意见时有意识地专门提及"本案所具有的社会危害性及警示"。通过意见的发表，既促进被告人反省，也促进其他内幕信息知情人员以及证券市场投资者抵制内幕交易行为、维护证券市场良好秩序，实现了法律效果与社会效果的有机统一。

（点评人：李翔，华东政法大学教授、博士生导师）

33. 洪某振等人骗取出口退税案公诉意见书

【简要案情】

2014年4月至2017年7月,被告人洪某振(男,53岁,香港人)为骗取国家出口退税,纠约广东籍被告人任某忠(男,44岁)、周某(男,51岁)等人,由他人牵线,联系到被告单位深圳市××贸易发展有限公司(以下简称"××公司"),在××公司向上游手机供货商进货时,由周某实际控制的被告单位镇江××等3家外贸出口公司与上游手机供货商签订虚假购货合同,提供虚假资金流水,采取票货分离的方式,将原本应开给××公司的增值税进项发票开具给周某实际控制的镇江××等公司,××公司则从中收取高额开票费。随后,被告人洪某振再安排其实际控制的多家香港公司与镇江××等3家公司签订虚假出口手机销售合同,并由被告人黄某雄(男,32岁,广东深圳人)从他人手中租用手机,用以冒充出口手机销售合同中的手机进行虚假报关,取得虚假出口报关凭证后,再由镇江××等公司将上述单证手续向镇江市国家税务局虚假申报,累计骗取国家出口退税7.2亿余元。

【诉讼过程】

本案由镇江市公安局直属分局侦查终结,2018年7月27日以被告人苏某凌涉嫌虚开增值税专用发票罪;8月13日以被告人洪某振、周某等6人涉嫌骗取出口退税罪,被告人潘某涛等4人涉嫌虚开增值税专用发票罪;10月10日以被告人黄某雄等3人涉嫌骗取出口退税罪;2019年1月14日以被告单位深圳市××贸易发展有限公司涉嫌虚开增值税专用发罪，被告单位镇江××科技有限公司、镇江××电子科技有限公司、镇江××科技有限公司涉嫌骗取出口退税罪，分别向镇江市人民检察院移送审查起诉。2019年1月31日，镇江市人民检察院依法提起公诉，2019年8月22日，镇江市中级人民法院依法作出一审判决，对4家被告单位分别判处50万元至1亿元不等罚金，对14名被告人分别判处14年至3年不等有期徒刑，并处5万元至7.5亿元不等罚金。2020年6月29日该案经二审裁定维持原判。

【文书全文】

江苏省镇江市人民检察院
公诉意见书

审判长、审判员：

根据《中华人民共和国刑事诉讼法》第一百八十九条、第一百九十八条、第二百零九条的相关规定，我（们）受镇江市人民检察院的指派，代表本院，以国家公诉人的身份，出席法庭支持公诉，并依法对刑事诉讼实行法律监督。现对本案证据和案件情况发表如下意见，请法庭注意。

今天的法庭调查，在审判长的主持下，公诉人依法讯问了各被告人，并针对起诉书所指控的犯罪事实向法庭出示了证人证言、相关书证以及其他证据材料，上述证据材料都是由侦查机关依法收集，内容客观真实，相互印证，形成了完整的证据体系，证明起诉书指控的犯罪事实清楚，证据确实充分。

为进一步揭露犯罪，阐明各被告人犯罪行为的危害性，公诉人结合庭审调查的证据、事实，就法律适用、各被告人、被告单位应当承担的法律责任发表如下公诉意见：

一、本院起诉书指控被告人洪某振、任某忠、周某、黄某雄、沈某志、秦某明、许某速、洪某盛、赵某平、镇江××科技有限公司、镇江××电子有限公司、镇江××科技有限公司构成骗取出口退税罪，被告人潘某涛、苏某凌、朱某爱、廖某敏、深圳市××贸易发展有限公司构成虚开增值税专用发票罪，事实清楚，证据确实充分

本案涉案人员多，犯罪环节多，可以说是一个犯罪产业链也不为过，公诉人将结合 PPT 阐明犯罪过程及各被告人在其中的行为及应当承担的责任。

在正常对外贸易过程中，要想获取国家出口退税，必须要由具有资质的外贸公司来申报，由其在国内采购相关货物，依法获得增值税专用发票，将采购的货物通过外贸销售到国外，并如实报关，获得报关单等单据，并进行外汇结算，最后由该企业提供购销合同、进行增值税专用发票认证，并提供外汇核销单据、报关单等一整套单证，向国家税务局申报出口退税。

本案中，被告人洪某振为了骗取出口退税，通过虚开增值税专用发票，虚假出口报关的手段获得上述单证，简单来说，就是被告人洪某振用四个"买"，通过其他各被告人提供的帮助，最终实现骗取出口退税的犯罪结果，而其他被告人也因为参与其中，分别触犯了骗取出口退税罪和虚开增值税专用发票罪。下面公诉人就结合 PPT 详细的阐述其犯罪流程和社会危害性。

第一个"买"，买退税平台。要想出口退税，必须要有符合资质条件的外贸企业来申报出口退税。被告人洪某振通过任某忠以及其朋友的介绍，认识了周某。由洪某振提供票源，让镇江××等公司先打款给上游供货商，供货商把发票开给镇江××等公司，洪某振将增值税发票、报关单等申报退税所需要的资料，提供给周某，然后由其公司先行垫付税款，然后再向国税局申报出口退税。镇江××等公司按照 1 美元获取 0.13 元人民币左右的代理费，被告人任某忠按照 1 美元获取 0.01—0.02 元人民币的好处费。

第二个"买"，买增值税专用发票。这个也是程序最复杂、犯罪手段最为隐蔽的环节。洪某振通过被告人潘某涛为其寻找虚开增值税专用发票的渠道，潘某涛又找到被告人苏某凌等人为洪某振寻求相关开票渠道，其中苏某凌在明知镇江公司和广东××和之间并无实际手机购销业务的情况下，以支付票面总金额5%左右费用的价格，让深圳市××贸易发展有限公司实际经营人胡某波（在逃）为苏某凌（亦是洪某振）指定的上述镇江公司提供虚开的增值税专用发票。××公司在明知镇江××等公司与广东××和之间无实际手机业务发生的情况下，指使其公司工作人员付某文、被告人廖某敏等人，在自己公司向上游供货商广东××和采购手机的时候，以被告单位镇江××等公司名义虚签合同、由镇江公司通过公账代自己公司向××和付款，××公司再通过该公司职工的个人银行卡等额私账归还相应款项，并由××公司的员工，持镇江公司的提货单将手机提走并进行销售，采用"票货分离"的方式，从自己公司的上游供货商公司处，向苏某凌也就是洪某振指定的上述镇江公司大量虚开增值税专用发票。××公司从中获取巨额开票费用的同时，潘某涛及苏某凌亦从中获取票面金额0.1%—0.5%不等的好处费。

2017年2月至案发，在潘某涛、苏某凌等人帮助洪某振虚开增值税专用发票用于骗取出口退税的同时，被告人任某忠同时也为洪某振寻找增值税发票作为进项票渠道。其经过被告人朱某爱的介绍，同样结识了深圳市××贸易发展有限公司负责人胡某波，支付票面金额4.7%的开票费，采取上述同样的手段，为镇江公司虚开增值税专用发票，并由被告人罗某协助其办理汇款信息流转，虚假合同的订立，以及开票费计算等事宜。被告人任某忠从中获取票面金额0.05%的好处费，被告人朱某爱从中获取票面金额0.25%的好处费。

第三个"买"，买出口报关数据。在取得增值税专用发票进项后，洪某振联系被告人黄某雄，让其负责组织所谓的"配货"来冒充增值税发票上的手机进行虚假报关出口，以便获取出口退税所需的相关报关资料，黄某雄在明知洪某振意欲骗取国家出口退税，在无真实货物出口的情况下，为获取非法利益，通过被告人秦某明、沈某志帮助洪某振完成所谓的"配货"以及报关等环节，从而帮助洪某振取得相关报关手续完成出口，获得出口单据。

第四个"买"，买外汇。申报出口退税的前提，还要有外汇结算业务，证实有真实对外贸易发生，被告人任某忠将自己注册的香港××等香港公司给洪某振使用，洪某振通过地下钱庄，支付相应的人民币获得外汇之后汇入香港公司，再由香港公司汇款至镇江××公司账户上，形成具有对外贸易的假象，镇江××等公司以此获得外汇结算单据。

通过以上四个"买"，被告人洪某振获得增值税专用发票、报关单据等申报退税的单证之后，交由周某控制的镇江××科技等公司，由其负责向国家税务机关申报出口退税，整个犯罪流程结束。

认定上述事实的证据有镇江××等公司公账明细、广东××和等上游公司与镇江××等公司之间的购销合同及发票明细、付款回单、申报出口退税账册、银行卡交易明细等书证；证人胡某娣、杨某、黄某潮等人的证言、各被告人的供述和辩解等，足以认定上述事实。

通过上述分析，可以知道洪某振增值税是虚开的，报关是虚假的，通过支付开票费、好处费等，拿到相关单证骗取出口退税，所有的票据都是虚假的。根据镇江国税局提供的接受认证的涉案增值税专用发票明细表以及电子数据明细表、已退税涉案增值税专用发票明细表足以证明虚开的金额和骗取出口退税的金额，以及结合各被告人的供述，赵某平记录的账册，足以证明本案的数额。各被告人的数额均根据其参与时间、主观明知等予以了准确划分，各负其责。

在整个犯罪活动中，各链条上的被告人各司其职，分工明确。

被告人洪某振是整个犯罪的首脑，由其负责找符合退税的外贸公司，联系增值税发票的票源，寻找报关，再由其实际控制的香港公司进行虚假对外贸易，最后取得所有退税所需要的手续，由镇江××等公司负责申报出口退税，然后将获得的税款进行分配。

被告人许某速、洪某盛帮助洪某振负责具体事宜，如资金流转、合同信息传递、分箱单制作、账目记录等，并负责记录税款，支付相关的开票费、好处费等。

被告人任某忠在明知洪某振系骗取国家出口退税的情况下，将自己注册成立的香港公司交由洪某振完成虚假出口环节，并指使郭某鹏等人帮助传递合同、发票、单据等具体操作环节，同时还帮助洪某振获取增值税专用发票进项，最终得以帮助洪某振骗取国家出口退税款。

被告人罗某受其指使，具体负责汇款信息流转、虚假合同制作、开票费计算等事宜。

被告人周某在骗取出口退税过程中，以其控制的被告单位镇江××等公司接受增值税专用发票，并进行所谓出口贸易，在获得洪某振提供的相关单证之后，向国家税务局申报退税。

被告人赵某平帮助周某负责资金流转、合同制作、账目记录等具体事宜。

被告人潘某涛为了帮助洪某振寻找增值税专用发票，联系苏某凌，从××和等公司开具发票，并从中传递相关资金流转信息、购销合同以及发票等。

被告人苏某凌通过潘某涛的介绍，帮助其联系被告单位××公司，以支付开票费的方式，让××公司为镇江××开具增值税发票，传递相关资金流转信息、购销合同以及发票等，并将洪某振支付的开票费支付给××公司。

被告人朱某爱帮助任某忠联系××公司，同样以支付开票费的方式，让××公司为镇江××开具增值税发票，传递相关资金流转信息、购销合同以及发票等，并将洪某振支付的开票费支付给××公司。

被告人黄某雄明知洪某振为骗取出口退税，在无实际货物出口的情况下，为其联系沈某志、秦某明，为其配货报关，并从中传递报关单据，支付相关费用。

被告人沈某志、秦某明明知他人骗取出口退税，在无实际货物出口的情况下，为其配货并进行虚假报关，取得报关单据后，提供给黄某雄，并从中非法获利。

被告单位××贸易公司明知镇江××和××和之间并无真实购销，仍帮助其虚开增值税专用发票，并指使廖某敏负责具体事宜制作虚假合同，并传递相关合同、单据、资金流转信息等，从中获取高额开票费。

综上，在整个犯罪链条中，各被告人分工明确，职责确定，每个人的客观行为既有同案犯的指证，也有其在侦查阶段的有罪供述，也有相关证人证言能够证实，还有制作的合同、打款记录、退税账册等书证，虽然有部分被告人在今天庭审中，对于自己的主观故意没有供认，但通过其在犯罪体系中的客观行为，亦可反映其主观心态。

二、量刑建议

本案中，被告人洪某振、任某忠、黄某雄、沈某志、秦某明、许某速、洪某盛假报出口，骗取国家出口退税款，数额特别巨大，其行为均触犯了《中华人民共和国刑法》第二百零四条第一款，犯罪事实清楚，证据确实、充分，应当以骗取出口退税罪追究刑事责任。被告单位镇江××科技有限公司、镇江××电子科技有限公司、镇江××科技有限公司、被告人周某、赵某平明知被告人洪某振意欲骗取出口退税，仍为其办理相关退税业务，骗取国家出口退税款，数额特别巨大，被告人周某系上述被告单位直接负责的主管人员，被告人赵某平系直接责任人员，其行为均触犯了《中华人民共和国刑法》第二百零四条第一款、第二百一十一条、第三十条、第三十一条，犯罪事实清楚，证据确实、充分，应当以骗取出口退税罪追究刑事责任。

被告人潘某涛、苏某凌、朱某爱、罗某虚开增值税专用发票，数额巨大，其行为均触犯了《中华人民共和国刑法》第二百零五条第一款、第三款，犯罪事实清楚，证据确实、充分，应当以虚开增值税专用发票罪追究刑事责任。被告单位深圳市××贸易发展有限公司、被告人廖某敏虚开增值税专用发票，数额巨大，廖某敏系直接责任人员，其行为均触犯了《中华人民共和国刑法》第二百零五条、第二百一十一条、第三十条、第三十一条，犯罪事实清楚，证据确实、充分，应当以虚开增值税专用发票罪追究刑事责任。

在共同犯罪中，被告人洪某振起主要作用，根据《中华人民共和国刑法》第二十五条第一款、第二十六条第一款，是主犯；被告人任某忠、周某、潘某涛、苏某凌、黄某雄、沈某志、秦某明、许某速、洪某盛、赵某平、朱某爱、廖某敏、罗某、被告单位深圳市××贸易发展有限公司、被告单位镇江××科技有限公司、镇江××电子科技有限公司、镇江××科技有限公司起次要作用，根据《中华人民共和国刑法》第二十五条第一款、第二十七条，是从犯，应当从轻或者减轻处罚。被告人任某忠在缓刑考验期内犯新罪，根据《中华人民共和国刑法》第七十七条的规定，应当撤销缓刑，数罪并罚。

根据本案的犯罪事实、情节和社会危害性，结合各被告人的犯罪数额、获利情况、主观恶性、认罪态度以及在共同犯罪中的地位、作用，公诉机关提出以下量刑建议：

被告人洪某振犯骗取出口退税罪，建议判处无期徒刑或者有期徒刑十五年，并处没收财产；

被告人任某忠犯骗取出口退税罪，建议判处有期徒刑九至十年，并处罚金；

被告人周某犯骗取出口退税罪，建议判处有期徒刑八至九年，并处罚金；

被告人赵某平犯骗取出口退税罪，建议判处有期徒刑五至六年，并处罚金；

被告人许某速犯骗取出口退税罪，建议判处有期徒刑五至六年，并处罚金；

被告人洪某盛犯骗取出口退税罪，建议判处有期徒刑五至六年，并处罚金；

被告人黄某雄犯骗取出口退税罪，建议判处有期徒刑五至六年，并处罚金；

被告人沈某志犯骗取出口退税罪，建议判处有期徒刑五至六年，并处罚金；

被告人秦某明犯骗取出口退税罪，建议判处有期徒刑五至六年，并处罚金；

被告单位镇江××科技有限公司、镇江××电子科技有限公司、镇江××科技有限公司犯骗取出口退税罪，建议判处罚金；

被告人潘某涛犯虚开增值税专用发票罪，建议判处有期徒刑八至九年，并处罚金；

被告人苏某凌犯虚开增值税专用发票罪，建议判处有期徒刑七到八年，并处罚金；

被告人朱某爱犯虚开增值税专用发票罪，建议判处有期徒刑三到四年，并处罚金；

被告人廖某敏犯虚开增值税专用发票罪，建议判处有期徒刑三年，并处罚金；

被告单位深圳市××贸易发展有限公司，建议判处罚金。

三、本案的社会危害性及应当吸取的经验教训

骗税，从某种意义上来说，其行为相对偷税而言性质更为恶劣，因为偷税是纳税人创造了财富，在进行财富分配的时候，不按照规定履行纳税义务。而骗税，是骗税分子将已经征收入国库的钱，通过虚开增值税专用发票、虚假出口，骗到自己的口袋里，和"诈骗"的性质并无二样。

国家设立出口退税本来目的是扶持企业发展，鼓励出口，但犯罪分子却利用海关、税务信息不共享等各方面的空子，业务流程不衔接、征、退脱节等管理漏洞来实施犯罪活动。各被告人、被告单位，为了自己的一己私利，为了赚取开票费、好处费，积极配合洪某振。该案骗取出口退税的过程中涉及多个环节，从上游的帮助开票的企业，到中游贸易公司，再到下游的报关行，均是出口退税这条利益链上的"蚂蚱"，通过相互配合，共同来分食最高17%的退税款，在短短三四年之内，虚开增值税专用发票近50个亿，骗取国家7.2个亿的税款，数字触目惊心，这7.2亿里可能就有我们在座的每一位纳税人的钱。

各被告人为了自己的一己私利，在各个环节配合默契，从买票、买单报关，到最后申报出口退税，一气呵成，最终造成国家税款巨额损失，其行为应当受到法律的严惩。

审判长、审判员，公诉意见暂时发表完毕。

20××年×月×日当庭发表

【承办检察官心得体会】

该案以洪某振为首，18名被告人实际形成"购税票""假出口""申报退税"三个团伙，既相互独立又有交叉，作案时间跨度长、环节复杂、资金交易频繁且金额巨大，且涉及"票货分离""买单配货""假自营真代理"等多种犯罪手段。镇江市人民检察院在办理案件过程中，准确厘清事实，并根据犯罪构成充分取证，对涉案的被告单位和被告人准确定性。

（一）准确认定不同犯罪团伙不同阶段各行为人的罪名

全案涉及"购税票""假出口""申报退税"三个团伙，各被告人参与的时间、环节各不相同。经审查，检察机关依据各行为人的主观认知及客观行为分别定罪。洪某振、任某忠和周某及"申报退税"团伙等对整个骗取出口退税事实有明知，"买单配货假出口"团伙明知没有实际货物出口，仍配货出口报关后，提供出口退税联，亦明知其目的必是出口退税，故认定为骗取出口退税罪。对于"购税票"团伙，其目的不能证明的，明知是用来骗取出口退税的，可以虚开增值税专用发票罪进行认定。

（二）关于××公司的定性问题

本案中××公司借用镇江××公司名义和上游××和公司签订手机采购合同，并提走相应货物，但要求××和公司将增值税进项发票开具给镇江××公司，并从镇江××公司收取高额开票费。其辩护人提出，"所有发票系有真实货物交易的真票，国家税款没有任何流失，不存在虚开行为；主观上不以骗取国家税款为目的，不构成虚开增值税专用发票罪"。检察机关经审查认为，××公司构成虚开增值税专用发票罪。首先，从客观行为上分析，××公司是实质上的开票主体。其利用与上游供货商的真实交易，实际掌控增值税专用发票的开具。整个过程中，发票时间、税额大小等都是由深圳××公司根据其购货交易予以实际掌握。其次，从主观故意上分析，××公司具有骗取国家税款的目的。现有证据证明，苏某凌等与××公司负责人具体商定了虚开增值税专用发票的事宜，该公司作为手机经销商，在三年多的时间里，为镇江××公司虚开了价税合计52亿元的增值税专用发票，并获取了2亿元的巨额开票费，其主观上应当明知镇江××公司花费巨资购买增值税专用发票的目的是用于骗取国家税款。再次，从共同犯罪角度来看，镇江××公司可以认定为让他人为自己虚开（被骗取出口退税所吸收），苏某凌可以认定为介绍他人虚开，作为共同犯罪的一部分，××公司可以认定为"为他人虚开"。最后，从整个阶段来看，对于造成国家税款流失不能根据单个环节判断，应对整个链条进行分析，本案货物流、资金流、票据流循环流转、环环相扣、不可分割，其行为对最终镇江××公司骗取出口退税起到不可或缺的作用。

【专家点评】

公诉意见书是公诉人在法庭辩论阶段集中阐述全案事实、证据、法律适用及其他情况的检察文书。一份公诉意见书质量的高低,直接关系到整场庭审指控体系是否坚固扎实,关系到能否顺利实现预期指控效果。本篇公诉意见书逻辑严密、论证充分、说理性强,逐一揭示犯罪模式、团伙分工及案件危害,是一份高质量的指控文书。具体而言,体现在以下三个方面:

(一)事实梳理清晰,抽丝剥茧,将犯罪事实化繁为简

本案是一起集合了虚开发票、虚签合同、虚报出口、虚假退税等多种行为的重大疑难涉税案件,各个犯罪环节相互交织、盘根错节,案件事实复杂、犯罪手法隐蔽,且事关增值税及出口退税领域,具有很强的专业性。公诉意见书对全案犯罪事实进行高度提炼,将复杂的犯罪模式划分为四个"买"的不同阶段,层层递进,清晰地向法庭展示了本案的犯罪手法和底层逻辑,并运用充足的证据排布组成了证明本案各被告人、被告单位构成犯罪的证据锁链,以扎实的指控体系展现出公诉人极强的专业素养与指控能力。

(二)总分布局流畅,条分缕析,令团伙分工彰明较著

对于多被告共同犯罪案件,公诉人应当在庭审指控中厘清各人的行为、分工,藉此认定其在共同犯罪中的地位与起到的作用,从而准确适用法律、定罪量刑。本案涉及人员众多,14名被告人与4家被告单位先后参与或部分参与虚开发票、虚设贸易、虚假退税等犯罪环节。公诉人在向法庭做全案事实整体白描之后,再对十余名被告人按照其所参与的犯罪环节和具体实施的客观行为作了群组区分,加深了对犯罪团伙框架结构的勾勒,并依照税票流转的走向,采用简练的语言依次说明了各被告人的客观作用。通过既有全局又有局部的论证,向法庭充分揭示了各被告人对于犯罪在客观上所具有的因果力和主观上应负的罪责,为后续对各被告人提出精准量刑建议奠定了扎实基础。

(三)危害评价透彻,鞭辟入里,使庭审教育言之有物

本案主犯为了掩盖非法目的,"精心策划"并勾结一众同案犯,将犯

罪行为隐藏在看似正常的货物贸易流转中,四年时间内竟造成高达7.2亿元国家税款流失,对国家税收监管秩序造成了极其严重的侵害。公诉意见书首先从税收来源与分配的基本原理出发,生动阐明了骗取出口退税的行为相较于司法实践中常发的偷、漏税行为而言,主观恶性更大;其次,意见书还从出口退税制度对于国家发展、经济运行的积极意义这一角度,结合本案的基本犯罪模式,全面揭示了该罪行的社会危害性和惩处必要性。

法庭辩论考验的是公诉人对全案事实证据的充分把握、熟练运用及法律适用的辨析能力。本篇公诉意见书层层深入,站稳指控立场,牢牢占据了法庭辩论中公诉方的先发优势,为有力维护指控观点、高质量完成指控任务打开了有利局面,并承担起向公众揭露犯罪危害、推动社会治理的责任,值得学习借鉴!

本篇意见书的不足之处在于,本案中虚开行为与骗取退税行为或存在手段与目的的牵连关系,如果能适当加入对两种行为法理关系的概要论证,既能向法庭全面阐释指控各主体不同罪名的依据,也是帮助案件当事人及法庭旁听人员理解法律的适用路径,则公诉意见的普法释法功能将得到更为充分地发挥。

(**点评人**:马玮玮,上海市人民检察院第四检察部主任、全国模范检察官)

34. 吴某铭等 33 人诈骗案公诉意见书

【简要案情】

被告人吴某铭，1991 年生，案发前系成都××网络公司负责人。

被告人王某彬，1993 年生，案发前系××商贸部负责人。

被告人王某波，1987 年生，案发前系成都××科技有限公司员工。

被告人陈某斌，1995 年生，案发前系成都××有限公司现场管理人员。

被告人林某旺等其余 29 名被告人基本情况略。

2020 年 10 月中旬至 2020 年 11 月初，被告人吴某铭、王某彬、陈某建、陈某斌等四个犯罪团伙以公司开展经营活动为名，分别在成都市××区××街××号"××"小区租赁四个房间作为各自办公地点，并利用"空壳公司"的掩护，招募、组织多人从事电信网络诈骗活动。期间，上述四个犯罪团伙利用"Facebook""Telegram""WhatsAPP"等国外社交平台，以外国男性作为诈骗目标，冒充年轻、成功、漂亮女性骗取对方信任后，诱导对方在虚假的"AUU Meta Trader 4 Terminal"（以下简称"MT4"）平台进行"投资"，后通过"MT4"平台的后台操作将被害人的"投资款"做空，骗取财物。截至案发，上述四个犯罪团伙分别向多名对象发送诈骗信息 5000 至 20000 余条不等，除吴某铭犯罪团伙成功诈骗他人 2000 美元外，其余犯罪团伙均未诈骗成功。2020 年 11 月 28 日至 12 月 3 日，上述四个犯罪团伙分别被公安机关查获。

【诉讼过程】

本案由成都市公安局金牛区分局侦查终结，分别于 2021 年 3 月 8 日、2021 年 3 月 12 日向成都市金牛区人民检察院移送起诉。成都市金牛区人民检察院于 2021 年 4 月 23 日向成都市金牛区人民法院提起公诉。成都市金牛区人民法院于 2021 年 6 月 10 日作出一审判决。

【文书全文】

四川省成都市金牛区人民检察院
公诉意见书

审判长、审判员、人民陪审员：

近年来，电信网络诈骗犯罪形势严峻，已成为发案最多、上升最快、涉及面最广、人民群众反映最强烈的犯罪类型。检察机关对打击治理电信网络犯罪高度重视，本案发生后，检察机关高度重视，第一时间提前介入，在随后的审查逮捕、审查起诉过程中，严格依法办案，确保案件公平公正办理。

根据《中华人民共和国刑事诉讼法》第一百八十九条、第一百九十八条和第二百零九条等规定，我（们）受成都市金牛区人民检察院的指派，代表本院，以国家公诉人的身份，出席法庭支持公诉，并依法对刑事诉讼实行法律监督。现对本案证据和案件情况发表如下意见，请法庭注意。

一、被告人吴某铭等 33 人犯诈骗罪的事实清楚、证据确实充分

通过今天的当庭举证，控辩双方出示了本案全部证据材料，所有证据均经控辩双方充分质证，在案证据足以证实起诉书指控的被告人吴某铭等 33 人的诈骗犯罪事实。

1. 在案证据能够证实被告人吴某铭等 33 人以非法占有为目的实施了诈骗行为。

2020 年 10 月至 12 月期间，被告人吴某铭等人在××区××街 318 号"××"小区分别租赁场地成立公司，后又招募大量员工，利用"Facebook""Tagged""Telegram""WhatsAPP"等社交平台与外国男性网聊谈恋爱，在时机成熟后，要求对方在"MT4"平台上投资，并从中牟利。在此过程中，吴某铭等人基于骗取财物的目的实施了多个虚构事实、隐瞒真相的诈骗行为：一是身份上的造假。本案全部被告人在与被害人聊天过程中均使用从网上搜索的女性照片把自己包装成美女,并使用虚假姓名与被害人聊天,伪装了自己的身份;二是目的上的隐瞒。本案被告人在与被害人聊天过程中,打着"网恋"的名义与被害人建立"感情",实则是想在获取对方信任后要求对方投资骗钱,根本没有恋爱的真实打算,而且大多数被告人都是男性身份,也不可能与对方恋爱;三是投资平台的造假。被告人诱导被害人投资的"MT4"平台并非真实合法的投资平台,而是仿冒平台,且被告人能够通过后台操作将被害人的"投资款"做空,骗取财物。上述事实有被告人吴某铭等33人的供述、聊天记录、话术清单等证据能够证实。

2. 被告人吴某铭等33人诈骗情节严重或数额较大。

截至2020年12月3日案发,四个犯罪团伙分别发送的诈骗信息均在5000条以上,达到诈骗罪情节严重的立案标准,其中被告人吴某铭、林某旺、吴某添、欧某红、吴某土、吴某宾、胡某凤所在的犯罪团伙通过欧某红聊天账号成功诈骗他人2000美元,属于诈骗他人财物数额较大。上述事实有聊天记录、被害人陈述、转账记录、被告人供述等证据证实,能够证实被告人的诈骗行为均达到犯罪程度。

上述证据已形成完整的证据锁链,充分证明了起诉书所指控的被告人吴某铭等33人诈骗的犯罪事实。

二、被告人吴某铭等33人犯罪情节各不相同,应当依法准确认定、区别对待

1. 本案是一起有组织的犯罪,应当依法区分主从犯。

本案四个犯罪团伙均存在诈骗活动的组织管理者和直接实施诈骗行为的普通工作人员。在"××网络公司"和"××商贸部"两个犯罪团伙中,被告人吴某铭、王某彬分别担任组织管理者,其余被告人均系听从安排实施诈骗行为的一般员工;在"成都××科技有限公司"和"成都××有限公司"两个犯罪团伙中,虽然组织管理者不在案,但团伙成员均能证实确实存在组织管理者,该两个团伙中在案的被告人均系一般工作人员。根据《中华人民共和国刑法》第26、27条的规定,被告人吴某铭、王某彬在共同犯罪中起主要作用,是主犯,其余被告人在共同犯罪中起次要作用,是从犯。对于从犯应当从轻、减轻处罚,做到罪责刑相适应。

2. 本案存在部分犯罪既遂，也存在部分犯罪未遂，应当依法分别追究相应被告人的刑事责任。

根据《中华人民共和国刑法》第266条以及诈骗罪相关司法解释的规定，电信网络诈骗金额在3000元以上的，属于犯罪既遂，虽未骗取到财物，但发送诈骗信息5000条以上的，以诈骗罪未遂追究刑事责任。司法解释同时规定，诈骗既有既遂又有未遂，达到同一量刑幅度的，以诈骗罪既遂处罚，分别达到不同量刑幅度的，依照处罚较重的规定处罚。本案中，"××商贸部""成都××科技有限公司"和"成都××有限公司"三个犯罪团伙均未成功骗取到财物，故三个团伙中的被告人均系诈骗罪未遂。被告人吴某铭所在的"××网络公司"诈骗团伙发送诈骗信息20000余条，诈骗财物2000美元，既有既遂又有未遂，其中诈骗未遂部分减轻处罚后对应的法定刑为三年以下有期徒刑、拘役或者管制，并处或者单处罚金，与诈骗既遂部分对应的法定刑相同。根据上述规定，应以诈骗罪既遂追究被告人吴某铭、林某旺、吴某添、欧某红、吴某土、吴某宾、胡某凤的刑事责任。

3. 关于其他量刑情节。

第一，被告人吴某铭、林某旺、吴某添、欧某红、吴某土、吴某宾、胡某凤、王某秋、王某坤、王某彬、马某丹、何某进、刘某劲、王某河、王某龙、谢某红、万某祥、钟某毅、肖某忠、王某红、王某波、陈某建、李某华、黄某坤、陈某林、陈某虹、张某花、陈某斌、陈某城、苏某军、陈某飞、王某森如实供述自己的罪行，依据《中华人民共和国刑法》第六十七条第三款的规定，可以从轻处罚。第二，被告人陈某伟犯罪以后自动投案，并如实供述自己的罪行，是自首，依据《中华人民共和国刑法》第六十七条第一款的规定，可以从轻或者减轻处罚。第三，被告人王某彬协助公安机关抓捕其他被告人，是立功，依据《中华人民共和国刑法》第六十八条的规定，可以从轻或者减轻处罚。第四，被告人陈某建曾因犯罪被判处有期徒刑，刑罚执行完毕后，在五年内再犯应当判处有期徒刑以上刑罚之罪，是累犯，依据《中华人民共和国刑法》第六十五条第一款的规定，应当从重处罚。第五，被告人王某彬、马某丹、苏某军、陈某飞、肖某忠有犯罪前科，可酌情从重处罚。

三、关于本案争议问题

本案系"断卡"行动开展以来,金牛区查处的第一起大型犯罪团伙实施的电信网络诈骗案件,案件中存在的诸多争议问题十分具有典型性、代表性,无论是对于本案的认定还是对于其他电信网络诈骗犯罪案件的办理都具有重要意义,需要一一厘清。

1. 关于案件的并案处理。

本案被告人虽不全部构成共同犯罪,但案件之间存在关联,并案处理符合法律规定。从本案证据来看,只有被告人吴某铭与王某彬间存在共同犯罪关系,除此之外,四个犯罪团伙的被告人间均不构成共同犯罪。但从四个犯罪团伙实施的诈骗行为来看,各团伙的诈骗手法相同、目标对象一致、时间地点相近,且使用同一诈骗平台,存在密切关联,将四起案件联系起来看更有利于查明诈骗犯罪事实,根据最高人民法院、最高人民检察院、公安部、国家安全部、司法部、全国人大常委会法制工作委员会《关于实施刑事诉讼法若干问题的规定》第三条第四项的规定,多个犯罪嫌疑人、被告人实施的犯罪存在关联,并案处理有利于查明案件事实的,可以并案处理,故本案并案处理符合法律规定,且能够大大提高诉讼效率。

2. 关于诈骗信息及其条数的认定。

本案中的聊天信息虽然并非全部直接提及诈骗,相关信息是否全部属于诈骗信息以及如何计算信息条数直接关系到行为是否构成犯罪。根据法律规定并科学运用法律解释方法,我们认为本案被告人发送的信息均应认定为诈骗信息。

第一,从犯罪构成的角度来看,被告人吴某铭等人发送信息的行为均属于诈骗罪构成要件客观方面的行为。根据刑法规定,诈骗罪构成要件客观方面的行为是"虚构事实、隐瞒真相,骗取他人财物的行为"。本案嫌疑人基于骗取他人财物的目的,隐瞒真实身份,冒充美女与被害人谈恋爱,该行为本身即属于"虚构事实、隐瞒真相"的行为,是诈骗罪构成要件客观方面的行为,也就是诈骗罪的实行行为。在认定嫌疑人冒充美女与被害人聊天的行为属于实行行为的前提下,则应当将聊天过程中所发送的信息均认定为诈骗信息。如果否定相关信息属于诈骗信息,则意味着仅将聊天行为作为诈骗的预备行为，与法律规定及刑法理论相悖。

第二，从行为目的来看，被告人吴某铭等人发送信息的目的均在于骗取被害人信任进而诈骗其财物。认定诈骗信息应从行为目的上进行实质把握，诈骗行为是一个过程，犯罪嫌疑人前期为拉近关系、获取信任而向被害人发送的信息，是整个诈骗过程的一部分，不应当割裂看待，而应当从整体上进行否定性评价，全部认定为诈骗信息。在认定电信网络诈骗信息时，除从内容上进行判断外，还应当从发送信息的模式、目的上进行考察，对于根据诈骗组织的要求，按照一定模式发送的、最终目的在于骗取被害人财物的信息，均应认定为诈骗信息。就本案而言，本案诈骗团伙在实施诈骗行为前对团伙成员进行了统一培训，并制作了对被害人实施诈骗的"话术清单"，各犯罪嫌疑人与被害人的聊天内容均是按照组织的统一培训和"话术清单"开展，最终目的在于骗取被害人信任后对其实施诈骗，故均应认定为诈骗信息。

第三，从系统解释的角度来看，认定"诈骗信息"及其条数应当保持不同追诉标准之间的协调。根据最高人民法院、最高人民检察院、公安部《关于办理电信网络诈骗等刑事案件适用法律若干问题的意见》（以下简称《电信网络诈骗意见》）的规定，反复拨打、接听诈骗电话以及反复向同一被害人发送诈骗信息的，拨打、接听电话次数、发送信息条数累计计算，这里同时规定了诈骗电话次数和诈骗信息条数两种相近情形的认定。从司法实践的可操作性来看，在认定诈骗电话次数时，显然不可能要求证实每次通话的具体内容，只要能够认定是诈骗犯罪分子为实施诈骗而拨打、接听即可，实际中的通话内容完全可能是为了实施诈骗而先拉近关系、骗取信任的各种打招呼、问候等不直接体现诈骗内容的语言。同理，在认定发送的诈骗信息及其条数时，也不应当以信息内容是否直接提及诈骗作为认定标准，凡是为实施诈骗而发送的信息均应作为诈骗信息并累计计算条数。此外，司法解释规定的发送诈骗信息达到5000条的追诉标准，也仅对条数作出要求，并未对被骗对象数量作出限定。实际上，该追诉标准充分考虑了诈骗行为的深度与广度，当向多名对象发送诈骗信息达到5000条时，表明诈骗行为达到一定广度，当向个别对象发送诈骗信息达到5000条时，则表明诈骗行为达到一定深度，都能反映出诈骗行为情节严重，应当受到刑事追究。

3. 关于跨境证据的收集和运用。

本案中，被告人吴某铭在犯罪团伙中成功诈骗2000美元，但证实该事实的转账记录来自境外，系由侦查机关通过远程网络方式提取，能否作为证据使用关系到该事实能否认定。对此，我们认为该证据合法有效，应当予以采信。

第一，最高人民法院《关于适用〈中华人民共和国刑事诉讼法〉的解释》第405条的规定，"对来自境外的证据材料，人民法院应当对材料来源、提供人、提供时间以及提取人、提取时间等进行审查。经审查，能够证明案件事实且符合刑事诉讼法规定的，可以作为证据使用，但提供人或者我国与有关国家签订的双边条约对材料的使用范围有明确限制的除外；材料来源不明或者其真实性无法确认的，不得作为定案的根据。当事人及其辩护人、诉讼代理人提供来自境外的证据材料的，该证据材料应当经所在国公证机关证明，所在国中央外交主管机关或者其授权机关认证，并经我国驻该国使、领馆认证。"根据该规定，人民法院对于境外证据的审查、判断，需要区分举证主体。对于检察机关提供的证据，人民法院不予采信的情形包括：提供人或者我国与有关国家签订的双边条约对材料的使用范围有明确限制的；来源不明或者真实性无法确认的。换言之，除上述三种情形之外，检察机关举出的境外取得证据，人民法院可以采信。

第二，根据最高人民法院《关于适用〈中华人民共和国刑事诉讼法〉的解释》第71条的规定，"据以定案的书证应当是原件，取得原件确有困难的，可以使用副本、复制件……书证的副本、复制件，经与原件核对无误、经鉴定为真实或者以其他方式确认为真实的，可以作为定案的依据。"本案中，因被害人在国外，且受疫情影响，侦查机关直接找到被害人提取转账凭证原件确有困难，在此情况下，侦查机关通过远程网络视频的方式，查看、核实被害人转账凭证，并由被害人通过网络将转账凭证以图片形式提交给侦查机关，该取证过程全程录音录像，能够确认书证的来源及其真实性，符合前述司法解释规定的提取书证复制件的条件和程序，依法可以作为证据使用。且除该转账凭证外，本案还有多名被告人的详细供述也证实其诈骗被害人 2000 美元的具体犯罪事实，相关证据能够相互印证，足以认定。

四、本案的警示教育

电信网络犯罪之所以多发高发，一方面既有信息时代网络技术发达的硬件基础，另一方面更是与行为人的错误价值理念直接相关。分析本案的成因，公诉人以本案的事实证据为基础，从有效预防惩治电信网络诈骗犯罪出发，提出如下意见。

1. 网络不是法外之地，诈骗外国人也是犯罪。

本案的被告人吴某铭等 33 人之所以实施诈骗犯罪，除了企图不劳而获、轻松赚钱之外，还有两个重要原因：一是认为网上诈骗很难被发现，抱有侥幸心理；二是认为诈骗对象是外国人，这是爱国表现，中国警察不会管。

这种认知虽然看似可笑，但在现实社会中却非常有传播市场，很多年轻人在这样的观念误导下走上了犯罪的道路。网络不是法外之地，凡是通过网络实施犯罪，也必然会留下网络痕迹，最终难逃法网。诈骗外国人不是爱国，相反，这种行为会极大损害我国在国际社会上的形象，是应当依法追究刑事责任的犯罪行为。俗话说，君子爱财，取之有道，我们应当牢记习近平总书记的教导，通过勤劳致富，不要以身试法。

2. 青年择业需要谨慎。

在这起案件中，我们发现，大多数被告人都是需要求职谋生的二十多岁的青年，看着他们站在被告席上将被定罪判刑，实在令人惋惜。青年群体踏入社会不久，阅历经历相对简单，在求职过程中容易被形形色色的利益诱惑，误入歧途。这个案件告诉我们，青年在学习专业知识技能的同时，还必须接受法治教育，树立基本的法治意识，在求职择业的过程中应当谨慎辨别，不要被轻松赚钱等宣传所迷惑。

我们相信，通过司法机关的依法严厉打击、政府部门的有效治理、社会各界的积极参与以及公民个人的自身努力，我们一定能够有效遏制电信网络违法犯罪高发多发态势，共同营造一个清朗的网络环境。

综上所述，起诉书认定本案被告人吴某铭等 33 人犯诈骗罪的事实清楚，证据确实、充分，依法应当认定被告人有罪，并建议判处被告人吴某铭有期徒刑一年六个月，并处罚金一万元；建议判处被告人林某旺有期徒刑一年二个月，并处罚金七千元；建议判处被告人吴某添有期徒刑一年一个月，并处罚金五千元；建议判处被告人欧某红有期徒刑一年一个月，并处罚金五千元；建议判处被告人吴某土有期徒刑一年，并处罚金五千元；建议判处被告人吴某宾有期徒刑一年，并处罚金五千元；建议判处被告人胡某凤有期徒刑一年，并处罚金四千元；建议判处被告人王某秋有期徒刑八个月，并处罚金三千元；建议判处被告人王某坤有期徒刑八个月，并处罚金三千元；建议判处被告人王某彬有期徒刑九个月，并处罚金五千元；建议判处被告人马某丹有期徒刑八个月，并处罚金四千元；建议判处被告人何某进有期徒刑七个月，并处罚金三千元；建议判处被告人刘某劲有期徒刑七个月，并处罚金三千元；建议判处被告人王某河有期徒刑七个月，并处罚金三千元；建议判处被告人王某龙有期徒刑七个月，并处罚金三千元；建议判处被告人谢某红有期徒刑七个月，并处罚金三千元；建议判处被告人万某祥有期徒刑七个月，并处罚金三千元；建议判处被告人钟某毅有期徒刑六个月，并处罚金二千元；建议判处被告人肖某忠有期徒刑七个月，并处罚金三千元；建议判处被告人王某红有期徒刑六个月，并处罚金二千元；建议判处被告人王某波有期徒刑八个月，并处罚金二千元；建议判处被告人陈某建有期徒刑八个月，并处罚金二千元；建议判处被告人李某华有期徒刑七个月，并处罚金二千元；建议判处被告人黄某坤有期徒刑七个月，并处罚金二千元；建议判处被告人陈某林有期徒刑六个月，并处罚金二千元；建议判处被告人陈某虹有期徒刑七个月，并处罚金二千元；建议判处被告人陈某伟有期徒刑六个月，并处罚金二千元；建议判处被告人张某花有期徒刑六个月，并处罚金二千元；建议判处被告人陈某斌有期徒刑七个月，并处罚金三千元；建议判处被告人陈某城有期徒刑六个月，并处罚金三千元；建议判处被告人苏某军有期徒刑七个月，并处罚金二千元；建议判处被告人陈某飞有期徒刑七个月，并处罚金二千元；建议判处被告人王某森有期徒刑六个月，并处罚金二千元。

20××年×月×日当庭发表

【承办检察官心得体会】

(一) 提前介入引导侦查取证

本案系"断卡行动"开始后，四川省公安机关查办的首例"杀洋盘"电信网络诈骗案件，并由公安部挂牌督办。本案诈骗对象均在境外，涉及十余个国家和地区，侦查取证极为困难，加之没有先例可循，办案过程中面临诈骗信息如何认定、信息条数如何统计，疫情背景下跨境证据如何提取、固定、运用等一系列新问题、新情况，亟待解决。金牛区检察院依托公检衔接工作机制，坚持依法履职，提前介入引导侦查，开展远程跨境证据提取，针对相关问题承办检察官多次组织公检资深办案人员会商研判，并邀请法学专家学者反复展开论证。针对海量电子数据审查难题，金牛区检察院指派检察技术人员协助办案，并以此案为开端形成相关工作机制。

(二) 依法对关联案件并案处理

本系列案件涉及 4 个犯罪团伙 33 名犯罪嫌疑人，公安机关分案侦查、移诉，承办检察官并未简单个案审查，而是将 4 起案件联合审查，经过梳理发现，4 起案件作案时间地点相近、诈骗手段对象相同、犯罪网络平台同一，相互之间密切关联，其中部分案件如果单独进行指控，存在一定的证明难度，如果一并指控则能起到相互印证的作用，遂激活"沉睡法条"决定并案处理，充分强化证据印证，极大提高了指控效率。

(三) 精心准备公诉意见书，强化庭审指控效果

考虑到本案具有一定的典型性、指导性、示范性意义，通过公诉意见书这一法律文书，能够很好地对这些问题进行回应。承办检察官在文书中对指控犯罪的三个重点问题进行了详细阐述：一是通过文理解释、系统解释、目的解释多角度深入分析论证，明确了诈骗信息及其条数认定的标准；二是通过对证据调取规则、非法证据排除规则等的运用，对网络远程跨境取证的可行性及证据采信的条件进行了阐明；三是针对案件中反映出的青年就业人员对于网络犯罪、诈骗外国人犯罪的一些错误观念认知，有针对性地开展法治教育，明确行为边界。通过详尽地发表公诉意见，总结归纳了法庭调查内容、夯实了指控犯罪体系、引领了正

确的社会价值取向。

【专家点评】

该案系由公安部挂牌督办，四川省公安机关查办的首例特大"杀洋盘"电信网络诈骗案件。文书精心准备，针对重点争议问题进行详细论证，以有效表明指控立场；充分运用法庭警示教育功能，针对性地开展法庭教育，是一份优秀的公诉意见书。

（一）文书详略得当

本案是一起33人的电信网络诈骗案，文书在第一部分围绕诈骗罪构成要件简要论证了被告人构成犯罪的事实证据和法律依据，抓住"身份上的造假""目的上的隐瞒"以及"投资平台的造假"三个核心要点，用较少篇幅即阐明了构罪理由，并表明采用"诈骗情节严重或数额较大"的不同标准对不同被告人予以指控，简明扼要又论证有据。同时，文书对于本案的重点争议问题又予以详细阐述，包括案件的并案处理、诈骗信息及其条数的认定以及跨境证据的收集和运用三个方面。基于该三方面是法庭辩论的重点，所以文书花了较多的笔墨予以论证，从而占据辩论主动权。

（二）集中阐明量刑情节

文书在第二部分集中阐明了各被告人的量刑情节，包括主从犯认定、既未遂、认罪认罚、自首、立功、累犯等，用语概括精练，避免了各被告人分别阐明的冗杂，值得肯定。

（三）澄清争议焦点

文书在第三部分重点阐明了案件中的认定疑难问题，包括案件管辖、诈骗情节以及跨境证据的认定。在具体阐述时，紧紧围绕事实依据、法律规范展开论证，还从构成要件、目的论和系统解释论角度分别阐述，释法说理清晰明确。尤其在论证境外证据认定时，从法律规范入手，结合案件事实展开论证，分析丝丝入扣、有理有据。

（四）法庭教育有理有节

针对被告人的侥幸心理和认为诈骗外国人系爱国表现的错误认识，从网络不是法外之地、诈骗外国人不仅我们有管辖权，而且还极大地损害了我国在国际社会上的形象角度进行针对性法庭教育。同时，还结合本案被告人大部分系青年人，专门提出青年人应该树牢法治意识、谨慎择业的公诉人寄语，法庭教育有理有节。

（**点评人**：胡春健，上海市人民检察院党组成员、副检察长，全国检察业务专家）

35. 宁某等 2 人内幕交易案公诉意见书

【简要案情】

2016年2月中旬，经某证券上海分公司总经理介绍，上海金某化工股份有限公司（以下简称"金某公司"，深圳证券交易所A股上市公司）起意收购上海银某文化传媒股份有限公司（以下简称"银某传媒"）。同年2月23日至3月上旬，金某公司与银某传媒在某证券上海分公司总经理及被告人宁某等人陪同下，互相派员至对方公司考察，启动金某公司收购银某传媒项目。2016年3月22日，金某公司发布重大事项停牌公告。同年6月2日，金某公司发布《上海金某化工股份有限公司发行股份购买资产暨重大资产重组报告书（草案）》。同年7月8日，金某公司股票复牌。本次重大资产重组事项内幕信息敏感期为2016年3月上旬（不晚于3月10日）至2016年6月2日。宁某系内幕信息知情人，并将该信息告诉了其妻子——被告人樊某。

2016年3月18日（"金某"公司股票停牌前两个交易日），被告人宁某、樊某在明知金某公司有重大利好型内幕消息的情况下，控制"徐某某"名下中山证券账户，买入"金某"公司股票197000股，成交金额人民币1379793元（以下币种均为人民币），并于同年7月8日股票复牌当日全部卖出，非法获利总计173199.87元。

2018年12月27日，被告人宁某、樊某在住处被公安机关抓获。

【诉讼过程】

2019年7月25日，上海市人民检察院第二分院以被告人宁某、樊某构成内幕交易罪提起公诉。

2020年5月26日，上海市第二中级人民法院作出一审判决，以内幕交易罪判处被告人宁某有期徒刑1年，并处罚金人民币30万元；判处被告人樊某有期徒刑1年，缓刑1年，并处罚金人民币30万元；禁止被告人宁某自刑罚执行完毕之日或者假释之日起三年内从事与证券相关的职业。目前判决已生效。

【文书全文】

上海市人民检察院第二分院
公诉意见书

审判长、审判员、人民陪审员：

根据《中华人民共和国刑事诉讼法》第一百八十九条、第一百九十八条、第二百零九条的规定，我们受上海市人民检察院第二分院的指派，就本院提起公诉的被告人宁某、樊某涉嫌内幕交易一案，以国家公诉人的身份出席法庭，支持公诉，并依法履行法律监督的职责。

在刚才的庭审调查中，公诉人依法讯问了被告人，向法庭出示、宣读了相关证据，并进行了当庭质证。通过今天的庭审调查，证明了本院起诉书指控的犯罪事实是清楚的，证据是确实充分的，庭审程序亦是合法的。为进一步阐明指控观点，揭露犯罪，便于法庭准确定罪量刑，现发表以下公诉意见，请合议庭依法予以采纳：

一、被告人宁某、樊某内幕交易的事实清楚、证据确实充分，足以认定二人构成内幕交易罪

依据《刑法》第180条第1款之规定，证券、期货交易内幕信息的知情人员或者非法获取证券、期货交易内幕信息的人员，在涉及证券的发行、证券、期货交易或者其他对证券、期货交易价格有重大影响的信息尚未公开前，买入或者卖出该证券，或者从事与该内幕信息有关的期货交易，或者泄露该信息，或者明示、暗示他人从事上述交易活动，情节严重的，构成内幕交易罪。

结合业已查明的犯罪事实，公诉人认为，被告人宁某和樊某的行为已经完全符合上述构成要件。具体阐述如下：

(一) 本案中金某收购银某传媒项目的信息属于内幕信息

金某公司发布的资产重组报告书、发行股份购买资产协议、董事会决议等证据证实，金某拟向隋某某、李某某、王某、许某、孙某甲、彭某某、张某某发行1.6亿余股"金某"股票，作价9亿余元向上述主体分别购买哈某公司、圭某公司、逐某公司、千某公司、久某公司、罗某公司和繁某公司100%的股权，收购完成后，金某将间接持有银某传媒共63.57%的股权。根据《上市公司重大资产重组管理办法》第12条的规定，购买、出售的资产总额占上市公司最近一个会计年度经审计的合并财务会计报告期末资产总额的比例达到50%以上的，构成重大资产重组。金某最近一期（2015年年报）经审计净资产8.3亿元，上述收购价格占到了金某最近一个会计年度资产总额的119.23%，构成重大资产重组。根据《证券法》第67条、第75条第一款的规定，尚未公开的重大资产重组事件属于内幕信息。上述事件公告时间为2016年6月2日，因此自该内幕信息形成至公开期间为内幕信息敏感期。

(二) 被告人宁某系内幕信息的知情人，其知悉该内幕信息的时间不晚于2016年3月10日

依据最高人民法院、最高人民检察院《关于办理内幕交易、泄露内幕信息刑事案件具体应用法律若干问题的解释》第1条、第5条、《证券法》第74条、第75条的规定，内幕信息敏感期是指内幕信息自形成至公开的期间。内幕信息的形成时间是指可涉及公司的经营、财务或者对该公司证券市场价格有重大影响的重大事件的发生时间、相关计划、方案、决策、决定等的形成时间。其中，影响内幕信息形成的动议、策划、决策或者执行人员，其动议、筹划、决策或者执行初始时间，应当认定为内幕信息的形成之时。内幕信息的公开，是指内幕信息在国务院证券、期货监督管理机构指定的报刊、网站等媒体披露。内幕信息的知情人不仅包括上市公司的董监高、大股东等，也包括证券服务机构的有关人员。

本案中，证监会上海监管局认定内幕信息形成时间不晚于2016年3月10日，被告人宁某系内幕知情人，其知悉的时间不晚于2016年3月10日。

在案证据证实：2016年初，经某证券上海分公司总经理潘某居间介

绍，金某公司起意收购银某文化。2016年2月，在某证券上海分公司的陪同下，金某公司对银某传媒进行考察，金某公司表达了收购意愿。2月22日，潘某通过电子邮件向金某和银某传媒发送了《某证券股份有限公司关于上海银某文化传媒股份有限公司资本运作方案可行性论证报告》。3月上旬，某证券上海分公司陪同银某传媒考察金某，参与此次考察的金某公司的董事会秘书杜某某、银某传媒董事长隋某某、董事会秘书孙某乙、某证券上海分公司总经理潘某以及被告人宁某均证实，在考察中银某传媒向金某公司详细介绍了公司的经营状况，金某表达了收购的强烈意愿，双方围绕某证券出具的收购可行性方案对收购方式、估值等内容进行了谈判，即在本次考察中双方对于收购开始了具体策划。3月13日，银某传媒的董事长将《某证券股份有限公司关于上海银某文化传媒股份有限公司与上市公司进行资本运作的初步方案》发至微信群中征求大家意见，16日，潘某安排某证券上海分公司通过邮箱向金某和银某传媒相关人员提供内幕信息知情人模板，17日，又向金某方面提供了停牌公告的模板，21日，银某传媒与金某签订了《收购合作意向书》，22日，金某公告正在筹划重大事项，并于同日停牌。6月2日，金某公告重大资产重组报告。3月13日至22日的一系列行为进一步印证了金某收购银某传媒的具体筹划开始于2016年3月上旬银某传媒考察金某之时。

宁某作为某证券上海分公司金某收购银某传媒项目组成员，自2016年2月起知悉金某有收购银某传媒的意愿，并参与了2月22日和3月上旬金某和银某传媒之间的相互考察，参与了银某传媒考察金某之时双方围绕某证券出具的收购可行性方案的论证会，对于双方开始筹划有着明确的认知。因此，认定其系内幕信息知情人，知悉时间不晚于2016年3月10日，事实清楚，证据确实充分。

（三）被告人宁某与其妻子即被告人樊某利用知悉的内幕信息，共同从事与该信息有关的内幕交易，情节严重

证人徐某某、被告人宁某、樊某均证实，2015年6月1日，宁某和樊某借用樊某的舅舅徐某某的身份信息开设了中山证券的账户，之后该账户始终由宁某和樊某使用控制。

银行交易明细、徐某某证券账户交易明细、财瑞会计师事务所出具的

鉴定意见书等证据证实：第一，2018年3月18日，樊某的上海银行账户转账200万元至和徐某某中山证券账户绑定的徐某某的上海银行账户内，随即徐某某的中山证券账户购买了金某股票19700股，成交金额为1379793元，2018年7月8日上述股票被全部卖出，成交金额为1542510元，非法获利总计172199.87元。而2016年3月18日之前徐某某的证券账户从未交易过金某股票，2018年7月8日之后也未再交易过金某股票，在交易时间上与宁某获知内幕信息高度吻合。第二，徐某某的中山证券账户在开立后至交易金某股票前，除申购新股外，先后只交易过中环股份和宝新能源，且交易金额均仅20余万元，而交易金某股票成交量明显放大，明显不同于平时的交易习惯。第三，此次交易金某股票的资金全部来源于樊某的银行账户，而金某股票被卖出后的资金又重新被转入樊某的银行账户用于理财，此次交易和樊某的利益高度关联。综上，交易时间的吻合度、交易背离程度、利益关联度，充分反映了此次交易行为的异常。对此，被告人宁某和樊某均供认，系宁某在知悉金某收购银某传媒的内幕信息后，与樊某共谋借此利好信息买卖金某股票以谋取非法利益后所为，宁某根据自己掌握的内幕信息及实时股价等情况，指使樊某具体操作资金转账及股票的买进和卖出。认定被告人宁某与其妻子即被告人樊某利用知悉的内幕信息，共同从事与该信息有关的内幕交易事实清楚，证据确实充分。

依据最高人民法院、最高人民检察院《关于办理内幕交易、泄露内幕信息刑事案件具体应用法律若干问题的解释》第6条，内幕交易金额在五十万元以上或者非法获利在十五万元以上的，属于情节严重。本案中，被告人宁某、樊某利用内幕信息买卖金某股票的金额和非法获利数均已达情节严重的认定标准。

综上所述，被告人宁某作为金某收购银某传媒的内幕信息的知情人，被告人樊某作为宁某的近亲属，在从宁某处非法获取内幕信息后，二人共同利用该内幕信息从事与该信息有关的股票交易，情节严重，二人的行为均已触犯《中华人民共和国刑法》第180条第一款，构成内幕交易罪。

二、对被告人宁某应当适用刑法从业禁止的规定

被告人宁某身为证券从业人员，明知其所从事的收购项目系内幕信息，仍然违背职业的保密义务和道德要求，利用其职业便利实现非法牟利，根据犯罪情况和预防再犯罪的需要，建议合议庭对其判处实刑，同时依据《刑法》第三十七条之一的规定，对其作出"从业禁止"的判决。

二名被告人到案后如实交代犯罪事实，依据《中华人民共和国刑法》第67条第三款的规定，属于坦白，可以依法予以从轻处罚。

二名被告人已接受行政处罚，并缴纳了罚金，可予以酌情从宽处罚。

三、关于本案的社会危害性

证券市场作为优化资源配置的重要手段，是国民经济的晴雨表，公开、公平、公正是其应当遵循的基本原则，因为，证券市场只有在公开、公平、公正的原则下运作，证券的价格和指数才能真正反映投资大众对公司业绩的综合评价，证券市场的优化资源配置的功能才能真正得以发挥。

一些内幕信息知情人及其利益相关方利用信息优势进行内幕交易的行为，可能使证券价格和指数的形成过程失去了时效性和客观性，使证券价格和指数成为少数人利用内幕消息炒作的结果；同时，手握内幕信息先行一步对市场做出反应，与没有"特殊信息"的普通投资者相比，内幕信息获得者拥有更多的获利或减少损失的机会。内幕信息交易还导致证券市场混乱？对于内幕消息，证券市场的散户们往往是又爱又恨。为什么如此？因为很多时候，尽管散户们痛恨那些通过内幕消息进行内幕交易的行为，认为这些行为破坏了市场的公平，但是看到听到那些利用内幕信息非法获利的消息，散户们也不由得去打探各种消息，希望自己也能够获得某些"内幕消息"而在市场操作中占得先机，能够轻松获利。

因此，内幕交易不仅严重扰乱了资本市场秩序，侵害了国家对证券和期货市场的管理制度，也侵犯了投资公众的平等知情权，侵害了广大投资者的合法权益。内幕交易犯罪应当依法予以严厉打击。

自1997年刑法修订增设内幕交易罪以来，我们国家对内幕交易犯罪的打击力度不断增强，金融监管越来越严，法律法规越来越完善。9月6日，证监会新闻发言人常德鹏表示，上市公司并购重组领域是内幕交易的高发地带，也是证监会管控、惩治内幕交易违法行为的重点。证监会将持续严厉打击内幕交易违法行为，切实维护公平、公正的市场秩序，保护广大中小投资者合法权益。

作为指控犯罪、维护公平正义的检察机关，我们将依法严厉打击内幕交易犯罪，不断净化资本市场环境，切实保护广大投资者合法权益，有效促进资本市场服务实体经济的功能发挥，切实维护资本市场稳定健康发展。在此，公诉人也要再次提醒相关内幕信息知情人律己慎行，提醒广大证券投资者要遵纪守法、依法投资，不要投机取巧、铤而走险！

20××年×月×日当庭发表

【承办检察官心得体会】

检察官认为，被告人宁某、樊某在对证券交易价格有重大影响的信息尚未公开前，共同交易该证券，情节严重，其行为均已触犯《中华人民共和国刑法》第25条第1款、第180条第1款之规定，应当以内幕交易罪分别追究其刑事责任。宁某身为证券从业人员，明知其所从事的收购项目有关事项系内幕信息，仍然违背保密义务和职业操守，利用其职业便利伙同他人非法牟利，根据犯罪情况和预防再犯罪的需要，建议人民法院对其判处实刑，同时依据《刑法》第37条之一的规定，对其处以从业禁止。

本案的两名被告人，在移送审查起诉前均处于取保候审状态，认罪态度良好，根据其内幕交易成交金额和违法所得金额，属于"情节严重"情形，有可能被判处缓刑。但是检察机关认为，对于被告人宁某应当从严惩处，判处实刑，并且有适用"从业禁止"的必要性。

第一，被告人宁某在中国证监会调查期间不配合调查，唆使其妻子、被告人樊某以及舅舅徐某某作伪证，帮助其隐瞒内幕交易的真实情况，企图逃避法律处罚，导致中国证监会未对宁某的违法行为作出处罚，应当酌情从重处罚。因此，公诉人建议法庭对宁某判处实刑。

第二，被告人宁某身为证券从业人员，作为项目经理参与上市公司并购重组工作，违背保密义务和职业操守要求，利用其职业便利非法牟利，知法犯法，再犯罪的可能性极高，为防止犯罪分子利用职业和职务之便再次进行犯罪，从预防犯罪角度应当依据其犯罪情况对这类犯罪采取预防性措施。因此，公诉人建议法庭依据《刑法》第37条之一的规定，对其作出从业禁止的判决。

第三，本案系证券从业人员直接进行内幕交易的典型案件，反映出部分从业人员法治意识淡漠、职业自律性不强等问题。检察机关认为有必要以本案的依法处理进行警示教育，体现司法机关维护证券市场稳定发展、从严惩处证券从业人员犯罪的决心和力度，发挥"查处一案，教育一片"的办案综合效果。

最终，法院采纳了检察机关的全部公诉意见。

【专家点评】

最高人民检察院刑事诉讼法律文书格式及制作说明中明确，公诉意见书"为公诉人在法庭上对证据和案件情况集中发表意见时使用"。公诉意见书的主要表述方法是说理，阐明事理、释明法理、讲明情理、讲究文理，是评价公诉意见书说理质量的核心标准。被告人宁某等2人内幕交易案公诉意见书，从被告人宁某等2人构成内幕交易罪、对被告人宁某应当适用刑法从业禁止规定、本案的社会危害性三方面进行说理，结构合理、逻辑严谨、重点突出、针对性强，是高质量展示说理内容、说理方法、说理效果的优秀法律文书。

在第一部分，公诉意见书以"内幕信息""知情人""共同从事""情节严重"等为关键词，既重视叙写内幕信息的形成过程，又采用事理、法理融合说理的方式，充分论证被告人宁某等2人的行为符合犯罪构成要件。这部分内容在文书中占比最大、说理最详实，相关说理分为三个层次：一是论证金某公司收购银某传媒项目的信息属于"内幕信息"；二是论证被告人宁某系该内幕信息的"知情人"；三是论证被告人宁某等2人利用知悉的"内幕信息"，"共同从事"与该信息有关的内幕交易，均已触犯《刑法》第180条第1款，构成内幕交易罪，属于"情节严重"。

在第二部分，公诉意见书综合被告人宁某的犯罪事实、被告人宁某等2人到案后如实交代犯罪事实以及已接受行政处罚等情况，认定对被告人宁某应当适用刑法从业禁止的规定。被称为激活了证券犯罪领域"从业禁止"条款的适用。这部分用高度概括的语言，阐释量刑建议，关键词是"实刑""从业禁止"。公诉意见书认定，被告人宁某明知系内幕信息仍利用职务便利实现非法牟利，明确适用"从业禁止"的必要性，建议对被告人宁某判处"实刑"、作出从业禁止的判决；同时，也提出对被告人宁某等2人可以依法予以从轻处罚、可予以酌情从宽处罚的量刑建议，论证层次清晰、周到严谨。

在第三部分，公诉意见书从维护公开、公正的证券市场秩序，依法严厉打击内幕交易犯罪等角度，以案释法，提醒相关内幕信息知情人和证券投资者遵纪守法、律己慎行、依法投资，发挥公诉意见书的普法宣传、警示教育作用。该部分紧密结合案情进行社会危害性分析，具有很强的针对性。2020年上海市第二中级人民法院工作年度报告指出，该案系全国首例对涉证券领域犯罪从业人员适用"从业禁止"的案件。据悉，公诉人在庭审中即提到，检察机关要对相关上市公司制发检察建议，督促证券公司及其从业人员切实履行职责，增强合规意识，用实际行动服务保障金融安全。

该案公诉意见书具有点面结合、说理性强、富有激情和感染力的特色。言其点面结合，是因为该篇公诉意见书依照公诉意见书格式制作，既对证据、事实、法律、社会危害性进行全面分析，又聚焦被告人宁某等2人行为的关键环节展开充分论证，有点有面、繁简适当。言其说理性强，是因为该篇公诉意见书在精准把握案情的基础上，运用三段论推理，深度论证提起公诉的大、小前提，使公诉结论的得出具有很强的逻辑性和说服力。言其富有激情和感染力，是因为该案作为全国首例证券领域犯罪适用从业禁止条款案，公诉意见书不回避焦点问题即应否适用从业禁止条款这一关键环节，明确提出应根据犯罪情况和预防再犯罪的需要作出"从业禁止"的判决，并在社会危害性分析中，呼吁"切实保护广大投资者合法权益"，警告"不要投机取巧、铤而走险！"

被告人宁某等2人内幕交易案公诉意见书，通过详实的证据、事实、法律和社会危害性分析，认定全案证据、犯罪事实，提出定罪、量刑意见，阐释遵守法纪和职业道德、维护证券市场秩序的重要意义，其事理清晰、法理精确、情理合度、文理优长，实现了良好的政治效果、法律效果和社会效果。

（**点评人**：赵朝琴，河南财经政法大学教授、中国法学会法律文书学研究会副会长）

五

抗诉（上诉）案件出庭意见书

36. 许某利故意杀人案出庭意见书

【简要案情】

被告人许某利与被害人来某利系夫妻，共同居住于杭州市江干区某某苑某某室。因感情、经济等方面的家庭矛盾，许某利对来某利心生怨恨，陆续购买安眠药及切割机等工具，预谋杀害来某利。2020年7月4日晚，许某利在家中向来某利睡前饮用的牛奶内投入安眠药，待来某利饮用后在卧室床上昏睡之际，采用胶带纸封口、枕头捂压口鼻的方式致来某利死亡。之后，许某利将来某利尸体搬至卫生间，使用事先准备的切割机、美工刀、剪刀、绞肉机等作案工具，将尸体肢解，其中部分人体组织被绞碎后倒入马桶冲走，部分骨骼及人体组织分装在塑料袋内，于7月5日、7月6日分多次丢弃于小区等地的垃圾桶内。作案后，被告人许某利编造虚假信息，对外谎称来某利失踪，逃避侦查。7月22日，公安机关筛查某某苑4幢化粪池发现来某利的部分人体组织，于7月23日将许某利抓获归案。

【诉讼过程】

本案由杭州市公安局江干区分局立案侦查，由杭州市公安局以许某利涉嫌犯故意杀人罪于2021年1月5日移送杭州市人民检察院审查起诉。该院审查后，于2021年2月5日以被告人许某利犯故意杀人罪向杭州市中级人民法院提起公诉。杭州市中级人民法院于2021年7月26日作出一审判决，以故意杀人罪判处许某利死刑，剥夺政治权利终身，民事判赔经济损失人民币20万元。许某利在法定期限内提出上诉。浙江省高级人民法院于2022年1月25日二审公开开庭审理本案，于2022年3月16日作出裁定，驳回上诉，维持原判。经最高人民法院核准，2023年3月21日，许某利被执行死刑。

【文书全文】

浙江省人民检察院
上诉案件出庭意见书

审判长、审判员：

根据《中华人民共和国刑事诉讼法》第二百三十五条的规定，我们受浙江省人民检察院指派，代表本院，出席法庭，依法执行职务。开庭前，检察员详细审阅了本案的所有卷宗材料，依法提讯了上诉人许某利，调取了相关证据，听取了辩护人及被害人亲属的意见，今天又参加了法庭调查，更加充分地了解了诉讼各方观点，现对本案事实、证据、定罪量刑及上诉人许某利的上诉理由发表如下出庭意见，请法庭考虑：

一、一审判决认定上诉人许某利故意杀人犯罪事实清楚，证据确实、充分

1. 现有证据足以证明案发后来某利一直处于失踪失联状态。首先，在案的失踪人员信息登记表，余某、许某甲、来某等证人证言证实，被害人在 2020 年 7 月 4 日晚身着吊带睡衣睡下，在未带手机及随身物品的状态下突然失踪，此后未联系过任何亲友；其次，来某利上班门禁卡打卡记录，证人余某、来某、计某等证人证言证实，被害人 2020 年 7 月 3 日（周五）正常下班，从不无故迟到早退，但 7 月 6 日早上 7∶30 应当到岗时间却未正常上班，突然缺勤，此后再未出现在工作岗位；再次，某某苑小区某某单元一楼门口监控、电梯内监控和地下车库 1 单元范围监控等现场监控及亲属证言等证实，来某利自 7 月 4 日傍晚 17∶04 与女儿许某甲坐电梯回家后再未离开过该单元楼。公安机关动用大量警力和资源对某某苑 4 幢所有住户、监控视频中出现的案发时段携带大件行李物品人员、4 幢的电梯井、水箱、储物柜、烟道、通风管道、地下室及窨井等公共部位开展了地毯式搜索、排查，均未发现来某利踪迹；最后，来某利手机及微信通话记录、支付宝和银行账户交易记录、医疗就诊记录、杭州市人脸抓拍结果及医生隋某某的证言等证实,案发后再未发现来某利任何通信、消费、出行或就医记录等生活痕迹。综上,在案证据足以证实被害人来某利于 7 月 4 日后失踪。

2. 诸多客观性证据证实来某利已经死亡。第一,现场勘查笔录、杭公司鉴(DNA)字(2020)391 号、391 - 1 号鉴定书等证实,被害人来某利家中卫生间洗手台下沿和厨房绞肉机桶壁内层均检见来某利血迹、厨房国风牌剪刀中点位置提取到来某利人体组织、刀刃和刀柄上检见来某利 DNA 信息,卫生间地漏水管中发现来某利皮肤等组织两块,在被害人家连通的化粪池内提取到来某利的人体组织 38 块(34 块系皮肤组织、4 块器官位置不明)。第二,现场勘查笔录、沪公物鉴(检)生字〔2020〕2258 号鉴定书、上海市公安局闵行分局物证鉴定所检测报告以及本院文证审查意见等证实,淋浴房地漏水管内提取的牙齿一颗与许某甲具有同一母系遗传关系,在被害人家连通的化粪池内提取到胃、肝、舌和肌肉等器官组织块五块与许某甲具有同一母系遗传关系。根据证人来某甲、来某乙、黄某、余某等人证实有关母系家庭成员去向、现状的证言以及来某利母亲章某的注销户口证明、常住人口基本信息、登记表等证据证实的情况,除来某利外,与许某甲具有同一母系关系的其他亲属中,不存在牙、胃、肝、舌、肌肉组织块缺损并出现在来某利家卫生间地漏水管和连通的化粪池中的可能,因此,本案牙齿、胃、肝、舌和肌肉组织块系来源于来某利。第三,现场勘验笔录等证实在案已发现来某利血迹若干、缺损皮肤组织块 600cm 以上,结合其无相关救治记录,案发后失踪失联、不存在任何生活迹象等情况,足以认定来某利死亡的事实。

3. 上诉人许某利杀害了被害人来某利

(1)许某利具有作案条件且行为表现异常。现场勘查情况及许某甲证言、许某利供述证实,7 月 4 日被害人来某利下班回家后至深夜入睡再未离开家中,整晚与许某利二人"共处一室",可排除第三人闯入等异常情况,许某利具有充分的作案时空条件。某某苑、某某二苑小区监控,浙江某某中心监控以及许某甲、余某、来某等证人证言证实,许某利行为表现异常,其是第一个知道妻子来某利"失踪"的人,却连续多天正常进出、上班生活,没有表现出亲属突然无故失踪正常应有的意外、疑惑和担忧,甚至对小女儿联系姐姐和姨妈寻找母亲的行为表示反对,对外暗示是有人把来某利接走了,后来报警也是在被害人大女儿余某主导下才陪同前往,行为异常,不符常理。

（2）客观性证据证实许某利杀害了妻子。经勘查,公安机关在上诉人许某利与被害人来某利共同居住的家中卫生间洗手台上、地漏水管内、厨房绞肉机桶壁内层、厨房剪刀等多处检见被害人来某利的血迹和人体组织,在卫生间地漏中发现来某利牙齿,在其家连接的化粪池中提取到舌头、胃、肝等器官组织块和大量来某利皮肤组织块。许某甲证言及其手机照片证实,来某利失踪后许某甲在家中卫生间墙壁的瓷砖缝隙中发现血迹、墙面瓷砖上出现划痕、地面瓷砖上多了两个洞,上述诸多痕迹、物证均证实来某利系在家中遇害,且案发时段仅许某利与来某利"共处一室",也就是说并无任何第三人进入现场,同时,许某甲还证实,许某利叮嘱其不要将卫生间看到血迹、墙壁发现划痕、地砖有破损的情况告诉别人,其还看到许某利手上有伤,得到许某利人身检查笔录一定程度印证。故在案的客观性证据证实是上诉人许某利在自己家中将妻子杀害。

（3）许某利多次（包括一审庭审）供认杀人,上诉人许某利的有罪供述得到在案诸多证据特别是客观性证据的充分印证,且其有罪供述细节极具内知性、亲历性。

第一,许某利有作案动机。上诉人许某利供述的因经济问题、女儿教育、夫妻性格等长期尖锐的家庭矛盾而对来某利积怨已久,恨意日深,最后泄愤杀人等作案动机,得到证人许某甲、余某、来某、黄某、许某乙、朱某某等人证言的印证,尤其是：许某利的好友刘某某证实,许某利在外有情人的事情被来某利发现后,许、来二人发生冲突,听来某利讲许某利差点将其掐死,刘某某就此向许某利求证属实,许称也不知道是怎么回事,火气上来的时候真是差点把老婆掐死,并称其本来打算离婚的,因为××村马上又可以分房了,离婚没房子分太可惜了才继续维持与来某利的婚姻；许某利的情人周某某证实,许某利心眼较小,比较记仇,自2019年开始对其抱怨来某利看不起他、打他、装修不肯出钱等，许某利每次提到来某利眼神就特别凶，说一些"她怎么癌症也不生"之类的话，表现出很希望他老婆去死的想法；现场勘查提取到的信纸内容以及许、来手机微信聊天记录、许某利发给周某某的微信图片等证据进一步印证了许、来二人在家庭开支、各自经济状况、对婚前各自子女的关心程度、对婚后小女儿的教育方式、许某利户口迁入来某利户头产生的不悦及房屋装修分歧等家庭矛盾各个方面自觉委屈、相互指责、相互埋怨的情况。故本案案发起因清楚，许某利故意杀人动机明确。

第二，虽被害人已被碎尸，但许某利杀害妻子的基本作案手段有客观性证据印证。①具体杀人手段。上诉人许某利供述，作案前先在来某利饮用的牛奶中投入之前托周某某购买的安眠药（注意：此系9月26日许在自书材料中第一次主动提及）使来某利昏睡，再用胶带封堵、枕头捂压口鼻方式致来某利死亡并于事后发现来某利尿失禁。尽管因被害人尸体被分割、绞碎无法从尸检方面判断伤情和死因，但证人周某某、何某某的证言及医院开药记录、药费支付凭证、微信聊天记录等证实，周某某曾于2019年12月应许某利要求帮其购买安眠药，等许某利回诸暨时当面交给许，公安机关在来某利睡前饮用牛奶的杯子中检出安眠药艾司唑仑成分，在来某利床上席子尿斑位置多处检出艾司唑仑成分，在来某利所睡位置席子和垫被尿斑处均检出尿素成分，在厨房冰箱上方提取到经许某利确认用于作案的数卷胶带。现场勘查亦未发现任何挣扎、打斗痕迹，与许某利供述的先投安眠药、再用胶带、枕头按压口鼻致来某利死亡的作案手段和事后发现来某利尿失禁的细节完全吻合，现场相应位置均留下了作案细节特征，点、位一一印证对应，且尿失禁是窒息导致死亡中常见的伴随现象，杯中投放安眠药是许某利在自书材料中主动供及，供述的内知性、亲历性强。②分尸灭迹经过。上诉人许某利供述，其杀死来某利后，为逃避侦查，将被害人尸体搬进浴室，使用美工刀、剪刀、钢锯、电动切割机、电动绞肉机等工具分尸、碎尸后，部分通过马桶冲走，肢解的人骨分散丢弃于小区及单位垃圾桶内。上述所供分尸灭迹过程与本案现场勘查、DNA鉴定证实在现场卫生间洗手台下沿、厨房绞肉机内壁、国风剪刀中点和刀刃刀柄部位、卫生间地漏水管中以及现场房屋连通的化粪池中提取到被害人来某利的血迹、牙齿、舌头、人体皮肤、肌肉和内脏器官组织,许某甲证言及手机照片所示现场淋浴房血迹、瓷砖划痕、墙面破损等大量客观性证据,在痕迹、物证的所处位置、血迹和人体组织的具体形态、空间分布、数量大小等各个方面都高度吻合,其所供作案后将人骨和作案工具分散丢弃并购买洗洁精清理现场的事实,与现场监控录像所示案发后许某利或持垃圾袋或背双肩包数次外出、地铁集团便利店监控录像和员工侯某某证言所证许某利购买创可贴和洗洁精等情况相互印证。分尸灭迹事实、过程清楚,足以认定。③丢弃作案工具。作案后许某利将美工刀、切割机、钢锯等丢弃在小区及单位垃圾桶等处,绞肉机、剪刀等工具仍存放家中,与视频监控反映的许某利丢弃垃圾的时间、次数及现场勘查在许某利家中提取到绞肉机、剪刀等工具相印证。特别提请法庭注意的是,公安机关根据许某利的供述和指认,在其丢弃切割机扳手的地点提取到了相应物证,并经许某利庭审辨认系其作案工具,属于先供后证、亲历性、内知性和证明力极强的细节证据,现许某利辩称该扳手并非作案工具,却不能作出合理解释,亦与查明事实相悖。

综上,在案证据来源、形式合法,内容客观、真实,与本案具有关联并经庭审质证,足以证实上诉人许某利因婚姻、家庭矛盾将来某利杀害并分尸、碎尸、抛弃的犯罪事实,故一审判决认定许某利犯故意杀人罪事实清楚,证据确实、充分。

二、一审判决以故意杀人罪判处上诉人许某利死刑量刑正确

1. 上诉人许某利故意杀人犯罪主观恶性极大。本案虽系婚姻家庭矛盾引发,但上诉人许某利精心筹划、预谋杀害妻子来某利,其在2020年初即产生了杀害妻子来某利并分尸的想法,为此陆续准备了美工刀、切割机、安眠药等作案工具,将自己对妻子的积怨、矛盾付诸于杀人报复,杀人动机卑劣,主观恶性极大。上诉人许某利归案后推诿卸责,毫无悔意,一审当庭认罪甚至表示绝不上诉也只是为了保全自己演出的戏码,自始至终心存侥幸,对妻子生命的逝去表现极度的冷漠,人性是如此的泯灭。

2. 犯罪手段极其残忍,情节特别恶劣。上诉人许某利采用投放安眠药、用胶带封堵、枕头捂压口鼻等方式将被害人杀害,其后使用美工刀、剪刀、钢锯、电动切割机、电动绞肉机等工具丧心病狂地将妻子分尸、碎尸，部分通过马桶冲走，肢解的人骨分散丢弃于小区及单位垃圾桶内，毁尸灭迹，犯罪手段极其残忍，情节特别恶劣。

3. 犯罪后果特别严重。上诉人许某利在深夜趁女儿熟睡之际，在自己家中将妻子残忍杀害，造成一人死亡的严重后果，使女儿失去妈妈，兄姐失去妹妹。其作案后还谎报失踪，误导侦查视线，意图逃避罪责，引发巨大社会舆情，并造成司法资源的巨大浪费。

审判长、审判员，上诉人许某利故意杀人犯罪罪行极其严重，一审判决依据《中华人民共和国刑法》第48条、第232条之规定，依法以故意杀人罪判处上诉人许某利死刑立即执行，罚当其罪，符合我国刑法罪责刑相适应原则。

三、许某利的上诉理由均不能成立

1. 许某利关于被害人尚未死亡，其不存在杀人行为的上诉理由不能成立

对此，刚才检察员已作了充分阐述论证，在案证据足以证明被害人来某利已经死亡，且系被许某利杀害。许某利上诉称不排除来某利避开监控出走，这与现场勘查、监控视频证实的现场单元楼人员出入情况，特别是在案发现场有诸多来某利的血迹、人体组织、内脏器官等客观性证据不符，在案客观性证据等均指向许某利作案。因此，许某利有关此方面的上诉理由与在案证据不符，不能成立。

2. 许某利关于没有杀人预谋，系为赢得悔罪态度而杜撰等上诉理由不能成立

①作案前购买了美工刀等作案工具。上诉人许某利归案后多次供认本案系预谋杀人，其在年初就有杀人分尸的想法了，为此陆续准备了美工刀、切割机等分尸工具，并于作案后丢弃。证人奚某某的证言及付款码、支付宝交易记录证实，许某利在2020年4月份在其五金店内购头了4把美工刀，与许某利供述的预谋情况相印证。②为杀人而购买安眠药。许某利辩解其让周某某购买安眠药是因本人睡眠问题需要吃药，而证人周某某证言及二人的微信聊天记录证实，2019年12月份周某某按许某利要求代买安眠药后，曾在微信聊天中提醒许某利注意用药安全，许戏称没关系，反正是给"动物"吃的，与许某利辩解购药自服情况不符。周某某自2019年10月份就感觉到许某利言谈中尽是对来某利的恨，表现出

很希望他老婆死掉的味道,甚至在许某利称安眠药是给动物吃时隐约判断这个动物指的就是来某利。事实也正是如此,许某利将安眠药投入来某利的牛奶中用于作案,证据证实安眠药是许某利预先准备的作案工具之一。③从上诉人许某利作案过程及作案后的行为表现看,足以证明上诉人许某利系预谋杀人。在案证据证实,上诉人许某利在作案过程中使用了安眠药、剃头刀、美工刀、剪刀、菜刀、绞肉机、切割机等诸多工具杀害被害人、碎弃尸块、清理现场、分批丢弃作案工具,整个作案过程内容庞杂却紧凑有序,作案后谎报失踪,为毁尸灭迹争取时间,面对亲友、邻居和媒体的询问表现异常冷静又极其冷漠,足见其经过周密策划而预谋杀人,现许某利上诉称没有预谋作案的供述甚至辩解从未杀人,与在案事实、证据不符,相关辩解及上诉理由不能成立。

3. 许某利关于其有罪供述系非法获取的上诉理由不能成立。根据《中华人民共和国刑事诉讼法》第56条规定以及"两高三部"《关于办理刑事案件严格排除非法证据若干问题的规定》第一条、第二条、第三条之规定,本案不存在刑讯逼供(殴打、违法使用戒具等暴力方法或变相肉刑)和以威胁、引诱、欺骗以及其他非法方法收集证据的情形。

首先,从案件的整个诉讼过程看,在本案的侦查、审查逮捕、审查起诉、一审审判等各个诉讼环节,面对不同的办案执法司法主体,许某利均未就取证合法性问题提出异议;一审庭前会议上,许某利亦明确表示没有非法证据排除申请,对其有罪供述的真实、合法性予以确认,对杀人抛尸行为表示认罪;在一审法庭上,许某利多次向法庭确认其对侦查阶段的有罪供述没有异议,认罪悔罪,并在最后陈述时特别提到"对公安人员、检察官、法官表示感谢,因为他们是依法办案,保障我的人格。"

其次,讯问同步录音录像等证据证实,上诉人许某利的有罪供述不存在刑讯逼供等违法取得的情况。①本案自始不存在殴打及变相肉刑情况,也不存在疲劳审讯的情形。讯问同步录音录像显示,上诉人许某利7月23日自到案后第一次讯问1:40始,至10:28承认杀人犯罪事实,在总计不到10个小时的时间里,侦查机关依法保障了上诉人许某利上厕所、二次就餐、持续饮水添水、多次闭目休息(一个小时以上)等正常的饮食和必要休息权利,尤其需要指出的是,在第二次讯问时,民警专门强调，如果需要休息的话就及时提出来，语气文明、态度克制，全程未发现侦查机关存在故意利用疲劳状态进行审讯等情况，许某利对该份共11页的认罪笔录从核对内容到捺印完毕用时约11分钟，其所称疲劳审讯之下获取口供缺乏事实和法律依据，要求对相关供述进行排除的上诉理由不能成立。②上诉人许某利也未受到侦查人员诱骗、恐吓而致其违背真实意愿做出后续有罪供述。上诉人许某利以受到侦查人员启动"零口供程序"的诱骗和威胁为由，要求对其后的所有供述予以排除。对此，检察员认为，上诉人许某利的上诉理由与前述法律规定的非法证据排除情形不符，而且有罪供述的同步录音录像显示讯问人员仪表仪态正常，问话用词规范、语气平和。需要说明的是，侦查机关因侦破其他案件需要曾将许某利羁押于余杭区看守所，相关谈话的内容指向"坦白从宽，抗拒从严"等法律政策的传达和宣讲，有关侦查行为值得进一步规范，但未谈及案情，未制作笔录，亦未见足以胁迫、影响上诉人许某利后续数次供述意志自由的情形。此后的有罪供述仅在侦查环节面对不同的办案人员、不同的讯问场所（看守所）就有五次，在后续的检察机关审查逮捕、审查起诉乃至一审庭前、庭审环节，许某利在办案人员充分、明确告知诉讼权利和法律后果的情况下均做出了前后稳定、内容一致的有罪供述，根据"两高三部"《关于办理刑事案件严格排除非法证据若干问题的规定》第五条规定，上诉人许某利在审查逮捕、起诉、审判阶段的有罪供述应当采信，况且上诉人许某利并未对讯问合法性提出异议，更为重要的是，上诉人许某利的有罪供述得到在案证据充分印证，现许某利翻供称系被诱骗、胁迫之下做出虚假供述，要求排除非法证据的上诉理由不能成立。

再次，在案第4、5、6、7次讯问笔录的合法性应予以确认。上诉人许某利以受到疲劳审讯为由对第2次讯问的合法性提出异议，其虽在第3次讯问中翻供，但在其后的第4、5、6、7次讯问中均做了连续、详细、稳定的有罪供述，对作案中心现场、丢弃被害人遗骨及作案工具的诸多地点进行了辨认，与第2次有罪供述内容一致，更与在案证据相互印证，且第6次供述中主动补充了有关切割机扳手和切割片丢弃地点等作案细节，公安机关在其供述地点提取到相应物证。同时，上诉人许某利亦对自己在第 3 次讯问中的翻供行为表示抱歉,称系心存侥幸,上述四次有罪供述的侦查人员批次不同、讯问地点分别在四季青派出所和杭州市看守所,讯问时间间隔较久,既不存在疲劳审讯的情况,又不存在所谓诱骗、威胁等违法取证的抗辩,合法性应予确认。综上,检察员认为,本案证据均由司法工作人员依法取得,许某利有关在案有罪供述均系违法取得的上诉理由不能成立。

4. 检举揭发线索不构成立功。(1) 就许某利检举同监室人员高某某在贵州另有故意杀人犯罪的线索,经公安机关向高某某讯问,向高某某妻子询问,并远赴贵州向矿场承包人、当地村民小组组长等十余人取证,未查实相关检举情况;(2) 就许某利反映高某某等人倒签自书材料落款日期可能存在假立功等问题,高某某已因抢劫等犯罪行为一审被判死刑,不存在许某利所称假立功情形,相关检举不构成立功;(3) 就许某利检举陈某甲(实为陈某乙)虚开发票行为,经司法机关审查后相关事实成立,但因犯罪情节较轻已对相关人员依法作出不起诉处理,许某利本人也涉案其中,不构成立功。对其虚开发票行为,经杭州市人民检察院审查认为没有追诉必要,本院审查支持。

四、本案带来的思考和警示

审判长、审判员,庭审持续到现在,本案有许多问题值得我们深思。检察员注意到上诉人许某利出于求生本能而改变供词、否认事实的努力,也尊重辩护人尽心履职希望法庭改变一审死刑判决的争取。但是,检察员必须指出的是,许某利有预谋地杀害妻子来某利,并残忍分尸、碎尸的事实清楚,证据确凿,而且不存在任何法定或酌定的从轻、减轻情节。保留死刑,严格控制、慎用死刑是我国的一项刑事司法政策,除了严格控制和慎用死刑,对符合我国刑法第 48 条规定的罪行极其严重的犯罪分子应当适用死刑。上诉人许某利一直被婚姻家庭矛盾困扰,其没有想过自我检视,没有尝试充分沟通,最后采用极端残忍的杀人手段泄愤,至今没有真诚的认罪悔罪表现,甚至在今天的二审法庭上,还在为了逃避应得的惩罚而罔顾事实、公然狡辩。依据刑法规定,应当对这样一起罪行极其严重的故意杀人罪行适用死刑,否则,天理国法人情难容!

本案值得我们深思的,还有家庭观、生命健康观的树立。许某利经常讲，担心来某利的教育方式对女儿不好，以后女儿会像她一样，但许某利自己选择这样极端暴力的方式处理家庭矛盾、解决婚姻问题，对孩子就是正面引导吗？许某利不仅杀了妻子，毁了自己，也毁了几个家庭，严重影响孩子们的一生，可以说是不能正确处理婚姻关系的极度反面典型。珍爱生命，既要珍爱自己的生命，更要珍爱他人的生命！每个人都必须为自己的行为承担责任，许某利也必将为自己的罪行付出法律上的代价。

  需要指出的是，本案的发生不仅是对个人、对家庭的伤害，更是引发了整个社会的震惊和恐慌。那些昔日里听说许某利妻子走失，曾想尽办法、竭力伸出援手的人们，当初有多热情，此刻就有多寒心；那些背负着"办案不力"骂名的公安干警们，先是争分夺秒、连续加班为许某利寻找妻子，后又不得不冒着酷暑，在臭气熏天的化粪池、垃圾山里寻找被害人尸骨。案发以来，人民群众汲汲渴望着事实真相的查明，更热切期盼着公平正义的来临。许某利故意杀人案，将是我国社会主义法治进程中又一个剪影，充分见证社会正气的弘扬、公平正义的实现和对个人生命的珍视！

  审判长、审判员，检察员认为，一审判决认定上诉人许某利故意杀害被害人来某利并分尸、碎尸、抛尸的犯罪事实清楚，证据确实、充分，定性准确，量刑适当，许某利的上诉理由及其辩护人的相关辩护意见均不能成立，建议法庭驳回上诉，维持原判。

20××年×月×日当庭发表

【承办检察官心得体会】

  本案社会关注度高，案情敏感复杂。扎实办案之余，如何在公开开庭的法律文书中充分揭露犯罪、驳斥不实辩解、维护公平正义，如何在庭上回应社会关切问题又不至引发新的舆情，如何能充分释法说理引起共鸣，达到对被告人、对庭审参与者、对社会公众的警示教育目的，是承办人撰写出庭意见书时一直在思考的问题。除了案件本身的定罪量刑，办案过程中还涉及对侦查活动违法性监督的审查，对其他命案是否与许某利有关的排查，对多个检举揭发线索的查证以及个别线索构成犯罪且许某利涉案其中的情况下，如何平衡既要对其行为进行应有的刑事评价，又要避免再度引发舆论热点之间的矛盾等许多案外情况，其中多个问题难以避免地要呈现在法庭上，撰写三纲一书时，迫切需要准确预判、适度回应，将查证情况和检察观点技术性地呈现在二审法庭上。也就是说，本案的出庭意见书不仅是指控犯罪所需，更是回应舆论热点进行警示教育的契机，肩负着展示检察机关专业能力、综合素养、公平正义和职责使命的重大任务，颇具挑战。指控犯罪方面，利用线粒体检验鉴定、3D现场勘验等新的法庭科技补强证据，以VR形式当庭还原案发楼房各部位实景，有力驳斥被害人离家出走并未死亡等不实辩解，充分利用案件细节构建证据指控体系，努力做到言之有据、逻辑严密、层次清晰。出庭意见书成稿后历经多次打磨，着重在语义表达上更加突出主题，语言表述上简洁有力，法言法语方面严谨规范，警示教育时通俗易懂、直击人心。精心制作一份出庭意见书，着实不易。

【专家点评】

作为一件颇具社会影响力的案件，如何在依法办案和回应舆情间做好平衡是一件很费心力的事情，但办好这样一个典型个案同样具有社会价值，关键在于我们能否把握这样的机会。本篇出庭意见书读下来一气呵成，条理清晰，确实能够感受到检察机关在办好这个案子上所付出的巨大努力和检察员在案件承办过程中的全心投入和全面思考。

本案检察机关指控的罪名是故意杀人罪，所谓"杀人"，顾名思义无论杀人手法是什么，损害结果都要回到人体本身，来确定既遂、未遂，衡量被害人的生命健康权究竟受到了多大的损害。而本案最大的难点也恰恰在于此，传统"活要见人，死要见尸"的侦查、指控思路，在有意毁尸灭迹的被告人面前近乎失灵了。在尸首无法直接找到的情况下，这对于高标准的刑事证明工作和证据链体系的构建无疑是巨大的挑战。但本案的承办检察官事不畏艰、行不避难，在被害人来某利的尸首无法寻得的现实障碍下，依然通过层层推导的方式，以点带面进行破局，进而串起了整个案件的证据链条，还原了整个案件的事实真相，值得肯定！

出庭意见书就事实认定方面，很好地体现了严谨的逻辑思维和对司法工作高度负责任的态度，有一份证据说一份话，从公认无争议的事实入手，从被害人来某利失踪失联状态出发，以失踪前被害人最后出现的地点、最后见过的人为线索，锁定最大嫌疑案发地点和最大嫌疑对象。基于进一步对涉案地点的物证鉴定和现场勘查，所发现的大量遗留的被害人的人体器官组织和血迹，判断被害人的身体损伤非常严重，又没有就医记录和生活行踪，这样的致命伤之下一个成年人没有生还的可能，得出了被害人已经死亡的结论。任何物理运动都会留下痕迹，一个好端端的人也绝不会凭空消失，这些创伤痕迹和人体损伤必然来源于外力的施加。那么，在行动轨迹上与被害人高度重合的被告人许某利便具有了重大嫌疑。案发小区监控和相关证人证言都能够显示，被害人周五下班回家后再未有过空间移动，家中没有第三人闯入，和她那天一直独处一室的是身为其丈夫的被告人，完全具备了作案的时空条件。从身边人员中对于被告人本人犯罪动机的发掘，则进一步验证了其杀人动机。被告人在犯案细节上的供述也与很多物证技术鉴定下才能获知的细节相互印证，排除了替人顶罪的可能。在检察官的步步为营论证、剥丝抽茧推理下，最终达到了刑事证明排除合理怀疑的要求。

在社会效果方面，本篇出庭意见书做到了融情、理、法于一体，在文末画龙点睛，以案释法说理，以身边事呼吁人们珍爱生命、珍爱自己的生命，更要珍爱他人的生命。出庭意见书进一步指出，本案被告人报假警转移侦查视线式的"狼来了"行为，透支的是社会热心人士的爱心和司法机关的公信力，浪费的是有限的司法资源和民心民力，人民群众对于社会公平正义的期待不应被利用和裹挟，人们应该对社会热点保持清醒、保持定力，对司法机关保持信心、保持期待，在建设社会主义法治的道路上，司法机关将与人民群众继续携手奋斗、砥砺前行，充分彰显了检察机关"办理一案、警示一方、教育一片"的深层次思考和主动担当作为。

（**点评人**：阴建峰，北京师范大学法学院副院长、教授、博士生导师；聂一雄，中国人民大学法学博士研究生）

37. 某某公司、金某悦等 2 人走私普通货物案出庭意见书

【简要案情】

2013 年至 2015 年，被告单位某某公司在进口棉服等货物过程中，经与外商协商由某某公司承担全部空运运费。而外商向某某公司提供的进出口单据上记载错误，仍以 CIF 或 CIP 等术语显示由外方承担运费。为偷逃关税，经公司法定代表人金某悦许可，公司负责进口业务的职员于某蕾未向海关申报运费，逃避海关监管。经计核涉嫌偷逃税款人民币 79 万余元。

【诉讼过程】

2017 年 5 月，北京海关缉私局以走私普通货物罪移送北京市人民检察院第四分院审查起诉，该院向北京市第四中级人民法院提起公诉，判决被告单位、被告人犯走私普通货物罪。因被告不服向北京市高级人民法院上诉，2018 年 12 月，北京市高级人民法院以事实不清、证据不足为由将本案发回重审。2019 年 2 月，北京市第四中级人民法院重新组建合议庭重新开庭审理，2020 年 11 月，北京市第四中级人民法院再次作出一审判决，以事实不清、证据不足为由判决被告单位某某公司、金某悦、于某蕾无罪。经北京市人民检察院第四分院提出抗诉，北京市人民检察院支持抗诉，2022 年 8 月 17 日，北京市高级人民法院作出终审判决，改判被告单位某某公司、金某悦、于某蕾犯走私普通货物罪，判处某某公司罚金 79 万余元，判处金某悦有期徒刑 1 年，缓刑 1 年 3 个月，判处于某蕾拘役 6 个月，缓刑 9 个月。

【文书全文】

北京市人民检察院
抗诉案件出庭意见书

审判长、审判员：

根据《中华人民共和国刑事诉讼法》第二百三十五条的规定，我受北京市人民检察院指派，代表本院，出席本法庭，依法执行职务。现对本案事实、证据、程序和原审人民法院判决发表如下意见，请法庭注意。

一、一审重审判决认定的事实存在疏漏，现有证据足以认定某某公司及金某悦、于某蕾走私普通货物的事实

我院认为，某某公司及金某悦、于某蕾走私普通货物的事实清楚、证据确实、充分。具体而言，金某悦、于某蕾的供述，金某、崔某某等人的证言，《经销协议》、某某公司与外商的往来邮件、市场推广费发票以及运费发票、运费汇总表、H公司香港办公室通过电子邮件出具的有关涉案运费成交方式的说明等一系列书证，能够相互印证，足以证明以下事实：在双方合作过程中，一方面出于运输时效的考虑，某某公司希望采用航空运输方式，并承诺支付空运运费。实际履行过程中由H公司先行垫付，之后再向某某公司索要；另一方面，H公司应当向某某公司支付市场推广费，某某公司与H公司用市场推广费抵扣运费。H公司向某某公司发送的货物发票标注的交易方式为CIF，某某公司以该CIF的价格向海关申报，没有申报运费。某某公司及其法定代表人金某悦、财务人员于某蕾在明知购货发票载明的成交方式与实际不符的情况下，仍利用了这种"错误"，向海关隐瞒了运费本应该由自己承担，且购货价格中不包括运费的事实，应当缴纳税款而没有缴纳。

1. 现有证据足以认定合同履行过程中的空运运费应由某某公司承担。首先，双方签订了《经销协议》，是双方合作的基础性法律文件，其中约定所有交付应由某某公司承担,而外商将通过单方决定的运输方式安排发货。这一约定表明,运费应由某某公司承担,而外商可以自行选择汽运或空运。其次,双方在实际履行的过程中,商定市场推广费与运费相互抵扣,外商发票也开具为 CIF,这看起来似乎是改变了贸易方式,但这并不是全部的事实。双方贸易伊始,金某悦出于运输时效的考虑,就提出希望改汽运为空运,并承诺支付空运运费。虽然金某悦辩解说,他是假装同意骗对方赶紧发货,实际上不想给这笔钱,但不能因此否认空运运费的承担由外商转向了某某公司的事实。大量邮件往来能够印证,外商认为某某公司应当支付空运运费,某某公司也多次承诺支付空运运费,双方在这一问题是达成了意思表示的一致。无论最后费用是否实际支付、实际由谁支付,都不影响空运运费应由某某公司承担的事实。最后,外商向某某公司发送了运费发票,写明了付款期限。某某公司还就部分运费费用产生疑问,邮件回复询问。还在讨论费用折抵的邮件中,将运费归入己方应当支付的范围之中。这些都表明,虽然外商先行垫付了运费,但仍向某某公司追偿。无论是某某公司用钱支付、还是用市场推广费抵扣,运费承担的主体都应为某某公司。

2. 现有证据足以证明市场推广费用确实存在,并且实际发生。首先,双方签署的《经销协议》对推广费用进行了约定,即每年从发生的年销售额中提供一定比例的市场推广费用,逐年递减。其次,外商给某某公司开具了多份发票,这些发票的应付款数额均为负数,证明了实际履行过程中外商仍承诺支付推广费用的事实。再次,双方往来邮件中也确认了市场推广费用是外商应当支付的款项。特别是 2014 年 1 月 17 日某某公司向外商发送的邮件,明确在"我方金额"中列出了市场推广费,"我方需要支付"中列出了运费,充分证实市场推广费用实际发生折抵的事实。由此,即使某某公司"不支付运费",外商也继续发货的原因,也可以找到解释。最后,2018、2019 年间,双方的邮件往来中也有关于年度市场推广费用的发票、多笔用市场推广费用抵扣的贸易往来。反观金某悦的供述,前期称发生抵扣,到本阶段变成了自始不发生,其供述不稳定,亦有上述多项客观事实与之矛盾,不具有可采信性。其不断退缩的供述反映了其内心的纠结,亦能在一定程度上成为推定其主观故意的依据之一。

综上，一审重审判决关于"不能确定运费的承担主体是某某公司"的事实认定存在疏漏之处，其认为不能认定的有悖常理之处得到了解释。

3. "外商驻香港代表处"出具的书证应当作为定案的证据。对于外商香港代办处出具的关于对实际交易方式的说明，如果按照金某悦的说法是其主动联系香港方面要求香港方面出具了不利于金某悦的书证，是违背常理的。一是 M 某在回信中的称呼为 Dear Sir 以及附件标题的中国海关，这些细节都可以看出 M 某明知该封邮件将要提供给中国海关，而不是提供给金某悦本人。二是早在 2015 年 4 月外商就已经发过电子邮件来催要过运费，M 某故意伪造书证、故意提供虚假证言的假设并不存在，相反，其出具的书证是 2016 年 4 月天津海关让金某悦联系他之后出具的，恰恰证明 M 某证言中所称的实际贸易方式是 FOB 而非 CIF、CIP 的真实性。三是金某悦称是事先写好的模板发给 M 某，但这一邮件其删除了，删除行为有悖常理，公诉人认为这一辩解是虚假的。退一步说，目前看来，即使此份证据被排除，也不影响本案事实的认定，这亦与天津海关侦查人员出庭时的证言"本案基础证据较好，本来无需再调取该份证据"有吻合之处，可以从侧面反映出该份证据的真实性。

二、一审重审判决的定性错误，某某公司及金某悦、于某蕾构成走私普通货物罪

基于前述事实，应当认定某某公司及金某悦、于某蕾构成走私普通货物罪。

1. 市场推广费与运费是两种不同性质的费用，用市场推广费抵扣运费，改变的仅仅是运费的支付方式，并没有改变运费由某某公司承担的事实。买卖双方为了减少相互支付货款的不便，选择采用相互冲抵的方式解决，属于双方的约定或交易习惯，无可厚非。但是，第一，冲抵不等于没有发生，被冲抵只是改变了支付方式，运费实际发生，就应当进入纳税环节。第二，运费与市场推广费性质不同，不属于同一种费用，虽然在数额上能够冲抵，但性质上却不能混同。第三，运费与市场推广费的支付条件、方式不同，运费随着单笔订单发生，而市场推广费按年度发生。海关以完税价格作为税基，运费会计算在内，但市场推广费不会。第四，根据邮件往来，双方意思表示明确，能够排除"双方均放弃主张，进而改变交易方式"的合理怀疑。因此，运费的抵扣不影响某某公司的纳税义务，其应当将上述情况向海关如实说明。

2. 各被告具有走私犯罪的主观故意。本案当中，金某悦作为公司负责人，一是明确向外商承诺空运运费由某某公司承担，在实际履行过程中，外商也多次向某某公司索要运费，可见对于空运运费的承担主体，双方是没有异议的，这点金某悦是非常清楚的。金某悦"先假装答应，然后赖着不给"的说法并不可信，不能因此否定他的主观明知。二是金某悦知道外商发过来的货物发票价格不含运费，其多次供述称知道外商发过来的货物发票价格是货物的离岸价格，不包含运费，对此金某悦也非常清楚。三是金某悦指使于某蕾直接以货物发票价格向海关申报，没有向海关申报运费。因此，在认识上，金某悦明知应当向海关申报运费，却未向海关申报，逃避海关监管，偷逃应缴税款。意志因素方面，本案运费承担的主体至少也是存在争议，金某悦作为从事进出口贸易的从业人员，并未有过对疑问的询问等行为，其起码具有放任走私危害结果发生的故意。

同样，于某蕾作为具体负责报关工作的业务员，对于运费应当由某某公司承担这一事实，她是明知的。而且报关公司崔某某曾向于某蕾强调，要如实申报，如果运费、保险费是自己承担的，也要如实申报。可以证明，于某蕾作为报关业务员，明知公司承担的运费应当向海关申报却没有申报，明知自己的行为违反了国家法律法规，逃避海关监管，依然放任结果的发生，具有走私的主观故意，应当对本公司的走私行为承担刑事责任。

3. 本案具备刑事违法性特征，构成刑事犯罪。走私罪作为典型的法定犯，具有二次违法性特征，需要根据《海关法》等行政法律规定认定是否属于走私行为。但不能因为该罪将行政法规作为刑事定性的依据，就当然认为本案不具有刑事违法性。本案各被告在主观上具有走私普通货物的故意，在客观上实施了瞒报运费的行为，数额较大，应当构成走私普通货物罪。

三、鉴于一审重审判决定罪、量刑不当，建议对某某公司及金某悦、于某蕾依法予以改判

我院认为，某某公司及金某悦、于某蕾走私普通货物的事实清楚、证据确实、充分。一审重审判决某某公司及金某悦、于某蕾无罪不当。为维护司法公正，准确惩治犯罪，依照《中华人民共和国刑事诉讼法》第二百二十八条的规定，特提出抗诉，请依法予以改判。

20××年×月×日当庭发表

【承办检察官心得体会】

（一）充分发挥检察一体化优势，切实履行法律监督职能，形成办案合力

本案系全市首例因单据术语记载错误引发的运费逃税案件，疑难复杂、专业性强，并无太多在先案例可参考。为此，市、分两级检察院多次会商研究解决案件难点问题，市检察院及时启动专家咨询、专业同步审查等机制，围绕走私客观行为、主观故意、交易模式、邮件内容等进行深入分析，严格审查并完善证据，不断提升刑事办案质效。最终，该案在起诉后5年多时间里几经波折，最终抗诉成功，充分发挥了检察机关法律监督职能作用，有力打击了国际贸易往来中被告人利用外商单据记载错误、向境内隐瞒运费偷逃关税的行为。

（二）强化自行补充侦查与引导侦查，利用大数据思维挖掘关联证据，突出补侦效果

本案犯罪嫌疑人系外贸从业人员，起诉后翻供，对走私的客观行为和主观故意否认，指控难度和抗诉难度均较大。检察机关坚持客观公正立场，对全案证据进行了分析梳理，加强自行补充侦查和引导侦查力度，多次到天津海关缉私局调查了解情况，对市场推广费进行会计鉴定，前往税务机关调取纳税记录，协调侦查人员出庭作证。细致审查某某公司的全部电子邮件证据，利用发挥大数据思维，充分挖掘电子邮件中的关联证据，提炼出大量发生于指控期间以外但能与在案证据相互印证的电

子邮件，进一步证明了双方涉案贸易的真实交易模式就是FOB，某某公司是运费的实际承担主体。

（三）加强国际司法执法合作，挤压走私犯罪利用国界规避打击的空间，彰显示范效果

案件办理过程中，充分运用已经建立的双边合作机制，协调海关总署缉私局通过国际司法执法合作途径，向瑞典外商调取核实运费实际支付主体的相关证据，并向法庭出示了《北京海关缉私局关于协助开展国际司法执法合作的请示》《海关总署缉私局关于反馈瑞典海关协查情况的通知》等重要证据，为二审改判奠定了坚实基础。

【专家点评】

检察机关履行法律监督职责的一个重要方面就是审判监督，《抗诉案件出庭意见书》作为二审阶段检察官出庭履职的主要文书，体现检察官对于案件证据事实和法律适用的把握判断，一直在二审阶段发挥着重要的作用。最高人民检察院印发《人民检察院刑事诉讼法律文书格式样本（2020版）》对《抗诉案件出庭意见书》的头部和尾部做了一些格式要求，对正文的格式要求很少，可以说《抗诉案件出庭意见书》主体内容部分是检察官高度个性化的表达。值得注意的是，《抗诉案件出庭意见书》切忌面面俱到，而是要抓住核心问题，注重对案件争议焦点的分析论证，有时庭前预测不准确，检察官就要抓住庭审中产生的焦点问题进行分析论证，以达到成功抗诉的目的。

该篇《抗诉案件出庭意见书》针对的是一个判决无罪的案件，该文书的优秀之处是其准确找到了本案定罪的关键就是某某公司才是运费承担的主体以及各被告人主观上具有走私的犯罪故意，之后从证据事实和法律适用两方面来具体阐述抗诉理由，观点鲜明，逻辑清晰。

从证据事实角度，检察机关出示了多份证据详细论证了在合同履行过程中的空运运费应当由某某公司承担，其准确找到了证据之间的连接点，将证据进行排列组合，形成证据锁链，还原案件事实。一是从《经销协议》、大量往来邮件、运费发票等客观书证论证运费承担的主体应为某某公司；二是用大量客观书证论证推广费客观存在，某某公司与H公

司之间用市场推广费抵扣运费，进一步论证运费承担主体依然是某某公司；三是"外商驻香港代表处"出具的关于交易方式的说明更符合常情常理，应当作为定案依据，证实双方的交易方式是 FOB 而非 CIF。

特别值得一提的是，检察机关强化自行补充侦查和引导侦查，通过多次到天津海关缉私局调查情况，对市场推广费进行会计鉴定，细致审查某某公司的全部电子邮件证据，利用大数据思维充分挖掘电子邮件中的关联证据，最终证明某某公司才是运费的实际承担主体。

从法律适用角度，客观上，各被告实施了瞒报运费的行为。分析中明确提出市场推广费与运费是两种不同性质的费用，用市场推广费抵扣运费不改变运费由某某公司承担的事实，也不影响某某公司的纳税义务。主观上，多角度正向分析各被告人均有走私犯罪的故意，同时指出被告人辩解不符合常理，也不符合其作为专门从事进出口贸易人员的身份。

本案具有高度专业性特征，系国际贸易领域因单据记载错误引发的逃税案件，在起诉后的五年多时间里几经波折，检察机关不断完善证据，最终抗诉成功。检察机关在办理抗诉案件过程中，要充分履行法律监督职能，坚持持续监督，确保错误裁判被监督纠正；要用心用情办好每一起案件，展现检察担当和为民情怀。

（点评人：从鑫莎，浙江省杭州市西湖区人民检察院一级检察官、全国十佳公诉人）

38. 段某桂职务侵占案出庭意见书

【简要案情】

1997年8月8日,被告人段某桂利用其受委托担任某某集团全资下属的某甲公司投资的上海某某公司董事长、总经理的职务便利,私自以上海某某公司的名义,与广东发展银行下属的某乙公司签订协议,以人民币3.281亿元将香港某某公司开发的涉案项目转让给某乙公司。同年8月27日,段某桂在香港注册成立香港某某公司。接着,又假冒某甲公司董事长刘某某的签名,伪造了内容为1997年9月29日某甲公司将其在上海某某公司95%股份转让给香港某某公司的协议书及相关董事会决议,向上海市外国投资工作委员会、上海市工商行政管理局等有关部门申请办理股权变更手续。同年12月11日,段某桂又以香港某某公司的名义与某乙公司签订补充置换协议,将某甲公司在上海某某公司的应有权益4403余万元占为己有(其中应有利润为3200余万元、实收资本为1202余万元)。某乙公司先后支付了人民币7510万元给上海某某公司,并支付了人民币2687.5万元给段某桂。在上述款项中,段某桂除将其中的人民币8002.382853万元用于上海某某公司外,尚有人民币2195.117147万元据为己有未退还。

经再审查明,1992年7月14日,某甲公司与某丙公司共同出资95%、某丁公司出资5%作为乙方,与甲方上海市土地管理局签订《土地使用权出让合同》,共同出资221.85万美元购入上海市××区××路××号街坊(毛地)的土地使用权。同年12月,某丁公司、某丙公司各占出资额5%和95%,在上海注册成立某戊公司作为开发上述地块的项目公司。1992年5月至1993年7月,某甲公司为开发该地块先后投入资金人民币2000万元、美元221.85万元、港币43万元,但某丙公司并未实际出资。

某甲公司为保障其投资权益，于 1993 年 5 月 21 日与某丁公司、某丙公司开会协商，决定对某戊公司董事会人事作出重新调整，由某甲公司董事长刘某某出任某戊公司董事长、总经理。刘某某于同日签署《委任书》，授权原审被告人段某桂代理其主持某戊公司一切工作。同年 8 月 14 日，某甲公司收回投资款人民币 500 万元。同年 9 月 1 日，某戊公司对某甲公司、某丙公司共占 95% 的出资比例作出划分，明确某甲公司为 90%，某丙公司为 5%。

1994 年 5 月 23 日，刘某某签署《委托书》，委托段某桂为某甲公司全权代表，与上海市土地管理局签订上海市国有土地使用权出让合同，并委任段某桂出任某戊公司董事长、总经理，代表其处理某戊公司一切业务。同年 7 月 30 日，刘某某代表某甲公司与某戊公司签订协议，将上述地块的土地使用权转让给某戊公司。协议签订后，某戊公司付给某戊公司履行款人民币 2000 万元，某戊公司将其中 1100 万元付给某甲公司。1994 年 12 月底，由于某戊公司未能继续履行转让协议，某甲公司遂决定由段某桂负责全权处理涉案项目相关事宜。

1995 年 1 月 5 日，某戊公司召开董事会议，决定将某戊公司更名为上海某某公司，由段某桂任董事长、总经理，报有关部门批准。同日，段某桂受刘某某的委托，代表某甲公司与某庚公司签订了上海某某公司的合同及章程。同年 1 月 6 日，刘某某代表某甲公司与段某桂签订《协议书》，约定某甲公司将其在上海某戊公司的全部股份转让给段某桂开办的澳门某某公司，澳门某某公司全额支付某甲公司已支付的土地费及股权转让金 600 万美元。某甲公司同意将某戊公司更名为上海某某公司。同年 10 月 27 日，某甲公司向上海市卢湾区对外经济委员会出具书面文件，授权段某桂代表某甲公司根据某甲公司与澳门某某公司的转股协议办理上海某某公司的转股申请手续。因项目开发未达《土地使用权出让合同》约定的完成工程量，某甲公司的转股申请未获批准，此次股权转让未办理登记手续。

1994 年 11 月至 1995 年间，段某桂作为法定代表人及主要投资人在上海先后设立了某某置业公司、某某水泥厂、某某汽车项目等企业，参与涉案项目融资。1995 年 9 月 26 日，涉案项目奠基，取名为"某某"项目。1996年全年及1997年上半年，经过段某桂以上海某某公司名义进行融资开发建设，涉案项目主体工程基本完成，已具备转让条件。

1997年8月8日，段某桂以上海某某公司名义与广东发展银行下属的某乙公司签订《协议书》，约定以人民币2.7亿元将涉案项目与某乙公司位于青岛的价值人民币1.38亿的"某甲""某乙"项目进行置换，项目差价人民币1.32亿元由某乙公司以现金补足。

1997年8月21日，刘某某签署《授权书》，授权段某桂代其签署某甲公司关于上海某某公司股权转让的合同书及董事会决议（向上海外资委报批所需文件）。1997年8月27日，段某桂注册成立香港某某公司。1997年9月29日，某甲公司与香港某某公司、某庚公司与广东发展银行下属的广发实业公司分别签订合同书，将某甲公司、某庚公司在上海某某公司的股权转让给对方。段某桂根据授权代刘某某在上述合同签署了名字并加盖了某甲公司印章。1997年11月21日和1998年2月13日，上海市房屋土地管理局和上海市外资委先后批复同意上述转股协议。

1997年12月11日，段某桂又以香港某某公司的名义与某乙公司签订补充置换协议，约定以人民币3.29975亿元将涉案项目与某乙公司上述项目进行股权置换，差价由某乙公司以现金补足，并约定此协议为1997年8月8日《协议书》之延展。

1997年9月17日，刘某某、李某某与段某桂在××酒店协商还款计划，并签署《会议纪要》，要求段某桂于1998年6月底前分三次归还××酒店总计人民币2000万元、美元619875元及全部利息。1998年2月至1999年5月间，某甲公司、××酒店、某某集团多次致函段某桂，要求段某桂以1997年9月17日《会议纪要》的还款方式为计算方式，核对欠款金额，并提出还款计划。段某桂复函承诺还款，但对补偿费及利息计算方式提出异议。1999年5月4日，某某集团向中山市人民检察院举报段某桂涉嫌贪污、挪用公款。

另查明：某甲公司、××酒店均系中山某某集团下属全资子公司，刘某某同时担任上述公司董事长或总经理，于1997年3月1日退休，李某某接任某某集团总经理兼某甲公司董事长，但至同年9月底前仍参与涉案项目后续处置工作。

还查明：至 1999 年底，某乙公司先后支付人民币 7510 万元给上海某某公司，代上海某某公司偿还债务人民币 1.16682 亿元，并支付人民币 2687.5 万元给段某桂，段某桂将该款兑换为港币后，除将其中 1200 万元用于支付项目交易中介费和见证费外，余款全部汇入上海某某公司。

【诉讼过程】

1999 年 5 月 4 日，中山某某集团举报段某桂涉嫌贪污、挪用公款。中山市人民检察院于同年 6 月 10 日立案侦查，同年 7 月 29 日将段某桂羁押，2000 年 6 月 12 日以贪污罪、挪用公款罪对其提起公诉。2001 年 3 月 5 日，中山市中级人民法院作出判决，认定被告人段某桂犯贪污罪，判处死刑，剥夺政治权利终身，并处没收个人全部财产；犯挪用资金罪，判处有期徒刑 10 年，决定执行死刑，剥夺政治权利终身，并处没收个人全部财产；追缴段某桂尚未退还的贪污款项及其所挪用的款项归还某甲公司。宣判后，段某桂不服，提出上诉。广东省高级人民法院于 2002 年 8 月 28 日作出裁定，撤销原判，发回中山市中级人民法院重新审判。中山市中级人民法院经重新审理，于 2003 年 7 月 10 日再次作出判决，认定被告人段某桂犯贪污罪，判处死刑，缓期二年执行，剥夺政治权利终身，并处没收个人全部财产；继续追缴尚未退出的贪污款项人民币 4403 余万元归还某甲公司。宣判后，中山市人民检察院提出抗诉，段某桂再次上诉。广东省人民检察院于 2004 年 7 月 5 日决定撤回抗诉。广东省高级人民法院于 2005 年 5 月 27 日作出判决：准许广东省人民检察院撤回抗诉；维持原判追缴款项，撤销原判对段某桂的定罪量刑，认定段某桂犯职务侵占罪，判处有期徒刑 14 年。

上述判决发生法律效力后，原审被告人段某桂向广东省高级人民法院提出申诉，该院于 2010 年 12 月 10 日予以驳回。之后，段某桂又向最高人民法院提出申诉。最高人民法院于 2020 年 10 月 12 日作出再审决定，指令广东省高级人民法院对本案进行再审。

2021 年 2 月 1 日，广东省高级人民法院通知广东省人民检察院阅卷审查。针对再审出现的新书证，在最高人民法院委托公安部出具鉴定意见的基础上，广东省人民检察院再次委托广州市人民检察院进行司法鉴定，于同年 9 月 22 日出具穗检技鉴字〔2022〕34 号《文件检验鉴定书》。

2023 年 1 月 18 日，广东省高级人民法院对本案进行了公开开庭审理，广东省人民检察院派员出席再审法庭，出庭检察官在再审法庭上依法提出了原判确有错误、应宣告段某桂无罪的意见。

2023 年 3 月 31 日，广东省高级人民法院作出再审判决并进行公开宣判，采纳了广东省人民检察院出庭检察员意见，依法撤销原审判决，改判原审被告人段某桂无罪。

【文书全文】

广东省人民检察院
出庭意见书

审判长、审判员：

根据《中华人民共和国刑事诉讼法》第二百五十六条的规定，我（们）受广东省人民检察院指派，代表本院，出席本法庭，依法履行职务。现对段某桂职务侵占再审一案发表如下意见，请法庭注意。

检察员认为，根据原审被告人段某桂提交的新证据、再审期间核实情况及原审证据，本案认定段某桂构成职务侵占罪的事实不清、证据不足，理由为：

一、本案有新的证据可以证明，某甲公司与段某桂之间存在关于上海某某公司的股权转让交易事实

本案有新的证据证明某甲公司与段某桂之间存在事实上的股权转让协议，具体为：

1. 某甲公司与澳门某某公司于 1995 年 1 月 6 日签订的协议书原件。这份新证据印证了段某桂在侦查阶段提到的刘某某在 1995 年将涉案项目转让给其的供述，也与再审阶段庭外调查所取得的刘某某证言相互印证。

2. 公安部物证鉴定中心出具的公物证鉴字〔2018〕3228 号鉴定书。这份鉴定意见，对于认定 1995 年 1 月 6 日协议书的客观性和真实性，具有较强的证明力。

3. 刘某某于 2017 年 7 月 13 日自书《证明》。这份新证据，与刘某某在 1999 年所做的询问笔录相矛盾，但与段某桂在侦查阶段提到的刘某某在 1995 年将涉案项目转让给其的供述、公物证鉴字〔2018〕3228 号鉴定书和其在再审阶段庭外调查所做的证言相互印证。

以上三份新的证据，结合 1997 年 8 月 21 日刘某某本人签署的《授权书》以及 1997 年 9 月 29 日某甲公司与香港某某公司签订的《合同书》等一系列书证，客观上反映了段某桂与某甲公司之间关于上海某某公司股权转让的事实和经过。现有证据可以证明，某甲公司与段某桂之间存在关于上海某某公司的股权转让交易事实。

二、原判认定原审被告人段某桂利用职务便利将某甲公司在上海某某公司的股权非法转让给自己注册的香港某某公司，属认定事实错误，应予纠正

首先，原判认定段某桂假冒刘某某签名"伪造"股权转让协议的事实不清、证据不足。根据现有证据，1997 年 9 月 29 日股权转让合同系段某桂根据刘某某的授权制作，某甲公司在 1993—1997 年间有两枚以上印章同时使用，其中 1997 年 9 月 29 日股权转让合同上的公章印文与刘某某确认是其亲自签名并盖章的 1994 年 7 月 30 日《协议书》上的某甲公司公章印文一致。从实质层面看，结合某甲公司与段某桂之间存在 1995 年 1 月 6 日股权转让协议的事实，在有刘某某授权的情况下、段某桂以刘某某的名字签字、盖有某甲公司公章的 1997 年 9 月 29 日股权转让合同，应属有效，不宜认定为"伪造"行为。

其次，原判认定段某桂具有非法占有主观故意的事实不清、证据不足。现有证据可以证明，某甲公司有退出该项目、收回已投入本金的意向，段某桂偿还了某甲公司部分股权转让款 1100 万元，段某桂融资开发涉案项目等一系列事实。段某桂多份供述和辩解、1997 年 9 月《会议纪要》以及段某桂提供的 1999 年 3 月至 12 月间段某桂与某甲公司、刘某某的往来信函证实了段某桂对某甲公司尚有部分股权转让款未支付完毕，其始终承认并表示愿意偿还，双方对利息计算方式、还款金额和还款期限进行了多次协商未果。因此，在案证据不足以证实段某桂企图侵吞、窃取、骗取某甲公司在上海某某公司投资款的主观故意，原判认定段某桂据为己有未退还、具有非法占有目的的证据不足。

三、结合新的证据和再审核实情况，段某桂与某甲公司属股权转让交易产生的民事纠纷，原判定性为职务侵占罪，属适用法律错误，应予纠正

综合前述两点意见，某甲公司与段某桂之间存在关于上海某某公司的股权转让交易事实，双方在股权转让过程中虽然存在一些不规范的行为，但不影响股权转让的实质有效性。段某桂在融资开发完成涉案项目后将股权转让给香港某乙公司，是股东行使权利的行为，并无非法占有公司财物的故意和行为，不符合职务侵占罪的构成要件。根据在案事实和证据，从逻辑、经验和常情常理分析，某甲公司与段某桂之间系股权转让交易过程中的债权债务纠纷，不宜认定为犯罪。

经济社会发展内生法治需求，社会主义市场经济的本质是法治经济。本案发生于上世纪九十年代，原审被告人段某桂坚持申诉二十年，再审出现新的证据，我们在审查案件中充分考虑时代背景和法律规定、法律理念的演变过程，参考法治环境和社会形势发生的变化，以历史发展眼光看待原生效裁判。

综上，本案属于历史形成的涉产权案件，股权转让或者经营过程中存在的不规范行为，应客观地、实质地、实事求是地看待，在社会主义市场经济法律制度不断完善的背景下，正确区分刑事犯罪与经济纠纷的界限。原判认定段某桂构成职务侵占罪事实不清、证据不足，建议法院依法纠正原判错误，宣告原审被告人段某桂无罪。

20××年×月×日当庭发表

【承办检察官心得体会】

段某桂职务侵占案是最高人民法院指令再审案件，广东省院出庭检察员依法提出纠正原判错误、建议改判无罪的出庭意见。检察员发表意见后，当事人段某桂泪洒法庭，哽咽道："感谢检察官，感谢你们还我清白，我等这一天等了二十多年。检察官的意见不仅仅是对于案件本身的意义，更是国家对企业家精神的弘扬，对企业家创业环境的营造"。

本案于 2023 年 3 月 31 日公开宣判，采纳了检察员出庭意见，撤销原审判决、改判段某桂无罪。宣判后，当事人段某桂的二女儿叶某甲专程到广东省人民检察院送来"立检为公 执法为民 法亦有情 温暖人心"锦旗，并转呈了段某桂大女儿叶某乙的亲笔感谢信，信中表达了对办案检察官团队的感谢和敬意，"是你们公正司法、伸张正义、平等保护、无私奉献的心，才成就了今天公正的判决。这一天，我们等了二十四年，虽然正义会迟到，但从来都不曾缺席。你们是法律的捍卫者！公正检察，执法为民，法亦有情，温暖人心！"

承办检察官在办理案件和撰写文书过程中，主要有以下四点思路、经验和体会：

（一）针对再审出现的关键新证据，重新委托司法鉴定，扎实开展调查核实工作

高质效办案的关键是证据。承办检察官审查发现段某桂从到案后直至申诉阶段坚持无罪辩解，再审阶段新的证据可以印证段某桂的辩解，证实某甲公司在案发前已将上海某某公司股权转让给段某桂个人开办公司。围绕争议事实和新的证据，承办检察官开展亲历性审查，三次赴案发地中山开展调查核实工作，调取刘某某、李某某等关键证人证言，向国有企业中山某某集团调取文印等书证材料，并针对再审出现的关键新书证，在最高法委托公安部出具鉴定意见的基础上再次委托广州市检进行司法鉴定，实现"在卷"证据审查向"在案"证据审查转变。严格遵循证据裁判原则，加强对全案证据的收集审查运用工作，承办检察官经全面审查认为段某桂构成职务侵占罪的事实不清、证据不足，依法提出了纠正原判错误、建议改判无罪的出庭意见，被再审判决采纳。本案再审过程中，从开展调查核实，到庭前充分准备、庭上发表无罪意见，直至最后无罪宣判，办案的全过程倾注了承办检察官大量心血和汗水，也充分彰显了客观公正、敢于纠错、检察为民、高质效履职的检察担当。

（二）准确厘清罪与非罪，依法提出纠正原判错误、建议改判无罪的出庭意见

社会主义市场经济的本质是法治经济，办案中要运用法治的观点、

思维、方式来研究案件涉及的罪与非罪疑难问题，区分诉讼程序上的"先刑后民"、案件定性上的"先民后刑"以及案件审查中的"边民边刑"。本案发生于上世纪九十年代，再审出现新证据，当事人段某桂坚持申诉20年，办理难度较高。承办检察官审查案件中充分考虑时代背景和法律规定、法律理念的演变过程，参考法治环境和社会形势发生的变化，以历史发展眼光看待原生效裁判，认为段某桂申诉提交的股权转让协议书等新证据属实，结合原有在案证据，能够证实某甲公司在案发前已将上海某某公司的股权转让给段某桂个人开办的公司，并已收回部分投资的事实；为补办股权转让手续，段某桂根据某甲公司原董事长刘某某的授权书代其签署了转让文件，并不属于伪造股权转让文件的职务侵占行为；段某桂与某乙公司签订项目置换协议后，将某乙公司已支付的差价款全部用于上海某某公司事务，没有证据证实被其占为己有。基于此，承办检察官秉持客观公正立场，提出某甲公司与段某桂之间已由最初基于职务委任形成的管理与被管理关系转化为基于股权转让而形成的平等主体关系，段某桂处分涉案项目是行使股东权的行为，属于民商事法律的调整范围，不具有刑事违法性，在再审法庭上依法提出建议改判无罪的意见，真正让公平正义以看得见的方式实现。

（三）聚焦高质效履职，坚持服务保障高质量发展，落实平等保护民营企业

不谋全局者，不足谋一域。检察高质效履职的首要任务是服务大局、检察为民、平等保护。本案属于历史形成的涉民企产权案件，当事人段某桂在案发前曾为民营企业"某某集团"开办者、董事长，在香港、澳门、上海、中山等境内外注册多家公司，因在上海开发涉案项目被广泛宣传报道。承办检察官在办理案件过程中集中精力解真难题、真解难题，不满足于办好案件，履行法律监督职责，而是自觉置身于经济社会高质量发展大局，更着重做好办案的"后半篇文章"，研究如何通过办案服务保障高质量发展，在依法平等保护各类市场主体、做实检察为民上下功夫，让人民群众真正、切实感受到公平正义。出庭检察员在再审法庭上发表建议改判无罪的出庭意见并被法院再审判决采纳，昭示了检察机关坚持实事求是、有错必纠的鲜明态度，表明了对各类市场主体依法给予

平等保护的坚定决心，对于增强企业家人身、财产安全感和干事创业信心具有重要的示范和引领意义。

【专家点评】

  一篇优秀的出庭意见书应当有两方面的体现：其一，有一副好的"皮囊"。即在形式上，出庭意见书应当符合撰写规范，遵循出庭意见书的撰写格式要求。其二，有一颗好的"灵魂"。即在内容上，出庭意见书必须保证说理逻辑清晰、论证充分有力，清楚完整地阐述案件的关键信息、检察官的意见等内容。这能够为人民法院审理案件提供重要的参考信息，有助于人民法院公正地作出判决，既不放过一个有罪之人，也绝不冤枉一个无辜之人。本案出庭意见书充分体现了这两点，不失为一篇优秀的法律文书。

  （一）严格遵守格式要求，形式规范

  该文书符合出庭意见书撰写的格式要求。具体体现在：首先，在出庭意见书的开头，既写明了出庭适用的法律依据，又明确写出检察官的观点，即认定原审被告人构成职务侵占罪的事实不清、证据不足。其次，在主体部分，分三点说明了原审被告人不构成职务侵占罪的理由。最后，在结尾部分，检察官进行了总结并向人民法院提出纠正原审判决错误、宣告原审被告人无罪的建议。通过以上三点，足以见得本篇出庭意见书结构完整清晰、撰写形式规范。

  （二）说理逻辑清晰、论证充分有力，充分贯彻了检察官的客观义务

  该文书的精髓恰恰体现在说理论证上，在论证原审被告人不构成职务侵占罪的说理上非常充分。定罪必须满足"事实清楚，证据确实、充分"的要求，其中"证据确实、充分"又必须同时满足"定罪量刑的事实都有证据证明""据以定罪的证据均经法定程序查证属实""综合全案证据，对所认定事实已排除合理怀疑"三个条件。而在本案中，检察官指出了本案事实认定不清，现有证据并不能证明段某桂构成职务侵占罪。即在事实层面，本案不能满足"事实清楚"的条件，在证据层面，本案不能满足"定罪量刑的事实都有证据证明"这一条件，无法达到"证据确实、充分"的要求。可以说，整篇出庭意见书紧密围绕本案无法达到

"事实清楚，证据确实、充分"的要求，从而段某桂不构成职务侵占罪进行了充分、详细的论证、说理。首先，出庭意见书明确列举了三份新证据，即股权转让协议书原件、鉴定意见以及与在案证据相互印证的自书材料，用以佐证某某公司与段某桂之间存在关于上海某某公司股权转让交易的事实，说理充分，详细说明了新证据的出现使现有证据无法证明段某桂有职务侵占的事实。其次，检察官认为原审法院存在事实认定错误。检察官对案件事实从客观和主观两个方面进行分析，在客观方面和主观方面均无法达到"事实清楚，证据确实、充分"的要求，从而进一步论证了段某桂不构成职务侵占罪，即客观上本案有加盖公章的股权转让协议书，并不存在"伪造"的事实；主观上，一系列证据表明段某桂具有积极偿还款项的目的，现有证据并不能证明段某桂存在"非法占有的目的"。再次，检察官结合上述两点，指出原审法院判决有误，本案至多只能构成民事纠纷。最后，指出本案应当结合时代背景和法治环节予以综合考虑，要严格区分刑事犯罪与经济纠纷的界限。因此，可以看到本篇出庭意见书逻辑清晰，论证层层递进，最终准确得出段某桂不构成职务侵占罪这一结论。

通过出庭意见书的论证，也体现了检察官严格落实客观义务。检察官绝非有罪追诉的代言人，而应当是法律的守护者，需要全面、客观地认定案件事实、收集证据。检察官不仅需要积极追诉犯罪，关注有罪事实、收集有罪证据，也要注意无罪事实、收集无罪、罪轻证据，最终更好地实现法律的公平正义。在本篇出庭意见书中，检察官很好地贯彻了检察人员的客观义务，全面对段某桂一案的事实进行了梳理，收集了原审被告人不构成职务侵占罪的证据，从而充分说明段某桂不构成职务侵占罪，以纠正原审判决的错误，为维护司法公正提供了重要保障。

（**点评人**：郭烁，中国政法大学诉讼法学研究院教授、博士生导师）

39. 吴某江、陈某挪用资金、职务侵占案出庭意见书

【简要案情】

某S照明（中国）有限公司（原重庆某S实业有限公司）是一家于2011年11月7日经工商行政管理部门核准登记的有限责任公司（台港澳法人独资，下称某S中国公司），由香港某S照明有限公司100%控股（下称香港某S公司），香港某S公司则由世某投资公司100%控股，世某投资公司又由某S照明控股有限公司（下称某S控股公司）100%控股。

1. 挪用资金

2012年至2014年8月期间，某S控股公司聘请被告人吴某江为某S控股公司总裁，同时聘请吴某江担任世某投资公司董事长、香港某S公司董事长、某S中国公司董事长。在此期间，吴某江利用职务之便，在没有经过某S控股公司授权及经过某S中国公司董事会同意的情况下，明知违反工作规定，仍个人决定将某S中国公司存于中国工商银行股份有限公司重庆某某支行、中国银行股份有限公司重庆某某支行、中国民生银行股份有限公司某某分行的流动资金存款转为保证金，并伙同其前妻吴甲（另案处理）安排时任某S中国公司董事长助理的被告人陈某与孙甲（另案处理）使用某S中国公司公章向上述三家银行办理质押担保贷款相关手续，吴某江通过其本人实际控制的重庆某极房地产开发有限公司、重庆某捷实业发展有限公司、重庆华某灯具制造有限公司、重庆某西实业发展有限公司、重庆某理有限公司，分别以这些公司为贷款主体，利用某S中国公司保证金作为担保，由孙甲伪造购销货物合同，在没有实际发生交易的情况下，向上述三家银行先后共申请流动资金借款人民币90162万元。被告人陈某在明知某S中国公司提供担保贷款是为

吴某江个人实际控制的公司借款的情况下，仍然违反公司公章管理规定，积极协助吴某江等人为上述五家公司质押担保贷款办理相关手续。某S中国公司为此先后出质保证金总额人民币92388万元，所贷款项由被告人吴某江支配使用，用于重庆某极房地产开发有限公司的"某S大厦"项目建设等。

后由于被告人吴某江无力偿还上述贷款，致使某S照明（中国）有限公司的人民币55650.23万元保证金被银行强行划扣，造成某S中国公司巨额损失。

2. 职务侵占

2014年初，被告人吴某江利用担任重庆某S照明有限公司（下称重庆某S公司）法定代表人的职务便利，通过重庆某S公司总经理张某宇（另案处理）要求财务出纳黄某军（另案处理）等人在处理重庆某S公司废料时，将小部分废料款转入公司财务部门入账，其余废料款不转入公司财务部门入账，供其本人使用。2014年2月至8月期间，黄某军个人收取重庆某S公司的废料款后，将其中的小部分转入公司财务部门入账，其余废料款未转入公司财务部门入账，后黄某军受吴某江指使将上述未转入公司财务部门入账废料款中的人民币300万元汇入吴某江个人账户、人民币70万元汇入吴甲个人账户供吴某江个人使用，并将变卖废料的原始财务凭证销毁。破案后，上述人民币370万元未能追回。

【诉讼过程】

惠州市公安局于2015年6月10日对犯罪嫌疑人吴某江、陈某涉嫌挪用资金罪、职务侵占罪一案向惠州市人民检察院移送审查起诉，惠州市人民检察院起诉指控被告人吴某江犯挪用资金罪、职务侵占罪，指控被告人陈某犯挪用资金罪，向惠州市中级人民法院提起公诉。惠州市中级人民法院依法组成合议庭，公开开庭审理，于2016年12月13日作出刑事判决：1. 以挪用资金罪，判处吴某江有期徒刑9年；职务侵占罪，判处吴某江有期徒刑6年，并处没收财产人民币50万元；总和刑期有期徒刑15年，并处没收财产人民币50万元；决定执行有期徒刑14年，并处没收财产人民币50万元；2. 以挪用资金罪判处被告人陈某有期徒刑3

年，缓刑3年；3.责令被告人吴某江退赔人民币370万元给被害单位重庆某S照明有限公司。宣判后，被告人吴某江提出上诉，广东省高级人民法院于2018年1月30日公开开庭审理。同年8月31日作出刑事裁定，撤销一审法院判决，发回重新审判。惠州市中级人民法院依法另行组成合议庭，公开开庭审理，2021年4月29日再次作出判决：1.以挪用资金罪，判处吴某江有期徒刑7年；以职务侵占罪，判处吴某江有期徒刑5年6个月，并处没收财产人民币50万元；总和刑期有期徒刑12年6个月，并处没收财产人民币50万元；决定执行有期徒刑10年，并处没收财产人民币50万元；2.以挪用资金罪判处被告人陈某有期徒刑3年，缓刑3年；3.责令被告人吴某江退赔人民币55650.23万元给被害单位某S照明（中国）有限公司；退赔人民币370万元给被害单位重庆某S照明有限公司。宣判后，吴某江提出上诉。2021年10月27日广东省高级人民法院开庭审理，并于2021年12月23日作出二审刑事裁定，驳回上诉，维持原判。

【文书全文】

广东省人民检察院
上诉案件出庭意见书

审判长、审判员：

根据《中华人民共和国刑事诉讼法》第二百三十五条的规定，我们受广东省人民检察院指派，代表本院，出席本法庭，依法执行职务。现对本案事实、证据和原审人民法院判决等发表如下意见，请法庭注意。

一、一审判决认定被告人吴某江、陈某利用职务上的便利，挪用本单位资金92388万元人民币归个人使用，数额巨大，进行营利活动，其行为构成挪用资金罪，犯罪事实清楚，证据确实充分，定性准确

根据2004年9月8日全国人大常委会法制工作委员会刑法室《关于挪用资金罪有关问题的答复》明确："刑法第二百七十二条规定的挪用资

金罪中的'归个人使用'与刑法第三百八十四条规定的挪用公款罪中的"归个人使用"的含义基本相同。"鉴于此,对于挪用资金罪中"归个人使用"的客观行为适用挪用公款罪的规定。

(一)吴某江在并无决定权和表决权的情况下,未经某S控股公司董事会授权、未经同意,以某S控股公司的流动资金为其实际控制的公司贷款提供质押担保

1. 吴某江并无将某S控股公司的流动资金为其实际控制的公司贷款提供质押担保的决定权和表决权,吴某江的行为严重违反法律规定。

(1)根据《公司法》第16条规定:"公司向其他企业投资或者为他人提供担保,依照公司章程的规定,由董事会或者股东会、股东大会决议;公司章程对投资或者担保的总额及单项投资或者担保的数额有限额规定的,不得超过规定的限额。公司为公司股东或者实际控制人提供担保的,必须经股东会或者股东大会决议。前款规定的股东或者受前款规定的实际控制人支配的股东,不得参加前款规定事项的表决。该项表决由出席会议的其他股东所持表决权的过半数通过。"

(2)根据《某S中国公司章程》(以下简称《章程》)规定,决定权在于某S控股公司董事会。《章程》规定,"股东行使下列职权:(十)对公司向其他企业投资或者为他人提供担保作出决议。股东依职权作出上述决议时,应当采取书面形式,签名后置备于公司。"根据本案某S体系的框架结构,某S中国公司系某S控股旗下多层全资控股的子公司,根据公司所有者权益原则,某S中国公司的上述行为应当服从某S控股公司的安排,决议权由某S控股公司董事会掌握。根据某S体系的架构及实质,但正如吴某江所言,只有在最上层公司即某S控股公司才有真正意义上的董事会。刑法注重实质判断,应当穿透表象看到实质。结合某S中国公司、香港某S公司、世某投资公司等某S控股公司的下属公司董事长等职务的任免,均由某S控股公司决定,此外,从整个某S控股的股权架构和实际运作来看,某S控股对于旗下全资控股公司重要人事、财务具有绝对控制权,均由某S控股董事会决定,包括吴某江在某S中国的职位任免。因此,对于该类担保,具有实质决议权的应为某S控股公司。

(3)根据某S控股公司文件规定,强调吴某江该类质押担保行为必

须经某S控股董事会批准或授权。①2012年9月4日某S控股公司在聘请吴某江时签订的《有限授权书》中明确规定,"实质上或者影响上只要涉及某S核心利益的活动,都需得到董事会的批准;由某S集团一公司作担保来支持第三方的义务,对第三方的担保、抵押等,支持其债务超过300万人民币的,必须依据特别董事会授权后方可进行。"同时,从实际情况看,吴某江被某S控股委派至世某投资公司、香港某S、某S中国担任职务的,其在世某投资公司、香港某S的职务行为也直接受《有限授权书》制约。因此,某S控股公司不但没有赋予吴某江可将超过300万的公司资产用于提供担保的职权,而且还明确强调该行为需经董事会批准、经特别董事会授权后方可进行。而该《有限授权书》有吴某江的签名,且该文件特别注明吴某江还需保证其负责的所有区域内的某S公司的团队成员的所有活动均严格遵守此规定,并要求吴某江要求其所在领域相关管理人员也签署相类似的文件,吴某江对该文件规定十分清楚。该有限授权书证实某S控股公司一直对吴某江职务及权限进行严格规定,与公司章程、公司内部规定文件等相互印证,对吴某江职权的行使有严格规定,并且具有延续性。吴某江对本案质押担保一直都没有决定权,其严重违反其签名确认的公司专门对吴某江履行职能的规定。明知故犯,主观犯意恶性较大。

②作为对公司章程执行的细化解释的《某S中国集团财务内部控制制度》对外担保、抵押控制制度规定:"1.对外担保、抵押事项由集团财务中心统一归口管理;……3.董事会审批以下担保事项:担保金额超过公司净资产20%的;……7.抵押资产300万元(含)以上的事项,由总裁审核,董事会批准方可执行。"

内部控制制度证实了某S公司对财务的管理制度。该制度是对公司章程执行的细化解释。①据检察员向某S公司法务顾问张甲(曾在本案侦查阶段提供相关材料)调查,其陈述:根据其向收到该制度的财务负责人赖某某了解,反馈如下:赖某某表示见过该文件。该文件是由财务管理中心该部门制发,属于内控文件,不是对外文件;②该文件的制作、签发过程清楚明确:卷宗里已有的材料已经过一审举证质证,该文件的签发单上有编制人王某甲、审核人郭某甲、签发人王某乙三人的签名,有手写的生效日期为 2012.4.1，据张甲向谈某了解，其反馈：第一，其见过该文件，该文件的签发人是王某乙，当时的职务身份是副总裁兼总裁助理，负责人力资源和行政，公司文件的下发均需由其签字。2012年时的公司文件都是王某乙签发，没有吴某江的授权，王某乙是无法签发的。谈某的陈述与该文件的签发情况是一致的。第二，谈某陈述，对于该文件，吴某江是知道的，并且是同意的。如有必要，可以要求相关人员提供书面证人证言。③该制度已组织相关部门学习的情况，某S中国公司 2016.1.22 出具的情况说明反映：该制度于 2012.4.1 由该制度编制人王某甲通过电子邮件发给了当时集团各子公司的财务负责人（汤某、赖某某、沈某某、施某甲、郑某），同时抄送集团财务中心负责人郭某甲、集团 CFO 谈某。证实了该制度组织相关部门学习的情况。④对于周某某称其不了解该文件，某S中国公司 2016.1.22 出具的情况说明反映：该制度发布时周某某未在公司任职（2012.4—2013.6 任职于重庆某S科技发展有限公司，该公司与我公司没有任何关系），其于 2013.7.5 入职某S公司后，应当主动了解财务管理制度，其没有了解属于个人失职。电子邮件发送的情况资料。对该制度的签发、审批、组织学习均有反映。⑤关于出具该文件的印章：在侦查卷里该文件所盖的印章是某S中国公司的印章，由于向侦查机关出具该文件的时候，制发该文件的重庆某S实业公司已改名为某S中国公司，所以盖的章是某S中国的章，并非重庆某S实业的章，这恰恰体现了该文件的客观真实性。

（4）从行为自身分析，吴某江该质押担保贷款行为，属于对公司以及某S控股公司其他股东利益有重大影响甚至损害的行为，数额高达九亿元，其不享有将某S中国的资金对外设定担保这一重大事项的决定权。

因此，本案质押担保行为必须得到某S控股公司董事会批准或授权，吴某江对本案的质押担保行为不但不具有决定权，而且不具有表决权。

2. 吴某江将某S中国公司的流动资金为其实际控制的公司贷款提供质押担保，未经授权、未经董事会批准，系挪用资金罪中的"个人决定"。

在案证据某S控股公司董事会决议、证人时任某S控股公司董事阎某、林某某、穆某、某S中国公司董事杨某甲、裴某某均陈述吴某江从未说过、亦未向某S控股公司董事会报告过用某S中国公司流动资金为恩纬西等公司提供质押担保贷款一事，没有开过董事会，穆某还表示如知悉此事，自己肯定不会同意的，裴某某进一步陈述自某S中国公司成立之日起，从未召开过董事会作出过任何董事会决议。时任某S中国公司财务中心经理郭某甲、财务经理周某某、财务会计郭某乙、财务成本会计李某某、出纳刘某某等某S中国公司的高层人员及财务人员均陈述对吴某江用公司流动资金为涉案五公司提供质押担保贷款不知情，且未见质押担保协议等资料，结合某S控股公司董事会决议等证据，证实吴某江的质押担保行为未经授权、未经过董事会决议。甚至在2012.3.26某S控股董事会决议重申"吴某江关联公司与集团的财务问题需要向独立非执行董事通告并取得彼等同意"的情况下，吴某江仍超越职权质押担保。

吴某江辩护人提出，从转账支票上有"六个月定期质保金"，得出周某某知情，从而董事会对质押知情的辩护意见。检察员认为：（1）相关转账均属于某S中国公司自身不同账号之间的转账。（2）相关资料上并没有标明是用于何种用途为哪个公司哪一笔款项的保证金。（3）吴某江供述，公司有公章管理规定：公司各业务部门主管签字同意，然后由公司公章保管员丁某某报告给其同意后，再加盖公司公章。吴某江在今天的庭审上回答辩护人提问时亦供述，过程中存在违规操作，暗箱操作。吴某江亦一直供述其指使陈某违反公司公章的使用规定等制度，暗中操作的情况。（4）从相关证据反映，周某某对某S中国公司的财务管理制度以及财务部门的管理，履职能力及素质存在不足。综上，并不能由此而推导出周某某知情，从而推导出郭某甲知情，从而谈某知情，从而董事知情，从而董事会知情的结论。（5）吴某江在侦查阶段亦供述质押行为并未得到公司董事会同意且未向董事会报备。

关于《补偿协议》，某S控股公司出具的《关于2013年5月吴某江签署〈补偿保证协议〉的情况说明》证实：（1）某S控股公司2012年才获知三方协议的存在，但一直没有见到该协议。（2）获知后某S控股公司董事会的决议和行动均表明对该三方协议的反对。一是，2012.8.29董事会决议授权朱某与吴某江律师协调，与某某区政府谈判取代三方协议，二是，由于吴某江一直未提交三方协议给公司，某S控股担心对公司不利，于2013.5要求吴某江签订《补偿协议》。（3）《补偿协议》恰恰证明了吴某江隐瞒某 S 控股公司签订《三方协议》，某 S 控股公司对吴某江未经公司董事会同意或授权签订《三方协议》责任的追索。（4）《补偿协议》明确约定，针对的是吴某江与某某区政府签订的文件，并且是在《补偿协议》订立前签订的文件，即《三方协议》，《三方协议》明确了如某 S 控股公司违约，需承担向某某区政府赔付、退还开办补助费等费用以及对某极公司获得的奖励资金承担连带返还责任等违约责任，因此《补偿协议》针对的是《三方协议》吴某江对公司具体的赔偿责任。（5）某 S 控股不同意也没有授权吴某江搬迁总部、建设某 S 大厦，连前提条件都不同意，对于辩护人所辩称的"同意挪用巨额资金质押担保"更是无从谈起。（6）《补偿协议》从未提及亦不涉及吴某江挪用公司资金为吴某江个人控制的公司作质押担保的犯罪行为。吴某江私自挪用公司资金，没有决定权、没有表决权，采用隐蔽手段挪用公司资金，已有各类证据相互印证。综上，辩护人的辩护意见不符合逻辑，不足采信。

（二）吴某江"将某 S 中国公司资金供其实际控制公司使用""归个人使用"

吴某江将某 S 中国公司资金为其实际控制的公司提供质押担保，所贷款项用于吴某江个人实际控制的重庆某极公司的"某 S 大厦"项目，以及偿还先前的银行贷款、个人借款。吴某江及其辩护人提出的某 S 总部搬迁以及某 S 大厦项目建设是经过某 S 控股董事会同意的，与事实不符、与证据不符。在案证据证实，某 S 控股公司董事会从未决议同意某 S 总部搬迁到重庆以及某 S 大厦的项目建设。

1. 根据客观性证据，某 S 控股公司出具的 2011—2014 年期间董事会记录或决议，2011.6.24 董事会会议纪要证实，董事会同意的仅仅为在重庆成立一家注册资本为 2 亿元的销售公司，并将某些职能部门转移至重庆，并非总部完全搬迁到重庆。2012.2.7 董事会会议纪要证实，董事会讨论了中国总部搬迁重庆问题，授予施某乙对某 S 总部搬迁重庆事宜进行尽职调查和分析；施某乙将向董事会报告有关发现和建议。吴某江将取得重庆市政府基于某 S 在重庆成立注册资本 2 亿元人民币的销售公司而给予某 S 税务优惠政策的文件并提供给董事会，董事会在取得该文件后再决议是否同意将 2 亿元人民币汇到重庆。2012.3.26 董事会决议重申

"吴某江所有涉及其关联公司与某S集团的财务问题，需要向独立非执行董事通告并取得彼等的同意。"2012年5月22日出席当次会议的董事会成员均确认董事会从来没有授权或同意在重庆购买土地或建筑，也没有授权将公司总部搬迁至重庆。某S中国公司董事会2013.10.21出具的说明反映，该公司从未作出任何涉及与重庆市某某区政府签订三方协议、某S总部搬迁或使用某S流动资金做质押担保的董事会记录、董事会决议。

2. 根据证人证言以及其他证据，根据逻辑经验法则，董事会从未同意或授权总部搬迁以及某S大厦项目的建设。三方协议是在董事会批准成立重庆销售公司之前的2010.12.16签署，董事会批准成立重庆销售公司是2011.6.24，事后亦没有得到董事会的同意或追认。即使是对于注册资本2亿元的重庆销售公司，董事会要求吴某江提交重庆政府基于某S在重庆成立注册资本2亿元人民币的销售公司而给予某S税务优惠政策的文件后，董事会再决议是否同意将2亿元人民币汇到重庆。而且在案证据证实吴某江未向董事会提供上述文件。证人某S控股公司董事阎某、林某某均陈述董事会并无决议同意总部搬迁、质押担保以及三方协议。证人穆某陈述，不知道也没看过三方协议详细内容，其知道此事，但没有开董事会讨论过，董事会只是同意部分职能搬迁到重庆。证人董事林某某陈述："我从没有看过三方协议，侦查机关向其询问的时候，这是第一次看到。吴某江没有向董事会提过该协议。2012年吴某江离开某S控股公司后，我才得知该三方协议。当时我们知道后某S控股公司聘请了香港富尔德律师事务所调查此事。后来因重庆市政府不配合调查不了了之"。相关证言与2012年8月28日董事会会议纪要，决议授予朱某与富尔德律师和吴某江的律师协调，与重庆市某某区政府谈判取代之前据称已签署的总部协议相互印证，证实某S控股公司对三方协议从未同意或授权，并且要取代的情况。吴某江也供述了某S大厦的建设在某S内部并未得到支持，亦印证了某S大厦项目并未得到某S控股公司以及某S中国公司的授权及同意。

辩护人提交的《可行性分析报告》反映，该报告并没有将重庆列入选址范围，跟本案没有关联性。辩护人提交的重庆市某某资产经营管理有限公司房屋租赁合同及通知，承租方是惠州某S光电公司，出租方是重庆市某某资产经营管理有限公司，均未见与某S控股公司、某某区政府的关系，也没有反映与三方协议、某S总部搬迁的关系，与本案无关。

3. 即使在吴某江重回某S岗位后，三方协议以及总部搬迁依然一直没有得到某S控股公司董事会的同意或授权，某S控股公司对上述事项没有作出任何实质安排。2012.8.28董事会会议决议获知三方协议存在后要"取代"该协议，吴某江重回某S控股负责人、总裁等核心岗位后一直到案发，三方协议以及总部搬迁均没有得到某S控股公司董事会同意或授权。对于如此重大并影响公司发展的决议，而且2012.8.28该决议涉及吴某江私自签订的三方协议和总部搬迁，该决议内容包括了任命吴某江作为负责人，辩护意见所称吴某江并未发现董事会的反对意见，不符逻辑和常理。

陈某的辩护人在一审提交的材料，2012年8月14日某S控股公司公告的股价敏感资料显示：一是，调查小组发现经吴某江批准，已将部分"总部"迁至重庆一租赁大楼，但董事会仅批准转移一家销售公司到重庆而非将总部迁至重庆。二是某某区的政府代表已告知董事会成员其认为该公司已与政府签署一份有约束力的文件。吴某江未经董事会批准，亦未向董事会和调查小组提供，董事会成员向某某区政府代表要求提供，但迄今为止未被提供。与阎某、林某某陈述2012年吴某江辞职后，董事会才知道此事的情况相印证。由此可知，总部搬迁至重庆以及三方协议并未得到董事会批准。

对于吴某江辩护人提交的夏某某的相关笔录：（1）该笔录并不能证明某S控股公司董事会决议通过同意总部搬迁或三方协议，与本案没有实质性关联。（2）对夏某某陈述的客观分析：一是，夏某某称在三方协议签署前接触过某S其他董事或高管约三四人，但不清楚对方具体身份。按常理分析，如有接触，尤其是代表政府签订的涉及高达十亿的重大合作协议，竟然完全无法描述对方任何一人的身份，该言词证据的真实性存疑。二是，其称"应该是"在签约仪式上和开工典礼上接触，但又称记不清是否有签约仪式了。换言之，连接触过对方高管的前提情形都无法确定，不具有客观性。三是，其称某S公司其他负责人到过管委会谈，据相关证据显示，吴某江私自签订三方协议两年后，某S控股公司才获知存在三方协议,并授权董事朱某与重庆市某某区政府谈判取代之前据称已签署的总部协议,朱某曾与对方接洽,但没有得到配合。该情况证明某S控股公司董事会对三方协议的不知情以及没有授权同意的事实。四是,夏某某称"带队到惠州考察过,他们也表现强烈的投资意愿。"此为夏某某与吴某江个人之间的接触,并不能证明吴某江签订三方协议经某S控股公司董事会授权或同意。五是,夏某某称"当时不清楚原因,知道有某极公司这个事。"作为合作协议重要的一方,作为政府谈判牵头人,谈判涉及十亿的协议,竟不清楚三方协议中为何有某极公司,不符合经验法则和逻辑常理。(3)夏某某与吴某江合作促成三方协议,与三方协议以及吴某江具有利害关系,吴某江自称与夏某某关系好,并且吴某江具有向夏某某贿赂的行为,两人之间存在利益勾连。鉴此,夏某某的调查笔录不具有真实性、客观性,不但不能证实吴某江私自签订的三方协议是经某S控股公司董事会同意或授权的,同时,结合其他证据,反而证实了吴某江未经授权同意,私自与夏某某合作签订三方协议的事实。

某S控股公司出具的《关于某明控股有限公司与重庆市某某区政府签订所谓"三方协议"过程中是否有往来记录的说明》

证实,经过某S控股公司的查找,该公司没有任何相关往来文件、资料和记录,也没有任何关于同意某S总部搬迁到重庆的决议文件。夏某某反映的只是《三方协议》签订过程中某某区政府一方的情况。对于某S控股公司出具的情况说明,与经过一审举证、质证的其他证据,包括某S控股董事穆某等人在侦查机关明确具体的证言、某S控股董事会决议等其他证据相互印证,证实了夏某某、吴某江之间的往来属于私下的接触,未经某S控股公司董事会同意或授权,吴某江从中达到为个人谋利的事实。

对于吴某江辩护人提出要求阎某等人出庭作证的要求,检察员认为,所提出的证人已在此前的诉讼阶段作出具体清晰明确的证言,并且经过一审庭审举证质证,在一审判决书中予以列明。吴某江多次供述控股公司董事会没有同意其投资建设某S大厦项目,且董事会只同意在重庆投资2亿元设立销售公司。吴某江后来才提出阎某有看过并同意三方协议,董事会也同意的辩解，与其此前供述不符，与阎某等人的证言不符，与其他客观证据不符，不足采信。且吴某江在庭审以及承办人提讯时均供述，阎某只同意投资 2 亿元的情况与其他证据证实董事会只同意投资 2 亿元在重庆设立销售公司，并没有同意总部搬迁的事实相吻合。

（三）在案证据证实，吴某江将某 S 中国公司资金供其实际控制的公司使用，"谋取个人利益""归个人使用""进行营利活动"。某 S 控股公司不但没有从某 S 大厦项目建设中获得利益，反而遭受巨大损失，吴某江从中谋取个人利益

1. 某 S 控股公司没有所有权及收益权，某 S 大厦项目的所有权和收益权均归吴某江个人控制的公司所有。某 S 大厦虽有"某 S"字样，但某 S 中国公司并未参与该项目的投资，该项目土地使用权亦非某 S 中国公司所有，不享有某 S 大厦的所有权或收益权。某 S 大厦项目的所有权及收益权均被吴某江实际控制的香港某极公司享有，某 S 大厦建成与否与某 S 中国公司不存在必然的关联性。

2. 吴某江实际控制公司为实际获益者。按照约定，某 S 控股每年无论收益如何，都要向吴某江实际控制的某极公司支付巨额租金来换取微薄的优惠，吴某江控制的某极公司收益是实在的，到底谁是收益者，显而易见。

3. 三方协议对某 S 控股公司设置多项严苛条件以及为某极公司承担连带赔偿违约责任，所谓"获利"，仅为符合相关法规设定条件的优惠政策，且具有不确定性、附条件性，并且代价甚高。（1）所谓的获利仅为符合规定的优惠政策。且微乎其微，谈不上为收益。（2）附多项严苛条件，具有不确定性。包括一是将某 S 总部和结算中心均迁入，二是某 S 控股公司不但需与实力相差悬殊的某极公司投资注册资金需高达 10 亿元，还需入驻该等项目合计年度总产值不少于 100 亿元，年度纳税金额按照非优惠政策计算不少于 5 亿元，某 S 中国公司总部项目及茶园仓储和物流配送项目总投资额需高达 20 亿元等不同方面的层层要求。某 S 控股公司并非必定能从某 S 大厦项目中获利，需在上述条件全部成就后才有可能获得当地政府附条件的招商政策的承诺。（3）代价甚高。设定了如未能按约定履行，某 S 控股需承担向某某区政府赔付、退还开办补助

费等费用以及对某极公司获得的奖励资金承担连带返还责任等违约责任。

4. 纵向比较，所谓的税收优惠政策与某S控股公司承担的巨额资金风险相比，根本不足相提并论。某S控股公司即使通过多类别巨额投资、租用某S大厦办公，也仅仅能获得不确定的需符合条件的税收等方面优惠的承诺，与某S控股公司以9亿多元巨额资金为吴某江个人的某极公司贷款提供担保而造成的极高风险相比，微不足道。

5. 横向比较，与吴某江实际控制的香港某极公司获得的巨大利益相比，不但不足以认定系"为公司利益"，反而给某S中国公司造成惨重损失。

对于此前吴某江及其辩护人提出的重庆某极公司向某S中国公司为涉案五公司贷款担保《反担保函》的问题。（1）从证据分析，本案各类证据吴甲、孙甲、某S中国会计郭某乙、总裁办主任裴某某等人证言及相关证据证实该《反担保函》不具有真实性。（2）从逻辑常理分析，正是由于涉案五公司没有贷款的能力和资质，所以吴某江才私自挪用某S中国公司的资金为其个人实际控制公司提供质押担保，所以吴某江及其辩护人该辩解辩护意见不足以采信。且该《反担保函》也只是证实吴某江构成挪用资金罪的同时需对某S控股公司的巨额损失承担民事责任，并不影响刑事犯罪的构成。

此外，吴某江辩称因王某丙没有兑现四方协议借款承诺，与本案没有关联性，该协议内容是关于吴某江与王某丙之间的换股事宜，且王某丙按照协议，通过第三方协助吴某江及其关联公司取得借款，吴某江用借款购买了某某润达公司的定向增发股票，协议已履行，与吴某江挪用公司资金并无关联，不能成为吴某江未经董事会决议、违反公司章程挪用资金的借口。

（四）被告人吴某江的行为造成某S中国公司巨大财产损失，现实地侵害了单位资金安全

挪用资金罪的处罚对象为使单位资金脱离单位控制、侵害单位对公司的使用权和使单位资金陷入单位不能控制的风险、危及单位资金安全的行为，吴某江将某S中国公司的资金从公司的一般账户存款转入理财金账户，然后将该些资金作为质押担保保证金的行为的性质，侵害了某S中国公司的占有权、使用权、收益权，实际上导致某S中国公司失去对该笔资金的控制，使单位资金脱离单位控制，这正是挪用资金罪所要规避的财产风险，银行扣划款项时，该风险已经实现，对某S中国造成了巨大财产损失，现实地侵害了其资金安全。虽然吴某江运用了迂回的方式将某S中国的资金用作担保，其行为相对于传统的挪用行为具有隐秘性，但根据《纪要》第四条规定，"挪用金融凭证、有价证券用于质押，使公款处于风险之中，与挪用公款为他人提供担保没有实质的区别，符合刑法关于挪用公款罪规定的，以挪用公款罪定罪处罚，挪用公款数额以实际或者可能承担的风险数额认定"。该种行为属于挪用本单位资金"归个人使用"的情形。

鉴此，吴某江将公司资金92388万元用于为自己实际控制的公司提供质押担保，属于利用职务之便，挪用单位资金归个人使用，无论是数额较大、进行营利活动，还是数额较大、超过三个月未还，吴某江的行为均构成挪用资金罪，符合本罪的客观构成要件，且为既遂。

（五）吴某江挪用公司资金的主观故意十分明显

挪用资金罪责任形式为故意，行为人必明知是单位的资金而非法占有、使用。这里的非法占有、使用的故意，是指暂时占有、使用单位资金的故意，不同于职务侵占、诈骗罪中非法占有目的。

本案中，吴某江故意绕开某S中国董事会，采取隐秘的方式将某S中国的资金为自己实际控制的公司提供质押担保，表明其对实施本案的资金挪用是经过深思熟虑、缜密安排、精心策划的，同时其应当明知违法使本单位资金脱离单位的控制，并陷入风险，犯罪故意明显。某S控股作为一家大型上市公司，吴某江作为上市公司及多个公司的董事长、行政总裁，其非常清楚上市公司严格的管理模式，应勤勉的维护上市公司的利益，但是吴某江却以其精心策划的手段及方法，挪用上市公司的巨额资金，侵害国家对上市公司监管秩序及某S中国的资金的管控权，并使产生了客观的巨额损失，对整个证券市场的发展、金融体系的稳定等都产生了极其恶劣的影响。其辩称对董事长权限的误解与客观事实不符，不足以构成对挪用资金罪故意要件的有效辩解。

（六）挪用金额的认定

银行划扣的款项为55650.23万元，申请流动资金借款虽为90162万元，但结合贷款利率，陷入风险的资金数额实际上超过了该款项。根据《纪要》第四条规定"挪用金融凭证、有价证券用于质押，使公款处于风险之中，与挪用公款为他人提供担保没有实质的区别，符合刑法关于挪用公款罪规定的，以挪用公款罪定罪处罚，挪用公款数额以实际或者可能承担的风险数额认定"。参照本条规定，吴某江将某S中国的一般存款92388万元转入保证金账户，使单位丧失了对该资金的控制权，一审判决将该92388万元作为吴某江挪用资金罪的犯罪数额，认定准确。

对于原审被告人陈某，根据吴某江、陈某的供述及证人吴甲、孙甲、某S中国相关人员以及银行工作人员的证言和辨认笔录等证据，吴某江一直交代包括在庭审中供述陈某明知申请贷款的实际用途是某S大厦项目的建设仍接受其指示具体协调贷款事项，接洽本案质押贷款的银行工作人员杨某、曾某证实陈某在质押合同上加盖某S中国公司公章和吴某江私章，相关证据已形成完整的证据体系，足以证实陈某受吴某江指示，构成挪用资金共犯的犯罪事实。

此外，对于辩护人提交的某明接管回忆录：一是没有表明任何身份、没有签名，没有注明出处。来源可疑，不具有客观性、真实性。二是没有反映辩护意见所说的证实某S总部搬迁的情况。三是与本案无关，没有关联性。不符合证据的三性原则，不能作为证据。

对于陈某提供的邮件电子资料的情况说明、转发的邮件及其附件，一是收件人"谈总"身份不明，无法证实其与本案相关的身份，二是收件人所谓"谈总"的邮箱是163邮箱，跟其他抄送人的邮箱不一致，存在疑点，三是该邮件是转发邮件，并非原始邮件，四是附件的内容是某S公司向其他公司、其他人支付的款项，都是对外支付，与本案质押中某S公司收款人、付款人都是某S公司，都是某S公司自身账户之间的转账，并非对外支付，款项性质完全不同，不具有关联性。鉴此，该组证据不具有关联性、真实性。

二、职务侵占罪

相关证据证实吴某江利用担任重庆某S公司法定代表人的职务便利，通过该公司总经理张某宇要求财务出纳黄某军将小部分废料款转入公司财务部门入账，其余废料款不转入公司财务部门入账，将本单位资金非法占为己有达 370 万元，数额巨大，一审判决认定其构成职务侵占罪，定性准确。

1. 吴某江非法占有的单位财物没有列入公司账目，公司高管等人员并未知悉。该款项属于重庆某 S 公司的合法财产，对于辩护人对黄某军行为的推断，检察员认为，黄某军只是某 S 公司万州工厂原财务出纳，黄某军是被吴某江利用实施职务侵占犯罪行为其中的一个环节，不能从黄某军罪名的认定来推断吴某江不构成职务侵占，辩护人的推断不符合法律逻辑。黄某军对废料款原始单据的销毁，恰恰从侧面印证了吴某江指使相关人员将本单位资金不进入公司账，通过出纳人员个人账户转入吴某江及其妻子吴甲名下行为的非法性以及非法占有的主观故意。吴某江的意图和指使明确，原始单据被黄某军销毁，款项一直没有在公司账目中体现，公司高管等人员均不知晓吴某江非法占有的废料款。吴某江亦供述，该 370 万元的处理没有经公司开会集体同意或决议通过。

2. 公司内部并未授权吴某江处置废料款。吴某江辩护人提交了相关人员的谈话记录、询问笔录等，反映公司确实存在部分开支难以直接予以财务报销，公司内部个别人员亦曾谈及，但多名公司高层管理人员一致陈述，并与其他证据相互印证，证实公司并没有对废料款的处理和使用进行讨论或形成决议，吴某江亦没有召集财务人员商议如何处理废料款的相关会议，更没有形成以废料款解决公司隐形开支的决议，并且按照公司规定废料款应当入公司账目的情况。

辩护人称：王某乙与谈某的证言存在矛盾，经审查，两人的证言并不存在矛盾，而且相互印证，至于辩护意见提出的王某乙证实的情况，谈某证言也有反映，而且有进一步的陈述。

3. 吴某江及其辩护人提交的材料及在案证据不能证实吴某江将废料款用于公司开支。吴某江及其辩护人提出"公款私用"与"私款公用"并存，但根据本案证据情况：

（1）吴某江辩称向网某公司、景某公司分别垫付的 300 万元以及转账给吴甲的 70 万元，根据相关证据证实并非为某 S 公司利益，并非公司业务费用。根据某 S 控股公司董事会决议，2014 年 8 月 8 日免去吴某江先生某明控股有限公司 CEO 职务，将提请股东大会免去其执行董事职务，同时免去吴某江先生惠州某S光电科技有限公司的董事长和法定代表人及一切职务，免去吴某江先生重庆某S照明有限公司的执行董事和法定代表人及一切职务。2014.8.26决议免去吴某江某S中国公司董事职务，免去吴某江作为某S中国公司董事长及法定代表人。

某S中国公司出具的情况说明证实其未与网某公司签订该合同，也没有与网某公司有业务往来，景某公司10月份后单方停止合同履行，合同款双方仍在结算。石某某陈述："2014年8、9月重庆、北京的新闻通气会，具体实施有网某公司和一家律师事务所，景某公司也有参与。"孙某乙作为网某公司负责人，其多次证言对于该合同是与某S中国公司签订还是吴某江签订、有无收到对方履行该合同的款项等主要问题均有矛盾陈述，难以对上述情况提供具有证明力的证言。

①对于合同履行的内容，吴甲、孙某乙、景某公司负责人张某乙等人的证言均证实合同履行的内容维护的主体是吴某江个人，为吴某江个人利益。

②从签订合同、履行合同的时间分析。签订合同时间、新闻发布会的时间均处于吴某江与王某丙某S体系控制权纠纷的激烈时期，北京钓鱼台国宾馆的发布会甚至是在2014年9月，吴某江早已被罢免某S体系的所有职务。

③从履行合同的支付方式、支付时间等分析。某S中国公司与景某公司合作一直都是公账支付，而涉案合同的支付方式，吴某江却以个人向张某乙个人通过现金给付，并且数额高达300万元。根据某S公司管理规定，不得随意支付现金，集团外支付300万元以上2000万元以下的须经公司总经理审核，集团财务中心审核批准后方可执行。吴某江向网某公司支付的300万元，违反了此规定；即使吴某江暂时无法通过公账支付，亦可通过转账等方式支付，但吴某江却通过现金的方式支付高达300万元的款项，不符合逻辑和常理；且支付的金额300万元亦非签订合同金额340万元；款项的支付时间为2014年8月—11月，但吴某江已在2014年8月被免去职务；并且该款项并未进入公司账目。综上，上述合同并非经某S中国公司授权开展的业务，相关费用并非系基于公司利益而支出的业务费用。

（2）吴某江辩解的相关支出未能与吴某江职务侵占的废料款370万元形成对应关系，不具有关联性。

①某S中国和重庆某S是法律身份上相互独立的公司法人。②相关款项黄某军按照吴某江转账到吴某江账户后次日，即因吴某江的个人经济纠纷被司法划扣，或被吴某江用于向杨某乙归还个人借款150万元等。③转账时间与吴某江提出的两份合同签订时间无法对应。④黄某军转账给吴甲的70万元，实际由吴某江实际控制的某极公司使用。事隔三年后吴甲在侦查人员对上述情况再次核实时以记不清为由，并称吴某江有向其还清借款，但无法提供具体情况以及相关资料，与此前详细明确的笔录相比，客观性不足。因而上诉人关于财务支出的辩解无法与重庆某S的公务使用建立起合理的、对应的关联关系。在案相关证据已形成完整的证据链条，证实吴某江职务侵占单位资金的犯罪事实。

三、量刑

（一）一审判决对吴某江的量刑已充分体现对吴某江的宽大处理。

1. 吴某江犯挪用资金罪发回重审后从有期徒刑九年改判七年，评判如下：

（1）上诉人犯罪数额巨大，主观恶性大，没有任何悔罪表现，犯罪后果严重，对被害单位一直没有任何退赔。其挪用资金金额为9.2多亿元，且造成某S中国公司5亿多元的巨额损失。吴某江的犯罪数额远超所在量刑档次的数额起点。根据相关司法解释，"个人决定"既包括行为人在职权范围内决定，也包括超越职权范围决定。吴某江超越职权范围，"个人决定"，谋取个人利益，其"个人决定"的犯罪情节恶劣，无视法律，主观恶意十分明显。且其挪用单位资金时，其占有的某S股份极低，侵害了公司利益、其他股东利益以及其他合法权益人的利益。

（2）吴某江挪用资金的犯罪根源和起源具有非法性，因赌博、巨额高息赌债而挪用某S中国公司资金。①吴某江贷款金额远远高于某S大厦项目建设所用款项。透过现象看本质，根据吴甲等具体运营某S大厦项目建设的证人证言证实，吴某江用于购买某S大厦土地使用权即购地款约为2.7亿元、接近3亿元。吴甲陈述：某S大厦购地款等大概不到3亿元，土石方工程签订了6000万元施工合同，某极公司只支付了2700万元，到 2014.10 某 S 大厦只做了整体设计方案和土石方工程。张某丙（重庆某极房地产开发有限公司原法定代表人）陈述：截至 2014 年 12 月份，在其接手担任重庆某极房地产开发有限公司法定代表人时，某 S 大厦购地款为 2.7 亿元（都是有购地发票的），土石方工程款支付了 2700 万元左右，设计费支付了几百万（400 万至 800 万元之间），就这么多了。其陈述具体明确，且有依据。吴某江供述：重庆某极公司的某 S 大厦项目，购地款加上工程费用，合计共花费 3 亿多元。相关证据相互印证，从有利于被告人原则，某 S 大厦项目购地款、工程款和设计费等费用约为 3.1 亿元。而吴某江获得的与某 S 大厦建设相关的款项包括：吴某江供述的"重庆某极公司本身又以某 S 大厦土地作为质押申请了 2 亿多元的贷款"，向深圳某科创高息借贷 3 亿多元，以及本案挪用资金借款余额 5.498 亿元，合计高达 10 多亿元。吴某江供述由于其嗜赌，将准备好的购地款用于赌博输了 4 个亿，买地的钱没有了，其就借高利贷 10% 的利息，且所贷款项以购地款为限，因此，即使以其高利贷 10% 利息计算，即使辩称借新还旧，仍然难以对其获得款项数额远远高于某 S 大厦项目建设所有支出，作出合乎逻辑和常理的合理解释。②吴某江长期有赌博恶习。其前妻吴甲陈述，吴某江嗜赌，且苦劝不听，这也是其与吴某江离婚的主要原因之一。吴某江亦一直供述其有赌博情况。2020.9.27 惠州市中级人民法院工作人员对吴某江的讯问笔录证实：一是，吴某江对重庆市原某某区委书记夏某某进行贿赂，反映了吴某江与夏某某存在利益勾连，夏某某的调查笔录不足以采信。二是，2013 年以后吴某江就不是大股东了，某 S 中国公司的资金其占有份额极少，其挪用公司资金的行为严重损害公司利益以及其他股东的利益。三是，由于吴某江将准备用于买地的钱用于赌博，输了 4 个亿，所以才没钱建设某 S 大厦，才触发了挪用某 S 中国的资金质押贷款。其借了高利贷，而且其他的钱也是借的，其赌债远远高于买地的款项，无力偿还。由于赌债高筑，吴某江铤而走险，不惜损害某 S 公司的利益，用某 S 中国的资金质押为其个人控制的公司贷款质押担保，谋取个人利益。检察员提讯吴某江时，其供述：其在英国、澳洲、澳门等地均有赌博，赌债高达十亿元，后来其把某 S 控股公司的股票质押给中国建设银行、汇丰银行等机构去还赌债，还将其重庆某 S 地产公司作价 4 亿元抵债给刘某生。根据本案案情及相关证据，以及从逻辑常理及社会经验法则，足以认定吴某江挪用资金的行为起源于赌博，并非其辩称的为某 S 公司发展，而是欠下巨额赌债后的贪婪和铤而走险。某 S 公司因此遭受严重打击，影响恶劣、后果严重。

（3）吴某江挪用资金的严重犯罪后果是既成事实。对于辩护人提交的（2016）渝民终 558 号民事判决涉及资金划扣一案再审材料，该民事诉讼的结果无法改变吴某江挪用资金的严重犯罪后果。①该民事诉讼的结果不影响吴某江的行为构成挪用资金罪的认定。②该民事诉讼并非被告人吴某江主动退赔，吴某江一直没有对其造成某 S 中国公司的损失进行任何退赔，没有任何悔罪表现。该民事是被害人的自救行为。上述判决为二审终审裁定，虽决定再审，但尚未判决。③改判与否，结果均为某 S 中国公司以被吴某江挪用的资金承担连带赔偿责任，吴某江犯挪用资金罪的犯罪后果不但是既成事实，而且依然存在。由于吴某江控制的某极公司、华某公司根本无力偿还银行贷款，吴某江因赌博欠下巨额高息赌债，赌债高筑，没有偿还能力，吴某江供述其将某 S 大厦的土地用于借高利贷，某 S 中国公司资金被吴某江挪用作为质押担保，因此，即使改判银行提前划扣质押金不当，执行先由某极公司、华某公司偿还银行借款，但吴某江控制的五公司及吴某江均无偿还能力，最终依法仍需由某 S 中国公司承担连带赔偿责任，吴某江挪用资金的罪行导致的犯罪后果依然存在。

2. 吴某江犯职务侵占罪发回重审后从有期徒刑六年改判五年六个月，数罪并罚决定执行有期徒刑十年，一审判决对上诉人无论在两个具体罪名还是决定执行刑期，均已充分体现对吴某江极大的从宽力度。

发回重审一审判决对吴某江的量刑已充分考虑吴某江系某 S 公司的创始人，对某 S 企业发展有一定贡献等，已对吴某江的从宽量刑情节作充分考量，在挪用资金数量如此巨大、被告人没有认罪悔罪表现等情况下，仍未对此罪名在法定刑顶格予以量刑，在职务侵占的数额超过法定的数额巨大、应处于五年以上有期徒刑的幅度两倍有余的情况下，仅科处略高于起点刑的刑罚，一审判决无论从两个罪名的量刑还是决定执行刑期均已充分体现对吴某江的从宽力度。

3. 重审一审判决责令被告人吴某江退赔人民币 55650.23 万元给被害单位某明（中国）有限公司。根据最高人民法院《关于适用〈刑事诉讼法〉的解释》第一百三十九条之规定，被告人非法占有、处置被害人财产的，应当依法予以追缴或者责令退赔。被害人提起附带民事诉讼的，人民法院不予受理。根据最高法《关于适用刑法第六十四条有关问题的批复》，被告人非法占有、处置被害人财产的，应当依法予以追缴或者责令退赔。被害人提起附带民事诉讼的，或者另行提起民事诉讼请求返还被非法占有、处置的财产的，人民法院不予受理。鉴此，重审一审判决责令被告人吴某江向被害单位某S中国公司退赔，合法合理。

（二）一审判决认定原审被告人陈某挪用资金系受他人指派，参与部分环节，对挪用资金犯罪事实起辅助作用，且没有获取非法利益，系从犯，判处有期徒刑三年，缓刑三年，量刑适当。

对于本案必须强调，国家相关政策对民营企业的保护，为其营造良好的法治环境，保护合法企业主体，保护企业产权，对于损害民营企业产权、损害民营企业股东、合法权益人、谋取个人利益的犯罪分子，依法予以惩治，充分保障法治环境的规范。吴某江蔑视国家法律，明知故犯，超越职权，谋取个人私利，严重损害某S公司的利益，损公肥私。吴某江虽系某S体系的创始人，但一直无视现代上市公司依法依规管理制度，吴某江并非别无选择，其违反公司制度，违反刑事法律，将自己仅具有极少股份份额的公司视为一己之物，利用职务上的便利挪用公司9亿多资金，为其个人控制的公司谋取利益，最终获利者及实质获利者均为吴某江，并非某S公司，造成某S公司巨额损失，目前仍为追回损失而奔走，犯罪后果严重。此外，吴某江职务侵占的行为，将企业的财务管理制度直接架空，无视法纪，严重损害公司管理制度，损害公司利益。吴某江应当反躬自省，他人产权应受尊重，法律底线不可触碰，否则，面临的必定是相应的刑事处罚！

需要提醒吴某江的还有，赌博，自古为恶习，是滋生犯罪的根源，众所周知，赌博"十赌九输"。吴某江的赌徒心态明显，由于赌博欠下巨额赌债，吴某江恶向胆边生，不惜铤而走险、罔顾国法，不惜损害其一手创立的某S公司利益，在每一次的挪用资金的行为中，都是其损害某 S 公司主观恶意的体现，在犯罪的道路上一去不返，某 S 体系因此遭受严重打击，上市公司其他合法权益人利益遭受严重损失，影响恶劣！

综上所述，本案发回重审后一审判决认定的犯罪事实清楚，证据确实充分，定性准确，量刑适当，上诉人吴某江的上诉理由没有事实和法律依据，我院在全面评判全案事实证据并结合刑事司法政策的基础上，建议二审法院驳回上诉，维持原判。

20××年×月×日当庭发表

【承办检察官心得体会】

（一）深挖此前三个诉讼阶段忽略的证据线索，自行补充侦查与引导补充侦查相结合，取得多份境内外重要新证据，奠定良好的出庭基础

循线深挖，证据突破。一是争取了解案情的多位知名证人及相关单位配合询问、调查，取得关键新证据 10 余份共 200 多页，包括证实核心事实——吴某江未经董事会授权挪用资金的境外公司的原始文件等。本案历经发回重审，省高院要求承办法院尽快完成阅卷并开庭。在原承办人已不在原岗的情况下，检察官接手办理，迎难而上聚焦难点，制作了 3 万余字的审查报告。二是依法通过灵活的讯问方式，取得吴某江突破性供述，结合其他证据查明吴某江因欠下巨额赌债挪用资金的事实（之前两次一审、一次二审都未能指证的情况），并在庭前会议完成证据交换。

（二）强化正反对比、严密论证，准确把握挪用资金、职务侵占罪与非罪的界限，解决法律适用司法实践难点、争议焦点

集团创始人对集团资金挪用、侵占罪名的认定是经济犯罪司法实践的难点。辩护方意图先声夺人，并抛出各种无罪观点，承办人抓住挪用资金罪的实质，找准切入点，研判境外公司法，比对我国不同法域之间规定的异同，厘清此前诉讼阶段未能明确的吴某江无权表决的事实，排除疑点，将庞杂的证据结合案情实际构建框架，论证被告人并无表决权和决定权的"挪"和未经董事会授权、同意及为私利的"用"，客观证

据、言词证据以及逻辑经验法则相互结合，通过穿透式论证，激烈的交锋，做到立足事理，遵循法理，言必有据，逐步揭开被告人隐蔽的犯罪手段，犯罪目的昭然若揭，确保了定性准确、不枉不纵。

（三）科学布局示证体系，善用庭讯策略，掌控庭审节奏

通过步步深入的讯问策略，引而不发地迂回讯问，逐步向实质性关键事实过渡，结合被告人前妻等多人证言以及客观性证据，吴某江当庭供认因赌博行为和暗箱操作挪用资金的行为，且对其挪用、侵占行为无法作出合理解释。

被告方提交的证据以及辩点较多，检察官在坚守客观理性的同时，以稳健的庭审驾驭能力，不放过涉及核心问题的关键细节，突出被告人辩解的种种矛盾，有力驳斥被告方提交的新证据以及"公款私用"与"私款公用"并存不构成职务侵占的无理辩解，彻底揭穿被告方塑造的吴某江一心为公的企业家的虚假面目。

（四）多角度针对性释法说理，法制宣传引共鸣，实现三个办案效果的统一

以通俗易懂的语言，结构严谨、思路清晰、逻辑严密、层次分明、重点突出为要领，增加说服力。一是说理建立在调查和证据的基础上，实事求是；二是说理紧扣争议焦点，正反两面论证；三是说理兼顾天理、国法、人情。最后立足于现代上市公司管理制度的遵循、企业创始人法治观念的强化、良好营商环境的营造，上升到社会公平正义的高度，以案释法，得到广大旁听群众的共鸣，兼具法治宣传效果。

【专家点评】

检察官出席第二审法庭，对被告人上诉理由及一审判决发表意见，维护法律的正确统一实施，这既是展现检察机关业务水平和职业形象的重要窗口，更是高质效履职办案的重要环节。本案社会影响大，案情较为复杂，主要争议点是公司创始人在公司股权变更后，利用公司资金为其个人的经营活动提供质押担保，后导致公司巨额财产损失，是否构成挪用资金罪。

从该篇出庭检察意见书看，检察官出席二审法庭，就案件事实、法

律适用进行准确认定，特别是对本案涉及公司内控制度及管理权限有关事实进行了严密的论证，最后从法治观念强化、现代公司治理等角度进行阐释，讲明情理，逻辑清晰，语言规范，体现了较高的专业能力。

（一）关于挪用资金罪部分的论证，有理有据，重点突出

本篇出庭意见书紧紧围绕一审判决书认定的事实以及适用的法律，充分阐述一审判决认定的事实清楚，证据确实、充分，法律适用准确。首先，围绕事实证据，抓住罪名核心构成要件进行分析阐述。本案论证被告人构成挪用资金罪的行为内容是被告人未经合法批准，个人决定以单位名义将本单位资金供其他单位使用，谋取个人利益。故而出庭意见书紧紧围绕上述核心构成要件，从相关证据细节入手分析吴某江"对资金使用无决定和表决权且未经授权批准""归个人使用""谋取个人利益"三个方面，进行了详细阐述，重点突出。特别是围绕质押担保的决定权和表决权问题，从法律规定、公司章程、公司内部实际操作流程三个层次进行分析，逻辑层层递进，说理清晰。其次，结合常情、常理、常识进行说理分析。对于被告人提出的"某某总部搬迁以及某某大厦项目建设是经过某某控股董事会同意的"这一理由，围绕客观证据证否、逻辑经验法则判断、应然实然价值评判等方面有效驳斥被告人的辩解。最后，强化依法履职，注重正反对比，完善证明体系。法律意义上的"事实"是建立在证据基础之上的事实。该出庭意见书在事实认定方面，充分发挥自行补充侦查与引导侦查的重要作用，通过补充调取之前诉讼阶段未获取的证据，补强证据证明体系，如关于吴某江未经董事会授权的原始文件、因赌博欠下巨额赌债的事实等。同时，通过正反论证，做到立足事实，言必有据，从而进一步证明被告人犯罪事实。

（二）关于发回重审后改判内容的评析，客观中立，观点明确

首先，对重审一审判决从轻部分，表明立场，有礼有节。出庭意见书首先就全案的全部量刑情节进行了评析，对被告人犯罪根源进行了详细分析，揭示其因赌博欠下高额赌债从而实施挪用资金等犯罪的主观恶性。同时，检察官对对被告人有利的事实和情节也予以全面阐释。对于重审判决对其量刑从轻的情况，从被告人吴某江系某公司创始人、对某某企业发展有一定贡献的角度，对法院从宽量刑的情节予以分析。其次，

对重审一审判决增加被告人退赔责任的部分,阐明依据,观点明确。本案重审一审判决在退赔责任方面,增加了"责令被告人吴某江退赔人民币5.5亿余元给被害单位某某照明(中国)有限公司"。相较于之前的判决,对于被告人增加了民事责任。出庭意见书就该项判决的法律依据进行了主动的释法说理,表明判决充分维护被害单位合法权益的立场。

不足之处在于,在论证构成挪用资金罪部分略显冗长。

(**点评人**:鲍键,浙江省杭州市余杭区人民检察院党组书记、检察长,全国十佳公诉人、全国检察业务专家)

40. 陈某锋等 2 人集资诈骗、偷越国境、运送他人偷越国境案出庭意见书

【简要案情】

1. 集资诈骗事实

上诉人陈某锋明知经营不善，被法院列入失信人名单，仍为筹措资金，借用其子、上诉人陈某链的身份信息设立、控制某某公司，先后开设线上、线下非法集资平台，以承诺投资人高额回报为诱饵，虚构集资款用途，实际将绝大部分集资款用于偿还到期投资人本息及支付"渠道商"高额返利等非经营性支出，导致集资款不能归还。陈某链作为公司的法定代表人，明知上述经营模式，仍根据其父陈某锋的要求，伙同他人具体负责线上非法集资平台，大肆骗取集资款。经司法审计，陈某锋、陈某链等人非法集资共计人民币 10 亿余元（以下币种均同），造成 600 余名投资人共计 2.8 亿余元的经济损失。

2. 偷越国境事实

上诉人陈某锋在某某公司资金链断裂，无法承兑投资人本息后，伙同多人从云南边境地区偷渡至缅甸。

3. 运送他人偷越国境事实

上诉人陈某锋出于个人原因，先后两次联系他人，安排运送他人从云南边境地区偷渡至缅甸。

【诉讼过程】

上海市公安局虹口分局于 2019 年 1 月 3 日将陈某锋、陈某链涉嫌集资诈骗、非法吸收公众存款、组织他人偷越国境、运送他人偷越国境、

偷越国境案移送上海市虹口区人民检察院审查起诉，该院受理后，于2019年1月14日报送上海市人民检察院第二分院审查起诉。经二次退回补充侦查，上海市人民检察院第二分院审查起诉终结，于2019年7月5日以陈某锋涉嫌集资诈骗罪、偷越国境罪、组织他人偷越国境罪，陈某链涉嫌集资诈骗罪向上海市第二中级人民法院提起公诉。2020年6月29日上海市第二中级人民法院作出一审判决，以陈某锋犯集资诈骗罪判处无期徒刑，剥夺政治权利终身，没收个人全部财产；犯偷越国境罪判处有期徒刑9个月，罚金人民币1万元；犯运送他人偷越国境罪，判处有期徒刑2年，罚金人民币2万元。决定执行无期徒刑，剥夺政治权利终身，没收个人全部财产。以陈某链犯集资诈骗罪判处有期徒刑14年，剥夺政治权利4年，罚金人民币40万元。陈某锋、陈某链提出上诉，2020年10月15日，上海市高级人民法院裁定驳回上诉，维持原判，一审判决生效。

【文书全文】

上海市人民检察院
上诉案件出庭意见书

审判长、审判员：

　　根据《中华人民共和国刑事诉讼法》第235条的规定，我们受上海市人民检察院指派，以检察员的身份出席上诉人陈某锋、陈某链集资诈骗、偷越国境、运送他人偷越国境案的二审法庭，履行法律监督职责。开庭前，检察员审查了本案的全部卷宗材料，复核了证据，提审了上诉人。在刚才的庭审中，检察员充分听取了陈某锋、陈某链的上诉理由及其辩护律师的辩护意见。

　　结合庭审情况，二名上诉人均对一审判决认定的非法集资基本事实、证据没有异议，但对定性和量刑提出异议；陈某锋对一审判决认定的偷越国境、运送他人偷越国境的犯罪事实、证据、定性及量刑均没有异议。

因此，检察员对上诉人不持异议之处简要发表检察意见，不再具体展开，重点结合二名上诉人的上诉理由和辩护意见，围绕非法集资事实的定性、量刑问题发表检察意见，供合议庭在评议时参考。

一、经审查，一审诉讼程序是依照我国《刑事诉讼法》的规定程序进行的，诉讼程序合法

二、经审查，一审判决认定事实清楚，证据确实、充分，目前证据能够认定以下犯罪事实：

（一）集资诈骗事实

在案证据能够证实，上诉人陈某锋明知经营不善，被法院列入失信人名单，仍为筹措资金，借用其子、上诉人陈某链的身份信息设立、控制某某公司，先后开设线上、线下非法集资平台，以承诺投资人高额回报为诱饵，虚构集资款用途，实际将绝大部分集资款用于偿还到期投资人本息及支付"渠道商"高额返利等非经营性支出，导致集资款不能归还。陈某链作为公司的法定代表人，明知上述经营模式，仍根据其父陈某锋的要求，伙同他人具体负责线上非法集资平台，大肆骗取集资款。经司法审计，陈某锋、陈某链等人非法集资共计人民币10亿余元（以下币种均同），造成600余名投资人共计2.8亿余元的经济损失。

上述事实，有翁某某、朱某等涉案人员的证言，部分投资人的陈述，工商营业执照、《借款协议》《个人出借咨询与服务协议》等书证，司法审计报告等鉴定意见予以证实，二名上诉人对基本事实亦供认不讳，已形成闭合的证据链，足以认定。

（二）偷越国境事实

在案证据能够证实，上诉人陈某锋在某某公司资金链断裂，无法承兑投资人本息后，伙同多人从云南边境地区偷渡至缅甸。

（三）运送他人偷越国境事实

在案证据能够证实，上诉人陈某锋出于个人原因，先后二次联系他人，安排运送虞某某等人从云南边境地区偷渡至缅甸。

上述二节事实，有虞某某等涉案人员、陈某锋的女儿陈某某等的证言予以证实，陈某锋亦供认不讳，足以认定。

三、本案一审判决定性准确，量刑恰当，二名上诉人认为集资诈骗罪的定性有误及量刑过重的上诉理由不能成立

（一）上诉人陈某锋辩称其没有非法占有投资人钱款的故意，因此不构成集资诈骗罪，但经审查，该定性准确，符合法律规定

1. 陈某锋、陈某链等人不具备兑现还本付息承诺的能力。陈某锋在成立某某公司之前，就已经欠下了数千万元的巨额外债未能偿还，陈某锋为此被法院列为失信人黑名单，陈某锋明知其负债累累，对外不具备偿还能力，仍借用陈某链身份信息注册成立涉案公司，向投资人随意承诺高额利息回报，实际根本不具备兑现承诺的能力。

2. 陈某锋、陈某链等人不具备兑现还本付息承诺的行为。陈某锋等人为非法集资，向投资人随意承诺高息回报，后为进一步非法集资，发展所谓的"羊头"，由"羊头"拉拢其他投资人前往投资，在承诺给以投资人高息回报外，同时给予"羊头"高额返利，司法审计确认，某某公司吸收的集资款高达10亿余元，其中支付投资人的本息高达8亿余元，进一步证明绝大部分的集资款都用于偿还到期投资人的本息和"羊头"的高额返利，仅有极少量资金投入所谓二手车经营、车贷和个人放贷，也就是说，上述经营模式不具备可持续性，资金盘崩塌具备必然性，陈某锋等人不具备兑现还本付息承诺的行为。

3. 陈某锋等人在资金链断裂后，具有明显的逃匿行为。陈某链在2018年6月27日某某公司发布公告停止兑付投资人本息之前，即逃往泰国，同时携带了数百万元资金，并将其中100余万元资金放在其朋友的账户供其日后使用，之后陈某链又在陈某锋安排下逃往塞内加尔；陈某锋也在某某公司崩盘后与其妻结伙他人以偷渡方式逃往缅甸，之后又组织他人将其在国内的未成年女儿以偷渡方式带往缅甸与其会合。陈某锋一家皆已做好了长期逃亡的准备，逃避罪责的主观心态明显。

综上所述，根据最高法《关于审理非法集资刑事案件具体应用法律若干问题的解释》第四条等规定，目前证据足以证实陈某锋、陈某链具备非法占有投资人钱款的主观故意，其行为构成集资诈骗罪，且系共同犯罪，一审判决定性准确。

(二）二名上诉人辩称一审判决认定的非法集资数额过高，量刑过重，但经审查一审判决认定的相关数额准确，量刑适当

1. 一审判决认定本案犯罪数额准确

一审判决认定本案非法集资规模共计 10.9 亿余元，给 600 余名集资投资人造成实际经济损失共计 2.8 亿余元。

就非法集资规模认定，经审查，本案非法集资款来自线上线下两个部分，线上部分是投资人通过新浪支付平台向某某公司某某平台投资，该部分金额累计 10.6 亿余元；线下部分主要根据投资人的报案材料，该部分金额共计 0.2 亿余元，合计 10.9 亿余元。

就投资人经济损失的数额认定，经审查，就线上部分而言，结合某某公司某某平台资金往来明细等书证材料，该部分投资人亏损累计 2.6 亿余元；就线下部分而言，根据该部分投资人的报案材料，亏损累计 0.2 亿余元，合计 2.8 亿余元。

经审查，本案审计资格完备，审计方法规范，审计结论不仅是依据投案人提供的证据材料，而是主要依据线上平台的资金进出明细认定，检材完整准确，可信度高，因此，审计报告认定的犯罪数额准确，应予采信。而反观陈某锋、陈某链，二人不能提供任何反证或可以开展核实的线索，据此，相关辩解不能成立。

综上，承办检察官认为，一审判决就本案非法集资规模、给投资人造成的经济损失等犯罪数额的认定准确。

2. 一审判决对二名上诉人犯集资诈骗罪的量刑适当，符合罪责刑相当原则

经审查，正如一审判决认定，就犯罪行为的客观危害性而言，本案非法集资数额高达 10 亿余元，参与投资人员达数千人，最终给 600 余名投资人造成 2.8 亿余元的严重经济损失，迄今未能有任何退赔。因此，本案的发生，不仅严重扰乱金融管理秩序，更严重危害投资人的财产安全和社会稳定。就上诉人的主观恶性而言，陈某锋是在明知自己负债累累，被法院列入失信人名单的情况下，仍借用陈某链身份信息注册涉案公司，对投资人的投资款严重不负责任，在资金链断裂后，不仅没有采取任何补救措施，反而偷渡至国外，更早早安排陈某链出逃

至非洲,逃避罪责的主观心态明显。陈某链明知陈某锋做生意失败,被法院列入失信名单,仍出借自己的身份信息供陈某锋注册涉案公司,不久更是直接管理线上集资平台,实施和完成了绝大部分的非法集资活动,在骗局败露之前,听信陈某锋的安排,携带资金逃至非洲,亦充分体现妄图逃避罪责的主观心态。据此,二人的主观恶性较深。因此,综合考量本案社会危害性和行为人的主观恶性,应当对二名上诉人从严惩治。具体而言:

(1) 一审判决的量刑符合法律规定。正如一审判决认定,陈某锋、陈某链的行为均构成集资诈骗罪,且犯罪数据均属特别巨大,法定刑期为十年以上有期徒刑或者无期徒刑,并处五万元以上五十万元以下罚金或者没收财产。虽然二人均系坦白,但综合全案情节,依法不足以从轻处罚。因此,综合案情,一审判决陈某锋犯集资诈骗罪,判处无期徒刑,剥夺政治权利终身,并处没收个人全部财产;判处陈某链犯集资诈骗罪,判处有期徒刑十四年,剥夺政治权利四年,并处罚金四十万元。

(2) 对二名上诉人无需区分主、从犯。正如一审判决认定,本案无需区分主、从犯。在刚才的法庭调查中,陈某链及其辩护人认为,陈某链系根据陈某锋安排,负责线上平台,相关技术工作和发展"羊头"都是马某某负责,陈某链不仅对涉案账户无直接控制权,而且有事也需要对陈某锋和马某某汇报。但经审查,陈某锋与陈某链系父子关系,陈某锋对作为外人的马某某并不放心,正是基于对陈某链的信任,才安排陈某链至线上平台开展管理,负责监督马某某,实际上,刚才在回答检察员发问时,陈某链也承认了这点,因此,陈某链在本次犯罪中的作用重要、地位明显,而且马某某并未到案,因此,无需对二名上诉人区分主、从犯。

但一审法院从案情本身出发,认为与陈某锋相比,陈某链的犯罪作用均相对稍轻些,因此,综合案情,一审判决对陈某锋判刑更重,对陈某链判刑稍轻是合法合理的。

综上所述,一审判决对二名上诉人犯集资诈骗罪的量刑适当,符合罪责刑相当原则。

（三）一审判决对上诉人陈某锋犯偷越国境罪、运送他人偷越国境罪的定性准确、量刑适当，并将二罪与其犯集资诈骗罪的无期徒刑合并，决定执行无期徒刑，符合法律规定。陈某锋对此亦无异议

审判长、审判员，综上所述，经过刚才的庭审调查，检察员认为，上海市第二中级人民法院一审判决定性准确，量刑适当，上诉人陈某锋、陈某链的上诉意见和理由缺乏事实和法律依据，建议法庭驳回上诉，维持原判，检察意见发表完毕。

20××年×月×日当庭发表

【承办检察官心得体会】

本案系一起发生在上海的非法集资案件，至案发共造成600余名被害人共计人民币2亿余元的严重经济损失，社会影响较大。上诉人陈某锋、陈某链被一审法院以集资诈骗罪判刑后，均提出上诉，认为没有非法占有故意，对一审判决的定性、量刑均提出异议，而不少受害群众针对上诉情况提出意见，认为上诉理由不能成立，请求司法机关依法严惩二名被告人。经审查全案证据材料，特别是详细审查二名上诉人在一审阶段的供述和辩解，以及上诉理由，承办检察官确定了文书撰写思路。

（一）布局清晰

文书总体结构按照先程序后实体阐述审查意见，实体部分按照事实证据、法律适用、量刑情况、上诉人上述理由及审查意见开展撰写，文书的最后部分对审查意见进行总结，做到结构清晰，一目了然。需要注意的是，上诉人陈某锋除涉嫌集资诈骗罪外，还涉嫌偷越国境罪、组织他人偷越国境罪，但因后两个罪名涉及的不是主要犯罪事实，且陈某锋对一审法院事实认定、定罪量刑均无异议，可将这块内容放在文书后半部分，简要阐述审查意见。

（二）重点突出

出庭意见书既有要素应当全面，但全面不代表面面俱到，而是要分清主次、详略得当、重点突出，对于没有争议的部分可以简要阐释，对

于争议突出的部分，特别是针对上诉理由和辩护律师意见部分，需要详细阐述，逐条开展论证。本案中，对于一审办案程序、集资诈骗事实等没有争议的问题，简要阐述，重点在于围绕二名上诉人对一审法院定性及量刑的意见，开展重点审查。

（三）论证严密

针对二名上诉人认为在实施涉案非法集资活动时没有非法占有故意，且以集资款未被肆意挥霍等常见非法占有手法为佐证。相关审查意见应当严格根据刑法及司法解释的规定，运用刑事推定方式，结合全案证据，从陈某锋、陈某链事先不具备兑现还本付息承诺的能力、事中不具备兑现还本付息承诺的行为、事后在资金链断裂后具有明显的逃匿行为等三方面充分论证上诉人的非法占有故意，进而证明一审定性准确。针对二名上诉人认为量刑过重的意见，可以在准确定性基础上，结合各上诉人的涉案事实、性质、情节以及对于社会的危害程度阐述审查意见，进一步证明一审量刑于法有据、恰当合适。

承办检察官希望通过一份论理清晰、逻辑严密、令人信服的出庭意见书，有效发挥法定职责，帮助二审法庭进一步查明事实，准确定性，积极回应受害群众诉求，全面发挥检察职能。

【专家点评】

非法集资类犯罪案件高发多发，形势一直复杂严峻。本案是非法集资案件的典型案例，具有较大的理论和实践意义。本案为二审案件，事实清楚，主要涉及集资诈骗、偷越国境和运送他人偷越国境三个罪名，其中，控辩双方仅对集资诈骗罪的定性和量刑存在争议。因此，如何将案件事实和法律依据相结合，论证一审判决定性准确、量刑适当，是二审出庭检察员需要解决的核心问题。

本意见书正是准确抓住了案件的主要争议点，紧紧围绕行为是否构成该罪、一审认定数额是否准确、量刑是否合适展开深入论述，对上诉人不持异议之处则一带而过，不再具体展开，繁简得当。同时为了保证体系的完整性，意见书也言简意赅地提及一审诉讼程序合法、证据确实充分等其他问题，整体读来不仅结构完整，且主次分明。

意见书在分析是否构成集资诈骗罪，以及量刑是否失衡等争议点时，论证严密，说理充分。例如，是否具有非法占有目的是区分集资诈骗罪和非法吸收公众存款罪的关键，意见书结合案件事实和司法解释规定，分别从上诉人不具备还款能力和行为，且在案发后存在逃匿行为等角度，认定上诉人具有非法占有目的，进而构成集资诈骗罪，颇具说服力。意见书在量刑方面的分析更是层层递进、可圈可点，首先通过审查，肯定了审计报告认定的犯罪数额，并以此作为量刑的基本根据。其次提出应贯彻罪责刑相适应原则，从二名上诉人行为的法益侵害性、罪过形态以及共同犯罪中的角色分工等层面，肯定了一审判决在集资诈骗罪量刑上的适当性。最后考虑到本案为数罪案件，认为应与偷越国境罪、运送他人偷越国境罪数罪并罚，进而确定最后的刑期。意见书对以上争议点中的案件事实和相关证据进行了全面且客观的分析，对法律问题的讨论也合法合理，逻辑清楚、结论准确。

另外，本意见书体现出刑法规范、刑法原则和刑事政策的有机结合，力求实现法律效果和社会效果的统一。在如实审查案件证据的前提下，一方面坚持罪责刑相适应原则，通过涉案金额明确量刑幅度；另一方面贯彻宽严相济刑事政策，基于二名上诉人妄图逃避罪责的主观心态，认为应进行从严打击，可以有效实现刑罚目的，起到良好的防治效果。

集资诈骗罪属于性质严重的涉众型经济犯罪，案情复杂，时间跨度大，涉案人员和受害人数量众多，线上平台的加成又增加了案件的侦查和认定难度。同时，集资诈骗等非法集资类案件也直接关系到人民群众的切身利益，会影响到金融秩序的健康发展和社会的稳定大局。本意见书充分体现出检察机关为人民服务的精神、严谨的工作态度和深厚的法律素养，有利于帮助二审法庭查明案件事实、准确定罪量刑，值得推荐。

（点评人：冀莹，对外经济贸易大学法学院副教授）

41. 谢某峰、罗某生抢劫案出庭意见书

【简要案情】

曾同仓服刑的被告人罗某生、谢某峰刑满释放后，于2018年8月初陆续前往海南省儋州市。因寻找商机不成且经济拮据，二人于2018年8月下旬开始共谋实施抢劫。二人或共同或单独寻找抢劫目标，先后对儋州市某甲镇某某珠宝店、某某金银加工店、某某金店等店铺进行踩点，还曾预谋绑架某店铺的老人或小孩，预谋抢劫某KTV的股东，均因二人认为作案条件不成熟而放弃。

同年9月初，罗某生、谢某峰对儋州市某甲镇××路上的某某金行经过多次踩点查看及跟踪金行的两个股东的行踪，发现该金行销售的金银首饰数量多，店铺内无后门，晚上无人值守，并掌握了金行每天营业起止时间、金行大门钥匙的保管情况、股东林某某（被害人，殁年37岁）居住的某某小区较为僻静等信息，认为符合抢劫条件，遂决定抢劫林某某随身携带的金行钥匙，打开金行大门以劫取金行的财物。期间，谢某峰准备了发射钢针的弓弩、罗某生准备了弹簧刀等作案工具；谢某峰还将其汽车车牌伪造为闽××××××，出资让罗某生购买口罩、一次性手套等物品以隐瞒身份和痕迹。

9月11日晚10时许，谢某峰和罗某生再次到某某金行外观察情况，金行关门后谢某峰驾车载罗某生尾随林某某驾驶的琼×××××× 某某牌汽车到某某小区门外，步行进入小区，查看林某某的停车地点和居住的单元楼附近的情况，确定了抢劫的对象、地点和方式。9月13日晚10时许，谢某峰驾驶伪造车牌的东风日产汽车送罗某生进入某某小区，罗某生携带弹簧刀藏身在林某某居住的××栋楼门对面的竹林中。谢某峰开车到某某金行附近守候观察，确定林某某关闭金行大

门后准备驾车回家，立即开车返回某某小区，将车停在小区门外，步行至罗某生藏身处，持弓弩共同守候林某某。当晚10时57分，林某某驾车返回某某小区××栋楼下，停好车后走向自家楼门口时，谢某峰先持弓弩冲出，从背后对林某某发射了一枚钢针，林某某被击中后发出一声呼喊并转身观察情况，谢某峰扔下弓弩上前搂抱林某某进行控制，罗某生随即持弹簧刀冲上，向林某某胸腹部捅刺一刀，因刀刃折回割伤自己的手指，罗某生再次打开弹簧刀连续捅刺林某某胸腹部数刀，致林某某身体大量失血，立即失去意识。随后，二人将林某某抬放到琼××××××某某牌汽车后排，驾车欲逃离，发现作案工具未带离现场又折返，寻回遗落的作案工具，之后逃离某某小区。途中，罗某生从林某某的身上搜得某某金行的钥匙及现金4000余元。随后，罗某生到儋州市某某医院治疗手上的伤口，谢某峰将被害人的某某牌汽车开到一个加油站路口处停放，独自返回某某小区门口取回自己的东风日产汽车，途中用矿泉水瓶从他人的摩托车上偷取了半瓶汽油。次日凌晨2时40分，谢某峰和罗某生开车来到某某金行对面，谢某峰佯装去金行隔壁的商店购物以吸引店主的注意，罗某生用抢得的钥匙打开金行大门，因不熟悉开门方法引发报警器报警，抢劫金行财物未遂。之后，谢某峰驾驶东风日产汽车，罗某生驾驶被害人的某某牌汽车逃离儋州市，在儋州市某乙镇×××十七队香蕉林附近将被害人尸体及某某牌汽车焚烧。谢某峰在逃往海口市途中，将作案用的衣服、弹簧刀、弓弩、帽子等物品丢掉。9月14日15时许，二人逃至广东省开平市某丙镇高速收费站处，被开平市公安局民警抓获。

【诉讼过程】

本案由儋州市公安局侦查终结，以被告人谢某峰、罗某生涉嫌抢劫罪、故意杀人罪，于2018年12月19日向儋州市人民检察院移送审查起诉，儋州市人民检察院于2018年12月24日报送海南省人民检察院第二分院审查起诉。该院审查后，于2019年3月21日以谢某峰、罗某生涉嫌抢劫罪、盗窃罪、故意毁坏尸体罪提起公诉。海南省第二中级人民法院经公开开庭审理，于2019年6月19日作出刑事附带民事判决。以抢劫罪判处罗某生、谢某峰死刑，剥夺政治权利终身，并处没收个人全部财产。宣判后，被告人罗某生、谢某峰均以其系从犯、原判死刑量刑过重为由提出上诉。二审阶段，经补查核实证据，进一步查明二犯的作案经过及各自在共同犯罪中的地位、作用，建议二审法院按照查明的事实，调换罗某生、谢某峰的排序，即将罪责更大的谢某峰排在罗某生之前，并维持一审对二人的定罪量刑。二审法院完全采纳检察员出庭意见，纠正前述事实认定错误后，维持原判的定罪量刑，报请最高人民法院核准对二犯的死刑。经最高人民法院核准，罗某生、谢某峰已于2021年3月被交付执行死刑。

【文书全文】

海南省人民检察院
上诉案件出庭意见书

审判长、审判员：

根据《中华人民共和国刑事诉讼法》第二百三十五条的规定，我们受海南省人民检察院指派，代表本院，出席法庭，依法履行职务。

庭前，检察员认真审阅了案卷材料，核实并补正了相关证据。在今天的法庭调查中，我们又认真听取了上诉人及其辩护人的意见，出示了新调取的证据。下面我们将对本案的事实、证据、程序、辩护观点和一审判决发表如下意见，请法庭注意。

一、审判决认定罗某生、谢某峰犯抢劫罪的事实清楚，证据确实、充分，定性准确，程序合法

侦查阶段、审查起诉阶段及一审庭审中，罗某生、谢某峰对两人共谋劫取他人财物，共同实施寻找作案目标、准备工具、跟踪被害人等犯罪预备行为，共同杀死被害人林某某、夺得金行钥匙，劫取金银财物，以及焚尸灭迹等犯罪行为，供认不讳。罗某生、谢某峰及两人的辩护人对印证上述一系列行为的证据亦不持异议。

检察员认为：本案发、破案过程自然、客观，罗某生、谢某峰被抓获归案后的供述能够相互印证，且有物证、书证、现场勘查笔录、辨认笔录、鉴定意见、电子数据、证人证言等证据予以佐证，证据之间能够形成完整的证据链，足以认定罗某生、谢某峰为劫取金银财物而杀害林某某的犯罪事实。罗某生、谢某峰以非法占有为目的，以暴力方法杀死他人，劫取巨额财物，根据《中华人民共和国刑法》第二百六十三条的规定，两人的行为构成抢劫罪。

同时，一审诉讼程序合法，上诉人罗某生、谢某峰的诉讼权利依法得到了有效保障。

二、关于补充认定谢某峰有关犯罪行为的说明

在法庭调查阶段，上诉人谢某峰及其辩护人辩称，谢某峰持弓弩射击林某某后即在一旁观看、未继续实施杀害被害人的行为。对此，检察员在二审阶段调取了相关新证据，并已向法庭出示，但由于这个问题关系到两名上诉人的量刑轻重，因此，我们对这个问题进行重点说明。

（一）从两人供述和监控视频来看，有证据证实谢某峰持弓弩射击林某某后，上前勒住林某某脖子防止其呼救、反抗、逃脱的事实。罗某生供称："谢某峰先冲过某某小区××栋前的马路，用弓弩射击被害人头部，被害人喊了一声，谢某峰就将弓弩丢在一旁，用左手勒住被害人的脖子，谢某峰的右手我没有注意看，我上前用刀捅刺被害人……"。谢某峰供称："被害人离楼梯口防盗门只有约一步远的距离时，我害怕被害人进入防盗门后，不好控制被害人，所以我就持弓弩朝被害人背部射了一箭……"，其为防止"不好控制被害人"而射击，自然不会在射击后任由被害人林某某呼救、反抗、逃脱，失去控制。小区监控视频亦显示，谢某峰手持弓弩冲在前，而罗某生尾随其后。被害人被弩箭射中时，距离防盗门只有一步之遥，也就是说，如果不是谢某峰冲上去，及时控制住被害人，待罗某生从他身后绕过来追赶被害人时，被害人一定不会待在原地不动，那么，实施捅刺的位置离防盗门就不可能只有一米远。这就进一步印证了罗某生所供称的谢某峰勒住被害人脖子后，罗某生上前捅刺的供述。

（二）从案件事实来看，如果仅凭罗某生一人，无法在20秒内单独完全制服林某某。被害人林某某正值青壮年，身体比罗某生高大，反抗能力较强；证人曾谋谋、李某某均称，案发当晚约 11 时许只听到"啊"的一声叫喊，未听到其他异常；监控视频显示，被害人被完全制服仅用时 20 秒。罗某生供称，前两次持刀捅刺均未捅进被害人身体，因弹簧刀未卡死、刀刃折回后割伤了自己右手，第三次捅刺时，特意将刀在地上划了一下、把刀刃卡死后，才捅进被害人身体，因此，在罗某生追上林某某并三次捅刺的过程中，如果仅凭罗某生一人，想要完全控制住林某某，使其既不能跑，也不能喊，又不能反抗，任由一个比自己瘦小的人反复捅刺，并在短时间内丧失反抗能力，完全是有悖常理。另外，罗某生亦供称，其一个人单独对付不了被害人。

（三）从证人证言来看，谢某峰关于其持弓弩射击后即在一旁观看的辩解，与证人证言相互矛盾。谢某峰辩称，其射完箭后看到某甲室有一女子看着他，因害怕将弓弩放在地上，其又看见某乙室有人开灯，因此没有上前控制被害人。在法庭调查阶段，检察员出示宣读了证人李某某、曾某某的证言，某甲室李某某称，案发当晚听到外面有一声叫喊声后，继续睡觉，没有走出卧室查看；某乙室曾某某称，当时家中的灯是关着的。显然谢某峰的辩解不真实，与证人证言相矛盾，应不予采信。同时，检察员提请合议庭注意，案发现场就在一楼窗户底下，谢某峰离楼体很近，必须要有意将身子仰起来，抬起头才能看到楼上的情况。当时的情形是，被害人还没有控制住，金行钥匙还没到手，楼上又没有任何响动，谢某峰为什么不去控制被害人、帮同伙抢钥匙，却要抬头往上看。因此，谢某峰的辩解明显不符合常理。小区监控视频亦证实，案发时，李某某家某甲室和曾某某家某乙室没有灯光。显然，这是谢某峰为逃脱共同杀人的罪责而编造的谎言。

综上，二审阶段提出的新证据和原在案证据能够相互印证，证实谢某峰持弓弩射击后继续上前，控制被害人林某某的事实，请二审法院在裁判中补充予以认定。

三、对罗某生、谢某峰上诉理由及辩护人辩护观点的综合答辩意见

（一）关于抢劫犯意的提起。罗某生、谢某峰均上诉称，是对方提出抢劫的犯意，检察员认为两人的上诉理由均不成立。罗某生、谢某峰均背负债务，具有作案动机。谢某峰、罗某生经共同商议后进一步分工配

合，寻找目标、对金行踩点、跟踪被害人。锁定目标后，两人发现被害人进出楼梯间的地方光线暗，便于下手，遂确定作案地点，计划抢得金行的钥匙后，劫取金行内财物，共同抢劫的犯罪故意十分明显，且非常坚决，应认定两人共谋产生了劫取林某某财物的犯意。

（二）关于罗某生、谢某峰在共同犯罪中的地位和作用。罗某生、谢某峰均上诉称，对方是主犯而本人是从犯，综合全案的事实和证据，检察员认为，两人的上诉理由均不成立：

在犯罪预备阶段：为了选准犯罪对象，两人对儋州市的麒某金行、某某珠宝店、某某金银加工店和某某金行均进行了详细踩点。在确定被害人林某某为作案目标后，两人分工配合，积极为实施犯罪做准备：其中罗某生主要对某某金行进行了踩点，谢某峰提供跟踪被害人的作案车辆，主要对被害人居住地方进行了踩点。

在犯罪实行阶段：两人都持械连续对被害人实施暴力，相互配合压制被害人反抗，将被害人杀死后劫取财物。证据显示，被害人走到楼梯间的防盗门前时，谢某峰迅速跟上持弓弩近距离射中被害人，并立即对其实施控制，罗某生随后持刀捅刺被害人，致其完全丧失反抗能力后，两人共同将被害人拖入被害人汽车内，谢某峰驾车和罗某生一起逃离。在劫取金行财物过程中，谢某峰先以购物为名，吸引隔壁店主注意，再由罗某生持钥匙打开金行大门，因触发金行内报警器，被隔壁店主发现异常而未得逞，谢某峰马上开车接应罗某生逃离。

在犯罪后续阶段：两人将被害人随身财物平分，共同毁灭罪证，将被害人尸体和车辆焚毁，其中谢某峰事先准备汽油，选择焚毁的地点；罗某生积极实施点火行为。

综上，从本案情况来看，在主观方面，两人经共谋形成了杀人抢劫的犯罪故意；在客观方面，两人分工协作，密切配合，共同实施了杀害被害人、抢劫财物、焚烧尸体和车辆等犯罪行为，综合全案，两人在犯罪中地位、作用基本相当，无主次之分，但谢某峰的作用略显突出，建议二审法院在裁判中将谢某峰排序在罗某生之前。

四、一审判决对罗某生、谢某峰均判处死刑，罚当其罪

上诉人罗某生、谢某峰均辩称，量刑过重，请求从轻处罚。检察院认为，一审判决对两人量刑适当。

（一）两人犯罪动机极其恶劣，主观恶性极深。本案是一起有预谋的杀人劫财案件。为了劫取某某金行内财物，在案发前半个月，罗某生和谢某峰便开始踩点，多次跟踪被害人，最后商议决定，在光线阴暗的单元门口杀死被害人，夺取金行钥匙。为实施犯罪，谢某峰准备汽车，携带弓弩等作案工具，谢某峰还叫罗某生购买口罩、撬棍并准备弹簧刀，两人还对汽车号牌进行伪装。两人准备的都是极具杀伤力的致命凶器，近距离射击和捅刺的都是被害人的要害部位，充分说明两人从一开始的犯意，就是想办法杀死金行老板，再抢夺金行钥匙，进而劫取金银财物，其犯罪危害程度远远高于临时起意的犯罪。

同时，罗某生、谢某峰均系累犯，可以说罪行累累、劣迹斑斑、屡教不改。罗某生在前次犯罪中，持刀连砍被害人陈某杰数刀，致被害人开放性颅脑损伤，2014年9月刑满释放后4年内，又公然持刀杀害金行老板、抢劫金行，前后两罪均属严重暴力犯罪。谢某峰自成年后至实施本次抢劫杀人的20年间，先后4次犯罪，被判处有期徒刑累计16年，2015年11月刑满释放后不到3年，更是以极其残忍的手段杀人劫财、焚尸灭迹。足见两人暴虐成性、冥顽不化，如不予严惩，则不能以儆效尤，有效打击防范犯罪。

（二）两人犯罪手段和情节特别残忍。两人持杀伤力极大的弓弩和弹簧刀，在被害人的家门口，共同实施杀害行为，且一人持弓弩近距离射击后，勒住被害人脖子，让其无法呼救逃脱；另一人持刀上前多次捅刺被害人身体，手段十分残忍，现场血迹遍地。杀人后，两人开着被害人的车，拉着还在流血的被害人尸体若无其事地去医院就医、偷汽油，回家换衣服后再到金行抢劫，作案中显得非常老练、从容，没有丝毫杀了人之后的慌乱和愧疚。为掩盖罪行，两人将被害人尸体和汽车浇上汽油焚烧，焚烧现场惨不忍睹，令人发指。为逃避侦查，两人逃跑途中销毁、丢弃了作案工具，分取血迹斑斑的被害人财物后立即驾车逃离海南。以上种种行为，充分表明两人犯罪手段血腥残忍、惨无人道。如不予严惩，则无法有效保护人民，维护稳定。

（三）两人犯罪后果特别严重。两人在被害人家门口将其残忍杀害，让当地群众倍感恐慌,给被害人家属带来了痛断肝肠的伤害。本案作案地点位于儋州市繁华地段的某某小区,该小区有 500 多住户 1000 多名居民,虽是晚上 11 点左右,但仍不时有人员和车辆往来。本应和泰安康的小区,林某某却在一步之遥的家门前被残忍杀害,这让某某小区及附近居民蒙上巨大心理阴影,正如证人曾某某所言"很害怕,感觉不安全,由于没有其他住房,只能住在这里。"证人李某某案发后迅速搬离了某某小区,到其他地方居住。被害人林某某在莫名的恐惧和巨大的疼痛中失去了生命,朝夕相伴的妻子没能在深夜等来劳累了一天的丈夫,年幼的儿子不会想到自己的父亲倒在了家门前再也回不了家,年迈的母亲更是要承受白发人送黑发人的痛楚,终日以泪洗面,在一审庭审期间当场晕厥。两人惨无人道的暴行,引起了当地群众的极大愤慨。如不予严惩,则不足以平民愤。

(四)两人犯罪社会影响特别恶劣。当前,我省自贸区自贸港建设加速推进,党中央和习近平总书记高度重视,海南备受国内外关注。如果不对严重危害社会稳定、侵害人民群众人身和财产权利的犯罪严厉打击,哪有外地客商敢来海南投资兴业?老百姓哪有幸福感和安全感?罗某生、谢某峰目无法纪,在居民小区内用极其残忍的手段将来到海南投资经商的广东普宁籍被害人林某某杀害,谋财害命,严重威胁了外来经商者的生命和财产安全,严重破坏了海南的社会秩序,严重损害了海南的营商环境,对自贸区自贸港建设带来了极大的负面影响。如不予严惩,就无法为自贸区自贸港建设提供和谐稳定的社会环境,营造国际一流的法治化营商环境就是一句空话!

综上,一审判决认定罗某生、谢某峰犯抢劫罪的事实清楚,证据确实、充分,定性准确,量刑适当,程序合法;建议二审法院采纳检察机关补充认定的事实;罗某生、谢某峰的上诉理由不成立,建议二审法院驳回上诉,维持原判。

【承办检察官心得体会】

本案系一起经过精心策划、长期预谋、配合周密、谋财害命的恶性抢劫案件。人命关天,两个嫌疑人却都说主意不是自己出的、杀人的事不是自己干的，要做到客观公正、不枉不纵，必须查明每一个细节。

因二犯有暴力犯罪前科，具有较强反侦查能力，且经多次踩点后刻意选择在深夜于僻静区域蒙面作案，作案时无目击证人，监控不能展示主要作案经过，作案后带走作案工具并毁尸灭迹，加之二犯推诿罪责，犯意提起、踩点预谋、作案目标选取、作案计划的制定、作案过程特别是如何杀死被害人等的情节，既关系到二犯的地位作用等基础事实的认定，也直接影响到刑罚的裁量特别是死刑的适用。

为准确查明案件事实，提出精准的出庭意见，主办检察官在出庭履行职务前做了大量细致的工作。认真审阅全部案卷材料，通过仔细阅卷、提审被告人、复勘现场、走访案发现场周边群众、与案件原承办人沟通了解，发现本案存在的一些疑点和问题，列出了详细、具体的补查提纲，通过检察机关自行侦查和公安机关补充侦查，共收集了20余份新证据。经多次组织讨论、研究案件，吃透案情，精心制作出庭讯问提纲、示证提纲、出庭意见等，做到成竹在胸。

围绕客观性证据，结合言词性证据，反复比对甄别，补充核实以下细节，为二审出庭意见的形成奠定了坚实的事实证据基础。一是结合二人的手机聊天记录和二人的供述辩解，查明预谋阶段，二人共同起意，共同谋划。罗某生主要负责寻找作案目标，由谢某峰确定抢劫对象，后二人共同实施踩点、跟踪行为，且二人经长期准备，先后选择了多个作案目标，犯意非常坚决。二是围绕地面遗留的带有被害人DNA的弩针、被害人被射中后20秒内被杀死，而持刀捅刺的罗某生体型较小且手指两次受伤，结合现场勘查、走访，专业技术咨询，以及讯问核实被告人供述辩解，查明在实施犯罪阶段，谢某峰率先持弓弩射中被害人后，又搂抱控制被害人，罗某生随即持刀捅刺被害人，二人协同致被害人当即死亡。在致被害人死亡的行为中，二人行为互动，作用相当，均系积极实施者。三是根据二人供述及体表检查等细节，查明二人驾车逃离现场后，谢某峰准备助燃的汽油、选择焚烧尸体的地点，罗某生负责点火焚烧。四是根据监控显示的谢某峰持弓弩冲出、谢某峰双手抬起被害人上身以及罗某生所述谢某峰左手并无异常的情节，驳斥了谢某峰关于其左臂活动受限不可能控制被害人的辩解。

通过梳理和精细化审查在案客观性证据，收集补充大量新证据，查明二犯案发前均背负债务，经济拮据具有作案动机。二犯刑满释放后不思悔改，经长期预谋策划，多次踩点，先后选择不同作案目标，确定抢劫对象后，又跟踪被害人，选择作案地点，准备犯罪工具，以残忍手段杀死被害人后再劫取财物，且毁灭罪证焚尸灭迹，到案后推诿追责，毫无悔过表现，主观恶性和人身危险性极高。经过二审庭审充分举证质证，证明谢某峰、罗某生抢劫前的预谋事实，谢某峰在持弓弩射击被害人后迅即控制被害人的事实，建议二审法院补充认定。在共同犯罪中，二人分工协作，密切配合，共同实施了杀死被害人、抢劫财物、焚烧尸体和车辆等犯罪行为，二人在犯罪中地位、作用基本相当，无主次之分，但谢某峰的作用略显突出，建议二审法院在裁判中将谢某峰排序在罗某生之前，维持原判的定罪和量刑。2019年11月15日，本案宣判，出庭检察员意见被全部采纳，判决纠正了一审事实认定错误后，维持了对二犯的定罪量刑。

【专家点评】

对于上诉案件而言，出庭意见书是二审阶段检察官出庭履职的核心文书，相较于一审的公诉意见书，其撰写难度更大、功能更为综合。同公诉意见书相同的是，二者都是高度个性化的文书，除了首尾的格式要求和内容要素要求外，对于内容如何具体表述并无限制，灵活性极强。但对于上诉案件而言，如果在发表意见时一味重复一审公诉意见的内容，则会显得非常单调，沦为对一审出庭的补充和附庸。如何才能呈现出精彩的二审出庭意见呢？这份文书显然是一个非常好的例子。

（一）在证据补充和事实认定上下足功夫

这篇出庭意见书最大的亮点在于对新证据的补充和对事实的重构、细化。20多个新证据的展示和分析，尤其对于谢某峰在射出一箭后是否参与控制被害人问题的分析上，可谓精彩至极，让读者仿佛回到了案发的那个夜晚，仿佛代入到了谢某峰的第一视角，为何被害人中箭后原地不动？为何罗某生仅在20秒内就完全制服了高大的被害人？为何被害人既不跑、又不喊、还不反抗？为何谢某峰射箭后要仰头看向住宅楼？一切的一切指向同一个真相——谢某峰在说谎，他参与控制了被害人。这一连串的分析可谓是如丸走坂、酣畅淋漓。

(二)在法律分析和答辩意见上做足文章

本案的争议焦点围绕二行为人在共同犯罪中的作用、地位展开,作用为何?地位高低?是否从犯?面对辩护人的这些问题时,这篇文书采取的阶段分析法恰如其分,从犯罪预备到行为着手,再到后续收尾,二人分工协作、密切配合,没有任何一人有缺位行为,有力地驳斥了辩护人关于从犯的意见。此外,本篇文书基于新补充的详细证据和法律分析,细化了二行为人的参与度,重新认定了二人的排列顺序并得到法院采纳,是另一大亮点。

(三)在主观恶性和犯罪影响上用足心思

对于二行为人抢劫的犯罪事实,文书没有囿于事实和定性本身,而是从更为宏观和更为微观的视角去思考案件的影响,除工具准备、实行过程、善后行为等行为性质本身的角度外,还从前科劣迹、对案发地居民的影响、对辖区经济发展等多个层面进行分析,尤其是对案发地居民影响的分析收集了极为详实的印证材料。

2020年最高人民检察院印发的《人民检察院刑事诉讼法律文书格式样本》规定,出庭意见书应当对犯罪事实是否清楚、证据是否确实充分、案件诉讼程序是否合法、被告人犯罪行为性质、严重程度、原审判决书适用法律、定罪量刑是否正确等方面发表意见。虽然本篇文书成文于2020年前,但从要素上已经全部涵盖了上述格式样本规定的内容,且行文流畅、字斟句酌,将法、理、情融为一体,是一篇不可多得、值得学习的出庭意见书。此外,本案由省院检察长出庭,落实领导办案制度,发挥了带头示范作用,提升了司法公信力。

(**点评人:** 高尚,湖北省武汉市汉阳区人民检察院第二检察部主任、全国十佳公诉人)

42. 张某超诈骗、侵犯公民
个人信息案出庭意见书

【简要案情】

1. 诈骗犯罪

2020年5月起，被告人张某超伙同钟某坚等人（另案处理），密谋以证券投资为由，骗取钱财。张某超、钟某坚租赁本市××镇××花园××栋××房间作为诈骗场所，并招聘人员，购置电脑、手机、电话号码等作案工具。张某超等人使用网络AI电话筛选具有证券投资意向的被害人，将被害人拉入其事先准备的微信聊天群。聊天群中，张某超扮演"MT4"平台开户经理，钟某坚扮演股票投资老师，其他招聘人员扮演多个不同身份的投资人。张某超等人通过在群内发布虚假投资盈利记录、虚构投资老师指导获利等信息，诱骗被害人到"MT4"平台（另称Skyetcerh MT4，网址www.skyetglobal.com）进行虚假证券投资。在"MT4"投资过程中，张某超负责指导被害人在"MT4"平台开户、转入资金，张某超负责以投资老师身份引导被害人频繁交易、反向操作，增加被害人亏损。张某超等人分取上述交易佣金（佣金等于交易盈亏、交易手续费、隔夜费的和乘以返佣比例81%再乘以汇率6.8）。经张某超等人诱骗后，被害人共计转入资金145815美元。其中，被害人罗某某被诈骗2000美元（14428元人民币）；被害人姚某某被诈骗约90000美元（649250元人民币）；被害人吴某某被诈骗244718.43元人民币。张某超等人至案发已分得191561元人民币。

2020年8月4日，公安人员在本市××镇××花园××栋××房抓获被告人张某超等人，并冻结案涉赃款约15.1万元人民币。中国证监会未核准"Skyetcerh MT4""Meta Trader4"、网址"www.skyetglobal.com"

投资平台经营证券、期货业务。

2. 侵犯公民个人信息罪

2020年5月，被告人张某超分三次从昵称为"人道酬勤"的微信好友（微信号：hk_3×××××××××，另案处理）处购买潜在股票投资意向的公民手机号码信息80万条。张某超通过微信文档的形式接收上述手机号码，并支付4050元人民币。

【诉讼过程】

2020年11月2日，东莞市公安局将本案移送东莞市第三市区人民检察院审查起诉。后第三市区检察院起诉书以及变更起诉决定书指控张某超犯诈骗罪、侵犯公民个人信息罪，于2020年12月1日向东莞市第三人民法院提起公诉，并提出建议张某超犯诈骗罪判处有期徒刑10年并处罚金、犯侵犯公民个人信息罪判处有期徒刑3年并处罚金的量刑建议。第三人民法院于2021年5月25日作出一审判决，认定张某超犯非法经营罪，判处有期徒刑4年，并处罚金人民币30万元，犯侵犯公民个人信息罪，判处有期徒刑3年，并处罚金人民币2万元，总和刑期7年，并处罚金人民币32万元，数罪并罚，决定执行有期徒刑6年3个月，并处罚金人民币32万元。

一审判决后，第三市区人民检察院认为一审判决认定张某超犯非法经营罪定性错误，量刑不当，于2021年6月3日提出抗诉。东莞市人民检察院经审查认为第三市区人民检察院抗诉成立，决定支持第三市区人民检察院抗诉，并在庭审中发表支持抗诉的出庭意见。

【文书全文】

广东省东莞市人民检察院
抗诉案件出庭意见书

审判长、审判员：

根据《中华人民共和国刑事诉讼法》第二百三十五条的规定，我们受广东省东莞市人民检察院指派,代表本院,出席本法庭,依法执行职务。现对本案事实、证据、程序和原审人民法院判决发表如下意见,请法庭注意。

一、涉案MT4平台及原审被告人张某超的获利来源主要是客户亏损和手续费,有别于经营行为获利方式,且违背正常市场规则,并非期货经营行为

本案中,张某超获利的计算方式为:(客户亏损数+手续费+隔夜费－客户盈利)×返佣比例81%×汇率6.8,即张某超与平台主要将客户亏损数额和支付的手续费按比例作为获利分成。而按照正常期货市场规则,若客户购买的期货亏损,则亏损部分是损失在期货市场之中,不可能作为经营人员的返佣进行分配。同时,按照正常的经营方式,经营者收取的费用仅限于手续费、咨询费,而非来自客户亏损。故本案获利模式,反映出行为人主观上非法占有客户投资款的目的。另外,客户亏损后,张某超在短时间内便拿到基于客户亏损所获得的提成,由此可见被害人投资的款项自始至终都是被平台控制。

二、涉案MT4平台及原审被告人张某超采取虚构事实,隐瞒真相的方式,非法占有被害人投资款

现有证据证实,涉案MT4平台及张某超为了达到非法占有客户投资款的目的,采取"冒充股票推荐老师""虚构自己投资获利情况"等方式,实施了"诱导客户在涉案平台进行所谓的'投资'""设置高额交易手续费""引导客户高频交易以增加手续费金额""设置1:100的超高杠杆加速客户爆仓速度""持续引诱客户继续加大投资"等一系列客观行为。从结果上看,涉案MT4平台及张某超的上述行为也的确达到了平台及张某超非法占有投资款的目的。张某超确认的后台账户客户交易情况显示,其后台账户里的7个客户中,仅客户金某某是盈利状态,其余6名客户投资均是亏损状态。金某某所谓盈利状态也有其特殊性,其是在张某超等人被抓前一天"入金",交易次数仅为两次,交易时间短、次数少,且证据显示也仅"盈利"15元美金。另外,根据张某超的供述及廖某某银行账户流水等证据显示,截止案发,张某超已经收到涉案MT4平台支付的佣金人民币191561元,另因案发导致平台关闭,张某超还有佣金196216.9元尚未收到。

由上述可见，涉案 MT4 平台及张某超通过采取虚构身份、冒充股票推荐老师、虚构自己投资获利情况等方式诱导客户在涉案平台进行所谓的"投资"，并设置不合理交易规则、引诱客户频繁交易等操作，导致客户在涉案 MT4 平台的所谓"投资"在形式上只会亏损，不会盈利，即便短暂盈利，只要不提现，继续按照张某超等人的引导不断在涉案平台投资，张某超等人就可以反复通过上述方式让客户亏损。即客户在涉案平台所谓的"投资"有必亏的特点，平台及张某超客观上达到了隐瞒客户投资款实际由平台控制的真相，让客户误以为自己投资期货亏损，以掩盖自己非法占有客户投资款的目的。

三、现有证据足以排除行为人仅从事无资质经营期货行为的合理怀疑

除了上述第一点和第二点分析内容外，现有证据还可以证实，张某超及涉案人员钟某坚等人均在涉案 MT4 平台上有可以操作买卖期货的虚拟账户，案发后涉案平台、网站已经关闭，另也有证据证实被害人罗某某在涉案平台的账户在实际转入资金之前就在平台上进行了股指期货买卖操作，上述情况足以认定涉案平台是一个虚假交易平台，相关投资款未流入真实期货市场。同时，在案银行账户流水也显示，相关被害人将资金按照平台要求转入平台提供的个人账户后，资金于当天在多个平台控制的个人账户中多次进行流转，本案中没有证实涉案资金流入真实期货市场的任何证据。综上，现有证据足以排除涉案资金最终确实用于投资股指期货的合理怀疑。

综上所述，原审被告人张某超主观上有非法占有客户投资款的目的，客观实施了通过虚构事实、隐瞒真相诱骗客户"投资"的方式非法占有客户投资款的行为，应认定构成诈骗罪。一审判决认定原审被告人张某超犯侵犯公民个人信息罪的事实清楚、证据充分、量刑适当，但认定张某超犯非法经营罪定性错误、量刑不当。建议二审法院维持一审判决关于侵犯公民个人信息罪部分的内容，依法改判非法经营罪为诈骗罪，并依法数罪并罚。

20××年×月×日当庭发表

【承办检察官心得体会】

（一）侦查阶段

批准逮捕被告人张某超的同时，结合本案审查批捕阶段的证据主要为犯罪嫌疑人供述和被害人陈述等言词证据，证据薄弱的情况，提出捕后继续侦查提纲。建议公安机关重点查明被害人投资款的真实去向，被告人是否分取被害人的投资亏损。同时使用技术手段提取被告人手机、电脑中的通信信息，强化电子证据的收集，为审查起诉阶段准确认定犯罪奠定了基础。

（二）审查起诉阶段

案件移送审查起诉后，检察机关重点围绕电子证据进行审查，结合电子证据排除犯罪嫌疑人的辩解，重新认定事实。具体工作如下：

一是改变定性。本案案涉电子设备有 16 部手机，数据量巨大。检察机关通过公安技术部门对涉案手机进行数据提取和恢复，同时借助电子数据提取软件内含的搜索功能对海量信息进行快速、准确检索，发现认定诈骗罪的关键证据"获利计算方式"。张某超获利的计算方式为：（客户亏损数 + 手续费 + 隔夜费 − 客户盈利）× 返佣比例 81% × 汇率 6.8，张某超与平台主要将客户亏损数额和支付的手续费按比例作为获利分成。通过上述获利计算方式，结合本案投资杠杆为 100 倍，准确认定被告人的行为应当是诈骗犯罪而不是非法经营罪，改变定性为诈骗罪。

二是追加犯罪。通过讯问被告人张某超筛选被害人的方式，获悉张某超等人通过购买潜在股票投资意向公民的手机号码信息 80 万条的行为，并结合前述电子证据微信聊天记录的印证，追加侵犯公民个人信息罪。

三是提出固定刑期量刑建议。在准确认定事实的基础上，提出固定刑量刑建议，建议法院按诈骗罪、侵犯公民个人信息罪最高档次进行量刑，分别判处 10 年和 3 年有期徒刑并处罚金。二审法院予以采纳。

（三）抗诉阶段

本案一审庭审过程中犯罪嫌疑人否认诈骗犯罪，辩称只是帮助上家引流炒股挣取工资、分红。公诉人也如前述分析充分展示认定诈骗犯罪故意的证据和理由。一审法院仍认定本案构成非法经营罪，判处有期徒刑 4 年。第三市区人民检察院遂以定性错误，量刑畸轻为由提起抗诉，东莞市检察院经审查发表了支持抗诉的意见。由于本案犯罪故意的认定涉及证券交易的相关知识，对于未从事证券交易的司法人员可能难以接受超高杠杆交易等同必然亏损的推断，在抗诉理由上进行充分论述。

一是资金转入即失控。被告人吸引客户投资的行为模式为"撒网—获信任—转平台—平台注册—入金—下指令—买卖操作"。其中入金环节是被害人根据被告人假冒客服提供的账户信息把入金金额的美金折合为人民币转账至个人账户并非金融机构，仅是在网页界面显示虚拟资金数额，实质资金已经失控。

二是设置高额手续费并引导高频交易，增加手续费。涉案 MT4 平台每交易一手股指期货客户需要支付手续费为 50 美元。如被害人罗某某，2021 年 7 月 30 日入金 2000 美金，截至 2020 年 7 月 31 日 17 点 49 分累计交易次数 73 次，按照每笔交易手续费 50 美金计算，罗某某应支付手续费高达 3650 美金，是其入金本金的 1.825 倍。

三是设置 100 倍交易杠杆，加快客户爆仓速度。以沪深 300 股指期货为例，该期货目前执行保证金为 12%，则杠杆为 1∶8.3。按照该股指 5 月 19 日开盘点数为 3935 点计算，在 1∶8.3 的杠杆下购买一手所需资金为 141660 元（3935 点 × 300 元/点 × 12%），结合该股指 300 元/点的合约乘数，则亏完上述本金对应的指数变动点数为 141660/300 = 472.2 点，也就是说，该指数要反向波动 472.2 点才会爆仓，将 141660 元的本金全部亏完。而在交易杠杆 1∶100 的情况下，既是保证金比例为 1%，同样购买上述股指一手只需要 11805 元（3935 点 × 300 元/点 × 1%），则亏完上述本金对应的指数变动点数为 11805 元/300 元 = 39.35 点，也就是说，该指数只要反向波动 39.35 点就会爆仓，将上述 11805 元的本金全部亏损，大大加快了客户爆仓的速度和可能性。

四是涉案 MT4 平台及张某超的获利来源主要是客户亏损和手续费，有别于经营行为获利方式，且违背正常市场规则，并非期货经营行为。本案中，张某超获利的计算方式为：（客户亏损数 + 手续费 + 隔夜费 - 客户盈利）× 返佣比例 81% × 汇率 6.8，张某超与平台主要将客户亏损数额和支付的手续费按比例作为获利分成。而按照正常期货市场规则，若客户购买的期货亏损，则亏损部分是损失在期货市场之中，不可能作为平台及经营人员的返佣进行分配。同时，按照正常的经营方式，经营者收取的费用仅限于手续费、咨询费，而非来自客户亏损。故本案获利模式反映出行为人主观上非法占有客户投资款的目的。

【专家点评】

本篇抗诉案件出庭意见书以案件的核心关键证据为切入点，针对一审争议焦点问题"张某超的行为构成非法经营罪还是诈骗罪"，全面论证了为何张某超的行为是虚构事实、隐瞒真相的诈骗行为，而非期货经营行为。该案的论证思路，对于区分此类涉期货MT4平台类案件如何定性，提供了较好的参考思路。

MT4（MetaTrader4）平台是一种能够分析金融市场的外汇交易平台，本案涉及的主要是证券、期货交易。在我国，经营证券、期货交易业务需要经主管部门（中国证监会）批准，但根据在案证据，中国证监会未核准涉案平台经营证券、期货业务，因此该平台具有"非法经营"性质不存异议。一审检法争议的焦点主要是本案涉平台的行为是否构成诈骗罪。

由于本案犯罪事实的定性涉及期货交易专业知识，对于司法人员而言，如何准确区分是否存在虚构事实、隐瞒真相情形既是办案难点也是认定的关键。二审抗诉出庭意见书从涉案MT4平台及原审被告人张某超的获利来源主要是客户亏损和手续费、涉案MT4平台及原审被告人张某超采取的虚构事实、隐瞒真相方式和现有证据足以排除涉案资金最终确实用于投资股指期货的合理怀疑三个维度，对本案定性进行了有力论证。

这种论证体系的优点在于，全面展示了涉案平台违反证券交易的行为性质和实质危害，而并非单纯的无资质经营期货行为。例如，在论证过程中，文书在综合分析张某超获利来源和计算方式的异常性、"引导客户高频交易以增加手续费金额""设置1∶100的超高杠杆加速客户爆仓速度"、用虚构身份、虚构投资获利情况诱导客户"投资"等方面，实质论证张某超的诈骗行为和非法占有目的。

在紧扣犯罪构成要件或者说论证非法经营罪和诈骗罪的区别方面，文书似乎还有可改进之处。例如，从涉案事实来看，证明张某超的行为构成诈骗罪的核心理由应当是所谓"投资钱款"并未进入真实的期货市场，因此，文书在组织事实、证据论证体系时，可围绕该核心理由，分层次论证。例如，涉案平台获利模式的异常性，并非只是为了证明张某超的非法占有目的，而是为了佐证投资款并未进入真实的期货市场；"高频交易""高额手续费""高杠杆"等因素，并非虚构事实、隐瞒真相的基础事实，而是放大了风险等。

近年来，随着金融监管力度的不断加强，会出现越来越多涉金融创新手段的新型经济犯罪，承办人既需要秉持穿透性、实质性认定思路，也要注意将金融专业知识和刑事认定犯罪构成要件有机结合，紧扣刑事认定犯罪逻辑思路，组织论证体系，增强指控专业性、法理性的有机融合。值得检察同仁进一步思考借鉴。

（点评人：陈禹橦，北京市人民检察院第四检察部副主任、全国十佳公诉人）

43. 陈某、蔡某平贪污案出庭意见书

【简要案情】

2015年，陈某身为国家工作人员，利用横琴管委会指派其负责筹办横琴职工运动会的职务便利，伙同体育总会财务人员蔡某平（其职务由陈某指定）采用虚构报销事项、发放提成款的方式共同骗取、侵吞用于举办运动会的专项资金。陈某、蔡某平共同贪污人民币48959.89元，蔡某平贪污人民币41742元。

【诉讼过程】

本案由珠海横琴新区人民检察院反贪污贿赂渎职侵权局侦查终结，以被告人陈某、蔡某平涉嫌贪污罪，于2016年12月6日向横琴新区人民检察院移送审查起诉。经过两次补充侦查，该院以被告人陈某、蔡某平涉嫌贪污罪向横琴新区人民法院提起公诉。横琴新区人民法院于2018年6月29日作出一审判决，认定被告人陈某、蔡某平犯职务侵占罪。后被告人陈某、蔡某平提出上诉，横琴新区人民检察院以二被告人构成贪污罪、犯罪数额认定错误提请抗诉，珠海市人民检察院以二被告人构成职务侵占罪但犯罪数额认定错误支持抗诉。珠海市中级人民法院于2018年12月24日裁定撤销原判决，发回一审法院重审。原一审法院依法另行组成合议庭，于2020年6月12日作出一审判决，认定被告人陈某、蔡某平犯职务侵占罪，二人再次上诉。横琴新区人民检察院认为该一审判决认定罪名错误，认定犯罪数额错误，适用法律不当，提出抗诉，珠海市人民检察院审查后支持抗诉。2020年12月25日，珠海市中级人民法院作出二审判决，认定上诉人陈某、蔡某平犯贪污罪，判处蔡某平有期徒刑8个月，并处罚金人民币10万元，判处陈某有期徒刑6个月，并处罚金人民币10万元。

【文书全文】

广东省珠海市人民检察院
抗诉案件出庭意见书

审判长、审判员：

根据《中华人民共和国刑事诉讼法》第二百三十五条的规定，我（们）受广东省珠海市人民检察院指派，代表本院，出席本法庭，依法执行职务。现对本案事实、证据、程序和原审人民法院判决（裁定）发表如下意见：

一、本案原审被告人陈某、蔡某平犯贪污罪事实清楚，证据确实充分

贪污罪是指国家工作人员利用职务上的便利，侵吞、窃取、骗取或者以其他手段非法占有公共财物的行为。客观上，原审被告人陈某身为国家工作人员，利用横琴管委会指派其负责筹办横琴职工运动会的职务便利，伙同体育总会财务人员蔡某平（其职务由陈某指定）采用虚构报销事项、发放提成款的方式共同骗取、侵吞用于举办运动会的专项资金，使公共财产遭受损失。陈某、蔡某平的供述证实了非法侵吞、占有运动会资金的过程和手段，相关书证和证人证言证实了陈某系国家工作人员的身份，并对二人非法占有公共财产的相关事实和情节予以了印证。主观上，陈某、蔡某平明知道是横琴举办职工运动会的资金，仍然将其中部分资金侵吞，具有贪污的主观故意。

本案大量证人证言、书证、被告人供述等证据，均系侦查机关依法取得，具备法律规定的合法性、客观性和关联性，证实了原审被告人陈某、蔡某平贪污的犯罪事实，形成了完整的证据体系，达到了确实、充分的证明标准，足以认定。

二、本案原审被告人陈某、蔡某平的行为构成贪污罪

本案的争议焦点在于，原审被告人陈某、蔡某平的行为是构成贪污罪还是职务侵占罪。职务侵占罪是指公司、企业或者其他单位的人员利用职务上的便利，将本单位财物占为己有，数额较大的行为。从刑法的规定可以看出，贪污罪和职务侵占罪在主观故意、表现形式等方面具有较大的相似性，要准确将二者区分，必须厘清三个问题：行为人的主体身份、职权来源和资金的性质。

具体到本案，需要分清三个方面：陈某、蔡某平是属于国家工作人员还是公司、企业人员；陈某、蔡某平非法侵占财物是否利用了陈某的身份及职权；陈某、蔡某平非法侵占的财物是否属于公共财产。出庭检察员认为，根据在案证据，从以上三方面来分析，陈某、蔡某平的行为构成贪污罪。具体如下：

1. 陈某的身份是国家工作人员。

（1）在案的《公务员登记表》《干部任免审批表》《干部履历表》等书证证实，陈某是横琴新区商务局副科级干部，系国家机关工作人员。

（2）陈某系受横琴管委会指派从事专项临时性公务的国家工作人员。陈某的供述和证人横琴新区党委副书记叶某、珠海市发展和改革局副局长陈某甲、横琴新区社会事务局副局长刘某某、横琴新区商务局局长康某等多名证人的证言均证实，因横琴总工会缺人手，区社会事务局缺乏承办体育赛事经验，横琴新区管委会便指派陈某参与组织筹办横琴新区首届职工运动会。

（3）证人康某等人的证言还证实，陈某虽然是商务局的干部，但在运动会组织筹备及举行期间其均未在商务局上班，而是在根据指派从事运动会的相关工作，这进一步证实了陈某作为政府工作人员受指派从事相关工作的合法性和正当性，其从事运动会的相关工作仍然是在履行公务职责。

（4）指派陈某从事运动会的相关工作是否有书面文件，不影响其是在履行公务这一基本事实的认定。从我国政府职能运行的实际情况来看，上级政府部门或领导以会议或口头形式指派政府工作人员从事一些临时性公务是一种较为常见的现象，而不是都有正式书面文件，这也符合政府工作实际，但这并不能改变该政府工作人员是受指派履行公务的性质。在案证据显示，横琴新区管委会指派陈某从事筹办运动会的相关工作虽然没有书面发文，但实质上已明确了陈某是横琴新区管委会指派的筹备运动会的具体负责人，并代表运动会组委会以举办运动会名义向企业募集资金，其身份仍然是按照国家机关安排从事公务的人员。

2. 陈某具有组织筹办运动会的公务职责，权力来源系行政机关的授权。

根据现有证据，陈某的具体职责主要是：参与组织筹办横琴新区首届职工运动会，负责联络体育总会和区相关部门，制定运动会策划方案，落实和管理比赛资金以及组织安排比赛各项赛程等。上述事实，有被告人供述、证人证言和相关书证予以证实。在侦查阶段，陈某的多份供述和 6 份亲笔供词均供称，"组委会任命我本人为赛事组委会成员、举办赛事的具体负责人。体育总会承办运动会我负责了前期筹备和运动会的组织工作。""作为体育总会的负责人以及整个运动会的组织负责人组织开展了此次运动会，我个人是总负责人。"时任横琴新区党委副书记、工会主席叶某证实，"当时陈某甲带陈某到我办公室时提到社会事业局没有体育方面的人才，工会也没有专门这方面的干部，由于陈某比较擅长体育，也擅长篮球，陈某他自己也有积极性，就提出了让陈某去张罗和对接筹办运动会的事情。"时任横琴新区管委会社会事务局局长陈某甲证实，"由于我局和区总工会缺乏人手，也经叶书记和商务局同意，由陈某参与和主要协调运动会的筹备工作。陈某积极联络体育总会，提供运动会的基本思路，协助起草了运动会的请示，协助运动会筹备、联络企业、联络场地、沟通区部门和体育总会，落实和监督运动会赞助款等工作。""在一个早餐会上，我在汇报运动会筹备工作时，顺便报告了陈某在筹备工作期间的表现。另外因为陈某是负责招商引资工作的，办理运动会需要资金也需要引进一些社会企业的资金支持，就由他来负责筹备资金，这个事我也跟康某局长打过招呼。"时任横琴新区管委会商务局局长康某证实，"叶某书记告诉我说，横琴工会和横琴社会事务局要在横琴举办职工趣味运动会，但社会事务局的人对运动会这方面的事情不熟悉，而陈某对运动方面的事情有爱好有热情和专长，所以让陈某代表区政府负责运动会的相关工作。举办横琴职工趣味运动会虽然不是横琴商务局本职工作，但也是横琴新区管委会的事情，算是公事，是正式上班，所以就没有正式的请假手续。"时任横琴新区管委会社会事务局副局长刘某某证实,"主要是由他(陈某)和体育总会在具体负责比赛前期以及举行过程中的组织筹备工作,包括运动会策划方案的制定,比赛资金的募集、管理以及比赛过程中的组织安排,行使赛事负责人的身份。"此外,横琴新区党群工作部副部长洪某某、珠海横琴新区社会事务局综合一科科长肖某、横琴新区党群工作部的左某对上述情况也予以证实。因此,虽然横琴管委会没有下发正式书面文件,但陈某在参与筹办及举行运动会期间所行使的职权、承担的职责是清晰和明确的,即:职权来源是行政授权,所承担的职责是公务。

3. 陈某利用组织筹办运动会的职务便利,通过操控横琴体育总会实施了非法占有公共财产的行为。

(1)横琴体育总会是由陈某实际控制的。陈某的供述、同案蔡某平的供述及体育总会的工作人员的证言皆能证实,陈某不是横琴体育总会的工作人员,但横琴体育总会是由其实际控制的。陈某供称,"我是体育总会的发起人,也是实际控制人,但因为我是国家干部,不方便直接挂名,但体育总会的事情都是我负责。"该会的工作人员周某某、陈乙、李某甲等人均证实,陈某是体育总会的实际控制人,该组织从设立到员工招募及运作都是由陈某一手操办,体育总会的事务全部由陈某决定。

(2)横琴体育总会是陈某完成横琴管委会指派工作任务的手段和工具。陈某供称,"我在发起成立横琴体育总会的过程中,横琴社会事务局局长陈某甲知道我在搞体育总会成立的事,她表态大力支持,并跟我说她要在横琴搞一届运动会,可以用体育总会的平台来搞,我很高兴并加快了成立体育总会的工作。"从陈某的供述可以看出,政府领导指派陈某负责筹办运动会时知道横琴体育总会是由陈某控制,但只是把横琴体育总会当作举办运动会的一个平台,横琴体育总会是陈某完成横琴管委会指派工作任务的手段和工具。

(3)陈某通过横琴总会实施非法侵占公共财产的行为。本案中陈某、蔡某平侵吞公共财产的手段主要有两种,一是通过虚报支出骗取,二是以发放提成款的形式直接侵吞。由于陈某对横琴体育总会具有绝对控制权,并委任了蔡某平负责该会的财务,这就为其骗取、侵吞公共财物提供了充分的便利。对于以"提成款"的形式占有公共财物,无论是从表面上看还是实质上看都是非法的。一方面,所谓的"提成款",是陈某基于非法占有的目的、利用对体育总会的控制提出来的。赞助款虽然在形式上进入了体育总会,但相关公司企业之所以提供赞助,是因为知道横琴区政府要举办运动会,是在为政府举办运动会提供赞助资金而不是对体育总会进行赞助,而且政府还要对赞助款的使用情况进行审计监督,所以陈某明知以"提成款"之名予以侵吞具有非法性,为掩人耳目,陈某不敢自己签名领取"提成款"而是找人代领。通过以上手段,陈某伙同蔡某平利用体育总会的平台合伙侵吞了横琴职工运动会的举办资金。

4. 陈某、蔡某平非法占有的运动会资金属于公共财物。

本案中,举办运动会的资金来源由两部分组成,一部分是政府专门用于举办运动会的财政拨款,另一部分是向社会企业的专项募捐。

对于政府拨款部分,虽然是采用政府向横琴体育总会购买服务的名义,但这只是一种财务处理方式。横琴社会事务局副局长刘某某证实,"(9.9万元人民币)是横琴区政府为了举办这次运动会支出的部分经费,是以政府购买服务的形式支付给其办运动会的经费,要专款专用,不是给他们的报酬,后续我们社会事务局要审计。"具体经办的横琴总工会的李某乙证实,"我们划拨给横琴新区体育总会的4.9万元人民币只能是以小额采购的形式划拨给横琴新区体育总会举办横琴新区首届职工运动会,严格讲是不能算购买服务,因为这点钱是远不够举办运动会的。"横琴社会事业局的蔡某甲说得更明白,"因为当时运动会的举办非常急,社会事业局2015年年初的预算并不足以支付此次运动会的经费支出,如果在年中再增加预算会比较困难,而超过10万元人民币采购程序会比较麻烦,考虑到以自行采购形式(10万元人民币以内)支付钱款是最快捷的,所以我们就以这种形式支付了5万元人民币给横琴新区体育总会,总共支付了9.9万元人民币,这两笔钱实际上是以"政府购买服务"的形式划拨给横琴新区体育总会举办运动会的,要求专款专用;其次,我们优先考虑横琴岛上面的体育机构承办此次运动会,所以才采用这种形式,这样就不用对外公开招投标,也节省了时间,具体的操作两天左右就完成了,如果另行追加该笔费用并采取招投标形式可能要1至2个月,甚至更久。"可以看出,政府之所以采用购买服务的形式而不是直接划拨支付运动会资金,只是因为举办此次运动会时间紧迫,采用这种方式最为快捷,是政府为了加快举办运动会的进程、规避某些规定而采取的变通形式,政府也明确该款项必须专款专用,只能用于举办横琴职工运动会,其性质毫无疑问是属于公共财物。

关于向社会企业募捐的部分资金的性质问题。根据《刑法》第91条的规定,公共财产包括:国有财产;劳动群体性财产;用于扶贫和其他公益事业的社会捐助或专项基金的财产。首先,该部分资金是向企业募捐而来用于举办运动会的专项资金。本案中,陈某的供述、《横琴新区(横琴自贸区)首届体育节暨职工运动会策划方案》《珠海市横琴新区办公室文件呈批表》等书证以及多名政府工作人员、赞助企业负责人的证言均证实,横琴新区举办此次运动会可以向社会募集部分资金,募集到的赞助费属于用于举办运动会的专项资金,要专款专用并接受审计,而陈某也是以政府举办运动会的名义向企业筹集资金,相关企业单位也都明确表示之所以提供赞助是出于支持政府举办运动会的目的而不是为加入体育总会。另根据横琴新区体育总会第一届理事会第一次全体会议(2016年1月16日召开)决议第3点内容,"理事会决定暂不对个人原始普通会员及第一届理事、监事收取会费,第一次会员大会召开后新申请加入总会的会员按照章程规定予以收取会员费",也从另一个侧面证明在第一次会员大会召开前即2016年1月16日前收取的企业赞助费用并不是"会员费"。其次,横琴管委会组织开展的首届职工运动会的受益对象涵盖整个横琴新区干部职工,具备体育公益事业的特征,该部分募捐资金符合《刑法》第91条规定的"用于公益事业的社会捐助"的规定,应当认定为公共财产。第三,一审判决以横琴体育总会作为一般性的非营利性社会团体,不属于《中华人民共和国公益事业捐赠法》所认定的接受公益事业捐赠的主体为由,认定本案中企业捐赠的款项不属于公共财产,在逻辑上是错误的。从该法第2条的规定可以看出,该法仅用于规范"公民、法人或者其他组织自愿无偿向依法成立的公益性社会团体和公益性非营利的事业单位捐赠财产,用于公益事业的"行为,其所调整的受赠主体仅限于"依法成立的公益性社会团体和公益性非营利的事业单位",而非涵盖了其他所有的受赠主体;该法第七条明确规定"公益性社会团体受赠的财产及其增值为社会公共财产",但决不能得出其他所有受赠主体受赠的财产一律不属于社会公共财产的结论。在现实中,不属于该法所调整的社会公益事业的捐赠还大量存在,因此,在判断涉案财产的属性时,不是只要不符合《公益事业捐赠法》的规定就一律否定其属于"社会公共财产"的性质,而是应当回归刑法第91条"用于扶贫和其他公益事业的社会捐助"这一规定以及案件本身。本案中,在案证据及前述论证都已充分证明,横琴管委会举办此次运动会,是为了横琴广大干部职工的体育事业,属于公益事业,惠及的是多数人;陈某是受政府指派参与筹办运动会,对外募捐也是以横琴管委会要举办职工运动会的名义进行;相关企业单位之所以提供捐助也是因为是横琴管委会要举办职工运动会。因此,涉案的相关财产属于我国刑法所规定的公共财产。

5. 陈某在本案共同犯罪中起主导性作用

本案中,陈某处于支配性的角色地位。陈某是受政府指派参与组织筹备召开运动会,其利用对横琴体育总会这一平台的实际控制实施侵吞公共财物的行为,这些都是陈某利用其国家工作人员的职权来主导和实现的,而不是其利用蔡某平的职务便利实现的。虽然蔡某平在横琴体育总会负责财务工作,但其职权是由陈某赋予的,这就决定了在本案中起主导性作用的是陈某而不是蔡某平。根据2000年6月30日最高法《关于审理贪污、职务侵占案件如何认定共同犯罪几个问题的解释》第三条的规定,公司、企业或者其他单位中,不具有国家工作人员身份的人与国家工作人员勾结,分别利用各自的职务便利,共同将本单位财物非法占为己有的,按照主犯的犯罪性质定罪。

本案中,蔡某平还在陈某不知情的情况下,利用其在横琴体育总会负责财务的职务便利实施侵吞的行为,该行为与前述二人实施共同侵吞的行为性质不同,其既没有国家工作人员的身份,也没有利用陈某的职权,属于单独的职务侵占行为。

出庭检察员认为,要真正认清一件事物必须由表及里,剖开事物表面的假象抓住事物的本质。拨开横琴体育总会承办横琴职工运动会的表象,本案的实质是:被告人陈某的身份是被指派从事临时性公务的国家工作人员,具有组织筹办横琴职工运动会并支配使用运动会资金的实际权力,该权力源于政府部门及领导的授权,其利用横琴管委会指派其负责筹办运动会、监督管理运动会资金使用的职务便利,伙同体育总会财务人员蔡某平,采用虚构报销事项及以发放"提成款"的名义骗取、侵吞了用于举办运动会的公共财产。

三、一审判决适用法律错误,应予纠正

通过前述分析可以看出,本案原审被告人陈某作为国家工作人员,利用其职务便利,伙同蔡某平共同侵吞公共财产,其行为触犯了《中华人民共和国刑法》第三百八十二条第二款的规定,应当以贪污罪追究刑事责任,一审判决以职务侵占罪判处二人刑罚显属适用法律错误,应当予以纠正。建议法庭根据《中华人民共和国刑事诉讼法》第二百三十二条之规定,依法改判。

20××年×月×日当庭发表

【承办检察官心得体会】

本案一审公诉人认为被告人陈某、蔡某平构成贪污罪,一审判决认定被告人陈某、蔡某平构成职务侵占罪。

承办人审查后,认为被告人陈某、蔡某平构成贪污罪而非职务侵占罪。根据刑法的规定,贪污罪和职务侵占罪的关键区别在于:行为人的主体身份、职权来源和资金的性质。具体到本案而言,分析如下:

(一)受指派从事临时性公务的国家工作人员具有国家工作人员身份

准确区分贪污罪和职务侵占罪,首先要判断行为主体是否具有国家工作人员身份。从我国政府职能运行的实际情况来看,为提高办事效率,整合政府资源,上级政府部门或领导以会议或者口头形式来指派政府部门人员从事临时性专项工作是一种比较常见的现象。这种情况下,只要该政府部门人员本来具有通过合法程序任命的国家机关工作人员身份,不论其从事的临时性专项工作有没有政府书面发文,都不影响其作为国家机关工作人员、按照国家机关的指派从事公务性质的认定。因此,被告人陈某具有国家工作人员身份。

（二）从事临时性公务的国家工作人员的职权范围应扩大至该临时性公务事项

国家机关工作人员在受上级领导指派从事其他与本职工作不同的临时性公务活动时，由于该临时性公务事项是行政机关授权，具有明确的职权内容和范围。因此，该国家机关工作人员利用其职权上的便利条件，单独或伙同他人实施侵吞、窃取、骗取公共财物的行为，符合贪污犯罪的构成要件。因此，被告人陈某利用了其组织筹办运动会的职务便利非法侵占财物。

（三）认定涉案财产的性质应从多方面综合审查判断

首先，应结合资金来源、资金用途及资金监管程序等正确认定资金性质，涉案资金是否在政府部门账户必然从实质上影响其属于国家或公共财产的性质。其次，应依照我国《刑法》第91条的规定，正确认定"公共财产"的范围，只要是属于"用于扶贫和其他公益事业的社会捐助"，即应当认定为公共财产，而不应受限于《中华人民共和国公益事业捐赠法》规定的范围。最后，社会团体受政府委托管理的社会捐赠资金必须接受国家审计机关的审计监督、专款专用，与社会团体或企业自有资金的管理监督程序有显著区别。因此，被告人陈某、蔡某平非法侵占的财物属于公共财产。

综上所述，本案的实质是作为国家工作人员的陈某利用横琴管委会指派其负责筹办运动会、监督管理运动会资金使用的职务便利，伙同体育总会财务人员蔡某平（其同居女友）采用虚构报销事项骗取、违规发放提成款侵吞的方式共同非法占有用于举办运动会的专项资金，从而使公共财产遭受损失，构成贪污罪。

【专家点评】

本案虽犯罪数额不大，但历经一审程序、两次上诉、抗诉、发回重审、二审改判等多重诉讼程序，耗时四年方才判决生效，足以反映出案件的争议性和复杂性。该出庭意见书就全案的整体事实认定和法律适用进行了精细的分析和严密的论证，促使法院采纳抗诉意见，凸显了检察机关对"高质效办好每一个案件"的法治坚守。

(一) 整体结构条理清晰、详略得当

文书首先对案件事实与证据情况进行概述,其次对本案的争议焦点即贪污罪和职务侵占罪的区分进行重点阐释,对行为人的主体身份、职权来源和资金性质这三个问题逐一厘清,抓住了本案的实质,最后指出一审判决适用法律错误,应当予以纠正。该文书在准确审查、判断证据的基础上,精准归纳争议焦点,展开层层推进式论述,整篇文书逻辑严密、层次分明,释法论理充分,体现出承办人丰富的办案经验和深厚的写作功底。

(二) 体现了"证据定案"的司法理念

对证据的综合审查运用,准确、全面认定案件事实,是构建以证据为核心的刑事指控体系的基础。该文书对核心事实,均用证据说话,通过对证据的分析梳理、提炼概括,构建环环相扣的证据链条,充分发挥证据在案件中的证明作用。如陈某受委托组织筹办运动会的公务职责、运动会资金来源、非法占有财物手段等,文书均进行了翔实的证据列举,多名证人证言与被告人供述相互印证,并有相关书证予以佐证。

(三) 聚焦案件核心问题,针对性强

本案准确把握了一审法院在案件事实认定和法律适用方面存在的问题,围绕贪污罪的核心构成要件进行重点说明,采用夹叙夹议的方式抽丝剥茧、逐一论证。首先,针对被告人陈某的身份问题,文书运用主客观证据证明被告人是被指派从事临时性公务的国家工作人员,具有组织筹办横琴职工运动会并支配使用运动会资金的实际权力。其次,围绕贪污罪的客观方面,文书证明了陈某利用组织筹办运动会的职务便利,伙同蔡某平通过操控横琴体育总会实施了非法占有运动会资金的行为。最后,围绕资金的性质,证明了该运动会资金属于公共财物。

(四) 对核心事实采用穿透式认定,抓住了事物本质

如陈某受委派筹办区政府运动会,虽无书面文件,但也符合政府工作实际,并不能改变该政府工作人员是受指派履行公务的性质。再如,运动会资金来源一部分是以政府购买服务形式支付的钱款,如果仅从表面看,该钱款因政府购买服务而支付,已变更为区体育总会这一社会团体内部资产。但依据相关在案证据,采用该种方式系政府为了加快举办运动会

的进程、规避某些规定而采取的变通形式,其实质为政府划拨钱款,本质仍属于公共财物。又如,企业赞助款虽然在形式上进入体育总会,但相关企业之所以提供赞助,是因为知道区政府要举办运动会,是在为政府举办运动会提供赞助资金而不是对体育总会进行赞助,符合《刑法》第91条"用于公益事业的社会捐助"的规定,故此,应当认定为公共财产。

本案中,检察机关两次抗诉,持续监督,终获改判,维护了司法公正。该篇出庭意见书格式规范、引据精准、逻辑严谨、论理翔实、释法准确,对于同类案件办理及法律文书写作具有较高的参考价值。

(点评人:于坤祥,江苏省苏州市人民检察院检察委员会委员、第三检察部主任)

44. 罗某庆抢劫案出庭意见书

【简要案情】

2019年8月2日凌晨3时许，被告人罗某庆脸蒙迷彩巾，携带安全绳、降速器、上升器、护臂、约束带、匕首、钳子等作案工具，来到深圳市某某区某某街道某某公园某某栋楼顶，用安全绳下降到某某顶楼××房的阳台处，再用随身携带的钳子剪断阳台隐形防盗网进入客厅。被告人预实施盗窃时，发现被害人王某在客厅的沙发上睡觉，身边有一部华为荣耀手机，被告人遂拿起该手机并准备离开。此时被害人王某醒来，发现被告人罗某庆并制止其离开，被告人遂用携带的匕首捅刺被害人的肩颈部，致被害人王某倒地。王某的妻子李某听到客厅打斗声后醒来到客厅查看，罗某庆见状上前用匕首刺向李某，李某抬起右手阻挡，导致小指根部掌缘处被刺伤。李某跪下恳求罗某庆不要伤人，罗某庆向李某索要现金和银行卡。此时，王某的父母也起床来到客厅，罗某庆见人多，便令李某打开房门，随后逃跑。120急救医生接报后赶到现场，确认被害人王某已经死亡。

【诉讼过程】

本案由被害人家属于2019年8月2日凌晨4时8分报案至深圳市公安局。该局经审查，于2019年8月2日立案进行侦查。原审被告人罗某庆于2019年8月7日被抓获归案。次日被刑事拘留，同年8月22日被逮捕。

本案由深圳市公安局侦查终结，以被告人罗某庆涉嫌抢劫罪，于2019年10月21日移送深圳市人民检察院审查起诉。深圳市人民检察院受理后，于2019年11月30日第一次退回侦查机关补充侦查，侦查机关于2019年12月27日补查重报；深圳市人民检察院于2020年1月20日第二次退回侦查机关补充侦查，侦查机关于2020年2月18日补查重报。深圳市人民检察院于2019年11月22日延长审查起诉期限。

深圳市人民检察院于 2020 年 3 月 26 日以深检刑诉〔2020〕88 号起诉书向深圳市中级人民法院提起公诉。在审理过程中，被害人王某的父亲王甲、母亲魏某某、妻子李某、女儿王某乙、王某丙向深圳市中级人民法院提起附带民事诉讼。深圳市中级人民法院于 2020 年 9 月 17 日公开开庭合并审理了本案。经开庭审理，深圳市中级人民法院于 2021 年 6 月 2 日以（2020）粤 03 刑初 172 号刑事判决书作出一审判决，判决如下：（一）被告人罗某庆犯抢劫罪，判处死刑，剥夺政治权利终身，并处没收个人全部财产；（二）责令被告人罗某庆退赔人民币 1104 元，扣押的作案工具等由侦查机关依法予以没收；（三）被告人罗某庆赔偿附带民事诉讼原告人王甲、魏某某、李某、王某乙、王某丙经济损失共计人民币 106233 元，限于本判决生效后一个月内一次性支付；（四）驳回附带民事诉讼原告人王甲、魏某某、李某、王某乙、王某丙的其他诉讼请求。

宣判后，附带民事诉讼原告人王甲、魏某某、李某、王某乙、王某丙、原审被告人罗某庆不服，均提出上诉。广东省高级人民法院于 2021 年 8 月 17 日通知广东省人民检察院阅卷。收到案件材料后，广东省人民检察院承办检察官审阅了全部案件材料，提讯了上诉人，赴现场核实了案件事实与证据，补充完善大量证据材料。2022 年 7 月 12 日，广东省高级人民法院公开开庭审理本案，广东省人民检察院派员出庭履行职务。2022 年 9 月 30 日，广东省高级人民法院以（2021）粤刑终 1135 号刑事附带民事裁定书，认为广东省人民检察院出庭检察员的意见有事实、法律依据，予以采纳，裁定驳回上诉，维持原判。

【文书全文】

广东省人民检察院
上诉案件出庭意见书[①]

审判长、审判员：

根据《中华人民共和国刑事诉讼法》第二百三十五条的规定，我们受

---

① 原文书中附有彩色照片，收录本书时作了删除。——编者注

广东省人民检察院指派,代表本院,出席本法庭,依法执行职务。现对本案事实、证据、程序和原审人民法院判决发表如下意见,请法庭注意。

一、本案犯罪事实清楚,证据确实充分

本案的关键是现有证据能否证实上诉人罗某庆实施了抢劫行为。本案确实比较特殊,上诉人穿着严密的防护装备,从天台吊入被害人家里,导致现场提取不到上诉人生物检材。但是,正是上诉人使用的防护装备非常特殊和种类繁多,以及案发现场提取的杀害被害人的刀具,加上完整连续的监控录像,确实充分证实上诉人罗某庆实施了抢劫行为,具体如下:

(一)现有证据证实罪犯采用高空吊入、使用钳子剪断隐形防盗网进入被害人客厅

一是现场勘查记录证实,现场为三室两厅一卫一阳台结构,内外侧门门锁均完好,客厅北门阳台装有铁丝防盗网,其中三根防盗网铁丝已经断开,并在由西往东第2根防盗网铁丝上部边框表面发现一灰尘减层擦蹭痕迹,在尸体身下地面发现一把黄色钳子,在距西墙90cm、距阳台防护栏90cm处发现一根黑色约束带并提取,在距西墙130cm、距客厅推拉门20cm处发现一根黑色约束带并提取,2栋顶楼天台北侧发现两枚残缺鞋印和三处擦蹭痕迹。以上证据证实罪犯从楼顶天台吊入被害人客厅,案发现场的钳子和黑色塑料扎带是作案工具。

二是鉴定文书证实钳子握柄擦拭子、约束带2擦拭子检出的STR分型与死者王某血样检出的STR分型相同,约束带1擦拭子检出混合STR分型包含死者王某血样各等位基因。进一步证实现场勘查提取到的黄色钳子和两条塑料扎带是作案工具。

三是案发楼梯口监控录像证实罪犯戴头套、脖套、腰挂塑料扎带离开,作案人的着装(头套、暗红色脖套、袖套、蓝色运动裤、塑料扎带等)也是作案工具。

(二)现有证据证实罪犯使用匕首杀害了被害人王某,并刺伤被害人李某

一是现场提取了一把匕首。现场勘查记录证实,案发小区北侧围墙内一辆白色小轿车的副驾驶座前大灯东侧车身表面发现一枚残缺鞋印,在紧挨车辆的围墙上沿白色瓷砖表面发现成趟残缺鞋印;围墙外有一蓝色铁皮屋,在

围墙与铁皮屋的通道地面发现一把长 26cm、刃长 14.8cm、刃宽 2.7cm 的黑色匕首并提取（匕首上有英文字母 Smith&Wesson SEARCH&RESCUE）；在围墙上石柱发现多处擦蹭痕迹并提取。

二是法医鉴定书证实死者王某系锐器作用致右颈内静脉和右颈总动脉离断，造成失血性休克死亡。

三是匕首上检见被害人王某 STR 分型。侦查阶段鉴定文书证实，匕首的刀柄擦拭子、刀刃擦拭子检出的 STR 分型与死者王某血样检出的 STR 分型相同，且二审阶段对匕首进行补充鉴定，还鉴定出被害人王某血样 STR 分型。

（三）现有证据证实上诉人罗某庆购买了与进入现场和杀害被害人有关的物证

一是手机数据证据。通过对上诉人罗某庆持有的手机进行数据恢复，发现其七月份期间购买并收货了上述作案工具的同类物，具体如下：

第 1 个截图证实购买并已收货大号塑料扎带，虽然图片显示为白色，但备注黑色；第 2 至 4 截图证实购买并收货右手上升器、8 字环缓降器、12 米长户外登山安全绳；第 5、6 截图证实购买并收货黑色袖套；第 7 截图证明购买并收货军绿迷彩头套；第 8 幅截图证明购买并收货黑色防滑手套；第 9 幅截图证明购买并收货勤兴户外小直刀，并获赠磨刀石和保护油各一件。

二是监控视频。监控视频拍摄到上诉人罗某庆作案前，于 2019 年 8 月 1 日 20：11（监控画面显示时间）在某五金店内买钳子。

三是证人证言。证人罗某某辨认出原审被告人罗某庆就是 2019 年 8 月 1 日 20 时 29 分在其店铺购买钳子的男子，对该交易的某信收款记录及其某信账户资料进行指认。对监控视频截图中的罗某庆进行辨认，同时指认出涉案黄色手柄水口钳是罗某庆向其购买的。证人吕某某证实：其是某某户外专营店的经营者，2019 年订单编号 9946297×××是其专卖店售卖，卖的是一把勤兴牌小直刀，刀规格尺寸刀刃长 14 厘米刀柄长 12 厘米，全长 26 厘米，颜色黑色，当时订单还有赠品磨刀石和保养油。这笔订单信息收货人名字罗某庆，收货电话 1577723×××，收货地址：深圳市宝安区某线路板厂。此订单已经付款并交货，店里工作人员通过物流寄递出去的。证人还辨认订单交易记录及订单信息，辨认出现场提取刀具图片中的刀跟售卖给罗某庆的刀型号相同，刀刃标志都是英文字母（Smith&Wesson SEARCH&RESCUE）。

四是上诉人签认记录。上诉人罗某庆签认其手机中提取出某信账号资料、购买钳子的支付记录，某东账号资料、购买匕首、磨刀石、刀具保养油的某东订单记录、支付信息，某猫账号资料、购买冰丝袖套、断线钳、安全绳、8字环缓降器、手持攀爬器、尼龙扎带、头套、防滑手套的某猫订单记录、支付信息。

（四）现有证据证实上诉人罗某庆案发当天持有和穿着了进入现场和杀害被害人的物证

一是某科技园7楼西侧阳台进行勘验时提取的两只黑色袖套、一个迷彩色的脖套、一条蓝色运动裤、一件蓝色短袖T恤。上诉人罗某庆一直承认上述物品是其丢弃。

二是某科技园监控视频证实上诉人罗某庆2019年8月2日凌晨4点到5：42期间的活动情况：截图1证实4：33拿泡沫板上楼梯，截图2证实4：45在楼道更换衣服，截图3证实5：41离开。

三是扣押提取的这些衣物，有明显割裂痕迹和擦蹭痕迹，图1蓝色长裤右大腿裆部放大后为图2，可以看到明显的三个撕裂口，图3蓝色T恤背后大片尘土，都证实两件衣物经历强烈程度的割蹭，也与上诉人侦查阶段供述采用塑料扎带套在大腿部，用绳索吊入被害人客厅的犯罪行为相对应。

四是侦查机关所画的罗某庆活动轨迹图，证实上诉人具有作案时间，根据监控摄像头拍摄到罗某庆的活动情况，在地图上画出了罗某庆2019年8月1日晚上至2日凌晨的活动轨迹图。

五是证人罗某某证实并辨认现场提取的黄色钳子是上诉人罗某庆2019年8月1日晚上在某五金店购买的，证人吕某某辨认现场提取刀具图片中的刀跟售卖给罗某庆的刀型号相同，刀刃标志都是英文字母（Smith&Wesson SEARCH&RESCUE）。

六是宿舍监控视频证实，上诉人罗某庆2019年8月2日早上6：02回到宿舍时，牛仔裤左后口袋还放着一件深红色脖套，后也在上诉人所属物品中扣押提取,这与罪犯戴着深红色脖套离开案发大楼相印证。

七是上诉人罗某庆在侦查机关承认实施了入室抢劫并杀害被害人的犯罪事实,辨认相关物证,指认犯罪路线,详细供述如何从天台进入被害人客厅、盗窃手机、持刀捅刺被害人等犯罪过程,与其购买的物证、现场提取的物证、痕迹和监控录像拍摄的画面相吻合。

(五)现有证据可以排除其他人作案的合理怀疑

一是案发客厅的DNA鉴定意见,只检测到男被害人王某和一未知女性的STR分型。经比对,宝公(司)鉴(DNA)字〔2019〕××15号鉴定文书中未知女性STR分型和粤公(司)鉴(DNA)〔2021〕××号被害人李某STR分型是一样的;宝公(司)鉴(DNA)字〔2021〕××号鉴定书证实,深公(司)鉴(DNA)字〔2019〕××26鉴定书中约束带1擦拭子混合STR分型包含被害人李某血样的STR分型。鉴定意见与被害人李某的右手小指外侧可见长约0.5cm表皮割伤、伴少许出血的损伤相印证,证实案发客厅只提取到男女被害人的STR分型。至于屋外楼道扶梯等提取的其他未知男性STR分型,因为属于公共空间,且与案发联系不紧密,不能成为其他人作案的依据。二是其他人难以同时具备犯罪所必需的条件。如前所论证,罪犯采用高空吊入、使用钳子剪断隐形防盗网进入客厅,其穿戴的衣物、攀登的装备就是本案犯罪的"高门槛",也决定了犯罪的高难度,进一步压缩了其他人同时具备作案条件的可能性。

二、本案犯罪手段恶劣,一审量刑适当

上诉人罗某庆为了入户抢劫,花了一个多月时间谋划、准备工具,凌晨采用从楼顶吊入并剪断防盗网的方式入户,用早已准备并随身携带的匕首杀害了男被害人,伤害了女被害人造成轻微伤,犯罪手段恶劣,且从一审法庭审理阶段开始翻供,认罪态度恶劣,被害人及其家属坚决不谅解上诉人,要求判处极刑。因此,一审判处其死刑量刑适当。

综上,一审判决认定事实清楚,证据确实充分,适用法律准确,量刑适当,建议驳回上诉维持原判。

20××年×月×日当庭发表

【承办检察官心得体会】

本案非常特殊，由于罪犯全程全身包裹入室抢劫并杀害被害人，现场未提取到任何上诉人罗某庆的指纹、STR 分型等痕迹，被害人之一李某虽然面对面见过罪犯但是因罪犯蒙面不能辨认出具体何人，无直接证据证明罪犯即是上诉人罗某庆，且上诉人罗某庆二审时翻供，否认前期供认的犯罪事实。因此，如何确实充分证实上诉人罗某庆就是抢劫并杀害被害人的罪犯，是本案证据审查和事实认定的难点。承办人在前期充分补查关键证据的基础上，采取"客观性证据＋层递式证明＋可视化示证"方式，让文书充分论证了本案上诉人罗某庆实施了抢劫杀人的犯罪行为。

（一）运用客观性证据，确保文书言之有"料"

一是补充关键客观性证据。承办检察官亲历现场后，根据罪犯案发前踩点，进入犯罪现场以及逃离的轨迹，围绕着客观性证据的补充收集鉴定，制作详实的提供法庭审判所需证据材料通知书，指导公安机关补充证明上诉人罗某庆实施犯罪行为的关键性证据，如补充被害人李某STR 分型，与现场未知 STR 分型比对，经鉴定为被害人李某所留，排除其他人作案所留；再如补充某东卖家证人吕某某证言，证实现场提取刀具图片中的刀跟售卖给罗某庆的刀型号相同，刀刃标志都是英文字母（Smith & Wesson SEARCH. RESCUE）等，夯实案件证据基础。

二是以客观性证据作为论证基石。全面梳理案件卷宗和二审阶段补充到的客观性证据，充分运用犯罪现场血样，罪犯在现场留下的匕首、钳子和黑色塑料扎带，案发楼梯口监控录像，上诉人罗某庆手机购买大号塑料扎带、右手上升器、8 字环缓降器、12 米长户外登山安全绳、黑色袖套、军绿迷彩头套、黑色防滑手套、户外小直刀等工具记录和上诉人罗某庆丢弃物品等客观性证据进行充分论证，确保证据链完整客观。

（二）使用层递式证明，确保文书逻辑可"信"

一是论证罪犯实施犯罪应当具备的"高门槛"条件。现场勘查记录、罪犯离开楼梯口被拍摄截图、STR 分型检测、法医学解剖报告等证据，证实罪犯采用高空吊入、使用钳子剪断隐形防盗网进入被害人客厅，使用匕首杀害了被害人王某，并刺伤被害人李某。案发现场勘查提取到的黑色塑料扎带、黄色钳子、头套、暗红色脖套、袖套、蓝色运动裤、匕首等为作案工具。

二是论证上诉人罗某庆完全准备了实施犯罪的工具和条件。上诉人罗某庆手机购买记录、支付凭证、购物视频以及部分卖家的证言等证据，证实上诉人罗某庆购买了与进入现场和杀害被害人有关的物证，如大号黑色塑料扎带、右手上升器、8字环缓降器、12米长户外登山安全绳、黑色防滑手套、黄色钳子等从楼顶吊入房间的工具，黑色袖套、军绿迷彩头套等蒙面和包裹身体的工具，杀害被害人的匕首。

三是论证上诉人使用准备的工具并实际实施了犯罪行为。现有证据证实上诉人罗某庆案发当天持有和穿着进入现场和杀害被害人的物证，证实提取到的迷彩色脖套、蓝色运动裤、蓝色短袖T恤是上诉人丢弃；证实上诉人案发后在某科技园更换衣物；扣押提取的这些衣物有明显割裂痕迹和擦蹭痕迹，与上诉人罗某庆采用塑料扎带套在大腿部，用绳索吊入被害人客厅的犯罪行为对应；侦查机关所画的罗某庆活动轨迹图证实上诉人具有作案时间；证人罗某某证实并辨认现场提取的黄色钳子是上诉人罗某庆购买的，证人吕某某辨认现场提取刀具图片中的刀跟售卖给罗某庆的刀型号相同；宿舍监控视频证实上诉人罗某庆案发后回到宿舍时，牛仔裤左后口袋还放着一件深红色脖套，后也在上诉人所属物品中扣押提取，这与罪犯戴着深红色脖套离开案发大楼相印证；上诉人罗某庆在侦查机关承认实施了入室抢劫并杀害被害人的犯罪事实。

四是论证现有证据可以排除其他人作案的合理怀疑。案发客厅只有男女被害人的基因分型，且其他人难以同时拥有罪犯所必须具备的条件，如拥有全程蒙面所使用的作案工具、杀害被害人所使用的刀具，能够从楼顶天台吊入、剪断隐形防盗网进入被害人房间，有案发前踩点、案发后逃跑并更换和隐藏衣物的时间等。

运用科学并符合认识规律的证明和论证逻辑，在四方面的层层论证下，形成完整论证闭环，充分证实上诉人罗某庆就是抢劫并杀害被害人的罪犯。

（三）采用可视化示证，确保文书论证可"看"

一是从众多证据当中摘取可视化的彩色照片。从犯罪勘验记录中摘取作案工具照片,从案发楼梯口录像中摘取罪犯衣着照片,从上诉人罗某庆手机中摘取购买工具记录照片,并展示罗某庆在沙井西部义乌的五金店内买钳子监控录像截图,罗某庆拥有的与作案相关物品图片,案发前后罗某庆在其住所附近监控录像截图,让案件相关证据可见可比。

二是将彩色照片组合置入文书当中。将彩色图片与论证事实相互结合,充分展示关键细节,如匕首上的英文字母特征、上诉人罗某庆案发后回宿舍时别在牛仔裤左后口袋上的红色脖套、蓝色运动裤的撕裂口等,举证和证明相互呼应,用证据、事实和举证逻辑克服本案现场没有提取到上诉人生物痕迹的"缺陷",让合议庭相信就是上诉人罗某庆实施了犯罪。合议庭审判长事后评价本案出庭意见时说:"庭审前阅卷,感觉本案定案没有把握,但是听了检察员出庭意见后,完全相信就是上诉人罗某庆实施了犯罪"。

【专家点评】

本案检察机关二审出庭意见书言之有理、论之有据、诉之有法,实属一篇优秀的法律文书。对上诉人来说,该篇出庭意见书进一步驳斥其当庭翻供,揭露和证实犯罪情况,促使其认罪伏法;对法官来说,该篇出庭意见书提供了客观公正、系统完备的论证过程,帮助法官及时厘清事实和证据,作出公正裁判;对于辩护人来说,该篇出庭意见书是观点鲜明、论证详实、逻辑周全的控诉词,为辩护意见的发表提供了清晰的支点。具体体现在以下三个方面:

(一)争议焦点总结准确,内容极具针对性、客观性

司法是一种追求差异的艺术,差异即正义。当前,部分司法文书存在的最大问题和不足,就是千篇一律、空话、套话、官话过多,缺乏个性和特色,令当事人难以信服。个体正义的实现切忌千人一面的说教,说理论证更需量身定做、量体裁衣,结合个案事实具体问题具体分析。

该篇出庭意见书全文没有半句空话套话,开篇直击二审争议焦点,即"现有证据能否证实上诉人罗某庆实施了入室抢劫并杀害被害人的行为",进而展开论证。通过展示各类证据,层层递进,检察官直观还原了上诉人罗某庆的作案准备、作案方式、作案工具及排除其他合理怀疑的

事实情况,着重从案件证据体系出发,结合证据类型、证据理论和证明标准阐释罗某庆排他性地实施了入室抢劫并杀害被害人犯罪事实的根据。摆事实讲道理,内容凸显针对性和客观性。

从谋篇布局上看,该篇出庭意见书言简意赅,详略得当,通过"事实介绍+证据展示"的方式,重点强调案件的事实争议焦点,而法律适用的说理部分则没有争点,因此着墨较少。

(二)证据列举中言词证据较少,实物证据详实充沛

该篇出庭意见书列举证据的方式详实规范,通过构建合理的证据体系,充分发挥了各类证据在证明案件事实中的作用。列举证据坚持以事实为根据、以法律为准绳的原则。为证明上诉人实施了入室抢劫并杀害被害人的行为,检察官将证明案发现场情况的勘查记录、案发楼梯口录像截图和五金店购买钳子监控截图、STR分型鉴定意见、匕首、网购各类作案工具电子数据、证人证言等一一列举展示,着墨较多,还原案件细节,给人以证据确实充分之感。意见书将众多实物证据放在前列,直观还原上诉人作案前准备、实施犯罪和作案后逃离的过程,然后将证人罗某某辨认罗某庆的证言、证人吕某某辨认售卖刀具的证言和被告人在侦查机关的供述情况紧随其后,更加说明了意见书指控案件情况的真实性和可信度。也正是通过"言词证据较少,实物证据详实"的列举方式,意见书构建的证据体系有力驳斥了被告人在法庭审理阶段当庭翻供的可信度,给人以检察机关办案重证据、不轻信口供的印象。

(三)虽缺乏直接证据,但间接证据链完备,可以得出唯一结论

该篇出庭意见书开篇直面案件的特殊情况,即"在现场未能提取到被告人的生物检材",直白承认控方已收集到的实物证据中缺乏证明被告人犯罪的直接证据。意见书优秀之处在于,其未把反驳重点置于被告人供述上,相反,检察机关虽缺乏支持控诉的直接证据,但将已收集到的间接证据整合归纳,如案发楼梯口监控记录的罪犯头戴的头套、脖套、腰挂的黑色塑料扎带与上诉人7月份网购记录商品相一致,案发现场遗留的黄色手柄水口钳、勤兴牌匕首与罗某庆购买钳子的监控记录、证人罗某某的证言、证人吕某某的证言相印证,上诉人罗某庆承认丢弃的两只黑色袖套、一个迷彩色脖套、一条蓝色运动裤、一件蓝色短袖T恤与

案发大楼楼道内监控画面相匹配，扣押提取衣服上明显的割裂痕迹和擦蹭痕迹与上诉人用绳索吊入被害人客厅的作案方式相印证，等等。这些间接证据相辅相成、相互印证，形成了确实充分、排除合理怀疑的证据链，足以证明上诉人实施了入室抢劫和杀害行为。

虽然上诉人当庭翻供抗辩，但其抗辩事由没有达到影响内心确信，形成合理怀疑的程度，不应当被采纳。出庭意见书的有力回击，成功破解了所谓"幽灵抗辩"。

（点评人：郭烁，中国政法大学诉讼法学研究院教授、博士生导师）

45. 胡某然运输毒品案出庭意见书

【简要案情】

2019年4月7日，胡某然受境外毒贩"兰姐"雇佣，驾驶豫A×别克君越车从云南前往甘肃运输毒品海洛因。当日11时许行至云南保山市黄草坝高速服务区时被侦查人员抓获。侦查中胡某然表示愿意配合警方到甘肃抓捕毒品买家，之后其与"兰姐"继续保持联系，在警方控制下于4月9日15时许到达甘肃广河县，胡某然即与"兰姐"联系等待取货人，"兰姐"联系甘肃接货人杨某龙接取毒品，杨某龙指使马某海接取毒品。当日17时许，马某海到达约定地点，对接之后带领胡某然前往交货地点，途中被侦查人员抓获。此次公安机关共查获毒品海洛因15524.6克。

另查明，胡某然还于同年2月16日受"兰姐"指使，从云南运输15392克毒品海洛因至甘肃。

【诉讼过程】

本案由甘肃临夏州公安局侦查终结，临夏州人民检察院以胡某然、马某海涉嫌运输毒品罪提起公诉。2020年3月5日，临夏州中级人民法院以运输毒品罪分别判处胡某然死刑，缓期两年执行；马某海无期徒刑，剥夺政治权利终身，并处没收个人全部财产。马某海提出上诉，同年9月14日，甘肃省高级人民法院裁定撤销原判，发回重审。同年12月23日，临夏州人民检察院追加起诉了被告人杨某龙运输毒品罪，并补充起诉了胡某然的第二起犯罪事实。2021年11月25日，临夏州中级人民法院以运输毒品罪分别判处胡某然死刑，立即执行；杨某龙死刑，缓期两年执行；马某海无期徒刑，剥夺政治权利终身，并处没收个人全部财产。宣判后三被告人均提出上诉。二审开庭时，甘肃省人民检察院主动向同级法院提出了改判原审被告人胡某然死刑,缓期两年执行,其余两名同案被告人维持原判的建议。检察机关在列席法院审委会时再次阐述理由,最终二审法院采纳了检察机关意见。

【文书全文】

××人民检察院
上诉案件出庭意见书

审判长、审判员:

根据《中华人民共和国刑事诉讼法》第235条之规定,我们受甘肃省人民检察院的指派,代表本院,出席本法庭,依法履行职责。在刚才的法庭调查中,我们对本案定罪的证据进一步阐明了观点,同时也对上诉人的上诉理由进行了有针对性的举证和讯问,已使本案的案情更加明晰。现根据本案的证据,发表如下意见,请法庭给予充分考虑:

(一)一审判决认定的事实清楚,证据确实、充分

本案系由云南、甘肃两地警方联合侦办的案件。两地警方采用技术侦查措施及控制下交付手段破获了该起运输毒品案。上诉人胡某然被抓获时人赃俱获,其完整供述了受境外"兰姐"雇佣从瑞丽运输毒品至甘肃的情况。该事实有本案查获的毒品、其本人供述,侦查人员制作的控制其交付毒品过程中录制的视听资料、转换的技术侦查措施予以印证,且各证据间相互印证。马某海受杨某龙指使从东乡前往广河县接取毒品的事实有其在侦查环节的供述、胡某然的供述、侦查人员制作的对其监控的视频、制作的胡某然控制下交付的视频及技侦资料予以证实,且证据间相互印证。上述用于证实本案犯罪事实的证据,来源合法、客观、真实,与待证事实密切相关,且能够形成证据链条,排除合理怀疑。胡某然、杨某龙、马某海运输毒品的事实清楚、证据确实、充分。

(二) 一审法院重审后改判胡某然死刑量刑偏重，判处死刑，缓期两年执行，更符合法理与情理

本案在追加了胡某然第二起运输毒品犯罪事实后，涉案毒品数量相加达 3 万余克，确特别巨大，一审法院据此认为胡某然主观恶性深，社会危害性大，不足以从轻处罚，判处其死刑，立即执行。如果仅从胡某然二次运输毒品的数量考虑量刑并无不妥，但本案中不同于其他运输毒品案件的情节亦应当综合考虑。根据《全国法院毒品犯罪审判工作座谈会纪要》第二条第二款规定：毒品数量是毒品犯罪案件量刑的重要情节，但不是唯一情节，特别是在考虑是否适用死刑时，应当综合考虑各种因素，做区别对待。本案一方面，量刑应考虑的情节是两起毒品犯罪均是由于警方的及时侦破而未流入社会，特别是第二起犯罪事实，是完全在警方控制下交付。上诉人胡某然在云南出发时即被警方控制，配合警方与毒品上、下线保持联系，对于全案的侦破起到重大作用。在其协助下抓获的同案犯均被判处无期徒刑以上刑罚，应当认定为重大立功。另一方面，第一起犯罪同案犯段某晓已被判处死刑立即执行，胡某然当时即被警方纳入监控范围。根据《刑法》规定，胡某然具有重大立功情节，可以减轻处罚；同时，胡某然在本案中认罪态度较好，在同案被告人拒供的情况下，其认罪供述对全案的认定具有重要作用，量刑时理应考虑其具有的上述法定、酌定从轻处罚情节，并充分体现我国宽严相济刑事政策。综上，建议对其改判死刑，缓期两年执行。

(三) 一审判决对杨某龙、马某海量刑适当，上诉人上诉理由均不能成立，建议驳回上诉，维持对二上诉人的判决

1. 上诉人杨某龙被抓获归案后，对其犯罪事实始终拒供，并上诉称本案线索来源不清，上线"兰姐"未抓获。根据在卷证据证实，侦查机关侦查本案线索清晰，指向明确，通过技侦审批手续，对杨某龙使用的手机实施监控，尽管杨某龙本人对涉案手机予以否认，但证人证实涉案手机均为杨某龙使用。杨某龙指使马某海为运输毒品领路的事实，不仅有同案马某海的供述，还有卷内技侦转换资料、语音鉴定及证人证言，证实杨某龙直接与境外人员联系、沟通运毒事宜，并且用"暗语"指使马某海前往为胡某然领路，上述证据认定杨某龙参与、指挥运输毒品的犯罪事实清楚，证据确实充分，境外毒贩未抓获并不影响本案犯罪事实的认定，故其上诉理由不能成立。

2. 关于马某海上诉称现有证据只能证明杨某龙安排其为胡某然带路的事实，不能证明其主观明知运输毒品的理由。根据技侦监控转换证据证实，案发时段，上诉人与杨某龙频繁使用电话联络，在接应过程中，频繁使用暗语，虽然其本人辩解是去为家里购买洋芋籽、地膜等，但其妻子予以否认。马某海辩解是杨某龙让其帮忙接亲戚，但在确认胡某然身份后，却没有任何语言询问，仅点头示意让其跟随，行踪诡秘，该行为明显违背正常的接人或引路行为，结合在案证据综合认定，足以推定其主观明知接取的是运输毒品人员，应当认定其为运输毒品的共犯。

综上，请合议庭依据事实、法律对各上诉人作出公正裁决。

20××年×月×日当庭发表

【承办检察官心得体会】

检察官办理案件应当秉持客观、公正的执法理念，坚决杜绝机械执法，就案办案。本案临夏州中级人民法院对胡某然作出死刑，立即执行判决的主要理由是其虽具有重大立功、认罪悔罪情节，但两次运输毒品数量达3万余克，特别巨大，主观恶性，社会危害大，不足以对其从轻判处。二审办案检察官通过审阅案卷、提审上诉人等工作，关注到案件存在影响量刑的重要情节：一是本案两起毒品犯罪中的一起犯罪事实，完全在警方控制下交付，公安机关在早已掌握其犯罪事实的情况下，为了深挖毒品上、下线犯罪分子而未及时将其抓捕归案。2019年4月7日胡某然在云南出发时即被警方控制，其愿意配合警方侦破案件，与毒品上线保持联系，又通过与上线的联系锁定了前往接取毒品的下家，对于全案的侦破起到重大作用，在其协助下抓获的同案犯均被判处无期徒刑以上刑罚，具有重大立功情节。二是胡某然在本案中认罪态度较好，特别是在提审及庭审中始终表示认罪，在同案被告人始终拒供的情况下，其认罪供述对全案的认定具有重要作用，量刑时理应考虑其具有的上述法定、酌定从轻处罚情节。

本案如果单纯关注被告人胡某然两起运输毒品的数量,确足以判处死刑,立即执行。二审环节,检察官积极尝试在重罪案件的办理中适用认罪认罚从宽制度,在办理毒品案件中落实好"依法严厉打击"和"少杀慎杀"的刑事政策。二审庭审时,出庭检察人员主动将建议改判的意见在法庭上发表,该案最终二审法院采纳了检察员意见,将被告人胡某然改为死刑,缓期两年执行。

本案的改判,对于今后同类案件的办理具有一定的借鉴意义,主要表现在以下三个方面:

(一)毒品案件办理过程中要敢于依法适用认罪认罚从宽制度

认罪认罚从宽作为一项司法制度,符合现代司法理念,其贯穿于刑事诉讼的各个阶段,没有案件适用范围的限制。目前司法实践中,特别是到了二审复核阶段,由于对影响量刑的因素信息掌握没有法院全面,加之对最终的量刑决定权有限,检察机关一般不会主动启动认罪认罚程序。本案办理过程中,办案人员关注到被告人具有"重大立功"以及"控制下交付"等情节,虽然没有启动由律师介入见证签署"具结书"的实质意义的认罪认罚程序,但在提审环节积极向被告人详细讲解了认罪认罚的法律后果,促其继续认罪,并且在二审庭审时,将被告人所具有的从轻处罚量刑情节意见在法庭上提出,并当庭提出了建议法院改判被告人死刑,缓期两年执行的出庭意见。

(二)毒品案件办理中要处理好宽严相济的关系

刑事政策在重罪毒品案件的办理中不仅是抽象的、原则的指引,更是承办案件的检察官必须认真思考和用量刑建议推进落实的政策。司法人员在办案中应当积极作为,杜绝只按照法律条文机械执法,全面考虑个案之间的差异性,彰显法律温度、司法善意,既不能矫枉过正,更不能超越法律规定放纵犯罪。对多次从事走私、贩卖、运输、制造毒品的主犯应当适用死刑立即执行,坚持从严惩处。但是对于具有重大立功、认罪认罚等从轻量刑情节的被告人,不能唯"数量"论,应当坚持客观、公正的态度。同时还要加强与主审法官的沟通,确保所提出的从轻改判建议被法院所采纳,以免影响执法效果。

（三）重大毒品案件办理中要利用好列席审委会制度，发挥好法律监督职能

在列席本案法院审判委员会时主动担当，从事实认定、侦破过程以及法律适用方面进行充分说理、论证。本案的最终改判，充分体现了检察机关客观公正的执法态度以及勇于担当的执法精神。

【专家点评】

检察员出庭履职重在履行指控犯罪和诉讼监督双重职责，发挥二审庭审解决争议焦点的关键作用。出庭意见书是检察员出庭履职发表意见的重要载体。一篇好的出庭意见书论之有据、辩之有理，不仅起到让当事人信服、定纷止争的作用，同时也是树立公正形象、保障司法权威、传播司法价值的有效载体。本篇出庭意见书说理透彻、论证缜密、认定事实准确且适用法律及政策恰当。主要表现在以下三点：

（一）争议焦点总结准确，评判有的放矢，把握了释法说理的精度

本篇出庭意见书针对一审判决胡某然死刑的量刑偏重、上诉人杨某龙拒不认罪并称本案线索来源不清、上诉人马某海上诉称现有证据不能证明其主观明知运输毒品的理由等进行归纳，精确表达当事人诉求，体现了检察机关充分发挥法律监督职能作用，尊重和保障人权，客观公正办案。

（二）针对政策把握和事实争议采用不同的说理方式，展示辩法析理的深度

如针对一审法院重审后改判胡某然死刑量刑偏重问题，出庭意见书着重阐述了兼具从重从宽情节的情形下如何准确适用死刑政策。对此，出庭意见书根据《武汉会议纪要》关于毒品数量是毒品犯罪案件量刑的重要情节不是唯一情节，特别是在考虑是否适用死刑时应综合考虑各种因素，做区别对待的规定，指出本案胡某然有重大立功情节、认罪态度好、其认罪供述对全案认定具有重要作用、两起毒品犯罪均被警方及时侦破而未流入社会、第二起毒品犯罪完全在警方控制下交付等从宽情节，结合宽严相济刑事政策，建议法院对其改判死刑，缓期两年执行。文书点出本案与其他运输毒品案件的情节不同之处，结合死刑政策从细节上

着墨胡某然具有的从宽情节，结论有理有据。又如，针对上诉人马某海、杨某龙提出本案线索来源不清、现有证据不能证明其主观明知运输毒品等事实争议，出庭意见书以客观性证据的技侦材料为中心，通过语音鉴定、证人证言、同案人供述等证据与技侦材料相互印证，说明一审判决认定事实准确，以经验法则评价上诉人行为明显违背常理，辩解不符合常理等，综合得出上诉人的上诉理由不能成立的结论。整篇文书论理做到了推理有据、繁简适当、判断正确。

（三）将法理政策与情理有机结合，体现了阐法明理的广度

本案属于事实争议认定与死刑政策把握的案件，在评判时秉持客观、公正的执法理念，既有力反驳上诉人马某海、杨某龙的上诉理由，有效指控犯罪，又对一审判决胡某然死刑量刑偏重依法提出监督意见。特别是对胡某然改判量刑的建议，文书全面考虑个案之间的差异，结合法理与情理论证胡某然具有法定、酌定的从宽情节，对胡某然的死刑政策把握进行了全面客观的分析。从能充分体现宽严相济的刑事政策的角度，通过理性分析得出令人信服的结论，准确贯彻严格控制和慎重适用死刑的死刑政策，建议对其改判死刑，缓期二年执行，得到二审法院采纳。

法律不是冷冰冰的纸面条款，而是与民众息息相关的行为规范。本案文书向当事人、也向社会公众阐明了法律公平正义的本质，传达了司法机关严格依法办案，兼顾国法、天理、人情，彰显司法尺度与温度，同时也履行了出庭意见对社会民众行为的引导、指向、教育功能，彰显了检察员优秀的法律素养和深厚的理论功底，不失为一篇优秀出庭法律文书。

（点评人：林建江，最高人民检察院重大犯罪检察厅二级高级检察官）

六

刑事抗诉书

46. 邹某勇危险驾驶案刑事抗诉书

【简要案情】

2018年6月7日,邹某勇因犯诈骗罪被太和县人民法院判处有期徒刑3年,缓刑5年,并处罚金人民币50万元。2020年11月10日(缓刑考验期内)21时27分许,邹某勇在××县某甲镇某某路"李家庭院"与朋友吴某、张某某等人一同吃饭饮酒后,驾驶一辆车号牌为皖×××××白色别克牌小型普通客车行驶至××县创业路与祥和路交叉口南200米处时,被执勤民警查获,经安徽中天司法鉴定中心鉴定,邹某勇静脉血液中乙醇浓度为111.6mg/100ml,属醉酒驾驶。

【诉讼过程】

2020年11月10日,邹某勇酒后驾驶车辆被民警当场查获,同月12日立案侦查,后电话通知邹某勇到案。太和县人民检察院于2021年6月1日向太和县人民法院提起公诉,太和县人民法院于同年7月15日作出一审判决:一、撤销安徽省太和县人民法院刑事判决主文第一项,被告人邹某勇犯诈骗罪,判处有期徒刑3年,缓刑5年的缓刑执行部分;二、被告人邹某勇犯危险驾驶罪,免于刑事处罚;与原犯诈骗罪,判处有期徒刑3年,并处罚金人民币50万元,数罪并罚,决定执行有期徒刑3年,并处罚金人民币50万元(已缴纳)。邹某勇不服一审判决提出上诉,阜阳市中级人民法院于2021年11月22日作出二审判决:一、维持太和县人民法院刑事判决第一项。二、撤销太和县人民法院刑事判决第二项。三、原审被告人邹某勇犯危险驾驶罪,免于刑事处罚;与原犯诈骗罪,判处有期徒刑3年,并处罚金人民币50万元,数罪并罚,决定执行有期徒刑3年,缓刑5年,并处罚金人民币50万元(已缴纳)。2022年2月

10 日,阜阳市人民检察院向阜阳市中级人民法院提出再审检察建议,同年 5 月 6 日,阜阳市中级人民法院函告阜阳市人民检察院,认为再审检察建议理由不充分,二审判决并无不当,对再审检察建议不予支持。2022 年 6 月 27 日,阜阳市人民检察院提请安徽省人民检察院抗诉,安徽省人民检察院于同年 9 月 27 日向安徽省高级人民法院提出抗诉。同年 12 月 29 日,安徽省高级人民法院指令六安市中级人民法院对本案进行再审。2023 年 4 月 10 日,六安市中级人民法院作出终审判决,改判邹某勇犯危险驾驶罪,判处拘役 1 个月,并处罚金人民币 1000 元;与原犯诈骗罪,判处有期徒刑 3 年,并处罚金人民币 50 万元,数罪并罚,决定执行有期徒刑 3 年,并处罚金人民币 50.1 万元(已缴纳 50 万元)。

【文书全文】

安徽省人民检察院
刑事抗诉书

皖检审刑抗〔20××〕××号

原审被告人邹某勇,男,1958 年 11 月 3 日出生,居民身份证号码 3303241958××××××××,汉族,初中,企业负责人,户籍所在地安徽省阜阳市××县,住××县××区××区,因涉嫌危险驾驶罪,经太和县公安局决定,于 2020 年 11 月 12 日取保候审。现住××县××区××区。

阜阳市中级人民法院以(2021)皖 12 刑终 562 号刑事判决书对被告人邹某勇危险驾驶一案判决:一、维持太和县人民法院(2021)皖 1222 刑初 341 号刑事判决第一项。二、撤销太和县人民法院(2021)皖 1222 刑初 341 号刑事判决第二项。三、原审被告人邹某勇犯危险驾驶罪,免予刑事处罚;与原犯诈骗罪,判处有期徒刑三年,并处罚金人民币 500000 元,数罪并罚,决定执行有期徒刑三年,缓刑五年,并处罚金人民币 500000 元（已缴纳）。判决生效后，阜阳市人民检察院提请我院抗诉，经依法审查，本案的事实如下：

2020 年 11 月 10 日 21 时 27 分许，邹某勇在太和县城关镇某某路"李家庭院"与朋友吴某、张某某等人一同吃饭饮酒后，驾驶一辆车号牌为皖×××××白色别克牌小型普通客车行驶至太和县创业路与祥和路交叉口南 200 米处时，被执勤民警查获，经安徽中天司法鉴定中心鉴定，邹某勇静脉血液中乙醇浓度为 111.6mg/100ml，属醉酒驾驶。

本院认为，该判决确有错误，理由如下：

一、原审被告人邹某勇在缓刑考验期内再犯新的危险驾驶罪，二审法院对其数罪并罚后仍适用缓刑系适用法律错误，量刑明显不当

本案争议的焦点是"缓刑考验期内犯新罪，数罪并罚后能否再判缓刑"。第一，从刑法条文的文义解释看，《刑法》第七十七条第一款规定："被宣告缓刑的犯罪分子，在缓刑考验期限内犯新罪或者发现判决宣告以前还有其他罪没有判决的，应当撤销缓刑，对新犯的罪或者新发现的罪作出判决，把前罪和后罪所判处的刑罚，依照本法第六十九条的规定，决定执行的刑罚。""应当撤销缓刑"的含义是将缓刑撤销，即撤销的是"缓刑"，而不是原判决。原判决判处的刑罚继续有效，不可撤销。结合本案，邹某勇因诈骗罪被判处有期徒刑三年，宣告缓刑五年，在撤销缓刑的情况下，有期徒刑三年仍然有效，则原判刑罚变成了三年的"实刑"，必须执行。再与新判决合并时，该有期徒刑三年就是决定执行的刑罚的基础，是最起码的宣告起点刑，当然不可再次宣告缓刑。第二，从刑法条文的当然解释看，《刑法》第七十七条第二款规定："被宣告缓刑的犯罪分子，在缓刑考验期限内，违反法律、行政法规或者国务院有关部门关于缓刑的监督管理规定，或者违反人民法院判决中的禁止令，情节严重的，应当撤销缓刑，执行原判刑罚。"可见，严重的违法或违规行为就应当撤销缓刑，实际执行原判刑罚。根据"举轻以明重"的当然解释规则，社会危害性更大的犯罪行为更应当撤销缓刑，执行原判刑罚。如果对达到犯罪程度的缓刑罪犯撤销原判缓刑后又判处缓刑，显然是罪不当罚，不符合刑法之罪刑相适应原则。第三，从缓刑的适用条件看，《刑法修正案（八）》修改了缓刑的适用条件，可以适用缓刑的六个必备条件是：（一）适用于被判处拘役、三年以下有期徒刑的犯罪分子；（二）犯罪情节较轻；（三）有悔罪表现；（四）没有再犯罪的危险；（五）宣告缓刑对所居住社区没有重大不良影响；（六）不是累犯和犯罪集团的首要分子。对于已经宣告缓刑的犯罪分子，在缓刑考验期内再犯新罪，继续危害社会，已经用实际行动证实其不能经受缓刑期间的考验，证明其没有悔罪表现、有再犯罪的危险，不符合缓刑适用的法定的实质条件。第四，从缓刑制度的立法原意看，对犯罪分子宣告缓刑，既不是无罪判决，也不是免除处罚，而是以刑罚的强制力为后盾，以犯罪分子在缓刑考验期内不致再危害社会为条件，保持着执行刑罚的可能性。宣告缓刑可以迫使犯罪分子严格管束自己，以免重落法网，这正是刑罚的威慑力所在。因此，缓刑并非脱离刑罚的强制性而独立存在，而是在保持原判刑罚效力的影响下才能有效实施。缓刑考验期内犯新罪的再判处缓刑，势必会削弱刑罚的威慑力量和预防作用，甚至可能助长其再次犯罪的侥幸心理。第五，从本案实际情况看，原审被告人邹某勇前罪为诈骗罪，新罪为危险驾驶罪，均为故意犯罪，可见其认识到危害后果可能发生仍然追求或放任，表明其不止是消极地不保护法益，而是积极地对法益持否定态度，具备了再犯罪的危险并实际再次实施了犯罪，说明其毫无悔改之意，主观恶性较深，只有执行刑罚才能实现刑罚目的。

综上，二审判决对邹某勇在缓刑考验期内犯新罪数罪并罚后仍判处缓刑不当，应判处有期徒刑三年，不适用缓刑。

二、二审判决从促进民营企业良性、健康发展的角度对原审被告人邹某勇适用缓刑不当

《最高人民法院关于充分发挥审判职能作用为企业家创新创业营造良好法治环境的通知》中规定，对企业家在生产、经营、融资活动中的创新行为，只要不违反刑法的规定，不得以犯罪论处。2021年3月8日的《最高人民检察院工作报告》中讲到"对企业负责人涉经营类犯罪，依法能不捕的不捕，能不诉的不诉，能不判实刑的提出缓刑建议"。从上述最高法和最高检关于对民营企业保护的相关文件中可以得出：对民营企业负责人的所有司法活动必须依法进行，刑法是底线；保护民营经济的政策限于涉经营类犯罪。

结合本案：第一，邹某勇所犯罪行不符合民营经济保护政策宽缓处理的范围。其所犯罪名无论是之前的诈骗罪，还是新犯的危险驾驶罪均与企业生产经营无关，不属于涉经营类犯罪，不属于民营经济保护政策从宽从缓的对象。第二，对邹某勇适用缓刑并不能保障、促进企业的良性发展。原审被告人邹某勇名下并无企业，其称自己实际经营两家企业——某甲公司、某乙公司。（1）某甲公司经营情况：阜阳市院建议阜阳中院再审期间，中院移交了邹某勇提交的新证据——太和县工商联出具的书面材料证明"某甲公司注册资金5180万元，2011年至2020年纳税达到2000多万元，带动89人就业。"阜阳市院向太和县国税局调取的纳税记录证明某甲公司自2020至2021年度，两年内共缴税42876.11元，自2020年7月31日至今没有缴税记录。法院判决裁定证实，该公司自2019年不再生产经营且资产已被查封，因不能清偿到期债务，且明显缺乏清偿债务能力，太和县法院于2021年8月20日已裁定受理某丙公司（债权人）、某甲公司对某甲公司的破产清算申请。（2）某乙公司经营情况：阜阳市院建议阜阳中院再审期间，中院移交了邹某勇提交的新证据——太和县工商联出具的书面材料证明"某乙公司注册资金2000万元，带动双浮160名农民就业，其中安排贫困户30人。"阜阳市院向太和县国税局调取的纳税记录证明某乙公司自2020年至2021年度，共缴税17597.17元，自2020年9月30日至今没有缴税记录。该公司所租用土地的双浮镇麦仁村委会出具书面材料证明"某乙公司租用我行政村麦仁、大东自然村土地，于2020年至今未支付租金给我村村民。证明材料中提到带动双浮160名农民就业，其中安排贫困户30人这一情况不属实。"张李村村委会也出具书面材料证明"某乙公司租用我行政村土地，从该公司成立至今，经核查，未带动我行政村农民就业，也未安排贫困户就业。曾安排部分村民打零工。"太和县某某社区居民委员会出具的情况说明、苗木收购协议等证明某乙公司于2014年10月租用某某社区的农村土地用于种植花卉草木，但在2017年12月其所租土地及土地种植的花木已被城投公司收购，土地租金由城投公司直接支付给农民，某乙公司无偿提供苗木的管护服务。第三，对邹某勇再次适用缓刑突破了法律底线。即便从保护民营经济的角度宽缓处理也是在法律的框架内依法从宽从缓，应当坚守法律底线、符合刑法规定。

综上，本案二审判决错误地理解最高法和最高检关于保护民营经济的政策精神，对原审被告人邹某勇以保护民营经济为由适用缓刑不当。

三、原审判决认定自首错误

在醉驾型危险驾驶罪的自首认定上，应严格按照自首的构成要件，依据行为人有醉酒行为之后的行为和态度来审查，即是否具有主动将自己置于司法机关的控制之下，以及是否如实供述醉酒驾驶行为等主要犯罪事实。在公安机关设卡查处酒驾中，由于是通过现场拦截被查处并对其进行酒精吹气检测，行为人几乎不是主动将自己置于查处位置，因此不存在自动投案认定的空间。结合本案，现场视频证实邹某勇于2020年11月10日21：28被交警设卡查获，且当时其准备掉头被交警当场制止，其不是主动将自己置于司法机关的控制之下，不具有投案的主动性，不应认定为自首。

综上，原判对原审被告人邹某勇在缓刑考验期内犯新罪数罪并罚后再次适用缓刑，确有错误；对邹某勇危险驾驶罪认定自首错误。为维护司法公正，准确惩治犯罪，依照《中华人民共和国刑事诉讼法》第二百五十四条第三款的规定，对阜阳市中级人民法院（2021）皖12刑终562号刑事判决书，提出抗诉，请依法判处。

此致
安徽省高级人民法院

20××年×月×日

附注：

1. 卷宗（复印件）肆册，光盘叁张。
2. 原审被告人邹某勇现住太和县旧县经济开发区B区。

【承办检察官心得体会】

本案系按再审程序抗诉成功的案件,争议焦点明晰,但司法实践中分歧较大,因此如何提升再审法院认同度,就要求抗诉书体例清晰、观点明确、说理透彻。

(一)强化释法说理,引导法律统一正确实施

本案主要争议焦点是"缓刑考验期内犯新罪,数罪并罚后能否再判缓刑",因法律无禁止性规定,故不少判决仍判处缓刑。抗诉书从"刑法条文的文义解释、刑法条文的当然解释、缓刑的适用条件、缓刑制度的立法原意、本案实际情况"等五个方面对该焦点进行全方位阐述,明确提出"在缓刑考验内故意犯罪,说明其无悔改表现,有再犯罪的危险,不符合适用缓刑的实质条件",获再审判决支持将缓刑改判为实刑。

(二)强化层级监督,不拘泥于下级院提抗理由

阜阳市院以原审判决缓刑适用不当为由提请省院抗诉,省院全面审查后发现自首认定也有错误。该部分争议焦点是"醉驾被公安机关设卡查处后,电话通知到案是否属于主动投案",在本省司法实践中判决不一、缺乏统一标准。为精准抗诉,承办人主动听取了原审判人员、检察人员、侦查人员意见,调取了裁判文书网类案判决,收集了最高检《普通犯罪检察业务》和《刑事审判参考》相关观点。抗诉书综合分析论述上述观点,最终增加了"在公安机关设卡查处酒驾中,由于是通过现场拦截被查处并对其进行酒精吹气检测,行为人几乎不是主动将自己置于查处位置,因此不存在自动投案认定的空间,不应认定为自首"的抗诉理由,获再审判决支持,对全省办理醉驾案件认定自首具有指导意义。

(三)强化能动履职,围绕原判观点用证据说话

依法平等保护民营经济是检察机关义不容辞的责任,但是检察履职只有严格"依法",才能做实"平等"。针对二审判决"邹某勇系民营企业家,从促进民营企业良性、健康发展的角度对邹某勇判处缓刑"的判决理由。第一,抗诉书提出"无论是之前的诈骗罪,还是新犯的危险驾驶罪均与企业生产经营无关,均不属于涉经营类犯罪,不能因民营企业家身份而一概从宽从缓"。第二,检察机关针对邹某勇向法院提交的证明

其"实际经营两家企业、系纳税大户、带动就业"等情况进行实地调查核实，补充相关证据，发现证明材料不属实，甚至存在相关企业已被破产清算、长期拖欠百姓土地租金等情况，从而直接否定了二审判决的依据。抗诉书既释明政策，讲明法理，又针对性地列举、分析新证据，清晰阐明事实，明示原判决错误之处，引导准确规范适用服务保障民营经济健康发展的政策。第三，抗诉书提出"从保护民营经济的角度宽缓处理也是在法律的框架内依法从宽从缓，应当坚守法律底线、符合刑法规定"，体现了检察机关"高质效办案根本是严格依法、公正司法"的要求。

【专家点评】

最高检党组提出"高质效办好每一个案件"的要求。法律文书是落实这一要求的重要载体，更是"高质效"最鲜明、最直接的体现。好的法律文书在传递办案人员观点的同时，也能让读者明晰案件承办人的思考过程。就如本案的抗诉书，即合乎法律文书所需具备的重点突出、观点鲜明、层次清楚的"金字塔"型特征。通篇阅读下来，既能了解到检察机关抗诉的理由、依据与法律适用的过程，也传递了抗诉案件承办人严谨踏实的工作作风与过硬的业务素能。

（一）聚焦案件核心问题，论证有理有据

本案的核心争议焦点是"缓刑考验期内犯新罪，数罪并罚后能否再判缓刑"，它直接决定了案件走向。抗诉书在提出"适用缓刑系法律错误"的观点后，从刑法条文的文义解释、刑法条文的当然解释、缓刑的适用条件、缓刑制度的立法原意、本案实际情况等五个方面，层层递进、条分缕析，从法律解释到法律依据，最终落脚到本案的基础事实，由此得出的结论令人信服。

（二）以证据为中心，传递正向司法理念

构建以证据为中心的刑事指控体系，是"高质效办好每一个案件"的基本保障。本案中，二审判决依据邹某勇本人供述，认为"邹某勇系民营企业家，从促进民营企业良性、健康发展的角度对邹某勇判处缓刑"。但若依据其系民营企业家就对其所有违法犯罪行为从轻、从宽处理，势必会传递错误的司法理念，甚至可能引发舆情风险，该类现象并不鲜见。该抗诉书以证据为中心，一方面结合"两高"文件精神，指出邹某勇所犯罪名与企业经营无关，不符合对民营企业宽缓处理精神所涵盖的范围。另一方面，检察机关通过实地走访等形式，充分运用调查核实权，调取纳税证明、就业数据等证据，强有力地回击了原审被告人关于自身企业经营良好的辩解。该篇抗诉书客观真实地呈现了司法公平正义，也体现了检察机关履行法律监督职能的履职导向，传导了正确的价值观。

（三）发现并回应实务争议，具有借鉴意义

自首作为法定从轻从宽量刑情节，它的认定是刑事案件中常见常新的问题，准确适用对于案件的处理与效果至关重要。该篇抗诉书没有拘泥于提抗机关的观点，而是在能动履职发现了本案"自首"认定的争议后，通过类案检索、查询专业书籍等，得出原审被告人系"被交警设卡查获，且当时其准备掉头被交警当场制止，其不是主动将自己置于司法机关的控制之下，不具有投案的主动性，不应认定为自首"的结论，并获得法院判决支持。"醉驾被公安机关设卡查处后，电话通知到案不属于主动投案"的观点，在一定层级范围内具有借鉴示范作用。另外，本案中关于缓刑考验期内犯新罪不能适用缓刑的论证结论，也给类似争议问题的解决提供了思路。

（**点评人**：王勇，江苏省苏州市人民检察院党组副书记、副检察长，全国模范检察官、全国十佳公诉人、全国检察业务专家）

47. 顾某合同诈骗、伪造金融票证案刑事抗诉书

【简要案情】

被告人顾某从 2014 年开始从事承兑汇票买卖及资金过桥生意，以高额利息向他人借款，用借款购买承兑汇票后转卖，从中赚取差价。被告人顾某为维持资金周转，从 2016 年 5 月开始高买低卖，承兑汇票生意处于亏损状态。2016 年 6 月至案发，被告人顾某明知自己严重资不抵债，隐瞒自身资产状况和高买低卖的运转模式，制造虚假繁荣，许诺高息向被害人徐某耀、徐某荣、陶某光、郭某良等人借款，继续采用高买低卖方式维持承兑汇票生意运转，造成上述被害人损失共计人民币 4976.0547 元。后为应付被害人催促还款，指使他人伪造承兑汇票 7 张。

【诉讼过程】

2017 年 2 月 6 日苏州市公安局相城分局以顾某涉嫌合同诈骗罪、伪造金融票证罪移送审查起诉，苏州市相城区人民检察院于 2017 年 7 月 31 日提起公诉，苏州市相城区人民法院于 2018 年 9 月 26 日作出一审判决，苏州市相城区人民检察院于 2018 年 9 月 30 日提出抗诉，苏州市中级人民法院裁定发回重审，苏州市相城区人民法院于 2021 年 7 月 19 日作出判决，判处顾某有期徒刑 11 年，并处罚金人民币 32 万元。

【文书全文】

江苏省苏州市相城区人民检察院
刑事抗诉书

相检诉诉刑抗〔20××〕××号

江苏省苏州市相城区人民法院于 2018 年 9 月 26 日以（2017）苏 0507 刑初 512 号判决书判决被告人顾某犯票据诈骗罪，判处有期徒刑七年，并处罚金人民币二十万元。本院依法审查后认为，该判决认定事实同证据不符，定性错误，导致量刑畸轻，应予纠正。

一、相城区人民法院认定被告人顾某不具有非法占有目的的理由同事实不符，于法无据。具体分析如下：

1. 相城区人民法院认为推定被告人顾某具有非法占有目的的前提是被告人顾某明知自己经营承兑汇票的方式绝对不可能获利，并以被告人顾某经营承兑汇票曾经营利反推被告人顾某经营承兑汇票一定亏损的前提不成立。本院认为被告人顾某从事承兑汇票买卖是否能够营利同被告人顾某是否具有非法占有目的没有直接关系；且，被告人顾某在从事承兑汇票买卖之初可能营利，但在使用高息借款高买低卖承兑汇票时，被告人顾某已经明知注定亏损。

2. 相城区人民法院认为没有证据证实 2016 年 6 月被告人顾某的资产状况，当时被告人顾某是否持有承兑汇票未知，因此认定被告人顾某当时资不抵债不能成立。本院认为，首先被告人顾某本人一直稳定供述 2016 年 6 月之前买卖承兑汇票的资金链已经断裂，因此采用高买低卖的方式维持，被告人顾某自己的供述是证实 2016 年 6 月其本人资产状况的直接证据。其次证据证实 2016 年 10 月被告人顾某归案时几乎没有资产，从 2016 年 6 月至 10 月被告人顾某没有变卖资产，由此可以反推 2016 年 6 月被告人顾某也没有资产。再次被告人顾某从事承兑汇票买卖，资金来源于高息借款，被告人顾某的欠款和持有的承兑汇票始终成正比，因此被告人顾某持有承兑汇票即意味着欠款，持有的承兑汇票并非资产。本院认为查明2016年6月被告人顾某是否持有承兑汇票对认定资产状况没有证明意义。

3. 相城区人民法院认为被告人顾某将绝大部分借款用于承兑汇票买卖，根据2011年《最高人民法院关于审理非法集资刑事案件具体应用法律若干问题的解释》，属于用于经营活动，据此认定被告人顾某没有非法占有目的。《中华人民共和国票据法》第10条规定"票据的签发、取得和转让，应当遵循诚实信用的原则，具有真实的交易关系和债权债务关系"，由此可知承兑汇票流转是同购销合同等经济活动相伴而生，且行政法规已明确取缔票据贴现这种非法金融业务。本院认为被告人顾某从事承兑汇票买卖或者承兑汇票贴现的票据中介业务，不能向行政机关申请设立公司合法经营，被告人顾某的行为不属于2011年《最高人民法院关于审理非法集资刑事案件具体应用法律若干问题的解释》的生产经营活动。被告人顾某从被害人处高息借款，高价买入承兑汇票再低价卖出，然后再将钱款归还给被害人，表面上被告人顾某一直从事承兑汇票买卖，但透过表面看本质，抛开买入卖出这种不产生任何经济效益的媒介，被告人顾某的行为本质上就是借新还旧，买卖承兑汇票只是被告人顾某实现借款的事由，只是维持现状的一种手段。

4. 相城区人民法院认为没有证据证明被告人顾某肆意挥霍借款。本院认为被告人顾某从事承兑汇票买卖的资金来源都是高息借款，大量借款日息为0.3%至0.45%，部分借款日息为0.2%至0.3%。以被告人顾某借款人民币10万元为例，使用一天的利息为200元至450元不等，即使被告人顾某正常从事承兑汇票买卖，每买卖10万元承兑汇票的营利在200元至400元之间。被告人顾某在一天内完成借款、买入并卖出承兑汇票、归还借款及利息这一系列行为尚可能营利，一旦不能当天卖出承兑汇票归还借款及利息必将亏损，因为两天的高额借款利息远高于买卖承兑汇票的获利。因此被告人顾某采用高息借款作为资金来源，即使正常从事承兑汇票买卖也营利甚微。

被告人顾某从2016年3月至10月向本森汽车租赁有限公司租赁法拉

利、宾利等豪车4辆,这些豪车每辆月租金高达15万元至28万元不等,本森汽车租赁有限公司证实被告人顾某已支付租金100余万元。被告人顾某于2016年3月购买价值80余万元的保时捷汽车1辆,于2016年9月购买价值60余万元的丰田汽车1辆。被告人顾某于2016年至法国、韩国、泰国、马来西亚、新加坡旅游10次,购买名包、名表、钻戒、手链等奢侈品,花费约100万元。被告人顾某及家人办理马来西亚第二家园移民签证,存入银行30万元马币(折合约人民币50万元)永久不能取出,并支付给移民中介6万元。甚至为掩盖无法归还借款,在2016年9月28日让人伪造7张承兑汇票后,仍于2016年国庆节期间携家人至欧洲旅游,并购买奢侈品。以上事实反映2016年被告人顾某的消费达数百万元,已经明显超出被告人顾某买卖承兑汇票的营利,何况当时被告人顾某已经在高买低卖承兑汇票。被告人顾某虽将大部分借款用于买卖承兑汇票,但目的是维持生意运转,维持自身高消费的虚假繁荣,并不是为了赚钱用来归还被害人,被告人顾某的上述消费行为当然应认定为挥霍借款。

5. 相城区人民法院认为被告人顾某没有隐瞒资产、逃避归还债务同事实不符。被告人顾某在2016年10月案发前没有房产、存款理财等资产,被告人顾某的资产只有保时捷汽车1辆和丰田汽车1辆,被告人顾某于2016年10月27日、28日案发前将2辆汽车过户给妻子王甲的远房亲戚。被告人顾某供述为防止公安机关冻结,把仅有的1张面额300万元的承兑汇票交由岳母顾某甲,顾某甲于2016年10月25日至银行贴现后将钱存入其姊妹顾某乙银行卡中。因此被告人顾某归案时无任何资产归还被害人,被告人顾某在被抓获前将自己仅有的资产转移给妻子王甲的亲戚,属于隐瞒资产、逃避归还债务。

6. 相城区人民法院认为本案的借款人贪图高额利息铤而走险借款给被告人顾某,不是基于被告人顾某隐瞒真相陷入错误认识借款给被告人顾某,且借款人前期已经赚取高额利息,在被告人顾某经营状况出现问题不能还款时认定合同诈骗于情不合于理不符。本院认为被告人顾某正是利用被害人想要赚取高额利息的心理,隐瞒自己已资不抵债的现状及高买低卖的经营状况,才促使被害人出借资金,被害人贪图高息的目的不影响被骗的本质,如被害人知晓被告人顾某的真实情况断不会出借资金。本案被害人的被骗情形同集资诈骗犯罪中的被害人类似，虽然被高息诱惑，甚至曾经获取过高息，但这只影响诈骗金额的认定，并不能否定诈骗的本质。

通过对相城区人民法院认定被告人顾某不具有非法占有目的六个理由的分析，可以看出相城区人民法院不认定非法占有目的的理由均不能成立。

二、相城区人民法院判决被告人顾某票据诈骗 100 万元存在逻辑错误

相城区人民法院判决认定的犯罪事实为被告人顾某为应付被害人王乙催债，从网上让他人伪造 3 张承兑汇票。被告人顾某于 2016 年 10 月 13 日、14 日通过陈某某给被害人王乙面额为 370 万元、400 万元的假承兑汇票各 1 张，被害人王乙支付给陈某某 100 万元，陈某某又转给被告人顾某，剩余的承兑汇票抵偿被告人顾某欠被害人王乙的借款。2016 年 10 月 17 日被告人顾某给被害人王乙面额 380 万元的假承兑汇票 1 张抵偿被告人顾某欠王乙的借款。

根据上述认定的事实，被告人顾某伪造承兑汇票 3 张并使用，从被害人王乙处获得 100 万元，抵偿欠款 1050 万元。相城区人民法院只评价了被告人顾某利用 1 张假承兑汇票从王乙处获得 100 万元的事实，对使用 2 张假承兑汇票抵偿欠款的行为没有评价。如果相城区人民法院认为抵偿的欠款属于财产性利益，财产性利益可以成为诈骗罪的犯罪对象，使用假承兑汇票免除债务属于诈骗，则应当认定被告人顾某使用 3 张假承兑汇票骗得 1150 万元，票据诈骗罪的金额应为 1150 万元。如果相城区人民法院认为抵偿欠款不能成为票据诈骗罪的对象，则应对被告人顾某伪造 2 张承兑汇票的行为单独评价，认定被告人顾某还构成伪造金融票证罪。无论相城区人民法院采用以上何种认定思路，相城区人民法院判决被告人顾某票据诈骗 100 万元均存在逻辑错误。

三、本院认为被告人顾某的行为构成合同诈骗罪和伪造金融票证罪

1. 被告人顾某具有非法占有目的。被告人顾某采用高息借款从事承兑汇票买卖，营利微薄，在扩大规模导致资金链断裂之后开始高买低卖。被告人顾某明知自己没有资产，无法偿还欠款，采用高买低卖的方式只会导致"经营"时间越久亏损越多，为了面子仍然不断借款"经营"导致不断亏损，被告人顾某对造成被害人损失持放任态度，应认定被告人顾某具有非法占有目的。

2. 被告人顾某制造虚假繁荣使被害人陷入错误认识。被告人顾某隐瞒自己资金链断裂的现状和高买低卖入不敷出的"经营"模式，为掩盖假象，租赁法拉利、宾利等四辆豪车，生活奢侈，制造资产雄厚、营利颇多的假象，导致被害人陷入错误认识，以为能够赚取高额利息进而出借钱款。

3. 被告人顾某将借款用于个人高额消费，2016年就达数百万元，生活奢侈，在明知罪行即将败露时转移名下仅有的资产，逃避归还债务，甚至打算逃匿，归案后被告人顾某没有归还能力。

综上，被告人顾某采用高息借款从事承兑汇票买卖，在2016年6月资金链断裂之后采用高买低卖的方式维持周转，租赁豪车、生活奢侈造成"经营"繁荣的假象向被害人借款，构成合同诈骗罪，未归还的借款本金均应当认定为诈骗金额。被告人顾某为躲避被害人催债，伪造7张承兑汇票的行为发生在合同诈骗之后，应当另行评价为伪造金融票证罪。被告人顾某应当依法被判处十年以上有期徒刑，并处罚金。苏州市相城区人民法院（2017）苏0507刑初512号判决书事实认定及法律适用有误，导致量刑畸轻。为维护司法公正，准确惩治犯罪，依照《中华人民共和国刑事诉讼法》第二百一十七条的规定，特提出抗诉，请依法判处。

此致

江苏省苏州市中级人民法院

20××年×月×日

【承办检察官心得体会】

顾某合同诈骗、伪造金融票证一案中，顾某以买卖承兑汇票的"经营"行为为外衣，以借款为名实施合同诈骗，该类犯罪刑民交织，非法占有目的的事实认定和法律界定难。在法院判决全盘否定非法占有目的，未采纳指控事实和罪名后，承办检察官以通俗易懂的语言讲事实摆道理，全面驳斥法院的认定思路，指出法院的逻辑错误，建立以高息借款从事承兑汇票买卖领域合同诈骗罪的认定规则。

承办检察官以其矛攻其盾,指出法院判决票据诈骗的逻辑错误,即使以法院判决认定的犯罪事实为基础,法院在法律适用上也存在错误。然后从事实证据、法律适用两个角度,夹叙夹议驳斥法院未认定非法占有目的的错误之处,确立3个证据证明规则和2个法律适用规则。最后从被告人明知自己资不抵债,隐瞒高买低卖的模式,许诺高息以借款为名诈骗被害人,用于高额消费等角度,论证被告人构成合同诈骗罪。

一是确立资产状况认定的反推法规则。法院认为由于承兑汇票交易频繁,没有证据证明2016年6月被告人的资产状况。抗诉书以案发时间节点2016年10月证实被告人没有资产,而从2016年6月至2016年10月资产没有变动,反推2016年6月顾某没有资产的状况。

二是确立被告人挥霍借款的证据认定规则。法院认为顾某没有挥霍借款。抗诉书先举例直观说明被告人高息借款从事承兑汇票买卖的行为不可能营利,在被告人无资产、无营利情况下,抗诉书列举被告人大量超出自身消费能力的事实,每年高达数百万的消费均由诈骗犯罪支出。

三是确立被告人逃避归还债务的事实认定规则。法院认为被告人没有隐瞒资产、逃避归还债务,抗诉书列举案发前几日被告人将仅有车辆、承兑汇票转移给他人的事实,印证被告人非法占有目的。

四是确立承兑汇票买卖不属于经营活动的法律适用规则。法院认为被告人高息借款后用于承兑汇票买卖,属于用于经营活动。抗诉书援引非法集资和票据法的相关规定,从法律规定层面说明非法买卖承兑汇票非合法经营活动,买卖承兑汇票只是被告人借款的理由,只是维持现状的手段,揭露被告人拆东墙补西墙的犯罪本质。

五是确立贪图高息的不完美受害人被骗的法律适用规则。法院认为被害人贪图高息铤而走险借款给被告人,不能认为被害人是基于被告人隐瞒真相而陷入错误认识借款。抗诉书以集资诈骗犯罪中被害人类比,说明被害人是否为贪图高息借款不影响被害人被骗的本质,被害人获取的高息只影响诈骗金额的认定,不影响诈骗犯罪的成立。

【专家点评】

刑事抗诉是法律赋予检察机关的重要职责。《中共中央关于加强新时代检察机关法律监督工作的意见》明确要求，"综合运用抗诉、纠正意见、检察建议等监督手段，及时纠正定罪量刑明显不当、审判程序严重违法等问题""完善审判监督工作机制"。在检察机关的各项法律监督职能中，对诉讼活动的监督，历来是重中之重。本案中，一审以票据诈骗罪判处被告人有期徒刑7年，并处罚金人民币20万元。通过检察机关抗诉，二审法院以合同诈骗罪、伪造金融票证罪数罪并罚，判处被告人有期徒刑11年，并处罚金32万元。检察机关通过刑事抗诉强化刑事审判监督，确保法律统一正确实施。

（一）树牢新时代法律监督理念，精准履行刑事审判监督职能

检察人员要充分认识到强化审判监督是促进司法公正的必然选择，要坚持以维护司法公正为目标，牢固树立"精准监督"的工作理念，实现最佳监督效果。本案一审判决后，检察机关仅在收到判决书4日内就向二审法院提出抗诉。抗诉书围绕案件定性及事实争议的核心问题，从证据分析入手，充分论证一审判决认定的事实与在案证据不符的理由与依据，从而精准履行刑事审判监督职能。

（二）抓住抗诉工作的重点难点，注重对抗诉理由的分析论证

构建完善以证据为中心的刑事指控体系，是推进以审判为中心的刑事诉讼制度和刑事检察工作现代化的必然要求。刑事抗诉工作应重点围绕事实、定性有分歧，量刑建议与法院判处刑罚差异明显的案件上，特别是强化对带有普遍示范意义案件的监督上。检察机关要通过全面收集、审查判断和综合运用证据，突出监督重点，回应社会关切。本案中，一审检法机关对被告人是否具有"非法占有目的"的证据采信标准及规则存在不同认识。非法占有目的的认定一直是诈骗案件常见的疑难问题，通常需要通过推定规则予以认定，而实践中，对于如何进行推定，推定的反向证明等问题，一直存在争议。该抗诉书从"非法占有目的"的认定这一核心焦点，通过提炼在案证据信息，从被告人明知不可能获利、其个人资产状况已经不佳、借款并非用于生产经营活动、存在肆意挥霍、

隐瞒资产逃避债务行为以及借款人存在被骗等六个方面对一审法院的判决理由逐一进行回应，论点层层推进，充分运用证据规则、逻辑推理、日常生活经验法则等对证据的真实性、合法性、关联性进行分析判断，强化抗诉书的论述说理性，整体证明全案足以形成证据体系，可以证明被告人存在非法占有目的。

此外，该抗诉书针对一审法院在认定票据诈骗罪中内在的逻辑矛盾进行有效剖析，以是否对行为进行充分评价以及评价标准应坚持内在统一等角度，充分论证一审判决仅认定被告人票据诈骗100万元存在逻辑错误。

（三）强化典型案件法律监督示范效应，统一法律适用问题

刑事抗诉案件除了解决事实争议问题，通常还有法律适用、刑事政策把握等方面疑难复杂问题。通过刑事审判监督，有助于明确法律适用、统一司法标准。本案中关于合同诈骗罪中的"非法占有目的"认定、承兑汇票买卖是否属于经营活动等刑民交叉问题的争议具有普遍性和代表性。本案抗诉书坚持问题导向，聚焦司法实务热点难点，检察官在办理本案中提出了3个事实证据证明规则和2个法律适用规则，同时坚持对一审裁判标准的反驳及正向说理证明相结合的写作方法，也值得借鉴参考。

本篇抗诉书的不足之处在于，对于量刑畸轻这一抗点，仅在尾部结论中对量刑问题一并提出意见，应适当展开说明。

（点评人：鲍键，浙江省杭州市余杭区人民检察院党组书记、检察长，全国十佳公诉人、全国检察业务专家）

48. 陈某永故意伤害案刑事抗诉书

【简要案情】

原审被告人陈某永在担任青龙满族自治县（以下简称青龙县）××镇××村党支部书记期间，该村村民李某华多次到该县纪委检举控告陈某永及当时的村主任杨某红经济问题，后陈某永受到纪律处分。李某华仍坚持反映问题，陈某永、杨某红通过原审被告人李某英、于某民（已判决）联络，雇佣杜某久（已判决）、赵某光（已判决）、原审被告人张某伟报复李某华。2014年5月20日18时许在青龙县××镇××村××处，杜某久、赵某光、张某伟三人将骑摩托车路过此处的李某华拦停并持械将其打伤。经鉴定：李某华的损伤程度为轻伤一级。

【诉讼过程】

2015年3月31日，青龙县公安局以寻衅滋事案立案侦查，2019年1月22日以犯罪嫌疑人陈某永涉嫌寻衅滋事罪、故意伤害罪、非法采矿罪，犯罪嫌疑人李某英、陈某羽（陈某永的儿子）涉嫌寻衅滋事罪向青龙县人民检察院移送审查起诉，2019年3月20日以犯罪嫌疑人张某伟涉嫌寻衅滋事罪补充移送审查起诉。2019年4月4日青龙县人民检察院以被告人陈某永构成故意伤害罪、寻衅滋事罪、非法采矿罪，被告人张某伟、陈某羽构成寻衅滋事罪向青龙县人民法院提起公诉。2019年8月15日，青龙县人民检察院以被告人陈某羽涉嫌寻衅滋事案的证据发生变化，决定对陈某羽撤回起诉。2020年4月20日，青龙县人民法院作出一审判决，认定了起诉书指控的其他犯罪，但未认定指控陈某永雇凶伤害李某华的犯罪事实。2020年4月27日，青龙县人民检察院提出抗诉，秦皇岛市检察院支持抗诉。2020年9月10日，秦皇岛市中级人民法院作出二审裁定，驳回抗诉、上诉，维持原判。2021年1月28日，秦皇岛市人民检察院按照审判监督程序提请河北省人民检察院抗诉，河北省院支持秦皇岛市院抗诉意见，向河北省高级人民法院提出抗诉。河北省高级人民法院于2022年8月3日作出再审决定书，指令秦皇岛市中级人民法院对李某华被殴打致伤部分进行再审。期间，青龙县公安局以证人马某某、于某华给予某民作伪证涉嫌伪证罪立案侦查（后二人均被青龙县人民法院判处有期徒刑一年，缓刑一年，均未上诉），以陈某永找马某某、于某华给予某民作伪证涉嫌妨害作证罪立案侦查。秦皇岛市中级人民法院将陈某永故意伤害案及尚在二审审理程序中的被告人杨某红故意伤害等案件一并指定该市抚宁区人民法院再审，抚宁区人民法院于2023年7月11日分别对被告人陈某永、杨某红案件作出一审判决，以陈某永犯故意伤害罪判处2年10个月有期徒刑，犯妨害作证罪判处1年6个月有期徒刑，数罪并罚，决定执行刑期为有期徒刑4年；以杨某红犯故意伤害罪判处2年10个月有期徒刑，犯非法采矿罪判处1年有期徒刑，并处罚金人民币10万元，数罪并罚，决定执行刑期为有期徒刑3年6个月，并处罚金人民币10万元。

【文书全文】

河北省人民检察院
刑事抗诉书

冀检一部审刑抗〔20××〕××号

原审被告人陈某永，男，1972年××月××日出生，居民身份证号码1303211972××××××××，满族，初中文化，农民，群众，户籍所在地河北省秦皇岛市青龙满族自治县××镇，捕前住××镇××村××号，曾任该村党支部书记。2005年8月10日犯收购赃物罪，被唐山市中级人民法院判处罚金5000元。2016年9月2日因涉嫌寻衅滋事罪被青龙满族自治县公安局刑事拘留,2016年9月30日因青龙县人民检察院不批准逮捕被取保候审,2017年9月30日被青龙县公安局监视居住。2018年10月16日因涉嫌寻衅滋事罪被青龙县公安局刑事拘留,2018年11月22日经青龙县人民检察院批准被逮捕。2020年4月20日一审被某县法院以其犯故意伤害罪、非法采矿罪,数罪并罚执行有期徒刑三年二个月,二审裁定维持原判。2021年9月16日刑满。现在青龙县看守所服刑。

原审被告人李某英,男,1980年××月××日出生,居民身份证号码1303211980×××××××,满族,初中文化,农民,群众,户籍所在地河北省秦皇岛市青龙满族自治县××镇,捕前住××镇××村。2000年11月3日犯抢劫罪被秦皇岛市某区人民法院判处有期徒刑五年;2013年12月10日犯盗窃罪被某县人民法院判处有期徒刑一年;2015年7月21日犯盗窃罪被秦皇岛市某区人民法院判处有期徒刑十一个月。2016年12月27日因涉嫌寻衅滋事罪被青龙县公安局刑事拘留,2017年1月22日因青龙县人民检察院不批准逮捕被取保候审,同日被青龙县公安局监视居住,2018年11月24日因涉嫌寻衅滋事罪被青龙县公安局刑事拘留,2018年12月28日经青龙县人民检察院批准被逮捕。2020年4月20日一审被某县法院以其犯寻衅滋事罪判处有期徒刑三年二个月,二审裁定维持原判。2021年12月27日刑满。现在唐山南浦监狱服刑。

原审被告人张某伟,男,1984年××月××日出生,居民身份证号码2208821984×××××××,汉族,初中文化,户籍所在地吉林省大安市××镇××村××屯,住该屯。2019年3月3日因涉嫌寻衅滋事罪被青龙县公安局取保候审,2019年4月15日被青龙县人民法院决定逮捕。2020年4月20日一审被某县法院以其犯寻衅滋事罪判处有期徒刑一年八个月,二审裁定维持原判。现因刑满被释放。

原审被告人陈某永、李某英、张某伟等故意伤害、非法采矿、寻衅滋事一案,由河北省秦皇岛市青龙县人民检察院于2019年4月4日提起公诉,同年5月20日变更起诉,青龙县人民法院于2020年4月20日以(2019)冀0321刑初73号刑事判决书作出一审判决,以故意伤害罪判处陈某永有期徒刑一年八个月,犯非法采矿罪判处陈某永有期徒刑一年六个月,数罪并罚,决定执行有期徒刑三年,没收违法所得146300元,并处罚金10万元；以寻衅滋事罪判处李某英有期徒刑三年二个月；以寻衅滋事罪判处张某伟有期徒刑一年八个月。青龙满族自治县人民检察院于2020年4月27日提出抗诉。陈某永等三原审被告人均提出上诉。秦皇岛市中级人民法院于2020年9月10日作出（2020）冀03刑终202号刑事裁定书，驳回抗诉、上诉，维持原判。秦皇岛市人民检察院认为原审判决、裁定未能认定陈某永构成寻衅滋事罪，确实存在错误之处，且有新的证据更能证实陈某永构成寻衅滋事罪，特提请我院通过审判监督程序提出抗诉。

经依法审查，本案事实（原审裁判对陈某永的其他定罪量刑均无不当，仅表述李某华被伤害案）如下：

原审被告人陈某永自2009年3月担任××镇××村原党支部书记，原审被告人杨某红为该村原村主任。2013年7月份，被害人李某华伙同村民李某平、于某祥三人向青龙县纪委监察局检举控告陈某永、杨某红的经济问题，经调查后，青龙县纪委于2013年12月30日对陈某永作出党内警告处分。2014年，因该村集体征占李某华家土地一事，双方发生纠纷，李某华多次到青龙县纪委、县检察院等部门控告陈某永。对此，陈某永曾对杨某红说要将李某华打一顿。后陈某永、杨某红指使本村村民于某民（已判决）、李某英找人教训李某华。于某民找到赵某光（已判决）、杜某久（已判决）、张某伟，并提前踩点，掌握李某华的行踪信息。2014年5月20日下午18点四十分左右，被害人李某华骑摩托车从××村接自己的孙子回家，走到××村××处，被早已在此等候的杜某久、赵某光等人持木棍殴打，李某华右腿部受伤严重，后杜某久等人驾车逃走。李某华被路过的熟人发现后，联系其家人，后被送往医院救治。经法医鉴定，李某华的损伤程度为轻伤一级。

上述事实，有被害人李某华的陈述，证人李某辉、于某利、马某滨、张某怀、宋某侠、李某平、李某民、李某伟等证人证言，原审被告人陈某永、李某英、张某伟、同案犯杜某久、赵某光、于某民、杨某红的供述，陈某永、杨某红、李某英通话记录，杨某红给杜某久转款2万元的转账记录，青龙县纪委对陈某永处分的材料，陈某永将奔驰车抵押给杜某久的车辆信息及照片，被害人李某华的伤情鉴定及其他在案证据和新调取的相关证据，足以证实。此外，被害人李某华及其亲属提交了相关谈话的音频资料。

本院认为，原审被告人陈某永雇凶伤害李某华的犯罪事实清楚，证据确实、充分，现有证据能够形成完整的证据链条，能够排除合理怀疑。原审裁判对陈某永雇凶伤害的事实不予认定，确有错误，应予纠正。理由如下：

一、陈某永等人故意伤害的犯罪事实清楚，证据确实、充分

（一）本案是典型的雇凶报复伤害案

1. 陈某永有作案的动机

虽然陈某永、杨某红等人拒不供认雇凶的犯罪事实，但现有事实和证据能够证实陈某永、杨某红有雇凶伤人的犯罪动机，尤其是主谋陈某永。首先，李某华在案发前多次向青龙县纪委等部门实名举报控告陈某永和杨某红，为此陈某永受到青龙县纪委的纪律处分。并且，案发的当天上午，李某华刚刚又去过青龙县纪委继续控告陈某永和杨某红。其次，根据杨某红的供述，案发前，陈某永曾对杨某红说过要打李某华的意思表示。第三，陈某永坚称和李某华没有矛盾，明显与能够认定的事实不符，欲盖弥彰。

2. 陈某永实施了雇凶的行为

陈某永有了作案动机后，通过于某民、李某英寻找"打手"，于某民找到有过犯罪前科的杜某久、赵某光，杜某久又找了张某伟，共同参与殴打被害人李某华。作案后，陈某永即刻支付了雇凶的费用，陈某永在案发前的银行流水交易记录能够证实陈某永在案发前几天有支取大额现金的情况。并且，在后续的"平事"过程中，陈某永不惜将自己的奔驰车"抵押"给杜某久，还在杜某久被取保释放后，为了"安抚"杜某久，通过杨某红再次支付2万元给杜某久，陈某永还委托宋某侠等人主动找到被害人李某华的家人调解"此事"。陈某永、杨某红后续参与"平事""安抚""调解"的行为正是对其先前行为的认可和补偿，是本案犯罪事实中一个重要环节，不能割裂。

3. 本案是有预谋的报复伤害案件

于某民、李某英在主谋陈某永的指使下报复李某华，为此，于某民、杜某久等人提前踩点，确定作案地点，规划逃跑路线，实时监控李某华的行踪，准备作案车辆和作案工具，在犯罪过程中，杜某久等人的作案目标明确，下手凶狠，并故意殴打被害人的腿部，打完就走，完全符合有预谋的报复伤害案件的典型特征。

(二) 本案能够形成完整的证据体系

本案中，原审被告人陈某永、杨某红、李某英、杜某久均有犯罪前科，且李某英多次犯罪，杨某红更是冒充警察抢劫黄金的严重暴力犯罪，均具有反侦查能力。虽然陈某永、杨某红、于某民、李某英均不如实供述，但现有证据能够形成完整的证据体系。

1. 本案的侦破过程曲折、客观真实

在案件侦破过程中，侦查人员具有必然的亲历性，侦查的过程就是不断否定和肯定的过程，最终排除怀疑，锁定真凶。案件侦破过程是还原案件事实的路径，是司法裁判者内心确认不可忽视的重要考量，尤其对于事实证据存在疑问的案件，必须重点审查侦查活动的合法性和侦破过程客观性和真实性。本案中，经向侦查人员了解，案发后，青龙县公安局根据内部分工，首先由××镇派出所按照行政案件受理调查，后交由刑警四中队按照寻衅滋事罪立案侦查。侦查人员通过手机轨迹等技侦手段，锁定杜某久、赵某光等人有重大作案嫌疑，遂将杜某久上网追逃，由此可见，案件的侦破过程系通过科技手段的运用得以初步侦破，更具有科学性和确定性。此间，被害人李某华也通过"悬赏"的方式，从本村吸毒人员李某英嘴里陆陆续续得知系杜某久作案和陈某永雇凶信息。当杜某久得知自己被上网追逃后，很自然的找到雇凶者来摆平此事，而作为中间人的于某民必然如实反映给真正雇凶者，此时的陈某永才不得不出面"平事"，让杜某久归案，承诺给杜某久办理取保候审，让其将犯罪事实揽起来，并且为了取信于杜某久，还将自己的奔驰车抵押给杜某久。在此情况下，杨某红也脱不了干系，和陈某永同去处理此事。后期由于一系列的变故及侦查人员根据本案情况，运用一些侦查策略，让杜某久和陈某永反目成仇，使真正的雇凶者陈某永、杨某红被证实，这个侦破过程虽然时间周期长，且过程曲折，但客观真实，包含着侦查人员的智慧和辛劳。

2. 杜某久、赵某光、张某伟的供述是印证陈某永主谋雇凶的直接证据

杜某久、赵某光到案后虽然供认自己参与作案，但并未如实供认雇

凶的相关情节，这符合此类犯罪中行凶者被发现后还要依靠雇凶者"平事"的等待心理，也不排除行凶者以此为要挟获取索要更多的好处的心理，这两点在本案被完全呈现。从具体行为和过程上分析，杜某久得知自己被上网追逃后，告知了同案犯赵某光、张某伟等相关情况，并找到"中间人"于某民"平事"，于某民将陈某永和杨某红从幕后拉到了前台，陈某永也很着急，急需让杜某久归案有个"交代"，而杜某久也正是看到了这一点，才在临去公安局投案的关键时刻开口向陈某永索取"保证"，为了稳住杜某久，陈某永不惜将自己的奔驰车作为抵押物交给杜某久的家人，杜某久、赵某光归案后的一段时间内才暂时隐瞒了陈某永雇凶的"秘密"，没有供述陈某永和杨某红。后来，由于陈某永的"活动"没有达到应有的"平事"效果，杜某久在被取保候审后，感觉自己是被"骗"投案，替陈某永背锅了，多次找陈某永索要高额赔偿，吓得陈某永不敢见面，不得已又让杨某红给杜某久转款2万元进行"安抚"。后来，陈某永为了摆脱"被动"局面，又反过来到公安机关状告杜某久敲诈勒索，公安机关为了挖出背后的真凶，借机再次对杜某久上网追逃，此时的杜某久才知道陈某永已经与其反目成仇，于是主动到公安机关投案，并如实供述了陈某永、杨某红雇凶的犯罪事实。杜某久、赵某光、张某伟虽然直接受雇于于某民，但案件在侦破过程中，杜某久、于某民、陈某永、杨某红的交流和互动，就是同案犯之间因犯罪暴露而不得已而进行掩盖犯罪事实的密谋，具有亲历性和感知性，这种在直接交涉过程获知的情况，就是直接证据，能够直接印证主谋陈某永雇凶的主要事实。

3. 李某英领取被害人李某华"悬赏"后提供的"情报"属于隐蔽证据

案发后，被害人李某华怀疑是本村党支部书记陈某永雇凶将其打伤，于是其向外散发"悬赏"信息，承诺给提供案件线索的人员钱财。之后，作为亲自参与实施犯罪的吸毒人员李某英主动联系李某华及其家人，分多次一点一点提供相关信息，得到了一定的报酬，最终确定性的将杜某久提供出来，如此机密信息，若非其亲自参与不可能知晓。李某英到案后虽然对犯罪事实未能如实供述，但相关协议及银行记录、音频资料均能够证实该事实。结合杜某久、赵某光、张某伟的供述和李某英上述行为，不仅印证了李某英在犯罪中的作用，也更加印证了杜某久、赵某光、张某伟供述的真实性。

4. 陈某永和杨某红在案发后的"平事"等系列行为是整个犯罪行为的延续

虽然陈某永、杨某红、于某民、李某英等均不供认陈某永、杨某红雇凶的事实，但现有证据能够证实陈某永、杨某红在事后参与"平事"，陈某永还不惜将自己的豪车"抵押"给杜某久，又通过杨某红给杜某久转款2万元，这些行为既是一种保证，也是一种"安慰"，更是对先前雇凶行为的认可。并且，陈某永还通过"管事"的宋某侠等人了解被害人李某华的相关情况，调解与被害人之间的矛盾。虽然陈某永并未如实向参与"管事"的交代实情，但该调解的过程属实，且有被害人方的录音。如此机密的事情，若非陈某永请托，外人是不会知道的，即便知道也不会主动介入。陈某永等后续"平事"行为是本案犯罪事实的延续，是印证主谋陈某永雇凶证据体系的重要部分，不能将其割裂。

5. 本案中陈某永的供述和辩解的主要内容无法得到证实，且违背正常的逻辑思维和常情常理常识

本案中，陈某永、杨某红、李某华、于某民没有如实供述，尤其是陈某永的供述和辩解及其行为无法得到证实或与事实不符，或不符合常情常理常识。具体分析如下：

（1）陈某永归案后，始终否认和被害人李某华有矛盾，与在案证据证实的情况不符，其企图否认与被害人有矛盾，就无法认定其有作案动机的伎俩，显然是欲盖弥彰。

（2）关于为什么要给杜某久帮忙的理由，陈某永陈述和供述前后矛盾，无法自圆其说，且与于某民、杨某红、杜某久、赵某光等人的供述、李某辉的证言均不一致。陈某永作为被害人报案时称杜某久直接联系其帮忙的，后来又称通过于某民联系，其看于某民的面子才帮忙的，且对于某民帮忙的过程前后陈述和供述不一致，在相关情节上与于某民、杨某红的供述也均不一致。此外，从陈某永供述的内容上分析，杜某久有过多次的犯罪前科，其怎么会不知道如何办理取保候审，陈某永既不是公检法人员或律师，也不是什么行政官员，如果问个律师就能解决的问题，杜某久又何必找陈某永帮忙，所以，陈某永编造该虚假事实和谎言

的证据无论从内容上还是相互印证上都无法做出合理解释，都不是事实，陈某永无法独善其身。

（3）陈某永将豪车"抵押"给杜某久，后又继续用钱"安抚"杜某久，还在很长时间内不报警，绝不是"管闲事"的所作所为，不符合正常的逻辑判断，更不符合常情常理常识。通过银行交易及相关证据，能够证实陈某永确实比较有钱，但是花几十万买的奔驰车因为管了个"闲事"就被开走了，且长时间不报案，显然不正常。并且对于车是怎么被开走的这一情节，陈某永、于某民、杨某红等人的说法还不尽一致，但车被开走的过程让人匪夷所思，更为离奇的是，按照陈某永的报案陈述，他的车不仅没有要回来，在杜某久被取保后，还找人非法拘禁过他、威胁过他、砸过他家的车，他居然没有报警或正式报警。陈某永是个有过犯罪前科的人，是个当过多年村支书的人，是个多年经商的人，是个经常在秦皇岛市里居住的人，是个有着诸多"法律专业朋友"的人，竟然不知道如何保护自己的合法利益，这很不正常。并且，杨某红也不供认参与给杜某久管事，但却替陈某永给了杜某久2万元钱，这也很不正常。

通过梳理陈某永、于某民、杨某红、李某华等人拒不供认犯罪事实的供述，都很不正常，均无法得到其他证据的有效印证。当所有的偶然和不正常又巧合集中在一起，集中在陈某永身上，那就不是客观真实的事实，而必然是隐瞒真相，编造虚假事实了。对本案的在案证据进行有机的整合，从印证陈某永雇凶犯罪真实性和证实陈某永否认雇凶犯罪的虚假性两个方面来认定案件事实，是科学的方法，是符合逻辑思维的方法。对陈某永虚假供述证伪的过程，就是加强指控陈某永主谋雇凶犯罪证据体系的反向证明，是一种科学的验证。

二、原审裁判确实存在认定事实错误和适用法律不当之处

二审裁定认为，认定陈某永在杜某久等人作案后支付酬金的事实存疑、不能排除杜某久因陈某永未能办理取保要求赔偿的合理怀疑、参与事后"调解管事"的证人马某滨等证言存疑等。该裁定，没有将本案的证据体系有机的联系起来，过于强调个别证据在细节上的不一致，认定和采信证据出现错误。具体分析如下：

(一) 关于陈某永案发后支付酬金的事实是否属实的问题

首先，对于该事实的供述不仅仅是杜某久一人的供述，赵某光、张某伟均对此予以供认。虽然在一些细节上出现不一致，但不影响该主要犯罪事实的认定。部分细节的不一致，能够通过合理解释予以解决。比如杜某久、赵某光等存在"自我保护"的推责、减责心理，比如相关原审被告人对当地地理环境不熟悉而记忆出现偏差等。其次，陈某永与杜某久等人以前并不认识，杜某久等人不会"白帮忙"，这不符合常情常理常识，也不符合雇凶案件的司法实践。第三，经后期调查，陈某永的银行交易流水显示，陈某永有频繁的银行交易流水，并且陈某永在案发前几天就有支取大额现金的情况，具备给付现金的条件。可见，二审裁定在采信证据和认定事实上出现了偏差。

(二) 关于不能排除杜某久因陈某永未能办理取保要求赔偿的合理怀疑的问题

该二审裁定认为，不能排除杜某久因按照陈某永的建议去投案自首后未能办理取保候审手续而寻找陈某永并索要钱财进行赔偿的合理怀疑。对此，上述已进行了系统性阐述，不再具体论述，但二审裁定如此认定既不符合本案证据证实的事实，也不符合逻辑思维，更不符合常情常理，该认定是将案件事实和证据割裂后作出的错误判断。

(三) 关于受托人张某怀等人的证据效力等问题

该二审裁定认为受托人马某滨、张某怀的证言系传来证据、间接证据，且与委托人宋某侠的证言相互矛盾，不能证实陈某永构成寻衅滋事罪。首先，该二审裁定犯了认识错误，那就是虽然该证言是传来证据，但该传来证据并不是直接用来印证陈某永如何参与犯罪的证据，而是属于本案证据体系的一部分，与其他证据形成合力才能起到证实陈某永参与犯罪的作用。其次，该二审裁定没有认识到该证据的隐蔽性这一鲜明特点，以及隐蔽证据独特的证明问题。如此本案的情况，若非他人请托，没人会主动介入来管这样的刑事案件。马某滨、张某怀等人虽然不知案件详情，但主要事由与本案事实一致，具有隐蔽性的特征，隐蔽性的证据能够印证原案的相关事实，尤其是请托人就是陈某永本人，本案诸多的同案犯，唯独陈某永请托他人管事，这也是极不正常的表现。第三，请托的"事情"真实存在，委托人之间证言的主要内容并不存在所谓的矛盾，细节上或表达上的出入不影响主要事实的认定。此外，该二审裁定在此部分论述后称"上述证言存疑，不能证明陈某永构成寻衅滋事罪"，该表述存在以偏概全的逻辑错误，认定一个人是否构成犯罪，不是仅凭一个证据定罪，或部分证据之间存在一点不同或存疑就不能定罪。

（四）关于本案证据不足、于法无据的问题

该二审裁定称仅凭陈某永和杜某久在宾馆见面、于某民和陈某永在案发前后有通话记录、杜某久找陈某永索要钱财、陈某永找宋某侠从中调和，就推定陈某永指使殴打李某华并构成寻衅滋事罪，证据不足，于法无据。首先，该二审裁定罗列了相关证据，却没能将这些证据有机地整合起来，没有将犯罪行为的延伸部分作为一个犯罪整体认识，忽视了人在办案中的主观能动性，还将相关证据割裂开来，并对部分案件证据持有不客观、不公正的怀疑和评判，理据不足，不符合基本的道理人情，更不符合法理。其次，该二审裁定在明知有证据的情况下，又称仅凭推定猜想得出的结论的论断显示是错误的，针对本案中部分原审被告人拒不供述的情况，必要的推理是完全应该的，是查明案件事实经常被采用的最基本的逻辑方法。第三，一审判决和二审裁定违反了同一性原则，即对同样拒不供述、拒不认罪，同样存在相关"事实证据问题"的于某民、李某英（二审的当庭供认其是组织者，内容简单，并未得到其他证据的印证）定罪处罚，却对证据更为扎实的陈某永不予认定，导致同案不同判，明显不当。

综上所述，李某华被伤害案是典型的雇凶报复伤害案件，原审裁判认定本案为寻衅滋事罪的定性虽有不妥，但对各原审被告人的量刑并无明显不当，可不予纠止。本案二审期间及审监抗审查期间，检察机关及侦查机关又补充了相关证据，现有证据能够形成完整的证据体系，足以认定陈某永主谋（杨某红也是雇凶者，尚在一审程序中）雇凶伤害李某华的犯罪事实，并且陈某永既有犯罪经历，还曾经任职村党支部书记，雇凶对检举控告的人打击报复，社会影响恶劣，应予严惩。秦皇岛市人民检察院提请抗诉的意见正确，应予支持，但提请抗诉的罪名不当，应当以陈某永构成故意伤害罪追究其刑事责任。原审裁判未以故意伤害罪

（伤害李某华）追究陈某永的刑事责任，确有错误，应予纠正。为维护司法公正，准确惩治犯罪，依照《中华人民共和国刑事诉讼法》第二百五十四条第三款之规定，提出抗诉，请依法判处。

此致

河北省高级人民法院

20××年×月×日

附注：

1. 被告人陈某永现服刑于青龙县看守所。
2. 侦查案卷三册；提供证据材料卷四册；青龙县法院审判卷二册；秦皇岛市检察院内卷二册；秦皇岛市中院案卷（复印卷）二册。

【承办检察官心得体会】

秦皇岛市院提请抗诉以后，承办人认真审查在案证据，按照侦查过程、到案经过、当事人关系、事后发展等逻辑关系，重新构建证据思维方式，并按照穷尽一切手段补充完善相关事实证据的指导思想，亲自到案发县域开展调查补充证据工作，增强亲历性，开拓办案思维，完善证据体系。通过和被害人深入交谈，细致了解涉案因素，更加全面掌握案情；通过和公诉人、侦查人员座谈，详细了解侦查过程及细节、相关案外因素，更加内心确信陈某永涉案的真实性；根据调查了解的情况，高度怀疑马某某、于某华两名证人作伪证，指导公安机关有针对性地开展工作，最终两名证人供认了受陈某永指使作伪证的犯罪事实，一定程度上有助于印证陈某永雇凶伤害的事实；指导公安机关调取陈某永等相关涉案人员及其近亲属的银行流水，要求公安机关重新核实并固定陈某永"抵押"给同案犯杜某久的奔驰车的情况，进一步印证案发前后的资金往来等情况，一定程度上排除了合理怀疑，有利于认定陈某永、杨某红雇凶犯罪的成立。

本案的难点在于，本案系有计划、有预谋的雇凶伤害案件，本地人和外地人"内外勾结"，提前踩点布局；陈某永、杨某红等多人有犯罪前科，具有很强的反侦查能力；案件长时间没有侦破，同案犯杜某久刚开始到案时并未供出陈某永、杨某红为雇凶者，后来才予以供认，给人一种供述不稳定的印象；陈某永、杨某红始终拒不供认，于某民、李某英始终拒不指认陈某永、杨某红……如此情况下，造成证据链条较长，增加了认定陈某永、杨某红为雇凶者的难度，为此，承办人结合在案证据、新调取的证据及参考被害人提供的相关案件材料，反复思考，认真研究，抽丝剥茧，梳理重建证据体系，并且综合运用逻辑推理和常情常理常识，增强说理性，充分利用陈某永、杨某红等种种不正常现象，相关原审被告人不合常理的辩解，从正反两个方面推定陈某永、杨某红雇凶伤害的事实。最后，通过对原审裁判的全面审查，逐一进行客观分析，有针对性地指出并论证了该裁判中存在的错误认知和不当说理，有力反驳了不当判词，并提出正确法律思维和司法理念。河北省高院审委会高度重视对本案的抗诉，因为同案犯杨某红尚在二审程序中，从技术处理角度考虑，将案件发回重审，同时要求审监庭加强对后续审判工作的指导。本案通过再审，使犯罪分子得到了应有的惩处，公平正义得到彰显，被害人李某华为了表达感激之情，特意向河北省院寄送一面锦旗，上面书写"调查核实明秋毫，秉公执法为人民"。

【专家点评】

纵观本案，难点在于证据收集、审查与认定方面。在本案中，能否认定存在有计划、有预谋的雇凶伤害行为或者犯罪事实是焦点。同时，由于证明上述主要犯罪事实的证据链条面临时间跨度较长、涉案人员分散且"内外勾结"等问题，显著增加了认定陈某永为雇凶者的难度。原审判决、裁定未能认定陈某永构成寻衅滋事罪，确实存在错误之处，且有新的证据更能证实陈某永构成寻衅滋事罪。河北省人民检察院经依法审查后，通过审判监督程序提出抗诉。河北省高级人民法院高度重视，因为同案犯杨某红尚在二审程序中，故将案件发回重审。最终，使犯罪分子得到了应有的惩处，公平正义得到彰显，取得了法律效果、政治效果、社会效果的有机统一。因此，本案是经典的依法应当抗诉且成功的案件。通过本案，可以窥探抗诉案件的重要经验与一般法则。本案具有两个突出特质。

（一）突出遵从以证据为中心的指控体系对全案加以实质审查

在本案中，二审裁定认为，认定陈某永在杜某久等人作案后支付酬金的事实存疑、不能排除杜某久因陈某永未能办理取保要求赔偿的合理怀疑、参与事后"调解管事"的证人马某滨等证言存疑等。二审裁定没有将本案的证据体系有机地联系起来，过于强调个别证据在细节上的不一致，认定和采信证据出现错误。

对此，承办人认真审查在案证据，按照侦查过程、到案经过、当事人关系、事后发展等逻辑关系，重新构建证据思维方式，并按照穷尽一切手段补充完善相关事实证据的指导思想，亲自到案发县域开展调查补证工作，增强亲历性，完善证据体系，凸显了遵从以证据为中心的指控体系对全案加以实质审查的高效做法。

通过侦办，结合全案证据，可以认定以下基本事实：本案是典型的雇凶报复伤害案。主要是根据陈某永有作案的动机、陈某永实施了雇凶的行为，因而本案是有预谋的报复伤害案件。而且对于上述基本事实的认定，本案能够形成完整的证据体系。尽管本案的侦破过程曲折、先后反复，但过程及其所收集的证据是客观真实的。杜某久、赵某光、张某伟的供述是印证陈某永主谋雇凶的直接证据。李某英领取被害人李某华"悬赏"后提供的"情报"属于隐蔽证据。陈某永和杨某红在案发后的"平事"等系列行为是整个犯罪行为的延续。本案中，陈某永的供述和辩解的主要内容无法得到证实，且违背正常的逻辑思维和常情常理常识。

2024年1月，在全国检察长会议上，最高人民检察院明确提出，要加强以证据为中心的刑事指控体系及其理论和实践问题的研究。本案在抗诉过程中，检察机关与办案人员充分聚焦证据与事实问题。一切问题均回到证据本身，用证据说话，通过证据固定事实，打消侥幸心理，通过重新梳理证据链条，查缺补漏，从而清楚且排除怀疑地得出陈某永实施了雇凶伤人的基本犯罪事实。

（二）充分运用综合分析判断澄清案件争点问题

本案难在证据方面，也对全面的综合分析判断带来诸多压力和挑战。通过全面审查，承办人妥当运用综合分析判断方法，还原了事实真相，依法对陈某永实施的雇凶伤人犯罪事实及其法律性质作了准确的判断与明确认定。

首先，承办人很好地运用了"天理、国法、人情"的司法精神进行说理论证，有力地消除了一些疑问。具体地，结合在案证据、新调取的证据及参考被害人提供的相关案件材料，反复思考，认真研究，抽丝剥茧，梳理证据，并且综合运用逻辑推理和常情常理常识，增强说理性，充分利用陈某永、杨某红等种种不正常现象，相关原审被告人不合常理的辩解，从正反两方面推定陈某永、杨某红雇凶伤害的事实。经验法则的充分运用，最终消除了原审判决、裁定中的相关疑问。

在本案中，承办人很好地结合法律规定，适时指导公安机关依法收集证据，强化证据链，消除证据漏洞。根据调查了解的情况，高度怀疑马某某、于某华两名证人作伪证，指导公安机关有针对性地开展工作，最终两名证人供认了受陈某永指使作伪证的犯罪事实，一定程度上有助于印证陈某永雇凶伤害的事实；指导公安机关调取陈某永等相关涉案人员及其近亲属的银行流水，要求公安机关重新核实并固定陈某永"抵押"给同案犯杜某久的奔驰车的情况，进一步印证案发前后的资金往来等情况，一定程度上排除了合理怀疑，有利于认定陈某永、杨某红雇凶犯罪。通过上述侦办工作，在说理上，承办人通过对原审裁判的全面审查，逐一进行客观分析，有针对性地指出并论证了该裁判中存在的错误认知和不当说理，有力反驳了不当的判词，并适时提出正确法律思维和司法理念。

总体来看，李某华被伤害案是典型的雇凶报复伤害案件。本案二审期间及审监抗审查期间，检察机关及侦查机关又补充了相关证据，现有证据能够形成完整的证据体系，足以认定陈某永主谋（杨某红也是雇凶者，尚在一审程序中）雇凶伤害李某华的犯罪事实。秦皇岛市人民检察院提请抗诉的意见正确，河北省人民检察院也予以支持。最后，抚宁区人民法院于 2023 年 7 月 11 日对被告人陈某永以犯故意伤害罪作出一审判决，充分说明检察院抗诉工作的正确与有效。

（点评人：孙道萃，中国政法大学国家法律援助研究院副教授）

49. 王某诈骗案刑事抗诉书

【简要案情】

原案被告人王某和原案被害人彭某某在 1997 年练习散打时相识,此后多年没有联系,2009 年王某联系彭某某,称自己在某某电厂有关系,可以往某某电厂送煤利润可观,彭某某同意与王某合作经营。此后围绕某某电厂送煤项目及相关其他投资经营活动,彭某某向王某转款如下:1. 2010 年 2 月 12 日王某与彭某某签订承诺书和协议书,约定彭某某先行出资 20 万元,用于王某运作成立新公司,王某另外挂靠的某甲公司为某某电厂送煤时每个月给彭某某 4 万元分红,年终分红保底为 50 万元。当天,彭某某向王某转款 20 万元。2. 2010 年 4、5 月份王某从网上查到成都一家公司在高息揽储,彭某某和王某准备投资,两人一起到该公司进行洽谈并签订了合同、交了保证金,彭某某向王某转款 5 万元。3. 2010 年 7 月 2 日至 8 月 29 日彭某某陆续向王某转账 5.3 万元。4. 2010 年 12 月 20 日至 2011 年 3 月 13 日彭某某陆续向王某转账 5.58 万元。5. 2011 年 2 月左右,王某获悉北京一家公司在高息揽储,王某准备进行投资,彭某某向王某转款 2 万元作为前期费用。上述除第一笔款项以外的第 2、3、4、5 笔款项,王某和彭某某的投资及经营目的都是打算将盈利款加投送煤项目。此后彭某某没有收到任何分红、返利等收益,彭某某认为王某诈骗了其上述钱款,遂于 2012 年 12 月向公安机关报案。

【诉讼过程】

2015 年 6 月 18 日北京市房山区人民法院认定王某以自己有向某某电厂送煤的项目为由,以高额回报为名,骗取彭某某信任,先后以合作经营及利用投资公司获利等方式,骗取彭某某人民币 37.88 万元,以犯诈骗罪判处王某有期徒刑6年6个月，并处罚金1.3万元，责令王某退赔彭某某人民币37.88万元。一审判决后王某不服，上诉至北京市第二中级人民法院，二中院裁定驳回上诉，维持原判。后王某向二中院申诉被驳回。2018年1月4日王某向北京市人民检察院第二分院提出申诉。市检二分院经审查认为原案确有错误，于2018年7月6日向二中院发出再审检察建议，后二中院回函决定不予再审，二分院于2018年11月7日向市院提请抗诉。市院经过继续调查核实等工作，于2020年2月27日向北京市高级人民法院提出抗诉。2020年12月25日市高院裁定撤销原一审判决和原二审裁定，将案件发回房山区人民法院重审。2022年3月7日房山区人民法院作出再审判决，以案件事实不清、证据不足为由改判王某无罪。

【文书全文】

北京市人民检察院
刑事抗诉书

京检审监刑申抗〔20××〕××号

原审被告人王某（曾用名：王某某、王甲），男，1979年10月9日出生，公民身份证号码4221261979××××××××，汉族，小学文化，农民，户籍所在地湖北省英山县××乡××村××组。

北京市房山区人民法院（2015）房刑初字第136号刑事判决书以被告人王某犯诈骗罪，判处有期徒刑六年六个月，并处罚金人民币一万三千元，责令退赔人民币三十七万八千八百元，发还被害人彭某某。北京市第二中级人民法院（2015）二中刑终字第1041号刑事裁定书裁定驳回王某上诉，维持原判。2018年1月8日，原审被告人王某以其不构成诈骗罪，原审判决认定事实不清、适用法律错误为由，向北京市人民检察院第二分院提出申诉。2018年11月8日，北京市人民检察院第二分院提请本院依照审判监督程序提出抗诉。

经依法审查，本案的事实如下：

2009年6、7月份，王某经人介绍听说可以为某某电厂送煤，每吨煤可以有20－25元的纯利润，王某想做这个项目，但是为某某电厂送煤需要的资金、资质，王某本人并不具备。于是王某分别找到彭某某、胡某某和某乙公司筹备此事。

王某先是认识了具备煤炭经营许可资质的某甲公司法定代表人胡某某，双方于2009年12月31日签订协议书，约定王某借用某甲公司的资质，运作为某某电厂送煤事宜。随后王某找到某乙公司，与该公司的金某、王乙等人进行融资洽商。2010年2月5日，某甲公司和某乙公司签订《项目投资意向书》，约定某乙公司为某甲公司提供3000万元运作煤炭经营项目，使用期限为2年。后某甲公司和王某按照某乙公司的要求，进行投资风险评估，2010年2月由南京上信德项目数据分析事务所出具某甲公司《项目投资价值与潜在风险分析报告书》。

在此期间，王某联系了之前一起学习散打认识的彭某某，对彭某某说自己有某某电厂的关系，可以往电厂送煤，利润可观，并向其承诺每个月可以有4万元的利润，年底还有50万元的分红，但需要20万元钱进行前期的运作。彭某某同意出资20万元用于前期运作，并于2010年2月12日向王某转账人民币17.5万元，现金支付人民币2.5万元。

期间，某乙公司派王乙等人前往某某电厂及某甲公司对项目进行考察。王乙等人与某某电厂的相关人员见面了解情况，对某甲公司经营状况进行核查后返回南京，报某乙公司进行审核，考察的费用由王某支付。

2010年6月9日，某甲公司与某某电厂签订《煤炭购销协议》，约定由某甲公司给某某电厂送煤，数量为5万吨，有效期为2010年6月20日至9月30日。2010年6月1日、6月18日某甲公司还分别与鹰潭市某丙公司、某丁公司签订合作协议，约定由上述两家公司向某甲公司供应煤炭。至此，王某为某某电厂送煤的筹备工作除融资到账外全部完毕。

后因某甲公司提供的财务状况资料不全面及抵押物不足等原因，未能通过某乙公司风控部门审查，融资失败。2010年底，某乙公司确认不能融资，某甲公司与某某电厂签订的煤炭购销协议未实际履行。

在运作某某电厂送煤项目期间及之后，王某与彭某某双方合意，三次运作通过高息揽储的方式获利，由彭某某支付相关运作费用人民币178800元，均未成功。

本院认为，有新的证据证明原判决、裁定认定的事实确有错误，可能影响定罪量刑，原审被告人王某不构成诈骗罪，理由如下：

一、有新的证据证明王某未实施原审判决、裁定认定的诈骗行为，不具备犯罪事实

检察机关调取的证人胡某某、段某某证言，煤炭购销协议、合作协议等书证证实，王某与胡某某签订协议，借用某甲公司的资质运作向某某电厂送煤事宜，胡某某代表某甲公司分别与某某电厂、供煤的上游企业签订购销合同和合作协议；证人王乙、胡某某、段某某、董某证言，某甲公司和某乙公司签订的《项目投资意向书》、南京上投信德项目数据分析事务所出具的《项目投资价值与潜在风险分析报告书》等书证证实，王某为寻找投资积极进行准备工作，某乙公司派员考察某甲公司并进入电厂实地考察，后因某甲公司抵押物不足等原因中止了投资；证人王乙、胡某某、段某某证言证实，运作送煤的相关费用由王某出资；证人段某某提供的说明及农业银行存款凭证、南京上投信德项目数据分析事务所程剑的农业银行明细证实，其应王某要求，于2010年2月26日向程某现金汇款1万元用于制作报告书的部分费用；鉴定意见证实，某某电厂2010年同期与其他三家供煤单位签订合同的合同专用章印文和某甲公司与电厂签订的合同系同一枚公章盖印。

上述证据来源合法，证据之间具有关联性、互相印证，可以证明王某为了运作送煤项目，找到了具备经营资质的合作方和投资方，对筹集资金进行了可行性分析和业务考察，最终通过某甲公司与某某电厂签订了真实有效的合同，后因融资不到位未能实际履行。综上，王某未实施原审判决认定的以其有向某某电厂送煤的项目为由，以高额回报为名，骗取彭某某的信任，以合作经营获得经营煤款的方式骗取钱财的诈骗行为；进而，王某在运作某某电厂送煤项目期间及之后收取彭某某钱财、开展共同投资的行为亦不能认定为诈骗，原判决、裁定认定的事实确有错误。

二、因认定事实错误导致影响定罪量刑

综合全案事实证据,原审被告人王某在客观方面没有实施虚构事实、隐瞒真相的行为,主观上不具有非法占有的故意,不应对其以诈骗罪定罪量刑,应通过审判监督程序进行纠正。

综上所述,原审判决、裁定生效后,有新的证据证明原判决、裁定认定的事实确有错误,可能影响定罪量刑,为维护司法公正,准确惩治犯罪,保障无罪的人不受刑事追究,依照《中华人民共和国刑事诉讼法》第二百五十四条第三款的规定,对北京市第二中级人民法院(2015)二中刑终字第1041号刑事裁定书,提出抗诉,请依法判处。

此致
北京市高级人民法院

20××年×月×日

【承办检察官心得体会】

在办理因不服法院生效裁判进行刑事申诉进而触发抗诉程序的案件中,承办检察官不应止于申诉材料与原案证据,而应坚持全案审查的原则,积极调查核实,补充完善证据,根据法律要求和证据规则,规范、精准撰写抗诉书、出庭意见书等文书,努力做到让证据"说话"、让法官信服,最终实现纠错目的。

(一)夯实证据基础是撰写优质法律文书的根本前提

本案在提出再审检察建议阶段,提请抗诉单位(市检二分院)已经开展了大量调查核实工作,承办检察官进一步深入分析了原案证据和法院驳回再审建议理由,从关键书证、证人、资金流向等方面入手,补齐补强证据,最终达到了足以回应法院不予再审理由和建立证实申诉人无罪的完整证据体系的程度,保证了案件抗诉成功。办理抗诉案件期间,承办检察官再次到武汉监狱提讯申诉人,再次到某某电厂取证,继续补充调取证据9份,包括物证2份、书证3份、申诉人口供及证人证言3份、委托鉴定机关重新进行鉴定1份。尤其是针对不予再审决定认为的

王某虚构了其在某某电厂的关系均已疏通的事实，使被害人产生错误认识，骗取被害人钱款的认定，承办检察官经多方沟通联系并实地取证，最终调取了该厂合同专用章印文，委托中国人民大学物证技术鉴定中心对该合同专用章与某某电厂签订的《煤炭购销协议》上加盖的某某电厂合同专用章进行同一性鉴定，经鉴定两个章为同一枚印章，证实申诉人利用其挂靠的某甲公司具备的煤炭经营资质，与某某电厂签订了《煤炭购销协议》，申诉人与某某电厂的关系已经疏通完成。

（二）从事实证据和经验逻辑两方面准确提炼抗诉意见是强化法官内心确信的重要手段

针对该案容易产生分歧意见的案件事实，抗诉书及出庭意见中进行了充分论证。原案指控的诈骗事实除了运作运煤事宜外，还涉及为运作该事宜而由被害人支出的其他钱款。原审判决采信了被害人陈述，在无其他相关证据的情况下，认定除20万元以外的10余万元钱款，系为了高息揽储以获得资金进行某某电厂送煤项目而融资支付的款项。经审查认为，在王某虚构送煤项目、诈骗20万元的基础事实不成立的情况下，后续投资行为不能认定为诈骗，抗诉审查阶段调取的董某证言进一步明确了部分钱款系王某借款，约定如果王某还不了则由彭某某还款。故审查提出了王某在运作某某电厂送煤项目期间及之后收取彭某某钱财、开展共同投资的行为亦不能认定为诈骗的抗诉意见。

（三）对于"有罪抗无罪"的特殊抗诉案件，撰写抗诉书应不拘泥于原案判决书认定的事实结构，应全面展现根据调查取证后的新证据认定的案件事实

在一般类型的抗诉案件中，抗诉书一般针对原案在事实认定、法律适用等方面存在的具体问题进行阐述和分析。本案较为特殊，检察机关经抗诉审查认定的事实构成对原案事实及其定性的根本否定，在这种情况下，采取先重构案件事实、再指出原判决错误的方式与抗诉目的更为符合，否则文书的结构和观点容易出现"碎片化"问题。在抗诉书中，承办检察官先全面阐述检察机关经审查认定的案件事实，用语规范、客观、准确，后逐一指出法院判决中存在的错误和检察机关调取的证据情况，行文和逻辑较为流畅。

(四) 根据案件具体情况决定出庭工作的重点内容

因本案系有罪抗无罪案件，承办检察官制作出庭预案时预估在法庭辩论环节因检律主要意见一致，故将主要精力用于准备出庭意见书和示证质证工作。本案新提交证据卷宗较多，分申诉期间调取、审查抗诉期间调取两个阶段，另有鉴定意见等证据形态。承办检察官未拘泥于证据形成的时间和来源，而是根据证据证明的方向，按照先客观、后主观的顺序，依次出示两组书证、一份鉴定意见、四组证人证言以及原审被告人讯问笔录，逻辑清晰，对其中关键证据，如鉴定意见、《项目投资价值与潜在风险分析报告书》等具有较强辨识度的证据，申请以原件形式出示，在发表出庭意见时再次强调本案是一起典型的因出现新证据证明原审认定事实错误的案件，与抗诉书和相关证据形成前后呼应，取得了良好的庭审效果。

【专家点评】

刑事抗诉书起着指出原审裁判错误所在，启动二审或再审程序，确定争议焦点的重要作用。抗诉书质量的高低直接决定着检察机关开展刑事审判监督工作的成效。本案在充分查清案件事实的基础上，抗诉书聚焦原审被告人是否具有犯罪事实这一核心问题，重新建构案件事实，论证说理层层递进、环环相扣、清晰透彻，最终促使法院改判原审被告人无罪，充分体现了承办检察官丰富的审判监督工作经验和深厚的写作功底。本案抗诉书的写作主要具有以下特点：

(一) 聚焦核心抗点，重新建构案件证据体系

事实、证据是"高质效办好每一个案件"的基础和前提。由于刑事抗诉启动条件严，监督准确性也要求更高，因此抗诉案件必须坚持更严格的证据标准。本案是一起将合作经营纠纷上升到刑事处罚，历经再审检察建议、抗诉接续监督，成功"有罪抗无罪"的特殊案件。承办检察官坚持全案审查，不限于申诉材料与原案证据，积极调查核实，全面还原了案件的原貌。尤其是针对再审检察建议被驳回的问题，承办检察官进一步深入分析了原案证据和法院驳回再审建议理由，从关键书证、证人、资金流向等方面入手，全面补齐补强证据，最终构建了足以回应法

院不予再审理由和建立证实申诉人无罪的完整证据体系，扎实筑牢了抗诉基础。可以说，对于有新证据证明原审事实认定错误的案件，夯实证据基础是撰写优秀抗诉文书的根本前提。

(二) 抗诉意见精练准确，论证说理切中要害，逻辑严密

抗诉书在文体上属于"叙事"和"说理"相结合、以"说理"为主的驳论文，必须符合"选准靶子，各个击破"的写作要求。突出"说理性"是抗诉书的核心要求。本案较为特殊，检察机关经抗诉审查认定的事实构成对原案事实及其定性的根本否定。在抗诉书的写作方面，承办人突破原案判决书认定的事实结构，采取先立论再驳论的方式，根据调查取证后的新证据，先全面阐述审查认定的新案件事实，再结合法理、事理、情理，指出法院判决中存在的错误和检察机关调取的证据情况，有理有据，重点突出，条理清晰，行文流畅，逻辑严密。文书用语规范、客观，遣词造句精练、恰当，可以说是一份抗诉事实认定清楚、抗诉依据充分、监督方式准确、监督效果良好的优秀法律文书。

(三) 坚持有错必纠，接续监督维护司法公正

本案从原审被告人王某到检察机关申诉直至其被法院改判无罪，在四年多的时间里，北京市检察机关坚持上下联动，自觉形成监督履职合力，确保案件裁判结果公正。特别是在2018年，北京市检察院第二分院发现生效裁判确有错误发出再审检察建议督促法院纠正未获支持之后，通过提请北京市检察院采取审判监督程序抗诉的方式坚决纠错，充分体现了法律监督的"刚性"。在监督效果上，上下级检察院秉持客观公正的立场，实事求是、不偏不倚，在全面查明案件事实的基础上，坚决保障无罪的人不受刑事追究。检察机关通过高质效的监督办案充分展现了检察担当和为民情怀。

(点评人：吕梅，江苏省人民检察院第二检察部主任、三级高级检察官)

50. 黄某挪用资金案刑事抗诉书

【简要案情】

（一）挪用资金

2014年5月至2015年2月，黄某利用担任某某村村委会委员、会计，某某陵园法定代表人、管理处主任，某某公司会计的职务便利，挪用上述单位资金共计人民币44067556元，用于购买办公楼、借给他人从事生产经营并收取利息等营利性活动。

（二）挪用公款

2014年11月3日，黄某利用担任某殡仪馆馆长的职务便利，挪用殡仪馆3921739元，用于归还购买办公楼的部分贷款。

（三）受贿

2016年上半年至2017年年底，黄某利用担任某殡仪馆馆长的职务便利，在殡仪馆经营项目、维修工程对外发包等方面为他人谋取利益，收受殡仪馆小卖部承包方龚某某、维修工程承包方沈某某所送人民币共计59000元。

【诉讼过程】

本案由启东市监察委在巡察中发现，于2018年5月28日立案调查，2018年8月17日移送启东市人民检察院审查起诉。启东市人民检察院于2018年8月20日决定逮捕；于2018年9月20日延长审查起诉期限半个月，同月28日提起公诉。经两次延期审理，启东市人民法院于2019年6月25日一审宣判，判决被告人黄某犯挪用资金罪，判处有期徒刑3年6个月；犯受贿罪，判处有期徒刑8个月，并处罚金人民币10万元；决定执行有期徒刑3年9个月，并处罚金人民币10万元。启东市人民检察院于2019年7月5日提出抗诉；2020年7月30日，南通市中级人民法院作出终审判决,维持江苏省启东市人民法院判决主文第一项对受贿罪定罪量刑部分以及判决主文第二项;撤销判决主文第一项对挪用资金罪部分的定罪量刑;判决被告人黄某犯挪用资金罪,判处有期徒刑3年;犯挪用公款罪,判处有期徒刑5年;犯受贿罪,判处有期徒刑8个月,并处罚金人民币10万元;决定执行有期徒刑5年9个月,并处罚金人民币10万元。

【文书全文】

江苏省启东市人民检察院

刑事抗诉书

启检诉诉刑抗〔20××〕××号

启东市人民法院以(2018)苏0681刑初502号刑事判决书对被告人黄某涉嫌挪用资金罪、挪用公款罪、受贿罪一案判决:被告人黄某犯挪用资金罪,判处有期徒刑三年六个月;犯受贿罪,判处有期徒刑八个月,并处罚金人民币十万元;决定执行有期徒刑三年九个月,并处罚金人民币十万元。本院依法审查后认为,该判决对被告人黄某利用启东市殡仪馆馆长的身份挪用殡仪馆的资金人民币3921739元认定为挪用资金罪的法律适用错误,导致全案罪数认定错误、量刑畸轻。理由如下:

一、法律适用和罪数认定错误

被告人黄某利用启东市殡仪馆馆长的身份挪用殡仪馆的资金符合挪用公款罪的构成要件。第一,启东市人民政府的2份专题会议纪要确认市殡仪馆的兴建由市民政局、某某镇某某村共同投入,以某某村投资为主;启东市殡仪馆搬迁后,原行政隶属关系不变,原事业单位性质不变,工作人员性质和工资福利待遇不变;工程竣工后,某某村选派2名同志到市殡仪馆工作,可进事业编制,重点分管负责财务工作。上述会议纪要明确启东市殡仪馆是事业单位,隶属于民政局,建设殡仪馆的资金由谁投入或者谁投入更多都不能改变殡仪馆是事业单位的属性。第二,被告人黄某进启东市殡仪馆工作其身份属性由工人转变为事业编制人员,殡仪馆馆长职务由民政局任命，因此，被告人黄某在殡仪馆的身份是国家工作人员，符合挪用公款罪的主体身份。第三，启东市人民政府的会议纪要虽然载明殡仪馆的收益15年内归某某村所有，且黄某挪用公款的时间在殡仪馆经营未满15年时间内，但该钱款仍在殡仪馆账户中，尚未分配转移至某某村，属于殡仪馆管理中的财产，根据《中华人民共和国刑法》第九十一条"在国家机关、国有公司、企业、集体企业和人民团体管理、使用或者运输中的私人财产，以公共财产论"的规定，在殡仪馆管理中的资金属于公款。因此，被告人黄某的行为构成挪用公款罪。法院一审判决认定被告人黄某系国家工作人员身份，资金亦在启东市殡仪馆账户，仅以主要由某某村出资建设殡仪馆即将资金认定为某某村资金的理由过于牵强，以偏概全，难以自圆其说，得出挪用资金罪的结论显属错误。

二、量刑畸轻

被告人黄某挪用启东市殡仪馆人民币3921739元用于营利活动，情节严重，根据《中华人民共和国刑法》第三百八十四条第一款的规定，涉嫌挪用公款罪，应当在五年以上有期徒刑量刑。一审判决由于法律适用和罪数认定错误，导致全案量刑畸轻，未能体现罚当其罪。

综上所述，一审判决法律适用和罪数认定错误、量刑畸轻，为维护司法公正，准确惩治犯罪，依照《中华人民共和国刑事诉讼法》第二百二十八条的规定，特提出抗诉，请依法判处。

此致
南通市中级人民法院

20××年×月×日

【承办检察官心得体会】

本案一审判决作出后，检察机关及时向监察机关反馈判决内容，征求监察机关意见和建议，并在第一时间向南通市人民检察院第三检察部汇报。通过员额检察官联席会议讨论、两级院共同研讨等形式集体"会诊"，认为法院定性错误，量刑畸轻，确有抗诉必要。因刑事抗诉书需要具备鲜明的论点、充分的论据和严密的论证，从而使错误裁判得以纠正，说理性是抗诉书的核心要求，为此承办检察官明确案件抗诉要点：一是黄某利用某殡仪馆馆长的身份挪用殡仪馆的资金，符合挪用公款罪的构成要件，一审判决认定该行为属于挪用资金，属于法律适用和罪数认定错误；二是一审判决定性错误，导致量刑畸轻。

为充分查明相关案件事实，承办检察官与监察机关围绕殡仪馆资金的性质问题，进一步梳理完善相关事实和证据，并经与监察机关充分沟通，开展自行补充侦查，核实了原民政局局长和分管局长证言，进一步补强关于殡仪馆性质、投资方和出资方式、利润分配、殡仪馆馆长的人选提名和任命方式等事实证据，为依法提出抗诉奠定了坚实证据基础。

承办检察官运用调取的某市人民政府《会议纪要》等书证，从主体身份、资金性质等方面充分阐明符合挪用公款构成要件：某市人民政府《会议纪要》明确重建的殡仪馆原行政隶属关系不变，原事业单位性质不变，工作人员性质和工资、福利待遇不变。黄某殡仪馆馆长职务由民政局任命，其在殡仪馆的身份是国家工作人员，符合挪用公款罪的主体身份；某市人民政府的会议纪要虽然载明殡仪馆的收益15年内归某某村所有，且黄某挪用公款的时间在殡仪馆经营未满15年时间内，但该钱款仍在殡仪馆账户中，尚未分配转移至某某村，属于殡仪馆管理中的财产，根据《中华人民共和国刑法》第91条"在国家机关、国有公司、企业、集体企业和人民团体管理、使用或者运输中的私人财产，以公共财产论"的规定，在殡仪馆管理中的资金属于公款。

由于法院一审判决定性错误，导致认定黄某挪用某殡仪馆金额减少，其实际挪用3921739元用于营利活动，属情节严重，根据《中华人民共和国刑法》第384条第1款的规定，应当在5年以上有期徒刑量刑，因一审判决法律适用和罪数认定错误，导致全案量刑畸轻，未能体现罚当其罪，应当提请抗诉纠正错误裁判。

【专家点评】

刑事抗诉是法律赋予检察机关的重要职责，通过刑事抗诉纠正确有错误的裁判，是人民检察院依法履行法律监督职能的体现。本案以及本篇抗诉书在逻辑分析、法律说理、检察履职以及社会价值层面都有可圈可点之处。

（一）逻辑清晰，层层递进

从文书撰写思路和分析认定的过程看，本案中刑事抗诉的关键点在于挪用资金和挪用公款两个罪名的准确区分。为此，公诉机关在抗诉书中分析了涉案殡仪馆的性质、被告人身份性质以及涉案款项的管理属性等三个关键事实。言简意赅、一针见血地指出应当认定为挪用公款罪的三点理由，从而认定本案应属于挪用公款罪的范畴，明确因罪名认定错误导致罪数认定错误、量刑畸轻等问题。

（二）具备优秀法律文书的形式与实质内涵

抗诉书篇幅精悍，说理清晰且言语规范，符合一篇优秀法律文书的基本形式要素，体现出高质量抗诉源自检察官的依法履职。本案中，检察机关通过开展自行补充侦查，核实了原民政局局长和分管局长证言，进一步补强关于殡仪馆性质、投资方和出资方式、利润分配、殡仪馆馆长的人选提名和任命方式等事实证据，正是对案件的实质综合判断，最终确保了抗诉准确严肃。

（三）彰显检察机关秉持客观公正立场，发挥法律监督作用，依法准确办理涉民政领域犯罪案件

当前，人民群众在民生、法治、公平、正义等方面都有了更新、更高、内涵更丰富的需求，因此检察机关刑事抗诉制度蕴含的制度价值以及检察机关刑事审判监督活动所发挥的作用更需要在司法实践中不断深化提升。本案涉及殡仪馆这一典型民政公共服务领域，依法抗诉本身体现了检察机关以人民为中心、服务广大人民群众根本利益、依法惩治犯罪彰显刑事抗诉制度价值的法律监督目标。

（点评人：吴春妹，北京市顺义区人民检察院党组书记、代检察长、全国模范检察官）

【专家点评】

刑事抗诉书作为检察机关启动二审或再审程序决定性文书，是检察

机关行使法律监督权的重要载体。刑事抗诉书的作用是指出法院判决的错误，要求予以纠正，因此必须"目标精准、一击即中"。江苏省启东市检察院黄某挪用资金案刑事抗诉书论点鲜明、论据充分、论证严密。

文书的审查意见部分，对原审判决的错误归纳精准。原审判决未采纳检察机关起诉书对于黄某国家工作人员身份的认定，因而未认定黄某构成挪用公款罪。文书在审查意见部分明确指出此错误系对法律适用错误引起，导致一审判决罪数认定错误、量刑畸轻的后果。文书在审查意见中一针见血地指出了一审判决错误实质以及导致的后果，为后续抗诉理由的论证建立了良好的基础。

抗诉书的抗诉理由必须针对原审判决错误涉及定罪、量刑的关键的核心问题，应当做到原则问题不放过，枝节问题不纠缠，不可眉毛胡子一起抓。文书的抗诉理由部分，分层论证了为什么应当认定黄某具有国家工作人员身份、挪用的钱款为什么是公款、错误如何导致量刑畸轻等三个关键性问题，直击一审判决要害。在论证方面，文书以黄某获得国家工作人员身份过程、殡仪馆收益分配的约定等抗诉关键事实为基础，舍弃了检、法间没有分歧的其他事实，以经典的"三段论"推理，让抗诉理由既有事实依据、法律依据，又有理论深度，扎实充分，令人信服。

抗诉理由在写作结构上，对于抗诉论点多、抗诉理由复杂的案件可以分段列举；对于抗点较为集中的案件也可以在一段内综合分析；对于抗诉被告人较多、抗诉事实较多的案件还可以分人叙述、分节叙述。黄某挪用资金案刑事抗诉书抗点集中，采用综合分析的方法，将抗诉理由在一个自然段里分层叙述，结构紧凑，重点突出。

总体上看，江苏省启东市检察院黄某挪用资金案刑事抗诉书文辞精炼，结构合理，论据扎实、论证充分，是一篇很好的刑事抗诉书范本。

（点评人：郑明玮，辽宁省人民检察院第四检察部副主任、全国检察业务专家）

51. 范某国抢劫案刑事抗诉书

【简要案情】

2019年3月16日，范某国假借购房名义与房屋所有人王某某相约看房。次日17时20分许，范某国看房过程中持美工刀威胁王某某索要钱财，王某某反手折断美工刀片致使其本人手部、范某国头部均被划伤。王某某趁机逃脱求救，范某国被当场抓获。

【诉讼过程】

2019年6月10日，九江市浔阳区人民检察院以抢劫罪向九江市浔阳区人民法院提起公诉。7月23日，九江市浔阳区人民法院作出一审判决，以范某国构成抢劫罪（入户抢劫犯罪未遂）判处有期徒刑6年9个月。范某国不服提出上诉，二审期间，检察机关向法院提交法医学人体损伤程度鉴定书，认定王某某损伤程度为轻伤二级。8月28日，根据"上诉不加刑原则"，九江市中级人民法院裁定驳回上诉，维持原判，并启动再审。9月28日，九江市中级人民法院作出再审判决，以范某国犯抢劫罪（非入户抢劫犯罪既遂），改判有期徒刑4年。王某某不服向九江市人民检察院提出申诉，2021年8月16日，九江市人民检察院审查认为王某某申诉理由不成立，予以审查结案。同年11月10日，王某某向江西省人民检察院提出申诉。2022年9月15日，江西省人民检察院依法向江西省高级人民法院提出抗诉。2022年9月30日，江西省高级人民法院作出再审决定，2023年3月16日，江西省高级人民法院开庭宣判，依法采纳江西省人民检察院关于本案构成"入户抢劫"的抗诉意见。

【文书全文】

江西省人民检察院
刑事抗诉书

赣检二部刑申抗〔20××〕××号

原审被告人范某国，男，1982年4月20日出生，居民身份证号码：3501251982××××××××，汉族，初中文化程度，个体户，户籍所在地福建省××县××乡××村××号，现无固定住址。因涉嫌抢劫罪于2019年3月18日被刑事拘留，同年3月29日经九江市浔阳区人民检察院批准，由九江市公安局八里湖分局执行逮捕。因犯抢劫罪被九江市中级人民法院以再审程序改判有期徒刑四年，并处罚金人民币一万元。现在洪城监狱服刑。

九江市中级人民法院于2020年9月28日作出（2020）赣04刑再2号刑事附带民事判决书，对范某国以抢劫罪判处有期徒刑四年，并处罚金人民币一万元。申诉人王某某不服该判决于九江市人民检察院提出申诉。九江市人民检察院经审查，认为申诉人的申诉理由不成立，于2021年8月16日以九检二部刑申通〔2021〕Z12号《刑事申诉结果通知书》予以审查结案。申诉人王某某仍不服，于2021年11月10日以（2020）赣04刑再2号刑事附带民事判决书未认定原审被告人范某国构成"入户抢劫"存在错误，量刑畸轻为由向本院申诉。

九江市中级人民法院（2020）赣04刑再2号刑事附带民事判决书认定：

2019年3月17日，范某国为了谋财，假借买房名义，骗取王某某信任后，进入九江市××区××期××团××栋××单元××室内。范某国在该室主卧内持美工刀对王某某实施抢劫，在抢劫的过程中王某某激烈反抗，并用手握住了范某国手中的美工刀，在拉扯中折断刀片，之后王某某持刀片将范某国头部划伤。

王某某的人体损伤程度为轻伤二级。

王某某在案发前常住江西省九江市××大道××花园××栋××单元××室,案涉房屋系王某某另一住房,居家设施齐全,拟出售该房屋,并在58同城网发布售房信息。范某国是看到该网络信息而起犯意,联系王某某欺骗前往看房。王某某先到案涉房屋等候,范某国后进入房屋实施抢劫。

九江市中级人民法院(2020)赣04刑再2号刑事附带民事判决书认为:

范某国以非法占有为目的,入户持美工刀对王某某当场使用暴力,意图劫夺财物,其行为已构成抢劫罪。范某国进入王某某房屋后,抢劫遭激烈反抗,即拿出一把美工刀,搏斗中致王某某受伤,而范某国头部被刀片划伤,停止继续犯罪,王某某伤情经司法鉴定为轻伤二级,根据该鉴定结论,应依法认定范某国系犯罪既遂,故原一审和二审认定范某国犯罪未遂有误,应予纠正。范某国在二审上诉提出其行为属于犯罪中止,不予采纳。范某国是在王某某逃出报警后,公安人员前来将其抓捕归案的,故范某国再审中提出其存在自首情节不予认定。

受害人王某某案发前后,常住居所为××花园××栋××单元××室。案涉房屋系受害人王某某的另一住宅,案发前该房屋生活用电正常。王某某将案涉房屋在58同城网发布出售信息,原审被告人范某国得知信息后,认为该房主有钱而生抢劫犯意,并通过电话和加微信,谎称其夫妻来案涉房屋看房,进入房屋后即实施抢劫。《最高人民法院关于审理抢劫案件具体应用法律若干问题的解释》第一条规定:入户抢劫是指为实施抢劫而进入他人生活的与外界相对隔离的住所,包括封闭的院落、牧民的帐篷、渔民作为家庭生活场所的渔船、为生活租用的房屋等进行抢劫的行为。结合本案,案涉房屋非受害人生活常住房,且在待售中,案发当日,范某国与王某某相约看房,不完全具备他人生活的与外界相对隔离的住所这一特征,不构成入户抢劫。

本院经复查认为,九江市中级人民法院(2020)赣04刑再2号刑事附带民事判决书未依法认定"入户抢劫"错误,导致量刑畸轻,理由如下:

一、原判决认为本案不构成"入户抢劫",犯罪情节认定错误

原判决认定被害人王某某案发前后常住居所为××花园××栋××单元××室,案涉房屋非被害人生活常住房,且在待售中,案发当日,范某国与王某某相约看房,不完全具备他人生活的与外界相对隔离的住所这一特征,不构成入户抢劫,该认定与事实不符。

虽然被害人王某某曾于2019年3月17日在九江市××医院住院部二楼所做的笔录称其户籍地为九江市××区××花园××栋××单元××室,现居住于户籍地。但该陈述并不足以排除涉案房屋九江市××区××期××团××栋××单元××室为被害人王某某另一住所。根据现场勘查笔录、现场照片、被害人王某某的陈述、案涉房屋用电清单、燃气缴款发票、《离婚协议书》等书证,证实案涉房屋九江市××区××期××团××栋××单元××室从2018年3月—2019年3月每月均有用电记录,案发前四个月均在100—218度之间,用电正常,房内生活设施齐全,符合他人用于家庭生活居住状态,足以认定该案涉房屋为被害人王某某另一住所。且根据原审被告人范某国供述,证实其作案时认为该房屋装修较好,肯定有钱有金银首饰。可见,原审被告人范某国存在"入户抢劫"的主观故意。被害人王某某案发前后在××花园××栋××单元××室和案涉房屋均有居住情形,案涉房屋与外界相对隔离用于家庭生活的居住状态与是否待售并不矛盾,原审判决对"入户抢劫"中"户"的理解存在偏差,认定不当。

2005年6月8日施行的《最高人民法院关于审理抢劫、抢夺刑事案件适用法律若干问题的意见》(以下简称《两抢意见》)将"户"解释为住所,其特征表现为供他人家庭生活和与外界相对隔离两个方面,前者为功能特征,后者为场所特征。2016年1月6日最高法《关于审理抢劫刑事案件适用法律若干问题的指导意见》(以下简称《指导意见》)规定,认定"入户抢劫"要注重审查行为人"入户"的目的,将"入户抢劫"与"在户内抢劫"区别开来。以侵害户内人员的人身、财产为目的,入户后抢劫,应当认定为"入户抢劫"。本案案涉房屋具备供他人家庭生活和与外界相对隔离的功能特征和场所特征,符合《两抢意见》关于"户"的认定。另原审被告人范某国选取装修较好的房屋认为可以弄点金

银首饰留给家人的作案动机符合《指导意见》关于"入户"目的的认定。因此，原审被告人范某国入户后当场使用暴力相威胁的行为，应当适用《中华人民共和国刑法》第二百六十三条第（一）项规定，认定为"入户抢劫"。而原审判决依据2000年11月28日施行的《最高人民法院关于审理抢劫案件具体应用法律若干问题的解释》第一条规定："入户抢劫是指为实施抢劫而进入他人生活的与外界相对隔离的住所，包括封闭的院落、牧民的帐篷、渔民作为家庭生活场所的渔船、为生活租用的房屋等进行抢劫的行为"，以案涉房屋非被害人生活常住房，且在待售中，相约看房不完全具备被害人生活的与外界相对隔离的住所这一特征为由，未认定原审被告人范某国所犯的抢劫罪具有"入户"情节，系适用法律错误。

二、原判决犯罪情节认定错误，导致量刑不当，依法应予以纠正

根据《中华人民共和国刑法》第二百六十三条第（一）项的规定，"入户抢劫"应当判处十年以上有期徒刑、无期徒刑或者死刑，并处罚金或者没收财产。原判决对范某国以抢劫罪判处有期徒刑四年，并处罚金人民币一万元，系犯罪情节认定错误导致量刑不当，应予以纠正。

综上所述，本院认为，九江市中级人民法院（2020）赣04刑再2号刑事附带民事判决书未依法认定范某国所犯的抢劫罪具有"入户"情节，以抢劫罪判处其有期徒刑四年并处罚金一万元，确有错误，量刑明显不当。为维护司法公正，准确惩治犯罪，依照《中华人民共和国刑事诉讼法》第二百五十四条第三款的规定，对九江市中级人民法院（2020）赣04刑再2号刑事附带民事判决书，提出抗诉，请依法判处。

此致
江西省高级人民法院

江西省人民检察院
20××年×月×日

【承办检察官心得体会】

案件历经一审、二审、再审、刑事申诉四个司法程序，案件争议焦点在于案涉房屋处于待售状态，且被害人存在多处居所，本案"户"的情形不同于一般住所"户"的情形，对本案"户"的理解认定分歧较大。

为进一步查明案件事实，准确认定案涉房屋居住状态，办案组当面听取申诉人诉求，逐一听取原承办人意见，并围绕案涉房屋居住状态依法调取了案发现场勘查原始照片及案涉房屋案发前后用水、用气、用电清单、离婚协议原件等相关书证，向案涉房屋所在小区保安核实案发情况，对王某某原手机中留存的案发前案涉房屋内个人生活视频、照片等予以提取固定。鉴于司法实践中对待售待租房屋"户"的认定裁判不一，江西省人民检察院通过召开听证会充分听取意见，化解申诉人心结。同时邀请20余名省级听证员参与现场旁听观摩。听证员经评议一致认为："范某国构成入户抢劫，原再审判决确有错误，建议支持申诉人诉求。"经过进一步审查复核认为：一是案涉房屋虽挂网待售，却是需经王某某同意方能进入的封闭状态，具备相对隔离的场所特征；二是王某某手机生活照片和原始现场勘查照片等证据证实案涉房屋案发前房内生活设施和生活用品齐全，系供他人生活居住使用，待售状态不足以阻却其居住生活的功能特征。范某国以非法占有为目的入户后当场使用暴力威胁索要财物的行为，应认定为"入户抢劫"。九江市中级人民法院再审判决未认定本案"入户抢劫"情节，系适用法律错误，依法应予以纠正，江西省人民检察院于2022年9月15日依法向江西省高级人民法院提出抗诉。江西省高级人民法院于2022年9月30日作出再审决定，2023年2月14日召开庭前会议，就检察机关调取的新证据听取意见，明确诉辩争议焦点，2023年2月20日公开开庭审理本案。庭审结束后，办案组会同省高院法官再次前往案发地当面听取王某某本人意见，共同做好申诉人释法说理工作，其间原审被告人亲属代为赔偿了王某某经济损失。江西省高级人民法院于2023年3月16日公开开庭宣判，依法采纳江西省人民检察院关于本案构成"入户抢劫"的抗诉意见。宣判当天，王某某向江西省人民检察院赠送锦旗，对检察工作给予充分肯定和认可。

【专家点评】

本案的高质效办理和抗诉书撰写体现出检察机关秉持客观、公正的立场为人民司法的底色，是证据裁判理念的生动展现，也体现出对法律的准确理解。

（一）实质性审查申诉案件，改变下级院决定，保护申诉人合法权益

本案中，王某某不服向江西省九江市人民检察院提出申诉，该院审查认为王某某申诉理由不成立。同年底，王某某向江西省人民检察院提出申诉。江西省人民检察院依法向江西省高级人民法院提出抗诉。在办理过程中，承办人通过多方施策化解当事人的心结、法结，如召开听证会充分听取申诉人意见，庭审结束后，办案组又前往案发地当面听取王某某本人意见，继续做好申诉人释法说理工作，其间原审被告人亲属代为赔偿了王某某经济损失。检察机关的履职秉持了客观、公正的立场，通过抗诉，实事求是支持申诉人的合理请求，使申诉人放下心结、获得赔偿，对检察工作给予了充分肯定和认可，法院也依法采纳了抗诉意见，实现了"三个效果"的有机统一。

（二）由"在卷"审查到"在案"审查，通过自行补充侦查，为定性之争增加关键变量

在2024年1月召开的全国检察长会议上，应勇检察长强调，要与时俱进完善监督办案方式，依法用好自行补充侦查和退回补充侦查、用足用好调查核实权，促进法律监督提质增效。本案中，办案组没有局限于"从法律到法律"简单进行文义解释，而是"从事实到法律"，围绕查明"户"的两个特征做了大量的自行补充侦查工作，如调取案发现场勘查原始照片、案涉房屋案发前后用水、用气、用电清单、离婚协议原件等相关书证，向案涉房屋所在小区保安核实案发情况，对王某某原手机中留存的案发前案涉房屋内个人生活视频、照片等予以提取固定，用证据证实申诉人在此具有家庭生活的情况，有力支撑了抗诉指控的"场所"和"功能"特征。

(三）抗诉书制作质量高，紧扣事实、证据和法律，说理充分、层次分明、详略得当

本案关键抗点在于对"户"的理解。九江市中级人民法院未依法认定范某国所犯的抢劫罪具有"入户"情节，理由是"案涉房屋非被害人生活常住房，且在待售中，案发当日，范某国与王某某相约看房，不完全具备他人生活的与外界相对隔离的住所这一特征，不构成入户抢劫"。抗诉书紧紧围绕该裁判观点，通过客观上被害人在案发前有在此居住的事实、主观上原审被告人范某国存在"入户抢劫"的主观故意这两个角度论证本案系"入户抢劫"，并提出"被害人王某某案发前后在××花园××栋××单元××室和案涉房屋均有居住情形，案涉房屋与外界相对隔离用于家庭生活的居住状态与是否待售并不矛盾"这一核心观点，论证清晰、有力。实际上，随着社会生活的不断变迁，人民生活水平的不断提升，"安土重迁"观念的不断变化，应当对"户"的内涵外延有更具时代性的理解，完全可能存在某人在同一城市甚至不同城市拥有多处供个人生活起居房屋的情况，是否"常住"和是否"待售"不是评价"户"的标准，不能因为没有常住和正在出售而予以否定，随意进行此般的限缩解释。

（点评人：王岭，重庆市人民检察院第一分院第二检察部副主任、全国十佳公诉人）

七

支持刑事抗诉意见书

52. 嵇某飞强奸、猥亵儿童案支持刑事抗诉意见书

【简要案情】

被告人嵇某飞，男，被害人孙某某的继父。

1. 强奸：2017年9月至2020年3月本案案发，被告人嵇某飞与杨某某及杨某某之女孙某某（2005年10月1日出生）组建家庭共同生活。2019年2月17日左右、2月23日、8月的某一天，被告人嵇某飞利用被害人孙某某在假期或周末早晨起床较晚，而被害人母亲杨某某已经离家上班之机，多次至被害人房间对其实施奸淫。

2. 猥亵儿童（略）。

【诉讼过程】

2020年12月30日，苏州市××区人民检察院依法向苏州市××区人民法院提起公诉，认定被告人猥亵并多次强奸被害人，指控被告人嵇某飞犯强奸罪、猥亵儿童罪。2021年3月29日，苏州市××区人民法院作出一审判决，认为被告人嵇某飞明知被害人系不满14周岁幼女，对其实施奸淫、猥亵，其行为分别构成强奸罪、猥亵儿童罪。以嵇某飞犯强奸罪判处有期徒刑7年，犯猥亵儿童罪，判处有期徒刑1年8个月，决定执行有期徒刑8年。证明嵇某飞有多次强奸行为的证人吴某、申屠某的证言均来自被害人陈述，系传来证据，不能作为直接证明指控事实的证据，检察机关认定嵇某飞构成多次强奸的证据不足，不予支持。苏州市××区人民检察院收到判决后认为，一审判决未认定嵇某飞具有多次强奸情节，认定事实错误，适用法律不当，导致量刑畸轻，于2021年4月

6日向苏州市中级人民法院提出抗诉。苏州市人民检察院审查后依法支持抗诉。

2021年9月30日,苏州市中级人民法院作出二审判决,认为嵇某飞于2019年2月、8月先后强奸被害人孙某某三次,属于对未成年人多次实施强奸,不予认定其具有坦白情节,抗诉机关的抗诉意见成立。判决撤销原判决,改判原审被告人嵇某飞犯强奸罪,判处有期徒刑9年;犯猥亵儿童罪,判处有期徒刑1年8个月,决定执行有期徒刑10年。

【文书全文】

苏州市人民检察院

支持刑事抗诉意见书

苏检八部支刑抗〔20××〕××号

江苏省苏州市中级人民法院:

苏州市××区人民检察院以姑检诉刑抗〔20××〕××号刑事抗诉书对苏州市××区人民法院(20××)苏05××刑初××××号原审被告人嵇某飞强奸、猥亵儿童一案的刑事判决提出抗诉。本院审查后认为,抗诉正确,应予支持。

一审判决认定原审被告人嵇某飞仅强奸1次、猥亵1次,系认定事实有误;认定构成坦白,系适用法律错误;因遗漏犯罪事实,适用法律错误导致罪责刑失衡,量刑畸轻,应予改判,理由如下:

一、一审判决认定嵇某飞仅强奸1次、猥亵1次,系认定事实有误

起诉书以被害人陈述为核心指控:2018年底至2019年9月期间,被告人嵇某飞利用妻子离家上班之际,多次至其继女被害人孙某某(时年13周岁)房间内实施猥亵、奸淫。一审判决根据被告人嵇某飞一面之词,仅认定2019年7月猥亵孙某某1次,次月又强奸1次。对比起诉书与判决书,一审法检分歧焦点在于犯罪事实认定的维度不同,证据采信法则不同。

起诉书指控的犯罪事实是长期、多次性侵继女，是以被害人陈述为核心辅以其他证据支撑佐证，结合经验法则和常识判断的证明体系；一审判决认定的犯罪事实是具体、明确的单笔性侵事实，采用的是直接证据相互印证的证据规则，被害人陈述是用来印证被告人有罪供述的。

性侵未成年人案件一般犯罪过程隐蔽、发案不及时、客观性证据少、犯罪嫌疑人不认罪等特点，导致证据类型较为单一，多为被害人陈述和被告人供述"一对一"，那么司法实践中，应当如何取舍、采信？最高检指导案例（检例第42号）：根据经验和常识，未成年人的陈述合乎情理、逻辑，对细节的描述符合其认知和表达能力，且有其他证据予以印证，被告人的辩解没有证据支持，结合双方关系不存在诬告可能的，应当采纳未成年人的陈述。结合本案：

首先，案发过程自然，无诬告陷害可能性。2020年3月，孙某某与母亲发生争执后，到闺蜜吴某某家暂住，吴某某母亲韩某某劝导被害人正确处理家庭关系时，引出被害人多次被继父性侵的隐情。韩某某引导孙某某写信告知母亲，被害人母亲看信之后才报案进而案发。案发过程自然，被害人"想说又不知道怎么说，最后写信"等表现完全符合被性侵未成年人特征。

其次，被害人陈述得到其他证据印证，合乎情理、逻辑；被告人供述则与其他证据矛盾。孙某某陈述被性侵，嵇某飞到案后承认性侵；孙某某陈述告诉过申屠某、吴某某，两位证人到案证实听过孙某某说过，并提供相应聊天记录；孙某某陈述的部分性侵事实中时间、地点、方式等细节，也得到被告人供述、证人证言等间接证据的印证，合乎情理逻辑。被告人供述2019年7月猥亵、8月强奸，与孙某某同申屠某、吴某某的微信、QQ聊天记录所证实的内容矛盾。早在2019年2月，孙某某即告知他人被嵇某飞性侵，被害人不可能未卜先知，提前数月就提前知道自己被性侵，故一审判决认定事实明显与客观事实不符，有违常识与情理。

最后，被告人的辩解不仅没有证据支持，且明显避重就轻、有违情理。孙某某陈述一两个礼拜就被性侵1次，而嵇某飞则只承认1次强奸；对具体方式被告人辩解明显避重就轻，并未如实供述全部犯罪事实，甚至随着诉讼进程推进不断翻供，还提出不知道女儿年龄、第1次猥亵是无意识等明显违背情理的辩解，可信度较低。

综上，应当认定：2018年底至2019年12月，嵇某飞在其住处继女孙某某房间内，长期、多次对孙某某实施猥亵、强奸。

一审判决忽视了被害人为心智不成熟的未成年人以及监护性侵取证难、发案难的现实困难，未全面、准确地评价被告人的犯罪事实，这与两高指导案例所确定的性侵未成年人案件的证据规则背离，也不利于未成年人特殊保护理念的贯彻体现，应当予以纠正。

二、一审判决认定嵇某飞构成坦白，系适用法律错误

嵇某飞到案后虽主动供述了2次猥亵和1次强奸，对印证被害人陈述而言是有利的，但对有证据证明的2019年2月的两次强奸犯罪事实拒不交代、难以解释，隐瞒大量犯罪事实，甚至对已交代的第1次猥亵犯罪事实在批捕阶段翻供、在庭审阶段翻供，导致一审判决仅认定1次猥亵和1次强奸，认罪态度较差。

根据最高人民法院《关于处理自首和立功若干具体问题的意见》第二条第二款的规定：犯罪嫌疑人多次实施同种罪行的，应当综合考虑已经交代的犯罪事实与未交代犯罪事实的危害程度，决定是否认定为如实供述主要犯罪事实。本案中，鉴于嵇某飞未交代犯罪事实的性质、情节以及危害性大于已交代的事实，不应当认定其具有坦白情节。一审判决认定被告人嵇某飞具有坦白情节系法律适用错误。

三、遗漏事实、适法错误导致量刑畸轻

两高两部《性侵意见》第25条规定的"重中之重"条款，嵇某飞符合两条："（1）对未成年人负有特殊职责的人员、与未成年人有共同家庭生活关系的人员、国家工作人员或者冒充国家工作人员，实施强奸、猥亵犯罪的……（5）猥亵多名未成年人，或者多次实施强奸、猥亵犯罪的。"

2016年12月，嵇某飞与孙某某母亲杨某某登记结婚，2017年9月三人共同生活，具有事实上的抚养、监护关系。嵇某飞在一年多时间内多次强奸、猥亵继女,且系不满14周岁的幼女,严重损害被害人的身心健康,践踏社会伦理道德底线,性质、情节恶劣,应当判处十年以上有期徒刑。一审判决仅判处嵇某飞有期徒刑八年,明显量刑畸轻,应当改判。

综上所述,为维护司法公正,准确惩治犯罪,依照《中华人民共和国刑事诉讼法》第二百三十二条的规定,请你院依法纠正。

苏州市人民检察院
20××年×月×日

【承办检察官心得体会】

在苏州市人民检察院的指导下,苏州市××区人民检察院对本案进行了认真研析,认为本案的焦点在于源自被害人陈述的传来证据,在证据形式、内容、细节上能够印证被害人陈述具有客观性、合理性、真实性的,能否证明案件事实。为强化证据分析运用和说理,开展了以下工作:一是对与本案在基本事实、争议焦点、法律适用方面具有相似性的生效裁判进行了全面检索,运用既有案例的引导性,增强抗诉理由的说服力。二是对性侵案件中传来证据的审查采信进行专题研究,形成系统、完善的证据审查认定思路,根据本案事实、证据,结合被害人成长经历、家庭背景,详细阐述抗诉理由、依据。主要抗诉理由如下:

(一)一审判决未依法认定嵇某飞具有多次强奸情节,认定事实错误

虽然本案证人吴某某、申屠某的证言及微信聊天记录等均来自被害人陈述,系传来证据,但此传来证据足以印证被害人陈述的真实性。在本案发破案前一年,即2019年2月,被害人两次被性侵后,均立即通过微信向申屠某倾诉,亦多次向好友吴某某提及。语言用词等符合被害幼女所处年龄的认识和表达能力。时间与案发后被害人陈述的被告人在周末作案的规律一致。该案案发(2020年3月)是由于被害人在好友母亲开导其正确处理家庭关系时,才说出被继父嵇某飞多次性侵的隐情,故不存在被害人刻意制造证据,诬告陷害被告人的可能性。综上,本案发

破案经过自然，被害人陈述完整合理，且有证人吴某某、申屠某的证言及微信聊天记录相印证，已形成完整证据链，应当采信被害人陈述，认定嵇某飞具有多次强奸情节。

（二）一审判决认定嵇某飞具有坦白情节，适用法律错误

本案中，被告人嵇某飞多次强奸被害人孙某某，然嵇某飞到案后仅承认对被害人实施强奸一次，对2019年2月期间发生的两起强奸行为拒不交代。鉴于嵇某飞未交代犯罪事实的性质、情节以及危害性大于已交代的事实，根据最高人民法院《关于处理自首和立功若干具体问题的意见》第2条第2款的规定，不应当认定其具有坦白情节。

（三）一审判决未体现与未成年人有共同家庭生活关系的人员性侵未成年人犯罪的从严惩处

被告人嵇某飞作为被害人孙某某的继父，与被害人孙某某共同生活，具有事实上的抚养、监护关系。根据2013年最高人民法院、最高人民检察院、公安部、司法部《关于依法惩治性侵害未成年人犯罪的意见》第25条规定，嵇某飞作为与未成年被害人共同生活的人员，多次强奸未成年被害人，应当从严从重处罚，一审判决仅判处被告人嵇某飞强奸罪有期徒刑7年系量刑畸轻。

【专家点评】

性侵未成年人犯罪长期以来是受到社会高度关注的热点问题，具有很大的社会危害性。依据我国宽严相济的刑事政策，应当对此类犯罪进行严惩，以震慑潜在的犯罪人，回应社会关注。在本案中，被告人嵇某飞作为被害人的继父，对被害人负有教育、保护的特殊职责，但其利用自身的优势地位多次猥亵、强奸被害人，犯罪行为的隐蔽性强，被害人难以抗拒并揭露其犯罪行为。

在一审判决中，法院判决认定的事实与检察机关的起诉之间存在较大差异。一审判决仅认定嵇某飞强奸1次、猥亵1次，存在事实上的误判。在是否采信未成年被害人证言的问题上，我国《刑事诉讼法》第62条规定："凡是知道案件情况的人，都有作证的义务。生理上、精神上有缺陷或者年幼，不能辨别是非、不能正确表达的人，不能作证人。"这说

明，只要未成年人能够辨别是非，有正常的表达能力，其作出的符合常理的证言是被法律认可的证据。而且，本案发生在家庭内部，且被告人与被害人之间具有特殊的亲属关系，作案过程隐蔽，在收集证据方面存在较多困难。因此，认定被害人证言的效力尤为重要。在抗诉书中，检察机关收集了其他证据，如被害人与他人的聊天记录、发案过程等，以验证被害人陈述的可靠性和真实性，排除存在诬告陷害的可能，实现证据链条的完整和证据间的相互印证，这为抗诉提供了充分的事实依据。为了从严惩治性侵未成年人犯罪，尤其是在被告人与被害人存在特殊关系的案件中，司法机关应当认真对待未成年被害人的陈述，不应随意以其年龄过小为由否认证据效力，而是应当通过审慎、全面的证据收集、推论，判断被害人的陈述是否具有合理性和真实性，以推动此类案件的审理工作。在相关文书的写作中必须重视证据呈现的逻辑性，全面说明为何未成年人提供的证言是真实可信的。

对于案件中可能存在的自首、坦白等从宽处罚情节，司法机关应当进行严格的审查，充分发挥这些情节的功能，但不应随意滥用。本案中，被告人仅如实供述自己部分犯罪事实，且在之后多次翻供，隐瞒其实施的其他重大犯罪行为。综合来看，被告人内心并未认识到其犯罪行为的社会危害性，也未表示真诚悔改，因而不应当认定其具有坦白情节。

本案的抗诉发挥了检察机关的法律监督职能。检察机关对量刑畸轻的案件及时提起抗诉，有助于维护司法公正，实现准确惩治犯罪的效果。本案中，被告人系被害人的继父，二人具有事实上的抚养关系。性侵行为利用了被告人所具有的特殊身份，是人民群众深恶痛绝的性质恶劣的犯罪，具有极大的社会危害性。检察机关的抗诉实现了法律效果、社会效果的统一，让人民群众切实感受到司法的公平正义。

（**点评人**：章春燕，浙江省湖州市人民检察院副检察长，全国检察业务专家）

53. 陈某仁、蔡某贵等7人污染环境案支持刑事抗诉意见书

【简要案情】

××公司主要从事防粘纸、胶带、商标纸、广告材料、电子元器件的生产、加工、销售等，生产过程中使用乙酸乙酯、甲苯、二甲苯、硅油等危险化学品，产生危险废物废有机溶剂等（HW06）。××公司将部分危险废物交给具备危险废物处理资质的苏州市××科技有限公司处置。因××公司在环评审批时未如实申报产生的危险废物数量，导致其产生的大量废有机溶剂无法及时合规处置。物流部主管邓某杰得知蔡某贵可处理危险废物，遂汇报人事行政部经理、安全负责人邓某江，邓某江向副总经理、运营总监、实际负责人陈某仁汇报并经其认可。2017年1月以来，陈某仁、邓某江、邓某杰将公司无法合规处置的废有机溶剂交由无危险废物经营许可证的被告人蔡某贵处置，邓某江与蔡某贵谈好价格，并安排邓某杰与蔡某贵对接。2017年1月至2020年6月20日，被告人陈某仁、邓某江、邓某杰将××公司产生的共计253.26吨有机废溶剂交由蔡某贵处置。其中，2017年1月至2017年7月15日期间，××公司将63.14吨废有机溶剂交给蔡某贵处置，蔡某贵转售他人，但收购方具体情况以及危险废物最终处理方式不明；2018年1月至2020年6月14日期间，××公司将188.72吨废有机溶剂交给蔡某贵处置，蔡某贵交由无危险废物经营许可证的昆山市××区环卫所员工王某瑶处置，王某瑶纠集他人将上述废有机溶剂倾倒在昆山市××区××路××路路口附近的公共污水管网内；2020年6月20日，××公司将1.4吨废有机溶剂交给蔡某贵处置，但最终如何处置尚未查实。

经苏州市昆山生态环境局认定，被倾倒于昆山××区××路××路管道中的废物属于易燃性危险废物。2020年6月17日案发后，昆山市两级政

府相关部门为防止污染扩大、消除污染共计花费人民币 251 万余元。经环境损害评估，本案中已被倾倒的危险废物造成环境损害费用 188.72 万元。

【诉讼过程】

本案由江苏省昆山市人民检察院于 2021 年 3 月 11 日向江苏省苏州市××区人民法院提起公诉，江苏省苏州市××区人民法院于同年 6 月 4 日第一次开庭。同年 11 月 8 日，公诉机关提交变更起诉决定书，江苏省苏州市××区人民法院于同年 11 月 23 日再次开庭审理，于 2021 年 11 月 23 日作出判决。2021 年 12 月 9 日，江苏省昆山市人民检察院向江苏省南京市人民法院提出抗诉，江苏省苏州市人民检察院支持抗诉，江苏省南京市中级人民法院二审判决采纳了检察机关的抗诉意见，将一审未予认定的部分灭失危险废物追加认定为犯罪事实。

【文书全文】

江苏省苏州市人民检察院
支持刑事抗诉意见书

苏检支刑抗〔20××〕××号

江苏省南京市中级人民法院：

　　昆山市人民检察院以昆检一部诉刑抗〔20××〕××号刑事抗诉书对苏州市××区人民法院（20××）苏 05××刑初×××号陈某仁、蔡某贵等人污染环境、非法经营罪一案的刑事判决提出抗诉。本院审查后认为，抗诉正确，应予支持。

　　昆山市人民检察院以昆检一部刑诉〔20××〕××号起诉书、昆检一部刑变诉〔20××〕××号提起公诉的陈某仁、蔡某贵等人污染环境、非法经营罪一案，苏州市××区人民法院于 2021 年 11 月 23 日作出（20××）苏 05××刑初×××号刑事判决，认为"陈某仁、邓某江作为×

××公司直接负责的主管人员、被告人邓某杰作为直接责任人员,为谋取单位利益而违反国家规定,明知他人无危险废物经营许可证,委托他人非法处置危险废物,其中188.72吨造成环境污染后果,致使公私财产损失251万余元,均属严重污染环境,陈某仁、邓某江属后果特别严重。蔡某贵违反国家规定,无危险废物经营许可证从事处置危险废物经营活动,其中188.72吨造成环境污染后果,其行为构成污染环境罪。王某瑶纠集苏某弟、潘某弟共同违反国家规定,非法倾倒危险废物,严重污染环境,王某瑶、林某某后果特别严重。未查实去向的64.54吨危险废物可证明××公司支付相应价款后交给蔡某贵处置,但在案证据不足以证明该部分危险废物的处置情况及造成的环境污染后果,故不计入污染环境数额",并以污染环境罪判处陈某仁有期徒刑三年,缓刑四年,并处罚金8万元;邓某江有期徒刑三年,并处罚金8万元;邓某杰有期徒刑一年六个月,缓刑二年,并处罚金5万元;蔡某贵有期徒刑三年六个月,罚金10万元;王某瑶有期徒刑三年六个月,罚金10万元;苏某弟有期徒刑一年七个月,罚金4万元;潘某弟有期徒刑七个月,缓刑一年,罚金2万元。判决后,原审被告人均未上诉。昆山市人民检察院提出抗诉。本院审查后认为,抗诉正确,应予支持。具体理由如下:

一、××公司将至少253.26吨危险废物交给蔡某贵处置的事实清楚,证据确实、充分

原审被告人陈某仁、邓某江、邓某杰、蔡某贵的供述相互印证,均证实××公司与无危废经营资质的蔡某贵之间存在稳定的委托处理关系;××公司相关记账凭证、费用报销单、统计单等书证,结合原审被告人蔡某贵、邓某江等人关于交付单价和单桶危险废物质量的供述,可证实自2017年有记录以来,该公司先后将至少253.26吨危险废物交由蔡某贵处置。

二、蔡某贵转交他人而未查实去向的64.54吨危险废物应当认定严重污染环境

上述××公司交给蔡某贵的253.26吨危险废物中,188.72吨被蔡某贵转交他人后非法倾倒,造成严重环境污染事故,并直接导致了本案的案发。剩余64.54吨,亦由蔡某贵转交他人,但未查实最终去向。

本院认为,尽管该64.54吨危险废物去向未查实,但依据其本身理化特性，结合危险废物经营规范、技术条件要求、市场交易规律等，足以排除合理怀疑，得出污染环境的唯一结论。

1. 本案危险废物具有毒性、易挥发性，通过倾倒、排放和挥发等方式直接进入外环境将造成环境污染。××公司生产中产生的危险废物主要成分为含乙酸乙酯、甲苯、丙烯酸乙酯等物质的混合废有机溶剂。依据生态环境部《重点行业挥发性有机物综合治理方案》，上述物质均系重点控制挥发性有机物（VOCs），属于大气污染物，具有易燃易爆、易挥发的理化特性，在储存、转运全流程要求严格密闭管理，如不具备相应密闭设备和收容工艺。常温下挥发进入大气，与大气中的氮氧化物反应生成臭氧和有机颗粒物，将造成环境污染。专家证言对此亦予确认。本案中未查实去向的64.54吨危险废物均交由无资质个体人员处置，密闭设备、收容工艺、管理均无法达到正规工业企业的投入要求，即便在回收后不直接实施倾倒、排放，在后续处置、使用过程中也难以避免因危险废物本身理化特性而导致部分挥发污染环境。

2. 该64.54吨危险废物无交至正规企业处置或回收利用的可能。一是正规企业接收来路不明、无联单危险废物的概率极低。蔡某贵将64.54吨危险废物交给无资质个体人员，无危险废物转运联单等正规手续。国家环保总局（现已改组为生态环境部）1999年《危险废物转移联单管理办法》、2006年《关于加强工业危险废物转移管理的通知》规定，工业危险废物的转移、运输，严格执行危险废物转移联单制度，任何单位和个人不得接受无转移联单的危险废物；危险废物接受单位应当按照联单填写的内容对危险废物核实验收，并将联单自接受危险废物之日起二日内报送接受地环境保护行政主管部门；不执行危险废物转移联单制度的，由市级以上环保行政主管部门责令限期改正，并处以罚款。依据上述法律规定，企业经营中私自接受无联单危险废物，属违法行为，将被责令限期整改和处以罚款，具有很高违法风险。

二是从经济效益出发，无论是蔡某贵还是后道的个体人员不可能将危险废物交由正规企业处置。在案的费用报销单等书证证实，××公司以360元一桶的价格将危险废物交给蔡某贵，即约2500元一吨，远低于正规处置的市场交易价（××公司与正规的危废处置公司荣×公司签署的危险废物处置合同中的最低单价为 7000 元一吨），而蔡某贵交给无资质个体人员的费用更低，如个体人员回收后将上述危险废物交给正规企业处置，将付出远高于自己所得的费用，属于赔本买卖，不符合交易规律。

三是专家证言证实，本案废有机溶剂属于成分较为复杂的混合溶剂，本身回收利用价值不高，正规企业不会违法接受用于提纯再利用。

3. 本案的危险废物正规回收处置工艺、设备要求高，无资质单位或个人私自处置必将导致环境污染。专家证言证实，废有机溶剂有回收综合利用或焚烧两种处理方向。本案危险废物由于其易燃易爆、毒性、易挥发性的特性，正规回收利用须兼顾安全和环保两方面，需配备昂贵大型设备，无资质个人或单位依常理不可能满足设备要求，不具备无害化回收利用的条件。而正规采用焚烧处置需使用高温焚烧炉、二燃室、急冷、洗涤、除尘装置等，燃烧炉温要求高于 1100℃，如炉温或设备达不到要求，将产生二噁英等污染物质，导致环境污染。

综上，本案未查明去向的 64.54 吨危险废物无交由正规企业处置可能，无资质单位、个人私自处置又因无法满足工艺、设备的要求而必然导致环境污染，应计入陈某仁、邓某江、邓某杰、蔡某贵污染环境犯罪事实。

三、对原审各被告人污染环境犯罪事实的认定建议

依据本案犯罪事实，建议依法认定原审被告人陈某仁、邓某江、邓某杰委托他人非法处置危险废物 253.26 吨，严重污染环境，陈某仁、邓某江属后果特别严重；原审被告人蔡某贵违反国家规定，无危险废物经营许可证从事非法处置危险废物 253.26 吨，严重污染环境，后果特别严重，其行为均构成污染环境罪。

综上所述，一审判决未将上述 64.54 吨计入污染环境犯罪事实，属事实认定错误。为维护司法公正，准确惩治犯罪，依照《中华人民共和国刑事诉讼法》第二百三十二条、第二百三十五条的规定，请你院依法纠正。

江苏省苏州市人民检察院
20××年×月×日

【承办检察官心得体会】

本案系一起针对"灭失危险废物能否推定造成严重污染环境后果"这一实践中长期存在争议的问题而提出抗诉的案件。

（一）直面法律适用的争议焦点

检察院起诉指控陈某仁、邓某江、邓某杰交由蔡某贵非法处置的危险废物共计253.26吨，一审法院以在案证据不足以证明灭失的64.54吨危险废物的最终处理，不能证明造成环境污染后果，而将该部分从犯罪事实中扣除。

2016年最高人民法院、最高人民检察院《关于办理环境污染刑事案件适用法律若干问题的解释》第7条规定，明知他人无危险废物经营许可证，向其提供或者委托其收集、贮存、利用、处置危险废物，严重污染环境的，以共同犯罪论处。该条规定明确了应当在查明出现严重污染环境后果的情况下认定处置方、提供方或委托方构成污染环境共同犯罪。但实践中大量案件中的相关危险废物去向不明、处置方式无法查证，导致办案人员简单笼统以污染后果没有证据证实从而不予认定犯罪事实。若对此一律不予认定，不利于实践中案件的处理，会导致轻纵犯罪。因此，苏州市人民检察院直面法律适用的争议焦点，基于污染环境犯罪案件的科学性、专业性和规律性，多方查证，以充分的证据支持抗诉。

（二）找准切入点，解决难点

二审阶段，苏州市人民检察院紧紧围绕证据裁判原则，通过组织专家论证、核验技术规范等，将审查证明重点突出为危险废物本身的理化特性、合规处置方式、技术规范条件等，再结合经济效益、生活规律进行综合判断。

苏州市人民检察院通过三点理由详细论证。一是本案危险废物具有毒性、易挥发性，通过倾倒、排放和挥发等方式直接进入外环境将造成环境污染；二是该64.54吨危险废物无交至正规企业处置或回收利用的可能；三是本案的危险废物正规回收处置工艺、设备要求高，无资质单位或个人私自处置必将导致环境污染。通过这三点理由，排除了合理怀疑，可以得出本案未查明去向的64.54吨危险废物无交由正规企业处置可能，无资质单位、个人私自处置又因无法满足工艺、设备的要求而必然导致环境污染。因此，蔡某贵转交他人而未查实去向的64.54吨危险废物应计入陈某仁、邓某江、邓某杰、蔡某贵污染环境犯罪事实。

(三) 推动确立相应裁判原则

苏州市人民检察院出具的支持抗诉意见书说理充分透彻，论述意见被二审法院裁判文书大量引用作为裁判依据，推动确立了"危险废物最终去向不明、处置方式无法查证时，既不能简单笼统以污染后果没有证据证实而不予认定犯罪事实，也不能毫无根据地主观臆断必然会有污染环境后果发生"的裁判原则，明确了办理此类案件"应当坚持法律判断、科学判断、实质判断并重，通过认真审查分析论证涉案危险废物本身属性、理化特性、经营规范、市场交易规律、合规利用或处置方式、技术条件要求、设施投入费用、不合规利用或处置的通常方式及其会产生的后果等因素，运用间接证据、科学规律、经验法则、逻辑推断等予以综合认定"的证据要求和审查规则，对实践中办理同类案件可起到一定借鉴作用。

【专家点评】

本案是一起典型的部分危险废物已灭失的环境污染犯罪案件。与传统犯罪相比，污染环境罪的证明涉及较多技术鉴定以及其他自然科学知识，专业性强，特别是危险废物这一关键物证的灭失，给调查取证和打击处理带来很大困难。本案中，检察机关积极组证，通过间接证据构建证明体系，再运用经验法则和逻辑规则，准确认定案件事实，获得二审法院采纳，是一篇优秀的支持抗诉意见书。

(一) 部分事实缺乏直接证据，证明难度大

本案部分涉案危险废物由被告人交给蔡某某处理，蔡某某再转售他人处理。由于案发时间较久，这部分废物实际最终由谁处理、如何处理缺乏直接证据予以证实，证明难度大。也是在此背景下，一审法院对该部分起诉事实直接以缺少相关证据不予认可，但是这一判决理由过于简单，并未结合该类案件的特点予以综合判断，没有考虑到危险废物本身的理化特性、合规处理方式、技术规范条件等进行综合判断，未能准确

认定案件事实。

(二) 通过对间接证据的审查，准确认定案件事实

在污染环境案件中，灭失危险废物能否推定造成严重污染环境后果，在实践中长期存在争议。在缺乏直接证据的情况下，通过对间接证据证明的客观事实的综合判断，运用经验法则和逻辑规则，建立完整的证明体系，依法认定案件事实。苏州市人民检察院就本案的专业性问题组织专家多次论证，从本案危险废物本身的理化特性会对外环境造成污染、危险废物没有交至正规企业处置或回收利用的可能性以及危险废物对正规回收处置工艺设备要求高，个人私自处置必将导致环境污染三个方面详细论证，排除了合理怀疑，构建了完整的证明体系，得出了污染环境的唯一结论。

(三) 对同类案件的认定提供了重要指引

检察机关的支持抗诉意见书得到了二审法院的全部采纳，对于污染环境案件的认定具有突出典型性、示范性。苏州市人民检察院的支持抗诉意见书的论述意见被二审法院裁判文书大量引用作为裁判依据，确立了"危险废物最终去向不明、处置方式无法查证时，既不能简单笼统以污染后果没有证据证实而不予认定犯罪事实，也不能毫无根据地主观臆断必然会有污染环境后果发生"的裁判原则，明确了办理此类案件"应当坚持法律判断、科学判断、实质判断并重，通过认真审查分析论证涉案危险废物本身属性、理化特性、经营规范、市场交易规律、合规利用或处置方式、技术条件要求、设施投入费用、不合规利用或处置的通常方式及其会产生的后果等因素，运用间接证据、科学规律、经验法则、逻辑推断等予以综合认定"的证据标准和审查规则，对实践中灭失危险废物能否推定造成严重污染环境后果的同类案件的办理提供了重要指引。

(点评人：李光林，重庆市人民检察院第三检察部主任、全国十佳公诉人)

54. 杨某修等4人贪污、受贿案支持刑事抗诉意见书

【简要案情】

被告人杨某修利用职务便利,伙同石某信帮助杨某久违规办理3宗虚假宅基地手续,骗取国家征地补偿款72.89万元,杨某修个人分得24.30万元;另查明,刘某利用职务便利伙同杨某修,采取未支付和只支付部分宅基地款等方式将××镇政府5宗宅基地占为己有,转让获利,骗取××镇政府资金88.40万元,杨某修个人分得44.20万元。

【诉讼过程】

本案由××县监察委员会侦查终结,以原审被告人杨某修涉嫌贪污罪、受贿罪,原审被告人刘某涉嫌贪污罪,原审被告人杨某久涉嫌贪污罪,原审被告人石某信涉嫌贪污罪,于2021年6月17日向××县人民检察院移送审查起诉。××县人民检察院于2021年7月30日向××县人民法院提起公诉。经开庭审理,××县人民法院于2023年1月18日作出一审判决,以贪污罪判处原审被告人杨某修有期徒刑3年6个月,并处罚金人民币20万元,以受贿罪判处原审被告人杨某修有期徒刑1年,并处罚金人民币10万元,数罪并罚决定执行有期徒刑3年8个月,并处罚金人民币30万元;以贪污罪判处原审被告人刘某有期徒刑1年6个月,并处罚金人民币20万元;以贪污罪判处原审被告人杨某久有期徒刑1年,并处罚金人民币10万元;以贪污罪判处原审被告人石某信有期徒刑1年,并处罚金人民币10万元。原审被告人刘某、杨某久、石某信提出上诉,××县人民检察院于2023年1月28日提出抗诉。黔南州人民检察院

于 2023 年 2 月 14 日收到黔南州中级人民法院阅卷通知书，经审查于 2023 年 3 月 10 日向黔南州中级人民法院提交支持抗诉意见书，黔南州中级人民法院于 2023 年 3 月 16 日公开开庭审理该案，于 2023 年 4 月 10 日作出终审判决。

【文书全文】

贵州省黔南布依族苗族自治州人民检察院
支持刑事抗诉意见书

黔南检支刑抗〔20××〕×号

贵州省黔南布依族苗族自治州中级人民法院：

贵州省××县人民检察院以××检诉刑抗〔20××〕×号刑事抗诉书，对贵州省××县人民法院（20××）黔27××刑初×××号杨某修、刘某等4人贪污、受贿一案的刑事判决提出抗诉。本院审查后认为，抗诉正确，应予支持。

一、第一审判决对刘某的量刑与犯罪事实、性质、情节和社会危害程度不相适应，已属重罪轻判，刘某在判决后又提出上诉，人民法院据以作出相对更大幅度从宽处罚的依据不足，量刑明显不当

（一）第一审判决没有严格把握犯罪事实、性质、社会危害性，属于重罪轻判，量刑明显不当。根据"两高"《关于常见犯罪的量刑指导意见（试行）》规定，对于被告人认罪认罚的，综合考虑犯罪的性质、罪行的轻重、认罪认罚的阶段、程度、价值、悔罪表现等情况，可以减少基准刑的30%以下；具有自首、重大坦白、退赃退赔、赔偿谅解、刑事和解等情节的，可以减少基准刑的60%以下，犯罪较轻的，可以减少基准刑的60%以上或者依法免除处罚。认罪认罚与自首等量刑情节不作重复评价。刘某与杨某修在共同犯罪中的地位、作用相当，不应区分主从。第一审判决认定刘某贪污数额为88.4万元，按照司法实践中掌握量刑标准,以有期徒刑三年为起点刑,贪污数额每增加20万元,增加刑期六个月,即使顶格减少基准刑的60%,刑期至少应为有期徒刑一年零九个月。本案属于有预谋贪污、在征地拆迁及城镇建设环节贪污、多次贪污,性质较为恶劣,判处有期徒刑一年零六个月明显不能做到罪责刑相适应。

(二)原审被告人刘某在人民检察院提起公诉前不具有认罪认罚从宽制度中的"认罚"情节,刘某在审判阶段当庭表示认罪,愿意接受处罚,虽然第一审人民法院可以适用认罪认罚从宽制度作出判决,但并未依法在从宽幅度上体现差异。根据"两高三部"《关于适用认罪认罚从宽制度的指导意见》第七条,认罪认罚从宽制度中的"认罚",在审查起诉阶段表现为接受人民检察院拟作出的起诉或不起诉决定,认可人民检察院的量刑建议,签署认罪认罚具结书;在审判阶段表现为当庭确认自愿签署具结书,愿意接受刑罚处罚。根据《最高人民法院关于适用〈中华人民共和国刑事诉讼法〉的解释》第三百五十六条,被告人在人民检察院提起公诉前未认罪认罚,在审判阶段认罪认罚的,人民法院可以适用认罪认罚从宽制度作出判决。根据该解释第三百五十五条第二款,对认罪认罚案件,应当根据被告人认罪认罚的阶段早晚以及认罪认罚的主动性、稳定性、彻底性等,在从宽幅度上体现差异。本案中,刘某未与××县人民检察院签署认罪认罚具结书,在提起公诉时并不具有"认罚"情节。刘某在庭审中表示认罪认罚,××县人民法院减少基准刑的幅度超过60%,未根据认罪认罚的阶段早晚体现出差异。

(三)原审被告人刘某在第一审判决作出后提出上诉,不再具有认罪认罚从宽制度中的"认罪认罚"情节,不应适用认罪认罚从宽制度给予相对更大的从宽幅度。刘某在判决后上诉,表明刘某并未接受指控的犯罪事实及对行为性质的认定,并非真诚认罪悔罪认罚,直接影响量刑情节的适用。

二、第一审判决认定石某信、杨某久系从犯错误,石某信、杨某久在判决后又提出上诉,人民法院据以作出相对更大幅度从宽处罚的依据不足,量刑明显不当

(一)第一审判决对杨某修、石某信、杨某久的主从犯认定错误。原审被告人杨某修时任××镇镇长、石某信时任××镇国土所负责人,均具有国家公职人员身份，二人在共同犯罪中的作用相当，违法所得数额大致相当，在认定杨某修系主犯的同时，认定石某信系从犯，明显存在矛盾。杨某久是犯意提出者，勾结杨某修、石某信，通过杨某修、石某信的职权办理虚造的宅基地审批手续，是将两人的职务行为有机串联起来的不可缺少的犯意联络者，在共同犯罪中所起作用与杨某修、石某信相当。一是从起因方面看，杨某久向杨某修、石某信提出办理宅基地的请求，承诺如能办理，则可以在该地块上各多办理一宗归杨某修、石某信。杨某修、石某信的意志对犯意的走向和强化起决定作用。二是从主观方面看，杨某修、石某信均明知且认同杨某久提出的三人各得一宗宅基地利益的分配方式，分别利用自己的职权办理宅基地申请手续。三是从客观行为看，杨某修在乡镇政府审查意见栏签字、加盖"××县××镇人民政府"公章，并将签名时间提前至2013年；石某信进行测绘和查勘，在测绘、土管员现场查勘意见栏签名，加盖2014年度才启用的"××县国土资源局××镇国土资源所"公章，并将签名时间提前至2013年。二人的职权行为，对办理宅基地手续起到关键作用。四是从违法所得看，扣除案涉土地实际可得到的征收补偿费用、扣除杨某久所称应当给予原权利人杨某某及亲属的费用、土地平整费用等，杨某修个人分得17万元，石某信个人分得16万元，违法所得大致相当。五是从犯罪过程看，杨某久提出犯意，杨某修、石某信决定犯意走向，在杨某久的联络下，杨某修、石某信分别利用职权，共同办理案涉三宗宅基地手续骗取国家征地补偿，三人的行为共同组成紧密联系的有机整体，不应区分主从。

（二）根据"两高三部"《关于适用认罪认罚从宽制度的指导意见》第九条，认罪认罚的从宽幅度一般应当大于仅有坦白，或者虽认罪但不认罚的从宽幅度。对犯罪嫌疑人、被告人具有自首、坦白情节，同时认罪认罚的，应当在法定刑幅度内给予相对更大的从宽幅度。"两高"《关于常见犯罪的量刑指导意见（试行）》对认罪认罚与其他从宽情节叠加的情形，规定了更大的从宽幅度。本案中，第一审人民法院适用认罪认罚从宽制度给予石某信、杨某久相对更大幅度的从轻处罚，判决后石某信、杨某久仍以量刑过重为由提出上诉，作出对认罪认罚具结书反悔的意思表示，据以作出判决的认罪认罚情节不复存在，直接影响量刑情节的适用。

三、第一审判决对杨某修的量刑与犯罪事实、性质、情节和社会危害程度不相适应，属于重罪轻判，量刑明显不当

第一审判决认定杨某修的贪污数额为161.29万元，个人分得61.2万元，认定杨某修起到主要作用、有坦白情节、签署认罪认罚具结书、退缴部分赃款（尚有46.6万元未退缴），以贪污罪判处其有期徒刑三年零六个月，并处罚金人民币二十万元。××县人民法院对杨某修的从宽幅度过大，与犯罪事实、性质、情节及社会危害性不相符，没有遵循"两高"《关于常见犯罪的量刑指导意见（试行）》及司法实践掌握的标准，应予以否定评价。

综上所述，为维护司法公正，准确惩治犯罪，依照《中华人民共和国刑事诉讼法》第二百三十二条、《人民检察院刑事诉讼规则》第五百八十九条的规定，请你院依法纠正。

贵州省黔南布依族苗族自治州人民检察院
20××年×月×日

【承办检察官心得体会】

（一）考量定罪量刑与犯罪事实、性质、情节和社会危害程度是否相适应

根据"两高"《关于常见犯罪的量刑指导意见（试行）》规定，对于被告人认罪认罚的，综合考虑犯罪的性质、罪行的轻重、认罪认罚的阶段、程度、价值、悔罪表现等情况，可以减少基准刑的30%以下；具有自首、重大坦白、退赃退赔、赔偿谅解、刑事和解等情节的，可以减少基准刑的60%以下，犯罪较轻的，可以减少基准刑的60%以上或者依法免除处罚。认罪认罚与自首等量刑情节不作重复评价。本案中，一审判决认定杨某修的贪污数额为161.29万元，个人分得61.2万元，认定杨某修起到主要作用、有坦白情节、签署认罪认罚具结书、退缴部分赃款（尚有46.6万元未退缴），以贪污罪判处其有期徒刑3年6个月，并处罚金人民币20万元。××县人民法院对杨某修的从宽幅度过大，与犯罪事实、性质、情节及社会危害性不相符，没有遵循"两高"《关于常见犯罪的量刑指导意见（试行）》及司法实践掌握的标准，应予以否定评价。

（二）考量主从犯身份认定是否准确

本案中，原审被告人杨某修时任××镇镇长、石某信时任××镇国土所负责人，均具有国家公职人员身份，二人在共同犯罪中的作用相当，违法所得数额大致相当，在认定杨某修系主犯的同时，认定石某信系从犯，明显存在矛盾，杨某久是犯意提出者，勾结杨某修、石某信，通过杨某修、石某信的职权办理虚造的宅基地审批手续，是将两人的职务行为有机串联起来的不可缺少的犯意联络者，在共同犯罪中所起作用与杨某修、石某信相当。故从起因、主观、客观、违法所得、犯罪过程等方面看，承办人认为一审判决对杨某修、石某信、杨某久的主从犯认定错误，三人的行为共同组成紧密联系的有机整体，不应区分主从。

同时本案中，刘某与杨某修在共同犯罪中的地位、作用相当，不应区分主从。第一审判决认定刘某贪污数额为88.4万元，按照司法实践中掌握量刑标准，以有期徒刑3年为起点刑，贪污数额每增加20万元，增加刑期6个月，即使顶格减少基准刑的60%，刑期至少应为有期徒刑1年9个月。且本案属于有预谋贪污、在征地拆迁及城镇建设环节贪污、多次贪污，性质较为恶劣，判处有期徒刑1年6个月明显不能做到罪责刑相适应。

（三）考量认罪认罚适用是否准确

根据"两高三部"《关于适用认罪认罚从宽制度的指导意见》第7条，认罪认罚从宽制度中的"认罚"，在审查起诉阶段表现为接受人民检察院拟作出的起诉或不起诉决定，认可人民检察院的量刑建议，签署认罪认罚具结书；在审判阶段表现为当庭确认自愿签署具结书，愿意接受刑罚处罚。根据最高人民法院《关于适用〈中华人民共和国刑事诉讼法〉的解释》第356条规定，被告人在人民检察院提起公诉前未认罪认罚，在审判阶段认罪认罚的，人民法院可以适用认罪认罚从宽制度作出判决。根据该解释第355条第2款规定，对认罪认罚案件，应当根据被告人认罪认罚的阶段早晚以及认罪认罚的主动性、稳定性、彻底性等，在从宽幅度上体现差异。本案中，原审被告人刘某在人民检察院提起公诉前不具有认罪认罚从宽制度中的"认罚"情节，刘某在审判阶段当庭表示认罪，愿意接受处罚，虽然第一审人民法院可以适用认罪认罚从宽制度作出判决,但并未依法在从宽幅度上体现差异。本案中,刘某未与××县人民检察院签署认罪认罚具结书,在提起公诉时并不具有"认罚"情节。刘某在庭审中表示认罪认罚,××县人民法院减少基准刑的幅度超过60%以上,未根据认罪认罚的阶段早晚体现出差异。

根据"两高三部"《关于适用认罪认罚从宽制度的指导意见》第9条,认罪认罚的从宽幅度一般应当大于仅有坦白,或者虽认罪但不认罚的从宽幅度。对犯罪嫌疑人、被告人具有自首、坦白情节,同时认罪认罚的,应当在法定刑幅度内给予相对更大的从宽幅度。"两高"《关于常见犯罪的量刑指导意见(试行)》对认罪认罚与其他从宽情节叠加的情形,规定了更大的从宽幅度。本案中,一审人民法院适用认罪认罚从宽制度给予石某信、杨某久相对更大幅度的从轻处罚,判决后石某信、杨某久仍以量刑过重为由提出上诉,作出对认罪认罚具结书反悔的意思表示,据以作出判决的认罪认罚情节不复存在,直接影响量刑情节的适用。

综上,承办人主要通过论述本案犯罪事实、性质、社会危害程度,结合法律的具体规定,确定其量刑区间。再通过论述其具有的量刑情节,结合量刑指导意见,指出原审判决已超最大从轻、减轻幅度,量刑畸轻,且指出即便已经轻判,被告人仍提出上诉,悔罪表现一般,应依法改判。

【专家点评】

本案一审判决认定事实和罪名与起诉书并无分歧,但对四名被告人均存在量刑明显不当的问题。本案支持抗诉意见书的撰写,围绕案件争议焦点,从影响量刑的法定情节认定是否准确、认罪认罚从宽幅度是否合法合理、量刑结果是否充分实现了罪责刑相一致等三个方面条分缕析地进行论证说理,全面充分地阐明了支持抗诉意见。

(一)量刑情节认定有误

对一审判决错误认定石某信、杨某久在共同犯罪中系从犯,支持抗诉意见书从案件起因、主观故意、客观行为、违法所得、犯罪手段等五个方面详细分析了二人在共同犯罪中所起的作用,阐明二人与杨某修系共同组成紧密联系的犯罪有机整体,故而不宜区分主从,相关分析论证言之有据、言之有物、言之有理。

（二）从宽幅度适用不当

本案三名被告人在提起公诉前签署了认罪认罚具结书，一名被告人在审判阶段表示认罪认罚，后部分被告人在一审判决后又以量刑过重提起上诉，在认罪认罚从宽案件中具有一定的代表性。支持抗诉意见书围绕认罪认罚案件在量刑规范层面的相关规定，从三个层次阐述了一审判决在量刑从宽幅度上存在的明显不当：一是详细引用"两高"《关于常见犯罪的量刑指导意见（试行）》有关减少基准刑幅度的明确规定，说明一审判决超出最大减轻幅度，量刑畸轻；二是依据"两高三部"《关于适用认罪认罚从宽制度的指导意见》的规定，说明一审判决未根据认罪认罚的阶段早晚在从宽幅度上体现差异；三是根据《人民检察院办理认罪认罚案件开展量刑建议工作的指导意见》的相关规定，指出被告人在认罪认罚后又反悔上诉的，据以作出从宽处理的认罪认罚情节不复存在，对其量刑情节应当重新予以评价。

（三）罪责刑不相适应

罪责刑一致是刑罚裁量的基本原则。根据《刑法》第61条的规定，对于犯罪分子决定刑罚的时候，应当根据犯罪的事实、犯罪的性质、情节和对社会的危害程度，依照本法的有关规定判处。支持抗诉意见书紧扣刑罚判处与犯罪数额、情节、危害程度是否相适应这一判断标准，阐述了本案存在有预谋贪污、在征地拆迁及城镇建设环节贪污、多次贪污、未全部退缴赃款等量刑情节，在阐明犯罪危害性的同时，说明一审判决对被告人判处刑罚明显不能做到罪责刑相适应，属于重罪轻判，依法应予纠正。

特别值得一提的是，在检察机关提出抗诉的案件中，传统抗点一般常见于事实认定和法律适用问题。随着认罪认罚从宽制度的落实推行，在检法两家就事实认定和法律适用并无明显分歧的情况下，检察机关以抗诉权的正确行使，加强对刑事审判中量刑问题的监督，是进一步推动认罪认罚从宽制度成熟定型、全面充分维护司法公正的重要途径。本案的办理与文书的制作在这方面具有典型意义，值得充分学习借鉴。

（点评人：李佑琪，重庆市人民检察院第一分院第二检察部三级高级检察官、全国十佳公诉人）

八

不抗诉理由说明书

55. 石某云故意杀人、石某山包庇案不支持抗诉理由说明书

【简要案情】

2005年农历十二月十三,被告人石某云与被害人郝某甲(殁时21岁)结婚,婚后二人经常争吵,感情不和。2007年农历正月二十九19时许,石某云酒后欲与郝某甲发生性关系遭拒,产生杀人之念,遂勒颈致郝某甲死亡,后将杀害郝某甲及埋尸之事告知母亲樊某某(已死亡)。当晚樊某某将此事告知被告人石某山,石某山劝石某云自首,被樊某某阻拦。三人商议后,将郝某甲尸体搬运一沟渠土坑内掩埋。后郝某甲亲属寻女儿郝某甲未果多次报案,石某云、石某山被侦查人员询问时均谎称郝某甲离家出走。2020年11月17日,郝某乙再次报案。经传唤,石某云、石某山先谎称后供认了犯罪事实。石某云带领民警挖出白骨化尸体一具。经鉴定,郝某甲系被他人勒颈致机械性窒息而死亡。

【诉讼过程】

本案由延安市××县公安局侦查终结,以石某云涉嫌故意杀人罪、石某山涉嫌帮助毁灭证据罪移送××县人民检察院审查起诉。××县人民检察院依照管辖规定报送延安市人民检察院审查起诉。延安市人民检察院起诉指控被告人石某云犯故意杀人罪、被告人石某山犯帮助毁灭证据罪、包庇罪,于2021年4月12日向延安市中级人民法院提起公诉。延安市中级人民法院依法组成合议庭,于2021年9月3日公开开庭进行了审理,以故意杀人罪判处被告人石某云死刑,缓期二年执行;以包庇罪判处被告人石某山有期徒刑4年。宣判后,被害人父亲郝某乙不服一审

判决，于2022年9月6日请求延安市人民检察院提出抗诉，经延安市人民检察院审查后向陕西省高级人民法院提出抗诉。2023年1月6日，省高院将案卷材料移送陕西省人民检察院审查。审查期间，补查有关证据材料一次，并经两次检察官联席会议研究，于2023年4月3日作出撤回延安市人民检察院的抗诉决定。2023年4月27日，陕西省高级人民法院作出终审裁定，准许陕西省人民检察院撤回抗诉，维持原判。

【文书全文】

陕西省人民检察院
不支持抗诉理由说明书

2023年1月6日，省法院移来延安市人民检察院对被告人石某云故意杀人罪、石某山包庇罪提出抗诉一案，省院受理后，通过审查案卷材料，补查、核实相关证据，先后两次召开检察官联席会议讨论后，并经分管检察长审批，作出了撤回抗诉决定。为进一步提升审判活动监督质量，现将本案不支持抗诉理由说明如下：

一、延安市院提出抗诉的理由

1. 一审判决存在部分事实认定错误。

一审判决认定"婚后郝某甲对石某云态度很冷淡""饭后思及郝某甲婚后对其冷淡"只有石某云的单方供述，以上表述无其他在案证据证明，对案件起因的认定有误。

2. 一审判决重罪轻判，量刑明显不当、适用法律错误。

本案被害人既无过错，又对引发矛盾激化没有直接责任，不属于《全国法院维护农村稳定刑事审判工作座谈会议纪要》规定的"因婚姻家庭、邻里纠纷等民间矛盾激化引发的故意杀人犯罪"从轻处罚的情形，系适用法律错误，且被告人石某云案发后故意造谣被害人系自己离家出走，并与其父一同前往被害人郝某乙家要人、索要彩礼、给被害人亲属造成伤害。同时，被告人石某云在逃避法律制裁期间，因故意伤害、殴打他人被行政处罚、治安调解处理两次,人身危险性极强,应对石某云判处死刑立即执行。

3. 一审判决对第二被告人石某山量刑过于偏轻,存在量刑不当。

本案被告人石某山为帮助儿子石某云逃避处罚,先有帮助掩埋尸体、毁灭罪证的行为,后有多次包庇的行为,且案发后石某山同石某云到被害人家索要彩礼,情节恶劣。依据《关于办理窝藏、包庇刑事案件适用法律若干问题的解释》第二条第二项、第四条、第七条等规定,同时触犯数罪,应依照处罚较重的定罪并从重处罚,但一审对其判决有期徒刑四年,并未体现从重,属量刑不当。

二、省院撤回抗诉的理由说理

(一)一审判决认定案发起因的事实有多份证据证明

一审判决认定"婚后郝某甲对石某云态度很冷淡""饭后思及郝某甲婚后对其冷淡"并非只有石某云的供述,有证人崔某某(时任××村支部书记)、吴某某(时任××村队长)、唐某某(时任××村队长)因二人婚后矛盾郝某甲不回婆家先后两次前去劝解的证言,还有证人郝某乙(郝某甲表哥)、王某甲(郝某甲之母)、尚某某(××村村民)、石某甲(石某云姐姐)、石某乙(石某云弟弟)、王某乙(阳某村村民)、孟某龙(交里乡兰某村村民小组长)的证言以及被告人石某山的供述相互印证,证明被告人石某云与被害人郝某甲系双方父母包办婚姻,只办了婚宴并未领结婚证,婚后二人感情不合,郝某甲常回娘家住。尤其是被害人的母亲王某甲证言"郝某甲嫁给石某云一开始处的好着,后来处的不太好。结婚后我女儿在我家住的多。"其父郝某乙证言"二人婚后起初关系很好,三四个月后,关系就不好了。""郝某甲和石某云从2005年农历腊月十三结婚后到失踪,有一半时间住在娘家。"均能够印证被告人的供述"郝某甲一直看不上我,婚后一直对我很冷淡,不愿意在我家住,也不愿意和我同床(发生性关系),我们经常因此发生争吵。"

一审判决用"婚后郝某甲对石某云态度很冷淡""饭后思及郝某甲婚后对其冷淡,产生杀人之念"概括性的将被害人郝某甲不满意婚姻对象且不愿同石某云发生夫妻生活进行了总结表述,与一审公诉机关的起诉书认定的"二人婚后感情不和,多次发生争吵打架等矛盾,郝某甲婚后经常回娘家居住。""石某云欲与郝某甲发生性关系遭拒,后石某云便心生不满,想到郝某甲不爱理自己,更不爱和他发生性关系,便产生杀害郝某甲的想法。"在二人矛盾主被动的表述上,虽侧重不同,但无论是因女方看不上男方而对男方冷淡,还是男方因女方看不上自己而动手打了女方使得双方关系冷淡等等,其本质上均属婚姻家庭生活过程中引起的矛盾,也正是因为二人夫妻关系、夫妻生活的长期不正常,矛盾激化,引发了被告人石某云实施犯罪的主观故意,导致了本案的发生。故,一审判决对案发起因的事实认定并无明显不当。

(二)一审判决对被告人石某云的量刑适当、法律适用并无不当

首先,本案被告人石某云和被害人郝某甲虽然没有领取结婚证,但二人实际经过双方父母包办已经举办了婚宴并以夫妻名义共同生活1年2个月,结合案发起因源于二人夫妻共同生活期间矛盾积累,故本案应属于因婚姻家庭矛盾激化引发的故意杀人犯罪案件。一审法院适用《全国法院维护农村稳定刑事审判工作座谈会议纪要》相关规定并无不当。

其次,被害人父亲郝某乙一审期间提出,案发后被告人石某云、石某山先后多次前往其家里要人并威胁索要彩礼,在案证据仅有被害人郝某甲的母亲王某甲的证言"2007年3、4月时,我亲家两口子来我家要过彩礼(1.3万),我没有给他们,因为女子是从他们家走的,我就没给。"提到石某山夫妇要过彩礼。被告人石某云、石某山的供述及一审庭审均予以否认,且一审庭审后侦查机关对此展开调查,证人吴某某(时任岔某村队长)、石某乙(石某云弟弟)、王某乙(阳某村村民)、孟某龙(交里乡兰某村村民小组长)的证言均证明未听说过石某山、石某云前往被害人家威胁索要彩礼的事情。故现有在案证据材料不足以认定被害人家属郝某乙所言,以此未证事实作为酌定情节从重处罚二被告人的抗诉理由实属不当。

再次,一审认定石某云具有坦白量刑情节,但综合全案证据,根据被告人石某云的犯罪情节、性质、后果及人身危险性(一审判决认定了有关石某云案发后行政处罚和治安调解的书证),已对该坦白情节从轻幅度从严掌握。

最后,本案是在被告人石某云供述了侦查机关并不掌握的主要犯罪

事实的情况下得以侦破。根据死刑案件办理和监督工作的原则要求，对于判处死刑可不立即执行的，可以充分发挥死缓制度既能够依法严惩罪犯又能够有效减少死刑立即执行的作用。对于因坦白交待司法机关不掌握的重大罪行才达到适用死刑量刑标准的被告人，应当慎重适用死刑立即执行。

综上，一审判决对被告人石某云判处死刑缓期二年执行并无不当。

（三）一审判决对被告人石某山的量刑并无不当

首先，一审判决认定石某山明知石某云犯罪仍作虚假陈述包庇，并帮助毁灭证据，两个行为的目的具有帮助石某云逃避刑事处罚的同一性和行为过程的紧密性、关联性，可以认定两者为重行为和轻行为的关系，符合刑法吸收犯的规定，故以包庇罪一个罪名定罪；一审认定石某山具有坦白情节，但由于其帮助石某云逃避刑事追究，致使案件未能及时侦破，故对其坦白情节，从轻幅度从严掌握；结合石某山曾劝导石某云自首，系初犯，且有悔罪表现，主观恶性不深，社会危害性不大等情节，一审判决对被告人石某山在法定量刑幅度内从轻处罚并无不当。

其次，依据《关于办理窝藏、包庇刑事案件适用法律若干问题的解释》第二条第二项、第四条、第七条之规定，本案被告人石某山为帮助犯罪嫌疑人石某云逃避处罚，实施帮助毁灭证据后又多次进行包庇，同时触犯数罪，应依照处罚较重的包庇罪定罪，并从重处罚。据此，由于石某云的犯罪行为可能被判处无期徒刑以上刑罚，被告人石某山的包庇行为属于情节严重的情形，故应在三年以上十年以下有期徒刑幅度内从重处罚，而一审判决判处被告人石某山四年有期徒刑，量刑明显偏轻。

单纯从法律条文适用的"国法"角度上看，以此作为抗诉理由无可厚非。但也应结合被告人石某山的坦白情节（即使是从轻幅度从严掌握），以及有劝导石某云自首、系初犯且有悔罪表现等酌定从轻量刑情节，综合认定。尤其是还应结合"天理""人情"融合考量，被告人石某山在帮助石某云实施了毁灭证据犯罪行为后，其谎称被害人郝某甲离家出走，一方面是石某山作为父亲为使儿子石某云免受处罚，实施包庇犯罪行为，存在"父为子隐"的人伦之情，另一方面实施该行为还存在着对其自己犯罪行为的一种掩饰，属于犯罪行为人自身逃避刑罚处罚的自然反应，存在不具有期待可能性的因素，体现的是人"趋利避害"这一本性的客观规律。从法理情相融的办案理念，一审法院依据吸收犯理论认定包庇罪本身也有从重处罚的综合考量，故一审判决对被告人石某山在法定量刑幅度内判处四年有期徒刑并无不当。

总之，综合全案证据情况，一审判决对案发起因的事实认定和对二被告人的定罪量刑并无不当，延安市院提请抗诉的理由不能成立。

【承办检察官心得体会】

本案一审宣判后，被害人父亲郝某乙不服一审判决，请求延安市人民检察院提出抗诉，延安市人民检察院审查后，以一审判决存在部分事实认定错误、适用法律错误和量刑明显不当为由提出抗诉。陕西省院承办检察官审查后，认为综合全案证据情况，一审判决对案发起因的事实认定和对二被告人的定罪量刑并无不当。因此，承办人重点围绕延安市院提请的三点抗诉理由进行分析说理。

（一）对一审判决认定案发起因的事实有多份证据证明的情况进行说理

承办人针对一审判决认定部分事实错误这一抗点重点进行了审查，在案证据显示并非只有石某云的供述，有3名证人因二人婚后矛盾郝某甲不回婆家先后两次前去劝解的证言，还有7名证人证言证明被告人石某云与被害人郝某甲系双方父母包办婚姻，只办了婚宴并未领结婚证，婚后二人感情不和，郝某甲常回娘家住。尤其是被害人的母亲王某甲和父亲郝某乙的证言均能够印证被告人的供述"郝某甲一直看不上我，婚后一直对我很冷淡，不愿意在我家住，也不愿意和我同床（发生性关系），我们经常因此发生争吵。"

承办人综合上述证据分析认为，一审判决用"婚后郝某甲对石某云态度很冷淡""饭后思及郝某甲婚后对其冷淡，产生杀人之念"概括性地将被害人郝某甲不满意婚姻对象且不愿同石某云发生夫妻生活进行了总结表述，与一审公诉机关起诉书认定的"二人婚后感情不和，多次发生争吵打架等矛盾，郝某甲婚后经常回娘家居住。""石某云欲与郝某甲发生性关系遭拒，后石某云便心生不满，想到郝某甲不爱理自己，更不爱和他发生性关系,便产生杀害郝某甲的想法。"在二人矛盾主被动的表述上,虽侧重不同,但无论是因女方看不上男方而对男方冷淡,还是男方因女方看不上自己而动手打了女方使得双方关系冷淡等等,其本质上均属婚姻家庭生活过程中引起的矛盾,也正是因为二人夫妻关系、夫妻生活的长期不正常,矛盾激化,引发了被告人石某云实施犯罪的主观故意,导致了本案的发生。故此,一审判决对案发起因的事实认定并无明显不当。

(二)对被告人石某云的量刑和法律适用一审判决并无不当进行说理

承办人审查了在案证据情况后认为,首先本案被告人石某云和被害人郝某甲虽然没有领取结婚证,但二人实际经过双方父母包办已经举办了婚宴并以夫妻名义共同生活1年2个月,结合案发起因源于二人夫妻共同生活期间矛盾积累,应属于因婚姻家庭矛盾激化引发的故意杀人犯罪案件。一审法院适用《全国法院维护农村稳定刑事审判工作座谈会议纪要》相关规定并无不当。

其次,被害人父亲郝某乙一审期间提出,案发后被告人石某云、石某山先后多次前往其家里要人并威胁索要彩礼,在案证据仅有被害人郝某甲的母亲王某甲提到石某山夫妇要过彩礼。被告人石某云、石某山的供述及一审庭审均予以否认,且一审庭审后侦查机关对此展开调查,多名证人证言均证明未听说过石某山、石某云前往被害人家威胁索要彩礼的事情。故现有在案证据材料不足以认定被害人家属郝某乙所言,以此未证事实作为酌定情节从重处罚二被告人的抗诉理由实属不当。

最后,承办人在审查过程中发现,在案证据材料显示被告人石某云、石某山先后经××县公安机关传唤到案,结合一审庭审笔录控辩双方对此存在不同意见,结合在案证据材料看,二人收到传唤通知后,是在自由支配自身行为的情况下主动到达指定地点接受讯问,还是受公安机关控制限制行为的情况下被动到达指定地点接受讯问无证据证明。尤其是本案二被告人到案后如实供述了各自主要犯罪事实,且石某云坦白交代了司法机关并不掌握的重大罪行,如果有证据证明二被告人是在接到公安机关电话传唤后自愿主动前往指定地点接受讯问,将会影响二被告人是否构成自首量刑情节的认定,故建议对此进行补充调查核实相关证据。

通过侦查机关补查和两次检察官联席会议讨论，并与省高法承办法官沟通，最终认为被告人石某云虽不构成自首，但其具有坦白量刑情节，且案件是在其供述了侦查机关并不掌握的主要犯罪事实的情况下得以侦破。对于因坦白交代司法机关不掌握的重大罪行才达到适用死刑量刑标准的被告人，应当慎重适用死刑立即执行。因此，一审判决对被告人石某云判处死刑缓期二年执行并无不当。

（三）对被告人石某山的量刑一审判决并无不当进行说明

依据《关于办理窝藏、包庇刑事案件适用法律若干问题的解释》第2条第（2）项、第4条、第7条之规定，本案被告人石某山为帮助犯罪嫌疑人石某云逃避处罚，实施帮助毁灭证据后又多次进行包庇，同时触犯数罪，应依照处罚较重的包庇罪定罪，并从重处罚。据此，由于石某云的犯罪行为可能被判处无期徒刑以上刑罚，被告人石某山的包庇行为属于情节严重的情形，故应在3年以上10年以下有期徒刑幅度内从重处罚，而一审判决判处被告人石某山4年有期徒刑，量刑明显偏轻。

承办人审查了在案证据情况后认为，单纯从法律条文适用的"国法"角度上看，以此作为抗诉理由无可厚非。但也应结合被告人石某山的坦白情节（即使是从轻幅度从严掌握），以及有劝导石某云自首、系初犯且有悔罪表现等酌定从轻量刑情节，综合认定。尤其是还应结合"天理""人情"融合考量，被告人石某山在帮助石某云实施了毁灭证据犯罪行为后，其谎称被害人郝某甲离家出走，一方面是石某山作为父亲为使儿子石某云免受处罚，实施包庇犯罪行为，存在"父为子隐"的人伦之情，另一方面实施该行为还存在着对其自己犯罪行为的一种掩饰，属于犯罪行为人自身逃避刑罚处罚的自然反应，存在不具有期待可能性的因素，体现的是人"趋利避害"这一本性的客观规律。从法理情相融的办案理念，一审法院依据吸收犯理论认定包庇罪本身也有从重处罚的综合考量，故一审判决对被告人石某山在法定量刑幅度内判处4年有期徒刑并无不当。

最终，承办人认为延安市院提请抗诉的理由不能成立，后经检察官联席会议并经分管检察长同意，向陕西省高级人民法院提出了撤回抗诉决定，省法院作出准许撤回抗诉裁定的同时，对被告人石某云作出了核准死缓的复核决定。

【专家点评】

一篇好的不抗诉理由说明书应论之有据、辨之有理，不仅能进一步提升审判活动监督质量，起到让当事人信服、定纷止争的作用，同时也是树立公正形象、保障司法权威、传播司法价值的有效载体。本篇不抗诉理由说明书说理透彻、论证缜密、认定事实准确且适用法律及政策恰当。主要表现在以下三点：

（一）归纳抗点理由准确到位，确定争议焦点清晰得当

该文书第一部分专门列明下级检察院提出一审判决存在部分事实认定错误、适用法律错误、量刑明显不当等抗点，归纳抗诉理由，为下文有的放矢，逐一批驳抗诉理由，进而说明撤回抗诉的理由奠定基础。

（二）针对事实争议和政策把握采用不同的说理方式，展示辨法析理的深度

如针对下级检察院提出一审判决对案件起因认定有误的抗诉理由，文书逐一列举了被害人父母等多名证人的关键证言与被告人关于夫妻感情不和、多次发生争吵等供述相互印证，通过比较一审判决与起诉书认定案件起因的区别表述，揭开本质上二者虽侧重不同但含义相同，均属婚姻家庭生活过程中引起的矛盾，也正是因为二人夫妻关系、夫妻生活的长期不正常，矛盾激化，引发了被告人实施犯罪的主观故意，导致本案发生。因此，得出一审判决对案发起因的事实认定并无明显不当的结论。又如，针对下级检察院提出一审判决对被告人石某云犯故意杀人判处死刑缓期二年执行及其父亲即另一被告人石某山犯包庇罪判处有期徒刑4年量刑明显偏轻等抗诉理由，分别从死刑政策的把握、不支持抗诉理由的证据、期待可能性等方面逐一展开评价，最终得出一审判决并无不当的结论。整篇文书做到了论理有据、繁简适当、评析准确。

（三）将法律政策与情理有机结合，体现阐法明理的广度

本案属于婚姻家庭矛盾引发的案件，案发后被告人的父亲包庇其子并帮助毁灭证据而被判包庇罪。不抗诉理由说明书立足以证据为中心的刑事指控体系，分析案发起因的事实有多份证据证明。坚持"保留死刑，严格控制和慎重适用死刑"的原则，详细阐述案件起因、未证事实作为

酌定从重处罚情节的抗诉理由不当、本案因被告人坦白才得以侦破，以及一审判决已对坦白情节从轻幅度从严掌握等，得出判处被告人死刑可不立即执行的正确结论。从天理、国法、人情的角度，对作为父亲的另一被告人石某山为使其子免受处罚，实施包庇犯罪行为的同时，也存在"父为子隐"的人伦人情和"趋利避害"这一人性的客观规律方面深入剖析，体现了法理情相容的办案理念。文书结合具体的事实、证据对宽严相济刑事政策的把握进行了全面客观的分析，通过理性评价得出令人信服的结论。

法律不是冷冰冰的纸面条款，而是与民众息息相关的行为规范。文书阐明了法律公平正义的本质，传达了司法机关严格依法办案，兼顾天理、国法、人情，彰显司法尺度与温度，同时也履行了法律文书对社会民众的引导、指向、教育功能，彰显了检察官优秀的法律素养和深厚的理论功底，是一篇优秀的法律文书。

（点评人：林建江，最高人民检察院重大犯罪检察厅二级高级检察官）

56. 朱某彪故意毁坏财物案不抗诉理由说明书

【简要案情】

被害人王某某于2014年和2015年先后向东莞市××镇××股份经济联合社租赁了东莞市××镇××村工业区两块土地，一块总占地面积为3225平方米（7号厂区），另一块总占地面积为10亩土地（其中可用面积为3.5亩，剩余6.5亩已用于高压线架建设）。2014年6月16日，朱某彪与王某某签订租赁上述7号厂区的合同，期限从2014年7月1日至2034年6月30日止，约定朱某彪可以使用厂区篮球场至围墙边的空地，自行搭建仓库使用，后朱某彪在该处经营东莞××净水材料厂。2016年4月18日，朱某彪与王某某、赵某某、伦某某以上述厂区为住所共同注册成立广东××科技有限公司。2017年11月10日，朱某彪、王某某、赵某某及伦某某共同签订《股东会决议》，确认广东××科技有限公司向朱某彪累计借款955200元，约定朱某彪退出广东××科技有限公司，其股权转让给王某某等人，7号厂区由广东××科技有限公司和朱某彪共同租赁使用，其中朱某彪使用1、2、3号仓库，广东××科技有限公司使用4、5、6号仓库，空地、地磅、实验室、搅拌机所有权归广东××科技有限公司，朱某彪可以无偿使用。2018年10月至11月期间，朱某彪、王某某等人因广东××科技有限公司经济纠纷问题互相起诉至法院，后法院判决广东××科技有限公司归还朱某彪款项955200元，朱某彪协助王某某、赵某某、伦某某将其广东××科技有限公司的股权变更登记至王某某三人名下。

2019年6月7日至11日期间，王某某聘请施工队在上述7号土地的工厂内部道路上横向修建了一堵水泥墙，致使员工和停车场的车辆无法正常出入，朱某彪于 7 日晚上报警处理无果，遂找人用铲车拆除该水泥墙。期间，王某某于 6 月 8 日在停车场地磅侧面及旁边的空地之间修建了一堵轻质砖墙，朱某彪于当日指使他人将轻质砖墙拆除，王某某又在该处两次重复修建轻质砖墙，朱某彪又分别于 6 月 9 日和 11 日两次将墙拆除。经对最后一次被拆除的轻质砖墙损坏情况进行评估，修复价格为 9722.4 元。2019 年 9 月 18 日，朱某彪主动到公安机关投案。

【诉讼过程】

该案由东莞市公安局侦查终结，于 2019 年 10 月 30 日向东莞市第一市区检察院移送审查起诉。第一市区检察院于 2020 年 1 月 16 日指控朱某彪犯故意毁坏财物罪向一审法院提起公诉。一审法院于 2020 年 5 月 28 日判决朱某彪犯故意毁坏财物罪，判处拘役 5 个月，缓刑 8 个月。朱某彪上诉后东莞中院裁定撤销原判决，发回重新审判。一审法院重新审理后于 2021 年 8 月 10 日再次作出相同判决。朱某彪再次上诉后东莞中院于 2022 年 5 月 11 日改判朱某彪无罪。东莞市人民检察院提请广东省人民检察院抗诉。

【文书全文】

广东省人民检察院
不抗诉理由说明书

东莞市人民检察院：

你院提请抗诉的朱某彪故意毁坏财物一案，本院经审查认为不符合抗诉条件，于 2023 年 7 月 31 日作出不抗诉决定。为提高刑事抗诉工作的透明度、公信力和权威性，现将不抗诉理由说明如下：

一、在案证据可证实朱某彪有权无偿使用地磅旁的停车空地

1. 被轻质砖墙隔开的停车空地与 7 号厂区相连通。该空地物理上与 7 号厂区是同一整体区域，却与 6 号厂区其他部分之间有围墙（案发前）

隔开，该围墙的另一边是高压线塔。2014年1月，王某某以××净水技术有限公司的名义向××股份经济联合社租赁7号厂区的四界明确为"北至村闲置地"，当时北边的停车空地是菜地；2014年6月，朱某彪向王某某承租的租赁合同中列明的地点是7号旧厂区，明确"乙方可以使用厂区篮球场到围墙边的空地"。因此，不能机械的以所谓6号院和7号院的界线来区分是否有权利使用，而要根据签订合同时的厂区建设状况和合同的约定来认定，对朱某彪来说，其承租7号旧厂区时，上述菜地是在本厂区范围内的，合同也约定可以使用围墙边的空地，事实上，案发前朱某彪对上述空地从种菜到改为停车场一直在使用。

2.《股东会决议》约定双方"使用场地划分"是在王某某承租6号地块之后。王某某先后于2014年承租7号地块、2015年承租6号地块。2016年，王某某等人与朱某彪在上述厂址共同成立广东××科技有限公司，工商登记的公司住所为"东莞市××镇××区××号"，广东××科技有限公司成立后，对所谓6号地块上的平房和停车空地均在使用。2017年朱某彪退出广东××科技有限公司，双方签订《股东会决议》，其中有"关于××工业区7号的租金问题"的约定，"按照现状予以维持，由朱某彪和广东××科技有限公司共同租赁使用"，并约定了朱某彪对其使用的部分交付租金，附件"关于使用场地划分"约定"空地、地磅、实验室、搅拌机所有权归广东××科技有限公司，朱某彪可以无偿使用"。由上述事实可知，2017年约定朱某彪可以无偿使用的空地是指在广东××科技有限公司厂区范围内本已在使用的，而不能局限于仅指朱某彪2014年向王某某承租时的7号地块，又以当时王某某还没有承租6号地块为由认为不包括停车空地。此外，从厂区全景图看，除地磅旁的停车空地外，7号厂区里没有建筑物的空地仅有车辆通行的内部道路。

3. 王某某承租的6号地块本不包括平房和停车空地。经进一步核查发现，上述停车空地本不属于王某某承租范围。××镇××股份经济联合社出具的说明证实，6号地块的出租面积为3.53亩（出租合同显示可用面积为3.5亩，剩余6.5亩已用于高压线架建设），不包括平房，停车空地面积1299平方米中，只有800平方米属于出租范围。但是，根据该村在书面答复东莞市第一人民法院的复函内容，对于提供的卫星图中标注划定的出租面积证实,3.53亩(2353.435平方米)仅包括西北角和东南角的两块面积分别为2027.09平方米和326.345平方米的地块,平房和停车空地均不属于上述出租范围。

二、王某某建轻质砖墙的行为影响了朱某彪的正常生产经营

虽然王某某修建的轻质砖墙还没有将空地完全封闭,就被朱某彪推倒了,但王某某陈述"我在7号院、6号院之间砌了一道轻质砖墙(在员工宿舍与地磅之间留有15米左右的出入口,准备装一道门),目的就是不让朱某彪再使用其未租赁的部分",而建了墙才能安装门;并且,之前王某某已经在工厂内部道路上横向修建了一堵水泥墙,阻断了朱某彪使用其他空间,在被朱某彪拆除后再建轻质砖墙。因此,可以认定王某某的目的是不让朱某彪使用停车空地,进而妨碍朱某彪的生产经营。

三、二审判决认定朱某彪的行为不构成犯罪适当

第一,朱某彪的行为具有自救性质。报警记录显示,在王某某于工厂内部道路上修建水泥墙时,朱某彪已经报警,公安人员出警后并未实质解决。随后,朱某彪先后组织人推倒水泥墙和其后王某某修建的轻质砖墙,其目的是保护自己的正常生产经营活动而实施的具有自救性质的行为(隔断停车场,运输车辆则无法正常出入)。第二,朱某彪的行为程度仅限于排除妨碍。在案证据显示,朱某彪虽然组织人员三次破坏砖墙,但均只是将砖墙推倒等,并无其他毁财行为,鉴定意见认定的损失价值主要是所砌砖墙的修复价格。第三,朱某彪事后已足额赔偿。本案提请抗诉来源于被害人王某某对二审判决不服提出申诉,原因之一是朱某彪后续对赔偿和解协议提起民事诉讼,要求返还部分赔偿款,经审查,二审民事判决仅部分支持朱某彪的诉求,朱某彪对造成砖墙损坏的损失已赔偿69000元。

司法实践中,对一些形式上构成犯罪、实质上尚未达到严重危害社会程度、定罪处罚不符合社会一般公众认知的行为,通过适用《刑法》第十三条的"但书"规定做出罪处理,符合形式判断和实质判断相统一的司法处理原则,而非混淆罪与非罪的界限。本案二审判决认定事实正确,对朱某彪的行为作出情节显著轻微的认定并无错误。

20××年×月×日

【承办检察官心得体会】

该案中,东莞市人民检察院二审派员出席法庭,发表意见驳回上诉,维持原判的意见。二审改判后,东莞市检察院认为二审判决关于朱某彪故意毁坏他人财物,但情节显著轻微危害不大,其行为不构成犯罪的认定适用法律确有错误,提请广东省检察院抗诉。办案过程中,承办检察官先后三次前往东莞市检察院,当面听取公诉人、二审出庭检察员以及东莞市检察院办案部门负责人、分管副检察长的意见,就事实认定、法律适用等深入展开探讨分析。

(一)自行补充侦查查清案件事实是作出决定的基础

承办检察官审查案卷材料时发现,该案关键事实原办案机关尚未查证清楚,遂启动自行补充侦查。经询问原审被告人和申诉人后,前往案发地查勘现场,向村委会调取案发地四界的原始图纸、当年的照片和有关合同,向市场监督管理局调取有关工商登记资料等;特别是,从大量旧照片中翻查出两张显示案发时地磅旁停车空地与厂区连通状态的照片。最终查明:案发之前,停车的空地及平房南边与7号厂区是连通的,但与6号厂区的其他部分有围墙隔开,其中北边的围墙另一边为高压电线塔,东边的围墙与其他厂区隔开。

(二)准确确定案件诉争焦点,开展针对性论证

案件的诉争焦点:一是广东××科技有限公司2017年《股东会决议》中约定朱某彪可以无偿使用的空地,是否包括被王某某所砌轻质砖墙隔断的地磅旁空地;二是朱某彪的拆墙行为可否认定为情节显著轻微。关于第一个焦点,主要根据自行补充侦查查明的事实,从地磅旁空地在案发时与两个厂区的物理连通状态、《股东会决议》作出约定的时间以及被害人原承租的地块范围等,详细有力论证朱某彪有权无偿使用地磅旁的停车空地。关于第二个焦点,主要从对《刑法》第13条的"但书"条款立法原意的理解,结合对朱某彪的行为具有自救性质且仅限于排除妨碍等的分析,论证二审判决认定其行为情节显著轻微并无不当。

(三)强化释法说理,加大对下级院办理类案的指导力度

通过与东莞市检察院相关办案人员的沟通探讨,承办检察官有针对

优秀刑事检察法律文书点评

性地掌握了解当地在办理此类案件中的司法理念和实践做法。检察官以办理该案为契机，采取当面说理和文书说理"双管齐下"的方式，指导东莞市检察院办案人员拓宽视野，进一步优化查明案件事实的工作方法，加强对执法司法理念的改进和培训。

【专家点评】

一篇好的检察文书应当论之有据、析之有理，不仅能起到让当事人信服、定纷止争的作用，同时也是树立公正司法形象、履行法律监督职责、传播社会主义法治理念的有效载体。本篇不抗诉理由说明书说理透彻、论证缜密、认定事实准确且适用法律恰当，真正做到领悟法治精神、把握实质法律关系、统筹法理情的"三个善于"办案要求。具体体现在以下三点：

（一）论证严密、分析有力，案件定性准确

该文书全篇融合事实说理、证据分析和法理阐释，行文流畅、表达清楚，行为性质界定清晰、准确。主要围绕朱某彪是否成立故意毁坏财物罪，针对性地论证了朱某彪对涉案地块具有使用权、"被害人"的建设行为妨碍了朱某彪的正常经营、朱某彪在报警后未获得实质性解决情况下实施自救行为，即按"权利在先、权利侵害、权利自救"层层深入，逻辑严谨、说理透彻、环环相扣。同时，对于朱某彪的拆墙行为可否认定为情节显著轻微，文书主要从对"但书"条款立法原意的理解，结合对朱某彪的行为具有自救性质且仅限于排除妨碍等的分析，论证二审判决认定其行为情节显著轻微并无不当，定性准确。

（二）自行补充侦查，依法履职主动纠错，证据审查到位

查明事实是基础，在案件办理中承办检察官仔细审查案卷材料，及时发现该案关键事实原办案机关尚未查清，遂启动自行补充侦查程序。自行补充侦查重在发现案件中遗漏的证据线索，针对性地收集固定补强证据，关键在于"准"。本案中，承办检察官在询问原审被告人和申诉人后，亲自前往案发地勘查现场，通过向村委会调取案发地四界原始图纸、照片和工商登记资料等，完善证据锁链，以此证实朱某彪有权无偿使用地磅旁的停车空地。同时，承办检察官以办理该案为契机主动纠错，采

取当面说理和文书说理"双管齐下"的方式,加大对下级院办理类案的指导力度,进一步优化查明案件事实的工作方法,促进下级院执法司法理念的提升。

(三)强化释法说理,统筹法理情,实现"三个效果"相统一

本案属于民间纠纷引发的案件,该份不抗诉理由说明书将法律政策、道德规范、生活经验有机结合,体现了阐法明理的广度。该案中,当王某某于工厂内部道路上修建水泥墙时,朱某彪已经报警,但公安机关出警后并未实质解决。而朱某彪先后组织人推倒水泥墙和其后王某某修建的轻质砖墙,其目的均是保护自己的正常生产经营活动而实施的自救行为,行为程度仅限于排除妨碍且事后已足额赔偿。文书向当事人、也向社会公众阐明了法律公平正义的本质,传达了检察机关严格依法办案,兼顾国法、天理、人情,力求政治效果、法律效果与社会效果相统一的司法理念,彰显了承办检察官优秀的法律素养和深厚的理论功底,不失为一篇优秀的检察文书。

(**点评人:**顾晓军,上海市人民检察院第二分院副检察长)

刑事检察法律文书系列丛书

陈国庆　总主编

优秀刑事检察法律文书点评

（下　册）

王文利　主编

YOUXIU XINGSHI JIANCHA
FALÜ WENSHU DIANPING

中国检察出版社

目　录

一、刑事起诉书 … 1
1. 杜某平、罗某忠故意杀人案起诉书 … 3
2. 某公司、崔某祥等6人污染环境案起诉书 … 27
3. 黄某仁等8人重大责任事故、谎报安全事故案起诉书 … 39
4. 韩某受贿案起诉书 … 51
5. 杨某发等人虚开增值税专用发票案起诉书 … 65
6. 石某奇民事枉法裁判案起诉书 … 81
7. 李某军国有公司人员滥用职权、挪用公款、受贿案起诉书 … 87
8. 高某某受贿案起诉书 … 100
9. 李某民等人职务侵占、非国家工作人员受贿案起诉书 … 106
10. 宋某栋等人提供侵入计算机信息系统程序案起诉书 … 121
11. "12.4"重庆市永川区甲煤矿重大责任事故案起诉书 … 130

二、不起诉决定书 … 147
12. 重庆市某联办白石厂非法储存爆炸物案不起诉决定书 … 149
13. 谢某华故意杀人案不起诉决定书 … 158
14. 董某翠盗窃案不起诉决定书 … 165

三、不起诉理由说明书 … 171
15. 张某亮敲诈勒索案不起诉理由说明书 … 173
16. 霍某蒙非法经营案不起诉理由说明书 … 179

四、公诉意见书 ... 185

17. 高某新等人恶势力犯罪集团寻衅滋事案公诉意见书 ... 187
18. 林某鹏等人侵犯著作权案公诉意见书 ... 213
19. 麻某钢故意杀人、强奸案公诉意见书 ... 228
20. 某公司、赵某强等人强迫交易案公诉意见书 ... 236
21. 於某麒高空抛物案公诉意见书 ... 245
22. 郭某林故意杀人案公诉意见书 ... 254
23. "3.28"特大跨境电信网络诈骗案公诉意见书 ... 267
24. 仇某明侵害英雄烈士名誉、荣誉案公诉意见书 ... 292
25. 白某青等34人集资诈骗、非法吸收公众存款案公诉意见书 ... 300
26. 曹某受贿案公诉意见书 ... 312
27. 吕某亮、张某文抢劫、强制猥亵案公诉意见书 ... 322
28. 张某刚等5人污染环境案公诉意见书 ... 335
29. 谭某仲受贿案公诉意见书 ... 347
30. 宫某农受贿案公诉意见书 ... 358
31. 熊某华虚开增值税专用发票案公诉意见书 ... 369
32. 王某、李某内幕交易案公诉意见书 ... 383
33. 洪某振等人骗取出口退税案公诉意见书 ... 392
34. 吴某铭等33人诈骗案公诉意见书 ... 404
35. 宁某等2人内幕交易案公诉意见书 ... 416

五、抗诉（上诉）案件出庭意见书 ... 427

36. 许某利故意杀人案出庭意见书 ... 429
37. 某某公司、金某悦等2人走私普通货物案出庭意见书 ... 442
38. 段某桂职务侵占案出庭意见书 ... 450
39. 吴某江、陈某挪用资金、职务侵占案出庭意见书 ... 461
40. 陈某锋等2人集资诈骗、偷越国境、运送他人偷越国境案出庭意见书 ... 486
41. 谢某峰、罗某生抢劫案出庭意见书 ... 495
42. 张某超诈骗、侵犯公民个人信息案出庭意见书 ... 506

43. 陈某、蔡某平贪污案出庭意见书 …………………………… 514
44. 罗某庆抢劫案出庭意见书 …………………………………… 526
45. 胡某然运输毒品案出庭意见书 ……………………………… 537

六、刑事抗诉书 …………………………………………………… 545
46. 邹某勇危险驾驶案刑事抗诉书 ……………………………… 547
47. 顾某合同诈骗、伪造金融票证案刑事抗诉书 ……………… 556
48. 陈某永故意伤害案刑事抗诉书 ……………………………… 565
49. 王某诈骗案刑事抗诉书 ……………………………………… 580
50. 黄某挪用资金案刑事抗诉书 ………………………………… 588
51. 范某国抢劫案刑事抗诉书 …………………………………… 594

七、支持刑事抗诉意见书 ………………………………………… 603
52. 嵇某飞强奸、猥亵儿童案支持刑事抗诉意见书 …………… 605
53. 陈某仁、蔡某贵等7人污染环境案支持刑事抗诉意见书 … 612
54. 杨某修等4人贪污、受贿案支持刑事抗诉意见书 ………… 620

八、不抗诉理由说明书 …………………………………………… 629
55. 石某云故意杀人、石某山包庇案不支持抗诉理由说明书 … 631
56. 朱某彪故意毁坏财物案不抗诉理由说明书 ………………… 641

九、再审检察建议书 ……………………………………………… 649
57. 沈某华诈骗案再审检察建议书 ……………………………… 651
58. 潘某南过失致人死亡案再审检察建议书 …………………… 659

十、不批准逮捕理由说明书 ……………………………………… 665
59. 王某正当防卫案不批准逮捕理由说明书 …………………… 667
60. 李某峰、陈某莲、任某等20人非法经营案不批准逮捕
    理由说明书 …………………………………………………… 674
61. 卢某诈骗案不批准逮捕理由说明书 ………………………… 684

62. 王某豪背信损害上市公司利益案不批准逮捕理由说明书 …… 693
63. 李某慧敲诈勒索案不批准逮捕理由说明书 …… 702
64. 陈某章骗取贷款案不批准逮捕理由说明书 …… 707

十一、提前介入侦查（审查）意见书 …… 715

65. 金某、刘某声等人合同诈骗案提前介入侦查意见书 …… 717
66. 徐某、宋某雪等人非法控制计算机信息系统案提前介入侦查意见书 …… 725
67. 陈某林贩卖毒品、洗钱案提前介入侦查意见书 …… 732
68. 张某强受贿案提前介入审查意见书 …… 742
69. 刘某伟受贿案提前介入审查意见书 …… 770
70. 韩某来故意杀人案提前介入侦查意见书 …… 788

十二、继续侦查提纲 …… 795

71. 范某胜、高某胜等17人寻衅滋事、聚众斗殴、敲诈勒索等案继续侦查提纲 …… 797
72. 谢某光等人生产、销售伪劣产品案继续侦查提纲 …… 815
73. 任某涛、刘某等4人聚众斗殴案继续侦查提纲 …… 824

十三、退回补充侦查提纲 …… 833

74. 程某武等人组织、领导、参加黑社会性质组织犯罪案退回补充侦查提纲 …… 835
75. 戚某增等人贩卖、运输、制造毒品案退回补充侦查提纲 …… 872
76. 卢某昌等人集资诈骗、组织、领导传销活动案退回补充侦查提纲 …… 896
77. 安某华贩卖、运输毒品案退回补充侦查提纲 …… 908
78. 杨某贩卖毒品案退回补充侦查提纲 …… 919
79. 王某宇、陈某故意杀人、抢劫、盗窃案退回补充侦查提纲 …… 934
80. 年某广等人侵犯著作权案退回补充侦查提纲 …… 951
81. 张某活等人虚开增值税专用发票案退回补充侦查提纲 …… 969

82. 李某吉走私普通货物案退回补充侦查提纲 …………… 980

十四、补充调查提纲 …………… 989
83. 戴某甲受贿案补充调查提纲 …………… 991

十五、通知撤销案件通知书 …………… 1007
84. 孟某彬危险驾驶案通知撤销案件书 …………… 1009

十六、没收违法所得申请书 …………… 1019
85. 李某某贪污案没收违法所得申请书 …………… 1021

十七、刑事申诉结果通知书 …………… 1029
86. 王某东职务侵占案刑事申诉结果通知书 …………… 1031
87. 孙某过失致人重伤案刑事申诉结果通知书 …………… 1044
88. 司某某合同诈骗案刑事申诉结果通知书 …………… 1053

十八、检察建议 …………… 1063
89. 高某龙等46人贩卖毒品案检察建议书 …………… 1065
90. 李某某等人贷款诈骗、丁某某等人贷款诈骗案检察
建议书 …………… 1073
91. 汪某某强奸案检察建议书 …………… 1085
92. 阮某飞故意杀人案检察建议书 …………… 1094
93. 陈某某故意杀人案检察建议书 …………… 1102
94. 詹某某帮助信息网络犯罪活动案检察建议书 …………… 1108
95. 工某危害珍贵、濒危野生动物案检察建议书 …………… 1118
96. 山西省人民检察院关于粮食领域职务犯罪检察建议书 …………… 1127
97. 广西壮族自治区人民检察院关于加强金融监管检察
建议书 …………… 1134
98. 侯某某、董某某等4人过失致人死亡案检察建议书 …………… 1145
99. 巩某某故意伤害案检察建议书 …………… 1153

100. 长兴新××环保科技有限公司、夏某某等4人污染环境案检察建议书 …………………………………………………… 1159

101. 蒋某某、黄某某等15人重大劳动安全事故、非法采矿案检察建议书 …………………………………………………… 1167

102. 湖南省娄底市人民检察院关于加强防范打击治理电诈犯罪检察建议书 ………………………………………… 1179

后　记 …………………………………………………………… 1191

九

再审检察建议书

57. 沈某华诈骗案再审检察建议书

【简要案情】

2007年10月20日、2008年7月2日、10月15日，沈某华先后与石嘴山市××建设发展有限公司签订了承建中卫市××街××住宅楼工程内部承包合同三份。在承建6号楼的过程中，沈某华于2007年至2009年先后将6号楼的11套房屋以借款顶账等方式出售给何某某141号、孙某某321号、李某甲231号、刘某某351号、范某某311号、童某某332号、李某乙232号、王某甲221号、王某乙211号、陈某某241号、唐某某341号，而未让何某某等11人到××房地产开发有限公司中卫分公司售房部办理购房手续顶其工程款，沈某华从中获款255万元，用于建楼、发工资、偿还个人银行贷款。6号楼竣工后沈某华以6号楼尚未决算，石嘴山市××建设发展有限公司没有付清工程款为由拒绝交工，并采取封门、堵楼道、损坏锁子等方式阻挠从××房地产开发有限公司中卫分公司购买该11套楼房的王某丙、张某某、刘某某等人装修入住，从而引发政府、企业和群众之间的矛盾纠纷。

2010年8月5日，石嘴山市××建设发展有限公司以与沈某华因建设××住宅楼工程施工合同纠纷为由向中卫市××区人民法院提起民事诉讼，沈某华提起反诉。经查明，石嘴山市××建设发展有限公司于2007年10月20日与沈某华签订××2号楼《工程内部承包合同》，经双方决算，工程总造价为2586748.15元。2008年12月7日交工时，石嘴山市××建设发展有限公司支付沈某华工程款2173096.68元，扣税后实际欠款361916.51元。2008年7月2日、10月15日石嘴山市××建设发展有限公司与沈某华又签订了××5号、6号楼《工程内部承包合同》，暂定价分别为3580000元、2445025元。合同约定，石嘴山市××建设发有限公司支付沈某华6号楼工程款20万元（可用钢材支付），剩余工程款以石嘴山市××建设发展有限公司开发的住宅或营业房预付70%。在沙坡头人民法院审理过程中，双方对5、6号楼进行了验收决算，经双方决算，5号楼造价为3160231.89元、6号楼造价为2746010.16元。石嘴山市××建设发展有限公司分别支付沈某华5号楼工程款1556592.56元、6号楼工程款4337433.60元，共计5894026.16元。

另查明，沈某华在建6号楼的过程中，石嘴山市××建设发展有限公司于2009年1月22日将××三期102号一拖三房（价值1349733元），2009年3月20日、23日将××2号楼311号房（价值304800元）、5号楼261号房（价值184372），2009年4月3日、9日将××5号楼461号房（价值184371元）、6号楼331号房（价值350280元），2009年5月4日、7月10日将××5号楼462号房（价值201160元）、6号楼212号房（价值296000元），2009年11月29日、12月23日将××6号楼162号房（价值217175元）、222号房（价值295406元）给沈某华顶6号楼工程款和5号楼部分工程款共计3383297元。判决石嘴山市××建设发展有限公司支付沈某华工程款361007.56元及利息损失29578.10元，共计390585.66元；沈某华在石嘴山市××建设发展有限公司欠其工程款361007.56元的范围内就××6号楼的房屋，享有优先受偿的权利。2010年9月20日双方对××小区6号楼竣工验收。

【诉讼过程】

沈某华诈骗一案，由××房地产开发有限公司中卫分公司于2011年4月18日向中卫市公安局××区分局报案，该局受理后，于当日决定立案，经侦查，于2011年5月19日传唤沈某华到案。××区公安分局侦查终结后，移送××区人民检察院审查起诉。××区人民检察院经审查，于2011年7月28日指控沈某华犯诈骗罪向××区人民法院提起公诉。××区人民法院依法组成合议庭，于2011年8月8日公开开庭审理了本案，于2011年9月8日作出一审判决，以诈骗罪判处沈某华有期徒刑11年，并处罚金人民币1万元。沈某华不服一审法院判决提出上诉，中卫市中级人民法院于2011年11月24日公开开庭审理了本案，于2011年12月7

日作出终审刑事裁定书，裁定驳回上诉、维持原判。沈某华在××市××监狱入监服刑，于2019年12月29日刑满释放后，于2021年6月22日向中卫市检察院第七检察部提出申诉，第七检察部于同年6月25日移送第二检察部复查。承办人当日决定立案复查，经复查发现原审判决及裁定事实不清、证据不足，于2021年6月29日复查终结，并向中卫市中级人民法院提出再审检察建议，中卫市中级人民法院于2021年7月9日决定再审本案。

2021年12月26日中卫市中级人民法院将案件发回××区人民法院重审。2022年4月7日，××区人民法院判决沈某华无罪。

【文书全文】

宁夏回族自治区中卫市人民检察院
再审检察建议书

卫检二部刑申再建〔20××〕×号

申诉人沈某华，男，生于1964年1月12日，身份证号642123××××××××××××××，汉族，高中文化，个体，住中卫市××区××6号楼××单元××室，2011年5月19日因涉嫌诈骗罪被中卫市公安局××区分局刑事拘留，同年5月24日经中卫市××区人民检察院批准逮捕，于2019年12月29日刑满释放。

中卫市××区人民法院于2011年9月8日以（20××）沙刑初字第××号刑事判决书以申诉人沈某华犯诈骗罪，判处有期徒刑十一年，并处罚金人民币一万元。一审宣判后，申诉人沈某华不服一审判决向中卫市中级人民法院提出上诉，中卫市中级人民法院于2011年12月7日以（20××）卫刑终字第××号刑事裁定书，裁定驳回上诉，维持原判。申诉人沈某华仍不服，以上述刑事判决、裁定认定沈某华犯诈骗罪事实不清，证据不足，沈某华基于与施工单位签订的内部承包合同及施工单位负责人的口头承诺，将 6 号楼 11 套房屋出售抵顶工程款的行为属于民法调整范围，不应认定为诈骗行为为由，于 2021 年 6 月 22 日向本院提出申诉。

本院经复查认为，中卫市××区人民法院（20××）沙刑初字第××号刑事判决书、中卫市中级人民法院（20××）卫刑终字第××号刑事裁定书据以定罪量刑的证据不确实、不充分，判决、裁定确有错误。理由如下：

一是证实沈某华虚构事实、隐瞒真相的事实不清，证据不足。沈某华的供述证实当时××房地产开发有限公司中卫分公司的负责人张某某答应给其顶 6 号楼 1 个单元的房子，所以其给各被害人说××房地产开发有限公司中卫分公司给其一个单元的房子，让各被害人放心买，与证人薛某某证实张某某给沈某华说过沈某华干 6 号楼工程，给不上沈某华的工程进度款就给沈某华××6 号楼一个单元的房子，证人欧阳某证实张某某口头上给沈某华说过顶一个单元的房子能够相互印证。证人王某丁、杨某某的证言证实××6 号楼的地基刚起来的时候，沈某华给二人说过张某某答应将××6 号楼一个单元的房子顶给沈某华。被害人孙某某、童某某陈述证实其在沈某华手里购买房子之前去××房地产开发有限公司中卫分公司售房部问过，售房部工作人员说××房地产开发有限公司中卫分公司答应沈某华用 6 号楼一个单元的房子给沈某华顶工程款能够对此予以佐证。被害人何某某、孙某某等人的证言证实沈某华向其借款时给其说的是沈某华给××房地产开发有限公司中卫分公司干工程，××房地产开发有限公司中卫分公司答应给沈某华顶房子，没有具体说明顶哪里的房子，后要求沈某华兑付借款承诺顶房子的时候对于房子有纠纷的状况也是明知的，被害人刘某某、范某某等人的证言证实其向沈某华购买房子时沈某华给其说的也是××房地产开发有限公司中卫分公司答应给沈某华顶 6 号楼一个单元的房子。以上证据不能排除因××房地产开发有限公司中卫分公司确实答应过给沈某华用 6 号楼一个单元的房子顶账的事实，不能认定沈某华向被害人称××房地产开发有限公司中卫分公司答应给其或者给其用一个单元的房子顶账属于虚构事实，且部分被害人在购买房屋时，对房屋的状况是明知的，也不能认定被害人因沈某华虚构事实、隐瞒真相陷入错误认识交付了财产。

二是沈某华非法占有的主观目的事实不清，证据不足。书证工程内部承包合同载明沈某华于2007年10月25日开始承揽中卫市××小区的建设施工工程，2007年10月25日至2008年7月30日建设2号楼，2008年6月15日至2008年11月15日建设5号楼及6号楼正负零以下基础部分，2008年10月15日至2009年6月30日建设6号楼工程。根据合同，2号楼工程款全部以××房地产开发有限公司中卫分公司开发建设的住宅或者营业房顶付，5号楼及6号楼基础部分工程支付40%的现金，剩余部分以××房地产开发有限公司中卫分公司开发建设的住宅或者营业房顶付，6号楼主体部分支付20万元现金，剩余工程款以××房地产开发有限公司中卫分公司开发建设的住宅或者营业房顶付。在此过程中，沈某华的供述及证人证言能够证实沈某华因资金不足需要支付材料款、工人工资等，陆续向个人及银行借款，其中向被害人何某某、孙某某、唐某某、李某甲、王某乙、陈某某的借款时间和收取被害人刘某某、范某某、童某某、李某乙、牛某某预售房款的时间除童某某、牛某某2010年支付的部分房款外均在施工期间，借款理由都是倒贷款或者买建筑材料，法院判决亦认定沈某华借款或者收取预售房款之后将资金用于发放工人工资、建楼和还个人银行贷款，与沈某华借款或者其供述的预售房屋筹资金的目的一致，据此认定沈某华以非法占有为目的收取被害人的房款证据不足。且××区人民法院（2010）沙民初字第1326号民事判决书、（2010）沙民初字第1326-1号民事裁定书及工程竣工验收备案表证实5、6号楼的决算是在2010年9月20日完成，在此之前，沈某华一直认为××欠付其大量工程款（民事判决书也能证实××房地产开发有限公司中卫分公司确实拖欠沈某华的工程款），据此，沈某华为了完成6号楼的建设而预售合同中载明及其认为××房地产开发有限公司中卫分公司答应顶给其的12房屋无法认定其具有非法占有的主观故意。

综上所述，中卫市××区人民法院（2011）沙刑初字第196号刑事判决书、中卫市中级人民法院（2011）卫刑终字第50号刑事裁定书认定沈某华犯诈骗罪的证据不确实、不充分，判决、裁定确有错误，为维护司法公正，根据《中华人民共和国刑事诉讼法》第八条、《人民检察院刑事诉讼规则》第五百五十一条、《人民检察院检察建议工作规定》第八条和《人民检察院办理刑事申诉案件规定》第四十五条的规定,特提出再审检察建议,建议对沈某华诈骗罪一案按照审判监督程序重新审判。请在收到后三个月内将审查结果书面回复本院。

此致
中卫市中级人民法院

20××年×月×日

【承办检察官心得体会】

(一)主动履职

2021年中卫市人民检察院收到沈某华举报问题线索,承办人经对线索进行核查,发现沈某华诈骗案件判决可能存在错误,遂调取了沈某华诈骗案所有案卷材料,询问了原案件承办人员。经审查,发现原判决确有错误,但检察机关无法根据线索核查情况启动诉讼监督程序,故与沈某华商议由沈某华在中卫市人民检察院提出刑事申诉,以刑事申诉案件办理启动法律监督程序。

(二)审查细致

在审查过程中,承办人发现原案认定沈某华先后向他人以借款形式或者预售方式将其无权处分的11套房屋出售毋庸置疑,但是原审判决却忽视了沈某华在借款时向出借人承诺的是以房抵债,而沈某华作为房产建设的分包商,当时与承办商签订的工程施工合同约定的仅支付40%现金,剩余部分以房抵债,沈某华向出借人承诺以房抵债的情况完全有可能实现,也没有注意到部分购房者的证人证言中明确载明其知道沈某华的身份及沈某华没有卖方资格的事情,甚至于原审判决中明确载明沈某华将255万元用于建楼、发工资等,与判决认定沈某华具有非法占有主观目的相互矛盾。承办人突破原判决对沈某华诈骗11名被害人事实打包认定的模式,将每一个被害人"被骗"事实都作为一起案件事实,从沈某华向被害人如何承诺,到被害人如何认识,到钱款什么时间交付,房屋什么时间使用，到后续事情怎样处理等细节逐一制作表单进行甄别，同时设计时间轴，将各被害人借款、顶账时间与石嘴山市××建设发展有限公司和沈某华之间工程款支付、顶账时间进行比对，除了发现沈某华虚构事实、隐瞒真相的证据、具有非法占有主观目的的证据均存在矛盾外，通过进一步调取与沈某华、沈某华案件被害人、××房地产开发有限公司中卫分公司有关的民事判决，还发现该案的被害人没有人去报案的异常情况及部分房屋纠纷在沈某华服刑过程中已经通过民事诉讼解决的事实。通过对案件本身证据细节的把握，对案件关联证据的查阅比对，对案件办理过程中各种情况的了解，承办人肯定该起案件本质上属于经济纠纷，完全可以通过民事诉讼手段解决，却错误地使用了刑事手段，属于典型的刑事手段插手经济纠纷造成的错案。

（三）效果良好

中卫市人民检察院于2021年6月29日向中卫市中级人民法院提出再审检察建议，该检察建议围绕诈骗犯罪的构成要件，详细阐明了案件事实、证据中存在的矛盾，从而得出原审判决确有错误的结论。中卫市中级人民法院于2021年7月9日决定再审本案，后经再审程序，2022年4月7日，××区人民法院判决沈某华无罪。

【专家点评】

《中共中央关于加强新时代检察机关法律监督工作的意见》明确，检察机关作为国家的法律监督机关，要强化对刑事立案、侦查活动和审判活动的监督，坚决防止和纠正以刑事手段插手民事纠纷、经济纠纷。刑事犯罪与经济纠纷的界限，历来是经济犯罪案件当中法律适用的难点。沈某华诈骗刑事申诉案再审检察建议书直面这一法律适用难题，在坚持法秩序统一的前提下，通过对当事人民事权利的溯源和对诈骗罪构成要件抽丝剥茧地审查，严格遵循罪刑法定原则，贯彻"谦抑、审慎"理念，做到了有错必纠，最终还申诉人以公平公正。

（一）高度重视案涉民事法律关系，准确界分民事不法与刑事犯罪

再审检察建议书通过对整体民事案件的系统复盘，在认定沈某华在民法上系属无权处分的前提下，通过大量的证人证言，证实沈某华客观

上并不存在虚构事实或隐瞒真相的欺诈行为,而作为出借人(即购房者)主观上也并未陷入错误认识,对于沈某华承诺用以抵债的相关房产的产权以及可能存在的法律风险均有明确认知。在此事实基础上,进一步否定沈某华诈骗罪的客观行为,重申了法秩序统一性原理既包括"民事合法的行为不应按照犯罪处理",也包括"民事不法的行为未必构成犯罪"。

(二)细致审查非法占有目的,准确认定诈骗犯罪故意

再审检察建议书围绕申诉人的民事权利基础、向各"被害人"借款时间、借款事由、款项用途等方面,进行细节对比,而非将所有人员的情况笼统"打包"处理,体现了承办人细致严谨的工作作风。综合案件中存在的无被害人报案、所涉纠纷已通过民事诉讼解决等事实,充分考虑了民商事活动的复杂性,避免片面关注行为结果而忽略行为人主观上是否具有非法占有目的,以此否定申诉人主观上的诈骗犯罪故意。应当说,该案总体上做到了严格把握罪与非罪界限,有效防范公权力不当介入经济纠纷。

(三)坚持人民检察为人民,以"最优解"回应群众诉求

作为法律监督机关,最能体现检察机关监督职能和成效的,往往并不是公安机关移送过来的普通刑事案件,而是群众送上门来的申诉案件和其他各类监督案件。然而,面对这些疑难复杂案件,不少检察官都有个惯性思维——选择走一条最容易走,而不是一条最接近事实、真相的路,不是一条政治效果、法律效果、社会效果最佳的路。本案就是这样一起"群众送上门"、事关当事人切身利益的监督案件,如何走下去体现着检察官的担当和能力。承办人通过大量证据重现案件原委,以证据矛盾推翻原案处理结论,厘清有争议的法律适用难题,以再审检察建议这一较为柔性的方式,最终推动法院作出无罪判决,以检察"最优解"有效回应了当事人诉求。

(**点评人**:王勇,江苏省苏州市人民检察院党组副书记、副检察长,全国模范检察官、全国十佳公诉人、全国检察业务专家)

58. 潘某南过失致人死亡案再审检察建议书

【简要案情】

2020年11月11日7时许，被告人潘某南受威海市××建筑劳务分包有限公司雇佣，驾驶新源75轮式挖掘机在临沂市××区在建××高速××服务区出口800米路南处施工时，因操作失误，将在其挖掘机前方指挥施工的施工人员孙某甲辗轧在挖掘机底下，致使孙某甲当场死亡。经法医鉴定，孙某甲系颅脑损伤并创伤性休克死亡。事故发生后，潘某南主动拨打110和120，并在现场等候。2020年11月30日，威海市××建筑有限公司与被害人孙某甲的家人达成赔偿协议，但被害人近亲属未出具谅解书。

庭审阶段，被告人潘某南的父亲潘某某遂联系威海市××建筑劳务分包有限公司总经理周某某，周某某和该公司会计李某甲持草拟的谅解书到孙某甲家中联系谅解事宜。孙某甲的妻子李某乙及儿子孙某乙均拒绝签字，周某某、李某甲在该谅解书中签署了"李某乙""孙某乙"的姓名并捺手印，同时在谅解书中记载李某甲的联系方式。后周某某将该谅解书交给潘某某，由潘某某提供给××区人民法院。××区人民法院收到谅解书后，按照谅解书中记载的联系方式联系李某甲，李某甲冒充孙某甲近亲属表明该谅解书属实，并谅解被告人。2021年3月21日，临沂市××区人民法院作出一审判决，其中认定被告人潘某南取得被害人近亲属谅解。

【诉讼过程】

2020年11月11日7时12分临沂市公安局××分局××派出所接

110 指令，××服务区施工时有人死亡。接警后，××派出所迅速出警，经了解系潘某南在××区在建××高速××服务区出口处施工时，在操作新源 75 轮式挖掘机失误的情况下，将施工人员孙某甲压在挖掘机底下，致使孙某甲当场死亡。临沂市公安局××分局于 2020 年 11 月 11 日对该案立案侦查。2020 年 11 月 11 日犯罪嫌疑人潘某南在现场被传唤到案。到案后，犯罪嫌疑人潘某南对其操作挖掘机失误将孙某甲碾压致死的犯罪事实供认不讳。

临沂市公安局××分局于 2021 年 1 月 14 日以潘某南涉嫌过失致人死亡罪向临沂市××区人民检察院移送审查起诉；临沂市××区人民检察院于 2021 年 2 月 4 日向临沂市××区人民法院提起公诉。经公开开庭审理，临沂市××区人民法院于 2021 年 3 月 11 日作出一审判决。判决书送达后潘某南未上诉，检察机关未抗诉。

2021 年 6 月 15 日，孙某乙向临沂市××区人民检察院提交书面申诉材料提出，临沂市××区人民法院一审判决所依据的谅解书系伪造的证据，提出申诉，要求追究潘某南一方伪造谅解书所触犯的伪造证据罪的刑事责任，并要求重新启动该案的审判程序。经审查后，临沂市××区人民检察院于 2021 年 6 月 30 日向临沂市××区人民法院发出再审检察建议，××区人民法院于 2021 年 8 月 9 日决定再审。2021 年 11 月 26 日，临沂市××区人民法院重新组成合议庭对该案进行审理，以过失致人死亡罪判决被告人潘某南有期徒刑 2 年，缓刑 3 年。

【文书全文】

山东省临沂市××区人民检察院
再审检察建议书

临罗检一部刑申再建〔20××〕××号

申诉人孙某乙，男，1997 年××月××日生，汉族，公民身份号码

371002××××××××××××，威海市××区人，住威海市××区××镇××村，系原审被害人孙某甲的近亲属。

原审被告人潘某南，男，1989年××月××日生，公民身份号码341224××××××××××××，汉族，初中文化，安徽省××县人，务工，住安徽省亳州市××县××镇××村。因涉嫌过失致人死亡罪于2020年11月11日被刑事拘留，同年11月20日被逮捕。

临沂市××区人民法院（20××）鲁×××刑初×××号刑事判决书以原审被告人潘某南犯过失致人死亡罪判处有期徒刑一年六个月，缓刑二年。宣判后，原审被告人潘某南未上诉，本院未抗诉。申诉人孙某乙不服，向本院提出申诉。

原审经审理查明，2020年11月11日7时许，原审被告人潘某南驾驶新源75轮式挖掘机在临沂市××区在建××高速××服务区出口800米路南处施工时，因操作失误，将在其挖掘机前方指挥施工的施工人员孙某甲辗轧在挖掘机底下，致使孙某甲当场死亡。经法医鉴定，孙某甲系颅脑损伤并创伤性休克死亡。事故发生后，潘某南主动拨打110和120，积极救助被害人，在现场等候，无拒捕行为，到案后如实供述所犯罪行。原审判决认为，潘某南过失致人死亡，其行为侵犯了他人的人身权利，构成过失致人死亡罪，依法应予惩处，判决潘某南犯过失致人死亡罪，判处有期徒刑一年六个月，缓刑二年。

本院经复查认为，原审判决所认定的事实依据的谅解书系伪造证据，应当予以排除；原审庭审过程中，未通知真实的被害人近亲属，违反了法律规定的诉讼程序，导致对被告人是否取得被害人谅解存在认定错误，可能影响公正审判；临沂市××区人民法院（20××）鲁×××刑初×××号刑事判决确有错误。根据《中华人民共和国刑事诉讼法》第二百五十三条、《人民检察院办理刑事申诉案件规定》第四十五条，建议对原审被告人潘某南过失致人死亡一案按照审判监督程序重新审判。

此致
山东省临沂市××区人民法院

20××年×月×日

附注：

1. 被告人潘某南现居住于安徽省亳州市××县××镇××村，联系电话 176××××××××。

2. 证人孙某乙、李某乙、周某某、李某甲、潘某某的证言，潘某南的供述，《××区人民法院案件线索移送函》《谅解书》复印件。

【承办检察官心得体会】

（一）将程序问题对实体正义的影响作为再审检察建议的核心

该案系一起因未保障被害人近亲属诉讼权利导致程序违法的案件。结合案情来看，被告人已经对被害人近亲属进行了赔偿，在一定程度上，被害人近亲属是否对被告人谅解并没有导致本案判处出现定性错误或者量刑出现畸轻的问题。但是，××区人民法院在庭外没有严格审查庭审中被告人一方提交的谅解书的真实性和被害人近亲属身份的真实性，严重剥夺了被害人近亲属的诉讼权利，足以影响实体公正，这成为该案应当再审的理由。在撰写再审检察建议时，××区人民检察院将程序问题对实体公正的影响作为说理的核心，全面阐明作为诉讼参与人的被害人近亲属身份错误对本案的影响，以此全面说明进行法律监督的必要性。

（二）监督公安机关依法追究相关责任人的责任

通过调查发现，涉案的谅解书系被告人所在的单位制作，在被害人近亲属拒绝签字的情况下，相关人员伪造了签名并故意留下了自己的联系方式，并在法院向其核实时假冒被害人近亲属身份提供虚假意见，严重干扰了正常司法秩序，其行为虽不构成伪证罪，但具有违法性和应受惩罚性。对此，临沂市××区人民检察院向临沂市公安局××分局发出检察意见，督促公安机关对实施伪造证据和提供虚假意见的人员进行了治安处罚。

（三）加强审判活动监督，督促法院全方位规范庭审活动

该案发生后，××区人民检察院对该案出现的问题进行了剖析。一是庭审法官在收到谅解书后没有交检察机关、公安机关进行核实，也没有核实相关联系方式的真实性，导致出现了被害人近亲属被顶替的情况。二是公诉人未尽提醒和监督义务，未对法庭收到的证据进行充分质证。

该案的发生，在一定程度上暴露出法院在庭审准备活动中审查诉讼当事人身份不规范的问题，也暴露出检察机关在审判活动监督特别是庭外诉讼活动监督中的死角问题。对此，临沂市××区人民检察院以发出该案的再审检察建议为契机，会同法院刑事审判庭全面梳理法院庭审活动各个环节存在的不规范问题，就审判环节法院收到证据后如何核实及质证、被害人及其近亲属身份如何确定、赔偿谅解等被害人意见如何听取等程序问题形成了一致意见，以个案再审促进了类案程序完善，以再审检察监督促进了刑事审判活动规范。

【专家点评】

刑事再审检察建议书是指检察机关在刑事再审程序中，对再审案件进行审查、分析后，向人民法院等提出案件再审处理意见的法律文书。本案案情看似简单，承办该申诉案件的检察官通过全面审查，发现了谅解书制作程序违法，提出纠正意见，具有类案警示意义。本篇再审检察建议书很好地发挥了纠正违法、维护司法公正等功能。

（一）揭示了司法权运作中的一个风险点

被害人及其法定代理人等的事后谅解是刑事司法中的酌定从宽量刑情节。谅解书是证明这一酌定量刑情节存在的关键证据。在我国刑事诉讼法确立刑事和解制度以后，谅解书更是成为刑事司法中常见的证据类型。在谅解书的制作、认定过程中，还存在很多不规范的问题，本案中，谅解书系加害当事一方伪造被害人亲属签名而成，法官在收到谅解书后并未认真审查，从而将其作为审判依据而作出错误判决。因此，公安机关、人民检察院、人民法院应当认真审查谅解书的真实性和合法性。

（二）有助于纠正谅解书认定中的惯性思维

已经对被害人进行赔偿通常是被告人获得被害人谅解的前提条件。因此，在司法实践中，已经对被害人进行赔偿和获得被害人谅解这两个情节在通常情况下会同时具备。但在被告人所在单位支付了赔偿金、部分被告人支付了赔偿金等情况下，仍然可能出现被害人或其近亲属拒绝谅解被告人或部分被告人的特殊情况。本案就属于此种情况。

(三) 彰显了程序正义的价值

重实体、轻程序的观念在我国仍然根深蒂固，本案存在未保障被害人近亲属诉讼权利等较为严重的程序违法问题。虽然人民法院在再审后延续了原审判处缓刑的基本立场，但仍然彰显了人民检察院维护程序正义的坚定态度。

(点评人：陈志军，中国人民公安大学法学院副院长、教授、博士生导师)

不批准逮捕理由说明书

59. 王某正当防卫案不批准逮捕理由说明书

【简要案情】

王某,男,1993年××月××日出生,上海某餐厅送餐员。

王某与李某某同系上海某餐厅送餐员。2016年9月7日17时35分许,因李某某欲抢送王某的订单遭拒,为发泄不满,遂在厨房外过道内用拳头多次猛击王某头部。王某被李某某推打至厨房内,顺手拿起身旁一把菜刀向李某某头部和肩部击打。李某某用双手控制住王某,两人持僵持状态后,王某停止反击,菜刀由厨师长拿走。经鉴定,李某某的伤势构成轻伤二级。

【诉讼过程】

2016年9月7日,上海市公安局××分局以王某涉嫌故意伤害罪立案侦查,同年10月14日对王某取保候审。后因王某违反取保候审规定,于2019年2月21日被××公安分局刑事拘留。3月4日××公安分局向××区人民检察院提请批准逮捕。3月11日,××区人民检察院经审查认定王某系正当防卫,依法不负刑事责任,对王某作出不批准逮捕决定。

【文书全文】

上海市××区人民检察院
不批准逮捕理由说明书

沪×检一部不批捕说理〔20××〕××号

上海市公安局××分局：

你局2019年3月4日以沪公（×）提捕字〔20××〕××号文书提请批准逮捕的犯罪嫌疑人王某，经审查，我院认为王某的行为属于正当防卫，其不负刑事责任，对其作出不批准逮捕决定。根据《中华人民共和国刑事诉讼法》第九十条的规定，现说明理由如下：

（一）王某的行为符合正当防卫的前提条件

正当防卫的构成要件包括起因条件和主观条件。防卫起因即为存在不法侵害。司法实践中，长期将案发原因描述为琐事，很多情况下因现有证据无法证明起因究竟为何，所以被称为琐事。

本案中，经我院调查，发现是被防卫人违规抢单，王某对其不满并向主管投诉，引发被防卫人不快，遂用拳连续击打王某头部。被防卫人仅因无理要求未被满足，就采用暴力殴打王某。被防卫人不管是动机还是行为，都是无理的，是典型的随意殴打他人行为。事后虽然没有造成王某严重损伤，但仍然是一种不法侵害。因此，我院认定本案存在正当防卫的起因条件。

防卫目的是指使国家、公共利益、本人或他人的人身、财产和其他权利免受不法侵害，即为了保护合法权利不受不法侵害。

本案中王某的行为属于为了保护本人的健康权甚至是生命权免受正在进行的不法侵害，而采取制止不法侵害的行为。

综上，王某的行为符合正当防卫的起因、主观条件。

（二）针对正在进行的不法侵害进行反击

正当防卫的构成要件包括防卫客体和防卫时间。防卫时间必须是不法侵害正在进行时，即提前或在不法侵害结束之后均不能再进行回击。该时间应当理解为不法侵害人在主观意识支配下实施不法侵害的过程。只要这个意识还在持续，意识支配下行为不能被认定为结束，都应当认定为不法侵害正在进行。

本案中，从监控及现场勘查可以证实被防卫人殴打王某的不法侵害是连续的，正在进行的，在其持续不断地追打王某过程中，王某才进行反击。

防卫客体，是指防卫行为必须且只能针对不法侵害人进行，即不能扩延至其他人员或物体。

本案中，王某始终针对的是李某某进行反抗。且当双方陷入僵持状态后，王某就即刻停手，在菜刀仍在手中的情况下，未再实施进一步的侵害行为。特别是录像显示，李某某单手抓住王某的手，另一只手捂着额头伤口时，王某也未再继续使用菜刀，后任由他人将菜刀取走。可见王某反击的目的在于防卫，而非互殴。

综上，王某的行为符合正当防卫的时间和对象条件。

（三）王某的防卫行为没有超过必要限度

正当防卫的构成要件中最重要的是限度条件，即不能超过必要限度、造成重大损害。所谓"必要限度"的把握，刑法学界主要有"客观需要说""基本适应说"和"相当说"。但在现实生活中不法侵害呈现多样性，难以用一种观点来涵盖。对"必要限度"的把握应注意不法侵害行为的性质、时间、地点等综合判断。一般而言，不法侵害行为强度越大，则允许防卫方的防卫强度也可以相应增大，即必要限度相应放宽；反之则缩小。

从防卫手段上看，防卫行为只要是制止不法侵害所必需的，就不能认为超过了必要限度。只有实施了明显不是为了制止不法侵害所需要的防卫行为，才能认为超过了必要限度。

所谓必要限度是指，防卫人采取的措施是否达到足以制止对方侵害的程度，结合当时场景和主观心态，以一般人的标准来判断。

本案中，首先王某身体瘦弱，李某某身体结实，在李某某追打过程中，王某毫无还手之力，不停被逼退，仅靠肢体反抗已无法制止不法侵害。

其次，王某体质特殊，在2011年因脑出血做过开颅手术，在我院审讯中，也能显见其左侧头部有10公分头皮未长头发。李某某拳击的部位始终在王某头部，且用力之大造成王某头部多次撞到墙壁。因此，李某某连续多次殴打王某头部的行为，不仅仅危害的是王某的健康权，甚至危及其生命权。王某的人身安全处于现实的、急迫的和严重的危险之下。王某有权进行防卫。

再次，王某使用菜刀制止不法侵害，不影响正当防卫的性质认定。王某身体处于劣势，不断退让但仍遭到持续不断的追打。王某为保障自己的生命权，且希望遏制李某某继续不法侵害，在事发紧急的情况下，不能苛求防卫人对防卫工具进行挑选。否则有违立法本意，也难以取得制止犯罪、保护公民人身权利不受侵害的法律效果。当时案发环境在厨房内，刀具较多，王某为防卫，在慌乱中随手拿起身边的物品予以反抗。且系李某某将王某殴打至厨房内，并非王某积极寻求使用菜刀、主动进行攻击，因此王某使用菜刀并不影响正当防卫性质的认定。

从防卫的后果上看，造成侵害方重大损害是指由于防卫人明显超过必要限度的防卫行为造成不法侵害人人身伤亡及其他能够避免的严重损害，或者损害结果显然不是制止不法侵害所必需的。

本案中，王某在使用菜刀时，在动作和力量上有所控制，且仅造成李某某轻伤二级，尚未达到重伤以上的严重程度。

综上，王某的行为符合正当防卫的限度条件。

因此，根据刑法第二十条第一款和最高人民检察院第十二批指导性案例中的陈某正当防卫案（检例第45号），参照近期福州赵某正当防卫案，应当认定本案犯罪嫌疑人王某系正当防卫，不负刑事责任，依法应当不批准逮捕，建议你局依法撤销本案，并建议你局在办理此类案件中，应当注重客观证据搜集，对于案件具有明显的防卫性质或者被害人存在重大过错应当履行过滤职责。做到正义不向非正义低头，弘扬社会主义核心价值，守护公平正义，符合"天理、国法、人情"，实现"三个效果"的有机统一。

根据《中华人民共和国刑事诉讼法》第九十二条之规定，如你局认为我院不批准逮捕决定有错误而要求复议的，应当在收到《不批准逮捕决定书》后5日内提出《要求复议意见书》，递交我院进行复议。

20××年×月×日

【承办检察官心得体会】

本案是继最高检发布第十二批指导性案例后，上海市首例认定正当防卫的案例。本案的办理和撰写的不批准逮捕理由说明书具有重要指导意义，主要体现在以下几个方面：

（一）还原案件经过，独立行使检察权

检察机关未因公安机关认定案发起因是由于琐事发生矛盾就不再深究，而是客观还原案件始末，查明本案存在不法侵害，而非表面的互殴情形。

在全面审查案件事实和在案证据的基础上，及时纠正公安机关错误认定，在审查逮捕阶段就对案件准确定性，体现了司法担当，减少错误羁押，切实维护了公民的合法权利。

（二）准确把握一般防卫权的限度标准

从防卫人立场出发，坚持法不强人所难的原则，紧密结合当时当地的实际情况和防卫人自身特殊体质来判断。

正当防卫中"必要限度"的把握，应当结合不法侵害行为综合判断。认定防卫手段是否明显超过必要限度时，不能苛求手段十分精准、对等。认定防卫后果是否明显超过必要限度时，不能仅与侵害行为已经造成的后果比较，还应当与侵害行为可能造成的后果比较。要注重对防卫行为整体的评判，并作出符合一般人价值判断的司法结论。

（三）发挥检察官办案亲历性的优势

首先，检察官在讯问时注意到防卫人头上的疤痕，印证其系特殊体质；其次，检察官前往案发现场实地查看，了解现场结构，确保两段不同角度反映案发过程两个阶段的监控视频具有空间与时间的连贯性;最后,在检委会讨论时播放了监控视频,打消仅凭看书面材料、听承办人汇报仍然存在的疑虑。

检察官通过亲历性办案,把法律倡导的价值观融入办案过程,使司法活动既遵从法律规范,又符合道德标准,既守护整体公平,又维护个体权益,努力让人民群众在每一个司法案件中感受到公平正义。

(四)释法说理,阐释"法不能向不法让步"

该案办理后的释法说理尤为重要。既要给案件当时的"被害人"一个息诉的缘由,同时也要给公安机关说清不批准逮捕的理由,给公众一个"法不向不法让步"的生动解释。

面对"被害人"的申诉,检察官召开听证会,邀请人民监督员、当事人、公安机关等,播放案发当时监控录像、对案件双方当事人行为的分析及定性,于情于理给"被害人"一个满意的答复。通过不批准逮捕理由说明书及讲座等方式向公安机关阐述相关法律规定,引导公安办案规范,提升案件质量。通过新闻媒体等法治宣传,让人民群众了解正当防卫的意义,倡导公民敢于向不法侵害作斗争。

【专家点评】

本案系一起审查逮捕案件,针对公安机关提请逮捕的故意伤害案件,检察机关积极履职、精准监督,依法认定王某系正当防卫,作出不批准逮捕决定。

(一)论证充分,于细节之处见真章

德国刑法学家英格博格·普珀说:"法律人的技艺,就是论证。"该份不批准逮捕理由说明书在谋篇布局和分析论证方面,做到了"从大处着眼,从小处着手"。从宏观上看,该文书围绕正当防卫的起因条件、主观条件、对象条件、时间条件和限度条件,从三个层面逐步展开分析,层次清晰,布局合理;从内容上看,该文书对于正当防卫的每一个要件都结合查明事实做了充分阐释,比如对于案件起因,摒弃了传统文书以"琐事"概括的陋习,阐明了被防卫人系违规抢单未遂,暴力殴打王某,其行为属于不法侵害,从而认定本案存在正当防卫的起因条件。

(二) 依法履职，充分行使检察主动权

在该案办理过程中，检察官积极依法履职，充分利用检察机关审查逮捕期间的检察办案职能，查明了一系列足以影响案件定性的细节事实。一是亲自到案发现场实地查看，结合监控录像和现场勘验，确认被防卫人殴打王某是连续的，正在进行的，符合正当防卫时间要件。二是讯问查明关键情节。检察官详细询问王某身体情况，确认其因病做过开颅手术，结合王某头部疤痕，确认其属于特殊体质，从而认定王某在头部遭受他人连续击打时，为了维护自身权益，持菜刀防卫并未超出必要限度。三是召开听证会，播放案发当时监控录像，结合事实、法律对案件进行分析，解开了"被害人"（申诉人）的心结。

(三) 如我在诉，最大限度释放司法善意

在正当防卫案件办理中，要防止在事后以正常情况下冷静理性、客观精确的标准去评判行为人当时的行为选择，而是应该身临其境带入防卫人的立场，用同理心去评判防卫人的行为性质。本案中，王某持"菜刀"应对"拳头"攻击，且用菜刀砍击"头部"要害部位，检察官并未机械地认定为防卫过当，而是结合案发场景（位于刀具较多的厨房）、王某系特殊体质（头部曾做过开颅手术）、被防卫人实际伤情（仅为轻伤二级）等因素，认定王某防卫并未超过必要限度。检察官以"如我在诉"的精神办理此案，摒弃了冷漠的价值评判和机械的利益衡量，坚持在兼顾法、理、情的综合考量中准确认定正当防卫，践行了"以人民为中心"的司法理念，最大限度释放了司法的温度和善意。

（点评人：杨晓颖，山东省青岛市人民检察院第三检察部副主任、全国公诉标兵）

60. 李某峰、陈某莲、任某等 20 人非法经营案不批准逮捕理由说明书

【简要案情】

2020 年 1 月 20 日，我国将新型冠状病毒感染的肺炎（以下简称新冠肺炎）纳入《中华人民共和国传染病防治法》规定的乙类传染病，并决定采取甲类传染病的预防、控制措施，纳入《中华人民共和国国境卫生检疫法》规定的检疫传染病管理。2020 年 1 月 26 日，中国疾病预防控制中心已启动新型冠状病毒疫苗（以下简称新冠疫苗）的研发工作。因新型冠状病毒感染的肺炎疫情（以下简称新冠疫情）在全球范围暴发，2020 年 1 月、4 月、7 月、10 月等多个月份，世界卫生组织接连宣布新冠疫情构成国际关注的突发公共卫生事件。其间，我国全力投入研发的新冠疫苗已进入（Ⅲ期）临床试验阶段。2020 年 12 月 30 日，我国首个新冠疫苗获得国家药品监督管理局批准附条件上市。

2020 年 9 月至 11 月期间，李某峰发现新冠疫苗有较大市场需求之后，为牟取利益，在误以为闫某某等人（另案处理）所售"新冠疫苗"是真品的情况下，居间介绍闫某某等人销售"新冠疫苗"3500 支，销售金额为 168.5 万元（所涉货币均为人民币，下同）；以每支 450 元至 520 元不等的价格自行购买后对外销售"新冠疫苗"19700 支，销售金额为 1217.5 万元；以每支 450 元至 520 元不等的价格购买，并伙同陈某莲、严某辉、张某、石某丽、李某某、毛某刚、敬某文、赵某乙、陈某某、梁某某等人，采用不如实申报等方式向境外出口"新冠疫苗"2000 支，货值数额为 132 万元。

2020 年 10 月，赵某甲、郑某为牟取利益，在误以为闫某某等人所售"新冠疫苗"是真品的情况下，以每一支 450 元的价格向闫某某购买"新冠疫苗"并对外出售，经层层加价以每支 1200 元出售给菲律宾人林某雄

2000 支，销售金额为 240 万元。

2020 年 9 月左右，犯罪嫌疑人任某、周某、丁某、王某甲找闫某某要货，对外销售新冠疫苗 25000 余支，销售金额为 1000 万余元。

经查，上述"新冠疫苗"均系孔某、乔某娅等人（另案处理）生产的假冒新冠疫苗。

【诉讼过程】

该案经公安部、江苏省公安厅和苏州市公安局逐级指定，由昆山市公安局立案侦查，于 2020 年 12 月 19 日以犯罪嫌疑人李某峰、陈某莲、任某等 20 人涉嫌非法经营罪，提请昆山市人民检察院批准逮捕。2020 年 12 月 25 日，昆山市人民检察院决定以涉嫌走私国家禁止进出口的物品罪批准逮捕李某峰、汪某明、张某、石某丽、敬某文、毛某刚、严某辉、陈某莲等 8 人；以涉嫌走私国家禁止进出口的物品罪，无逮捕必要，不批准逮捕王某乙、朱某华等 2 人；以涉嫌非法经营罪批准逮捕任某、周某、王某甲、丁某、张某伟、赵某甲、郑某等 7 人；以涉嫌非法经营罪，无逮捕必要，不批准逮捕危某琦、李某玮等 2 人；以涉嫌非法经营罪的事实不清、证据不足，不批准逮捕贾某。

【文书全文】

江苏省昆山市人民检察院
不批准逮捕理由说明书

昆检二部不批捕说理〔20××〕××号

昆山市公安局：

你局于 2020 年 12 月 19 日以昆公刑专提捕字〔20××〕××号文书提请审查逮捕的犯罪嫌疑人李某峰、陈某莲、任某等 20 人非法经营案，经审查，我院对李某峰、汪某明、张某等 15 人作出批准逮捕决定，对王某乙、朱某华、贾某等5人作出不批准逮捕决定。根据《中华人民共和国刑事诉讼法》第九十条的规定，现说明理由如下：

一、即将出台的《刑法修正案（十一）》对本案的影响

根据2014年最高人民法院、最高人民检察院《关于办理危害药品安全刑事案件适用法律若干问题的解释》（以下简称《药品司法解释》）第七条的规定，李某峰等人均涉嫌非法经营罪。但即将于12月26日由全国人大审议的《刑法修正案（十一）》可能对本案产生重大影响。根据此前公布的《刑法修正案（十一）》二审稿，立法拟将"未取得药品批准证明文件生产、进口药品或者明知是上述药品而销售"且"足以危害人体健康的"的行为规定为新的犯罪（以下简称拟增设新罪），尚未严重危害人体健康的，处三年以下有期徒刑或者拘役，并处或者单处罚金。同样是非法经营药品的行为，以非法经营罪定罪最低要判处五年以下有期徒刑或者拘役，并处或者单处罚金。增设的新罪不仅法定刑轻，且增加"足以危害人体健康"的限制条件。根据从旧兼从轻原则，非法经营药品的行为可能不再适合以非法经营罪定罪处罚。综上，仅以涉嫌非法经营罪决定是否批准逮捕并以此为唯一认定思路开展后续侦查工作，在《刑法修正案（十一）》施行后可能面临强制措施适用不当和无法定罪的局面。

二、本案的其他认定思路

为应对《刑法修正案（十一）》的影响，本案需要提前转换认定思路。根据已经查明的事实和在案证据中表明的线索，本案可供转换的认定思路如下：

（一）现有证据显示本案涉及的大部分疫苗均系走私出境，对涉及走私的犯罪嫌疑人可以走私国家禁止进出口的物品罪予以评价

一是本案存在走私疫苗的行为。客观证据显示，多个犯罪条线的涉案疫苗流向境外，微信聊天记录等电子数据也显示相关犯罪嫌疑人存在沟通联系走私疫苗的情况，本案中涉及疫苗出口环节的大量犯罪嫌疑人和证人能够说明疫苗未经批准运往境外的情况。

二是疫苗属于限制出口的物品。首先，根据《疫苗管理法》第二条第二款的规定，疫苗是指为预防、控制疾病的发生、流行，用于人体

免疫接种的预防性生物制品。其次，根据国家质量监督检验检疫总局《出入境特殊物品卫生检疫管理规定》第九条第（七）项出境用于预防、诊断、治疗的人类疾病的生物制品、人体血液制品，应当提供药品监督管理部门出具的销售证明。根据《国境卫生检疫法实施细则》第十一条规定，入境、出境的……生物制品……的携带人、托运人或者邮递人，必须向卫生检疫机关申报并接受卫生检疫，凭卫生检疫机关签发的特殊物品审批单办理通关手续。未经卫生检疫机关许可，不准入境、出境。最后，根据海关总署公告（2013年第46号）公告规定，生物制品……属于《中华人民共和国限制进出境物品表》所列"海关限制出境的其他物品"。

三是以该罪处理有司法解释依据。首先，根据2014年最高人民法院、最高人民检察院《关于办理走私刑事案件适用法律若干问题的解释》（以下简称《走私司法解释》）第二十一条的规定，未经许可进出口国家限制进出口的货物、物品，构成犯罪的，应当依照刑法第一百五十一条、第一百五十二条的规定，以走私国家禁止进出口的货物、物品罪等罪名定罪处罚；其次，本案中走私疫苗出口的行为还存在走私禁止进出口货物罪和走私普通货物罪的竞合关系，根据《走私司法解释》）第二十一条的规定，未经许可进出口国家限制进出口的货物、物品……偷逃应缴税额，同时又构成走私普通货物、物品罪的，依照处罚较重的规定定罪处罚。

四是本案认定走私国家禁止进出口的物品罪达到追诉标准。根据《走私司法解释》第十一条规定，走私国家禁止进出口的物品有不同的入罪标准和法定刑升档标准：2万（有毒物质）、5万（疫区动植物及其产品）、10万（木炭、硅砂等妨害环境和资源的货物）、20万元（旧机动车、机电产品及其他禁止进出口的货物），情节严重的标准五年以上分别对应的是10万、25万、50万、100万。疫苗本质上是生物产品，与上述司法解释最接近的就是动植物制品。但即使不考虑这一因素，按照其他禁止进出口的货物、物品，走私数额20万入罪，走私数额100万元的就应处五年以上有期徒刑。本案大多数涉及走私国家禁止进出口的物品罪的犯罪嫌疑人也均应处五年以上有期徒刑。

（二）现有证据显示部分犯罪嫌疑人的行为符合拟增设新罪的构成要件，有成立该罪的空间

《刑法修正案（十一）》二审稿中第142条之一规定，违反药品管理法规，未取得药品批准证明文件生产、进口药品或者明知是上述药品而销售的，足以严重危害人体健康的，处三年以下有期徒刑或者拘役，单处或者并处罚金。经查阅《药品管理法》《药品管理法实施条例》《药品注册管理办法（2007版、2020版）》《药品补充申请受理审查指南》等文件规定，并咨询药监部门专业人员，"药品批准证明文件"是指药品注册证、补充申请和再注册的批件。

1. 本案部分犯罪嫌疑人明知新冠疫苗未获得药品批准证明文件。案发时段（2020年10月至11月）新冠肺炎疫苗正值三期临床试验阶段，并未注册上市；经查询国家药监局网站查询系统，目前仍无新冠肺炎疫苗批准证明文件；案件中大量人员通过外国政府采购函的形式购买疫苗，采购申请函明确写明了我国疫苗在"三期临床试验阶段"。本案绝大部分犯罪嫌疑人一是均知晓所购疫苗仍在三期临床试验阶段（因而需要采购申请和免责声明）；二是知晓并未正常上市（因而需要特殊关系购买）；三是知晓交易非法（因而需要现金交易逃避监管）。

2. 本案涉及的假疫苗可以认定为"足以危害人体健康"。一是该罪状属于客观超过要素，并不要求与之相对应的主观认知；二是由于涉案疫苗均为未贴标签、无生产批次号的白瓶疫苗（犯罪嫌疑人所称"白苗"），犯罪嫌疑人应明知其非正常途径采购，可预知存在一定风险的可能性。三是考虑到疫情时期，假的疫苗没有效果，可以认定为"足以危害人体健康"。

三、对本案的处理决定及理由

综合考虑法律变化对本案的影响以及其他认定思路，本院作出决定如下：对于按照现行刑法构成非法经营罪，《刑法修正案（十一）》生效后，按照从旧兼从轻原则同样构成犯罪的犯罪嫌疑人，符合逮捕条件的批准逮捕，无逮捕必要的定罪不批准逮捕；对于按照现行刑法构成非法经营罪，《刑法修正案（十一）》生效后，按照从旧兼从轻原则可能不构成犯罪的犯罪嫌疑人，不批准逮捕。

1. 对于犯罪嫌疑人李某峰、张某、石某丽、敬某文、毛某刚、严某辉、陈某莲等 7 人以走私国家禁止进出口的物品罪批准逮捕。现有证据证实,严某辉、陈某莲为向境外销售而购买疫苗,并从大陆向境外走私出口疫苗 1800 支犯罪数额人民币 118 万余元;张某、石某丽、敬某文、毛某刚明知上述走私出口情况而予以协助寻找货源、促成交易;李某峰明知上述走私出口情况而提供货源和走私渠道。上述人员均构成走私国家禁止进出口的物品罪,均应当判处有期徒刑以上刑罚,有社会危险性。

2. 对于犯罪嫌疑人汪某明以涉嫌走私国家禁止进出口的物品罪批准逮捕,对王某乙以走私国家禁止进出口的物品罪定罪不捕。现有证据证实,汪某明、王某乙主要就是为向安哥拉华人销售提供疫苗而采购,并以组织夹带出境的方式走私出口疫苗 1800 支犯罪数额人民币 243 万余元,构成走私国家禁止进出口的物品罪,应当判处有期徒刑以上刑罚,有社会危险性。犯罪嫌疑人王某乙在犯罪中处于从属地位,且其与汪某明共同生活,养育两个孩子,若与汪某明同时批准逮捕不利于孩子的抚养,综合考虑以上,无逮捕必要。

3. 对于犯罪嫌疑人危某琦以非法经营罪定罪不捕。危某琦自身无药品经营资质,根据现行刑法涉嫌非法经营罪,但现有证据难以证实其明知疫苗走私出口的情况,亦难以证实其具有拟增设新罪的犯罪故意,《刑法修正案(十一)》施行后,可能不构成犯罪,故对其以非法经营罪定罪不捕。

4. 对于犯罪嫌疑人赵某甲、郑某以非法经营罪批准逮捕。现有证据难以证实其具有走私犯罪故意,不构成走私国家禁止进出口的物品罪。但是二人具有药学相关学习背景和从业经历,对于新冠肺炎疫苗处于临床三期试验阶段尚未上市的情况明知,在未见相关药品批准文件情况下仍购买药品进行销售牟利,构成拟增设新罪。故对上述 2 人以非法经营罪批准逮捕。

5. 对于犯罪嫌疑人任某、周某、王某甲、丁某、张某伟等 5 人以非法经营罪批准逮捕。现有证据难以证实其具有走私犯罪故意,不构成走私国家禁止进出口的物品罪。但是其对于新冠肺炎疫苗处于临床三期试验阶段尚未上市的情况明知,且从未向上家索要相关药品批准证明文件情况下，仍对不特定对象宣传介绍，并销售牟利，构成拟增设新罪。故对上述 5 人以非法经营罪批准逮捕。

6. 对犯罪嫌疑人朱某华以走私国家禁止进出口的物品罪定罪不捕。现有证据能够证实其走私出口疫苗 300 支，犯罪数额人民币 42 万元（其中 200 支疫苗价值 28 万元未遂），达到该罪的立案追诉标准。考虑其既遂部分数额较少危害不大，故对其以走私国家禁止进出口的物品罪定罪不捕。

7. 对犯罪嫌疑人贾某以涉嫌非法经营罪的事实不清、证据不足，不批准逮捕。现有证据难以证实其具有走私犯罪故意，也难以证实其具有拟增设新罪的犯罪故意。《刑法修正案（十一）》施行后，可能不构成犯罪。故对其以事实不清、证据不足，不批准逮捕。

8. 对于犯罪嫌疑人李某玮以非法经营罪定罪不捕。现有证据证实其仅转发了上家的疫苗供货信息，介绍 1 名买家同上家认识，收取的 1 万余元好处费也在案发后退还。不管是非法经营罪还是拟增设新罪，未来是否入罪均需要再行研究，无逮捕必要，故以非法经营罪定罪不捕。

20××年×月×日

【承办检察官心得体会】

2020 年 1 月，新冠疫情暴发。随后，我国对新冠肺炎采取甲类传染病的预防、控制措施，并立即启动新冠疫苗研发工作。经大量投入，新冠疫苗终于进入（Ⅲ期）临床试验阶段。值此关键时刻，孔某、李某峰等人生产、销售假新冠疫苗，影响恶劣。

苏州、昆山两级检察机关共同派员成立专案组提前介入。在提前介入过程中，专案组发现，根据最高人民法院、最高人民检察院《关于办理危害药品安全刑事案件适用法律若干问题的解释》第 7 条的规定，非法经营包括疫苗在内的药品的行为涉嫌非法经营罪。但即将颁布施行的《刑法修正案（十一）》可能对非法经营罪的认定有重大影响。《刑法修正案（十一）》（草案二审稿）增设了第142条之一，将"未取得药品批准证明文件生产、进口药品或者明知是上述药品而销售"且"足以严重危害人体健康"的行为规定为新罪，尚未严重危害人体健康的，处3年以下有期徒刑或者拘役，并处或者单处罚金。同样是非法经营药品的行为，以非法经营罪定罪最低要判处5年以下有期徒刑或者拘役，并处或者单处罚金，而增设的新罪不仅法定刑轻，入罪门槛也更高。根据从旧兼从轻原则，非法经营罪对于非法经营药品的行为可能不再适合。据此，专案组建议公安机关在围绕非法经营罪收集证据的同时，也要兼顾其他可能的罪名。

案件进入审查逮捕环节后，专案组发现现有证明体系还是围绕非法经营罪来构建，如果不及时调整，其他认定思路的取证时机将错失。专案组立即制定方案，围绕走私疫苗和未取得批准证明文件生产、销售疫苗等行为，集中攻坚，反复论证，最终确定各犯罪嫌疑人除了涉嫌非法经营罪之外，还应当关注走私国家禁止进出口的物品罪、妨害药品管理罪等罪名。2021年1月25日，专案组依法对犯罪嫌疑人李某峰等20人作出处理决定后，以不批准逮捕理由说明书向公安机关详细阐明《刑法修正案（十一）》对案件的影响和基于此而对是否批准逮捕所作出的考虑，同时，突破不批准逮捕理由说明书的固有格式，着眼于案件后续处理，为公安机关提供了走私国家禁止进出口的物品罪、妨害药品管理罪等取证方向。

该案被最高人民检察院评为依法严惩涉新冠疫苗犯罪典型案例。

【专家点评】

不批准逮捕理由说明书作为检察机关的法律文书，其承担的是释法说理功能，也是检察机关在个案中开展法律监督合法性、合理性、正当性的体现。一份优秀的理由说明书有赖于对案件事实的准确认定、证据的细致审查、定性的精准把握。本案文书的制作即体现了这一点，同时兼顾了特殊形势下对特定案件的综合考量，既做到了对犯罪行为不枉不纵，也达到了案件办理的"三效"统一，体现了检察机关作为法律监督机关的担当。具体来说体现在以下几个方面：

（一）以事实为根据、以法律为准绳，强化监督实效

本案的一个焦点在于未经批准向境外出口"新冠疫苗"如何定性？是定非法经营罪还是走私国家禁止进出口的物品罪。同时，又因为该案案发时间处于新旧法过渡期，根据从旧兼从轻原则，嫌疑人的行为还可能构成《刑法修正案（十一）》新增的"妨害药品管理罪"。本案结合在案证据和已查明的事实，在审查逮捕阶段就对定罪逻辑，即罪与非罪、此罪和彼罪作出了分析和预判。按照构成要件符合性，对有证据证明参与了走私"新冠疫苗"的嫌疑人以走私国家禁止进出口的物品罪来评价，显然比适用兜底的非法经营罪更为精准；对未参与走私但购买"新冠疫苗"并进行销售牟利的，需要考虑按照从旧兼从轻原则考虑是否构罪的问题，本案对此进行了充分的论证和全面考量，为审查起诉阶段高质效办理该案奠定了基础。通过精准定性也反映了新冠疫情防控形势下检察机关严厉打击涉新冠疫苗刑事犯罪的鲜明态度。

（二）逮捕措施兼顾法理和情理，彰显司法温度

逮捕作为最严厉的刑事强制措施，在适用中必须严格遵守法律规定。此外，还要推动办案思维的转变，打破构罪即捕的审查原则，构建以诉讼保障必要性审查为原则的办案理念。在构罪的情况下，是否批准逮捕考验着办案人员对社会危险性要素的理解和适用，也能体现出司法的温度。本案涉及走私和买卖"新冠疫苗"，涉案金额大、人数多，每个人发挥的作用、分工、涉案金额均有不同，在短时间内对每名嫌疑人作出精准认定并进行分层处理难度较大。从处理结果来看，对批准逮捕的，均阐明了涉案罪名和金额，说明了逮捕必要性；对无逮捕必要不批准逮捕的，则详细论证社会危险性要素，其中，对王某乙的处理更是考量了如共同抚养人均被羁押对养育的两个孩子所带来的不利影响，做到了兼顾法理和情理。

（三）提前介入引导侦查精准有效，提升办案质效

审查逮捕案件除作出是否逮捕决定，还需要就案件侦查方向和侦查思路为公安机关提供指引。就本案来说，即便是在检察机关提前介入的情况下，公安机关的取证以及证明体系还是围绕非法经营罪展开，如前所述，本案的定性以及各嫌疑人的定罪将发生重大转变，如不进一步指

导公安机关及时调整侦查方向,在时间紧、任务重的情况下将不利于后续的审查起诉工作。本案不捕理由说明书的一大优点是突破了传统思维,在窗口期及时开展引导侦查并将其充分融入文书的释法说理,为公安机关就走私国家禁止出口的物品罪、妨害药品管理罪等提供取证方向。这种依法主动履职的做法是值得肯定的,也为整个案件取得较好的诉讼效果奠定了证据基础,更是高质效办理每一个案件的应有之义。

（**点评人**：吴春妹,北京市顺义区人民检察院党组书记、代检察长、全国模范检察官）

61. 卢某诈骗案不批准逮捕理由说明书

【简要案情】

犯罪嫌疑人卢某原天津××建筑工程有限公司天津××安装分公司生产经理，负责公司所有安全生产和工程事项。被害人张某某系卢某父亲的同事，2016年至2017年间，卢某因工程资金周转，与张某某之间一直有资金借贷往来，卢某均按期偿还。2018年4、5月间，卢某再次以工程用款为由向张某某借款400万元，约定于2018年12月31日一次性偿还本息500万元。2018年8月，卢某再次向张某某借款25万元，并于同年9月13日偿还张某某26万元本息。2018年12月31日，卢某未能按约定期限偿还张某某400万元借款。张某某多次催要未果，后于2021年2月26日到公安机关报警称，卢某向其借款后以各种理由推脱不还。天津市公安局红桥分局经侦查后，认为天津××天津××安装分公司明确要求职工不能参与本单位承接工程，卢某关于自己私自承揽单位工程，借款用于工程项目系虚构事实，涉嫌诈骗，于2022年8月5日对卢某诈骗案立案侦查。

【诉讼过程】

2022年8月9日，天津市公安局红桥分局以卢某涉嫌诈骗罪向本院提请批准逮捕。2022年8月16日，红桥区人民检察院以指控事实不清、证据不足，依法对卢某作出不批准逮捕决定。

【文书全文】

天津市红桥区人民检察院
不批准逮捕理由说明书

津红检不批捕说理〔20××〕××号

天津市公安局红桥分局：

你局2022年8月9日以津红公（法）提捕字〔20××〕××号文书提请批准逮捕的犯罪嫌疑人卢某，经审查，我院对其作出不批准逮捕决定。根据《中华人民共和国刑事诉讼法》第九十条的规定，现说明理由如下：

诈骗罪是指以非法占有为目的，虚构事实、隐瞒真相，骗取数额较大公私财物的行为。本案现有证据既无法证实犯罪嫌疑人卢某具有非法占有的目的，也无法证实卢某实施了虚构事实、隐瞒真相的行为，指控卢某犯诈骗罪事实不清、证据不足。

被害人张某某陈述2018年3、4月份，卢某称其承包了××养老院精装机电安装工程及天津××学院两处土建及配套工程需要用钱，找张某某借款400万元，到期后卢某未归还借款系诈骗，遂报案。你局经审查后认为，卢某虚构了自己承包××养老院机电安装工程的事实，实际上将借款用于偿还个人债务及挥霍，故认定卢某向张某某借款400万元系诈骗行为。本案认定卢某的行为是否构成诈骗，关键在于查明卢某是否实施了虚构工程项目的行为，借款实际用途是用于工程项目还是个人挥霍，以及卢某在向张某某借400万元时是否具有非法占有该钱款的目的。但现有证据既未查清犯罪嫌疑人卢某有虚构自己承包工程项目的行为，也无法认定卢某借款400万时有非法占有的目的。具体分析如下：

首先，关于卢某是否虚构了跟李某甲合伙承包××养老院精装机电安装工程的事实。

卢某的银行流水显示，在其收到张某某转账400万元后，卢某给李某甲转账 100 万、给梁某某转账 100 万、给盖某某转账 50 万、给李某乙转账 40 余万、给靳某转账 61 万元,其余部分给肖某某、车某某等人转账。卢某称,自己向张某某借款的确用于工程项目,其中 100 万直接转给了李某甲,用于××养老院机电工程项目开支,转给其他人的钱,也是偿还之前因为工程资金周转向他人的借款。关于卢某上述辩解是否属实,现有证据存疑。

第一,李某甲、李某丙的证言。卢某称其和李某甲私下承包的××养老院精装机电安装工程,名义上是李某丙借用××信公司的执照与天津××安装分公司签订的分包合同。所以李某甲、李某丙是证实卢某该辩解是否属实的关键直接证人,但李某甲、李某丙的证言与卢某的供述相互矛盾。对该矛盾证据如何采信,只能根据双方陈述的客观合理性、及与其他证据间的相互印证综合判断。

李某甲、李某丙证言存在诸多不符合常识常理之处。李某丙、李某甲二人称李某丙转给卢某的 930 万元系卢某向李某丙的借款,双方也没有写借款凭据,卢某转给李某甲的 250 万是卢某偿还李某丙的钱款。李某丙和卢某并不熟的情况下,轻易借款 930 万元给卢某,并且没有签订借款合同、借条等任何凭据,缺乏合理性;卢某向李某丙的借款,偿还时却还给李某甲,缺乏合理性;在对方欠自己几百万元没有偿还的情况下,李某丙一直也没有向卢某追要钱款,缺乏合理性;李某甲、李某丙二人在第一次询问笔录中称,卢某向李某丙借款 400 万元,还了 250 万元,后几次笔录中改称卢某向李某丙借了 930 万,前后笔录关于借款数额的陈述存在几百万的差距,缺乏合理解释;李某甲、李某丙称与卢某之间没有项目合作关系,只有卢某向他们借款的情况,但客观证据显示卢某在收到李某丙转款之前,就给李某甲转过钱款,这显然不是偿还李某丙的借款,证言缺乏合理性。

李某甲、李某丙二人证言存在诸多与其他证据矛盾之处。关于卢某借款、还款的数额及时间等细节问题,李某甲、李某丙的证言与客观转账流水记录也不符,李某甲、李某丙先是称卢某借款数额为 400 万,后改称 930 万元,但银行转账流水显示李某丙给卢某转账 990 万元,李某甲、李某丙前后证言关于借款数额的描述均与客观证据不符,真实性存疑；李某甲、李某丙称 2017 年 12 月份，李某丙给卢某转账 400 万，过了一个多月卢某还回 170 万，2018 年 1 月份给卢某转账 530 万，2018 年 5 月卢某还回 80 万，但卢某与李某丙、李某甲的银行流水记录显示，李某丙除上述给卢某转账外，其于 2019 年 2 月还给卢某转款 60 万元，李某甲、李某丙关于上述细节的证言与客观证据不符；卢某在 2017 年 12 月 7 日收到李某丙转账 400 万后，12 月 14 日就给李某甲转账 170 万元，李某甲、李某丙证言中讲卢某一个多月后才还钱，与客观证据不符；流水显示卢某给李某甲转账共计 300 余万元，李某甲、李某丙说卢某偿还借款 250 万元与客观证据不符。

李某甲、李某丙证言存在诸多无法排除合理怀疑之处。二人在第一次询问笔录中，在民警询问是否认识对方时，李某丙称是通过干××养老院工程认识的李某甲，隐瞒了李某甲是其哥哥的事实，李某甲没有向侦查机关如实说明自己和李某丙是兄弟关系的事实，二人为何刻意隐瞒二人之间的兄弟关系无法排除合理怀疑；李某丙称其认识××信公司的人员然后借了他们公司的执照，承包的××精装机电安装项目，项目施工中，李某甲介绍刘某某给李某丙干活，李某丙跟刘某某才认识的。而刘某某称，其和李某丙以前就认识，李某丙承包××养老院精装机电安装项目时，是刘某某向李某丙介绍的××信公司，让李某丙从××信公司借的执照签订的工程承包合同，双方陈述完全不一致，侦查机关未进一步向××信公司取证核实，因此李某丙该内容的陈述的真实性存在合理怀疑。

第二，卢某关于其和李某甲合伙私下承包精装安装工程的供述与其他证据相互吻合，具有客观性、合理性。

卢某称××信公司是他们的合格供应方，是他告诉刘某某，让刘某某带着李某丙去找的××信公司借执照，然后以××信公司的名义签订的项目承包合同，刘某某证言中虽然没有提到卢某的事，但也说是自己带李某丙去××信公司借的证照，该内容与卢某供述吻合。

卢某称刘某某是民工头一直给他们公司机电干活，所以卢某交代李某甲精装机电安装这个工程让刘某某干，李某甲笔录中也证实，卢某说让刘某某干精装机电安装这个工程的活，双方陈述吻合。

卢某称××精装机电安装工程这个项目，卢某和李某甲商量想二人自己干，所以卢某让李某甲找人与公司签订合同，卢某找到单位生产科管理人员王某甲告诉他有一个甲方指派的队伍谈养老院精装机电安装工程，王某甲答应后，李某甲带着李某丙具体办理的工程手续，关于王某甲的证言侦查机关尚未取证，但天津××安装分公司行政经理也就是卢某的领导王某乙证言，证实2017年卢某跟其说精装机电安装这个项目，甲方已经找好施工单位了，卢某牵头签订合同，也是卢某负责找到相关科室签订合同，间接印证卢某关于签订合同过程的供述内容属实。

卢某称××机电安装项目在签合同之前，2017年8、9月份就开始干了，也就是在签订合同之前就提前干了，李某甲证言证实，该项目是2017年11月签订的合同，但实际上是2017年9月初就开始施工干活了，与卢某供述吻合。

卢某收到张某某的400万元后，其中100万元偿还了梁某某、40余万元偿还了李某乙，卢某称还二人的钱款是之前工程资金周转向二人的借款，梁某某、李某乙的证言也称卢某是因为干工程向他们借的钱。

卢某称能证实自己实际是××机电安装项目实际承包人的关键客观证据，是项目资金流向，天津××安装分公司将项目工程款转给××信公司后，××信公司将钱款转给李某丙，李某丙再将大部分钱款转给卢某，少部分转给李某甲用于工程开支，平时卢某也会转给李某甲钱款让其支付工程费用，实际工程都是卢某和李某甲在干，李某丙根本不参与。卷中资金流水等书证材料证实，2017年12月6日，天津××安装分公司给××信公司转款500万，12月7日，李某丙给卢某转款400万，给李某甲转账50万；2018年2月11日，分公司给××信公司转款900万，后李某丙于2月11日、2月12给卢某转账530万，2月12日给李某甲转账290万；2019年2月2日，分公司给××信公司转账150万元，2月3日，李某丙给卢某转账60万，给李某甲转账50万；2019年2月11日，分公司给××信公司转账50万元，2月13日，李某丙给李某甲转账64.25万，上述资金流水情况与卢某供述基本吻合，能证实项目钱款最终都由李某丙转给了卢某和李某甲，印证卢某称李某丙实际上并不参与该工程的供述，同时也能反推李某丙证言的不可信，因为李某丙称项目是其自己承包的，没有其他人参与，但李某丙收到项目资金后却全都转给了卢某和李某甲，显然不符合常理。

综上，证人李某甲、李某丙的证言存在诸多不符合常理、与客观证据不符、诸多无法排除合理怀疑之处，而犯罪嫌疑人卢某关于自己承包××养老院精装机电安装工程的供述相对客观、合理，且有部分其他证据予以佐证，因此，认定卢某虚构其承包精装机电安装工程的证据不足。

其次，无法证明卢某在向张某某借款400万元之前，具有非法占有400万元钱款的故意。

根据卢某与张某某的陈述，二人之前也存在借贷关系，卢某因为工程资金周转找张某某借过钱，给张某某一些好处费，到期也都偿还了，只是400万这次，卢某没有按期还款；卢某与张某某两人之间的资金往来流水也能印证，2016—2017年间张某某跟卢某之间一直有资金借贷往来，与二人陈述之前卢某也是向张某某借钱，卢某都按期偿还了的内容可以相互吻合。此外，根据被害人陈述，在张某某借给卢某400万这次钱款之后，卢某还找张某某借过一次25万元，用了不到一个月，卢某偿还了张某某26万元，转账流水可以证实该事实。上述证据可见，卢某在此次400万借款之前，向张某某借过钱，都按期偿还，在400万借款之后，也向张某某借过钱，也按期偿还。现有证据无法证实卢某向张某某400万元的借款与二人之前的借款和之后的借款有实质性差别，且卢某于2018年4、5月份向张某某借款400万元之后，于2019年8、9月份给张某某转款32万元，并非完全没有还款，卢某虽未按约定期限偿还400万元全部借款，但据此不能认定卢某借款时就具有非法占有400万元钱款的目的。此外，现有证据也未显示卢某将400万元借款用于个人挥霍。因此，认定卢某主观上具有非法占有的目的，证据不足。

最后，在刑民交叉案件中刑法应尽可能保持其谦抑性。

在我国法律体系中，刑法作为其他部门法的保障法，只有当其他部门法不能充分保护某种法益时，才由刑法保护。本案中，卢某的行为存在经济犯罪和民事纠纷的交叉，涉及诈骗和民事欺诈的甄别。现有证据无法排除卢某向张某某的借款系真实意图的借贷行为，无法认定卢某具有非法占有钱款的故意，故本案未达到有证据证明有犯罪事实的逮捕证据标准。

综上分析，现有证据既不能证实卢某向张某某借款时虚构了自己承包项目工程的事实，也不能证明卢某在借款时有非法占有 400 万借款的目的，因此你局认定卢某的行为构成诈骗罪事实不清、证据不足，我院决定不批准逮捕。

天津市红桥区人民检察院
20××年×月×日

【承办检察官心得体会】

卢某涉嫌诈骗罪一案，若指控犯罪事实成立，卢某将面临 10 年以上有期徒刑或者无期徒刑的法定刑，根据《刑事诉讼法》第 81 条第 3 款，应当予以逮捕。卢某到案后一直否认自己实施诈骗行为，辩称自己与对方系借款纠纷，在审查批准逮捕过程中，承办人高度重视并认真听取嫌疑人无罪辩解，结合在案证据综合分析，最终认定本案指控事实不清，证据不足，作出不批准逮捕决定。本案数额特别巨大，不捕决定很可能引发当事人张某某的不满，或者导致侦查机关复议、复核。如何把不捕理由阐释清楚至关重要，为此，承办人从以下几个层面展开说理。

（一）以法律为依据，围绕诈骗罪的构成要件展开论证

本案中卢某的行为是否构成诈骗罪，关键在于卢某是否具有非法占有的目的，是否实施了虚构事实、隐瞒真相的行为。侦查机关指控卢某涉嫌诈骗罪的事实为：卢某虚构自己承包公司工程，实际上将钱款用于偿还个人债务及挥霍。故承办人以卢某是否承揽工程及借款用途作为审查重点。通过审查卢某银行流水明细，判断钱款去向，通过证人证言明确钱款用于偿还工程欠款，通过书证、证言判断卢某辩解是否属实，在此基础上得出指控卢某虚构事实证据不足的结论。

（二）以证据为支撑，综合全案证据进行分析论证，确保说理具有客观性、逻辑性

影响本案定性的关键证据系李某甲、李某丙的证言，但二人证言与

卢某的供述相互矛盾，因此承办人将上述矛盾言词证据的采信作为论证的重点。首先，列明李某甲、李某丙二人证言的诸多不符合常理、无法排除合理怀疑之处，使之与卢某辩解的合理性形成对比；其次，通过证据间的印证比对，指明李某甲、李某丙二人证言与其他证据存在不符，再列明卢某辩解与部分证据的印证之处，二者再次形成对比。通过上述两个对比把未采信李某甲、李某丙二人证言的理由充分讲清，得出卢某诈骗事实无法排除合理怀疑的结论。

（三）情理结合，在证据分析、事实认定中注重法理、事理、情理的融合，确保合法更合理

本案中卢某所在公司明确规定员工不得承接公司工程项目，卢某以他人名义私下承揽公司工程，其行为的确违反公司规定，但违反规定不等同于违法。在400万元借款之前及之后卢某均存在向张某某借款并按时偿还本息的情况，单独认定未偿还的该次借款系诈骗显然不符合情理。双方钱款往来无法排除系正常借贷纠纷的情况下，刑法理应保持谦抑性，对卢某不批准逮捕符合合理性要求。承办人以法律为依据、以证据为支撑，客观全面分析事实，详细阐明检察机关不批准逮捕决定于法有据、于理应当、于情相容，确保案件顺利办结。

【专家点评】

本案是一起民事欺诈与诈骗犯罪难以界分的借款不还案件。如何向侦查机关释法说理，充分阐明现有证据不足以证明诈骗罪名成立，不符合法定批准逮捕的条件，是该文书的焦点和难点。该文书紧紧围绕诈骗罪犯罪构成要件，从卢某是否虚构事实、主观上是否具有非法占有目的以及刑民交义案件中刑法应保持谦抑性三个维度展开说理。层次分明，逻辑严谨，说理透彻，具有很强的说服力和可信度，很好地发挥了不批准逮捕理由说明书的说理功能。说理透彻的基础是审查的精细，具体体现在以下几个方面：

（一）坚持体系思维，注重横向比对

在说理中注意运用在案证据的相互比对，论证指控诈骗罪的事实不清。如在分析卢某是否虚构了自己承包××养老院机电安装工程时，首

先运用常识常理审查出李某甲、李某丙证言缺乏合理性，再将李某甲、李某丙二人证言与客观转账流水记录等证据比对指出矛盾，最后指出二人证言自身存在诸多无法排除合理怀疑之处。这就充分揭示了本案关键证据——李某甲、李某丙证言真实性存疑。

（二）坚持综合思维，注重供述印证

犯罪嫌疑人的供述与辩解是重要的直接证据。在诈骗案件审查中，既不能认为诈骗分子不会讲实话而对其辩解不管不顾，也不能只要辩解具有合理性就一律采信，而应当结合其他在案证据综合分析判断。该文书就结合证人证言等其他证据审查了犯罪嫌疑人的辩解，指出辩解与其他证据相互吻合，具有客观性、合理性，进而否定了卢某虚构其承包精装机电安装工程的事实。

（三）坚持历史思维，质疑主观推定

诈骗罪作为侵财犯罪，非法占有目的是成立犯罪的必备要件。根据卢某与张某某的陈述，结合卢某与张某某两人之间的资金往来流水，审查认定张某某与卢某之间一直有资金借贷往来，且在涉案款项前后均有还款行为，故从行为模式上即可对认定非法占有目的提出有力质疑。

根据《人民检察院刑事诉讼法律文书格式样本》填写和印制说明，制作叙述型文书时，应当做到描述案件事实清楚，引用法律条文准确，结论明确易懂，语言准确精练。该文书无疑符合制作要求。此外，该文书借鉴犯罪事实认定思路，从客观到主观，从构成要件到社会危害性的论证说理顺序也是非常值得借鉴的。

（**点评人**：孙勇，江苏省人民检察院第四检察部主任、三级高级检察官）

62. 王某豪背信损害上市公司利益案不批准逮捕理由说明书

【简要案情】

原上市公司××股份有限公司（以下简称"××中茂公司"，2016年7月18日前公司名称为"××消防股份有限公司"）成立于2002年，注册地南安市××区，证券代码0×××9，2020年5月27日被决定终止上市。法定代表人：高某某（2019年2月26日起任）。犯罪嫌疑人王某豪自2019年10月起担任××中茂公司的监事。

××中茂公司于2015年持有××园林建设工程有限公司（以下简称"××园林公司"）100%股权，以及××生物科技有限公司（以下简称"××生物公司"）100%股权。①

2019年8月，××园林公司出资占80%、林某某出资占20%，成立××建材有限公司（以下简称"××建材公司"）。同年12月，犯罪嫌疑人王某豪受让林某某占该公司20%的股权，担任××建材公司的法定代表人、执行董事兼经理。2020年1月，××建材公司出资占80%、严某某出资占20%，成立××装饰有限公司（以下简称"××装饰公司"）。②

2017年，××生物公司与相关方（××产业、××资管、××股权投资、××智达）共同投资设立××股权投资合伙企业，以实缴出资6000万元持有合伙企业74.7%的合伙份额。同年8月，××股权投资合

---

① ××中茂公司共有三个全资子公司：园林公司、生物公司、××建材公司；此外还有若干控股公司。

② 即全资子公司××园林公司80%控股××建材公司，××建材公司80%控股××装饰公司。

伙企业实际出资7900万元，向王某甲购买××农业开发有限公司（以下简称"××农业公司"）80%的股权。2018年4月，××股权投资合伙企业更名为××天茂股权投资合伙企业（以下简称"××天茂合伙企业"）。2020年5月，××农业公司进行利润分红，××天茂合伙企业分得1600万元（其中，××生物公司分得1195.2万元）。①

2020年5月20日，××生物公司将其所持有的××天茂合伙企业74.7%的合伙份额，以3000万元转让给××装饰公司。②

2020年5月23日，××建材公司将其持有的××装饰公司80%股权，以2400万元转让给王某乙，犯罪嫌疑人王某豪代表××建材公司在转让材料上签字；严某某将其持有的××装饰公司20%的股权，以600万元转让给王某乙。××装饰公司的类型从有限责任公司变为自然人独资。③

经公安机关聘请××资产评估房地产估价有限公司对福建××农业公司的资产进行评估，评估结论为：截止2020年5月31日，福建××农业公司净资产为12489.57万元。相对应上述被转让59.76%股权价值7463.77万元。

【诉讼过程】

本案由××中茂股份有限公司监事会主席王某丙于2020年12月15日向南安市公安局经侦大队报案而案发。南安市公安局于2021年2月13日立案侦查。泉州市公安局于2023年2月6日提请批准逮捕。泉州市人民检察院于同月13日作出不批准逮捕决定。

---

① 即全资子公司"××生物公司"通过"××合伙企业"而间接持有××农业公司59.76%的股权。

② 即第一次股权转移——股权在关联公司内部转移：××装饰公司作为新合伙人入伙，通过××天茂合伙企业间接持有了××农业59.76%的股权。

③ 即第二次股权转移——股权从上市公司流出：王某乙出资3000万元成为××装饰公司的唯一股东，从而间接持有了××农业59.76%的股权。

【文书全文】

福建省泉州市人民检察院
不批准逮捕理由说明书

泉检不批捕说理〔20××〕××号

泉州市公安局：

你局2023年2月6日以泉公提捕字〔20××〕××号文书提请批准逮捕的犯罪嫌疑人王某豪，经审查，我院对其作出不批准逮捕决定。根据《中华人民共和国刑事诉讼法》第九十条的规定，现说明理由如下：

一、犯罪嫌疑人王某豪是否违背对公司的忠实义务，是否存在背信行为的事实不清、证据不足

所谓背信行为，是指破坏信任关系或者违反诚实义务的行为。根据《刑法》第一百六十九条之一的规定，具体是指"违背对公司的忠实义务操纵上市公司"的六种行为。上市公司的高管与其任职的公司之间是一种法律上的信任关系，上市公司的董事、监事、高级管理人员在履行职责的时候，必须要为公司的最大利益，不得使自己的利益与其承担的义务发生冲突。

《公司法》第147条规定："董事、监事、高级管理人员应当遵守法律、行政法规和公司章程，对公司负有忠实义务和勤勉义务，董事、监事、高级管理人员不能利用职权收受贿赂或者是其他非法收入，不能侵占公司的财产。"该法第148条进而规定违背忠实义务的八种表现。根据上述规定，"忠实义务"是指董事、监事、高级管理人员对公司事务应忠诚尽力、忠实于公司，当其自身利益与公司利益相冲突时，应以公司的利益为重，不得将自身利益置于公司利益之上；他们必须为公司的利益善意地处理公司事务、处置其所掌握的公司财产，其行使权力的目的必

须是为了公司的利益。

根据在案证据,在涉案"两次股权转移"的操作过程中,犯罪嫌疑人王某豪供述是在××园林公司的例会上知晓,经公司决定(并不清楚由哪个公司决定)第一次股权转移已经完成,其系根据××园林公司董事长杨某某的指示,为解决××园林公司、××生物公司当时面临的严重经营困难,作为××建材公司的法定代表人参与了第二次股权转移,具体实施了在转让手续材料上签字的行为,至于3000万元的交易价格如何确定、是否经过评估审计、是否参考当时市场价值均不清楚,也不清楚是否经过××中茂公司审批。

目前没有证据证实犯罪嫌疑人王某豪供述不实,或为其个人谋取非法利益,即无法证实犯罪嫌疑人王某豪主观上明知自己实施的是违背对公司的忠实义务、明知自己的行为会给公司财产造成重大损失,仍希望此种结果发生的犯罪故意。其签字行为是否违背忠实义务、是否恶意处理公司事务,尚无证据证实。

二、犯罪嫌疑人王某豪利用职务便利操纵上市公司从事损害公司利益的事实不清、证据不足

"利用职务便利"是指上市公司的董事、监事、高级管理人员利用其在上市公司中的职权或者是与职务有关的便利条件,即利用自己经营管理公司业务或财务的条件(如购销商品,签订履行合同,制定实施利润方案、投资方案、经营计划等)。表现为上市公司有控制地位的人员在滥用表决权或影响力的情况下,侵害上市公司利益。

犯罪嫌疑人王某豪在××中茂公司任监事,《公司法》对于公司董监高的职责有明确规定,监事的七种职权可见该法第五十三条。总的看,监事是对董事会等决议执行负有监督职责的人。本案犯罪嫌疑人王某豪作为××中茂公司的监事,在该公司的控股子公司××生物公司转让股权的事务中,并无决策权,在该事项未经××中茂公司董事会审议的情况下,可能无法及时知晓。

同时,犯罪嫌疑人王某豪在第一次股权转让的出让方××生物公司中既无职务,也未参与决策。记载第一次股权转让事宜的《××生物科技有限公司2020年第一次总经理办公会议纪要》,会签人员为杨某某、张某甲、王某丙。至于受让方，××装饰公司（以及持有其80%股权的××建材公司）是空壳公司，没有实际经营活动或人员，也没有缴税记录。

在案没有证据证实犯罪嫌疑人王某豪具有参与决定股权转让、价格谈判等职能或行为，难以认定其系利用职权或与职务有关的便利条件，在参与决定公司重大决策过程中滥用表决权或影响力损害公司利益。

三、涉案股权交易是否属于不公平不正当关联交易的事实不清、证据不足

《刑法》第一百六十九条之一规定了本罪背信行为的六种具体表现，其中第一款第（二）项规定：以明显不公平的条件，提供或者接受资金、商品、服务或者其他资产的。该行为一般表现为上市公司以明显不公平的高价收购关联公司企业资产或接受其提供的商品、服务，或者将上市公司资产以明显不公平的低价转让，提供给关联公司企业，从而掏空上市公司。判断涉案股权交易的价格是否公平，是否合乎当时的市场行情，除了参考在案股权价值评估报告等鉴定意见，还应全面掌握涉案股权转让时相关公司的经营现状、资产质量、议价能力、支付方式等可能实际影响交易价格的各种因素，综合判断。

根据在案证据：1.犯罪嫌疑人王某豪供称，××园林公司、××生物公司彼时均存在拖欠供应商货款、员工闹事讨薪、涉讼被司法冻结、上市公司面临退市风险等实际困难；2.书证两份《企业信用报告》显示××生物公司、××园林公司均有数十起涉讼信息、失信被执行人信息、司法拍卖信息、股权冻结信息；3.书证《××生物科技有限公司2020年第一次总经理办公会议纪要》记载转让股权的原因系上市公司面临退市，公司对外投资项目面临较大不确定性，杜绝拖欠员工薪酬及供应商等引起的聚众闹事，前期应收款回收不及时导致近期原材料购买款紧张，公司生产线不能达到满负荷生产状态，急需处置相关资产获得现金支持；4.书证《××生物科技有限公司股权转让款2900万元收入明细表》《支出使用明细表》和账户交易明细（福建证监局提供），证实股权转让款已用于支付原材料货款、归还借款、住房公积金、包装材料货款、员工工资、电费、蒸汽使用费、采购备用金借款等。综上，××生物公司未经评估、以低于评估价转让股权，可能确系为解决经营资金周转严重困难。

同时，因邱某甲、邱某乙、杨某某、王某丁、张某乙、张某甲、王某丙等可能参与决策、价格谈判、资金收付等活动的关键人员均未到案，也未对××生物公司、××园林公司的财务状况进行调查，未向相关公司员工询问等，目前无法准确判断彼时公司实际经营状况，故无法单凭股权交易价格与立案后的评估价格相差巨大就认定该交易明显不公平、不正当。

另，关于涉案股权转让事宜是否需××中茂公司董事会审议，在案仅有××中茂公司名称变更之前××消防股份有限公司的《经营决策管理办法》。根据××中茂公司《内资企业登记情况表》，××消防股份有限公司重组更名为××中茂公司之后，该公司的章程亦有变更，且于2019年2月23日向有关部门备案。因此，涉案股权转让程序违背××中茂公司内部管理规定的具体情况不明。

20××年×月×日

【承办检察官心得体会】

本案的认识分歧在于现有证据是否足以认定犯罪嫌疑人王某豪构成本罪，其是否违背了对公司的忠实义务，利用职务便利在参与决定公司重大决策过程中滥用表决权或影响力损害公司利益。泉州市人民检察院审查后认为本案犯罪事实不清、证据不足，决定不批准逮捕。承办检察官撰写不批准逮捕理由说明书的过程可分为三个部分。

（一）查明案件关键事实

本案涉及民营公司数量众多，股权结构复杂，涉案股权转移系原上市公司的全资子公司（××生物公司）将其所持有的××天茂合伙企业74.7%的合伙份额转让给该上市公司的另一全资子公司（××园林公司）的控股公司（××建材公司）的控股公司（××装饰公司），涉案人员遍及上述各公司的高级管理层。承办检察官需要在全面细致审查卷宗材料的基础上,迅速厘清涉案公司的组织架构、依附关系,涉案高管人员的职责权限、地位作用,以及"两次股权转移"的细节、原因、背景等关键事实,时间紧迫且难度较大。

(二) 依法准确适用法律

背信损害上市公司利益罪属于证券期货犯罪,本地发案率不高。对案件事实予以精准定性,应把握好"忠实义务""职务便利""不公平关联交易"等法律概念的核心要义。承办检察官认为,对忠实义务的判断应当采取形式与实质相统一的标准,形式上看,上市公司高管人员的行为是否符合法律及上市公司规定;实质上看,其是否为公司利益着想,以综合考量其是否尽到忠实义务。而判断涉案股权交易的价格是否公平,除参考在案股权价值评估报告等鉴定意见外,还应全面了解涉案股权转让期间公司的经营现状、资产质量、议价能力、支付方式等可能实际影响交易价格的各种因素。

(三) 充分阐释不捕理由

本案最终以事实不清、证据不足为由不批准逮捕。检察机关将不捕理由阐释清楚,既可以消除检警认识分歧,更能引导好下一步侦查工作的方向和思路。

制作不批准逮捕理由说明书时,承办检察官主要从犯罪嫌疑人是否违背对公司的忠实义务、是否存在背信行为,是否利用职务便利操纵上市公司从事损害公司利益,以及涉案股权交易是否属于不公平不正当关联交易这三个维度,结合在案证据展开释法说理。最终认定在案证据不能证实犯罪嫌疑人主观上明知自己实施的是违背对公司的忠实义务、明知自己的行为会给公司财产造成重大损失,仍希望此种结果发生的犯罪故意。客观上,亦没有充分证据证实犯罪嫌疑人有参与决定股权转让、价格谈判等具体活动的职能或行为,难以认定其系利用职权或与职务有关的便利条件,在参与决定公司重大决策过程中滥用表决权或影响力损害公司利益。涉案公司未经评估、以低于评估价转让股权,不能排除系出于解决公司经营资金周转严重困难的可能性。最后,通过制发《补充侦查提纲》列明八个侦查要点,指导侦查机关做好下一步侦查工作。案件办结后,承办检察官和侦查人员继续面对面交流,进一步阐明观点、听取意见、消除分歧。侦查机关对检察机关的处理决定表示认可，未提出复议、复核。

【专家点评】

本案存在复杂的出资、股权持有、转让关系。简而言之，即王某乙以2400万元价格间接受让了原本由中茂公司间接持股的农业公司股权（估值7463.77万元），犯罪嫌疑人王某豪因签署转让材料涉嫌背信损害上市公司中茂公司的利益。

公安机关提请批捕后，检察机关经审查，认定事实不清、证据不足，依法作出不予批准逮捕决定。本文书详细列明了不批捕理由，对《刑法》《公司法》有关违背忠实义务、背信行为、利用职务便利操纵上市公司从事损害公司利益、不公平不正当关联交易的相关规定作出规范解释，指出现有证据不能排除合理怀疑。本文书论证严谨、重点突出、适用法律正确，为引导下一步侦查工作提供了明确思路。

逮捕是刑事诉讼中最为严厉的强制措施，根据《刑事诉讼法》，"有证据证明有犯罪事实"是适用逮捕措施的首要条件，即有证据证明发生了犯罪事实，有证据证明犯罪事实是犯罪嫌疑人实施的，证明犯罪嫌疑人实施犯罪行为的证据已经查证属实。本案检察机关严格依法把握批捕条件，指出股权出让公司可能存在经营资金周转严重困难，仅以股权交易价格与立案后评估价格悬殊难以认定交易不正当、不公正，现有证据无法证明股权出让行为损害上市公司利益，亦无法证明嫌疑人存在背信行为，不具备逮捕的基本条件。

现代公司具有较为完整的内部治理结构和治理机制，基本通过自治方式维护股东利益和利益相关者的合法权益。对代理人利用职务便利侵犯公司利益的行为，司法介入应是必要且以尊重自治规则为前提的。本案在认定"忠实义务""背信行为""职务便利"等犯罪成立要件时，不仅依据相关法律规定，而且考察了公司内部有关股权转让原因的会议纪要，股权转让款的收支、交易明细，涉事公司的生产经营状况，公司章程有关股权转让程序的内部管理规定等，判断股权转让是否公司真实意思的表达、是否切实损害上市公司利益，犯罪嫌疑人行为是否符合法律及上市公司规定，是否尽到忠实义务，充分体现了公司治理中尊重私法自治与依法保护相结合的原则。

由检察机关批准适用逮捕措施，是对侦查活动同步进行法律监督的重要制度，以及时引导侦查机关的侦查活动，对侦查取证的方向、证据收集提出意见和建议，提高刑事案件的办案质量和效率，同时保障犯罪嫌疑人的合法权益。检察机关虽认定本案事实不清、证据不足，不予批捕，但同时结合案件具体情况进一步阐释了背信损害上市公司利益罪的成立条件，并通过制发《补充侦查提纲》进一步指出侦查工作的方向，很好地发挥了检察引导侦查取证的作用，对于同类案件办理及检察文书写作具有重要的借鉴意义。

（**点评人**：卢建平，北京师范大学法学院教授、博士生导师）

63. 李某慧敲诈勒索案不批准逮捕理由说明书

【简要案情】

犯罪嫌疑人李某慧因案发前有在超市工作的经历，期间因看到有顾客拿着质量有问题的商品向超市负责人索要赔偿款，便萌生了自己购买有质量问题的商品，然后向超市或厂家索赔的想法。索赔流程为，先到超市寻找有质量问题的商品（如商品内有虫子或异物），然后拿着有质量问题的商品去结账，结账后便向服务人员说明商品有质量问题，有时直接要求赔偿，与超市负责人员或者供货商协商赔偿事宜，有时先是向食药监局投诉，然后和商品的生产商或供货商协商赔偿事宜，协商成功拿到赔偿款后遂撤诉。在2023年3月至5月间，犯罪嫌疑人李某慧在顺义区××超市、怀柔区××天地等五家超市内购买有质量问题的商品，通过上述方式成功获得赔偿款共计4万余元。

【诉讼过程】

2023年6月21日，北京市公安局怀柔分局以犯罪嫌疑人李某慧涉嫌敲诈勒索罪向怀柔区人民检察院提请批准逮捕，怀柔区人民检察院经审查，于2023年6月28日以犯罪嫌疑人李某慧的行为不构成犯罪，依法作出不批准逮捕决定。

【文书全文】

北京市怀柔区人民检察院
不批准逮捕理由说明书

京怀检不批捕说理〔20××〕××号

北京市公安局怀柔分局：

  你局于 2023 年 6 月 21 日以京公怀提捕字〔20××〕××号文书提请批准逮捕的犯罪嫌疑人李某慧，经审查，我院对其作出不批准逮捕决定。根据《中华人民共和国刑事诉讼法》第九十条的规定，现说明理由如下：

  敲诈勒索罪是指以非法占有为目的，对财物所有人、占有人使用恐吓或者要挟的方法，索取数额较大的公私财物，或者多次敲诈勒索的行为。本案中，犯罪嫌疑人李某慧无论主观还是客观方面均不符合敲诈勒索罪的犯罪构成，具体分析如下：

  一、主观方面，犯罪嫌疑人李某慧不具有非法占有他人财物的主观故意

  一是犯罪嫌疑人李某慧购买的罐头等食品确实存在质量问题，没有证据证实李某慧存在调包等行为而进行恶意索赔的情况。二是根据《中华人民共和国食品安全法》第一百四十八条的规定"消费者因不符合食品安全标准的食品受到损害的可以向经营者要求赔偿损失，也可以向生产者要求赔偿损失。生产不符合食品安全标准的食品或者经营明知是不符合食品安全标准的食品，消费者除要求赔偿损失外，还可以向生产者或者经营者要求支付价款十倍或者损失三倍的赔偿金，增加赔偿的金额不足一千元，为一千元"，犯罪嫌疑人李某慧向经营者或生产者索赔的金额未超过该法条规定的惩罚性赔偿范围。三是犯罪嫌疑人李某慧虽知假买假存在牟利的目的，其行为有不当之处，但在法律上不影响其作为食品购买者向经营者或生产者进行索赔的权利。

二、客观方面，犯罪嫌疑人李某慧的索赔方式并不违反法律规定，亦不存在恐吓或者要挟的行为

一是从法律规定及相关司法精神来看，现阶段食药品领域中知假买假或职业打假行为并不为法律所禁止。首先，《中华人民共和国消费者权益保护法》、《中华人民共和国食品安全法》等未禁止食品领域以牟利为目的的知假买假行为。其次，《最高人民法院关于审理食品药品纠纷案件适用法律若干问题的规定》第三条规定"因食品、药品质量问题发生纠纷，购买者向生产者、销售者主张权利，生产者、销售者以购买者明知食品、药品存在质量问题而仍然购买为理由进行抗辩的，人民法院不予支持"。再次，《最高人民法院办公厅对十二届全国人大五次会议第5990号建议的答复意见》（法办函〔2017〕181号）关于"对知假买假行为如何处理、知假买假者是否具有消费者身份的问题"中亦进一步明确"考虑食药安全问题的特殊性及现有司法解释和司法实践的具体情况，我们认为目前可以考虑在除购买食品、药品之外的情况，逐步限制职业打假人的牟利行为"。二是犯罪嫌疑人李某慧在索赔的过程中，称如不赔偿就向市场监管部门投诉，其索赔的方式符合消费者权益保护法规定的关于消费者与经营者、生产者争议解决的途径，并不违反法律规定。

综上所述，犯罪嫌疑人李某慧的行为不构成敲诈勒索罪，故对犯罪嫌疑人李某慧作出不批准逮捕决定。

20××年×月×日

【承办检察官心得体会】

法律文书不在于文书本身，而在于对案件本身的深刻挖掘、对法律和政策的精准把握运用，再将上述所思所想通过法律文书的方式精准呈现，让案件当事人及案件办理机关理性平和接受，更通过一个案件的办理、一份文书的表达，去传导一类案件的办理和引领法治意识的提升。

案件办理最重要的两样东西：法律和证据。在案件办理中，要围绕事实认定，深入细致审查每一份证据，从证据的证明能力和证明力方面严格把关，在确认一个个单独证据可采的基础上，再通过证据间分组、比对、排疑等方式，对证据是否能够形成完整的证据链条，排除合理怀疑进行充分考量，其中需借助于逻辑法则和经验法则，既需要对事实本身有了解，又需要对社会万象有洞察，方能客观、准确认定事实。

在法律适用层面，要反复在法律与事实之间徘徊往返，特别是对于新类型案件、刑民交叉案件。社会生活的发展、法律体系的完善，决定了我们办理案件也必须进行系统、全面把握法律的适用。在法律体系内，目光决不能仅仅局限于刑事类法律，更要在学好弄通刑事法律的同时，对民法、行政法等有所涉猎，甚至精通，方能办理好案件。在办理该起案件中，承办人在查明案件事实的基础上，围绕犯罪嫌疑人的行为是否构成犯罪开展了多方面工作：一是通过查阅裁判文书网站，就类似案件判决进行梳理，与所办案件进行比对，明晰案件之间的异同；二是对涉及消费者权益的法律法规进行查阅，明晰法律规定及实践中对食品领域"职业打假人"或者以打假为手段获利的处理倾向；三是强化沟通交流，充分听取其他法律工作者对此类案件的意见及建议。通过开展上述工作，充分考虑法律适用衔接性、刑法谦抑性及本案犯罪嫌疑人的行为，依法对其作出不构罪不批准逮捕决定。

【专家点评】

本案是一起涉嫌敲诈勒索罪最终以不构成犯罪不批准逮捕的案件，通过审视不批准逮捕理由说明书及承办检察官撰写文书的思路体会，这份优秀文书具有以下三个特点：

(一) 全面查明事实与准确适用法律并重

强化对案件的审查，准确查明事实，有效适用法律是确保案件办理质效的基础。本案中，承办检察官围绕敲诈勒索罪的犯罪构成，在查明事实的基础上，对犯罪嫌疑人李某慧的行为从主观和客观两方面进行出罪论证：从李某慧所购商品确实存在质量问题、获利（牟利）具有法律规定的正当性依据以及索赔金额未超出法定范围三个方面论证其主观上不具有非法占有目的；从消费者权益保护法、食品安全法、食药案件司法解释等未对明知商品存在质量问题仍然购买并据此索赔的行为设置禁止性规定,进而排除"实施威胁和要挟的方法"这一敲诈勒索罪的最主要表现特征,最终认定李某慧的行为不构成敲诈勒索罪。

(二)将法治精神融入司法办案

法谚有言:法无禁止即自由。这是针对公民权利的保护而言,也与"罪刑法定原则"旨趣一致。本案中,李某慧的行为类似于"职业打假",对于此种行为的定性学术界与实务界的争议从未停止过。有观点认为,支持职业打假有利于营造良好的营商环境;也有观点认为,职业打假人为了牟利、知假购假不属于消费者范畴,系以"打假"为名的敲诈勒索行为。本案中,承办检察官结合当前法律法规、司法解释等相关规定,对于食品药品领域"职业打假人"知假买假并高额索赔的行为予以合乎立法精神的解读,认定李某慧索赔方式、金额并未违反法律规定,从而作出不构成犯罪不批准逮捕的决定,实现了准确适用法律与有效保障人权的统一。

(三)突出文书制作的规范性与说理性

一份优秀的法律文书需要体现出很强的逻辑性、充分的说理性和规范的文字表述,将办案的所思所想全过程凝炼地反映在一份法律文书中。因此,说理的过程其实就是还原"高质效办好每一个案件"的过程。不批准逮捕理由说明书是向公安机关反馈检察机关审查结论的主要依据,也是传导司法办案理念的重要载体。通过一份法律文书能否取得公安机关、侦查人员的认同、达成共识,是判断检察机关办案质量与效果的重要标尺。本篇法律文书层次分明、理据全面、意思表达准确清晰、论证繁简得当,体现了规范性、说理性、逻辑性的统一,展现了一份高质量法律文书应有的价值。

(**点评人**:姜淑珍,北京市海淀区人民检察院党组书记、代检察长,全国模范检察官、全国十佳公诉人)

64. 陈某章骗取贷款案不批准逮捕理由说明书

【简要案情】

2012年9月25日，犯罪嫌疑人陈某章以其实际控制的××进出口贸易有限公司（简称"××公司"）的名义，与××银行厦门分行（简称"厦门××银行"）签订《融资额度协议》，同时以其个人提供担保并以名下的漳州市××区××路××号××苑×幢商场D××1号房产（简称"D××1"）作为抵押，估价价格为6511.58万元（人民币，下同），并与厦门××银行签订《最高额抵押合同》，为××公司获取期限1年的3500万元授信额度。

2012年11月，为增加授信额度，犯罪嫌疑人陈某章申请将抵押物变更为漳州××区××苑××幢商场D××2号（以下简称"D××2"），评估价格为7505.9万元。厦门××银行将给予××公司的授信额度由3500万元提升至4500万元，尔后××公司在该授信额度内以支付货款的名义，以企业流动资金、开立国际国内信用证、银行承兑汇票的形式，多次借还、循环使用该笔授信。

贷款到期之后，因××公司未归还资金，2014年4月4日，厦门××银行向法院申请强制执行贷款抵押物D××2号。2015年3月，厦门市中级人民法院委托对D××2号进行评估，评估价格为4542.78万元，挂网拍卖但是最终流拍。

2015年9月15日，厦门××银行与××资产管理有限公司福建省分公司签订不良资产批量转让协议，将涉及××公司4500万元贷款本金、768.119253万元利息、6.8304万元费用的债权作为不良资产，以2631.57万元的价格转让给××福建分公司。但是，厦门市中级人民法院并未解除对 D××2 号贷款抵押物的查封。2019 年 8 月 14 日，厦门市中级人民法院委托对 D××2 号房产进行评估，评估价格为 4230.12 万元，挂网拍卖但是最终流拍。

2021 年 6 月 9 日，经厦门市公安局委托，厦门市价格认证中心认定 D××2 号房产在价格认定基准日（2012 年 11 月 1 日）的市场零售价格为 2300.5708 万元。

【诉讼过程】

2020 年 8 月 18 日，厦门市公安局受理案外人报案，于同年 10 月 17 日决定立案侦查。2021 年 8 月 28 日，犯罪嫌疑人陈某章主动投案。2021 年 9 月 22 日，厦门市公安局以涉嫌骗取贷款罪对犯罪嫌疑人陈某章提请批准逮捕。2021 年 9 月 29 日，厦门市人民检察院认为证据不足，不批准逮捕，同日陈某章被取保候审。

【文书全文】

福建省厦门市人民检察院
不批准逮捕理由说明书

厦检不批捕说理〔20××〕××号

厦门市公安局：

你局 2021 年 9 月 22 日以厦公提捕字〔202××〕××号文书提请批准逮捕的犯罪嫌疑人陈某章，经审查，我院对其作出不批准逮捕决定。根据《中华人民共和国刑事诉讼法》第九十条的规定，现说明理由如下：

一、认定欺骗手段的证据不足

1. 不符合认定逻辑。商业地产价格评估属于专业领域，厦门××土地房地产评估咨询有限公司（简称"厦门××评估公司"）是××银行股份有限公司厦门分行（简称"厦门××银行"）认可的专业评估机构，该公司的工作人员均否认故意虚高评估，且在案也无确切证据反证。你局经侦支队情况说明认为，"厦门××评估公司有涉嫌出具重大文件失实的犯罪嫌疑，因已过追诉时效，不予追究刑事责任"。但是，该犯罪嫌疑属于过失犯罪，从逻辑上而言，若无法查实厦门××评估公司的工作人员故意配合陈某章虚高评估，仅凭陈某章根据贷款需求委托该公司出具的估价报告，难以证实陈某章明知、指使将抵押物高评。

2. 主观明知存疑。犯罪嫌疑人陈某章辩解，D××2号房产的购买价格、价值均高于购买合同价格。报案人郑某某、厦门××银行工作人员李某某均提供了××房地产公司负责人情况，但是在案并未向该负责人查证实际购买价格。同时，根据你局委托厦门市发改委评估后出具的价格认定结论书，D××2号房产在2012年11月1日的鉴定单价8594元/平方米，也即陈某章购买房产之后仅过2个月，D××2号房产鉴定单价比购买单价4700元即上涨82.85%（增加3894元/平方米），该节部分印证了陈某章抄底购买、单价打两三折、一层商场价格更高等辩解的合理性。

3. 虚构交易合同存疑。你局认定，陈某章通过虚假贸易方式，2012年10月26日申请开立国内信用证1800万元，用于向××金属资源有限公司购买阴极铜，并因超过授信额度缴纳367.2万元保证金；2012年11月22日申请开立承兑汇票1600万元，用于向××贸易有限公司购买黄花梨木，并因超过授信额度缴纳640万元保证金。但是，陈某章坚持辩解属于真实贸易；陈某章是否实际控制关联公司、虚构交易的证据，仅有犯罪嫌疑人的部分供述和个别证人证言；若相关贸易均为虚假，在明知授信总额度的情况下，陈某章为何不直接在授信额度内骗取贷款，却两次额外缴纳合计1000万余元的保证金，存在合理怀疑。

4. 银行是否受骗存疑。涉案资金用途存疑、证据薄弱，资金流向图仅涉及2013年5月28日、8月14日、8月20日、9月11日、9月12日的款项，且厦门××银行客户经理高某某证实，陈某章在2013年8月13日信用证到期前已告知其通过"过桥"的方式延长贷款期限，以便有时间处置资产归还贷款，也即银行工作人员此时已了解贷款的真实用途、不存在受骗问题，甚至厦门××银行2013年8月14日《额度项下支用申报表》（9p133）载明采购"铝锭"与《授信业务审批通知书》（9p135）载明采购"铝锭"，2013年8月20日《额度项下支用申报表》（9p174、175）载明采购"铝锭""带钢"与《授信业务审批通知书》（9p173）载明采购"铝锭"，银行审批材料载明的贷款用途表述都不相同。

5. 非法影响的作用力存疑。厦门××评估公司的评估报告（5p123、7p167）载明，"评估价值是估价机构进行主观判断，并不完全等同于买卖成交价，更不同于抵押物被处分时的迫售价值，因此抵押权不应完全依据抵押价值确定贷款额，应综合诸多因素综合确定抵押贷款额"。同时，厦门××银行关于3500万元、4500万元授信申请的审查报告（7p10、57）载明，"调查人查询房地产联合网了解到，近期该抵押物周边店面交易价格在30000—50000元/平米左右，租金价格在每月每平方米170—300元左右。据此，上述评估价格合理"，"审查人陈某甲、审批人陈某乙、魏某某"，也即银行在审核是否同意放贷时，评估报告、评估价格只是重要参考而非径直采信，需要经过银行调查人员调查后才确定采纳与否。

二、认定造成损失的证据不足

1. 涉案抵押物尚未处置。报案人郑某某提供的中国人民银行征信中心《企业信用报告（银行版）》（3p27）体现，未归还的5笔合计4500万元贷款，五级分类属于"次级"。根据中国银监会《贷款风险分类指引》（银监发〔2007〕54号）第五条规定，次级属于"可能会造成一定损失"，与可疑"肯定要造成较大损失"、损失"本息仍然无法收回或只能收回极少部分"相比，存在较大区别，并非必然造成损失。此外，《公安部经济犯罪侦查局关于骗取贷款罪和违法发放贷款罪立案追诉标准问题的批复》（公经〔2009〕134号）认为，不良贷款尽管"不良"但不一定形成了即成的损失，"不良贷款"不等于"经济损失"，也不能将"形成不良贷款数额"等同于"重大经济损失数额"。

经与厦门市中级人民法院执行局承办人（林某某，0592-××××××、136××××××××）了解，涉案抵押物D××2号房产仍然处于司法机关的查封状态，并未成功拍卖、变卖，也未过户，也即厦门××银行转让不良资产协议是否有效履行、是否已处置抵押物、是否必然造成损失、是否已造成实际损失仍然存疑。

2. 损失金额认定存疑。涉案抵押物 D××2 号房产存在多个评估价格，包括：××公司 2012 年 11 月委托厦门××土地房地产评估咨询有限公司的评估价格 7505.9 万元、厦门市中级人民法院执行局 2014 年 5 月委托厦门××房地产评估咨询有限公司的评估价格 4542.78 万元、厦门市中级人民法院执行局 2019 年 5 月委托厦门××房地产评估咨询有限公司的评估价格 4230.12 万元，以及陈某章向厦门××置业有限公司的转让价格 4673 万元。同时，厦门××评估公司评估报告认为（10p114），二层商场房地产单价一般为一层商场房地产单价的 40%—60%，该次评估取 45%。若陈某章 2014 年 6 月向厦门××置业有限公司转让 D××1 号房产（4619.78 平方米、单价 8814 元/平方米、总价 4072 万元）属实，参考该交易价格并根据厦门××评估公司的计算方式，D××2 号房产的单价约 19586 元/平方米、总价约 5243 万余元，价款基本涵盖了此前涉案贷款本息。上述价格均高于你局委托厦门市发改委认定的价格 2300.5708 万元、厦门××银行 2015 年 9 月处置不良资产的价格 2631.57 万元，能否直接以处置不良资产的民事协议价格与贷款之间的差额作为损失值得商榷。

三、羁押必要性审查方面

在审捕阶段讯问时，陈某章表示自己听说被厦门市公安局立案，但是公安机关一直没人联系，自己就在 8 月底主动到公安机关说明情况。鉴于涉案贷款 2012 年至今已近 10 年，在案询问笔录、讯问笔录的制作时间大多在 2021 年 8 月底、9 月初，距离 2020 年 8 月受理案件、10 月立案已近 1 年时间；报案人郑某某称，已走访了洪某某等多人搜集证据（3p13），陈某章此前已有充足条件和人身自由完成串供、毁灭证据等行为。此外，提捕书认定陈某章无固定住所，但是陈某章及其辩护人均辩解案发前居住在××县老家祖宅（福建省××市××县××镇××村××组××号），该辩解具有合理性，陈某章到案前有无固定住所存疑。

20××年×月×日

【承办检察官心得体会】

办理审查逮捕案件,需要在法定期限内全面了解案件事实,准确认定是否符合逮捕条件,对于符合逮捕条件的,依法作出批准逮捕决定;对于不符合逮捕条件的,依法作出不批准逮捕决定,并同时制作《不批准逮捕理由说明书》,详细说明不批准逮捕的理由。高质效办好审查逮捕案件,需要做到快、准、稳。

首先做到"快"。一是快速熟悉案件。审查逮捕案件的期限仅7天,且涉及捕与不捕的案件一般较为复杂,时间紧、任务重、责任大,承办人必须全力以赴,需要第一时间阅卷了解案情、翻查规定,尽快提审犯罪嫌疑人和听取辩护人意见。二是快速把握症结。承办人主要围绕是否欺骗银行、足额担保、贷款用途、造成损失等进行审查,第一时间发现申请贷款、强制执行两个关键节点的抵押物评估价格已经覆盖了贷款本金,以及涉案银行、评估公司工作人员是否涉嫌共同犯罪并可能影响骗取贷款的主观故意认定等疑点,为下一步审查工作打好基础、留足时间、赢得主动。

其次做到"准"。一是准确认定事实。虽然审查逮捕案件与审查起诉案件周期不同,但是认定标准相同,除了书面查阅侦查机关的提捕文书,还要细致查看在案证据材料,结合犯罪嫌疑人的辩解和辩护人的意见,特别注意审查影响罪与非罪的事实。例如,在发现上述事实疑点后,承办人主动联系法院执行人员了解情况,从中得知抵押物尚未处置的关键事实,导致损失与否、数额多少均不明确,无法认定造成损失。二是精准界定罪责。由于经济犯罪纷繁复杂,法律规定、司法解释、行政法规可能随时调整变化,涉及民刑交织等问题,捕与不捕涉及法律政策等问题,要求承办人从更高站位、更深层次、更实角度考虑,克服简单参照此前判例、习惯做法的惰性,与时俱进更新理念。例如《刑法修正案(十一)》取消了骗取贷款罪"有其他严重情节的"入罪标准,根据从旧兼从轻,没有造成损失就不认定为犯罪,如果没有及时学习跟进,就可能导致错误认定。

最后做到"稳"。一是结论要稳固。羁押与否关系到当事人切身利益,稍有考虑不周则容易造成不利的法律后果和社会影响。要坚持多维度考虑、多角度论证，往返于事实与规定、法律与社会之间，循环往复、考虑周全。例如，本案涉及处置不良资产能否认定造成损失问题，除了刑法条文外，承办人还翻查了最高人民法院和公安部的批复、中国人民银行征信中心《企业信用报告（银行版）》、中国银监会《贷款风险分类指引》等相关规定，结合贷款额度支用申报表等证据材料，充分考虑案发较长时间证明羁押防止串供的必要性、犯罪嫌疑人主动投案而后逃跑的可能性不大，经过多次论证才决定不捕。二是方式要稳妥。多与侦查人员沟通，做到信息对称，了解案件背景、案发原因、侦查进展、困难之处，在决定不捕或不批准逮捕之前，可以将审查情况、不捕理由与侦查人员交换意见，看看是否有遗漏之处或者补查空间，必要时采取公开听证等方式进行，避免侦查机关在不捕后进行复议复核，造成不必要的程序运转；多与辩护人沟通，做到兼听则明，避免陷入思维定式产生错误判断。例如，经过充分沟通，双方坚持问题导向、求同存异，承办人提出的问题症结、不捕理由和补查思路，均得到侦查人员、法制人员的认同，侦查机关执行而未提出复议、复核。

【专家点评】

一份出色的不批准逮捕理由说明书应当内容完整、准确把握案件事实和证据，不批准逮捕的理由和依据应当表述清晰合理、逻辑推理严密，确保论证结论的说服力与权威性。

本案是一起金融犯罪案件，所涉及的事实、证据以及法律问题比一般刑事案件更为复杂多变，需要办案人员更为审慎、细致对待。本案的不批准逮捕理由说明书对犯罪嫌疑人是否存在欺骗行为、银行的经济损失等案件事实进行了深入细致的调查分析，对其中证据不足部分进行充分的阐释论证，详略得当。具体而言，本文书具有以下两个方面的鲜明特点：

（一）形式逻辑层面：主客观相结合进行质证说理

检察文书的分析论证有理有据，是确保其质量的关键。语言表达清晰透彻、恰如其分，可以更好地论证检察文书的合法性和正当性，提高结论的可接受度。本篇不批准逮捕理由说明书紧密结合提请批准逮捕书中认定犯罪嫌疑人存在欺骗贷款手段和造成银行经济损失的事实和证据，充分运用逻辑推理方法，分析犯罪嫌疑人主观欺骗故意、客观欺骗行为以及损害结果认定方面存在的疑问。具体而言，说明书对犯罪嫌疑人是否存在虚高评估、是否虚构交易合同、银行是否被骗以及由此可能造成的经济损失等证据链条进行全方位的审视论证，指出其中存在的不合理之处，同时对犯罪嫌疑人的羁押必要性进行审查，从而得出对犯罪嫌疑人不批捕的结论。对读者而言，具有很强的说服力，也符合证据认证规则和司法公正的要求。简而言之，论证过程提纲挈领、简明扼要、重点突出、有理有据、以理服人。

（二）实质价值层面：提升司法效率与保护犯罪嫌疑人合法权益

司法效率原则要求司法机关在司法活动中，在正确、合法的前提下，提高办案效率，不拖延积压案件，及时审理和结案，合理利用和节约司法资源。本案办案人员在撰写文书的过程中，快速及时地熟悉案件、了解案情、厘清证据疑点，就是提升司法效率中时间要素的体现。形成的不予批准逮捕理由说明书的内容完整、逻辑严密，避免了侦查机关因说明书内容漏洞而进行复议，造成不必要的程序运转，带来司法资源浪费。同时，不予批准逮捕决定的作出，可以避免因批捕而导致的不必要损失，这是提高司法效率中成本要素的体现。除此之外，对犯罪嫌疑人依法采取不批捕、不羁押的措施，可以更好地保护犯罪嫌疑人的合法权益。

纵观本案的不予批准逮捕理由说明书，制作优良、繁简适当、条理清晰、说理充分，是一篇优秀的检察文书，具有一定的示范指导作用。

（点评人：王新，北京大学法学院副院长、教授、博士生导师，最高人民检察院经济犯罪检察厅副厅长（挂职））

提前介入侦查（审查）意见书

65. 金某、刘某声等人合同诈骗案提前介入侦查意见书

【简要案情】

2014年7月起,金某、韩某、刘某声、纪某宇、陈某昊、高某丹等人成立秦皇岛××餐饮管理有限公司从事餐饮招商加盟活动。2018年初起,为谋取巨额利润,并规避法律风险,金某等人又先后成立北京××网络科技有限公司、秦皇岛××企业管理咨询有限公司、石家庄××企业管理咨询有限公司、上海××餐饮管理有限公司等关联公司,将秦皇岛××餐饮管理有限公司内设的网络中心、话务中心、运营中心等业务部门分割管理,分置于上述关联公司运行,形成"××集团",并以"快招"形式诈骗加盟商钱款。在此过程中逐步形成以金某为首要分子,韩某、刘某声、纪某宇、陈某昊、高某丹为重要成员,王某、李某等人为一般成员,有较为明确、固定分工,具有一定层级的犯罪集团。

金某等人为骗取高额加盟费,在明知××集团不具备相应运营能力及资质的情况下,或自营或与王某某等人合作,采用短期内频繁更换品牌的"快招"方式对外招商加盟。在招商过程中,××集团谎称所推介品牌和知名品牌属同一集团或有合作关系进行"贴牌",通过虚构运营能力、提供虚假授权、聘请明星代言等方式诱使被害人至上海松江等地签约,骗取加盟费。之后××集团一方面对已加盟被害人的正当运营需求敷衍了事,甚至不管不顾,放任经营失败,在因此产生诉讼后,又通过转移资金的方式逃避退款义务,另一方面再以相同手法包装推介新品牌,继续以"贴牌""快招"方式骗取更多被害人加盟费。自2018年1月1日至案发,××集团以台铺奶茶、茶颜光年、茶芝兰、炸鸡特工等24个品牌名义(其中17个品牌系××集团自营)累计骗取全国5800余名加

盟商共计人民币4.4亿余元。

【诉讼过程】

2021年4月23日，上海市公安局松江分局对金某、刘某声等人以合同诈骗罪向松江区人民检察院提请批准逮捕。2021年4月30日经松江区人民检察院批准，并由上海市公安局松江分局执行逮捕。2022年5月5日，松江区人民检察院以合同诈骗罪对金某、刘某声等人提起公诉。2023年3月17日，松江区人民法院对被告人金某等人判处有期徒刑10年6个月至14年6个月不等，并处剥夺政治权利和相应罚金。判决后，金某等人不服，提出上诉。2023年7月21日，上海市第一中级人民法院作出终审裁定，驳回上诉，维持原判。

【文书全文】

上海市松江区人民检察院
提前介入侦查意见书

上海市公安局松江分局：

犯罪嫌疑人金某、王某某等人合同诈骗案一案，经你局邀请，本院派员提前介入，为了彻底查明犯罪事实，有效惩治犯罪，提出以下引导取证意见：

本案系新类型合同诈骗犯罪案件，犯罪嫌疑人方人员是否具有实际履约能力是本案的侦查重点，请你局查明以下事项并重点做好相关工作：

一、关于本案定性方面的证据

本案作为新类型案件，实践中有观点认为犯罪嫌疑人存在事后履约行为，因此此类型案件应属于民事欺诈；也有观点认为犯罪嫌疑人虽有事后履约行为，但其非法利用信息网络投放虚假广告应构成虚假广告罪。造成上述争议的关键在于犯罪嫌疑人是否具有非法占有目的，如具有非法占有目的，则应当构成诈骗类犯罪，如不具有则应当作另案或者另行处理。具体到本案而言，犯罪分子是否具有非法占有目的，建议可以从以下方面展开侦查，具体如下：

1. 查明涉案品牌实际运营情况。运营能力是特许加盟行业的基础，一个没有运营能力的招商公司势必不可能保证加盟者的利益，在明知自己没有运营能力的情况下继续收取加盟款，则有可能构成合同诈骗罪。因此，建议你局以品牌为依托，寻找××集团名下所有运营品牌（包括自营与合作）加盟商，每个品牌至少找寻10名以上加盟商，询问核实涉案品牌是否实际运营。同时为全面展示加盟商运营情况，挑选一到两个奶茶、鸡排加盟品牌并对该品牌下全部加盟商进行调查核实，以明确涉案品牌是否普遍性存在运营不善的现象。同时建议你局可依托饿了么、美团等网络订餐平台，以涉案品牌上线率来计算各涉案品牌加盟商的实际运营情况。

2. 查明涉案品牌是否存在快招现象。所谓快招即指运营公司在短期内频繁更换同类型品牌进行招商收取加盟费的现象，而由于频繁更换品牌，又导致其运营能力无法支撑招商，造成加盟商普遍性受损。快招行为具有非常大的社会危害性，如果在明知没有运营能力的情况下进行快招，则可能构成犯罪。因此，建议你局就本案加盟商加盟流程、涉案品牌更换频率、品牌来源转让流程、快招运营风险及与正常加盟招商的区别等展开调查。同时根据现有证据证实，犯罪分子还存在贴牌的行为，该行为也是快招模式的常见现象，因此建议你局可以找寻行业从业人员或者一点点、COCO等正规品牌，进一步了解正规招商与贴牌快招的区别。

3. 查明金某、王某某等人是否存在假破产、假倒闭、抽逃资金、拒不履行法院判决执行的情况。根据相关司法解释，犯罪分子骗取被害人钱款后采取假破产、假倒闭或者抽逃资金、隐匿资金等情况的，可以认定具有非法占有目的。结合在案证据显示金某、王某某等人可能存在大量民事诉讼未执行情况，因此建议你局就金某、王某某等人名下公司所涉及民事诉讼情况展开全面调查，以核实不执行法院判决原因，是否存在抽逃资金或者搞假倒闭并另行开设新公司进行诈骗的情况。

4. 查明犯罪嫌疑人不具有运营能力的原因。犯罪嫌疑人采用贴牌快招模式骗取大量加盟款,如果上述款项均用于后续运营,则金某、王某某等人应当具有一定的运营能力,不至于造成被害人普遍性亏损。如收取加盟款后未按照合同约定用于运营扶持,则可能构成合同诈骗罪,因此建议你局就加盟款资金流转展开进一步侦查。可依托审计查明收取的加盟费总金额,加盟费实际投入运营的占比,运营投入中除去网络引流以及聘请明星代言外真正用于客户培训、产品研发、采购物料等扶持类运营的占比,公司自有资金的投入比例、公司员工的工资、提成、分红比例,公司因诉讼是否有执行退款及退款数量等。同时建议一并查明公司所采购物料的品质、数量是否符合加盟合同约定,是否能够支持加盟商正常运营。

二、关于本案各犯罪嫌疑人定罪量刑方面的证据

本案涉案人数众多,且各个嫌疑人间分工明确,互相配合,导致出现了上游引流人员对下游招商贴牌不明知、招商对运营能力不明知、运营对上游招商不明知的辩解。同时由于本案犯罪手法新颖,涉案金额特别巨大,如何认定本案犯罪金额也是需要后续侦查的重点之一。建议你局可从以下方面展开调查。

1. 查明各犯罪嫌疑人主观明知,确保不枉不纵。本案涉案人员分属以下环节:网络引流、电话营销、现场签约、后场客服、财务行政。对于上述分工,建议你局以各环节诈骗手段为切入点,依托微信聊天记录、公司内部流转记录,询问关键证人(如负责公司提成计算的陈某)等展开侦查,如网络引流部分是否存在虚假广告,营销、签约是否存在贴牌行为,后场客服是否需要处理客诉、提供虚假宣传素材,财务行政是否需要转移抽逃资金等等,同时针对上下游之间的互相明知问题,可以侦查其如何保证上下游之间话术贴牌统一,是否存在话术内部流转,作为同事是否互相沟通过各部门工作内容,以及对于客户投诉如何协调处理,如何计算工资提成等。

2. 查明网络部门涉案人员所对应被害人。根据在案证据显示,网络、营销、现场签约都有业绩单对应,用于计算个人业绩的,而这也是认定个人犯罪金额的重要依据之一。本案中,营销、现场签约人员的业绩单都已调取在案,但网络部门的业绩单仍然缺失,为保证案件质量,建议你局继续搜集调取工资单、业绩单、提成记录等能够证明各嫌疑人与被害人之间对应的证据。同时我院注意到，有线索反映网络部门业绩单可能已经被嫌疑人销毁，针对该情况，建议你局如确实无法调取相应单据的情况下，加大审计力度，以品牌为依据，确定每个涉案品牌下所有加盟费的收取、流转，同时对于网络及其他部门涉案人员入职时间、在职岗位、违法所得金额等进行审计。针对嫌疑人销毁关键证据的情况，在证据确实充分的情况下，有条件的可以共同犯罪全部金额予以认定。

三、其他需要进一步补强的证据

1. 关于虚假宣传方面的证据仍需进一步补强。目前仅有嫌疑人口供以及被害人陈述证明存在虚假广告、虚假宣传。后续侦查中建议你局一方面继续调取相关虚假宣传广告、网页、照片截图等予以固定，另一方面全面调取被害人与营销人员的微信聊天记录，固定其中涉及的虚假广告、虚假宣传内容。需要注意的是，营销与现场签约人员之间存在被害人交接流程，即营销将被害人的个人情况、虚假宣传内容等通过邮箱或者微信形式告知现场人员，对于该部分证据如内部聊天群、邮件记录你局应当进一步调取固定。

2. 关于石家庄分公司的话术。根据嫌疑人供述，涉案总公司存在内部统一话术，石家庄分公司是否也存在类似情况建议你局继续侦查，有条件的调取相关话术材料。

3. 对运营公司展开进一步侦查。涉案郁隆禾、诺辰、麦食、强慧等运营公司作为招商加盟的签约公司，目前在案证据缺少工商登记材料等证据，公司基本情况不明，建议你局继续侦查。同时，针对上述运营公司运营能力、运营意愿等问题，可以对运营公司在职人员进行询问，以确认运营公司是否存在频繁更换公司招牌，频繁更换工作地点，甚至搞假倒闭、假破产的情况，以及公司对老品牌维护期限，在职人员是否足以支撑全部涉案品牌的运营，是否存在只维护新品牌而放任老品牌运营失败的情况，以便于进一步巩固本案定罪证据。

4. 对客诉证据进一步搜集。在后续侦查过程中，建议你局进一步找寻公司客服以及法务人员，搜集客诉记录、退款审批记录等，完整固定各公司涉及的客诉情况，查明客诉数量、原因及处理结果，明确公司对于客诉的处理原则,是否存在对被害人不利的处理方式。

5. 进一步加强追赃挽损工作。目前你局已对部分涉案财产依法进行查封、扣押、冻结。在后续侦查过程中,建议你局根据审计反映出的资金去向,进一步做好追赃挽损工作,以维护保障被害人的合法权益。

20××年×月×日

【承办检察官心得体会】

金某、刘某声等人合同诈骗案系上海市松江区人民检察院立案监督并提前介入的全国首例虚假奶茶品牌"套路加盟"合同诈骗案。松江区检察院提前预判争议焦点、取证难点、起诉重点,通过制发提前介入侦查意见书等方式积极引导侦查,提高取证质量,保证高质量完成本案办理。

(一)聚焦侦查重点,准确定性案件

本案犯罪具有较强的隐蔽性,取证难度较大,导致许多类似案件以民事诉讼解决,被害人的合法权益无法得到真正保障。松江区人民检察院经研判认为,此类案件侦查重点在于品牌运营能力的有无。如果一个品牌没有相应运营能力,那么无论其如何向被害人承诺,被害人最终的损失从加盟伊始就是确定的;相反,如果一个品牌具有运营能力,那么即使其在招商过程中存在贴牌、夸大等欺诈行为,也不足以认定相关人员构成合同诈骗犯罪。因此,松江区人民检察院建议侦查机关围绕涉案品牌运营周期、是否存在快招、加盟商是否存在普遍性受损、运营公司是否提供足够运营支持等展开调查,确认本案涉案人员是否具有运营能力。

(二)确定侦查难点,排除相关辩解

套路加盟案件因其具有较强的民事经营伪装,导致案发后各犯罪嫌疑人均存在无非法占有目的之辩解。松江区人民检察院经研判认为,要排除此类辩解,需要立足于客观证据,通过客观证据来反映各嫌疑人的主观故意。因此,松江区人民检察院建议公安机关一方面以民事诉讼为突破点，查明各嫌疑人是否存在假倒闭、假破产、逃避法院执行义务的情况，另一方面依托审计，查明资金流向，明确涉案加盟款最终走向，是否存在嫌疑人抽逃资金、肆意挥霍、拒不用于后续品牌运营的情况。

（三）预判争议焦点，完善起诉思路

本案犯罪金额认定存在两种观点，一种观点认为各嫌疑人金额应当以各自业绩为对应，一种观点认为作为共同犯罪甚至是犯罪集团，应当以全案金额作为各犯罪嫌疑人的金额认定依据。松江区人民检察院经研判后，采用了后一种观点，理由如下：一是个人业绩仅营销部门存在，运营、财务部门并不存在个人业绩，网络部门的个人业绩被销毁，如直接实施诈骗的营销部门以相对较低的个人业绩作为认定依据，辅助诈骗的运营、财务反而以更高的全案金额认定明显不合理。二是作为集团化犯罪，各犯罪嫌疑人除本人实施诈骗外，还要帮助同案犯实施诈骗，如营销部门配合互相打掩护等，这些行为并未计入个人业绩，但无疑需要进行刑事评价，因此以全案金额为认定基础、以个人业绩为参考符合本案实际。松江区人民检察院因此建议公安机关审计计算所有涉案品牌下全部加盟金额，作为后续认定依据。检察机关的上述认定方式也得到了法院判决认可，取得了良好的效果。

【专家点评】

"检察官站在刑事司法体系的入口处，控制着由侦查阶段向庭审阶段的转换，根本上决定了每个犯罪嫌疑人的命运。通过其案件处理决定，检察官也制定或执行着一般刑事政策，从而总体上，对刑事司法体系的运作有着重大影响。"[①] 检察环节，上承侦查，下接审判，对整个刑事司法体系的运作发挥着重要作用，也是检察官作为"法律守护人""最客观的司法官"的集中体现。其诉讼地位决定了检察机关提前介入侦查、引导取证的必要性。某种意义上来说，侦查质量决定起诉和判决的质量，所以提前介入侦查，是提高案件质量，"高质效办好每一个案件"的重要

---

① ［美］艾瑞克·卢拉、［英］玛丽安·L. 韦德：《跨国视角下的检察官》，杨先德译，王新环审校，法律出版社2016年版，第357页。

抓手。越是疑难复杂的案件，越是新型案件，检察机关提前介入侦查的必要性越大。本案是"快召加盟"型合同诈骗案，是一种新型犯罪案件，这里的"新型"主要体现在犯罪手段和行为模式上。这类案件在全国多地案发，介于合同纠纷、非法集资、合同诈骗之间，证据复杂，定性争议较大，部分案件很难办下去。松江区检察院成功办结此案，与有效的提前介入侦查、引导取证是密不可分的。

本案的提前介入侦查意见书有两大亮点：一是侦查方向引导精准。"快召加盟"型合同诈骗案作案手段的特点之一就是部分履行合同，行为人所提供的产品和服务有部分是真实的。行为人就是通过这种部分履行的方式规避打击，掩盖非法占有目的。所以，此类案件定案的难点在于非法占有目的，侦查取证的重点方向就是要围绕非法占有目的。难就难在非法占有目的作为主观要素，潜藏于行为人的内心，用证据证明是困难的。从某种意义上来说，行为人心里是什么目的、怎么想的，只有他自己最清楚，但是这类案件犯罪嫌疑人、被告人往往不会轻易如实供述。但是主观要素难以证明并不代表不可证明，任何主要意图都会通过客观行为表现出来。该文书抓住了这一点，通过引导公安机关查明犯罪嫌疑人的运营能力、加盟费去向、隐匿资金等证据来证明其非法占有目的。二是取证要点指引具体。实践中，一些提前介入侦查意见书内容抽象、空洞，不具有可操作性，导致引导取证功能大大降低，难以实现介入侦查的目的。比如，有的表述为"请补充主观故意方面的证据"，但是没有指明补充哪些证据来证明主观故意；有的表述为"请调取言词证据、书证、物证等证明非法占有目的"，而没有指明如何调取、调取哪些言词证据、哪些书证及物证。本案的提前介入侦查意见书不仅具体指明了调取哪些证据、如何调取这些证据，还分析了为什么要调取这些证据，这样就能真正让侦查人员明确收集哪些证据、如何收集这些证据，从而实现证明目的。

（点评人：李勇，江苏省南京市人民检察院法律政策研究室主任、全国检察业务专家）

66. 徐某、宋某雪等人非法控制计算机信息系统案提前介入侦查意见书

【简要案情】

北京××科技有限公司与深圳市××传媒有限公司、上海××文化传媒有限公司等公司合作，为××跳动等公司推广广告，使×音、××头条等App处于活跃状态，以此赚取推广费用。北京××科技有限公司为了赚取推广费，与深圳市××科技有限公司合伙实施用木马控制手机进行App广告"拉活"。北京××科技有限公司负责开发"拉活"木马及木马的升级，深圳市××科技有限公司的××锁屏部将该木马程序植入××手机的故事锁屏程序中，手机用户在升级时，该木马随着升级数据包被植入用户手机中，北京××科技有限公司与深圳市××科技有限公司通过后台下发指令至客户端，利用植入的木马控制手机中相关App的运行，既能在客户使用手机时直接跳转至指定的App，也能在用户不知道的情况下运行指定的App，如×音、××头条等，从而达到广告拉活的效果。北京××科技有限公司利用上述方式形成虚假推广数据，并以此数据向渠道商、推广商或直接向××跳动公司等广告主结算拉活的费用。经查，北京××科技有限公司在2019年8月1日至8月31日，以上述方式共非法控制金立牌手机25871012台。犯罪嫌疑人徐某等35人系北京××科技有限公司、上海××文化传媒有限公司等公司的工作人员，根据工作职责分工，通过非法控制用户手机的方式实施上述"拉活"业务。

【诉讼过程】

义乌市人民检察院于2019年7月提前介入该案，2019年7月19日

发出《引导侦查取证意见书》。义乌市公安局侦查终结后，于2020年3月20日移送义乌市人民检察院审查起诉。义乌市人民检察院经审查，于2020年7月22日向义乌市人民法院提起公诉。2020年11月11日，义乌市人民法院判决，其中徐某犯非法控制计算机系统罪，被判处有期徒刑3年6个月，并处罚金人民币20万元。目前判决已生效。

【文书全文】

浙江省义乌市人民检察院
提前介入侦查意见书

义乌市公安局：

犯罪嫌疑人贾某强、宋某雪等人涉嫌非法控制计算机信息系统罪一案，经贵局邀请，本院指派第一检察部和第三检察部员额检察官组成办案小组提前介入，经全面审查在案证据，两次参加贵局"5.6专案"案件讨论会。从现有证据判断，本案以北京××科技有限公司为核心，深圳市××科技有限公司提供木马植入渠道，采用木马控制手机进行"拉活"的基本框架已明晰，相关人员可能涉嫌非法控制计算机信息系统罪和诈骗罪。下一步应围绕资金流、技术流、信息流三方面开展侦查，构建出以电子数据和言词证据为核心的证据体系，查明该犯罪团伙的组织架构、人员分工、行为模式和犯罪数额。为了彻底查明犯罪事实，有效惩治犯罪，提出以下引导取证意见：

一、查明全案组织架构、行为模式和危害后果

（一）从资金流入手厘清广告投放公司（主要是××跳动旗下系列公司）、广告渠道商（上海××文化传媒有限公司、深圳市××传媒有限公司等）、木马开发公司（北京××科技有限公司）、木马植入平台（深圳市××科技有限公司）之间的合作模式，重点是查清资金结算的方式和依据。从初查情况看，广告投放公司将业务承包给渠道商，渠道商找到平台公司进行推广，但本案中的北京××科技有限公司不是一家典型的平台公司，而是利用木马程序非法制造拉活广告业务数据的犯罪团伙。渠道商公司对北京××科技有限公司的业务开展方式的明知程度及其参与程度，直接关系到渠道商公司相关人员是否涉嫌犯罪。故需以北京××科技有限公司为中心，厘清北京××科技有限公司与各家关联公司之间的合作模式，查清涉案的公司及人员情况，明确打击的范围。

（二）从技术流入手查清各公司及其内部部门在控制用户手机过程中的分工。现已基本查清拉活的"S×K"是北京××科技有限公司开发，深圳市××科技有限公司通过故事锁屏软件植入××手机，但该木马程序的具体开发过程、植入过程等尚未查清，具体参与的人员也未查清，故需根据木马的升级、激活等情况倒查参与人员情况及其分工。

（三）从信息流入手固定服务器中的拉活反馈数据。从取证情况看，拉活的反馈数据时时回传至"FIR""ACT"服务器，后转存至"Baice云存储"。服务器中的拉活反馈数据是指控犯罪的有力证据，要在嫌疑人不知情的情况下掌握并固定电子证据，同时要严格依照电子证据取证程序进行。故应在抓捕的同时对涉案服务器进行扣押，第一时间掌握服务器中数据，否则会给后续的侦查、起诉、审判造成极大的被动。

二、构建以电子数据和言词证据为核心的证据体系

（一）依托专业机构分析和处理电子数据。木马程序非法控制手机的技术方法、控制数量、拉活次数等是本案定罪、量刑的重要依据。但根据目前掌握的证据显示，本案所涉手机数量、拉活次数均以万计，逐一核实不可能实现，故应从后台数据入手，以服务器中的电子数据作为认定数量的依据。由于服务器中数据的提取、分析和处理，以及木马程序的鉴定，均具有高度的专业性，应委托具有相关专业知识且具备相应资质的机构进行。此外，可借助被害单位××跳动公司对相关数据的甄别情况作为认定数额的辅助依据，由××跳动公司提供根据其内部认定标准判定可疑的数据和已经结算的广告推广费对应的拉活数据。

（二）注重客观性证据的收集。除上述服务器内的电子数据外，实施抓捕时应及时扣押涉案人员电脑、手机等电子设备和合作协议、财务资料、数据报表等证据，固定电子设备中的聊天记录、通话记录、电子邮件等电子数据。同时，应调取银行转账记录、通话记录等其他客观性证据。

（三）详细讯问各犯罪嫌疑人的客观行为和主观明知情况。各犯罪嫌疑人到案后，应详细讯问各犯罪嫌疑人的职责分工、客观行为，并应注重犯罪嫌疑人之间的相互指认，以形成印证。同时，犯罪嫌疑人的主观方面也是讯问的重点。现代科技公司分工十分细致，在各司其职的情况下，各犯罪嫌疑人的主观明知程度直接关乎其定罪、定性。讯问内容应包括：广告渠道商对北京××科技有限公司采用"暗拉"（通过木马植入的方式，在手机用户无感知的情况下运行指定的 App 或点击指定的广告链接）的方式进行广告拉活是否明知；深圳市××科技有限公司对北京××科技有限公司用暗拉的方式骗取广告费是否明知；木马开发人员对木马的用途是否明知等。

三、根据参与程度与主观明知确定打击范围

根据北京××科技有限公司、深圳市××科技有限公司等公司员工的职责分工、参与程度、主观明知情况，确定应追究刑事责任的人员范围。本案的犯罪行为依托公司运营，应严格按照犯罪构成要件判断公司员工是否涉嫌犯罪。对于明知以木马程序非法实施拉活业务的负责人、直接实施人应重点审查和打击，对于从事事务性工作的其他相关人员，应根据其参与程度、获利情况和主观明知情况综合判断是否应追究刑事责任。

义乌市人民检察院
20××年×月×日

【承办检察官心得体会】

（一）引导及时全面取证，厘清基本架构打实证据基础

根据初查情况，本案涉及多家公司几十名员工、千万量级的被控制手机和海量"拉活"后台数据，如何在实施抓捕时第一时间全面固定电子证据、查明人员组织架构和职责分工，是能否查明本案事实、依法追究相关人员刑事责任的关键所在。一旦电子证据被篡改、灭失，主要涉案人员逃匿、串供，将对案件的侦查取证工作造成难以弥补的后果。为

此，义乌市检察院承办人在本案立案后即介入侦查，通过严密分析前期所掌握的线索，梳理出全案的基本情况，引导公安机关制定周密的侦查计划：一是通过资金流、技术流、信息流掌握多方主体合作模式，查明团伙犯罪的框架结构；二是以电子证据作为指控犯罪的关键，委托专业机构提取、分析和鉴定木马程序、服务器数据；三是抓捕时同步查封、扣押涉案资金账户和电脑、服务器等硬件，固定证据、追赃挽损。在明确的侦查思路指引下，公安机关抓捕犯罪嫌疑人35人，并同步扣押30多台服务器和涉案公司的物证、书证，联系阿里云固定后台数据，从而迅速查明了犯罪模式和人员架构，及时固定了相关数据、资金，为该案的后续侦查、审查打下坚实基础。

（二）细致破解侦查难点，夯实新型犯罪全案证据体系

在该案35名犯罪嫌疑人到案、相关电子证据固定后，如何处理、分析在案电子数据，如何厘清各个犯罪嫌疑人的具体分工，从而查明各犯罪嫌疑人的主观明知和客观行为，成为案件侦办的难点问题。义乌市检察院在《介入侦查引导取证意见书》的基础上持续引导侦查工作开展，就电子证据的处理和分析、客观性证据的收集、涉案人员笔录制作的侧重点三方面提出具体的取证意见，引导公安机关进行精细化侦查，确保关键电子证据具备证据效力，各个犯罪嫌疑人的参与行为和主观认知明晰，被控制手机信息系统数量、"拉活"次数等危害后果得到完整体现。经过对该案证据的全面引导、取证、审查，该案主要犯罪嫌疑人的定罪证据均得到固定，并发现该案还侵犯了淘宝公司等其他企业的合法权益，部分犯罪嫌疑人移送其他地区管辖。义乌市检察院根据在案犯罪嫌疑人是否构成犯罪及情节轻重，后续分别作出逮捕或不捕决定，稳固了该案的刑事打击成果。

（三）打击信息网络犯罪，维护信息安全和企业权益

本案犯罪线索由×音公司根据××手机用户投诉移送至公安机关，反映了多名××手机用户发现××头条、×山等软件在手机中能自动打开，后侦查发现这一以木马程序侵入数千万手机用户、骗取软件公司广告费用的犯罪团伙。该案严重破坏了网络秩序，侵犯了数千万名手机使用者的信息系统安全，同时也损害了××头条、×音等软件所属公司的

优秀刑事检察法律文书点评

合法权益。义乌市检察院通过提前介入侦查，引导公安机关克服该类犯罪作案手段专业性强、人员架构和合作模式复杂、打击难度大的困难，成功破获了这一公司化运行的犯罪团伙，彻底打击了该类新型犯罪，对软件广告推广行业产生了巨大的司法威慑效果，及时刹住了该行业以技术手段实施违法犯罪行为的不正之风，有助于为信息网络领域的发展营造更优质的法治环境，从而维护公民计算机信息系统的安全，维护了相关软件企业的合法权益。

【专家点评】

侦查机关与检察机关同属于"控方"，无论是实行检警一体的大陆法系还是检警分离的英美法系，检察机关介入引导侦查都具有普遍性。我国公检法三机关分工负责，检察机关提前介入侦查、引导取证同样被广泛认可，也被实践证明是有效的。特别是在经济领域"白领犯罪"和计算机领域"高科技"领域，检警协作的需求更加迫切，检察机关提前介入侦查的必要性更大。

徐某、宋某雪等人非法控制计算机信息系统罪属于纯正的"数字犯"。数字犯是数字化时代以计算机数字（数据）为犯罪对象、保护客体和犯罪手段的犯罪类型，属于犯罪学意义上的概念。纯正的数字犯是指以数字（数据）为保护法益和行为对象的犯罪类型。数字犯以计算机数字技术为基本结构要素，因此具有技术从属性的特点。[1] 司法实践中，办好这类"数字犯"案件，必须搞清楚技术原理，只有把技术原理与行为特征结合起来，才能准确认定案件判断犯罪构成要件。对于徐某、宋某雪等人非法控制计算机信息系统案而言，查清案件事实首先要查清以下问题：木马程序具体如何植入用户手机？如何控制用户手机自动运行×音、×××头条的App？如何形成虚假推广数据？渠道商、推广商如何以推广数据进行结算？这是查清案件的切入点，也是查明案件事实的前提和基础。该篇提前介入侦查意见书非常准确地把握了这一关键要点，引

---

[1] 参见李勇：《数字犯具有技术从属性与实质违法独立性》，载《检察日报》2023年6月13日，第三版。

导公安机关查清"技术流""信息流""资金流",在此基础上,查清犯罪组织架构、行为模式和危害后果。特别是"技术流""信息流"是查清此案的关键,引导公安机关从"技术流"入手查清技术原理,通过侦查取证还原木马程序的具体开发过程、植入过程、升级及激活过程,只有弄清这些技术原理,才能倒查参与人员的具体行为及其分工。这些技术原理都是以数据为载体的,服务器中的"拉活"反馈数据是指控犯罪的基础证据,也是资金结算的依据。

从证据法的角度来说,"数字犯"的证据体系主要由电子数据构成,换言之,这类案件的证据体系在某种意义上是以电子证据为中心的。电子数据具有"去中心化"、易篡改性、易丢失性等特点,需要在第一时间收集和调取。本篇提前介入侦查意见书准确地把握这一点,引导公安机关委托专业机构及时从后台数据入手,调取服务器中的电子数据。特别难能可贵的是,对调取电子数据的合法性进行了提醒,提醒公安机关"要严格依照电子证据取证程序进行"。这样高质量的侦查取证意见书为高质效办好此案打下了坚实的基础。

(点评人:李勇,江苏省南京市人民检察院法律政策研究室主任、全国检察业务专家)

67. 陈某林贩卖毒品、洗钱案提前介入侦查意见书

【简要案情】

庾某某多次因犯贩卖毒品罪、非法持有毒品罪被判处刑罚，2018年8月11日刑满释放后，继续实施贩卖毒品犯罪。2021年6月10日经重庆市渝中区人民法院一审判决，2021年9月9日经重庆市第五中级人民法院二审裁定，以贩卖毒品罪判处庾某某有期徒刑15年。2018年12月至2020年3月期间，被告人陈某林与庾某某以恋人的身份共同居住在重庆市渝中区××街道××小区××号。

一、贩卖毒品

1. 2020年3月24日晚，廖某某（绰号"弟弟"）通过陈某某联系被告人陈某林，向庾某某购买冰毒。当晚22时45分许，廖某某将400元毒资通过微信转账给陈某某，陈某某再通过微信扫码转给陈某林。随后庾某某让陈某林将冰毒交给陈某某转交廖某某。

2. 2020年3月25日晚，庾某某接到张某某求购毒品的电话，二人谈妥毒品种类、价格、交易时间，张某某将14000元毒资通过微信转给陈某林。3月26日14时许，庾某某在家中安排陈某林将装在"莲花清瘟胶囊"药盒内的49.7克甲基苯丙胺交给张某某。

二、洗钱

被告人陈某林明知庾某某无固定职业与正当收入，长期实施贩卖毒品行为，仍提供微信账号、银行账号等资金账户接收贩卖毒品所得，通过提现、取现等方式将毒资转换为现金，并予以转移，掩饰、隐瞒贩卖毒品所得资金61万余元的来源和性质。具体事实如下：

1. 2018年12月至2020年2月，庾某某先后53次通过微信将贩毒所

得 29 万余元转至被告人陈某林的微信账户内，后提现至陈某林尾号 5432 建设银行卡并取现。

2. 2020 年 3 月 31 日，庾某某因贩卖毒品被公安机关抓获后，陈某林因担心庾某某银行账户内贩毒所得资金被冻结收缴，于 2020 年 4 月 1 日至 4 月 8 日，分多次将庾某某尾号 9637 工商银行卡和尾号 0822 中国银行卡内资金取现，共计取款 31 万余元。

2021 年 11 月 9 日 14 时许，公安机关在重庆市××区××号附××号将被告人陈某林抓获归案。被告人陈某林到案后如实供述了上述犯罪事实。

【诉讼过程】

2021 年 8 月 9 日，重庆市渝中区人民检察院向公安机关发出《要求不立案理由通知书》。2021 年 8 月 13 日，公安机关回复不立案。2021 年 8 月 27 日，重庆市渝中区人民检察院向公安机关发出《通知立案书》。2021 年 9 月 6 日，公安机关对陈某林洗钱案立案侦查。

2021 年 11 月 23 日，重庆市公安局以陈某林涉嫌贩卖毒品罪、洗钱罪提请重庆市人民检察院第五分院批准逮捕，2021 年 11 月 25 日，重庆市人民检察院第五分院对陈某林批准逮捕。2021 年 11 月 29 日，重庆市公安局以陈某林涉嫌贩卖毒品罪、洗钱罪移送重庆市人民检察院第五分院审查起诉。2021 年 11 月 30 日，重庆市人民检察院第五分院将该案移交重庆市渝中区人民检察院审查起诉。2021 年 12 月 1 日，重庆市渝中区人民检察院以陈某林犯贩卖毒品罪、洗钱罪向重庆市渝中区人民法院提起公诉。2021 年 12 月 24 日，重庆市渝中区人民法院以陈某林犯贩卖毒品罪判处有期徒刑 6 年，并处罚金 4 万元；犯洗钱罪判处有期徒刑 3 年，并处罚金 4 万元；合并执行有期徒刑 8 年，并处罚金 8 万元。陈某林未上诉，一审判决生效。

【文书全文】

重庆市渝中区人民检察院
关于陈某林涉嫌贩卖毒品罪、洗钱罪
一案的提前介入侦查意见书

重庆市公安局渝中区分局：

陈某林涉嫌洗钱罪一案，本院已于2021年8月27日以渝中检通立〔2021〕Z1号《通知立案书》通知你局立案侦查。为进一步明确侦查方向，提高侦查质效，有效地指控犯罪，本院对立案后的侦查工作提出以下意见。

一、侦查工作方向

本院审查认为，现有证据可以证实陈某林具有贩卖毒品、掩饰、隐瞒毒品犯罪所得的重大嫌疑，但是在认定庾某某长期实施贩卖毒品上游犯罪行为，陈某林为庾某某贩卖毒品提供帮助行为以及实施掩饰、隐瞒毒品犯罪所得客观行为与主观明知等方面，证据链仍未形成闭环，需要继续开展侦查工作，补充、完善、固定相关证据。

请重点围绕以下内容加强侦查工作：一是调查庾某某刑满释放后的社会关系、生活来源以及资金交易记录等，查找购买毒品的交易方，以证实庾某某长期实施贩卖毒品行为；二是从调取微信、银行等资金账户交易明细着手，查明交易资金来源与去向，通过调取取款监控视频，询（讯）问犯罪嫌疑人及相关人员，查实陈某林收取、转移毒资的客观行为；三是调查核实陈某林与庾某某的同居"恋人"关系，询（讯）问相关人员，进一步查明陈某林参与贩卖毒品、掩饰、隐瞒毒品犯罪所得的主观明知程度。

二、侦查的主要事项和工作

根据上述情况，请你局查明以下事项，并重点做好相关工作：

（一）进一步补充庾某某长期贩卖毒品的相关证据

1. 调查庾某某的社会关系，查明其在2018年8月11日刑满释放后主要从事什么工作，有无固定合法收入，是否以贩卖毒品为业。

2. 根据微信聊天内容与资金交易记录，对于可能涉嫌毒品交易的可疑行为，加大力度查找支付钱款的行为人，查明不明巨额资金的来源，核实是否存在毒品交易的犯罪行为。

3. 询问在案的张某某、陈某某、瞿某、廖某某等证人，了解他们与庚某某的认识经过，查明庚某某向他们贩卖毒品，或者他们知晓庚某某贩卖毒品的时间，并要求他们提供相应的事实根据，以证实庚某某长期实施贩卖毒品行为。

4. 询问张某某、陈某某，详细核实庚某某在家中向二人贩卖毒品时，陈某林是否在场以及实施了什么行为，是否参与毒品交易或者目睹毒品交易经过。要求张某某、陈某某交代交易细节，越详细越好，以查明陈某林的参与程度。

（二）进一步补充、完善、固定陈某林收取、转移毒资的证据

5. 调取陈某林所用微信（昵称"七七"）的聊天内容与资金交易明细（查询期间为 2018 年 1 月至 2020 年 12 月，即从庚某某刑满释放至因本案被抓获）。重点调查陈某林与庚某某之间的资金往来情况，以及庚某某被抓获后陈某林是否继续实施转移资金行为。查明陈某林是否主动收取了在案以外其他购毒人的购毒款。对陈某林询问笔录中提及庚某某于 2018 年 12 月至案发前陆续通过微信向陈某林转账二、三十万元的交易情况进行核实，并查明资金的来源与去向。

6. 调取庚某某所用微信（昵称"不见不散"）的聊天内容与资金交易明细（查询期间为 2018 年 1 月至 2020 年 12 月）。查明庚某某是否收取他人大额资金，除已判决的贩毒事实，庚某某是否实施了其他贩毒行为。调查庚某某是否向陈某林或其他人转移贩卖毒品所得资金，是否通过微信向陈某林转账共计二、三十万元，并查明资金的具体来源。如果在庚某某手机上没有提取到与陈某林的微信聊天内容与资金交易记录等数据，可以对陈某林的手机进行勘验，如果其相关微信记录也已被删除，则向腾讯公司（财付通）申请调取相关证据。

7. 调取陈某林绑定微信尾号 5432 建行账户交易明细（查询时间为 2018 年 1 月至 2020 年 12 月）。调查核实陈某林从微信提现到银行账户的

金额，查明资金来源是否与庚某某贩卖毒品相关（查看转款人是庚某某还是购毒人）及资金最后去向。从目前已调取的银行交易明细看，2020年3月26日张某某转入陈某林微信账户的14000元，当天被提现到银行账户后即被取现出来，转移资金的行为非常明显。因此，需要对陈某林尾号5432建行账户以及绑定微信的其他银行账户的资金交易情况进行详细的核查。由于时间有限，可以先通过你局反诈中心查询调阅相关交易明细进行审查。

8. 调取银行取款监控视频，查明陈某林是否实施转移毒资行为。从已调取的银行账户交易明细看，陈某林尾号5432建行账户于2020年3月26日在渝中区××县××社区××号取现三次共计15000元，于2020年4月17日在渝中区××县××社区××号取现两次，可见渝中区××县××社区××号是陈某林建行账户取款的重要地点。请结合银行账户取现记录，前往渝中区××县××社区××号等地调取陈某林尾号5432建行账户的取款监控视频，以确认是何人实施取款行为。如果是在人工柜台操作的，向银行调取取款记录，确认取款人是否为陈某林。由于监控视频具有一定的时效性，务必第一时间调取银行交易记录，即时前往取款地调取监控录像。

9. 陈某林绑定微信尾号5432建行卡是否已扣押，如果扣押请提供相应文书，证实该卡是从何人何处扣押；如果没有扣押，查明该卡现在何处，以查明是陈某林还是庚某某实际控制、使用该银行卡。

10. 根据微信交易记录、银行交易明细，询问陈某林、庚某某，核实庚某某使用微信向陈某林转账的具体情况，查明陈某林的微信、银行账户为何人操作使用：操作陈某林微信账户收取毒资的是陈某林还是庚某某，将陈某林微信账户内的资金提现到银行卡又取现的是何人操作，以进一步查明陈某林除了提供微信、银行账户外，是否直接实施了转账、支付、结算等行为。

（三）进一步查明陈某林与庚某某的同居关系及经济来源

11. 询问陈某林、庚某某或查找其他相关人员，了解二人的认识经过。具体需要查明：陈某林在什么时间、什么场合认识庚某某，是在2015年庚某某因贩卖毒品被判刑之前还是在庚某某刑满释放后认识的？

二人关系如何？陈某林是否知道庾某某具有因涉毒被判处过刑罚的经历？

12. 询（讯）问陈某林、庾某某、陈某某、张某某等人，进一步查明陈某林何时与庾某某确立男女朋友关系，何时一起同居，同居生活时间多长，二人对彼此的工作、收入是否清楚。

13. 询（讯）问陈某林、庾某某，查明庾某某刑满释放后，庾某某与陈某林同居前后主要从事什么工作，收入水平如何。询问越细越好，要求二人详细交代每笔收入的具体来源，并对经济收入情况进行调查核实，并将庾某某的合法收入排除在外。

14. 在案的陈某林询问笔录证实其与庾某某二人以低保维持生活，请走访调查办理低保的居委会等部门，向二人的亲属了解其生活状况，查明二人是否确实以低保为生，是否还有其他合法收入。要求陈某林与庾某某说明庾某某通过微信向陈某林转账的二、三十万元的具体来源，以及庾某某收取张某某14000元的原因，以查证二人辩称上述资金系合法收入的理由是否成立。

（四）进一步查明陈某林贩卖毒品及洗钱的主观明知程度

15. 陈某林在询问笔录中陈述自己要吸毒并做了尿检呈阳性，请提供相应的尿检视频和检验记录。

16. 询（讯）问陈某林与庾某某关于二人的吸毒情况，是否共同吸食毒品，要求二人说明从家中客厅茶几查获的毒品来源，解释为什么在家中存放大量毒品，说明查获的电子秤与透明塑料分装袋的具体用途。

17. 要求陈某林解释为什么在警察要求开门时拒不开门，并询（讯）问陈某林、庾某某二人，查明陈某林是否有使用、保管、经手毒品的相关行为。

18. 陈某某在询问笔录中指证陈某林应当知道庾某某实施贩卖毒品行为，进一步询问陈某某，要求其说明认为陈某林知道庾某某在贩卖毒品的具体理由，并提供佐证依据。

19. 进一步询问张某某，核实其向陈某林转账14000元时，是否告知陈某林是购买毒品的钱款，陈某林是否问过转账原因等相关细节，以证实陈某林是否明知14000元系购毒款仍收取。

三、相关工作要求

在侦查工作中，请注意以下问题：

1. 坚持优先收集物证、书证等客观证据原则，特别是对具有一定保存时效的监控视频，调证程序较为烦琐的微信交易明细等证据，请抓紧时间优先调取，以免影响侦查进度。

2. 加强对银行、微信等资金账户交易明细的梳理比对，重点针对庾某某刑满释放、陈某林提供资金账户转移毒资、陈某林参与具体毒品交易、庾某某因本案被抓获后等重要时间节点，区分认定陈某林实施贩卖毒品、清洗毒品犯罪所得的不同事实与金额。

3. 收集固定客观证据后，根据上述侦查要求，针对性地重点讯问陈某林、庾某某，询问相关人员，询（讯）问内容越详细越好，要落实到具体行为中，要求被询（讯）问人提供相应的事实依据。

4. 向渝中区法院调取（复印）庾某某贩卖毒品、张某某非法持有毒品一案的证据材料。

5. 请按照本意见尽快收集完善证据，在关键事实基本查清、主要客观证据收集到案后，应当对陈某林采取强制措施，防止其串供或逃跑。

6. 在侦查取证中遇到问题困难的，请及时向本院反馈，并与承办检察官进行沟通。按照侦查工作实际情况，可以协商调整侦查方向。必要时，可以商请本院及上级部门提供指导与协助。

重庆市渝中区人民检察院
20××年×月×日

【承办检察官心得体会】

承办检察官在办理庾某某贩卖毒品、张某某非法持有毒品一案时发现，陈某林与庾某某二人以"恋人"身份共同生活，明知二人无正当收入来源，仍提供微信账户收取购毒款14400元并提现到银行卡予以取现，且庾某某将其微信收取的29万余元毒资通过微信转账给陈某林并提现到陈某林银行卡取现予以转移，陈某林的行为涉嫌洗钱犯罪。经对洗钱线索的初步审查，对庾某某贩卖毒品案中涉及陈某林提供资金账户转移毒资的相关证据进行全面梳理，向公安机关核实庾某某向陈某林微信转账并提现到银行卡取现的相关情况，初步认定陈某林实施了洗钱犯罪的重大嫌疑，符合立案侦查条件。由于公安机关认为无证据证明或推定陈某林明知系毒品犯罪的违法所得及其收益，为掩饰、隐瞒其来源和性质而协助庾某某转换或转移资金，回复不予立案，为此重庆市渝中区人民检察院通知公安机关对陈某林洗钱案立案侦查。

鉴于公安机关与检察机关对陈某林是否构成洗钱犯罪存在一定的认识分歧，且公安机关在侦查洗钱犯罪方面经验不足，为进一步明确侦查方向，有效引导公安机关侦查取证，通知立案的同时，承办检察官主动提前介入，主要围绕收集、完善、固定证实庾某某无合法收入长期以贩卖毒品为业，陈某林实施掩饰、隐瞒毒品犯罪所得具体行为与金额，陈某林实施贩卖毒品与洗钱的主观明知程度等证据三大方面，向公安机关提出19条侦查取证的具体意见。在侦查思路上，首先注重引导收集资金账户交易明细、调取取款监控视频等客观证据，防止证据灭失，提高侦查效率。同时，从资金交易明细等客观证据着手，结合陈某林参与毒品交易、掩饰、隐瞒毒品犯罪所得等重要时间节点，准确梳理、区分其实施贩卖毒品、洗钱的不同事实与犯罪金额。其次，要求对陈某林与庾某某的社会关系等背景进行调查核实，获取涉案相关人员的证人证言，并对陈某林、庾某某进行针对性讯问，以推翻二人的不合理辩解，夯实定罪证据基础。最后，要求调查核实陈某林与庾某某的密切关系和认识经历，通过购毒人员的指证，结合庾某某被抓后陈某林转移毒资的客观行为表现，以证明陈某林的主观明知程度。提出侦查意见的同时，还围绕取证次序、证据审查梳理、强制措施适用等方面，提出相应的注意事项，以确保侦查取证工作顺利开展。

在侦查过程中，承办检察官与公安机关保持密切沟通，及时引导、调整侦查方向，提前对证据进行"把关"，确保证据作为定案依据的效力。上报重庆市人民检察院第五分院协助联系、协调××公司加快对陈某林、庾某某微信账户交易明细调证进度，有效缩短取证周期。重庆市人民检察院第五分院安排专人与承办检察官联系工作，密切关注案件侦办进展,对侦查取证工作提出有力的指导意见。在检察机关与公安机关的紧密配合下,本案侦查工作取得了预期效果,公安机关提请批准逮捕、移送审查起诉时,陈某林实施贩卖毒品、洗钱的犯罪行为已查证属实,证据确实、充分,符合起诉条件。在上级检察机关的指导、支持下,本案从监督立案,到批准逮捕、提起公诉,再到法院判决,仅历时4个月,在确保案件质量的基础上,实现了"三个效果"的有机统一。

【专家点评】

最高检指出,构建以证据为中心的刑事指控体系是新时代检察工作现代化的重要内容之一。刑事诉讼活动的基础是还原法律事实,而还原法律事实是否准确则取决于证明标准。通说认为,我国刑事诉讼的证明标准是由现行《刑事诉讼法》第55条确立,不仅为"以审判为中心"还原案件事实奠定了同一性基础,也为检察机关对取证工作的"诉前主导"提供了共识性目标。

《提前介入侦查意见书》系检察机关开展侦查监督的重要文种,只有建立在对提前介入时的证据情况有全局性、综合性、预判性的基础上,才能发挥"诉前主导"的应有作用。特别是,文书提出的侦查方案既要围绕案情将证明标准做具象化释明,做到明确具体,也要符合侦查活动的一般规律,避免不切实际。同时,还应当兼顾风险防范及资源调配,确保取证工作能够取得预期成果。本篇文书较好地实现了以上要求,具体表现在:

一是案情评估全面,线索梳理详实。通过文书可以发现,本次提前介入建立在对关联案件和本案既有证据又全面充分了解的基础上。从聊天记录到银行卡交易的具体情况,从涉案人员的个人背景、经济状况到社会关系、反常行为,引导侦查的事项都是从既有证据和线索的梳理出发,体现了较为宽阔的全局性视野。

二是引导思路准确,逻辑主线清晰。刑事诉讼的证明必然围绕犯罪构成要件展开,而洗钱犯罪的构成要件是本次取证的目标导向,其中尤以主观明知为关键。引导侦查的四个部分,从关联人员、客观行为、生活关系、合理解释循序渐进,从外围到中心、先客观再主观的证明逻辑既避免了"从供到证"的弊端,又包含了对可能产生的辩解和分歧问题的预判。

三是取证重点突出,事项合理可行。文书中列明了19项侦查事项,每一项都详细说明了重点内容和取证要求,特别是关于询(讯)问工作,直接列明了具体问题。而调取电子记录、比对交易明细、进行尿检等工作也均是常见侦查措施,此外文书还就侦查取证次序、强制措施等相关事项进行了必要提示,均具有较强的可操作性。

证据是证明的基础素材,证明是证据的使用目的。但基于取证的界限规律,各诉讼活动主体对证明标准中的"确实、充分"容易存在不同认识。引导侦查的法律文书中,对现有证据的缺陷加以适当的具体说明,往往会对弥合分歧认识起到积极作用。例如,适当说明提出某项取证要求是基于现有证据情况的某个具体不足,不仅能体现侦查事项的必要性,还能提高侦查机关的接受度。这也是对本篇文书的一点建议。

(点评人:陆锋,上海市黄浦区人民检察院副检察长、全国检察业务专家)

68. 张某强受贿案提前介入审查意见书

【简要案情】

被告人张某强，男，1964年×月×日出生，公民身份号码1201051964××××××××，汉族，天津市人，研究生文化，住天津市河西区左江道××园××号楼××门××号。中共某市委巡视组原正局级巡视专员。曾任中共某市委组织部区县干部处助理调研员，中共某市委组织部干部监督处副处长、处长，中共某市委组织部副部长。

2001年上半年至2021年上半年，被告人张某强利用担任中共某市委组织部区县干部处助理调研员，中共某市委组织部干部监督处副处长、处长，中共某市委组织部副部长，中共某市委巡视组正局级巡视专员等职务上的便利以及职权、地位形成的便利条件，为××有限公司、丰某某、张某等单位和个人在工程承揽、工程款结算、安排工作等事项上提供帮助，直接收受张某丁、丰某某、张某等11人给予的财物，共计折合人民币880.1009万元。

【诉讼过程】

2021年12月14日，天津市监察委员会就被告人张某强受贿一案，向天津市人民检察院第二分院商请提前介入；2022年1月6日，天津市监察委员会以被告人张某强涉嫌受贿罪，向天津市人民检察院第二分院移送审查起诉；2022年1月6日，经天津市人民检察院第二分院决定，被告人张某强被天津市公安局执行刑事拘留，同年1月20日被天津市公安局执行逮捕；2022年2月18日，天津市人民检察院第二分院对被告人张某强受贿罪一案依法向天津市第二中级人民法院提起公诉；2022年7月26日，天津市第二中级人民法院依法组成合议庭，公开开庭审理本案；2022年9月14日，天津市第二中级人民法院作出判决，被告人张某强犯受贿罪，判处有期徒刑10年6个月，并处罚金人民币100万元，扣押在案的受贿所得赃款及用于抵缴受贿所得的被告人财产依法予以没收。判决书认定的犯罪事实、罪名，以及所判处的刑罚，与起诉书指控的事实、罪名以及量刑建议确定的量刑一致。

【文书全文】

天津市人民检察院第二分院
关于张某强涉嫌受贿案提前介入的审查意见

被调查人张某强涉嫌受贿一案，天津市监察委员会于2021年12月14日商请本院提前介入（2021年12月23日收到书面商请函）。本院随即派员进行了阅卷审查，听取了有关情况介绍，提出了提前介入审查意见。现将审查情况通报如下：

一、被调查人基本情况

张某强，男，1964年×月×日出生，公民身份号码1201051964××××××××，汉族，天津市人，在职研究生学历，住天津市河西区左江道福水园××-×-××，××市委巡视组原正局级巡视专员。曾任××市委组织部区县干部处助理调研员，××市委组织部干部监督处副处长、处长，××市委组织部副部长。因涉嫌职务违法犯罪，经天津市监察委员会决定，于2021年7月6日被采取留置措施，于同年9月26日被延长留置时间。

二、检察机关提前介入初步审查意见

（一）收受张某丁贿赂部分

1. 关于谋利事项的认定问题

在案张某强的供述，以及证人张某丁、王某、邵某某等人的证言证实，2010年至2018年间，张某强多次接受张某丁的请托，为张某丁经营的多家公司在工程项目承揽、款项结算、工程资质办理等方面提供帮助。

关于上述谋利事项，提示两个方面的问题：

一是部分谋利事项的证据有所欠缺。关于张某强为张某丁的公司承揽京津公路引河桥到武清界绿化提升工程、北辰西道绿化工程提供帮助的事实，目前仅有张某强的供述、张某丁的证言予以证实，缺少相关证人证言及书证材料。另外，关于张某丁证言提及的其他谋利，相关需要核实或补充调查的事项，将在补充完善证据提纲中列明。

二是个别谋利事项的表述有待准确。关于张某强为张某丁的公司在北辰外环线绿化工程项目提供帮助的事实，张某丁证称该项目是其公司自行承揽，因工程款结算问题于2018年初请托张某强帮忙，在其帮助下于2018年中秋前后获得工程尾款。张某强的供述与之对应。因此该事项中，张某强是在工程款项结算方面提供了帮助，建议对相关表述予以调整。

2. 关于涉案738.5万元的性质及数额认定问题

在案张某强的供述，证人张某丁、闻某、刘某某等人的证言，以及银行账户交易记录、借条等书证证实，2014年上半年至2016年5月，张某强经与张某丁商议，通过他人账户转账及现金的方式，以"借贷"名义向张某丁多次转账共计700万元，由张某丁分笔出具"借条"并约定年息24%—30%（在案扣押的借条不全，仅有8张）。2016年中秋节前，张某丁向张某强提出最近资金宽裕可以还款，张某强表示先继续放在张某丁处，并提议张某丁购买河西区樾梅江房产一套，张某丁同意。2019年初，张某强、张某丁对前期张某强转入钱款的本息进行对账，重新确定1000万元本息金额并出具借条（已灭失）。2020年春节前，二人再次口头对账确定借款本息为1200万元。同时，自2016年8月至2021年5月，张某丁按照张某强指示，向其指定的账户转账共计670万元，其中截止2020年春节前转账共计350万元。按照目前计算方法计算，张某强以"借贷返息"方式收受张某丁贿赂共计738.5万元。关于该受贿事实的认定，提示两个方面的问题：

一是从定性的角度，提示三个方面的问题：其一是在案扣押的借条、记账条，以及银行账户交易记录等证据，证实张某强向张某丁的多笔转账，双方均约定为"借款"并确定了利息，同时每年对账。由于"借贷"形式的存在，导致张某强、张某丁之间的资金往来在性质认定上可能会存在风险。另外，认定该笔事实的诸多核心要件，目前过于依靠双方的言词证据，如后期出现翻供等情况，可能会对该笔事实的性质产生根本影响。其二是关于行受贿的主观故意，有进一步完善的必要。张某强2021年11月3日供述称，"2014年上半年张某丁提到，公司运转有资金缺口的时候，时不时会在外面进行资金拆借，拆借的利率也近20%"；同时证实，正因为张某丁提及上述情况，张某强才想到将部分受贿款放于张某丁处。但张某丁证实，当时是张某强主动提出借钱给张某丁；并且证称，"当时我生意上并没有迫切的资金需求，干工程一般的利润率也就20%，所以用这个钱是不划算的"。现有供述、证言，对于2014年张某强转账给张某丁时，双方是否已具有以"借贷返息"为名输送利益的主观意图，供述及证言尚存在出入。其三是对于张某强以"借款"名义放在张某丁处的资金，不排除张某丁存在客观上使用的情况。虽然在案张某丁的证言证实，张某强多次给其转账时，其并没有迫切的资金需求；并且，在2016年中秋前张某丁向张某强提出还款的意愿。但是客观上，张某强的资金进入张某丁账户后并非一直没有使用。特别是，现有证据难以证实张某丁在2016年中秋以后直至2020年初，始终没有资金需求，以及对张某强的钱款没有使用的情况。另外，从证据上看，张某强2021年9月3日供称，其无形中给张某丁提供了不少周转资金。张某丁2021年11月16日证称，"2019年这年，张某强多次以张某家需要用钱的名义找我要钱，但是由于当年我大量资金在工程中周转，所以给他的钱不太多"。因此，不排除张某丁对张某强的资金客观上使用的情况。

二是从数额认定的角度，目前的计算方法可能存在以下四个方面的问题：其一是按照现有思路，以2016年中秋节作为计算利息的时间节点，依据可能并不充分。目前计算思路的逻辑核心是，根据张某强的供述、张某丁的证言，2016年中秋张某丁向张某强提出最近资金宽裕可以还款的意愿，张某强表示先继续放在张某丁处，遂以2016年中秋为节点，对其后的钱款利息不再予以计算。但是如前所述，现有证据可能难以证明，2016年中秋节之后直至2020年初，张某丁对张某强放于其处的钱款是否实际进行了使用。如果张某丁对钱款进行了实际使用，则客观上应当对钱款的利息予以计算。其二是关于钱款本息的计算方法，现有证据之间疑似存在一定的矛盾。在案张某丁的证言、借条、记账条等证据证实，张某丁对于张某强放于其处的钱款，按照年息24%—30%，并以复利方式计算本息。同时证实，2019年初，张某丁经计算，并与张某强商定，在原有本息基础上又抬高一点，出具了1000万元的借条；2020年初，双方再次商定，重新确定借款本息为1200万元。结合上述证据，我们对700万元本金按照转款时间，以单利的方式计算本息，截止2019年1月的本息总计为1265万余元，截止2020年1月的本息总计为1440万余元。因此，仅按单利方式计算得出的金额，就远超于张某丁证言显示的"1000万元"、"1200万元"。因此，现有言词证据疑似存在一定问题，在利息计算的具体方式、张某丁与张某强具体如何对账等细节方面，建议进一步调查核实，以明确本笔数额的计算方法。其三是关于对670万元进行切割的计算方法，容易引起争议。目前的计算方法是，根据2020年春节前张某丁、张某强对账并确定借款本息，以该时间为节点，将此前支付给张某强的350万元认定为借贷还款；同时，将2020年及以后支付给张某强的320万元认定为受贿（既遂）。该算法在以下两个问题上可能引起争议：其一，根据在案张某强的供述、张某丁的证言，上述1200万元借款本息，与张某强让张某丁转账的670万元，是独立的两部分，并不包含。其二，670万元均为张某丁在张某强授意下转账支付的，将其在性质上按照还款、受贿予以区分和切割，可能存在一定的不合理性。其四是关于樾梅江房产与涉及钱款的关系问题，目前的认定思路疑似存在逻辑上的矛盾。张某强、张某丁均证实，张某强在不同意张某丁还款后，又提出让张某丁购买樾梅江的房产，之后用于和张某强居住的福水园房产换着住。从逻辑上讲，如果张某强认为樾梅江的房子就是用自己的钱款购买的，那么"换着住"的说法就难以成立。同时，张某强的供述也显示，"因为没有让张某丁把钱还给我，那么我之前放在他手中的钱，就可以名正言顺地继续让他替我持有，并且继续给我计算利息"。因此，关于证据中反映的樾梅江房产这一情况，与本案的受贿数额可能不存在具体的关联，以该房产论证张某强的资金被占用、张某丁没有资金需求，容易在后续诉讼中引起争议。

(二) 收受丰某某贿赂部分

1. 关于帮助丰某某逃避酒驾刑事责任一事的认定问题

在案张某强的供述，以及证人丰某某、信某某的证言证实，2018年10月，行贿人丰某某酒后驾驶机动车，被民警拦检查获。经鉴定，丰某某血液中检出乙醇，含量为158.7mg/100ml，系醉酒驾车。为逃避刑事处罚，丰某某遂请托张某强协调解决，张某强遂向时任市公安交管局车管所所长信某某打招呼，协调天津市公安局物证鉴定中心对血液酒精浓度鉴定结果造假，将涉嫌醉驾的刑事处罚变更为行政处罚，帮助丰某某逃避刑事责任。关于该谋利事项的认定，提示以下问题：

从定性上看，张某强等人帮助丰某某逃避刑事处罚一事如查证属实，张某强及信某某等其他经办人员可能涉嫌包庇、帮助伪造证据等其他犯罪，张某强可能面临数罪并罚等问题。需要说明的是，由于张某强于2018年11月收受丰某某的10万元现金与该谋利事项具有较强的对应性，如该谋利事项不予认定，则依据现有证据，该10万元亦难以认定。

2. 关于洗浴卡的金额认定问题

在案张某强的供述、丰某某的证言，以及扣押在案的6张洗浴卡证实，2006年至2021年，张某强先后收受丰某某给予的价值32万元的洗浴卡（票）。关于该受贿事实的认定，提示两个方面的问题：

一是从证据上看，目前扣押在案的仅有6张洗浴卡，价值32万元的洗浴卡除行受贿双方的言词证据以外，没有其他客观证据予以佐证。一方面，由于涉案洗浴卡数量较多、总额较高，正常情况下丰某某公司应当有相应的账目记录，但目前缺少证实涉案洗浴卡销售（或提取）情况的记录。另一方面，缺少张某强一方消费的记录。

二是从定性上看，由于涉案的32万元洗浴卡均系行贿人丰某某自己公司发行的有价卡券，因此在数额认定上有别于行贿人从他人处购买的情形。为准确认定犯罪数额，一方面，需要核实丰某某公司日常销售的洗浴卡是否存在打折出售的情况。如票面价值32万元的洗浴卡，日常的对外销售价格是否为32万元。另一方面，需要核实涉案的洗浴卡是否存在有效期等情况，如洗浴卡存在有效期，对于张某强未使用的洗浴卡，则可能存在丰某某实际上没有任何支出的情况，将直接影响犯罪数额的认定。

(三) 收受张某贿赂部分

关于涉案 140 万元的性质认定问题

在案张某强的供述，以及行贿人张某、张某父亲张某甲的证言证实，张某为感谢张某强长期以来的帮助，于 2014 年上半年主动向张某强提出，其父亲张某甲与他人合作开发的江苏泗阳某某广场商业综合体项目前景较好，如果投资能够有较为丰厚的回报，张某强遂陆续交给张某 300 万元，但双方并未就投资收益等问题进行约定。后因该商业综合体项目运营出现问题，张某担心张某强投资出现损失，遂于 2016 年上半年主动向张某强提出，在返还张某强 300 万元投资本金的同时，参考当地民间借贷 16% 的年利率，按照年化利率 20% 的标准额外给予张某强 140 万元收益。关于该受贿事实的认定，提示两个方面的问题：

一是从定性上看，该笔事实可能存在以下五个方面的问题：其一是认定该 140 万元为受贿，与相关司法解释规定较为接近的认定思路为"合作投资型受贿"。按照 2007 年两高《关于办理受贿刑事案件适用法律若干问题的意见》第三条的规定，认定合作投资型受贿主要有"收受出资额"及"收受利润"两种形式。就本案而言，较为接近的认定思路为"收受利润"形式。但根据上述意见的规定，认定收受利润形式的合作投资型受贿，需要同时具备"没有实际出资"和"没有参与经营、管理"两个条件。但本案中，张某强有 300 万元的实际出资。在该种情况下，认定张某强受贿，则建议在上述意见的基础上，借鉴"投资证券、期货或其他委托理财"型受贿的思路进行认定，即：张某强虽有实际投资，但在该项目根本没有实际经营或者根本没有实际盈利的情况下，仍然收取张某给予的"利润"。但需要说明的是，以现有证据情况，按照此种认定思路仍然存在较大风险，需要补充完善相关证据，相关情况将在下文及补证提纲中予以说明。其二是在案证据显示，张某强于 2014 年投资 300 万元的当年，行贿人张某的父亲张某甲以认购商铺的形式与他人合作开发该商业综合体项目，并以 1581.7 万元左右的总价购买总面积为 6130.65 平方米的商铺 6 间，由于张某强、张某、张某甲之间并未对张某强投资的年限、收益等情况进行具体约定，张某甲仅称会按照投资比例返还收益，因此，对于张某甲购买的上述商铺，在一定意义上也可以认为,张某强享有对应投资的面积或者份额。那么,即使查证该商业综合体项目在2016年根本没有实际盈利、相关商铺没有交付,但由于房价总体处于上涨趋势,上述商铺的价值是否上涨也不得而知,如果存在上涨的情况,张某强实际也应享有相应的收益,会对犯罪数额的认定产生影响。其三是在案证据显示,张某于2016年参照当地民间借贷16%的年利率,确定以20%的年利率额外返还给张某强140万元收益。在目前的证据情况下,该笔受贿事实的性质有可能由"合作投资型受贿"被放大成"借贷关系",如果演变成"借贷关系",在300万元资金确实被占用两年的情况下,无论是对于该笔受贿事实的性质,还是犯罪数额都会产生较为不利的影响。其四是张某于2016年以20%的年利率额外返还给张某强140万元收益的当年,张某、张某甲及该项目其他股东是否存在以类似情况返还其他投资人"收益"的情况,如果存在,可能也会影响该笔受贿事实性质及犯罪数额的认定。其五是在案证据显示,张某强与张某等人经常共同投资,其中二人曾出资先后在天津市区购买两套商铺,直至案发一直在收取租金。上述情况的存在,也可能会被用作否定该笔事实性质的素材。

二是从证据上看,现有证据存在一定的欠缺,上述风险均需要通过补证的方式进一步核实、弥补(具体补证事项将在补证建议中列明)。另外,现有证据体系也存在过于依赖张某强、张某、张某甲等人言词证据进行认定的问题,在张某亦涉嫌犯罪可能面临处理的情况下,目前的证据体系存在一定的不稳定性,建议在完善证据的同时,做好防范二人翻供的准备。

(四)收受张某乙贿赂部分

1. 关于谋利事项的认定问题

在案张某强的供述,以及行贿人张某乙等人的证言证实,2009年及2020年,张某强先后向时任××人民法院院长张某丙、时任××农商行行长韩某某打招呼,为张某乙公司在打探案件处理、申请银行贷款事项上提供帮助。关于上述谋利事项,提示两个方面的问题:

一是行贿人请托不够明显。在案张某乙的证言,对于其向张某强是否提出请托,表述的不够直接、明确。从张某乙的证言上看,张某乙每次均是在和张某强聊天时,把自己遇到的问题说给张某强听,张某强随即便表示其可以帮助张某乙解决。以目前的证据看，行贿人张某乙请托的故意不够直接、明确，更像是张某强主动提出要帮助张某乙解决问题。

二是谋利事项的内容不够明确。针对张某强于2009年向时任××法院院长张某丙打招呼一事，目前调查机关调查报告认定的事实是"介入解决"，但从现有证据看，更类似于"打探案件处理情况"，需要在取证时予以明确。

2. 关于收受财物的认定问题

在案证据能够基本证实张某强收受张某乙给予的现金、车辆、欧元的事实，但结合在案证据，提示四个方面的问题：

一是对于张某强分别收受张某乙40万元、20万元现金的具体形式、交付过程等细节，张某强的供述与张某乙的证言之间存在一定的出入，需要进一步核实。

二是对于张某强收受张某乙给予的价值17万元的汽车的事实，卷中仅有张某乙花费15.98万元购车的发票，缺少购买车辆装具的付款凭证，如无法调取，在没有其他客观证据的情况下，倾向于以购车发票上的数额进行认定。

三是对于张某强为掩盖犯罪向张某乙汇款的事实，一方面缺少张某强一方向张某乙汇款的相关银行记录等书证。另一方面，在案证据显示，张某乙妻子刘某某银行账户向张某丁账户转账17万元的时间，分别为2015年4月21日、22日、23日以及2016年2月1日，且转账地点多为"市政府会议厅"，其中一笔2万元转账间隔时间较长，且地点存在疑问。

四是涉案欧元的汇率折算标准需要调整。在案证据显示，张某强在出国前往意大利之前，收受张某乙送予的1万欧元。同时，出入境记录显示，张某强于2010年9月11日出国前往意大利。目前，调查机关采用的标准为以9月最低汇率中间价进行折算，此种折算方法与客观事实存在差异。另外，关于该1万欧元的收送时间，张某强的供述与张某乙的证言之间也存在不一致，张某乙证言称送钱是"2010年8月左右"；张某强供述的时间为"2010年左右"。建议在确定具体月份的前提下，重新进行折算。如确定系9月份送予，则应当按照9月1日至9月11日之间的最低汇率进行折算。

（五）收受王某甲贿赂部分

1. 关于谋利事项的认定问题

调查报告认定，张某强接受××××公司董事长王某甲的请托，先后将市委组织部干部监督处负责的"干部选拔任用记实监督系统"软件工程，交由××××公司承接。但在案张某强的供述，以及行贿人王某甲的证言均证实，二人是在"干部选拔任用记实监督系统"工作中相识并进一步熟悉，目前在案证据可能难以证实张某强利用职务便利为××××公司承揽该项目提供了帮助。

2. 关于收受财物的认定问题

关于张某强收受王某甲购物卡、外币的事实，结合在案证据，提示以下两个方面的问题：

一是在案××××公司的财务凭证、发票等书证，能够证实王某甲给予张某强海信广场购物卡的来源情况。但现有证据中，部分发票存在编号重复、复印不完整的情况，需要予以补正。另外，行贿人王某甲证称，"经常给予张某强一些资金上的支持，张某强安排下属找我报销相关费用"。如查证属实，可能涉嫌其他犯罪事实。

二是涉案欧元的汇率折算标准需要调整。在案证据显示，张某强在出国前往意大利、瑞士之前，累计收受王某甲送予的1.5万欧元。同时，出入境记录显示，张某强于2010年9月11日出国前往意大利，于2018年11月5日出国前往瑞士。目前，调查机关采用的标准为以出国当月最低汇率中间价进行折算，此种折算方法与客观事实存在差异。建议调查机关结合在案供述及证言证实的时间，对上述欧元进行重新折算。

（六）收受李某甲贿赂部分

相关补证事项将在补充完善证据提纲中列明。

（七）收受马某某贿赂部分

1. 关于谋利事项的认定问题

关于张某强为马某某外甥女于某某安排至××县环保局工作提供帮助一事，结合在案证据，提示以下两个方面的问题：

一是目前卷中缺少张某强担任市委组织部区县干部处助理调研员的

任职文件,以及证实区县干部处及其职责权限的证据,需要补充调取,以进一步查明张某强当时对于窦某某是否具有"职务上的制约关系"。二是张某强供称,其在于某某工作一事办成后,专门前往窦某某家中表示感谢。如确系属实,则对认定张某强与窦某某之间具有职务上的制约关系,存在一定不利影响。

2. 关于收受财物的认定问题

调查报告认定,张某强于2005年至2017年年节期间收受马某某给予的25万元。在案张某强的供述,对于该25万元有一定的细节描述。而行贿人马某某的证言则笼统记载,其于2005年至2017年先后给张某强送过25次钱,共计25万元。在缺少其他客观证据的情况下,建议加强供述与证言之间的印证。

(八) 收受尹某某贿赂部分

关于收受财物的认定问题

关于张某强收受尹某某给予的财物的事实,在案证据之间存在一定的矛盾,提示以下两个方面的问题:

一是收受财物的时间存在矛盾。在案张某强的供述供称,其于2008年中秋至2015年春节,以及2015年中秋至2018年中秋,先后收受尹某某给予的钱款。而尹某某则证称,其于2008年至2017年送予张某强钱款。张某强与尹某某之间的供证不能相互印证。其中,张某强供称,从2015年中秋到2018年中秋,一共五个节。这一表述疑似存在错误。

二是收受财物的形式存在矛盾。在案张某强的供述供称,其先后收受尹某某给予的银行卡、商联卡。而尹某某则证称,其先后送予张某强银行卡、商联卡、礼仪卡。张某强与尹某某之间的供证不能相互印证。另外,关于上述卡片,缺少客观证据予以佐证,建议尽量予以补充调取。

(九) 收受冯某某贿赂部分

关于谋利事项的认定问题

调查报告认定,时任市委巡视组正局级巡视专员张某强接受冯某某的请托,利用职权形成的便利条件,向时任宁河区区长单某某打招呼,对太平洋保险在宁河区农委组织的惠农保险招标过程中予以照顾,帮助其业绩在同行业排名第一。关于该谋利事项，提示以下两个方面的问题：

一是在案张某强供述供称，其是通过市委组织部的一个同事向单某某打的招呼。而单某某的证言亦证称，是市委组织部的一名干部给他打的电话，具体是谁不记得了。从上述证据可以看出，该谋利事项并非张某强直接向单某某打的招呼。而同时，单某某也仅知道是市委组织部的一名干部打的招呼，并不知道张某强通过他人找过来的。在缺少该名市委组织部干部证言的情况下，依据在案证据，难以在张某强与单某某之间就该谋利事项建立关联。

二是卷中缺少关于市委巡视组职能设置的相关规定，以及张某强担任市委巡视组正局级巡视专员的职责分工文件，需要补充调取。根据调取证据的情况，进一步明确本笔谋利事项的法律适用。

（十）收受冉某某贿赂部分

相关补证事项将在补充完善证据提纲中列明。

（十一）收受陈某某贿赂部分

关于收受财物的认定问题

关于张某强收受陈某某财物的事实，结合在案证据，提示以下两个方面的问题：

一是在案供证之间存在矛盾。在案张某强的供述称，陈某某通过其女婿张某戊给自己送过三次银行卡，每次一张。而证人张某戊则证称，其每次转交给张某强的信封里都有几张卡。同时陈某某的妻子马某某证称，陈某某三次送给张某强的均为商联卡。二是上述银行卡或商联卡缺少客观证据予以印证，建议尽量予以补充调取。

（十二）收受张某己贿赂部分

关于谋利事实的认定问题

调查报告认定，时任市委巡视组正局级巡视专员的张某强，接受张某己的请托，利用职权地位形成的便利条件，帮助张某己调整至蓟州区审计局担任局长职务。关于该谋利事项，卷中缺少关于市委巡视组职能设置的相关规定，以及张某强担任市委巡视组正局级巡视专员的职责分工文件，需要补充调取。根据调取证据的情况，进一步明确本笔谋利事项的法律适用。

三、需要说明的问题

（一）关于量刑情节方面的问题

1. 关于认罪态度的问题

经审查，张某强对调查拟认定的涉嫌受贿犯罪事实全部作了有罪供述，书写了自书材料。建议调查机关在案件调查终结前出具有关案件来源、到案经过、自首立功、坦白和认罪态度的情况说明，以查明调查机关掌握线索情况和张某强主动交代犯罪事实情况，全面反映其认罪态度。

2. 关于涉案赃款赃物的问题

调查机关调查报告显示，扣押涉案款项共计折合人民币1113.234748万元。建议对涉案赃款、赃物的扣缴、追缴情况进行统一说明，以查明是否全额退缴赃款；对与刑事案件有关的赃款、赃物列明清单，随案移送。

（二）本案涉及的洗钱犯罪线索

在案证据显示，张某强通过张某丁的银行账户接收张某转入钱款440万元，并且将所收受的部分赃款转移至张某丁处并获取收益。张某丁具有提供银行账户等涉嫌洗钱行为，建议调查机关对此予以核查。

附件：补充完善证据建议

天津市人民检察院第二分院第三检察部
20××年×月×日

附件

补充完善证据建议

一、主体身份部分

1. 在案干部任免审批表显示，张某强于1999年1月至2001年7月担任××市委组织部区县干部处助理调研员。建议补充调取张某强担任市委组织部区县干部处助理调研员的任职文件，以及证实区县干部处及其职责权限的证据。

2. 在案任职文件显示，张某强于 2001 年 7 月担任××市委组织部干部调查审理处副处长。而在案干部任免审批表中，该职务记载为××市委组织部干部监督处副处长。建议针对上述不一致的情况，补充调取相关说明。

3. 职责分工文件显示，2018 年 10 月张某强担任市委组织部副部长期间，分管企业干部处。而在卷内的市委组织部"三定方案"中，未查询到该处室。建议补充调取关于该处室情况的说明。

4. 在案任职文件显示，张某强于 2020 年 1 月担任××市委巡视组正局级巡视专员。建议补充调取有关××市委巡视组职能的相关规定，以及证实张某强职责分工的文件。

二、受贿罪部分

（一）收受张某丁贿赂部分

1. 关于张某强为张某丁在工程项目承揽、款项结算、办理工程资质等方面提供帮助的事实，建议补充下列证据：

（1）补充调取证人刘某刚的证言，以查明张某强为张某丁公司承揽 2010 年京津公路引河桥到武清界绿化提升改造工程，打招呼提供帮助的具体经过；

（2）补充调取证人郭某生的证言，以查明张某强为张某丁公司承揽 2012 年北辰西道绿化工程项目打招呼的具体经过；

（3）补充调取证人冯某华的证言，以查明张某强为张某丁公司为结清 2014 年北辰外环线绿化提升工程款项提供帮助，向冯某华打招呼的具体经过；

（4）卷内缺少证人王某、薛某的任职分工文件，缺少王某的证人权利义务告知书，建议补充调取；

（5）卷内缺少证人聂某迅的职责分工文件，缺少证人李某、王某楠的干部任免审批表，建议补充调取；

（6）卷内缺少 2010 年京津公路引河桥到武清界绿化提升改造工程项目的相关书证，缺少 2012 年北辰西道绿化工程项目的相关书证。如认定为谋利事项，则需要补充调取项目招投标文件、施工合同、付款凭证等书证材料。

2. 关于张某强为张某丁的公司承揽其他工程项目打招呼（未办成）的事实部分，如拟认定，建议补充调取相关经办人员的证言。

3. 在案张某丁的证言显示，2011年至2019年，张某强先后向郭某生、王某甲、南开税务局刘姓科长等人打招呼，为张某丁的公司在租赁土地、承租经营场所、提升税票面额事项上提供帮助。建议对上述情况进一步予以核实。

4. 关于张某强以"借贷返息"等形式收受张某丁贿赂的事实部分，建议补充下列证据：

（1）补充询问张某丁，重点围绕以下几点：一是向张某丁核实，关于"借贷返息"即张某强借款给张某丁并约定高息的做法，是由张某强提出还是张某丁提出；二是针对卷内收录的记账条、借条，向张某丁进行逐一出示，查明张某丁对张某强转入的每笔款项的计息方式；三是针对2019年初、2020年初二人商定的1000万元、1200万元的借款数额，向张某丁核实本金及利息的计算方式，如何与张某强具体商量的，是否扣除已支付的钱款部分。

（2）补充讯问张某强，重点围绕以下几点：一是向张某强核实，关于"借贷返息"这种方式，是由张某强还是张某丁最先提出；二是向张某强核实，关于转给张某丁每笔款项的本息计算，与张某丁进行商量、对账的具体情况；三是向张某强核实，2020年初二人商定的1200万元借款数额，与张某丁已支付给张某强的670万元，是否存在关联；四是向张某强核实，2016年中秋其指示张某丁出资购买樾梅江房产时，主观意图是什么，与其以"借贷"方式放于张某丁处的款项是否有关系。

5. 关于张某强通过他人银行账户，与张某丁进行资金往来的证据部分，建议补充下列证据：

（1）补充调取证人张某、徐某平、宋某华、唐某辉（冯某某妻子）的证言，出示相关银行账户交易记录，向上述人员核实相关银行账户与张某丁账户之间的资金往来情况，受张某强指示的具体经过；

（2）卷内刘某某（张某乙妻子）的证言系复印件，请补充注明证据来源；

（3）卷内证人闻某、张甲的谈话笔录，谈话主体为市纪委监委驻市委组织部监察组。为规范证据形式，建议由调查机关对闻某、张甲进行重新询问。

（二）收受丰某某贿赂部分

1. 关于张某强为丰某某逃避酒驾刑事责任提供帮助的事实，可能涉嫌包庇、帮助伪造证据等其他犯罪，建议调查机关在补充完善证据后依法处理。

2. 关于张某强为丰某某经营的河东区津华某洗浴俱乐部改建、经营提供帮助的事实，建议补充下列证据：

（1）补充调取 2004 年津华某洗浴俱乐部改扩建的相关申请、审批材料、会议记录等书证；

（2）补充调取津华某洗浴俱乐部的经营、缴税等相关材料，查明该企业享受河东区政策支持的情况；

（3）补充调取该企业的工商登记及注销材料，以查证该企业原系丰某某实际经营。

3. 关于张某强收受丰某某给予的 32 万元洗浴卡（票）的事实，建议补充下列证据：

（1）关于涉案财物的名称，有洗浴卡、洗浴票等不同表述，张某强与丰某某二人供证不一，建议予以核实。

（2）补充调取涉案洗浴卡（票）的销售（提取）记录、丰某某公司的财务账目等书证，以核实涉案洗浴卡（票）来源情况。

（3）核实丰某某公司日常销售的洗浴卡（票）是否存在打折出售的情况。如票面价值 32 万元的洗浴卡（票），日常的对外销售价格是否为 32 万元。

（4）补充调取涉案洗浴卡（票）的消费、使用记录，以核实张某强所收受洗浴卡（票）的使用及去向情况。

（5）核实涉案的洗浴卡（票）是否存在有效期等情况。

（6）在案扣押的 6 张洗浴卡，均为丰某某经营的南开区某温泉酒店制作，该企业成立于 2015 年 4 月。对 2015 年以前丰某某给予张某强的旧版洗浴卡（票），建议补充调取相关物证、销售记录等客观证据。

(三) 收受张某贿赂部分

1. 关于谋利事实部分，目前卷中缺少相关证人证言及书证，建议补充完善下列证据：

（1）补充调取证人王某英、吴某澄的证言，以查明张某强利用职务便利打招呼的过程，为张某突击提拔、伪造任职时间，以调任河北区委组织部提供帮助的具体过程。

（2）卷中缺少张某在天津财经大学、××区委组织部、××市委组织部期间的干部履历表、任免职文件，建议补充调取，以完善本笔谋利事实的相关书证。

2. 关于张某强收受张某给予的140万元"收益"的事实，建议补充完善下列证据：

（1）阶段一：建议对2014年张某强投资当时，行受贿双方的主观故意，以及300万元的本金数额进一步核实。

①建议补充调取张某强的供述、张某的证言，进一步查明行受贿双方的主观故意。重点围绕2014年双方商议投资时的实际意图，对于以"投资"为名义输送利益，行受贿双方在当时是否已经具有明确、一致的认识。

②补充调取张某父亲张某甲的证言，询问其告诉张某可以让领导进行投资的具体想法，以及是否通过张某向张某强等人介绍或者约定该项目"投资"的收益、投资时限等情况。

③在案证据显示，张某强共"投资"300万元。其中，通过银行转账的方式交付100万元，现金交付100万元，而另外100万元的交付方式，目前张某强及张某的供证不一，且表述的均较为含糊。建议补充调取张某强的供述以及张某的证言，对该300万元本金的交付、流转情况进一步明确，使行受贿双方的供证能够相互印证。同时，建议完善相关书证等客观证据予以佐证。

（2）阶段二：建议对2014年至2016年张某强"投资"期间，该项目经营以及有无获利的情况进行核实。

在案证据显示，该项目在2016年左右因资金链等问题，难以正常运营，但未证实该项目在2014年至2016年期间的经营情况。建议补充调取该项目其他股东、投资人的证言，查明自张某强"投资"至退出项目，即 2014 年至 2016 年期间，该项目的实际经营以及有无获利的情况。

（3）阶段三：建议对 2016 年张某强收回 440 万元时，该项目的实际经营、盈利或亏损的情况进行核实。

①补充调取该项目其他股东的证言，核实 2016 年时（张某强退出项目前），该项目的实际经营情况，是否被搁置、有无盈利、是否有损失等情况。

②核实该项目是否存在与张某强相类似的投资人，即该项目在 2016 年出现风险时，张某、张某甲及该项目其他股东是否存在以类似情况返还其他投资人"收益"的情况。

（4）关于双方是否系"借贷"关系的问题。在案张某证言显示，其在 2016 年项目未能获利的情况下，比照当地民间借贷 16% 的利率，以 20% 的年利率额外给予张某强"收益"140 万元。如双方存在"借贷"关系的可能，则将对本笔事实的性质及数额认定将造成影响，建议调查机关予以核实。

（5）关于涉案商铺的市场价值问题。在案证据显示，在张某强 2014 年"投资"300 万元前后，张某甲以认购商铺的形式与他人合作开发该商业综合体项目，并以 1581.7 万元左右的总价购买总面积为 6130.65 平方米的商铺 6 间。且由于张某甲证称会按照投资比例返还收益，因此，对于张某甲购买的上述商铺，张某强在一定意义上也应享有对应的面积或者份额。即使查证该项目在 2016 年时根本没有实际盈利、相关商铺没有交付，但由于房价总体处于上涨趋势，上述商铺的价值也有上涨的可能，如果存在上涨的情况，张某强实际也应享有相应的收益，这也将会直接影响犯罪数额的认定。因此，建议调查机关对相关商铺 2016 年时的市场价格进行评估，与张某甲购买商铺时的价格进行比较。

3. 现有证据显示，张某强通过张某丁的银行账户接收张某转账 440 万元。在案张某丁银行账户交易明细，未显示开户人信息及卡号，建议补充完善。

4. 在案证据显示，吕某涛按照张某强的安排，向张某甲提供的徐某账户转账 50 万元。建议补充调取吕某涛的银行账户交易明细，以和徐某的银行账户交易明细相互印证。

（四）收受张某乙贿赂部分

1. 关于张某强为张某乙在所涉民事案件处理上提供帮助的事实，现有证据存在一定出入，建议补充下列证据：

（1）在案张某乙的证言，对于其向张某强是否提出请托，表述的不够直接、明确。从张某乙的证言上看，张某乙每次均是在和张某强聊天时，把自己遇到的问题说给张某强听，张某强随即便表示其可以帮助张某乙解决。以目前的证据看，行贿人张某乙请托的故意不够直接、明确，更像是张某强主动提出要帮助张某乙解决问题。建议补充询问张某乙，以核实其请托张某强的主观故意及具体经过。

（2）关于该笔谋利事实发生的时间，在案张某丙、朱某的证言均证实发生于2009年，书证显示该案二审裁定是2008年12月，申请执行是2009年6月；张某乙的证言亦显示，是2008年案件上诉后找的张某强。因此，该笔谋利事项的时间，不应是审查调查报告记载的"2007年"，建议予以调整。

（3）在案证据显示，张某强向河西法院人员打听张某乙公司所涉民事案件时，该案已经二审宣判进入执行阶段。因此，对该笔谋利事项，在事实表述上概括为"介入处理"，与证据情况有所出入，建议予以调整。

（4）在案证据显示，张某强是通过河西区委某领导找到河西法院院长张某丙，但卷中缺少该领导的证言。同时，据卷中审查调查报告记载，该领导系"王某敏"，建议向王某敏进行取证。

2. 关于张某强为张某乙在获得银行贷款事项上提供帮助的事实，在案张某乙的证言中关于请托张某强提供帮助的意思，表述不够清晰、明确。建议补充询问张某乙，进一步核实其针对该事项向张某强请托的主观故意及具体经过。

3. 关于收受财物部分，建议补充下列证据：

（1）关于2015年张某强收受张某乙给予20万元现金的事实，张某强的供述、张某的证言在钱款交接的细节上，存在一定出入。建议补充调取供述及证言，进一步查明送予、收受钱款的具体过程。

（2）关于张某强收受张某乙年节给予现金共计40万元的事实，张某强供称"都是百元面值的人民币"，而张某乙则证称"2011年之前，有时给张某强送卡，一般是银行卡或商联卡，里面都存了5000元；送5000元现金时，都是百元面值一张"。因此，针对2011年以前收受钱款的形式，供证之间存在一定出入。建议进一步向行受贿双方进行核实。

4. 关于张某强收受张某乙给予现代牌汽车一辆的事实，在案的车辆销售发票证实购买价格为15.98万元。结合张某乙证言提到的购买装具的情况，建议补充调取购买车辆装具的缴费凭证及发票，以完善购车款项（总计17万元）的相关书证。

5. 在案证据显示，张某强为掩盖收受汽车的事实，向张某乙汇款17万元，后张某乙将存有17万元的刘某某银行卡交给张某强，该17万元分四次转账至张某丁的银行账户。对于上述事实，建议补充以下证据：

（1）关于张某强向张某乙汇款17万元的情况，补充调取张某强的供述、张某乙的证言，以及银行交易记录等书证，对汇款的具体过程予以核实、印证。

（2）现有证据显示，账号6214××××××××的招商银行账户（开户人张某利）于2015年3月向刘某某转账17万元，建议对该银行账户交易记录，向张某乙进行出示并核实。

（3）银行记录显示，刘某某银行账户于2015年4月21日、22日、23日向张某丁账户分别汇款5万元，于2016年2月1日向张某丁汇款2万元，以上共计17万元。针对第四次汇款相较于前三次的时间跨度问题，建议向张某强进行讯问核实。

6. 关于张某强所收1万欧元的汇率计算问题。现有书证显示，张某强于2010年9月11日至26日赴意大利。因此，收钱的时间应在9月11日以前，不应按照9月1日至30日（一整月）的汇率最低价折算数额。并且，张某乙证言称送钱是"2010年8月左右"；张某强供述的时间为"2010年左右"。建议在确定具体月份的前提下，重新进行折算。如确定系9月份送予，则应当按照9月1日至9月11日之间的最低汇率进行折算。如确定系8月份送予，则应当按照8月整月的最低汇率进行折算。

7. 张某强在讯问笔录中提到，其曾送给过张某丁两辆车。建议补充调取张某强的供述、张某丁的证言,核实上述两辆车的相关情况,并查明与张某丁向张某强给予的贿赂有无关联。

8. 在案工商登记材料显示,张某乙于2004年将其持有的天津某物业管理公司股权就已经转让。建议补充调取相关证据,证明张某乙与某物业管理公司的实际关系。

9. 证人张某乙的2021年7月24日、2021年10月30日询问笔录,缺少询问人签字,建议调查机关予以补正。

(五) 收受王某甲贿赂部分

1. 关于2007年××××公司承揽市委组织部干部监督处"干部选拔任用记实监督"系统软件工程一事。在案张某强的供述、王某甲的证言证实,二人是在该项目合作工作中认识并熟悉。根据现有证据,无法认定张某强利用职务便利为××××公司承揽该项目提供了帮助,建议进一步予以核实。

2. 关于张某强收受王某甲购物卡的事实,建议补充下列证据:

(1) 关于每次送予购物卡的金额,供证不一。其中,张某强供述称"每次共4万元",王某甲证言称"第一次3万元,后面几次4万左右,总计20万元"。建议就每次送卡的总金额、具体过程等细节问题,进一步向双方取证核实。

(2) 关于××××公司提供的购卡发票,证言与客观证据不一致。其中,公司人员张乙的证言称,以"办公用品"名义开出的发票金额为14万元。但是卷内注明"办公用品"的发票中,有10张金额为"10000元"的发票可以辨认;其余4张发票中,有2张与其他发票的编号重复,另有2张发票不完整难以辨认。建议予以补证。

3. 关于张某强2010年、2018年收受王某甲1.5欧元的汇率折算问题。在案书证显示,张某强于2010年9月11日至26日赴意大利,于2018年11月5日至16日赴瑞士。因此,收钱时间应在张某强的出境时间之前,钱款数额不应按照当月一整月的汇率最低价进行折算。建议在确定具体月份的前提下,重新进行折算。

4. 关于王某甲证言中提及的下列其他问题,建议予以核实:

(1) 王某甲2021年11月30日的证言称"我也经常给予张某强一些

资金上的支持，张某强安排下属找我报销相关费用"。对于上述情况，建议予以核实。

（2）王某甲2021年11月30日的第二份证言称"2012年，张某强帮助我公司承揽了全市的个人有关事项报告软件业务"。对于上述情况，建议予以核实。

5. 在案王某甲、张乙的讯问笔录，抬头均为北辰区监察委员会，其中部分笔录为复印件。建议对相关笔录的来源或调取情况进行说明。

（六）收受李某甲贿赂部分

1. 关于张某强为李某甲公司承揽东湖俱乐部工程项目提供帮助的事实，在案张某强的供述、钟某明的证言均证实该事项发生在2008年，与在案相关书证显示的时间对应一致。但李某甲证言证实的时间是2010年，建议补充询问李某甲，核实其就该事项请托张某强提供帮助的具体时间。

2. 补充调取行贿人李某甲的任免职文件。

（七）收受马某某贿赂部分

1. 关于张某强为马某某外甥女于某某安排工作提供帮助的事实。在案干部任免审批表显示，1999年张某强任市委组织部区县干部处助理调研员。张某强的供述，证实该部门对区县干部的职务调整、考核等有话语权，其当时负责联系各区；同时证实，其在于某某一事办成后，专程到窦某某家里表示感谢。建议调查机关在补充调取张某强相关任职文件的基础上，进一步讯问张某强，核实其当时的职责范围及实际权限，查明其对时任宁河县县长窦某某是否具有实质的职权制约。

2. 补充调取时任宁河县县长窦某某的干部任免职文件。

3. 关于收受财物部分。在案张某强的供述、马某某的证言证实，2005年至2017年，马某某分25次给予张某强现金共计25万元。对于送予钱款的具体经过和有关细节，马某某的证言表述地较为笼统。建议补充询问马某某，并讯问张某强，对收送钱款的相关细节进一步核实，以使供证能够相互印证。

（八）收受尹某某贿赂部分

1. 关于张某强承诺帮助尹某某在职务调整上打招呼的事实。在案张某强的供述，并没有提到尹某某请托其向时任宝坻区委书记王某江打招呼的具体时间。建议补充讯问张某强，进一步核实尹某某请托的时间及具体经过。

2. 关于收受财物部分，建议补充下列证据：

（1）有关收受卡的时间截止到2017年还是2018年，供述和证言存在矛盾。张某强供称"2015年中秋至2018年中秋，一共5个节，见面5次，每次给我一张2万元的卡，共计10万元"。尹某某证称，给予张某强卡的时间是到2017年。建议进一步讯问张某强，核实收受财物的年份及次数，以准确认定犯罪数额。

（2）有关涉案的商联卡、银行卡，供证存在细节上的出入，且缺少客观证据予以佐证。

①张某强供称，其收受的有银行卡、商联卡；尹某某证称，送给张某强的有商联卡、礼仪卡、银行卡。建议补充调取张某强的供述、尹某某的证言，进一步核实卡片的种类等细节问题；重点询问尹某某，相关银行卡、商联卡的具体来源、办卡的情况、有无相关银行或商场销售记录。另外，由于"礼仪卡"不常见，建议核实具体情况。

②如无法调取物证，建议补充调取涉案商联卡、银行卡的购买或开户记录，以及消费、使用记录，以查明卡片的来源信息，卡内资金的使用等情况。

（九）收受冯某某贿赂部分

1. 关于谋利事项，现有证据尚不完整，建议补充下列证据：

（1）关于张某强直接打招呼的对象。张某强供称，是通过市委组织部的一名同事，向单某某打招呼协调。单某某亦证称，是市委组织部的一名干部给他打电话，但具体名字记不得了，其并不知道此事是张某强打招呼。建议对此进一步核实，查明张某强具体向谁打招呼，是否与单某某直接联系等情况，以完善本笔谋利事实的证据链条。

（2）补充调取时任××区副区长（分管农业）陆某的证言，向其核实××保险宁河公司惠农保险业务的相关情况，是否有领导打招呼的情况，以与单某某的证言相互印证。

2. 卷内缺少时任××区农业农村委主任王某乙的任免职材料，建议补充调取。

(十) 收受冉某某贿赂部分

1. 卷内任免职通知显示，2015年10月23日侯某某任天津××股份有限公司董事长。该职务在侯某某的干部任免审批表内没有显示；根据干部任免审批表，2018年8月至2019年9月侯某某任天津××和××公司联合党支部书记，天津××股份有限公司副总经理。建议进一步询问侯某某，明确其2019年6月时的党内、行政任职情况。

2. 现有证据显示，冉某某为天津××××有限公司实际投资人。现卷内仅有该公司营业执照、出具的情况说明，建议补充调取天津××××有限公司工商登记材料。

3. 现有证据显示，2017年11月至2018年11月，××贸易公司与天津××有限公司签订多份《煤炭买卖合同》。建议补充调取天津××有限公司、(上级公司) 天津××股份有限公司的工商登记材料。

(十一) 收受陈某某贿赂部分

关于收受财物部分，张某强的供称显示"每次都是在河西区梅江约个地点见面，张某戊对我表示感谢的同时给我给一张银行卡"。张某戊的证言称"信封里有几张卡"。同时，证人马某某证实，三次送的都是商联卡。建议针对送卡的种类、张数，进一步向张某强、张某戊、马某某进行核实。同时，查明卡片的来源情况，尽可能补充调取购买记录等相关书证。

(十二) 收受张某己贿赂部分

1. 在案刘某某的证言显示"大概在2020年初，……一天张某强给我打电话，说到他的朋友张某己在蓟州的乡镇干的时间太长了，想着能回到区里工作"。但在案张某强的供述、张某己的证言均证实，张某己向张某强请托的时间是2020年下半年。建议对此进一步讯问张某强、询问刘某某，对相关事项打招呼的具体时间、经过予以核实。

2. 关于收受钱款的地点，张某强的供述显示"一般都是在我家附近的马路边见面"。张某己的证言显示"2015年春节我到河西区梅江附近的一个马路边等他……后续一直到2020年春节，我在每年春节时都会去看望张某强，每次我在他的办公室或者河西区梅江附近的马路见面"。鉴于供述、证言存在一定出入，建议补充讯问张某强、询问张某己，对送予、收受钱款的具体地点和经过进一步核实。

3. 卷内缺少张某己的任免职文件等材料，建议补充调取。

三、综合问题部分

1. 卷中缺少案件线索来源、案发经过、到案经过及张某强是否构成自首、立功、坦白等法定情节的说明，建议补充调取，其中关于自首、坦白应具体到每一起受贿事实下的具体项。

2. 卷中缺少涉案其他人员的处理情况，建议提供说明。

3. 建议对涉案赃款、赃物的扣缴、追缴情况进行统一说明，以查明是否全额退缴赃款；对与刑事案件有关的赃款、赃物列明清单，随案移送。

4. 卷宗内部分材料为标注密级的涉密材料，且部分文件尚在保密期内，建议对上述材料予以整理并单独成卷。

【承办检察官心得体会】

本案系一起局级干部职务犯罪案件，经市监察委员会商请，天津市人民检察院第二分院派员提前介入审查该案。承办检察官充分利用提前介入时间，依法全面审查现有案卷材料，聚焦问题积极推动监、检、法沟通研判，明确补证方向和重点。高标准、精细化制作提前介入审查意见，共提出补充完善证据建议49条，确保争议问题解决在移送起诉之前，把好案件质量关。

（一）政治引领，强化思想认识

职务犯罪检察工作是推进党风廉政建设和国家反腐败斗争的重要力量。作为从事职务犯罪检察工作的检察人员，始终坚持以党的创新理论武装头脑，不断强化政治引领，把讲政治落实到办案工作实处。本案系一起行受贿犯罪案件，犯罪手段呈现多样化、隐蔽性较强的特点，案件办理难度较大，对检察人员的政治素质和业务能力提出更高要求。提前介入案件后，检察官坚持贯彻"一切从政治上看"的要求，坚持以习近平法治思想为指导，以严把案件质量、确保办案效果为目标，主动加强监检沟通衔接，抓实提前介入审查，推进难点问题分析研判，为高质效办好案件奠定基础。

(二) 全面审查，提前把关案件事实、证据

承办检察官深刻认识到提前介入工作对于确保职务犯罪案件质量及庭审效果的重要性、必要性，落实"从政治上看"的要求，高标准开展提前介入工作。通过听取案件介绍、审查现有文书和证据材料，全面掌握案件事实及证据情况。一方面，围绕犯罪构成全面审查。针对每笔受贿事实涉及的犯罪嫌疑人主体身份、谋利事项、索取或收受财物的证据情况，进行逐一审查、分析，着重把握证明事实的证据是否确实充分、是否相互印证，每笔事实在法律定性上是否存在问题。另一方面，加强对综合、程序性证据审查。针对犯罪嫌疑人有无自首、立功、涉案财物的查封扣押、赃款赃物的退缴情况等影响定罪量刑的重要情节，加强与监察机关办案人员沟通，确保相关事实在移送起诉前予以明确。

(三) 聚焦重点，有效解决疑难、争议问题

基于本案受贿犯罪手段多样、隐蔽性较强的特点，检察官充分利用提前介入工作机制，找准案件存在的难点、争议点。聚焦本案中"合作投资型"受贿、"借贷型"受贿等新型犯罪形态，充分评估事实认定及法律适用风险，有效引导调查工作。一方面，坚持问题导向，从相关事实的现有证据体系入手，深入分析行为定性、数额认定方面尚存在的问题、风险，为补证工作针对性、深入性开展奠定基础。另一方面，依托提前介入机制积极推进监、检、法沟通研判，着重从证据完善、认定思路的角度对上述问题提出解决方案。通过提前介入，对于准确区分罪与非罪、准确认定犯罪数额，提供了务实有效的引导和帮助。

(四) 强化说理，增强提前介入引导性、针对性

在全面审查案卷、聚焦重点深入研判的基础上，为切实发挥提前介入作用，检察官着力在提高提前介入法律文书质量上下功夫。一方面，细化、完善提前介入审查意见。就拟移送起诉的每一笔犯罪事实，详细写明初步审查的意见，从证据细节、事实表述、性质及数额认定等方面充分阐明，为提出针对性、引导性强的补证建议打好基础。另一方面，精细制作补充完善证据清单。围绕主体身份、犯罪事实、综合证据等三大部分，在与监察机关办案人员充分沟通的基础上，聚焦问题进一步提

出补充完善证据建议，逐条列明补证的方向、重点和目的，确保补证建议针对性、实用性，获得监察机关充分认可和采纳。

【专家点评】

检察院提前介入监察委员会办理职务犯罪案件工作，对加强与监察委员会在办案过程中互相配合、互相制约，提高职务犯罪案件办理质量和效率，充分发挥检察职能，推进监察体制改革意义重大。提前介入审查意见书则是这一工作的具体体现，能够较好地体现检察机关提前介入职务犯罪案件的质量和水平。本篇提前介入审查意见书体现了办案人员优秀的专业素养，严谨的办案思路、疑难问题的准确理解、证据审查的精准把握、流畅的文书写作等跃然纸上，对证据收集、事实认定、案件定性等提出了良好的意见和建议。

（一）办案思路清晰明确

当前，反腐败斗争出现了许多新情况、新问题，犯罪性质呈复合化发展趋势，被调查对象往往涉及多种违法行为，新型腐败和隐性腐败层出不穷。这对于办案人员的办案水平和能力提出了新要求，需要有明确的办案思路。本篇审查意见书面对利息型受贿、借贷型受贿等新兴受贿、隐性受贿能够把握好受贿"权钱交易"的本质特点，从行为定性、数额认定等方面提出相关的审查意见，有助于提升案件的办理质量。

（二）证据审查精准把握

审查人员依据证据审查原则，依照法定程序，全面、客观地审核证据，运用逻辑推理和日常生活经验，对证据有无证明力和证明力大小独立进行判断。例如，关于张某强收受张某丁贿赂部分，由于部分谋利事项的证据只有行受贿人的口供，建议补充证人证言和书证；对于借贷型受贿，考虑到"借贷"形式的存在，对于行受贿故意以及行贿人是否存在客观使用的情形，提出了相关的证据核实和补充意见。

（三）审查意见全面

检察人员通过听取监察委员会关于案件事实和证据情况的介绍以及查阅案件监察文书和证据材料，提出提前介入审查意见。审查意见全面，既有对调查部门已经获取的证据材料进行的审查意见，也有对案件事实和性质认定、法律适用以及涉案财物处理等问题提出的意见和建议，以及对量刑情节、案件线索等问题提出了较好的意见和建议。

综上，张某强受贿案提前介入审查意见书，审查意见全面，办案思路严谨，文书写作流畅，体现出办案人员对证据的精准把握和对疑难问题的准确理解，具有较强的示范意义。同时，该审查意见书以司法办案"高质效"为导向，体现出让"高质效办好每一个案件"成为新时代新征程检察履职办案的基本价值追求。

（点评人：商浩文，北京师范大学法学院副教授、博士生导师）

69. 刘某伟受贿案提前介入审查意见书

【简要案情】

2012年至2020年，被告人刘某伟利用担任××市公安局××经济开发区（后更名为××高新技术产业开发区）分局（以下简称××市公安局××区分局）局长、××市××区人民政府副区长、××市公安局××区分局党组书记、局长等职务上的便利以及职权、地位形成的便利条件，为吉林省××房地产开发有限公司、吉林××房地产开发有限公司、董某、许某某等单位和个人在企业经营、刑事案件办理、职务调整等事项上提供帮助，收受上述单位和个人给予的420.375万元人民币（以下未标明币种的均为人民币）、35万美元，共计折合641.338万元。

【诉讼过程】

本案由长春市监察委员会调查，2021年11月4日，长春市监察委员会商请长春市人民检察院提前介入，长春市人民检察院指派检察官阅卷审查并进行了认真研究，形成了提前介入初步意见，于同年11月10日将意见反馈至长春市监察委员会案件审理室。长春市监察委员会调查终结后，以被告人刘某伟涉嫌受贿罪，于2021年11月25日向长春市人民检察院移送审查起诉。长春市人民检察院指控被告人刘某伟犯有受贿罪，于2022年1月5日向长春市中级人民法院提起公诉。长春市中级人民法院于2023年3月17日作出判决，以受贿罪判处刘某伟有期徒刑8年6个月，并处罚金人民币50万元。被告人未提出上诉，一审判决生效。

【文书全文】

提前介入调查案件回复函

长春市监察委员会案件审理室：

××市××区人民政府党组成员、副区长，××市公安局××区分局党组书记、局长刘某伟涉嫌受贿一案，2021年11月4日你委商请本院提前介入并介绍有关情况后，本院即指派检察官阅卷审查并进行了认真研究，形成了提前介入的初步意见，现将有关情况反馈你室。

附件：1. 关于刘某伟涉嫌受贿一案提前介入审查意见
    2. 补充完善证据清单

长春市人民检察院第三检察部
20××年×月×日

附件1

关于刘某伟涉嫌受贿一案提前介入审查意见

刘某伟涉嫌受贿一案，2021年11月4日由长春市监察委员会书面商请本院提前介入，并移送案卷复印件25册。本院即指派检察官同步提前介入审查案卷材料，提出了提前介入审查意见。现将审查情况通报如下：

一、审查拟认定的事实

2012年至2020年，刘某伟利用担任××市公安局××区分局（以下简称××公安分局）局长、××市××区人民政府副区长、××市公安局××区分局（以下简称××公安分局）局长职务上的便利或职权、地位形成的便利条件，为吉林省××房地产开发有限公司、吉林××房地产开发有限公司、许某某等单位和个人在企业经营、刑事案件办理、工作调整等方面提供帮助，收受上述单位和个人给予的310.375万元人民币（以下未标明币种的均为人民币）、5万美元，共计折合342.8735万元。具体如下：

1. 2012年11月，刘某伟利用担任××公安分局局长职务上的便利，接受吉林省××房地产开发有限公司经理万某的请托，为该公司向长春市公安局××区分局干警出售该公司开发的××小区团购房方面提供帮助。2012年12月末，刘某伟收受万某给予的60万元。

2. 2012年七八月份、2013年末，刘某伟利用担任××公安分局局长职务上的便利，接受吉林××房地产开发有限公司股东秦某的请托，分别向长春×××供热有限公司董事长张某某、××公安分局机动治安大队大队长郝某某打招呼，为该公司开发的××××××项目供热并网、农民工上访等方面提供帮助；2014年上半年，刘某伟利用担任××公安分局局长职权、地位形成的便利条件，向时任××开发区城管局局长曹某某打招呼，为该公司违规车辆解除查扣等方面提供帮助。2013年8月，刘某伟以278.275万元购买了××××××B区××号商铺及××号、××号车位。经鉴定，上述房产及车位市场总价为442.65万元，刘某伟购买价格明显低于市场价格164.375万元。案发后，刘某伟之子刘某甲于2021年6月21日向秦某退还223万元。

3. 2017年至2018年，刘某伟利用担任××市××区副区长、××公安分局局长职务上的便利，接受时任长春××房地产开发有限公司总经理尹某某通过赵某某的转请托，向时任××公安分局××大队大队长陈某某、××派出所所长姜某某打招呼，为该公司开发的××××××房地产项目拆迁过程中解决群众上访问题提供帮助。2017年末、2018年初、2018年末，刘某伟分别收受尹某某通过赵某某给予的5万美元、2万元、2万元，共计折合36.4985万元。

4. 2017年至2018年，刘某伟利用担任××市××区副区长、××公安分局局长职务上的便利，接受××区××会所经理王某某请托，为该企业的经营提供帮助。2017年春节前、2017年中秋节前、2018年春节前、2018年中秋节前，刘某伟先后4次分别收受王某某给予的3万元、共计 12 万元。

5. 2018 年 5 月，刘某伟利用担任××市××区副区长、××公安分局局长职务上的便利，接受长春市××区××养老院法定代表人董某某的请托，向长春市公安消防支队××区大队大队长丁某某打招呼，为该养老院的建设工程消防验收提供帮助。2018 年 10 月，刘某伟收受董某某给予的 5 万元。

6. 2018 年 11 月，刘某伟利用担任××公安分局局长职务上的便利，接受陆某某请托，向××公安分局××派出所所长蔡某某打招呼，为××公安分局自由大路派出所办理的陆某某朋友乔某某所涉刑事案件提供帮助。2018 年 11 月，刘某伟收受乔某某通过陆某某给予的 20 万元。

7. 2018 年至 2020 年，刘某伟利用担任××市××区副区长、××公安分局局长职务上的便利，接受××区×××练歌场实际控制人于某某的请托，为该企业的经营提供帮助。2018 年 8 月、2019 年春节前、2020 年春节前，刘某伟分别收受于某某给予的 5 万元、3 万元、2 万元，共计 10 万元。

2021 年 2 月，刘某伟因畏惧在政法队伍教育整顿期间被查处，将 10 万元退还于某某。

8. 2018 年至 2020 年，刘某伟利用担任××市××区副区长、××公安分局局长职务上的便利，接受长春市×××××有限公司实际控制人刘某乙请托，为该公司的经营提供帮助。2018 年春节前、2019 年春节前、2020 年春节前，刘某伟先后 3 次分别收受刘某乙给予的 5 万元，共计 15 万元。

2021 年 2 月，刘某伟因畏惧在政法队伍教育整顿期间被查处，将 15 万元退还刘某乙。

9. 2018 年 6 月，刘某伟利用担任××公安分局局长职务上的便利，接受周某某及李某某的请托，在××公安分局办理的李某某被张某某诈骗案件挽回经济损失方面提供帮助。2018 年 6 月，刘某伟收受李某某给予的 5 万元。后××公安分局未能追回涉案财产。

2021 年 2 月，刘某伟因畏惧在政法队伍教育整顿活动期间被查处，将 5 万元退还周某某。

10. 2019年至2020年，刘某伟利用担任××市××区副区长、××公安分局局长职务上的便利，接受长春市××××××管理有限公司法定代表人佟某某请托，为该公司的经营提供帮助。2019年春节前、2020年春节前，刘某伟先后2次分别收受佟某某给予的5万元，共计10万元。

2021年2月，刘某伟因畏惧在政法队伍教育整顿活动期间被查处，将10万元退还佟某某。

11. 2020年八九月份，刘某伟利用担任××公安分局局长职务上的便利，接受许某某请托，为许某某由××公安分局刑警大队×××中队中队长提任刑警大队副大队长提供帮助。2020年八九月份，刘某伟收受许某某给予的5万元。

二、视补证情况待定的事实

1. 2016年10月至2019年1月，刘某伟利用担任××公安分局局长职务上的便利，接受邓某某及董某某请托，向时任××公安分局××大队大队长赵某某打招呼，为××公安分局××大队办理的刘某丙合同诈骗案被害人董某某、闫某某、李某乙挽回2800万元经济损失提供帮助。2017年1月，刘某伟收受董某某给予的100万元。

2019年2月，刘某伟因畏惧被组织查处，将100万元退还董某某。

2. 2018年三四月份，刘某伟利用担任××公安分局局长职务上的便利，接受王某某的请托，向时任××公安分局刑警大队大队长胡某某打招呼，为××公安分局刑警大队办理的王某某朋友佟某乙所涉电信诈骗案件办理提供帮助。2018年三四月份，刘某伟收受王某某给予的30万美元，折合188.292万元。

因未能帮助佟某乙办理取保候审、减轻处罚以及畏惧被组织查处，刘某伟于收受贿赂后的十几天要求王某某将30万美元取回，王某某借故未取回，直至2019年10月，刘某伟再次要求王某某将上述30万美元取回后，王某某取回上述30万美元。

3. 2019年4月，刘某伟利用担任××公安分局局长职务上的便利，接受吴某某及李某丙请托，向时任××公安分局××大队大队长芦某某打招呼，为××公安分局办理的李某丙朋友张某某所涉开设赌场案件提供帮助。2019年4月，刘某伟收受李某丙给予的10万元。

2019年5月，刘某伟因未能帮助张某某从轻处理以及畏惧被组织查处，将10万元退还李某丙。

三、倾向不予认定的事实

2019年5月，刘某伟利用担任××公安分局局长职务上的便利，接受长春市公安局××处干部何某某请托，为何某某朋友之子国某某由××公安分局×××派出所调至××公安分局××大队工作提供帮助。2019年7月，刘某伟收受何某某给予的10万元。2019年8月，将10万元退还何某某。

四、需要说明的问题

（一）关于事实认定问题

1. 关于收受董某某100万元能否认定的问题。

该笔事实刘某伟于2017年1月收受，2019年2月退还，虽仅有刘某伟供述因畏惧被组织查处，将100万元退还董某某，但从时间上看，收受与退还时间相隔两年，不宜认定为及时退还。但该笔事实仍存在案发前返还的客观情形，若刘某伟翻供不供认是因为畏惧被组织查处而退还，现有证据也没有证据否定刘某伟辩解，该笔事实证据较为薄弱。

2. 关于收受李某丙10万元能否认定的问题。

该笔事实刘某伟于2019年4月收受、2019年5月退还，从收受和退还的时间上看，该笔事实认定及时退还为宜。虽刘某伟供述我收他的钱心里不踏实，怕被别人知道，被组织掌握，我担心出事，所以退还。若刘某伟翻供不供认是因为畏惧被组织查处而退还，现有证据也没有证据否定刘某伟辩解，该笔事实证据较为薄弱。

3. 关于收受王某某30万美元能否认定的问题。

刘某伟、王某某供证刘某伟收受30万美元后的几天，就向王某某表示要退还，并且在时隔一年多后的2019年10月再次向王某某表示"你再不来，我就把钱交纪委了"。刘某伟还供述，我当时就想我也没给王某某办成事，钱我也没花，有时间让他取走得了。我把30万美元交给组织，还给组织添麻烦。退给王某某是因为我跟王某某不熟悉，收这个钱不保险，事也没办成，我就想退回去。我担心万一有人把这个事捅出去，组织就会调查我。

但刘某伟关于担心组织调查退还30万美元仅有一次供述。该笔事实刘某伟在收受财物后，未能将请托事项办成，便在几天后表示了退还，并在案发前进行了退还，从收受和退还的时间以及刘某伟退还的态度看，该笔事实存在及时退还的可能性大。若刘某伟翻供不供认是因为畏惧被组织查处而退还，现有证据也没有证据否定刘某伟辩解，该笔事实证据较为薄弱。

4. 收受何某某10万元能否认定的问题。

该笔事实刘某伟于2019年7月收受，2019年8月退还，虽刘某伟供述其退还10万元的主要原因是担心被组织掌握，进而被查处，但卷内无其他证据予以证实。从收受贿赂的主观方面看，刘某伟供述"国某某确实有实际困难，组织应当有所考虑给他调整岗位。再有就是给国某某调整岗位，我就收10万元，传出去非常不好听，这得让别人觉得我刘某伟是有多黑，多贪。"此外，该笔事实系刘某伟妻子收受，刘某伟对此知情后，即要求妻子将款项退还。客观上，该笔事实系在刘某伟已经为请托人谋取利益后退还，与未能为请托人提供帮助而退还有所区别，从收受和退还的时间上看，认定为及时退还为宜。建议该笔事实不予认定。

（二）关于本案管辖问题

根据吉林省监察委员会、吉林省高级人民法院、吉林省人民检察院、吉林省公安厅、吉林省司法厅发布的《关于办理职务犯罪案件工作第一次联席会议纪要》第二项关于级别管辖问题："省管干部及重大、敏感的职务犯罪案件中由中级人民法院作为一审管辖。其他职务犯罪案件可以由基层人民法院管辖。"我院与中级人民法院曾经口头协商，为了保证案件质量，市管副局级、局级领导干部职务犯罪案件由中级人民法院作为一审管辖。故该案可由我院审查起诉。

（三）关于涉案人员处理问题

经审查，本案中万某、秦某、董某某、尹某某、赵某某、王某甲、王某乙、董某某、乔某某、陆某某、于某某、刘某乙、李某丙、何某某、李某某、佟某某、许某某可能涉嫌（单位）行贿罪，建议出具上述人员处理情况的说明材料或相关法律文书。

（四）关于涉案款物处理问题

1. 卷内未见本案追缴赃款的相关证据，建议监察机关依法对受贿违法所得予以追缴，并将追缴赃款的书证随卷移送。

2. 卷宗材料显示刘某伟以低价购买的×××公馆××号房及2个车位已由秦某代表刘某甲于 2014 年 9 月 20 日出租给××大药房，租期 10 年。上述合同是否履行，所得的租金由何人支配，建议针对上述问题再次向刘某伟、匡某甲、刘某甲、秦某核实。若能确定上述所获租金系孳息，建议按照实际支付价格与差价款之间的比例，对孳息予以追缴。

（五）关于需要补充完善证据问题

经审查，还有部分证据有待完善。（详见《补充完善证据清单》）

（六）关于对采取强制措施的意见和建议

目前，刘某伟处于留置阶段，监管场所对疫情期间执行拘留作出了详细规定，建议调查机关按照监管场所的规定对刘某伟做好核酸检测等准备工作。

附件2

补充完善证据清单

一、全案需要补充完善的综合证据

（一）主体部分

1. 卷内仅有刘某伟任××分局局长、××分局局长、党组书记、××区副区长的干部任免审批表，建议调取刘某伟任上述职务的任职文件及分工文件。

2. 卷内无刘某伟的户籍证明，建议调取户籍证明并由户籍所在地派出所出具刘某伟有无违法犯罪记录的证明。

（二）综合证据部分

1. 刘某伟对 15 起事实是否书写了自书材料，若已书写建议随卷移送，若未书写，建议由刘某伟亲笔书写自书材料。

2. 建议出具关于本案综合情况的说明，其中应载明本案的案发经过，监察机关事先掌握刘某伟何犯罪事实，不掌握刘某伟何犯罪事实，刘某伟是否主动到案、是否如实供述犯罪事实、是否自愿认罪认罚、本案涉案赃款是否全部追缴及刘某伟是否存在立功。

3. 卷宗内未见本案中所有证人的询问通知书，建议将证人的询问通知书附卷。

4. 卷宗内书证均未见相关书证、证人证言的调取证据通知书，建议将调取通知书附卷。

5. 本案涉及的收受于某某、刘某乙、周某某、佟某某贿赂事实中，存在刘某伟于2021年2月退还的情节，但刘某伟供述退还的主要原因系政法系统教育整顿，建议调取政法系统教育整顿的相关工作方案等书证。

6. 本案涉及的收受董某某、李某丙、何某某、王某某贿赂事实中，存在刘某伟于2019年2月、5月、8月、10月退还的情节，但刘某伟均供述是担心组织查处，未见其他证据。根据两高《关于办理受贿刑事案件适用法律若干问题的意见》规定：国家工作人员受贿后，因自身或者与其受贿有关联的人、事被查处，为掩饰犯罪而退还或者上交的，不影响认定受贿罪。从现有证据看，仅有刘某伟供述其担心被组织查处，卷内未见其自身或与其受贿有关联的人、事被查处的相关证据，是否存在2019年间举报刘某伟的线索或组织预调查刘某伟的相关书证，若存在上述书证建议随卷移送。

二、分笔事实需要补充完善的证据

（一）收受万某贿赂事实

1. 刘某伟、万某供证是经过李某丁的介绍，并由李某丁带万某请托刘某伟，建议调取李某丁证言。

2. 万某证实是王某乙安排万某送给刘某伟60万元，王某乙已于2018年12月8日死亡，建议调取××公司工商变更登记，以证明王某乙时任该公司法定代表人。

3. 万某自述为××公司的经理，卷宗无万某的任职证明，建议由××公司出具万某在该公司的任职证明及负责事项。

4. 关于贿赂款来源的问题，卷内2012年银行日记账记载"12.18，万某乙用款，90万元"及××公司记账凭证中收据"万某乙收到合作返款 90 万元"以及××公司 2012 年 12 月 13 日向吉林××××实业有限公司转款 90 万元，与本案有何关联，是否为本案的贿赂款来源，建议调取万某乙及××公司财务人员证言。

5. 卷内仅有李某戊的干部任免审批表，建议调取李某戊任××分局政委的任职文件。

6. 万某书证卷一的银行日记账、商品房内部认购协议等均为复印件，未见上述书证来源的说明及提供人员、调取人员签字，建议对上述证据来源的形式予以完善。

（二）收受秦某贿赂事实

1. 秦某、常某某、曹某某、王某丙笔录系复印于长春市绿园区监察委员会，建议对上述证据来源的形式予以完善。

2. 刘某伟供述是向长春×××供热有限公司董事长张某某打招呼，建议调取张某某证言。

3. 调取 2012 年 7-9 月长春×××供热有限公司的工商登记及机读档案，并由长春×××供热有限公司出具该公司性质及张某某任职的情况说明。

4. 常某某证实××××公馆供热管线存在两方面问题，一是私接供热管网，二是二次换热站建在地下车库。针对上述问题，一是建议由长春×××供热有限公司出具××××公馆是否属于私接管热管网的情况说明；二是建议由长春×××供热有限公司出具××××公馆二次换热站是否建在地下车库，违反了何规定的情况说明，并附相关依据。

5. 建设工程竣工验收备案证记载吉林××房地产开发有限公司开发的工程名称为"××小镇（商业 A 区、商业 B 区、商业 C 区）"，但刘某伟供述及证人证言中均提到××××公馆，建议由吉林××房地产开发有限公司出具××小镇（商业 A 区、商业 B 区、商业 C 区）与××××公馆是否为同一工程的情况说明。

6. 建议调取郝某某任××分局××××大队大队长的任职文件及干部任免审批表。

7. 建议调取××分局××××大队在维持上访秩序过程中的报警、处警记录。

8. 建议调取曹某某任长春××××××开发区城市管理局局长的任职文件及干部任免审批表。

9. 建议调取××城市管理局对××公司违规运输车辆进行扣押的相关书证。

10. 长春市发展和改革委员会价格认定结论书的价格认定结论应告知刘某伟，建议将鉴定意见告知书附卷。

11. 卷宗材料显示××××公馆××号房已由秦某代表刘某甲于2014年9月20日出租给××大药房，租期10年。上述合同是否履行，所得的租金由何人支配，建议针对上述问题再次向刘某伟、匡某甲、刘某甲、秦某核实。若能确定上述所获租金系孳息，建议按照实际支付价格与差价款之间的比例，对孳息予以追缴。

（三）收受董某某贿赂事实

1. 刘某伟、邓某某供证请托刘某伟时，闫某某也一同去了刘某伟的办公室，建议调取闫某某证言。

2. 刘某伟、邓某某供证是邓某乙将装有100万元的黄色纸壳箱送给的刘某伟，建议调取邓某乙证言。

3. 该笔事实的谋利事项为李某乙被骗案的被害人李某乙、闫某某、董某某追回被骗款，建议调取李某乙证言。

4. 该笔事实刘某伟于2017年1月收受，于2019年2月退还给董某某，根据刘某伟的供述"我考虑知情的人很多，我对姓董的不了解，收他们的钱不保险。我怕这事被人说出去，组织调查我"。鉴于本案中，刘某伟有多笔退还行贿款的行为发生在2019年，是否存在2019年间举报刘某伟的线索或组织预调查刘某伟的相关书证。

5. 董某某2021年9月28日询问笔录证实送给刘某伟的100万元是其自己拿的，但该份笔录未提及该100万元的来源，建议针对该100万元的来源问题再次调取董某某证言，并结合董某某的证言调取该100万元来源的相关书证。

（四）收受尹某某贿赂事实

1. 尹某某证实其系××公司总经理，建议调取××公司的工商登记，并由该公司出具尹某某的任职证明。

2. 念某某证实其时任××公司出纳，建议由该公司出具念某某的任职证明。

3. 调取××公司开发×××项目的土地出让合同、建设施工许可证、规划证等书证，以证明××公司与×××项目的关系。

4. 根据刘某伟供述、陈某某证言，××分局××大队、××分局××派出所已处置了上访问题，建议调取相关报警、处警记录。

5. 卷内未见陈某某、姜某某的任职文件，建议调取陈某某任××分局××大队大队长的任职文件、姜某某任××分局××派出所所长的任职文件及干部任免审批表。

6. 尹某某证实送给刘某伟的5万美元、4万人民币来源于公司的备用金，念某某证实其在2017年6月之前，将公司的备用金取现，卷宗仅有念某某的个人银行流水，建议由××公司出具念某某个人银行卡用于公司存取公司备用金的情况说明，同时建议调取公司备用金的记账凭证。

7. 根据刘某伟供述、赵某某、尹某某证言，刘某伟收受5万美元的时间为2017年末，但卷内仅有2017年9月11日的汇率中间价，建议调取2017年10至12月的汇率中间价并选取最低点作为本起事实外汇折算的基准日。

8. 陈某某证实2017年末针对×××项目征收问题成立了4人的信访维稳工作组，建议调取成立信访维稳工作组的相关文件及开展信访维稳的汇报材料、工作记录等书证材料。

9. 建议调取××分局××大队的职责分工。

10. 本案谋利事项主要涉及××××项目的拆迁问题，建议调取该项目的拆迁方案等书证，并由××公司或××区拆迁办出具该项目拆迁的具体时间及有关情况，以证明谋利的时间段。

（五）收受王某甲贿赂事实

王某甲证实其于2016年至2018年经营××区××会所，建议调取××区××会所的工商登记，并由××区××会所出具王某甲的任职情况。

（六）收受王某乙贿赂事实

1. 该笔谋利事项是佟某乙电信诈骗刑事案件处理，建议调取该案刑事侦查卷宗，主要包括受案、立案文书、强制措施文书、起诉意见书、判决书等,以证明××分局办理了佟某乙电信诈骗案。

2. 王某乙证实其与佟某乙家属于世交,是佟某乙母亲王某己找其帮忙为佟某乙所涉电信诈骗案件从轻办理,建议调取王某己证言,以证明王某乙与其家的关系、其是否与王某乙商量给刘某伟送钱以及王某乙为何能自己出资为佟某乙的违法犯罪行为送给刘某伟30万美元。

3. 卷内未见胡某某任职文件,建议调取胡某某任××刑警大队大队长的任职文件及干部任免审批表。

4. 根据刘某伟供述、王某乙证言,刘某伟收受王某乙贿赂时间为2018年三四月份,但卷内仅有2018年4月2日的汇率中间价,建议调取2018年3至4月的汇率中间价并选取最低点作为本起事实外汇折算的基准日。

(七)收受董某某贿赂事实

1. 刘某伟2021年8月26日讯问笔录、丁某某2021年9月3日询问笔录中记载的"董某丙"系笔录,建议予以更正或出具情况说明。

2. 董某某2021年9月7日询问笔录,第5页,问:如果刘某伟不是长春市公安局××区公安分局局长,你是否还能给他送钱找他办事?针对上述问题,缺少答。

3. 董某某2021年9月7日询问笔录中未提及其送给刘某伟5万元的来源,建议对行贿款来源予以核实。

4. 调取丁某某任长春市消防支队××区消防大队的任职文件及分工文件。

5. 董某某卷P36-37应由调取人员注明材料来源、签字,并由提供人员签字。

6. 卷内材料仅有消防验收意见书,但该意见书无法体现为丁某某审批,建议调取该消防验收意见书的内部审批文书。

(八)收受乔某某贿赂事实

1. 建议调取蔡某某任××××派出所所长的任职文件。

2. 卷内兰某某、庄某乙、李某丁非法拘禁案的刑事侦查卷宗应系公安办案系统内打印的材料,未见相关当事人的签字,建议调取该案的刑事侦查原始卷宗。

3. 蔡某某证实×××派出所肯定照顾了乔某某，其将刘某伟的意思转达给了莫某某，建议调取莫某某的证言，在调取莫某某证言的过程中，请注意在办理该案过程中是否存在违法违规的情况。

4. 卷宗材料显示，兰某某、庄某乙实施的第一次非法拘禁行为系在乔某某车内实施，但乔某某在公安机关仅有一次讯问笔录，也未见公安机关对乔某某采取任何强制措施，×××派出所在办理该案过程中是否存在徇私枉法的情况，建议予以核实。

5. 刘某伟、陆某某供证，陆某某送给刘某伟 20 万元时刘某伟的司机孙某乙也在场，建议调取孙某乙证言。

6. 乔某某证实其通过陆某某送给刘某伟的 20 万元是当天结算租用机械设备的钱，建议对该 20 万元贿赂款来源予以核实。

（九）收受于某某贿赂事实

于某某证实其是××区×××练歌场实际控制人，但卷内营业执照证明××区×××练歌场的法定代表人为王某戊，建议调取王某戊证言，或由××区×××练歌场出具情况说明，证明于某某为实际控制人。

（十）收受刘某乙贿赂事实

1. 刘某乙证实其送给刘某伟的 15 万元是从××××××提出来的，建议调取××××××的财务记账凭证及财务人员证言。

2. 卷内长春市××××××有限公司营业执照记载法定代表人为解某某，建议由长春市××××××有限公司出具刘某乙在该公司的任职证明。

3. 刘某伟供述其曾于 2019 年通过××街道办事处书记为刘某乙的×××洗浴解决牌匾占道问题，但刘某乙证实刘某伟未给×××洗浴提供过帮助，建议进一步针对刘某乙是否为刘某伟提供帮助予以核实。

（十一）收受李某丙贿赂事实

1. 郑某某 2021 年 9 月 16 日询问笔录证实 2018 年 4 月初，其找吴某某帮李某丙打听一个涉嫌网络赌博的案件，与刘某伟、吴某某证实的 2019 年 4 月初不一致，建议对上述时间予以核实。

2. 卷内无吴某某的干部任免审批表，建议予以调取。

3. 李某丙 2021 年 9 月 28 日询问笔录证实其自己出的 10 万元送给的

刘某伟，但其询问笔录中未提及该 10 万元的来源，是现金还是银行取现。建议对行贿款来源予以核实。

4. 李某丙证实其与张某某是朋友关系，建议调取张某某证言，以证明李某丙与张某某的关系、其是否与李某丙商量给刘某伟送钱以及李某丙为何能自己出钱为张某某的违法犯罪行为送给刘某伟 10 万元钱。

5. 刘某伟证实接受李某丙请托后，向××分局××大队大队长芦某某打招呼，建议调取芦某某证言及芦某某干部任免审批表。

6. 卷宗材料显示张某某于 2018 年 5 月 22 日投案，其存在赌博的行政处罚劣迹以及危险驾驶罪的前科，但××分局对其以采取取保候审不致发生社会危险为由取保候审。此外，其同案焦某某于 2019 年 4 月 15 日被刑拘后，于 2019 年 4 月 18 日提请××区检察院批准逮捕，××区检察院对焦某某批准逮捕的同时，认为对张某某应当逮捕，建议对张某某依法提请批准逮捕。××分局于 2019 年 5 月 13 日才对张某某刑拘，并延长 1 个月刑拘期满才对张某某提请批准逮捕。此外，××分局起诉意见书未记载张某某前科劣迹情况。××分局在办理张某某涉嫌开设赌场案件过程中是否存在徇私枉法的情况，建议予以核实。

（十二）收受何某某贿赂事实

1. 何某某证实是其自己出的 10 万元送给刘某伟，但其询问笔录中未提及该 10 万元的来源，是现金还是银行取现。建议对行贿款来源予以核实。

2. 何某某证实其自己出的 10 万元送给刘某伟，未告诉国某某的父母，建议调取国某某父母国某中、杨某某的证言，证明何某某与国某某父母的关系问题，为何何某某能自己为国某某调转工作并送给刘某伟 10 万元。

3. 刘某伟供述其向××分局政委拱某某或政治部主任赵某某打招呼为国某某调转工作，建议调取拱某某或赵某某证言。

4. 卷内仅有国某某干部任免审批表，建议调取国某某任××分局××大队一级警员的任职文件。

5. 卷内 P58-59 的所务会议记录仅证明 2019 年 7 月 5 日刘某伟主持党组会研究国某某辞去××××派出所巡长职务。建议调取国某某任×

×分局网安大队一级警员的党组会议记录。

(十三) 收受李某某贿赂事实

1. 刘某伟供述是周某某、李某某在刘某伟办公室时李某某请托刘某伟，李某某送给其5万元；李某某证实是其与周某某在刘某伟办公室时周某某请托的刘某伟，周某某送给了刘某伟5万元；周某某证实是周某某单独在刘某伟办公室送给刘某伟5万元，未向刘某伟请托。上述供证均不一致，建议进一步针对是李某某还是周某某请托刘某伟并送给刘某伟5万元的情节予以核实。

2. 周某某证实送给刘某伟的5万元是其事先准备好的，是李某某向其借的，但周某某2021年9月24日询问笔录中未提及该5万元的来源，是现金还是银行取现。建议对行贿款来源予以核实。

3. 刘某伟供述其于2021年2月将收受的5万元退还给了周某某，周某某证实其收到了刘某伟退回的5万元，并将刘某伟退还5万元的事情告诉李某某，但李某某证实，周某某没有告诉其刘某伟退还5万元。建议进一步针对周某某是否将刘某伟退还5万元的事情告知李某某予以核实。

4. 李某某证实其于2021年3月30日因其他案件被纪委监委留置，建议调取李某某被留置的法律文书。

5. 卷内仅有赵某某干部任免审批表，建议调取赵某某任××分局××大队大队长的任职文件及分工文件。

6. 刘某伟、周某某、李某某供证请托刘某伟为李某某被张某某合同诈骗追回赃款提供帮助，但卷内无张某某合同诈骗的侦查卷宗，建议调取张某某合同诈骗一案中张某某的供述、李某某的陈述、受案、立案、强制措施、起诉意见书、起诉书、判决书等相关证据材料。

(十四) 收受佟某某贿赂事实

佟某某证实其经营的×××洗浴店于2018年年底开业，但营业执照记载长春市×××温泉酒店管理有限公司于2019年11月5日成立。而佟某某第一次送给刘某伟5万元系在2019年春节前，建议再次调取佟某某的证言，对上述矛盾予以解释。

(十五) 收受许某某贿赂事实

1. 许某某证实其于2020年9月末，其向刘某伟请托并送给刘某伟5

万元，但在案书证及刘某伟供述证明许某某于 2020 年 8 月任××分局刑警大队副大队长，上述证言与书证存在矛盾之处，建议针对上述问题再次调取许某某证言。

2. 卷内仅有许某某任××分局刑警大队副大队长的任职文件，建议调取许某某干部任免审批表。

【承办检察官心得体会】

承办检察官首先对监察机关拟认定的事实进行全面分析，列明经审查拟认定的事实、视补证情况待定的事实、倾向不予认定的事实，并对本案的管辖、涉案人员处理、涉案款物处理等问题提出建议，形成了提前介入审查意见。承办人特别提出了倾向不予认定的事实，在部门内部进行研究讨论后，书面回复监察机关并进行积极沟通，在提前介入阶段，已就此问题达成一致，监察机关最终未将该起事实作为受贿事实随案移送。

随后，承办检察官根据办案需要，从必要补充完善的综合证据、分笔事实需要补充完善的证据两方面入手，列出补充完善证据清单。综合证据部分主要体现在对主体身份的认定、发破案经过的完善等方面，引导监察机关进一步明确犯罪嫌疑人是否具有坦白、退赃等情节。在分笔事实需要补充完善的证据部分，承办检察官对 15 起事实进行逐一分析，全面梳理在案证据，有针对性地提出补查建议，其中包括完善证据链条，补充相关的证人证言、进一步查明贿赂款来源、调取涉案其他人员的身份及职责证明、完善个别证据形式、查明孳息情况等。

【专家点评】

（一）检察机关提前介入效率高、效果好

刘某伟实施受贿行为持续时间长、犯罪事实多，检察机关从监察机关商请提前介入到正式反馈提前介入初步意见仅仅用时六天。在六天里，经办检察官对案件事实、证据进行全面审查后，根据在案证据对犯罪事实进行分类，并在提前介入环节与监察机关达成一致意见，监察机关未移送检察机关倾向不予认定的事实。最终该案顺利得到法院判决。

(二)检察机关出具的补充完善证据清单,对提升案件质效,完善以证据为核心的刑事指控体系具有重要意义

检察机关针对待定事实列明详细的补充完善证据清单,本文书具有以下特点:一是制作严谨明确,具有指导性、针对性,比如在收受何某某贿赂事实中,由于何某某证实是自己出的10万元送给刘某伟,但其询问笔录中未提及该10万元的来源,是现金还是银行取现,检察机关建议监察机关对行贿款来源予以核实。二是规范专业,表述清晰、详略得当。不仅有对证人证言等犯罪构成要件事实的补充建议,也有对坦白、退赃等量刑情节的补充建议。三是说理充分,对复杂问题、争议问题作适当阐明。如对于刘某伟在多次受贿犯罪事实中供述担心组织查处主动退还受贿款的情节,引用"两高"《关于办理受贿刑事案件适用法律若干问题的意见》规定对该问题进行阐明。

(三)检察机关立足法律监督职能,加强监检衔接,更好形成监督合力

国家监察体制改革以后,检察机关依然承担着对监察机关调查案件审查逮捕、退回补充调查、审查起诉、排除非法证据等职责。《监察法实施条例》规定,检察机关和监察机关互相配合、互相制约,在案件管辖、证据审查、案件移送、涉案财物处置等方面加强沟通协调。刘某伟涉嫌受贿罪一案,检察机关书面回复的《关于刘某伟涉嫌受贿一案提前介入审查意见》《补充完善证据清单》是在以审判为中心的诉讼制度改革背景下,确保职务犯罪案件证据向刑事审判关于证据的要求和标准看齐,确保监察程序认定的事实经得起审判的检验。

(**点评人**:张瑜,广东省广州市花都区人民检察院一级检察官、全国十佳公诉人)

70. 韩某来故意杀人案提前介入侦查意见书

【简要案情】

2022年6月份，被告人韩某来通过熟人佟某某提供手机号码添加微信好友的方式，认识了被害人黄某某（女，殁年55岁），7月份左右，黄某某来到伊春市××县××镇并联系韩某来，二人在韩某来车里发生了性关系，韩某来给了黄某某100元钱。8月11日，黄某某来到××镇后联系韩某来，韩某来让黄某某离开××镇时再联系。8月17日，黄某某多次联系韩某来并约好次日早坐韩某来的车去伊春，8月18日6时20分许，韩某来驾驶白色宝骏310W轿车在××镇××宾馆对面接上黄某某，提出先发生性关系再送她去伊春。韩某来驾车行驶至××镇东山附近的沙石路旁停车，韩某来要和黄某某发生性关系，因黄某某不同意提出如果发生性关系得加钱，在此之前，黄某某还提出坐别人的车去伊春，后二人发生口角并撕扯在一起，黄某某乘韩某来不备挣脱从车窗爬出，韩某来追上黄某某见拖拽不动黄某某便骑在黄某某的身上，用手、泥草捂压黄某某的口鼻直至死亡。为掩饰犯罪行为，韩某来返回车内拿出一把黑柄尖刀将黄某某的头颅割下抛至南侧树林，驾车逃离案发现场，并拿走黄某某随身携带的手机、平板等物品。经价格认定手机、平板价格为人民币2000元整；经鉴定黄某某符合异物阻塞呼吸道致窒息死亡。

【诉讼过程】

本案于2022年8月28日由黑龙江省丰林县公安局以丰公（刑）提捕字〔2022〕10号文书移送提请审查逮捕犯罪嫌疑人韩某来涉嫌故意杀

人案，承办人审阅了案卷，讯问了犯罪嫌疑人，核实了有关证据，于2022年9月2日作出批准逮捕决定。于2022年11月2日以韩某来涉嫌故意杀人罪向黑龙江省丰林县人民检察院移送审查起诉，同年11月7日转至伊春市院审查起诉，2022年11月24日以被告人韩某来故意杀人罪提起公诉，2022年12月19日公开开庭审理，于2022年12月29日伊春市中级人民法院以被告人韩某来犯故意杀人罪判处死刑，剥夺政治权利终身，该判决已生效。

【文书全文】

黑龙江省伊春市人民检察院
提前介入侦查意见书

伊检介侦〔20××〕××号

丰林县公安局：

犯罪嫌疑人韩某来涉嫌故意杀人一案，本院派员提前介入，为了彻底查明犯罪事实，有效惩治犯罪，提出以下引导取证意见：

一、关于案件起因、经过

1. 建议查明案件的起因，了解犯罪嫌疑人和被害人之间的交集、矛盾纠纷等情况，以完整反映案发经过和犯罪事实。

2. 建议查明犯罪嫌疑人的犯罪动机、目的，以及在案发后处理被害人物品的动机。

3. 建议调取本案的报案材料、受案登记表、接处警记录等，证实报案的时间、经过和报案内容，以完整反映案发情况。

4. 建议提供详细的侦破经过和到案经过，反映确定犯罪嫌疑人的过程和依据以及犯罪嫌疑人到案的时间、地点、方式、抓获时是否有逃跑、拒捕等行为。

5. 建议固定犯罪嫌疑人供述，包括双方矛盾产生和激化过程，产生杀害被害人想法的经过，取得作案工具的心理过程和行为过程，被害人在车上是否已经受到生命威胁、是否存在抵抗等情况，查明被害人从车上逃离的真实原因。建议形成综合讯问笔录并同步录音录像，注意比对嫌疑人供述与现场勘验检查笔录、尸检等鉴定及证人证言是否相互印证，及时消除矛盾点。

6. 建议及时提取案发现场周围以及犯罪嫌疑人途径地点的监控录像，并调取电子信息，证实犯罪嫌疑人与被害人的行动轨迹和实施犯罪的时间。

7. 建议由犯罪嫌疑人对监控截屏中的关键人物、地点进行指认，以证实监控中人物是否确系犯罪嫌疑人和被害人等，佐证案件事实。

8. 建议提取犯罪嫌疑人、被害人的手机通话记录、微信等通讯软件的聊天记录等电子数据，以佐证案发起因、经过。

9. 建议调取童姓男子证言，了解其与犯罪嫌疑人之间是否存在债权、债务关系，查清犯罪嫌疑人将手机、银行卡、平板电脑等物品交其保管的动机和真实目的，以证实犯罪嫌疑人的犯罪动机。

10. 建议调取发现尸体的证人的证言，以证实发现尸体的时间、地点以及尸体状态、着装等情况。

二、关于现场勘验检查，物证、检材等的提取

11. 建议及时提取犯罪嫌疑人所驾驶车辆、案发现场、犯罪嫌疑人家中的物证，并制作提取痕迹、物证登记表，注意登记表内记录的痕迹物证名称、特征等应与现场勘验检查笔录一致；建议提取物证上的生物检材进行 DNA 检验鉴定，以便证明与犯罪嫌疑人之间的联系，并与犯罪嫌疑人供述互相印证，佐证案件事实。

12. 建议由被害人的亲属对在犯罪嫌疑人所驾驶车辆上提取到的头绳、在童姓男子处提取的手机、平板、银行卡以及经侦查提取到的背包等物证进行辨认或指认。建议提取前述物证上的生物检材进行 DNA 鉴定，建立与犯罪嫌疑人的联系。

13. 建议由犯罪嫌疑人对案发现场位置、逃跑路线和丢弃作案工具和其他物证的地点进行指认，进一步印证其供述的客观性和真实性。

14. 建议及时拍照固定犯罪嫌疑人身上的伤痕并通过讯问犯罪嫌疑

确定伤痕成因。

15. 建议将被害人指甲中的生物检材及时送检，并与犯罪嫌疑人的DNA进行比对，与犯罪嫌疑人的供述相互印证。

16. 建议提取犯罪嫌疑人所驾驶车辆上的避孕套，将使用过的、未使用过的避孕套进行同一性鉴定，并确定避孕套的来源；建议提取避孕套上的生物检材送检鉴定。

17. 建议提取犯罪嫌疑人作案时所穿着衣物并提取检材进行DNA鉴定。

三、关于鉴定

18. 建议对被害人进行尸源鉴定，以准确认定被害人身份。

19. 建议对被害人进行死因鉴定，以准确认定被害人的死因和死亡时间，并在鉴定意见中说明提取的作案工具是否能够造成被害人的伤口。

20. 建议及时提取作案工具尖刀，并将在物证尖刀上提取的生物检材及时送检，与犯罪嫌疑人和被害人建立联系，以佐证案件事实。

21. 应将鉴定意见告知犯罪嫌疑人、被害人的近亲属并在笔录中记载，同时将鉴定委托书、鉴定人、鉴定机构资质证明、鉴定意见通知书等附卷。

四、其他证据

22. 建议调取犯罪嫌疑人、被害人的户籍证明，以认定其身份信息；被害人的居民死亡医学证明，以证实其死亡时间、死亡原因等事项。

23. 建议调取犯罪嫌疑人犯罪前科、入所体检表等材料，以证实其是否具有累犯等情节。

五、程序事项

24. 物证、痕迹、书证等均应证实证据来源，复制的书证等应注明来源、加盖公章，并由两名以上提取人签字，情况说明等材料应加盖公章并由两名以上侦查人员签字。

25. 建议对犯罪嫌疑人指认现场、物证以及讯问过程同步录音录像，并注意录音录像的完整性、录像的起止时间、图像内讯问室的钟表应与讯问笔录、提讯提解证等的时间相吻合。

以上内容请你局在法定侦查期限内进行，及时全面收集证据，确保案件侦查质量。

20××年×月×日

【承办检察官心得体会】

2022年8月18日案发后，伊春市院立即启动提前介入程序，案件承办人迅速赶赴案发地所在公安局，详细了解案发经过，与侦查机关共同梳理、分析在案证据，进一步确定了下一步侦查方向，并从案件起因、犯罪动机、现勘物证痕迹提取、鉴定等方面提出25条引导取证意见，查清了韩某来在控制被害人发生性关系的过程中，与被害人发生撕扯，采取殴打、拿泥草捂压口鼻的方式致被害人死亡，并用尖刀残忍地割下被害人的头颅并丢弃，造成被害人死亡的严重后果。韩某来的行为不仅仅触犯了法律，也极大冲击了社会秩序，同时也给被害人及其家人造成了巨大的伤害。

为了彻底查明犯罪事实，有效惩治犯罪，承办人首先从案件起因、经过方面提出引导取证意见，围绕被害人的社会关系，建议查明犯罪嫌疑人和被害人之间的交集、矛盾纠纷等情况，及时固定、提取犯罪嫌疑人、被害人的手机通话记录、微信聊天记录等电子数据，以便完整反映案发经过和犯罪事实。同时，建议固定犯罪嫌疑人供述，形成综合讯问笔录并同步录音录像。查明双方矛盾产生和激化过程，产生杀害被害人的动机，取得作案工具的心理过程和行为过程，被害人在车上是否已经受到生命威胁、是否存在抵抗等情况，以及被害人从车上逃离的真实原因。结合现场勘验检查笔录、尸检等鉴定，甄别犯罪嫌疑人供述的真实性，及时消除证据间矛盾点。其次，从犯罪嫌疑人处置被害人财物等方面提出引导取证意见，建议调取童姓男子证言，了解其与犯罪嫌疑人之间是否存在债权、债务关系，查清犯罪嫌疑人将手机、银行卡、平板电脑等物品交其保管的动机和真实目的，以佐证犯罪嫌疑人的犯罪意图。再次，从现场勘验检查、物证、检材等固定、提取方面及时提出引导取证意见，建议及时提取犯罪嫌疑人所驾驶车辆、案发现场、犯罪嫌疑人家中的物证，并对提取物证上的生物检材进行 DNA 检验鉴定，查清是否与犯罪嫌疑人之间建立起有效的关联性，是否与犯罪嫌疑人供述互相印证。通过犯罪嫌疑人对案发现场位置、逃跑路线和丢弃作案工具和其他物证地点的指认，进一步印证其供述的客观性和真实性。最后，承办人从检材鉴定方面提出引导取证意见，通过对被害人的尸源、死因鉴定，准确认定被害人身份以及被害人的死因和死亡时间，进一步确认提取到的作案工具是否能够造成被害人的伤口，确保案件证据确实、充分。

【专家点评】

《宋史·岳飞传》中记载，老将宗泽夸赞岳飞智勇双全，是良将，并建议他多学习阵法。岳飞答道："阵而后战，兵法之常，运用之妙，存乎一心。"意思是说，阵法固然重要，但真打起仗来，就不能拘泥于阵法了，而要（根据实际情况）认真思考，灵活运用。宗泽听后表示赞同。事实上，人类的高级思维活动的原理是相通的，也就是说，不仅战争谋划中适用，检视文书写作中同样可以适用"存乎一心"原则。

虽然很多检察文书有明确的格式要求，但格式要求本身不是文书写作的目的，更不是唯一目的。而且很多文书的格式要求本身也比较简略，本文所涉及的《提前介入侦查意见书》恰恰就是如此，其范本文书中只有标题、抬头、格式化的开场白、格式化的备注和制作日期（院印）等内容，而主体部分的"侦查取证的要求"则只是起个"占位符"的标识作用而已，而"适时介入"却又是针对"重大、疑难、复杂案件"的。在这种情况下，要想把《提前介入侦查意见书》写好，就必须结合被介入案件的办案实际，认真思考。

这篇文书很好地体现了"运用之妙，存乎一心"的原则，主要体现在以下几个方面：

首先，在"形"上，一方面文书严格遵守最高人民检察院的相关文书格式规范；另一方面又不拘泥于"形"。《孙子兵法》中说："兵无常势，水无常形，能因敌变化而制胜者，谓之神。"承办检察官从案件实际情况出发，做了细致的逻辑布局，提出了25条引导取证意见。

其次,承办检察官赴案发地所在公安局调研、会商之后,从捕、诉衔接的角度,根据检察院的工作定位和后续工作需求,将相关引导取证意见进行了必要的体系化梳理和排列,形成较为严密的逻辑结构,五大部分环环相扣、层层递进,表现出承办人丰富的办案经验和良好的业务素质。

再次,承办检察官的指导虚实结合,任务分解到位。"关于案件起因、经过"的部分,更多是大方向的指导,而"关于现场勘验检查,物证、检材等的提取"以及"关于鉴定"等部分的指引则相当细致,明确点出要害所在,如犯罪嫌疑人伤情情况等。我们也注意到,由于案情重大,相关工作必须慎重开展,所以分解后的任务较多,这也导致这篇文书中的任务分类、归纳工作还存在一些交叉之处,有一定的改进空间。

最后,承办检察官很好地把握了介入工作的分寸,找准了自身定位,摆正了与公安机关之间的关系,并未因提前介入而模糊了公、检之间的权力分工界限,其鲜明表现就是:25条引导取证意见和相关程序事项提示中,绝大多数都以"建议"二字开头,充分体现出参与而不干预、参谋而不代替、指导而不包办的边界意识。

综上,只有以工作实际需求为出发点,努力提升办案经验和水平,认真思考,在有格式规范之处遵守格式规范,在没有格式规范之处,充分发挥主观能动性,形成个人的写作习惯和风格,方能"形兵之极,至于无形""运用之妙,存乎一心"。

(**点评人**:苗鸣宇,中国科学院大学法学院副院长、教授、博士生导师,中国法学会法律文书学研究会副会长)

十二

继续侦查提纲

71. 范某胜、高某胜等17人寻衅滋事、聚众斗殴、敲诈勒索等案继续侦查提纲

【简要案情】

本案系石景山"10.21"石景山范某胜涉黑集团专案，经公安机关专案组前期工作查明：

1. 2006年石景山区广宁料场聚众斗殴案

2006年3月17日，犯罪嫌疑人范某胜、高某胜为争夺"豆钢"生意，纠集夏某、任某某等数十人与李某等人，在石景山区麻峪峪西储运中心，持械斗殴。

2. 2012年门头沟区虚假诉讼案

2012年5、6月间，皮某因无力偿还借款与范某胜、高某胜二人签订农梦园转让协议。庄园拆迁协议后被门头沟区人民法院认定转让协议无效。犯罪嫌疑人高某胜、范某胜为获取非法利益与犯罪嫌疑人矫某相互串通，以曾对农梦园进行装修、绿化、扩建为由，获得征收补偿款和补助费477.5764万元的判决。

3. 2013年河北承德敲诈勒索案

犯罪嫌疑人范某胜河砂供应合同为索回预付款，指使李某甲将张某某从河北带至石景山区万达广场咖啡厅，勒索人民币1万元并胁迫张某某写下9万元借条。

4. 2014年石景山区万达广场寻衅滋事案

犯罪嫌疑人范某胜因行车问题与刘某某发生口角，范某胜对刘某某进行辱骂时，其随行人员犯罪嫌疑人高某峰、谢某波、王某（在逃）将前来劝阻的徐某某打伤，致徐某某左桡骨远端粉碎性骨折，所受损伤属轻伤一级。

5. 2015 年石景山敲诈勒索案

2015 年 1 月间，犯罪嫌疑人范某胜指使李某帅、姚某（取保候审）向借款人闫某某妻子杨某某追讨债务。李某帅、姚某与另一债主徐某、胡某某、燕某某达成追讨债务共识。徐某等人采取跟随、辱骂、恐吓殴打、没收手机等方式，逼迫杨某某出售房产。李某帅受范某胜指使，索要人民币 100 万元。

6. 2015 年石景山区月色莺歌 KTV 寻衅滋事案

犯罪嫌疑人范某胜授意手下犯罪嫌疑人于某军纠集周某、程某召等人在北京市石景山区古城西路"月色莺歌"歌厅大厅内，无故滋事，持刀砍伤歌厅服务生。

7. 2018 年石景山名门会歌厅寻衅滋事案

犯罪嫌疑人刘某甲在石景山区古城西路名门会歌厅因琐事与朱某发生口角，后刘某甲纠集多人，持酒瓶、灭火器等物品与朱某互殴并将前来劝阻的李某乙打伤。

8. 2020 年滴滴司机王某甲被寻衅滋事案

犯罪嫌疑人范某胜与犯罪嫌疑人关某亮、沈某婧酒后在石景山区湾仔歌厅门前，强行搭乘王某甲驾驶的滴滴出租车遭拒后，为报复滴滴司机，指使刘某甲、薛某军酒后对王某甲驾驶的车辆进行追逐、堵截、别停，造成王某甲汽车车顶受损。

9. 2020 年涉嫌赌博案件

犯罪嫌疑人关某亮以营利为目的，明知犯罪嫌疑人刘某甲进行网络赌博，仍将银行账户提供给刘某甲使用，用于赌博人员进行赌资流转和结算，并从中获利 1 万余元。

【诉讼过程】

本案由北京市公安局石景山分局于 2021 年 12 月 1 日对"10.21"专案 17 名犯罪嫌疑人移送东城区人民检察院提请批准逮捕，东城区人民检察院对 16 名嫌疑人批准逮捕，对 1 名嫌疑人不批准逮捕。在捕后，东城区人民检察院向公安机关制发了详细的继续侦查提纲，进一步查明组织的结构特征和危害性。2023 年 1 月 28 日，石景山分局以范某胜等 19 人涉嫌组织、领导、参加黑社会性质组织罪、寻衅滋事罪、聚众斗殴罪等向东城区人民检察院移送审查起诉，东城区人民检察院于 2023 年 4 月 6 日向二分院移送案件，二分院于 2023 年 5 月 5 日向二中院提起公诉，二中院于 2023 年 6 月 30 日作出判决，判决范某胜等人犯组织、领导、参加黑社会性质组织罪等判处有期徒刑 25 年至 2 年 10 个月不等。

【文书全文】

北京市东城区人民检察院
继续侦查提纲

北京市公安局石景山分局：

你局以京公石提捕字〔2021〕50390-50406 号提请批准逮捕意见书移送审查批准逮捕的犯罪嫌疑人范某胜、高某胜等 17 人涉嫌聚众斗殴罪、寻衅滋事罪等罪名一案，经审查，我院决定对范某胜、高某胜等 16 人批准逮捕，决定对王某静以证据不足不予批准逮捕。为有效地指控犯罪，请你局继续做好以下侦查工作：

一、继续侦查的方向

我院经审查认为，本案能否认定构成组织、领导、参加黑社会性质组织罪，或能否认定构成"恶势力"犯罪集团，是本案下一步侦查的重点和难点。本案目前基本能够认定范某胜等涉案人员为攫取经济利益、逞强争霸，实施了一系列有计划、有组织的违法犯罪行为，具有相当的社会危害性。但现有证据尚不足以认定范某胜等人构成"恶势力"犯罪集团，乃至黑社会性质组织。原因如下：

无论是"恶势力"犯罪集团还是黑社会性质组织，都要求犯罪组织有稳定且固定的犯罪结构，有组织、有分工地进行一系列违法犯罪活动，并且通过违法犯罪攫取不正当经济利益，最终在一定的行业或者区域内形成非法控制或者重大影响，严重破坏经济、社会秩序。

一是目前证据无法体现黑恶团伙的组织特征。范某胜等人的确实施、参与了多起违法犯罪事实,但现有证据尚不足以证明自2006年至今以范某胜为核心形成了稳定并且层级明确、分工固定的犯罪组织。如案卷中,除了范某胜之外,高某胜、薛某军、刘某剑3人伙同范某胜参与了两起违法犯罪事实,剩余13名嫌疑人都只是直接或间接参与一起犯罪事实。如果说范某胜是组织者、领导者,那么组织的骨干成员以及其他固定成员尚并不明确。

二是无法体现经济性特征。本案中范某胜、高某胜的发家史以及如何具体通过违法犯罪活动攫取经济利益的事实未查明。范某胜或者说范、高二人豢养组织成员,为组织成员提供经济、生活利益的证据尚不充分。据范、高二人供述以及多名证人反映,范、高二人均主要经营与北京某集团以及其他炼钢厂相关的产业,其中,范主要通过贩卖北京某集团的"焦钉"发家,后期还向北京某集团以及其他炼钢厂供应"硅锰合金""矾钛粉"等原材料为经济来源;高某胜则主要通过贩卖"豆钢"发家,同时也向其他钢厂供应焦炭、铁粉、生铁等原材料。"2006年'豆钢'料场聚众斗殴案"之后,范、高二人关系开始密切,并多次合作经营生意。但范、高二人是如何共同开展上述生意,具体如何发家,是否从事其他经营活动,在料场经营中进行打架寻滋是否系排除异己形成垄断,是否为组织提供经济支持等均有待进一步侦查。

三是行为性特征不明显。目前掌握的犯罪事实及线索所展现的犯罪手段较为单一,绝大部分为打架斗殴、寻衅滋事等内容,犯罪间的逻辑关系不强,部分犯罪具有偶发性,无法反映出组织特点。犯罪背后所追求的利益和目的也并不明确,各事实之间相对独立。此外,犯罪行为缺乏连续性,如目前查实的第一起犯罪事实发生在2006年,紧接着第二起犯罪事实为2012年,2016年至2020年之间亦无查实的犯罪事实,需要侦查机关继续寻找线索深挖犯罪。

四是危害性特征未完全显现。虽然在案查证的犯罪事实能够体现范某胜等人实施了聚众斗殴、虚假诉讼、非法拘禁、寻衅滋事等系列犯罪行为,且一定程度上反映范本人一贯逞强要横,为非作歹,具有一定的社会危害性。但是否达到称霸一方,在一定区域或者行业内,形成非法控制或者重大影响,严重破坏经济、社会秩序,则尚未完全显现。

故下一步侦查取证，除对目前查实的各项犯罪事实进行查漏补缺之外，应重点围绕上述几个方面全面开展。此外，目前已批准逮捕的犯罪嫌疑人李某华、薛某军、李某帅均证据较弱。尤其是李某华，你局移送我院审查的 10 起犯罪事实中，均无直接证据证明李某华有直接参与。在"门头沟某山庄虚假诉讼案"中，范某胜收到 230 万元法院执行款之后打给李某华，亦不能据此认定其构成掩饰隐瞒犯罪所得罪，李某华帮助组织管理财务的事实需要更多证据支持。请你局高度重视。

二、继续侦查的主要事项和具体工作

（一）全案需要进一步补侦的事项

（1）对范某胜来京之后从事的工作、经营情况进行全面调查。据其供述，其于 2002 年左右跟着一个姓杨的朋友一起从北京某集团贩卖"焦丁""焦末"，大概 2004 年前后，这个姓杨的人打架被判刑了，范某胜开始与高某胜的老丈人邢某甲以及一个叫"老周"的人合作从北京某集团贩"焦丁"卖给河北的钢铁厂，自此赚取了第一桶金。对范某胜"发家"情况，要重点予以核实，如向邢某甲等有关人员，以及北京某集团等相关企业予以核实，进行必要的实地走访等，尤其要查明其获取经营的方式、手段，是否通过违法犯罪行为获取相关经济利益等。

其他需要核实的范某胜自供的经营情况有：①大概 2007 年前后，与邢某甲、老周合作做生铁生意，一般都是从辽宁、山西等地收购，卖给河北的某钢铁公司、钢铁厂等；②2008 年前后，跟一个姓姚的"姚哥"一起从贵州贩硅锰合金卖给河北某钢铁厂；③同一时期还给北京某集团供应钒钛粉；④从山西进购焦丁、焦末卖给河北的小钢厂，一直做到 2017 年；⑤被抓之前主要是挂靠某集团矿产贸易有限公司给北京某集团、北京某公司的钢铁厂供应焦末、蓝炭、矿粉等。对于范某胜自供的各项经营活动均需向相关人员、企业一一核实，必要时进行实地走访，重点查明其获取经营的方式、手段，经营过程是否通过违法犯罪行为获取相关利益。

（2）对高某胜在京从事的工作、经营情况进行全面调查。据其供述，其之前一直从事与炼钢厂相关的生意。主要给河北某钢铁厂供应焦炭、铁粉等原材料。另外高某胜很早就从北京某集团贩"豆钢"卖给小的炼钢厂，包括其小舅子邢某乙位于河北的炼铁厂。对高某胜早期经营情况，尤其经营炼钢厂相关生意情况要重点予以核实，如向邢某甲、邢某乙等有关人员，以及北京某集团、河北某钢铁厂等相关企业予以核实，进行必要的实地走访等，尤其要查明其获取经营的方式、手段，是否通过违法犯罪行为获取相关经济利益，以及过程中是否与范某胜相关。

其他需要核实的高某胜自供的经营情况有：①近几年开办了一家物业公司，承包了一栋商业楼，然后往外出租；②投资了一家3D全息投影教学的教培机构等。对于高某胜自供的各项经营活动均需向相关人员、企业一一核实，特别是经营过程是否通过违法犯罪行为获取相关利益，以及与范某胜是否相关。

（3）对范某胜、高某胜合作经营的情况进行调查核实。除已掌握的2011年范、高二人合作向某高速公路供砂石料；2012年合作收购某山庄外，二人合作的生意还有：①2008年范、高二人与张某甲合作给北京某公司供应钢材，范、高二人投资入股，张某甲负责具体工作，且过程中因该公司未按时借款，三人还纠集人员前往该公司催款，这次范、高二人各挣了大几百万；②2009年前后范、高二人在内蒙合作开发一个铁矿，开采一段时间后，因该矿所在区域被划为保护区，后被关停了；③2011年前后还合伙将辽宁某钢铁厂的"豆钢"贩出出售。请按照第一、第二项的要求开展侦查工作。

（4）对范某胜、高某胜名下企业经营情况进行全面调查，查明其名下控制的企业的人员结构、股权投资的情况。对涉及的相关人员要进行详细询问，全面了解企业以及范某胜、高某胜个人情况等。

（5）向范某胜、高某胜身边人员，或者曾经密切交往的人员，如钟某某（范某胜从其处接手某某阳光公司）、高某甲（高某胜叔叔）、邓某某、李某甲、刘某甲等，了解范、高二人的相关情况，重点核实二人是否纠集人员形成较为固定的组织、团伙以及相关组织、团伙的成员；是否在一定区域或者行业内，形成非法控制或者重大影响；以及是否还有其他违法犯罪线索。根据摸排情况，进一步开展侦查工作。

（6）调取与范某胜、高某胜等全部涉案犯罪嫌疑人有关的接处警记录，全面梳理可能涉及违法犯罪的线索。重点查证，是否存在处理不公、遗漏犯罪的情形。

（7）对范某胜、高某胜相关企业账册、银行账户，以及其本人及关联人员银行账户进行详细梳理、资金穿透，必要时委托审计，在全面查明二人经济情况的同时，最大可能获取有力的经济犯罪线索。

（8）对范某胜、高某胜以及二人前妻、现任妻子、子女名下全部房产暂时予以查封；对范、高二人名下银行账户予以冻结；对范、高二人前妻、现任妻子、子女名下存有大额资金的银行账户暂时予以冻结。

（9）加强对范某胜、高某胜等全部涉案嫌疑人的讯问力度，同时要争取对王某军、李某帅、刘某剑、高某峰等人员的分化瓦解，解散攻守同盟，寻找有力突破点。

（10）对扣押在案的犯罪嫌疑人、关键证人手机等电子设备进行数据提取恢复，梳理短信、微信聊天记录等关键电子数据，核实案情的同时，以获取更多有力线索。

（11）调取全案涉案人员前科材料，包括刑事判决、释放证明、行政处罚决定书等。

（12）调取与本案有关的公司、企业工商登记材料。

（二）目前已查实犯罪事实需要进一步补侦的事项

1. 石景山"豆钢"料场聚众斗殴案

（1）根据高某胜供述及案发前后李某甲手机通话记录显示，邓某某与高某胜、李某甲联系密切，对高某胜与李某甲各自情况及矛盾纠纷均应有所了解。据此请查找并询问邓某某，了解其与高某胜、李某甲、范某胜等人之间的经济、生意往来情况；高某胜与李某甲双方在2006年3月16日、17日的矛盾纠纷及打架斗殴情况以及此次打架之后高某胜经营"豆钢"料场等情况。

（2）根据董某峰供述除了任某辉外，还有一个也在石景山混的叫"何某强"的人为范某胜纠集斗殴人员，同时提到王某刚在场。据此请查找何某强、王某刚等人，了解核实案发当时具体情况、其与范某胜等人的关系及其在其中的行为和作用等，如涉嫌犯罪，请依法处理。同时对董某峰予以追捕并让董某峰对范某胜、任某辉、夏某春等人进行辨认。

（3）请查找并询问案发当时"某车队""某农工商"等企业相关工

作人员,了解2016年斗殴的起因及经过等,核实高某胜从何时开始以及如何做上"豆钢"废料生意以及此次斗殴事件对高某胜的料场生意有何影响、是否还有人来料场捣乱等情况。

(4) 请继续讯问犯罪嫌疑人范某胜、高某胜、任某辉、夏某春等人,查找更多案发时参与聚众斗殴的人员;同时与范某胜、高某胜、任某辉、董某峰等人核实是否指示、参与指示夏某春向公安机关作伪证等。

(5) 请继续调查核实犯罪嫌疑人高某胜的相关背景。包括调查了解核实其家庭成员关系,其叔叔、前岳父等人的工作背景、社会关系,以此全面掌握高某胜进入北京某集团相关产业的时间、原因以及"豆钢"废料等生意的经营模式及情况。

2. 门头沟某山庄虚假诉讼案

(1) 皮某称2012年通过一个叫周某某的人介绍向范某胜借钱,查找该名叫周某某的人并向其核实皮某向范某胜借钱的情况。询问皮某,其从范某胜借钱的过程是否还有其他人能够证实,如有则查找相关证人予以核实。

(2) 王某甲、皮某均证实王某甲在山庄占有股份,向二人核实是否存在相关股权协议等证据材料并调取,同时向范某胜、高某胜核实,在二人所谓购买山庄时是否对该情况知晓。另外,范某胜、高某胜与皮某之间的山庄转让协议日期为2011年11月,与实际2012年6月的日期不符,向二人以及皮某核实日期倒签情况。

(3) 王某甲等原山庄工作人员证实,2016年范某胜、高某胜强行收走山庄的时候,安排了高某胜的姨父常住山庄,并且该人曾打过一名厨师,以及对山庄服务员王某乙的朋友马某某存在殴打及要求下跪道歉的情形。故要进一步核实该人身份,并对该人进行详细讯问核实上述情况。

(4) 向涉案山庄所在村以及该村所在政府相关部门、当年负责的拆迁公司,调取该山庄拆迁的相关材料,核实该山庄拆迁谈判、拆迁实施等具体情况。

(5) 向门头沟法院调取(2014)门民(商)初字第×××号民事判决,以及皮某债权执行情况的相关材料。核实范某胜、高某胜在皮某债权执行过程中具体诉讼情况,以及实际获取的执行款金额。

（6）在李某华家中起获某山庄租赁协议一份，显示王某丙于2012年7月25日从范某胜、高某胜以每月3万元的价格租赁该山庄。另据范某胜供述，王某丙系高某胜姐夫，查找该人，并详细询问范、高二人获取某山庄的经过，是否由皮某抵债给范某胜，范、高等人将原山庄经营人王某甲赶走的过程，范、高二人对山庄是否存在装修、改造等投入，王某丙承租后经营情况，拆迁情况，以及后期诉讼情况等。同时查找其他知情人员，询问了解上述情况。

（7）在该起虚假诉讼案中，范某胜的代理律师分别为北京某律师事务所的李某乙、张某乙，二人可能涉嫌虚假诉讼犯罪，故要进一步收集相关证据，如证据确凿，应一并处理。

3. 承德张某丙被非法拘禁案

（1）据被害人张某丙陈述，因范某胜一方未履行合同，给其造成近百万元经济损失，对于该部分损失情况要求张某丙提供损失相关依据、票据等证据材料。

（2）详细询问张某丙其被带到北京后具体由何人对其进行看管、恐吓、辱骂，特别是薛某军、李某帅等人是否有参与并要求张某丙进行辨认。

（3）张某丙陈述称李某华等人第二次来承德要钱时，其妻子凑了2万元拿到宾馆交给对方，对此张某丙的妻子予以否认。同时在第三次北京签定的借条中也仅反映了张某丙已归还1万元，还欠9万元的情况，而张某丙称其总共给了范某胜一方5万元，还差5万元未还。据此，一是与张某丙、潘某某核实还钱的次数、金额并提供相关转账、取现或在场其他人证予以证实；二是继续讯问范某胜其收到张某丙的钱款金额；三是查找并询问李某华、李某平、赵某伟，核实向张某丙要钱的详细经过。李某华、李某平、赵某伟三人如与范某胜涉嫌共同犯罪，应一并处理。

（4）在案证据显示，范某胜曾以被骗为由向公安局报案称张某丁、李某丙诈骗，张某丁、李某丙二人还曾去到公安局接受询问，并在公安局将钱退给了范某胜。据此请调取范某胜相关报警记录以及该起案件处理相关原始卷宗记录等材料，以详细了解事情经过。

（5）了解调取张某戊"老大"的背景资料，梳理范某胜与张某戊的交集、往来关系。核实2011年某高速修路期间张某戊通过什么关系承揽了供应砂石料的项目。证人张某己称其了解与张某戊对接的是石家庄某公司的张某庚，请继续调查并与范某胜核实相关情况，确认其承揽项目的内容、时间并调取相关协议，后续不再继续做下去的原因、时间，以及在此期间范某胜一方与路桥公司之间有何往来、是否存在纠纷等情况。

4. 石景山万达广场寻衅滋事案

针对范某胜等人占用万达广场公共用地改建私人停车场情况补充下列证据：

（1）讯问涉案嫌疑人范某胜、高某胜、李某华、薛某军、李某帅、高某峰等人以及曾在范某胜控制公司工作的其他人员，对于万达广场E、F座底商停车场是如何改造成私人停车场的，是谁参与改造、划线、制作告示牌等，是否雇佣他人进行施工改造，在万达广场物业拆除整改后又是如何恢复的。

（2）李某华对购买万达广场底商的过程是否明知、参与或者出资霸占公共区域改建私人停车场的事实，需要继续进行取证。

（3）调查本案中谷某某的身份情况，是否购买万达广场底商，是否在购买后与李某华名下底商打通，是否参与霸占公共区域改建私人停车场的过程。

（4）调取12345关于举报万达广场E、F座停车场问题的线索材料以及处理情况的档案。

针对被害人徐某某被殴打一事补充下列证据：

（5）继续加大对犯罪嫌疑人高某峰、谢某波的审讯力度，针对其二人与范某胜的关系、当天在场的具体原因、参与打人的具体过程以及对同案犯行为的供述继续开展讯问工作。

（6）根据王某军的供述，当天除了高某峰和谢某波之外，薛某军、李某帅、王某静、李某平等人也应该参与了当天聚餐，因此一同下楼在现场有可能看到整个过程，甚至参与了打架的过程，因此需要对该事实进行详细讯问。

（7）在嫌疑人能够基本供述犯罪事实之后，针对范某胜在打人后是否在聚餐或者其他时间与当天在场人员进行串供、伪造证言进行讯问。

（8）追捕"王某丁"或"东子"（即辨认笔录中所指认的王某戊）。

5. 石景山某 KTV 寻衅滋事案

（1）继续讯问于某军，范某胜是如何劝说其在案发后逃跑的过程。

（2）关于李某帅在范某胜的指示下向逃到海南的于某军汇生活费一事，调查李某帅的打款记录，通过钱款去向调查收款银行卡持卡人，调取证人证言，调查李某帅是如何进行钱款报销的，在公司向谁汇报，走的什么报销手续，谁批准，李某华是否知情，是否需要李某华同意。

（3）追捕刘某甲（绰号"杰子"），对"东子"进行辨认，继续查找东子。

6. 杨某某被敲诈勒索案

（1）在案包括徐某诚在内的多名嫌疑人供述许某某参与了犯罪行为，而卷宗中未要求杨某某对其辨认，未对其采取强制措施，如其涉嫌犯罪，应一并处理。

（2）应对徐某诚团伙全面展开侦查工作。从前科情况和催债方式来看，徐某诚团伙具有长期从事高利放贷的惯用手法，疑似有恶势力团伙的雏形，查明是否有其他高利放贷、非法催债的行为，可从账户情况进行梳理，以"砍头息"、大额资金进出为突破口。

（3）补充闫某某、杨某某、黄某甲、李某帅账户，并对账户进行初步的梳理，用于查明涉案钱款的流转途径和方向。

（4）继续对李某帅讯问，重点讯问包括不限于以下内容：一是 32 万元为何前后解释不一；二是如何受到范某胜指使，范某胜对整个过程是否清楚；三是如何与徐某诚合意，是否知道徐某诚等人将杨某某关到平房内、范某胜是否知道由徐某诚代替拘禁杨某某。

（5）向黄某甲调取范某胜给黄某甲转款记录，用于印证其债权转让的陈述。

（6）调取闫某某名下的美食城公司的工商资料。

7. 石景山某歌厅寻衅滋事案

（1）请重新寻访 2018 年 9 月案发时涉案的被害人及证人，包括：被害人朱某、李某丁；证人王某己、张某辛、赵某甲等人。重新核实以下案件事实：①2018年9月28日晚，刘某和朱某打架的起因是否因为朱某说"你是黑社会呀，出门还带保镖"，还是关某亮听说的"朱某说刘某剑是范某胜的一条狗"。②刘某剑和朱某发生口角后，是谁打电话从楼下叫来了6、7个男子？叫来6、7个男子后，是谁先动手打人的？③在打架过程中，使用的灭火器是哪来的？朱某所受的伤具体是谁打的？④李某丁是什么时间进屋劝架的？在劝架的过程中是谁打的李某丁？为什么要打李某丁？⑤是谁把李某丁扶到了一楼大厅？在一楼大厅里为何刘某剑一拨人要继续殴打李某丁？

（2）根据现场监控所见，在李某丁被扶到一楼大厅后，与刘某剑同行的两名男子欲继续殴打李某丁，而刘某剑的确是在旁劝阻，请就该情况重点向李某丁及参与殴打的嫌疑人核实，以证实刘某剑行为的意图到底为何？

（3）请根据电梯及大厅内的监控录像，逐一甄别现场参与打架的人员身份，包括刘某剑所说的带的两个朋友"华强"和"小龙"，以及后上楼的6、7名男子，具体核实这些人在案件中的地位和作用。

（4）从卷宗中显示，2018年9月30日，派出所已经对朱某和刘某剑作出了行政处罚前告知，为何后续朱某、刘某剑和李某丁三人共同签订了撤案申请？重点核实，是否系范某胜为李某戊出资赔偿了朱某。

（5）对于参与寻衅滋事打架的其他犯罪嫌疑人，请继续开展侦查工作，若构成刑事犯罪，请予以追究刑事责任。

8. 石景山古城某某烤肉店寻衅滋事案

（1）请重新寻访2020年6月案发时涉案的被害人明某。重新核实以下案件事实：①为何范某胜要撕扯同桌吃饭的女子明某的头发？②范某胜在扇脸、击打餐厅老板头部的过程中，是否叫嚣"石景山还有不给我面子的人"？③最后范某胜等人是如何和明某达成和解协议的？

（2）就赔偿的情况，现在刘某剑和孙某某的言词证据相互矛盾，请继续重点向刘某剑核实赔偿的情况。

9. 滴滴司机王某庚被寻衅滋事案

（1）本案中现只有王某庚的陈述称，"当车行驶至琳琅山庄附近时王某庚接到真正订车的客户电话，后王某庚让三人下车，但是范某胜、关某亮就开始与司机发生口角，说自己又不是不给钱，为什么不走等等。后王某庚将车停在路边继续准备让他们三人下车，但是坐在车后排的范某胜准备起身欲打王某庚，被沈某某拉住，王某庚害怕被打，就下车准备拿手机报警。此时，后排的范某胜也下车上前欲抢王某庚的手机别让他报警，王某庚顺势就将范某胜推倒在地。这时，坐在副驾驶的关某亮也欲上前来帮范某胜，继续被王某庚推倒在地，而后范某胜、关某亮欲起身打王某庚，王某庚从汽车后备箱拿出小马扎向两人示意退后，而后王某庚自己上车离开去接真正的乘客。"而范某胜、沈某某和关某亮的辩解都说是，滴滴司机硬要拉车上的三个乘客下车，同时在拉拽的过程中，主动打了范某胜和关某亮，同时从车后备箱拿出棒球棍要打沈某某。

目前，王某庚的陈述和三人的辩解呈现"一对一"的状态，请继续查找案发时的其他证人或者案发路段的监控录像，以补强王某庚陈述的真实性。

（2）请查找当日乘坐王某庚车的乘客，以证实薛某军等人开车拦截、追逐的具体情况，包括追逐的时间长短，车速情况，强行别停王某庚车辆对交通秩序造成的危害性，同时证实刘某下车后拍打车门、车盖、敲击车门留下凹痕的情况。此外，请核实王某庚报警的具体时间。

（3）请重点核实沈某某报警的具体时间，由于卷内没有110接处警记录，请核实：①沈是打110报警还是直接给派出所报警？②沈报警是在王某庚离开后报警，还是薛某军追上王某庚，看见王某庚报警后，告诉范某胜，范某胜而后让沈报警的。

（4）关于范某胜和关某亮的伤情，两人自述当日都是去医院验伤了，经鉴定是轻微伤，请补充案发当日两人看伤的病历资料，以及伤情鉴定结论，以核实两人受伤的具体情况。

10. 刘某、关某亮开设赌场案

（1）请重新讯问周某爱，专门核实其向刘某剑索要账户和密码的案件事实，她是如何知道刘某剑从事赌博网站代理？她通过刘某剑在网站上充值，如何给予刘某剑好处费？刘某剑如何收取赌博网站给予的回扣？并请继续寻访周某爱的丈夫张某壬，张某壬是否知道周某爱向刘某剑索要账户和密码的事实。

（2）请向李某己、陈某某等人核实，刘某剑是否为其开设赌场提供账号和密码？刘某剑是否为其提供充值服务？刘某剑如何获取回扣？

（3）请查找关某亮所介绍的朋友郭某某，证实关某亮介绍刘某剑帮其在赌博网站赌博的具体情况，重点核实是否通过关某亮的账户结算赌资，关某亮、李某戊在郭某某赌博过程中所起的作用。

（4）请调取刘某剑、关某亮、王某己、李某庚、郭某某的银行卡账户，计算李某戊替上述人员充值的具体金额。

（5）请对刘某剑如何成为赌博网站的代理，是否和范某胜有关联等深层问题开展侦查取证工作。

（三）需要继续侦查的相关犯罪线索

（1）在李某华家中起获并扣押"北安市计划生育委员会""北安市计划生育委员会财物专用章"等政府部门印章（详见李某华扣押物品卷Z35），李某华辩称系范某胜的东西。据此请继续讯问范某胜、李某华印章的来源、用途，查找印章关联单位，核实单位性质、印章真伪、使用等情况，如涉嫌伪造国家机关印章等犯罪，请依法处理。

（2）在李某华家中起获并扣押公安机关询问范某胜的笔录复印件（详见李某华扣押物品卷Z35），该刑事案件材料范某胜应无权获取，故应当讯问范某胜该材料来源，如涉及相关公职人员违法违纪问题，应当移送相关纪检监察部门。

（3）在李某华家中起获并扣押一份名单，记录有北京某集团、公安局、教育局、法院、医院等国企、机关人员名单（详见李某华扣押物品卷Z35），应当讯问范某胜上述名单用途，如涉及"利益输送"等公职人员违法违纪问题，应当移送相关纪检监察部门。

（4）在李某华家中起获并扣押一份法院"关于皮某案件情况"的内部汇报材料（详见李某华扣押物品卷Z35），该材料范某胜应无权获取，故应当讯问范某胜该材料来源，如涉及相关公职人员违法违纪问题，应当移送相关纪检监察部门。

（5）在案从范某胜处起获并扣押的文件材料中（范某胜扣押物品卷Z15）：①有一份"某某集团"（据悉系澳门一家涉足博彩业的公司）2012年6月12日出具的通知及收据，显示该集团将范某胜提交的1700

万元保证金全数没收。②另起获一份收条、两份借条和一张"黄某乙"（公民身份证号码342225××××××3033）的临时居民身份证，显示2012年6月25日黄某乙收到范某胜现金1700万元以及2012年6月30日黄某乙向范某胜借款10万元港币和40万元用于办理公证费用的情况。据此请开展以下工作：一是向某某集团核实调取范某胜的相关资料，包括是否有在赌场的开户记录、存款记录、资金使用记录以及了解范某胜被没收1700万元保证金的原因等情况。二是查找并询问黄某乙，核实黄某乙身份、黄某乙与范某胜之间的关系和往来、上述收条借条中涉及的钱款来源、用途等情况。三是讯问范某胜核实上述情况。以此进一步深挖该案相关人员涉嫌赌博或开设赌场等违法行为的线索和证据。

（6）"某KTV寻衅滋事案"中，范某胜、李某帅在帮助于某军逃跑过程中，可能涉嫌窝藏犯罪，应进一步侦查，收集相关证据。

（7）范某胜、李某华均提到一个叫李某辛的人曾在万达广场开设"资产管理公司"，以投资某某某电视（控股）集团有限公司的名义让范某胜、李某华投资了1000万元左右，并承诺定期返息，该李某辛的人可能涉嫌非法集资，故可进一步核实相关情况，如涉嫌犯罪，应立案侦查。

（8）范某胜提到一个叫"阿勇"的人长期在澳门放码，并且曾经提出要跟范某胜承包澳门赌厅，查找该人，核实相关情况，如涉嫌赌博或开设赌场犯罪，应立案侦查。

三、相关工作要求

（1）讯问、询问要全面，并且要有针对性。对要了解、掌握的案情，要记录全面，充分展现案情的来龙去脉、相关背景，避免就事论事、蜻蜓点水、交代不清。负责讯问、询问的人员与外围侦查人员要就最新掌握的案情及证据情况及时沟通，根据已掌握的情况有针对性地进行讯问、询问，对一些关键案件细节要核实清楚，避免讯问、询问过多重复，内容雷同。

（2）关键案情、重要细节要向犯罪嫌疑人以及关联人员及时核对。部分犯罪嫌疑人、证人对部分关键事实、重要细节可能存在记忆不清，或者之前未如实供述，需要侦查人员有针对性开展工作。针对矛盾的关键事实和情节需要嫌疑人之间和嫌疑人和证人之间交叉比对的方式排除合理怀疑。

（3）在调查过程中要注意捕捉关键信息、线索。该案案情还有待进一步展开，部分事实还缺乏侦查方向，故无论是外围取证，还是讯问、询问，均要注意捕捉关键信息、线索，及时调查核实，以期实现顺藤摸瓜，案件侦查的重要突破。

（4）注意卷宗装订规范。对不同犯罪事实要分别装订入卷，同时要严格按照侦查卷宗装订规范进行卷宗装订。

（5）与我院承办人保持密切沟通。侦查过程中，无论是案件侦查方向，还是具体侦查事项均可与我院承办人予以沟通，共同解决。

（6）本侦查提纲不入卷侦查卷宗。

（7）因案情复杂，建议侦查期限届满前，申请延长侦查期限。

北京市东城区人民检察院
20××年×月×日

【承办检察官心得体会】

本案在提捕时仅涉及 9 起普通刑事违法犯罪，但是经专案组研判，范某胜等人长期在石景山鲁谷地区盘踞，有组织地进行违法犯罪活动，可能系"恶势力"犯罪集团，乃至黑社会性质组织。如何查清组织结构，查明范某胜集团的经济来源以及全面调查社会危害性是本案继续侦查的重点和难点。

据此，在制发继续侦查提纲的过程中，专案组一方面就公安机关查明的个案事实详细列明继续工作的目的和要求，根据各个事实需要补强和查证程度的不同，对侦查事项类型区分为犯罪待查、查实补侦、线索核查，以统分结合的方式形成了继续侦查提纲的框架结构，针对不同情况详细列明补侦内容、重点和注意事项。另一方面，在全面审查现有案件事实的基础上，围绕范某胜组织的组织性、经济性、行为性和危害性特征，以构成"黑恶"犯罪为证据标准，列明继续侦查的工作重点，指明工作方向。

专案组和公安机关在具体开展捕后引导侦查的工作中,一是建立了侦查提纲线下互动说理机制,最大限度改变"文来文往"的工作模式,提升补侦工作效率。专案组每双周固定前往公安机关专案点,汇总两周内工作情况,统一思路、同频共振,形成证据收集合力。二是建立与侦查机关"挂号销账"制度,充分确保捕后侦查快速、有效推进。在此阶段,专案组随时与侦查机关保持沟通联系,定时了解侦查提纲中的每项工作的完成情况,对于已经完成的工作即在提纲中"销账",对于未完成的工作及时查找原因,采取有效措施跟进推动。三是建立动态调整侦查提纲工作机制,保证继续侦查合理、可行。对于未完成的侦查工作,与侦查机关建立动态调整的机制,在查找原因的基础上区分未能及时完成的工作和无法完成的工作。针对前者按照侦查难易程度科学制定时间表,有序推进补侦工作顺利进行;针对后者及时调整补侦思路,防止案件进入"死胡同"。

【专家点评】

"是黑恶犯罪一个不放过,不是黑恶犯罪一个不凑数"是办理黑恶案件的基本精神和原则。查办黑恶案件需要有较高的证据意识和分析归纳能力,注重区分普通共同犯罪、犯罪集团与黑恶犯罪组织的界限,防止混淆犯罪行为通常具备的社会危害性与黑恶犯罪特有的破坏社会管理秩序的危害性,这对传统的"破案"思维提出了较大的挑战。因此,需要检察机关充分发挥引导侦查的职能,明晰取证方向和取证目的,提升取证质量,实现不枉不纵,在法治轨道上打击黑恶犯罪的目标。

范某胜、高某胜等人涉黑案,在查办之初,证据的收集离黑社会性质组织的认定还有距离。较为突出的是,14年内仅有9起犯罪行为,不仅犯罪地点分散,犯罪发生在石景山区、门头沟区、河北承德多地,而且犯罪行为缺乏连续性,2006年实施第一起犯罪后至2012年才实施第二起犯罪。同时,犯罪的组织结构不明晰,除了范某胜外,个别成员参与了二起违法犯罪活动,其余绝大部分成员只直接或间接参与了一次犯罪行为。

继续侦查提纲首先抓住了案件查办的主要矛盾,即是否属于黑恶犯罪，不仅旗帜鲜明地给出了现有证据不足以认定为"恶势力"犯罪集团，乃至黑社会性质组织的结论，并给出具体的原因分析，同时根据不放过、不凑数的原则，对取证方向、取证重点、取证标准提出了有针对性的后续侦查意见。其次，黑恶犯罪的引导侦查，不能仅仅被动地就案论案，还要有一体推进"深挖彻查""打伞破网""打财断血"等工作的意识，继续侦查提纲围绕可能遗漏的漏罪、漏犯，提出了继续追捕追诉的意见，围绕案件询问笔录、案件内部汇报材料泄露等线索提出及时移送有关主管部门调查的意见，围绕大量企业、个人财产未调查核实，提出了甄别相关账户，把握资金的穿透性，对主犯及其近亲属名下的财产予以查封、冻结的意见，确保了案件办理的整体效果。最后，捕后侦查工作的引导，不仅需要"文来文往"，还需要"人来人往"，既有说理互动，凝聚大控方的共识，又有动态调整，不枉不纵，在每一起具体犯罪的继续侦查事项中，进一步明确参与犯罪的成员及其所起作用，同时持续收集认定待证事实的补强性证据，排除证据间矛盾的新证据等，有效克服黑恶案件犯罪时间相对较为久远、黑恶成员规避司法机关打击意识强等因素造成的取证困难，为该案最后依法准确定罪打下扎实的证据基础。

（**点评人**：詹文成，江西省人民检察院第一检察部一级检察官助理、全国公诉标兵）

72. 谢某光等人生产、销售伪劣产品案继续侦查提纲

【简要案情】

2020年1月至2021年7月19日,被告人谢某光在郑州市惠济区古荥镇纪公庙村的出租厂房内,利用其购买的灌装机、封口机、包装器械、甲醇、增稠剂、纸箱、标签等生产设备及原材料招募被告人赵某强等工人生产、销售"敌敌畏""溴氰菊酯""敌草快"等伪劣农药,销售金额共计人民币3657351.34元。

2020年上半年至2021年7月19日,被告人赵某强明知被告人谢某光生产、销售伪劣农药,仍通过其本人和介绍其他工人帮助谢某光生产、销售伪劣农药。期间,被告人谢某光共向被告人赵某强支付赵某强等人工资共计人民币514768元。

2020年3月至2021年7月19日,被告人王某豫明知被告人谢某光生产、销售伪劣农药,仍多次向谢某光提供农药包装箱等物品,指使谢某光生产伪劣农药,并出资购买伪劣农药再销售给他人。期间,被告人王某豫通过微信转账、刷卡等方式支付谢某光购买伪劣农药款项共计人民币270373元。

【诉讼过程】

本案由郑州市公安局惠济分局侦查。2021年8月18日,该局以涉嫌生产、销售伪劣产品罪对犯罪嫌疑人谢某光、赵某强、王某豫提请审查逮捕。承办检察官在审阅案卷、讯问犯罪嫌疑人、核实有关证据的基础上,于2021年8月25日决定以有社会危险性对涉嫌生产、销售伪劣产品罪的犯罪

嫌疑人谢某光、赵某强、王某豫批准逮捕。同时，针对本案的核心证据问题，即销售伪劣产品的金额、涉案财产的查控、对犯罪嫌疑人辩解的调查核实、查明生产伪劣农药的具体工艺流程等问题制发了针对性强的《继续侦查提纲》，并当面向侦查人员详细阐明了继续侦查的方向、重点、目的、方法、措施及时限要求，以确保案件能够顺利起诉和判决。

2021年10月26日，郑州市公安局惠济分局以被告人谢某光、赵某强、王某豫涉嫌生产、销售伪劣产品罪，向惠济区人民检察院移送起诉。承办检察官经过审查证据发现，侦查机关并未按照《继续侦查提纲》的要求将案件的核心证据调取到位，即及时督促侦查人员克服疫情影响，尽快按要求继续侦查。在证据未达到起诉标准的情况下，惠济区人民检察院于2021年11月26日将案件退回侦查机关补充侦查，侦查机关于2021年12月23日补查重报，此时，案件证据达到了事实清楚、证据确实充分的标准，我院于2021年12月30日将案件提起公诉。因疫情原因，法院于2022年1月10日决定中止审理，2022年4月16日决定恢复审理。2022年6月27日，郑州市惠济区人民法院作出判决，分别以犯生产、销售伪劣产品罪判处被告人谢某光有期徒刑15年，并处罚金人民币185万元；判处被告人赵某强有期徒刑7年，并处罚金人民币10万元；判处被告人王某豫有期徒刑2年，缓刑3年，并处罚金人民币14万元。2022年7月6日，被告人赵某强上诉，2022年9月19日，郑州市中级人民法院作出二审裁定，驳回被告人上诉，维持原判。

【文书全文】

河南省郑州市惠济区人民检察院
继续侦查提纲

郑州市公安局惠济分局：

你局以郑公惠（江）提捕字〔20××〕××号提请批准逮捕意见书移送审查批准逮捕的犯罪嫌疑人谢某光、赵某强、王某豫涉嫌生产、销售伪劣产品罪一案，经审查，决定批准逮捕。为有效指控犯罪，请你局继续做好以下侦查工作：

一、继续侦查的方向、重点和目的

本院审查认为，因本案生产、销售的伪劣农药导致生产遭受较大损失的认定有较大难度，因此建议以生产、销售伪劣产品罪为本案的侦查方向，本案的侦查重点是全面客观查明本案销售伪劣农药的金额、加大涉案财产的查控力度、对犯罪嫌疑人的辩解及时调查核实、查明生产伪劣农药的具体工艺流程。

本案犯罪嫌疑人生产、销售伪劣农药的行为涉及生产、销售伪劣农药罪和生产、销售伪劣产品罪，前罪以致使"生产遭受较大损失"为必要条件，而查明该损失的具体金额和程度的难度极大，还包括查明对生产是否造成了损失，损失与其销售的伪劣农药的关联性大小，二者是否存在因果关系等都有很大的难度。因此，对本案应当初步确定以涉嫌生产、销售伪劣产品罪为侦查方向，而涉及该罪定罪量刑的重要事实情节就是销售伪劣产品的金额，那么该销售金额就是本案侦查的重点。结合本案销售伪劣产品的收款方式为微信、银行转账等形式，并且在支付涉案款项时，犯罪嫌疑人都有通过微信进行联络，有文字、图片、语音等与销售伪劣农药行为进行印证，因此，建议你局全面调取、恢复犯罪嫌疑人的微信聊天记录，从聊天的具体内容与调取的相关交易记录进行比对，依法客观认定销售金额。同时，需要进一步查明本案生产伪劣农药的具体工艺流程，结合对扣押农药的检测结果，依法认定涉案农药是否为伪劣农药。

二、继续侦查的主要事项和工作

请你局查明以下事项并重点做好相关工作：

1. 为进一步查明犯罪嫌疑人谢某光等人生产、销售伪劣农药的具体金额，需要查明涉案期间犯罪嫌疑人谢某光是否还有其他收入，其微信账户和中国农业银行卡账户的收款金额是否全部是生产、销售伪劣农药的金额。

2. 将本案二份有关销售伪劣农药金额的审计报告的详细意见和结论告知三名犯罪嫌疑人，讯问其是否有异议。如果有异议，详细记录其异议内容。

在告知和讯问时，要对审计报告中销售伪劣农药金额的明细交三名犯罪嫌疑人仔细辨认，并由其对审计报告中涉及的相关收入、支出金额、交易对方信息等内容逐一进行辨认，由其说明是否全部属于生产、销售伪劣农药的金额，如果属于，讯问其销售伪劣农药的具体数量、涉及的客户姓名、发货地址、送货方式等详细情况。对犯罪嫌疑人关于生产、销售伪劣农药金额的辩解意见和理由予以详细记录，并依法向交易对方调查核实有异议的交易金额的具体事由和性质等详细情况，并调取有关证据证明其辩解理由是否属实。在调取相关证据的基础上，准确认定各犯罪嫌疑人生产、销售伪劣农药的具体金额。

3. 为查明本案生产、销售伪劣农药的开始时间，请在对各犯罪嫌疑人进行讯问的基础上，向犯罪嫌疑人谢某光、赵某强等人生产、销售伪劣农药所在地、其生活地相关居民群众进行调查访问，查明其犯罪的开始时间，如通过查明租赁厂房的时间及用途，以确定其生产、销售伪劣农药的开始时间，调取相关证人证言和租赁合同等书证予以证明。

4. 查明犯罪嫌疑人谢某光生产的每种伪劣农药每箱的销售价格，以进一步查明参与生产伪劣农药的工人犯罪嫌疑人赵某强等人具体的犯罪金额，以对其准确定罪量刑。

5. 请依法对生产伪劣农药的现场进行认真勘查，对扣押的涉案物品逐一进行全方位、多角度拍照，照片要清晰反映涉案物品的详细特征。对生产伪劣农药现场的各种包装箱、商标、生产工具、原料、辅料等涉案物品进一步予以扣押，详细记录其种类、数量、外观特征等信息，并拍摄清晰的照片附卷，以详细证明本案犯罪的具体事实和情节。对其中生产伪劣农药的原料、辅料等物质进行成分检测鉴定，查明其具体成分名称、性状特征及具体功效。

6. 对本案犯罪嫌疑人谢某光、王某豫等人销售的伪劣农药的去向进行调查，包括直接从上述犯罪嫌疑人处购买伪劣农药的情况，以及购买伪劣农药后又出售给其他有关人员的详细情况。通过多种途径查找从犯罪嫌疑人处购买伪劣农药的具体人员，对其进行调查询问，查明其购买伪劣农药的具体时间、地点、种类、数量、金额、付款途径、收发货途径等详细情况，以及是否对农业生产造成损失，如果造成损失，请对损失程度进行专业评估。

7.讯问犯罪嫌疑人谢某光、赵某强、王某豫等人，查明犯罪嫌疑人谢某光生产伪劣农药的具体工艺流程，是否加入了农药的原药。

调查谢某光等人生产伪劣农药的具体工艺流程时，要注意查明从其开始生产、销售伪劣农药到被抓获期间，生产各种伪劣农药的具体方法、使用的工具、生产的步骤、灌装的方法以及所添加的原料的种类、数量、来源等情况。

谢某光在检察机关的供述和辩解否认添加过原药，王某豫供述其未向谢某光提供过原药，需要再次认真详细对各犯罪嫌疑人进行讯问，核实该情节，并进一步调取有关微信聊天记录、证人证言等证据予以证明。如审查犯罪嫌疑人之间的微信聊天记录中是否涉及农药原药的问题、各犯罪嫌疑人购买相关原料的记录中是否有涉及农药原药，询问参与调配伪劣农药的人员是否添加相关原药等。

8.对所扣押农药包装上的商标进行鉴定，查明其是否为伪造以及该农药包装的具体来源。

9.为及时有效查控本案涉案财产，请及时对涉案三名犯罪嫌疑人及其他涉案人员的所有相关银行账户、房产、车辆、股票等财产和权益进行查控。调取三名犯罪嫌疑人名下所有的银行账户信息和交易流水，查明相关涉案款项的具体流转情况，追查其具体去向，对其中的涉案资金依法予以冻结，有力查控涉案财产。

10.证据卷44页的微信个人信息截图、微信聊天记录截图无相关人员签名和时间，需要重新调取该证据材料。

11.审计报告中委托鉴定事项只有对微信收款金额进行委托，未对相关农业银行卡收款金额进行委托；收款明细表格中仅标明微信账号，对涉及银行卡账号的内容未标明为银行卡账号，而标为微信账户，需要进一步修改完善。

12.提请批准逮捕书中表述的涉案销售金额与审计报告不一致，需要进一步调取相关证据，以准确认定涉案销售金额。

13.查明犯罪嫌疑人谢某光、赵某强、王某豫是否有犯罪前科和违法经历，并调取相关证据予以证明，有犯罪前科的，要调取相关释放证明。

14. 对新调取的证据材料单独装订成卷。

三、相关工作要求

在继续侦查过程中，应当注意以下问题：

1. 严格按照我国《刑事诉讼法》《公安机关办理刑事案件程序规定》等有关规定要求调取相关证据，保证取证程序合法、证据内容客观真实，并注意认真辨别证据的真伪，发现有关证据不真实、不客观的，要做好进一步核实工作，并予以明确说明。

2. 在下一步侦查过程中，要加大侦查力度，全面调取相关证据，请及时将侦查进展情况与我院沟通，确保案件查办质量和效果。

3. 本提纲供开展继续侦查工作参考，不得装入侦查案卷。

郑州市惠济区人民检察院
20××年×月×日

【承办检察官心得体会】

为了更好履行检察监督职责，依法查明与定罪量刑有关的全部案件事实和情节，检察官应当及时制作高质量的继续侦查提纲，更好引导侦查人员依法全面调取案件核心证据，查明案件事实。本人认为，撰写继续侦查提纲时，要明确侦查方向，突出侦查重点，格式规范，层次分明，条理清晰，内容详实，要求具体，可操作性强。

（一）提出侦查工作思路，明确侦查方向和侦查重点

本案生产、销售伪劣农药的行为涉及生产、销售伪劣农药罪和生产、销售伪劣产品罪，前罪以致使"生产遭受较大损失"为构成要件，而查明犯罪行为对生产是否造成了损失，损失与销售的伪劣农药是否存在因果关系，损失的具体金额和程度等都有很大难度。因此，对本案应当初步确定以生产、销售伪劣产品罪定性为侦查方向，而刑法规定销售伪劣产品的金额是涉及罪与非罪、罪重与罪轻的关键，也是侦查的重点。

结合本案销售伪劣农药的收款方式为微信、银行转账等形式，犯罪

嫌疑人在支付涉案款项时都会通过微信进行联络，聊天记录中有文字、图片、语音等与销售伪劣农药行为予以印证，一方面建议公安机关全面调取、恢复犯罪嫌疑人的微信聊天记录，从聊天的具体内容与调取的相关交易记录进行比对，另一方面针对犯罪嫌疑人的辩解理由，全面搜集相关证据进行调查核实，排除其他可能性，依法认定本案销售伪劣农药的金额。

（二）突出侦查工作重点，提纲内容翔实，可操作性强

为了更好引导侦查人员积极主动调取案件核心证据，检察官要结合具体案情和证据现状，列出重点突出、层次分明、内容详实、要求具体的继续侦查提纲，确保侦查人员依法定程序搜集、调取各类证据。本案继续侦查提纲的主要内容是：明确了以生产、销售伪劣产品罪定性为侦查方向，以全面客观查明销售伪劣农药的金额、核实犯罪嫌疑人的辩解是否成立等为侦查重点，对可能涉及的不同罪名进行分析，促使侦查人员明确侦查思路；结合本案犯罪手段是通过微信和银行转账进行交易的实际情况，明确要求公安机关全面调取、恢复犯罪嫌疑人之间的微信聊天和转账记录，综合运用各类证据，依法认定销售金额；明确及时对涉案财产采取查控措施，实现打财断血目标；要求侦查人员依法侦查，注重调查核实，及时沟通，严格保密。

（三）加强侦查协作配合，与侦查人员面对面沟通，阐明侦查方向、重点和具体要求

为确保侦查人员充分理解继续侦查提纲内容，严格按照要求开展侦查活动，在反复修改完善提纲后，与侦查人员面对面详细阐明侦查的方向和重点，应当采取的具体措施和程序要求，以及办理此类案件的重大意义，犯罪的严重社会危害性，反复强调侦查的方式方法和应当调取的核心证据。

（四）通过制发继续侦查提纲，为精准量刑奠定坚实基础

侦查机关按照继续侦查提纲的要求将证据调取到位，使案件达到事实清楚、证据确实充分的标准，为精准量刑打下坚实基础。在对本案各被告人提出量刑建议时，首先，客观评价各被告人在犯罪中的具体地位和作用，准确认定主、从犯。其次，以销售伪劣产品的总金额为基础，

结合各被告人涉及的具体销售金额和主从犯、认罪认罚、退赃等情节，依法确定主刑刑期和执行方式。最后，重视罚金金额的确定，参考近期同类判决，结合是否认罪认罚、退缴违法所得等情节，根据刑法规定，参考量刑指导意见，合理确定罚金金额。

【专家点评】

本文书系生产、销售伪劣农药和生产、销售伪劣产品案件的继续侦查提纲。本文书凸显了刑事检察精准监督的理念，践行了积极推进以证据为中心的刑事指控体系改革，严格贯彻证据裁判原则的要求，同时解决了证据链构建和法律适用的分歧。

（一）围绕案件核心问题，条分缕析提出继续侦查提纲

本案生产、销售伪劣农药的行为涉及生产、销售伪劣农药罪和生产、销售伪劣产品罪，前罪以"致使生产遭受较大损失"为构成要件，而查明犯罪行为对生产是否造成损失，损失与销售的伪劣农药是否存在因果关系是本案的核心。本案在证据未达到起诉标准的情况下，检察机关将案件退回侦查机关补充侦查，并有针对性地提出补查意见，条理清晰，将需要继续侦查补充的证据分类说明，督促和引导公安机关将造成农业生产损失等情况作为关键取证方向。经侦查机关补查重报，案件证据达到事实清楚、证据确实充分的标准，检察机关才正式提起公诉。

（二）重视民生案件，"证据定案"的办案理念

本案的办理在社会上产生了较强的震慑作用，目的是防止假劣农资进入市场，严防坑农害农事件的发生，为农耕备耕保驾护航。由于本案涉及销售伪劣农药的金额，加之农户和交易笔数多，微信及银行卡交易数据等电子证据繁杂，在对涉案财产的证据固定的同时，对犯罪嫌疑人的辩解及涉案证据的调查核实、查明生产伪劣农药的具体工艺流程尤为重要。检察机关在办案过程中制发的继续侦查提纲详实、细致，以主罪主证复核实现了全面补强证据和固定证据，践行了"证据定案"的办案理念。

（三）通过强化检警协作，提高证据收集能力与证据证明力

在该提纲中，检察机关针对本案的核心证据问题，即生产、销售伪

劣产品罪,准确提出继续侦查的方向,同时对可能涉及的不同罪名进行分析。在促使侦查人员明确侦查思路、制发继续侦查提纲的同时,检察人员还当面向侦查人员详细阐明了继续侦查的方向、重点、目的、方法、措施及时限要求,为案件能够顺利起诉和判决奠定了以证据为中心的刑事指控体系。体现了追根溯源、深挖犯罪,最终摧毁销售链条,使关联犯罪得到有效打击的办案思路。

(**点评人**:安柯颖,北京外国语大学法学院副教授)

73. 任某涛、刘某等 4 人聚众斗殴案继续侦查提纲

【简要案情】

2020 年 10 月 4 日晚至 5 日凌晨，任某涛、刘某、周某龙等十余人在忠县海新烧烤摊聚众斗殴，造成 3 人轻微伤。忠县公安局于 2020 年 12 月 1 日移送忠县人民检察院审查逮捕。承办人通过查阅案件档案证据材料，发现周某龙、任某涛其他涉嫌寻衅滋事违法犯罪线索，对任某涛、刘某等人批准逮捕，同时向公安机关发出《继续侦查提纲》，就聚众斗殴犯罪事实、周某龙、任某涛、刘某等人的其他违法犯罪事实、涉嫌恶势力犯罪三方面提出 19 条继续侦查意见。实现了坚持对黑恶势力"打早打小"和"打准打实"的指示要求。

【诉讼过程】

任某涛、刘某等 4 人涉嫌聚众斗殴罪案，于 2020 年 12 月 1 日由忠县公安局移送忠县人民检察院审查逮捕。经审查，犯罪嫌疑人任某涛、刘某、周某、秦某超均构成聚众斗殴罪，决定批准逮捕任某涛、刘某、周某。公安机关继续侦查后将案件移送忠县人民检察院审查起诉，任某涛、刘某等人被忠县人民法院以"恶势力犯罪团伙"犯聚众斗殴罪、寻衅滋事罪判处有期徒刑 4 年 3 个月至 5 年不等刑期。

【文书全文】

重庆市忠县人民检察院
继续侦查提纲

忠县公安局：

你局以忠公（治）提捕字〔20××〕××号提请批准逮捕意见书移送审查批准逮捕的犯罪嫌疑人任某涛、周某、刘某、秦某超涉嫌聚众斗殴罪一案，经审查，决定批准逮捕任某涛、周某、刘某。为有效地指控犯罪，请你局继续做好以下侦查工作：

一、继续侦查方向

经审查，本案有证据证明犯罪嫌疑人任某涛、周某、刘某、秦某超实施了聚众斗殴行为，但是相关事实的证据还需要补充完善，需围绕聚众斗殴事实和其他违法犯罪事实进一步开展侦查取证工作。同时，请对本案是否涉嫌恶势力犯罪进一步查证。

二、继续侦查的主要事项和工作

（一）关于聚众斗殴犯罪事实

依照刑法规定，聚众斗殴的，对首要分子和积极参与者，应当给予刑法惩罚。

1. 为了查明刘某是否持空啤酒瓶子殴打范某某，建议讯（询）问范某某及现场目击证人。

2. 为了查明秦某超是否因在冲上去过程中摔倒而未能殴打到范某某，建议讯（询）问范某某、任某涛、刘某及现场目击证人。

3. 为了查明周某龙、任某涛、刘某方的邀约情况，建议讯问周某龙、任某涛、刘某、周某、秦某超等人，调取刘某、周某、肖某某、谭某等人的通话记录、微信以及QQ聊天记录，查清每名犯罪嫌疑人参与事件动机及产生原因。

4. 为了查明周某龙方与范某某方斗殴的故意，建议调取周某与范某某的手机微信聊天记录。

5. 为了查明方某培砍伤肖某某的主观故意，建议询问在场证人，查清方某培挥舞关公刀是参与聚众斗殴还是为了阻止双方斗殴。

6. 为了查明此次聚众斗殴的规模和影响，建议通过讯问犯罪嫌疑人、调取现场监控视频的方式，查清参与人数，询问证人以查明是否造成恶劣社会影响。

7. 为了查清周某龙方的未持械人员的主观故意，建议讯问周某龙方的人员，未持械人员是否知晓己方有人持械以及是否配合参与。

8. 为了保证获取的证人曾某证言的合法性，建议重新对其询问。本案的曾某的证言系2020年10月15日立案前获取。

9. 为了查明任某涛等人的前科情况，建议调取任某涛等人的刑事判决书、刑满释放证明书等材料。

（二）关于周某龙、任某涛、刘某等人的其他违法犯罪事实

1. 关于周某龙、任某涛等人非法拘禁韩某某的事实，任某涛称其未参与，周某龙称有派人监视韩某某，但未有任何滋扰行为，与被害人韩某某的陈述不一致，建议询问方某、张某等相关人员，查清事实。

2. 关于刘某邀约袁某、万某等人殴打周某某的哥哥的事实，建议询问被害人及现场目击证人，查清事实。

3. 关于任某涛邀约刘某等人到忠县滨江路殴打李某某等人的事实，建议询问被害人及现场目击证人，查清事实。

4. 关于任某涛因刘某的小弟周某东、郎某涵等人未能殴打到任某涛前女友的现男友，遂持木棒殴打周某东、郎某涵等人的事实，建议询问周某东、郎某涵、阎某然等人，查清事实。

5. 关于2020年8月底，周某龙等人在中博88号酒吧殴打廖某等人，后又在滨江路开车追赶廖某等人的事实，建议调取案发当日的监控视频，讯问周某龙，询问目击证人，查清事实。

6. 关于证人谭某、袁某等人证实刘某邀约多人在忠县川祖庙桥头殴打一个摊主老板、在忠县红星广场殴打他人等事实，建议讯问刘某，询问被害人及相关目击证人，调取相应监控，查清事实。

(三) 关于涉嫌恶势力犯罪

恶势力犯罪，是指经常纠集在一起，以暴力、威胁或者其他手段，在一定区域或者行业内多次实施违法犯罪活动，为非作恶、欺压百姓，扰乱经济、社会生活秩序造成较为恶劣社会影响，尚未形成黑社会性质组织犯罪的犯罪组织。

1. 为查明是否系"恶势力"犯罪组织。需要查明是否经常纠集在一起，至少在2年内，以暴力、威胁或者其他手段多次实施违法犯罪活动，至少应当有2名相同成员实施"1次犯罪＋2次违法"活动。还需要查明成员之间彼此关系、交往程度，包括但不限于彼此违法犯罪经历、行为习惯、个人爱好、家庭成员、个人外号绰号、相互庆生、微信交流及群聊等。

2. 为查明是否"为非作恶、欺压百姓"，需要查明实施行为的动机、目的、起因的不法性。需要查明手段的强制、欺凌、压迫性，包括直接以普通群众为对象实施的违法犯罪活动，还包括逞强好胜、好勇斗狠、树立恶名等不法动机实施的违法犯罪活动，也要查明影响群众安全感等事实。要重点查明实施违法犯罪的次数、手段、规模、人身损害后果、经济损失数额、违法所得数额等情节。既要注重围绕"恶势力"犯罪手段的暴力性、公开性，也要查明危害后果的多重性，其行为不仅侵犯公民人身财产权利，同时破坏社会经济秩序或者社会管理秩序。

3. 为查明恶势力犯罪社会影响，不仅要查明恶势力惯常实施的违法犯罪行为及危害后果，还应当查明恶势力犯罪伴随实施的违法犯罪活动，如开设赌场、强迫卖淫、贩卖毒品、容留他人吸毒、聚众扰乱社会秩序、公共秩序等。

4. 侦查中，既要查明"恶势力"犯罪的定罪事实，也要注重量刑事实的证据收集。查明周某龙、任某涛、刘某、周某、秦某超等人的其他违法犯罪事实，建议从警综平台等处调取线索，再根据线索查找相应的卷宗，重新讯问周某龙、任某涛等人，调取周某龙、任某涛等人的前科犯罪情况，查清周某龙、任涛涛等人是否属于恶势力犯罪团伙。

三、相关工作要求

继续侦查过程中，请注意以下问题：

1. 制作本案部分重要言词证据时要注意告知权利义务，同时规范制作同步录音录像。

2. 注意证据取证的相关事项，做到文明、理性、规范侦查，要注重打击犯罪与保障人权相统一。

3. 继续侦查过程中，如有新的情况，请及时与本院联系；对确实无法查明的事项，应书面向本院说明理由。

忠县人民检察院
20××年×月×日

【承办检察官心得体会】

2020年12月1日，忠县公安局以任某涛、刘某等四人涉嫌聚众斗殴罪移送忠县人民检察院审查逮捕，承办人面对大量案卷证据材料进行快速审查，通过查阅案件档案证据材料，发现周某龙、任某涛还涉嫌其他寻衅滋事案件线索，对任某涛、刘某等人批准逮捕，同时向公安机关发出《继续侦查提纲》，就查清周某龙、任某涛、刘某等人涉恶犯罪团伙的全部犯罪事实等三方面提出19条继续侦查意见。

（一）关于2020年10月4日晚聚众斗殴的犯罪事实

因参与人数多达十余人，在人员邀约、斗殴等方面证据薄弱，故从主客观两个方面建议完善证据。一是在客观行为方面，建议公安机关围绕刘某是否持空啤酒瓶子殴打范某某；秦某超是否因在冲上去过程中摔倒而未能殴打到范某某；周某龙、任某涛、刘某一方的邀约情况以及此次聚众斗殴的规模和影响开展继续侦查。二是在主观故意方面，建议公安机关围绕周某龙方与范某某方斗殴的主观故意、方某培砍伤肖某某的主观故意、周某龙方未持械人员的主观故意开展继续侦查。

（二）关于在案犯罪嫌疑人涉嫌恶势力犯罪的其他违法犯罪事实

承办人在审查案件材料中发现，该案涉案人员有十余人，其中刘某、任某涛、周某龙三人参与多起犯罪事实。承办人通过全面查阅案件档案、梳理案件线索，发现刘某、任某涛、周某龙等人还涉嫌其他违法犯罪线索，建议公安机关扩大侦查范围，深化讯问犯罪嫌疑人、全面收集询问被害人及相关目击证人、调取数字监控等方式搜集证据，为后续认定恶势力奠定基础。主要包括：一是关于任某涛、周某龙等人非法拘禁韩某某的事实、任某涛邀约刘某等人到忠县滨江路殴打李某某等人的事实；任某涛因刘某的小弟周某东、郎某涵等人未能殴打到任某涛前女友的现男友，遂持木棒殴打周某东、郎某涵等人的事实。二是关于刘某邀约袁某、万某等人殴打周某某的哥哥的事实、刘某多次邀约多人殴打他人的事实。三是查清周某龙等人在中博88号酒吧殴打廖某等人，后又在滨江路开车追赶廖某等人的事实。

（三）建议公安机关围绕"恶势力"犯罪的特征深入开展侦查

主要从四个方面入手查明周某龙、任某涛、刘某等人是否系"恶势力"犯罪组织。一是围绕恶势力的组织、行为特征，查明本案聚众斗殴的人员是否经常纠集在一起，需要查清至少在2年内，以暴力、威胁或者其他手段多次实施违法犯罪活动和伴随实施的违法犯罪活动，是否存在2名相同成员实施"1次犯罪+2次违法"活动，建议从成员间彼此关系、交往程度等进行查证。二是围绕恶势力的本质特征，查明是否"为非作恶、欺压百姓"，需要查明实施行为的动机、目的、起因的不法性、影响群众安全感、危害后果的多重性，包括破坏社会经济秩序或者社会管理秩序等。三是恶势力的社会影响，本案的社会影响，建议查明恶势力惯常实施的违法犯罪行为及危害后果等。四是在侦查"恶势力"犯罪的定罪事实同时注重量刑事实的证据收集。

（四）围绕继续侦查提纲展开侦查，公安机关全面搜集证据，为指控恶势力组织犯罪奠定了坚实基础

2021年6月7日，忠县检察院以周某龙、任某涛、刘某等人涉嫌聚众斗殴罪、寻衅滋事罪向法院起诉，各被告人后被法院分别判处有期徒刑4年3个月至5年不等刑期，严厉惩处了长期盘踞在忠县的恶势力犯罪团伙，为平安忠县建设贡献法治力量。承办人在后续与公安机关交流意见过程中，通过审查有关材料，监督公安机关对刘某、李某某等人以涉

嫌寻衅滋事罪立案。

【专家点评】

逮捕案件继续侦查提纲，是人民检察院在审查批捕过程中，对于作出批准逮捕决定，但根据起诉和审判的要求，需要侦查机关继续侦查时所使用的法律文书。检察官应当充分发挥捕诉一体的优势，把审查逮捕到审查起诉阶段对侦查取证的引导贯通起来，在审查逮捕环节制作指向明确、有理有据的继续侦查提纲，列明补充侦查的事项、理由、侦查方向、需补充收集的证据及其证明作用，便于公安机关"照方抓药"，及时补充收集指控犯罪所必需的证据，通过继续侦查提纲为起诉工作奠定基础，提高侦查质效，保证办案质量，促进司法公正。本案是一起聚众斗殴审查批准逮捕案件，涉案人数较多，案卷证据材料量大，犯罪嫌疑人同时还涉嫌其他违法犯罪，承办检察官在依法批准逮捕任某涛、刘某等人的同时，向公安机关发出《继续侦查提纲》，从三个方面提出19条继续侦查意见，引导侦查机关全面搜集证据，文书质量高，取得良好效果。

（一）文书体例规范，内容要素完备

逮捕案件继续侦查提纲的内容主要包含三个部分："继续侦查的方向""继续侦查的主要事项和工作""相关工作要求"。"继续侦查的方向"是继续侦查的必要性说明，承办检察官针对侦查取证工作中的不足，从提请批准逮捕的聚众斗殴犯罪事实、其他违法犯罪事实、是否涉嫌"恶势力"犯罪三个方面，确定继续侦查工作的必要性，明确了继续侦查工作需达到的效果。在"继续侦查的主要事项和工作"部分，承办检察官按照起诉和审判应达到"犯罪事实清楚，证据确实、充分"的标准，明确了侦查机关补充、完善证据需要达到的标准和必备要素。一方面，根据继续侦查方向分层次逐条撰写，列明继续侦查的证据种类、具体的证据名称，所收集证据的作用、效果，能够证明的事项。另一方面，提出补充侦查的思路、途径、方式等意见建议，以及对完善证据体系、补充侦查方法的意见建议，阐明法理，可操作性强。该提纲体例规范，内容要素完备，逻辑清晰，语言精练，表达准确，简繁适度。

（二）针对审查批准逮捕事实引导补充、完善证据，向前传导起诉、审判标准

批准逮捕的证明标准与起诉、审判的证明标准不同。承办检察官在审查批准逮捕时，不仅需要审查是否符合批准逮捕的要件，还需要充分发挥引导侦查职能，指明下一步侦查方向，引导侦查机关完善证据体系。根据我国《刑法》第292条规定，聚众斗殴的，对首要分子和积极参加者，应当给予刑法惩罚。与普通的多人共同参与的故意伤害犯罪不同，聚众斗殴犯罪不仅侵犯了被害人个体的身体健康权和生命权，还侵犯了社会管理秩序。其构成要件具有以下特点：从客观上看，聚众斗殴罪的表现行为分为两个方面，一个是"聚众"，一个是"斗殴"；从主观上看，行为人应当具有聚集多人进行群体性殴斗的主观故意；从主体上看，本罪并不是处罚所有参与殴斗的人，而仅对首要分子和积极参加者进行处罚，不处罚一般参与人员。

本案侦查机关以涉嫌聚众斗殴罪对犯罪嫌疑人任某涛、周某、刘某、秦某超移送审查批准逮捕，虽然有证据证明犯罪嫌疑人任某涛、周某、刘某、秦某超实施了聚众斗殴行为，但是由于该起事实实际参与人数多达十余人，在人员邀约、斗殴等方面证据薄弱，承办检察官紧紧围绕聚众斗殴犯罪构成要件，从客观、主观两个层面提出9条继续侦查意见，引导侦查机关完善证据，将起诉、审判证明标准向前传导，提升案件质量。

（三）充分发挥检察职能，实现对黑恶犯罪"打早打小"和"打准打实"

"恶势力"犯罪，是指经常纠集在一起，以暴力、威胁或者其他手段，在一定区域或者行业内多次实施违法犯罪活动，为非作恶、欺压百姓，扰乱经济、社会生活秩序造成较为恶劣社会影响，尚未形成黑社会性质组织犯罪的犯罪组织。虽然侦查机关移送审查批准逮捕的是一起聚众斗殴犯罪事实，但是承办检察官并未就此止步，而是全面查阅案件档案、梳理案件线索，发现刘某、任某涛、周某龙等人其他违法犯罪线索，涉嫌"恶势力"犯罪。因此，承办检察官，一方面根据案件材料，详细梳理了周某龙、任某涛、刘某等人的其他违法犯罪事实线索，

提出补侦意见，为认定"恶势力"犯罪的行为特征打牢基础；另一方面紧紧围绕"恶势力"犯罪的组织、行为和本质特征，引导侦查机关从四个方面入手查明周某龙、任某涛、刘某等人是否系"恶势力"犯罪组织。侦查机关根据该提纲全面展开侦查工作，铲除了长期盘踞在忠县的"恶势力"犯罪团伙，实现了对黑恶犯罪的"打早打小"和"打准打实"。

(**点评人**：任婕，安徽省芜湖市人民检察院第一检察部副主任、全国十佳公诉人)

十三

退回补充侦查提纲

74. 程某武等人组织、领导、参加黑社会性质组织犯罪案退回补充侦查提纲

【简要案情】

自 2002 年以来，犯罪嫌疑人程某武在成都市锦江区经营鱼苗生意期间，为抢占经营市场，纠集犯罪嫌疑人卢某等多人殴打竞争对手，形成以程某武为首的恶势力，后程某武、卢某等恶势力成员因此被判刑。2003 年程某武刑满释放后仍不思悔改，利用其在当地形成的恶名笼络刑满释放人员和社会闲散人员卢某、程某宪、辜某学、郑某武、黄某彬、蒲某龙、陈某以及"秋秋"等人，以在双流县"带小弟"的方式收取娱乐场所"保护费"，并通过高利放贷后采取非法拘禁、敲诈勒索等暴力催收方式，多次实施违法犯罪行为，积累了一定的经济实力，初步形成以程某武为首，其他多人参加的黑社会性质组织。

2005 年 2 月，程某武以组织成员卢某拖欠借款为由，亲自带领并指挥组织成员程某宪、唐某、陈某、蒲某龙等人，将欲脱离该犯罪组织的卢某手筋、脚筋割断，造成卢某重伤并致其严重残疾。事后，程某武安排组织成员唐某出面"顶包"并承担责任，程某武等其他多名参与犯罪的组织成员未被追究刑事责任。同年 3 月 7 日，程某武等人在双流县百老汇 KTV 门口因琐事与他人发生纠纷，为确立强势地位，指使并安排程某宪邀约组织成员郑某武、辜某学等人持械殴打对方人员，造成 2 人重伤，程某武等人因此被判处数月不等有期徒刑。该两起事件连续发生后，进一步整顿了组织内部纪律，树立了程某武的个人非法权威，提升了该组织在双流县的社会"地位"和"敢打敢杀"的"名气"。再次出狱后，程某武为持续谋取非法利益，以刑满释放的先前组织成员为基础，以家族、宗亲、乡邻为纽带，以开办公司、企业为掩护，以位于双流县锦绣

华都设立的"办公场所"为据点,又发展和吸纳程某勋、韩某林、贾某良、杨某、牟某、陈某梅等人,通过有组织地实施高利放贷、暴力催收、虚假诉讼、骗取贷款等一系列违法犯罪活动,形成了以程某武为组织、领导者,唐某、程某宪、程某勋、辜某学、郑某武、许某刚等人为骨干成员,韩某林、贾某良、杨某、牟某、陈某梅为积极参加者,唐某兵、蒲某龙、陈某、陶某、刘某欣、邹某根、黄某、黄某彬、卢某以及"秋秋"等人为一般参加者,组织严密、层级清晰、结构稳定,并以雄厚经济实力为支撑的黑社会性质组织。

该犯罪组织有严格的纪律要求和奖惩措施,对维护组织利益有功的成员予以经济奖励和委以重用,对不服从指挥的成员进行暴力殴打、辱骂或开除,以此强化组织纪律,树立组织、领导者权威,确保程某武能够有效约束和控制组织成员。

该犯罪组织在程某武的组织、领导下,假借民间借贷之名,通过有组织地实施故意伤害、敲诈勒索、非法拘禁、抢劫、寻衅滋事、虚假诉讼等违法犯罪活动,强行占有公私财物,并通过骗取银行贷款非法牟利等手段,先后攫取巨额经济利益上亿元,并将其中所获部分收益用于豢养组织成员,以及维系组织的发展、壮大。通过为组织成员发放工资、奖金,对负责管理组织财务的亲信和骨干成员,组织前往境内外旅游,为部分成员支付购房首付款、赠送房产、汽车等方式笼络人心。在组织成员因犯罪被司法机关打击后,为其聘请律师、支付赔偿款;通过收买国家工作人员,为其在司法调解、民事案件确认和执行等诉讼活动中提供帮助等方式,进一步壮大组织经济实力。

该组织在发展、演变和壮大过程中,为扬名树威、聚敛钱财,使用暴力、威胁和其他手段,或者利用组织的强势地位,大肆实施有组织的违法犯罪活动。其中,在组织成立初期,主要以严重暴力手段树立非法权威、扩大组织影响力;在发展、壮大阶段,主要以暴力和暴力威胁的方式维护组织核心利益;在组织转型和高度成熟阶段,主要以"软暴力"为犯罪手段,并通过积极寻求公权力的帮助和保护,不断坐大成势,危害一方。至案发前,该组织在程某武的指使下,通过有组织地实施故意伤害、非法拘禁、寻衅滋事、敲诈勒索、抢劫、妨害公务、妨害作证、强迫交易、虚假诉讼、骗取贷款、窝藏、洗钱等违法犯罪活动，共造成 3 人重伤、3 人轻伤、2 人轻微伤，以及其他公私财产重大损失的严重后果，在本市双流区及周边地区造成恶劣影响，致使多名合法权益受损的群众不敢举报、控告。该组织还利用组织恶名和强势地位，充当地下执法队，插手民间纠纷；严重干扰民营企业的正常生产、经营活动，迫使多家公司或倒闭破产，或名存实亡，极大地破坏了当地经济秩序和社会生活秩序，影响极为恶劣。

【诉讼过程】

该案由成都市公安局侦查终结，2020 年 2 月 17 日以程某武等人涉嫌组织、领导、参加黑社会性质组织犯罪等罪移送审查起诉。经审查后，成都市人民检察院于 2020 年 6 月 12 日提起公诉。经审理，2020 年 9 月 29 日成都市中级人民法院认定公诉机关指控的事实和罪名成立，判处被告人程某武等人有期徒刑 25 年至拘役 6 个月不等的刑罚，并处相应的财产刑。后程某武等人不服提出上诉。2021 年 2 月 28 日，四川省高级人民法院裁定驳回上诉、维持原判。

【文书全文】

关于程某武等人涉嫌组织、领导、参加黑社会性质罪一案补充侦查意见书

成都市公安局：

你局于 2020 年 2 月 17 日移送本院审查起诉的犯罪嫌疑人程某武等 15 人涉嫌组织、领导、参加黑社会性质组织等罪一案，经审查认为，尚有部分事实、证据需要补充完善，以及存在需要追捕追诉遗漏犯罪嫌疑人和犯罪事实的情况。现将案件退回你局补充侦查，请严格按照本院开列的补侦方向、措施和要求，进一步搜集固定证据，并在补充侦查终结后及时移送本院审查。

一、组织、领导、参加黑社会性质组织

（一）补侦事由

进一步查明以程某武为首的黑社会性质组织的组织特征、经济特征和危害性特征；追捕追诉遗漏犯罪嫌疑人和遗漏犯罪事实。

（二）补侦理由

1. 黑社会性质组织不仅有明确的组织者、领导者，骨干成员基本固定，而且组织结构较为稳定，并有比较明确的层级关系和职责分工；在通常情况下，黑社会性质组织为了维护自身的安全和稳定，一般有一些约定俗成的纪律、规约，以控制和约束组织成员（2009年、2015年《座谈会纪要》）。程某武组织、领导的犯罪组织存续时间长，中途既有人员退出，也有新成员不断加入，造成该组织人员更迭频繁、组织结构松散的现象，且多名犯罪嫌疑人关于组织成员加入的时间、离开原因、层级划分、地位作用和组织内部活动规约等内容供述反复，或者供述之间不能形成有效印证。

2. 一定的经济实力是黑社会性质组织坐大成势，称霸一方的基础。实践中，黑社会性质组织不仅会通过实施违法犯罪手段攫取经济利益，而且往往会通过开办公司、企业等方式"以商养黑""以黑护商"。包括有组织地通过合法的生产、经营活动获取的资产。通过上述方式获取的经济利益，即使由部分组织成员个人掌控，也应计入黑社会性质组织的经济实力。本案现有证据显示，程某武领导的犯罪组织及部分组织成员所拥有的实际资产，远远超过其通过暴力催收、虚假诉讼等个案犯罪手段获取的经济利益，对于该组织及部分组织成员通过开办公司、投资房产、承揽工程等非法获利情况，缺乏相应证据证明。

3. 通过有组织的实施违法犯罪活动或者利用国家工作人员的包庇、纵容，称霸一方，在一定区域或者行业内，形成非法控制或者重大影响，从而严重破坏经济、社会生活秩序，是黑社会性质组织区别于一般犯罪集团的关键所在。本案中，程某武及其领导的犯罪组织涉足的行业主要是非法高利放贷，但该组织是否对多名借贷关系人形成非法控制，以及是否对当地中小微企业和普通群众的生产生活秩序造成重大冲击和影响，需进一步搜集证据加以补强。

4. 黑社会性质组织应当具有一定规模，人数较多，包括有充分证据证明但尚未归案的组织成员。黑社会性质组织实施的违法犯罪活动，包括由组织成员以组织名义实施，并得到组织者、领导者认可或默许的违法犯罪活动，也包括多名组织成员为组织利益或者按照组织惯例实施的违法犯罪行为。经审查，对于辜某学、郑某武、唐某兵等人符合组织成员的认定标准，但上述人员并未作为犯罪嫌疑人追诉到案；对于证据反映出来的程某武等人涉嫌开设赌场、寻衅滋事，以及对被害人游某、彭某强、肖某、周某武等人敲诈勒索等个案违法犯罪线索，尚未立案侦查。

（三）补侦方向

1. 通过补充讯（询）问犯罪嫌疑人及涉案关联人员，查明组织成员的人员加入退出情况、层级划分、分工事项、地位作用和组织内部纪律等内容；

2. 会同工商、税务、审计、人民银行等部门全面调查该组织及其成员的财产情况，查明其来源、性质、用途、权属及价值大小；

3. 进一步扩大取证范围，搜集当地普通群众、个体商户、关联中小微企业工作人员的证言，明确该组织通过长期实施违法犯罪活动对当地生产生活秩序的破坏，并造成当地群众安全感明显下降；

4. 根据提取在案的手机取证报告反映的内容，向犯罪嫌疑人及关联人员进行针对性讯（询）问，查明该组织利用公职人员包庇、纵容的情况；

5. 结合证据补充完善情况，在组织辨认的基础上进行追诉追漏。

（四）补侦措施

第一部分：关于讯问犯罪嫌疑人方面

1. 讯问犯罪嫌疑人唐某、许某刚、贾某良、牟某：

（1）查明自跟随程某武以来，同时期有哪些人员系程某武的组织成员，这些人员加入和离开组织的时间、原因，以及各自的地位、作用，明确哪些人是发号施令的，哪些人是听从指挥安排的；

（2）核实该组织在发展、存续期间，是否有部分组织成员主动寻求加入，并借助组织势力和影响力非法获利（如贾某良、韩某林、饶某等人）；

（3）查明程某武是通过何种方式来约束和控制组织成员的，是否有明确的奖惩制度；

（4）通过补充讯问核实程某武及其组织成员的职业状况、经济来源等；查明至案发前，程某武及其组织成员非法获利情况如何；结合银行交易记录、对账单等，向上述犯罪嫌疑人核实程某武犯罪组织非法获利后的资金去向和用途；

（5）查明程某武名下公司、企业成立的主要目的和经营范围；

（6）查明程某武在被司法打击期间，整个组织的运行由谁在负责，以及该组织利用律师、国家公职人员为其出谋划策和提供庇护的情况；

（7）针对程某斌、彭某萍等人借组织实力在某酒店开设赌场的情况予以核实、确认。

2. 讯问犯罪嫌疑人卢某：

（1）查明 2005 年卢某被伤害前，程某武手下带了哪些人员（重点人员为郑某武、辜某学、黄某彬、张某、吕某伟、赵某国、任某先等人），具体每个人都是跟着谁的，相互之间的层级划分如何体现，期间是否发生过人员变动；期间，程某武是通过何种方式管理和约束手下成员的；

（2）核实卢某在服刑期间，程某武是通过什么方式为其传递信件串供的。

3. 讯问犯罪嫌疑人蒲某龙、陈某甲：

补充讯问二人，在跟随程某武期间，同时期还有哪些人跟着程某武做事，每人分别负责哪方面的事情，人员之间的层级关系如何；中途是否发生过人员离开和不断加入的情况，具体都有哪些人，尤其是在卢某被伤害后，蒲某龙、陈某甲等人的层级关系是否发生过变化，这种变化后的隶属关系是谁安排的。

4. 讯问犯罪嫌疑人陶某：

（1）核实唐某手下具体有哪些人员，这些人员与唐某、程某武的层级关系、地位、作用等（重点是陈某乙、邹某根、黄某、徐某江等人）；

（2）程某武、唐某等人一般如何管理下面兄弟伙，是否对陶某等人制定过相关规定要求必须遵守。

5. 讯问犯罪嫌疑人杨某：

（1）查明杨某自跟随程某武、程某勋以来，同时期有哪些人员系程某武的组织成员，这些人员加入和离开组织的时间、原因，以及各自的地位、作用，明确哪些人是发号施令的，哪些人是听从指挥安排的；

（2）程某武2015年因为非法拘禁郑某被司法打击后，整个组织由谁负责维系和发展、壮大；

（3）对于程某勋明确指认"到司法所和借款人进行调解是程某武安排的，但直接参与的人是杨某"，对此杨某如何解释；

（4）针对程某斌、彭某萍等人借组织实力在某酒店开设赌场的情况予以核实、确认。

6. 讯问犯罪嫌疑人程某勋：

（1）针对程某勋供述虽供述了部分组织成员，但并未对相关人员的层级地位，尤其是贾某良、辜某学、杨某未进行详细供述，补充讯问其所知晓的组织成员加入时间、层级地位、分工事项等内容；

（2）核实陈某梅、程某斌等人与程某武之间的关系，以及程某武本人和上述人员的职业状况、经济来源和经营投资行为等；

（3）查明在2015年程某武被司法打击处理后，由谁组织继续对外借贷和催收借款等事宜；

（4）针对程某斌、彭某萍等人借组织实力在某酒店开设赌场的情况予以核实、确认；

（5）根据杨某交代的因某事件引发的寻衅滋事，补充讯问程某勋该起事件是否系程某武安排实施。

7. 讯问犯罪嫌疑人陈某梅：

（1）证据显示程某武2015年期间被司法打击后，由陈某梅负责管理组织账目，期间陈某梅前往澳门赌博输了数百万元；针对上述情况补充讯问陈某梅是否属实；

（2）查明程某武及其犯罪组织在当地司法机关和政府职能部门的关系网；

（3）关于饶某在为程某武实现非法债权过程中起到了什么样的作用；

（4）针对程某斌、彭某萍等人借组织实力在某酒店开设赌场的情况予以核实、确认。

8. 讯问犯罪嫌疑人韩某林：

（1）查明韩某林自寻求加入程某武领导的犯罪组织以来，同时期有哪些人员跟随程某武，这些人员加入组织的时间，以及各自的地位、作用，明确哪些人是发号施令的，哪些人是听从指挥安排的；

（2）查明程某武在2015年被司法打击并被羁押后，由谁负责管理程某武的兄弟团伙和账目方面的事宜。

9. 讯问犯罪嫌疑人程某武、程某宪：

二人前期基本上未供述相关实质性内容，且在多次讯问笔录中表示等案件到了检察院、法院再说。目前本案已处于检察机关审查起诉环节，向二人核实以下内容：

（1）是否自愿供述；

（2）如愿意向公安机关供述相关内容，则围绕组织犯罪的四个特征进行讯问，可参照上述犯罪嫌疑人的讯问提纲，按照时间顺序逐一明确每个人加入的时间、在组织中的地位作用、参与实施的违法犯罪行为等进行讯问。

第二部分：讯（询）问犯罪嫌疑人及关联人员

1. 找辜某学、郑某武、唐某兵、邹某根、黄某、陈某乙、张某、任某先、曾某桃：围绕上述人员跟随程某武或者其他人员的时间段，重点讯问同时期该组织的其他成员有哪些，各自在组织中的地位和所起作用，人员之间的相互关系以及分别参与实施了哪些行为；程某武是如何控制和约束组织成员的；是否享受到组织提供的福利待遇；组织上述人员相互辨认；

2. 根据手机取证报告及案件材料中反复出现的公安人员"耿某""魏某""何某为"，原检察人员"廖某平"，法院工作人员"杜某枫""王某""余某"，工商局"吕某华"，住建局"韩某中"，街道办"樊某"，司法所"杨某乙"以及律师"饶某"等人，反映上述人员均长期为程某武及其领导的犯罪组织提供帮助，对上述人员需作为证人进行询问，查明上述人员与程某武黑社会性质组织的关系，以及在该组织运行发展过程中具体为其提供了哪些帮助。

第三部分：询问相关证人

1. 找涉案人员的近亲属固定其言词证据，通过询问进一步查明程某武及其领导的组织成员的职业状况、经济来源、家庭收入支出等情况；

2. 关于程某武、程某宪等人通过农行借贷事宜，需向相关工作人员进行核实，以明确银行相关人员是否存在违规发放贷款的行为，以及程某武等人是否存在高利转贷的违法犯罪行为；

3. 根据个案如尹某松案、杨某东案、杨某甲案、李某飞案、余某军案等案件中，向相关小区住户和物业人员、公司酒店工作人员等，核实程某武等人指挥实施的犯罪行为，给普通群众形成的心理强制，以及给相关公司企业带来生产经营方面的被动以及由此产生的负面影响；

4. 根据公安机关在侦查阶段向社会公布的征集线索，扩大取证范围和取证深度，找当地的群众、商户等人员（如街道、社区等工作人员）进行取证，核实程某武及其领导的犯罪组织在当地的名气，以及普通百姓对司法机关打击程某武涉黑组织的大力支持和强烈期盼。

第四部分：关于鉴定意见方面的证据

1. 根据提取在案的银行账户资料、账本、工商信息资料等，并结合言词证据，及时对程某武及其领导的犯罪组织非法获利情况进行司法审计，明确该组织在发展存续期间的借贷、投资和获利情况；

2. 及时对查封、冻结在案但尚未进行估价的房屋开展估价工作；

3. 对扣押在案但尚未进行估价的多枚名牌手表等物品进行估价。

第五部分：关于查封、冻结、扣押方面的证据

根据证据反映的情况，对尚未查封、冻结、扣押的游艇、马场和多处房产及时采取相应措施，并查明涉案财物的来源、权属、性质和价值等。

第六部分：关于追捕漏犯和漏罪的情况

根据检察机关提前介入期间提出的取证建议，以及在审查起诉期间发现的部分新线索，重点围绕以下案件线索和涉案人员开展工作：

1. 重点违法犯罪线索，多份犯罪嫌疑人笔录及被害人陈述笔录，反映出包括但不限于彭某强、周某武、游某、肖某、干某全、李某军、张某红等人，被程某武及其组织成员暴力催收后进行敲诈勒索、虚假诉讼的相关违法犯罪行为；根据杨某、唐某等人供述的内容，查明"送鸭苗"事件引发的寻衅滋事犯罪行为与程某武犯罪组织之间的关联关系；根据手机取证报告显示程某武、程某斌、彭某萍等人涉嫌在某酒店开设赌场。上述线索指向性较强，且具备查证属实的空间，均应根据

线索进行核实；

2. 重点追捕追诉人员，根据目前证据显示辜某学、郑某武、唐某兵、"秋秋"、"断指男子"等人已经涉嫌组织犯罪；程某斌、彭某萍等人涉嫌开设赌场犯罪，结合补侦期间获取的新证据，查明是否涉嫌组织犯罪。

（五）补侦要求

1. 补侦期间，对于组织特征、经济特征、危害性特征等获取的言词证据，需按照"一个特征、一次笔录"的标准制作讯（询）问笔录；

2. 如果犯罪嫌疑人改变原供述或辩解，应如实记录，并要求说明原因；如果犯罪嫌疑人坚持原供述与辩解，或者以具体情况记不清楚为由，应讯问其"是否认可以查证属实的事实为准"；

3. 讯问、询问犯罪嫌疑人和涉案关联人员应当全程录音录像，并注意讯（询）问的合法性和规范性；

4. 对后续查明的财产进行查封、冻结、扣押等手续必须依法合规进行，确保取证程序规范；对前期查扣的财产，及时进行续冻，坚决防止因工作疏忽导致相关涉案财产被转移；如不具备查扣条件的，需开展工作后说明原因。

5. 提供给审计机构的材料必须详实、充分，作出的审计报告需有较强的参考价值，能够明确该组织自2005年以来的收入、支出情况，以及能够判明哪些是通过借贷关系产生的金额，能够明确相关交易性质和对手信息；

6. 根据补侦期间的证据情况，对于有证据显示可能涉嫌犯罪的人员，务必及时采取恰当的强制措施，确保犯罪人员能够随时到案；

7. 补侦期间，如果犯罪嫌疑人或者证人向侦查人员反映"保护伞""关系网"线索，应如实记录，必要时可制作笔录后单独组卷移送。

二、故意伤害（被害人卢某）

（一）补侦事由

进一步查明各犯罪嫌疑人行为、地位和作用。

（二）补侦理由

1. 对黑社会性质组织的组织者、领导者，对于具体犯罪所承担的刑事责任，需要根据其在该起犯罪中的具体地位、作用来确定。对黑社会性质组织中的积极参加者和其他参加者,需要按照其所参与的犯罪,根据其在具体犯罪中的地位和作用,依照罪责刑相适应的原则,确定所承担的刑事责任。

2. 对于各自的行为、地位和作用,其中犯罪嫌疑人程某武、程某宪不认罪;犯罪嫌疑人唐某、陈某甲、蒲某龙的供述与辩解,有的有反复,有的则不能相互印证。

(三) 补侦方向

围绕要件事实,对各犯罪嫌疑人的供述与辩解再核实。具体为:

1. 查明犯罪嫌疑人程某武"要求挟持被害人至案发地"的组织行为;"明确指定加害部位"的指挥行为;

2. 查明犯罪嫌疑人唐某、陈某甲、蒲某龙对"追踢""捅刺""用刀刺割被害人双脚腕、右手腕"情节的供述与辩解之间的反复或矛盾,以及原因。

(四) 补侦措施

1. 讯问犯罪嫌疑人唐某:

(1) 查明唐、陈、蒲三人有无对被害人实施"捅刺"行为;

(2) 查明蒲有无实施"用刀刺割被害人脚腕"的行为;

(3) 查明在离开、返回、再次离开现场,以及寻找出租车时,与程某宪有哪些交流与沟通。

2. 讯问犯罪嫌疑人陈某甲:

(1) 查明"因自己与被害人存在债务纠纷,导致产生不满而挟持对方并行凶"的供述是否属实;原因?

(2) 查明其前后供述与辩解中出现的"唐某说要废手废脚"与"程某武说要废手废脚",何为事实?

(3) 查明蒲是否实施了"用刀刺割被害人脚腕"的行为。

3. 讯问犯罪嫌疑人蒲某龙:

(1) 查明"安排挟持被害人至案发地""指使殴打被害人""要求针对被害人具体部位实施加害"的"安排、指使"行为人;

(2) 查明是否直接实施了"用刀刺割被害人脚腕"的行为。

4. 讯问程某武、程某宪：

（1）是否认罪；

（2）如认罪，围绕补侦方向核实。

（五）补侦要求

1. 嫌疑人如改变了原供述与辩解，应如实记录，并要求说明原因；

2. 嫌疑人如保持原供述与辩解，应讯问其"是否认可以查证属实的事实为准？"并记录；

3. 讯（询）问全程同步录音录像。

三、寻衅滋事（被害人王某、李某波、徐某）

（一）补侦事由

查明程某武在个案中的授意、邀约和指挥作用；追诉遗漏犯罪嫌疑人。

（二）补侦理由

1. 实施寻衅滋事行为，同时符合寻衅滋事罪和故意伤害罪等罪的构成要件的，依照处罚较重的犯罪定罪处罚（两高司法解释）。本笔犯罪行为中，共造成两人重伤、一人轻微伤的后果，根据司法解释规定和主客观相一致原则，应当以故意伤害罪追究组织邀约者和直接参与人员的刑事责任。

2. 对于各参与人的行为、地位和作用，其中犯罪嫌疑人程某武不认罪；犯罪嫌疑人程某宪翻供；犯罪嫌疑人黄某彬、辜某学未明确指认程某武邀约、指挥的行为。证明程某武起决策、指挥作用方面的证据不充分，且先后共同实施两次殴打的各行为人具体行为不清楚。

3. 证据表明，无论是在百老汇歌城门口，还是在县医院，除了本案嫌疑人之外，还有其他人员涉案。其中一名身份未核实（"秋秋"），另一名因为其他犯罪目前正被司法机关处理（郑某武），但未追诉。

（三）补侦方向

1. 通过补充讯（询）问，查明程某武的授意、邀约、组织、指挥行为，明确程某武对犯罪的发生、危害的延续以及组织逃避打击所起的决定作用；

2. 对嫌疑人前后供述及言词证据之间的矛盾，再予以核实；

3. 在组织辨认的基础上，核实在逃人员身份，并及时开展追捕追诉工作。

（四）补侦措施

1. 讯问犯罪嫌疑人黄某彬、辜某学、郑某武：

（1）查明程某武在两次打斗（百老汇歌城、医院）行为中是否有邀约召集行为、指使行为，以及事后组织聚集感谢行为；

（2）查明现场动刀人员身份信息，并在组织辨认的基础上进行追捕；

（3）进一步核实案发后至庭审期间，上述人员及程某武出资对被害人一方进行赔偿以获取减轻处罚的细节。

2. 询问被害人一方人员葛某黎、刘某、黄某林、高某、王某、李某波、徐某等人

（1）通过补充询问被害人及目击证人，查明程某武在现场授意、邀约、组织、指挥的行为；

（2）根据被害人的陈述查明动刀人员，并在组织辨认的基础上进行追捕追逃；

（3）核实程某武等人对被害人一方赔偿的协商经过；

3. 讯问犯罪嫌疑人程某宪：

（1）核实程某宪最后一次供述笔录及庭审期间翻供的理由；

（2）查明程某宪当时是否有能力指挥郑某武、辜某学、黄某彬等人帮其打架；

（3）问其现在是否愿意认罪，如认罪，则围绕补侦方向核实。

4. 讯问犯罪嫌疑人程某武：

（1）是否认罪；

（2）如认罪，围绕补侦方向核实；

（3）如继续坚持无罪辩解，核实为何庭审期间自愿对被害人进行赔偿。

5. 查找并提取所有当年搜集在案的书证、鉴定意见等证据。

（五）补侦要求

1. 围绕该笔犯罪事实搜集的新证据，应单独组卷；

2. 嫌疑人如改变原供述与辩解，应如实记录，并要求说明原因；

3. 嫌疑人如保持原供述与辩解，或者以时间太久记不清楚为由，应讯问其"是否认可以查证属实的事实为准？"并记录在案；

4. 讯（询）问全程同步录音录像。

四、抢劫（被害人郑某）

（一）补侦事由

进一步查明犯罪嫌疑人程某武在个案中的组织、指挥行为；追诉遗漏犯罪嫌疑人。

（二）补侦理由

1. 根据主客观相一致原则，嫌疑人在采取"挟持控制""看守殴打"等暴力手段后，当场实施"搜出取走车钥匙、强取被害人机动车"行为，反映出主观上已转化为抢劫的故意（第263条）。对于程某武系"犯意的发起人"、在犯罪中起组织、指挥作用的情节，嫌疑人唐某供述有反复，且未说明原因。被害人的陈述没有直接证明此情节且与嫌疑人供述不一致。

2. 证据（供述与辩解、被害人陈述、证人证言）表明，无论是"在茶楼挟持控制"时，还是"在酒店看守殴打时"，还有本案嫌疑人之外的两人涉案。其中一名"因在逃致当（2015）年未归案"，另一名未追诉。

3. 在刑事诉讼活动中，证人违反自己的记忆与实际体验且不符合客观事实做陈述，意图隐匿罪证，或使犯罪分子逃避处罚的，涉嫌伪证罪（第305条）。

行为人在刑事（或民事）诉讼活动中，以唆使、引诱、暴力、威胁、贿买等不法手段指使他人作伪证，妨害司法活动客观公正性的，涉嫌妨害作证罪（第307条）。刑事案件的犯罪嫌疑人、被告人为逃避处罚，以暴力、威胁等方法积极实施本罪行为的，成立本罪。经审查，本案已有上述事实发生，但对作伪证行为未追诉，对涉嫌指使作伪证的行为未查证。

（三）补侦方向

1. 通过采取嫌疑人补充供述、被害人补充陈述的方法，予以查明程某武的组织、指挥行为；

2. 在组织辨认的基础上，追诉追漏；

3. 围绕证人关于"被胁迫后，按照他人的'口述'书写材料提供给检察机关"的证言予以再核实。

（四）补侦措施

1. 讯问犯罪嫌疑人唐某：

针对供述与辩解中"（郑某）他是主动交给程某武作抵押的，我们才去开车""程某武看到郑某身上有一把玛莎拉蒂轿车钥匙，就让我去把车给他开过来用于抵押"的矛盾，补充讯问何为事实并说明反复的原因。

2. 询问被害人郑某：

针对其仅陈述"一个叫小唐的把我的车钥匙搜走"事实，补充询问是否系程某武指使。

3. 追诉徐某江（满江）、何某（亮娃）：

（1）讯问上述两人，查明其行为；

（2）组织被害人郑某、嫌疑人唐某对上述两人辨认；组织嫌疑人邹某根对何某（亮娃）辨认；组织上述两人对其他嫌疑人辨认。

4. 讯问嫌疑人程某勋：

查明是否有胁迫黄某强"违背客观事实书写并向检察机关提交自书材料"的行为，并对动机、目的、情节予以查证。

5. 查找黄某强"受胁迫后提交自书材料"的知情人，并对"被胁迫"等情节予以核实。

6. 追诉黄某强涉嫌伪证犯罪。

（五）补侦要求

1. 抢劫罪是刑法规定的严重暴力犯罪，对遗漏犯罪嫌疑人要采取有效措施，务必追诉（逃）到案。且本笔犯罪系黑社会性质组织实施的个案，对遗漏的犯罪嫌疑人还要查明是否是组织成员；

2. 讯（询）问全程同在追诉伪证罪、妨碍作证犯罪事实时，要注意收集、固定"保护伞"的线索，并在笔录中全面、客观反映，必要时，可单独制作笔录并移送。

五、强迫交易（被害人余某军）

（一）补侦事由

查明借款人向某新从程某武等犯罪嫌疑人处借款的总金额，以及向某新名下商铺、汽车等财物被程某武等人非法占有的价格和赃款去向；追诉遗漏犯罪事实。

(二) 补侦理由

行为人以非法占有为目的，使用威胁或者要挟方法勒索财物，构成敲诈勒索罪（《刑法》第274条）。现查明，本案中，程某武等人以组织恶名，通过虚设债权、虚增债务的方式，强迫向某新签订虚假的《借款协议》，并强行将其名下商铺、汽车非法占有。嫌疑人的上述行为已另行涉嫌敲诈勒索罪，该罪属于侵财类犯罪，其犯罪金额的大小直接决定刑罚的幅度。据此，需查明向某新从程某武等人处借款的真实金额，向某新名下商铺、汽车的价格，以及上述财物被变现后的赃款数额和去向。

(三) 补侦方向

1. 通过询问余某军并调取相关书证，查明其还贷资金的具体来源，以达到证明余某军因遭受程某武等人的迫害而造成的生活窘境状况；

2. 补充讯问该笔参与犯罪嫌疑人，并调取相关书证，进一步查明从向某新处非法占有商铺、汽车的变卖价格和去向；

3. 通过询问向某新，核实其与程某武、程某勋、杨某之间的真实债务情况；

4. 委托鉴定机构对商铺、汽车的价值进行估价，以准确认定犯罪金额。

(四) 补侦措施

1. 询问被害人余某军：

其向哈尔滨银行归还贷款的数额和资金来源；

2. 调取余某军银行账户明细、筹集资金明细、归还贷款明细等书证；

3. 补充讯问犯罪嫌疑人程某武、程某勋、杨某：

（1）将向某新的商铺出售后，变现款的收取方式、去向、用途；

（2）查明向某新两辆汽车的去向。

4. 询问证人向某新：

将扣押自杨某处的合计八张转账凭证，以及三张《借条》出示给向某新，由向某新查看、说明情况，包括借款时间、原因，是否归还，归还时间、金额。

5. 委托物价鉴定部门或者具备相应资质的鉴定机构，对涉案商铺和汽车的价值进行估价。

（五）补侦要求

1. 犯罪嫌疑人如改变了原供述与辩解，被害人如改变了原陈述，应如实记录，并要求说明原因；

2. 犯罪嫌疑人如保持原供述与辩解，应讯问其"是否认可以查证属实的事实为准？"并记录；

3. 犯罪嫌疑人供述、被害人陈述与书证应相互印证，不能相互印证的，要求犯罪嫌疑人、被害人作出合理解释；

4. 讯（询）问全程同步录音录像。

六、寻衅滋事（被害人陈某贵）

（一）补侦事由

查明程某先、唐某兵在该笔犯罪事实中的具体行为后，对二人进行追诉；对程某武等人在警察解救陈某贵期间涉嫌妨害公务的犯罪事实进行追诉。

（二）补侦理由

1. 程某武等人强行挟持、拘禁、殴打陈某贵，非法剥夺陈某贵的人身自由，并造成陈某贵受伤，涉嫌非法拘禁罪（《刑法》第238条）。对于只有被害人陈某贵指认的非法拘禁参与人员程某宪、唐某兵，需要通过补强其他证据予以印证；

2. 以暴力、威胁方法阻碍国家机关工作人员依法执行职务，构成妨害公务罪（《刑法》第277条）。根据立法本意并结合司法解释的规定，该条款中的暴力、威胁方法，既包括直接作用于执行公务人员身体的物理行为，也包括其他足以对执行公务人员造成心理上的强制，客观上导致执法人员无法正常执行公务的违法犯罪行为。现已初步查明，程某武等人以威胁方法公然阻碍警察依法执行公务，涉嫌妨害公务罪，但需要进一步查明其他参与人员后一并追诉。

（三）补侦方向

通过补充讯问犯罪嫌疑人、询问证人，在组织辨认的基础上，查明其他参与人员。

（四）补侦措施

1. 讯问犯罪嫌疑人程某武：

其拒付陈某贵工程款的金额、依据；安排何人挟持陈某贵；警察到其家中处警,现场除了他和陈某贵,还有哪些人。

2. 询问证人杨某甲:

针对警察对陈某贵进行解救时,问其是否在场,以及有哪些参与人员;关于陈某贵被警察解救的过程中向杨某甲进行核实;组织杨某甲辨认,重点是唐某、程某宪、唐某兵。

3. 组织处警警察辨认,重点是唐某、程某宪、唐某兵。

(五) 补侦要求

1. 讯(询)问全程同步录音录像。

2. 犯罪嫌疑人如改变了原供述与辩解,被害人如改变了原陈述,应如实记录,并要求说明原因。

七、非法拘禁(被害人尚某荣)

(一) 补侦事由

查明程某武、卢某等参与犯罪嫌疑人对尚某荣非法拘禁的其他参与人员、手段行为和非法获利金额。

(二) 补侦理由

程某武通过高息借贷给尚某荣后,采取暴力殴打、非法拘禁等方式,逼迫尚某荣偿还全部本金和利息后,又通过暴力威胁手段方式虚增债权、虚设债务,迫使尚某荣签下多份虚假《借条》,主观上意图非法占有他人财产的故意较为明显,该行为显然超出了非法拘禁罪所能评价的范围。根据主客观相一致原则,该行为可能涉嫌敲诈勒索罪(《刑法》第274条),对此需要围绕敲诈勒索罪的构成要件补充证据。

(三) 补侦方向

1. 询问尚某荣,核实其被程某武勒索得逞的资金数额、具体来源;

2. 对在案的多份《借条》进行梳理,准确认定程某武等人勒索未得逞的犯罪数额。

(四) 补侦措施

1. 询问被害人尚某荣:

(1) 梳理从许某刚处查获的与尚某荣有关的《借条》,出示给尚某荣,由尚某荣说明这些《借条》的形成时间、形成原因、程某武一方的参与人员、《借条》内容是否真实;

（2）针对尚某荣反映的筹集7.6万元赎回《房产证》，核实该款项的来源、交付时间、收款人；并据此询问相关知情人员；

（3）针对尚某荣反映的其事后又累计交付4万元给程某武，核实该款项的来源、交付时间、具体收款人；并据此询问相关知情人员。

2. 询问证人尚某祥、李某生等人：

针对尚某荣被非法拘禁的情况，向上述人员核实案发时间、参与人数、威胁手段等。

（五）补侦要求

1. 询问时，注意言词证据之间是否存在矛盾，并针对出现矛盾的原因，要求被害人、证人作出合理解释，并如实记录。

2. 询问时可以全程同步录音录像。

八、诈骗（被害人胡某江）

（一）补侦事由

查明程某武等犯罪嫌疑人非法占有胡某江财产的参与人员、手段行为和非法获利情况；追诉遗漏犯罪嫌疑人和遗漏犯罪事实。

（二）补侦理由

1. 以非法占有为目的，采取暴力、胁迫或者其他方法，当场劫取他人财物，构成抢劫罪（《刑法》第263条）。本案中，程某武等人从胡某江处非法获取的200万元"本金"的行为，并非因为其对嫌疑人行为产生了错误认识而自愿交付，而是基于被程某武及其安排的成员利用组织恶名，以暴力威胁手段压制后不敢反抗、不能反抗而被迫支付该200万元，根据主客观相一致原则，该行为可能涉嫌抢劫罪。需要进一步查明程某武等人对胡某江实施的具体威胁手段。

2. 根据证人罗某彬陈述，程某武等人也对他实施了高利放贷、威逼还款、虚假诉讼等一系列违法犯罪行为，涉嫌敲诈勒索罪、虚假诉讼罪，需作为新的涉嫌犯罪事实收集调取证据。

（三）补侦方向

1. 通过补充询问被害人、证人，查明胡某江被迫安排他人转账200万元时受到了何种形式、何种程度的威慑和胁迫；

2. 通过再次讯问犯罪嫌疑人，查明程某武、牟某、陈某梅串通一气，在胡某江个案中实施的虚假诉讼犯罪行为；查明程某武对罗某彬实施的敲诈勒索、虚假诉讼犯罪行为，以及唐某在胡某江个案、罗某彬个案中的地位、作用；

3. 调取书证，查明胡某江被程某武非法占有的款项总金额；核实罗某彬被程某武敲诈勒索的金额和虚假诉讼情况。

（四）补侦措施

1. 提取胡某江、罗某彬、姜某新等人的涉案银行账户明细，查明胡某江归还给程某武的"利息"数额，以及交付200万元给程某武指定收款账户的情况；

2. 询问证人姜某新：

（1）查明其是否代胡某江向程某武归还"利息"；

（2）是否代胡某江向程某武归还200万元。

3. 讯问犯罪嫌疑人唐某：

查明哪些人参与了对胡某江的威胁、胁迫行为（重点是唐某和唐某兵是否参与）。

4. 讯问程某武、陈某梅、牟某：

查明程某武授意陈某梅给牟某交代作伪证以及参与虚假诉讼的经过；查明程某武对罗某彬实施敲诈勒索犯罪行为的金额。

（五）补侦要求

1. 讯（询）问全程同步录音录像。

2. 注意对程某武、牟某、陈某梅的讯问，讲究方式、方法，重点在虚假诉讼犯罪上突出该三人的提出犯意、唆使勾连情况。

九、包庇（犯罪嫌疑人胡某）

（一）补侦事由

查明胡某是否系组织成员；核实相关犯罪嫌疑人参与洗钱犯罪的情况；追诉龚某洪窝藏的犯罪事实。

（二）补侦理由

1. 黑社会性质组织的"积极参加者"是接受黑社会性质组织的领导和管理，多次积极参与黑社会性质组织的违法犯罪活动，或者积极参与较严重的黑社会性质组织的犯罪活动且作用突出，以及其他在组织中起重要作用的犯罪分子；黑社会性质组织的"其他参加者"是指积极参加者之外，其他接受黑社会性质组织的领导和管理的犯罪分子（2009年《座谈会纪要》）。目前有证据反映，胡某与程某武共同生活期间，参与了程某武的非法放贷，充当"债权人"。需要查明胡某参与放贷的次数、金额，放贷和收贷过程中的具体行为，以准确认定胡某是否属于组织成员，以及是"积极参加者"还是"其他参加者"。

2. 明知是犯罪的人，而为其逃匿提供帮助，构成窝藏罪（《刑法》第310条）。目前有证据反映，龚某洪在公安机关对程某武实施抓捕过程中，为其通风报信，成功帮助程某武逃匿，其行为已涉嫌窝藏罪。对龚某洪涉嫌犯罪的事实需补强证据后，予以立案追诉。

3. 根据《刑法》第191条规定，胡某、陈某梅、程某斌、程某蒙明知程某武经济来源的违法犯罪性质，仍提供账户、通过转账，进行掩饰、隐瞒，涉嫌洗钱罪。但关于参与人员犯罪动机、赃款被转出后的去向尚不明确，需要进一步查明后依法追诉。

（三）补侦方向

1. 通过补充讯问犯罪嫌疑人，查明胡某参与放贷的次数、金额，放贷和收贷过程中的具体行为，准确认定胡某是否属于组织成员；

2. 通过询问相关证人、调取书证、电子证据，查明程某蒙等人洗钱的犯罪行为，并进一步印证龚某洪通风报信的犯罪行为。

（四）补侦措施

1. 针对扣押在案的并由许某刚提供的材料，梳理与胡某有关的放贷行为，查明胡某参与程某武放贷的起始时间、持续时间，放贷次数、金额以及通过放贷后的非法获利情况；

2. 补充讯问程某武、唐某、许某刚、牟某、陈某梅，查明胡某参与放贷、收贷的情况，实施了哪些具体行为；

3. 讯问程某斌、陈某梅、程某蒙，查明程某斌操作陈某梅带来的程某武手机，向程某蒙账户转账资金情况和资金去向；

4. 调取程某武、程某蒙银行账户明细、程某武手机银行转账记录；

5. 针对程某武、许某刚反映的龚某洪为程某武打探消息、"预警"等情况，调取2019年3月26日，龚某洪与程某武的通话情况证据；

6. 追诉程某蒙洗钱罪的犯罪事实；追诉龚某洪窝藏罪的犯罪事实。

（五）补侦要求

1. 讯（询）问全程同步录音录像；

2. 书证、电子证据的提取，严格按照法律和司法解释的规定进行，确保取证主体合法、程序规范、内容客观真实。

十、诈骗（被害人胥某伟、周某君）

（一）补侦事由

查明程犯罪嫌疑人非法占有胥某伟、周某君财产的手段行为和非法获利金额。

（二）补侦理由

程某武、陈某梅借助组织恶名，强行虚设债权、虚增债务，迫使胥某伟、周某君签下虚假的《借条》15万元，企图非法占有他人财产。现查明，胥某伟、周某君并非陷于错误认识而自愿签署《借条》，而是基于被威胁后违背本人意愿所签订，嫌疑人的行为涉嫌敲诈勒索罪（《刑法》第274条）。为此，需要查明胥某伟、周某君在被迫打下上述《借条》后，是否有进一步的"还款"行为，并按照敲诈勒索罪的构成要件完善证据体系。

（三）补侦方向

1. 通过询问被害人查明还款数额；

2. 调取书证，以达到与言词证据相互印证的效果。

（四）补侦措施

1. 询问胥某伟、周某君，查明其打下15万元《借条》后，至今是否向程某武、陈某梅"还款"，如有"还款"，调取相关书证；

2. 查明周某君抵押给程某武、陈某梅的房屋，目前是什么状况。

（五）补侦要求

1. 书证的提取应当注意取证规范性。

2. 询问时可以全程同步录音录像。

十一、诈骗（被害人张某、赵某成）

（一）补侦事由

补强程某宪参与该案的证据，追诉遗漏犯罪嫌疑人。

（二）补侦理由

程某武、许某刚、程某宪等人通过采用恐吓、威慑手段，对张某、赵某成进行心理强制，虚设债权、虚增债务，迫使二人签下一张虚假的15万元《借条》，意图非法占有他人财产。现查明，张某、赵某成并非陷于错误认识而自愿签署《借条》，而是基于被嫌疑人威胁后被迫签订，程某武、许某刚、程某宪的行为已涉嫌敲诈勒索罪（《刑法》第274条）。但目前证明程某宪参与该案的证据只有张某的指认，无法形成完整的证据体系。

（三）补侦方向

通过询问被害人，查明程某宪参与作案的行为。

（四）补侦措施

通过补充询问赵某成，查明当时守在现场一楼的是否有一名戴眼镜的男子，在此基础上组织赵某成进行辨认。

（五）补侦要求

询问时可以全程同步录音录像。

十二、诈骗（被害人李某飞）

（一）补侦事由

查明犯罪嫌疑人非法占有李某飞财产的手段行为和非法获利金额；追诉遗漏犯罪嫌疑人。

（二）补侦理由

1. 程某武、牟某等人在向李某飞高利放贷后，通过采用暴力、威胁手段虚增债权、虚设债务，且虚增的金额远远高于原借款本金，被害人在签订协议时并非陷于错误认识，而是基于对嫌疑人一方的恐惧而被迫签订，该行为更符合敲诈勒索的犯罪构成要件。现需要查明李某飞被迫打下上述《借条》后归还"利息"的数额，以准确认定程某武、牟某等人敲诈勒索的犯罪金额。

2. 查明是否还有其他人员参与该案，在查证属实后追诉漏犯。

（三）补侦方向

1. 调取书证，查明李某飞"还款"情况；

2. 询问李某飞，并组织辨认，以准确追诉漏犯。

(四) 补侦措施

1. 现有书证（牟某制作的记账单）反映，李某飞就123万元《借条》，已归还高息59.5万元，对此，补充调取李某飞转账或现金还款的全部材料；

2. 安排李某飞重点对唐某、唐某兵、程某宪、韩某林等人进行辨认，查明前述人员是否在打《借条》的现场为牟某"扎场子"。

(五) 补侦要求

1. 讯（询）问同步录音录像；

2. 书证的提取应当注意规范性。

十三、非法拘禁（被害人周某武、潘某明）

(一) 补侦事由

查明辜某学、牟某、郑某武等组织成员在该笔犯罪行为中的作用；核实周某武等人涉嫌故意杀人（犯罪预备）的事实；追诉遗漏犯罪嫌疑人和遗漏犯罪事实。

(二) 补侦理由

1. 本案证据显示，牟某、郑某武、陈某梅、辜某学等人均出现在非法拘禁的犯罪现场，但上述人员在现场的具体行为、地位作用不明确，需要进一步查明，一方面是为了准确认定上述人员是否参与了该非法拘禁个案，另一方面也可以反映上述人员加入黑社会性质组织的具体时间。

2. 本案证据显示周某武、潘某明、唐某曾共谋枪杀程某武，涉嫌故意杀人罪（《刑法》第232条），补充提取多人笔录中反复提到的程某武对周某武、潘某明"逼供"的录像、录音资料，以客观"还原"当时现场的情况，同时也为追诉漏犯漏罪夯实证据体系。

(三) 补侦方向

1. 通过补充讯问犯罪嫌疑人和询问被害人，查明陈某梅、辜某学、郑某武、牟某等人是否出现在现场，以及在现场的分工、行为、作用；符合辨认条件的，组织对上述人员进行辨认；

2. 对相关视听资料进行搜集，该视听资料既可反映周某武等人预备故意杀人的行为，又可印证程某武等人非法拘禁的犯罪事实。

（四）补侦措施

1. 对犯罪嫌疑人程某武、程某宪、唐某、许某刚、程某勋、陈某梅、牟某、郑某武、辜某学等人进行讯问，查明上述人员出现在非法拘禁犯罪现场的目的，以及各自的具体行为、作用等；

2. 补充调取程某武等人当年拍摄、录制的周某武、潘某明"交代"雇凶杀人经过的视频、音频资料。

（五）补侦要求

1. 讯（询）问应当同步录音、录像；

2. 犯罪嫌疑人如改变了原供述与辩解，被害人如改变了原陈述，应如实记录，并要求说明原因；

3. 犯罪嫌疑人如保持原供述与辩解，应讯问其"是否认可以查证属实的事实为准？"并记录；

4. 提取的视听资料需确保手续完备、形式合法、内容客观真实。

十四、诈骗（被害人李某阳）

（一）补侦事由

查明程某武等人非法占有李某阳财产的手段行为和获利金额；对证据反映的该笔犯罪中其他参与人员的行为查明后予以追诉。

（二）补侦理由

1. 程某武等人高利放贷给李某阳后，采用威胁、恐吓等方式，强迫李某阳将其名下商铺转给程某武所有，该商铺的价格远远高于被害人应该偿还的实际借款本金，且被害人也并非陷于错误认识而转让商铺。嫌疑人获取商铺的方式主要是借组织恶名和威胁方式所得，该行为更符合敲诈勒索罪的犯罪构成要件。准确适用刑罚，对程某武等人非法占有的商铺进行估价，以准确认定敲诈勒索的金额。

2. 该个案单元存在多个犯罪现场，包括程某武的办公室、某宾馆房间、某司法所、某区法院等，有多名犯罪嫌疑人身份未突出，在逃，需要开展追捕追诉工作。

（三）补侦方向

1. 在组织辨认的基础上追诉漏犯；

2. 对商铺的价值进行估价；

3. 通过询问杜某枫，查明其是否构成敲诈勒索的共犯。

（四）补侦措施

1. 就被害人李某阳拍摄的某宾馆房间情况照片，组织相关人员（程某武、牟某、韩某林、唐某、许某刚、陈某梅、程某勋等人）辨认，明确照片上的三名男子的身份；

2. 询问杜某枫：

（1）查明韩某林、牟某、李某阳等人到法院作裁定确认调解协议情况；

（2）要求其说明与程某武微信来往情况、背景；

（3）要求其说明微信中的"学哥"是何人，并对微信中反映的内容进行解释、说明。

3. 针对李某阳被程某武非法占有的三处商铺，及时委托鉴定机构进行估价，查明程某武敲诈勒索的犯罪金额。

（五）补侦要求

讯（询）问全程同步录音录像。

十五、非法拘禁（被害人杨某甲）

（一）补侦事由

查明程某武指挥组织成员对杨某甲非法拘禁的主观故意和非法获利情况；追诉遗漏犯罪嫌疑人和遗漏犯罪事实。

（二）补侦理由

1. 程某武等人以杨某某为借款担保人为由，明知其个人和名下公司企业等资产，远远高于担保借款金额，而采取暴力、胁迫等方式占有，说明其主观上具有非法占有他人财产的故意。该犯罪故意的内容是非法拘禁罪不能够完整评价的，反而更符合敲诈勒索罪或者其他侵财类犯罪构成要件，但现需对杨某甲个人及其名下某公司的资产估价，以准确认定犯罪金额。

2. 以暴力、威胁、贿买等方法阻止证人作证或者指使他人作伪证的，构成妨害作证罪（《刑法》第307条）。现查明程某勋等人在程某武因郑某案被羁押期间要求杨某甲"不要翻案"，涉嫌妨害作证罪，但各嫌疑人关于犯意的提起、参与人员及其具体行为的供述相互矛盾，且未说明原因。

3. 查明"断指男子"身份，及时追逃归案。

4. 对于该笔证据反映出在某市两地法院的民事判决，可能涉嫌诈骗和虚假诉讼，需进一步查明。

（三）补侦方向

1. 通过对被害人相关资产进行估价，确定犯罪数额。

2. 通过补充讯问犯罪嫌疑人，以达到言词证据与书证之间相互印证。

3. 根据现有证据并结合补充侦查情况获取的新证据进行追诉追漏。

（四）补侦措施

1. 询问被害人杨某甲：

（1）查明其个人及某公司名下资产情况及价值。

（2）核实2011年4月19日程某勋尾号5701的建行卡转款50万给杨某4是否是出借的本金；如是，结合程某武转给杨某4的250万，实际本金应系300万，而非杨某甲所称的270万。

2. 询问证人宋某和：

（1）核实涉案300万借款的实际本金及利息归还情况。

（2）查明涉案90万借款的真实性。

3. 讯问犯罪嫌疑人贾某良：

涉案90万借款的真实性以及该借款与程某武的关系。

4. 对杨某甲及兴业公司名下资产进行估价：

确定敲诈勒索的犯罪金额，基准日是2011年8月8日。如没有进行估价的条件，可通过提取资产变卖的书证（杨某甲的幼儿园已被出售）及询问杨某4、杨某5和某公司员工的方式，核实资产价值。

5. 如核实后确认涉案90万借款为虚假，请提取某法院贾某良诉宋某和、某某法院贾某良诉某公司的民事诉讼卷宗。

6. 讯（询）问程某勋、许某刚、牟某、陈某梅、程某宪、杨某甲：

查明2015年约见杨某甲的具体人员、协商经过和达成和解的目的。

7. 提取杨某甲于2015年在公安机关所做的笔录。

（五）补侦要求

1. 以书证为基础讯（询）问犯罪嫌疑人、被害人、证人。

2. 讯（询）问应当同步录音录像。

十六、非法拘禁案（被害人彭某商）

（一）补侦事由

补充查明程某宪参与该笔犯罪的具体行为；追诉遗漏犯罪事实。

（二）补侦理由

1. 在案证据反映程某宪参与非法拘禁、殴打彭某商，但仅有唐某指认，彭某商未辨认出程某宪，程某宪不认罪，对于认定程某宪参与该笔犯罪行为的证据，尚达不到提起公诉的标准。

2. 在案证据反映彭某商除归还程某武300万本金外，还被迫支付了100万利息。如查明彭某商支付上述本息是在程某武等人采取拘禁、殴打等后，被迫交付给嫌疑人，则可能反映出嫌疑人主观上具有非法占有他人财产的故意，更符合敲诈勒索罪的认定标准。但是关于支付利息的金额、过程、原因，仅有彭某商的概括性陈述，缺少其他证据印证。

3. 证据显示彭某商的奔驰车被唐某等人一并开走，但言词证据未明确反映车辆去向。如程某武、唐某等人采取足以达到压制被害人反抗的暴力手段，将被害人车辆非法占为己有的，涉嫌抢劫罪（《刑法》第263条），故需核实车辆的最终去向和价格，查明是否涉嫌抢劫罪。

（三）补侦方向

查明彭某商归还的利息情况和程某宪的具体行为；核实有无漏罪。

（四）补侦措施

1. 询问被害人彭某商：

（1）查明当日对其拘禁和殴打的人中有无戴眼镜的人；如有，请其辨认程某宪；

（2）补充向其询问奔驰车的去向；

（3）查明300万借款的用途。

2. 请提取彭某商支付100万利息的转款凭证。

3. 如车辆被程某武等人非法占有，请提取车辆登记信息，并据此查明车辆的去向和估价。

（五）补侦要求

讯（询）问应同步录音录像。

十七、敲诈勒索、寻衅滋事（被害人杨某东）

（一）补侦事由

准确判断行为性质和犯罪金额；追诉遗漏犯罪嫌疑人和遗漏犯罪事实。

（二）补侦理由

1. 在该笔犯罪行为中，虽已查明程某武及其领导的组织成员贾某良等人对杨某东名下的某某酒店进行实际控制，反映出该犯罪结果已客观发生，但是关于非法占有该酒店的方式尚不明确。因非法占有他人财产的方式不同，侵犯的法益和触犯的罪名均有所不同。本案中，如果程某武等人殴打杨某东后，杨某东被迫将其实际掌控的某某酒店股份当即变更给贾某良所有，该行为为涉嫌抢劫罪；如果程某武等人殴打、控制杨某东后，以杨某东的人身安全向其亲友杨某丙、李某甲要求转让二人实际所有的股份，该行为可能涉嫌绑架罪；如果程某武等人殴打杨某东后，杨某东事后出于惧怕心理（精神强制）转让酒店股份，涉嫌敲诈勒索罪。

2. 程某武等人通过非法手段获取杨某东在某某酒店的股份和实际经营权，但该股份对应的财产尚不明确，不能确定程某武等人非法占有的具体犯罪金额。

3. 二人以上共同故意犯罪是共同犯罪，根据共同犯罪行为人在犯罪中的具体地位和作用，可以分为实行犯和帮助犯，其中帮助犯要求有帮助的行为与帮助的故意。在案证据反映，韩某林、辜某学均出现在杨某东被非法拘禁、殴打的现场，二人即使没有具体行为，只要客观上对实行犯实施犯罪起到心理帮助作用，也应当认定构成共同犯罪。但现有证据，仅杨某东指认辜某学、韩某林二人在场，但是对于二人的主观故意和客观行为，需补强证据达到起诉标准。

4. 现有证据关于程某武、贾某良逼迫杨某东签署2000万的借条具体过程、参与人员互相矛盾，需查明敲诈勒索的嫌疑人及具体行为、地位、作用，以准确评价该事实。

（三）补侦方向

1. 通过核实程某武等人获得酒店的过程及对酒店进行资产估价，查明非法占有的金额；

2. 通过补充讯问该笔参与犯罪嫌疑人及询问部分在场人员，明确韩某林、辜某学的地位、作用，并在补充完善上述证据后，准确评价程某武的所有犯罪行为。

（四）补侦措施

1. 补充提取两个酒店的工商材料：

查明某某酒店股份（主要是杨某丙的80%股份）转移情况和某酒店成立情况。如某酒店是在某某酒店原址上新成立，请询问工商人员核实在同一地址允许注册两家酒店的原因。

2. 询问杨某丙、李某甲、杨某东：

（1）查明杨某丙、李某甲的酒店股份是否是替杨某东代持。

（2）根据股份转让协议及工商材料等书证，询问股份转让给贾某良的过程，建立起暴力威胁行为与转让股份的关联性；如果杨某丙、李某甲不是代为持股，应当查明杨某东被殴打威胁后，该二人为何愿意转让股份。

（3）核实韩某林两次出现在现场（鞋厂及KTV）的行为、目的；

3. 对某某酒店资产进行估价：

确定非法占有的金额。如无法估价，则询问杨某东、李某甲及负责酒店经营的人员，核实酒店当时的资产情况和价值。

4. 讯问犯罪嫌疑人贾某良：

明确韩某林两次出现在不同现场的目的和具体行为；核实2000万借条达成的具体过程以及程某武、贾某良的具体行为。

5. 查找并询问证人张某猛：

查明2014年1月16日晚上韩某林的具体行为。

6. 询问证人杨某彪：

核实2000万借条达成的具体过程以及程某武、贾某良的具体行为。

（五）补侦要求

1. 对于因时间久远记忆可能存在错漏的情况，应当结合书证进行讯（询）问，防止言词证据存在矛盾。

2. 讯（询）问应同步录音录像。

十八、敲诈勒索（被害人陈某甲）

（一）补侦事由

查明陈某甲投资300万到酒店参与经营的原因，以及程某武等人对该 300 万是否具有非法占有的目的。

（二）补侦理由

1. 陈某甲自述在 2014 年 10 月向某某酒店投资 300 万元，首先是基于被程某武等人胁迫所为，其次是认为"有利可图"，但其陈述内容较为概括，且未针对此 300 万的投资原因有针对性地讯问嫌疑人。若查明该 300 万确因陈某甲被威胁后被迫投资，可能成立敲诈勒索罪；如系程某武采用虚构事实、隐瞒真相的行为欺骗陈某甲投资入股，陈某甲基于此产生错误认识而相信程某武的占股承诺，处分 300 万作为投资款交付程某武，可能涉嫌诈骗罪。

2. 对于上述 300 万元，现程某武辩解陈某甲系自愿投资，与陈某甲的陈述存在一定矛盾。现需查明程某武未实际给陈某甲股份、也未给陈某甲酒店经营分红的原因，是主观上未打算给，还是客观因经营不善导致陈某甲无法行使股东权利，以证明程某武是否假借"投资"之名行非法占有之实。

（三）补侦方向

通过补强证据，建立起威胁行为与陈某甲"投资"300 万到酒店的因果关系，并证明程某武等人的非法占有目的。

（四）补侦措施

1. 讯问犯罪嫌疑人唐某：

结合陈某甲的陈述，核实陈某甲在医院被威胁的细节。

2. 询问陈某甲的亲友：

查明陈某甲"投资"300 万到酒店的前后有无告知系被迫投资。

3. 讯问犯罪嫌疑人牟某、程某宪：

（1）查明二人对酒店投资入股情况，以及工商注册上未体现陈某甲股份的原因。

（2）查明酒店获利、分红情况。如有获利、分红，核实未分配陈某甲的原因。

4. 询问证人梁某端、杨某凤：

核实程某武每年实际支付租金情况。

5. 询问证人余某甲、王某军、彭某萍：

核实程某武将酒店转租后的实际租金收益。

（五）补侦要求

1. 如牟某、程某宪提出只是挂名股东和法人，一切均不知情，则要求该二人提供酒店具体负责经营人员的姓名、联系方式，再予以询问，核实酒店获利、分红情况。

2. 讯（询）问全程同步录音录像。

十九、非法储存枪支（唐某）

（一）补侦事由

核实唐某是否符合"自动投案"，以及有无遗漏犯罪事实。

（二）补侦理由

1. 犯罪事实或者犯罪嫌疑人虽被司法机关发觉，但犯罪嫌疑人尚未受到讯问、未被采取强制措施时，主动、直接向公安机关、人民检察院或者人民法院投案的，属于自动投案（最高法司法解释）。如查明唐某是在有逃跑条件的情况下，经警察劝说后，主动选择放弃自杀并自愿接受司法机关处置，可视为"自动投案"；如唐某在客观上已经无逃跑条件，主观上也无将自己置于司法机关处置的意愿并据此被挡获，根据司法解释的规定不能视为"自动投案"。故针对上述情况，需核实唐某到案前有无逃跑条件、唐某到案的主观心态、客观行为，以确认其是否构成"自动投案"。

2. 现场民警王某逻反映唐某曾经向警察所在方向击发一枪，该行为可能涉嫌故意杀人（未遂），但是需要其他证据印证。

3. 以暴力、胁迫或者其他方法，劫持汽车，对不特定多数人的生命、健康、财产安全造成现实危险，危害公共安全的，涉嫌构成劫持汽车罪（《刑法》第122条）。现查明，唐某在逃跑过程中有劫持汽车的行为，但是劫持汽车后有无实际行驶以及是否可能威胁到公共安全，缺少证据印证。

（三）补侦方向

1. 核实唐某归案的情形是否属于"自动投案"，并据此认定其是否成立自首；

2. 通过补充讯问犯罪嫌疑人和询问证人，或者采取其他侦查措施，查明唐某是否涉嫌故意杀人罪，并追诉唐某劫持汽车罪的犯罪事实。

（四）补侦措施

1. 讯问犯罪嫌疑人唐某：

核实其放弃自杀并自愿接受警察处置的主观心态、目的。

2. 询问现场处警的民警及相关目击证人：

（1）查明唐某当时在客观上有无继续驾车逃跑的可能性，以及警察劝说唐某、唐某放弃对抗的过程；

（2）核实唐某劫持车辆后发动、行驶情况，以及现场人员、车辆情况，明确唐某的行为是否危及公共安全；

（3）通过询问进一步查明唐某击发枪支的次数、子弹射出的方向。

3. 回访或者复勘现场：

核实有无居民反映附近发现弹头或者被枪击痕迹，以查明射击方向，以达到与民警王某逻的证言相互印证。

4. 如抓捕唐某时有执法记录仪视频，请一并提供。

（五）补侦要求

讯（询）问全程同步录音录像。

二十、诈骗（被害人黄某强）

（一）补侦事由

进一步明确本案犯罪性质及各犯罪嫌疑人的行为、地位、作用；追诉遗漏犯罪嫌疑人和遗漏犯罪事实。

（二）补侦理由

1. 诈骗和敲诈勒索等侵财类犯罪，虽然主观上都有非法占有他人财产的目的，但是犯罪手段的不同侵犯的法益也不同。其中，敲诈勒索不仅侵犯了他人的财产权益，还侵犯了人身权益。本案初步查明，程某武等人利用组织势力对被害人黄某强进行非法控制，在强迫黄某强签下借款合同、转款委托书等虚假凭证后，通过司法调解和民事诉讼实现债权，该行为更符合敲诈勒索的犯罪构成要件。但目前，黄某强的陈述较为概括，且未针对性地讯问嫌疑人，对于其签订虚假凭证的行为是否系之前被殴打、产生精神强制的结果，需要完善证据以达到起诉标准。

2. 现仅黄某强指认其被吕某伟、郑某武殴打，并被陶某索要2万元，系孤证，需补充其他证据印证吕某伟、郑某武、陶某的行为，以准确追诉遗漏犯罪嫌疑人。

3. 刑法关于共同犯罪，可以分为事前同谋的共同犯罪与事前无同谋的共同犯罪，对于事前无同谋的共同犯罪，可能存在承继的共同犯罪现象，也即后行为人参与的行为性质与前行为的行为性质相同。对于承继的共犯责任承担，应当对与自己的行为具有因果性的结果承担责任。本案中，对于涉及的1300万元司法调解，现查明程某勋提供了部分转款凭证，陈某梅在其中牵线搭桥，二人的上述行为均系程某武等人非法占有黄某强财产过程中的关键行为。但按照共同犯罪的相关规定，对于二人主观上是否明知程某武安排他人对黄某强敲诈勒索而承继实施上述行为的证据，缺乏相应的证据支撑，需查明后进一步追诉。

（三）补侦方向

1. 通过补充讯问该笔参与犯罪嫌疑人，进一步查明程某武、程某勋等人对黄某强实施敲诈勒索的客观行为；

2. 根据讯（询）问情况，在组织辨认的基础上追诉漏犯漏罪。

（四）补侦措施

1. 讯问涉案关联人员郑某武、吕某伟：

（1）核实上述人员是否有殴打黄某强的情况；

（2）如有，则核实受谁指使、具体细节和造成的后果。

2. 询问被害人黄某强：

（1）查明其被郑某武、吕某伟殴打、被陶某敲诈勒索2万元的情况，有无其他知情人；

（2）其出具假的借条和转款委托书、司法调解冒认1300万债务、民事诉讼冒认395万债务的当时有无被威胁；如没有，是否与之前被殴打相关；

（3）查明陈某梅在1300万司法调解中的具体行为、主观明知。

3. 询问证人杨某（某司法所）：

核实陈某梅在1300万司法调解中的具体行为、主观明知。

4. 讯问犯罪嫌疑人杨某、陈某梅、程某勋：

（1）查明陈某梅在1300万司法调解中的具体行为、主观明知等；

(2) 核实程某勋是否明知系虚假的司法调解而提供转款凭证。

(五) 补侦要求

讯 (询) 问全程同步录音录像。

成都市人民检察院
20××年×月×日

【承办检察官心得体会】

该案系扫黑除恶专项斗争期间,成都市院办理的一起重大涉黑案件,该犯罪组织涉案人员多、层级关系密、组织纪律强、盘踞时间长,多名组织成员归案后拒不承认犯罪事实和财产去向,一度给侦查取证带来困难。

审查起诉期间,办案组在充分利用提前介入成效基础上,主要围绕"查案""清财"两个方面,同步引导公安机关继续开展侦查取证工作。一是针对本案部分组织成员层级隶属关系不清、个案犯罪地位作用不明、可能存在遗漏犯罪人员和遗漏犯罪事实的问题,检察机关以"求极致"的办案精神,逐一梳理组织犯罪和全部个案犯罪事实,采取"以个案找团伙、以团伙找构架、以构架组织找涉黑组织"的方式,引导公安机关查找关键证人、收集关键证据,破解"取证难"的问题。二是针对该组织实施有组织犯罪15年,攫取大量非法经济利益与随案移送涉案财产数额"案财不符"的情况,检察机关紧盯资金来源和流向,查找隐蔽财产,建议侦查机关从突出该组织中主要负责经手、管理资金的骨干成员入手,加大工作力度深挖"黑财黑产"线索,监督和配合侦查机关"寻线扩面",查明并依法异地查封房屋8套,准确追诉洗钱犯罪事实,彻底斩断黑恶势力"生血再造"的链条。

为便于侦查机关开展补充侦查工作,提高补充侦查的针对性和实效性,检察机关从以下五个方面提出具体、明确指引,引导侦查机关高质效开展工作,为案件顺利起诉、审判奠定了坚实基础。一是在补侦事由方面,文书以问题为导向,简单明了地指出需要补充侦查的目的,以及查明有无遗漏犯罪事实和犯罪嫌疑人的情形，为侦查人员全面开展补充侦查工作指明了方向。二是在侦查理由方面，详略得当地阐述了黑社会性质组织的相关特征和审查重点，以及个案定性的考虑和证据的矛盾、证据链的缺失进行说理分析，便于侦查人员理解支持补侦内容。三是在补侦方向方面，逐一列明下一步侦查工作应当从哪方面入手，以及怎么查、查什么，极大地方便了侦查人员开展侦查工作。四是在补侦措施方面，明确需要补充侦查的具体事项和需要补充收集的证据内容，清楚地告诉侦查人员对相关证据如何分类提取和固定，具有较强的指引性和可行性。五是在补侦要求方面，针对不同的取证事项提出不同的取证要求。如言词类证据，严格按照黑社会性质组织罪的取证规定，要求对犯罪嫌疑人讯问时进行全程录音录像；对司法审计意见，要求提供给审计机构的材料必须详实、充分；同时，还对线索移送提出了要求，为同步推动"打伞破网"奠定了一定基础。

【专家点评】

补充侦查是指人民检察院通过审查发现案件事实不清、证据不足或遗漏罪行、同案犯罪嫌疑人等情形，不能作出提起公诉或者不起诉决定，而采取的补充进行有关专门调查等工作的一项诉讼活动。对于及时固定完善证据，查明犯罪事实，强化法律监督，提升案件办理质效，依法惩治犯罪和保护当事人合法权益具有十分重要的意义。

补充侦查意见书作为启动补充侦查工作的标志性法律文书，撰写质量的高低，直接关系到补充侦查工作能否顺利开展，直接关系到补充侦查工作的目的能否实现，直接关系到检察机关法律监督职能的行使。本案的补充侦查意见书，根据案件所涉多被告、多事实、多罪名的实际情况，在全面梳理补侦问题的基础上，以涉及罪名为主线，对补侦事由、补侦理由、补侦方向、补侦措施等进行详细阐述，并提出明确补侦要求，逻辑清晰、层次分明、重点突出、文字精练，为侦查机关开展补侦工作提供了明确的引导，奠定了坚实的基础。具体体现在以下三方面。

（一）以规范的文书制作，确保补侦工作的规范开展

本篇补侦意见书能严格按照最高检、公安部《关于加强和规范补充

侦查工作的指导意见》要求，围绕涉案罪名和具体犯罪事实，逐一列明所需补侦的事由、理由、方向、举措和具体要求等诸要素，体例规范有序，内容详略得当，既充分阐明了补侦工作的内容和必要性，也为补侦工作提供了具体、可行的路径与方法，以文书的规范制作，确保补侦工作的规范开展。

(二) 以清晰的问题导向，确保补侦工作有序推进

本篇补侦意见书在撰写过程中坚持问题导向，通过对涉案罪名和事实的逐项深入分析，全面厘清、归纳出可能影响各犯罪嫌疑人定罪量刑的事实和证据问题，并据此对关联证据进行再梳理，提出具体的补强路径，助力侦查机关及时发现前期案件侦办过程中存在的不足与缺失，适时调整侦查或取证方向，确保补侦工作的有序推进。

(三) 以扎实的补侦举措，确保补侦工作顺利完成

本篇补侦意见书的一个显著特点是对补侦举措的阐述极为详尽。如在对程某武组织、领导、参加黑社会性质组织罪的补证举措中，共分为六个部分21项内容，涵盖了言词证据、书证、财产的查冻扣等多个方面，同时还对取证过程中应注意的事项进行了说明，为侦查机关开展后续工作提供了明确指引和有力支撑，确保补侦工作的顺利完成。

一份高质量的补侦意见书，不仅是全面查明案件事实、确保个案依法正确办理的现实需要，同时也是检察机关强化"监督中协作，在协作中监督"的现实需要。高质量的补侦意见书对于深化、推动补侦工作开展具有积极的示范和借鉴意义。

(点评人：赵宝琦，浙江省人民检察院第七检察部副主任、三级高级检察官)

75. 戚某增等人贩卖、运输、制造毒品案退回补充侦查提纲

【简要案情】

2019年10月,被告人戚某增、秦某旺、冯某杰从"东北老马"处得知在饮料中添加化学物质γ-丁内酯可以勾兑出与"咔哇"一样的饮料,饮用后可致人眩晕、嗜睡。戚某增、秦某旺分别累计出资10万余元和5万余元。由冯某杰,在网上购买γ-丁内酯、食品添加剂、瓶子、瓶身标签等原材料和外包装物。后三人共同调制配方,在伊宁市宁远路伊力特酒厂四分厂、伊宁县庆华工业公司旁边的农家乐等多处制造"DRK""PHUOY"等品名的饮料等共计2000余箱(24瓶/箱,245ml/瓶,单瓶最低净重252.3g,下同),191桶(5L/桶,单桶最低净重5160.1g,下同)。

2019年12月至2020年9月,被告人戚某增、秦某旺、冯某杰以每箱/桶200至400元不等的价格向他人贩卖共同制造的"DRK"饮料,共计1425箱和182桶。

2019年12月至2020年7月,被告人周某明知"DRK"饮料与"咔哇"一样,饮用后可致人眩晕、嗜睡,仍然从戚某增、秦某旺、冯某杰处购买"DRK"饮料,共计630箱和120桶。周某通过苏某旦、马某宇、穆某新、武某等人,在乌鲁木齐市"MIU酒吧"等地以450元至600元每箱不等的价格予以贩卖,共计547箱。

2020年三四月份,被告人张某明知"DRK"饮料系毒品,仍从戚某增、秦某旺、冯某杰处购买"DRK"饮料230箱,从冯某杰处购买"PHUOY"25箱和30桶桶装饮料。张某在伊宁市其经营的"DY紫火烧烤店"等地向沈某、王某、卡某某、石某等人以600元左右每箱(桶)的价格予以贩卖,共计93箱零12瓶和19桶。

【诉讼过程】

本案由乌鲁木齐市公安局水磨沟区分局侦查终结，以被告人戚某增、秦某旺、冯某杰、周某、张某涉嫌贩卖、运输、制造毒品罪，于2021年6月8日向乌鲁木齐市水磨沟区人民检察院移送审查起诉。该院按照案件管辖的规定，于同年7月7日报送至乌鲁木齐市人民检察院审查起诉。其间，因事实不清、证据不足，退回补充侦查二次，同年12月22日向乌鲁木齐市中级人民法院提起公诉。乌鲁木齐市中级人民法院于2022年7月25日至27日公开开庭审理，并于2023年4月27日作出判决，判处戚某增无期徒刑，秦某旺、冯某杰、周某、张某15年有期徒刑。一审判决后，被告人提出上诉，二审法院裁定维持原判。

【文书全文】

新疆维吾尔自治区乌鲁木齐市人民检察院
退回补充侦查提纲

乌鲁木齐市公安局水磨沟区分局：

你局以水公（禁）刑诉字〔2021〕××号起诉意见书移送起诉的犯罪嫌疑人戚某增、秦某旺、冯某杰、袁某红、周某、张某等六人涉嫌贩卖、运输、制造毒品一案，为有效地指控犯罪，根据《中华人民共和国刑事诉讼法》第一百七十五条第二款的规定，决定将案件退回你局补充侦查。

一、补充侦查的方向

本院审查认为，根据在案证据基本能够证实犯罪嫌疑人戚某增、秦某旺、冯某杰、袁某红主观上明知在饮料中添加丁内脂能够制造出类似"咔哇酷饮"使人产生眩晕、嗜睡等反应的饮料，客观上仍然实施了在不同地点制造并向他人贩卖、运输本案涉毒饮料的行为，戚某增、秦某旺、冯某杰、袁某红的行为涉嫌贩卖、运输、制造毒品罪；犯罪嫌疑人周某、张某主观上明知本案中的涉案饮料含有精神类管控物质，在客观上仍然实施贩卖上述涉毒饮料的行为，周某、张某的行为涉嫌贩卖毒品罪。但是，为全面收集定罪量刑的证据，现仍有大量工作需要进一步核实。因此，建议侦查方向应当围绕犯罪嫌疑人戚某增、秦某旺、冯某杰、袁某红、周某、张某主观上是否明知其制造、贩卖、运输的饮料具体包括哪些种类，制造、贩卖、运输了多少及其他涉案人员的情况展开。围绕补强犯罪嫌疑人戚某增、秦某旺、冯某杰、袁某红、周某、张某贩卖、运输、制造毒品主观上具备明知的相关证据；犯罪嫌疑人戚某增、秦某旺共同出资的情况，其中犯罪嫌疑人冯某杰是否出资，犯罪嫌疑人冯某杰对于上述出资的使用情况；犯罪嫌疑人戚某增、秦某旺、冯某杰、袁某红一共生产制造多少批次、多少数量、多少种类涉毒饮料；犯罪嫌疑人戚某增、秦某旺、冯某杰、袁某红贩卖、运输多少涉毒饮料；犯罪嫌疑人周某、张某分别共计贩卖多少涉毒饮料，所贩卖涉毒饮料的来源、品类以及是瓶装饮料还是桶装饮料，还有获利多少等方面开展补充侦查。

二、补充侦查的主要事项和工作

根据在案证据，建议开展以下补充侦查工作：

（一）关于犯罪嫌疑人冯某杰涉嫌的犯罪事实需要进一步补充侦查的工作

1. 关于犯罪嫌疑人冯某杰的主观明知。因犯罪嫌疑人冯某杰在供述中否认自己主观上明知所制造、贩卖、运输的本案饮料系毒品，故请继续讯问犯罪嫌疑人冯某杰，补充能够证实犯罪嫌疑人主观方面明知该涉案饮料系毒品的证据；对于咔哇至尊的送检报告，送检报告的时间是2017年10月12日，收藏时间为2019年8月12日，请继续讯问秦某旺、冯某杰，核实秦某旺发送给冯某杰的时间、为什么要进行收藏，收藏该送检报告的目的是什么。

2. 关于生产制造本案涉毒饮料的配方。根据犯罪嫌疑人冯某杰的供述，制造本案涉毒饮料的配方最初是由"东北老马"提供，后称该配方是由犯罪嫌疑人戚某增根据余某甲的朋友指导和帮助"研发"出来的，而戚某增供述称是余某甲化验得出丁内酯，故请继续讯问犯罪嫌疑人冯某杰、戚某增，询问余某甲关于制造涉毒饮料配方的来源，并让冯某杰解释说明案卷中两个配方的关系和区别；讯问冯某杰生产"DRK"饮料、

5L 的桶装饮料以及红色"PHUOY"饮料分别使用的是哪一个配方。根据冯某杰的供述、其母亲董某某的证言以及其女朋友雷某的证言证实，2019 年下半年，"东北老马"曾经来过伊犁向犯罪嫌疑人秦某旺、冯某杰传授制造本案涉毒饮料的方法。请根据犯罪嫌疑人冯某杰供述的信息核实"东北老马"的身份，并组织冯某杰的母亲董某某和女友雷某对"东北老马"进行指认。同时，请调取秦某旺、冯某杰、"东北老马"于 2019 年国庆节期间在伊犁某酒店的入住记录，从而与冯某杰的供述形成印证。

3. 关于出资和使用情况。根据犯罪嫌疑人冯某杰的供述，本案由戚某增和秦某旺出资，其按照二人的指示购买制毒原材料，但是所供述的出资使用数额远远少于戚某增和秦某旺的出资数额。请继续讯问犯罪嫌疑人冯某杰，对十本案制毒出资的使用情况作出详细具体的情况说明，出具使用出资钱款购买原材料 γ-丁内脂、瓶子、瓶盖、纸箱子、商标、租用场地、支付代加工费用以及支付购买上述原材料的运费等费用支付的详细清单；冯某杰母亲董某某证言称，2020 年冯某杰说要跟戚某增、秦某旺、袁某红等合伙搞网红农家乐，问家里要了 6 万块钱，请讯问犯罪嫌疑人冯某杰该 6 万块钱的去向，是否用于生产制造涉案饮料；根据冯某杰支付宝转账记录，曾多次收到名叫"某华"的人的转账，请向冯某杰核实此人是否是其母亲，并要求其对转账情况进行逐一说明，是否用于本案的制毒投资；根据李某甲提供的情况说明，称冯某杰所支付的 1 万元系用于购买白酒，再未支付任何其他费用。但是，冯某杰供述给李某甲 2 万元现金作为涉案饮料的加工费。另根据司某某提供的情况说明，称冯某杰一共向其转了 2 万元左右，但是冯某杰供述称其向司某某转了将近 3 万元的代加工费用。请继续讯问并核实犯罪嫌疑人冯某杰给前述二人支付多少钱用于涉案饮料的加工，以厘清冯某杰对出资的使用情况。根据冯某杰供述，购买 γ-丁内脂的钱是戚某增给的，也是戚某增让购买的，请继续讯问犯罪嫌疑人冯某杰、戚某增核实此情况并要求冯某杰出具所有购买 γ-丁内脂的详细清单。同时，鉴于微信聊天记录已经删除，建议通过技术手段予以恢复。请继续讯问犯罪嫌疑人冯某杰，要求其对戚某增和秦某旺的所有出资的使用情况出具详细的使用明细清单。

4. 关于制造的数量和地点。因案卷中只有一份记账清单能够证实犯罪嫌疑人冯某杰在伊犁某厂生产饮料的具体数量，在清水河的某院子、戚某增家里、冯某杰的家里、冯某杰父母经营的农家乐里生产的数量都只是通过案卷中冯某杰的供述和相关人员的证言进行推算，为做到对犯罪嫌疑人冯某杰准确的定罪量刑，请继续讯问犯罪嫌疑人冯某杰该页记账单的起止时间；讯问戚某增、秦某旺、袁某红等人有哪些人在清水河的院子参与了制造，具体制造了多少饮料，制造了哪些饮料，制造的饮料怎么处理的；请继续讯问冯某杰、戚某增、秦某旺、袁某红并询问戚某、刘某甲在戚某增家中有哪些人参与了制造，制造了多少饮料，制造了哪些饮料，制造的饮料怎么处理的；请继续讯问冯某杰、秦某旺并询问金某在秦某旺家中有哪些人参与了制造，制造了多少饮料，制造了哪些饮料，制造的饮料怎么处理的；请继续讯问冯某杰并询问鞠某某、雷某在冯某杰租住的房子有哪些人参与了制造，制造了多少饮料，制造了哪些饮料，制造的饮料怎么处理的；请继续讯问冯某杰并询问冯某甲、董某某、鞠某某，在冯某杰父母经营的农家乐里有哪些人参与了制造，制造了多少饮料，制造了哪些饮料，制造的饮料怎么处理的；请继续讯问冯某杰、戚某增、秦某旺、袁某红，并询问刘某甲、王某甲、田某、鞠某某在伊犁某厂一共生产了多少批次、多少件（桶）、什么规格、什么包装的饮料、参与人都有哪些、制造的饮料怎么处理的；请继续讯问冯某杰、戚某增、秦某旺、袁某红并询问相关证人，确定冯某杰前前后后共生产制造多少饮料、"DRK"饮料多少、5L桶装饮料多少、类似小趣苏打水的饮料多少、"PHUOY"饮料多少。根据案卷中的鉴定意见，"DRK"饮料与"PHUOY"饮料的γ-羟丁酸的含量有较大的差别，请继续讯问冯某杰配方上是否有改动，为什么要改生产"PHUOY"饮料；另外，生产"PHUOY"饮料与同案犯罪嫌疑人戚某增、秦某旺以及袁某红有没有关系，他们有没有售卖"PHUOY"饮料；进一步厘清所生产的"DRK"饮料、哈密瓜口味的桶装饮料、"小趣苏打水"以及红色"PHUOY"饮料的数量情况。

5. 关于贩卖的数量。根据犯罪嫌疑人冯某杰的供述和相关人员的证言证实，冯某杰将生产制造的饮料主要贩卖给了周某和张某。但是，冯某杰所供认的贩卖数量与周某、张某供述的购买数量相差较多，无法形成相互印证。而某速运公司提供的发货清单里只记录件数，具体是什么包装和规格的饮料不明确。苏某甲证言称接到过桶装饮料和类似小趣苏打水的饮料，冯某杰本人也供述给周某发过桶装饮料。张某供述从冯某杰处购买过瓶装和桶装饮料，但是张某供述和冯某杰供述的数量出入较大。另外，根据调取的冯某杰的转账记录，"伊犁王某"、"魏某"、"浩某"等人有多次向冯某杰大额转账的记录。请继续讯问冯某杰、周某、张某，并询问苏某甲、"伊犁王某"、"魏某"、"浩某"等，要求上述人员对转账情况进行解释说明；请继续询问某速运公司的相关工作人员并调取详细的快递发货原始清单，以确定冯某杰一共向上述人员贩卖了什么包装、什么规格、多少数量的饮料；根据雷某的证言，有一次冯某杰给乌鲁木齐的人卖饮料后把钱转给了秦某旺，请继续讯问冯某杰、秦某旺核实这次交易的情况；根据王某乙的证言其在冯某杰处购买过饮料，安排人去某医院对面拉了2-3次，请继续讯问冯某杰该拉货地址是不是冯某杰和雷某租住的房子，并要求拉饮料的工人进行指认，同时核实此处饮料的来源及数量；王某乙称其从冯某杰处还买过5公斤桶装饮料10-20桶，请继续讯问冯某杰并询问证人王某乙，核实该桶装饮料一共生产了多少桶，贩卖了多少桶；根据冯某杰的供述"华某某"曾向其购买了35件饮料，但是案卷内无华某某的证言、转账交易记录，请核实"华某某"购买本案涉毒饮料的情况并调取相关证据材料；另外，根据冯某杰提供的转账记录，请开展以下补侦工作：①冯某杰称共收到戚某增转账149290元用于购买生产饮料的原材料，但是在微信交易明细清单里指认签字的数额却是157440元，请继续讯问冯某杰、戚某增以核实二人之间交易明细的具体情况，让二人对每一笔转账做情况说明；要求冯某杰对微信交易记录、支付宝交易记录进行梳理，比照其本人对于资金交易明细的供述和清单以及提供的账本进行逐笔核对；②冯某杰称共收到秦某旺74810元用于购买生产饮料的原材料，但在微信交易指认签字的清单里秦某旺给他转了80680元，请继续讯问冯某杰、秦某旺以核实二人之间的转账情况，并对每一笔转账做情况说明；③冯某杰称张某通过微信给他转了20800元，但是未体现冯某杰向张某贩卖桶装饮料的情况，请继续讯问冯某杰、张某以确定冯某杰向张某贩卖桶装饮料的数量；

④冯某杰称周某向他转了12000元，但是冯某杰在微信交易明细中指认签字的清单中是25179元，请继续讯问冯某杰、周某以核实二人之间的转账情况，并对每一笔转账做情况说明；⑤冯某杰微信交易明细清单中有个备注叫"阿丹"的人给他转了5461元，冯某杰向"阿丹"转了1666元，请继续讯问冯某杰以核实"阿丹"向其转账的具体情况，并对每笔转账做情况说明；⑥证据卷14，冯某杰给"内地标厂"转了1600元；给"玻璃厂"转账3000元；收到"周某"的12000元；收到魏某3600元；收到张某的5000元；收到鞠某某的转账5000元；收到"伊犁王某"50900元；收到"浩某"10000元；收到"宝哥"2500元；收到"余生真烦人"5000元……支付给"司某某"10000元；请继续讯问冯某杰并询问上述人员以核实与冯某杰的资金流转来往情况，核实是否存在本案涉毒饮料的交易，并要求冯某杰对每笔转账做情况说明，罗列出对于出资使用情况的详细清单；⑦证据卷15，冯某杰的支付宝交易明细中"伟"给冯某杰转账1000元；支付给周某12000元；周某转给冯某杰13000元；给小牛（牛某某）3000元；卷15第19页给小牛转了10000元；给"天祥"转账7500元；给"曲终人散"转账5000元；给"又遇见"转账10500元；给"天祥"转账3000元；给"爱过那张脸"转账4200元，请继续讯问冯某杰并询问上述人员以核实与冯某杰之间的转账情况，要求冯某杰对每笔转账做情况说明；⑧冯某杰称戚某增通过支付宝转了82800元，请继续讯问冯某杰、戚某增对该82800元做详细说明；⑨冯某杰称张某通过支付宝给他转了43000元，其中5000元用于购买饮料，38000元用于购买鸡尾酒，但是支付宝交易明细签字指认清单里只有36000元。请继续讯问冯某杰、张某以核实上述转账情况，要求冯某杰对张某给他转的每笔钱做情况说明，并核实二人之间是否存在真实的鸡尾酒交易；⑩张某称其从冯某杰处购买饮料支付了56300元，其中微信支付12100元，支付宝支付了44200元。但是，冯某杰指认签字的张某通过支付宝给他的钱只有43000元，请继续讯问张某、冯某杰以核实二人之间的转账情况，并要求二人对每笔转账做情况说明；张某在情况说明中称冯某杰卖给他25件饮料和10桶桶装饮料，但是冯某杰称卖给张某30桶，请继续讯问张某、冯某杰以核实一共向张某贩卖了多少桶装饮料。

6. 关于运输。根据冯某杰的供述和相关的证人证言及某速运公司提供的发货清单，冯某杰按照戚某增和秦某旺的指示给乌鲁木齐的周某发货。请继续讯问冯某杰给周某发的什么饮料，有几次是单独贩卖给周某的，有几次是按照戚某增和秦某旺的指示给周某等人发货的，是否还存在其他运输本案涉毒饮料的情况。

7. 关于租住的房屋。请核实冯某杰租住的 302 房间有无租房合同，有则需调取，无则需向房东取证。请继续讯问冯某杰并询问房东、雷某，冯某杰租房的起止时间，什么时间从秦某旺的房子搬出的。

(二) 关于犯罪嫌疑人戚某增涉嫌的犯罪事实需要进一步补充侦查的工作

1. 关于配方。根据戚某增供述，制造饮料的配方是由冯某杰从"东北老马"处获得后提供的，这与冯某杰的供述产生矛盾，请继续讯问犯罪嫌疑人戚某增该饮料配方的来源，并对二人供述的矛盾之处作出解释。根据杨某甲的证言，2020 年 7—8 月份戚某增和周某在成都期间勾兑饮料喝，请继续讯问戚某增和周某以核实该情况并讯问戚某增关于其勾兑饮料的配方，同时调取戚某增和周某在此期间在四川的活动轨迹。

2. 关于出资。根据犯罪嫌疑人戚某增和冯某杰的供述，戚某增出资数额为 6 万－7 万元，但是根据冯某杰提供的转账记录证实戚某增通过微信共向冯某杰转账 157440 元，戚某增通过支付宝向其转账 181150 元，请继续讯问犯罪嫌疑人戚某增和冯某杰，确认戚某增的具体出资数额并让戚某增对每一笔转账情况进行解释说明。

3. 关于生产制造。戚某增供述称其只出资未参与制造，但是根据冯某杰、袁某红供述和刘某甲等人的证言，戚某增参与了在其家中的制造和勾兑，其自己也勾兑饮料喝，请继续讯问犯罪嫌疑人戚某增、冯某杰、袁某红并询问戚某、刘某甲、戚某增的女朋友以确定戚某增在其住处一共生产制造了多少、什么规格、什么商标、多少瓶装、多少桶装的饮料、具体参与人以及制造的饮料怎么处理的；根据刘某甲的证言，讯问犯罪嫌疑人戚某增是否曾在自己车上勾兑饮料，第二次疫情结束后是否在尾气厂勾兑过饮料；请继续讯问戚某增、袁某红并询问刘某甲，戚某增共制造了多少饮料，最后怎么处理的；根据安某的证言，疫情刚解封的时候见过张某和戚某增喝过小玻璃瓶的和 5 公斤桶装的还有塑料瓶的饮料，请继续讯问犯罪嫌疑人戚某增以核实戚某增一共生产了多少桶装饮料；根据石某的证言，其跟戚某增一起喝过桶装饮料，请继续讯问戚某增并询问石某以核实该桶装饮料的来源和数量；根据冯某杰的供述称其亲眼见过戚某增和袁某红勾兑 5L 的桶装饮料自己喝并卖给别人，戚某增偶尔也让袁某红勾兑桶装饮料自己喝或者卖，请继续讯问犯罪嫌疑人戚某增、袁某红以核实袁某红和戚某增共勾兑多少桶饮料、贩卖了多少桶。

4. 关于贩卖。戚某增供述其只向周某和张某贩卖了几十件，但这与周某、张某、冯某杰的供述以及某速运公司提供的发货清单和相关转账记录差距较大。此外，戚某增辩解冯某杰的账本上记载的数据是鸡尾酒的记账数据，请继续讯问犯罪嫌疑人戚某增，以确定犯罪嫌疑人戚某增贩卖本案涉毒饮料的数量、种类及获利情况；另根据戚某增的供述称其给"富胜"、"瑞瑞"贩卖过饮料，请根据该线索补充侦查此二人是否购买以及购买了多少饮料。另外，关于戚某增的微信、支付宝转账记录和交易明细，需要开展以下补侦工作：①根据沈某的证言和提供的交易明细，其支付 800 元从戚某增处购买了 2 桶饮料，从张某处购买 8 件和 2 桶，但是因案卷复印重复的情况，算出来其共买了 11 件 2 桶。请继续讯问戚某增并询问沈某，以确认沈某到底从戚某增和张某处购买饮料的数量和支付的金额；②根据张某提供的微信交易明细，张某称其从戚某增处购买饮料转给戚某增 91800 元，其中微信支付 57800 元，支付宝支付 34000 元，请调取张某的支付宝交易明细证实张某向戚某增转了 34000 元；同时，请继续讯问戚某增、张某以核实每一笔转账的情况，要求二人对每一笔转账做情况说明；③戚某增通过支付宝给冯某杰转账 181150 元，冯某杰给戚某增转了 17000 元，请继续讯问戚某增、冯某杰，并要求该二人对每一笔转账进行说明。

5. 关于运输。根据戚某增供述其只给周某发了几十件饮料，而冯某杰供述称发给周某的 630 件都是戚某增安排的，请继续讯问戚某增、周某以核实戚某增向周某运输本案涉毒饮料的数量和种类。

6. 关于委托鉴定报告。根据戚某增供述其让冯某杰委托深圳的司法鉴定中心进行鉴定报告，请查证此鉴定报告是否已经做了鉴定，有无司法鉴定报告书（意见书），如有请查证该报告的具体情况及真伪；同时，讯问戚某增为什么要做司法鉴定报告，做司法鉴定的原因和目的；并向冯某杰核实此情况。

（三）关于犯罪嫌疑人秦某旺涉嫌的犯罪事实需要进一步补充侦查的工作

1. 关于策划。根据冯某杰供述，其与秦某旺于2019年国庆节期间在某酒店和"东北老马"商谈用"丁内脂"制造本案涉毒饮料的情况，请调取某酒店2019年9月、10月的秦某旺的入住酒店的记录；冯某杰称后在戚某增经营的位于伊宁某酒吧，戚某增、秦某旺、冯某杰等人商谈生产本案涉毒饮料的情况，请继续讯问戚某增、秦某旺并询问余某甲、戚某以核实此情况，从而证实秦某旺从生产制造本案涉毒饮料的策划阶段就参与进来。

2. 关于出资。秦某旺在供述中曾否认参与本案的犯罪活动，而冯某杰供述称，秦某旺出资3万-4万元，并且秦某旺先后通过微信向冯某杰转账80680元，通过支付宝向冯某杰转了65880元，请继续讯问犯罪嫌疑人秦某旺，让其解释给冯某杰转上述金额钱款的原因，并对每笔转账作出情况说明；请让秦某旺、冯某杰对证据卷17中的交易来往说明和证据卷14中的转账记录进行核对；将证据卷17中的支付宝转账记录与证据卷15中的情况说明进行对照，列出详细的转账记录及清单并进行解释说明。

3. 关于购买原材料。根据冯某杰的供述，原材料都是秦某旺和戚某增让他购买的，其中纸箱子制造商是秦某旺联系的，商标也是秦某旺设计制作的，γ-丁内脂是秦某旺让他购买的，请继续讯问犯罪嫌疑人秦某旺和冯某杰，关于原材料购买的情况，结合秦某旺给冯某杰的转账情况说明，以证实秦某旺参与了本案的犯罪活动；根据冯某杰的供述，秦某旺手机上有设计商标的软件，请讯问犯罪嫌疑人秦某旺予以核实；冯某杰供述称使用樱桃酒的背标，请核实樱桃酒的背标是什么样的；从秦某旺家中扣押的一桶γ-丁内脂，秦某旺辩称是冯某杰的，请对该桶装γ-丁内脂做指纹或者生物痕迹提取；冯某杰称该桶γ-丁内酯是秦某旺让他购买的，当天到货是由金某的弟弟下楼拿的货，请继续讯问冯某杰和秦某旺并询问金某的弟弟以证实该桶γ-丁内脂的归属；秦某旺辩称当时因和冯某杰住在一套房内，该桶γ-丁内脂是放在冯某杰住的房间里，请继续讯问冯某杰该桶γ-丁内脂是什么时间购买的，冯某杰是什么时间搬出秦某旺的房子的。

4. 关于制造。根据冯某杰、袁某红等人的供述，在咸某增的家里秦某旺参与了本案涉毒饮料的勾兑和生产活动，请继续讯问秦某旺，一共参与了几次、生产了多少、什么规格、什么包装的饮料；根据冯某杰的微信截图显示送检报告的时间是2017年10月12日，收藏时间为2019年8月12日，请继续讯问秦某旺、冯某杰，核实秦某旺发送给冯某杰的时间、为什么发送、为什么收藏，有什么用途。

5. 关于贩卖。秦某旺始终否认自己实施了贩卖行为，虽然冯某杰称吴某是秦某旺的客户，但是案卷中没有吴某的具体情况，请核实吴某的身份并询问其是否从秦某旺处购买涉毒饮料以及具体情况，以证实冯某杰指证的秦某旺贩卖本案涉毒饮料的事实；虽然秦某旺有供述给石河子买某贩卖、给樊某某赠送本案涉毒饮料，但所供认的数量与买某、樊某某证言不一致，请继续讯问秦某旺以核实向买某、樊某某贩卖饮料的数量；根据买某的微信交易明细，买某称其从秦某旺处购买了32件，支付9200元，其中1000元支付的现金，但是买某在微信交易明细中签字指认的数额却是7000元，请继续讯问秦某旺并询问买某以确认从秦某旺处购买饮料的次数和数量，并调取转账交易记录等相关证据。

6. 关于毁灭证据的情况。在本案案发后，未将犯罪嫌疑人秦某旺与其他犯罪嫌疑人一并抓获，秦某旺在到案前通过手机联系本案相关人员让其删除相关聊天、转账等记录，销毁手中的涉毒饮料。请进一步询问范某某、吴某甲、李某乙等相关人员，核实秦某旺和前述人员谈及的有关本案涉毒饮料的处理、处置情况以及制造、贩卖、运输涉毒饮料的线索和细节。

（四）关于犯罪嫌疑人袁某红涉嫌的犯罪事实需要进一步补充侦查的工作

1. 关于生产制造。根据犯罪嫌疑人袁某红、冯某杰的供述以及刘某甲的证言，袁某红在清水河院子里参与了生产制造，在咸某增家里进行过勾兑，在尾气厂帮助咸某增勾兑过两大桶饮料，整体事实能够形成印证。但是具体数量尚无法确定，请继续讯问袁某红、询问其他知情人员，以证实袁某红分别在清水河院子、戚某增家里、尾气厂等地一共制造了多少件（桶）、什么包装、什么规格的饮料。

2. 关于贩卖。根据袁某红供述，其帮助戚某增给周某送过三次饮料。张某也供述称袁某红给他送过饮料。请讯问戚某增、袁某红、张某，询问某速运公司的工作人员并调取相关证据，袁某红一共帮助戚某增贩卖了多少饮料，运输了多少饮料，是发的快递还是驾驶车辆送货，是否给袁某红支付过报酬。

3. 关于记账本。犯罪嫌疑人袁某红供述称之前是戚某在记账，他没有负责记账，曾临时帮忙记账，记完就扔了。请继续讯问袁某红记完为什么要扔掉；案卷中微信截图中有袁某红和戚某增的微信聊天记录，内容为戚某增说"烤肉店人多，打字"。请讯问袁某红为什么要打字不能发语音；同时，请核实戚某的情况，询问戚某是否参与制造、贩卖、运输本案涉毒饮料，特别关于是否有记账，其所知道的参与人有哪些，从而进一步核实袁某红供述的真伪。

4. 请进一步讯问犯罪嫌疑人戚某增、冯某杰、秦某旺、张某、袁某红，以查证袁某红在本案涉毒饮料的贩卖、运输、制造过程中，具体参与了哪些工作，承担了什么任务，从而明确袁某红在本案中的具体分工、作用和地位。

5. 关于袁某红给戚某增发的微信截图记载的内容。①证据卷17第110页，给"虎子"13000元用于支付瓶子费用；②卷17第123页中记载运费7800元；③房租2万元；④张某5月10日4件、11日5件、12日5件、13日5件、17日5件。根据上述内容，请进一步讯问袁某红，要求其对记载内容作出明确解释，并核对交易对象的笔录、转账记录等，从而进一步印证账本的客观存在和记载内容的客观真实性。袁某红的微信截图还有：米东区100件、小辉1件（400未付）、石河子3件样品、乌鲁木齐200件（周某），请进一步讯问袁某红、戚某增，对上述账本中记载的内容进行解释说明。

（五）关于犯罪嫌疑人周某涉嫌的犯罪事实需要进一步补充侦查的工作

1. 关于主观明知。犯罪嫌疑人周某辩解做过尿检检不出来，请讯问周某为什么要做尿检,喝"咔哇酷饮"时是否也做过尿检;秦某旺在供述中称告诉过周某"DRK"饮料是违禁品还劝他不要卖,请讯问周某、秦某旺以核实此情况;根据杨某甲的证言"华哥"曾告诉过周某说"DRK"饮料是违禁品,请核实"华哥"的身份,并询问是否告诉过周某"DRK"饮料是违禁品不能卖,劝说的具体内容以及劝说的具体时间。关于周某、戚某增在成都的情况。根据周某的供述和杨某甲的证言,2020年7-8月份周某与戚某增在四川成都勾兑饮料饮用,请讯问周某、戚某增当时勾兑饮料的配方是谁提供的,原材料来源,并调取二人在成都的活动轨迹。

2. 关于贩卖。根据犯罪嫌疑人周某的供述,其从冯某杰处以200元每桶的价格购买了60桶桶装饮料,而某速运公司提供的发货清单有两批60桶,也就是120桶。请进一步讯问周某以核实其从冯某杰处一共购买了多少桶桶装饮料,这些桶装饮料的钱怎么支付的,支付给了谁;根据苏某甲的证言通过某速运公司曾收到过60桶白色的桶装饮料。请继续讯问周某并询问某速运公司的工作人员,核实这60桶桶装饮料是否是某速运公司提供的寄货单里的60桶的其中一批。根据周某的供述,2018年从深圳"周姓"男子处购买了100多件功能饮料并给戚某增发了50-60件,请讯问周某该饮料是什么饮料;周某称戚某增向其销售了300件饮料,其中200件用于抵账,请继续讯问周某、戚某增,以核实二人之间是否存在真实的债权债务关系,讯问周某一共从戚某增处购买了多少饮料,要求周某对某速运公司提供的发货清单里的饮料的种类、规格予以明确,以确定周某从冯某杰和戚某增处一共购买了多少饮件(桶)饮料,什么规格、什么商标的饮料、怎么支付的价款;根据苏某甲的供述称给姓马的送过5件饮料,请问周某核实该情况;根据苏某甲的供述,其帮助周某送饮料一共收了110569元,并给周某转款157854元,但是苏某甲签字指认的微信交易明细共收款211885元,转给周某147904元,请进一步讯问周某并询问苏某甲以确定周某贩卖饮料的具体数量及获利情况。

3. 关于犯罪嫌疑人周某与苏某甲的转账记录。①根据武某提供的微信支付交易明细,武某称其向苏某甲购买饮料时给苏某甲支付了12634元,但是在微信交易明细中签字指认的数额却是14369元,其中帮助陈某甲购买饮料支付了2850元，请继续询问武某、苏某甲以查证武某从苏某甲处购买了多少饮料，支付了多少钱；②根据高某的微信交易明细，高某称其从苏某甲处购买了40件饮料，向苏某甲支付了20500元，但是其在微信交易明细清单上签字指认的金额却是19500元，请继续询问高某、苏某甲以查证高某一共从苏某甲处购买了多少饮料，支付了多少钱；③根据索某提供的微信交易明细，索某称其向苏某甲支付10950元、向马某甲支付500元、向穆某某支付1000元、向谢某支付1000元，但是索某在微信交易明细指认签字的数额给苏某甲支付的数额为10850元，即差了100元，故请继续询问苏某甲、索某以查证索某从苏某甲处购买了多少饮料，什么种类的饮料，支付了多少钱；④根据马某乙提供的微信交易明细，马某乙称其向苏某甲支付5100元购买10件"DRK"饮料，向穆某某支付500元购买1件"DRK"饮料，但是微信交易明细上签字指认的额数却是给苏某甲支付了6000元，请继续询问苏某甲、马某乙以查证苏某甲向马某乙贩卖了多少，什么种类的饮料，支付了多少钱；⑤根据穆某某提供的微信交易明细，穆某某称其给周某支付了49875元，给苏某甲支付了4050元，但是微信支付交易清单上签字指认中却是给"不枉此生"支付14000元，给"谢总"支付550元，给"伍龙"转了450元，给杨某甲转了280元，给马某甲支付了4500元，给"均均"支付了300元，给"张朋哥"转了450元，请继续讯问周某并询问上述人员，以核实穆某某从周某处购买了多少，什么种类的饮料，穆某某是否从上述人员处购买过饮料，购买了多少钱以及饮料来源；⑥根据陈某乙提供的微信交易明细，陈某乙称一共向苏某甲、穆某某、马某甲支付了7913元，其微信交易明细的指认签字清单中，显示向穆某某转了2850元，向马某甲转了4483元，向苏某甲转了580元，请继续询问苏某甲、陈某乙，查证陈某乙从苏某甲处购买了多少、什么种类的饮料；陈某乙向穆某某和马某甲购买了多少件饮料，这些饮料是否来源于苏某甲或者周某，以避免重复计算；⑦根据马某甲提供的交易明细，马某甲称其给周某转了73300元，给苏某甲转了2200元，因贩卖饮料收款69900元，但是其在微信交易明细中的签字指认的清单中显示，其向周某转了84300元，请继续询问马某甲，并讯问周某，查证马某甲从周某处共买了多少饮料，贩卖了多少？收取苏某甲的 550 元是否是购买饮料的钱；⑧根据于某某提供的微信交易明细，于某某称其向苏某甲转了 4050 元用于购买 8 件"DRK"饮料，向周某转了 3062 元用于购买 6 件"DRK"饮料，但是从其微信交易来看，于某某与穆某某、马某甲、谢某、杨某甲、"宝哥"、"索"有频繁转账来往，请继续询问上述人员以核实"DRK"饮料的买卖情况；⑨根据苏某甲提供的微信交易明细及情况说明中，苏某甲称一共卖了 290 件饮料，收了 153161 元，给周某转了 157854 元，周某给他转了 38562 元，但是苏某甲在微信交易明细清单里指认签字的给周某的转账金额合计是 147904 元，在签字指认的微信交易清单里一共收取了 211885 元，请继续讯问周某并询问苏某甲，查证二人之间的转账情况并要求该二人对每一笔转账做情况说明，以确定周某和苏某甲一共贩卖了多少饮料，收了多少钱？重点围绕苏某甲记载的账本和转账记录展开。请核实微信转账记录中给苏某甲转款购买饮料的有关人员的真实身份，以便进一步查证核实周某和苏某甲贩卖饮料的数量。

（六）关于犯罪嫌疑人张某涉嫌的犯罪事实需要进一步补充侦查的工作

1. 关于贩卖。犯罪嫌疑人张某供述称其给刘某乙、洋洋、候某某、超超等人贩卖过"DRK"饮料。请核实上述人员身份并询问所购买饮料的情况，从而查证张某共贩卖了多少饮料。张某称丁某帮助其送过饮料，请向丁某核实该情况，从而与张某的供述形成印证；根据傲某的证言，其从张某处购买过 2 次桶装的饮料，请继续讯问犯罪嫌疑人张某以核实桶装饮料的来源及数量；根据沈某的证言，其从张某处买了桶装的饮料，请核实该桶装饮料的来源及具体数量；根据张某提供的贩卖"DRK"饮料的清单，沈某有一件数量为零？在清单下面张某称一共卖了 118 件，为什么在后面的情况说明中却又说卖了 65 件左右，前后存在矛盾，请继续讯问张某核实其一共贩卖了多少饮料；根据张某的供述称其从戚某增处购买了七八万元的"DRK"饮料，从冯某杰处购买了 4 万多元的饮料，但是冯某杰和张某之间关于饮料件数的供述差距较大，请进一步讯问犯罪嫌疑人张某、冯某杰、戚某增以查证张某一共从戚某增和冯某杰处购买了多少件（桶）、什么饮料、什么包装、什么规格的饮料，怎么支付的价款；根据鞠某某的证言，其曾帮助冯某杰给张某送过两次饮料，一次去达达木图的某小院，还有一次送去某烧烤吧，请继续讯问张某、冯某杰并询问鞠某某以核实这两次一共送了多少饮料、送的是什么饮料。

2. 关于转账记录。犯罪嫌疑人张某称给冯某杰转账 56300 元，其中微信转账 12100 元，支付宝转账 43000 元，钱款数额存在矛盾，请继续讯问张某和冯某杰，并要求二人对转账记录进行解释和说明；张某称给戚某增转账 91800 元，其中微信转账 57800 元，支付宝转账 34000 元，但是案卷中没有支付宝转账记录，请调取张某给戚某增的支付宝转账记录；在证据卷 17 中张某通过支付宝向冯某杰转账 51500 元；请继续讯问张某、冯某杰，查证张某一共向冯某杰转了多少钱，并对每一笔转账进行解释说明。

（七）关于称量、取样、鉴定方面需要进一步补充的工作

1. 关于称重和取样方面需要补充开展的工作。①请对冯某杰的称量笔录中，对农家乐查获的 24 件（562 瓶）、桶装 γ-丁内脂的称量和计算方法，对冯某杰租住房屋里查获的 5 件（120 瓶）的称量方法和计算方法，对达达木图库房查获的 267 件（6400 瓶）的称量方法和计算方法，对伊犁某厂查获的 227 件（5443 瓶）的称量方法和计算方法，对伊犁某厂的 39 桶的称量方法和计算方法作出解释说明，是否严格根据《办理毒品犯罪案件毒品提取、扣押、称量、取样和送检程序若干问题的规定》（以下简称《提取、扣押、称量、取样和送检规定》）第十四条和第十六条之规定进行了称量；②根据《提取、扣押、称量、取样和送检规定》第二十四条第五款规定，对于农家乐查获的 24 件（562 瓶），$\sqrt{562}=23.7$，因此对于该批涉毒饮料的取样应该是 24 瓶；对伊犁某厂查获的 39 桶涉毒饮料，根据上述规定应当取样 10 桶，但是本案却抽取了 8 桶；③根据《提取、扣押、称量、取样和送检规定》，每个检材应当取样约 20ml 送检，但是本案中对戚某增、秦某旺、冯某杰、张某处扣押的液体检材计量单位都是 g，并且部分取样可能少于 20ml，如对冯某杰的取样 1 号 18.5g、2 号 19g、3 号 17.6g、4 号 19g、8 号 18g，请将上述检材的数量换算成体积，以 ml 为单位；并对上述称量和取样存在问题进行补正或者作出合理解释。

2. 关于鉴定意见。①因对于"DRINK"和"DRK"饮料的司法鉴定

报告中分别检测出了γ-羟基丁酸和γ-羟丁酸,请要求司法鉴定中心出具γ-羟基丁酸和γ-羟丁酸系同种物质的情况说明。如果司法鉴定中心拒绝出具,则要求司法鉴定人员出庭作证;②关于108号检验报告,送检的DRINK(245ml)与本案的"DRK"饮料在外观上是否一致,有无送检时的照片,请让陈某甲对其母亲送检的DRINK进行辨认,并询问陈某甲的母亲所送检的DRINK饮料的来源;③关于168号检验报告,请对陈某甲父亲送检的PVC管内液体的来源制作询问笔录,另为什么取样是15ml而没有达到20ml,请予以补正或者作出合理解释。

(八)关于证人证言需要进一步开展的工作

1. 关于陈某甲及其父亲的证言需要补充开展的工作。①陈某甲称其断断续续喝了两年"DRK"饮料,平时一天喝24瓶也就是一件。但是,本案中陈某甲购买的饮料数量,没有达到其自己证言的购买量。请继续询问陈某甲,其除了从陈某乙和武某处购买饮料外,还在哪里购买过本案中的涉毒饮料;②请根据陈某甲的证言核实手机号1320133×××× ,微信号是yuairui×××的人的真实身份。

2. 关于某速运公司司机的证言需要补充开展的工作。①请组织王某丙指认周某存货点的南湖小区的地下室,并制作指认笔录和照片;请组织余某乙指认借给苏某甲存放饮料的地下室;请组织苏某甲指认存放饮料的地下室;②根据郑某某的证言,秦某旺和冯某杰联系他安排送货到乌市某慢摇吧,安排王某丁、王某丙等人送的是"DMC"。请继续讯问犯罪嫌疑人冯某杰、秦某旺、咸某增,核实"DMC"是什么饮料,是否与本案涉毒饮料有关;③请组织刘某丙指认秦某旺、咸某增、冯某杰,指认秦某旺给石河子发货时所驾驶的别克商务车以及达达木图库房、尾气厂库房、伊犁某厂等场所;④请继续询问证人刘某丙等,都见过哪些饮料(瓶装、桶装、玻璃瓶、塑料瓶、什么商标)。

3. 关于杨某甲的证言需要进一步开展的补充工作。①杨某甲称其从"小胖"处购买过饮料,请根据杨某甲的证言核实"小胖"是否与本案有关联;②请调取杨某甲从周某处购买饮料时的转账记录,让杨某甲进行指认;③请核实周某是否在哈密销售过本案涉毒饮料;④请查证周某于2020年4月左右联系冯某杰,前往米东区调换变质饮料的具体情况,并核实该米东区"饮料点"是不是范某某的台球厅存放饮料的地方,去调换饮料的人是不是周某或者苏某甲;⑤根据杨某甲的证言,在2020年6月6日杨某甲的婚礼上出现过类似小趣苏打水的"DRK"饮料,2020年6月下旬见到周某喝桶装饮料,请继续讯问周某、冯某杰确定该"小趣苏打水"和桶装饮料的来源及数量,是否是冯某杰制造、运输的。

4. 关于马某甲的证言需要进一步开展的补充工作。①根据马某甲的证言,其刚开始从"小胖"处购买饮料。请继续询问马某甲关于"小胖"的情况,核实"小胖"的身份以及与本案是否有关联;②根据马某甲的证言,请继续讯问周某、苏某甲,核实马某丙、苏某乙等人是否从周某、苏某甲处购买过饮料,如有请确定数量并调取相关转账记录。

5. 关于穆某某的证言需要进一步开展的补充工作。①请让穆某某指认帮助周某卸货的南湖小区地下室;②请根据穆某某的证言,询问热某某(电话1769082×××)是否从周某、苏某甲处购买过饮料,如有确定数量并调取相关证据;请核实周某让穆某某给阳光绿岛那边一个客户送饮料的情况。

6. 关于谢某的证言需要进一步开展的补充工作。①根据谢某的证言,周某后期还销售过外包装写着蜜桃苏打水的饮料、农夫山泉桶装饮料,请继续讯问周某以核实这些饮料的来源和数量,周某和苏某甲一共贩卖了多少前述两种饮料,获利多少并讯问饮料的来源;②根据谢某的证言,2019年12月第一次喝"DRK"饮料,陈某甲从2019年开始喝"DRK"饮料,于2020年4月份从谢某处买过一两次。陈某甲这个事情出了以后,谢某说有γ-羟基丁酸,是精神管控物质,请继续询问谢某其是如何知道有γ-羟基丁酸的以及知道的时间。

7. 关于褚某某的证言需要进一步开展的补充工作。①根据褚某某的证言,请继续讯问周某并询问苏某甲、褚某某,以查证从苏某甲和周某处买了多少饮料;②根据褚某某的证言,任某某也喝过本案涉毒饮料,请核实其是否从苏某甲或周某处购买过本案涉毒饮料。

8. 关于杨某乙的证言需要进一步开展的补充工作。根据杨某乙的证言,其从魏某甲处购买过桶装饮料,请询问魏某甲该桶装饮料的来源,是否与本案有关联。

9. 关于范某某的证言需要进一步开展的补充工作。让邻某、杨某丙、小虎等人指认卸货地点的台球厅的仓库；库房残留的"DRK"饮料是否送检鉴定，是否有结果，如有请将鉴定结果及时反馈并附卷。

10. 关于冯某甲、董某某、冯某乙的证言需要进一步开展的补充工作。①董某某证言称，冯某杰于2020年2-6月把5件苏打水带回家，请继续讯问冯某杰并询问冯某甲、董某某，这些苏打水是否用于生产本案涉毒饮料，生产了多少；②冯某乙证言称，2020年11月底在戚某增的房子见戚某增等人制造饮料，请让冯某乙对制造饮料具体地点进行指认；③冯某乙证言称，2020年11月20日见到袁某红在戚某增的房子里生产饮料，请继续问冯某乙以核实当时生产了多少饮料，怎么处理的。

11. 关于刘某甲的证言需要进一步开展的补充工作。①请继续询问刘某甲，让刘某甲提供冯某杰通过支付宝向其支付第一批玻璃瓶子运费的转账记录，请刘某甲提供运送瓶子的记录单；②请让刘某甲指认"DRK"饮料和桶装饮料的外观，指认受冯某杰之托运输的并存放于达达木图库房第二批瓶子；③根据刘某甲的证言，2020年4月在戚某增的家里见过戚某增、袁某红、冯某杰等人参与勾兑生产饮料，请继续询问刘某甲并讯问戚某增、冯某杰、秦某旺、袁某红以确定具体参加人员，生产勾兑了几次，生产了多少饮料，最后怎么处理的；④根据刘某甲的证言，请继续讯问戚某增、袁某红并询问刘某甲在第二次疫情结束后（2020年9月）在尾气厂和袁某红生产勾兑饮料的情况，生产勾兑了多少，怎么处理的。

12. 关于令某的证言需要进一步开展的补充工作。令某在证言中也提到了吴某购买饮料的情况，请核实吴某的真实身份并询问其是否从秦某旺处购买过饮料，购买了多少。

13. 关于武某的证言需要进一步开展的补充工作。根据武某的证言，其在微信上还买过"胖饮料""金饮料"等，请核实上述饮料是否与本案有关。

14. 关于魏某的证言需要进一步开展的补充工作。请让魏某指认尾气厂饮料存放点。

15. 关于傲某的证言需要进一步开展的补充工作。①根据傲某的证言，其从张某处购买过两次桶装饮料，请继续讯问张某以确定该饮料的来源和数量；②根据王某乙的证言，其从冯某杰处购买了 5L 的桶装饮料，共计 10-20 桶，请继续讯问冯某杰并询问王某乙以确定其从冯某杰处买了多少饮料。

（九）其他方面需要补充开展的取证工作

关于某速运公司提供的证据需要进一步开展的补充工作。①某速运公司提供的冯某杰和秦某旺从伊犁地区发往乌鲁木齐市的饮料酒水情况说明，请与某速运公司的工作人员核对冯某杰发的货里面具体是什么饮料，是瓶装的还是桶装的，收件人是谁；秦某旺发的货里面具体发的是什么饮料，是瓶装的还是桶装的，收件人是谁；请让冯某杰和秦某旺核对具体发给了谁，怎么支付的钱，支付了多少钱；②请核实签收单上签收人的真实身份并询问为什么他是签收人，实际收货人是谁；请继续询问郑某某，为什么"邓"、"郑"作为签收人，实际收货人是谁；③某速运公司提供的签收单是 656 件，没有签收单据的是 300 件，请向某速运公司调取冯某杰和秦某旺从伊犁地区发往乌鲁木齐市的饮料：2019 年 12 月 25 日 100 件的收货签收单（冯某杰），2019 年 12 月 15 日 100 件（秦某旺），2019 年 12 月 23 日 100 件（秦某旺），2019 年 12 月 26 日 100 件（秦某旺）的单据。请继续询问某速运公司的工作人员，并提供冯某杰、秦某旺发的每一批货的具体情况，是瓶装还是桶装，收货人是谁；④案卷内的 2020 年 4 月 9 日 200 件签收人显示不清，请查证签收人是谁；证据卷 20 第 129 页，2020 年 1 月 11 日王某丁送的 56 件和 50 件无签收人签字，请询问王某丁具体签收人是谁；第 132 页有两次 60 件，请继续询问某速运公司的工作人员，核实上述发货的具体情况；⑤请提供某速运公司提供的寄货人电话为 1559965×××、1859939×××的寄货清单的来源并要求某速运公司提供该清单所依据的原始证据材料，同时向某速运公司核实为什么没有石河子买某、张某甲的条目信息。

（十）其他需要补充开展的工作

1. 毒资、毒赃是否查询、查封、扣押、冻结，需固定本案犯罪嫌疑人与案件有关的个人财产；

2. 调取购买制造涉毒饮料的原材料和工具的单据、寄递单据等；

3. 对在案的电子数据检查，收集固定与案件有关的信息，对于已经被删除处理的与案件有关的信息，是否可以恢复、读取？

4. 对于已采取的技术侦查措施，可否制作抄清材料，该技术侦查措施的审批是否符合法律规范？

5. 关于犯罪嫌疑人举报的线索。①根据冯某杰的供述称其还知道"何某某"和"某滨"生产勾兑这种饮料，请予以查证，是否与本案具有关联性；②根据张某的供述，其举报乌鲁木齐"胖子"售卖电子烟，"南某"售卖"DRK"饮料，请予以查证，并核实与本案是否具有关联性；

6. 关于现场勘验和电子勘验方面需要补充开展的工作。①侦查机关只对伊犁某厂进行了现勘，没有做其他地方的现场勘验？如冯某杰父母经营的农家乐、冯某杰租住的房屋、戚某增租住的房子、清水河院子、达达木图的库房、张某的烧烤吧等，请予以补正或者作出解释；②电子数据提取固定清单上持有人、办案人员等未签名，请予以补正或者作出合理解释。

（十一）关于案卷中程序上存在的需要补充说明的瑕疵和问题

1. 关于鉴定意见和权利义务告知方面存在的问题。①鉴定意见通知书只有张某、冯某杰、袁某红、周某、苏某甲签字，戚某增、秦某旺、鞠某某等人未签字，请予以补正；②冯某甲和董某某的权利义务告知书是"行政案件"权利义务告知书，请予以补正或者作出合理解释；案卷内缺少陈某甲、王某丙、杨某甲、马某甲、穆某某、谢某、武某、索某、于某某、褚某某、马某乙、范某某等人的证人权利义务告知书，请予以补充或作出合理解释。

2. 关于本案中证据材料的来源存在的问题。①请补充从证人梅某某处接收证据材料时《调取证据通知书》《调取证据清单》的完整清单；向梅某某调取证据的通知书，公安分局未盖章签日期、调取证据清单无内容、无保管人、无办案单位办案人签字和日期，请予以补正；②关于证据卷4第1-38页、第54-55页，有关证人指认照片的来源，建议制作接收证据清单或者调取证据清单；③请补充说明陈某甲的住院病历、诊断书等证据材料的来源。

三、相关工作要求

请在退回补充侦查期间，降低、克服"新冠肺炎"疫情对侦查取证工作的影响，可借助视频提讯或是其他方式完成讯问（询问）工作，进一步收集完善本案证据。因退侦提纲的内容均涉及本案犯罪嫌疑人定罪量刑的重要证据，请侦查人员克服困难亲自开展补侦工作，尤其是对于犯罪嫌疑人的讯问工作，请勿委托他人代为讯问。另外，因本案的补充侦查工作较多，请及时将已经完成的补充侦查工作进行阶段性反馈。

乌鲁木齐市人民检察院
20××年×月×日

【承办检察官心得体会】

本案是乌鲁木齐市检察机关办理的最大的一起涉及饮料类的毒品案件，具有数量巨大、人数众多、制贩全链条等特点。本案毒品系新型毒品 γ-羟丁酸，涉毒饮料高达 13 余吨，涉案 6 人，涉及制造、运输、贩卖全链条犯罪且大量毒品饮料被饮用。犯罪嫌疑人到案后，大部分拒不认罪、否认主观明知系毒品、对数量避重就轻，同时存在串供和毁灭证据的行为。为主动适应以审判为中心的刑事诉讼制度改革，自觉强化证据体系构建能力，承办检察官在审查起诉期间全面细致审查在案证据，根据在案证据构建证据事实，梳理证明环节的缺漏、瑕疵，按照涉案人员所涉及的犯罪事实逐一写明需要补充侦查的证据，注重加强补充侦查提纲的说理性，列明已经收集在案的证据，需要证明待证事实还需什么证据，并明确告知如何取得该证据。分析在案证据证明内容的同一性和矛盾点，对于相互矛盾的证据，要求侦查机关进一步取证、补正或作出合理解释，解决证据矛盾和证据瑕疵。充分考虑补充侦查提纲的必要性、可行性，与公安机关多次面对面沟通取证目的、取证方式、取证可能，确保补充侦查工作取得实效，构建有力的指控证据体系。第一次退侦围绕 11 个方面共计 53 项内容制作退回补充侦查提纲，主要围绕主观明知、共同犯罪中的作用大小、毒品数量、毒资的来源和去向以及瑕疵证据补正等方面引导侦查。经退回补充侦查，对犯罪嫌疑人是否构成犯罪逐一分析、重新构建证据，对尚不足以证实构成犯罪的袁某红作出存疑不起诉决定。聚焦重点人员、主要犯罪事实，进一步夯实证据基础，增强证据证明体系，对戚某增、秦某旺等5人以贩卖、运输、制造毒品提起公诉。最终，法院分别判处其15年有期徒刑至无期徒刑。

【专家点评】

（一）补充侦查方向明确，运用在案证据说理充分

退回补充侦查提纲首先对需补充侦查的事项进行了总体概述，然后围绕每个犯罪嫌疑人所涉事实进行细化，再对全案整体证据的完善提出意见，逻辑清楚、可操作性强。尽管毒品犯罪相对比较依赖言词证据定罪量刑，但提纲也注重提出客观证据的收集，增强言词证据的可信度，同时还善于列举出在案证据情况，论证现有证据体系中缺什么，阐明下一步取什么证、如何取证，有利于明确意图和高效配合。

（二）对涉案重点问题予以重点取证

一是本案系涉新型毒品，毒品成分的确定、犯罪嫌疑人主观明知的证明相对困难；二是犯罪嫌疑人采取了速运公司寄递方式贩卖毒品，与传统贩卖手段有所区别；三是本案犯罪链条较长，从制造到贩卖，数量大、笔数多。退回补充侦查提纲专门针对上述重点问题进行补证，做到了逐人逐笔逐项核实印证，为全链条精准打击毒品犯罪奠定了基础。

（三）厘清共犯地位作用，对漏犯保持"警觉"

全面查明各犯罪嫌疑人的出资和资金使用情况、制造毒品的数量和地点、贩卖毒品数量、获利情况等基本事实，既包括个人犯罪事实，如冯某杰是否曾经单独贩卖毒品，也包括罪轻的事实，如向陈某乙贩卖毒品是否重复计算，坚持做到准确认定、罪责自负、不枉不纵。对可能涉案的漏犯，本案犯罪链条上的"东北老马""伊犁王某"等人均要求进一步核查。对犯罪嫌疑人举报的"何某某"、"某滨"、乌鲁木齐"胖子"、"南某"等人的犯罪线索进行核查，确定相关犯罪嫌疑人是否构成立功。

（四）积极解决证据矛盾和瑕疵，协同提高质量效率

退回补充侦查提纲对发现的在案证据矛盾和瑕疵进行了详细列举，并明确了完善方式。主要矛盾包括：单个犯罪嫌疑人供述前后矛盾，言

词证据相互矛盾,言词证据与交易、转账记录等客观证据矛盾;主要瑕疵包括称量计算方法、取样方式数量、鉴定意见的瑕疵、证据材料来源瑕疵、工作签字瑕疵等。对新冠肺炎疫情对侦查取证工作的影响提出了应对措施,对以阶段性反馈促进协同工作效率提出了建议,这些工作均有利于提高案件办理质效。

(点评人:张茂林,四川省人民检察院第四检察部主任、全国公诉标兵)

76. 卢某昌等人集资诈骗、组织、领导传销活动案退回补充侦查提纲

【简要案情】

2013年11月，卢某昌注册成立××投资控股股份有限公司，于2018年1月更名为×逸（上海）商贸有限公司。2016年3月至2018年8月，卢某昌结识张某鄂，双方共谋以宣传"宗祖文化"、搭建网上商城推销土特产为名，实则以高额返利向社会公众非法集资，并组建了以×逸公司为中心，以××电子商务（上海）有限公司、上海××实业有限公司、上海××驿站商业管理有限公司、上海××集团有限公司、上海××贸易有限公司等公司为经营主体，由×逸公司统一管理各公司人事、财务、资金的"宗客网"经营体系（下称"宗客网"）。

2016年3月起，卢某昌、张某鄂创建并开发宗客商城App、"宗祖风情"微信公众号等作为融资平台和推广媒介，在未经有关部门批准的情况下，采用媒体推介、宣讲讲座、口口相传等方式，承诺投资人保本并高额返利，诱骗投资人缴纳加盟费、充值后代理销售"宗客网"商品等形式，向社会公众非法集资。

【诉讼过程】

2019年12月5日，上海市公安局松江分局以涉嫌集资诈骗、组织、领导传销活动罪对卢某昌等14人移送松江区人民检察院审查起诉，松江区检察院于2020年1月20日、6月12日二次退回补充侦查，上海市公安局松江分局于2020年7月10日补充侦查完毕移送起诉。期间，于2020年4月2日报送上海市人民检察院第一分院，2020年5月14日上海

市人民检察院第一分院将其中张某等 10 人交送松江区检察院审查起诉。2020 年 7 月 28 日，上海市人民检察院第一分院以集资诈骗罪对卢某昌等 5 名被告人提起公诉；2020 年 8 月 6 日，松江区检察院以非法吸收公众存款罪对张某等 10 名被告人提起公诉。2021 年 5 月 25 日，上海市第一中级人民法院以集资诈骗罪对×逸公司及卢某昌等 5 名被告人判处刑罚，其中卢某昌被判处无期徒刑，剥夺政治权利终身，并处罚金 2000 万元。卢某昌等人提出上诉后，二审维持原判。2021 年 1 月 19 日、1 月 28 日，上海市松江区人民法院以非法吸收公众存款罪对张某等 10 名被告人判处刑罚。现判决均已生效。

【文书全文】

关于卢某昌等人集资诈骗、组织、领导传销活动案的退回补充侦查提纲

上海市公安局松江分局：

你局以松公（经）诉字〔20××〕10××××号起诉意见书移送起诉的犯罪嫌疑人卢某昌等人涉嫌集资诈骗、组织、领导传销活动案，为有效地指控犯罪，根据《中华人民共和国刑事诉讼法》第一百七十五条第二款之规定，现决定将此案退回你单位补充侦查。

一、补充侦查方向

本院审查认为，本案在吸收资金模式、资金流向、涉案人员参与犯罪、发展下线情况及犯罪金额、涉案财产查封冻结等方面的证据需要进一步补充侦查。

二、补充侦查的主要事项和工作

（一）进一步查明各吸收资金模式的具体情况

在案证据反映，卢某昌等人除通过"2+3"模式吸收资金外，还采用高回报理财、股权投资等方式，以"驿站""落地店""大客户订单"等形式非法集资，但现有证实上述模式运行的时间、涉案人员提成规则、

吸收资金情况等证据尚不充分，需补充有关证据。具体如下：

1. 为查明"驿站""落地店"模式运行规则，需针对下列情况取证：

（1）扣押在案的《宗客驿站4月份运营规则》显示"落地店分为宗客元素植入店和不植入店"，需讯问卢某昌、张某鄂、严某升、戴某康等公司高层人员关于植入店、不植入店的区别情况，以证实"驿站""落地店"模式运营规则及区别。

（2）上述《运营规则》显示，"驿站"提成规则为"驿站站长根据大客户订单销售业绩获得20%－40%收益＋1%－3% KPI考核奖励；辅导中心，根据大客户订单销售业绩，获得10%推荐费＋11%－13%辅导费；市场部，1%－3%管理费"。对此，需要通过讯问犯罪嫌疑人、部分购买驿站的宗客、查询后台数据等方式，查明上述规则含义及实际试行情况，从而准确把握对"驿站"模式的行为定性。取证中，需注意对下列问题的查明：第一，驿站上述类似于"2＋3"团队计酬模式的提成方案，是否实际运作；第二，大客户订单的销售主体有哪些，公司本身、驿站、普通宗客是否都可以卖大客户订单，并获得相应提成；第三，对驿站的业绩考核，是针对驿站单独的一套业绩考核体系，还是依附于市场部－辅导中心的层级进行的考核。

2. 为查明以××堂公司名义吸收资金模式的情况，需针对扣押在案的××堂公司《自营产品助销计划》反映情况进一步取证。该《自营产品助销计划》规定，"累计消费自营产品1万元，获得自营产品代理资格。代理佣金：1.市场佣金，200元－1500元/单不等（代理商最多拥有3个市场）；2.管理佣金，（1）辅导员，三个市场中最小市场销售业绩大于12万的，对新增业绩增加200元/单，拿五代辅导员津贴，并可以开拓第四个市场；（2）督导，三个市场中，最小市场培养3个辅导员，对新增业绩增加200元/单，拿三代督导津贴，并可以开拓第五个市场；（3）执事，三个市场中，最小市场培养两个督导，对新增业绩增加200元/单，拿两代督导津贴。3.股东分红，最小市场培养一个执事的，按权重分红2%"。对此，讯问严某升、张某鄂等犯罪嫌疑人，要求其对上述"消费自营产品""辅导员""督导""执事""X代"概念进行解释，并对上述规则出台背景、实际运行情况开展讯问。

3. 为查明××苗计划、××堂股份、××生物股权、××蕊公司协议、分公司计划等模式情况，针对证实上述项目基本模式的证据均仅有少量报案人材料中所附投资合同的情况，及时梳理后台数据，询问陈某、王某某等公司技术人员，讯问主要犯罪嫌疑人关于上述数据记录情况，查明通过上述模式吸纳会员的人数及资金情况。

4. 为查明"2+3"模式提成情况，针对在案犯罪嫌疑人中对该模式中辅导中心的提成比例供述不一的情况（如张某鄂称5%-9%，戴某康称13%），讯问总监、部长级别犯罪嫌疑人，进一步查明实际提成比例，以及是否存在比例变化过程。

5. 经对在案各类合同文本进行整理，需对部分合同文本中具体表述、合同对应的项目模式进一步确认。

6. 为进一步查明各投资模式吸收资金、充值、提现的情况，需对报案人报案材料中反映出的宗客网App、网页中个人结算账户有多个细目的情况，要求后台设计者犯罪嫌疑人张某鄂及陈某等人对具体细目内涵作出解释，并考虑所核实的内容是否有助于司法审计中对各类金额的细分。具体如下：

（1）电脑页面：通用产品券、自营产品券、锁定通用产品券、锁定自营产品券、大客户订单赠送数。

（2）App页面：通用金额、可用金额、报单专户、自销产品款、特殊自销产品款、助销产品款、自销产品锁定款、助销产品锁定款、直推锁定、KPI锁定；通用账户、店补账户、优惠券、购物账户。

（二）进一步查明相关公司、产业及投资情况

1. 为进一步查明吸收资金流向，该案是否构成单位犯罪等情况，需围绕本案相关公司、企业及投资情况进一步侦查。具体如下：

（1）报案人提供并较为关注的所涉企业、资产中，尚未查明的要逐一查明，有实际投资的，要通过询问证人等方式查明具体情况，经侦查确认与本案无关的、并非宗客网产业的，出具《工作情况》予以说明。

（2）其他关联企业、产业（包括但不仅限于上海××集团有限公司、××投资控股有限公司、上海××实业有限公司、××世纪贸易发展中心、上海××驿站管理有限公司、上海××贸易有限公司、中国××建

筑有限公司上海分公司、上海××珠宝有限公司、上海××餐饮有限公司、上海××文化传媒有限公司、上海××实业有限公司、上海××路演有限公司、上海××生物科技有限公司、上海××投资有限公司）要查明基本情况，调取工商登记信息资料，围绕公司基本情况、持股情况等讯问卢某昌、严某升等人。

2. 查明杭州××酒店管理有限公司的基本情况及其与本案关联性。查明租赁的杭州湘水大厦现状，租金是年付还是一次性付清。对该公司将水湘大厦部分商铺租赁给犯罪嫌疑人尹某炎的情况，向尹某炎进行核实，查明是正常租赁还是抵债等其他情况。

3. 现有证据反映出卢某昌以安徽××本草科技有限公司名义购入的安徽合肥高新区柏堰产业园一栋楼，查明该不动产现状。

4. 关于新疆丝路名城项目，跟进该项目进展，明确××公司在该项目中的期待利益。

5. 查明卢某昌向上海××投资有限公司、××证资本、××农部落、上海××企业管理有限公司投资情况。

6. 多名投资人反映要求查明"×家帮""上海××建筑安装工程有限公司"情况及与卢某昌的关联，核实相关情况。

7. 审查起诉阶段，犯罪嫌疑人陈某刚供述其到案后已将公司财务报表电子存档提供给公安机关，核实相关情况，如尚未调取的及时调取、固定并送审计。

（三）进一步查明涉案人员在传销架构中发展下线情况

1. 系统缺少第四运营部数据，且从第八运营部开始编号不连续，对此向张某鄂、陈某等人了解有关情况，明确是本身不存在相关运营部，还是有人离任等情况。

2. 你局提供的关于部长信息的表格显示，姜某之、尹某炎均是2018年5月1日从第二运营部调整至第五运营部，二人均为总监，存在冲突，需核实二人部门更替情况是否有误。

3. 对涉案人员发展下线具体情况进一步核实，基本思路是：第一，部长需对下属辅导中心名单逐一确认，可以笔录形式，也可以列明名单后签字确认，目的是排除辅导中心是假名、嫌疑人借用他人名字实际自己操作的情况,如嫌疑人提出相关辩解,需逐一向涉及人员确认。第二,总监需确认下属市场部是否发生变动,从而准确计算下线。第三,戴某康、舒某远曾任总监,但本身无账号,需确认二人担任总监具体时间段,以准确计算该时间段内下线。第四,有发展驿站、落地店的,需确认发展名单,排除实为自己借名投资的情况。具体如下:

(1) 赵某斌:要求其确认全部下属辅导中心、下属驿站、落地店名单。

(2) 孙某琴:要求其确认下属驿站名单。

此外,由于孙某琴下线人数相对较少,而其辩解称"孙某甲、孙某乙、王某纬、孙某远、孙某凤、王某国、张某克、张某难、喻某、王某辉都是其借用这些人名字操作的账户,这些人本身并未投资",查明上述人员是否有本人实际投资的情况(如上述人员确未投资,可以电话核实、录音,并出具工作情况)。

(3) 程某云:要求确认其负责的第3市场部下辅导中心及其下属驿站名单。

确认其第二运营部下部长名单,主要是曹某、石某、范某平三人,是否在其担任第二运营部总监期间,一直都在该运营部,或三人提任部长后即在其运营部。

(4) 尹某炎:要求确认其下属辅导中心、驿站、落地店名单。

(5) 陈某根:陈某根供述潘某、来某良、夏某3人系其发展的辅导中心,但该3人在系统上并不在其名下,故需向潘某、来某良、夏某确认,3人是否为陈某根下属,何时离开陈某根所属部门。

要求陈某根确认其下属驿站、落地店名单。

要求陈某根确认其转入高某部门时间(是否为2018年6月2日提拔为市场部之后)。

(6) 单某芳:要求其确认下属辅导中心、驿站、落地店名单。

要求确认其何时转入高某运营部(是否为2017年10月11日,高某提拔总监时即转入)。

(7) 高某:要求其确认其负责的第八市场部下属辅导中心名单。

要求确认2017年10月11日,其提拔总监后,下属8个市场部分别是何时挂在其名下。

（8）张某英：要求确认下属辅导中心名单。

（9）戴某康：要求确认其担任运营二部总监时间段（文件显示为2017年5月8日至2017年10月11日，但戴某康以往供述时间要短于该时间段，如提出辩解应进行必要核实）。

（10）舒某远：要求确认其担任运营三部总监时间段（根据文件显示，2017年5月8日、2017年10月11日二次任命舒某远三部总监，目前系统显示的三部总监为阚某，而阚某在2017年10月11日被任命为四部总监，因此，在舒某远和阚某之间存在接替关系，要求其对具体接替时间进行确认，并找阚某核实）。

（四）进一步查明公司管理层面涉案人员工作情况

1. 关于张某：张某鄂2019年5月17日的笔录称，宗客商城App是外包的，由张某负责。针对该情况讯问张某，并向卢某昌、陈某等可能知情人员核实。

2. 查明张某鄂、严某升、戴某康、张某、陈某刚、舒某远从公司领取工资情况。

3. 关于戴某康供述的其于2018年10月左右，分三次向公司退出150万元的情况，核实是其退款还是各种形式的投资。

4. 目前卢某昌、张某鄂相互推诿，关于后期张某鄂离开原有岗位的实情向严某升等主要犯罪嫌疑人核实（张某鄂称是遭排挤；卢某昌称是张某鄂为安抚投资人故意要求卢某昌假意调岗）。

5. 审计初稿显示，2016年3月2日至2019年6月11日，张某账户从卢某昌控制公司账户转入2679481.90元，从卢某昌转入1051110元。上述金额远高于张某工资收入。查明张某有无个人银行卡用于公司经营情况，要求其对上述钱款进账作出解释。

（五）进一步完善司法审计

1. 投资模式方面：

（1）对××苗计划、××蕊公司协议、分公司计划等系统是否有数据，如有，则增加到审计中。

（2）目前对"实名"部分的审计，限于对有纸质报案材料的部分，人数较少。能否增加一部分，通过对绑定银行卡等的审计，梳理出实际人数。

（3）"提现"部分，需要细分到实际提现为现金、赠予其他宗客、购买产品。

2. 需增加对在案 10 名总监、部长发展下线的审计：

总体思路是：第一，部长对下属辅导中心的数据负责，总监对下属市场部数据负责，其中总监下属市场部应根据实际情况调整，不能完全依靠系统显示数据。第二，需对 2+3 模式、驿站、落地店数据分别进行审计，均需列明人数、系统显示金额、实际收到金额。第三，如系统数据能够支持，需查明总监、部长自己投资金额、提成数额、提现数额。

（六）完善冻结、查封情况

1. 在案冻结查封财产情况中，有部分未见冻结查封期限，应予以补充；对已经续冻的，补充更新相关材料。

2. 在本提纲第（二）项中列明的资金流向、项目投资事项补充侦查过程中，如有新查明的与本案有关的赃款赃物的，应及时予以查封、扣押、冻结。

（七）对部分犯罪嫌疑人到案情况进一步核实

下列犯罪嫌疑人供述的其到案经过与《抓获经过》有所出入，需进一步核实，具体如下：

1. 孙某琴供述，当日民警到其家中时其外出了，其丈夫给其打电话后其就回家了，当时民警还在其家中，其就被带走了。

2. 高某供述，其系接民警电话通知后到九亭派出所投案。

3. 赵某斌供述，当日其在家时接到民警电话，民警让其自己下楼接受调查，但其下楼后未见到民警，之后其又主动给民警打电话，与民警碰面后被带走。

（八）部分证据形式需补强

1. 本案相关扣押材料中均缺少"扣押笔录"，应予以补强或说明情况。

2. 证人毛某某的证言（卷67，第2页）、安某某的证言（卷67，第225页）均只有一名民警签字，应说明原因。

三、相关工作要求

继续侦查过程中，注意以下问题：

1. 上述补侦工作中，应加强沟通，对取证进展、证据变化等情况及时告知我院承办人，对难以取证的及时商量对策，必要时可与我院承办人共同开展取证。

2. 因相关司法审计工作量较大，故对司法审计部分工作，可根据补侦进展，会同我院承办人及时与审计人员沟通，明确可行性、准确性，确定审计思路后再行开展具体审计工作。

上海市松江区人民检察院
20××年×月×日

【承办检察官心得体会】

"宗客网"案件是一起犯罪嫌疑人同时利用传销、非法集资实施犯罪的案件。该案犯罪手段新、集资模式复杂、人员广布全国，侦办难度较大，区院与公安机关注重协作，通过二次退补，逐步补强证据，准确、妥善办理该案。该案补充侦查提纲获评上海检察机关优秀退回补充侦查提纲，相关工作经验在全市补充侦查工作推进会上作交流。

（一）用好退补，把准侦查方向，准确指控重大复杂金融犯罪

针对取证缺口，从模式线、资金线两个维度开展补证。该案公安机关以组织、领导传销活动罪立案并开展初期侦查，根据证据条件先行围绕"2+3"传销模式取证，而这仅能确立涉案人员构成犯罪，但对于全面、精准指控犯罪还有一定差距。该案移送审查起诉后，承办人从73册案卷及大量报案人材料中整理出21种投资合同文本，退补中，以表格形式反馈给侦查人员，列明模式—对应合同—合同内容—待查事项，明确了以合同为基础，突破犯罪嫌疑人、查找下线作证、后台数据比对同步进行的查证思路。经过补充侦查，进一步查明了犯罪嫌疑人在发展过程中，又以"宗客"为站点，冠以"驿站""落地点"的名号，直接销售理财产品，从层层发展下线向平行架构转变；以及发展后期，以销售公

司股权形式吸收资金的事实。至此，查明了"宗客网"以金字塔架构为基础，衍生理财、股权等多种模式吸收资金的犯罪模式，而据此认定的涉案金额也从单个"2+3"模式的38亿元，增加到各模式总额52亿元。

在资金线的查证中，为查明该案是否属于集资诈骗，引导公安机关从涉案公司经营状况、投资项目运作情况、资金流向等方面入手开展补充侦查。针对卢某实际控制公司及投资项目众多的问题，以树状图形式进行整理，一目了然地列明待查事项及项目关联性。经过补侦，查证了卢某昌等人集资所得的数十亿中仅有8000余万元用于采购商品，多个投资项目在拍摄宣传资料后即不了了之，证实了其以"精准扶贫"之名，行集资诈骗之实的事实。

（二）列明补查事项，注重跟踪落实，切实发挥补证合力

补证中着重做好以下三点，与公安人员共同推进补证：一是"讲得清"。在提纲中讲清楚"为什么、做什么、怎么做"三个问题，运用图表梳理出合同模式、关联公司、层级架构，力求清晰、明了、可操作。二是"落得实"。与侦查人员及时交换信息，共同解决取证难题。例如，针对"宗客网"非实名带来的一人多账号问题，及时调整了从身份证、手机号、查证到人的思路，转而从提现记录查证投资，在较短时间内，从7万多个账号中，锁定了2万余名实际投资人，准确认定发展下线的实际人数。三是"分步骤"。在有限的审限中，用好二次退补，一退重点查模式、查资金、查人员结构调整，二退重点查情节，做好查漏补缺，分步有序推进，实现案件"精加工"。

【专家点评】

检察机关制作补充侦查提纲的目的，就是让侦查机关明确为什么补？补什么？怎么补？如果上述内容得以完整叙述、条理清晰，一份补充侦查提纲便得以"尽其用"。涉嫌集资诈骗、组织、领导传销活动罪的案件，往往涉案范围广、模式复杂多变、人员众多。厘清案件脉络并识别出其中需要"查缺补漏"之处，使案件的事实推理与证据支撑更加令人信服，就需要检察人员清晰的分析思路和突出的文书表达能力。本篇补充侦查提纲以查明各吸收资金模式为轴心，对庞大的公司体系和人员组

织进行谋篇布局，结构条分缕析，内容精细入微，对于侦查机关而言，"补什么""怎么补"一目了然。本篇文书的出色之处，可概括为以下几点：

（一）主线把握精准

本案涉嫌的集资诈骗、组织、领导传销活动罪属于重大、复杂的金融犯罪，涉案证据之繁杂、人员之庞大，决定了如若不能秉要执本，则案件便是千头万绪、无从下手。因此，本篇文书先抓住了集资诈骗案件中极为重要的模式线、资金线两条主线，对不同集资模式下的运行规则、吸收资金方式、股权协议、提成模式等情况，以及对不同吸收资金流向模式下的企业资产、关联企业持股等情况详细列明需要补充侦查的事项，充分发挥了主干提纲挈领的作用。达到了脉络清晰、明白易晓的效果。

（二）结构细节统筹得当

对案件事实部分而言，本篇文书由宏观到微观，以吸收资金模式为开端，到公司、企业的投资情况，再到涉案人员情况，逐一细分列举需查明补足事项，细致入微，脉脉相通；对于司法程序部分而言，本篇文书以案件办理流程为逻辑顺序，从司法审计到冻结、查封情况，到犯罪嫌疑人到案情况，再到"扣押笔录"与证言的证据补强，详述其中需完善补充事项，循序渐进，囊括无遗。这两部分合二为一，使得本篇文书结构严密，内容完整，层次分明，实为一篇优秀之作。

（三）体现兼顾实体正义与程序正义的价值取向

实体正义被称为"摸得着的正义"，是诉讼过程所实现的结果正义，可以被理解为对结果的价值追求。程序正义则是"看得见的正义"，是法定程序和诉讼过程本身所体现出的正义，可以被理解为对过程的价值追求。过程与结果是共生共存的。退回补充侦查是公诉环节程序倒流的一种重要方式，关于退回补充侦查的适用条件表现出强烈的程序本位思想的特征。因此，在法理上不仅要重视其对实体权利的补救，而且要重视对程序的补救功能。本篇文书的内容则是二者的有机结合，不仅对案件事实证据等影响实体判断的内容列明需补充侦查事项，而且对司法程序中需要补充完善之处也予以列举，共同形成本篇补充侦查提纲的完整内容。

综上所述，本篇补充侦查提纲在主线把握、结构安排、细节阐述等方面具有其独特突出之处，同时其体现的兼顾实体正义与程序正义的价值取向也值得赞扬。因此，此篇文书可称之为一篇杰出的检察文书。

（**点评人**：王新，北京大学法学院副院长、教授、博士生导师，最高人民检察院经济犯罪检察厅副厅长（挂职））

77. 安某华贩卖、运输毒品案退回补充侦查提纲

【简要案情】

2019年7月至2020年4月，安某华共计贩卖、运输甲基苯丙胺（俗称"冰毒"）3329克、甲基苯丙胺片剂（俗称"麻古"）1028粒，其中200克甲基苯丙胺系犯罪未遂。

【诉讼过程】

2021年1月21日，湖南省新化县公安局以安某华涉嫌贩卖毒品罪向新化县人民检察院移送审查起诉，该院于同年1月26日报送至娄底市院审查起诉，娄底市院于同年6月23日向娄底市中级人民法院起诉。期间，退回补充侦查二次。2022年12月12日，娄底市中级人民法院以安某华犯贩卖、运输毒品罪，判处死刑，缓期二年执行，剥夺政治权利终身，并处没收个人全部财产。判决后，安某华未上诉。经湖南省高级人民法院复核，于2023年2月22日裁定维持原判。

【文书全文】

湖南省娄底市人民检察院
退回补充侦查提纲

新化县公安局：

你局以新公（禁）诉字〔20××〕00××号起诉意见书移送起诉的

犯罪嫌疑人安某华涉嫌贩卖、运输毒品罪一案，为有效地指控犯罪，根据《中华人民共和国刑事诉讼法》第一百七十五条第二款的规定，决定将案件退回你局补充侦查。

一、补充侦查的方向

本院审查认为，该案部分事实不清、证据不足，且犯罪嫌疑人安某华还有大量遗漏犯罪事实未查清，另还有部分涉案人员的行为涉嫌贩卖毒品罪、容留他人吸食毒品罪等罪名，需要依法查处。

二、补充侦查的主要事项和工作

根据上述情况，请你局查明以下事项，并重点做好相关工作：

1. 犯罪嫌疑人安某华尚有大量以贩卖为目的向陈某乙购进毒品的犯罪事实未查清。根据陈某乙的微信、支付宝转账流水，证明安某华于2019年12月25日至2020年4月6日共计向陈某乙转账67.97万元。根据陈某乙的供述，上述资金中，仅有5万元系其向安某华的借款，其余资金均是安某华向其支付的购毒款；其同时供述，安某华还通过现金、银行转账方式向其支付过购毒资金。根据安某华在审查起诉阶段的供述，其认可你局起诉意见书认定的犯罪事实以外，亦认可上述资金中还有部分系其向陈某乙支付的购毒资金。为查明安某华向陈某乙购进毒品的遗漏事实，请补充以下证据：

（1）补充调取陈某乙的银行流水记录，查明安某华是否以银行转账方式向陈某乙支付过毒资。

（2）请将陈某乙所供述的安某华用于支付毒资的微信号ag8888××××（昵称"円"，陈某乙备注为"老安"）、微信号yue52152××××（昵称"天道"）的注册信息、交易流水予以打印，并将两微信号及其交易流水分别交由安某华确认，查明该两个微信号是否绑定安某华的银行账号、是否系安某华本人使用。

（3）请全面调取陈某乙与安某华于2019年12月25日至2020年4月6日之间的微信聊天记录，查明两人是否有买卖毒品的微信聊天。

（4）请查明陈某乙与安某华于2019年12月25日至2020年4月6日之间所使用的电话号码（陈某乙供述安某华使用过尾号为0223、2121、0800的三个电话号码），并交两人确认系其本人使用，全面调取两人在该时间段的通话记录。

（5）请调取陈某乙的车辆行驶轨迹、陈某乙与安某华的电话移动轨迹，并对照安某华向陈某乙转账的微信、支付宝、银行流水等客观证据，进一步确认两个人的基站位置及见面情况。

（6）请加大对安某华、陈某乙的讯问力度，全面查明安某华向陈某乙购进毒品的遗漏事实。讯问时，请对照安某华向陈某乙转账的微信、支付宝、银行流水等客观证据，逐一查明安某华向陈某乙购买毒品的时间、地点、毒品种类、毒品数量、交易价格。

2. 犯罪嫌疑人安某华可能还存在以贩卖为目的向陶某某及其他人员购进毒品的犯罪事实未查清。根据陶某某的供述，你局起诉意见书认定的第一笔（2019.12.2）事实的购毒资金，安某华于当天及次日已经支付；第二笔（2019.12.4）事实的购毒资金，安某华于当天已经全部支付并未赊账。而根据陶某某"离开只需要一个转身"的资金流水，安某华于2019年12月5日至8日4天时间内分别向陶某某微信支付2000元、2000元、4000元、2400元。与此同时，根据陶某某的供述，2019年12月9日安某华找其购买100克冰毒后，安某华支付了13000元，还欠其7000元，当时安某华说他在邵阳找别人购买了麻古，没有那么多钱支付，于是她很生气，认为安某华每次找其购买冰毒基本都要她垫资，他却去找别人购买麻古。而起诉意见书认定2019年12月9日前陶某某只向安某华贩卖了2次毒品，且只有12月2日垫付了毒资，不存在多次垫付毒资的情况。因此，请补充以下证据：

（1）讯问陶某某，查明安某华于2019年12月5日至8日向其支付的资金是否系购毒资金？其供述2019年12月9日前安某华找其购买毒品几乎每次都要欠账，是否是指2019年12月5日至8日期间，安某华还向其购买过毒品并有欠账行为？如查明系购毒资金，还请查明其向安某华贩卖毒品的时间、地点、数量、金额。

（2）讯问安某华，查明该4天安某华是否向陶某某购买毒品。如查明属实，还请查明安某华购买毒品的时间、地点、数量、金额。

（3）查明安某华是否于2019年12月9日在邵阳向其他人员购买了麻古。

（4）查明安某华是否还存在向他人进购毒品的事实。

3. 犯罪嫌疑人安某华向徐某某贩卖毒品的事实未查清。根据徐某某的陈述（3P53），其于2016年开始在安某华手中购买毒品，一直持续至2019年11月，购毒次数很多，且大部分购毒资金通过微信转账方式支付。为查明安某华向徐某某贩卖毒品的具体事实，请补充以下证据：

（1）调取徐某某、安某华于2016年至2019年11月之间的微信转账、银行转账、通话记录等客观证据，查明两人之间的资金往来、通讯往来；并就资金往来找两人确认是否系购毒资金。

（2）根据两人之间的上述客观证据，再次讯问安某华并询问徐某某，查明安某华向徐某某每次贩卖毒品的时间、地点、毒品种类、毒品数量、交易价格。

（3）查明安某华向徐某某所贩卖的毒品来源于何处，是否购进数量大于贩卖数量。

4. 犯罪嫌疑人安某华向段某某贩卖毒品的大量事实未查清。根据段某某供述（3P77-78），其于2019年10月份开始在安某华处购买毒品，一直持续至2020年4月底，至少向安某华购买了700克冰毒、700粒麻古（3P87），支付毒资二三十万（3P68），盈利五六十万以上，其通过微信联系安某华，并使用两个微信向安某华的银行卡转账支付毒资。为查明安某华向段某某贩卖毒品的具体情况，请补充以下证据：

（1）调取段某某、安某华于2019年10月至2020年4月之间的微信转账、银行转账（段某某证明安某华使用尾号为1618的工行卡、尾号为8259的建行卡、户名为罗某某尾号为6593的邮政银行卡收取其毒资）、通话记录等客观证据，查明两人之间的资金往来、通讯往来；并就资金往来找两人确认是否系购毒资金。

（2）根据两人之间的上述客观证据，再次讯问安某华、段某某，查明安某华向段某某每次贩卖毒品的时间、地点、毒品种类、毒品数量、交易价格。

（3）查明安某华向段某某所贩卖的毒品来源于何处，是否系从陈某乙、陶某某处购买，是否还从别人处购进了毒品。

5. 犯罪嫌疑人安某华向下线曾某某、吴某某、李某某、康某某、刘某某以及"陈蔚"、"熊猫"等人贩卖毒品的事实未查清。为查明事实，请补充以下证据：

（1）全面调取安某华与曾某某、吴某某、李某某、康某某、刘某某、"陈蔚"、"熊猫"等人之间的微信转账、银行转账、通话记录等客观证据，查明安某华与上述人员之间的资金往来、通讯往来；并就资金往来分别找安某华及上述下线人员确认是否系购毒资金。

（2）根据安某华与曾某某等人之间的上述客观证据，再次讯问安某华并询问上述下线人员，查明安某华向上述人员每次贩卖毒品的时间、地点、毒品种类、毒品数量、交易价格。

（3）查明安某华向上述下线人员所贩卖的毒品来源于何处，是否系从陈某乙、陶某某处购买，是否还从别人处购进了毒品。

6. 安某华与"袁二毛"是否存在共同贩卖毒品、安某华是否向"袁二毛"购进毒品贩卖的事实未查清。根据安某华的供述，其系因为搭着"袁二毛"的关系而认识陈某乙并获得其赊账的信任，陈某乙供述"老二"系安某华的上线；根据陶某某供述，陈某乙还从邵阳到新化送过毒品给"老二"，当时陶某某网上订了新化华天酒店的房间，后来"老二"安排住在"三间房"宾馆，当天"老二"的朋友"光头"也来了；陶某某还供述"老二"找自己及陈某乙购买过毒品。请补充以下问题：

（1）讯问陈某乙、安某华、"袁二毛"、陶某某等人，查明陈某乙、陶某某所供述的"老二"是否就系安某华供述的"袁二毛"。

（2）安某华于2019年12月2日前是否帮"袁二毛"贩卖毒品、是否向"袁二毛"购买毒品进行贩卖。

（3）陈某乙、安某华、陶某某与"袁二毛"分别进行辨认。

（4）陈某乙是否于2019年3月来新化向"袁二毛"贩卖毒品；当天陶某某是否有网上预定"华天酒店"的信息，众人是否有入住"三间房"宾馆的记录。

7. 犯罪嫌疑人安某华是否与曾某某等人存在共同贩卖毒品的事实未查清。根据购毒人员赵某某供述（3P41），其于2020年1月27日找"老二"（曾某某）购买10套冰毒、麻古，是其与"老二"一起到银都宾馆一家饭店找"老二"上线购买的，而该地址正好系安某华经营饭店的场所。请查明安某华是否与曾某某等人存在共同贩卖毒品的行为。

8. 安某华的下线段某某涉嫌贩卖毒品的事实未查清。根据段某某本人的供述及其资金流水，段某某存在以贩卖为目的向安某华购买700克以上冰毒、700粒以上麻古的犯罪事实，其行为可能涉嫌无期徒刑以上刑罚。针对段某某贩卖毒品的事实，请着重补充上述第4项内容以外，还请补充以下内容：

（1）调取段某某与其下线吴某某、陈某某、胡某某、白溪镇"半醉半醒"、圳上镇"松宝"（1869287××××）、白溪镇"喜宝"（1990738××××）、圳上镇"周辉吉"等人的微信、支付宝、银行转账等交易记录，查明段某某与下线人员之间的资金往来，并分别找双方当事人确认哪些资金往来系购毒资金。

（2）查明段某某与其下线人员之间的通话记录。

（3）根据段某某之前的供述（其认可资金往来系其本人买卖毒品的资金），并对照上述转账流水、通话记录等客观证据，分别讯问段某某、询问下线人员，一一查明段某某贩卖毒品的时间、地点、数量、价格等犯罪事实。段某某的行为可能被判处无期徒刑以上刑罚，建议讯问时予以同步录音录像。

（4）查明段某某是否还存在向安某华以外的其他人员进购毒品的行为。

（5）对段某某供述其贩卖毒品所赚的五六十万赃款予以查明并依法处理。

9. 安某华的上线"易天"、"娇姐"、"蛤蟆"等人涉嫌贩卖毒品的事实未查清。请查清上述人员身份，并查清其涉嫌犯罪的事实，依法予以处理。

10. 陶某某的上线人员陈某甲、"坨哥"、"土匪"、亮哥罗某某、许某某等人涉嫌贩卖毒品的事实未查清。根据陶某某的供述，其向安某华、"老二"贩卖的毒品来源于上述人员，请查明"坨哥"、"土匪"等人的身份，并调取陶某某与上述人员之间的资金流水、通话记录等客观证据，查明上述人员涉嫌犯罪的事实，依法予以处理。

11. 陈某乙的上线人员李某甲涉嫌贩卖毒品的事实未查清。根据陈某乙的供述，其2020年3月向安某华贩卖的400克毒品，系其向李某甲购买的3公斤中的部分。因此，李某甲的行为涉嫌贩卖毒品罪，且可能判处无期徒刑以上刑罚，请将李某甲涉嫌贩卖毒品的事实查清，依法予以处理。

12. 陈某乙的朋友颜某某涉嫌贩卖毒品的事实未查清。根据陶某某的供述，陈某乙、颜某某于2020年2月底的一天给安某华送过一次毒品，当时是陈某乙、颜某某用两人的身份证在新化东煌国际酒店开了两间房。根据陈某乙的微信资金流水，陈某乙于2019年12月26日至2020年4月13日期间，共计分22次（17天）向颜某某转账168000元。根据陶某某的微信资金流水，2020年4月11日，颜某某向陶某某转账3300元，2020年3月22日至2020年4月9日，陶某某向颜某某分4次（3天）转账1600元。为查明颜某某贩卖毒品的事实，请补充以下证据：

（1）调取陈某乙、颜某某在新化东煌国际酒店的开房材料。

（2）找陈某乙、陶某某进行讯问并让其对资金流水进行确认，查明两人分别向颜某某多次支付的资金是否系向颜某某支付的购毒资金，颜某某是否于2020年2月底与陈某乙一起来新化共同向安某华贩卖毒品。

（3）讯问安某华，查明陈某乙、颜某某是否于2020年2月底共同向其贩卖毒品。

（4）调取颜某某的电话记录、微信、支付宝、银行转账等资金流水等客观证据，抓获颜某某并对其进行讯问，查明其行为是否涉嫌贩卖毒品罪，查获证据后对颜某某予以依法处理。

13. 犯罪嫌疑人安某华于2020年4月6日所购200克东西是否系毒品的事实未查清。根据安某华供述，其当天找陈某乙、陶某某购买的200克冰毒系假货，次日退了170余克；陶某某供述退了150克，其将该毒品又退给了上线陈某甲；陈某乙供述安某华确实退了部分，但收的6000元毒资一直未退给安某华。因此，请补充讯问安某华、陈某乙、陶某某、陈某甲，查明安某华该次购进的是质量不太好的毒品？还是纯粹以其他非毒品代替毒品贩卖？为何陈某乙收的6000元一直未退。

14. 邹某某（绰号"十一宝"）涉嫌贩卖毒品、胡某某（绰号"三宝再"）涉嫌容留他人吸食毒品的事实未查清。根据吴某某供述，其向邹某某购买毒品七八次；胡某某在其位于白溪镇与圳上镇的老家容留"二把屎"、"盖斌吉"、陈某某、吴某某、"告再"等多人吸食毒品。请对邹某某、胡某某进行讯问并补充其他证据，查明邹某某、胡某某的行为是否涉嫌犯罪。如涉嫌犯罪，请予以依法处理。

15. 李某某（绰号"眼屎"）涉嫌容留他人吸食毒品的事实未查清。根据徐某某的证言及李某某本人的供述，李某某的行为涉嫌贩卖毒品罪，同时还涉嫌多次容留杨某某、徐某甲、曾某某、袁某某等多人吸食毒品。请对上述人员进行讯问、询问，全面查清李某某涉嫌犯罪的事实，并依法予以处理。

16. 绰号为"文哈哈"（是否是徐某某）"坤""兰妹几""111""转身、消失不见""四毛""敏豆腐""光头"（李某乙）、"游鬼""三哥""打罗""老二"等人向李某某、徐某某、康某某、蒋某某、赵某某等人贩卖毒品的事实未查清。根据在案证据，上述绰号人员涉嫌贩卖毒品罪，请查明上述人员身份，调取其涉嫌贩卖毒品的相关通讯记录、资金流水等客观证据，并依法对上述贩毒、购毒人员进行讯问或询问，查明上述绰号人员的行为是否涉嫌犯罪。如若涉嫌犯罪，请依法予以处理。

17. 部分人员尚未辨认。请组织曾某某、吴某某、李某某、李某乙、段某某、徐某某等下线人员对安某华进行辨认；全案所有上下线成员之间未相互辨认的，请依法组织相互辩护。

18. 部分证据需完善取证程序。部分讯问笔录无讯问人签名，请依法完善取证程序。

19. 对安某华举报阮某某是其毒品上线的立功线索需要核实。请对安某华提供的立功线索予以查证，并查明安某华是否向阮某某购买毒品进行贩卖。

20. 部分涉案人员涉嫌犯罪的事实未查清。根据在案证据，曾某某、蒋某某、李某并、赵某某、吴某某、李某某、刘某某等人除向安某华进购毒品外，均涉嫌贩卖毒品罪，请查明相关证据后依法处理。

21. 吸毒人员陈某某系国家工作人员，请依法、依规处理。根据段某某、吴某某的供述，新化县白溪镇政府工作人员陈某某多次购进毒品进行吸食，请根据《娄底市党员和国家公职人员吸毒行为处理办法》等相关规定，对其依法、依规处理。

三、相关工作要求

补充侦查过程中，注意以下问题：

1. 着重查清本案遗漏犯罪事实及遗漏的犯罪嫌疑人。
2. 着重调取客观证据，重点围绕客观证据突破犯罪嫌疑人的口供及证人证言。

湖南省娄底市人民检察院
20××年×月×日

【承办检察官心得体会】

毒品，是毁人健康、祸及家庭、危害社会的恶魔。当前，毒品交易越来越隐蔽，毒品犯罪分子越来越狡猾，被抓后大多是抓多少承认多少，使众多毒品犯罪分子并没有受到应有的惩罚，被判轻刑释放后又成为累犯、毒品再犯，社会危害性极大。承办人认为，检察机关每办理一起毒品案件，都应当穷尽手段将毒品犯罪分子打击处理到位。本案通过两次退补，深挖了安某华本人的重大遗漏罪行，使其被判处死刑、缓期二年执行；同时，还对已经服刑的2名下线毒贩进行立案监督，追诉了原审判决未判决的重大遗漏罪行，实现了对毒品犯罪的"全链条"打击。

（一）退补理由

一是经审查安某华的上线毒贩陈某乙的微信交易流水，发现安某华至少贩卖、运输甲基苯丙胺（俗称"冰毒"）3000克以上，远远不止公安机关认定的920克。二是在审查安某华毒品去向时，发现下线毒贩段某某、吴某某等人也存在重大遗漏罪行未被判决，部分吸毒人员可能涉嫌毒品犯罪未被查处。三是其他方面的证据需补充或者需完善取证程序。

（二）撰写退补提纲的思路和方向

公安机关的起诉意见书认定：安某华贩卖甲基苯丙胺既遂720克、未遂200克。承办检察官审查案卷材料时，发现上线毒贩陈某乙的微信交易流水异常，2019年12月25日至2020年4月6日分多次收取微信名"老安"和微信昵称"天道"两个账号转来的资金近68万元，其中多笔转账发生在凌晨。

承办检察官敏锐察觉，两个相识不久的毒贩短时间内如此巨额转款，背后必有蹊跷。大胆预判，该68万余元极有可能就是安某华向陈某乙支付的购毒资金。根据当时毒品交易价格，68万元至少可以购买3000克以上甲基苯丙胺，远不止公安机关认定的920克。由此判断，安某华极有可能存在重大遗漏罪行未被查处。

为查明安某华毒品的去向，承办检察官调取了安某华的下线段某某、吴某某等人贩毒案的卷宗。经关联审查，果然发现段某某、吴某某分别向安某华微信转账30余万元、2.3万余元，分别可以购买900克、50克以上甲基苯丙胺，而生效判决只认定了160余克、5克。由此判断，段某某、吴某某等人也同样存在重大遗漏罪行未被查处。

为从严惩治毒品犯罪，让有罪之人得到应有的惩罚，2021年2月25日，承办检察官决定第一次退补，并向新化县公安局制发了近6000字的《退回补充侦查提纲》，从21个方面45项内容要求公安机关彻查本案漏罪、漏犯，并补充完善相关证据。该文书明确了公安机关补充侦查的方向，确定了需要补充侦查的事项和工作目标，列明了补充侦查的工作要求和重点，为成功追诉重大漏犯漏罪奠定了良好基础。

【专家点评】

我国对毒品犯罪实行从严惩处的基本方针，但同样必须坚守证据裁判原则的底线。在安某华贩卖、运输毒品一案中，承办检察官根据交易记录与多方言词证据之间的差额抽丝剥茧，逐步分析出起诉意见书所遗漏的犯罪事实和犯罪嫌疑人，依法向公安机关两次制发补查提纲，逻辑严密、说理清晰，在处理多人多起犯罪事实的案件、补查提纲制作以及二次退补的要求和限制等方面具有良好示范作用，对全链条打击毒品犯罪和退补工作取得实效具有重要意义。

（一）本案的审查思路和办案方法对同类毒品犯罪案件的处理具有启示意义

本案中承办检察官经对案卷材料的梳理，察觉安某华贩毒数额可能存在遗漏，进一步通过关联案卷审查，发现其下线段某某、吴某某等人存在重大罪行未被查处，确有必要开展退回补充侦查工作，依法向新化县公安局制发补查提纲，详细阐释了贩卖毒品罪的证明思路和证据清单，对公安办理同类毒品犯罪案件具有纠偏和引领作用。检察官审查每一起案件都应当认真细致，对于符合条件、确有必要退回补充侦查的案件要"当退则退"，确保办案质量。补查提纲除了写要求还应当写方法，除了写建议还应当写理由，使侦查人员更好地理解补查意图，及时收集固定关键证据，提高补查工作的实效。

（二）本案的补查提纲格式规范、论述充分，对规范退回补充侦查文书的写作具有示范意义

本案的补查提纲严格按照最高人民检察院印发的《补充侦查工作文书样式及补充侦查提纲参照范例》，包括补查发现、需要补查事项和相关工作要求三部分，既从宏观角度明确了公安机关补充侦查的方向和取证目的，又从微观角度详细列明了需要补充侦查的具体事项和需要补充收集的证据目录，指出了在本案起诉意见书中没有认定的犯罪嫌疑人的罪行，以及遗漏的应当追究刑事责任的其他涉案人员。在处理多人多起犯罪事实的问题上，本篇补查提纲合理分组，做到了一人一分析、一罪一分析。文书规范将进一步推动程序的规范运行，通过此种良性互动，有助于促使侦查机关与司法机关对证据的把握标准逐渐趋同，提升侦查工作的效能。

审前阶段的退回补充侦查是检察官履行法律监督职责的重要程序，在犯罪事实不清、证据不足或者存在遗漏罪行、遗漏同案犯罪嫌疑人的情况下，退补程序对查明案件事实、完善证明体系具有重要意义。《退回补充侦查提纲》作为此项工作的关键载体，规范程度和精确程度将直接影响到办案质效，应当具备可行性和可操作性，能够引导公安机关在具体案件中的侦查工作，确保收集证据符合公诉案件审理要求，发挥退补程序的实质作用。

（**点评人**：施鹏鹏，中国政法大学纪检监察学院副院长、教授、博士生导师）

78. 杨某贩卖毒品案退回补充侦查提纲

【简要案情】

2019年3月至6月期间，被告人杨某多次向李某某、张某某、胡某某等人贩卖毒品甲基苯丙胺共计4700余克，具体事实分述如下：

1. 2019年4月至5月，经邓某某及谭某某介绍，杨某分2次向李某某贩卖甲基苯丙胺共计1971克，收取毒资34万元。其中971克由公安机关在李某某租房查获，检出甲基苯丙胺成分，含量为68.4%。

2. 2019年3月至5月期间，杨某三次向陈某某贩卖甲基苯丙胺共计130克，收取毒资39000元。

3. 2019年5月6日，杨某向贺某某贩卖甲基苯丙胺3克，收取毒资700元。

4. 2019年5月19日，杨某多次通过谭某某向杨某甲等人贩卖甲基苯丙胺共计245克，收取毒资37700元。

5. 2019年6月8日，杨某向邓某某贩卖甲基苯丙胺100克，收取毒资人民币17000元。

6. 2019年5月至6月期间，杨某2次向杨某甲贩卖甲基苯丙胺共计350克，收取毒资61000元。

7. 2019年5月中下旬，杨某二次向胡某某贩卖甲基苯丙胺共计1050克，收取毒资174400元。

8. 2019年5月至6月，杨某三次向张某某贩卖甲基苯丙胺共计573克，收取毒资91000元。

【诉讼过程】

本案由湖州市公安局吴兴区分局侦查终结，以杨某等7人涉嫌贩卖、运输毒品罪，于 2019 年 10 月 24 日移送吴兴区人民检察院审查起诉。同年 11 月 8 日，吴兴区人民检察院报送至湖州市人民检察院审查起诉。2020 年 5 月 8 日，湖州市人民检察院向湖州市中级人民法院提起公诉，2021 年 1 月 6 日，湖州市中级人民法院以（2020）浙 05 刑初 10 号判决书对本案作出一审判决，以贩卖毒品罪判处杨某无期徒刑。一审判决后，杨某等 4 名被告人提出上诉，湖州市人民检察院提出抗诉。2021 年 6 月 4 日，浙江省高级人民法院以（2020）浙刑终 370 号刑事裁定书，裁定驳回陈某甲等三人的上诉，维持原判；同日以（2020）浙刑终 370 号之一刑事裁定书，裁定将杨某发回重审。发回重审后，湖州市人民检察院指导侦查机关补充侦查杨某其余贩卖毒品犯罪事实，对杨某补充起诉贩卖毒品 2800 余克。2022 年 6 月 22 日，湖州市中级人民法院以贩卖毒品罪判处杨某死刑，缓期两年执行，剥夺政治权利终身，并处没收个人全部财产。一审判决后，杨某未上诉。

【文书全文】

浙江省湖州市人民检察院
退回补充侦查提纲

湖州市公安局吴兴区分局：

你局以湖吴公（预）诉字（20××）50×××号起诉意见书移送起诉的杨某涉嫌贩卖毒品一案，经审查发现杨某另有其他贩卖毒品犯罪事实。为有效地指控犯罪，根据《中华人民共和国刑事诉讼法》第一百七十五条第二款的规定，决定将案件退回你局补充侦查。

一、补充侦查的方向

经审查杨某的手机勘查分析报告，杨某与多人微信聊天中谈及毒品交易情况，证实杨某另涉嫌大量贩卖毒品事实，但目前相关毒品交易情况只有微信聊天记录证实，杨某本人系零口供，需要根据微信聊天记录显示的毒品交易情况，进一步查明交易对手的真实身份，对其进行询问，调查毒资交易转账记录，开展相关补充侦查取证工作。

二、补充侦查的主要事项和工作

根据上述情况，请你局围绕杨某两部手机微信聊天记录反映的情况，查明以下事项，并做好相关工作。

（一）进一步查实杨某贩卖毒品的犯罪事实，并查清从杨某处购买毒品进行贩卖的相关人员的犯罪事实，对这类人员立案侦查

1. 杨某"帅哥"微信号与"平心静气"（微信号：wxid_9eetiz×××××××）微信聊天记录显示，杨某称呼"平心静气"为"亚平"，"平心静气"称呼杨某为"敏哥"。"平心静气"至少从杨某处以5600元购买28个毒品卖给他人（200*28），并有帮助杨某送毒品给下家的行为。查实"平心静气"真实身份，并查实杨某、"平心静气"贩卖毒品的相关具体事实。

2. 查实微信"老师"（微信号 wxid_yvac0s×××××××）的真实身份及从杨某处购毒情况，并进一步查清"老师"的贩毒事实。微信聊天记录显示，"老师"2019.5.20 向杨某购买1万元毒品，且约定5月21日在淮口车站交易。2019年5月23日，杨某问"老师"："有东西不？"，对方回复"半"，杨某称"价格长了"，对方回复"好多了"，杨某答复"五千"。因一次性交易量较大，需进一步查实"老师"是否有贩卖毒品的犯罪事实。

3. 查实微信"♡雨""📱"（微信号：wxid_j21wzp×××××××）的真实身份及从杨某处购毒情况，并进一步查清"♡雨"的贩毒事实。

（1）杨某微信号"帅哥"微信聊天记录显示，其从杨某处购毒用于贩卖，购毒金额超过63800元，二人约定每个价格为83、82元，毒品类型为"牙签"。

（2）杨某另一手机微信号"通吃"相关聊天记录显示，杨某与微信名"雨"（wxid_j21wzp×××××××）有多次支付宝转账：共计11.6万元，2019.6.6 通过支付宝向银行卡转账（杨某甲账户）45000，6.7 通过支付宝向银行卡转账（杨某甲、杨某乙账户）两笔分别为2万、3万。此外，二人6.11聊天显示：6/8500=51000，23/170=3190，随后

语音称6个多23克,6个就是五万一,23克,170一克就是3910。

4. 查实微信"一直在等待"（wxid_yet8nm××××××）真实身份及从杨某处购毒情况。微信聊天记录显示,该人向杨某购买毒品,且有给杨某介绍其他购买下家意图谋利的行为。2019年5月16日聊天记录显示,其从杨某处拿了毒品进行贩卖,并往杨某指定银行卡转账数千元,杨某称自己挣500。其卖完后,告诉杨某卖了9300元,杨某怪对方卖得太便宜。5月18日,又给杨某转账4000元,5月19日让杨某拿一个,并给杨某微信转账8000元,并截图明确自己转卖之后赚了400。同日又给杨某转账7200元,明确45*160=7200,白沙石要和开始的一样。5月20日微信转1000元,对杨某称"一共卖了四个八千一个三万四。你下午给我说的算七千五一个赚的钱三个人分一共赚了四千。你应该拿31300对不对大哥。你现在一共拿多少了"、"是三个东西",由此可见,7500一个,一个应该是50克左右。杨某转给其2600元。

5. 查实微信"心在三界之外！！！"（wxid_xu1h0y×××××××）的真实身份及从杨某处购毒情况,并进一步查清"心在三界之外！！！"的贩毒事实。杨某与微信"心在三界之外"互称"师兄",二人频繁聊及毒品交易,并有对应微信转账,总计微信收取毒资约123700元,杨某还提供了杨某甲两张银行卡照片让对方转账,对方至少转毒资款29700元,杨某还提供了支付宝收款二维码,对方转账5000元。总计购毒金额超过16万元。

每次购买数量都较大,通常为数千元、半个（50克）,并称"就今天的那种天亮有没有,半个,有那我就收钱了。""师兄,再给我找半条,要白色的哦？不要今天的肉色。"由此可见,"心在三界之外"也是贩毒人员,杨某提供货源。且从聊天记录看,杨某"进货"买毒品缺钱时,会让"心在三界之外"找毒品买家要钱,"心在三界之外"要杨某进货快点,称:"师兄,要快点哦。这段时间彭县有点凶,我不敢等久了,我在这边有案子。"由此可见,"心在三界之外"可能是杨某的"分销商"。

6. 查实微信"紫水晶（中午好的）"（微信号：wxid_1le5m6×××××××）的真实身份及从杨某处购毒情况,并进一步查清"紫水晶（中午好的）"的贩毒事实。聊天记录显示其多次向杨某购买冰毒,称呼杨某为"师兄"。此外，其通过微信截图向杨某确认，有人要购买冰毒，其才向杨某要货。

7. 查实微信"Mm、（帅哥）"（微信号：wxid_8f9ztx××××××）的真实身份及从杨某处购毒情况，并进一步查清"Mm、（帅哥）"的贩毒事实。从聊天记录看，杨某称呼对方为"敏哥"。2019年5月10日，"Mm、（帅哥）"问杨某："半根有没？""这边有人要，价格还在谈。"杨某答复"1万"，对方称"半根1万？"杨某称"要半根？"随后语音电话联系，且确认金鸿大酒店为交易地点。杨某让对方将现金存入杨某甲卡中。

微信"Z.z"（微信号：wxid_hf0yti×××××××），杨某系2019年5月10号添加，亦称呼对方为"敏哥"，且有发送杨某甲银行卡给对方。该号疑似"敏哥"小号。

8. 查实微信"飞娃"（微信号：wxid_yd9cqo×××××××）的真实身份及从杨某处购毒情况，并进一步查清其贩毒事实。聊天记录显示其找杨某买毒品，称毒品为"红酒"，杨某给其价格为500一个，"飞娃"拍摄人民币现金照片发给杨某。此外，"飞娃"与杨某还有"刚刚有个朋友要10克东西"之类的聊天记录，"飞娃"疑似贩卖毒品赚取差价。

9. 查实"娟娟"（微信号：wxid_s0oqt2×××××××）真实身份信息及从杨某处购毒情况。并进一步查清其贩毒事实。聊天记录显示其找杨某买毒品，一次性要求买一个，杨某称要一万元，其称"太贵了，那么贵不能少，一万都二百块钱一克了"，由此可见，二人所谓的"一个"，指的是50克。并且聊天记录显示该人有帮杨某约下家谈生意。

10. 查实"请问你在哪里"（微信号：wxid_ag0ose××××××）的真实身份及从杨某处购毒情况，并进一步查清其贩毒事实。杨某称呼其为"建哥"。5月15日，其称"转了1万7了"，5月16日，杨某发送信息："8*200=1600+2100=3700"，要求对方转款3700，对方微信转款2000元，并称"支付宝在转你一千"，二人就是否要补给杨某1600元未达成一致意见。

11. 查实微信"狂风暴雨"（微信号：wxid_qqnwsp××××××

×）真实身份信息，聊天记录显示其与杨某联系购买毒品，杨某多次向其催讨毒资。且其称"有东西没嘛！我这里要几个"，似乎也有贩毒嫌疑。杨某回答"东西，听说谭老板可能有"，这的"谭老板"，不知是否为谭某某。

12. 查实微信"日后再说"（微信号：wxid_ukzosa××××××）真实身份信息，聊天记录显示其曾向杨某买毒品，杨某多次向其催讨钱，其回答："欠账还钱，天经地义，这段时间没有东西我怎么挣钱嘛"。2019年5月30日，其称强哥来了，并叮嘱杨某"当强哥的面你不要说东西我卖给你了哦，你这阵把5000准备好，一会我拿给他就是了"，说明其曾经卖毒品给杨某。

13. 查实"茌楼"（^_^（¥））微信号：huang88××××）的真实身份信息，杨某与其互称师兄，聊天记录显示其与杨某联系购买毒品，杨某称没有钱拿不到。

14. 查实微信"向前看"（微信号：wxid_dc2hd×××××××）的真实身份信息情况，并进一步查清其贩毒事实。从聊天记录来看，杨某疑似曾答应该人，给其提供货源，但该人一直拖欠毒资，二人一直在商议。

15. 查实微信"樱花使者"（微信号：wxid_pk7d3o×××××××）真实身份信息，聊天记录显示其与杨某联系购买毒品，本来要十几二十几个，后来杨某说只有6个，其微信转账给杨某700元，约定地点成交了6个。杨某称呼其为"三哥"。

（二）对从杨某处购毒人员进行摸排，进一步夯实杨某的贩毒事实

1. 杨某乙2019.5.21对杨某称"梅姐急到要"，要杨某给"梅姐"电话。通过讯问杨某、杨某乙，查实"梅姐"真实身份，进一步查实杨某夫妻贩卖毒品的相关具体事实。

2. 查实微信"平心静气"（微信号：wxid_9eetiz×××××××）的真实身份及从杨某处购毒情况。

3. 查实微信"我是谁"（微信号：(wxid_zwtsz5×××××××）的真实身份及从杨某处购毒情况。杨某与"我是谁"互称"老表"。

4. 查实微信"D L"（微信号：dinglin××××××××）的真实

身份及从杨某处购毒情况。

5. 查实微信"老师"(微信号 wxid_yvac0s××××××)的真实身份及从杨某处购毒情况。微信聊天记录显示,"老师"2019.5.20 向杨某购买 1 万元毒品,且约定 5 月 21 日在淮口车站交易。因一次性交易量较大,需进一步查实"老师"是否有贩卖毒品的犯罪事实。

6. 查实微信"掌柜"(微信号:wxid_gxkee7××××××)的真实身份及从杨某处购毒情况。微信聊天记录显示,该人在向杨某购买 4900 元毒品后,又于 2019 年 6 月 7 日,向杨某购买 25 个毒品并转账支付。

7. 查实微信"妹妹"(微信号 wxid_173m11×××××××)的真实身份及从杨某处购毒情况。聊天记录显示,2019 年 4 月 30 日购买 2 个冰毒,且"老表"4 月 29 日从该微信使用人处拿走一个冰毒。陈某乙给其价格是"你买十点给你算三千",后来谈到 2800,"妹妹"微信转账支付 1000 元,5 月 9 日再转账 500 元。2019 年 5 月 9 日,杨某问"妹妹""那个买一个?便宜点给你一万一"(据推算,一个为 50 克)。5 月 15 日,"妹妹"微信转账 500。根据聊天记录反映,"妹妹"的老公即杨某称为"老表"的人。

8. 查实微信"紫水晶(中午好的)"(微信号:wxid_1le5m6×××××××)的真实身份及从杨某处购毒情况。聊天记录显示其多次向杨某购买冰毒,称呼杨某为"师兄"。此外,其通过微信截图向杨某确认,有人要购买冰毒,其才向杨某要货。

9. 查实微信"⊙ں⊙"(微信号:wxid_w0q6g1×××××××)的真实身份信息及从杨某处购毒情况。"⊙ں⊙"提到"就是过来那点东西回去",二人聊天中提及"健娃"、"老师"。

10. 查实"一长游戏,一长梦"(微信号:wxid_dg4rup×××××××)的真实身份信息及从杨某处购毒情况。

11. 查实微信"&人一定要靠自己%"(微信号:wxid_w77v9h××××××××)真实身份信息,聊天记录显示其与杨某联系购买毒品,但似乎因刘某某回复不及时,其从其他地方购买了,故未能交易成功。

12. 查实微信"从此@陌路"(微信号:oex××××)的真实身份

信息，聊天记录显示其与杨某联系购买毒品，并通过支付宝转款付毒资。

13. 查实微信"神"（微信号：wxid_wlbj2o××××××××）的真实身份信息，聊天记录显示其与杨某联系购买毒品，并通过微信转账付毒资900元。

14. 查实微信"ysp"（微信号：wxid_pt0inr×××××××）的真实信息及其从杨某处购毒情况。其与杨某聊天记录显示，2019.6.3，其给杨某发信息"敏大爷找你拿点东西，你电话不结"，杨某答复"没有"。可以判断该人知道杨某是贩卖毒品的。

15. 查实微信"［勾引］日了再说［OK］"（微信号：wxid_tovd0×××××××）的真实信息，并进一步查证其是否从杨某处购买毒品。聊天记录显示杨某找其催讨钱，称"兄弟，钱是不是该到位了"。

（三）进一步查实杨某贩卖毒品的犯罪事实，并查清共犯身份，对共犯立案侦查

1. 杨某乙

杨某乙与杨某微信聊天记录、杨某与购毒人员微信聊天记录等证据证实，杨某乙提供微信二维码、支付宝二维码、银行卡等为杨某收取、转移毒资。

（1）查实杨某乙身份信息，扣押并勘验其手机微信和支付宝收支情况、聊天记录（微信号"冰雪××"）、银行卡（聊天记录显示收取毒资的是农行卡）收支尤其是大额转入情况，查实其与杨某共同贩卖毒品、帮助收取毒资、转移毒资的具体情况。

（2）查实杨某通过杨某乙的微信、支付宝、银行卡收取毒资的具体情况，依次进一步查明杨某贩卖毒品的具体情况。

（3）从杨某与杨某乙聊天记录来看，杨某至少有两张银行卡［聊天记录中均有拍照，例如2019年5月21日向"♡雨""👫"（wxid_j21wzp×××××××××）收取毒资时提供银行卡正面照片］用于收取毒资，且实际有毒资转入。查实、梳理杨某的微信、支付宝、银行卡的毒资收取详情。

2. 杨某甲

杨某多次通过杨某甲银行卡（农行卡尾号6279）收取毒资［例如

2019年5月21日微信名称"♡雨""😊🎁"（wxid_j21wzp××××××
×）的毒资]，聊天记录中有银行卡正面截图，但由于取证分析报告图片
压缩太厉害，承办人未能看清楚银行名称和卡号。应查实杨某甲身份，
并进一步查实杨某甲对杨某贩毒是否知情，是否构成贩卖毒品罪的共犯
或者洗钱罪。

3. 掌柜（wxid_gxkee7××××××××）

微信聊天记录显示，2019年5月2日，杨某让其帮助买一斤"细沙、
白色，无色无味"。

4. 期待一夜暴富（wxid_ah17q3××××××××）

微信聊天记录显示，其帮助杨某向买毒人员（"林林娃""南华洲"
等人）催讨毒资，且对杨某系贩毒人员完全明知。杨某称呼其为"辉
娃"。从聊天内容看，"期待一夜暴富"（多次邀约杨某到遂宁，称"就
这两天回来一趟，遂宁这段时间比较紧俏，价格也高。回来一趟，我俩
当面谈一下就好做事"、"我随时都可以上来，我没钱，还有救是我上来
怎么回来？""最好是你先回来一趟，让我先动起来"。此外，该人可能也
帮杨某贩卖毒品，聊天记录显示"你跟到下来一趟，有业务"，并且转微
信聊天截图给杨某，称"你看嘛！都是要东西的，我又没车不方便。"
"我头脑简单，你是聪明人，以前合作我动没动歪心你心里清楚。只是我
用的方式没对。你如果考虑好了，联系我。""好多话在这上面不能表达
出来，你如果愿意，就最近三天回来一趟，我们聊聊。我包你在遂宁能
找到钱。"

（四）查实杨某上家的身份，并对这类人员立案侦查

从杨某与其妻子杨某乙的聊天记录来看，杨某有大额毒资进来之后，
多次要求杨某乙提现，并有要求杨某乙现金存款和转款给上家的聊天内
容。进一步讯问杨某，并对杨某乙立案侦查，查实杨某上家的具体身份。
待查实杨某上家身份后，再进一步收集证据，将其抓获归案。

1. "火"（微信号：wxid_bfv9jf××××××××），电话号码：1522895
××××、1651936×××，绰号可能为"丁丁哥"）

二人聊天记录显示，2019年4月4日，杨某称："1个，有不，我叫
我人来"，二人语音通话后，"火"把手机号码1522895××××发给杨

某,并说:"你把你兄弟号码发过来!"杨某发号码1832860×××过去。4月8日,"火"要求杨某"喊你朋友把钱给你!你转给我",4月12日,二人约了碰面地点。4月14日,杨某发送信息:"大哥,一个,我马上过来?有不?回个话"4月15日,"火"再次要求杨某"把陈某丙号码发给我",在语音信息沟通后,"火"给杨某发送了手机号1657936×××。4月26日,杨某微信信息和语音没有联系上"火",发信息问对方:"什么情况啊丁丁个"。

2. "勇哥"(真名可能叫"陈某丙",建行勇62170038000×××
×××,工商银行62122644020×××××××,微信名称yg,微信号wxid_jchzc6×××××××,手机号可能为1832860×××)

查实杨某毒品上家"勇哥"的身份情况,并对其立案侦查。

(1)杨某让杨某乙给"勇哥"存钱,建行勇62170038000×××
×××。查实"勇哥"真实身份。从杨某"帅哥"微信聊天内容看,他称呼微信名称yg(微信号:wxid_jchzc6×××××××)为勇哥,且多次向勇哥进货,并向其工商银行62122644020×××××××转账。"勇哥"电话可能是1994946×××。

(2)杨某与"火"(微信号:wxid_bfv9jfh×××××××)聊天记录显示,杨某派去找"火"拿毒品的人是陈某丙,电话号码为1832860××××。

3. 微信名称"投入太多,%容易造豁"(微信号:wxid_vl1q9ua××
×××××)

查实杨某上家"投入太多,%容易造豁"(微信号:wxid_vl1q9u××
××××)的身份情况,并对其立案侦查。

与"投入太多,%容易造豁"(微信名:wxid_vl1q9u×××××
×)聊天记录显示,"投入太多,%容易造豁"是杨某上家,杨某可能购买毒品34000*3.5=119000元,为现金交易。查实该人身份情况,并对其立案侦查,查实其贩卖毒品的犯罪事实。

4. "剑娃子"、"幺兄"(微信号:wxid_e6rczk×××××××)

杨某在与"投入太多,%容易造豁"、"我是谁"、"☉﹏☉"、"老师"聊天中谈到剑娃,且当"Mm、(帅哥)"(wxid_8f9ztx×××××)

提到"这东西有点不对头样？吃了不舒服头痛？有几个人在说了"，杨某答复"建！娃子压"。查实"剑娃"真实身份，看其是否亦是杨某毒品上家或者贩毒共犯。

杨某另一手机微信号"通吃"相关聊天记录显示，剑娃微信名幺兄（wxid_e6rczk××××××），杨某、幺兄微信转账4000元，称"跟你结清了，老表"，疑似毒资。杨某与"老师"聊天记录中显示杨某与剑娃存在重大毒资纠纷，剑娃称杨某吞了自己的毒资16万元。

杨某与"幺兄"聊天记录显示，二人互称"老表"，杨某称"要不就拿九万的"，并且多次微信转账毒资给"幺兄"18000元；此外聊天记录显示支付宝转账5000元，并且杨某对"幺哥"有"你的那个只有等下"、"差个袋子的重量"等聊天内容。

5. 备用AA（wxid_z65sm4××××××××）

杨某与其聊天记录多次谈及毒品交易，两人互称对方为"师兄"。2019年4月12日，杨某称"有不，我马上过来"；4月26日称："师兄收钱1万先收到，说多少"，"备用AA"称："17000"，杨某嫌贵，称"有点事高，少不……"对方回答："是不是拿撇货拿惯了撒"，杨某称"8K行不"，随后跟对方约定了交易地点。2019年5月17日，杨某微信转账8000元给"备用AA"，并称："师兄！剑娃子到了加油站了"；5月19日，杨某微信转账500元；5月20日，"备用AA"把支付宝收款码发给杨某，杨某转账5500元至该支付宝，并且微信转账3000元，后二人约定交易地点。

6. 168（微信号：wxid_02518××××××××）

杨某称对方为"师兄"，且大量转账给该人。2019年5月13日，分8笔微信转账，每笔2500元，共20000元；2019年5月15日，转账16900元、8100元；2019年5月20日，转账3000元。二人聊天记录基本为语音通话，文字信息限于约定碰面地点，2019-05-21 01：11：15，"168"在收到3000元后，回复了一句"要就明天早上"。

7. "可爱多"（微信号：wxid_g36j0y××××××××）军哥，1537818××××

杨某称呼其为"大哥"，其称杨某为"敏弟"。二人聊天没有直接涉及毒品交易，但4月8日，杨某给对方转账10000元，4月9日转账200元，需要查清二人之间的真实关系和转账理由，排除系毒品交易的可能性。

8. "宇文"（微信号：（wxid_74cjt6××××××××）

杨某称其为"师兄"，2019年4月26日杨某微信给其转账两笔4000元，总计8000元并发送手机号1710173××××；

给杨某提供毒源的人，其基本都称之为"师兄"。杨某等人可能涉及一个巨大的贩毒集团。

（五）其他涉嫌违法犯罪事实

1. 微信"最佳男主角"（微信号：wxid_grbps0××××××××）等多人与杨某的聊天记录反映，这些人涉及帮助杨某介绍女性，杨某可能涉及嫖娼，介绍人员可能涉及介绍卖淫罪。

2. 微信"ZP73O"（微信号：wxid_kvvm0c××××××××）与杨某的聊天记录显示，其也是贩毒人员。二人互相问对方生意还好不，"ZP730"称："几个月都没生意了，人些都出事完了。"杨某称"昨天你找干娃了吗？前几天被抓了，专案组"等。杨某称呼其为："平哥"。

3. 侦查卷1p13-16，2019.6.17 19：37-6.18 01：17

吸毒人员黄某的笔录证实：其向杨某买过十几次毒品，一共30克左右，价格为200-300元一克。手机号码1355022×××，手机被公安机关扣押。

三、相关工作要求

1. 本案的杨某上下家可能多为贩毒人员，在查明身份的情况下，先调取其前科资料。如系贩毒人员，买入毒品即可推定系贩卖行为。

2. 本案系零口供案件，需加大客观性证据收集。根据上述情况，加强对相关微信聊天记录显示的银行卡、交易账户等涉毒资交易信息重点调查，通过微信聊天记录与资金交易相互印证，还原毒品交易经过。

3. 杨某手机中部分微信聊天记录显示的银行卡、与下家聊天记录截图等图片被压缩，部分语音不能播放，部分语音系方言，请对杨某手机进行复勘，尽可能还原相关毒品交易信息，对方言聊天部分进行翻译。

4. 杨某的毒品交易对象大都也是贩毒人员，开展讯问过程中，要避免单刀直入讯问涉案贩毒事实，可结合手机微信聊天记录，通过讯问其使用的微信号码、联系方式、所处地点等细节信息，与聊天记录进行相互印证。

5. 本案涉及四川异地取证，请与当地公安机关加强配合协作，提升取证工作质效。

湖州市人民检察院
20××年×月×日

【承办检察官心得体会】

本案二审抗诉期间，检察人员通过杨某手机微信聊天记录发现，杨某另存在大量贩卖毒品犯罪事实。由于杨某系大毒贩，其本人始终坚持零口供，向其购买毒品的下家也大都是贩毒人员，不会供认购毒事实。在与侦查人员初步沟通后，侦查人员认为本案毒品交易双方的言词证据都难以突破，无法成案。据此，检察人员撰写补充侦查提纲过程中，根据杨某手机微信聊天记录显示的涉嫌贩毒信息，逐一明确补证事项，细化补证措施，力求做到条理清晰，内容具体，便于侦查机关操作执行。

（一）全面梳理线索，拓宽补充取证工作面

承办人对杨某两部手机微信聊天记录深入审查，从共计800余名微信好友的数万条微信聊天记录中，筛选出疑似毒品交易对象28人，并将上述疑似交易对象的微信号、联系方式，以及涉嫌与杨某进行毒品交易的具体微信聊天内容、交易时间逐一梳理后，详尽列入补证提纲，便于侦查人员了解掌握杨某其余涉罪事实的具体情况。同时，由于涉毒人员较难到案，承办人尽可能梳理出全部交易对象，以拓宽工作面，提升取证成功率。侦查人员经对该28人排查后，大部分人员无法明确身份或已经出国、下落不明，但仍成功查找到了其中6人。

（二）注重分类阐述，精准引导补充取证方向

由于杨某涉嫌的贩毒事实多，交易对象也多，且交易对象还涉嫌毒品犯罪或其他犯罪，关系错综复杂。为便于指导侦查取证，补证提纲撰写过程中，承办人按照杨某交易下家、上家、共犯、其他犯罪事实等几

个方面，将相关补证事项分类阐述，明确每类情况下涉及杨某部分的补证要点，以及其他人员可能涉嫌犯罪的情况。从而织密证据网络，将本案中其他可能涉嫌犯罪的人员、事实一并纳入补充侦查取证范围，全方位深挖毒品犯罪。

（三）明确重点事项，推进提升补充取证质效

本案由于贩毒数量大，交易双方都是大毒贩，且距离案发已久，涉及异地取证，因此在补充侦查提纲撰写过程中，承办人充分考虑口供突破难、人员查找难等问题，明确了以客观性证据为要点的补证侦查取证思路。一是要求重点围绕微信聊天记录中显示的信息线索，加强资金流水等其他证据的收集，形成足以排除合理怀疑的证据闭环。二是以贩毒人员前科劣迹为切入点，引导侦查人员加强对交易对手身份及前科劣迹的查询。其后本案中能够查找到的毒品交易对象大都是在戒毒所或者看守所、监狱服刑的涉毒人员。三是引导侦查人员注重加强细节印证，在无法取得有罪供述的情况下，可结合微信聊天记录讯问相关细节信息，通过言词证据佐证客观证据。

【专家点评】

做好补充侦查工作对提升案件质效、构建以证据为核心的刑事指控体系具有重要意义，检察机关制作指向明确、有理有据的补充侦查提纲是做好补充侦查工作的前提。杨某贩毒案补证提纲符合最高检《关于加强和规范补充侦查工作的指导意见》的有关要求，能够详细阐明侦查方向、取证目的等内容，是一份高质量的补证提纲。

（一）补证提纲方向明确

检察机关办案人员经过审查杨某的微信聊天记录，发现多笔贩卖毒品交易事实，经过梳理聊天记录，筛选出疑似毒品交易对象28人，并将疑似交易对象的微信号、联系方式和涉嫌与杨某进行毒品交易的具体微信聊天内容、交易时间逐一梳理，要求公安机关逐一查明，补充侦查提纲的取证方向具体明确。

（二）补证提纲说理充分、内容详实

补证提纲分五个部分，对每一个事实的侦查方向及每一份证据的取

证目的和取证方式做了详细的阐述，提出了切实可行的取证方法和途径，分不同类型明确每一笔贩毒事实的补证要点，并要求查明其他人员可能涉嫌犯罪的情况。补查提纲说理性强，能够得到侦查人员的认可和执行，保证证据收集的及时和全面，能够切实提高侦查效率，为案件取证提供有效指引。

（三）补证提纲体现检察机关办案人员落实"高质效办好每一个案件"的要求

在案件二审抗诉发回重审后，检察机关办案人员坚持不放纵犯罪，对审查微信聊天记录中发现的所有犯罪线索逐一梳理，针对每一起涉嫌贩卖毒品的事实提出补证意见，对于可能涉嫌共同犯罪的人员，逐一列明涉及的犯罪事实，全方位深挖毒品犯罪，有效地发挥了检察机关法律监督职责。

需要注意的是，这份补查提纲是检察机关在案件二审发回重审后向公安机关发出，文书名称使用了《退回补充侦查提纲》，并在首部表述："根据《中华人民共和国刑事诉讼法》第一百七十五条第二款的规定，决定将案件退回你局补充侦查。"根据《刑事诉讼法》的规定，退回补充侦查是在检察机关审查起诉环节特有的程序，在案件发回重审后，仍处于审判环节，检察机关将案件退回公安机关补充侦查缺少法律依据。而且，从湖州市检察院在审查起诉阶段的办案时长来看，在案件提起公诉前已经经历了两次退回补充侦查。所以，在文书名称方面，可以灵活调整为《调取证据材料通知书》或《补充侦查提纲》可能更符合诉讼程序上的要求。

（**点评人**：袁家鹏，山东省高唐县人民检察院副检察长、全国公诉标兵）

79. 王某宇、陈某故意杀人、抢劫、盗窃案退回补充侦查提纲

【简要案情】

1. 故意杀人罪

2005年8月22日20时许，被告人王某宇伙同他人来到广州市越秀区××马路先施二街××号××房，采用扼颈、电线、毛巾捆绑手脚、毛巾塞口后用电线缠绕固定嘴部等手段致被害人邓某某死亡。

2. 抢劫罪

2006年8月1日，王某宇、陈某等人以撬门的方式进入广州市越秀区法政路××号××楼西A房，持刀威胁并暴力控制被害人吴某某，抢走其人民币1100元，以及三星N618型号移动电话1部、银行卡1张等物品。

2004年12月13日至2006年8月27日间，王某宇伙同他人在广州市越秀区、海珠区等地对被害人傅某某、苏某某、王某某、胡某某、黎某某等人采用反绑双手、绑住双脚等暴力手段实施控制，并劫取财物。

3. 盗窃罪

2003年10月9日至2006年9月23日间，王某宇以撬门、破窗等方式进入陆某某等23名被害人住处，盗窃现金、金饰、手表等财物。

【诉讼过程】

2021年1月25日，王某宇、陈某故意杀人、抢劫、盗窃案（1宗故意杀人、3宗抢劫、2宗盗窃，共6宗案件）经广州市越秀区人民检察院批准逮捕。2021年1月27日，广州市人民检察院提前介入，引导公安机

关在全市范围内进行串并侦查。2021年3月25日，广州市公安局越秀区分局向广州市越秀区人民检察院移送审查起诉的犯罪嫌疑人王某宇、陈某涉嫌故意杀人、抢劫、盗窃罪一案（1宗故意杀人、5宗抢劫、13宗盗窃，共19宗案件）。该院受理后，于2021年4月21日将案件转至广州市人民检察院审查起诉。在广州市人民检察院引导侦查下，二退重报后，侦查机关补充起诉12宗犯罪事实，移送审查起诉的案件为1宗故意杀人、6宗抢劫、24宗盗窃，共31宗案件。2021年9月27日，广州市人民检察院向广州市中级人民法院提起公诉。2022年4月27日，广州市中级人民法院作出一审判决，全面采纳了起诉书认定事实和指控罪名，以故意杀人罪、抢劫罪、盗窃罪判处被告人王某宇死刑，缓期两年执行，剥夺政治权利终身，罚金人民币40万元。以抢劫罪判处被告人陈某有期徒刑10年，罚金人民币5000元。被告人未提出上诉，一审判决生效。

【文书全文】

广东省广州市人民检察院
退回补充侦查提纲

广州市公安局越秀区分局：

你局以穗公越诉字〔20××〕00×××号《起诉意见书》移送起诉的犯罪嫌疑人王某宇、陈某涉嫌故意杀人罪、抢劫罪、盗窃罪一案，经第一次退回补充侦查后，尚有部分关键证据未能补查到位。为有效地指控犯罪，根据《中华人民共和国刑事诉讼法》第一百七十五条第二款的规定，决定将案件第二次退回你局补充侦查。

一、补充侦查的方向

犯罪嫌疑人王某宇、陈某涉嫌故意杀人、抢劫、盗窃案包含1宗命案、5宗入室抢劫案、13宗入室盗窃案。经本院审查认为案件证据存在多方面不足有待继续查证：

第一，命案中作案细节、行为性质需查清，且是否由犯罪嫌疑人王某宇、陈某所为存在疑点待排除。虽在案发现场发现带有王某宇 DNA 的烟头，在门框内侧发现其指纹，但因王某宇、陈某拒不供认，案发当时到底发生了什么？有哪些人在场？是故意杀人、故意伤害致人死亡还是抢劫等情况均未查清。如从王某宇等人抢劫的惯常手法来分析，更是存在诸多疑点（详见个案分析部分）。

第二，5 宗抢劫案中，锁定系犯罪嫌疑人王某宇、陈某所为的证据均需进一步强化。王某宇虽在 2006 年供认自己曾在广州入室盗窃、入室抢劫，但现已翻供；陈某虽供认在广州有入室盗窃，但否认入室抢劫。现二人对入室抢劫均不供认。经第一次退查，虽有 4 宗案件被害人辨认出王某宇，在 2 宗案件现场再次比对中王某宇 1 枚指纹，但仍无足够证据证实陈某参与作案，且在胡某某被抢劫案中，除了在案件现场发现王某宇 1 枚指纹外，无其他证据相印证。

第三，13 宗盗窃案中，锁定系犯罪嫌疑人王某宇、陈某所为的证据均需进一步强化。王某宇拒不供认，陈某虽供认曾经伙同王某宇在广州入室盗窃，但因时隔十余年之久，也难以回忆自己到底在哪里参与了哪一单，且现场并未发现陈某的指纹或其他生物成分。故这 13 宗案件中，除每宗案件在现场发现王某宇指纹外，并无其他证据相印证，尤其是被盗财物的总价值也尚未完全查清。

综上，本系列案均未达到证据确实、充分的程度，亟需补充侦查。同时需要注意的是，13 宗盗窃案均发生在 14—15 年前，现有价格鉴定的被盗财物价值不到 2 万元，法定刑为三年以下有期徒刑。如再无证据证实"有其他严重情节"，则均已超过追诉期限。

二、补充侦查的主要事项和工作

根据上述情况，请你局加大侦查力度，继续做好以下证据补充侦查工作：

（一）请补充、完善犯罪嫌疑人陈某参与作案的相关证据

犯罪嫌疑人王某宇、陈某供认二人相识的时间虽不一致，但都承认是在 2005 年之后，而《起诉意见书》认定陈某参与的案件，却包括 2 宗发生在 2004 年的案件，陈某到底是否参与上述案件存在较大疑点。同时，不论是 2005 年前还是 2005 年后，19 宗案件中心现场均未发现陈某

的指纹或其他生物成分。据此，请开展以下工作：

1. 陈某女友胡某甲在案发前与陈某关系密切，与王某宇、陈某一直居住在一起，对案发当时的情况应较为熟悉。从一退时调取其证言内容看，与案发当年证言存有差异，可能存在部分事实尚未如实陈述的情况，请重新向胡某甲取证，查实王某宇、陈某相识的具体时间等相关情况。

2. 犯罪嫌疑人陈某供认曾与王某宇一同入室盗窃，且进入过中心现场，而《起诉意见书》认定的19宗案件中，多宗现场提取到物证、痕迹等证据，却无一宗在中心现场检出陈某的生物成分或指纹。为进一步查明事实，请将在案的所有物证重新送检，请鉴定机构采取最先进的技术重新检验，查找王某宇、陈某及其他涉案人员的相关生物成分和指纹痕迹等物证。

3. 犯罪嫌疑人陈某的辩护人反映，陈某要求认罪认罚，且其在会见陈某时，陈某曾供认自己到过邓某某被害致死一案现场，但对具体作案的人员、细节，当时没有作进一步供述。请安排审讯专家重新提审陈某，仔细讯问其到邓某某被害致死一案现场的时间、地点、参与人员、每个人的行为等具体细节。同时，也对其涉及的其他单犯罪事实的时间、地点、参与人员、每个人的行为等具体细节进行详细讯问。

（二）请补充、完善被害人邓某某被杀案的相关证据

从其他案件呈现的王某宇等人入室抢劫的惯常手法来分析，该案尚存在诸多疑点。主要体现在：

第一，从作案时间看，被害人邓某某被杀案发生在人员来往最多的时候，与王某宇等人惯常作案选择被害人上班、买菜等家中无人之时的作案特征不符。该案案发在晚饭后19：50—20：20期间，正好是居民晚饭后洗碗、洗澡的时间，且案发地附近居民使用的是公共卫生间和厨房，他们做饭、洗碗、洗澡均要经过邓某某住处门口的走廊出大门，才能到达公共卫生间和厨房，故案发时间段恰恰也是人员来往最多的时候。

第二，从作案地点看，案发地不光在走廊深处，还在深处的拐角位置。在人员来往频繁的时段，选择如此隐蔽的地点作案，目标应较为明确，与惯常入室盗窃、入室抢劫随机选择作案地的特征不符。

第三，从参与人员看，结合现有证据，至少还有一名女子存在，该

女子身份、与案件关联未查清。从证人霍某某、陈某甲、张某甲等人在案发当日所作证言来看，案发当时的情况是：霍某某出去洗澡时见到有一女子在看着邓某某吃饭，随后，陈某甲、张某甲听到邓某某发出奇怪的声响，陈某甲下楼去找谭某某，当时没有看到其他人，霍某某洗澡回来在走廊见到两名陌生男子离开，那个看邓某某吃饭的女子在阳台打电话，霍某某返家晒了衣服从走廊出去准备下楼时，碰到从楼下寻人回来的陈某甲，陈某甲让她找谭某某，霍某某返家打电话给谭某某，之后再出门时，那名女子跟在她身后离开。可见，在邓某某发生奇怪声响之时，在邓某某房间里的，至少还应有一名女子。

第四，证人麦某某证实，在案发前，有两名男子连续四、五晚在19－21时出现，不时抬头看天台。

综上，被害人邓某某被杀案不符合随机作案的特征，有预谋、有目标作案的可能性极大，且参与作案或知情的，至少还有一名女子。王某宇即便参与作案，也并非随机选择的作案对象，其动机、目的、行为等相关案件事实尚需进一步查清。据此，请开展以下工作：

1. 为排查案发前多次到被害人邓某某楼下两名男子是否王某宇、陈某，请将王某宇、陈某2006年被抓时的照片（王、陈3P121、122）制作成辨认笔录，给证人麦某某及其儿子作辨认。

2. 查找案发前与被害人邓某某可能存在纠纷或交集的相关人员取证：

（1）证人谭某某、麦某某、覃某某证实，案发前一年（或三年）左右，曾有一男一女与邓某某吵架，称邓某某强奸那名女子，要求赔偿，后因覃某某声称报警而离开，谭某某同时证实听覃某某说该一男一女为吸毒人员。经审查，案发当年胡某甲一直与王某宇、陈某住在一起，且王某宇证实胡某甲涉毒，陈某证实胡某甲卖淫，胡某甲2006年到案后也曾有一定反侦察表现。从胡某甲吸毒、卖淫、回避侦察等特征看，很可能与喜欢嫖娼的邓某某有交集。请将胡某甲2006年被抓时的照片制作成辨认笔录，给证人谭某某、麦某某、覃某某、犯罪嫌疑人王某宇、陈某作辨认。

（2）证人覃某某曾证实，公安机关给其看的画像中，其中较瘦的男子像是与邓某某争吵的一男一女中的男子，证人麦某某也曾见过与邓某某吵架的一男一女。据此，请将王某宇、陈某 2006 年的照片给覃某某、麦某某作辨认。

（3）证人覃某某证实，邓某某曾在 2006 年 7 月份上旬告知其，他认识一个在酒楼工作的 23 岁女服务员怀孕了，说是他的孩子，他给了女方 200 元人民币，说服女方回乡下堕胎。同时证实邓某某通常的喝茶地点是富丽华二楼、大同酒家五楼、白官酒楼二楼。请到上述酒楼，查找 2006 年 1-7 月在上述酒楼工作的，年龄在 23 岁左右的，在 2006 年 7 月前曾请假超过两天的女职员进行排查，寻找该名声称怀有邓某某孩子的女子取证，并进行必要的排查。

（4）公安机关在案发当年曾对卖淫女李某某进行调查，李某某在案发前后多次往返广州，借用他人手机，并在还机时把手机和手机卡都烧坏，行为可疑，附卷《刑事案件侦查记录》记录案发当天李某某并不在广州，但得出该结论的原因仅表达为"经查"，并不清晰。一退补充的材料中，情况说明虽表述"现补充附卷李某某 2005 年 8 月 22 日的通话清单予以说明其未到过案发现场"，但附卷的却是钟某某的通话清单，且因通话清单所涉电话所有人不清，也未体现通话人所在地，不足以证实与说明内容的关联性，请依法完善。

3. 证人霍某某在案发时段曾目睹两名陌生男子从走廊离开，并曾三次从不同角度看到案发当日出现在邓某某身边的女子，请将王某宇、陈某、胡某甲、李某某在 2006 年的照片制作成辨认笔录，给霍某某作辨认。

4. 向胡某甲取证时，请同时调查王某宇、陈某、胡某甲 2006 年在广州的居住地、2006 年 8 月胡某甲有无到过案发地等情况，并向其所称的舅舅杨某某取证，查实胡某甲 2006 年在广州时是否在其饮食店打工？上班时间如何？其是否知道胡某甲有无违法行为（如卖淫），以及 2006 年后胡某甲有无隐匿身份、逃避侦查等情况。

5. 现场勘验笔录（P26）显示，案发后，公安机关提取、扣押了地面报纸包裹的管状刀及报纸、黑色纸袋内菜刀、红色塑料袋、报纸 4 张、香烟 1 支、手表 1 块、房间、走廊地上烟头 7 个、房间门框内外指纹 5 枚、掌纹 1 枚、房内电扇指纹 5 枚、毛巾 1 条、红色电线 1 条、棉被血迹 2 处、九江双蒸杯子上指纹 3 枚等多份痕迹、物证。《刑事案件侦查记录》同时显示，按照（现场）指纹的大小，有几枚指纹应是女性留下。现场物证对案件认定十分重要，一退时我院已要求将上述物品全部重新送检，重新提取DNA和指纹。可从一退补充的证据看，还是只对房间门框内外指纹5枚、掌纹1枚、房内电扇指纹5枚进行了补充比对，而对地面报纸包裹的管状刀及报纸、黑色纸袋内菜刀等疑似作案工具的重要物证，以及红色塑料袋、报纸、香烟、手表、房间、走廊地上烟头、毛巾、红色电线、棉被血迹、九江双蒸杯子上指纹等其他物证并未进行检验，请务必重新送检，并使用目前最先进的技术进行检验，提取DNA和指纹，与王某宇、陈某、胡某甲、陈某乙、李某某等相关人员的指纹、DNA进行再次比对。同时，将上述关键物证的DNA、指纹信息上传大数据系统，看是否能比中其他人员。

6. 附卷现场勘验笔录照片（王、陈2P21、22）"尸体下床尾情况"与"床上物品位置"显示的地方是同一处，但照片显示的物品情况并不一致，且从第21页也并不能看出关键物证香烟的位置，两张照片拍摄的是否现场变动前、后的照片？为何未记录原始情况？关键物证香烟的原始位置到底在哪里？请予以说明。

7. 附卷现场勘验笔录照片显示发现王某宇指纹的位置有个黑色边框，但从现场录像看，房门并无黑色边框，是何原因？从提取位置看，位置偏下（王某宇身高约180cm），且因指纹提取位置的照片不清晰，看不出指纹的朝向，现尚难以判断需要什么体位才能留下该指纹。请补充能看到指纹朝向的清晰照片等证据，以解释上述情况，还原王某宇留下指纹的具体体位。

8. 附卷现场勘验笔录照片显示，在一个背包旁有成捆的已使用电线，不像家庭日常使用的物品。上述电线是否是从旁边的背包内取出？上述电线有无被扣押？从电线上是否找到王某宇、陈某、胡某甲或者其他人的DNA或指纹？

9. 需要开展的其他工作：

（1）证人黄某某说到的丈夫叶某某，是否证人叶某甲？如是，黄某某说自己晚上没有出门，叶某甲则说和老婆一起去了珠江边，两人证言存在矛盾，请问明二人说法矛盾的原因，并重新取证。

（2）证人张某甲在2005年8月22日的证言称，案发当晚是在《中华英雄》开始播放第二集，大约看了十几分钟后，与妻子听到楼下死者传来异响，妻子刚下阁楼去找房东霞姐时《中华英雄》的第二集第一节才刚播放完毕；而其在2005年8月24日的证言中则称，案发当晚《中华英雄》第二集第二节还没有播放完时，其与妻子才听到楼下死者传来异响（与其妻陈某甲证言印证）。两堂证言在时间节点的表述上有较大出入，请向张某甲复核其听到死者发出异响，到底是哪个时间？并问明其前后说法不一致的原因。

（3）黄某甲询问笔录（邓证1P1）开始时间为2005年8月22日14：30（案发前），是否笔误？请予补正或作出合理解释。

（4）穗公越刑（技法）字〔2005〕第12号法医学尸体检验鉴定书未附鉴定机构及鉴定人资质证明，请予补充。

（5）经审查，2006年公安机关对多名证人取证时，均使用了对犯罪嫌疑人才使用的拘传手续。是何原因？请作出合理解释。

（6）一退补充的出具日期为2005年8月22日的《事情经过》（补1P144）仅有"巡警：李某甲、治安员：将某某"的署名，请说明两人的身份、证据来源等相关情况，并加盖公章。

（三）请补充、完善被害人傅某某被抢劫案的相关证据

1. 现有证据证实，被害人傅某某（901房）被抢劫之时，邻居崔某某的902房也被入室盗窃，且有数千元财物损失。崔某某被盗窃案（902房）是否立案？该案处理情况如何？请予说明或将相关法律文书附卷。

2. 现场勘验笔录显示案发现场有涉嫌作案用布条，该布条当时有无扣押？如有，请补充作DNA、指纹鉴定，与王某宇、陈某作比对。

3. 被害人傅某某第一次辨认王某宇、陈某的辨认笔录，被害人签名的时间是2021年1月11日，但附卷的辨认视频显示的时间却是2008年1月25日。二者是否同一次笔录？还是其中一次存在日期记录的误差？请予补正或作出合理解释。

（四）请补充、完善被害人苏某某被抢劫案的相关证据

1. 被害人苏某某曾将带有疑似作案人血迹的交通银行信封及疑似抓过作案人的猫指甲交派出所人员。请将上述物品送检提取DNA，与王某

宇、陈某作比对鉴定。

2. 附卷穗公越刑技痕鉴字〔2007〕038号痕迹鉴定书显示鉴定日期是2007年3月6日，但呈请聘请鉴定报告书出具的时间却是2021年1月13日，聘请鉴定时间反倒在鉴定时间之后，是何原因？请作出合理解释。

3. 2021年1月15日广州市越秀区价格认证中心出具复函，称因本案被盗物品未提供实物或准确反映规格型号、购置日期、质量鉴定报告等详细资料，未达到价格认定条件，按规定不予价格认定。经审查，被害人苏某某当时已提供黄金、吊坠的发票，上面已有金器的规格、重量、购买时间等信息，为何不能鉴定？请予说明。

（五）请补充、完善被害人王某某被抢劫案的相关证据

被害人王某某、熊某某陈述作案人是三名男子，而附卷《接受刑事案件登记表》记录为四名男子，二者为何不一致？是否尚有其他证据未附卷？请作出合理解释。

（六）请补充、完善被害人吴某某被抢劫案的相关证据

1. 一退补充的穗公（司）鉴（DNA）字〔2021〕00208号鉴定书显示曾做过两次鉴定，2021年在走廊地面烟头检出陈某DNA。经查，现场勘验笔录并未显示曾从现场提取过烟头，故现物证来源不清，请补充能证明物证来源的相关法律文书，并说明2006年8月7日第一次鉴定未能检出，2021年5月7日又能够检出的原因。

2. 王某宇2006年曾供认此单，并称共同作案人是王某甲。请根据王某宇所供述的"王某甲也是鞍山市铁西区人，2006年约32岁，身高约1.85米，较胖"等特征，结合本系列案多个现场查到的DNA、指纹等物证比对出的第三人信息，查找嫌疑人王某甲。

3. 请将陈某2006年被抓时的照片（王、陈3P121、122）制作成辨认笔录，给被害人吴某某作辨认。

4. 附卷照片和信息表格（吴P67-68），还有手写标注，未体现与本案的关联性，请予说明、注明来源并加盖公章。

（七）请补充、完善13宗盗窃案的相关证据

1. 根据2013年《关于办理盗窃刑事案件适用法律若干问题的解释》第六条：盗窃公私财物，入户盗窃数额达到"数额巨大"、"数额特别巨

大"50%的，可以分别认定为刑法第二百六十四条规定的"其他严重情节"或"其他特别严重情节"的规定，13宗盗窃案中，现作价格鉴定的仅为部分财物，还有很多财物并未作鉴定。为准确适用法律，请补充鉴定，查实被盗财物总价值。

2. 陈某供认自己与王某宇在广州入室盗窃时，作案地除越秀区以外，还有海珠、荔湾等多个区域，请排查海珠、荔湾等区域有无王某宇、陈某所作案件。如有足够证据可以证实，请查清被盗财物总价值后，与本案并案处理。

3. 被害人何某某被盗窃案的相关证据

（1）被害人何某某被盗当日的陈述中，当民警问其有无线索提供时，其回答"有五个男子，山东口音"，但并未对这个线索来源及指向何人进行继续说明。请向何某某复核，其当年为何会提出这个线索？线索指向何人？是否有人曾看见作案人？并据此查找其他目击证人。

（2）附卷鉴定意见显示，鉴定出王某宇指纹的位置是一个铁盒，但现场勘验笔录并没有记录曾从铁盒上提取到指纹（只记录了从透明塑料文件袋上提取到指纹），对鉴定意见中指纹的来源不清问题，一退时我院已要求查明原因，一退补充的情况说明称"经查档案资料，在实验室处理情况"而得知，因该说明并不能证实物证的来源，请将案发当年的记载有物证相关情况的现场勘验笔录及《现场勘验检查提取痕迹、物证登记表》附卷。

4. 请补充、完善被害人张某乙被盗窃案的相关证据

一退补充说明称：张某乙被盗窃案从现场防盗门上提取到汗液手印1枚，现场勘查显示该指纹遗留在防盗门栅内侧上，正常开锁动作不能被接触到。但并未附清晰照片等能说明以上情况的证明材料，请予补充。

5. 请补充、完善被害人徐某某被盗窃案的相关证据

被害人徐某某陈述自己发现家中被盗的时间是2006年7月2日23时，而接受刑事案件登记表等材料却显示被害人发现时间是2006年7月3日3时许。二者存在差异。请查明原因，依法补正或作出合理解释。

6. 请补充、完善被害人柯某某被盗窃案的相关证据

被害人柯某某陈述自己发现家中被盗的时间是2006年7月4日17时

15 分，而接受刑事案件登记表等材料却显示被害人发现时间是当日 17 时 40 分。二者存在差异。请查明原因，依法补正或作出合理解释。

（八）请加大查找同案人的侦查力度

王某某、熊某某被抢劫案、胡某某被抢劫案中，被害人均看到作案人为三名男子，吴某某被抢劫案中，王某宇供认同案人是王某甲，故现有多份证据表明，与王某宇、陈某一起作案的，应还有其他人员，请进一步加大查找同案人的侦查力度。

一退时，在何某某被盗窃案现场发现陈某丙（男，1977 年 × 月 × 日，四川遂宁人，5109021976×××××××，捺印单位：深圳市××区保安服务公司）2 枚指纹，为查实陈某丙是否同案人，请对其进行必要的排查。

（九）其他需补充、完善的证据

1. 一退补充的《关于刑事技术反馈意见》称：经重新比对，在王某某、熊某某被抢劫案现场，比中王某宇 1 枚指纹；在吴某某被抢劫案现场，比中王某宇 1 枚指纹；在张某乙被盗窃案现场，比中王某宇 4 枚指纹；在何某某被盗窃案现场，比中王某宇 1 枚指纹；在陈某丁被盗窃案现场，比中王某宇 2 枚指纹。请将上述物证的现场勘验笔录、提取物证清单、鉴定意见等相关法律文书附卷。

2. 请将所有案件的搜查证、搜查笔录、扣押决定书、扣押清单、随案移送清单等相关材料附卷。

3. 王某宇辩称自己 2005 年 6 月才到广州，之前在辽宁老家。请前往王某宇老家，找其家人、邻居、村委会干部及其他相关人员了解 2004 年 9 月 -2006 年 8 月（本案 19 宗案件案发时间）期间，王某宇是否在辽宁的相关证据。

4. 2006 年王某宇曾供认 2005 年 2 月被广州市荔湾区公安分局送过强制戒毒一次，请到上述公安机关调取王某宇被处罚的相关证据，以核实王某宇当年的行动轨迹。

5. 请对王某宇在广州所从事的工作（其称曾就业于富奎物流）、住址、轨迹等信息开展必要的调查，以排除其因正常社会交往在案发现场留下指纹的可能性。

6. 陈某供认自己与王某宇在广州入室盗窃时，作案地除越秀区以外，还有海珠、荔湾等多个区域，请排查海珠、荔湾等区域有无王某宇、陈某所作案件。如有，请将所有案件现场的物证全部重新送检，请鉴定机构采取最先进的技术重新检验，查找王某宇、陈某及其他涉案人员的相关生物成分和指纹痕迹等物证。如有确实证据，依法将上述案件同时移送审查起诉。

7. 请加大审讯力度，详细讯问王某宇、陈某二人认识的过程、参与作案的动机、经过、每宗犯罪事实的具体经过等，寻找能与在案其他证据相印证的细节，或者发现可调取客观证据的方向和线索。

8. 犯罪嫌疑人王某宇被羁押后，超过24小时送看守所，请作出合理解释。

9. 附卷人口信息网查询的王某宇户籍所在地为辽宁省鞍山市铁西区一道街××栋××单元××层××号××，与户口所在地2006年9月13日出具的人口登记表（协查函2006年是由侦查员刘某某、黄某乙发出）显示地址辽宁省鞍山市××区××社区××××-××不一致，请予核实。

10. 陈某户籍所在地出具的身份材料未附卷，请予补充。

11. 本案有多份材料为复印件，请加盖公章、说明来源，并注明"与原件一致"。

12. 舒某某被盗窃案破案报告未附卷，请予补充。

13. 附卷破案报告表（王副1P53）只有一个编号，显示2007年1月25日破案，到底是哪个案件并未说明，请予补充。

14. 附卷胡某甲辨认笔录（补1P130-132）不符合法定证据要求，请依法完善。

15. 附卷《现场勘验检查提取痕迹、物证登记表》（补充）：见补1P158、159，请注明案号或案件名，并加盖公章。

16. 经审查，除了邓某某被杀一案外，其余的18宗案件，早在2006年-2007年期间，就已经在案件现场查到了王某宇的指纹，这些案件当年的证据状况与现在基本一致。而王某宇、陈某2006年被佛山警方抓获后，广州警方还曾经赴佛山提审两名犯罪嫌疑人。既然当年已具备相关证据（从王某宇 2006 年还愿意供认的角度看，当年的证据某种程度上要比现在好），广州警方也明知两名犯罪嫌疑人已在佛山落网，对于为何不依法并案处理、是何原因导致 18 宗案件在十余年来一直处于未结状态的问题，一退补充的材料说明了未能并案处理的原因，但对后一问题并未作出解释。请依法作出合理解释。

（十）追诉时效问题

如果命案难以认定陈某参与其中，其余案件能认定，请关注是否超过追诉时效的问题，并及时依法处理。

三、相关工作要求

补充侦查过程中，注意以下问题：

1. 对涉案物证进行 DNA 提取、检测时，如 STR 分型难以被提取，请尝试使用敏感度更高的 Y 染色体检验法。

2. 现有证据表明，附卷的现场勘验笔录并未涵盖所有案件现场物证，有部分物证可以通过"经查档案资料，在实验室处理情况"被发现，据此，请清查本系列案所有档案资料，查清在实验室处理的所有情况，防止物证遗漏，将所有物证重新送检。

3. 对于物证来源不清的案件，请补充现场勘验笔录、物证提取清单等能证实物证来源的法律文书，以证实程序的合法性。

4. 对于情况说明中的内容，需一并移送能证实该内容的相关材料。

5. 现新冠疫情已被控制，对证人霍某某、谭某某、麦某某、张某甲、陈某甲、黄某某等人的询问工作及对犯罪嫌疑人王某宇、陈某的审讯工作，请务必尽快进行。

广州市人民检察院
20××年×月×日

【承办检察官心得体会】

本案犯罪情节较严重、被害人数多，社会影响大，属于重大疑难复杂的命案、积案。由于案发主要时间段在 2003—2006 年间，时间跨度久，取证难度大。当年公安机关因侦查技术手段、取证意识等方面的不足，案件前期的证据基础较为薄弱。侦查机关在提捕时仅移送了6宗案件事实（1宗故意杀人、3宗抢劫、2宗盗窃），案件整体上证据均未达到确实、充分的程度，亟需补充侦查。

（一）认定事实的难点

一是案发时间久远使得部分取证工作的开展存在难度。如在邓某某被杀案中，部分被害人、证人因时间久远难以对侦查机关提供的照片进行有效辨认。证人周某、黄某某分别于2014年、2016年死亡，无法取证。被害人何某某案发后的询问笔录细节不清晰，但因时间久远，无法就具体细节情况再作陈述。

二是被告人王某宇、陈某的供述不清晰、不完整，难以反映作案的相关细节，增大了认定犯罪事实和确定罪名的难度。如在邓某某被杀案，因王某宇、陈某拒不供认，无法得知案发时的具体经过。又如陈某在供述中称"6宗抢劫案和24宗盗窃案我全部认罪认罚，但作案时间、地点和经过我都无法详细交代，时间过太久了""就只跟王某宇在一起作过案，有他作过案的地方就肯定有我在。"

三是侦查机关存在不同程度的侦查活动瑕疵的情况。如在案的勘验检查笔录不规范、不完整、不准确，经检察院要求将本案31个犯罪现场提取的所有痕迹、物证重新送检后，补充到新的指纹鉴定。

（二）本案的履职特点

一是积极提前介入引导侦查，发挥检察一体的优势，形成上下合力。本案于2021年1月25日经越秀区检察院批准逮捕，1月27日广州市人民检察院提前介入案件。通过在提前介入阶段对侦查机关进行引导，第一时间补充完善相关证据。经广州市人民检察院提前介入，侦查机关移送审查起诉时比提请批准逮捕时增加认定了2宗抢劫案、11宗盗窃案。

二是把握案件细节，以客观性证据构建证明体系。如邓某某被杀案，为完善证据体系，经办人从细节出发，要求侦查机关从案发前的环节入手，排查案发前多次到被害人楼下的男子的身份、查找案发前与被害人可能存在纠纷或交集的人员、排查案发现场身份不明的女子。安排侦查机关用王某宇2006年照片交证人进行辨认，后经办案人再次向证人核实辨认过程，确保辨认的客观真实。又如张某乙被盗窃案，经办人要求侦查机关对现场发现的王某宇指纹提取位置进行核实，以此分析王某宇是否曾经入室。

三是重视分析说理，高标准制作退回补充侦查提纲。严格按照最高检《关于加强和规范补充侦查工作的指导意见》的规定精神，重点强化分析、说理。经办人对案件整体的证据情况进行梳理，明确补充侦查工作的方向。在列明具体补充侦查事项之前，经办人均重点分析了案件存在的疑点，解释了补充侦查事项的思路和目标，便于侦查人员理解和执行。

（三）案件办理的效果

为保证补充侦查取得良好效果，重视"人来人往"代替"文来文往"，经办人于一次退查、二次退查前、二退重报后三次召开现场协调会，审查过程中也多次通过电话积极引导侦查。通过补充侦查工作，本案补充到关键性证据，随即经办人对补充到的证据开展复核。本案经过退回补充侦查，案件的证据体系得到完善，关键细节得到补强。起诉书认定的事实获法院判决支持，也为类似积案的补充侦查工作积累了相关经验。此外，在引导侦查、撰写补充侦查提纲的同时，一并发现了侦查机关存在的违法情况，发出了《纠正违法通知书》，相关纠正意见已被侦查机关采纳。

【专家点评】

在我国刑事诉讼中，检察机关既是诉讼一造中的"控方"，又是维护司法公平的"守护者"。正因为检察机关既是代表国家提起诉讼的公诉机关，又属监督刑事诉讼公权力运行的监督机关，所以诉权的行使不能只强调打击犯罪以救济被害人，而忽视被追诉人的人权保障。如果片面强调追诉犯罪，对证据标准和法律适用标准放低要求，只会让检察官沦为"冷酷无情的国家猎人"，而淡忘其"法律守护者"的角色。本案检察机关恪尽职守，对公安机关移交的证据材料仔细核查，不轻信盲采，提出了两次退回补充侦查的要求，尤其是第二次退回补充侦查提纲，内容细致详实，实属一篇优秀的法律文书范本，体现出检察机关对"惩罚犯罪与保障人权"刑事诉讼目的的切实把握。

（一）客观公正

本案犯罪嫌疑人涉嫌的案件数量之多、罪名之重、距今时间之久、人物关系之复杂，皆是案件办理的难点。检察机关为公正有效地指控犯罪，克服了来自案件内外的各种压力，没有因涉嫌命案便草率起诉，坚持退回补充侦查。该篇退回补充侦查提纲明确列举了当前各项证据存在的问题，避免重大瑕疵的证据流入审判程序，以致程序空转。我国《检察官法》第5条第1款规定，"检察官履行职责，应当以事实为根据，以法律为准绳，秉持客观公正的立场"。该篇退回补充侦查提纲充分体现出检察机关在审查起诉过程中，秉持"既毋纵，也毋枉"的原则，对证据材料抽丝剥茧，发现公安机关仍未查清命案中的作案细节、行为性质，现有证据也无法锁定5宗抢劫案为犯罪嫌疑人王某宇、陈某所为，更无法锁定13宗盗窃案为该二犯罪嫌疑人共同实施，尤其是被盗财物的总价值尚未完全查清。纵使13宗盗窃案即将超过追诉期限，检察机关在该篇退回补充侦查提纲中仍未模糊证据要求，明确本系列案均未达到证据确实、充分的程度。这也是检察官履行法定客观公正义务、保障人权和践行法律守护人角色的生动体现。

（二）细致详实

该篇退回补充侦查提纲，内容夯实细致，不流于形式，为公安机关的补充侦查工作提供了明确方向。文书开宗明义，指出该案经过第一次退回补充侦查后，尚有部分关键证据未能补查到位，即当前证据无法指控犯罪嫌疑人王某宇、陈某构成故意杀人罪、抢劫罪、盗窃罪。随后，分三部分，告知公安机关补充侦查的工作要求。首先，针对三大罪名，告知公安机关应补充侦查的方向及侧重点。其次，明确补充侦查的主要事项和工作要求。最后，指出对其他相关工作的要求，如对另选检测技术、证据补正、重新鉴定等建议。该篇退回补充侦查提纲如同一篇"指南"，内容清晰、细致、具体、详实，标注出检察机关对已移交各项证据材料存在的形式、实质和逻辑上的疑问，各指控罪名证据间相互矛盾之处，以及对公安机关未来侦查方向的要求、建议。可见，该篇"指南式"的侦查提纲，有利于公安机关对症下药，及时厘清已收集证据存在的瑕疵，进而继续收集缺失的证据材料。

（三）充分说理

本案为系列重大犯罪，虽然犯罪嫌疑人王某宇、陈某都已到案，但二人是否共同实施了系列犯罪，现有证据仍无法证明；被害人被杀案的现场情况与犯罪嫌疑人王某宇此前的作案特征和手法相对比，二者明显相悖，且现有证据证明犯罪现场仍有一名女子存在，但尚未找到。种种疑点反映出存在明显的证据和涉案人员缺失。该篇退回补充侦查提纲凸显说理性，释明证据间的逻辑矛盾，以事说理，以法论罪，事理是基础，法理是尺度。强调现有证据未达到确实、充分的证明标准，督促公安机关二次补充侦查取证。

努力让人民群众在每一个司法案件中感受到公平正义，需要检察机关诉之有据、诉之有理。检察机关作为"法律守护者"，严守证据要求和证据规则，更有利于侦查机关和公诉机关保持客观、公正、统一的证据准入标准，及时有效地指控犯罪，从而避免问题案件流入审判阶段。

（点评人：郭烁，中国政法大学诉讼法学研究院教授、博士生导师）

80. 年某广等人侵犯著作权案退回补充侦查提纲

【简要案情】

2018年至2021年11月,被告人年某广组织多人以营利为目的,在未取得生产许可证、未经著作权人许可、不享有出版权的情况下,出版他人享有专有出版权的图书,复制发行他人文字作品。被告人史某芳、董某然、谢某霞明知年某广有以上行为而为其提供帮助。本案查扣各类侵权图书5971册,侵权产品价值共计624468.7元。

【诉讼过程】

本案由芜湖市公安局弋江分局侦查终结,芜湖市弋江区人民检察院以被告人年某广等人涉嫌侵犯著作权罪对四名犯罪嫌疑人批准逮捕,按照集中管辖规定,2022年6月30日该案向芜湖经济技术开发区人民检察院移送起诉,期间,退回补充侦查两次(自2022年7月31日至2022年8月30日,自2022年9月30日至2022年10月30日),2022年11月25日向芜湖经济技术开发区人民法院提起公诉,2022年12月28日,法院采纳检察机关量刑建议,判处被告人年某广有期徒刑3年,史某芳、董某然有期徒刑1年6个月,谢某霞有期徒刑1年,并对四人处以不同数额罚金。四名被告均未提起上诉,判决现已生效。

【文书全文】

安徽省芜湖经济技术开发区人民检察院
退回补充侦查提纲

芜湖市公安局弋江分局：

你局以芜弋公（校）诉字〔20××〕×××号起诉意见书移送起诉的犯罪嫌疑人董某然、谢某霞等5人侵犯著作权罪一案，为有效地指控犯罪，根据《中华人民共和国刑事诉讼法》第一百七十五条第二款的规定，决定将案件退回你局补充侦查。

一、补充侦查的方向

本院审查认为，本案在管辖权方面以及《起诉意见书》中关于复制发行他人作品数量和价值等事实的认定方面，仍需补充侦查予以查明。另对各犯罪嫌疑人或部分证人是否参与犯罪、参与犯罪活动、参与的时间、事先通谋情况等直接关系定罪、量刑的事实，需加强取证，以进一步查明事实。

二、补充侦查的主要事项和工作

根据上述情况，请你局查明以下事项，并重点做好相关工作：

1. 本案管辖权问题仍无法确定

（1）芜湖市公安机关现对于年某广、史某芳、董某然、谢某霞及此次尚未移送起诉的李某甲、黄某某、年某某等人的管辖权，取决于年某广、史某芳曾通过洪某、贾某某和杨某某直接将医考类书籍向芜湖地区的汤某某、"王某甲"、芮某、董某甲销售的事实。但购书人的购书时间和年某广等人开始印刷制作盗版书籍的时间有出入，所购买书籍名称不详，无法证明是否是年某广等人组织制作的。具体表现为：

年某广制书情况：涉案嫌疑人能证明2019年开始制书的仅有黄某某供述：自己是2019年12月到年某广的印刷厂印刷盗版书籍。而年某广供述自己2020年10月开始盗版书印刷活动，其最后一份第六次供述称

2020春节后搞印刷。董某然供述证明2020年11月第一次帮助年某广运输成品书籍给郑州史某芳。谢某霞供称2021年4月第一次到年某广的装订厂上班。史某芳供述2021年知道年某广印刷盗版书，2021年7月才帮其卖盗版书。年某某证明2021年3月已有××壁画厂房的印刷厂。

证人中，几处厂房房东证明年某广等人租用厂房时间均在2020年3月后，油墨供应商苏某某证明从2020年3月供应油墨，王某乙证明从2020年3、4月帮年某广联系荥阳××印刷厂印医学考试书籍彩页，董某乙、董某丙父子证明2020年夏天帮助年某广制作绿色贺某甲医学考试用书、黄色的北京×××××出版社的国家临床执业医师考试用书等医学考试用书内页CTP版，陈某甲2020年7、8月开始帮年某广出过绿色贺某甲医学考试用书、北京×××××出版社黄色医学考试用书，装订厂女工证言证明其到印刷厂工作时间均在2021年之后。以上证人证言与年某广所称"2020年春节后搞印刷"的供述时间逻辑上更为相符。

但帮助年某广进行盗版书制版、内页及封面印刷的证人周某某和栗某某证明2019年左右帮年某广制作贺某甲执业医师考试用书、黄色封面北京×××××出版社出版国家执业医师考试用书、中医类执业医师考试用书等医学类盗版书封面电子版、印刷封面。而××印务公司负责人陈某乙证明自2019年11月起和年某广、李某甲、王某丙用共同购置的印刷机，白天在××印务公司用于印刷有出版社授权的中小学教辅材料等，晚上用这台机械印刷年某广接的没有出版社授权的书籍和试卷至2021年4月。但该三名证人证言无法直接证明年某广2019年侵犯著作权的犯罪事实。故，2020年3月前，年某广在何处进行盗版医学考试用书印刷制作，雇佣了哪些人员，印刷制作的书籍数量、名称，成品书存放地点，运输、销售及收款方式等均须补充查明。

购书人购买情况：证人洪某2019年6月24日从年某广处购买昭昭助理一套六本（含助理冲刺卷）让其直接发送给安徽省芜湖市无为县的购书人汤某某，该时间段年某广辩称销售给洪某的图书是从郑州×××市场进的非自己印刷生产的。汤某某虽供称2022年又从洪某处买了一本《昭师彩绘笔记》、一本《国家临床执业及助理医师资格考试实践技能操作指南》，但2021年12月30日犯罪嫌疑人年某广已被抓获，该书籍并非来自年某广。

证人洪某证明2021年11月2日曾让"简简单单"（犯罪嫌疑人史某芳）发过×××××结业考试研究中心的书给芜湖市镜湖区团结四村的"王某甲"，但公安机关尚未找到该证人取证。因此，"年某广→洪某→无为汤某某/王某甲"这一管辖权链条尚未形成。

证人贾某某虽证明自己2019年年某广、史某芳处分别购买了他们自己印刷的两套昭昭医考执业医师考试用书和××××出版社的一些医学教材。但尚无书籍系发往芜湖地区的证据。因此，"年某广→贾某某→芜湖"这一管辖权链条尚未形成。

证人杨某某证明2020年1月9日曾让"淡然"（犯罪嫌疑人史某芳）发送昭昭助理一套8本（三套）给安徽省芜湖市鸠江区官陡街道河清路以东兆通大观花园的芮某，2020年7月24日让该微信号发送昭昭讲义上下册（两套）给芜湖市鸠江区官陡街道仁和路柏庄观邸的董某甲，证人芮某另证明其在2020年9月22日通过杨某某的拼多多账号"××商号"购买了××××出版社的《临床西医神经病学》第八版、《妇产科》第九版、《内科学》第九版三本书。

关于芮某2020年1月9日通过杨某某从史某芳处购书的分析意见同前。关于芮某2020年9月22日和董某甲2020年7月24日所购买的书籍准确名称和版本均无客观证据证明。刑事照片中的《贺某甲国家临床执业医师资格考试辅导讲义（上册）2021》（且来源不明）。中国××科技出版社有限公司鉴定报告中的《国家临床执业及助理医师资格考试辅导讲义（上册）2021》（ISBN 9787513264648）是否为芮某和董某甲所购买的书籍无证据证明。

因此，"年某广、史某芳→杨某某→芜湖芮某、董某甲"这一管辖权链条能否成立尚不能明确。

综上，在案证据尚不能确定芜湖市公安机关现对于年某广、史某芳、董某然、谢某霞及此次尚未移送起诉的李某甲、黄某某、年某某等人侵犯著作权的犯罪活动具有管辖权。

（2）"年某广、史某芳→郭某劝、卢某某→芜湖陈某丙、张某甲"这一管辖权链条因郭某劝、卢某某供述不一致、与芜湖购书人的证言无法印证而断裂,可以继续补充证据明确。

郭某劝仅承认被扣押的书籍中300本来自史某芳处,供述2021年春节前后,从史某芳处购买100本蓝色医学类教材销至芜湖卖家,是否是陈某丙尚不明确。卢某某则称卖给芜湖的盗版书都是从郑州×××市场收购的。公安机关《起诉意见书》中认定"2021年3月2日和3月30日,公安机关在陈某丙经营的××书店查获了127类书籍",在案无书籍物证、刑事照片等,无法判断是否有与年某广制作的书籍相同的书籍。

郭某劝供述2021年春节前后,从史某芳处购买100本蓝色医学类教材销至芜湖,但该供述不稳定和之后的供述有出入。

芜湖购书人陈某丙第十四次供述先供称从郭某劝处购买过《内科学》、《外科学》、《生理学》、《病理学》等教材,之后又称是《全国护士执业资格考试指导同步练习题集》等。

芜湖购书人张某乙称2019年2月至2020年底,从郭某劝、卢某某处购买过贺某甲执业医生资格考试用书、××××出版社第九版《外科学》(蓝色封面)、刘某编著的昭昭国家临床及助理执业资格考试等医考类盗版书。

郭某劝供述中的蓝色封面书籍究竟是哪种书籍、销给芜湖哪个买家,需要补充讯问笔录、书籍辨认予以明确,如证据上可以印证,确定其销售至芜湖的此类书籍是从史某芳处购进的,则"年某广、史某芳→郭某劝、卢某某→芜湖陈某丙、张某甲"这一管辖权链条可以形成。

(3)"郭某劝、卢某某→芜湖贺某乙、从某某、李某乙"这一管辖权链条还需补充证据明确。

由于郭某劝、卢某某供述中并未提及过曾向芜湖该三人售书,需就该售书事实补充讯问二人。现有证据中,证明该事实的言词证据仅有购书人贺某乙、从某某所称2020年12月从郭某劝微信号购买了"昭昭医考"2021版教材的证言,但侦查机关尚未提取该书籍经郭某劝、卢某某指认并进行是否为正版的鉴定。购书人李某乙称2020年12月份从郭某劝微信号购买了一套2021昭昭医考的国家临床执业及助理医师资格考试用书,并将盗版书带到公安机关,照片显示为2021版"国家临床执业及助理医师资格考试精选真题考点精析试题分册、解析分册、笔试核心考点背诵版、笔试重难点精析上、下册"书籍，书籍载明北京×××××出版社出版，刘某编著。需提取该书籍经郭某劝、卢某某指认并进行是否为正版的鉴定。

2. 著作权权属问题

北京×××××出版社

×××××（东台）科技工作室出具说明称其为《2022国家临床执业及助理医师资格考试实践技能操作指南》《2022国家临床执业及助理医师资格考试实践技能操作核心考点背诵版》的著作权人，但为何北京×××××出版社与著作权人天津市蓟州区×××文化工作室签订以上两种图书出版合同？需补充证据证明天津市蓟州区×××文化工作室与×××××（东台）科技工作室的关系，以明确北京××××出版社是否享有该两种图书的专有出版权。

关于《2022国家临床执业及助理医师资格考试实践技能操作指南》，著作权和出版合同中均载明"2022"版本，而侦查机关对姬庄村仓库的搜查扣押清单中未注明是否系"2022"版，提供给犯罪嫌疑人辨认的刑事照片中，史某芳辨认的系"2021"版，黄某某辨认的系"2022"版，从各出版社出具的著作权说明和鉴定报告可见，相同名称图书年份版本不一的，图书ISBN号则不同，可能影响著作权归属，因此，北京×××××出版社对该图书2021版是否享有专有出版权，需补充证据证明。

3. 鉴定问题

（1）鉴定报告问题

北京×××××出版社出具《关于辨别侵权出版物的函》及《著作权说明》，证明对包括《国家临床执业医师资格考试最后冲刺5套卷及精析》（ISBN 9787512436543）在内的图书享有专有使用权，但出版合同中缺少《国家临床执业医师资格考试最后冲刺5套卷及精析》的合同。另，出版合同中《（2022）国家临床执业及助理医师资格考试实践技能操作核心考点背诵版》，鉴定中记载书名中无"2022"，是否影响著作权认定和鉴定？

暂无中国××科技出版社有限公司对除《2021国家执业药师执业资格考试通过必做题2000题药事管理与法规》（ISBN 9787521422382）外

的 7 种书籍享有专有出版权的著作权说明或其他书证，且芜湖市弋江区广播电视新闻出版局提交的所有 8 种书来源不明。

××××出版社鉴定的《生理学》（ISBN 9787117266598）、《外科学》（ISBN 9787117266390）、《医学影像学》（ISBN 978711723757）、《精神病学》（ISBN 9787117266659）、《麻醉学》（ISBN 9787117266840）样书来源不详。鉴定报告中《2021 全国护士执业资格考试指导》（ISBN 9787117305273）、《2021 全国护士执业资格考试指导同步练习题（ISBN 9787117305341）》、《2021 全国护士执业资格考试模拟试题》（ISBN 9787117305457）、《2022 护理学（师）同步练习题集》（ISBN 9787117321617）、《2022 护理学（师）精选习题解析》（ISBN 9787117320320）、《2022 护理学（师）练习题集》（ISBN 9787117320634）与郭某劝仓库扣押清单中的《全国护士执业资格考试指导》、《全国护士执业资格考试指导同步练习题集》、《全国护士执业资格考试模拟试卷》、《护理学（师）同步练习题库》、《护理学（师）精选习题解析》、《护理学（师）练习题库》名称相似，但有不同，是否同一须对比书号逐一说明。如记载错误须补正。

北京××××出版社有限公司鉴定报告中《2022 临床医学综合能力（西医）全真模拟及精解》、与郭某劝仓库查扣的《全国硕士研究生招生考试临床医学综合能力（西医）全真模拟及精解》37 本是否同一，须对比书号进行说明。如记载错误须补正。

北京××××××出版社、中国×××出版社有限公司、××××出版社有限公司、北京××出版社有限公司等专有出版权利人的鉴定报告，由于缺乏鉴定委托材料，被鉴定样书缺乏来源说明，须完善证据。从回函抬头可见，北京××××××出版社的鉴定委托单位为芜湖市公安局弋江分局高校园区派出所，中国××科技出版社有限公司和××××出版社有限公司、北京××××出版社有限公司的鉴定委托单位均为芜湖市弋江区广播电视新闻出版局，委托鉴定主体均非侦查机关是否适格值得商榷。

两高《关于办理侵犯知识产权刑事案件适用法律若干问题的意见》二、关于办理侵犯知识产权刑事案件中行政执法部门收集、调取证据的效力问题规定，行政执法部门依法收集、调取、制作的物证、书证、视听资料、检验报告、鉴定结论、勘验笔录、现场笔录,经公安机关、人民检察院审查,人民法院庭审质证确认,可以作为刑事证据使用。

关于办理侵犯知识产权刑事案件的抽样取证问题和委托鉴定问题中明确:公安机关在办理侵犯知识产权刑事案件时,可以根据工作需要抽样取证,或者商请同级行政执法部门、有关检验机构协助抽样取证。法律、法规对抽样机构或者抽样方法有规定的,应当委托规定的机构并按照规定方法抽取样品。公安机关、人民检察院、人民法院在办理侵犯知识产权刑事案件时,对于需要鉴定的事项,应当委托国家认可的有鉴定资质的鉴定机构进行鉴定。公安机关、人民检察院、人民法院应当对鉴定结论进行审查,听取权利人、犯罪嫌疑人、被告人对鉴定结论的意见,可以要求鉴定机构作出相应说明。

本案中派出所应为公安机关的派出机构,不能成为委托鉴定的主体,应以芜湖市公安局弋江分局作为委托鉴定主体。芜湖市弋江区广播电视新闻出版局行政执法部门,调取的鉴定结论如符合鉴定意见的证据形式可以作为证据使用。因此该案需补充委托鉴定主体为芜湖市公安局弋江分局和芜湖市弋江区广播电视新闻出版局的鉴定委托书、鉴定意见书。

(2)对涉案部分图书缺乏鉴定

对史某芳仓库内查扣的15种4080册医学图书,多数未确定著作权人,全部15种书籍均未经著作权人出具鉴定报告证明为侵权书籍。

从郭某劝仓库内查扣的《口腔科学》、《皮肤性病学》、《急诊与灾难医学》、《生物学》(7本)、《全国硕士研究生招生考试临床医学综合能力(西医)全真模拟及精解》、《临床医学综合能力强化题集》、《人体解剖彩色图谱》、《中医执业助理医师资格考试医学综合指导用书上、中、下册》、《中医执业助理医师资格考试医学综合通关题库上下册》、《中医执业助理医师资格考试实践技能指导用书》、《2022全国硕士研究生招生考试考研临床医学综合能力(西医)应试满分题库》、《病理学学习指导与习题集》、《中西医结合执业医师资格考试医学综合指导用书下册》、《外科学学习指导与习题集》、《全国护士执业资格考试指导同步练习题集》、《护理学(师)》10本、《护理学(师)精选习题解析》10本、《2021护理学(师)精选习题解析》9本、《全国护士执业资格考试指导》17本和《建筑工程管理与实务》、《建筑工程法规及相关知识》、《建筑工程经济》、《建筑工程项目管理》、《2021建设工程质量控制》、《2021建设工程投资控制》、《2021建设工程合同管理》、《2021建设工程进度控制》4本、《2021建设工程监理概论》、《2021建设工程监理案例分析》、《2021建设工程监理相关法规文件汇编》、《消防安全技术实务上下册》、《消防安全案例分析》、《消防安全技术综合能力上册》、《市政公用工程管理与实务》、《药事管理与法规》、《公路工程管理与实务》均未经著作权人出具鉴定报告证明为侵权书籍。

从姬庄村仓库中查扣的《全国住院医师规范化培训结业理论考试历年考点及辅导讲义－内科》、《全国住院医师规范化培训结业理论考试历年真题及中心题库－内科》、《国家临床执业及助理医师资格考试实践技能操作核心考点内科（配套答案解析）》、《国家临床执业及助理医师资格考试实践技能操作指南》320本（哪一年版本？史某芳辨认的是2021版，著作权人鉴定的是2022版）、《2022国家临床执业及助理医师资格考试精选真题考点精析试题分册》、《2022国家临床执业及助理医师资格考试笔试重难点精析（上册）》、《2022国家临床执业及助理医师资格考试笔试重难点精析（下册）》、《最新版国家临床执业医师资格考试最后冲刺5套卷及精析》、《2022国家临床执业医师资格考试精选真题考点精析（解析分册）》、《2022国家临床执业及助理医师资格考试笔试核心考点背诵版》均未经著作权人出具鉴定报告证明为侵权书籍。

（3）鉴定证明不详问题

证据卷七中北京×××××出版社2022年5月19日出具《鉴定证明》，证实《国家临床执业及助理医师资格考试精选真题考点精析（解析分册）2019》（ISBN 9787512428546）、《国家临床执业及助理医师资格考试精选真题考点精析（试题分册）2019》（ISBN 9787512428546）、《国家临床执业及助理医师资格考试笔试重难点精析（上册）2019》（ISBN 9787512428544）、《国家临床执业及助理医师资格考试笔试重难点精析（下册）2019》（ISBN 9787512428584）、《国家临床执业及助理医师资格考试笔试核心考点背诵版2019》（ISBN 9787512428553）、《国家临床执业医师资格考试最后冲刺5套卷及精析2019》（ISBN 9787512426614）和《国家临床执业及助理医师资格考试精选真题考点精析（解析分册）2020》（ISBN 9787512428584）、《国家临床执业及助理医师资格考试精选真题考点精析（试题分册）2020》（ISBN 9787512428584，是否有误，请查实）、《国家临床执业医师资格考试最后冲刺5套卷及精析2020》（ISBN 9787512428614）、《国家临床执业及助理医师资格考试笔试重难点精析（上册）2020》（ISBN 9787512428584）、《国家临床执业及助理医师资格考试笔试重难点精析（下册）2020》（ISBN 9787512428584）、《昭昭医考7天6夜学员串讲冲刺专用教材上册下册2020》出版物与该出版社正版书比对，鉴定产品图书封面颜色失真、内容印刷模糊不清、多处插图无法辨识，经鉴定，均为盗版。

该份证据鉴定委托单位不详，按照卷宗装订顺序，可能为证人汤某某提供，但接受其提供证据清单中并无该份证据，且其中不同名称、不同版本的五本出版物《国家临床执业及助理医师资格考试笔试重难点精析（下册）2019》、《国家临床执业及助理医师资格考试精选真题考点精析（解析分册）2020》、《国家临床执业及助理医师资格考试精选真题考点精析（试题分册）2020》、《国家临床执业及助理医师资格考试笔试重难点精析（上册）2020》、《国家临床执业及助理医师资格考试笔试重难点精析（下册）2020》ISBN号一致均为9787512428584，是否有误，请查实。对该份《鉴定证明》的样书来源、鉴定委托单位等信息补充证据予以证明。

4. 涉案数额问题

需调取涉案人员微信聊天记录和转账记录、QQ邮箱、支付宝转账记录、网店经营、交易信息等客观证据，并对各犯罪嫌疑人的涉案数额进行审计。

在案犯罪嫌疑人多通过微信相互联络、年某广等人通过QQ邮箱发送盗版书籍封面和内页电子版、制作的CTP模板等、销售人员多通过微信联系购书人进行销售、收取货款，部分通过网店进行销售，为查清制假、销假事实，须调取以上证据。

侦查机关《起诉意见书》认定从河南省新乡市辉县市姬庄村的仓库内查扣侵权书籍17623册，价值约2114574元；印刷半成品420提（每提约400页），在河南省郑州市郑州×××市场郭某劝书店查获侵权盗版书籍1013册，价值约113790元；在河南省郑州市史某芳仓库查获侵权盗版书籍4080册，价值约360170元。

通过调取2019-2021年卢某某、郭某劝在河南省×甲物流、×乙物流、×丙物流、×丁物流的物流单认定销售的均为盗版书籍，代收货款均为二人的犯罪数额。

通过调查年某广、史某芳将自己印刷的盗版医学考试用书通过微信进行销售，销售给年某广的微信好友"××通客服2：郑老师"（洪某）66570元、"×××××加油站"（贾某某）9018元和史某芳的微信好友"小××"（杨某某）49418元，认定为年某广、史某芳的犯罪数额。

以上认定均缺乏确实、充分的证据支撑。

（1）年某广等人部分

调取年某广与同案人的聊天记录、发货记录、物流信息等，调取年某广、史某芳微信、支付宝、银行账户流水等，查明史某芳是否有淘宝、拼多多网店及网店交易记录，结合董某然送货笔记本记载事项、黄某某手机备忘录记载的印刷记录等客观证据，讯问全部涉案嫌疑人，明确制作、销售盗版书籍的数量、价格，对年某广侵犯著作权犯罪事实中的复制发行数量、非法经营数额进行审计。已销售的侵权产品的价值，按照实际销售的价格计算。制造、储存、运输和未销售的侵权产品的价值，按照标价或者已经查清的侵权产品的实际销售平均价格计算。如客观证据中只明确了"贺某甲"或"昭昭"无法具体到书名的，则按同类图书中最低价格计算非法经营数额。

关于陈某乙供述的2019年起与年某广、李某甲、王某丙合资购买印刷机在××印务公司内晚上进行盗版书籍印刷的事实进行补充侦查，补充讯问年某广、李某甲、黄某某、年某某等人，并对该部分数量和数额进行审计。

（2）郭某劝部分

调取郭某劝、卢某某的微信聊天记录，查明史某芳是否有淘宝、拼多多网店及网店交易记录，调取二人微信、支付宝、银行账户流水，补充对年某广、史某芳、郭某劝、卢某某进行讯问，查明双方对于盗版书籍的销售情况及销售金额。结合证人证言，查明郭某劝、卢某某的物流信息中，销售盗版书籍事实，确定郭某劝、卢某某的获利情况，对郭某劝、卢某某的违法所得数额进行审计。

5. 证据形式问题

（1）不适宜随案移送的物证须以照片形式呈现。

扣押在案的图书须提交整体及细部照片，以真实体现所扣押图书数量、名称、版本、出版社等信息。扣押在案的印刷机、装订机等设备须以照片形式附卷。

（2）董某然被扣押笔记本原件须随案移送。

（3）从购书人（如从某某、芮某、汤某某等证人）处提取的书籍原物经辨认、鉴定后，应随案移送。

（4）证人洪某提供的手机截图显示其"××通"网店销售书籍类型，其中包含与北京××××××出版社出版的黄色封面国家临床执业及助理医师资格考试系列用书和贺某甲国家临床执业医师资格考试辅导讲义、×××出版社出版的蓝色封面医学教材相似的图片，但图片画面不清晰，无法确定书籍具体名称、版本和出版社名称。需要将网店所售图书与上游年某广销售图书和下游汤某某所购图书进行比对是否同一，由年某广、史某芳进行指认是否系其印刷生产，并对从购书人处扣押的书籍实物进行是否为侵犯著作权图书的鉴定。

（5）证据卷二482-521相关图书封面的刑事照片，均只加盖"芜湖市公安局弋江分局高校园区派出所"章，未注明照片来源、收集人姓名等信息，须补正。

芜弋公电检〔2022〕2号电子数据检查笔录证明侦查机关对犯罪嫌疑人年某广持有的华为INE-AL00型号红蓝色手机、荣耀X20黑色手机；犯罪嫌疑人郭某劝持有的vivo v2031a黑色手机；犯罪嫌疑人谢某霞持有的OPPO A9蓝色手机；犯罪嫌疑人董某然持有的vivo Y9s蓝色手机、苹果iPhone 12白色手机；犯罪嫌疑人史某芳持有的OPPO R17黑色手机；犯罪嫌疑人年某某持有的OPPO R15梦境版黑色手机、苹果iPhone 8 Plus黑色手机；犯罪嫌疑人卢某某持有的vivo Y93s银色手机、小米MI PLAY蓝色手机；犯罪嫌疑人黄某某持有的vivo Y93s黑色手机；犯罪嫌疑人陈某丙持有的华为FLA-AL20型号蓝色手机共计13部手机电子数据进行勘查取证分析。

但检材来源无证据证明。现有证据中仅年某广手机两部、董某然手机两部、黄某某手机两部有扣押决定书证明系侦查机关扣押，但对于手机的颜色、品牌、型号、IMEI 码等特征均无登记备注，无法确定与电子数据检查笔录所载手机是否统一，须予以补充。

黄某某被扣押手机两部，仅有一部用于电子数据检查，另一部手机去向需补充证据证明。

用于勘验的其余六部手机，无扣押笔录、搜查笔录证明系侦查机关查扣，手机来源须补充证据证明。

电子数据固定清单并无该 13 部手机检材完整性校验值记录，无法证明电子数据的完整性，须补充。

（6）聊天记录、网上购买记录等应符合电子数据证据形式。如陈某丙于 2019 年 5 月 11 日至 2021 年 1 月 16 日与微信名为"×阳"卢老师联系购书的聊天记录，截图无法显示语音内容，文字过于模糊，无法看清购买书籍具体名称、版本。应以电子数据形式随案移送。

6. 其他问题

（1）侦查机关根据犯罪嫌疑人手机号码查询其在的物流公司的运货详情。但其中 1593879×××、1994385×××、1551715××× 号码所属人情况不详。请说明该号码归属情况。

（2）姬庄村厂房房东陈某丁、××壁画厂房房东李某丙、宝山加油站东西侧厂房房东岳某某、寺庄顶村厂房房东翟某对租房人员、厂房经营人员均未进行辨认，是否为犯罪嫌疑人董某然、年某广须补充辨认笔录。

根据年某广及其他涉案人员证明从宝山加油站厂房迁出后，年某广将印刷厂搬至×××甲医院附近厂房，查找该处厂房房东做询问笔录、辨认笔录。

（3）装订厂女工乔某某、高某某、秦某某、李某丁对装订厂老板"老年"、管理人员董某然、谢某霞均未进行辨认，须补充辨认笔录。

（4）因部分证人证明曾在 2018 年起就帮助年某广制作 CTP 铝板、封面电子版，该事实关系到全案犯罪事实的认定和管辖权的确定，而证人提供的聊天记录或邮件图片清晰度不够，无法识别图书具体名称，需要侦查机关对聊天记录和邮箱做电子数据勘验。

（5）证人洪某证明曾从年某广处购买昭昭助理一套六本的医考书并销售给汤某某的事实，需补充快递信息查询、聊天转账记录等书证，从证人汤某某处提取物证进行辨认和鉴定。

证人董某甲、芮某证明：2020年7月24日、2020年1月8日，二人在芜湖市×××乙医院参加住院医师规范化培训时通过微信分别以148元从杨某某处购买昭昭讲义上下册、以600元购买了昭昭医考教材。芮某还在2020年9月22日通过杨某某拼多多账号"××商号"购买了×××出版社的临床西医神经病学第八版、妇产科第九版、内科学第九版三本书。以上图书均无实物提取材料和刑事照片及送检材料和鉴定材料。芮某的订单截图虽显示从"××商号"网店购买过临床西医本科教材《内科学》第九版、《神经病学》第八版、《妇产科学》第九版各一本，但未显示购买时间且与其证言所称购买数量不符。

杨某某微信转账记录均非其微信昵称"小××"微信号Lx150×××××账户，与购买事实无法印证，需补充证据进一步印证图书买卖事实。

7. 非法证据排除问题

（1）犯罪嫌疑人谢某霞2022年1月2日第二份讯问笔录（证据卷一188-194）第三页到第六页共86行内容与谢某霞2021年12月31日第一份笔录（证据卷一182-187）的第二页到第五页的86行内容一模一样，明显系粘贴复制，对于其第二份讯问笔录予以排除。

（2）陈某丙2021年3月14日讯问笔录第五页到第十页共118行内容与陈某丙2021年3月4日讯问笔录的第四页到第九页的118行除两处数字不同外其余内容一模一样，明显系粘贴复制，对于其2021年3月14日讯问笔录予以排除。

（3）黄某某2021年12月31日的讯问笔录中未记载口头传唤被讯问人时间、但有黄某某在空白时间位置的捺印，请对该份笔录进行补正。

三、相关工作要求

补充侦查过程中，注意以下问题：

1. 本案犯罪嫌疑人较多，在对同一犯罪嫌疑人进行讯问时，对该嫌疑人供述前后不一致的事实，应让嫌疑人解释不一致的原因。同时结合其他同案人对该部分事实的印证情况或者在案客观证据（如聊天记录、转账记录等），进行有针对性的讯问，以固定证据及加强证据间的印证。

2. 因本案中涉及的侵权复制品较多，即便同一名称的书籍，不同年份版本的 ISBN 号码皆不同，可能会影响著作权属及真伪鉴定结论，在扣押清单上需对书籍名称及版本年份详细记录，犯罪嫌疑人、同案人对于书籍名称的供述和指认亦应尽可能详细。

3. 电子数据提取、移送须符合两高一部《关于办理刑事案件收集提取和审查判断电子数据若干问题的规定》，并对证据要点进行梳理。

4. 犯罪嫌疑人年某广、谢某霞、董某然均在本院提审时供称2018、2019年时即开始进行侵犯著作权的印刷、装订犯罪活动。该事实关系到管辖权确定和全案事实和数额的认定，需要加大讯问、调查力度，查明该事实。

5. 重视对影响量刑的证据收集，开展追赃挽损工作。

芜湖经济技术开发区人民检察院
20××年×月×日

【承办检察官心得体会】

退回补充侦查提纲对于指导侦查机关提高补充侦查质效具有重要作用。制作一份合格的退回补充侦查提纲，需要从以下几个方面着手：

（一）明确补充侦查的方向

补充侦查的方向关系补充侦查的必要性，首先须阐明补充侦查的理由。由于本案涉案非正版图书销往全国各地，侦查机关初始查明的在案证据并不能直接确定管辖权。退回补充侦查阶段，首先需确定对年某广等人具有管辖权，该文书围绕年某广等人制作、销售侵犯著作权犯罪行为发生地或结果发生地是否为芜湖，根据在案线索要求补充证据，以明确管辖权问题，使本案的诉讼过程得以顺利推进。

(二) 对于重大疑难复杂案件，围绕犯罪构成要件和犯罪的本质特征，对需要补充的事项按照逻辑、条理进行排序

一是侵犯知识产权犯罪案件，在犯罪构成要件中，首先要查明知识产权的权属，其次对涉案物证进行是否侵权的鉴定，以确定犯罪事实。本案是否侵犯著作权，缺少权属证明和鉴定意见。

二是侵犯著作权案件，在违法所得数额或严重情节是否达到立案追诉标准不明的情况下，引导侦查机关针对各犯罪嫌疑人的犯罪数额或情节开展证据补充工作，以达到"犯罪事实清楚，证据确实、充分"的起诉标准。

三是明确补充侦查目的性，增强说理性。《关于加强和规范补充侦查工作的指导意见》第3条关于说理性原则明确规定："补充侦查提纲应当写明补充侦查的理由、案件定性的考虑、补充侦查的方向、每一项补证的目的和意义，对复杂问题、争议问题作适当阐明，具备条件的，可以写明补充侦查的渠道、线索和方法。"承办人在撰写该份退回补充侦查提纲时，除了对补充事项详细具体罗列外，还指出了现有证据出现的矛盾、不足等问题，提出补充侦查的思路、途径、方式等意见建议，以及对完善证据体系、补充侦查方法的意见建议，列明了所收集证据的作用、效果，能够证明的事项。

四是对瑕疵证据提出补正意见，对非法证据果断予以排除。取证过程中，因侦查活动出现责任心不强，证据形式不完备，经过补正不影响证据使用的，建议进行补正。对于侦查活动违法无法补正的证据，在发出《纠正违法通知书》的同时，说明理由，依法予以排除。

(三) 影响量刑的证据与定罪证据同等关注

承办人在该份提纲中，不仅对于案件事实认定、法律适用、详细说明每一条补证意见的重要性、必要性外，对于情节轻重、追赃挽损等情况，也提出补充侦查要求，确保补充侦查的实效性和取证的精准度，提升案件质量。

【专家点评】

补充侦查工作在及时收集固定证据、准确查明犯罪事实、依法惩治

犯罪分子、确保司法公正等方面具有重要意义。退补提纲文书的制作水平很大程度上决定了补充侦查工作的质量。本案退补提纲指向明确、有理有据，可以看出在实现有效引导侦查方面下足了功夫。

(一) 内容详实，体现了补充侦查的必要性

补充侦查活动是在原有侦查工作基础上进一步补充完善证据，因此必要性是启动该程序的条件。退补提纲在说明补侦方向的同时，还在具体侦查事项中对事实和证据进行分类，对管辖权、著作权认定、数额认定、瑕疵证据等实体和程序问题分别进行梳理，兼顾了定罪证据和量刑情节，充分体现了补充侦查的必要性。

(二) 逻辑清晰，展现了补充侦查的说理性

退补提纲说理到位才能便于侦查人员准确把握补查内容。文书在管辖权问题上，分组说明了证据间存在的矛盾，阐明了管辖权不明的具体原因；在著作权权属方面，以问题为导向，论证了证据疑点是什么以及对案件认定的影响，便于侦查人员理解补证目的；在鉴定报告问题中，详细列明了补充鉴定的法律依据，使得补充侦查意见有法可依。全文针对不同证据问题分别进行说理，具有很好的参考性。

(三) 补证具体，确保了补充侦查的有效性

补充侦查事项是否具有可操作性是影响补充侦查效果的关键。提纲对于需要补侦的各项工作，均恰当准确地列明了需要调取或完善的证据内容，具有可查性。如在涉案数额取证方面，就结合《起诉意见书》中的事实和证据情况，详细列明了下一步需认定的侵权书籍，而非笼统地说明待查对象，使补侦工作可以充分做到有的放矢。

(四) 审查全面，可以为同类案件提供指引

补充侦查的内容虽是针对个案，但其中的证据审查规则和补侦思路却可作为类案借鉴，正所谓"他山之石，可以攻玉"。提纲中所列证据全面，涵盖了物证、书证、言词证据、电子数据、鉴定意见、辨认笔录等，无论是证明内容还是证据合法性问题均有涉及，不仅体现出检察官对在案证据的全面细致审查，也反映了该类案件办理的重点、难点及可能存在的诸多共性问题，为同类侵犯著作权案件的办理提供了有益参考。

当然，文书中也有值得商榷之处。对于讯问笔录出现重复记录的，

是否认定为非法证据，可以在提纲中要求调取讯问录像，审查记录内容与录像内容符合程度，以确定笔录内容真实性和程序合法性。

补充侦查工作是提升办案质效，构建以证据为核心的刑事指控体系中的重要一环。补充侦查提纲的制作也是对检察官办案理念、业务技能和案件质量等方面的综合检验。从这个角度看，这篇退回补充侦查提纲是一份用心制作、质量较高的法律文书，可以给我们带来不少指引和借鉴。

（点评人：李辰，北京市通州区人民检察院党组书记、检察长，全国检察业务专家）

81. 张某活等人虚开增值税专用发票案退回补充侦查提纲

【简要案情】

2020年5月至2021年1月间，胡某某、王某（另案处理）及被告人胡某东、张某活等人为牟取非法利益，通过张某某（另案处理），与××石化南京有限公司控股的江苏××能源科技有限公司（以下简称"江苏×勤"）、江苏××国际贸易有限公司（以下简称"江苏×业"）的钱某某（华业石化副总经理兼江苏×勤董事长，已死亡）及被告人陈某华联系，合谋通过"黄金委托加工"业务向他人开具增值税专用发票；通过被告人朱某华及刘某某（另案处理）等人联系增值税专用发票受票单位天津×君商贸有限公司（以下简称"天津×君"）、天津×隆金属材料有限公司（以下简称"天津×隆"）及由被告人王某甲实际控制的宁波×泰金属材料有限公司（以下简称"宁波×泰"），商定合同签订、开票费率、资金走账等事宜。胡某某、王某及被告人胡某东、张某活按增值税专用发票票面金额1.5%－1.8%收取天津×君、天津×隆、天津×达、天津×宇泽、宁波×泰等"下游公司"（即受票单位）的开票费后，按0.13%－0.15%比例支付江苏×勤、江苏×业"开票费"，被告人张某活、胡某东另按0.15%左右比例支付被告人陈某华"好处费"。

被告人胡某东、张某活及胡某某、王某等人通过赵某某（另案处理）、周某涛（绰号"千斤顶"，未归案）、周某伦（绰号"细哥"，未归案）、李某某（另案处理）、"二二"（身份不明）等人联系"金主"（身份不明，即"实际购金者"）。"金主"安排他人将资金通过"下游公司"转账至江苏×勤、江苏×业，再分别转账给金交所会员单位、金属辅料单位、合金加工厂及黄金押运单位等。江苏×勤、江苏×业公司委托三门峡金渠、重庆华西、陕西黄金从金交所采购标准黄金，完成交割取得黄金及黄金增值税专用发票，黄金由"下游公司"指定的提货人提货后交付给"金主"，黄金增值税专用发票则由江苏×勤、江苏×业通过虚假委托加工方式，伪造将黄金、铜、锌、锡等有色金属加工为铜、锌、锡合金并销售给"下游公司"的事实，进而向"下游公司"虚开有色金属合金类增值税专用发票483份，销售金额计人民币（以下币种均为人民币）1851579965.31元，税款计240705395.1元，价税合计2092285360元。案发后，税务机关按增值税专用发票抵扣链条从下游受票单位追回税款共计16341076.26元。

【诉讼过程】

本案系由盐城市公安局指定亭湖分局侦办该案。

收悉公安机关案情通报后，盐城市人民检察院、亭湖区检察院5次应邀派员提前介入，就被告人胡某东、张某活等人在虚开增值税专用发票共同犯罪中的地位与作用、各被告人虚开增值税专用发票非法获利数额、涉案的增值税专用发票给国家造成的税款损失、王某甲控制的公司向下游公司虚开增值税专用发票抵扣情况、虚开增值税专用发票的资金来源、资金与境外赌博集团的关联性等方面，提出侦查取证建议。

2021年8月至9月间，公安机关以涉嫌虚开增值税专用发票罪先后将张某活、胡某东、陈某华等人移送亭湖区检察院提请批准逮捕。亭湖院对张某活等5人以涉嫌虚开增值税专用发票批准逮捕，并列出详细《逮捕案件继续侦查取证意见书》引导侦查机关继续取证。2022年1月29日，公安机关将该案移送审查起诉。亭湖区检察院先后于2022年3月15日、6月30日两次将该案退回补充侦查，要求侦查机关对资金来源、黄金交易是否真实以及是否造成税款损失等多方面内容进行补证。2022年8月10日，亭湖区检察院以涉嫌虚开增值税专用发票罪对被告人张某活、胡某东等人提起公诉。2023年8月14日，盐城市亭湖区人民法院以犯虚开增值税专用发票罪一审判决被告人张某活有期徒刑12年，并处罚金人民币40万元；胡某东有期徒刑12年，并处罚金人民币40万元。同案被告人王某甲、朱某华、陈某华等3人因在审理阶段补充起诉其他事实被分案处理。2023年10月24日一审法院作出判决，其中陈某华提起上诉，2024年1月23日二审法院裁定维持原判。

【文书全文】

江苏省盐城市亭湖区人民检察院
退回补充侦查提纲

盐城市公安局亭湖分局：

你分局以亭公（经）刑诉〔20××〕××号起诉意见书移送起诉的犯罪嫌疑人张某某、胡某某等5人虚开增值税专用发票罪一案，为有效地指控犯罪，根据《中华人民共和国刑事诉讼法》第一百七十五条第二款的规定，决定将案件退回你局补充侦查。

一、补充侦查的方向

本院审查认为：江苏×勤（×业）与宁波×泰、天津×君、天津×达等公司之间存在资金流、货物流、发票流，合同记载了相关交易事项，且委托加工、转交付形式上并未违反相关民商法律规定。江苏×勤（×业）与宁波×泰等公司之间开具增值税专用发票行为可能构成行政法意义上的变名虚开，但是否构成刑法意义上以骗取税款为目的的虚开存在争议。此外，本案中江苏×勤（×业）与宁波×泰之间开具增值税专用发票的行为，仅根据虚假委托加工难以否认黄金交易的真实性，依增值税抵扣链条，尚不能认定已经造成增值税税款流失。本案属于"两次虚开、一次损失"型虚开增值税专用发票案件，税款的真正损失可能是宁波×泰的下游企业继续虚开延长增值税抵扣链条造成。若将下游企业虚开造成的税款损失认定为江苏×勤与宁波×泰之间开具增值税发票造成的损失并予以定罪量刑，将会造成罪责刑不相适应。

二、补充侦查的主要事项和工作

根据上述情况，请你分局查明以下事项，并重点做好相关工作：

1. 为查明本案中购买黄金的资金来源及资金是否与赌博资金存在关联，请调取天津×君、天津××泽、天津×达、天津×隆、宁波×泰等公司账号资金流水，查清：

（1）购买黄金资金来源。围绕资金来源进行溯源，查清"金主"购买黄金资金与下游娄底×城等受票企业购买有色金属资金是否是具有同一，资金间是否存在"回流"情形。

（2）根据天津×君、天津××泽、天津×达、天津×隆、宁波×泰等公司购买黄金资金溯源结果，向关联人员取证，查清上述资金是否与赌博或其他违法犯罪行为存在关联。

（3）根据天津×君、天津××泽、天津×达、天津×隆、宁波×泰等购买黄金资金的去向，查清开票费用流转结算情况、查清各犯罪嫌疑人非法获利数额及非法获利的支付经过。

2. 为查明天津×君、天津×隆、天津×达、天津××泽与江苏×勤公司之间黄金合金购销交易的真实性，请补充：

（1）证人张某甲的证言，查清其居间介绍天津×君、天津×隆、天津×达、天津××泽公司向江苏×勤公司购买黄金并开具黄金合金增值税专用发票的经过。

（2）查找天津×君、天津×隆、天津×达、天津××泽公司相关责任人员，查清向江苏×勤购买黄金并获得黄金合金增值税专用发票的经过。

（3）犯罪嫌疑人张某某供述，赵某某于2020年12月份购买黄金的资金曾经有600万元左右在天津被冻结，请查明该事实存在与否、冻结的原因、冻结款项的处理情况。

3. 为查明黄金合金加工交易、黄金交易是否具有真实性，请查明：

（1）良×五金、创×欣、金×达、嘉×达、鑫×茂等合金加工厂开具的黄金、辅料入库单、合金出库单等单据的真实性及开具人，查明良×五金厂等黄金合金加工厂是否明知出库单、入库单开具的作用、后果，有无帮助委托加工厂虚开增值税专用发票骗取税款的主观故意。

（2）调取良×五金、创×欣、金×达、嘉×达、鑫×茂等合金加工厂的银行账户流水，查清涉及加工费的资金及资金"回流"的经过，并调取上述公司账册及纳税记录，查清上述公司有无偷逃税款行为，如存在请及时将线索移送税务主管机关处理。

（3）调取天津×君、天津×隆、天津×达、天津××泽、宁波×泰公司账册，查证上述公司所购买黄金合金货权交接是否具有真实性。

（4）查找广州×州、上海×屯等相关提供辅料的经办人员并向其取证，查清其向江苏×勤、江苏×业销售金属辅料的经过，并根据其证言收集相关金属交易的资金流向及货权交接相关证据，查明加工黄金合金所须金属辅料交易是否真实。

4. 为查明本案中票货分离、虚假加工、变票虚开行为是否导致国家税款流失，请补充税务领域专家证言，查明：

（1）江苏×勤（×业）公司受宁波×泰等公司委托向上海黄金交易所会员单位购买黄金，所购黄金代宁波×泰等公司直接交付给委托宁波×泰等公司购买黄金的"金主"，而江苏×勤（×业）未向宁波×泰等公司开具增值税专用发票、宁波×泰等公司未向"金主"开具增值税专用发票的行为，根据增值税相关法律规定，是否属于增值税意义上的销售行为？是否需要进行无票收入申报？是否需要缴纳增值税？如果需要缴纳增值税如何缴纳？

（2）江苏×勤（×业）将本应开具给宁波×泰等公司的增值税专用发票，通过票货分离方式虚假委托加工，将黄金增值税专用发票变为黄金合金增值税专用发票开具给宁波×泰等公司，是否属于虚开增值税专用发票的行为？上述行为是否会产生纳税义务？其销售抵扣的进项来源是否合法？

（3）上述真实黄金代购交易与虚假的黄金合金加工交易环节，有无增值税损失或有无导致本应视为进入终端消费环节而征收入库的增值税税额的减少？

5. 为全链条打击利用黄金增值税发票虚开增值税专用发票行为，请补充：

（1）娄底×城、联光×泽等宁波×泰下游公司相关经办人证言，查清其与宁波×泰等公司交易行为是否真实，相关交易的货物流、资金流，重点查清资金是否与购买黄金资金存在关联、货权交接手续是否齐备、以及娄底×城、联光×泽等公司是否存在为他人交易如实代开等情况。

（2）犯罪嫌疑人王某辩解其销售给娄底×城、联光×泽等公司的铜、锌等金属有真实交易，不属于对外虚开增值税专用发票，其虚构进项不虚构销项。请查清其销售的货物来源及资金走向，并查明娄底×城、联光×泽是支付开票费用给犯罪嫌疑人王某的经过。

（3）由于天津×君、天津×隆、天津×达、天津××泽、宁波×泰等公司接受虚开的增值税专用发票的基本事实已经存在，请及时将相关线索移送税务主管机关，由税务主管机关对涉及虚开的增值税专用发票作出处理，及时挽回税款损失。

6. 犯罪嫌疑人陈某某辩解其作为江苏×勤公司黄金业务经办人，是在到深圳交割提金时知道黄金没有送到加工厂，但对于黄金有无加工成黄金合金其供述有反复。江苏×勤公司母公司董事长庄某某辩解其不知道黄金没有加工成黄金合金，请查清江苏×勤（×业）公司有无受到欺骗而被动参与到本案中来的可能。

7. 犯罪嫌疑人陈某某作为江苏×勤（×业）公司黄金业务代表，代表公司与犯罪嫌疑人张某某、胡某某从事黄金业务过程中，在公司收取费用之外另行收受张、胡支付的好处费，但好处费比例、金额相关人员供述不一，请查清其私自收取好处费的比例、金额及支付方式等。

8. 犯罪嫌疑人张某某、胡某某供述存在矛盾，张某某供述称其与胡某某是合作关系，胡某某供述称其是受张某某雇用参与犯罪。请根据二人供述内容收集诸如好处费支付、收取等客观证据，并补充证人周某甲、赵某某、刘某甲、周某某、张某甲等人的证言，排除二人供述间的矛盾，查明二人在共同犯罪中的地位与作用。

9. 请根据银行账户流水、相关增值税发票及货权交接凭证，对江苏×勤、江苏×业、宁波×泰、天津×君、天津×隆、天津×达、天津××泽、上海×轻、山东×控、河南×人、安徽×硕、湖南×雄等公司虚开增值税专用发票进行专项司法会计鉴定，查明虚开增值税专用发票的价税合计金额、税款及可能造成的税款损失、各环节的开票费用等。

10. 江苏×勤还涉嫌采取同样作案手段向上海×轻、山东×控、河南×人、安徽×硕、湖南×雄开具增值税专用发票8.69亿余元，请继续查找上海×轻、山东×控、河南×人、安徽×硕、湖南×雄相关交易经办人及居间介绍的刘某乙等人证言，并调取相关银行账户流水、公司账册，查明是否属于虚开增值税专用行为。如是则继续追查发票流向及时将虚开增值税专用发票线索移送税务机关处置挽回涉税损失。

11. 宁波×泰还涉嫌采取同样作案手段从大有×海、青川×盛公司获取增值税专用发票3.07亿余元，请查清上述事实是否涉嫌虚开增值税专用发票罪。

三、相关工作要求

本案有大量事实尚未查清，存在多种侦查思路与定罪量刑可能性。以江苏×业与宁波×泰之间开具增值税发票为例：

1. 如以犯罪嫌疑人王某甲及其控制的宁波×泰公司向下游虚开增值税专用发票环节为核心要素展开，则犯罪嫌疑人张某某、胡某某、陈某某、朱某某等人为犯罪嫌疑人王某获得进项增值税专用发票提供便利条件，可构成虚开增值税专用发票罪的帮助犯。

2. 如以江苏×业与王某甲控制的宁波×泰公司之间变票虚开环节为核心要素展开，则开票方江苏×业可能构成虚开发票罪，受票方宁波×泰可能构成虚开增值税专用发票罪，犯罪嫌疑人朱某某为介绍人，犯罪嫌疑人张某某、胡某某为介绍人或与犯罪嫌疑人陈某某构成共同犯罪。

3. 鉴于本案因涉赌犯罪案发，本案犯罪链条可能还涉及以虚开增值税专用发票为表象的掩饰、隐瞒犯罪所得犯罪，此时犯罪嫌疑人张某某、胡某某居于虚开增值税专用发票链条上层指挥整个虚开链条，可能构成虚开增值税专用发票的间接正犯，犯罪嫌疑人陈某某、朱某某、王某等人根据各自的地位、作用各自构成虚开增值税专用发票罪。

请你分局在补充侦查过程中，及时调整侦查思路，补充收集相关证据全链条、全方位打击利用黄金增值税专用发票实施的关联违法犯罪行为。

盐城市亭湖区人民检察院
20××年×月×日

【承办检察官心得体会】

该案系境外赌博集团获取赃款后层转汇聚至个人或公司账户,后经购买标准黄金,实现"资金变黄金"转移、洗白及疑似走私出境的"黄金通道"案件。

(一)把握"票货分离"的本质特征,准确认定利用"黄金票"虚开增值税专用发票行为

经全面审查后认为,被告人张某活等人利用黄金体积小、价值高的优势获得进项增值税专用发票,伪造虚假加工,在交易链条中插入虚假的合金交易,通过披着国企外衣的公司直接将黄金票变更为有色金属发票,向下游浙江、天津等多家公司虚开增值税专用发票,是一起典型的利用"黄金票"虚开案件。江苏×勤、江苏×业与宁波×泰之间的行为属于"两次销售、一次申报"的行为,被告人张某活等人主观上均具有骗取税款的主观目的,客观上造成了增值税款损失,其行为构成虚开增值税专用发票罪。

(二)围绕争议焦点,有的放矢开展补充侦查工作

本案属于"过票型"虚开增值税专用发票案件,行为人为逃避侦查,除增加过票方、扩大地域范围、拉长虚开链条外,还通过虚假加工等方式掩盖犯罪,以符合其所谓购进黄金、加工销售的业务形式,增加查处难度。对此,承办人从资金来源、资金的去向、增值税发票的流转、交易的真实与否等多方面列明22条补充侦查意见。一是调取开票费用的流转结算情况等证据,查明与境外赌博集团的关联性以及与下游受票企业之间是否存在资金回流情形,对涉案资金进行溯源;二是调取相关加工企业出入库记录、辅材购买记录等客观证据,对涉案企

业黄金合金加工交易、黄金交易的真实性进行核查；三是对下游受票企业是否涉嫌虚开犯罪进行线索梳理和移送，对江苏×勤的其他类似犯罪事实进行串并，实现全链条打击。通过补充侦查，该案虚开增值税专用发票的价税合计金额从10.18亿余元增加至20.92亿余元，并按增值税发票抵扣链条追回税款1634万余元，追加起诉5.12亿余元，有力打击犯罪。

（三）发挥外脑智慧，准确认定"税负平衡"情形下是否造成国家税款损失

针对江苏×勤（鹏业）将本应开具给宁波×泰等公司的增值税专用发票，通过票货分离方式虚假委托加工，将黄金增值税专用发票变为黄金合金增值税专用发票开具给宁波×泰等公司的行为是否会造成国家税款损失，承办人听取税务部门有关专业人员意见，认为判断的焦点不在于进项、销项数额的相同或相近，对于本案中虚进又虚出且表面上"税负平衡"的情形，必须把握其本质即是否将"虚"变为"实"，如果虚开的链条持续下去，即使过票各方都虚进虚出相近的额度，只要增值税专用发票被最终的受票方真实抵扣，国家税款即可能造成损失。如果一味追求表面的"税负平衡"，不能对犯罪事实作出准确的评价，有可能放纵犯罪。

【专家点评】

审查起诉阶段的补充侦查提纲是根据定罪量刑的标准全面收集证据、准确认定事实的必要手段，也是体现公诉人审查、判断、搜集、运用证据构建以证据为核心的刑事指控体系的逻辑思维的重要载体。一份规范的、高质量的补充侦查提纲对于提升案件质效、高质效办好每一个案件具有重要意义。该份补充侦查提纲在明确补充侦查方向的前提下，充分说理，注重实效，是理解和贯彻《关于加强和规范补充侦查工作的指导意见》（以下简称《指导意见》）的生动实践。

（一）体现了必要性原则

该份补充侦查提纲第一部分立足审查认定的事实，明确了补充侦查方向。现有证据可以认定什么事实，现有证据认定什么事实存在争议，

现有证据不宜认定什么事实……结合侦查机关移送起诉的罪名和案情，该份补充侦查提纲简明扼要梳理的非常清楚。文书所列明的理由涉及行政法意义上变名虚开与刑法意义上虚开增值税专用发票罪的界分、如何认定税款损失数额、下游受票企业是否涉嫌虚开犯罪等，可以称为该案的"案眼"，直接影响着罪与非罪、被告人地位、作用和犯罪金额的认定。完全符合《指导意见》第 6 条关于必要性的规定，即补充侦查工作应当与案件事实、证据密切相关。

（二）体现了说理性原则

补充侦查提纲是侦查机关根据检察机关意见进一步完善证据的重要依据，只有把理由和要求讲清说透，提出的意见才能得到侦查人员的认可和执行。该份补充侦查提纲第二部分从资金来源、资金去向、发票流转、交易真实与否等多方面列明 22 条补充侦查意见，明确了补充侦查的证据种类、具体的证据名称、所收集证据的作用、效果、能够证明的事项。同时，按照证明事项分层次表述具体的补充侦查内容，提出补充侦查的思路、途径、方式等。如在调取天津×君等公司资金流水的大项下，进一步明确围绕资金进行溯源，根据资金溯源结果进行关联人员取证，根据资金去向查清开票费用流转结算情况等。这种模块化、链条式的取证思路，对于提高证据质量、解决证据问题的作用是不言而喻的。这份提纲全面体现了"为什么补""补什么"及"如何补"三个方面，相较于司法实践中多数提纲只能体现"补什么"这一个方面，无疑是巨大的提升；既丰富了文书的"厚重感"，也体现了对侦查工作的充分尊重，具有"风向标"意义。

（三）体现了有效性原则

退回补充侦查虽非审查起诉阶段必经程序，但补充侦查提纲的有效性与否却是公诉人证据审查能力强弱的重要体现。在当下完善以证据为核心的刑事指控体系大背景下，提高证据质量、解决证据问题是开展补充侦查工作的重中之重。本案虚开链条长、范围广、法律关系复杂、大量事实尚未查清，补充侦查工作的质量将直接影响着案件的后续走向。在"相关工作要求部分"，该份补充侦查提纲以一个虚开环节为例，详细论证了不同侦查思路对案件定罪量刑的影响，为侦查机关有针对性地及时调整侦查思路提供了参考，保证了补充侦查的实效性和取证的精准度。同时，并不拘泥于侦查机关移送罪名，该份补充侦查提纲还发散性地提出了一些关联犯罪侦查思路，体现了检察机关依法全面履职的理念。后续经过补充侦查，检察机关追加起诉5亿余元，实现了对虚开增值税专用发票行为全链条、全方位的打击，这正是对该份补充侦查提纲有效性的最好验证。

（**点评人**：庄伟，北京市人民检察院第一分院副检察长、全国检察业务专家、全国十佳公诉人）

优秀刑事检察法律文书点评

82. 李某吉走私普通货物案退回补充侦查提纲

【简要案情】

2018年下半年,犯罪嫌疑人李某吉受"新安达37"号船船主张某某雇佣,担任"新安达37"号船船长,拟至公海走私运输白糖。2018年11月26日,张某某、李某吉及五名船员从福建省霞浦县至上海准备实施走私,后因故未实施走私返回霞浦。

2019年1月5日至1月7日,犯罪嫌疑人李某吉等人再次从福建省霞浦县至上海准备实施走私。2019年1月18日至1月21日期间,犯罪嫌疑人李某吉等人驾船前往公海从走私母船上过驳白糖。之后采用绕越设关地的方式将白糖走私进境,"新安达37"号船行驶至长江常熟港水域停泊等待指令时被查获。

犯罪嫌疑人李某吉走私白糖650.586吨,经计核偷逃应缴税款人民币3391799元。

【诉讼过程】

2020年2月12日苏州海关缉私分局将李某吉走私普通货物案移送苏州市检察院审查起诉。苏州市检察院在办理该案过程中,发现船主张某某有走私重大嫌疑,李某吉地位作用不明。2021年1月27日苏州市检察院将该案退回苏州海关缉私分局并列出详细补侦提纲,2021年2月2日向该局发出《要求说明不立案理由通知书》,2021年2月3日该局对张某某涉嫌走私普通货物案立案侦查。2021年8月9日,苏州市检察院对李某吉走私普通货物案提起公诉,2021年10月26日苏州市中级人民法院对李某吉以走私普通货物罪判处有期徒刑 3 年，缓刑 4 年。2022 年 1 月 12 日苏州市检察院对张某某以涉嫌走私普通货物罪批准逮捕，2022 年 8 月 26 日对张某某走私普通货物案提起公诉，2022 年 11 月 18 日苏州市中级人民法院对张某某以走私普通货物罪判处有期徒刑 4 年 6 个月。

【文书全文】

江苏省苏州市人民检察院

退回补充侦查提纲

苏州海关缉私分局：

你局以苏关缉诉字〔20××〕×号起诉意见书移送审查起诉的犯罪嫌疑人李某吉涉嫌走私普通货物罪一案，为有效地指控犯罪，根据《中华人民共和国刑事诉讼法》第一百七十五条第二款的规定，决定将案件退回你局补充侦查。

一、补充侦查的方向

经审查，本院认为根据现有证据，移送审查起诉的事实存在多处不合理之处，特别是李某吉等人实施走私运输的指使者、雇佣者方面。根据犯罪嫌疑人李某吉的供述，系陌生人主动找上船让他去运输白糖，李某吉未能供述提供雇主任何线索，该情节明显不符合常理。审查起诉期间，我院三次传唤讯问李某吉，李某吉在第三次笔录中指证"新安达37"号船船主张某某参与走私并起主要作用，我院经向证人陆某某、李某甲、李某乙等人核实，三名证人均指证张某某参与"新安达37"号船走私。根据现有证据显示，张某某有走私重大嫌疑，但你局未将张某某列为犯罪嫌疑对象，未对其采取强制措施。请从现有案件线索着手，对张某某涉嫌犯罪展开侦查，查明张某某是否参与"新安达37"号船走私及在走私中的具体参与行为，同时，通过收集调取客观性证据核实李某吉在走私中的实际地位作用。

二、补充侦查的主要事项和工作

（一）对张某某涉嫌走私犯罪方面，请开展以下工作：

1. 查明 2018 年 11 月至 2019 年 2 月期间张某某的行为轨迹

根据犯罪嫌疑人李某吉的供述和证人李某甲、李某乙的证言，2018 年 11 月 26 日，张某某与李某吉、五名船员共同乘坐动车从霞浦至上海准备走私，后因故未能实施走私，张某某与五名船员共同乘坐大巴从上海返回霞浦。本案案发后张某某和船员家属曾到苏州。

请调取 2018 年以来张某某火车票购票记录、汽车票购票信息、2018 年 11 月至 12 月陆某某、李某甲、李某乙、李某丙、陈某某汽车票购票信息、2018 年以来张某某住宿记录，通过对张某某交通信息和住宿记录的排查，核实张某某是否在相应时间段两次前往上海准备并实施走私，在案发后至苏州了解被抓人员情况。

2. 查明张某某、李某吉等人的资金往来情况

根据犯罪嫌疑人李某吉的供述，他和船员从霞浦至上海的火车票费用均由张某某微信转账给他，他被取保候审后张某某转账给他 2000 元，2020 年 5 月张某某又微信转账给他 2000 元，他均是用农业银行 62284115430××××××× 账户收取钱款；张某某在案发后给每个船员 3000 元，为李某乙支付了 5000 元取保候审保证金。证人陆某某、李某甲、李某乙的证言印证了张某某支付船员 3000 元、支付李某乙 5000 元取保候审保证金的事实。同时证人李某甲的证言证实张某某系先向他邮储银行转账 9000 元，再由他分给陆某某、李某丙各 3000 元。

请调取张某某、李某吉、李某甲、陆某某、李某乙、李某丙、周某某、陈某某等人银行卡交易记录、微信转账记录，重点梳理上述线索中银行账户明细，查清李某乙取保候审保证金的缴纳人、缴纳方式等，通过梳理资金交易记录，核实张某某向李某吉、李某甲转账、为李某乙支付取保候审保证金的情况，确定张某某关联账户，查明本案购买走私白糖的资金往来情况。

3. 查明走私过程中与李某吉通联号码的实际使用人

犯罪嫌疑人李某吉工作手机取证报告显示，在"新安达 37"号船走私过程中，李某吉的工作手机曾与 1327076××××、1801367××××

手机号码有多次通联，同时与李某吉现在持有的1355960×××手机号码也有过三次通联。

请讯问犯罪嫌疑人李某吉，调取1327076××××、1801367×××手机号码的用户名及通话记录，张某某、李某吉及涉案六名船员的通话记录，查明案发时期1327076××××、1801367×××、1355960×××手机号码的实际使用人，进一步查找涉案人员线索。

4. 梳理涉案人员微信聊天记录

根据犯罪嫌疑人李某吉的供述，张某某微信名为"觉醒的龙"，微信号：maoxi55××××，现李某吉系通过林某某联系张某某，请询问林某某，调取"觉醒的龙"的微信聊天记录、张某某（张某某笔录中记录的手机号码为1875039×××）微信聊天记录、李某吉（手机号码1355960×××）微信聊天记录、林某某的通话记录（手机号码1510592×××）及微信聊天记录，通过梳理微信聊天记录内容，查找本案关联性客观证据。

5. 核实犯罪嫌疑人供述、证人证言

我院在审查起诉阶段讯问了犯罪嫌疑人李某吉，询问了船员陆某某、李某甲、李某乙，李某吉、陆某某、李某甲均表示因张某某之前交代过不要把他供出来，因此在之前的笔录中未交代张某某的相关犯罪事实。本案另有三名船员李某丙、周某某、陈某某，因证人有事或无法联系，我院未能予以核实证言。请再次讯问犯罪嫌疑人李某吉、询问陆某某、李某甲、李某乙、李某丙、周某某、陈某某，核实张某某参与"新安达37"号船走私的具体情况以及之前未提及张某某的原因、细节。请对李某吉等人的家属进行询问，了解案发后张某某与李某吉等人家属联系的具体情况。请对张某某进行讯问，对其采取相应强制措施。

（二）对本案待查证事实及李某吉具体参与行为方面，请开展以下工作：

6. 查明李某吉具体参与行为

李某吉在侦查机关的笔录供述其负责"新安达37"号船的走私运输并收取运费，但未得到其他证据印证。李某吉在检察机关的第三份笔录对此情节予以翻供，仅承认其为船长身份，此情节影响李某吉的主从犯认定及量刑建议。请进一步讯问李某吉、张某某，询问证人，查找微信聊天记录、银行转账记录等，核实李某吉在走私过程中具体负责事项，系走私运输的负责人还是仅为船长。

7. 调取收集客观性证据

本案在"新安达37"号船航行轨迹、接驳白糖位置、与"大象"接头方式、如何通知货主打款和确定白糖数量方面，仅有李某吉的供述，且前后供述存在不一致，无任何客观性证据予以印证。根据《打击非设关地成品油走私专题研讨会会议纪要》，在办理非设关地走私犯罪案件，应当注意收集提取客观性证据。请进一步调取"新安达37"号船舶轨迹、反映涉案地点的位置、接头方式、通知打款、白糖特征等方面的客观性证据，印证言词证据的真实性。

8. 排查是否存在其他参与走私主要成员

根据现有证据，"新安达37"号船上无管事，不符合绕关走私团伙的惯常做法，李某吉的供述、陆某某、李某甲的证言均证实有一名姚姓"大嗓门"也涉嫌参与走私，其系江苏人，为"新安达37"号船提供生活补给。请在以上侦查过程中，进一步摸排查找其他走私主要成员方面的相关证据。

三、相关工作要求

1. 讯问李某吉、张某某，询问相关证人时请同步录音录像，增强证据的证明力。

2. 补充侦查后的证据如能证明张某某有走私犯罪事实，请向我院提请对张某某批准逮捕，同时需对"新安达37"号船予以扣押。

苏州市人民检察院
20××年×月×日

【承办检察官心得体会】

该案是一起人赃并获案件，侦查机关现场抓获扣押走私船舶白糖，船上共计7人，侦查机关将船上负责人李某吉移送审查起诉，犯罪嫌疑人李某吉供述其为走私运输的负责人并收取走私运费，看起来这是一件简单清晰的案件。但在办案过程中,承办检察官发现该案存在多处不合理之处:李某吉向船东租赁船舶不用支付租金、陌生人主动上船谈走私运输生意、走私运输过程中不与雇主联系等等。承办检察官认为该案存在疑点,李某吉存在替人担责可能,不能简单一诉了之。

(一)履职亮点

审查起诉期间,承办检察官三次传唤李某吉,针对疑点问题,突破性讯问,李某吉在第三次笔录中改变供述,辩解其仅为船长,没有收取运费,指证船主张某某参与走私并起主要作用,并提供进一步侦查线索。承办检察官经向船上船员核实,几名船员均指证张某某参与走私,并对之前未如实供述进行了合理解释。证据显示张某某有走私重大嫌疑,而侦查机关未将其列为犯罪嫌疑对象。我院对张某某走私普通货物案进行立案监督,并将李某吉走私普通货物案退回补充侦查。

(二)补侦思路

退回补充侦查提纲从三个方面层层递进,有理有据地引导侦查机关明晰案件事实,发现遗漏罪犯,确定在案犯罪嫌疑人的实际地位作用。

一是有可查之理。补侦提纲罗列出本案事实的不合理之处,不符合走私案件的惯常情节,结合检察机关自行补充侦查情况予以反馈,充分阐明补侦的必要性,与侦查机关达成疑点共识,明确指引侦查机关补证方向。

二是有可查之迹。承办检察官审查发现张某某与船员行为轨迹多处重合,案发后张某某支付船员工资、替船员支付取保候审保证金,走私过程中两个手机号码与李某吉有多次通联等情形。补侦提纲将检察机关自行补侦掌握的线索逐一列明,通过种种迹象表明张某某并不是不知情的船东,而是走私活动的指挥者、参与者,条理清晰地列明待查证事项,推动侦查机关理顺侦查思路。

三是有可查之道。因为本案犯罪嫌疑人供述、证人证言前后不一致,所以应更大程度通过收集客观性证据核实确定犯罪事实。补侦提纲以客观性证据为重点,分析证据材料的可能分布形态,明确每一项待查事项可以使用的侦查途径和方式,保证侦查机关取证到位。如通过调取张某某与船上人员的车票信息、住宿记录,查看行为轨迹是否吻合;通过银行账户、微信转账记录的梳理，印证张某某支付工资、取保候审保证金等行为，李某吉收取、支付费用的情况；通过通话记录的排查，查找涉案人员的线索等。同时，补侦提纲强调追赃挽损工作，针对侦查机关已将涉案船舶返还张某某的问题，指出张某某涉嫌参与走私，该船舶可能系走私犯罪工具，应予以追缴扣押。

【专家点评】

退回补充侦查是完善以证据为中心的刑事犯罪指控体系的重要措施，对于准确、及时查明案件事实，完善以证据为核心的刑事犯罪指控体系意义重大。审查起诉阶段退回补充侦查是指检察机关在审查起诉阶段，认为案件事实不清、证据不足或者存在遗漏罪行、遗漏同案犯罪嫌疑人等情形时，按照法定程序将案件退回公安机关，由公安机关在原有侦查工作的基础上进一步查清案件事实、收集补充证据的刑事诉讼活动。

本文即是一篇审查起诉阶段的退回补充侦查提纲，针对侦查机关未将张某某列为犯罪嫌疑对象，未对其采取强制措施，要求侦查机关从现有案件线索着手，对张某某涉嫌犯罪展开侦查，查明张某某是否参与"新安达37"号船走私及在走私中的具体参与行为，并通过收集调取客观性证据核实李某吉在走私中的实际地位作用。本篇退回补充侦查提纲主要有以下几个方面特点：

（一）逻辑结构清晰

针对李某吉在走私行为中实际地位作用证明不清、可能遗漏犯罪嫌疑人张某某等问题，逐一列明补充侦查事项，再详细写明需要补充侦查的具体工作内容，避免将所有补充侦查事项简单罗列。

（二）针对补充侦查理由认为存在事实不清部分，写明现有证据状况和存在的矛盾点

如退回补充侦查意见认为存在客观性证据不足问题，文书中列明本案在"新安达37"号船航行轨迹、接驳白糖位置、与"大象"接头方式、如何通知货主打款和确定白糖数量方面，仅有李某吉的供述，且前后供述存在不一致，无任何客观性证据予以印证的情况，让侦查人员一目了然，有针对性地落实补充侦查意见。

(三) 对涉及法律适用疑难问题的，写明法律依据和争议焦点

如本案中补充侦查意见要求写明，李某吉在侦查机关的笔录供述其负责"新安达37"号船的走私运输并收取运费，但未得到其他证据印证。李某吉在检察机关的第三份笔录对此情节予以翻供，仅承认其为船长身份，补充侦查文书中明确，此情节影响李某吉的主从犯认定及量刑建议。补充侦查提纲通过明确此项证据情况所涉及的法律适用争议，既可以让补充侦查意见有法可依，也便于侦查人员理解补充侦查的目的，实现侦检机关的有效沟通。

(四) 写明取证的具体要求

补侦提纲应从实体和程序性要求两方面写明具体的取证要求，本篇退回补充侦查提纲中明确要加强对李某吉、张某某讯问，并要求询问相关证人时同步录音录像。此部分工作要求在指明需要核实重点的同时，结合之前嫌疑人翻供等证据情况和下一步实际取证可能遇到的复杂情况，明确取证程序要求，有效地保障了证据的证明力。

公安机关与检察机关都属于"大控方"，退回补充侦查是完善证据体系、提升案件质量的重要措施，检察人员在规范使用退回补充侦查的同时，要避免一退了之，应加强与侦查人员围绕追诉犯罪的目标加强相互配合，共同提高案件质量。

(点评人：陈晨，上海市人民检察院第四检察部三级高级检察官、全国检察业务专家)

十四

补充调查提纲

83. 戴某甲受贿案补充调查提纲

【简要案情】

被告人戴某甲于 2006 年至 2019 年 5 月期间，利用其先后担任××报社社长、总编辑，北京××传媒有限责任公司法定代表人、董事长、总经理，××在线（北京）科技有限责任公司法定代表人、董事长，××传媒投资有限公司法定代表人、董事长，北京市××投资发展集团有限责任公司副董事长、总经理的职务便利，为北京××互联信息服务有限公司、北京×丙信息技术有限公司及其法定代表人周某某、贵阳××传媒有限公司及其负责人刘某某等单位和个人在获得××报内容转载授权、宣传报道、参评奖项、获取投资款项等方面谋取利益，非法收受上述单位和个人给予的财物共计折合人民币 1533.83 万余元，其中已实际取得财物折合人民币 656.94 万余元。

【诉讼过程】

2019 年 11 月 29 日，北京市监察委员会以××报社原社长戴某甲涉嫌受贿罪，向北京市人民检察院移送审查起诉，北京市人民检察院于同年 12 月 12 日交由北京市人民检察院第一分院审查。其间，因需要补充核实部分犯罪事实，退回监察机关补充调查一次（自 2020 年 1 月 23 日至同年 2 月 20 日）；因案情重大、复杂，延长审查起诉期限两次（自 2020 年 1 月 13 日至同年 1 月 27 日、自 2020 年 3 月 21 日至同年 4 月 4 日）。经依法审查查明，戴某甲于 2006 年至 2017 年间，利用其先后担任××报社社长、总编辑，北京××传媒有限责任公司法定代表人、董事长、总经理等职务便利，多次为多个单位和个人在获得××报宣传报道、参评奖项、获取投资款项等方面谋取利益，非法收受他人给予的财物共计折合人民币 1500 万余元。2020 年 4 月 3 日，北京市人民检察院第一分院以戴某甲涉嫌受贿罪向北京市第一中级人民法院提起公诉。同年 11 月 19 日，北京市第一中级人民法院公开开庭审理此案，并于同年 12 月 29 日对本案开庭宣判，判决戴某甲犯受贿罪，判处有期徒刑 8 年，并处罚金人民币 100 万元。

【文书全文】

关于戴某甲受贿案的补充调查提纲

北京市监察委员会：

　　你委以"京监诉字〔20××〕××号"《起诉意见书》移送起诉的犯罪嫌疑人戴某甲涉嫌受贿罪一案，为有效地指控犯罪，根据《中华人民共和国刑事诉讼法》第一百七十条第一款的规定，决定将案件退回补充调查。

一、补充调查的方向

　　本院审查认为该案具有犯罪嫌疑人任职多重、任职单位之间关系复杂、谋利环节多类型以及受贿方式多样性等特点。

　　本案中的主要谋利事项，一是涉案人员及其企业多次获得××报的宣传报道，二是涉案人员在××报社主办的"寻找××"活动中被评为年度××。现有证据显示，对于上述谋利，除个别系他人请托外，更多出自戴某甲的直接安排。对此，目前仅有戴某甲调查阶段的供述、行贿方的证言以及相关宣传报道材料，而缺乏涉案行贿人多次获得××报宣传报道、获得"2016年度××"的具体经过，特别是由于缺乏相关经办人证言，导致目前是否实际谋利不确定、谋利过程不清楚、谋取利益是否正当不好判断，而且目前戴某甲已经翻供，否认为请托人谋利，一旦行贿方证言再发生变化，相关谋利事项将无法认定。为此，建议及时补充调取××报相关选题会的会议记录、反映××报社相关报道线上或线下的采编流程、"寻找××"活动方案以及相关参与人员的证人证言等，以便固定证据。

本案中的主要受财方式系戴某甲以他人名义通过与行贿方签署股权代持协议的方式收受股权,并且上述股权均既未分红,也未实际获得股权对应价款,因此涉及股权价值如何认定、受贿犯罪既未遂等问题。对此,目前戴某甲已经翻供,其辩解对于收受的部分涉案公司股份,其认为仅仅是一种股权要约,特别是在其未完成签字的情况下,相关协议并不成立。为此,取证方向有两个,一是认定贿赂就是股权,但是要围绕股权的价值以及股权如何具体实现等进一步取证;二是认定贿赂并非股权本身,而是股权所代表的货币价值,但是需要进一步向戴某甲及行贿方核实双方进行权钱交易的故意及数额,以便固定受贿证据。在取证方向一确有难度的情形下,取证方向二可能更具可操作性。

二、补充调查的主要事项和工作

(一) 主体身份方面

犯罪嫌疑人戴某甲任职的多重性、任职单位之间关系的复杂性导致明确主体身份以便准确认定职务便利的重要性突显。起诉意见书中指控戴某甲涉嫌受贿犯罪系利用其担任××报社社长、总编辑及北京××发展集团有限责任公司党委副书记、副董事长、总经理的职务便利,而经检察机关审查后发现,戴某甲在担任××报社社长期间,兼任北京××传媒有限责任公司法定代表人、董事长、总经理以及××传媒投资有限公司董事长职务,而戴某甲为部分请托人谋利与其所兼任的上述职务有关,并且××报与北京××传媒有限责任公司之间、北京××传媒有限责任公司与××传媒投资有限公司之间存在多层投资关系。为此,要进一步厘清戴某甲为请托人谋利具体利用的是哪一职务便利,也即明确案件涉及的主体身份,以便明确补证方向以及准确指控犯罪。

1. 在案证据显示,××报社系2003年由×甲日报社和×乙日报社共同组建,2012年3月21日为市委宣传部所属事业单位,经费形式为自收自支。鉴于戴某甲部分受贿事实发生于2012年以前,为准确认定××报社性质,建议补充调取证明×甲日报社、×乙日报社单位性质、资本结构的相关证明材料。

2. 鉴于上述戴某甲任职的多重性、复杂性,建议补充调取戴某甲在北京××传媒有限责任公司、××传媒投资有限公司任职以及职责权限的相关材料；特别是鉴于上述两家公司并非纯国有公司，建议补充调取戴某甲在上述两家公司任职的任命程序。在案虽然已补充调取××报社2019年11月25日出具《说明》，另外根据2015年12月4日××报社社委会扩大会议纪要，2015年××报传媒委派戴某甲为××传媒投资有限公司董事，但是对于××报社社委会的性质以及北京××传媒有限责任公司是经哪些程序确定戴某甲为××传媒投资有限公司董事一事，在案证据并不明确，建议对此情况进一步调查核实。

3. 在案戴某甲收受陈某某等人贿赂的时间部分是在其担任北京××发展集团有限责任公司党委副书记、副董事长、总经理期间，且陈某某2019年7月10日证，"戴某甲在××集团投资、版权合作这些事上都很支持，对我们公司有帮助。"为此，建议补充调取证明该单位性质、职能的相关文件以及戴某甲担任上述职务的职责分工情况的文件，以证明其职责情况。

4. 在案戴某甲的供述、王某某的证言显示二人系情人关系，且王某某在××报社、××传媒投资有限公司担任领导职务，涉案相关谋利事项部分系其经手办理、戴某甲收受的部分股权由王某某本人或其家属代持。为此建议补充调取王某某在××报社、北京××传媒有限责任公司、××传媒投资有限公司任职文件以及证明戴某甲与王某某之间关系的相关证据。

(二) 犯罪事实方面

1. 收受北京××科技有限公司总裁陈某某人民币24万元、美元45万元

关于谋利事项：

（1）陈某某给予戴某甲45万美元系在2018年，而戴某甲已于2017年出任××集团总经理，在案戴某甲、陈某某二人均称戴某甲在××集团期间对陈某某的工作也给予了支持和帮助，特别是陈某某2019年7月9日证"北京××集团是我们公司的投资方，我和戴某甲的关系相处好，也是希望今后能通过戴某甲，北京××集团能继续在工作上给我们公司帮助和支持"；陈某某2019年7月10日证"戴某甲在××集团投资、版

权合作这些事上都很支持,对我们公司有帮助"。另外,无论是从钱款数额上还是时间间隔上,均较2006年至2008年陈某某给予戴某甲人民币24万元有一定差距,为此,请补充调取戴某甲担任北京××发展集团有限责任公司党委副书记、副董事长、总经理后,为陈某某提供了哪些具体帮助。

(2) 请调取陈某某在天津××投资合伙企业、北京××科技有限公司的任职材料,以便证明相关谋利事项。

(3) 在案证据显示,××报社(以××(北京)科技有限责任公司名义)授权陈某某所在公司有偿使用××报内容,经办人系王某某,为此请向王某某进一步调查核实在此过程中,戴某甲是否为该公司提供了帮助。

(4) 审查起诉阶段,戴某甲辩解××集团持有北京××科技有限公司1%的特殊管理股,实际是市网管局不能直接投资、而让××集团投资,由市网信办派人到该公司参与经营管理,并且戴某甲称所有投资手续在其到××集团之前都已拟定好,其仅签过一次字,因而不存在为该公司谋利的情形。为此,请进一步调查核实××集团对该公司特殊管理股的具体内容以及戴某甲是否参与该公司经营管理的相关情况。

关于收受贿赂:

(1) 在案陈某某2019年7月9日证:2015年陈某某曾与戴某甲口头约定为戴某甲垫资50万投资××物流;陈某某2019年7月30日证:2014年7月,陈某某为戴某甲垫资人民币100万元用于投资非上市公司北京×甲信息技术有限公司,并以个人名义签订"股份代持协议";陈某某2019年7月16日证:2018年10月,戴某甲个人出资人民币100万元通过陈某某投资非上市公司上海××科技有限公司。戴某甲2019年11月21日供述:2018年10月,其通过王某某给过陈某某100万元用于投资××项目;审查起诉阶段,戴某甲辩解其在监委调查阶段就称陈某某给其45万美元是投资××网的回报,并称系通过王某某给陈某某指定马某某账户转款100万元用于投资××网,对此王某某均知情;戴某甲还称陈某某不是公司老板,其也没有为陈某某办什么事,陈某某不会给其上述巨额钱款。为此,请进一步调查核实上述各项目的投资收益情况,特别是向××网创始人刘某某核实戴某甲是否直接或者通过陈某某向××网投资以及投资收益情况、向王某某核实戴某甲通过王某某向马某某账户转款100万元是哪个项目的投资款并调取转账记录。

(2) 请调取戴某甲收受陈某某45万美元时的外汇牌价。

2. 收受上海××网络科技有限公司法定代表人苏某某给予的价值人民币80万元的公司股权

关于谋利事项：

(1) 关于宣传报道。在案××报社出具的《关于××报媒体报道的审批流程》显示，××报媒体报道苏某某等单位和个人的审批流程，均按照××报采编流程进行审批，由编辑初审、部门领导复审、分管领导终审，特殊情况报总编辑最终审定，该证据与戴某甲在调查阶段供述存在矛盾。戴某甲在2019年9月5日供述中称，"2016年，我安排××报的记者对苏某某及他的××项目进行过多次报道"。为此，建议进一步查明苏某某及其项目多次获得××报宣传报道的具体经过，调取相关选题会的会议记录以及反映××报社相关报道线上或线下的采编流程、相关参与人员的证人证言等，以便查明在此过程中戴某甲是否以及如何为苏某某提供帮助。

(2) 关于××评选。戴某甲在2019年9月5日供述中称，"2016年××报举办寻找××活动，我也让苏某某来参加了，他最终获评2016年度××，提升了他和他的项目的知名度。"另外，戴某甲2019年11月21日供述称，××传媒投资有限公司下设报道部、活动部、投资部等部门，报道部最初由林某某负责，主要负责报道，活动部、投资部的负责人是郭某某，主要负责××活动及投资工作。为此，建议进一步查明苏某某获得"2016年度××"的具体经过，调取"寻找××"活动方案、调取参与评选活动的林某某、郭某某、王某某等相关证人证言，以便查明在此过程中戴某甲是否以及如何为苏某某提供帮助。

(3) 关于投资。戴某甲在2019年9月5日供述中称，"我也让××报下属的××传媒投资有限公司对是否投资苏某某的××项目进行过考察，但××传媒投资有限公司最终没有实际投资。"而苏某某在2019年6月19日自书《情况说明》中称"我和戴某甲沟通过××报对我企业投资的事项。"为此,建议补充调取××传媒投资有限公司投资经理郭某某证言,证明戴某甲是否曾让其对苏某某的××项目进行考察,苏某某是否曾找其商谈投资事宜以及郭某某是否曾去公司考察的情况,以便准确认定谋利事项。

3. 收受北京×乙信息技术有限公司法定代表人马某某给予的价值人民币100万元的公司股权

关于谋利事项:

(1) 关于宣传报道。戴某甲2019年9月9日供述,"马某某跟我说,他做××网站,不被普通的社会大众所理解,需要媒体的一些正面宣传,以利于被社会大众所接受。我对他及他的项目挺认可的,我跟他说××报可以帮他宣传报道一下,提升一下他的形象和社会正面影响力。之后,我安排××报对马某某及其项目进行了多次正面的宣传,提升了马某某及其项目和公司的正面影响力。因与社会主流价值观不一致,为此××报还曾受到过宣传部门内容上的监管。"为此,建议进一步查明马某某及其项目多次获得××报宣传报道的具体经过,调取相关选题会的会议记录以及反映××报社相关报道线上或线下的采编流程、相关参与人员的证人证言等,以便查明在此过程中戴某甲是否以及如何为马某某提供帮助。

(2) 关于××评选。戴某甲2019年9月9日供述,"当时,××报正在做寻找××第二季活动,我也让马某某参加了这个活动,让他通过参加这个活动提升他和他公司的形象,马某某最终获评寻找××2016年度××。××报和寻找××的正面宣传报道提升了他和他的公司的社会正面的影响力。"而马某某2019年11月21日证,"戴某甲在××报举办的××评选过程中帮我们得奖,这次××评选是××报主办的,戴某甲对××的获奖人员有决定权……据我了解,最终获得相关奖项的都是××报投资或者打算投资的公司。"戴某甲在2019年9月5日供述中称,"2016年××报举办寻找××活动,我也让苏某某来参加了,他最终获评2016年度××,提升了他和他的项目的知名度。"另外,戴某甲2019年11月21日供述称,××传媒投资有限公司下设报道部、活动部、投资部等部门,报道部最初由林某某负责,主要负责报道,活动部、投资部的负责人是郭某某,主要负责活动及投资工作。为此,建议进一步查明马某某获得"2016年度××"的具体经过,调取"寻找××"活动方案、调取参与××评选活动的林某某、郭某某、王某某等相关证人证言,以便查明在此过程中戴某甲是否以及如何为马某某提供帮助。

(3)关于投资。戴某甲2019年9月9日供述,"2015、2016年时,××报××报道部郭某某发现马某某的项目很有投资价值,就向我进行了汇报。我让他约马某某和我见面,当面谈一下。之后,马某某到××报社找我,在我办公室里见面,马某某向我全面介绍了他的项目的业务情况……在马某某参加寻找××活动期间,我安排郭某某与马某某具体对接投资马某某的项目。"而马某某2019年7月30日证,"在签署协议前,我去××报社见过戴某甲,和他沟通了投资这件事,戴某甲对投资这件事的态度是支持的……他最终觉得我们的项目可以投资,比较支持。"而在案相关审批单、借款协议上显示的时间存在一定冲突。为此,建议补充调取××传媒投资有限公司向马某某公司投资的相关审批手续、会议纪要等,以证明戴某甲利用职务便利为马某某谋利的经过。另外,在案股权认购协议等材料系英文版本,需要调取翻译件以便提交法庭作为证据使用。

关于收受贿赂:

关于马某某送给戴某甲的股权及其价值,目前已补充调取北京×乙信息技术有限公司、北京××文化传媒有限公司出具的授予戴某甲股权价值的情况说明函等材料,具有一定证明作用,但是仍然达不到全面、准确的程度。一方面,鉴于马某某送给戴某甲100万元股权的《股权代持协议》中受托方是马某某的公司(仅有马某某签字、无公司盖章),建议调取公司工商注册资料,以证实马某某在该公司的任职、持股等情况。另一方面,在案缺少证明马某某公司当时股价的相关证明材料。为此,建议进一步固定戴某甲供述、马某某证言,以明确股权实现方式并对股份价值予以固定和确认;如调取上述证据确有困难,建议进一步向戴某甲、马某某核实双方进行权钱交易的故意及数额,以便固定受贿证据。

4. 收受北京×丙信息技术有限公司法定代表人周某某人民币72.107475万元

关于谋利事项:

(1)关于宣传报道。戴某甲在2019年9月10日供述中称,"我让××

报多次报道周某某和他的公司，周某某及其公司知名度获得了提升，也被更多的投资机构关注和投资。"为此，建议进一步查明周某某及北京×丙信息技术有限公司多次获得××报宣传报道的具体经过，调取相关选题会的会议记录以及反映××报社相关报道线上或线下的采编流程、相关参与人员的证人证言等，以便查明在此过程中戴某甲是否以及如何为周某某及其企业提供帮助。

（2）关于××评选。戴某甲在2019年9月10日供述中称，"2016年，我让周某某参加××报的寻找××活动，周某某获评寻找××2016年度××。"为此，建议进一步查明周某某获得"2016年度××"的具体经过，调取"寻找××"活动方案、调取参与××评选活动的林某某、郭某某、王某某等相关证人证言，以便查明在此过程中戴某甲是否以及如何为周某某提供帮助。

（3）关于投资。2017年4月，经戴某甲作为审批，××传媒投资有限公司通过××股权投资基金合伙企业向周某某创办的北京×丙信息技术有限公司投资人民币4510万元，现有证据显示2017年4月26日××传媒投资有限公司已向××股权投资基金合伙企业支付4510万元，而该企业向北京×丙信息技术有限公司的支付凭证仅显示为1187万余元，建议补充调取其余款项的支付凭证，以便查明该谋利事项是否实现。

关于收受贿赂：

（1）在案无戴某乙证言，虽然戴某乙在领取薪酬期间始终不在国内，但是基于无论是北京×丙信息技术有限公司还是周某某为戴某乙办理虚假入职手续的北京×丙信息技术有限公司均系信息技术公司，而该类公司的工作性质有别于传统公司，且戴某甲曾辩解"周某某或他的公司的人到美国出差时，戴某乙会去接待。有时周某某公司的事涉及美国的，戴某乙也去给跑跑腿等"。另外在案周某某的证言仅有两次，且第一次证言因与戴某甲订立攻守同盟，因而就部分事实未能如实供述，而第二次证言对于上述相关谋利事项以及给予戴某甲贿赂款的原因表述的并不具体。为此，为进一步固定受贿证据，建议就上述事项进一步询问周某某，并针对戴某甲的上述辩解，让周某某明确戴某乙是否实际为周某某及其公司工作。

（2）在案证据显示部分受贿款项由戴某乙账户转入冯某某账户，且王某某证曾与冯某某串供，为此，建议补充调取冯某某证言，以便对受贿事实予以佐证。

（3）根据戴某甲供述，其通过情人王某某代持该公司投资40万元、通过下属郭某某代持该公司投资40万元，请对此进行调查并核实投资收益等情况，防止戴某甲供述发生变化，借此产生归还受贿款项等辩解。

（4）在案证据显示，2018年12月1日至2019年4月30日，周某某以其海南××网络科技有限公司为戴某乙发放工资、缴纳社保和公积金的情况，且戴某甲在供述中曾称其在2018年下半年和周某某一起吃饭时，曾向周某某表示给戴某乙发工资不合理，担心被组织发现，让周某某别给戴某乙发工资了。针对上述情况，请进一步向周某某核实由海南××网络科技有限公司支付上述款项的原因，并调取海南××网络科技有限公司与周某某及北京×丙信息技术有限公司关系的相关证据。

（5）关于周某某为戴某乙缴纳社保公积金的情况，在案仅有北京×丙信息技术有限公司出具的说明及明细表，请补充调取戴某乙社保公积金账户明细，以便证明戴某甲通过上述方式收受周某某给予贿赂款的金额。

5. 收受××移动科技（北京）股份有限公司法定代表人刘某某给予的价值人民币460万元的公司股权

关于谋利事项：

（1）关于宣传报道。戴某甲在2019年8月24日供述中称，"认识刘某某后，我一直看好他的×甲项目、同时对×乙项目也比较支持，所以××报对刘某某及他的公司进行过多次报道"。为此，建议进一步查明刘某某及其企业多次获得××报宣传报道的具体经过，调取相关选题会的会议记录以及反映××报社相关报道线上或线下的采编流程、相关参与人员的证人证言等，以便查明在此过程中戴某甲是否以及如何为刘某某提供帮助。

（2）关于××评选。戴某甲在2019年8月24日供述中称，"××报组织的一些活动我会让刘某某参加，我也会带着他去见一些投资人、媒体圈的人等，我们也邀请刘某某参加了××报组织的2016年度寻找××活动，刘某某获评2016年度××，并在2016年度中国××互联网大会上给刘某某颁奖,这都提高了他个人及他公司的知名度和影响力,有利于他公司的发展"。而刘某某2019年11月26日证,"认识戴某甲之后,戴某甲会让我去参加××报组织的一些活动,包括寻找××,中国××高峰论坛、××论坛等,通过这些平台,能帮我介绍宣传公司的相关业务。此外,我参加了××报组织的寻找××评选,被评为年度××。这些都提升了我们公司的正面形象,起到了很好的宣传作用。这些活动都是××报主办的,而戴某甲作为××报社的社长,这一切活动他都有决定权和主导权,我给他股权也是为了感谢他给我提供的帮助。"另外,戴某甲2019年11月21日供述称,××传媒投资有限公司下设报道部、活动部、投资部等部门,报道部最初由林某某负责,主要负责报道,活动部、投资部的负责人是郭某某,主要负责活动及投资工作。为此,建议进一步查明刘某某获得"2016年度××"的具体经过,调取"寻找××"活动方案、调取参与××评选活动的林某某、郭某某、王某某等相关证人证言,以便查明在此过程中戴某甲是否以及如何为刘某某提供帮助。

(3)关于投资。在案言词证据能够证明贵阳××传媒有限公司由刘某某实际控制,但无任何书证予以证明,建议补充调取该公司由刘某某实际控制的相关证据材料。

关于收受贿赂:

(1)对于2017年3月3日刘某某送给戴某甲贵阳××传媒有限公司2.08%股权的价值,在案刘某某的证言说法不一,且在案无证明该公司注册成立时市场估值的相关证据,对此,已补充调取贵阳××传媒有限公司出具《情况说明》,厉某某(2016年底)所持2.08%股权的价值约为260万人民币。刘某某2019年11月26日证言称其送给戴某甲上述股权的价值为260万元人民币。为此,建议就此进一步讯问戴某甲,以便固定股权价值的相关证据。

(2)对于刘某某送给戴某甲××公司200万元股权一事,根据刘某某的证言,××科技有限公司有两家分公司,而在案戴某甲的供述以及刘某某的证言对于所送股权具体为哪家公司并不明确,仅表述为××公司,而协议也已被销毁。对此,××移动科技(北京)股份有限公司出具《情况说明》,刘某某为上述三家公司的法人代表和实际控制人。另外，按照戴某甲的供述、刘某某的证言，协议委托方系空白，而王某某先是称委托方系厉某某但未签名，后又称其只关注了签名部分。对此，建议进一步调查核实，一方面向戴某甲核实，如果委托人并非厉某某，为何将该协议交给王某某处理；另一方面，向刘某某核实，其是否留存上述股权代持协议的电子底稿，以便查明戴某甲收受的是哪家公司股权以及以谁的名义持有该股份。如调取上述证据确有困难，建议进一步向戴某甲、刘某某核实双方进行权钱交易的故意及数额，以便固定受贿证据。

（3）鉴于戴某甲收受的部分股权由厉某某代持，建议补充调取证明戴某甲与王某某之间系情人关系、厉某某与王某某之间系父女关系的相关证据。

（4）在案戴某甲供述、王某某、厉某某证言均证实王某某、厉某某对于戴某甲以二人名义收受股权案发前并不知情，而对于戴某甲如何获得厉某某的身份信息，戴某甲、王某某均称系戴某甲曾以厉某某名义投资天津××公司，为核实上述辩解是否成立、王某某、厉某某是否为受贿共犯，建议进一步补充调取证明戴某甲以厉某某名义投资天津××公司的相关证据。

6. 收受××（北京）科技有限公司法定代表人韩某某给予的价值64.21万美元的公司股权

关于谋利事项：

（1）关于宣传报道。戴某甲在2019年9月11日供述中称，"2016年至2019年，我让韩某某参加了××报创办的寻找××的多次活动，我也让××报多次报道过韩某某和他的科技公司，提升了他和他的公司的知名度和影响力"。而韩某某在2019年6月6日证"××报在一些宣传报道方面也很支持我和我的公司……并且戴某甲也多次说过他会支持我的事业发展。"为此，建议进一步查明韩某某及其公司多次获得××报宣传报道的具体经过，调取相关选题会的会议记录以及反映××报社相关报道线上或线下的采编流程、相关参与人员的证人证言等，以便查明在此过程中戴某甲是否以及如何为韩某某提供帮助。

（2）关于投资。戴某甲在2019年9月11日供述中称，"2016、2017

年时,韩某某到我的办公室来拜访我,跟我们××报谈合作的事情,我让××报××报道部的人去考察过韩某某和他的科技公司,我也去过韩某某的公司考察过两次,觉得他公司的项目不错,决定对韩某某的公司投资。2017年4月,××报下属的××资本与××科技签了书面投资协议,××资本投资××科技公司1500万美元。"而韩某某在2019年6月6日证,"××报投资的××投资给我的××科技投资1500万美元,这离不开戴某甲的支持。"但是在案无相关书证予以证实。为此,建议补充调取该笔投资的董事会决议或相关投资决策过程的书证和相关人员证言。

关于收受贿赂:

(1) 建议补充调取证实戴某甲收受韩某某100万股公司股权时股价的相关证据。对此,××科技公司2019年11月27日出具《证明》,2018年3月5日公司每股价格为0.6421美元。建议进一步讯问戴某甲、询问韩某某以便进一步固定证据,确定金额。

(2) 请调取2018年3月5日外汇牌价。

(3) 在案部分书证系英文版本,建议调取翻译件以便提交法庭作为证据使用。

7. 收受××(北京)资产管理有限公司法定代表人郝某某给予的10%公司股权

关于收受贿赂:

(1) 在案股权代持协议已被销毁,而根据郝某某证言,该股权代持协议系刘某某拟定,现已补充调取刘某某2019年11月26日证言,但是根据刘某某以及郝某某证言,代持协议上委托方处系空白,而戴某甲供述以及王某某证言均称印象中委托方系厉某某。为此,请进一步调查核实××资本郝某某、刘某某处是否留存上述股权代持协议的电子底稿,以便查明戴某甲以谁的名义持有该股份。

(2) 建议调取××报派到××资本的财务人员陈某某的证言,证实该公司的财务情况以及监管情况等。

(3) 建议补充调取证实戴某甲收受郝某某公司股权时股价的相关证据。现已补充调取××资本2019年11月25日出具《关于××资本10%

股权价值的说明》，10%的股权对应的价值为注册资本金200万。建议进一步讯问戴某甲、询问郝某某以便进一步固定证据，确定金额。

北京市人民检察院第一分院
20××年×月×日

【承办检察官心得体会】

（一）全面审查证据，夯实认定基础

本案中的主要牟利事项，一是涉案人员及其企业多次获得××报的宣传报道，二是涉案人员在××报社主办的活动中被评为年度××。在案证据显示，对于上述牟利，除个别系他人请托外，更多出自戴某甲的直接安排。对此，补充调查前仅有戴某甲调查阶段的供述、行贿方的证言以及相关宣传报道材料，而缺乏涉案行贿人多次获得××报宣传报道、获得活动称号的具体经过，特别是由于缺乏相关经办人证言，导致是否实际牟利不确定、牟利过程不清楚、牟取利益是否正当不好判断，而且审查起诉阶段戴某甲已经翻供，否认为请托人牟利，一旦行贿方证言再发生变化，相关牟利事项将无法认定。为此，检察机关建议及时补充调取××报相关选题会的会议记录、反映××报社相关报道线上或线下的采编流程、"寻找××"活动方案以及相关参与人员的证人证言等，以便固定证据，夯实认定基础。

（二）深入分析案情，指明取证方向

本案中的主要受财方式系戴某甲以他人名义通过与行贿方签署股权代持协议的方式收受股权，并且上述股权均既未分红，也未实际获得股权对应价款，因此涉及股权价值如何认定、受贿犯罪既未遂等问题。对此，审查起诉阶段戴某甲翻供，辩解对于收受的部分涉案公司股份，其认为仅仅是一种股权要约，特别是在其未完成签字的情况下，相关协议并不成立。为此，取证方向有两个，一是认定贿赂就是股权，但是要围绕股权的价值以及股权如何具体实现等进一步取证；二是认定贿赂并非股权本身，而是股权所代表的货币价值，但是需要进一步向戴某甲及行贿方核实双方进行权钱交易的故意及数额，以便固定受贿证据。检察机关在充分评估后提出，在取证方向一确有难度的情形下，取证方向二可能更具可操作性的意见，为补充调查指明方向。

（三）充分沟通交流，提高退补质量

本案在市检察院的组织下，围绕上述证据问题，经与市监委审理室、调查室多次沟通以及召开案件协调会，将案件退回补充调查一次，制作了近万字的补充调查提纲，将需要补充调取的证据从形式到内容、从目的到要求等一一列明，不仅为调查人员反向提供了证据体系，同时有利于消弭监、检对证据标准的认识分歧。对此，市监委高度重视，在与检察机关沟通对接过程中，便积极开展补充调查工作，在疫情暴发前及时调取了关键证据，为案件顺利办结争取了时间；最终补充移送调查卷宗15 册，为案件顺利起诉奠定了坚实的证据基础。

【专家点评】

该案是一起较为复杂的职务犯罪案件，案件时间跨度长、涉案金额大，犯罪嫌疑人职务关系复杂，谋利和收财行为较为隐秘，且证据缺项较大、需要补充侦查的事项繁多。该份补充调查提纲列明了案件的补充调查方向、补充调查具体事项及其理由，尤其是针对案件存在的事实认定难点列出了两种取证思路，具有较强的指导性和操作性，是一份高质量的补充调查提纲。

实践中，不少补充侦查（调查）提纲制作过于简单，缺少针对性和操作性，甚至让侦查（调查）人员拿到手后不知如何开展补查工作。为此，2020 年 3 月，最高检、公安部联合印发《关于加强和规范补充侦查工作的指导意见》（以下简称《意见》），要求补充侦查提纲应当写明补充侦查的理由、案件定性的考虑、补充侦查的方向、每一项补证的目的和意义，对复杂问题、争议问题作适当阐明，具备条件的，可以写明补充侦查的渠道、线索和方法。

本案的补充调查提纲制作时间虽然在《意见》出台之前，但其制作内容完全符合《意见》的要求。一是指向清晰、内容全面。该份补充侦查提纲充分考虑职务犯罪构成要件特点，从主体身份和犯罪事实两个层次展开论证，按照"一事一析"的方式，在每笔犯罪事实中按照谋利事项和收受贿赂两方面，列明每个补查事项所需证据情况及理由，并对案件事实认定难点和争议问题作了适当阐释，明确案件事实和证据存在的缺陷、瑕疵，全面列明补查需要达到的目的、补查方向和原因。比如，对于本案犯罪嫌疑人戴某甲收受股权贿赂，存在收受股权和股权代表的货币价值两种认定思路，办案人对两种认定思路分别如何取证及其注意事项均作了阐释。二是说理充分、可操作性强。检察机关审查案件的重要内容就是梳理全案证据，构建证据链条，对证据进行综合分析判断，并在此基础上提出补充证据意见。就本案而言，虽然需要补充调查的证据事项较多，但办案人对于每个需要补查的事项，均结合在案证据，阐明了"为什么补、补什么、怎么补"，让负责补充调查的工作人员能够清晰地了解补查原因、方向和内容。三是注重沟通协调。补充调查提纲是监察机关根据检察机关意见进一步补充完善证据的重要依据，如果双方理解存在偏差，会影响工作效率和工作质量。本案中，检察机关除了制作了近万字的补充调查提纲，还与监察机关以召开协调会等方式进行了沟通，确保了补充调查工作的有效性。司法实践中，沟通协调工作应当贯穿补充调查之前和补充调查过程中，一方面，可以确保补充调查工作的必要性和可行性，另一方面可以根据证据变化及时调整取证思路，确保每项补查意见落实到位。

（点评人：杨晓颖，山东省青岛市人民检察院第三检察部副主任、全国公诉标兵）

十五

通知撤销案件通知书

84. 孟某彬危险驾驶案通知撤销案件书

【简要案情】

2022年7月,犯罪嫌疑人孟某彬受其姐姐委托,帮忙拉运建材,并督促魏某、吴某、孟某等3名工人,装修位于乌市水磨沟区××都市果岭××号楼××单元××室的房子。

8月10日,乌鲁木齐市因疫情进入全域静默状态,装修房子的工人被封在装修的房子内。9月17日,因孟某彬所在新民路的小区系低风险小区,其驾驶新A301××号白色东风日产牌小型普通客车,从新民路的家中出发到××都市果岭装修房子查看情况,在途中购买了大盘鸡和白酒。

当晚22时许,孟某彬与魏某、吴某、孟某喝酒、吃饭,后吴某出现口吐白沫、身体发挺的情况。22时59分,孟某彬在醉酒状态下拨打120电话,回复称120救护车运力紧张,建议找社区或者拨打110救助;与此同时,120工作人员询问孟某彬是否挂单排队等待120救护车,孟某彬同意。经与120两次沟通后,孟某彬饮酒后驾车送吴某到新疆医科大学第二附属医院,但保安不同意其进入,遂与保安吵架。保安发现其喝酒后呼叫警务站,警务站通知交警到现场处置。

2022年9月20日,乌鲁木齐市公安局交通管理局对孟某彬以危险驾驶案立案侦查。

【诉讼过程】

2023年3月20日,乌鲁木齐市公安局交通管理局水磨沟区分局邀请水磨沟区检察院提前介入。同年6月20日,水磨沟区检察院向乌鲁木齐市公安局交通管理局制发《要求说明立案理由通知书》;7月12日,乌鲁木齐市公安局交通管理局复函称立案理由成立；7月18日，水磨沟区检察院向其制发《通知撤销案件书》。7月24日，乌鲁木齐市公安局交通管理局撤销孟某彬涉嫌危险驾驶案。

【文书全文】

新疆维吾尔自治区乌鲁木齐市水磨沟区人民检察院

通知撤销案件书

乌水检通撤〔20××〕×号

乌鲁木齐市公安局交通管理局：

2023年7月12日，本院收到你局回复的"关于孟某彬危险驾驶案立案说明"，你局认为，犯罪嫌疑人孟某彬醉酒后驾驶机动车上道路行驶，其行为已触犯《中华人民共和国刑法》第一百三十三条之规定，涉嫌危险驾驶罪，符合立案条件。本院经审查认为，孟某彬在案发时送他人就医醉驾，客观上保护的生命权法益优越于危险驾驶罪所保护的一般公共安全，符合刑法中紧急避险的构成要件，应当认定为紧急避险，根据《中华人民共和国刑法》第二十一条之规定，不负刑事责任。具体理由阐述如下：

我国刑法通说普遍认为，紧急避险之所以不成立犯罪，是因为客观上不具有违法性即社会危害性，没有侵害社会的整体利益，理论基础是优越利益原理，即双方利益发生冲突，不能两全之时，利益小者不得不为利益大者牺牲，以保全较大利益，从而求得社会整体利益的维持。一般来说，紧急避险应具备以下条件：必须发生了现实危险；必须是正在发生的危险；必须出于不得已损害另一法益；具有避险意识；必须没有超过必要限度造成不应有的损害。本院认为，本案犯罪嫌疑人孟某彬的行为符合上述紧急避险的各项条件：

一、案发时吴某酒后面临生命危险，且属于正在发生的现实危险

必须发生了现实危险，是指法益处于客观存在的威胁之中，或者说，法益处于可能遭受具体损害的危险之中。面临危险的既可能是国家利益、公共利益，也可能是本人或者他人的人身、财产和其他权利。有现实危险发生，是紧急避险最基本的前提条件，如果现实危险根本不存在，行为人误认为存在危险，实施所谓避险行为，属于假想避险。现实危险正在发生时，才能实行避险行为。危险正在发生，是指危险已经发生或者迫在眉睫并且尚未消除，其实质是法益正处于紧迫的威胁之中。

具体到本案，孟某彬的供述以及魏某的证言相互印证，证实案发时孟某彬跟吴某、魏某、张某等人一起饮酒，喝到中途，吴某出现眼睛发直、身体发挺、口吐白沫的异常情况；新疆医科大学第二附属医院门诊出具的吴某用药情况证实，吴某案发时系急性乙醇中毒。综合吴某发病时的反应，以及救治用药情况，吴某当时生命权益处于突发疾病威胁的危险之中，急需得到救治，刻不容缓。此时，突发疾病威胁吴某的生命安全已经出现而又尚未结束，故可以认定本案案发时发生了现实危险。

二、案发时孟某彬的现实处境表明其醉酒驾车系不得已而为之

由于紧急避险是正与正的法益之间的冲突，因此，必须出于不得已。所谓不得已，是指在法益面临正在发生的危险时，没有其他合理办法可以排除危险，只有损害另一较小或者同等法益，才能保护面临危险的法益。如果还有其他办法保护一种合法利益，就不能采取牺牲另一合法利益的办法。不得已作为紧急避险的补充性原则，具有一定的限制性，即两种合法权益不能同时两全，必须损害其一，行为人只能出于不得已才能实施避险行为。

具体到本案，因存在以下三个特殊情况，使得孟某彬不得已选择醉酒后驾车送他人去医院：

一是案发地地理位置特殊。案发地位于本市水磨沟区雪莲山温泉东路××号××都市果岭小区××号楼，就区位来说，该楼栋位于小区最里面，虽然2021年已经交工，但该楼栋及附近楼栋并未接通天然气、暖气等基础生活设施，当时几乎没有业主入住。该小区离主路温泉东路及最近的警务站（六十四小学警务站）将近3公里，位置较偏，平时很难搭乘出租车。

二是案发时社会环境特殊。案发时人员、车辆不能跨区流动，在水磨沟区范围内，只允许低风险小区人员有限的出入自由，社会运转尚未恢复正常。上述的判断除了嫌疑人孟某彬的供述，还有以下证据提供了判断依据：（1）孟某彬拨打120电话求助，120工作人员告诉他前面排了30多单，运力紧张，建议通过其他方式进行救助，甚至2个小时后孟某彬已将吴某送到医院，120工作人员还在询问孟某彬是否将病人送往医院，是否撤销120派单？可见，在当时的环境下，普通市民将病人送往医院救治的方式极其有限，社会面运转不正常；（2）孟某彬从第一次拨打120求助，到将吴某送进医院就诊花了2个小时。120通话录音显示，孟某彬于2022年9月17日22时59分第一次拨打电话求助，新疆医科大学第二附属医院（以下简称二附院）医疗门诊收费票据显示，吴某就诊时间是9月18日1时0分至1时44分。从医院门口的监控可以看出，孟某彬驾驶的车到医院门口，一直到病人进入医院就花了半个小时，这在社会运转正常的情况下是不可想象的，这也从侧面反映出当时社会环境的特殊；（3）从二附院门口的监控可以看出，经过医院门口的车辆稀少，在正常情况下，二附院门口车流量大，且经常堵车，这也能从侧面反映出，在当时的社会环境下，普通市民驾车送医是极其个别的情形。

三是案发时行为人自身情况特殊。案发时，孟某彬与吴某、魏某、张某等人饮酒将近一个小时，且喝的是白酒，从调取的孟某彬与120工作人员的通话录音中，可以明显听出其咬字不清、说话含糊。按照社会公众的一般认知，在这种情况下，孟某彬看到吴某口吐白沫、身体发挺的情况，想到拨打120急救电话，符合一般人在类似情境下的可能反应。或许，有观点认为孟某彬还可以求助小区其他业主，而且120工作人员明确提醒其可以求助社区和拨打110，但这是我们在头脑清醒、冷静理性的情况下，可以想到或者按照提示做出的理智选择。不过，我们不能苛责一个醉酒又遇到突发状况的人跟正常人一样思考和处理问题。换言之，如果把我们置于同样的情境下，即自身饮酒后意识不清，所处的地理位置特殊，恰恰社会面运转也不正常，我们能不能比孟某彬做的更好？从本案案发经过来看，本案因为孟某彬驾车到二附院后，急于救人，与医院保安发生冲突进而案发，亦可见孟某彬主观上是为了救人。加之本案存在上述三个方面的特殊情况，我们认为，孟某彬醉酒驾驶行为本质是为了送吴某就医而采取的一种迫不得已的手段。

三、案发时孟某彬醉酒驾车是为了救治面临生命危险的吴某，主观上具有避险意识

避险意识由避险认识与避险意志构成。避险认识，是指行为人认识到国家、公共利益、本人或者他人的人身、财产和其他权利面临正在发生的危险，认识到只有损害另一法益才能保护较大或同等法益，认识到自己避险行为是保护法益的正当行为。避险意志，是指行为人出于保护国家、公共利益、本人或者他人的人身、财产和其他权利免受正在发生的危险。

具体到本案，孟某彬与吴某、魏某、张某等人一起饮酒，期间，吴某身体出现异常、口吐白沫、身体发挺，生命受到现实威胁，虽然孟某彬饮酒了，但从其后续的行为来看，其明确认识到吴某生命所面临的危险，且当日其驾车来到案发地，身边人都喝了酒，在120不能及时到达的情况下，为了将吴某及时送往医院，醉酒驾车送吴某去医院，其主观动机是救人，具有避险意识，没有醉酒驾车危害社会的故意。

或许，有观点认为，吴某之所以会发生生命危险，直接原因是其喝了孟某彬买的酒，如果孟某彬没有买酒，吴某也不会发生生命危险，责任应该由孟某彬承担。我们认为，孟某彬邀请他人饮酒并不触犯法律，是合法行为，孟某彬因为邀请他人喝酒的行为，导致他人发生危险，具有道德上的救助义务，而且不管是从法律的角度还是道德的角度，都应该鼓励这种救助行为。

四、孟某彬醉酒驾驶的行为，没有超过必要限度造成不应有的损害

紧急避险是通过损害一种法益来保护另一种法益，故不允许通过对一种法益的无限制损害来保护另一法益，只能在必要限度内实施避险行为。紧急避险的必要限度，是指所造成的损害不超过所避免的损害的前提下，足以排除危险所必须的限度。由于紧急避险是两种法益之间的冲突，故应以尽可能小的损害去保护另一法益，即必须从客观实际出发，既保护一种法益，又将对另一法益的损害控制在最小限度内。这就需要对法益进行衡量和比较。

（一）法益衡量的方法

张明楷教授认为，在进行法益衡量时，首先，要通过刑法分则规定的法定刑判断所损害的法益与所保护的法益在刑法中的地位（性质）。一般来说，生命法益高于身体法益，身体法益重于财产法益。公认的是，生命权为最高、最重要的权利，至高无上，故生命法益在与其他法益进行比较之时被优先考虑。其次，在同一种法益发生冲突时，要判断可能遭受损害的数量。最后，要比较被避免的危险与避险行为对法益的危险程度。例如，如果具有抽象危险的醉酒驾驶行为挽救了他人的生命或者避免了他人身体的重大危险，就应当阻却违法。

具体到本案，法律拟制的抽象的公共安全，其紧迫程度不可与正在发生严重发病的吴某之生命权所遭受的具体现实的危险相提并论。一方面，虽然危险驾驶罪是危害公共安全的犯罪，但该罪名法定刑设置为拘役，并处罚金。抽象的公共安全在刑法中的地位相对低于自然人的生命权。另一方面，从对法益的危险程度来看，吴某生命权的危险是真实的，即刻面临危险的；而抽象的公共安全危险是潜在的，具有发生侵害结果的可能性。抽象的公共安全与具体现实的生命权危险相比，后者显然是更为紧迫、重要的权利。由于生命价值的宝贵，孟某彬在不得已时醉酒驾驶送吴某就医的行为是以损害抽象公共安全挽救鲜活生命的紧急避险情境，应当受到法律的宽恕。

（二）法益衡量考量的因素

进行法益衡量时，应当根据社会的一般价值观念进行客观、合理判断，需要考虑危险源、危险的紧迫性与重大性、损害行为的程度、当事人的忍受义务等一般因素，有时还需要考虑社会善良风俗、伦理道德、文化价值等特殊因素。刑法之所以规定紧急避险不负刑事责任，主要是因为在紧急状态下，两种利益不能同时并存，法律要同时保护这两种利益已力不能及，要求普通公民忍受危难也不现实。如果一方为保全自己或者所亲厚者的利益，而牺牲了另一方的利益，当然不足深责，况且所避免的损害要大于实际造成的损害。

本案中，伦理道德这一特殊因素在判断损害大小时应当考虑在内。孟某彬组局吃饭、喝酒，在发生意外时，从伦理道德层面讲，具有救助义务。在自己醉酒，且本身没有医学专业背景、所处小区位置特殊、社会环境特殊的情况下，面临无法及时得到120救援，无人可以替代或帮忙驾车的情况下，孟某彬醉酒驾车将吴某送往医院，既符合社会伦理道德，也符合人之常情。从孟某彬自身的利益出发去考量，其醉酒驾车将吴某送往医院，也是害怕吴某如果死亡，自己将承担不利后果，作为社会成员的一分子，共同饮酒后相互帮助和扶持，这种善良的举动，应当值得理解。倘若孟某彬在目睹吴某面临生命危险时袖手旁观，任由对方处于险境，显然也不符合我国的传统伦理道德观念。

（三）损害法益的程度

超过必要限度的避险行为，就是避险过当。具体到本案，本案具有以下情节：（1）孟某彬驾驶汽车证照齐全，不存在无证无照等情形；（2）醉酒驾驶的道路虽然经过高架桥、且有逆行违章情形，但是由于案发时处于疫情期间，道路上车辆、行人稀少；（3）醉酒驾驶的时间为23时许，因社会面人员流动及车辆通行并未恢复正常，从二附院门口的监控可以看出，道路上基本没有车辆、行人；（4）未发生交通事故。综上，我们认为，孟某彬为保护较大法益（生命权）免受正在发生的危险，其实施醉驾对法益的损害程度相对较小，没有超过必要限度造成不应有的损害。或许有观点认为，孟某彬醉酒驾驶可能发生交通事故，造成人员伤亡或者重大财产损失等严重危害后果，因此无法进行法益权衡，故不应当认定为紧急避险。我们认为，是否构成紧急避险实际上是一种事后判断，司法官在权衡法益大小时应当根据行为人侵害法益的客观情况，而非将抽象的危险通过主观臆测具体化。倘若行为人醉酒驾驶造成他人死亡，同时构成交通肇事罪的，应依照处罚较重的交通肇事罪定罪处罚。

综上，犯罪嫌疑人孟某彬在社会面未恢复正常运转、无法有效求助他人且医疗救护资源无法及时到达的情况下，醉酒驾驶机动车，将面临生命危险的吴某，深夜从位置较偏的小区送至医院的行为，客观上保护的生命权法益优越于法律拟制的抽象的公共安全法益，且没有超过必要限度造成不应有的损害，符合《中华人民共和国刑法》第二十一条紧急避险的构成要件，应当认定为紧急避险。

根据《人民检察院刑事诉讼规则》第五百六十条、第五百六十一条及《最高人民检察院、公安部关于刑事立案监督有关问题的规定（试行)》第八条、第九条的规定,现通知你局撤销孟某彬涉嫌危险驾驶罪,并将撤销案件决定书复印件及时送达本院。

20××年×月×日

【承办检察官心得体会】

检察官提前介入该案后,经查阅卷宗资料,结合办案经验及以往相关判例,认为该案可能涉及紧急避险。经补充调取相关证据,并召开检察官联席会议,与会检察官一致认为孟某彬的行为成立紧急避险。为谨慎起见,检察官面对面听取公安机关的意见,并详细记录了侦查员、法制员及其他与会人员的意见。接着,检察官逐级汇报至自治区院,经会商研讨,一致同意承办检察官认定孟某彬行为系紧急避险,不负刑事责任的意见。

检察官在撰写文书时,充分听取了各方意见,包括犯罪嫌疑人、公安机关承办人以及其他检察官的意见,搜集了大量相似案例进行研究、比对、分析,并下载了关于紧急避险的理论文章,深入了解紧急避险制度在目前司法实践中的适用情况。

在阐明本案为何成立紧急避险时,检察官根据目前理论通说,主要从紧急避险必须具备的五个条件,即从必须发生了现实危险、必须是正在发生的危险、必须出于不得已损害另一法益、具有避险意识、必须没有超过必要限度造成不应有的损害出发,紧密结合案情,充分阐释法律适用的理由和依据。与此同时,针对公安机关提出的不构成紧急避险的意见,以"有观点认为"开头,予以回应,把情讲明,把理说透。

针对公安机关大多数人认为,孟某彬当时的处境并不属于"醉酒驾车系不得已为之"的意见,检察官紧密结合案情,从案发地地理位置特殊、案发时社会环境特殊、行为人自身情况特殊,详细分析论证了孟某彬当时所面临的特殊情况,最终得出结论,其醉酒驾驶行为本质是为了送吴某就医而采取的一种迫不得已的手段。

另外,针对公安机关提出的公共法益大于个人法益的意见,检察官从法益衡量的方法、法益衡量考量的因素、损害法益的程度，结合在案证据，进行分析论证，指出孟某彬客观上保护的生命权法益优越于法律拟制的抽象的公共安全法益。

鉴于该案系监督公安机关撤销的文书，检察官在撰写时十分谨慎。一是把检察机关关于紧急避险的法律适用意见完整、准确传达给公安机关，帮助其准确适用法律；二是提醒公安机关针对危险驾驶类案件，不能只关注犯罪嫌疑人入罪及罪重的证据，还需要关注其出罪及罪轻的证据。

【专家点评】

当下很多司法文书的通病在于重格式、轻说理，给群众阅读理解造成负担，同时也使从事案例研究的理论工作者产生似曾相识感和看八股文般的审美疲劳，每每读罢全文又总觉得戛然而止、意犹未尽，其实部分症结源于格式化行文与个性化说理间的配比失衡、头重脚轻。司法工作者对说理部分惜字如金，或只对案件事实进行描述，随后指出治罪的法条依据、给出结论，有的甚至省略说理部分，或在说理上浅尝辄止，只寥寥数语。个中原因固然有司法文书区别于学术论文的文体限制和讲求简洁明快、逻辑清晰的一般要求，但同时也要认识到，每个案子细细展开都可能面临争议，但面对争议我们不能也不应回避，说理始终是司法文书重要的有机组成部分，也是办案人员对于案件认识水平的集中展示，是向群众释法说理，做通群众工作，使案件真正做到案结事了人和的一次绝佳契机。不能因为怕说错就选择放弃不说、因为心怀顾虑就回避少说，否则问号一直会留在群众心里，也不利于让人民群众从每一个案件中感受到公平正义。换言之，正是说理部分赋予了司法文书以新的生命，告别了千篇一律的"格式文本"，也使得每一个案件跃然纸上变得立体鲜活起来，通过说理串联"列式子"一步步推导出答案抑或说最终的检察意见。

无论从事实梳理还是从释法说理角度，乌鲁木齐市水磨沟区人民检察院的这份通知撤销案件书都是一份不可多得的佳作，其在说理上的创新和大胆，都让我们看到了检察机关在推动轻罪治理和贯彻人民司法理念上的努力和探索。一方面,它很好体现了刑事诉讼程序设计上侦查机关与检察机关的互相配合、互相制约。检察机关提前介入刑事立案环节,通过与公安机关的有效沟通,及时化解了好心办好事的孟某彬所面临的窘境,使其免受刑事制裁。另一方面,它较好地体现了法律职业共同体理念的丰富发展和共同体内各成员间的务实互动。在侦查机关与检察机关对于案件定性是"危险驾驶"还是"紧急避险"存在争议时,有关紧急避险的理论研究为争论的解决提供了切实可行的分析框架。检察机关主动吸收通行的理论学说,对本案中孟某彬的行为是否满足紧急避险进行了充分论证,并结合紧急避险的五个必备条件逐一进行审查,使公安机关信服,最终撤案。

承办检察官在对于孟某彬醉酒驾驶送病人就医行为性质的认定中,坚持从当时当地出发,而非事后诸葛亮式地一味苛责,揭示了疫情下孟某彬所面临的"三个特殊",即事发地点位置特殊、事发社会环境特殊、事发时孟某彬所处的状态特殊。在此基础上,承办检察官发出了"如果我们是孟某彬,是否有可能做得更好"的灵魂诘问,提出在生命的价值与抽象的公共安全的权衡之间,挽救生命之举具备更高的优先度,应该被法律所宽宥,提醒司法人员要竭力摆脱冰冷的机械司法,去更多考虑生活实际、社会道德和人之常情。作为一个比较典型的个案,孟某彬危险驾驶案的通知撤销案件书也为我们理解适用最高人民法院、最高人民检察院、公安部、司法部《关于办理醉酒危险驾驶刑事案件的意见》第12条第2款提供了一定的参考。

(**点评人**:阴建峰,北京师范大学法学院副院长、
教授、博士生导师)

十六

没收违法所得申请书

85. 李某某贪污案没收违法所得申请书

【简要案情】

犯罪嫌疑人李某某，天津市某设计院设计×所原所长、总建筑师，天津市某设计院某分院（后更名为海南某甲设计院，以下简称某分院）原法定代表人。天津市某设计院原系全民所有制事业单位，设计×所为其内设机构，某分院系天津市某设计院全资子公司，由设计×所具体管理。2008年至2014年，李某某利用其职务上的便利，从某分院账户套取资金共计人民币1351万元（以下未标明币种均为人民币），将其中843.0135万元占为己有，其中743.0135万元用于购买位于海南省的三套房产，房产分别登记在李某某之子李某甲、侄子李某乙和李某丙名下，另外100万元用于购买位于天津市的一套房产，房产登记在李某甲名下。2010年4月，李某某侵吞设计×所公款150万元，用于购买上述天津市房产。2015年11月8日，李某某出境至某国。

【诉讼过程】

2016年10月13日，天津市人民检察院第二分院对李某某立案侦查，并对其作出刑事拘留决定。2019年7月3日，天津市监委对李某某立案调查，并对其作出留置决定。2020年4月27日，公安部对李某某发出通缉令。2021年5月11日，天津市监察委员会向天津市人民检察院第二分院移送没收违法所得意见书。2021年6月8日，天津市人民检察院第二分院依法向天津市第二中级人民法院提出没收申请。2022年3月22日，天津市第二中级人民法院依法公开开庭审理。2022年9月14日，天津市第二中级人民法院依法作出没收裁定。

【文书全文】

天津市人民检察院第二分院
没收违法所得申请书

津检二分院三部没申〔20××〕×号

犯罪嫌疑人李某某，男，××年×月×日出生，公民身份号码120102××××××××，汉族，大专文化，天津市某设计院设计×所原所长、总建筑师，天津市某设计院某分院（后更名为海南某甲设计院，以下简称某分院）原法定代表人，户籍地天津市×甲区××路××号，现居住在某国。

犯罪嫌疑人李某某因涉嫌贪污罪，先后被本院和天津市监察委员会立案侦查（调查），并于2015年11月8日逃匿，于2020年4月27日被通缉，至今不能到案。天津市监察委员会于2021年5月11日向本院移送没收违法所得意见书。本院受理后，审查了全部案件材料。

经依法审查查明：

一、犯罪嫌疑人李某某涉嫌贪污罪的犯罪事实

天津市某设计院原系全民所有制事业单位，设计×所为其内设机构，某分院系天津市某设计院全资子公司，由设计×所具体管理。2008年至2014年，李某某利用担任设计×所所长、某分院法定代表人等职务上的便利，指使时任某分院院长张某某（已死亡）以虚构或虚增费用支出的方式，从某分院账户套取资金共计1412.531万元，其中以虚增工资方式套取732.1357万元，以虚构动漫、晒图、模型制作费方式套取374.6331万元，以虚构机票款方式套取141.214万元，以虚构考察费方式套取157.1982万元，以虚构制服费方式套取7.35万元。上述钱款扣除虚构费用对方单位收取的手续费8.5%－9.5%后，实际套取公款金额约为1351万元，后李某某将其中843.0135万元占为己有，用于购买海南和天津房产。2010年4月，李某某利用担任设计×所所长职务上的便利，以工作用款为由，要求时任设计×所党委书记邢某某将设计×所的150万元公款打入李某某个人账户，用于购买天津房产。

二、犯罪嫌疑人李某某使用违法所得购买的房产及收益情况

2010年初至2015年4月，李某某将张某某套取的部分资金占为己有，用于在海南和天津购买房产。具体如下：

1. 张某某按照李某某要求，分别以李某某之子李某甲、侄子李某乙和李某丙的名义，在海南购买富力红树湾C-08区×幢、C-08区××幢、C-08区×××幢房产3套。上述3套房产购买价格共计1012.884万元，其中743.0135万元来源于李某某贪污公款，占购买价格的73.36%。

2. 邢某某、张某某按照李某某要求，先后将250万元公款转入李某某个人账户，用于李某某以其子李某甲的名义购买位于天津市南开区仁恒海河广场的5-2-××房产，该房产购买价格286.473665万元，其中250万元来源于李某某贪污公款，占购买价格的87.27%。

3. 2019年10月，李某某之妻倪某甲的哥哥倪某乙将仁恒海河广场的5-2-××房产出租，共收取租金17.1万元。

三、查封扣押财产情况

1. 2019年10月12日，天津市监察委员会依法查封犯罪嫌疑人李某某使用违法所得购买的房产4套，具体情况如下：

（1）李某某儿子李某甲名下，仁恒发展（天津）有限公司开发的天津市南开区仁恒海河广场5-2-××号，房屋面积163.03平方米，此房购买于2010年5月22日。

（2）李某某儿子李某甲名下，海南三林旅业开发有限公司开发的海南省澄迈县富力红树湾C-08区×幢，房屋面积301.84平方米，此房购买于2011年1月6日。

（3）李某某侄子李某乙名下，海南富力房地产开发有限公司开发的海南省澄迈县富力红树湾C-08区××幢，房屋面积241.02平方米，此房购买于2011年1月9日。

（4）李某某侄子李某丙名下，海南富力房地产开发有限公司开发的海南省澄迈县富力红树湾 C-08 区×××幢，房屋面积 241.02 平方米，此房购买于 2011 年 1 月 13 日。

2. 2021 年 5 月 12 日，本院依法扣押倪某乙缴纳的违法所得收益 17.1 万元。

四、犯罪嫌疑人李某某近亲属及其他利害关系人情况

1. 许某某，系李某某母亲，××年××月××日出生，公民身份号码 120102×××××××，现住天津市×甲区××街××公寓××号。

2. 倪某甲，系李某某妻子，××年××月××日出生，公民身份号码 120101×××××××，现居住在某国。

3. 李某甲，系李某某儿子，××年××月××日出生，公民身份号码 120101×××××××，现居住在某国。

4. 李某丁，系李某某大哥，××年××月××日出生，公民身份号码 120101×××××××，现住天津市×甲区××街××巷××号。

5. 李某戊，系李某某二哥，××年××月××日出生，公民身份号码 120102×××××××，现住天津市×乙区××街××里××号。

6. 李某丙，系李某某侄子，××年××月××日出生，公民身份号码 120101×××××××，现住天津市×丙区××苑××号。

7. 李某乙，系李某某侄子，××年××月××日出生，公民身份号码 120101×××××××，现住天津市某丁区××路××号。

8. 天津市某设计研究院有限公司，××年××月××日注册成立，法定代表人刘某某，住所地天津市×戊区××路××号。

9. 海南某甲设计院，××年××月××日注册成立，法定代表人刘某甲，住所地海南省海口市××路××园×座××。

许某某、李某丁、李某戊、李某丙、李某乙均未对上述财产主张权利，天津市某设计研究院有限公司、海南某甲设计院要求返还李某某非法占有的公款。

认定上述事实的证据如下：1. 证人张某某、邢某某、张某甲、刘某某、韩某某、彭某某、冯某某、李某丙、李某乙等人的证言；2. 银行账户交易记录、某分院账目、职工工资奖金发放情况、房屋购买合同、付款小票、查封文书、户籍证明、天津市某设计院营业执照、会计师事务所出具的专项调查报告等书证。

本院认为,犯罪嫌疑人李某某涉嫌贪污罪,逃匿境外被通缉一年后不能到案,使用贪污的违法所得购买房产4套,应当对上述4套房产及其收益予以追缴。根据《中华人民共和国刑事诉讼法》第二百九十八条的规定,提出没收违法所得申请,请依法裁定。

此致
天津市第二中级人民法院

20××年×月×日

附注:

1. 通缉令。
2. 案卷及证据材料33册。
3. 违法所得及其他涉案财产清单1份。

【承办检察官心得体会】

由于本案是天津市首例违法所得没收案件,无现成的申请书模板可参考,没收违法所得申请书如何撰写,刑事诉讼法及相关司法解释均无规定。2017年"两高"出台的《关于适用犯罪嫌疑人、被告人逃匿、死亡案件违法所得没收程序若干问题的规定》第8条列明九项申请书应当载明的内容,包括犯罪嫌疑人、被告人的基本情况,案由及案件来源,犯罪嫌疑人、被告人涉嫌犯罪的事实及相关证据材料,犯罪嫌疑人、被告人逃匿、被通缉、脱逃、下落不明、死亡的情况,申请没收的财产的种类、数量、价值、所在地以及已查封、扣押、冻结财产清单和相关法律手续,申请没收的财产属于违法所得及其他涉案财产的相关事实及证据材料,提出没收违法所得申请的理由和法律依据,有无利害关系人以及利害关系人的姓名、身份、住址、联系方式,以及其他应当载明的内容。

在提前介入阶段,办案组就注意到没收违法所得申请书内容中,犯罪嫌疑人逃匿、被通缉的情况，申请没收财产的权属、占有、查封情况，利害关系人的基本情况及权利诉求等三项内容应当重点关注，为此在提前介入查阅案卷后即针对上述三个方面提出十余条补充调查意见。通过补充调查得知，李某某在 2021 年 4 月 26 日被通缉满一年前，没有入境记录；李某某的近亲属均不对 4 套房产主张权利。同时发现新情况：天津市的房产尚未查封，且被李某某亲属出租。对此，由调查机关查封该房产，由检察机关对房屋租金人民币 17.1 万元予以扣押，一并提出没收申请。

拟申请没收的 4 套房屋的部分购房款是违法所得，要求在申请书的附件部分明确违法所得占比。为此，办案组建议调查机关委托专业机构对账目进行审计，同时依法对本案所有证据全面审查，结合审计结论对案卷材料全面审查。在李某某购买的涉案 4 套房产中，天津市 1 套房产的购房款共计 286 万余元，在案证据能够清晰地证实其中 250 万元来源于公款，从而确定拟没收的天津房产 87.27% 份额为违法所得。海南省 3 套房产的违法所得占比比较复杂，购房款共计 1012 万余元，分 28 笔支付。在案证据能够清晰证实其中的 18 笔 600 余万元是公款；其中 7 笔共计 200 余万元是李某某的个人借款，无法认定为公款；另外 3 笔共计 129 万余元是以现金方式支付的，通过进一步的资金穿透回溯，能够发现取现的来源是张某某控制的银行账户，取现前该账户余额是个位数或者只有几千元，提前几天会有一笔公款通过几个账户流转进入该账户，根据高度可能性的证据标准，据此把这三笔款项也认定为违法所得，从而确定海南房产 73.36% 份额为违法所得。

解决上述重点问题后，没收违法所得申请书的主体内容基本完备，以简洁的语言、严密的逻辑表述申请书内容，既揭露违法犯罪行为，又突出违法所得去向，达到在法庭上既揭露罪行又厘清财产，清晰展示没收申请的效果。

【专家点评】

党的二十大报告指出："腐败是危害党的生命力和战斗力的最大毒瘤，反腐败是最彻底的自我革命。"随着我国反腐败斗争进一步深入化、常态化，为了提升对腐败犯罪分子的打击力度，实现对其通过滥用公权力获得的财产的有效追回，有必要通过制度的方式依法推动对犯罪嫌疑人、被告人逃匿、死亡案件违法所得的没收。

本案中，作为国家工作人员的李某某与他人相勾结，侵吞国家资产，利用非法所得购置房产等资产，并在案发后潜逃境外，逃避法律的追究。在惩治贪腐犯罪的过程中，追赃应当与追逃工作并重。如果不能实现对违法所得的顺利追回，犯罪分子就有可能携款潜逃并蛰伏境外，国家和人民的经济损失也无法挽回。在2012年《刑事诉讼法》的修订中立法机关创设了犯罪嫌疑人、被告人违法所得没收程序，这为在犯罪嫌疑人、被告人潜逃、死亡等情况下，没收其违法所得提供了明确的程序依据。由于实践中办案机关缺乏操作经验，没收违法所得程序规定相对比较原则化，在该程序的适用过程中出现了很多难题。为了进一步规范违法所得没收程序，为司法机关提供行之有效的实际操作指引，最高人民法院、最高人民检察院于2017年联合发布的《关于适用犯罪嫌疑人、被告人逃匿、死亡案件违法所得没收程序若干问题的规定》（法释〔2017〕1号），就违法所得没收程序的适用范围、概念界定、证明要求等作出明确规定。本文书的撰写也正是在此规范框架的指导下进行的。

办案机关在办理此案时，围绕犯罪嫌疑人逃匿、被通缉的情况，申请没收财产的权属、占有、查封情况和利害关系人的基本情况及权利诉求等重点内容，在侦查的过程中收集了大量的证据，以在文书说理的过程中实现有理可循。在界定应当没收的违法所得财产和合法财产的范围时，承办人通过追溯每一笔款项的真实来源，仔细区分犯罪嫌疑人个人的合法财产与应当没收的财产，不放过已经转变成其他形式的违法所得，并对已经发生混合的个人财产、违法所得进行有依据的划分，实现违法所得财产没收范围的精确化。

除此之外，现实中贪腐分子经常会将违法所得转移给自己的亲属或其他利害关系人，以逃避司法机关的追赃。在本案中，潜逃国外的犯罪嫌疑人将由贪污款购置的房产交给亲属出租牟利。司法机关在深入调查后追查到被隐藏的财产，由此为国家和人民挽回了大量损失。

本案是天津首例对潜逃境外的犯罪嫌疑人没收其违法所得的案件。

受理本案的法院在办理过程中准确抓住了违法所得没收程序在适用过程中的重点,在证据收集、文书写作等方面提供了宝贵的实践经验。当前,反腐败斗争持续、深入进行,司法机关须充分发挥违法所得没收程序的积极作用,以切实提升反腐败国际追逃追赃工作的效果。

(**点评人**:章春燕,浙江省湖州市人民检察院副检察长,全国检察业务专家)

十七

刑事申诉结果通知书

86. 王某东职务侵占案刑事申诉结果通知书

【简要案情】

2002年1月7日，天津市××学院（以下简称学院）正式成立。2004年2月5日，王某东经法定程序变更为该学院法定代表人，负责学院的全面工作。

2002年9月11日，以学院及德国××协会为甲方，德国××北京代表处为乙方，德国工商××有限公司北京代表处、德商××有限公司为丙方，签订了"中国职业技术人才跨国培训项目合作协议"。协议规定由甲方负责收取费用后，将乙、丙方应得费用：学生出国学习的费用（语言学费、专业学费、保险费、签证费、证书费、赴德机票费、回程机票费等）支付给乙、丙方。王某东根据与德方的商定，收取了学员相关费用，其中收取学员国外费用折合美元291000元、欧元371000元。

2004年6月，被告人王某东从收取学员的费用中，相继取走共计200000欧元（折合人民币2000000元）。其中1392000余元人民币用于学院支出，余款607000余元据为己有。

【诉讼过程】

2004年11月25日，天津市公安局经济犯罪侦查总队以王某东涉嫌诈骗罪立案侦查。2005年3月9日，天津市人民检察院第一分院以涉嫌职务侵占罪批准逮捕王某东。2005年7月26日，天津市公安局经以王某东涉嫌职务侵占罪，移送天津市人民检察院第一分院审查起诉。2005年7月28日，天津市人民检察院第一分院将该案移送天津市南开区人民检察院审查起诉。2006年2月9日,天津市南开区人民检察院以王某东构成职务侵占罪向天津市南开区人民法院提起公诉。2006年10月24日,天津市南开区人民法院认定王某东构成职务侵占罪,判处王某东有期徒刑5年。王某东不服提出上诉。2006年12月4日,天津市第一中级人民法院裁定驳回上诉,维持原判。2019年,王某东向天津市人民检察院第一分院提出申诉。天津市人民检察院第一分院经审查认为,王某东构成职务侵占罪,其申诉理由不能成立,不符合立案复查条件,并于2019年4月6日,作出刑事申诉审查结果通知书。2021年,王某东向天津市人民检察院提出申诉。天津市人民检察院经审查认为,王某东构成职务侵占罪,其申诉理由不能成立,并于2022年12月18日,作出刑事申诉审查结果通知书。

【文书全文】

天津市人民检察院
刑事申诉结果通知书

津检刑申通〔20××〕××号

申诉人王某东,男,19××年×月××日出生,公民身份号码120104××××××××××××,汉族,大专文化,原系天津市×××〕学院董事长,户籍所在地天津市南开区××号,现住地天津市津南区××号。2006年10月24日,因犯职务侵占罪,被天津市南开区人民法院判处有期徒刑五年。申诉人不服一审判决上诉后,2006年12月4日,天津市第一中级人民法院裁定驳回上诉,维持原判。

申诉人王某东不服天津市第一中级人民法院(20××)一中刑终字第××号刑事裁定书,于2019年向天津市人民检察院第一分院提出申诉,天津市人民检察院第一分院经审查认为,王某东构成职务侵占罪,其申诉理由不能成立,不符合立案复查条件,于2019年4月6日,作出津检一分院刑申审通〔20××〕×号刑事申诉审查结果通知书。申诉人王某东仍不服，向本院提出申诉，主要申诉理由如下：

1. 原裁判据以定罪量刑的证据不确实、不充分，主要证据之间存在矛盾，不构成职务侵占罪。

2. 原办案部门违反法律规定的诉讼程序。

本院经复查查明，2001年间，申诉人王某东与澄某及德国××协会人员等协商中外合作办学事宜，商定由王某东、澄某等人在中国办学招生，然后将学员派往德国学习、培训，回国后介绍在华的德资企业工作。2002年1月7日，以王某东为董事长、澄某为副董事长、陈某某为法定代表人的天津市×××学院（以下简称天津××学院）正式成立，天津市民政局为该学院核发了民办非企业单位登记证书，80万元人民币注册资金分别由王某东出资24万元、澄某出资48万元、王某某出资8万元，后王某某退出，王某东退给其8万元股资及办学先期的垫资2万元共计10万元。2004年2月5日，王某东经法定程序变更为该学院法定代表人，负责学院的全面工作。2002年9月11日，以德国××协会人员与天津××学院为甲方，德国××北京代表处与德国××有限责任公司为乙方，德国工商中心××公司北京代表处与德商××有限公司为丙方，签订了"中国职业技术人才跨国培训项目合作协议"，该协议规定了赴德学生学习的时间、内容等，并由甲方负责收取费用后，将乙、丙方应得费用支付给乙、丙方。合作培训扣除运作成本后的纯利润应平均分配，合作期限自2002年10月1日起至2004年9月30日止，为期两年。2003年2月至2004年3月，学院先后招收了第一批32名学员和第二批26名学员。

2003年11月，天津××学院与德国××协会人员作为共同甲方与第二批赴德学员作为乙方签订《二〇〇三中国高级技术人才德国培训项目合同书》，规定了双方的权利义务，包括乙方向甲方交纳培训费用与交款方式，明确学员将国内部分的以人民币形式交付的培训费用交到天津××学院财务部，国外部分的以外币形式交付的培训费用于接到德国××大学入学通知后七个工作日内，交到天津××学院财务部。因收费当时按我国外汇管理的法律法规，该学院不具备开立经常项目外汇账户的条件，将收取学员的外币培训费用存入以王某东个人名义在中国银行华苑储蓄所开立的外汇账户内。天津××学院收取了学员相关费用，其中收取学员国外费用合计美元291000元，欧元371000元。先后有58名学员完成国内德语学习，被送到德国进行培训学习。2004年6月间，王某东利用职务便利从中国银行华苑储蓄所其个人账户上分三笔共取现20万欧元。（2004年6月8日取现5万欧元，2004年6月21日取现5万欧元，2004年6月22日取现10万欧元），以上20万欧元被王某东个人占有，除去王某东个人垫资人民币139余万元，王某东非法侵占公款折合人民币607000余元。

经审查，本案焦点问题主要包括：1. 申诉人构成职务侵占罪的主体是否适格和涉案财物是否属于"本单位财物"。2. 侵占的20万欧元资金的来源和去向。3. 认定申诉人个人垫资139万余元是否适当。4. 王某东主观上是否具有非法占有目的。5. 原办案部门是否违反法律规定的诉讼程序。具体释法说理如下：

一、关于主体是否适格和涉案财物是否属于"本单位财物"的问题

申诉人提出，涉案资金属于其个人代为收取的学费，不属于耶某某德语学院的财产，不属于"本单位财物"。

经本院审查，首先，在案相关书证及证人澄某、孙某某等人出具的证言等证据证实，王某东作为天津××学院负责人，负责学院全面工作，具有管理学院财务的职权，符合职务侵占罪主体要件。其次，根据在案的《二〇〇三中国高级技术人才德国培训项目合同书》、学员陈某某、汪某某等人提供的证明及澄某、德国××协会人员副会长耶某某、会计孙某某等人的证言证实，案涉外籍学员学费是由王某东任职的天津××学院收取，而非王某东个人代为收取。收取学员的外币存入王某东个人名义开立的外汇账户内系因学院当时不具备开立经常项目外汇账户的条件所致，故账户内所收外币系天津××学院作为共同甲方收取的费用，在未交付德方之前属于天津××学院管理的本单位财产。就此，本院在本案复查阶段向会计孙某某进行了复核，其进一步明确证实"收学生的外币是耶某某学院代替德方收取外汇，具体操作是由王某东来操作。因为学院没有外汇账户，入不了账，所以这些外汇如何处理具体由王某东来操作。"其证实内容与澄某、耶某某证言所证天津××学院是学员外币学费的收费主体，王某东并非学院外币学费的收费主体的证词相吻合一致，证明申诉人个人账户收款行为系职务行为，所收费用属性系本单位财物，其职务侵占罪的犯罪主体适格。

二、关于侵占的20万欧元资金的来源和去向问题

1. 关于20万欧元的来源以及是否存在财产混同的问题

经本院审查，申诉人在中国银行华苑储蓄所开户的账户欧元存取记录显示，学员存入存折的欧元情况与学员交费情况相一致，并且有学员的学费收据佐证，证明该账户的欧元资金来源于学员交纳的学费。就此，本院在案件复查阶段亦重点对申诉人2004年6月从中国银行华苑储蓄所开户的存折所存取的20万欧元情况予以复核，可证实上述认定事实，同时未发现账户内有王某东个人外汇资金，存在资金混同情况。

2. 关于申诉人取现20万欧元的去向问题

根据申诉人在中国银行华苑储蓄所开户的存折记录、中国银行天津分行提供的取款凭条等证据证实：20万欧元被申诉人分三次取现，交易日期分别为2004年6月8日取现50000欧元，2004年6月21日取现50000欧元，2004年6月22日取现100000欧元。申诉人在本院申诉阶段辩解称上述欧元已全部取现交给了澄某。经本院审查申诉人辩解不成立且与证据不相符合：第一，原审期间及本院复查期间，证人澄某证言内容一致，均否认收到上述200000欧元；第二，申诉人对200000欧元交给澄某的数额前后不一致，先后出现过10万、16万、20万三种数额且未提出合理辩解理由，与常理不符；第三，申诉人在一审审查起诉阶段和庭审阶段做过使用20万左右欧元转入其招商银行账户用于个人炒汇的供述，与其在本院复查阶段所做全部交给澄某的辩解矛盾；第四，由中国招商银行天津分行提供的交易流水证实，2004年6月21日王某东的交易卡存入50000欧元，2004年7月31日王某东的交易卡存入85000欧元，2004年6月22日王某东的交易卡存入50000欧元，2004年9月22日王某东的交易卡存入20000欧元，合计存入205000欧元。这与申诉人卷内"因为学生交来的外汇也是交到我个人账户中国银行账户，为了便于管理，我把钱倒到我个人在招商银行的账户，后来用于炒汇。"的供述内容相印证；第五，申诉人供述其先后四次炒汇，涉案资金 20 万欧元左右。与本院在本案复查阶段调取的银行明细单证实王某东使用招商银行卡，先后于 2004 年 8 月 6 日、8 月 13 日、9 月 21 日、9 月 22 日四次将共计 201002.11 欧元兑换美元进行外汇买卖相印证。第六，证人澄某证实的未收到 200000 欧元的陈述得到德方佐证，且 20 万欧元取现时间系 2004 年 6 月间，澄某陈述 2004 年 5 月以后就已经联系不上申诉人，证人屠某某也证实 2004 年 5 月以后就找不到申诉人，佐证了澄某陈述。因而申诉人所称将 200000 欧元交予澄某的辩解与事实不符且无证据支持。

三、关于认定申诉人个人垫资 139 万余元是否适当的问题

据原审辩护律师石某某、魏某某在《王某东涉嫌职务侵占一案的问题》陈述，王某东为此项目，在天津市×××学院共计个人实际垫资款支出是 1482307.81 元人民币，并认为 1392985.88 元人民币查证核实。王某东个人认为为项目个人垫资 130 余万，出纳王某某证实王某东个人垫资 103 万（没有计算王某某退股 10 万元、归还武某某 159000 元以及装修学生宿舍 101316.36 元）。一审法院在一审判决中认定，2004 年 6 月，被告人王某东从收取学员的费用中，相继取走 200000 欧元（折合人民币 2000000 元），其中 1392000 余元人民币用于学院支出。据天津市天正司法鉴定中心向天津市公安局经济犯罪侦查总队出具的司法会计查证报告，王某东个人垫款 393329.52 元人民币，虚列个人垫款 638340 元人民币。但辩护律师石某某、魏某某举证认为虚列的 638340 元并非虚列，有相关项目及证人证明。另，由于王某某退股，王某东垫资 10 万元人民币；天津××学院装修华苑学生宿舍，王某东垫资 101316.36 元人民币；王某东替耶某某德语进修学院归还武某某 159000 元人民币。以上王某东个人垫资合计 139 万余元人民币，虚列个人垫资 638340 元计算在之列。司法会计查证报告与王某东的律师石某某、魏某某所述、被告人王某东供述、出纳王某某证言以及一审法院认定的王某东个人垫资数额并不一致。但按照有利于被告人计算方式，认定王某东个人垫资 139 万余元并没有加重被告人责任，原审法院的认定并无不当。

四、关于申诉人主观上是否具有非法占有故意的问题

经审查，案发时天津××学院基于培训项目对德国××协会人员尚欠大量欠款。书证天津××学院培训项目欠款明细表明一共尚欠215168欧元。由于天津××学院没有按期向德国方面支付两批学员在德国的部分费用，××语言学院2005年2月22日出具证明函证明第1期和第2期学生尚欠医疗保险、签证、机票等费用共计106525.6欧元，柏林市××学院2005年2月23日出具证明函证明第2期学生学费仍处于欠资状况，欠资金额为50000欧元。以上证据与申诉人所称已交齐相关费用相矛盾，结合证人澄某所述告知申诉人欠款情况、200000欧元来源去向、案发后失联等事实，证实申诉人在明知项目尚有欠款的情况下，私自取现学员所交学院之20万欧元据为己有的主观故意。

五、关于证据认定和原办案部门是否违反法律规定的诉讼程序的问题

1. 关于申诉人提出的原判决、裁定将伪造的合作协议作为定案依据，致使认定事实、适用法律错误、裁判不公的问题

经审查，首先，从证据形式来看，在案证据《中国职业技术人才跨国培训项目合作协议》是司法机关依法调取的，而且经过法庭质证，在法庭质证时，申诉人并未对协议的真实性提出异议。其次，从实际参与行为来看，合作协议首部天津××学院与德国××协会人员均为甲方，虽然此协议上学院并未盖章，但合同主体履行合同的真实性应以实际履行情况进行客观认定，根据卷内证人澄某证言、学员证言、申诉人原审供述、天津××学院相关证言及德方出具的证据等大量证据均能够证实学院作为合作方实际参与了上述跨国培训项目，故申诉人仅以协议上学院并未盖章辩称上述协议系伪造与学院没有任何关系，无证据和事实依据。再次，从证据体系性来看，《中国职业技术人才跨国培训项目合作协议》并非唯一证实天津××学院系项目合作方的证据，从卷内天津××学院与德国××协会人员作为共同甲方和学员作为乙方签订的多份《二〇〇三中国高级技术人才德国培训项目合同书》证实，在合同书上有天津××学院的公章和申诉人作为法定代表人的签名，结合项目开展和费用收取等客观事实，足以证明合作协议的真实性。

2. 关于申诉人提出据以定罪量刑的司法审计报告不符合事实，证据不确实、不充分的问题

经审查，首先，天津天正司法鉴定中心出具的津正会查字（2005）第××号《司法会计查证报告》是依据公安机关提供的在案证据作出的司法会计认定意见，并附有鉴定机构和鉴定人的资质，在证据形式和内容上符合要求。其次，根据法律规定，鉴定机构出具相关认定意见后，司法机关要根据认定意见，并结合案件具体情况予以客观认定。原审法院认定王某东个人垫资1392000余元，与《司法会计查证报告》的认定并不一致，说明法院在认定王某东个人垫资时并非以《司法会计查证报告》作为唯一的认定依据，系结合本案具体情况、被告人及其辩护人提交的相关证据等从有利于申诉人的角度进行的综合认定。再次，新华会计师事务所（2004）××号《审计报告》认定截至2003年年底天津××学院总支出193万余元，负债103万余元，但未对案涉200000欧元纳入学院账目予以审计，申诉人辩解的学院没有财产可以侵占与事实不符。

3. 关于申诉人认为，原办案部门存在违反法律规定的诉讼程序的问题

（1）申诉人提出拘留证签发日期早于立案日期。

经审查，卷中证据天津市公安局立案决定书显示，本案立案时间为2004年11月25日。拘留证签发日期为2004年11月25日，向申诉人王某东宣布日期为2005年1月31日，王某东签字并捺手印。2005年2月1日，由天津市第一看守所收押。申诉人所称与上述事实不符。

（2）申诉人提出公安机关在拘留后24小时内乃至6个月内均未对申诉人进行讯问。

经审查，申诉人王某东2005年1月31日被公安机关刑事拘留，卷中证据讯问笔录显示，公安机关在王某东被拘留后24小时内，2005年1月31日16时30分至18时00分，对王某东进行讯问。在移送审查起诉前，公安机关共对王某东讯问9次。除2005年4月20日的讯问笔录王某东拒绝签字，其余讯问笔录王某东均签字、捺手印。申诉人所称与上述事实不符。

（3）申诉人提出本案存在超期羁押的问题。

经审查，在案证据证实申诉人王某东于2005年1月31日被刑事拘

留，延长拘留期限 2005 年 2 月 4 日至 2005 年 3 月 2 日，2005 年 3 月 2 日提请检察机关批准逮捕，2005 年 3 月 9 日，天津市人民检察院第一分院批准逮捕。王某东从被刑事拘留到被批准逮捕，时间为 37 天。天津市人民检察院第一次批准延长侦查羁押期限一个月，自 2005 年 5 月 10 日至 6 月 9 日，第二次批准延长侦查羁押期限二个月，自 2005 年 6 月 10 日至 8 月 9 日。公安机关于 2005 年 7 月 28 日将案件移送检察机关审查起诉。以上羁押期限符合 1996 年实施的《中华人民共和国刑事诉讼法》的相关规定，本案不存在超期羁押的问题。

（4）申诉人提出在本案未进行侦查的情况下，仅在收到领导批示"请公安查处"的批示后立即签发拘留证的行为严重违反依法办案的法律原则。

经审查，在案证据显示，2004 年 11 月 2 日，德国××协会人员耶某某致信天津市委时任领导，称王某东恶意侵吞学员支付的赴德培训费用人民币 300 余万元，导致中德合作项目无法进行，50 余名学员滞留德国，严重影响德国经济界教育界在中国、在天津投资的信心等内容。2004 年 11 月 12 日，天津市委时任领导批示"请公安局查处，请外办教委协办"。2004 年 11 月 19 日，经济犯罪侦查总队收到耶某某的举报信后受理此案，并于同月 25 日以王某东涉嫌诈骗罪立案侦查，并开具拘留证。以上办案程序并未违反法律规定。

（5）关于申诉人称"南开法院合议庭一致认为王某东案只属于一般民事纠纷，不属于刑事犯罪"、"南开区法院某负责人私自以审委会的名义，完全不尊重合议庭经过的合法庭审程序作出的判决，而以有领导批示，有国际影响，做有罪判决"及"主审法官王某甲对媒体记者声明，王某东的案件不是法律判的，是权力判的"的申诉理由。

就此申诉事由，本院在审查期间依法对一审法院承办法官王某甲进行复核调查。王某甲法官明确表示："王某东的上述申诉理由不属实，合议庭认为王某东案构成犯罪，只是在数额认定上有一定分歧；本案是依据案件的证据情况作出的判决；其不可能跟媒体说王某东所声称的话，是王某东编造的"。

综上，申诉人提出原办案部门违反法律规定的诉讼程序的申诉理由经查均无事实和法律依据,且对其上述主张申诉人亦未向本院提供有效证据证实,故其上述程序违法申诉理由不成立。

本院认为,申诉人王某东利用职务之便,将本单位资金607000余元占为己有,构成职务侵占罪。经复核,原审法院的判决、裁定适当,申诉人的申诉理由缺少事实和证据支撑,不能成立。根据《中华人民共和国刑事诉讼法》第二百五十二条、《人民检察院办理刑事申诉案件规定》第三十四条、第三十五条第一款,本案不符合抗诉条件,本院决定不予抗诉,现予审查结案。

本案复查期间,办案人了解到申诉人刑满释放后,多次信访申诉,历经奔波坎坷,申诉理由均未获得相关司法机关支持,望尊重检察机关决定,珍惜当下,放下执念,好好生活!

20××年×月×日

【承办检察官心得体会】

本案系长年积访闹访的申诉案件,申诉人王某东多次申诉。案件事发至今已逾20年,时过境迁,核查工作面临诸多客观障碍。申诉人多年进行缠访上访,释法说理工作难度极大。

(一)结合证据论证争议焦点,逐一回应申诉人的申诉理由

一是全面梳理本案争议焦点和核心问题。结合原有证据及新调取的证据,透过纷繁的表象,以案件的罪质特征为出发点,结合申诉人的申诉理由,厘清案件的争议焦点和核心问题。办案组梳理出主体是否适格和涉案财物是否属于"本单位财物"、侵占的20万欧元资金的来源和去向、认定申诉人个人垫资139万余元是否适当、申诉人主观上是否具有非法占有故意、证据认定和原办案部门是否违反法律规定的诉讼程序等五大争议焦点问题,并逐一对申诉人的申诉理由进行评判。

二是采取"以法律为标尺,以法理为理念,以事实为基础,以证据为依托"的四要素证成模式。结合梳理出的争议焦点,将刑法条文、内在法理、案件事实、具体证据有机结合,做到对申诉理由的回应于法有

据、于理相合、于情相容。在法律的框架内，将法理作为线引，运用具体证据梳理出案件的犯罪事实，做到对申诉理由的回应有力、有理、有节。

三是文书撰写规范、重点突出，叙述与说理相结合。本篇刑事申诉审查结果通知书撰写规范，符合最高检对于文书的制作要求。文书不纠缠于对案件定罪量刑没有影响的细枝末节，重点对影响定罪量刑的关键问题说明理由。文书将案件事实叙写与释法说理相结合，以"事实为先—说理在后"为模式，努力做到叙述简洁准确，说理深入透彻，以"如我在诉"的理念，针对性地回应申诉人的申诉理由。

（二）履职办案亮点工作

一是选派骨干力量组成双员额办案组共同办理案件。天津市检察机关高度重视本案的办理工作，组成双员额办案组办理此案，并多次召开检察官联席会议共同研商案件。

二是以"亲历性"办案理念为指引依法履职，同时做好舆情处置预案。为全面核查案件中的难点疑点问题，办案组先后四次当面听取申诉人王某东意见；五次前往中国银行天津分行等多家银行调取王某东20年前的30余份银行流水；向多名证人、承办法官进行询问。通过新调取的证据，进一步证实王某东的职务便利、非法占有目的等犯罪构成要件，梳理出王某东侵占资金的具体去向。另外，本案敏感度高，而且申诉人王某东多次声称准备在一些网络平台发布信息。办案组在对王某东进行悉心劝解和释法说理的同时，提前做好处置预案，确保第一时间处置舆情。

（三）注重法、理、情的统一，高质效办好刑事申诉案件

办案组克服疫情期间的各种困难，多次当面听取申诉人的意见，认真倾听申诉人的理由，坚持做好释法说理和情绪疏导工作。对申诉人的申诉理由依法逐一回应后，劝解申诉人"放下执念，好好生活"，回应有"力度"的同时展现检察工作的"温度"。目前，申诉人息诉罢访，未再以任何方式向天津检察机关进行申诉控告，做到了案结事了，取得了良好效果。

【专家点评】

本案文书紧紧围绕申诉人提出的事实证据问题、程序问题，提出针对性的复查意见，回应内容详略得当、重点突出、法理情融合，落实了检察机关高质效办理申诉案件的工作要求。其亮点主要有以下三点：

（一）精准抓住申诉理由背后的争议焦点，有力回应申诉理由

文书在抽丝剥茧描述本案客观事实的基础上，将争议焦点概括为申诉人构成职务侵占罪的主体是否适格和涉案财物是否属于"本单位财物"；侵占的 20 万欧元资金的来源和去向；认定申诉人个人垫资 139 万余元是否适当；王某东主观上是否具有非法占有目的；原办案部门是否违反法律规定的诉讼程序五个问题，并分别开展释法说理。前四个问题是职务侵占是否构罪的实体争议，第五个问题是程序争议。针对实体争议，文书从申诉理由入手，实质判断涉案法律关系、事实关系，脉络清晰、有理有据地回应了申诉人。例如，针对"关于认定申诉人个人垫资139 万余元是否适当的问题"，文书在分析现有证据基础上，明确了"王某东个人垫资合计 139 万余元人民币，虚列个人垫资 638340 元计算在之列"，系按照有利于被告人的计算方式。针对程序问题，则从证据规则、程序证据、法律规定等角度——予以明确回应，避免了对于程序不公正的质疑。

（二）审查认定有理有据，围绕争议问题组织论证体系

在回应申诉人时，文书并未简单"堆砌"现有证据，而是充分运用证据分析体系论证争议问题。例如，针对申诉人提出的司法审计报告不符合事实，证据不确实、不充分的问题，文书分别从《司法会计查证报告》的证据形式和内容具有合法性，认定事实系结合《司法会计查证报告》和本案具体情况、被告人及其辩护人提交的相关证据等有利于申诉人的角度进行综合认定，同时，从《司法会计查证报告》审查范围与申诉人辩解无关的角度，全面形成论证体系，回应申诉问题。这种从单个证据到证据链条，从个体分析到综合论证的思路，达到体系化的论证效果。

（三）情理融合，确保司法既有"精度"也有"温度"

刑事申诉不同于审查逮捕、审查起诉等阶段，这是对于时过境迁、

已经作出生效判决的当事人的再次回应。正如承办人所言，申诉人"刑满释放后，多次信访申诉历经奔波坎坷，申诉理由均未获得相关司法机关支持"，在这样的背景下，文书在依法回应申诉事由之余，还对申诉人提出生活劝解，体现了检察机关"如我在诉"的理念。从后续结果看，该案达到了息诉罢访、案结事了的效果。如何让法律文书成为既向人民群众普法，也能传达司法温度的名片，值得检察同仁进一步思考。

（**点评人**：陈禹橦，北京市人民检察院第四检察部副主任、全国十佳公诉人）

87. 孙某过失致人重伤案刑事申诉结果通知书

【简要案情】

2020年10月4日15时许,被不起诉人孙某在黑龙江省绥滨××农机大市场逛集市时与杜某(男,35岁)肩部碰撞,二人因此发生口角,杜某举起右拳贴向孙某面部称"你信不信我一拳搂死你",并朝孙某脸上吐口水,孙某见杜某在身高、体重上都优势于自己,如发生冲突自己会吃亏,便忍让离开。随后,孙某在逛集市过程中再次遇到杜某,杜某质问孙某"你还敢跟着我",孙某回答"我跟着你干什么",杜某便再次朝孙某脸上吐口水,孙某再次忍让离开。孙某因此决定离开集市回家。当孙某从集市走出来到××农机大市场广场西南角水泥路段时,再次遇到杜某。杜某上前质问孙某"你跑这来堵我了",并抡起手中的爆米花打向孙某,被孙某抬手挡开。随后,杜某先挥拳击打孙某的肩部,孙某也挥拳还击,打在杜某肩部。杜某双手抓住孙某肩膀,用力想将孙某摔倒。孙某见状也双手抓住杜某腋下的衣服,头顶在杜某胸前,用力想将杜某摔倒。二人从水泥路旁撕扯至西侧斜坡,并在撕扯中摔倒,一同从斜坡摔至坡下的水泥地面上,致杜某头部受伤。经法医鉴定:杜某所受损伤致颅骨骨折、左颞硬膜外血肿、右颞硬膜外血肿、右枕硬膜外血肿左颞叶脑出血、双额叶脑挫裂伤的伤情程度为重伤二级。被不起诉人孙某于2020年10月4日主动向公安机关投案,并如实供述案件的主要事实。

【诉讼过程】

本案由黑龙江省××区公安局××分局侦查终结,以被不起诉人孙某涉嫌过失致人重伤罪，于 2021 年 12 月 3 日向××人民检察院移送审查起诉。2022 年 1 月 3 日××人民检察院退回侦查机关补充侦查，侦查机关于 2022 年 2 月 3 日补充侦查完毕，重新移送审查起诉。2022 年 3 月 3 日××人民检察院以黑宝检刑不诉〔20××〕×号不起诉决定书对孙某作出不起诉决定。申诉人杜某不服黑龙江省××人民检察院黑宝检刑不诉〔20××〕×号对孙某作出不起诉决定，提出申诉。

【文书全文】

黑龙江省人民检察院农垦分院

刑事申诉结果通知书

黑农分检刑申通〔20××〕×号

申诉人杜某，男，1985 年 2 月 9 日出生，汉族，无固定职业，住黑龙江省××县××社区 B 区八委 4 栋 5 号。系孙某过失致人重伤案被害人。

被不起诉人孙某，男，1972 年 12 月 30 日出生，汉族，中专文化，个体工商户，户籍地黑龙江省××县××农垦社区××区××栋××号，住黑龙江省××县××农垦社区××区××摩托车修理部。2020 年 11 月 27 日因涉嫌故意伤害被黑龙江省垦区公安局××分局刑事拘留，2020 年 12 月 4 日因涉嫌故意伤害被黑龙江省垦区公安局××分局取保候审。2021 年 12 月 4 日因涉嫌过失致人重伤罪××人民检察院决定对其取保候审。

申诉人不服黑龙江省××人民检察院黑宝检刑不诉〔20××〕×号对孙某作出不起诉决定，向本院提出申诉。

本院复查查明，2020 年 10 月 4 日 15 时许，被不起诉人孙某在黑龙江省××农机大市场逛集市时与杜某（男，35 岁）肩部碰撞，二人因此发生口角，杜某举起右拳贴向孙某面部称"你信不信我一拳搂死你"，并朝孙某脸上吐口水，孙某见杜某在身高、体重上都优势于自己，如发生冲突自己会吃亏，便忍让离开。随后，孙某在逛集市过程中再次遇到杜某，杜某质问孙某"你还敢跟着我"，孙某回答"我跟着你干什么"，杜某便再次朝孙某脸上吐口水，孙某再次忍让离开。孙某因此决定离开集市回家。当孙某从集市走出来到××农机大市场广场西南角水泥路段时，再次遇到杜某。杜某上前质问孙某"你跑这来堵我了"，并抡起手中的爆米花打向孙某，被孙某抬手挡开。随后，杜某先挥拳击打孙某的肩部，孙某也挥拳还击，打在杜某肩部。杜某双手抓住孙某肩膀，用力想将孙某摔倒。孙某见状也双手抓住杜某腋下的衣服，头顶在杜某胸前，用力想将杜某摔倒。二人从水泥路旁撕扯至西侧斜坡，并在撕扯中摔倒，一同从斜坡摔至坡下的水泥地面上，致杜某头部受伤。经法医鉴定：杜某所受损伤致颅骨骨折、左颞硬膜外血肿、右颞硬膜外血肿、右枕硬膜外血肿左颞叶脑出血、双额叶脑挫裂伤的伤情程度为重伤二级。

被不起诉人孙某于2020年10月4日主动向公安机关投案，并如实供述案件的主要事实。

承办人经调取并审查原案卷宗，召开听证会，充分听取申诉人意见，与原案承办检察官充分沟通，对本案进行了全面复查。

本院认为，被不起诉人孙某为使自己的人身权利免受正在进行的不法侵害，采取制止不法侵害的防卫行为，根据《中华人民共和国刑法》第二十条第一款之规定，属于正当防卫，依法不负刑事责任。××人民检察院根据《中华人民共和国刑事诉讼法》第一百七十七条第一款之规定，对孙某作出不起诉决定，程序合法，理由充分，应予维持。申诉人杜某的申诉理由不能成立。具体理由如下：

一、杜某的行为属于正在进行的不法侵害。从本案双方的矛盾起因来看，杜某与孙某在逛集市时因肩部碰撞而发生口角，之后杜某向孙某挥拳挑衅并吐口水，杜某的上述行为本身带有一定的侮辱性，且向他人吐口水的行为既不文明、亦不卫生，特别是在疫情期间，对公共卫生安全亦构成危害。孙某在面对上述违法行为时选择忍让离开，同时在二人再次相遇后，杜某先用手中爆米花抡向孙某，在孙某格挡后又用手击打孙某肩部，孙某气愤之下用拳予以还击，杜某再次用手抓住对方肩部试图将对方摔倒，二人继而相互撕扯在一起。在上述过程中孙某并未存在明显过错，杜某应对双方矛盾的引发及进一步激化负有主要责任，且杜某的上述一系列行为已经对孙某的人身权利造成了现实侵害，应认定为正在进行的不法侵害。关于申诉人提出的证人綦某某、邹某某与孙某系亲属关系，其所作出的证言应当依法排除的问题。经查，綦某某、邹某某作为目击本案案发经过的证人对案件的相关事实问题能够予以证实，且二人所证实内容能够相互印证，又与孙某的供述相符，綦某某虽然系孙某的姐夫，但与本案并不存在严重利害关系，申诉人杜某对此亦未提供相关证据予以证实，故申诉人的该项申诉理由不能成立。

二、孙某为制止正在进行的不法侵害进行反击的行为具有防卫的正当性。口角发生后，在杜某向孙某挥拳挑衅，并向其脸部吐口水后，孙某选择忍让离开。在二人再次相遇后杜某先用手击打孙某肩部，孙某以用手击打杜某肩部予以还击，并在被杜某用手抓住后为挣脱杜某而与其发生撕扯的行为具有防卫性质。同时，在杜某受伤后，孙某立即拨打120寻求救治并同时向公安机关报案。从孙某的上述行为表现来看，其没有非法伤害杜某的故意，亦没有与杜某斗殴的目的，其反击行为具有防卫意图，符合防卫的正当性要求。虽然杜某经鉴定为二级精神残疾，但本案多名证人证实杜某在平时没有过于异常的行为表现，且在案证据无法证实孙某明知杜某患有精神疾病，故申诉人所提出的孙某明知道杜某为限制行为能力人的情况下仍采取过当防卫行为的申诉理由不能成立。

三、孙某的防卫行为没有明显超过必要限度，不属于防卫过当。本案中，孙某在尽力避免冲突的情况下，杜某仍对其率先实施击打行为，孙某用拳击打对方肩部，并在被对方抓住肩部后与其发生撕扯的防卫手段并无不当。同时，杜某比孙某在身高上相差20余公分，体重比孙某重50余斤，二人在身高、体重上存在明显差距。综合孙某采取防卫的时机、强度以及双方的力量对比等情况来看，孙某所采取的防卫手段没有超过必要的限度。虽然最终杜某出现了重伤二级的后果，但该损害后果系杜某与孙某在撕扯过程中二人不慎从斜坡摔至坡下的水泥地面造成的，并非孙某直接击打所致，二者之间不具有直接因果关系，且双方从相互击打到相互撕扯直至共同从斜坡摔下的过程仅历时数十秒，结合案发时的具体情况，孙某对该损害结果无法预见，不存在疏忽大意或轻信能够避免的主观过失。同时，《最高人民法院、最高人民检察院、公安部关于依法适用正当防卫制度的指导意见》第十一条的规定：根据刑法第二十条第二款的规定，认定防卫过当应当同时具备"明显超过必要限度"和"造成重大损害"两个条件，缺一不可。根据上述规定，因孙某的防卫行为没有明显超过必要限度，依法不属于防卫过当，故申诉人杜某所提出的孙某防卫行为超过必要限度，对杜某造成重伤的重大损害，应属防卫过当的申诉理由不能成立。

综上，本院经复查后决定，维持××人民检察院黑宝检刑不诉〔20××〕×号不起诉决定。

20××年×月×日

【承办检察官心得体会】

孙某过失致人重伤刑事申诉案之所以取得好的效果，主要是在办理过程中做到了以下三点：

（一）厘清争议焦点，准确认定正当防卫

矛盾化解工作是办理刑事申诉案件的重要内容，是保障案件办理取得良好效果的前提和基础，而做好矛盾化解工作关键在于通过对案件的全面审查把握分析案件处理的争议焦点。本案在办理过程中，承办检察官通过对原案证据的细致审查后发现，原案在事实认定上基本正确，案件的争议焦点主要是在对原案被不起诉人孙某的行为是否应当认定为正当防卫的问题上，为后续的双方矛盾化解工作及案件的正确处理奠定了坚实的基础。对于双方因琐事而发生口角进而相互打斗并致损害后果发生的情形下，如何认定正当防卫一直是司法实践中争议的焦点与难点。本案中，承办检察官通过对原案证据核实、分析与判断，在准确认定事实，细致审查申诉人的申诉理由的前提下，立足于案件具体情形，并正确把握防卫的手段、时机、对象、意图、限度等具体条件，最终依法认定孙某的行为具有防卫性质，且没有超过必要限度，属于正当防卫，避免了以事后"圣人"的理性的行为标准去评价防卫人，杜绝了"谁受伤谁有理，谁能闹谁有理"的错误做法。

值得一提的是，最高人民检察院、公安部《关于依法妥善办理轻伤害案件的指导意见》明确指出，要准确区分正当防卫与互殴型故意伤害。人民检察院、公安机关要坚持主客观相统一的原则，综合考察案发起因、对冲突升级是否有过错、是否使用或者准备使用凶器、是否采用明显不相当的暴力、是否纠集他人参与打斗等客观情节，准确判断犯罪嫌疑人的主观意图和行为性质。因琐事发生争执，双方均不能保持克制而引发打斗，对于过错的一方先动手且手段明显过激，或者一方先动手，在对方努力避免冲突的情况下仍继续侵害，还击一方造成对方伤害的，一般应当认定为正当防卫。本案的办理早在该指导意见下发之前，但从该案的处理结果来看，与上述文件的精神高度契合。

（二）充分释法说理，以公开促公信

检察听证是新时期检察机关推行阳光司法、广泛听取意见、主动接受外部监督的一种办案方式，是满足新时代人民群众司法新需求的一项重要举措，以公开促公正，用听证赢公信。该案在办理中，承办检察官邀请了人民代表、政协委员、人民监督员等社会人士以听证会的形式对案件进行公开审查。在听证会上，检察机关以申诉人的申诉理由为主轴，围绕案件争议焦点进行了释法说理、分析论证、举示证据，集中专家听证员一起为当事人解困惑、明事理、释法理，承办检察官坚持充分听取各方意见及申诉人的申诉理由，努力将法理道理讲清讲透，让申诉人既解开"法结"又解开"心结"，切实让案件当事人感受到来自"阳光司法"下的公平正义，赢得了社会公众的真正认同。

同时，在案件作出处理决定后，案件承办检察官又围绕本案具体审查过程、案件事实的认定、法律适用等情况，并结合正当防卫的相关法律规定向申诉人进行了细致答复，赢得申诉人内心的真正认同，最终申诉人认可了检察机关的处理决定。

（三）用好司法救助，传递检察温度

黑龙江省农垦检察机关在办理刑事申诉案件中始终坚持"群众身边的事无小事"的司法办案理念，力争通过申诉案件的办理实现"案结事了人和"的良好社会效果。农垦检察机关在受理该案后，院党组高度重视，随即确立了一名院党组成员、副检察长为案件的包案领导。在案件办理过程中，院领导及案件承办人曾多次接待申诉人来访，充分听取其主要诉求和理由。在接访过程中，案件承办人了解到申诉人对该案申诉的主要初衷并非对检察机关处理决定的不认同，更多的是因为申诉人家庭生活窘困，杜某患有精神残疾且受伤后治疗需要大额医疗费用，而家庭的主要经济收入依托于其父亲微薄的退休金。在了解上述情况后，包案领导与案件承办检察官对申诉人杜某的居住地进行了实际走访，通过相关调查确认上述情况属实后，检察机关认为申诉人的情况符合司法救助的条件，于是为申诉人申请了司法救助并获得了相关批准，申诉人及其父亲在收到救助款后表达了对检察机关的感谢，同时也表示对孙某行为的理解，最终在检察机关的主持下，二人化解了矛盾，握手言和。

【专家点评】

"法不能向不法让步"。这是理解和适用正当防卫的价值基础。防卫行为和侵害行为这对矛盾，实际上是法与不法、正与不正的关系，这是认识正当防卫的基本前提。正当防卫是防卫人受到了不法侵害，侵害行为属于不法，防卫行为具有正当性。作为一种正当性权利，法律鼓励公民积极行使正当防卫权。一度以来，正当防卫制度被束之高阁，实践中把握过于严苛，导致了司法不公问题。本案很好地遵从了正当防卫规定的立法本意，以充分保障防卫权行使的司法政策为导向，通过准确适用法律以及充分说理等方式，实现了案结事了。

（一）以超前的眼光适用正当防卫，充分体认保障公民防卫权的司法政策

本案中，承办检察官通过对原案证据的细致审查后发现，原案在事实认定上基本正确，案件的争议焦点主要在于对原案被不起诉人孙某的行为是否应当认定为正当防卫。因而，法律适用是本案的关键。这涉及正当防卫的成立条件以及与防卫过当的界限等问题。在一段时间以来，正当防卫制度的立法规定与司法适用存在一定的脱节，正确激活与依法行使防卫权已然是司法政策的一大痛点与难点。在妥善解决正当防卫与

防卫过当的司法纠葛中，总体来看，要从防卫权优先的基本立场出发，树立有利于防卫人的解释立场与价值取向，适度放宽防卫限度，对防卫过当予以必要的"包容"。同时，也要从正与恶的对立、合法与不法的制衡角度，立足防卫的正当性透析防卫过当的边界。在规范层面，要敢于破除"唯结果论"等司法误区，立足于主客观相统一立场，对"明显超过必要限度""造成严重后果"这两个核心要素，从行为与结果层面进行综合判断，力求实现个案正义。

最高人民检察院、公安部《关于依法妥善办理轻伤害案件的指导意见》明确指出，要准确区分正当防卫与互殴型故意伤害。本案的适法难点正好就在于此。对此，承办人精准地回溯立法原意，以案件事实为前提，以应然的司法政策为导向，采取了出罪处理的做法。其中，关于孙某的防卫行为没有明显超过必要限度、不属于防卫过当的法律适用尤为精准和适当。本案中，孙某在尽力避免冲突的情况下，杜某仍对其率先实施击打行为，孙某用拳击打对方肩部，并在被对方抓住肩部后与其发生撕扯的防卫手段并无不当。同时，杜某比孙某高20余公分，体重重50余斤，二人在身高、体重上存在明显差距。综合孙某采取防卫的时机、强度以及双方的力量对比等情况，孙某所采取的防卫手段没有超过必要的限度。虽然最终杜某出现了重伤二级的后果，但该损害后果系杜某与孙某在撕扯过程中二人不慎从斜坡摔至坡下的水泥地面造成，并非孙某直接击打所致，二者之间不具有直接因果关系，且双方从相互击打到相互撕扯直至共同从斜坡摔下的过程仅历时数十秒，结合案发时的具体情况，孙某对该损害结果无法预见，不存在疏忽大意或轻信能够避免的主观过失。

需要注意的是，本案的办理早于上述指导意见下发。但其处理结果与上述文件的精神高度契合，这反映出承办人准确适用正当防卫法律制度、充分保障防卫权的内在精神。

（二）以充分全面说理为后期释法、案结事了提供保障

本案的难点是准确适用法律，切实保障公民依法行使防卫权不被追究刑事责任。实践中，对如何把握正当防卫的适用条件、特别是防卫过当的标准等问题存在不少误区和争议。本案以多元的说理机制为抓手，

充分说理、适法，向申诉人讲明法理、澄清认识误区，全面阐述了为何构成正当防卫而非犯罪的法理、情理。

一是准确适用法律，精准释法说理。对于双方因琐事而发生口角进而相互打斗并致损害后果发生的情形，如何认定正当防卫一直是司法实践中争议的焦点与难点。本案有互殴情形，既增加了判断难度，又成为申诉理由。本案中，承办检察官通过对原案证据核实、分析与判断，在准确认定事实、细致审查申诉理由的前提下，立足于案件具体情形，正确把握防卫的手段、时机、对象、意图、限度等具体条件，最终依法认定孙某的行为具有防卫性质，且没有超过必要限度，属于正当防卫。避免了以事后"圣人"的理性行为标准评价防卫人，杜绝了"谁受伤谁有理，谁能闹谁有理"的错误做法。例如，在上述冲突发生的全过程中，结合证据，应当认为孙某并不存在明显过错，杜某应对双方矛盾的引发及进一步激化负有主要责任，且杜某的上述一系列行为已经对孙某的人身权利造成了现实侵害，应当认定为正在进行的不法侵害。这一认定既强调了申诉人无事生非、不断挑衅和持续升级矛盾，也强化了正当防卫的事实基础。

二是用好听证制度，强化程序说理。司法说理不仅在于讲清楚法律规定背后的精神和本意，也包括科学、切实有效的制度与方式。在案件办理过程中，承办人曾多次接待申诉人来访，充分听取了其主要诉求和理由。同时，善用检察听证制度。在办理该案过程中，承办检察官邀请了人民代表、政协委员、人民监督员等社会人士以听证会的形式对案件进行公开审查。在听证会上，检察机关以申诉人的申诉理由为主轴，围绕案件争议焦点进行了释法说理、分析论证、举示证据，集中专家听证员一起为当事人解困惑、明事理、释法理。承办检察官坚持充分听取各方意见及申诉人的申诉理由，努力将法理道理讲清讲透，让申诉人既解开"法结"又解开"心结"，切实感受到"阳光司法"的公平正义。

（点评人：孙道萃，中国政法大学国家法律援助研究院副教授）

88. 司某某合同诈骗案刑事申诉结果通知书

【简要案情】

2012年，犯罪嫌疑人司某某开发宜昌市××区××镇××村××大厦，并将部分房产登记在其妹妹司某蓉名下，司某某为房屋的实际控制人。2013年2月24日，司某蓉按照司某某的安排与被害人罗某某签订《××大厦房屋买卖合同》，合同约定罗某某以总价人民币68.8万元购买司某蓉位于××镇××村的临街商业门面四套，双方约定签订合同时支付60万元，余款8.8万元在司某蓉交付产权证、土地证后一次性支付；合同签订后一周内交房；两年内办理产权证和土地证。司某某作为见证人在合同上签字。合同签订当日，罗某某转账支付购房款60万元给司某某，司某某将60万元用于偿还个人贷款。后司某某、司某蓉将上述房产交付给罗某某，由罗某某占有使用至2021年8月。2013年8月、2014年9月，司某某在罗某某不知情的情况下，安排司某蓉将已经出售并交付给罗某某的商业用房抵押给××银行股份有限公司××路支行办理贷款用于司某某投资和个人开支。2016年6月18日，司某某与被害人罗某某签订《××大厦房屋买卖合同补充协议》，约定如果司某某在2017年6月18日前无法将4套房屋办理过户登记，司某某赔偿罗某某违约金人民币20万元。2016年7月，因贷款逾期，抵押权人湖北银行股份有限公司××支行向宜昌市××区人民法院提起民事诉讼，宜昌市××人民法院裁定将上述房产所有权转移给申请执行人张某某。

【诉讼过程】

犯罪嫌疑人司某某涉嫌合同诈骗罪一案，宜昌市公安局××区分局于 2021 年 3 月 3 日侦查终结，向××区人民检察院移送起诉。××区人民检察院经审查，于 2021 年 12 月 28 日作出不起诉决定。申诉人望某某（罗某某丈夫）不服××区人民检察院×检一部刑不诉〔20××〕×××号不起诉决定书，提出申诉。

【文书全文】

湖北省宜昌市人民检察院
刑事申诉结果通知书

鄂宜检三部刑申通〔20××〕××号

申诉人望某某，男，1978 年××月××日出生，公民身份号码 4227211978××××××，汉族，高中文化，住宜昌市××区××镇××村××组，系司某某合同诈骗案被害人。

申诉人望某某不服宜昌市××区人民检察院×检一部刑不诉〔20××〕×××号不起诉决定书，于 2022 年 2 月 21 日向本院提出申诉。申诉人认为被不起诉人司某某的行为已触犯《中华人民共和国刑法》第二百六十六条的规定，构成诈骗罪，请求撤销原不起诉决定，依法追究司某某的刑事责任。

本院复查查明，2012 年，被申诉人司某某开发宜昌市××区××镇××村××大厦，并将部分房产登记在司某蓉（司某某之妹）名下，司某某为房屋的实际控制人。2013 年 2 月 24 日，司某蓉按照司某某的安排，与被害人罗某某（申诉人望某某之妻）签订《××大厦房屋买卖合同》，约定罗某某以总价人民币 68.8 万元购买司某蓉位于××镇××村的临街商业门面四套，双方约定签订合同时支付 60 万元，余款 8.8 万元在司某蓉交付产权证、土地证后一次性支付，合同签订后一周内交房，两年内办理产权证和土地证，司某某作为见证人在合同上签字。当日，罗某某转账 60 万元购房款给司某某，司某某将 60 万元用于偿还个人贷款。后司某某、司某蓉将上述房屋交付给罗某某，由罗某某占有使用至2021年8月。2013年9月17日，司某某安排司某蓉将已经出售并交付给罗某某的商业用房抵押给××银行股份有限公司××支行办理350万元贷款用于司某某投资经商。2014年9月，司某某再次将上述房产抵押续贷300万元用于投资经营活动。2016年6月18日，司某某与被害人罗某某签订《××大厦房屋买卖合同补充协议》，约定如果司某某在2017年6月18日前无法将4套房屋办理过户登记，司某某赔偿罗某某违约金人民币20万元。2016年7月，因贷款逾期，抵押权人××银行股份有限公司宜昌××支行向宜昌市××区人民法院提起民事诉讼，宜昌市××区人民法院裁定将上述房产所有权转移执行给申请执行人张某某。

申诉人望某某获悉购买的四套房屋被法院执行查封后，向人民法院提出案外人执行异议之诉，请求将涉案房屋的产权判令归申诉人所有。经多次开庭审理，2019年5月13日，宜昌市中级人民法院裁定驳回申诉人的诉讼请求。2020年6月1日，望某某夫妇向公安机关举报司某某涉嫌合同诈骗犯罪，宜昌市公安局××区分局于当日立案侦查。同年6月8日，被申诉人司某某经公安机关电话通知到案并如实供述了涉案事实，后向公安机关交纳暂扣款60万元。2021年8月，公安机关将扣押的60万元发还望某某夫妇，望某某将涉案房屋交付××区人民法院执行。关于申诉人提出的请求追究被申诉人司某某诈骗罪刑事责任的理由，经复查，该理由缺乏事实和法律依据，不能成立。具体理由如下：

一、从主观目的来看，综合考虑本案事前、事中、事后各种主客观因素，认定司某某主观上具有非法占有购房款的犯罪故意的证据不充分

司某某作为房产的实际控制人，与罗某某、望某某签订房屋买卖合同，主观心态是出售房产回笼资金。司某某在签订合同后的第一时间就实际交付了四套房屋给望某某夫妇，直至案发望某某夫妇一直使用该房屋。司某某在合同签订后就履行了主要的交付义务，并不存在假冒他人名义签订合同骗取购房款、伪造房屋权属凭证与他人签订合同骗取购房款、签订房屋买卖合同获得购房款后不履行交付义务等情形。行为动机上来看，并不符合合同诈骗罪中"不打算付出任何对价或者付出极少的对价而获取对方财物"的特点，非法占有的主观故意不明显。

二、从客观行为来看，司某某虽然在合同签订和履行过程中有欺诈行为，但并不符合诈骗犯罪的行为特征

第一，司某某在签订合同后，第一时间履行了交付房屋的主要义务，只是没有在合同约定的时间内履行过户义务。与合同诈骗罪中完全不履行合同义务或为骗取财物而象征性履行合同义务的行为特征不符。

第二，司某某获得的60万元购房款以及将包含该四套房产的××大厦整体抵押所获得的贷款，均用于正规合法的投资经营活动。目前没有证据证明其将钱款隐匿转移，用于个人挥霍或违法犯罪活动，不符合诈骗犯罪中将骗取的钱财用于个人享乐或违法犯罪，根本不打算偿还也无法偿还的一般特征。

第三，司某某并没有逃避履行义务。第一次抵押获得350万元贷款到期后，司某某再次向××银行续贷，在本次续贷时司某某仅贷款300万，明确提出减少50万元贷款额度将望某某夫妇购买的四套房产不作为抵押物，但银行以已经对整栋大楼进行过整体评估为由没有同意。司某某在抵押贷款逾期房产被查封导致到期无法过户时，又再次与望某某夫妇签订补充协议，并没有逃避责任或置之不理，仍在积极协商寻求解决办法，与合同诈骗犯罪中骗取财物后即逃匿或根本不准备履行义务的基本特征不符。

第四，涉案房产的民事判决生效后，被抵押的四套房屋经人民法院判决被相关债权人收回，在望某某同意将房屋交付给人民法院执行后，司某某也及时向望某某夫妇退还了60万元购房款，并没有非法占有该笔钱款。

三、从司某某签订合同前后的财产状况和未履约原因来看，评析判定构成诈骗犯罪的证据不充分

司某某及时交付了房屋给望某某使用，只是为了解决一时的资金周转困难约定两年内过户，该合同约定是经双方一致同意的。司某某有真实的经营投资项目，后来由于抵押贷款逾期整栋房产被查封致使涉案四套房屋无法过户，合同约定的过户义务无法履行，综合本案的前因后果整体评判，不宜认定为刑事犯罪。经审查，2013年前后，司某某先后投资××水利水电项目340万元、投资××煤矿385万元，在与望某某夫妇签订合同时是具有一定的经济实力,能确保按约定履行合同的,后因投资管理不善,出现资金亏空,导致银行抵押贷款到期不能偿还,因而房屋被查封。目前没有证据证实其签订合同时有高额债务实际根本无法履行合同,也没有证据证明其存在巨大的资金缺口是在"拆东墙补西墙"。并且,案发后经公安机关协调,司某某也变卖其女儿的房产及时按要求将 60 万元现金归还望某某。

四、从刑民交叉案件的处理原则来看,本案不宜采用刑事手段介入处理

司某某明显存在民事欺诈行为,有过错,但现有证据不能认定其构成诈骗犯罪。本案形式上有刑民交叉,但实质上系民间经济纠纷,在可以用民事法律关系调整的情况下,不宜直接就采取刑事法律手段来处理。刑法作为其他部门法的最后保障法,只有在其他部门法不能充分保护某种法益时,才作为保底手段予以动用,刑法在介入调整社会关系时必须保持基本的谦抑和克制。

根据本案当前证据情况,虽然司某某构成诈骗犯罪的证据不充分,但申诉人完全可以以违反合同约定为由提起民事诉讼,追究合同签订者及实际控制人的违约责任,不宜直接采用刑事法律关系来调整和解决该矛盾冲突。本案中,申诉人的诉求理由混淆了刑事犯罪和民事纠纷的界限,模糊了合同诈骗和民事欺诈两种相似行为。日常经济交往中,在不损害公共利益、集体利益和第三人利益的前提下,应尽可能遵循当事人意思自治原则,保留当事人自己处理、解决纠纷的最大空间,尽可能保持刑法的谦抑性,以避免刑事手段过度干预经济纠纷,侵犯双方当事人的合法权益以及程序选择权。综上,本案缺乏启动作为最后保障手段的刑事法律来调整解决矛盾冲突的必要性。

五、关于申诉人望某某合法权利的保护和救济问题

第一,司某某的违约行为侵害了望某某的合法权益,给望某某造成了经济损失和负面影响,应予赔偿。望某某与司某某(房产实际控制人)签订房屋买卖合同,按约定足额支付了购房款,因司某某的过错导致房屋无法过户,无法取得房产所有权,望某某夫妇在稳定使用该房产多年后被迫放弃该房产另行选择,司某某的违约行为显然让望某某夫妇一方背负了巨大的市场风险。为争取涉案四套房屋的产权,望某某夫妇长期为该房产所有权向两级法院提起诉讼,涉案裁判 10 余份,参与诉讼 8 次,花费了大量的时间和人力、财力。本来一起简单的房屋买卖,因司某某的违约和过错,严重侵扰了望某某夫妇的正常工作、生活秩序,严重影响了申诉人的家庭关系,造成了一系列的负面影响和恶劣后果。案发后被申诉人司某某虽然退还了 60 万元购房款,但仅返还本金,显然不足以弥补申诉人的损失。

第二,申诉人望某某始终坚持通过正当的司法途径依法救济个人权利的方式值得赞赏,但选择的具体救济措施不恰当。一方面,因抵押权大于债权,以执行异议争取涉案房产的所有权难以胜诉;另一方面,刑事立案后虽然及时追回了购房款,但要求以诈骗罪追究被申诉人司某某的刑事责任,现有证据条件下显然证据不充分,不符合起诉条件。

第三,申诉人望某某可以通过双方平等自愿协商的方式解决经济纠纷,或者采取法律途径以提起民事诉讼的方式追究司某某的违约责任。本案的两份合同系双方当事人的真实意思表示,对双方均有约束力,申诉人望某某为确保该合同的履行长期跟踪催问,后又采取民事诉讼、刑事报案等方式,一直在主张自己的合法权利,本案尚在请求保护民事权利的诉讼时效内,合同对双方仍有法律效力,可以依法追究房产实际控制人司某某、房产所有人司某蓉的违约责任,要求人民法院判令其支付违约金或承担不超过已付房款一倍的赔偿责任。

本院认为,本案被申诉人司某某的行为系民事欺诈行为,现有证据不能认定其构成合同诈骗罪,宜昌市××区人民检察院×检一部刑不诉〔20××〕×××号的不起诉决定,认定事实清楚,证据确实、充分,处理决定正确。申诉人望某某要求以诈骗罪追究司某某刑事责任的理由缺乏事实和法律依据,不能成立,依法不应支持。

本院决定:维持宜昌市××区人民检察院夷检一部刑不诉〔20××〕×××号不起诉决定。

20××年×月×日

【承办检察官心得体会】

受理案件后,承办检察官在与申诉人的第一次接触过程中了解到,申诉人因为该房屋产权纠纷一直依法通过诉讼途径维权,在工作之余自学了相关法律知识。交谈中承办人也能明显感觉到申诉人对相关法律规定有零散认识或字面理解。关注到这个细节之后,在制作申诉结果通知书时,承办人秉持了两个原则:一是不用太生硬的法律术语和程式化的语言。申诉人对刑事、民事相关法律知识有初步了解,那么应该尽可能用浅显易懂的通俗说法把法律道理讲清楚,把此案与彼案的区别讲透彻,论述时尽量多用举例子或类比的方式来阐释,这样易于被申诉人理解和接受。因为本案事实并不复杂,涉及的法律问题在日常监督办案中也属于常见类型,如果只是简单的程式化回答,对于像申诉人这样有一知半解的,不完全解释清楚反而容易引起误解。二是要给申诉人指明救济途径。申诉人一直在用法律途径维权,一直相信可以用合法正当的手段达成诉求,但因为其民事诉讼的诉求不当,所以多次败诉,即使这样也没有滋事闹访,说明申诉人本质上是遵纪守法的,是坚信法律能在他的个案中彰显公平正义的。因此,承办人觉得必须在申诉结果通知书中给出具体的维权路径和方法,这样可以避免申诉人走弯路,减少案件对其家庭和生活的负面影响,防止出现因为方法不当达不成目的而对司法产生误解,形成偏见继而恶性闹访。

该份刑事申诉案件结果通知书在论述被申诉人不构成合同诈骗罪的具体原因时,从事前、事中、事后三个时间节点的具体行为分析,着眼于从客观行为来分析论证被申诉人不具有犯罪的主观故意,再辅之以被申诉人的言词证据予以印证,从客观、公止、中立的角度还原事件的前因后果,消除双方对具体事实、行为的信息不对称,以及由此产生的猜疑、误解。

办案过程中承办人两次到申诉人户籍地派出所,与申诉人当面进行沟通,通过前期的释法说理,申诉人对自己申诉请求不被支持的结果有了一定的心理预期,这样其在收到正式文书时也有了缓冲时间,能心平气和地接受该结果。承办人送达文书的同时,还给申诉人讲解了可行的正确维权方式，并现场用手机搜索相关司法判例，坚定了申诉人的信心。申诉人看过相关案例后明白了之前败诉的症结，当场表示要积极准备证据再行起诉。

申诉人满怀希望找到检察机关，承办人在驳回其申诉请求时，不是简单的关上这道门，不是机械地就事论事、驳回了事，而是本着为民情怀多向前走一步，再给申诉人打开新的一扇窗，让他看到新的希望，看到前进的道路和方向。收到申诉结果通知书后，申诉人没有再继续申诉。

【专家点评】

不起诉刑事申诉案件的处理要做到案结事了，一个重要工作就是让被害人或者相关利害关系人信服检察机关的处理结果，接受检察机关作出不起诉的事实认定和法律适用方面的说理。司某某涉嫌合同诈骗被决定不起诉后，望某某对该结果表示异议而提出申诉。如何妥善而有说服力地让申诉人接受结果，对于案件的圆满解决具有重要意义。从该刑事申诉结果通知书内容及办案体会可以看出，办案人员在处理该申诉过程中，兼顾人情法理，能够将较为复杂的法律问题向申诉人讲清楚，促使申诉人接受处理结果，化解社会矛盾。

文书对案件事实进行扼要介绍后，重点分析了司某某行为不构成合同诈骗罪的具体理由。在是否成立合同诈骗罪方面，重点分析、讨论了非法占有目的的问题；在事实认定方面，重点就司某某签订合同前后的财产状况和未履约原因进行分析；就该案涉及的民刑关系问题，提出司某某的行为虽然属于民事欺诈，但还不构成合同诈骗罪；就案件对相关利害关系人的影响、申诉人利益的救济等问题给出了回应。从该刑事申诉结果通知书论述内容看，其对申诉人关切的事实认定和法律适用问题进行了重点回应，尤其是积极回应了申诉人的利益诉求和顾虑。总体而言，其思路是清晰且有条理的。需指出的是，如果能先讨论证据及事实认定问题，再分析法律适用问题，效果会更为理想。

该刑事申诉结果通知书着重讨论的法律问题是，本案所涉及的民刑界分问题，即司某某的行为构成民事欺诈但并不构成合同诈骗罪。办案人员没有抽象地讨论民刑关系或者民刑交叉问题，而是重点从司某某的主观目的以及履约能力等进行分析。如此,较为清楚且合乎法理地回应了申诉人的主张,在法律适用层面澄清检察机关作出不起诉决定的法律根据。需指出的是,如果能够对民事欺诈和合同诈骗罪成立条件的差异,以及两者规范目的上的差异进行更为深入的分析,会进一步加强案件的说理效果。

从撰写的办案体会可以看出,办案人员在处理本案申诉过程中,对申诉人的主张及诉求给予了应有的尊重,因而能够积极主动地做好说服工作。本案刑事申诉结果通知书也体现了这一点,即充分尊重和考虑到申诉人合法利益的保护和救济问题,在主动为申诉人寻求法律渠道解决问题方面提出了中肯可行的建议。这种办案态度和做法体现了刑事司法活动"以人民为中心"的理念。

该刑事申诉结果通知书观点明确而清晰,对案件关键点分析准确且有较强的说理,文风和缓、语意坚定,较好地体现了办案机关良好的办案作风。

(点评人:时延安,中国人民大学法学院教授、博士生导师)

十八

检察建议

89. 高某龙等 46 人贩卖毒品案检察建议书

【简要案情】

2021—2023 年间，天津市东丽区人民检察院办理的高某龙等 46 人贩卖毒品案件中，罪犯高某龙利用"网络＋寄递"方式，在天津市××区联系其散布于全国各地的代理商、中间商向各地贩卖及寄递含有毒品合成大麻素的电子烟及 0 号胶囊（黑珍珠）、飞行饮料、G 点液等相关产品。寄递安全监管方面存在寄递企业安全防范制度执行不到位、从业人员安全防范意识和能力不足、寄递企业自我监管不力等方面问题。

【制发过程】

承办检察官在办理高某龙等 46 人贩卖毒品案中，经审查案件后发现，高某龙能够通过寄递方式长期销售含有毒品成分的电子烟等违禁物品，与相关寄递企业安全防范制度执行及监管不到位存在关系。承办检察官向主管检察长汇报案件情况并经检察长同意，开展调查工作。一是结合在案证据对问题发生的原因进一步调查，查明寄递企业在落实寄递安全防范制度，尤其是对协议用户寄递安全防范中存在职责虚化，以及寄递从业人员安全防范能力不足等方面问题。二是对公安机关侦查取证工作进一步回访，查明相关寄递企业在登记寄递信息方面存在不准确、不具体及取证程序繁琐等问题。三是走访了寄递网点所在区域检察机关及相关寄递企业，查明监管机关及其职能等情况。针对上述问题，承办人草拟了检察建议书，总结了本案反映的寄递企业安全防范制度执行不到位、从业人员安全防范意识和能力不足、寄递企业自我监管不力等问题，建议该区域寄递行业监管部门天津市邮政管理局××分局加强监管，督促企业进一步落实寄递企业安全防范和管理主体责任、加强寄递从业

优秀刑事检察法律文书点评

人员管理培训、完善寄递业安全监管机制。法律政策研究部门对检察建议书的必要性、合法性、说理性进行了审核。经检察长决定，东丽区检察院赴被建议单位宣告送达了检察建议书。天津市邮政管理局××分局收到检察建议书后，认真排查梳理，针对检察机关发现的问题和建议，有针对性地进行整改，对于检察机关提出的建议全部采纳，并于2023年5月10日作出书面回复。

【文书全文】

天津市东丽区人民检察院

检察建议书

津丽检建〔20××〕×号

天津市邮政管理局××分局：

  2021年，最高人民检察院向国家邮政局发出7号检察建议，指出随着邮政业的迅猛发展，寄递安全防控难度加大，利用寄递渠道实施贩运毒品、买卖（运输）枪支弹药爆炸物和野生动物及其制品等违法犯罪活动多发，建议邮政管理部门采取有力措施推进寄递安全问题治理。2021—2023年间，我院办理的高某龙等46人贩卖毒品案件中，罪犯高某龙利用网络+寄递方式，在天津市××区联系其散布于全国各地的代理商、中间商向各地贩卖及寄递含有毒品合成大麻素的电子烟及0号胶囊（黑珍珠）、飞行饮料、G点液等相关产品，从本案情况看，暴露出寄递安全监管方面存在一些不容忽视的问题。

  一是寄递企业安全防范制度执行不到位。本案中，高某龙贩卖电子烟均系通过寄递方式发往买受人，其寄递渠道涉及申通等主要快递企业网点，已查实其贩卖电子烟寄递次数达数十次之多，经讯问相关罪犯及其同伙，该团伙寄递相关物品时，快递员因其为协议客户而未严格落实收寄验视规定直接收寄，导致相关物品流入寄递渠道。

二是从业人员安全防范意识和能力不足。本案中，高某龙作为微商进行经营，其寄递频次高、数量大，相关快递网点与其长期合作，相关客服人员与其固定联络寄递事宜。在审查中，发现相应聊天记录中能够体现出"飞行""电子y"等字样。且高某龙寄递的三唑仑、0号胶囊（黑珍珠）、飞行饮料、G点液等其他物品均非常见物品，通过网络搜索相关产品名称可了解到上述产品可能含有国家明令禁止的新精神活性物质（毒品），但对上述情况，相关人员并未能警惕，缺乏从业人员对违禁产品特征的基本了解与防范素能。

三是寄递企业自我监管不力。在本案的查办及调取高某龙的寄递信息记录等证据的过程中，一方面向调取相关快递企业调取证据程序繁琐、审批周期较长，影响案件办理。二是相关企业记录或提供寄递信息不够全面、准确，比如申通公司提供的记录中就不显示寄递物品名称字段，顺丰公司提供的记录中，托寄物多仅概括记载为"日用品"、"保健品"，上述情况既不能反映真实的寄递内容，也无法实现通过大数据对寄递违禁物品的行为进行监测和监管的目的。

为全面贯彻习近平法治思想，深入贯彻落实习近平总书记重要指示精神，落实七号检察建议，进一步加强寄递安全监管，切实维护国家安全、社会稳定和公共利益，推进更高水平的平安中国、法治中国建设，根据《中华人民共和国邮政法》第四条、《中华人民共和国人民检察院组织法》第二十一条和《人民检察院检察建议工作规定》第十一条之规定，特向贵局提出如下建议。

一是落实寄递企业安全防范和管理主体责任。建议围绕实名收寄、收寄验视、过机安检"三项制度"落地落实，提高相应硬件、软件准入标准，督促企业加大寄递网点的物品验视和安检环节设备、人员和管理投入；细化相关操作制度、规范，推广验视留痕、人脸识别、二维码扫描、寄递系统与身份信息绑定等经验做法；对落实"三项制度"不力，出现违法寄递情况的查明责任、依法处罚；对安全制度落实好的企业予以精神、物质奖励。同时督促寄递企业切实推进、对接寄递业安全监管信息平台建设，针对寄递物品，完整准确记录寄递信息，确保查询便捷、监测准确。

二是加强寄递从业人员管理培训。建议健全关键岗位从业人员考评和退出机制，对安全防范意识不强、违禁物品识辨能力不足的人员及时予以调整。完善从业人员安全防范培训制度，及时听取公安禁毒等相关部门与一线快递网点从业人员的意见建议，制定切实有效的培训方案，确保培训的实效性。同时在普及常见毒品类别和名称知识外，注意梳理可能含有毒品的产品名称、特征，以及以销售名义寄递、贩卖毒品的常见可疑手法，比如个人销售不常见药品、物品，以及采用外文标识模糊、隐瞒物品名称等，及时向从业人员传递相关信息，增强培训的针对性。同时健全奖惩制度，鼓励从业人员及社会公众积极举报寄递违法犯罪行为，及时处置违规违法的从业人员。

三是完善寄递业安全监管机制。一方面建议加大日常巡查力度，通过定期检查、抽查的常态化监管，防止出现长期违规违法寄递监管空白。另一方面建议增强专项检查的针对性，对高频、少量、长期寄递药丸类、粉末类、液体类、吸食类、注射类不明物品的用户，及时开展涉毒寄递专项检查，必要时协同禁毒、市场监管等部门开展针对性检查。建议重视、规范寄递企业招揽协议用户行为，防止寄递企业虚化、推卸安全防范主体责任，并加强对协议用户寄递行为的检查。同时健全邮政监管与市场监管、禁毒部门的协作配合，完善行政执法与刑事司法衔接机制，及时移送寄递违禁品案件线索并对公安、司法机关反馈的寄递企业涉案情况作出行政处理，督促相关企业全面整改。

请贵单位在收到本建议书后及时研究，采取有力措施加强贵辖区寄递安全问题治理，并在二个月内向本院书面反馈工作进展情况。本院将积极支持、配合贵单位做好相关工作，为推动贵辖区邮政业高质量发展贡献力量。

若对检察建议有异议，请于收到十日内反馈本院。

20××年×月×日

【承办检察官心得体会】

检察建议是促进社会治理的重要方式。2021年，最高人民检察院曾向国家邮政局发出七号检察建议，针对利用寄递渠道实施贩运毒品等违法犯罪活动多发的问题，建议邮政管理部门采取有力措施推进寄递安全问题治理。检察机关在办理的毒品案件中应持续狠抓七号检察建议落实，结合发现的相关区域寄递行业存在的易发性、倾向性问题，发出检察建议，进一步延伸重罪检察职能，努力做到标本兼治。

一要堵塞漏洞，织密毒品犯罪防范网络。毒品犯罪是社会的恶瘤。近年来，我国禁毒斗争总体向好，传统毒品犯罪得到遏制，但随着寄递业的迅猛发展，寄递渠道点多线长、人货分离、隐蔽性强，成为不法分子借以实施毒品犯罪的新模式。高某龙等46人贩卖毒品案就是一起"网售+寄递"模式贩卖新型毒品的典型案件。就案件中发现的问题提出检察建议，有利于督促寄递行业监管部门强化行业监管执法，及时堵塞辖区寄递经营活动中存在的安全防范漏洞，避免给犯罪分子留下可乘之机，推动形成严密的毒品犯罪防范网络，保持对毒品犯罪的严厉打击态势。

二要加强治理，推动寄递行业健康持续发展。寄递安全防控问题影响寄递行业发展。检察机关立足法律监督职能，提出法治化检察建议，推动主管部门加强行业防范监管和治理工作，进一步健全寄递安全防范责任体系，增强寄递企业主体责任担当意识，提升一线从业人员责任意识、防范意识和法律意识，提高对禁限寄物品的防范和鉴别能力，夯实"收寄验视、实名收寄、过机安检"三项制度，进一步完善监管机制，加大执法力度，规范寄递业经营秩序，以法治保障推动寄递行业健康持续发展。

【专家点评】

社会治理检察建议是新时代检察机关立足法律监督职能和司法办案，"抓前端、治未病"，促进更高水平社会治理的重要抓手。检察机关要提高检察建议的质量，发挥检察建议在推动社会治理等方面的作用，以检察建议助力完善国家治理体系,提升国家治理效能。本篇检察建议集中体现了坚持系统思维,坚持一体履职、依法履职,坚持从"办理"到"办复"三大特点,是以高质量检察履职服务国家治理现代化的生动实践。

(一)坚持系统思维,治罪、治理相结合

坚持系统思维能够让检察机关"跳出检察看检察",从党和国家工作大局出发,使监督办案与其他司法机关、行政执法机关工作有力配合、有效制约,是新时代推进国家治理体系和治理能力现代化的重要要求。检察机关要牢固树立系统思维,结合案件办理中发现的社会治理问题,推动相关部门建章立制,把监督办案与厚植党的执政根基、优化社会治理结构、提升国家治理效能紧密联系在一起,以融入式监督助力铲除犯罪滋生土壤,助力平安中国、法治中国建设。

本篇检察建议结合具体司法办案过程,在回头研判、总结分析近三年已办结案件过程中,发现"网络+寄递"成为犯罪分子贩卖毒品的重要渠道,相关单位对寄递行业可能存在监管不力等问题,而后结合在案证据对犯罪发生原因进一步调查,查明案件背后暴露出的监管缺乏针对性、寄递从业人员缺乏防范意识、责任落实不到位等深层次问题,进而有的放矢地提出落实寄递企业安全防范和管理主体责任、加强寄递从业人员管理培训和完善寄递业安全监管机制三方面整改建议,监督单位则根据检察建议有效加强了寄递行业的安全监管。该检察建议立足法律监督职能,与邮政管理机关合力规范寄递业经营秩序,改变了"一诉了之"的传统司法理念,实现了治罪与治理的紧密结合。

(二)坚持一体履职、依法履职,法律监督凝心聚力

依法一体履职实质在于保障检察权的统一行使,检察机关之间、检察机关内部各业务部门之间密切协作,实现"1+1>2"的效果,而依法履职则是改变传统办案模式,始于办案,但不止于办案,变被动为主动,在办案过程中积极发现社会治理问题并采取有效措施。二者是强化法律监督职能,促进"四大检察"相互支撑、融合发展的重要抓手,是实现"高质效办好每一个案件"价值追求的应有之义。一体履职、能动履职,要求检察机关内部必须树立整体观念,遵循司法规律,坚持上下联动、

左右联动，在监督办案一体化模式下，不断增强法律监督的实力和合力，拓展法律监督的广度和深度，共同提升办案质效，推进新时代检察工作高质量发展。

本篇检察建议凝聚了该院案件承办部门和法律政策研究部门的共同智慧，实现了各部门之间的职能融合、协同发力，共同推动寄递行业安全防控建设。一方面，业务部门坚持问题导向，从办案中发现寄递行业监管薄弱环节，主动走出办公室开展实地调查研究，积极回应社会治理需求，主动担当作为。另一方面，法律政策研究部门把准检察建议的政策导向和建议方向，为检察建议提供政策基础、法律依据和理论支持，实现了调查研究和案件办理的深度融合。该检察建议中提出的规范寄递行业及相关人员管理问题的建议，不仅契合该区域具体情况，对于其他地区规范寄递行业发展也具有一定的参考意义。

（三）坚持从"办理"到"办复"，法律监督精准有效

从"办理"到"办复"是加强检察建议刚性、提高检察建议效能，进而提升法律监督质量、压实法律监督责任的必然要求。检察机关必须扎实练就自身"硬本领"，通过调查研究等方式提高检察建议的针对性、有效性，以质量提升促检察建议作用充分释放。同时，必须从"法定职责必须为"的高度加强对"办复"理念的认识，要树牢跟进监督理念，打通检察建议落实的"最后一公里"，真正与被监督者形成社会治理合力，共同推进法治政府建设，把党和人民对检察机关运用法治力量维护稳定、促进发展、保障善治的要求落实落细。

本篇检察建议的前期工作充分落实落地，通过审查在案证据、回访公安机关侦查取证工作、走访寄递网点所在区域检察机关及相关寄递企业，将犯罪行为的前端问题彻查清楚，摸清症结后对症下药，提出的整改建议可操作性强。检察建议制发后，该检察机关及时跟进，督导落实。相关单位高度重视，认真排查梳理相关问题，并有针对性地进行整改，提高了实名收寄、收寄验视、过机安检三项制度技术标准，细化相关操作制度，加大日常巡查力度，增强寄递从业培训实效性和针对性，健全从业人员考评和退出机制等，促进了寄递行业规范发展，形成了长效治理机制。该检察建议及时堵塞辖区寄递经营活动中存在的安全防范问题，

实现了检察建议从"办理"到"办复"的重要转变。

下一步，检察机关在进一步提升检察建议质量的同时，可以主动寻求党委、政府的支持，强化检察建议办复机制的落实，通过定期对检察建议办复情况进行通报等方式保证法律监督持续发力，并且可以对制发检察建议工作情况进行综合分析，定期向同级党委、政府、人大报送分析报告，为决策提供法治参考。通过上述方式，主动融入参与社会治理大格局，为在法治轨道上全面建设社会主义现代化国家汇聚法治合力。

（点评人：赵慧，湖北省武汉市武昌区人民检察院党组书记、检察长）

90. 李某某等人贷款诈骗、丁某某等人贷款诈骗案检察建议书

【简要案情】

1. 李某某等人贷款诈骗案。2018年9月起,被告人李某某单独或伙同被告人黄某等人以非法占有为目的,通过中介被告人夏某、王某某、牟某某等人在全国范围内招揽不符合贷款条件的借款人,由被告人赵某某等人提供首付款,由被告人叶某等人伪造贷款证明材料,由李某某等人安排借款人与上海市某某区等地的汽车销售公司签订购车合同、与上汽某某汽车金融有限责任公司、北京某某汽车金融有限公司签订贷款合同,由被告人黄某等人帮助不符合贷款条件的借款人通过贷款审核,李某某等人以私下出售车辆的方式,骗得金融机构贷款人民币423万余元。

2. 丁某某等人贷款诈骗案。2018年10月起,被告人丁某某、张某某伙同贷款中介被告人王某形成犯罪团伙,由王某招揽缺乏贷款资质和还款能力的陶某等8人,由丁某某、张某某寻找4S店、帮助贷款申请人虚构收入证明以及银行流水等材料,以贷款购车为名,骗取上汽某某汽车金融有限责任公司等多家金融机构汽车抵押贷款人民币123万余元,车辆均被丁某某处置,至案发造成有关金融机构直接经济损失共计人民币104万余元。

【诉讼过程】

1. 李某某等人贷款诈骗案。2021年7月23日、9月8日,上海市公安局某某分局分别以被告人黄某涉嫌贷款诈骗罪、被告人李某某等人涉嫌贷款诈骗罪移送上海市某某区人民检察院审查起诉。同年10月8日,某某区人民检察院以贷款诈骗罪对上述被告人提起公诉。2023年2月23日,某某

区人民法院以贷款诈骗罪分别判处被告人李某某等人有期徒刑 4 年 6 个月至 11 年 6 个月不等，并处罚金 20 万元至 40 万元不等。判决已生效。

2. 丁某某等人贷款诈骗案。2022 年 3 月 2 日，上海市公安局以被告人丁某某、张某某涉嫌贷款诈骗罪及王某等人涉嫌贷款诈骗罪移送上海市人民检察院第一分院审查起诉。同月 4 日，上海市人民检察院第一分院将案件交由某某区人民检察院审查起诉。同年 7 月 29 日、9 月 16 日，某某区人民检察院以贷款诈骗罪分别对被告人丁某某 2 人和王某等人提起公诉。同年 9 月 29 日、11 月 28 日，某某区人民法院以贷款诈骗罪分别判处被告人丁某某有期徒刑 10 年 6 个月，并处罚金 10 万元；判处被告人张某某和其他被告人有期徒刑 5 年至 10 个月不等，部分判处缓刑，并处罚金。判决已生效。

3. 制发检察建议书。2022 年 8 月，上海市人民检察院对助贷中介问题立案调查，经对全市涉助贷类案件逐案核查、专项调研和银行实地走访后决定就助贷业务监管问题向××监管局制发社会治理检察建议。2022 年 10 月 21 日，召开两场检察建议专家论证会。2022 年 12 月 15 日，经上海市检察院检委会讨论决定向该局宣告送达检察建议书。2023 年 2 月 14 日，该局相关负责同志带队专程至上海市人民检察院送达检察建议回函。

【文书全文】

上海市人民检察院
检察建议书

沪检建〔20××〕×号

××监管局：

党的十九届五中全会及"十四五"规划纲要提出了全面增强金融普惠性的国家战略，大力发展普惠金融是满足人民群众日益增长的美好生活需要的必然要求。随着网络借贷风险专项整治有序推进,P2P网贷机构正式清零,部分网贷平台开始向助贷业务转型,助贷业务由此迎来爆发期。其快速发展虽有效增强了金融普惠性,但也给金融监管带来了挑战。

本院对近年来全市检察机关办理的涉助贷业务案件进行专项调研,发现涉助贷业务违法犯罪案件增幅明显,该类案件中普遍存在虚构交易内容、资金用途、伪造资信证明、保险赔付等欺诈行为,不仅直接侵犯了金融机构的合法权益,也破坏了金融管理秩序和市场形象,对金融安全、社会稳定造成威胁。主要表现有:一是有助贷机构或人员直接参与甚至起主要作用的案件超过三成,占比较高;二是案件波及的金融机构包括国有银行、股份制银行、城市商业银行、农村中小金融机构等,覆盖面广;三是涉及的业务涵盖汽车贷、信用贷、经营贷等各类信贷业务,产品类型多。

一、助贷业务违法犯罪态势反映的问题

近年来,金融监管部门和公安司法机关通力协作,及时查办了一批涉助贷业务违法犯罪案件,有效防控了金融风险的扩散和蔓延。但案件反映出,现阶段助贷业务的监管机制、方式、手段等方面还存在一定不足,影响了监管质效。

(一)助贷业务乱象丛生,给金融活动带来巨大风险

当前,金融机构欠缺足够的能力和动力对助贷业务进行全面有效的管控。由于部分金融机构自身获客能力不足,一定程度上依赖助贷机构为其拓宽客户资源,尤其是在市场疲软、经济下行、客户资源缺乏的环境下,一些中小银行为了挤占市场,在与助贷机构签订正式合作协议之外,默许客户经理个人与其他助贷机构合作,纵容不当助贷业务开展。同时,市场上还活跃着大量具有较大危害性的黑灰助贷机构,其切入产业链的方式较为隐蔽,难以有效管控。一是助贷业务行业准入门槛低,较易滋生黑灰产业。在低层次同质化竞争激烈的市场环境下,一些黑灰助贷机构假冒银行业金融机构或其合作机构,以办理低利率、高额度的银行贷款为诱饵,误导有资金需求的客户,以帮助申请贷款之名行诈骗之实,侵犯他人财产权益的同时损害金融机构的形象,严重破坏金融活动的整体生态。二是部分黑灰助贷机构已形成"专业化""公司化"运作模式，内部分工明确、各司其职，对贷款流程按照贷前、贷中、贷后进行了分工，组织架构分销售人员、垫资人员、包装人员、贷款申请员、资金流转员等，在招揽客户、包装增信、申请贷款、转移资金等各个环节均有"专业人员"提供服务，形成完整产业链，增大了打击难度。三是部分助贷机构善于利用各种手法"包装"低资质借款人，谋求达到符合申请贷款要求的目的，给金融机构的风险防控带来挑战。针对借款人因征信差、资质较低无法通过正规途径贷款，助贷机构采取多种多样的包装方式，迎合金融机构对借款人还款能力的要求，且因金融机构往往仅对提供的证明材料进行形式而非实质审查，导致上述"包装"难以被及时察觉。四是部分商户与助贷机构合作密切，甚至产生利益绑定。以汽车贷为例，部分经销商与助贷机构长期合作，有些甚至完全依靠助贷机构来招揽客户。在经销商缺乏自主开拓市场能力的情况下，助贷机构在贷款流程中发挥了重要作用。由于人员素质、职业道德、诚信状况等良莠不齐，助贷机构与经销商内外勾连骗取贷款的情况时有发生。

（二）金融机构开展信贷业务过程中存在机制上的漏洞

目前，部分金融机构开展信贷业务过程中，未遵循《贷款通则》等对贷款人的要求，在风控管理、贷前审核、贷后监管以及贷款追偿等多方面存有漏洞，易被犯罪分子利用，导致金融机构信贷资金风险不断攀升。一是银行违反规定接受无担保资质的合作机构提供担保增信服务，或者在借款人引入有担保资质的融资担保公司等提供增信服务后，违反规定放松自身风险管控，导致资金受损。二是银行在贷款审批发放过程中，存在贷款申请材料审查不严以及对现场调查流于形式等问题，客观上增加了信贷资金的风险。三是银行对贷后资金的监管缺位，贷款风险预警机制不完善。部分借款人获得资金后并未真正用于申请贷款项目，而是挪作他用，为延缓银行发现信贷资金安全风险，掩盖违法犯罪目的，借款人一般会象征性地完成前几期还款，而银行风控模型一般只关注前几期还款，忽略了剩余大量信贷资金的安全。四是银行对信贷资金的追偿力度不够。对于逾期未能偿还的小额贷款，银行大多采取的是长期挂账的方式，甚至做"坏账"处理，寻求法律途径进行追偿以及刑事报案的相对较少,导致大量信贷资金无法得到有效追偿。五是随着银行线上业务的增多,银行系统安全中存在的漏洞和隐患显现,易被犯罪分子利用。

(三) 金融监管部门对助贷业务的监管权责亟待明确

当前,法律法规既没有规定助贷机构接受准入管理,也没有明确相应的主管责任部门,导致助贷机构实际游离于金融监管体系之外。一是与助贷业务相关的规范指引不完善。如直接规范银行外包行为的《银行业金融机构外包风险管理指引》制定于2010年,部分内容难以适应新形势,且该指引仅为部门规范性文件,效力级别低,其中银行在业务外包时应尽的风险管理义务、尽职调查责任等规定在实践中难被落实,履行不能时亦难被追责。二是监管责任不明确,监管实效难以落实。金融监管部门对助贷业务缺乏统一规范的管理,没有明确的法律法规及相关文件来规范助贷业务,没有制定相应的行业标准,也没有对应的行业自律组织。助贷机构的主体类型、服务范围、权责界限、准入门槛等均不明确。三是金融监管部门对助贷行业缺乏强有力的监管措施和惩戒机制,降低了违法犯罪的成本。一方面,金融监管部门对助贷行业无明确的监管惩治措施,助贷行业违法犯罪乱象日趋增多;另一方面,涉助贷业务违法犯罪案件往往因借款人还款终止,或因金融机构报案而案发,距离申请贷款的时间较长,已难以抓获违法助贷机构和人员,且取证难度较大,导致实际被追究刑事责任的助贷人员较少。

(四) 助贷业务违法犯罪综合治理效能有待提升

目前,涉助贷业务违法犯罪发案模式相对单一,案件线索隐蔽性较强,发案时间相对滞后。同时,行刑衔接机制的效能亦需进一步提升。一是在传统办案模式下,办案机关主动发现案件线索难度较大,加之部分银行有能力覆盖不良贷款,故选择放弃刑事报案途径,进一步导致大量违法犯罪线索被掩盖,行业整体违法犯罪黑数问题不容忽视。二是金融监管大数据壁垒尚未完全打通,无法适应当前金融市场的现实需求。由于缺少牵头部门且技术存在限制,信息共享存在壁垒,对金融违法犯罪活动性质和整体风险分析研判不够,未能形成统一的金融犯罪预警机制。三是金融机构、行业自律组织、金融监管部门与公安等司法机关之间关于涉助贷业务新问题、新情况的共同研商与应对机制有待加强,对违法犯罪的预防预判、行政监管和刑事打击的合力仍需提升。四是社会公众对金融违法犯罪的辨别意识有待提高。部分借款人法律意识淡薄，无视违法性后果，配合黑灰助贷机构实施违法犯罪行为，导致自身承担不利法律后果。

二、加强和改进助贷业务监管、防范金融风险的建议

党的二十大报告指出，要加强和完善现代金融监管，强化金融稳定保障体系，依法将各类金融活动全部纳入监管。为进一步规范助贷业务，推动金融市场健康发展，需要加强源头治理与综合治理，把助贷业务违法犯罪风险和危害消除在萌芽状态或初始阶段，以维护人民群众合法权益、维护社会稳定、维护金融安全。根据《人民检察院组织法》第二十一条、《人民检察院检察建议工作规定》第十一条之规定，经上海市人民检察院检察委员会决定，提出以下建议：

（一）完善金融监管部门对助贷业务的监管规范与体系

当前，涉助贷业务法律法规制定相对滞后，相关规范指引也无法完全适应当前助贷业务发展现状，导致助贷业务性质不明确，监管权责不清晰，容易形成监管缝隙。一是建议完善助贷业务规范体系，通过加快制定相关法律法规或规范指引，明确助贷业务边界及相关要求，有效回应金融市场实际需求的同时，确保该项业务健康稳定发展。二是建议完善助贷业务行业监管权责，明确监管主体与责任，通过出台相应的市场准入政策，对提供金融信息中介和交易撮合服务的助贷机构设置合理的行业准入门槛。三是建议从纵向和横向两方面完善助贷业务监管模式。纵向上，会同行政、司法等有关部门共同向各自上级主管部门提出建议，推动完善法律法规体系，构建以地方银保监局为主导的助贷监管模式；横向上，联合公安、司法、地方金融监管、市场监管等有关部门共同对外发布公告，警示助贷业务风险，净化行业生态环境。

（二）压实金融机构信贷业务风险防范主体责任

根据《银行业监督管理法》，建议银行业监督管理机构通过规范引导与行政核查相结合的方式，进一步压实金融机构风险防范的主体责任，促进信贷业务形式合规与实质合规的统一。一是通过个案警示与类案发布等，揭示违法犯罪案件中骗取信贷资金的手法，促使金融机构严格遵循与第三方合作开展业务的规范性要求，督促其通过定期检视、优化流程、实地走访、排查资金流向等方式，强化对第三方推荐或者参与的信贷业务的真实性审查。二是通过年度评级、表彰评比等方式，引导金融机构提升贷后管理的科技信息化水平。鼓励机构通过日常数据筛查、资金流向追踪等，建立助贷机构介入信贷业务的发现机制，压实金融机构对内部从业人员与助贷机构勾连行为的自查自纠责任，对相关行为隐匿或者纵容的机构予以通报处罚。三是督促金融机构注重收集和使用各类内外部风险数据，建立科学的风险监测预警模型，并不断优化。四是强化对金融数据和网络安全的监管检查，将其纳入对金融机构业务监管的重要内容，保障金融数字化转型背景下的金融数据和网络安全。

（三）多方协同对非法助贷业务活动持续从严打击

为实现对非法助贷业务活动的系统治理，需要金融监管部门充分调动金融机构自身积极性，同时与其他相关职能部门通力协作，并进一步优化行刑衔接，与后端的刑事司法打击互为呼应，形成立体打击。一是金融监管部门应积极引导金融机构细分贷款市场，在增强风险把控能力的同时，增强自主获客能力，不断提升普惠金融的覆盖面与服务质量，压缩非法助贷业务活动空间。二是金融机构应积极主动排查非法助贷业务风险点，搜集反馈助贷业务违法犯罪线索，重点关注金融从业人员私自与助贷机构开展合作情况，对合作业务流程漏洞积极整改，对违规人员严肃问责，建立健全合作业务管理制度。三是金融监管部门应联合市场监督管理、税务等行政机关，就违规发布借贷广告、违规收集客户个人信息数据、无资质承担风险担保等行政违法行为加大处罚力度，健全案件信息互换长效机制，及时向公安等司法机关移送犯罪线索，实现行刑打击的同频共振。四是加大对金融机构故意延迟、规避刑事报案，以及延迟向金融监管部门报备涉刑案件的行政问责力度。五是健全联动执法司法普法机制。金融监管部门、司法机关等联合发布典型案例，以案释法，扩大传播力、覆盖面，提升社会公众识别金融违法犯罪的意识与能力。

（四）指导银行同业公会加强助贷业务行业自律监管

加强对银行同业公会指导，进一步增强金融机构与助贷机构合作的行业自律，有效填补助贷业务"监管洼地"。一是指导公会征集梳理金融机构与助贷机构合规开展业务的工作机制，选取代表性、有效性做法，形成开展合作业务的示范指引，供会员单位参照借鉴。二是推动形成金融从业人员与助贷机构接触交往自律公约，在禁止金融从业人员与助贷机构私下合作的内部规范基础上，通过行业自律公约进一步强化金融从业人员规范履职意识。同时，借助行业自律督促会员单位对相关违规金融从业人员及时处理，切实提高行业规范性。三是对具有向金融消费者收取费用、虚假包装"客户"、私下与金融从业人员合作等违规行为的助贷机构和人员，同业公会将其记入"黑名单"，并通报全体会员单位，会员单位不得与列入名单的助贷机构和人员合作。

当前经济形势复杂严峻，特别是在疫情持续影响与经济下行压力双重叠加的背景下，防范化解金融风险工作更具重要性。应坚持底线思维，未雨绸缪，有效避免助贷业务成为P2P平台、私募产品爆雷之后又一系统性金融风险的引发点，共同努力创造良好的信贷秩序，更好地服务实体经济。

如对上述建议有异议，请于十五日内以书面形式向本院提出。如以上建议无不妥，请加强对涉信贷领域金融机构的监管和指导，并在两个月内将落实情况以书面形式函告我院。

20××年×月×日

【承办检察官心得体会】

党的十九届五中全会及"十四五"规划纲要提出全面增强金融普惠性的国家战略，大力发展普惠金融是满足人民日益增长的美好生活需要的必然要求。随着网络借贷风险专项整治有序推进，P2P网贷机构正式清零，部分网贷平台开始向助贷业务转型，助贷业务快速发展，有效增强金融普惠性的同时，涉助贷业务违法犯罪案件增幅明显，侵犯了金融机构的合法权益，破坏了金融管理秩序和市场形象，对金融安全、社会稳定造成威胁。为保证检察建议的针对性、必要性和实效性，重点开展了以下四方面工作：

（一）合力推进，寻求共赢

依托"上海金融检察联席会议机制"，与××监管局就涉助贷业务违法犯罪问题进行专门沟通，提出双方合作治理助贷业务的建议，受到该局的欢迎。双方均将该项工作作为重点项目，并在推进过程中保持充分沟通。

（二）深入调研，切中要害

专项分析提炼问题，对2019年以来全市检察机关办理的185件涉信贷业务违法犯罪案件逐案调查核实，细分经营贷、汽车贷、消费贷、信用贷等不同领域，分析研究违法犯罪特点，总结提炼问题症结；问卷调研实地走访，对全市55家银行业金融机构进行问卷调研，通过集中座谈形式听取上海市银行同业公会以及本市主要银行金融机构，并重点访谈3家银行，深入了解实际情况；专家论证听取意见，召开两场论证会，分别听取了人大代表以及金融法学专家的意见和建议，切实提升检察建议的专业性和可操作性。

（三）主动沟通，形成共识

在制发检察建议过程中，先后三次走访××监管局，就检察建议中的监督事项充分沟通，发现现阶段涉助贷业务在业务开展、金融机构风控、金融监管和综合治理效能等方面均存在一定不足，有必要进一步规范助贷业务。据此，2022年12月15日，上海市人民检察院经检察委员会讨论决定向××监管局宣告送达检察建议书，从完善金融监管规范与体系、压实银行金融机构主体责任、多方协同对非法助贷业务持续从严打击、指导银行同业公会加强助贷业务行业自律监管等方面提出具体建议，并将详实的全量案件调研分析作为附件提供，便于××监管局对涉助贷中介犯罪问题有更加全面的了解。

（四）长效机制，协同治理

在前期良好沟通的基础上，××监管局对检察建议高度重视，多次召开专题会议逐条研究，予以书面回复并专程上门送达回函。双方对助贷行业规范治理形成合力：一是共同开展专项行动。双方经会商，形成专项合作计划，得到上级充分肯定，并在全国部署不法贷款中介专项治理行动。通过检察机关提前介入、共同研判，××监管局已将部分线索移送公安机关立案侦查，已抓获到案 9 个中介犯罪团伙涉案 30 余人。二是联合发布专业白皮书。发布了银行保险领域行政执法与刑事司法白皮书和典型案例，联合引导机构合规经营，推动信贷资金服务实体经济，持续优化营商环境。三是建立协作长效机制。会签协作意见，进一步建立健全银行保险领域违法犯罪活动的执法司法体制和协调配合机制，提升行政司法协作能级。

【专家点评】

我国《宪法》将检察机关定位为法律监督机关，而最能体现检察监督特色的检察权实现方式就是检察建议。《人民检察院组织法》第 21 条及《人民检察院检察建议工作规定》分别规定了检察建议的类型及具体制发方式，其中社会治理类检察建议是重要的一种监督工作方式，对于检察机关依法履职，实现检察权高质效行使，维护宪法法律权威，推动国家治理体系和治理能力现代化具有不可替代的作用。社会治理类检察建议书都是针对社会治理中的疑难复杂问题制发的，其对撰写文书的检察官的综合素养提出了前所未有的挑战。在"四大检察"的格局下，检察机关已经摆脱了仅负责捕诉职能的刑事办案部门的旧有传统形象，需要在更广阔的社会治理领域进行拓展。这对办案检察官的跨学科知识、能力、眼界带来的挑战都是前所未有的。对某一社会问题的治理建议，首先应当了解相应的行业与业态，基于类案办理中发现的问题进行拓展性深入调查研究，必要时要积极行使检察监督中的各类权限，挖掘问题的成因，再基于法律素养提出解决问题的合理方案。

上海市人民检察院向××监管局制发的检察建议书聚焦助贷问题治理，基于多年办案中对助贷业务违法犯罪案件的观察与思考，经过详细的调研研究，对助贷问题的治理提出了一份详实、高质效的检察建议方案，并附有上海市人民检察院撰写的《涉助贷业务违法犯罪分析报告》作为支撑材料。

金融是经济活动的血脉，同时也是天然的高风险行业，防范化解系统性金融风险是党中央部署的重大政治任务。助贷业务乱象频生已经逐步成为引发系统性金融风险的重大隐患。上海市人民检察院的此份检察建议书从监督问题的选取上切中要害,是基于办案机关对金融行业长期、细致观察得出的重要发现。高质量的检察建议只能植根于对于某个行业、某个法律领域长时间的深入思考。在撰写检察建议的过程中,找准问题是首先需要认真着力的,上海市人民检察院形成了《涉助贷业务违法犯罪分析报告》,详细梳理了上海市五年来涉信贷业务犯罪的基本情况,并对助贷在上述犯罪中的作用进行了细致梳理,揭示出助贷业务存在缺乏直接监管、助贷给金融机构带来多种经营风险、监管权责不明确、金融机构自身信贷业务存在机制漏洞等问题成因。在此基础上提出的检察建议内容简练全面、改进意见明确具体、指向目标明确清晰,为监督对象自我整改、推动行业治理提供了清晰的路线图。

优秀的检察建议本身就是法律监督机关对跨行业、新业务场景开展调查研究并提出社会治理方案的深度研究成果,体现了法律监督机关从法律视角对特定社会问题的深刻思考,凝结着检察官长期专业思考、深入调查研究的成果,展示着新时代检察官专业辐射能力的跃升,是法律监督能力综合水准的最佳载体,也是检察机关参与社会治理的重要成果载体,理应成为新时代强化法律监督工作的努力方向。

(点评人:程雷,中国人民大学法学院副院长、教授、博士生导师)

【专家点评】

作为人民检察院行使法律监督职能的具体方式之一,制作检察建议书,提出检察建议,是"抓前端、治未病"的重要抓手。检察建议书是典型的说服型写作。为了更好地达到此类文书的目的,写作者需要明确自身立场,找准受众对象,设计逻辑结构,明确提出观点,扎实开展研究,提供有力论证。这些工作都不是一蹴而就的,而是一个动态的过程。复盘上海市人民检察院制发检察建议书的过程,可以帮助我们很好地理解这一动态过程。

首先,上海市人民检察院能够见微知著,有很强的工作敏感性,这是一切工作的起点。以两个基层人民检察院分别办理的两起涉嫌贷款诈骗罪、涉案金额数百万元的案件为出发点，上海市人民检察院敏锐地察觉到网贷平台开展助贷业务过程中的违法犯罪案件增幅明显这一趋势，进而开始对全市涉助贷类案件进行全面调研。从繁杂的日常工作中找到问题点、建议点，提升监督质量。

其次，上海市人民检察院的检察建议以科学、严谨的调研报告为基础。离开了具体案件，检察建议就成了无本之木、无源之水；调研本身如果不科学、不严谨，检察建议的客观性、准确性也将无从谈起；缺乏对于类案的综合分析，检察建议的全局性、可推广性将会大打折扣。因而，调研报告是非常重要的阶段性写作成果。经过认真、细致的调研，上海市人民检察院形成了《涉助贷业务违法犯罪分析报告》，其中既有对个案的逐一核查，又有对类案的综合研判；既有文献研究，又有问卷调查、实地走访；还广泛听取专家意见，内容十分翔实。通过全面调研，上海市人民检察院发现了相关案件数量已连续5年位居本市金融犯罪前十位，已造成经济损失逾15亿元的触目惊心的事实，进而总结了相关案件的特征及反映出来的主要问题。

最后，上海市人民检察院找准治理源头，以负有相关监管职责和职能的××监管局为建议对象。调研报告更多地是围绕案件客观事实，关注问题、表现、特征和规律，而检察建议则必须有明确对象，并根据不同对象提出有针对性的建议。找准建议对象之后，上海市人民检察院还提前做了沟通协调工作，双方就相关工作达成共识，将此项工作作为重点项目来开展，并在推进过程中保持充分沟通。这种工作策略使得检察建议书更容易被建议对象所接受。

经过前期大量扎实、稳健的工作，最后才是《检察建议书》的写作阶段，如何谋篇布局，如何突出重点，如何条理清晰等。

只有坚持以完整的动态过程来理解和认识包括《检察建议书》在内的检察文书的写作，才能保证检察文书在内容上是言之有物的，能够提出和研究真问题，才能保证检察文书收到实效，达成写作目的。

（点评人：苗鸣宇，中国社会科学院大学法学院副院长、教授、博士生导师，中国法学会法律文书学研究会副会长）

91. 汪某某强奸案检察建议书

【简要案情】

被告人汪某某,男,1988年2月15日出生,原××公司员工。2021年9月13日,被告人汪某某将被害人郭某某(女,2008年7月28日出生)带至扬州市××区××广场一家私人影院,在明知被害人郭某某未满14周岁的情况下,与其发生性关系。

【诉讼过程】

2021年10月15日汪某某被扬州市公安局××分局刑事拘留;因涉嫌犯有强奸罪,经扬州市××区人民检察院批准,2021年10月29日被扬州市公安局××分局逮捕。2021年12月14日,公安机关移送扬州市××区人民检察院审查起诉,2021年12月30日,起诉至扬州市××区人民法院。扬州市××区人民法院于2022年4月13日,依法不公开开庭审理本案,认定汪某某犯强奸罪,判处有期徒刑5年。2022年6月23日扬州市××区人民检察院向扬州市××综合执法支队制发检察建议书。

【文书全文】

江苏省扬州市××区人民检察院
检察建议书

扬×检建〔20××〕×号

扬州市××综合执法支队：

近年来，私人影院作为新兴业态不断衍生，在满足个性化、私密性观影需求的同时，风险也暗藏其中，甚至成为滋生违法犯罪的温床。2021年以来，本院办理的涉未成年人案件多起涉及私人影院，其中在一起强奸幼女案件中，被告人因正规酒店要求查验身份证未能成功入住，遂将被害人带至××区某私人影院并进行性侵。

经调查，辖区目前仍正常经营的私人影院共计7家，普遍存在变相提供住宿、消防不达标、侵权盗版等违法现象，监管存在明显漏洞。本院遂决定将督促私人影院的整治作为年度重点项目，并开展了一系列工作。一是积极撰写情况反映和报告，并逐级向上呈报，以期引起重视，从规范层面解决私人影院的经营乱象；二是督促你单位以及扬州市××区市场监督管理局、扬州市公安局××分局、扬州市××区消防大队于2022年2月18日开展联合执法检查并先后三次召开联席会，共商私人影院治理之策，通过各部门各司其职将私人影院先"管"起来；三是向本级相关执法部门发出了3份行政公益诉讼诉前检察建议，督促其在食品安全监管、消防隐患排除、住宿行业常态监管等方面切实履行职责，目前已经取得一定成效；四是和扬州市公安局××分局会签《关于加强点播影院等场所未成年人保护工作的意见（试行）》，并制作张贴强制报告宣传海报、开展法治宣传、签署承诺书等，探索将未成年人保护首先融入私人影院的长效治理之中。

2022年5月，扬州市区文化娱乐场所陆续恢复营业。我们及时开展私人影院专项整治活动"回头看"，发现仍然存在以下问题亟待解决：

一、市场主体登记混乱

由于私人影院尚没有统一的行业规范、经营标准以及责任主体，经营者以广告公司、文化传播公司、文化创意工作室等名义进行注册登记，几乎没有任何准入门槛，几间房，几张沙发或床，几部投影仪就可开门营业。我们还发现，有些酒店、民宿也挂起私人影院的招牌，在住宿淡季兼营起按时计费的观影服务。

二、变相提供住宿服务

部分私人影院包间内仍配有床铺、榻榻米等寝卧设施，有些甚至设有独立卫生间，房门无可视窗并带有内锁装置，虽然名为私人影院但实际符合酒店住宿的特征。打开美团等 App，变相提供留宿服务的通宵场、夜猫场仍然可以正常预定，而上述私人影院并未按照经营旅馆业的相关要求领取《特种行业许可证》。

三、接纳未成年人随意进出

经过前一段时间的整治，大部分私人影院已经建立起针对未成年人的"三核实三报告"机制，如在显著位置张贴提示，并严格对进入人员进行登记和询问，但个别私人影院并未执行到位，涉及未成年人的安全隐患仍然存在。如在你单位组织的联合检查中发现，位于本市××广场的××私人影院仍接待两名未成年人单独入内，经营者以两人系持会员卡消费为由予以解释，无任何身份核查登记。

四、安全隐患仍未完全消除

部分私人影院为了应付检查进行了部分改动，如畅通消防通道，配备消防设备和设施等，但有些安全隐患仍无法根本消除。如检查中发现大多私人影院藏身于居民楼、写字楼、公寓楼等非经营性场所，经营者将普通房屋私自改建、违法隔断的现象仍然存在。

五、盗版侵权屡禁不绝

部分私人影院为降低成本，未加入合法正规的点播系统，而是通过自建的局域网将视频平台已采购版权的影视作品通过局域网计算机终端向消费者提供有偿的视频点播服务，严重侵犯他人版权。如位于本市×

××路的××私人影院，在今年2月份的检查中发现上述行为，至今仍未整改。

为切实维护未成年人合法权益，创造良好的社会治安环境和市场秩序，根据《中华人民共和国未成年人保护法》第六条、第一百零五条及《人民检察院检察建议工作规定》第十一条等规定，向你单位提出以下检察建议：

一、规范注册登记，强化源头治理

从事私人影院经营活动的个人或组织应依法向市场监督管理部门办理登记并领取营业执照，市场监督管理部门应明确其经营范围，并进行相应的许可或备案。对于需要提供住宿服务的，应申领《特种行业许可证》，按照《江苏省特种行业治安管理条例》及《旅馆业治安管理办法》的要求予以严格监管。符合点播影院设立要求的，应申领《电影放映经营许可证》，并加入点播院线。

二、加大查处力度，压实主体责任

通过开展联合检查，私人影院在经营中暴露出诸多问题，部分已经得到整改，对于整改不理想或者不具备整改条件，仍然存在严重安全隐患等问题的私人影院应坚决予以取缔；对于整改后符合相关要求的私人影院应强化日常监管，一旦发现存在违法行为，职能部门应及时、严肃处理，形成威慑效应。同时，通过签署责任书、证照动态管理、集中教育宣传等形式，进一步压实经营者的主体责任，形成监管＋自律的良性运行模式。

三、建立协同机制，形成监管合力

私人影院作为新业态，涉及多部门监管，经过整治其应回归观影的本质，你单位作为接受扬州市文化广电和旅游局委托的执法主体，在日常监管过程中，在明确职责分工的基础上，建议会同公安、住房和城乡建设、市场监管、消防救援等部门建立协同监管机制，强化在信息通报、线索移送和联合执法等方面的沟通协作，形成齐抓共管的工作格局，促进行业的健康、规范发展。

请你单位收到本建议书后予以重视，及时研究。如有异议，请在收到检察建议书后的十个工作日内向本院提出。如无异议，请采取有效措施推进相关工作，并在收到建议书后一个月内，向本院书面反馈相关工作开展情况。

20××年×月×日

【承办检察官心得体会】

2021年以来，江苏省扬州市××区检察院先后受理多起发生在私人影院涉未成年人案件，私人影院作为经营性文化娱乐场所，未在明显位置设置"未成年人限入"的指示牌，甚至在无监护人陪同情况下接纳未成年人。私人影院大多以文化公司、游戏公司等进行注册登记，实际提供所谓"私人影院"服务，经营行为大打"擦边球"，提供夜猫场、通宵观影等"允许留宿"服务，未按照《旅馆业治安管理办法》规定进行人员登记；场所被分隔成各式各样的主体包间，房门不透明并带有内锁装置；私自改建、违法隔断导致过道狭小，消防隐患问题突出；部分私人影院销售不合规食品，违规向未成年人出售烟酒。针对私人影院违规接待未成年人，严重侵害未成年人权益问题，扬州市××区检察院积极履行公益诉讼职责，通过行政公益诉讼诉前检察建议推动相关部门开展专项整治，促成省委宣传部等十部门在全省部署开展"私人影院"文娱场所联合执法检查。

（一）履职亮点

一是提前介入侦查，刑事立案监督挖出"案中案"。2021年9月16日，江苏省扬州市××区人民检察院提前介入一起涉未成年人案件时发现案件线索，立即监督公安机关立案，引导公安机关侦查，经公安机关侦查查明汪某某在私人影院侵害网友未成年幼女的犯罪事实。2022年4月13日，法院以强奸罪判处被告人汪某某有期徒刑5年。

二是延伸保护触角，行政公益诉讼督促治理。针对办案中发现的私人影院存在向未成年人变相提供住宿等管理乱象问题，深入辖区多家私人影院走访调查，先后向扬州市公安局××分局、扬州市××区市场监督管理局、扬州市××区消防救援大队等职能部门发出3份行政公益诉讼诉前检察建议,向扬州市××综合执法支队发出1份综合治理类检察建议,督促职能部门开展联合执法检查,针对消防、食品安全等问题发出行政处罚、整改通知5份,对检查中发现的未成年人随意进出、变相提供住宿等问题督促整改,推动建立私人影院未成年人观影保护制度,引导私人影院新业态规范健康发展。

三是强化横向协作,司法保护推动建立长效机制。以点带面探索开展私人影院涉未成年人保护工作,建立私人影院专项整治联席会议机制,先后召开联席会议5次,详细划分各单位监管职责,研究制定整治方案,督促落实监管举措。联合公安机关出台《关于加强点播影院等场所未成年人保护工作的意见(试行)》,与4家职能部门会签《关于加强所谓"私人影院"文娱场所未成年人保护工作的意见(试行)》,明确私人影院经营服务范围、观影室设施规范等内容,完善影院经营者"三核实""三报告"义务和责任追究、联动监管等规定,推动私人影院涉未成年人保护长效常治。

四是持续放大效果,积极助推全省开展专项整治。2022年5月6日,××检察院督促行政职能部门开展私人影院专项整治"回头看"活动,在私人影院显著位置设置"强制报告守护常在"警示牌,要求经营者签署《强制报告承诺书》,张贴"三核实""三报告"义务海报,制作强制报告法治连环画《现行记》,通过微信公众号向社会发布。相关做法受到省委宣传部关注,省委宣传部会同省委网信办、省文旅厅、省公安厅、省市场监督管理局等十部门联合发文,在全省范围内统一部署开展专项行动,对"私人影院"文娱场所进行联合执法检查。江苏省委常委、宣传部部长在××区检察院工作经验报告上作出肯定批示,要求省文明办、电影局关注、研究解决存在的问题。

五是异地司法救助,"云守护"零距离关爱未成年人。办案中,××检察院发现被害人存在厌学、喝酒等不良习惯,父母离异后对其关心不够,案发后被害人随母亲回到广西老家生活,因路途遥远及疫情原因,××区检察院全面开启"云守护",多举措在线救助未成年被害人,远程视频向被害人母亲宣告送达"督促监护令",对被害人定期开展心理疏导,帮助指导在线申请国家司法救助,成功为被害人申请司法救助金2

万元，助其走出阴影重返校园，有力促进了检察办案政治效果、社会效果和法律效果的有机统一。

（二）私人影院违规接纳未成年人的行为表现

一是以观影服务为名，在未取得住宿业许可证的情况下，变相违规接待未成年人住宿、过夜而不进行身份核实登记，放任未成年人无障碍进入。私人影院作为一种新兴业态，在发展过程中逐步成为兼具观影和住宿两种功能的文化娱乐场所，××私人影院提供下午场、通宵场等服务，除了注册经营地扬州市××广场北侧商业街××外，还在××公寓××号楼租了两个房间，同样提供下午场、通宵场等服务。下午场、通宵场只需登记姓名和手机号、行程码，通宵场允许顾客观影并住宿，也就是说××私人影院在未取得住宿业许可证的情况下，违规提供住宿服务，对顾客未进行身份核实登记，放任未成年人无障碍进入。从2021年9月至2022年6月，检察机关实际掌握××私人影院接待多名未成年人未登记的事实，均系职能部门执法检查时，××区检察院现场核实发现，即2022年5月私人影院专项整治"回头看"以及2022年6月开展的所谓"私人影院"文娱场所联合执法检查中，现场均发现××私人影院接待未成年人不登记、不核实等情况，现场对相关未成年人进行法治教育，因为执法检查时间较紧未制作谈话笔录。

二是违反《江苏省公共场所治安管理条例》第11条"娱乐、服务场所设置的包厢、包间，应当在便于观察的位置安装展现室内整体环境的透明门窗，不得设置内锁装置"的规定，向未成年人提供不符合规定设施的观影包间。××私人影院由若干包间组成，大多没有窗户，房门无可视窗，设有内锁装置，个别包间配有独立卫生间，不符合文化娱乐场所的有关规定，如此密闭的空间极易发生涉毒、涉黄、涉暴等违法犯罪行为。

【专家点评】

检察建议是检察机关履行法律监督职责、参与社会治理的重要方式之一，其目的在于保障法律统一正确实施，从而维护司法公正，促进依法行政，预防和减少违法犯罪，保护国家利益和社会公共利益，维护个人和组织合法权益。一份好的检察建议书应当具备以下三个方面的特点：一是问题找的准，二是道理论的明，三是建议提的实。这样的检察建议书更容易让被建议单位认同和接受，从而有助于实现检察建议的目的。

（一）提出问题

本文书一方面开宗明义直指社会管理问题，另一方面从不同角度说明所提问题现实存在，并成为滋生违法犯罪的"温床"，如不解决可能造成更为严重的后果。如建议书列举了人民检察院办理的多起涉未成年人案件与私人影院关联，尤其是一起强奸幼女案，犯罪分子因酒店要求查验身份证未能成功入住而将被害人带到某私人影院性侵的案例；又如，摆出调查统计的数据，即辖区内共7家私人影院，普遍存在变相提供住宿、消防不达标、侵权盗版等违法问题；再如，摆出前期检察机关联合相关执法部门进行专项整治，虽取得一定成效，但在"回头看"中发现一些问题仍然存在等情况。这样，不仅把问题说的有理有据，而且让人对这些问题的顽固性、严重性有所警醒。

（二）阐述道理

本文书主要是通过以事喻理和释法说理来阐释检察建议制发的缘由及意义所在，这也是法律文书普遍运用的说理方法，是落实"以事实为根据，以法律为准绳"的具体体现。本文书在通过案例、调研统计数据等说明私人影院经营乱象的普遍性和危害性的基础上，进行释法说理，通过指出私人影院未执行未成年人保护法关于针对未成年人的"三核实三报告"机制，随意接纳未成年人；变相提供住宿服务，却未按照经营旅馆业的相关要求领取《特种行业许可证》等，说明监管部门对于私人影院违法行为还存在监管漏洞，需要进一步加大监管力度。

（三）提出建议

本文书所提建议具有以下几个较为突出的特点：一是具有针对性，与前面列举的问题紧密联系；二是明确具体，如建议应明确私人影院的经营范围，并进行相应的许可或备案，对于提供住宿服务的，要申领《特种行业许可证》，对于整改不理想或者不具备整改条件，仍然存在严重安全隐患等问题的私人影院，应坚决予以取缔等；三是具有可诉性，与之后可能提出的行政公益诉讼请求相衔接；四是具有充分的法律、法规及其他有关规定（如《旅馆业治安管理办法》《江苏省特种行业治安管理条例》）等依据，且属于被建议单位职权范围，具有可行性。

另外，本文书观点鲜明，文字质朴，行文流畅，可读性比较强。

（**点评人**：张寒玉，最高人民检察院未成年人检察厅二级高级检察官、全国检察业务专家）

92. 阮某飞故意杀人案检察建议书

【简要案情】

上海市人民检察院第一分院在审查起诉阮某飞故意杀人一案时查明，犯罪嫌疑人阮某飞为加害被害人姚某晨，意图获悉其详细住址信息，于2022年7月29日，通过登录其×音账号，搜索"黑客""手机定位"等关键词，联系到在平台上发布可非法查询公民个人信息的王某，从王某处购买被害人姚某晨的住址信息，王某从彭某凡处购买被害人姚某晨的具体住址信息，并提供给阮某飞。2022年8月5日，阮某飞至购得的地址找到姚某晨后将其杀害。根据本案中发现的侵犯公民个人信息的问题，上海检察一分院认为×音信息服务有限公司（以下简称：×音公司）在加强违法信息监测等方面具有一定的改进和完善空间，遂结合《网络安全法》《个人信息保护法》等相关法律法规，依法向×音公司制发检察建议书，从筑牢违法信息预警监测"防火墙"、开展精准预防、落实跟帖评论服务与管理制度、完善网络安全管理和培训机制及注重发挥人民群众监督作用等方面提出建议。

【诉讼过程】

2022年9月20日，上海市公安局××分局将阮某飞故意杀人案移送上海市××区人民检察院审查起诉。2022年10月11日，××区人民检察院根据级别管辖规定报送上海检察一分院。2023年2月22日，上海检察一分院向上海市第一中级人民法院提起公诉。2023年8月4日，上海市第一中级人民法院以故意杀人罪判处阮某飞死刑，缓期二年执行，剥夺政治权利终身。2023年2月14日，上海检察一分院发函征求北京市人民检察院第一分院的意见。2023年5月26日，经北京市人民检察院第一分院同意，上海检察一分院向×音公司制发检察建议并宣告送达。2023年7月20日，×音公司对检察建议作出回复，完全采纳意见，采取三项举措加强信息监测。

【文书全文】

上海市人民检察院第一分院
检察建议书

×音信息服务有限公司：

随着经济社会的高速发展和信息网络的广泛普及，网络空间与实体社会深度交融，数字化程度不断加深，为经济社会发展增添动能的同时，也带来了许多前所未有的挑战与风险。侵犯公民个人信息的犯罪手段层出不穷，不乏产生将信息网络作为黑色利益链的不法现象，严重侵犯公民个人信息安全，甚至危害人身、财产安全，应予打击。本院在审查起诉阮某飞故意杀人一案时查明：犯罪嫌疑人阮某飞为加害被害人姚某晨，意图获悉其详细住址信息，遂于2022年7月29日，通过登录其×音账号，搜索"黑客""手机定位"等关键词，联系到在平台上发布可非法查询公民个人信息的犯罪嫌疑人王某，并支付给王某6500元，用于购买被害人姚某晨的住址信息。王某以130元从犯罪嫌疑人彭某凡处购买姚某晨的具体住址信息，并提供给阮某飞。阮某飞于2022年8月5日至上址找到姚某晨后将其杀害。本案中，×音成为了非法买卖公民个人信息的平台，进而成为黑色利益链中的一环，导致犯罪分子能精准定位被害人。被害人的死亡结果与上述行为之间有刑法意义上的因果关系，后果严重。

经调查，在×音App的搜索栏中输入关键词"黑客""手机定位"，出现了诸如以"黑客如何知道你的定位位置""可以让黑客通过手机号定位个人信息和位置""只通过手机号能获取对方位置吗？"等为主要内容的视频，其中混杂着不少打着"科普"旗号、实则游走在违法红线边缘的视频。该类视频下的评论数量少则几十条、多则达成千上百条。可以看到，不少不法分子直接在"评论区"中寻找"客户""买家",非法买卖、定位公民个人信息和位置,不仅使人民群众的个人信息安全被侵犯,财产甚至生命安全也遭到严重威胁。网络不是法外之地,"评论区"绝不能成为不法分子的"广告牌"。这类视频和案件中反映的问题,亟待你公司予以重视。

综上,为维护社会公共利益,保护公民个人信息安全,也为了你公司长远发展。根据《中华人民共和国人民检察院组织法》第二十一条、《人民检察院检察建议工作规定》第三条第一款、第十一条第(一)项的规定,特向你公司提出如下检察建议:

1. 自治智治,筑牢违法信息预警监测"防火墙"。公民个人信息是识别特定自然人身份或者反映特定自然人活动情况的各种信息,除姓名、出生日期、身份证件号码等属于公民个人信息外,住址、行踪也属于公民个人信息。请对已经查明的侵害个人信息安全的账号予以封禁;加强预警信息监测,对现有词库及时调整,对敏感词条安排专人专班定期滚动筛查和更新;对重点信息的评论区安排专人专项筛查、清理,发现可能涉及违法违规行为的,及时向主管部门通报,对可能涉及违法犯罪线索的,及时移送有关部门,有效切断违法犯罪源头,斩断黑色利益链。

2. 精准预防,有效设置弹窗提醒和置顶推送。运用信息网络技术,对用户实时提醒、法律告知,更新置顶推送。充分利用网络服务的弹窗功能,对搜索栏设置关键词条、敏感词条的弹窗提醒,当用户搜索"黑客""手机定位"等涉法敏感词条时,系统自动弹出如"非法买卖公民个人信息属违法行为"的提醒、告知,并在弹窗内设置下级页面,显示相关法律法规的条文内容。同时,对其他涉法敏感词条亦可研究设置类似弹窗。对搜索"黑客""手机定位"等关键词后显示的视频更新置顶,置顶推送政务类、网警等官方平台的普法视频。

3. 明确责任,落实跟帖评论服务与管理制度。非法出售或提供公民个人信息严重破坏社会公共秩序,损害社会公共利益。网络服务提供者和信息发布者应当共同承担维护社会公共利益的责任。建立、健全跟帖评论审核管理、实时巡查、应急处置等信息安全管理制度,及时发现和处置违法信息,并向有关主管部门报告。对发布违反法律法规和国家有关规定的信息内容的,及时采取警示、拒绝发布、删除信息、限制功能、暂停更新直至关闭账号等措施,并保存相关记录。与信息发布者签订服务协议,明确跟帖评论的服务与管理细则,履行互联网相关法律法规告知义务,告知发布信息的用户对其所发布视频下的跟帖评论应定期筛查,发现违法违规情况的及时告知平台。

4. 内外联动,完善网络安全管理和培训机制。作为网络服务提供者,积极履行法律、行政法规规定的信息网络安全管理义务。探索建立与行政机关、司法机关协作联动的工作机制,定期与互联网信息办公室、公安机关召开联席会议,加强信息交流与互通。强化员工的法制培训,定期组织员工学习《中华人民共和国网络安全法》《中华人民共和国个人信息保护法》等法律法规,以案释法,不断增强员工的法律意识,提高违法违规信息的鉴别能力。

5. 广泛动员,发挥人民群众监督作用。网络安全为人民,网络安全靠人民,维护网络安全是全社会的共同责任。深入开展网络安全知识技能宣传普及,制作法制宣传视频等宣传资料,加强普法宣传教育,提高广大人民群众网络安全意识和防护技能;建立健全违法信息公众投诉举报制度,发挥违法违规举报平台的作用,调动人民群众的积极性,鼓励广大网民积极参与共同监督,助力科技向善。

党的十八大以来,习近平总书记高度重视网络安全和信息化工作,提出要依法严厉打击侵犯公民个人隐私等违法犯罪行为,切断网络犯罪利益链条,持续形成高压态势,维护人民群众合法权益。党的二十大明确指出要"加强个人信息保护"。互联网信息服务行业只有健康有序发展,才能更好地保护公民、法人和其他组织的合法权益,维护国家安全和公共利益,促进形成保护公民个人信息的合力,推动构建个人信息保护多元共治新格局,形成积极健康、向上向善的网络文化,营造清朗网络空间。

你公司收到检察建议后,如有异议,请于十日内向本院提出;如无异议,请认真研究落实并于收到本检察建议书后两个月内书面回复本院。

20××年×月×日

【承办检察官心得体会】

信息网络的广泛普及为经济社会发展增添动能,同时也带来许多前所未有的挑战与风险。侵犯公民个人信息的犯罪手段层出不穷,将信息网络作为黑色利益链的不法现象,不仅侵犯公民个人信息安全,甚至危及公民生命安全。为有效预防犯罪分子通过网络平台非法买卖公民个人信息,在办好案件的同时,积极为网络平台公司把脉问诊,对症施策,及时堵漏建制,促进互联网行业健康有序发展。

(一)及时发现问题,锁定关键症结,以依法履职守护人民群众生命安全

司法实践中,侵犯公民个人信息多与诈骗罪等侵财类案件关联紧密,故意杀人案件中发现侵犯公民个人信息犯罪行为的并不常见。承办检察官在审查本案时发现,犯罪嫌疑人阮某飞供述其预谋、准备犯罪的过程不同寻常,其与被害人恋爱分手后被确诊为抑郁症,阮某飞将此归咎于被害人,产生杀害被害人的想法,因不知晓被害人的住址,便通过×音找到被害人的精确住址,并杀害了被害人。承办检察官对于此案中非法买卖公民个人信息问题高度重视,抽丝剥茧分析认为,×音成为非法买卖公民个人信息黑色利益链中的关键一环,导致犯罪分子精准定位被害人,并将其杀害,造成极其严重的后果。

(二)多方联动、对症施策,确保检察建议切实可行

摸清情况,运用数据赋能思维,积极开展调查,在×音App中搜索"黑客""手机定位"等关键词,逐一查看点击量较大的若干视频,并查看该类视频下的"评论区",委托技术部门对调查情况进行技术协助,通过刻录光盘固定证据。调查发现,×音App的搜索栏中输入关键词"黑客""手机定位",出现诸如以"黑客如何知道你的定位位置""可以让黑客通过手机号定位个人信息和位置""只通过手机号能获取对方位置吗?"等内容的视频,其中混杂着打着"科普"旗号,实则游走在违法红线边缘的视频,该类视频下的评论数量少则几十条、多则达成千上百条,且不少不法分子直接在"评论区"中寻找"客户""买家",非法买卖、定位公民个人信息和位置。找准对策,多次走访调研,至×音信息服务

有限公司上海分部开展实地走访调查,与×音公司交流意见,进一步了解情况,面对面征求意见,深入了解网络平台公司运作业态,共同研判平台运行中的问题,对×音公司在评论的审核筛查等方面存在的困难也有了了解。为提出针对性、专业性的检察建议,走访调研上海市公安局网安总队,认真听取意见,经综合分析研判,最终确定提出加强对跟帖评论者发布内容的审核、对"评论区"设置关键词进行筛查、对重点版块加强人工审核、对发布的视频信息进行审核、对博主等加强规制、发现问题及时处理等建议。

(三)持续跟踪、标本兼治,提升个人信息保护效能

宣告送达、彰显刚性,邀请市人大代表参与,在人大代表监督下,以宣告方式送达检察建议,向被建议单位释法说理,让检察建议掷地有声,从"隔空喊话"向"面对面、零距离"转变,切实增强检察建议的公开性、规范性和权威性。即知即改、注重实效,检察机关与×音公司多次座谈交流,×音公司充分理解接纳检察建议,积极采取有效整改举措,通过对"黑客+定位"及其衍生关键词的回扫,弥补漏洞,直接处理违规视频223个、风险评论处理804条、封禁账号92个、投稿70多条、评论200多个,及时堵住漏洞。跟踪回访、标本兼治,制发检察建议后,持续关注和跟踪整改工作,听取被建议单位的意见,认真梳理其整改措施及工作效果,分析检察建议的落实情况。×音公司高度重视,从制度层面建章立制,建立和完善创作者风险警示、弹窗提醒等机制,并持续排查清理,搭建事前拦截风险、事中阻断风险、事后治理多场景功能。

【专家点评】

检察建议是人民检察院依法履行法律监督职责,参与社会治理,保障法律统一正确实施的重要方式。一篇好的检察建议书对症下药,言之有据、论之有理,能及时消除隐患、堵塞漏洞,有效预防和减少违法犯罪,保护国家利益和社会公共利益,维护个人和组织合法权益。本篇检察建议书锁定关键症结,一针见血、精准施策。主要表现在以下三点:

(一)找准社会治理漏洞,把握源头问题治理的精度

本篇检察建议书开宗明义、直击要害,指出检察机关在办理阮某飞故意杀人一案时,查明×音成为非法买卖公民个人信息黑色利益链中的关键事实,通过调查获取相关证据,精准锁定社会治理关键症结,体现了检察机关充分发挥法律监督职能作用,为下文提出的建议内容奠定基础。

(二)系统思维,展示治理建议的深度

本篇检察建议书先从日常上建议自治智治,筑牢违法信息预警监测"防火墙"。精确预防,有效设置弹窗提醒和置顶推送。从责任上,建议明确责任,落实跟帖评论服务与管理制度。从机制上,建议完善网络安全管理和培训机制。最后,从外力借助上,建议充分发挥人民群众监督作用。建议思路清晰,由"内"及"外"、环环相扣,从具体工作到工作机制,再到发动群众一同监督,全链条堵塞漏洞。针对性、专业性与实用性强,结合实际,提出加强对跟帖评论者发布内容的审核、对"评论区"设置关键词进行筛查、对重点板块加强人工审核、对发布的视频信息进行审核、对博主等加强规制、发现问题及时处理等建议。

(三)与网络安全和信息化工作相结合,体现了治理建议的高度

检察建议书先从微观着手建议公司个体消除隐患、堵塞漏洞,到广泛动员群众积极参与共同监督,助力科技向善,最后立足习近平总书记高度重视网络安全和信息化工作的政治高位,指出互联网信息服务行业只有健康有序发展,才能促进形成保护个人信息的合力,推动构建个人信息保护多元共治新格局,形成积极健康、向上向善的网络文化,营造清朗网络空间。结尾点题深刻,站位高、接地气,突出体现了企业的社会责任。

网络平台作为网络发展新业态,有力促进互联网发展、推动数字经济发展,但网络新业态发展中侵犯公民个人信息等违法犯罪问题侵害人民群众的生命财产安全,影响社会和谐稳定。检察建议书"抓前端、治未病",监督网络平台公司加强事前、事中和事后监管,让网络不成为法外之地、"评论区"不成为不法分子的"广告牌",推动互联网信息服务行业健康有序发展,更好地保护公民、法人和其他组织的合法权益,维

护国家安全和公共利益,实现司法办案"三个效果"的有机统一。文书彰显了检察官优秀的法律素养和深厚的理论功底,不失为一篇优秀的法律文书。

(**点评人**:林建江,最高人民检察院重大犯罪检察厅二级高级检察官)

93. 陈某某故意杀人案检察建议书

【简要案情】

被告人陈某某，男，70岁，案发前居住在鞍山市××区××养老院。2021年5月16日3时许，居住在××养老院的被告人陈某某因对养老院管理人员梁某斌不满，欲对其进行报复。报复未果后，陈某某为泄愤手持菜刀对该养老院多名老人进行砍、剁，造成2人当场死亡，3人受伤后医治无效死亡的后果。陈某某逃离现场后，被公安机关抓获归案。

【诉讼过程】

鞍山市人民检察院于2021年12月9日对被告人陈某某以故意杀人罪提起公诉，鞍山市中级人民法院于2022年10月28日判处被告人陈某某犯故意杀人罪，死刑，剥夺政治权利终身。20××年×月×日鞍山市人民检察院向鞍山市××局制发检察建议书。

【文书全文】

辽宁省鞍山市人民检察院
检察建议书

鞍检建〔20××〕×号

鞍山市××局：

近年来，我国人口老龄化现象日益突显，第七次全国人口普查公报显示，本省 60 岁及以上人口比重为 25.72%，其中 65 岁以上的比重为 17.42%，两项数据均为全国首位。为缓解社会养老压力，各地养老机构不断兴起，但同时也产生了诸多问题。从鞍山检察机关办案情况看，2015 年至今，共计受理审查起诉发生在本市辖区内养老机构的重大刑事案件 9 件 9 人，造成死亡的被害人达十余人。养老机构内重大刑事案件多发，一定程度上体现出作为养老机构的主管部门在监管方面还存在一些问题，应当予以高度重视并认真研究解决。

一是在履行日常监管职责过程中，未将发生重大刑事案件作为年度考核的重要项目，未有效督促存在管理问题的养老机构进行整改。如位于鞍山市××区的××养老院，2017 年曾发生唐某某放火案，造成 1 人死亡多人受伤，但是该养老院并未进行停业整改，一直经营到 2021 年再次发生重大刑事案件，养员陈某某故意杀害同在该养老院居住的老人，造成多名被害人死亡的严重后果，社会影响极其恶劣。

二是对养老机构日常安全检查不深入全面，养老机构安全保障措施不足。检察机关在办理陈某某故意杀人一案中发现，陈某某凌晨 4 时许持菜刀随意到多个房间内行凶，多个房间均未上锁，且其在走廊对一名被害人砍杀近 5 分钟，无管理人员发现异常，半小时后陈某某从养老院大门处翻墙而出，也无人进行阻止，最终导致多人死亡。该养老院法定代表人没有承担起安全工作的主体责任，漠视法律法规，安全责任意识淡薄，多个房间夜间长期不锁门，监控设备无人看守，未安装紧急呼救或报警装置，严重忽视安全巡逻工作。

三是监督检查通报工作不到位。根据《养老机构管理办法》第三十六条规定"民政部门应当加强对养老机构服务和运营的监督检查，发现违反本办法规定的，及时依法予以处理并向社会公布。"经浏览××局相关网站和到多家养老院走访调查，未发现向社会公布的有效途径，接受养老服务对象对养老机构的检查结果了解甚少，检查通报工作需进一步加强。

为防止和减少养老机构重大刑事案件再次发生，保障人民群众生命和财产安全，促进本市养老服务健康发展，本院依据《中华人民共和国刑事诉讼法》第二条，《中华人民共和国人民检察院组织法》第四条、第二十一条、《人民检察院检察建议工作规定》第十一条，现对你局提出如下建议：

一是深入开展安全保障专项检查。建议在全市范围内养老机构开展一次安全保障专项检查工作，重点从管理制度、安全培训、安全防护设施、日常安全隐患、危险源管理、应急预案及突发事件应急演练等方面进行安全检查，彻底排查安全隐患，限期整改到位。

二是加强配备安全保障设施。建议加强对养老机构安全保障设施的检查工作，要求设置24小时值班人员，增加巡逻次数，配备专人全程查看监控设备等。建议在房间、楼道、餐厅等位置安装紧急呼救或快速报警装置，向养老人员普及急救自救的方法，在完善安全设施的同时强化养老人员的自我保护意识。

三是完善对养老机构考核评定体系。设计完善的考核评定标准，细化考核项目类别，对本市养老机构进行可视化评分定级，并将考核结果通过在线政务服务平台等网络平台及时向社会公布，并对线上平台推广加大宣传力度，提高平台的知晓率和使用率，以方便接受服务对象进行筛选，促进养老机构不断改进，提高养老质量。

四是加强关爱老年人心理健康。建议联合卫生健康委员会等相关部门，组织安排心理医生定期对老年人群进行心理疏导，邀请心理医学专家进行讲座，建议协调相关部门开展长期义诊，加强对养老从业人员、管理人员的心理培训，学习心理疏导方法，同时探索建立社会关护老年人机制，加强社区、媒体、学校等单位对辖区内养老机构进行帮扶。

请你局在收到本建议书之次日起7日内就本院指出的问题和建议向本院提出异议。若无异议请于收到检察建议书后两个月内将相关工作情况书面回复本院。

20××年×月×日

【承办检察官心得体会】

承办检察官在审查中发现，本地区多所养老机构发生过刑事案件，造成老年被害人死亡，筛查了发生在鞍山地区养老院的全部命案，汇总案件具体情况，分析案发原因，总结养老机构和相关行政部门管理漏洞。

查找大量法律法规和资料，详细浏览官方网站，学习工作流程和规范，分别对案发地相关部门开展多次走访调研，详细了解主管单位对养老机构的监管职能范围。在此基础上，鞍山市人民检察院向鞍山市××局制发了高质量的综合治理类检察建议。

鞍山市××局对检察机关制发的检察建议高度重视，积极回复整改，进一步加大养老院的监管力度，采取多项切实有效的措施，守护养老人员的人身安全，全面提升养老服务水平。联合公安、住建、卫生、行政审批、消防救援等部门开展集中安全检查。向各县区××局下发整治活动方案，全市范围内养老机构同步整改。要求全市养老机构建立24小时值班轮岗制度，完善安全措施，加强养老人员自救能力。同时，将机构内发生重大刑事案件列为考核评定养老机构等级的重要事项。联合卫健部门将精神健康、心理健康内容纳入养老机构和卫生机构签约的服务范畴。

在××局作出整改后，检察机关积极跟踪督促，监督落实整改效果。在办理另一起故意杀人案件中，了解到被害人妻子在案发后无人照料，居住在养老院的情况，鞍山市检察院第一检察部以党建引领业务，以党支部形式开展命案关怀工作，到被害人妻子所在养老院走访慰问，送去米面油、牛奶水果等生活物品，提供多样法律服务，为被害人寻求多种司法救助途径。同时对该养老院的安全设施和值班情况进行检查，查阅养老院日常管理的流程、记录，与负责人核实××局对养老机构考核的标准和事项，确认是否将建议内容真正做到落实整改。在回访中发现，养老机构已按照××局要求配备了应急联动报警器，机构内公共区域能够达到监控录像全覆盖，并配有值班人员，时常组织进行安全演练等。

【专家点评】

一份优秀的社会治理检察建议应从检察履职中来，带着对个案、类案的延伸思考，展现出高度的敏锐性和前瞻性。能够在社会治理问题初露端倪之时，敏锐地捕捉到潜在的风险和隐患，提供宝贵的"预防针"。同时，应以扎实的司法办案基础和调查核实工作为依托，高站位、多视角、全方位选取案涉治理领域，精准发现监管漏洞或者行业性、区域性、普遍性问题，依法有据地提出可操作建议，具备坚实的专业性和权威性，能够促使相关部门高度重视并积极采取行动，促使检察建议从"办理"向"办复"推进。再者，应是检察机关践行为大局服务、为人民司法、为法治担当重要使命的有效实践，体现出强烈的责任感和使命感。最后，应具有广泛的影响力和示范效应，不仅能够解决具体的社会问题，还能产生辐射效应，引发社会对相关问题的关注和思考，推动形成社会治理合力。

本篇社会治理检察建议从高质效办好涉养老院重大刑事案件出发，紧扣积极应对人口老龄化国家战略，充分体现了检察机关依法推动养老事业和养老产业协同发展，聚焦"银龄"养老安全，把老年人生活保障好、权益维护好，努力实现老有所养、老有所为、老有所乐的担当和作为。调查核实扎实充分、问题建议精准可行、文书内容规范清晰，既有刚性又显温度，具体体现在以下四个方面：

（一）站位高，履职服务大局

自觉将检察履职融入"国之大者"和"民生福祉"，找准定位、把握趋势，聚焦守护银龄的"关键领域""空白地带""灰色空间"，精准"开方"，推动善治。习近平总书记强调："有效应对我国人口老龄化，事关国家发展全局，事关亿万百姓福祉"。检察机关认真落实党中央关于积极应对人口老龄化的各项决策部署，助力人口高质量发展，在涉特殊人群、特定领域的重大刑事案件办理、治理过程中敏锐发现养老服务行业的突出安全问题和监管漏洞，促使民政部门进一步加强养老院的监管力度，采取多项切实有效的措施，守护养老人员的人身安全，全面提升养老服务水平，是"高质效办好每一个案件"在加强和改进老龄工作，推动养老服务高质量发展领域的生动实践。

（二）问题准，强化监督精度

充分开展类案调研和专业分析，以高质量司法办案和高水平调查核实为基础，依法有据、精准定位普遍性、行业性、区域性深层次问题，充分展现了检察建议发现问题的权威专业、客观准确。检察机关通过个案办理、类案分析、规范梳理、资料收集、走访调研准确定位了重大刑事案件办理过程中养老机构监管单位在日常监管整改、安全检查保障、监管检查通报等方面存在的问题、漏洞，并将问题、案例、事例、法规、说理有机结合在法律文书之中，让检察建议能够宏观有序、具体而微地呈现出问题的全貌，从制度层面、流程环节、人员意识等多个角度进行了透彻分析，使得问题的根源得以清晰呈现，为制定有效的解决方案奠定了坚实的基础。

(三) 建议实，坚持靶向施策

全面结合调查核实的问题和本地监管实践提出具有合理性、可行性和前瞻性的建议，从可整改、能见效的角度体现了检察建议的务实与创新。检察机关以问题为依托，不仅针对亟待解决的养老服务行业安全、规范监管问题从机制建设、制度完善、意识提升等方面提供了切实可行的短期整改措施，还为养老服务行业长远发展、老年人社会关护、帮扶机制、形成"银龄"关爱合力等提供了富有前瞻性的建议，为养老服务行业的规范监管和创新发展贡献了高质量、贴合强的检察产品。

(四) 效果好，步入治理佳境

从"治罪"到"治理"，紧盯"办复"效果，全面体现了检察建议推动治理成效显著的重要价值。检察机关积极督促跟进民政部门整改落实检察建议的效果，并将治理效果延伸至新发案件中，以党建引领业务，创新"办复"方式，既亲历检察建议落实回访工作，又为涉案老年人提供有温度的司法救助和人文关怀，切实提升了养老服务行业的安全监管水平，引导了更多相关单位关注养老服务事业，为老年人提供更加优质、安全、舒适的养老环境，不断增强老年人的获得感、幸福感和安全感。

(点评人：汪珮琳，北京市东城区人民检察院第三检察部副主任、一级检察官，全国优秀公诉人，全国优秀办案检察官)

94. 詹某某帮助信息网络犯罪活动案检察建议书

【简要案情】

2022年9月，××区人民检察院在提前介入詹××等人涉嫌帮助信息网络犯罪活动案的过程中，发现自2022年5月至6月期间，以詹某某为首的13人团伙在全国各地招揽多名无业青年，以高额好处费为诱饵，借助青岛××区××街道办事处招商引资通道，以中国（××）自由贸易试验区××片区作为注册地，为卡农注册公司，开设大量可以大额转账的对公账户用于帮助实施电信诈骗犯罪。其中，山东蓝×贸易有限公司、山东鑫×贸易有限公司、山东××能源科技有限公司等9个对公账户短时间内转入、转出数千万元资金，账户已被全国多地公安机关冻结，而以上账户均由××银行分行办理开户，截至案发涉案共计240余起，涉案资金达6000余万元，涉及全国多个省、市，严重破坏了金融管理秩序，给人民群众财产造成重大损失，对自贸区营商环境造成恶劣影响。

【制发过程】

2022年10月25日，青岛市公安局××区分局对犯罪嫌疑人詹某某涉嫌帮助信息网络犯罪活动罪依法移送审查起诉；2022年11月23日，××区检察院依法提起公诉，并建议适用速裁程序审理。2022年12月5日，青岛市××区人民法院判决被告人詹某某犯帮助信息网络犯罪活动罪，判处有期徒刑1年3个月，并处罚金人民币1万元。20××年×月×日青岛市××区人民检察院向××银行分行制发检察建议书。

【文书全文】

山东省青岛市××区人民检察院
检察建议书

青黄××检建〔20××〕××号

××银行分行：

  我院在办理詹某某、苏某某等人涉嫌帮助信息网络犯罪活动罪、买卖国家机关证件罪等系列案件中，发现该案所涉对公账户均由你行开设。据国家反诈大数据平台推送涉案银行卡数不完全统计，自2022年1月份以来，你行开设的对公账户及个人账户涉案量均高于同期其他银行，以上反映出你行在账户开户审核、限额管理、风险管控等方面存在一定漏洞。

  一、提出检察建议所依据的事实

  2022年7月，公安机关发现在你行××路营业部办理开户，注册地在中国（山东）自由贸易试验区青岛片区的山东××贸易有限公司、山东××园贸易有限公司、山东××能源科技有限公司、山东××商贸有限公司、山东××能源科技有限公司、山东××晨能源科技有限公司、山东××宝能源有限公司、山东××恩能源科技有限公司、山东××宁贸易有限公司9个对公账户短时间内转入、转出数千万元资金，涉嫌为电信网络诈骗犯罪转移资金，账户已被全国多地公安机关冻结。

  本院在审查办理中发现，詹某某为非法获利，伙同苏某某招揽多名无业青年利用个人身份信息注册公司，用于开设可以大额转账的对公账户。涉案的9个对公账户系詹某某联系××铖（青岛）供应链有限公司代办，该公司在你行××路营业部有集中办理通道，办理过程中该公司人员使用同一注册地址、伪造房屋租赁合同、制作虚假委托文书为9家公司代为开设对公账户，最终以上对公账户被出售并用于电信网络诈骗犯罪，涉案共计240余起，涉案资金达6000余万元，涉及全国多个省、市，严重破坏金融管理秩序，给人民群众财产造成重大损失，对自贸区营商环境造成恶劣影响。

二、办案中发现金融监管存在的问题

（一）开户前尽职调查流于形式

中国人民银行《企业银行结算账户管理办法》第十二条规定"企业存在异常开户情形的，银行应当按照反洗钱等规定采取延长开户审查期限、强化客户尽职调查等措施，必要时应当拒绝开户。"《中国××银行人民币单位银行结算账户业务尽职调查操作规程》第十四条规定"对于存在下列情形的企业，应当加强风险识别，对于识别后存在可疑开户情形的企业，应实地上门核实，必要时拒绝开户：3.同一地址注册多个企业。"我院在办理上述案件中发现，涉案办理的对公账户注册地址均为青岛市××区××路××大厦509室，银行工作人员明知经××铖公司介绍的所有客户办公地点均在该同一地址的情况下，只在509室门口拍照合影上传完成形式上的尽职调查；在核实客户开户意愿的过程中，虽有通过远程视频方式与法定代表人进行视频对话，但该程序下问题设置简单、机械，不足以反映开户企业的真实情况，尽职调查流于形式。

（二）对公账户非柜面限额管理缺失

根据中国人民银行《关于进一步加强支付结算管理防范电信诈骗网络新型违法犯罪有关事项的通知》第二条"（六）健全单位客户风险管理，支付机构应当健全单位客户风险评级管理制度，根据单位客户风险评级，合理设置并动态调整同一单位所有支付账户余额付款总限额"，以及××银行分行《关于排查整改"非柜面转账管理"问题的通知》规定"有效控制新增企业网银转账限额风险"的相关要求，你行在开设山东××贸易有限公司等对公账户非柜面业务时，一方面，因前期尽职调查流于形式，对客户实际经营状况了解不充分，设定账户网银交易限额时主要参考企业的注册资本和经营范围，对风险判定不足，交易限额设置过高；另一方面，对于开户后一段时间内没有发生交易的账户，没有及时下调非柜面限额，致使如山东××晨能源科技有限公司的中国××银行账户的能源类账户获得较高的交易限额，但开户后一段时间内上述账户呈现静默状态，网银限额审批部门未及时进行动态调控，后被违法犯罪分子利用，短时间转入、转出大额流水。

（三）开户后风控管控反馈不及时

根据《中华人民共和国商业银行法》、《企业银行结算账户管理办法》等规定，商业银行应当建立、健全本行的风险管理和内部控制制度。涉案对公账户开户后均呈现出可疑交易特征，如账户资金短时间密集出入、多人入账单人出账、入账及出账个体均为不同自然人等特点，相关账户未被内部监控系统及时监控推送，不能有效中止该支付账户所有业务，导致对公账户成为帮助电信诈骗犯罪支付结算的有效工具，如山东××贸易有限公司于2022年3月31日开户，开户后一直无流水，自2022年6月27日至29日期间发生密集交易，出账流水共计人民币340万余元，呈现出明显的密集出入、多人入账单人出账、入账及出账个体均为不同自然人可疑特征，但该对公账户未被及时止付，后查实关联电信诈骗犯罪14起，电信诈骗犯罪数额人民币477067元。

（四）操作规程与实际经办标准不一

在办案中发现，最初××铖公司工作人员在你行××路营业部客户经理处为青岛××贸易有限公司、山东××晨能源科技有限公司进行代开户时，在核实法定代表人高某某身份的过程中，你行负责办理开户的客户经理的银行移动版办公平台"营××宝"出现风险提示，内容为"该客户为买卖账户及冒名的客户，点击确定终止交易"，且开户过程中，有××铖公司员工冒充青岛××贸易有限公司及山东××晨能源科技有限公司的经办人在银行柜台代为签署相关文书。以上情形明显违反了《××银行人民币单位银行结算账户业务尽职调查操作规程》"第二十条识别拒绝开户情形（六）有明显理由怀疑开立账户从事违法犯罪活动的；（七）假冒他人身份或者虚构代理关系"的规定。但你行客户经理未认真审查及严格按照上述规定开展业务，继续为以上公司办理对公账户，导致对公账户被用于帮助电信网络诈骗犯罪活动。

三、对策建议

为有效遏制买卖银行账户的不法行为，切实维护金融管理秩序。按照习近平总书记"防范化解金融风险必须抓小抓早，防微杜渐"的指示

要求,依据《人民检察院检察建议工作规定》第三条、第四条、第五条之规定,特向你行提出以下检察建议:

(一)规范尽职调查,建立开户审慎核实机制

尽职调查是防范化解账户业务金融风险的第一步,也是至关重要的一步。结合本次案件反映出的尽职调查方面的薄弱方面,建议你行在工作中:第一,严格落实《中国××银行对公客户身份识别与尽职调查管理办法》的相关规定,对客户注册、办公地址的核实具体到人、财、物等重点方面材料留存,而非简单打卡式核对;第二,将首次开户的企业法人代表年纪偏小或偏大(小于25岁或大于65岁),无本地户口、无居住证、无社保的三无人员,一人多企、多户,无历史交易,营业执照登记的注册地址为自贸区、高新园区等经营区域内本地政府规定的同一地址客户等情形的开户企业列为重点核查对象,应要求该类对象提供更为详尽的与历史交易有关材料;第三,因对公账户具有转账限额高、成本低、流动性大等特点,往往成为犯罪团伙贩卖的主要对象,建议在开设对公账户时原则上禁止单一远程视频核实,应要求法定代表人到开户行表达其开户的真实意愿,以确保对公账户用途的真实性。

(二)强化全流程监控,建立风险即时推送机制

1. 尽职调查阶段建立异常账户台账。在尽职调查阶段,对于银行移动版办公平台"营销宝"、"银警协作群"出现风险提示的客户,应当建立异常账户台账,对于此类开户失败的客户信息,在办公平台上留痕,杜绝出现同一公司更换法人、同一自然人更换网点再次开户情形。

2. 在网银额度审批环节实行限额动态管理。健全单位客户风险评级管理制度,根据单位客户风险等级,合理设置并动态调整同一单位所有支付账户余额付款限额,尤其对于开设后一段时间内未使用的能源、投资类账户,及时动态下调付款限额,防止空头账户的大额资金非法流出。

3. 建立可疑账户48小时推送核实制度。对于开户后通过银行内部监控平台发现的多人转入个人转出、资金过渡明显、夜间交易频繁、经营异常等可疑账户,应在48小时内及时推送开户网点专人核实,对可疑对公账户视情况分等级采取只收不付、不收不付、停止非柜面转账、中止账户业务等管控措施,以此缩短可疑账户使用期限,有效及时止损。对

主账户全渠道及非柜面业务管控后，通过关联的单位结算卡依然可转移资金，存在管控不到位隐患。对于每个需管控的主账户，需要同时对关联单位结算卡进行同级别管控。

（三）拓展联动配合，建立银警监协作风控机制

针对目前监管职责分工不一，涉银行卡、对公账户犯罪未能有效遏制的情况，建议建立银行、公安机关、市场监督部门间的协作风控机制。

首先，银行与银行之间就异常账户或个人信息建立通报机制，对于发现异常的自然人、关联公司建立互通平台，杜绝相同可疑客户在多个银行间作开户尝试。

其次，银行与公安部门搭建银警风控平台。虽然银行移动版办公平台"营××宝"、"银××协作群"以及反诈平台的线索共享能够通过初步筛查如犯罪记录、关联犯罪信息、是否为青岛常住居民等常规信息来评定开户的客户风险，但一方面，对不同等级、情形的风险客户的具体管控措施缺少明确的规章制度；另一方面，对开户后具体使用中监测到的可疑账户银行未能及时有效回传反馈到公安机关进行核查，导致后续监管不及时。据此，建议搭建银警风控平台，利用公安机关大数据分析系统，通过开卡人员身份证号实现快速比对该人员是否为两卡人员、电诈重点人员、是否存在多次开卡行为、行为轨迹等，实现快速研判人员的风险值，再根据风险等级，结合具体分级管控措施，实施有效风控。

最后，公安机关、银行与市场监管部门加强协作，针对开设对公账户的法定代表人被评定为风险管控对象的人员，信息共享，实施同步监管，防止该类人员一人多次办理多个营业执照用于出售，从源头上遏制买卖国家机关证件类犯罪。定期召集相关部门工作联席会议，建立线索移送、核查、督办、反馈机制，健全行业自律、信用惩戒、行政处罚、刑事处罚相衔接的全方位惩治体系，形成对买卖银行账户金融犯罪的打击合力。

（四）明确责任主体，建立关键环节追责机制

纵观9个涉案对公账户的开立及使用过程，可以看出关于对公账户的身份识别、尽职调查、风险防控等方面，上级及本单位出台了一系列如《企业银行结算账户管理办法》、《××银行人民币单位银行结算账户

业务尽职调查操作规程》、《关于排查整改"非柜面转账管理"问题的通知》等明确的操作规程，但在实际工作中难以落实到位，出现实际操作与文件规定标准不一，致使多个不合规账户成功开立并使用。对此，建议你行一方面，针对开设账户的全流程部门建立具体的责任落实制度，明确责任主体，以追责倒逼督促职员守责、负责、尽责；另一方面，建立奖惩激励机制，对于开设较多的涉案账户的网点及时通报督促，制定相应的排查整改措施；对于操作规程落实到位，风险账户开设较少的网点予以表彰，同时建立行行之间、网点之间的经验交流机制，共同营造优质营商环境，切实防范化解金融风险。

以上建议，请你行认真研究，采取有效措施积极推进相关工作，并在二个月内将整改落实情况及时书面回复我院，如有异议，可在收到文书之日起十个工作日内向本院提出。

20××年×月×日

【承办检察官心得体会】

2022年10月14日，承办人经报××区人民检察院检察长批准就该行开户业务展开调查，实地勘察了××银行分行开办对公账户所涉的调查部、限额审批部、柜面经办、运营部等各环节机制把控，并结合所办理案件、查询国家反诈大数据平台数据、组织公安、相关银行分行召开调研会议、调取了中国人民银行下发《关于进一步加强支付结算管理防范电信网络新型违法犯罪有关事项的通知》、××银行下发的《人民币单位银行结算账户业务尽职调查操作规定》等文件，由点至面详细梳理了中国人民银行、××银行分行关于加强支付结算管理、防范电信网络新型违法犯罪有关事项的通知、操作规程和管理办法，查找银行在账户开户审核、限额管理、风险管控等方面存在的漏洞，并听取了银行关于金融监管方面的意见。

2022年10月21日，青岛市××区人民检察院向××银行分行公开送达《检察建议书》。

检察建议书送达后，××区人民检察院派专员跟踪督促整改落实情况，并就建立长效机制，稳固整改成果，搭建了检、公、银全链条、数字化、高效能的法律监督平台。

一是核查机制建立，提出合理建议。就《检察建议书》提出的建立开户审慎核实机制，建立风险及时推送机制等建议，承办人实地回访了××银行分行营业部窗口，对照该行制定的《对公客户身份识别与尽职调查管理办法》提出可行性建议。

二是打破数据壁垒，实现精准防控。为了在第一时间及时、有效地对银行卡实施管控，××区人民检察院组织检、公、银、三家签订《切实防范电信诈骗犯罪协作联动办法》，依托公安机关与检察院搭建的风控系统模型，接入银行开卡账户的前端数据，结合开卡人轨迹、手机号、注册公司数量、群体特征等23个基本信息指标，采取局部异常因子算法，综合判断并向银行、电信部门发出红黄蓝绿四色预警信号，判断涉电诈高危人群。

三是多部门联合探索，建立涉案人员容错免责机制。为准确把握中央建立自贸区的决策精神，正确处理惩治犯罪和服务保障自贸区建设、发展的关系，××区院结合该案件所涉企业、银行涉案人员的犯罪行为、主观认识等，参与研究《青岛自贸片区容错免责意见》《容错免责细则》，深化认罪认罚从宽制度适用，创建适度容错保护创新机制，依法对创新创造过程中的失误保持相对包容审慎的司法态度。

四是创建"预警授课＋风险告知＋检察建议＋跟进服务"企业风险警示一条龙工作机制，多维度服务自贸企业。自"断卡"行动开展以来，××区人民检察院2020年以来共办理涉卡类案件共计410件678人，犯罪数量呈现逐年高发态势，为切实提高银行的防范风险意识，××区检察院在中国（山东）自由贸易试验区举办专题宣讲会，就银行卡的开户、使用、买卖风险等关键点展开普法宣讲，提高从业人员风险防范意识，并在自贸区检察官办公室建立一条龙工作机制，促进企业金融风险的多元防范。

【专家点评】

检察机关在办理一起帮助信息网络犯罪活动犯罪案件中，发现被用于电信网络诈骗犯罪的 9 个对公账户在短时间内转入转出数千万元资金，而且均在××银行的同一家营业部开户，反映出涉案的××银行分行在账户开户审核、限额管理、风险管控等方面存在一定漏洞。检察机关经过调查之后向该分行发出检察建议，及时跟踪督促该行整改落实，取得良好效果。该检察建议具有以下特点：

（一）聚焦群众关切，履行职责到位

根据《人民检察院检察建议工作规定》第 2 条之规定，检察建议是人民检察院依法履行法律监督职责，参与社会治理，预防和减少违法犯罪的重要方式之一。当前，帮助信息网络犯罪多发频发，严重危害人民群众利益，社会广泛关注。检察机关在办理帮助信息网络犯罪活动罪的案件中，不仅依法惩治犯罪分子，而且注重发现银行开户在管理上存在的漏洞，及时有针对性地提出检察建议，体现了检察机关依法履行法律监督职责，积极参与社会治理，具有较强现实意义。

（二）分析问题原因客观准确，对策建议务实可行

检察机关根据案件和调查情况，严格依法依规指出银行在金融监管方面存在的四个问题。银行等金融机构的规章制度比较复杂，专业性很强。但是承办人员仔细查阅银行业的规章制度，严格对照《企业银行结算账户管理办法》《××银行人民币单位银行结算账户业务尽职调查操作规程》等相关规定，指出银行监管中存在的问题。在对每个问题的分析中，均先列明相应的规章制度，指出管理的漏洞，所列明的规章制度准确清晰，所提出的问题有理有据。最后，对照问题依次提出四个方面的改进建议，所提措施切实可行，具有可操作性，对于涉案银行及时整改具有重要的推动作用。

（三）跟踪督促落实有力，落实效果良好

检察建议发出后，检察机关及时派员跟进，采取措施推动建立长效机制，稳固整改成果，搭建检、公、银全链条、数字化、高效能的法律监督平台，敦促银行及时落实和整改。例如，承办人实地回访了××路

营业部窗口，对照××银行分行制定的《对公客户身份识别与尽职调查管理办法》提出可行性建议，推动建立开户审慎核实机制和风险及时推送机制；组织检、公、银签订《切实防范电信诈骗犯罪协作联动办法》，依托公安机关与检察机关搭建的风控系统模型，判断涉电诈高危人群，打破部门间的数据壁垒，实现对于犯罪的精准防控；创建企业风险警示一条龙工作机制，多维度服务自贸企业等。这一系列措施的采取，对于推动银行金融监管的整改，建立企业金融风险的多元防范体制机制具有重要意义。

（**点评人**：张磊，北京师范大学法学院教授、博士生导师）

95. 王某危害珍贵、濒危野生动物案检察建议书

【简要案情】

被不起诉人王某,女,34岁,河南省商丘市鹦鹉养殖户。

2020年9月,在明知费氏牡丹鹦鹉系国家重点保护野生动物且未经野生动物保护主管部门批准的情况下,被不起诉人王某以25元/对的价格销售给田某30只人工繁育的费氏牡丹鹦鹉,田某将该30只费氏牡丹鹦鹉和从他人处收购的14只人工繁育的费氏牡丹鹦鹉,均以35元/对的价格,以汽车托运的方式销售给刘某某。2020年9月16日,上述44只鹦鹉在徐州汽车总站被查获,后公安机关又在王某的鹦鹉养殖场查获147只人工繁育的费氏牡丹鹦鹉。经鉴定,上述费氏牡丹鹦鹉,被列入《濒危野生动植物种国际贸易公约》附录Ⅱ,被我国核准为国家二级保护野生动物。

【诉讼过程】

王某危害珍贵、濒危野生动物案系徐州铁路运输检察院在审查起诉阶段,因为案件重大、疑难、敏感,书面向徐州市院请示。徐州市院于2021年5月25日召开检委会,检委会多数人意见认为本案由于法律政策发生变化,应该作绝对不起诉处理,并组织召开专家论证会,在充分提取专家意见的基础上向江苏省院书面请示。江苏省院在2021年10月15日召开检委会,经论证认为根据《刑法》第13条和"两高两部"《关于依法惩治非法野生动物交易犯罪的指导意见》第9条的规定,以及行政法规政策的变化,结合从旧兼从轻原则,本案情节显著轻微,危害不大,

不认为是犯罪，决定对三名犯罪嫌疑人作绝对不起诉处理。2021年11月9日，对王某公开宣布不起诉决定。20××年×月×日徐州市人民检察院向××市××局制发检察建议书。

【文书全文】

江苏省徐州市人民检察院

检察建议书

徐检建〔20××〕×号

××市××局：

　　江苏省徐州市检察机关在办理王某等人危害珍贵、濒危野生动物案中发现，该案非法交易的费氏牡丹鹦鹉溯源自××市，而费氏牡丹鹦鹉已被《濒危野生动植物种国际贸易公约》核准为国家二级保护动物，其人工饲养繁育和销售均需主管部门审批许可。

　　为全面了解当地费氏牡丹鹦鹉养殖情况，徐州市检察机关干警到××市开展走访调研，发现该市是全国最大的小型观赏鹦鹉人工繁育和销售基地，已有20多年的鹦鹉养殖历史。据调查统计，××市现有小型观赏鹦鹉养殖户900余户，其中费氏牡丹鹦鹉养殖户近500户，费氏牡丹鹦鹉存栏量50余万只，全国占比80%－90%。费氏牡丹鹦鹉人工繁育时间长、规模大、技术成熟、准入门槛低，为当地振兴乡村的"富民产业"。同时，检察机关还发现，由于当地主管部门疏于引导和监管，致使费氏牡丹鹦鹉养殖产业无序发展，无证养殖、非法交易现象较多。新冠肺炎疫情暴发后，各地加大对非法交易野生动物的刑事打击力度，非法交易人工繁育的费氏牡丹鹦鹉也被纳入刑事犯罪打击范围，致使当地鹦鹉养殖销售等方面管理不规范的问题逐渐凸显。

　　1. 养殖繁育许可不规范。《中华人民共和国野生动物保护法》规定，人工繁育国家重点保护野生动物的，应当经省、自治区、直辖市人民政府野生动物保护主管部门批准，取得人工繁育许可证，但国务院对批准机关另有规定的除外。虽然××市鹦鹉养殖产业发展历史较长，但是当地广大养殖户甚至有关管理部门对观赏鹦鹉的养殖事前审批政策认识不足，仅有100余户鹦鹉养殖户办理了野生动物人工繁育许可证。费氏牡丹鹦鹉等种类被核准为国家二级保护动物，你局及下属区单位却将费氏牡丹鹦鹉按照省"三有动物"进行管理，并未要求养殖户依法办理国家重点保护野生动物人工繁育许可证，导致费氏牡丹鹦鹉被大量非法养殖。

2. 经营、利用行为监管不全面。根据《中华人民共和国野生动物保护法》的规定，主管部门对国家保护动物出售、购买、运输、寄递等利用活动要进行许可管理，全链条监督检查。但是，在鹦鹉养殖户通过传统"面对面"交易或者利用网络交易等方式出售鹦鹉时，疫情风险、走私或者非法捕猎的鹦鹉可能混入人工繁育市场等情况均未纳入监管部门的监管。如本案中王某等人通过微信联系，将人工繁育的费氏牡丹鹦鹉通过大巴车发货给买家，整个出售过程都游离在监管之外。由于许可、监管、检查不到位，当地养殖户无许可、超范围非法交易的情况已非常严峻，亟需加强监管。

3. 野生动物保护宣传不到位。经调研，在××市养殖量较大并且被列入国家重点保护野生动物鹦鹉品种有4种，主要是费氏牡丹鹦鹉、紫腹吸蜜鹦鹉、绿颊锥尾鹦鹉、和尚鹦鹉。但是，由于当地鹦鹉饲养政策宣传不到位、办证不规范等原因，养殖户对鹦鹉的保护等级认识不清，对人工繁育和经营利用鹦鹉办证许可的要求、程序认识不清，对违法买卖、运输鹦鹉行为的法律后果认识不清，存在大量违法违规交易上述4种鹦鹉的情况。

全国人民代表大会常委会于2020年2月24日作出决定，要求全面禁止野生动物非法交易行为，但是，鹦鹉饲养又是××市的"振兴乡村"的富民产业。因此，××市面临着两难境地，一方面是依法取缔人工繁育费氏鹦鹉的非法交易，一方面又是传统产业受冲击、养殖户可能会因案返贫的风险。因此，需要当地主管部门切实作为，规范鹦鹉养殖利用行为。

为加强野生动物保护，规范人工繁育鹦鹉的经营利用和交易市场秩序，维护养殖户的利益，助力乡村振兴，根据《中华人民共和国人民检察院组织法》第二十一条、《人民检察院检察建议工作规定》第十一条，特向你局提出如下建议：

1. 做好人工繁育鹦鹉办证许可和专用标识管理试点。2021年4月2日《国家林业和草原局关于妥善解决人工繁育鹦鹉有关问题的函》要求，做好审发管理证件服务和开展专用标识管理试点。请你局按照该函的要求，对符合条件的养殖户核发管理证件。由于核发证件需要省林业局审批，请你局加强同省林业局的联系，提高服务意识，主动上门宣传政策，简化办证手续，使符合条件的养殖户尽早取得国家重点保护野生动物人工繁育许可证。同时，在办证过程中要加强鹦鹉养殖标准的审核，对不符合标准的养殖户限期改正、确不符合条件的依法清理，确保人员不脱贫返贫，被饲养的鹦鹉也被妥善安置。对人工繁育的费氏牡丹鹦鹉、紫腹吸蜜鹦鹉、绿颊锥尾鹦鹉、和尚鹦鹉4种国家重点保护野生动物进行标识管理试点，凭标识销售、运输。

2. 规范人工繁育鹦鹉交易市场的监督管理。加强对人工繁育鹦鹉销售场所的监管，依法划定交易场所，实行定点交易。加强防疫检疫检查，整改、取缔私下、非法交易行为，严防非法来源、染疫鹦鹉混入合法销售渠道。明确鹦鹉销售后产生的子代管理方法，加强鹦鹉交易市场的规范化运作。加强同公安、市场监管等部门的配合，对鹦鹉出售、运输等活动开展监督检查，严厉打击走私、非法猎捕、交易、运输鹦鹉等野生动物的违法犯罪行为。加强与基层社区、乡村组织的联系，联合开展野生动物保护工作，做好疫源疫病监测和相关动物传染病的防治监管工作。

3. 做好野生动物保护的培训宣传。将标识试点工作与野生动物保护宣传工作相结合，加强执法监管人员培训，深化法律政策解读，优化行政管理和便民服务，对人工繁育鹦鹉养殖、出售、购买、运输者进行精准普法教育，引导合法合规经营利用。利用世界野生动植物日、爱鸟周等时间节点，结合2021年2月新版《国家重点野生保护动物名录》开展普法宣传。新版名录将鹩哥、画眉、红嘴相思鸟、歌百灵、蒙古百灵、云雀等12种鸟类升级为国家二级保护野生动物，请在普法宣传中注重告知上述鸟类无论野外种群、人工繁育种群均系国家重点保护野生动物，不得随意养殖、观赏、销售。主动上门开展摸排，对继续养殖、观赏、销售上述鸟类的，讲清政策，按照程序办理核发国家重点保护野生动物人工繁育许可证。

请你局在收到本建议书后及时研究，采取有效措施推进工作，如对建议内容存在异议，请于收到本建议书后十日内向本院书面提出。如无异议，请于收到建议书后两个月内向本院书面反馈采纳及落实情况。

徐州市人民检察院
20××年×月×日

【承办检察官心得体会】

2021年3月，徐州市人民检察院在办理王某等人危害珍贵、濒危野生动物案中发现，该案中非法交易的人工繁育的费氏牡丹鹦鹉溯源自××市。为贯彻落实"两高两部"2020年出台的《关于依法惩治非法野生动物交易犯罪的指导意见》，徐州市人民检察院至××市对鹦鹉养殖产业开展实地走访调研，检察机关认为，××市××局存在鹦鹉养殖繁育许可不规范、对鹦鹉经营和利用行为监管不全面、对野生动物保护宣传不到位等问题，有必要制发检察建议。

为找准问题症结、提出切实有针对性的建议举措，徐州市人民检察院从以下三方面开展调查核实：

一是赴当地深入了解费氏牡丹鹦鹉人工繁育情况。2021年4月23日，徐州市人民检察院主动同××市××局深度沟通，走访当地鹦鹉养殖企业和养殖户，了解当地费氏牡丹鹦鹉人工繁育情况，发现××市是全国最大的小型观赏鹦鹉人工繁育和销售基地，已有20多年的鹦鹉养殖历史。据调查统计，××市现有小型观赏鹦鹉养殖户900余户，其中费氏牡丹鹦鹉养殖户近500户，存栏量50余万只，全国占比80%－90%。费氏牡丹鹦鹉人工繁育时间长、规模大，技术成熟，准入门槛低，已成为当地的"富民产业"，客观上促进了乡村振兴。

二是自行补充证据全面掌握费氏牡丹鹦鹉保护现状。费氏牡丹鹦鹉被列入《濒危野生动植物种国际贸易公约》附件Ⅱ，为国家二级保护动物。徐州市人民检察院多次向××市××局调取当地鹦鹉人工养殖、政府宣传管理情况，全面掌握了解当地对人工繁育野生动物监管举措，并发现当地主管部门未要求养殖户申请养殖许可，亦未对非法养殖、利用行为予以查处，致使当地的鹦鹉养殖、利用长期处于监管空白状态。

三是召开专家论证会广泛听取社会各界人士意见。因鹦鹉非法交易刑事案件频发，为妥善解决当地鹦鹉产业问题，2021年4月，国家林业和草原局在××地区开展试点，允许依法出售具有人工繁育许可证和专有标识的鹦鹉。为进一步规范试点工作，2021年6月24日，徐州市人民检察院在江苏省人民检察院的指导下，邀请环境资源、野生动物保护专家、省市人大代表、政协委员对当地鹦鹉产业的发展和王某等人买卖人工繁育费氏牡丹鹦鹉是否具有危害性进行充分讨论。与会专家、代表一致认为，费氏牡丹鹦鹉人工种群已经具有规模、技术成熟，对人类和野外种源未发现有危害性，终端买家购买为养宠观赏，作为刑事犯罪予以打击不适宜。

同时，在走访和调研基础上提出检察建议，建议××市××局做好人工繁育鹦鹉办证许可和专用标识管理试点、规范人工繁育鹦鹉交易市场的监督管理、做好野生动物保护的培训宣传等工作。2021年11月12日，徐州市人民检察院向××市××局送达检察建议，并同主管部门开展座谈，走访被不起诉人和养殖户，面对面释法说理。该局接受检察建议后，表示将认真分析研究，制定可行方案，采取有力措施加以落实。

野生动物保护是维护生物多样性和生态平衡的重要举措，也是推进生态文明建设的重要内容。徐州市人民检察院摒弃机械司法、就案办案，综合考量法理情，克服疫情困难依法履职，主动调研费氏牡丹鹦鹉监管情况和养殖户困境，结合野生动物保护政策向××市主管部门制发检察建议，得到被建议单位的充分认可，并据此开展系列专项整治工作。在该检察建议制发过程中，检察机关还对养殖、销售人工繁育技术成熟的费氏牡丹鹦鹉有无社会危害性进行充分论证，对人工繁育野生动物保护名录的科学更新、野生动物资源案件司法解释的修订完善起到积极的推动作用。在检察建议落实过程中，徐州市人民检察院还注重加强与××局的沟通，合力推动当地鹦鹉养殖产业进入健康、良性发展的轨道，为助力乡村振兴提供了有力司法保障，回应人民群众期待，厚植党的执政根基。

【专家点评】

习近平总书记反复强调，法治建设既要抓末端、治已病，更要抓前端、治未病。检察机关作为法律监督机关，从个案办理到类案监督，继而深化为社会治理，是办案境界的升华，也是以法治方式推动社会治理的重要体现。

（一）检察建议书充分体现依法履职

检察机关在办理王某危害珍贵、濒危野生动物案时，根据《刑法》第13条和"两高两部"《关于依法惩治非法野生动物交易犯罪的指导意见》第9条的规定，以及行政法规政策的变化，结合从旧兼从轻原则，认为本案情节显著轻微，危害不大，不认为是犯罪，决定对三名犯罪嫌疑人作绝对不起诉。本案处理本身体现了法治精神。同时"案结事更好"，对案件背后隐藏的深层次问题，分析原因，查找漏洞，抓源治本，体现了检察机关由个案办理到参与社会治理的办案链条拉伸与监督层次提升。

（二）检察建议书精准、可操作

《人民检察院检察建议工作规定》要求检察建议"明确具体、说理精准、论证严谨、语言简洁、有操作性"。检察建议书的内容主要分为两部分：一是在办案中发现的社会治理问题；二是对相关问题提出有针对性的建议。社会治理类检察建议高质效的关键是突破专业壁垒，找准问题和原因，提出的建议才具有可操作性。就本案而言，检察机关主动同相关部门深度沟通，走访当地鹦鹉养殖企业和养殖户，了解当地费氏牡丹鹦鹉人工繁育情况，通过深度调研了解费氏牡丹鹦鹉人工繁育情况，与行政执法机关座谈、邀请环境资源、野生动物保护专家讨论论证，提高了检察建议书的针对性，避免了"外行之问"，值得肯定。本篇文书提出的"做好人工繁育鹦鹉办证许可和专用标识管理试点""依法划定交易场所，实行定点交易"具有很强的可操作性，尤其是"简化办证手续，使符合条件的养殖户尽早取得国家重点保护野生动物人工繁育许可证"，体现了以人民为中心的司法理念，回应了人民群众的期待。

（三）检察建议书制作程序规范

本文书由办案所在地检察机关向异地行政主管部门××局制发。《人民检察院检察建议工作规定》第3条第1款和第11条规定，人民检察院发现本院所办理案件的涉案单位存在制度不健全不落实、监督管理不到位、风险隐患突出等社会治理问题的，可以直接向其提出检察建议。涉案单位包括两种情形：一种是本院所办案件的当事人，比如单位犯罪案件被告人，刑事案件被害人为单位的，行政诉讼监督案的涉案行政机关等；另一种是本院所办理案件当事人所在的单位，并且案件事实与单位存在的制度漏洞、管理疏漏等问题具有紧密联系，比如犯罪嫌疑人利用其所在单位会计制度漏洞实施犯罪，其所在单位也属于涉案单位。企事业单位、人民团体和社会组织的分支机构符合上述情形的，也属于涉案单位。根据《人民检察院检察建议工作规定》第3条第4款规定，"向异地有关单位制发检察建议，应当书面征求被建议单位所在地同级人民检察院意见。被建议单位所在地同级人民检察院一般应在十五个工作日内书面回复制发检察建议的人民检察院，表明是否同意制发检察建议并说明理由。被建议单位所在地同级人民检察院提出不同意见，办理案件的人民检察院坚持认为应当制发检察建议的，层报共同的上级人民检察院决定。在共同的上级人民检察院决定之前，不得制发检察建议。"根据《检察机关开展检察建议工作有关问题的解答》（高检办发〔2021〕11号），异地是指制发检察建议的检察院管辖范围以外的地方，不同省（自治区、直辖市）之间、同一省（含自治区，不含直辖市）内不同市、县之间均属于异地。向异地有关单位制发检察建议应当遵循"谁制发谁督促"的原则，由制发检察建议的人民检察院负责检察建议的督促落实，并可以商请被建议单位所在地人民检察院予以协助，被建议单位所在地人民检察院应当提供协助。

当然，本文书也存在一定瑕疵，比如改进建议中的加强普法宣传，有落窠臼之感，在社会治理类检察建议文书中同类化、同质化明显。当前"社会治理检察建议落实情况"已纳入平安中国建设考评体系，关键要提高建议质量，重在解决问题，避免千篇一律。

（点评人：王佳，最高人民检察院法律政策
研究室法律专题研究处处长）

96. 山西省人民检察院关于粮食领域职务犯罪检察建议书

【简要案情】

2021年8月,中央纪委国家监委部署在全国范围内开展粮食购销领域腐败问题的专项整治工作。随着各地粮食系统反腐风暴的持续推进,一批"硕鼠""蚁贪"扎堆被查,引发社会高度关注。最高检响应中纪委在粮食购销领域的反腐败号召,部署山西省院对全省检察机关办理粮食购销领域职务犯罪案件开展专项调研。经系统梳理,2022年1月至6月,山西省检察机关办理粮食购销领域职务犯罪案件59件65人,其中,86%的涉案人员是粮食企业或者单位的"一把手"。上述问题暴露出粮食系统在干部监管问题存在不足、集体决策流于形式、财务管理上有漏洞等诸多问题,导致粮食领域工作人员职务犯罪案件频发,大案窝案串案触目惊心,给国家造成重大财产损失,在一定程度上影响了当地经济的健康发展。为保障人民群众生命安全和维护社会和谐稳定,山西省人民检察院向××局制发检察建议。

【制发过程】

山西检察机关在严厉打击涉粮领域职务犯罪的同时,更加注重深化腐败治理,通过深挖粮食购销领域发案规律及深层次问题,针对粮食购销领域腐败犯罪案件多发易发的严峻形势,山西省院于2022年11月15日向××局公开送达检察建议书,面对面进行释法说理,指出涉粮部门、企业存在的廉政教育、财务管理、监督制度等方面的突出问题,针对性地提出意见建议,推动从源头上解决问题、防范风险。该局接受检察建议后,表示将认真分析研究,制定可行性方案,采取有力措施加以落实。历经近 2 个月的自查整改,2022 年 12 月 30 日,××局向山西省人民检察院书面回复,认可全部问题,采纳了全部意见。

【文书全文】

山西省人民检察院
检察建议书

晋检建〔20××〕×号

××局:

民以食为天,食以安为先。粮食安全事关民生利益,至关重要,既是战略性安全,也是系统性安全。习近平总书记指出,粮食安全是"国之大者"。总体来看,我省粮食购销领域运行良好,在保障人民群众生命安全和维护社会和谐稳定中做出了积极贡献。但是,近年来,粮食领域工作人员职务犯罪案件频发,大案窝案串案触目惊心,给国家造成了重大财产损失,在一定程度上影响了当地经济的健康发展。

2022 年以来,山西省检察机关认真贯彻落实习近平总书记关于粮食安全的系列重要讲话精神,积极配合监察机关开展涉粮领域专项整治行动,充分发挥检察职能,严厉打击涉粮食领域职务犯罪,取得了阶段性成效。上半年,全省检察机关共办理粮食购销领域职务犯罪案件 59 件 67 人,其中,忻州 13 件 16 人、临汾 10 件 10 人、运城 10 件 10 人。涉粮领域职务犯罪案件罪名主要有贪污、受贿、挪用公款、滥用职权等。检察机关在办案中认真分析了粮食系统贪腐案件的犯罪事实、证据体系、构成要件、法律适用等相关工作情况,发现我省粮食系统在工作制度、管理机制、人员教育等方面存在以下主要问题:

一是党风廉政教育不到位。作为粮食领域的公职人员,本应坚决扛起国家粮食安全的政治责任,认真履行职责,为民造福。但在办案中发现,绝大多数被告人不仅不正确履行责任,反而在巨大的利益和诱惑面前,靠粮吃粮,以粮谋私,完全丧失理想信念。根本原因就是党风廉政教育不到位,不能树立正确的权力观、价值观。比如,××市地方粮食××储备库有限公司董事长张某某贪污、受贿案,张某某在忏悔书中写到:"平时把学习当摆设,应付了事,没有真正学通学懂,对党纪国法缺乏敬畏之心,随着贪欲的不断膨胀,一步步走向犯罪。"

二是干部轮转机制不完善。办案中发现,被告人系单位"一把手"的占比达到87%。从省××局局长,再到县××局局长,从储备库主任到基层站长,均为单位负责人,且大部分被告人长期担任同一单位"一把手",得不到有效的干部轮换,为腐败的发生提供了便利的土壤。比如,××市××储备粮油有限公司经理曹某某贪污案,曹某某担任该公司"一把手"的时间长达16年,在企业经营方面独断专行,多次违规赊销、赊借国家储备粮,最终导致国有财产遭受重大损失。而单位"一把手"长期掌握着公司的经营决策权、行政管理权和财产支配权的职务便利,就容易造成腐败案件频发、多发。

三是粮食购销运行机制有漏洞。粮食领域的犯罪以"粮"为中心,主要体现在粮食购销、粮库工程和出入库装卸等环节上,均围绕粮食进行。涉案粮食领域公司在日常管理、监督制约、招标审核上均没有完善的规章制度,有的在粮食拍卖出库过程中,随意作废重新拍卖,有的是贷款资金未按照贷款用途使用,随意改变贷款用途。检察机关办理的案件中存在多起粮食经纪人为承揽粮食轮换业务,给储备库负责人送好处费现象。比如,××市地方粮食××储备库有限责任公司原董事长张某某,就在粮食出入库装卸费上"下功夫",通过返还装卸费用的形式来收受财物,影响非常恶劣。

四是财务管理制度不规范。有的涉案粮食领域公司负责人以非法占有为目的,严重违反公司财务章程,通过各种手段安排财务人员随意支取公司钱款,"公家账户"变成了"私人账户",财务人员变成了"私人管家"。被告人趁虚而入,大钻制度的空子,有的在经营中采取低价购进、高价入账的方法,从中牟取差价;有的虚假购粮、虚假轮换,进行虚假买卖;有的购销不入账,库存不实。比如,×县××粮油收购站负责人张某某利用职务的便利,采取收入不入账、虚列工资开支等形式,直接将80余万元公款非法据为己有。

为切实加强国家对粮食领域不法行为的专项整治,认真落实《粮食流通管理条例》等法律法规,保障国家财产安全和人民群众切身利益不受侵害,根据《中华人民共和国人民检察院组织法》第二十一条、《人民检察院检察建议工作规定》第十一条的规定,特向你局提出如下检察建议:

一是持续推进廉政教育常态化。建议系统内部切实加强党风廉政建设,将廉政教育常态化、精准化。深化警示教育成效,适时开展以案示警、以案说法、旁听庭审等工作,提高党员干部的法治意识。对涉粮企业人员的检测、保管、财务、仓储等业务进行集中培训,提高自身思想素质和业务能力,扎实推进纪律作风建设。粮食和储备行政管理部门及粮食领域企业公司内部纪检部门要提升监督能力水平,切实履行好管理职责,把廉政教育纳入年度考核,加大监督和问责力度,确保不再出现违法乱纪行为。

二是建立招投标风险评估机制。严格限制管理层家属、亲友开办或实际控制的企业参加投标,与中标企业有经济往来的,一经发现,工程资金不予结算。筛选以往中标企业和实际控制人,建立名单库,对频繁中标的企业要进行风险调查和评估,排除权钱交易等人情因素。

三是健全完善监督工作机制。建议以完善公司治理结构和监督机制为着力点,在股东、董事会、监事会之间形成制约有效的治理结构,充分提高内部监督实效。加强对项目建设、招投标、粮食出入库的同步监督,及时邀请第三方机构进行审计,确保项目资金安全,堵塞权钱交易漏洞。

四是加强干部轮换和交流机制。在配备领导干部时,依照职权主动履行职责,既要注重一定工作经验,又要评估长期任职单一系或部门的廉政风险,必要时定期进行岗位轮换和交流,压榨权力寻租的空间。要完善粮食管理巡查制度,对各地购销、储存、资金管理等进行定期检查,对涉及有玩忽职守、滥用职权行为的相关人员要及时依法依规进行处理,绝不姑息。始终坚持国家粮食购销的公益和保障性质,建立更加合理的人员上岗和任命机制，使更优秀的人才为国家和企业服务。

五是完善财务预支和结算制度。进一步细化财务管理，严格落实收支"两条线"管理办法，完善财务预支审批制度，净化财务管理秩序。规范项目结算制度，严格审计，确保每一次结算支付都做到有理有据、有规有序。不断完善财务和人事管理制度，加强粮食系统内部财务监督，对重要岗位负责人员的权力进行适当分解，对部门内部重大事项要实行民主决策，依法公开，保证系统内部运行阳光透明。

请贵单位在收到本建议书后及时研究，采取有效措施予以落实。如对检察建议书有异议的，请自收到检察建议书之日起十日内提出；如无异议，请将落实情况于收到检察建议书后两个月内书面回复本院。本院将积极支持、协同贵单位做好相关工作，共同维护国家粮食安全和社会和谐稳定。

山西省人民检察院
20××年×月×日

【承办检察官心得体会】

2022年6月，山西省院组成调研工作组赴忻州、临汾、运城等地，通过听取汇报、查阅案卷、召开座谈会等方式，对全省检察机关上半年办理的粮食购销领域职务犯罪案件开展专项调研，全面总结办案情况，分析存在的突出问题。针对办案中发现的具有监管职责的××局及下属公司存在干部监管问题、运行机制问题、财务管理问题等方面，与××局进行多次沟通、听取意见，并依据法定职权和责任范围，梳理出粮食购销领域存在的四大类问题，并从实际情况出发，在开展廉政教育、招投标风险评估、监督工作机制及干部轮换和交流四个方面提出对策建议，形成检察建议书。

检察建议送达后，山西省人民检察院持续跟踪督促，与××局部门主任建立直接沟通方式，定期了解检察建议的落实进展情况和落实过程中存在的问题，及时给予协助和指导，确保检察建议落到实处。

【专家点评】

此份检察建议书系检察机关经专项调研,提出粮食系统存在问题及改进措施,引起粮食部门高度重视,推动主管部门制定完善干部轮转机制等措施并抓好整改。检察建议书文书要素齐全、格式规范,调研论证充分,建议针对性和可行性强。

(一)找准发力点,在服务大局中彰显检察担当

粮食安全关系国计民生,是"国之大者"。党的二十大报告提出,要全方位夯实粮食安全根基,确保中国人的饭碗牢牢端在自己手中。检察机关对粮食购销领域职务犯罪办理情况开展专项调研,针对类案办理中暴露出的粮食系统在工作制度、管理机制等方面存在的共性问题制发检察建议,深入推进腐败问题诉源分析,充分体现检察机关坚决贯彻落实党中央关于根治粮食购销领域系统性腐败的决策部署,依法履职,在依法严惩涉粮职务犯罪的同时,积极助推粮食购销领域管理制度健全完善,切实助力守护好国家和人民的"粮袋子",为服务保障国家粮食安全和反腐败工作大局贡献检察智慧。

(二)文书制作规范精准,建议内容务实可行

一是做深调查核实,准确发现问题。检察机关以粮食购销领域职务犯罪办理情况为数据样本,通过组建调研工作组分赴忻州、临汾、运城等地,以听取汇报、查阅案卷、召开座谈会等方式全面深入了解案件办理细节,经与粮食主管部门进行多次沟通、听取意见,准确把握主管部门法定职权和责任范围,在全面深入调查核实的基础上,总结发现粮食系统在工作制度、管理机制、人员教育等方面存在四大共性问题。二是强化问题分析论证,做透释法说理。四大共性问题全面覆盖干部任免、购销运行机制、财务管理等关键环节、重点领域、核心人员,归纳分析问题全面精准,在阐明问题的同时,强化具体数据、典型案事例支撑,切实做到问题分析有理有据。三是做实措施建议,提升对策可操作性。检察建议书并不是笼统提出"加强宣传""完善制度"的空洞建议,而是立足被建议单位的职能特点,针对全省粮食系统存在的具体问题"开列药方",建议内容详略得当、针对性强,既包括完善招投标风险评估、

财务预支和结算等制度机制建设,也有开展定期岗位轮换交流、重要岗位负责人职权分解等具体工作方法,把握原则,也充分尊重被建议单位的工作主导性。

(三)强化沟通、持续督促,推动建议内容落地落实

省院在检察建议制发过程中,充分运用政治智慧、法治智慧、检察智慧,积极保持与粮食行政主管部门的良性互动,持续强化跟踪督促落实,有效推动检察建议落地落实。在调查核实环节,及时与被建议单位沟通对接,准确把握主管部门职责职权及主管范围,充分听取对方意见;在文书布局及语言表述上,首段中即充分肯定全省粮食购销领域的积极贡献,提出建议也能体现充分站在帮助解决问题的角度,末段更是明确表明"积极支持、协同贵单位做好相关工作,共同维护国家粮食安全和社会和谐稳定",积极争取被建议单位理解与支持;在检察建议送达环节,以公开方式予以送达,并进行面对面释法说理,同时与被建议单位主管部门建立直接沟通机制,定期了解检察建议落实进展及落实过程中存在的问题,及时给予协助和指导,共同推动检察建议落到实处。

(点评人:周媛媛,北京市丰台区人民检察院副检察长、全国公诉标兵)

97. 广西壮族自治区人民检察院关于加强金融监管检察建议书

【简要案情】

金融领域犯罪严重危害金融安全，增加社会综合治理成本，危害社会稳定和党的治国理政基础。调研发现，金融犯罪案件发生诱因较多，也暴露出金融业务操作、审批审核、监管等过程中存在的问题：一是金融违法犯罪黑灰色产业链查处不够深不够透，容易遗漏滋生犯罪。二是金融监管手段不足，未能发挥行政监管最佳效能。三是金融机构审核把关不严，对内部人员监管不力。四是部分民众金融、法律常识不足，难以适应金融业务发展。五是对金融创新有效引导和监管不够，容易被犯罪分子利用。六是处置大型高风险涉众型非法集资事件缺乏配套措施，易堆积维稳风险。

为贯彻全国、全区防范化解金融风险电视电话会议精神，根据最高人民检察院《关于充分发挥检察职能为打好"三个攻坚战"提供司法保障的意见》《人民检察院检察建议工作规定》等相关规定，广西壮族自治区检察院制发了关于加强金融监管的桂检建〔2019〕1号检察建议，以加强金融监管，及时发现查处违法违规行为，把违法犯罪风险消除在萌芽状态或者初始阶段，打好防范化解金融风险攻坚战。一是指导市县政府强化属地责任，及时、妥善处置高风险事件。探索建立重大非法金融活动评估、处置机制，加强对重大非法金融活动追责，加大联合追赃挽损工作力度。二是强化金融监管职责，充分发挥行政监管的最佳效能。加强地方金融监管部门执法配置，加大对金融创新活动的监管和引导力度，加强行为监管。三是突出全链条、多环节齐抓共管，建立全方位惩治体系。加强金融数据联动研判；严把市场准入，加强事中监督；建立健全金融监管、市场监管、网络信息监管、关联行业监管等部门间的联动执法机制。四是督促金融机构和其他金融行为实体强化主体责任，提升从业人员的素质。督促金融机构加大严格履职和自我监管力度，督促其他金融行为实体严格履行信息报告、披露义务，提高从业人员的诚信意识和法律意识。五是推动执法司法部门加强协作配合，形成打击合力。建立协作配合机制，加大依法适用"处罚到人"合力，联合制定易贬损财物先行处置机制和操作标准。六是多措并举，探索开展社会治理模式创新。构建金融犯罪与风险影响联合评估机制；推动研究成果转化应用，积极提出建议对策；大力开展普法，提高民众的法律意识和风险意识，促进树立正确的投资理念。

【制发过程】

检察建议依托于对2016年以来办理的金融犯罪案件所进行的专题调研，并于2019年11月先后征求了中国农业银行广西分行、邮政储蓄银行广西分行、农村信用社广西联社、广西银保监会、广西地方金融监督管理局、自治区政府办公厅等相关单位意见，参考了最高检3号检察建议。2019年12月9日，自治区检察院向××局送达检察建议，同时抄送最高检和自治区人民政府。2020年12月24日，自治区人民检察院、××局联合制定了《关于加强协作推动惩治金融犯罪、防范化解重大金融风险工作的意见》，推动建立健全全区检察机关、地方金融监管（工作）部门协作配合长效机制、常态化沟通交流机制，强化工作措施，预防和依法惩治金融行业违法犯罪，共同防范化解重大金融风险，维护金融安全和社会稳定。2020年2月28日，××局向自治区人民检察院书面反馈了具体的落实方案以及下一步共同推动的工作。

【文书全文】

广西壮族自治区人民检察院
检察建议书

桂检建〔20××〕×号

××局：

近年来，我区金融领域犯罪呈高发态势，大案要案频发，积累了不少风险。据统计，2016年1月1日至2019年9月30日，全区检察机关共批准逮捕金融类犯罪931件1288人，提起公诉金融类犯罪940件1345人。金融领域犯罪严重危害金融安全，增加社会综合治理成本，危害社会稳定和党的治国理政基础。为贯彻全国、全区防范化解金融风险电视电话会议精神，我院组织了金融犯罪情况调研。调研发现，金融犯罪案件发生诱因较多，也暴露出金融业务操作、审批审核、监管等过程中存在的问题：

一是金融违法犯罪黑灰色产业链查处不够深不够透，容易遗漏滋生犯罪。大量金融违法犯罪大肆利用虚假的公司信息、身份信息、账户信息，还通过软件公司建立非法集资平台，通过互联网企业获取流量支持，通过各类媒体进行虚假宣传。犯罪分子在设计经营模式时，往往通过虚假身份、虚假项目、虚假账户掩饰资金的真实去向，在形式上也通过各种虚假手段满足监管的表面合规要求。在分业监督、分段处置的监管模式下，单一监管部门对资金流向、股权结构、实际控制人等关键信息难以"穿透"监控，对违法犯罪黑灰色产业链查不深、查不透，容易导致金融犯罪问题没有被及时发现查处。例如，在2016年开始的网贷平台清理整顿过程中，监管部门明确了平台信息中介的定位，但没有对部分公司诸多形式合法实质违法问题及时查处，导致风险不断积累直至"爆雷"。例如2019年××市××区检察院办理的被告人余某某非法吸收公众存款案。2015年，被告人余某某所在的杭州××在线互联网科技有限公司在未获得相关部门批准的情况下，以承诺高预期收益的方式招揽投资款。为规避杭州市监管政策，该公司表面上转型做系统开发、技术咨询、技术服务。2017年11月27日，该公司收购广西××创互联网金融服务有限公司，非法开展吸收公众资金业务，至案发共非法吸收公众资金累计10亿余元（人民币，下同），投资人数约为5300人。

二是金融监管手段不足，未能发挥行政监管最佳效能。当前，在坚持金融管理主要是中央事权的前提下，赋予了省级人民政府对小额贷款公司、融资担保公司等7类机构实施监管，及对本行政区域内非法集资的风险排查、监测预警、案件查处、善后处置、宣传教育和维护稳定等职责。但地方政府长期存在监管手段不足，依照现行法律法规对金融违法犯罪行为处罚手段有限，经济处罚额度低、力度小等问题，对违法行为难以形成有效震慑。行政监管存在盲区，尤其是地下金融市场监管缺失，使很多非法集资行为和非法经营金融业务行为没有得到及时规制，造成只有"爆雷"后才不得不动用刑事手段处置。例如广西××贷案件。早在2016年3月，××市工商局行政管理局因多人举报对其启动调查，最后仅以涉嫌虚假宣传、误导民众、扰乱社会秩序为由处以一万元罚款。直至2016年底案发，该案最终造成9000余万元的经济损失。

三是金融机构审核把关不严，对内部人员监管不力。部分金融机构贷款审核环节疏忽大意，对客户身份证件、申请信息、担保证明等材料审查不细、不严，轻信提供的书面资料；部分金融机构在利益驱动之下有章不循或执行管理制度不严格、不规范，内控机制和风险缓释机制不健全甚至失效等情形依然存在。诸多涉及骗取贷款和贷款诈骗的案件背后均存在放贷方审核把关不严的情形。例如2018年××市检察院办理的广西××元融资性担保××有限公司骗取贷款案。我区××银行、北××湾银行等多家银行负责人收受该公司及其关联人员钱款1500万余元，进而为该公司的贷款业务大开绿灯，导致柳州银行等5家银行被骗取贷款394笔共计420亿余元。

四是部分民众金融、法律常识不足，难以适应金融业务发展。近年来，新型理财产品、金融业务发展迅速，实施犯罪也从传统形式转向借助P2P网络投资平台。部分民众手有余钱但缺乏金融知识与投资经验，出于盲目从众或侥幸心理，轻信短周期、高回报的诱惑宣传，为犯罪分子提供可乘之机。例如2019年××市××区检察院办理的罗某某非法吸收公众存款案。被告人罗某某以广西花××农业投资有限公司的名义，搭建"我××微农场"网络投资平台，虚设"养鸡、孵蛋"等投资模式，宣称"7天收益9%，23天收益23%"，八个月的时间便吸收注册用户18149人，充值人民币1675万余元。

五是对金融创新有效引导和监管不够，容易被犯罪分子利用。我区近年来借助西部大开发、组建中国－东盟自由贸易区等发展春风，金融经济得到较快发展，金融创新日新月异。这些创新产品中既有提升金融消费服务水平的真创新，也存在借改革创新之名非法圈钱的"伪"创新。监管部门在监管中若不能及时发现问题，作出有效引导和监管，容易被犯罪分子利用。例如，2015年12月广西××贷公司以"金融创新"的形式入驻××市互联网金融产业基地核心示范区。该公司在共计13路公共汽车上印制广告，走街串巷，大肆宣传。2016年9月，××市金融工作办公室向该公司下发《整改通知书》后，该公司仍然继续非法吸收公众存款，至案发已向4341人非法吸收存款4.1亿余元。

六是处置大型高风险涉众型非法集资事件缺乏配套措施，易堆积维稳风险。针对涉众型非法集资，案发前缺乏有效监管和风险提示、降解手段，相关监管部门通常处于事后被动治理状态，未能对有反常迹象的企业开展及时有效的事先监督和事中监管，案发后司法机关挽损追赃工作也有待加强。加之被害人诉求复杂，有些案件中部分被害人要求逮捕犯罪嫌疑人，其他被害人则要求对犯罪嫌疑人取保候审，继续经营业务，以偿还欠款。当诉求得不到满足时，被害人就对司法机关产生负面抵触情绪，甚至产生新的诉求，导致风险不断积累，成为信访维稳难点和社会不稳定因素的潜在"雷区"。例如2018年××市××区检察院办理的余某某、马某某、陆某某非法吸收公众存款案。案发时，该案5000多名被害人曾集中到公安机关控告申诉要求立案侦查，办案维稳压力大。

为加强金融监管，及时发现查处违法违规行为，把违法犯罪风险消除在萌芽状态或者初始阶段，打好防范化解金融风险攻坚战，根据《最高人民检察院关于充分发挥检察职能为打好"三个攻坚战"提供司法保障的意见》《人民检察院检察建议工作规定》等相关规定，提出如下检察建议：

一、指导市县政府强化属地责任，及时、妥善处置高风险事件

一是探索建立重大非法金融活动评估、处置机制。指导市县人民政府对辖区内高风险活动及时主动履行好风险提示责任，对影响重大的违法犯罪活动履行好决策处置等责任，依法严厉打击非法集资、金融诈骗等违法犯罪活动及借助金融创新之名从事的其他违法犯罪行为。二是加强对重大非法金融活动追责。对重大非法金融活动，在遵循中央金融管理部门赋予的权限基础上剖析案发原因，细化监管责任，增强问责制度刚性，坚决守住不发生系统性区域性金融风险底线。三是加大联合追赃挽损工作力度。对非法吸收公众存款、集资诈骗等涉众型经济犯罪，组织、协调有关职能部门及时查实涉案款项去向，对涉案财物依法查封扣押冻结，准确甄别款物的性质，并对证据予以固定；合理界定涉案人员的退赃责任，正确利用法律规定督促犯罪嫌疑人退赃退赔，尽可能弥补参与人的损失，做好依法追缴违法所得、处置涉案资产等工作。

二、强化金融监管职责，充分发挥行政监管的最佳效能

一是加强地方金融监管部门执法配置。大胆引入科技手段，将技术控制、制度控制、信息控制结合起来，形成网络化的行政执法监管体系。二是加大对金融创新活动的监管和引导力度。对于金融创新，要从创新形式、活动方式、可行性评估、应用范围、成果推广、损失赔付等方面严格监管和引导，将超出现行管理法律法规、可能存在较大风险的新业态、新手段纳入监管范围。实行分类管理和处置，对合规的企业和业务，要做好服务、引导和鼓励，促进其健康发展；对经营不规范、风险等级较高的要督促整改；对借创新之名行违法犯罪之实的，要坚决打击。三是加强行为监管。当前，"互联网+"模式下金融业态出现了诸多新业态，很多金融产品的底层资产互相渗透，混业经营等使得金融产品性质难以界定。建议地方金融监管部门从行为监管入手，加强协调相关职能部门协同处置，防止监管空白、互相推诿。

三、突出全链条、多环节齐抓共管，建立全方位惩治体系

一是加强金融数据联动研判。推动相关职能部门加强协作配合机制，加强信息和数据实时监控和分析，强化金融数据联动研判，解决部门之间线索衔接不畅、可疑线索利用率不高等问题，对高风险金融违法犯罪活动及时预警，强化进入执法司法环节的金融犯罪案件的工作衔接和信息、线索共享。二是严把市场准入，加强事中监督。加大对各类金融机构违法犯罪、规避监管等行为的日常监管力度，从健全风险预测预警和早期干预机制的角度加强针对性分析研判，根据违法违规程度分类化解风险，并及时监督、指导金融机构加强内部风控。三是建立健全金融监管、市场监管、网络信息监管、关联行业监管等部门间的联动执法机制。推动相关职能部门加强对全链条打击，加强链条治理，严厉惩处为金融犯罪提供帮助的黑灰色产业，对金融违法犯罪形成有效制约，建立行业自律、信用惩戒、行政处罚、刑事处罚相衔接的全方位惩治体系。

四、督促金融机构和其他金融行为实体强化主体责任，提升从业人员的素质

一是督促金融机构加大严格履职和自我监管力度。金融机构要切实履行主体责任，尽职履行法定审核义务、风险告知义务，发挥金融机构的监察、内审、稽核为主的监督检查体系的作用，盯紧业务风控难点和员工廉洁风险点，建立前期预防、中期监控、后期处置的"三道防线"，并根据风险等级，预警、防范、控制问题发生，妥善处置应对，切实加大自我监管力度。二是督促其他金融行为实体严格履行信息报告、披露义务。当前以P2P为代表的互联网金融发展迅猛，信息披露是投资者投资参考的重要依据。督促融资方和平台等金融行为实体认真及时向监管部门报告和向投资者披露资产端信息、资金去向、平台项目逾期率、坏账率等关键信息。三是提高从业人员的诚信意识和法律意识。充分利用开展"不忘初心，牢记使命"专题教育的契机，强化金融从业人员的职业道德教育和法制教育，使金融从业人员认识到不尽职责、玩忽职守、滥用职权和贪腐的危害后果和法律责任，提高他们的思想素质和职业道

德素质。

五、推动执法司法部门加强协作配合，形成打击合力

一是建立协作配合机制。统筹推进建立执法司法部门联席会议、联合调研、联动和信息共享机制，加强工作合力。二是加大依法适用"处罚到人"合力。金融监管部门要加大对相关人员进行相应处罚力度，依法适用"从业禁止、终身禁业"，剥夺其再从业的资格。推动司法机关在办理金融犯罪案件时，加大依法适用判处"从业禁止"的力度。三是联合制定易贬损财物先行处置机制和操作标准。针对当前非法集资案件涉案易贬损财物的处置难题，注重加强前瞻性预研预判，联合建立易贬损财物先行处置的有效机制和操作标准，实现价值保全。

六、多措并举，探索开展社会治理模式创新

一是构建金融犯罪与风险影响联合评估机制。由地方金融监督管理部门牵头，积极推动各级纪检监察机关、司法机关、金融监管部门认真总结过去查处金融违法犯罪工作取得的经验，加强对当前及今后一段时期的金融犯罪形势和金融风险的评估，防范化解金融风险；将经济影响评估与办案风险评估相结合，通过全面专业评估、制定防范预案，做到一案一评估，把可能产生的负面影响降至最低。二是推动研究成果转化应用，积极提出建议对策。加大对于金融犯罪高发、多发地区的类案风险预警和防控工作，善于运用专家学者的"外脑"作用，加强对金融领域新情况、新问题、疑难问题的研究；积极推动司法机关、金融监管部门发布调研报告、工作白皮书、典型案例，及时查找、全面分析金融犯罪案件反映出的社会问题和治理隐患，提出防治措施，推动重大金融问题的深入研究和解决。三是大力开展普法，提高民众的法律意识和风险意识，促进树立正确的投资理念。认真落实国家机关"谁执法谁普法"普法责任制，加强部门间联动普法，主动抢占普法宣传阵地，引导传统媒体、新媒体、金融机构主动参与金融法律知识宣传工作，加强普法的权威性、影响力和覆盖面，提高民众识别金融风险的能力，促使金融从业人员绷紧法律意识，注重从源头上减少金融违法犯罪发生。加强以案释法、以案普法，鼓励执法司法机关创作、发布法治宣传优秀作品，不断提高法治宣传教育的质量和效果。

有关工作情况及要求,请收到建议书后两个月内告知我院。我院将积极配合、协助做好相关工作,助力打好防范化解重大风险攻坚战。

20××年×月×日

【承办检察官心得体会】

鉴于近年来广西金融领域犯罪呈高发态势,大案要案频发,积累了不少风险,暴露出金融业务操作、审批审核、监管等过程中存在的问题。为加强金融监管,及时发现查处违法违规行为,把违法犯罪风险消除在萌芽状态或者初始阶段,打好防范化解金融风险攻坚战,充分发挥检察职能,督促、协同金融监管部门加强监管,形成常态化机制,共同防范化解重大金融风险,维护金融安全和社会稳定。承办人通过调研和实证分析,剖析金融犯罪发展趋势和风险隐患,进而提出对策建议。

(一)检察建议制发务必过程严谨、方法新、质量高

检察建议依托于专题调研,采用了对数据的实证分析和类案研究的方法,内容详实、方法创新。自治区检察院第四检察部通过查阅卷宗、统计数据、收集材料、走访相关职能部门,对2016年以来办理的金融犯罪案件进行调研,剖析犯罪发展趋势和风险隐患,提出对策建议,以期进一步强化打击金融犯罪,为健全金融法治、保障国家金融安全,促进经济和金融良性循环、健康发展提供有力司法保障。

(二)力争在全国省级院中做先行者

自治区检察院第四检察部将制发本检察建议作为贯彻落实以习近平同志为核心的党中央打好防范化解重大风险攻坚战决策部署的举措,以及贯彻全国、全区防范化解金融风险电视电话会议精神和最高检制发的3号检察建议书,聚焦金融风险防范化解工作要求的具体抓手。因此,在制发检察建议过程中力求见事早、行动快,以抓铁有痕的决心迅速落实该项工作,力争在全国省级院中做先行者。

(三) 力求检察建议提出的措施新颖、科学可行,推动金融监管工作的合力治理格局

检察建议提出的六项建议内容丰富,多措并举,科学合理,力求有效探索开展强化监管和社会治理模式的创新。同时,通过检察建议切实推动建立健全检察机关、金融监管部门协作配合长效机制、常态化沟通交流机制,强化工作措施,预防和依法惩治金融行业违法犯罪,充分体现检察机关的社会担当,共同防范化解重大金融风险,构建金融监管工作的合力治理新格局,维护金融安全和社会稳定。

【专家点评】

检察建议是人民检察院依法履行法律监督职责,参与社会治理,维护司法公正,促进依法行政,预防和减少违法犯罪,保护国家利益和社会公共利益,维护个人和组织合法权益,保障法律统一正确实施的重要方式。因此,检察建议中对发现问题的揭示和分析是否准确、具体,对解决问题的相关对策、措施的论述是否全面、合理、可行,决定了一份检察建议的质量,影响到检察建议发出后能否取得预期的效果。

本篇检察建议依据对1000余件金融犯罪案件的整体统计分析、个案解剖研讨及向有关金融机构调研与征求意见的情况,对金融领域存在的诱发金融犯罪的问题进行了深入、准确的揭示和分析,并有针对性地提出相关对策、措施。

(一) 问题揭示准确、分析深入

对存在问题的揭示是否准确、分析是否深入,决定了能否采取有力对策、措施有效地解决问题。本篇检察建议把金融领域存在诱发金融犯罪的问题概括为"金融违法犯罪黑灰色产业链查处不够深不够透,容易遗漏滋生犯罪""金融监管手段不足,未能发挥行政监管最佳效能""金融机构审核把关不严,对内部人员监管不力"等六个方面,可谓客观准确,切中要害。如"金融机构审核把关不严,对内部人员监管不力"问题的存在,正是实践中导致骗取贷款罪大量发生的最主要原因,甚至在不少案件中,金融机构工作人员基于完成发放贷款的任务、收取他人贿赂等原因,竟然指引贷款者制作假材料。可以说,本篇检察建议对金融

领域存在问题的揭示和分析,为提出有针对性的对策、措施奠定了坚实的基础。

(二) 对策、措施全面可行

本篇检察建议坚持整体、系统解决问题的理念,从事前预防、事中监管、事后惩治三个维度全方位、多角度地提出解决现存问题的系统性对策和措施。而且,所提对策、措施具有很强的针对性,如针对"部分民众金融、法律常识不足,难以适应金融业务发展"的问题,提出大力开展普法,提高民众的法律意识和风险意识,促进树立正确的投资理念;针对"金融机构审核把关不严,对内部人员监管不力"的问题,提出督促金融机构加大严格履职和自我监管力度;针对"对金融创新有效引导和监管不够,容易被犯罪分子利用"的问题,提出加大对金融创新活动的监管和引导力度,等等。全面可行的对策、措施,为检察建议接收单位在实际工作中切实贯彻落实提供了充分的保障。

当然,本篇检察建议也存在着一些不足。如所提的对策、措施虽然全面、系统,但过于面面俱到,内容庞杂,规模宏大,没能针对实践中存在的突出问题、重点问题如非法吸收公众存款罪、骗取贷款罪的防范和查处提出更加切实的具有针对性的对策、举措,因而不利于金融机构集中精力优先解决当前急迫问题。

(点评人:刘志伟,北京师范大学法学院教授、博士生导师)

98. 侯某某、董某某等 4 人过失致人死亡案检察建议书

【简要案情】

2014 年 9 月,被告人董某某租赁被告人侯某某位于北京市××区××村××号×的宅基地,违规建房用于出租牟利,并委托被告人李某某负责日常管理。2018 年左右,被告人董某某雇用无操作资格的被告人张某某在该处建造简易充电桩用于电动自行车充电。2022 年 2 月 11 日 3 时许,在该处充电的电动自行车,因墙壁电源接口下游端连接设备(包括充电适配器、锂离子蓄电池)发生故障,车辆上的锂离子蓄电池热失控起火,引发火灾,造成租户郭某正(男,44 岁)、刘某映(男,25 岁)、魏某蒙(男,26 岁)、李某影(女,26 岁)、马某(男,39 岁)死亡,李某东(男,23 岁)、李某熙(男,30 岁)、李某辰(男,5 岁)等人受伤,房屋及内部设施、电动自行车、摩托车等财物损毁。经鉴定,郭某正、刘某映、魏某蒙系烧死,李某影、马某系一氧化碳中毒死亡;李某辰损伤程度为轻伤二级,李某熙损伤程度为轻微伤;房屋及内部设施损失 59050 元,车辆等损失 35752 元。同日,被告人董某某、侯某某、李某某在案发现场主动向民警投案,被告人张某某在其暂住地被抓获。

【诉讼过程】

该案由北京市公安局××分局侦查终结,以被告人董某某、侯某某、李某某、张某某涉嫌过失致人死亡案,于 2022 年 5 月 18 日向北京市××区人民检察院移送起诉。北京市××区人民检察院于同年 9 月 15 日提起诉讼。20××年×月×日北京市人民检察院第一分院向××行政主管部

门制发检察建议书。

【文书全文】

北京市人民检察院第一分院

检察建议书

京一分检建〔20××〕×号

××行政主管部门：

2022年2月11日凌晨，××区××镇××村一村民自建出租房因电动车充电爆炸起火致5人死亡、多人受伤，造成严重社会影响。现涉案人员董某某等人因涉嫌失火罪已被移送××区人民检察院审查起诉。该案的发生，反映出你区基层社会治理存在若干安全隐患，亟需贵单位组织领导并督促相关责任单位采取有效措施加以治理。

一、问题隐患

近年来，电动自行车已成为广大居民出行的重要交通工具，但与此同时，电动自行车引发的火灾也呈多发频发趋势，严重威胁人民群众的生命财产安全，特别是在基础设施建设较为薄弱的农村地区，存在以下安全隐患：

（一）村民自建房监管存在漏洞

一是村民违法违规乱建现象长期存在。依据2010年原市规划委、原市国土局、市住建委、市农村工作委下发的《关于印发〈北京市村庄规划建设管理指导意见（试行）〉的通知》（市规发〔2010〕1137号）等有关规定，农村宅基地住宅建设实行建设审批制度。经查，本案事发房屋翻建于2014年，未办理房屋建设相关的项目批准、核准、备案手续，属违法建设，且至案发七年有余，未有相关部门予以监督查处。反映出××镇政府、××村村民委员会等相关单位未切实贯彻落实上述制度，导致违法乱建现象长期存在。二是对自建房屋安全隐患排查不力。依据

2011年2月《关于加强农村宅基地住宅规划管理工作的意见（试行）》规定：新增及原有宅基地住宅地上建筑层数不得超过一层；集中住宅地上建筑层数不得超过二层。经查，本案事发房屋为地上5层砖混结构楼房，每层6户，共计30户，4层、5层房间内未安装报警和灭火装置。房屋仅设一部疏散楼梯，且与停放的电动自行车间距过近。上述建筑层数、间距、疏散、材料等消防安全隐患问题在村民自建出租房中普遍存在，暴露出对村民自建房消防安全隐患排查不力。三是村民自建出租房安全管理和安全宣传不到位。经查，事发房屋院内发现十余个液化石油气瓶，公共区域堆放杂物，反映出安全消防宣传不到位，对出租自建房安全缺乏严格管控。

（二）农村地区公共消防基础设施存在缺口

一是村域建设规划不能满足消防要求。案发地××村道路狭窄且堆有大量障碍物，村内铺设高架供暖管限高，导致大型消防车辆无法通行，妨碍了灭火救援行动的开展。二是村内消防水源建设不足。案发地××村内共有10个地下式消火栓，但近一半无法使用，距离现场最近的市政消火栓距火灾现场约1.6公里，消防车只能停靠在距离现场较远的位置扑救。上述问题反映出农村地区建设规划未充分考量消防需求，消防基础设施的布置点位、设备维护等不能满足消防需求，一旦发生火灾事故，极易造成群众群死群伤的恶性后果。

（三）电动车充电设施管理不到位

一是充电设施设置不能满足需求。截止2021年，××镇平房院落、独立院落、自然院落等74个，已建充电设施4个。案发地××村电动自行车总数2350辆，有效使用的充电设施接口200个。充电桩、充电柜等电动车充电设施严重不足。二是村民私自设置"黑充电桩"造成安全隐患。由于村内未配建电动自行车集中停放和充电场所，导致大量电动自行车只能停放在出租院内，出租方片面追求经济利益最大化，雇佣无施工资质人员使用不符合安全标准的材料设置"黑充电桩"，形成安全隐患。三是对私设充电设施的行为摸排管控不力。事发房屋电动自行车充电设施为房屋出租者于2019年自行安装的墙面固定充电插座，因不符合统计口径，未列入××镇摸排统计台账。但此类私自设置的"黑充电桩"

更具安全隐患,应加强排查和管控,对不符合安全标准的应立即拆除。

(四)火灾预防、消防监督等工作职责有待进一步明确

一是消防救援机构与应急管理部门的职责边界不够清晰。根据中共中央办公厅、国务院办公厅印发的《组建国家综合性消防救援队伍框架方案》,国家综合性消防救援队伍由应急管理部管理,实行统一领导、分级指挥。但经调查了解,省以下应急部门与消防部门仍是平行关系,互不隶属。经查询你区政府网站,区应急局机构职责中包括"负责本区消防管理工作,指导消防监督、火灾预防、火灾扑救等工作"。但转制后,消防救援机构与应急管理部门就上述工作的具体分工,尚不清晰和明确。二是缺少牵头负责部门,工作衔接机制不畅。消防安全涉及消防救援、应急管理、住房城乡建设、公安等多个政府部门,但因缺少牵头抓总部门,在火灾预防、消防监督等工作中容易出现衔接不畅、相互推诿的问题。

二、意见建议

随着"十四五"规划的出台,我国正在大力推动乡村振兴战略,着力改善农村居民的居住环境,保障农村居民的居住安全,全面提高农村居民的基本生活质量。上述问题暴露出你区乡村治理及消防工作还有待加强。为从源头上防范化解重大安全风险,切实保障人民群众生命财产安全。根据《中华人民共和国人民检察院组织法》第二十一条和《人民检察院检察建议工作规定》第十一条之规定,针对上述问题,现向贵单位提出如下几点建议:

(一)加强农村宅基地和村民自建住房管理

一是严格落实农村宅基地住宅建设审批制度,严厉打击"未批先建、违法乱建"行为,建设生态宜居美丽乡村。二是建立自建房安全隐患定期排查制度。督促乡镇政府及村委会落实主体责任,定期开展动态巡查,对不符合建筑层数、间距、疏散、材料等消防安全标准的"违建"、"危房"及时拆除或整改,及时排除安全隐患。三是加强出租房管理和消防安全宣传。指导村委会等管理责任主体结合警示案例开展群众性宣传教育工作。利用电视、广播、村公告栏和政府"两微一端",线上线下同步推进,扩大宣传覆盖面和频次,不断提升群众安全防范意识。

（二）加强农村消防基础设施建设

一是对辖区村落消防基础设施现状进行排查摸底，合理布局、统筹增设消火栓，并定期检修维护，确保运行正常。二是结合美丽乡村建设，在对村内环境进行整治和清理时，注重拓宽村内道路，清理堆积杂物，打通火灾救援"最后一公里"。三是对辖区村落高架供暖管线铺设情况进行调研，对于影响消防车通行，具有消防安全隐患的，联合有关部门进行解决。

（三）加强电动自行车配套充电设施建设

一是督促各镇（街道）严格落实属地责任，全面摸清区域电动车保有量，统计充电桩需求，联合有关部门商讨如何科学布局充电桩，以及收费和后期维护等问题，推进充电桩规范化管理，统筹做好本辖区电动自行车火灾防控管理和专项检查整治工作。二是加快充电点位网点全覆盖和充电桩标准化建设。按照北京市地方标准，推进宅基地出租房区域电动车充电桩、充电柜等集中充电设施建设，确保充电设施安全运行，补齐充电场所设施短板，满足村民停放充电需求。三是督促村委会履行好安全管理责任，加强对电动自行车防火安全检查和夜间巡查，及时发现并制止私拉电线充电和设置"黑充电桩"的行为，对拒不改正的及时向相关部门报告。

（四）加强统筹协调明确职责分工

一是进一步明确应急管理部门、消防救援机构、住房城乡建设部门、公安等部门各自职责界限，形成职责清晰、分工明确、科学合理的火灾预防、应急救援格局。二是明确牵头负责部门，统筹现有应急处置、消防等资源，健全风险防范化解、隐患排查整治、应急响应联动处置体系。三是加强协作配合，定期开展联合执法活动，形成齐抓共管的消防监督格局。

请贵单位收到本建议书后及时研究，如有异议，请于七天内告知本院，如无异议，请采取有效措施解决上述突出问题，并在一个月内向本院书面反馈工作进展情况。本院将积极支持、配合贵单位做好相关工作。

20××年×月×日

【承办检察官心得体会】

习近平总书记强调,"要健全风险防范化解机制,坚持从源头防范化解重大安全风险,真正把问题解决在萌芽之时、成灾之前"。本案虽然事发突然但并不偶然。近年来电动自行车充电引起火灾多发频发,暴露出基层重大安全风险防范和社会治理方面还存在许多问题。承办人深刻认识到贯彻落实最高检"八号检察建议"对于维护首都群众生命财产安全、社会和谐稳定的重要意义,充分发挥检察建议在抓前端、治未病,督促纠正违法,推动社会治理、诉源治理等方面的重要作用,坚持"三个聚焦",做优做实本案检察建议。

(一)聚焦"深"字,深入挖掘问题根源

承办人第一时间与××区××办公室和××局等单位建立沟通机制,严格审查证据材料,实地走访现场踏勘,广泛听取有关同志意见建议,由点及面、由表及里,深入挖掘基础设施相对薄弱的农村地区在社会治理方面的一些普遍问题。比如,长达七年的时间里,有关部门未对事发村民违建楼房进行监督查处,该建筑在层数、安全间距、疏散条件、建筑用料等方面均存在消防隐患,所在村规划建设未充分考虑消防要求,大型消防车辆不能通行,消防水源建设不足,近一半消火栓无法使用;公共充电场所、设备短缺,村民私建"黑充电桩"现象普遍存在。

(二)聚焦"准"字,瞄准问题精准施策

明确提出加强农村自建住房管理、加强消防基础设施和电动自行车充电设施建设、加强政府部门间统筹协调等意见建议,督促当地行政主管部门牢固树立安全发展理念,严格落实安全管理责任,完善治理体系、提升治理能力,切实维护人民群众生命财产安全和社会大局稳定。

(三)聚焦"实"字,法律监督取得实效

××行政主管部门全面采纳本案检察建议,组织开展了安全生产隐患排查整治专项行动,累计检查生产经营单位17.2万家,督促整改安全隐患5.8万项;排查自建房4.9万栋,其中1000余栋存在安全隐患的房屋得到有效管控;清理违规停放电动自行车4000余辆,累计建成充电接口7.8万个,充电难问题得到有效缓解;加大财政投入,农村地区消防能力得到提升。经过整改，××区各类安全事故数量比去年同期下降13.5%。

"求木之长者、必固其根本，欲流之远者，必浚其泉源。"我们将持续贯彻落实《中共中央关于加强新时代检察机关法律监督工作的意见》和最高检"八号检察建议"要求，坚持治罪与治理并重，高质效办好每一个案件，以"我管"促"都管"，为推进更高水平的平安中国建设积极贡献检察力量。

【专家点评】

党的二十大报告指出，"完善社会治理体系。健全共建共治共享的社会治理制度，提升社会治理效能。"检察机关作为国家法律监督机关，在社会治理中担负重要职责和使命。《中共中央关于加强新时代检察机关法律监督工作的意见》也对检察机关依法履职、加强民生司法保障、积极引领社会法治意识提出了明确要求。根据办案制发检察建议书是检察机关履行上述职能的途径之一。本案检察建议书具有以下特点：

（一）见微知著，维护人民群众生命财产安全

火灾事故直接影响社会和谐安定和人民群众人身财产安全，特别是近年来由于电动车充电引发的事故时有发生，引发舆论关注。本案的检察建议书由一起电动车充电爆炸起火导致人员伤亡的案件出发，见微知著，发现事故背后农村基础设施建设薄弱的"大问题"，体现了检察机关依法履职，由"个案"监督上升为参与社会治理的重要路径。本案充电车事故的发生地位于××区××村宅基地，检察官没有就案论案，而是善于发现乡村治理的薄弱环节，从案件本身剖析出自建房监管、消防基础设施等管理漏洞，将办案效果提升到为乡村振兴提供良好社会治安基础的高度。

（二）针对性强，梳理共性问题，提出对策建议

电动车充电事故发生往往多因一果，背后涉及的监管部门众多，包括城市建设与规划部门、消防救援机构与应急管理部门、电力设施维护部门等，在这种情况下，以××行政主管部门作为检察建议的制发对象最为适宜，这体现了文书制发对象的精准。综合治理类检察建议书质量的关键在于针对性，找准病根，对症下药。尤为难能可贵的是，本篇文

书坚持了系统观点,归结的原因和提出的对策体现了系统治理的思路。本篇文书并未简单地将失火原因归结为行为人不按规定给电动车充电,而是指出案件背后发现的自建房违规建设、安全隐患排查不力、农村消防基础设施和充电设备存在缺口等深层次管理"短板"。同时有针对性地提出加快农村消防基础设施和统计充电桩需求短期内可以实现、易于落实的治理建议。而且,针对乡村地区特点,建议充分发挥村民自治组织村委会的夜间巡查、网格化治理的作用,突破"一刀切"单一化行政管理思路,引进多元治理,将本是群众便民生活与社会治理的"堵点"促生为保障乡村社会治安稳定的"拐点"。

本篇文书结尾提及"本院将积极支持、配合贵单位做好相关工作",如果能加上加强跟踪反馈的"后半篇文章"就更为完美。当前"社会治理检察建议落实情况"已纳入平安中国建设考评体系,关键要提高建议质量,重在解决问题。建议发出后要持续跟进监督,推动从"办理"向"办复"转变。

(**点评人**:王佳,最高人民检察院法律政策研究室法律专题研究处处长)

99. 巩某某故意伤害案检察建议书

【简要案情】

2020年4月1日11时许,在××区××镇××小区北侧公园内,犯罪嫌疑人巩某某因琐事与袁某(男,殁年59岁)发生口角,遂持木棍多次击打袁某头面部,致袁某颅脑损伤死亡。

【诉讼过程】

2020年4月2日犯罪嫌疑人巩某某被北京市公安局××分局监视居住,5月23日被刑事拘留;经北京市人民检察院第三分院批准,6月29日被北京市公安局逮捕,9月28日移送北京市人民检察院第三分院审查起诉,2020年12月23日北京市第三中级人民法院作出一审判决,被告人巩某某没有提出上诉,判决已生效。20××年×月×日北京市人民检察院第三分院向××行政主管部门制发检察建议书。

【文书全文】

北京市人民检察院第三分院
检察建议书

京三分检公诉建〔20××〕×号

××行政主管部门:

2020年4月,我院受理了由××公安分局移送的巩某某涉嫌故意伤害（致死）一案。在办理该案的过程中，我们发现，本案案发地系××区××镇××小区北侧开放式绿地。在侦查机关附卷的案发中心现场勘查照片中，该绿地上清晰可见流浪人员所搭建的临时灶台，以及生火做饭的情况，现场环境杂乱，存在较多安全隐患。犯罪嫌疑人亦供述，案发现场所在的开放绿地系多名流浪人员临时居住地。

2020年10月13日，我院检察人员亲自前往案发地进行查看。在查看和走访的过程中发现，该绿地地处居民小区和商业区周边，附近往来居民群众较多，但从目前的管理和维护情况看，存在以下问题：

一是绿地周边存在较多安全隐患。经查看：绿地与××河之间可供行人通行的道路上，随意堆砌着破损严重的玻璃窗，存在较大面积的玻璃碎刃外露情况；绿地中间的长条木椅破损严重，座椅底部长达十厘米左右的铁钉裸露。

二是绿地周边设施人为破坏情况较为严重。经查看：绿地与××河之间的围栏多处遭人为破坏，产生的两个大豁口可以随意通行；标有卫生责任区域的市政指示牌倒在马路边上土坑内。

三是绿地及周边卫生情况较差。经查看：绿地内现仍有流浪人员废弃的窝棚，棚内及周边均有被随意丢弃的衣物、鞋子；绿地周边堆有建筑垃圾，易燃泡沫、塑料制品等生活垃圾，以及被破坏的共享单车。

四是周边流浪人员没有得到有效安置，给周边治安带来隐患。在走访中附近居民反映，该区域流浪人员较多，天气暖和的季节主要分布在开放式公园和绿地，天气转冷后转入周边小区。根据居民提供的线索，我们在××小镇西侧居民健身区域的凉亭内发现几名流浪人员的被褥及衣物，小区居民反映流浪人员在此居住期间时有打架斗殴等情况发生，给小区治安和居民正常生活秩序带来了较大隐患。

五是××镇恶性刑事案件案发率较高。经对我院2018-2020年受理的刑事案件进行统计，三年来发生在××镇的故意杀人、故意伤害（致人重伤、死亡）、抢劫类案件共10件，占我院近三年办理的××区三类恶性案件总数的30.3%，属重罪刑事案件高发区。

针对以上问题，我们认为应当进一步加强对辖区内治安环境的分析和整治，对流浪人员的救助和管控，对开放式绿地的管理和维护，营造居民区和商业区周边的良好环境，避免再次发生恶性犯罪案件，现依据有关法律规定和《人民检察院检察建议工作规定》，提出如下检察建议：

一是尽快组织力量清理绿地周边建筑及生活垃圾，以及绿地周边的废弃窝棚、玻璃窗、易燃泡沫等具有安全隐患的废弃物品，及时修复被破坏或已损坏的设施，以免发生安全事故。

二是加强对绿地及周边设施的日常巡检和维护。该绿地地处居民区和商业区，占地面积较大，尚有周边居民在其中活动。应加强对绿地及周边设施的日常巡查和维护，并关注夜间照明问题。

三是会同有关部门对周边流浪人员及时进行救助、安置和管控。在我院办理的多起案件中均暴露出××镇周边存有较多的流浪人员，且对他们缺乏有效救助、安置和管控，导致刑事案件多发，对周边居民的生活造成了不良影响。11月10日，我院第三次前往该绿地进行查看时，再次发现绿地周边出现多名流浪人员的被褥及窝棚。建议对此给予高度重视，整合民政、城管、林业、环保等部门的力量开展专项治理活动，采取合理有效措施，疏解、安置周边流浪人员。

四是建议及时商请公安机关加强对周边治安环境的整治，由当地派出所加强对辖区内流动人口的登记和监管力度，对流浪人员经常出入的重点区域，加大监管和巡查力度，尽量减少流动人口带来的社会治安隐患。

请在收到本建议书后及时研究，从机制层面有效解决目前发现的问题，并尽可能杜绝辖区内相似情况再次发生。并请在收到建议书后两个月内，向我院书面反馈开展相关工作情况。如有异议，请在收到检察建议之日起七日内向本院书面提出。我院也将积极配合做好相关工作，共同推动案发地周边治安、卫生等环境整治工作的有效开展，尽快实现"整治人居环境，助力乡村振兴"的工作目标。

20××年×月×日

【承办检察官心得体会】

北京市人民检察院第三分院检察官在办理巩某某故意伤害（致死）一案中发现，北京市××区××镇地区对于辖区内环境治理、流浪人员救助、治安管控等工作存在一定疏漏，导致治安隐患，与作为城市副中心的通州区区域定位不符。基于以上线索，承办人多次带领办案组前往案发现场周边进行实地走访和调查，并对该区域近年来发生的故意杀人、故意伤害等恶性案件进行调研，针对发现的问题，积极与行政部门进行沟通，要求相关部门立即进行整改，并于2020年11月围绕区域社会治安综合治理、流浪人员管控安置等问题向行政主管部门制发检察建议。行政主管部门收到检察建议后高度重视，责成有关部门制定整改方案，逐条落实检察建议，并于2021年2月24日就检察建议的整改落实情况向我院回函。整改期间，承办人多次带领办案组前往整改区域和现场进行督办检查，确保整改落地落实。在检察机关的大力推动和当地政府的积极配合下，当地卫生环境和治安状况得到极大改善，周边群众满意度大幅提升，切实发挥了助力区域社会综合治理的检察职能。

【专家点评】

社会治理检察建议是人民检察院依法履行法律监督职责、促进完善社会治理的重要方式。高质量、可操作性强的检察建议不仅能够增强监督刚性、提升办案质效，更能推动社会治理难题的协同共治。本案是一起故意伤害（致人死亡）的恶性刑事案件，案发地位于北京市××区××镇××小区北侧开放式绿地，承办检察官在办案中发现，北京市××区××镇地区对于辖区内环境治理、流浪人员救助、治安管控等工作存在一定疏漏，导致治安隐患。通过实地走访调查、调研分析，向北京市××行政主管部门制发社会治理检察建议。该份检察建议书较好地遵循了《人民检察院检察建议工作规定》，文书各部分的格式、用语规范、严谨，基本叙明了检察建议书所必须的内容要素，剖析问题深刻，提出的建议明确具体、说理充分、论证严谨、语言简洁、有操作性。

(一) 做深调查核实，发现问题注重"准"

检察建议提出的问题必须是"真问题"，问题要紧扣被建议单位的职能和社会治理发展实际。问题提的不准，检察建议的效果就会打折扣。承办检察官发现线索后，多次带领办案组前往案发现场周边进行实地走访和调查，并对该区域近年来发生的故意杀人、故意伤害等恶性案件进行调研，精准把脉"已病"、精确查找"未病"，提出案发区域绿地周边存在较多安全隐患、绿地周边设施人为破坏情况较为严重、绿地及周边卫生情况较差、周边流浪人员没有得到有效安置、××镇恶性刑事案件案发率较高五个方面的问题，触及××镇地区存在治安隐患的根源，发现问题精准，具有针对性。

(二) 做实措施建议，提出建议注重"实"

制发社会治理检察建议，应当准确确定检察建议发送对象，建议的内容不应超出其职责范围。根据《地方各级人民代表大会和地方各级人民政府组织法》（2015年修正）第59条，县级以上的地方各级人民政府行使职权包括：领导所属各工作部门和下级人民政府的工作；执行国民经济和社会发展计划、预算，管理本行政区域内的经济、教育、科学、文化、卫生、体育事业、环境和资源保护、城乡建设事业和财政、民政、公安、民族事务、司法行政、监察、计划生育等行政工作；保护社会主义的全民所有的财产和劳动群众集体所有的财产，保护公民私人所有的合法财产，维护社会秩序，保障公民的人身权利、民主权利和其他权利；等等。对于××镇的管理疏漏，北京市三分院向主管部门制发检察建议，紧扣被建议单位的职能和社会治理发展实际，对症下药，提出四点切实可行的整改建议，具备可操作性。

(二) 紧抓跟踪落实，跟踪督办注重"效"

检察建议不仅要高质量地"发出去"，更要高质量地"落地办"。实践中，有的社会治理检察建议不注重整改效果的跟踪落实，单纯以被建议单位的纸面回复作为办结依据，缺乏案结事了的办案思维，造成社会治理成效虎头蛇尾，顽瘴痼疾反复出现。承办检察官在检察建议发出后，多次带领办案组实地回访、督办检查，积极配合当地政府开展工作，确保整改落地落实，共同推动案发地周边治安、卫生等环境整治工作的有效开展,使得当地卫生环境和治安状况得到极大改善,周边群众满意度大幅提升,社会治理取得明显成效。

承办检察官依法履职,通过办理个案发现社会治理线索,推动改善民生,维护社会稳定,充分彰显了检察机关在推进完善社会治理、助力更高水平平安中国、法治中国建设中的担当作为。

(**点评人**:任婕,安徽省芜湖市人民检察院第一检察部副主任、全国十佳公诉人)

100. 长兴新××环保科技有限公司、夏某某等4人污染环境案检察建议书

【简要案情】

2021年5月12日,湖州、长兴市县两级公安机关、生态环境部门联合对湖州市长兴新××环保科技有限公司(以下简称"新××公司")开展夜间突击检查,发现该公司将一种"COD去除剂"稀释液通过塑料管加入排放废水中。经检测,该去除剂主要成分为氯酸钠,无法真正去除化学需氧量(COD),只是干扰COD的监测,使自动监测设施测定结果偏低,实为"屏蔽剂"。经查,2020年12月至2021年1月份,为逃避监管、防止被处罚,新××公司先后七次从开源公司购买"COD去除剂"水剂、粉剂共3.275吨,由夏某某或夏某某指使的其他员工投加至污水处理的末端,干扰自动监测设施,致使所排放污水中污染物化学需氧量的监测值比实际偏低。

【诉讼过程】

2021年5月19日,公安机关依法立案侦查,2021年12月30日,公安机关向检察机关移送审查起诉。

审查起诉期间,湖州市检察机关针对企业购买"COD去除剂"、"COD去除剂"来源、被告人主观故意等方面证据进一步开展了补充侦查;对新××公司运营的污水处理厂进行实地复勘;与浙江省生态环境科学研究院开展技术协作,就"COD去除剂"成分、性质、作用、损害后果等问题,征询专家意见,进一步完善证据体系。

湖州市院将该案向市中级人民法院提起公诉,2022年6月2日两长

同庭履职，检察机关量刑建议被全部采纳，被告人均未上诉。该案属全国首例"COD 去除剂"干扰自动检测设施刑事案件，首次以判例形式对司法解释中"干扰自动监测设施"予以明确细化。在新华网、中国新闻网、央视《新闻直播间》、央视新闻客户端等全国性媒体上普遍报道，引起社会广泛关注。20××年×月×日湖州市人民检察院向××局制发检察建议书。

【文书全文】

浙江省湖州市人民检察院
检察建议书

湖检建〔20××〕×号

××局：

本院在办理长兴某环保科技有限公司、夏某某污染环境案中发现，我市污水处理企业尤其是乡镇污水处理厂在实际运行过程中存在违法排放、管理松散等问题。本院对我市乡镇污水处理厂运营情况进行了深入调研分析。

截止今年9月，全市共有31家乡镇污水处理厂，按经营模式不同可分为两大类，一类是采用非市场化运营方式即国营模式，共6家；另一类是市场化运营模式即民营模式，共25家。全市31家乡镇污水处理厂日均总处理水量约38万吨，平均运行负荷率为72%左右，其中有29家同时接纳处理生活污水和工业废水，占全部乡镇污水处理厂总数的93.5%。我市乡镇污水处理厂分布较为分散，靠近太湖流域的××区和××县污水处理厂数量占全市总数的48.9%。2017年以来，我市乡镇污水处理厂因超标排放污染物、未验先投、固废污染环境、排放恶臭气体等原因受到生态环境主管部门行政处罚的共有26起，其中有4家乡镇污水处理厂在5年内被行政处罚3次及以上，乡镇污水处理厂违法排放污水问题较为突出。

一是乡镇污水处理厂效益驱动与行业发展公益趋势不匹配。污水处理厂是湖州水治理的重要环节，决定着区域水环境的质量和污水总量减排目标能否实现。调研中发现乡镇污水处理厂的负责人更倾向于用有限的成本获得更大的利润，此营利导向与污水处理行业公益性不匹配。

二是乡镇污水处理厂受行政处罚率高。近五年来，我市乡镇污水处理厂中受行政处罚的覆盖面比率达 32.3%，远高于县以上污水处理厂 6.3% 的受处罚率。10 家被处罚的乡镇属地直管污水处理厂中有 4 家在 5 年内受到行政处罚 3 次及以上，处罚金额最高的就是本院办理的长兴某环保科技有限公司、夏某某污染环境案中涉案的长兴某乡镇污水处理厂，单次处罚金额高达 51 万元。

三是乡镇污水处理建设和技术规范需要统一和更新。我市现有的污水处理厂管理依据主要包括《中华人民共和国水污染防治法》《城镇排水与污水处理条例》《浙江省水污染防治条例》《浙江省城镇污水集中处理管理办法》《湖州市城镇污水处理管理实施办法》等，大部分标准较为宏观。其中《湖州市城镇污水处理管理实施办法》公布至今已有 18 年。实践操作中，更应结合我市发展阶段、未来目标，设置符合我市污水处理管理实际的具体标准。

四是乡镇污水处理厂由乡镇政府属地监管机制不够顺畅。乡镇属地政府日常管理事务繁多、干部人手紧张、专业人员缺乏，对污水处理厂的管理普遍力不从心。调研中发现负责管理 31 家乡镇污水处理厂的乡镇干部中有 22 名乡镇干部认为乡镇一级因业务知识的欠缺和管理模式的不顺畅，难以管好污水处理厂，占管理污水处理乡镇干部总数的 71%。

本院认为，根据《中华人民共和国水污染防治法》第四十九条之规定，县级以上地方人民政府建设主管部门应当按照城镇污水处理设施建设规划，组织建设城镇污水集中处理设施及配套管网，并加强对城镇污水集中处理设施运营的监督管理。根据《城镇排水与污水处理条例》第五条之规定，县级以上地方人民政府城镇排水与污水处理主管部门负责本行政区域内城镇排水与污水处理的监督管理工作。根据《浙江省水污染防治条例》第二十三条之规定，县级以上人民政府应当采取措施，建立合理的水资源管理和节约用水机制，推进循环经济和清洁生产，推广节水减污技术，依法淘汰严重污染水环境的落后生产技术、工艺、设备和产品。根据《浙江省城镇污水集中处理管理办法》第五条、第二十条之规定，省住房和城乡建设主管部门和设区的市、县（市、区）人民政府确定的城镇污水集中处理主管部门负责本行政区域内工作。污水集中处理厂的进水口、出水口、水处理关键部位和重点排水户，应当安装水量、水质在线监测监控装置，并与污水处理主管部门和生态环境主管部门的监控系统联网。为此，根据《中华人民共和国人民检察院组织法》第二十一条、《人民检察院检察建议工作规定》第十一条之规定，提出如下建议：

一、完善乡镇污水处理厂建设管理体制机制。妥善解决目前乡镇污水处理厂管理主体、管理能力、管理机制等问题，确保乡镇污水处理厂管理运行依法依规、污水达标排放。

二、进一步规范乡镇污水处理厂建设、运行的各类标准，包括基础设施、技术力量、日常运维的标准规范，对全市乡镇污水处理厂规模、分布及处理污水类型进行摸排，根据城镇发展需求，适时规划整合区域性污水处理厂，淘汰处理设施和工艺上较为落后的污水处理厂，从源头上解决违法排污问题。

三、加大监管力度，强化对乡镇污水处理厂运营监管。及时将乡镇污水处理厂的进水口安装水量、水质在线监测装置与建设部门的监控系统联网，强化在线监控管理，履行城镇污水集中处理的监督管理职责。

四、发挥指导、监督乡镇污水处理厂行业建设、运营安全、应急管理的工作职责。全面排查乡镇污水管网设施功能状况，定期更新老化管网，定期对在线监测设施进行维护，确保在线监测设施正常运行，同时加强对乡镇污水处理厂运营的监督、考核和管理。

以上建议，若有异议，在收到本建议书后十个工作日内可向本院提出；若无异议，请在收到建议书后两个月内，将有关情况书面函告本院。

20××年×月×日

【承办检察官心得体会】

湖州作为"绿水青山就是金山银山"理念诞生地，省委在省第十五次党代会上赋予湖州建设生态文明典范城市的重任。生活污水、工业废水的处置作为水治理的关键环节，决定着区域水环境的质量和污水总量减排目标的实现。案件办理后，检察人员敏锐地发现案件背后可能存在的全市污水处理体制机制弊端问题。在市建设局、生态环境局等支持下，检察官对全市重点排污单位及污水处理厂进行系统调研，走访了全市两级生态环境部门、住建部门、20个乡镇，实地查看27家污水处理厂，与62名行政机关工作人员、乡镇干部、污水处理厂负责人进行交流座谈。经过三个月的调研，形成《关于湖州市乡镇污水处理厂涉法涉诉有关情况及治理建议的调研报告》。发现存在以下问题：一是乡镇污水处理厂受行政处罚率高，但屡罚不改；二是乡镇污水处理建设和技术规范亟需统一和更新。存在以上问题的原因主要是乡镇污水处理厂由乡镇政府属地监管的机制不够顺畅；乡镇污水处理厂效益驱动与行业发展公益趋势相冲突。

为主动融入基层社会治理大局，推进全市乡镇污水处理厂监管问题的源头治理，2022年10月，在充分沟通交流的基础上，湖州市人民检察院向××局发出一号社会治理检察建议，建议该局：一是完善乡镇污水处理厂建设管理体制机制；二是进一步规范乡镇污水处理厂建设、运行的各类标准；三是加大监管力度，强化对乡镇污水处理厂运营监管；四是发挥指导、监督乡镇污水处理厂行业建设、运营安全、应急管理的工作职责。

××局收到检察建议后高度重视，专题研究部署，商讨研判整改落实措施。2022年11月25日，××局书面回复，全面接受检察建议内容，并积极采取措施分批分步骤推进全市污水处理厂和管网企业统一经营管理，打造经营管理湖州模式。

检察建议制发后，湖州市人民检察院注重持续跟踪，及时了解检察建议的落实进展情况，确保检察建议落地见效。重点从三个方面进行跟踪落实：一是积极争取市委和上级检察机关的认可与支持。检察建议制发后，湖州市人民检察院第一时间向市委和省检察院专题汇报调研和检察建议相关情况，得到市委和省检察院主要领导的充分肯定，专题调研报告获市委书记、市长、市委政法委书记等领导批示肯定。二是推动市政府专题研究对策建议。市政府分管副市长召集职能部门召开会议，研究从体制机制、规范管理上实现源头治理，湖州市人民检察院常务副检察长参会，共商对策。市咨询委牵头组织相关部门组成联合调研组，对市本级给排水系统建设运营管理现状、趋势及存在的问题进行调研，形成《湖州市本级供排水系统建设运营管理现状及对策建议》。2023年市"两会"政府工作报告中，将全市污水处理厂综合整治提升列入重点事项。三是积极促推市××局落实检察建议。湖州市人民检察院通过加强联系沟通，密切关注检察建议整改落实情况。在全市工业企业分布较为集中的区域，建设一批工业污水处理厂。通过收购、混改、合资等形式，整合乡镇小、散污水处理厂，提高运营管理水平。同时，整合区域性联合污水处理厂，淘汰处理设施和工艺上较为落后的乡镇污水处理厂。截至目前，投资约3.5亿元、日处理能力为5万吨的杨××污水处理厂已于一季度开工；投资约18亿元、一期日处理能力达10万吨的××污水处理厂，已在选址中。4座具有较大管理风险的乡镇污水处理厂已完成政府收购，实行"民转公"运营，城镇工业污水处理厂已着手研究建设。

针对该案暴露出的乡镇污水处理厂违法问题，检察机关积极延伸监督触角，从源头上、体制、机制上破题，向××部门发出一号社会治理类检察建议，建议对全市乡镇污水处理厂建设完善管理体制机制，规范建设和运行标准，加强运营监管。助力从顶层设计健全机制、堵塞漏洞，做好办案"后半篇文章"，为助推基层社会治理现代化提供湖州样本。

【专家点评】

本案系一起污染环境刑事案件，案件类型较为新颖，办理案件存在一定的专业门槛。案件的顺利办理体现了检察办案人员对证据规则的熟练把握及对"外脑"的高效利用。本案中，办案人员主动融入基层社会治理大局，通过检察建议书的形式将个案办理拓展到社会治理，做好办

案"后半篇文章",彰显了"高质效办好每一个案件"的检察工作理念。本案的检察建议书呈现以下三个特点:

(一)调研深入,分析透彻

在发出检察建议书之前,办案单位开展了深入的调研,既查明了问题的来龙去脉,也为建议书的制作提供了有力的数据和案例支撑,如通过指出"相关规定公布至今已有18年"得出相关技术规范需要更新,通过列举"4家乡镇污水处理厂在5年内被行政处罚3次及以上"来体现乡镇违法排放污水问题较为突出。这种基于调研和事实的写作方式让建议书中反映的问题更加可感可信,原因分析更加透彻,增加了检察建议的说服力。

(二)依法依规,建议具体

本案检察建议书在提出各项建议时,引用了从国家法律到地方规章的相关法律法规,不仅增强了建议内容的权威性、可执行性。同时通过引用相关条款,建议内容也明确了责任主体和监管要求,避免后期推诿扯皮。此外,得益于前期工作的充分准备,本案建议书中提出的建议内容都较为具体,具有很强的操作性。例如,建议中提到通过形成基础设施、技术力量、日常运维的标准规范来完善乡镇污水处理厂建设、运行的各类标准,通过安装监测装置、系统联网来加大监管力度等,都是针对实际问题的具体解决方案,建议内容不仅明确了目标,还给出了实现目标的具体路径和方法,确保建议能够落实落地。

(三)逻辑清晰,文字精练

本案检察建议书行文逻辑清晰,先进行问题的陈述和分析,后援引法律法规,最后提出具体建议,结构严谨、层次清楚。值得一提的是,本篇检察建议书的语言非常精练,开篇即指出问题,一针见血,在分析及建议部分也是简短直接,不拐弯抹角、拖泥带水,合乎公文写作所需要具备的术语准确、文字精练、行文规范,具有很强的学习借鉴价值。

一份检察建议,守护一方绿水青山,牢固树立和践行"绿水青山就是金山银山"的发展理念,发挥检察建议在社会治理中的突出作用,织密织牢生态环境司法保护网,积极回应人民群众对美好生态环境的热切期盼,是检察履职的应有之义。面对层出不穷的污染环境案件类型、复杂多变的社会治理难题,如何制作一份问题导向、建议具体、成效斐然的检察建议书,把检察建议工作做成刚性、做到刚性,本案检察建议书提供了一份很好的样本。

(**点评人**:高尚,湖北省武汉市汉阳区人民检察院第二检察部主任、全国十佳公诉人)

101. 蒋某某、黄某某等15人重大劳动安全事故、非法采矿案检察建议书

【简要案情】

耒阳市导×煤业有限公司（以下简称"导×煤业公司"）成立于2013年12月，该公司下辖有源××煤矿、导×二矿二个煤矿。源××煤矿和导×二矿均于2016年注册登记成为导×煤业公司分公司，二矿分别管理，独立经营。

1. 源××煤矿相关责任人涉嫌重大劳动安全事故罪、非法采矿罪的事实

源××煤矿有被告人蒋某某、黄某某、伍某某三名股东，蒋某某负责全面工作，黄某某负责煤矿生产和工资发放，伍某某负责会计和对外协调关系。被告人王某某任矿长负责井下全面工作；被告人周某某任总经理，负责制定制度，组织培训和后勤保障工作；被告人郑某某任总工程师，负责井下安全技术、部署开凿等工作。被告人谢某某任生产副矿长，负责井下生产工作；被告人张某某任安全副矿长，负责井下生产安全工作；被告人王某飘任掘进副矿长，负责井下开采掘进工作；被告人李某某、杨某系采煤队队长，组织矿外人员组成矿工队，在该矿承包采煤业务。

源××煤矿采矿许可证许可开采深度为+200m至-400m，经被告人蒋某某、黄某某、伍某某决策，被告人王某某、周某某、郑某某部署，被告人谢某某、张某、王某飘、李某某、杨某等人具体实施，该矿自2019年3月以来超越许可范围在-503m位置盗采煤炭，数量共计约2.38万吨，经鉴定，源××煤矿盗采煤炭价值为1479万余元。

2015年后，源××煤矿申请调整产能，但至案发也未取得湖南省人

民政府批复，属停工停产待技改矿井，安全生产许可证也已于2018年5月17日被湖南煤矿安全监察局注销。根据该煤矿安全生产制度，被告人王某某、周某某、郑某某、谢某某、张某、王某飘、李某某、杨某等人对煤矿安全生产负有直接责任。2019年3月至2020年11月，在被告人蒋某某、黄某某、伍某某的安排下，王某某、周某某等人仍违规组织生产。该矿通过篡改巷道真实标高，对开挖巷道不在图纸上标注，在井下设置活动密闭，视频监控上传副井监控信息等多种方式逃避相关部门安全监管。该矿也未配备防治水专业技术人员、专职探防水队伍和专业设备。2020年11月29日10时许，该矿在越界盗采煤炭过程中误穿导×二矿采煤后积聚的老空水区，发生重大煤炭透水事故，致使井下作业的5名矿工死亡，8名矿工失踪，经事故调查组认定，该起事故造成直接经济损失3484万余元。经衡阳市人民政府同意，2020年12月10日停止救援。经查，死亡及失踪矿工中，3人属杨某采煤队，6人属李某某采煤队。

2. 导×二矿相关责任人涉嫌非法采矿罪的事实

导×二矿有被告人蒋某某、蒋某成二名股东，蒋某某系法定代表人，负责煤矿内部生产工作，蒋某成负责对外协调关系。被告人王某某原系该矿矿长，后转任总经理，负责地面协调、后勤保障和工资审核工作；被告人黄某某任矿长，负责煤矿生产工作；王某祥（在逃）任总工程师，负责井下安全生产、部署开凿等技术工作。

导×二矿采矿许可证许可开采深度分为+200m至-400m、+200m至-500m两部分，经被告人蒋某某、蒋某成决策，王某祥和被告人王某飘、黄某某等人部署，该矿自2020年3月至5月超越许可范围在-470m位置盗采煤炭，经鉴定，导×二矿盗采煤炭数量共计约5314吨，价值约290.48万元。

【诉讼过程】

2021年1月10日，衡阳市公安局直属分局邀请衡阳市××区人民检察院对耒阳市"11·29"重大煤矿透水事故案提前介入，××区院派员介入，对案件定性、引导侦查取证提出意见。同年3月19日，衡阳市公安局直属分局根据指定管辖，以被告人蒋某某、黄某某、伍某某、王某某、郑某某、周某某涉嫌重大劳动安全事故罪、非法采矿罪，被告人谢某某、王某飘、张某、李某某、杨某涉嫌重大劳动安全事故罪，被告人蒋某某、蒋某成、王某亚、黄某某涉嫌非法采矿罪移送××区院审查起诉。经审查，××区院于同年4月15日以被告人蒋某某、黄某某、伍某某、王某某、郑某某、周某某涉嫌重大劳动安全事故罪、非法采矿罪，被告人谢某某、王某飘、张某、李某某、杨某涉嫌重大劳动安全事故罪，被告人蒋某某、蒋某成、王某亚、黄某某涉嫌非法采矿罪向××区人民法院提起公诉，同年12月31日，××法院作出一审判决，一审判决后，部分被告人上诉，2022年5月，该案经二审判决生效。判决生效后，××区院就××市××局在安全生产监管领域存在的问题启动检察建议调查程序，并于同年11月1日向××市××局制发安全生产方面的检察建议。

【文书全文】

湖南省衡阳市××区人民检察院
检察建议书

衡珠检建〔20××〕×号

××局：

2020年11月29日，耒阳市导×煤业有限公司源××煤矿发生了"11·29"重大透水事故，致十三人死亡，直接经济损失3484万余元。事故发生后，检察机关依法办理了涉事煤矿责任人员蒋某某、黄某某、蒋某平等十五人涉嫌重大劳动安全事故罪、非法采矿罪案，你局工作人员周某斌、雷某超涉嫌滥用职权罪案，两案均已经人民法院判决。上述案件中，涉事煤矿在安全生产许可证被注销，安全生产条件不符合国家规定的情况下，仍违规作业、超深越界盗采国家煤炭资源，因而发生重大安全责任事故。你局部分工作人员收受涉事煤矿给予的好处，故意不正确履行职责，违规初审同意涉事煤矿申报技改、申领火工品，致使涉事煤矿借机违法生产，日常监管又走过场，煤矿安全监管流于形式，放任危害结果发生，最终酿成煤矿重大安全责任事故。

安全生产，关系人民群众的生命财产安全和健康权益，关系改革发展和社会稳定大局，重于泰山。"11·29"重大透水事故给人民群众带来巨大伤害，引起党中央、国务院高度重视，给全省、全市带来重大不利影响。事故的发生反映出你局在安全生产监管上还有较大的不足，具体表现在督促企业落实安全生产主体责任、规范安全生产监管执法行为、监管执法队伍建设等方面，应当予以高度重视并认真研究解决。经进一步调查核实，发现你局存在以下需要及时整改的问题：

一、履职不实，对企业落实安全生产主体责任督促不力

"11·29"重大透水事故反映出涉事煤矿片面追求利润最大化，不落实安全生产主体责任，是事故发生的直接原因。主要表现在：第一，底线意识严重缺失。涉事煤矿在安全生产许可证被依法注销后，长期违法组织生产，超深越界盗采国家煤炭资源。第二，安全管理制度未真正建立。未按规定设置安全管理职能部门和相关安全管理人员，"三专两探一撤"措施严重缺失，未配备防治水专业技术人员和探放水设备，无法有效排查隐患。第三，日常生产经营违规违法，留下安全隐患。煤炭采掘以包代管，放任无爆破资质人员开展爆破作业，采用剃头下山开采、坑木支护、压风管路供风、巷道式放顶煤多头面生产等落后、淘汰工艺。第四，不按标准设置和使用安全生产设施。在违法作业期间切断视频监控电源，逃避政府部门监管。第五，不顾风险，冒险蛮干。在与相关煤矿发生穿巷事件、相邻煤矿因纠纷发生灌水事件，作业存在重大安全隐患情况下，为追求经济利益，继续危险作业，最终酿成重大事故。

根据市委市政府的规定，你局负责贯彻实施相关法律法规、部门规章、规程、标准以及安全生产宣传教育和培训工作。你局相关机构长期不充分履职，未掌握涉事煤矿年度安全教育培训计划，也未仔细检查职工安全生产教育资料及培训档案，未到现场核实煤矿上报资料，对煤矿安全生产制度是否真正建立、安全生产条件是否符合标准、生产作业流程是否依照规范进行，未予以高度重视，未依法督促企业落实安全生产责任。

二、监管不力，不严格履行监管职责放纵企业违法经营

你局是企业安全生产监管的主要部门，对生产企业存在的安全隐患应当抓早抓小，但你局措施不力，对企业存在的违法违规情况不按照规定动作进行监管，甚至部分监管人员滥用职权，故意不正确履职，放任了风险产生、放大。

（一）违反规定开展工作，为企业违法生产提供便利

1. 违规批复同意源××煤矿申报技改项目。源××煤矿属申请技改未批复煤矿，根据前述文件规定，在未取得安全专篇和初步设计审批及获得省级相关部门批准条件下，不得进行技改施工。你局明知上述规定，仍多次打"擦边球"，违规批复同意源××煤矿技改项目申请，使该矿得以借隐患整改、技改项目施工之名非法出煤。

2. 违规批复同意源××煤矿申领火工品。源××煤矿系技改保留矿，不得进行施工作业，但该矿为获取火工品用于井下采煤作业，以技改项目之名违规申领火工品。你局明知该矿不符合火工品申领条件，仍多次违规批复同意并函告公安机关供应火工品，审批前后均未按照火工品管理规定到申领煤矿现场核定火工品库存量、需供量和使用数量，为煤矿违规申领、多领少用、截留火工品进行违法生产提供了便利。

3. 不如实移送源××煤矿重大隐患线索。2020年9月16日，你局××大队对源××煤矿进行巡查时发现该矿擅自组织井下作业（出煤）情况，将线索报你局××股，××股故意将"生产出煤"的重大隐患更改为"未经批准擅自违规启动井下施工作业"的一般违法行为。你局相关岗位未严格审核把关，即将线索移送至综合行政执法部门，致使源××煤矿非法出煤情况未得以有效处置。

（二）敷衍应付消极工作，对企业安全监管流于形式

1. 日常检查巡查走过场。你局对源××煤矿在单项施工期间计划每周不少于1次地面监管，每月不少于3次下井检查，对该矿停止作业期间进行不定期地面巡查，但均未按照要求下井检查、全面检查。下井检查仅针对施工区域，对其他区域不检查；地面检查时仅记录人员定位系统显示人数，未通过检查矿灯发放记录、查看监控检查是否有未佩戴定位识别卡人员下井等其他方式全面核查是否属实；甚至在检查前提前通

知煤矿做好准备，案发后监管人员称"检查只是为了完成监管任务"。

2. 不按规定核查煤矿监控视频异常情况。你局在各煤矿安装了视频监控系统，如出现断线情况，按照规定须到煤矿现场进行核查，并将核查结果上报视频监控中心，若该项工作严格落实，则煤矿违法出煤无法得逞。源××煤矿采取在白天井下存煤、晚上关闭监控电源集中提煤的方式逃避监控监管，该矿视频监控系统设备仅2020年6月至12月间断网次数就高达32次，明显异常，但你局监管人员几乎未按照要求到现场核查，多数时候仅通过电话向煤矿人员询问原因，自然无法掌握真实情况。

3. 未采取其他有效方式掌握煤矿生产情况。矿产品综合事务中心是负责组织、协调和统一征收矿产品税费的事业单位，根据该中心煤矿过磅记录汇总，2016年至2020年间，源××煤矿每年过磅记录均在2万吨以上，其中仅2020年一年过磅记录就高达5.55万余吨。源××煤矿属技改煤矿，不得进行生产，上述数据明显异常，你局若能及时掌握该数据，则可以及时发现、制止该矿违法生产。

三、教育不严，廉政教育、安全警示教育工作不到位

应急管理部门对党中央、国务院有关安全生产工作的决策部署和相关法律法规贯彻落实是否到位，执行是否打折扣，直接关乎地区经济发展和社会稳定大局，责任重大，使命光荣。为避免安全责任事故发生，应当将队伍建设作为重要工作任务，加强反腐倡廉教育和安全警示教育的预防性基础性工作。

你局在对干部的教育管理上还存在宽、松、软的力度不足现象，涉案干部直到被查处后才幡然悔悟。一是廉政教育没有入脑入心，干部放松了自我管理，思想腐化，收受管理对象好处，在工作中讲私人感情，在监管上"睁一只眼闭一只眼"，放任企业违法经营并为之提供帮助。二是安全警示教育不深刻，没有汲取其他事故教训，对安全监管工作不重视，对上级指示不落实，认为根据既往经验办事就行，没有守住原则，守住底线，从源头上遏制事故发生，给个人、给单位、给社会造成巨大伤害。

进入新时代，新发展阶段、新发展理念、新发展格局对安全生产工作提出了更高要求，抓好安全生产成为确保经济健康科学发展、社会和

谐稳定的重要抓手。为深入贯彻落实习近平总书记关于安全生产工作重要指示精神，全面落实《中共中央、国务院关于推进安全生产领域改革发展的意见》（中发〔2016〕32号）等文件要求和国务院安全生产委员会安全生产十五条硬措施的要求，汲取"11·29"重大透水事故深刻教训，有效预防安全责任事故发生，进一步提高安全生产治理水平，切实维护生产安全和人民群众生命财产安全，推进更高水平的平安建设，根据《中华人民共和国人民检察院组织法》第二十一条、《人民检察院检察建议工作规定》第三条第一款、第十一条的规定，结合办案中发现的问题，特向你局提出如下建议：

一、督促企业切实履行主体责任，增强企业安全生产内生动力

（一）加强宣传教育，帮助企业提高红线意识、牢固树立安全发展理念

××部门不仅仅是企业安全生产的监督执法部门，更是帮助企业做好安全生产建设的指导者、服务者，新的发展理念要求转变工作思路，构建新的政企关系，从重事后监督转变到重事前指导，以搞好标准建设、安全建设来遏制事故发生。建议以组织辖区内煤矿企业学习贯彻落实习近平总书记关于安全生产的重要论述和指示批示精神，制发"11·29"重大透水事故警示教育典型案例等多种方式，帮助企业提高红线意识，强化底线思维，树立生命至上的安全发展理念，明确安全发展才是企业长远健康发展的正确道路。

（二）加强普查筛查，帮助企业执行标准化建设、落实安全生产责任

督促企业严格履行法定责任和义务，对辖区内煤矿企业开展全面检查和不定期抽查，要求煤矿企业建立健全安全生产责任制，按规定设置安全生产管理机构，配齐安全生产管理人员，督促企业加强员工安全生产教育培训，提高从业人员安全防范和应急处置能力，切实做到安全生产责任到位、投入到位、培训到位。深入开展企业安全生产标准化建设，督促企业认真开展隐蔽致灾因素普查，加强安全生产设施设备的检修维护，全面淘汰落后生产设施和工艺，严格落实"三专两探一撤"措施，未经普查或经普查有水患威胁未消除的矿井不得批复动工，全面排查急倾斜煤层开采煤矿水害治理情况，凡存在老空水体下开采急倾斜煤层的煤矿，一律依法处置，停产整顿。

二、强化安全生产监管执法力度,抓早抓小防止事故再次发生

(一)强化法治意识,严格依照规定行使权力

1. 严格执行去产能政策,服务经济发展转型。严格落实《国务院关于煤炭行业化解过剩产能实现脱困发展的意见》(国发〔2016〕7号)等文件精神,加大小煤矿淘汰退出力度,要按照事故调查组的要求,对纳入扩能改造小煤矿进行清理,凡资源储量、服务年限、技改资金、管理能力等准入条件达不到有关技术规范和有关要求的,一律筛查上报予以淘汰退出,严防以技改名义逃避关闭。对地区煤矿企业进行摸底,统筹发展和安全,配合政府相关部门推动地区煤矿企业转型升级,推动绿色高质量发展。

2. 完善权责清单,严格规范行使监管权力。对照法律法规、上级规范性文件规定,梳理涉煤企业审批和监管权责,对需超越权限进行审批的事项予以清理,对不适宜你局继续审批的事项报告党委政府进行处理,对其他审批和监管事项进一步予以规范,以清单方式明确安全生产监管职权和责任,制定工作流程图,并严格规范执行。

3. 强化内部监督,依法处置煤矿违法行为。缺少内部监督制约必然导致制度无法落实,为防止线索移送再出问题,要进一步完善内部监督机制,以建立线索管理台账、定期检查线索处置档案等方式,把严把好线索处理关,使煤矿违法行为得以及时、正确处理。

(二)强化责任意识,积极作为切实履行职责

1. 日常检查走细走实。进一步完善执法计划制度,将风险等级较高的煤矿企业纳入年度执法计划,确定为重点检查企业,合理确定"全覆盖"执法检查次数。围绕检查重点开展有针对性的执法检查,确保企业风险突出易发生事故的关键环节、要害岗位、重点设施检查到位。改进检查方式,完善"四不两直"(不发通知、不打招呼、不听汇报、不用陪同和接待、直奔基层、直插现场)暗查暗访安全检查制度,既要查资料,更要下矿井,认真查,全面看,切实掌握煤矿安全生产真实情况。

2. 严格规范视频监控巡查及异常核查。煤矿视频监控系统是监管部门实施远程巡查的有效手段,有必要增强视频监控监管力度,进一步规范异常核查程序。切实加强视频监控中心值班力量配置,做到"24小时"不放松,防止煤矿企业以"白天生产,晚上集中提煤"等方式逃避

监管。对视频监控断线等异常情况,严格按照要求赴现场或委托驻地乡镇街道驻矿盯守人员到矿井进行核查,拍摄核查视频资料,做好检查记录,建立处置台账,不放过任何问题。

3. 形成工作合力共同打击煤矿违法违规行为。你局要与其他煤矿监管监察、自然资源、公安、供电等部门建立常态化沟通协调机制,互通执法信息,通过检查煤炭产量、用电量、火工品用量、劳动用工、煤炭规费征收和驻矿盯守等内容,监管"关口前移",多渠道发现违法违规线索,超前研判煤矿重大安全风险。与自然资源、公安、综合行政执法等部门建立健全联合监管执法机制,定期开展联合检查和执法活动,做到密切配合、协调联动,依法严肃查处突出问题。

三、全面抓好事故警示教育和廉政教育,切实加强监管干部队伍建设

你局作为地区煤矿安全监管的主要部门,要认真领会中央、省、市领导同志及相关部门关于"11·29"重大透水事故的重要指示、批示和会议精神,重温习近平总书记关于安全生产的重要论述,持续抓好监管队伍建设,扎实开展教育整顿工作,真正读懂"严管就是厚爱"的深意,坚定不移推进党风廉政建设。一是加强警示教育,提高干警风险意识。以"11·29"重大透水事故为切入点,用好身边典型案例、真实故事开展好警示教育活动,提高监管干部"安全重于泰山""懈怠就是危险"的思想认识,彻底扭转干部工作作风。二是加强廉政教育,提高干部拒腐防变能力。积极发挥党组织作用,深入推进党内组织生活,积极开展"三会一课"活动,对关键岗位干部进行定期不定期廉政教育、专门培训,强化廉洁自律意识,用纪律约束干部,坚持抓早抓小、防微杜渐。

以上建议,请你局根据实际情况认真研究落实。若有异议,在收到本建议书后十日内可向本院提出;若无异议,请在收到建议书后两个月内将落实情况书面函告本院。本院将积极支持、协助配合你局做好相关工作,共同为推进安全生产治理工作取得更高质量发展贡献力量。

20××年×月×日

【承办检察官心得体会】

耒阳市导×煤业公司源××煤矿"11·29"重大透水事故是一起在全国范围内具有重大影响的安全生产事故。案件办理过程中，承办人高度认识该案的政治要求，严格遵守办案纪律和规程，积极请示汇报；以高标准高效率要求办案人员，严把事实和证据关，是犯罪的一个不放过，与事故责任无关的一个不冤枉，积极推进认罪认罚从宽在该案的适用，保证了案件又好又快办理。

2022年5月，案件经二审判决生效，检察机关指控的事实和罪名被法院全部采纳，标志着案件本身圆满办结。案件办理过程中，承办人发现××局在煤矿安全生产监督履职过程中存在监管缺位的问题，还有工作人员涉案被司法处置，如何解决案件背后的问题，通过案件的办理引起地方政府部门对安全生产的重视成为承办人面临的又一次挑战。适逢最高人民检察院向应急管理部制发八号检察建议，八号检察建议中耒阳"11·29"重大煤矿透水事故成为典型案事件，××区院在深入学习该检察建议文件和精神后，决定就耒阳"11·29"重大煤矿透水事故事件暴露的问题向××局制发检察建议，依法启动了调查程序。

调查过程中，承办人积极主动与承办耒阳"11·29"重大煤矿透水事故职务犯罪部分的××县院、××县院以及被建议单位所在地检察机关耒阳市院沟通衔接，全面了解、掌握了案事件台前幕后的全部情况。为进一步了解安全生产专业知识，检索学习了法律法规、部门规章、规范性文件对涉矿生产安全的相关规定，就该案暴露的问题和安全生产、消防救援等专业人员进行交流、请教，多次赴被建议单位会谈，充分释法说理，取得了被建议单位对检察建议的全面理解和支持，双方就检察建议存在的问题和解决问题的对策进行了充分讨论。

承办人从三个方面详细阐述了××局在监管和队伍建设方面存在的问题：履职不实，对企业落实安全生产主体责任督促不力；监管不力，不严格履行监管职责放纵企业违法经营；教育不严，廉政教育、安全警示教育工作不到位。提出了帮助企业执行标准化建设、强化法治意识、严格执行去产能政策服务经济发展转型、完善权责清单、形成工作合力、用好身边案例讲好警示故事等具有针对性的整改建议。建议制发后，被建议单位高度重视，全面采纳了检察机关提出的建议，积极部署整改，从提高政治站位，以全面反思的自觉树牢安全理念；强化政治担当，以一严到底的决心抓好问题整改；扛牢政治责任，以常态长效的措施确保安全等多个方面回复了检察建议，回复函长达15页，对检察建议认识到位、理解到位、整改到位。

【专家点评】

近年来，我国安全生产形势总体明显向好，但造成群死群伤的重特大安全生产事故仍偶有发生。新时代对安全生产工作提出更高要求。本案的高质效办理和检察建议书的撰写体现了检察机关依法履职、参与治理堵塞安全监管漏洞的作为与担当，取得了良好的政治效果、法律效果和社会效果。具体而言，该份检察建议书有以下三方面突出优点：

（一）查找问题精准，分析问题原因全面、透彻

该份检察建议查找出被建议单位在督促企业落实安全生产主体责任、规范安全生产监管执法行为、监管执法队伍建设等三个方面存在的13个安全监管问题，对事故原因进行全面揭露，并依据相关法律法规、部门规章进行深入分析，充分挖掘出被建议单位不正确、不充分履职的具体情况，从而使检察机关的法律监督具有更坚实的法律依据和事实依据。生产安全事故的发生往往多因一果，原因复杂，原案涉及的重大劳动安全事故罪、非法采矿罪、滥用职权罪在犯罪构成上的因果关系和事故发生的各方面原因是部分与整体的问题，后者更需要深入调查。本案承办人没有就案论案，而是由点及面、由表及里，去发现表象问题背后的原因，进而上升到类案监督的层次，从而达到"制发一件、治理一片"的效果。

（二）建议整改内容有针对性，可操作性强

该份检察建议提出的整改内容和方法既有直接来源于法律法规、部门规章、规范性文件等的规定，又有矿业安全监管中的普遍做法，可谓句句有出处，策策有依据。提出的整改建议均具有很强的针对性和可操作性，让被建议单位既有应当整改的依据，又可整改、能整改、会整改。同时，承办人细致的建议制发方法值得学习。在制发建议过程中，本案

承办人通过和相关办案单位的沟通，全面了解、掌握案事件台前幕后的全部情况，为进一步了解安全生产专业知识，检索学习了法律法规、部门规章、规范性文件对涉矿生产安全的相关规定，就该案暴露的问题和安全生产、消防救援等专业人员进行交流、请教，多次赴被建议单位会谈，既体现出严谨细致的工作作风，又充分展现了检察机关有为却不越位的检察建议理念，同时也让提出的整改内容更具有专业性、针对性、可操作性。

（三）建议行文铿锵有力，敢于动真碰硬

检察建议是检察机关履行法律监督职责的一种有效形式，在保持理性平和的前提下，应当具有敢于剑指问题、求真务实的文风。该份检察建议对被建议单位暴露的问题毫不隐晦，体现了鲜明的检察态度，如"敷衍应付消极工作，对企业安全监管流于形式""该矿视频监控系统设备仅2020年6月至12月间断网次数就高达32次，明显异常，但你局监管人员几乎未按照要求到现场核查，多数时候仅通过电话向煤矿人员询问原因，自然无法掌握真实情况""你局在对干部的教育管理上还存在宽、松、软的力度不足现象"等等，值得学习。同时，在工作方法上，承办人注意和被建议单位多次沟通，将释法说理融入到建议制发、跟踪、落实的全流程，取得了被建议单位对检察建议的全面理解和支持，让检察建议刚柔并济，达到双赢多赢共赢。

（点评人：王岭，重庆市人民检察院第一分院第二检察部副主任、全国十佳公诉人）

102. 湖南省娄底市人民检察院关于加强防范打击治理电诈犯罪检察建议书

【简要案情】

近年来，娄底市电信网络新型违法犯罪案件多发、频发，人民群众的财产安全受到严重侵害，社会秩序受到严重破坏。2019年1月，娄底市委、市政府决定开展打击治理电信网络新型违法犯罪专项行动，截至当年10月，娄底市检察机关共审查逮捕此类案件428件709人。在电信网络新型违法犯罪中，赃款的接收、转移和取现，是犯罪分子实现犯罪目的的最后一环，在整个犯罪过程中有着举足轻重的地位，也是司法机关严厉打击电信网络新型违法犯罪的关键卡口。为有效防范电信网络新型违法犯罪案件发生，娄底市人民检察院指派专人对该类案件进行汇总、分析。承办人发现：一是存在非法出售银行卡、代为取款等"灰色产业链"。大部分电信诈骗犯罪分子接收、转移赃款的银行账户都是收购或借用而来的，有专门从事倒卖银行卡"灰色产业"的中间人员，而出售、出借银行卡的人员中，在校学生诸多，且部分还系未成年学生。电信诈骗犯罪分子收购了银行卡后，再安排专人采取蒙面伪装等方式，从银行ATM自助柜员机上大量取款。二是有的电信诈骗犯罪分子通过POS机非法刷卡套现。三是个别银行工作人员与电信诈骗犯罪分子勾结，利用工作便利，为电信诈骗犯罪分子违规从柜台直接大额提取赃款。四是个别银行工作人员陷入电信诈骗深渊后，试图"扳本"而利用职务之便非法侵占客户资金。五是出售、出借银行账户以及提供POS机套现的人均未受到相应惩戒。

上述现象暴露出银行及其监管部门存在开立账户时审查把关不严、宣传和提示不够，执行银行账户的使用监管规定、队伍管理不到位，安全防范设施不健全等漏洞，为电信诈骗犯罪分子提供了可乘之机。为了堵住这一漏洞，规范银行账户的开立、运行，维护金融管理秩序，娄底市人民检察院于2019年11月25日向××监管分局制发了检察建议书。

【制发过程】

2019年，娄底市委、市政府部署开展深入打击治理电信网络新型违法犯罪专项行动以来，娄底市检察院侦查监督部门在工作中发现，银行及其监管部门在执行银行业规定、落实有关文件精神、参与社会治安综合治理、防范电信网络新型违法犯罪方面存在一些问题。侦监部门对娄底银保监局、中国人民银行娄底中心支行等及娄底城区各银行营业网点深入走访和调研，对部分在校学生进行随机调查。同时，承办人查阅了大量金融业法律法规及行业规定，充分厘清了两家银行监管部门有交叉但又有不同的监管职责。经检察长决定，启动制发检察建议程序。于2019年11月28日，向被建议单位直接送达。

【文书全文】

湖南省娄底市人民检察院
检察建议书

娄检建〔20××〕×号

××监管分局：

今年1月以来，娄底市委、市政府部署开展深入打击治理电信网络新型违法犯罪专项行动。根据专项行动要求，全市检察机关履职尽责，共审查逮捕电信网络新型违法犯罪案件428件709人。在办案中，我们发现，部分银行在为未成年人开立账户时把关不严，部分客户非法出租、出借、出售银行账户、冒用他人身份开立账户，部分违法犯罪分子通过

POS机套现或遮挡面部伪装后在ATM机上持有大量他人银行卡频繁取款，部分银行业从业人员为违法犯罪分子提取赃款提供帮助等情况。

贵局作为打击治理电信网络新型违法犯罪专项行动的成员单位，依照专项行动要求，采取了一些扎实有效的措施，为反电信诈骗做出了一定贡献。但是，本市电信网络新型违法犯罪案件仍多发、频发，已查办的案件反映出，我市一些银行在执行银行业规定，落实有关文件精神，参与社会治安综合治理，防范和打击治理电信网络新型违法犯罪方面，还存在漏洞。

一、未严格执行有关代理开立个人人民币银行存款账户的规定

为了保证个人存款账户的真实性，维护个人存款秩序，切实保障公民财产权益，国务院发布了《个人存款账户实名制规定》，中国人民银行、中国银行业监督管理委员会等发布了《金融机构客户身份识别和客户身份资料及交易记录保存管理办法》《关于进一步落实个人人民币银行存款账户实名制的通知》等，明确规定存款人办理银行存款账户时，银行应当要求存款人出示本人身份证件，使用实名；代理他人开立个人存款账户的，银行应要求代理人出示被代理人和代理人有效身份证件，采取合理方式确认代理关系的存在；银行还可以根据需要，要求存款人出具户口簿、工作证、学生证等身份证明文件。但是，我们在办理电信网络新型违法犯罪案件中发现，涉案银行账户中，部分未成年学生直接办理了多个银行账户，并非法定代理人代办，部分存款人系因身份证件遗失、被盗、借用给他人，或务工时提交了身份证复印件给用工单位等，被他人冒用，办理了银行账户。如朱某妨害信用卡管理案，朱某非法持有他人银行卡13张，其中有4张卡系娄底××学院在校学生万某、朱某某（均系未成年人）所有。该两人先各办理了1张中国银行卡以200元的价格出售给他人，后来，万某又直接在长沙银行办理了1张卡，朱某则将其本人使用的1张银行卡出售；又如康某某等人妨害信用卡管理案，康某某从网上购买了100多张银行卡，其中有多张卡主反映系身份证丢失或提交给用工单位后，被他人冒用办理了银行卡，其本人不知晓。

二、未严格执行银行账户的使用监管规定

为了规范人民币银行结算账户的使用，维护经济秩序安全稳定，中

国人民银行发布了《人民币银行结算账户管理办法》《关于加强支付结算管理防范电信网络新型违法犯罪的通知》《关于进一步加强支付结算管理防范电信网络新型违法犯罪的通知》等，明确规定存款人不得出租、出借、出售、购买银行账户。且明确规定非经营性存款人出租、出借银行结算账户的，给予警告并处以1000元罚款；经营性的存款人出租、出借银行存款账户的，给予警告并处以5000元以上3万元以下的罚款。但从我市查处的电信网络新型违法犯罪案件看，一是出租、出借、出售、购买银行结算账户（含银行卡），用于接收、转移赃款现象严重，而出租、出借、出售人并未受到相应的惩戒和处罚。如朱某妨害信用卡管理案中，万某、朱某某每人出售银行卡2张；石某妨害信用卡管理案中，也存在出售、出借银行卡情形。二是对银行账户受理终端使用监管不到位，如POS机等，申请使用随意性大，监管缺失，为犯罪分子转移赃款提供了便利。如李某诈骗案，其中一部分赃款由同案人王某某通过新化"人××家超市"POS机直接刷卡套现。又如刘某某诈骗案，刘某某为上游犯罪"肖某"在××县××镇"金××超市""旺××商店"多次通过POS机刷卡套现数万元。三是对银行账户监测重视不够。如李某诈骗案，经冷水江市邮政储蓄银行××营业网点员工吴某某引荐，李某组织人员从该营业点在极短时间内连续频繁大额提取赃款，最多的一次达49万元。其间，该营业点负责人还发现吴某某行为异常。《金融机构大额交易和可疑交易报告管理办法》第五条第（一）项规定，对当日单笔或累计交易人民币5万元以上的现金支取，应当报告大额交易；该办法第十一条规定金融机构发现或者有合理理由怀疑客户、客户资金与犯罪活动相关的，应当提交可疑交易报告。但该营业点没有足够重视，没有依法依规采取有效措施对上述情形进行处置。

三、防范电信网络新型违法犯罪宣传力度不够，声势不强

一是对社会公众宣传劝阻力度不强。我们在工作中发现，一些中老年被害人和不熟悉网络转账支付的被害人受骗后，在银行转账付款时，部分银行没有切实按照"了解你的客户"的原则，进行交易背景调查，没有及时有效劝止。二是对存款人开立和使用银行账户的合法合规性提示不够。绝大部分人只知晓出借有透支功能的信用卡如被透支将由开户

人承担还款法律责任，但并不知晓出租、出借、出售、购买普通银行账户这一行为本身即构成违法并应受相应惩戒。三是宣传方式较为单调。当前，大部分银行均在营业网点和柜台张贴了中国人民银行防范电信网络新型违法犯罪提示，但是通过大型电子屏幕、横幅、声像及在公共场所集中宣传不够，警示不足。一些外省、外市违法犯罪分子还专程来娄底辖区银行提取赃款，甚至常驻娄底取款。如张某某、黄某某、邱某某妨害信用卡管理案，该三人均系福建省××县人，他们受上游电信诈骗犯雇佣，从福建前来娄底并租住在万××公馆，持他人银行卡55张将巨额赃款从各银行提现；又如黄某某妨害信用卡管理案，黄某某系广东省广州市人，2019年8月28日晚，其从广州乘坐高铁来到娄底，持本人银行卡2张、他人银行卡7张，来到娄底城区各银行取款；再如雷某某妨害信用卡管理案，雷某某系湖南省邵阳市人，其受上游安排，持他人银行卡15张来到娄底双峰县提取巨额赃款。四是自助柜员机转账取款安全防范不够。各自助柜员机尽管有监控摄像头，但有的自助柜员机没有安全门，缺乏语音警示，缺乏报警反锁等安全防范、处置功能。对同一人员持有他人多张卡取款、伪装取款等不能及时处置。如康某某等人诈骗、妨害信用卡管理案，康某某多次戴口罩、帽子进行伪装后，在娄底城区自助柜员机试卡、取款。

四、对银行业从业人员管理不严

部分银行机构存在重业务，重业绩，轻教育，轻管理问题。一些银行业从业人员，规则意识不强，法律意识淡薄，利用职务便利，窃取存款人资金；或与犯罪分子勾结，为其开户、转账、取款提供帮助，获取非法利益；部分银行机构管理人员责任意识不强，工作不落实。如李某某职务侵占案，李某某系娄底农村商业银行××支行工作人员，其利用银行柜员身份和权限，通过无存单提前支取转账销户、无存单提前支取、虚假公证挂失销户转账等方式，侵占客户资金数百万元，现已被检察机关批准逮捕；又如杨某盗窃、诈骗案，杨某利用其在涟源市邮政分公司交通路营业所从事大堂服务工作便利，在引导客户办理存款业务、开通手机银行等环节，秘密窃取客户资金；以完成揽储任务为由，骗取客户资金，杨某共计将客户资金50余万元据为己有，现已被检察机关批准逮捕并提起公诉。再如吴某某案，吴某某系冷水江市邮政分公司工作人员，利用从事邮政储蓄柜台工作的便利，为诈骗犯罪分子李某支取巨额赃款提供帮助，向××山邮政储蓄银行、××渡邮政储蓄银行柜台工作人员、负责人打招呼、说情，以使李某安排的取款人在柜台频繁大额提现赃款，无需预约。在吴某某的帮助下，李某安排的李某升、赵某某先后各自在近20日内从上述营业网点分别支取赃款460余万元、500万余元，吴某某获取取款金额5‰的非法利益。该银行网点柜台人员发现取款账户资金异常，取款程序不当，银行系统也进行了预警。同时，网点负责人员还发现吴某某本人行为异常。在此情况下，该网点柜台人员及负责人仍继续为吴某某介绍的李某违规取款，不切实履行反洗钱和防范电信网络新型违法犯罪的主体责任，不认真调查核实并依法处理，未严格执行大额交易和可疑交易报告制度，致使李某一次又一次顺利提取了赃款。经司法机关查处，李某、李某升、赵某某等人均已被司法机关追究刑事责任。吴某某已于2019年9月26日被公安机关抓获归案，现已经检察机关批准逮捕。

五、警务协作力度有待进一步加强

为配合打击治理电信网络新型违法犯罪案件，娄底主要银行已在市公安局设置派驻坐席人员。但是，紧急处置能力有待提升，24小时响应机制、派驻坐席机制不健全；配合司法机关查询时，部门间沟通协作有待加强；一些工作衔接，缺乏绿色通道，难以满足司法办案工作需求。与司法机关信息对接不畅，对已经查实的违法犯罪事实，没有依据银行业法律法规予以处置。

电信网络新型违法犯罪严重侵害人民群众财产安全和合法权益，破坏社会和谐稳定，是社会公害。银行机构务必切实履行主体责任，与司法机关形成打击合力，保护好人民群众的"钱袋子"。在电信网络新型违法犯罪中，赃款的接收、转移和取现，是犯罪分子实现犯罪目的的最后一环，在整个犯罪过程中有着举足轻重的地位，也是司法机关严厉打击电信网络新型违法犯罪的关键卡口。鉴于贵局为银行业监管部门，为进一步预防和严厉打击电信网络新型违法犯罪，依据《中华人民共和国中国人民银行法》《中华人民共和国银行业监督管理法》《中华人民共和国商业银行法》《关于防范和打击电信网络诈骗犯罪的通告》《关于办理电信网络诈骗等刑事案件适用法律若干问题的意见》等规定，依据《中华人民共和国人民检察院组织法》第二十一条、《人民检察院检察建议工作规定》第十一条第（二）项的规定，结合本地实际情况，提出如下检察建议：

一、进一步加强开户监管，规范商业银行开户业务

严控开户环节，严格实行实名开设账户，加强人证合一、开户意愿真实性审查，严禁以虚假身份证件或者借用、冒用他人身份证件开立个人银行结算账户。16岁以下的未成年人开立银行账户时，由监护人代理开立个人账户，开户行应严格审查代理关系的真实性；16岁以上的未成年人，开立个人账户时，严格审查其是否以自己的劳动收入为主要生活来源，否则由代理人代理开立；对在校大中专院校学生开立账户的，可要求出示学生证，并加强使用监管；对娄底电信网络新型违法犯罪重点整治乡镇（4个挂牌整治重点乡镇、11个继续重点整治乡镇、9个预警提醒重点整治乡镇）的人员，特别是已有电信网络新型违法犯罪劣迹前科的人员和其他可疑人员，可实行"差别身份认证标准"，并按照账户余额、交易频率、交易金额及风险程度等进行分类管理。同时，督促各商业银行限期完成借记卡存量清理工作。

二、加强银行账户转账支付、银行卡业务监督检查

加强转账管理，载明非实时到账信息，改进自助柜员机转账管理，兼顾安全与便捷，严格执行非柜台转账限额、限笔数等限制性规定；规范受理终端管理，建议银行对辖区内全部实体特约商户进行现场检查，逐一核查其受理终端的使用情况，严禁违规移机使用受理终端；建立健全特约商户信息管理系统，落实黑名单制度，防止违法犯罪分子利用POS机转移赃款。

三、广泛宣传，全面加强电信网络新型违法犯罪防范工作

全面设置防诈骗提示，适时开展集中宣传，充分利用电视、广播、报纸、微博、微信、微视频、大型展板等多种宣传渠道，持续向客户宣传普及电信网络新型违法犯罪典型手段及应对措施、转账汇款注意事项、买卖账户的社会危险性和法律责任。大力宣传打击治理电信网络

新型违法犯罪的举报方式、警示标语,在自助柜员区域设置语音警示,营造打击治理电信网络新型违法犯罪的良好社会氛围。切实贯彻"了解你的客户"原则,加强交易背景调查,准确识别客户身份,了解实际控制客户的自然人和交易实际受益人,特别是大额存款、转账的实际受益人,以保障存款人财产安全;建立健全合法开立和使用账户承诺机制,让存款人在开立银行账户时,充分全面了解使用规则以及违规后果,切断违法犯罪分子接收、转移赃款的渠道,加强 ATM 自助柜员机的技术安全防范和语音警示功能,加强可疑交易的报告和可疑交易账户的持续监管。

四、建立健全司法联动机制,加强信息共享

在对商业银行运营进行监督检查过程中,对发现的可疑交易、可疑账户、可疑人员等可能涉嫌刑事犯罪的线索,要及时收集,及时研判,及时移送刑事司法机关依法查处;对刑事司法机关查处的违法犯罪案件所涉人员、银行账户建立台账,严格依法及时作出相应处置。

五、切实履行惩戒职责,强化内部管理,落实责任追究

一是严格依法依规惩戒违法违规开立、使用银行账户的存款人。对以伪造、变造证明文件欺骗银行开立银行结算账户,或违反有关规定不及时撤销银行结算账户,或出租、出借、出售、购买他人银行卡等违法违规存款人,严格依照《人民币银行结算账户管理办法》的规定予以处罚,并同时依照《中国人民银行关于进一步加强支付结算管理,防范电信网络新型违法犯罪有关事项的通知》(银发〔2019〕85 号)要求,对经设区的市级及以上公安机关认定的出租、出借、出售、购买银行账户(卡)或支付账户的单位和个人及相关组织者,假冒他人身份或虚构代理关系开立银行账户(卡)或支付账户的单位和个人,5 年内暂停其银行账户非柜面业务、支付账户所有业务,并不得为其新开立账户。惩戒期满后,受惩戒的单位和个人办理新开立账户业务的,加大审核力度。人民银行将上述单位和个人信息移送金融信息基础数据库并向社会公布。对涉案银行账户予以销户并实行污点记录制度。二是严肃处理违法、违规银行业从业人员。加强日常监督管理,尤其是员工异常行为的监督处置。对违法违规行为"零容忍"。对利用银行工作人员身份和职务实施违法犯罪或与违法犯罪分子勾结，为违法犯罪分子提供资金结算支取等便利的工作人员，及时移送司法机关，依法追究刑事责任。三是严格监督银行日常运营的合规性和防范打击治理电信网络新型违法犯罪主体责任的落实情况，严格责任追究。开展多方位检查，规范银行运营、管理，对于违反《金融机构大额交易和可疑交易报告管理办法》的银行，交由中国人民银行××支行按照《中华人民共和国反洗钱法》第三十一条、第三十二条的规定，予以处罚；依照中国人民银行就加强防范电信网络新型违法犯罪有关事项下发的通知（银发〔2016〕261号、银发〔2019〕85号），对配合司法机关打击治理电信网络新型违法犯罪工作不力的银行，建立健全通报约谈机制；对发生电信网络新型违法犯罪案件的，倒查银行责任落实情况，对于违反相关规定的，严格依法处罚。

以上建议，请贵局及时研究。如有异议，请在收到本建议书后七日内向我院书面提出；如无异议，请采取有效措施加以落实，并在收到建议书后两个月内，向我院书面反馈开展相关工作情况。我院将积极配合贵局做好相关工作，共同推动防范和打击治理电信网络新型违法犯罪专项行动纵深发展，切实保障人民群众的财产安全。

20××年×月×日

【承办检察官心得体会】

针对我市电信网络新型违法犯罪多发的情况，我们在依法作好批捕起诉工作，在严惩治此类犯罪的同时，对该类案件进行了汇总梳理，认真分析了存在的问题，发现银行及金融监管部门在账户开立、运行监管方面存在漏洞，针对存在的问题，我们及时向金融监管部门制发了检察建议书。

检察建议书首先说明了制发背景，即在娄底市开展打击治理电信网络新型违法犯罪专项行动中，检察机关办理了数百件相关案件、批捕了数百名相关犯罪嫌疑人，在这数百案件中发现银行开立账户把关不严、不法分子违规套现、部分银行从业人员违规帮助提现等问题较为突出，需进一步规范提高监管水平。

检察建议书在肯定银保监分局作为打击电信诈骗专项行动成员单位的付出与贡献后，详细分析了银行及监管方面存在的五个问题，对每一个问题，运用办案数据和具体案件指出问题症结和表现形式，增强说服力。例如，针对"未严格执行有关代理开立个人人民币银行存款账户的规定"问题，首先说明有关法规、规章对开立个人存款账户的具体要求，然后列举了2个案件中银行违反规定开立个人账户的情形。

检察建议书提出的建议具有以下特点：一是五条建议与前面五个问题一一对应，体现了较强的针对性。例如，针对"未严格执行有关代理开立个人人民币银行存款账户的规定"问题，提出了"进一步加强开户监管，规范商业银行开户业务"的建议。二是每条建议都有具体要求，具有较强的可操作性。如在"进一步加强开户监管，规范商业银行开户业务"的建议中，提出加强人证合一、开户意愿真实性审查，具体是16岁以下的未成年人开立银行账户时，如果是由监护人代理开立个人账户的，则开户行应严格审查代理关系的真实性；对当地电信网络违法犯罪重点地区和重点人员，要加强审查并按照账户余额、交易频率、金额及风险程序等进行分类管理。同时，督促各商业银行限期完成借记卡存量清理工作。

总之，检察建议应当立足于办案，从案件中发现社会或者行业管理中的问题，提出有针对性和操作性的建议，才能取得好的社会效果。

【专家点评】

检察机关是宪法明文规定的法律监督机关，检察建议是人民检察院履行法律监督职责的重要方式。早在2009年，最高人民检察院就曾印发《人民检察院检察建议工作规定（试行）》，对提出检察建议的目的、原则、对象、内容、条件等作出全面规定。及至2019年，最高人民检察院印发《人民检察院检察建议工作规定》，为新时代检察机关通过检察建议依法履行法律监督职责提供了重要依据。在此背景下，检察机关根据参与打击治理电信网络新型违法犯罪专项行动以来的办案经验，结合调研实际等，向银行保险监管部门制发了检察建议书，督促其积极履职加强和改进管理监督工作。整体来看，该篇检察建议书具有以下亮点：

（一）形式要素规范、齐备

建议书结合检察建议所涉及的内容和特点，依照《人民检察院检察建议工作规定》第16条规定的检察建议书所应包含的内容行文，首先提出了发现问题的来源与检察建议书的出具背景，其次梳理了银行在参与电信网络新型违法犯罪治理上存在的五方面漏洞，再次列明了检察建议的规范依据，并在此基础上提出五项检察建议，最后明确了被建议单位提出异议与书面回复落实情况的期限。全文要素齐备、条理清晰、论证严谨、语言简洁。

（二）问题梳理切中要害

纵观文书列明的既有治理问题：首先是梳理全面，即建议书不满足于提出单一治理问题，而是系统性地梳理、明确了该市在银行账户代理开立、银行账户使用监管、违法犯罪宣传力度、银行业从业人员管理、警务协作力度等五方面的漏洞和问题。其次是内容明确，即所提出的问题并不是泛泛而谈的"假问题"，而是直面实践中存在的现实情况，条分缕析地提出多个"真问题"。最后是依据充分，即检察机关所提出的问题均是基于对已有案例的全面、系统、类型化梳理，且在许多具体内容的提出上均辅以案例论证，增加了文书的说服力。

（三）建议内容切实可行

统观文书提出的建议内容，首先，"问题—对策"间的对应性强，所研提的五项建议能够与所发现的五方面问题形成明确的一一对应关系。其次，建议内容具有针对性和可操作性，即一方面所建议的内容均是依据建议对象的职能性质作出的，由此使得建议内容能够切实通过建议对象积极履职而落地；另一方面建议内容并非泛泛而谈，而是具有明确性和可操作性，并提出了一些颇具新意的内容。最后，建议内容规范依据充分，如在"切实履行惩戒职责，强化内部管理，落实责任追究"部分，文书列明了各项建议涉及的《人民币银行结算账户管理办法》《中国人民银行关于进一步加强支付结算管理，防范电信网络新型违法犯罪有关事项的通知》等规范，有理有据。

近年来，检察机关越来越重视检察建议工作，这对于强化犯罪治理的系统性，实现"治已病"与"治未病"的有机统一具有重要意义。社会治理是一项系统工程，案件办理也不应"一办了之"。通过对类案共性的挖掘，深入分析其背后暴露的社会治理缺陷，有效研提检察建议，是检察机关行使法律监督这一宪法赋予职权的重要方式，也是落实新时代治理理念的重要实践。

（**点评人**：李翔，华东政法大学教授、博士生导师）

后 记

优秀的刑事检察文书能以案释法，既体现法律尺度，又展现司法温度；既反映检察官的法律专业功底，又展示检察官论证说理的能力以及语言组织能力，明确法律规则和价值导向，增强社会对检察机关处置案件结果的认同感和对公平正义的获得感，形成与社会道德建设、社会主义核心价值观的有效共振。

最高人民检察院一直高度重视检察文书质量，及时制定完善了《人民检察院法律文书格式样本》和《人民检察院工作文书格式样本》，为制作检察文书、依法办理案件提供标准格式和规范。2023年8月至12月，为贯彻落实《中共中央关于加强新时代检察机关法律监督工作的意见》和最高人民检察院党组关于"高质效办好每一个案件"这一基本价值追求，进一步提升刑事检察文书制作水平，以优秀文书为示范引领，推动提升刑事检察办案质效，最高人民检察院举办了第一届全国检察机关优秀刑事检察文书评选活动。各地检察机关高度重视、积极响应、踊跃参加，各省级人民检察院共推荐了1688篇刑事检察文书参评。经过最高人民检察院复评，邀请包括全国人大代表、中央有关媒体、知名法学教授、法律文书专家以及全国检察业务专家、全国优秀公诉人组成的专家组评审等环节，评选出"优秀刑事检察文书""优秀刑事检察文书提名"各100篇。

为充分展示人民检察院刑事检察文书制作水平，发挥优秀文书的示范引领作用，本书选取了被评为第一届"优秀刑事检察文书""优秀刑事检察文书提名"中的102篇文书。每篇文书配有简要案情、诉讼过程、承办检察官心得体会，帮助了解检察文书背后的案件办理情况、检察官办案和写作思路，以供学习参考借鉴。同时，为了增强检察文书的可读性和学习价值，我们还邀请了全国人大代表、法学学者、法律文书专家及全国检察业务专家、全国优秀公诉人对每篇文书作了精彩点评。此外，本书在编辑过程中，还得到了北京大学法学院副院长、教授、博士生导师车浩，清华大学法学院教授、博士生导师张建伟，北京师范大学法学院教授、博士生导师王志祥等学者的大力支持。在此一并致谢！

需要说明的是，被评为"优秀刑事检察文书""优秀刑事检察文书提名"的刑事检察文书，亦非尽善尽美。专家学者对部分文书点评时也客观地指出其不足之处，但"白璧微瑕，瑕不掩瑜"，全面客观看待，才能从正反两方面吸取经验、弥补不足，才会真正有所提高。我们希望本书的出版，能够为广大一线检察官在办案时提供有益借鉴，高度重视检察文书质量，进一步注重检察文书的规范性、说理性，不断提升检察文书的制作水平，切实落实"高质效办好每一个案件"要求，充分发挥检察文书指控犯罪、诉讼监督、释法说理和社会价值引领作用，进一步将"敢于监督""善于监督"理念融入检察文书，结合检察办案推动综合治理，努力以检察工作现代化更好支撑和服务中国式现代化。

编者
2024 年 8 月